本书系教育部人文社会科学重点研究基地南京大学中国新文学研究中心重点资助项目

中国新时期文学期刊
目录汇编

第 二 卷

张光芒 主 编

学术顾问	丁　帆	王彬彬
主　　编	张光芒	
编　　撰	张光芒	史鸣威
	许永宁	杜　璇
	姜　淼	孙慧文
	高　旭	李　桢
	杨　雯	丁雨卉
	王凤华	张匀匀
	孙　琳	

南京大学出版社

图书在版编目(CIP)数据

中国新时期文学期刊目录汇编. 第 2 卷 / 张光芒主编
. —南京:南京大学出版社,2023.8
ISBN 978 - 7 - 305 - 25002 - 6

Ⅰ.①中… Ⅱ.①张… Ⅲ.①中国文学-当代文学-
期刊目录 Ⅳ.①Z88:I206.7

中国版本图书馆 CIP 数据核字(2021)第 194061 号

出版发行 南京大学出版社
社 址 南京市汉口路 22 号   邮 编 210093
出 版 人 王文军

书 名 **中国新时期文学期刊目录汇编**
     ZHONGGUO XINSHIQI WENXUE QIKAN MULU HUIBIAN
主 编 张光芒
责任编辑 施 敏

照 排 南京紫藤制版印务中心
印 刷 南京新世纪联盟印务有限公司
开 本 880 mm×1230 mm 1/16 印张 303 字数 12566 千
版 次 2023 年 8 月第 1 版 2023 年 8 月第 1 次印刷
ISBN 978 - 7 - 305 - 25002 - 6
定 价 1500.00 元(全五卷)

网   址:http://www.njupco.com
官方微博:http://weibo.com/njupco
官方微信号:njupress
销售咨询热线:025 - 83594756

目　录

A

《安徽文艺》（《安徽文学》、《文学》）……… 001

B

《百花洲》 …………………………………… 062
《北大荒》 …………………………………… 091
《北京文艺》（《北京文学》） ……………… 100
《边疆文艺》（《大西南文学》） …………… 176

C

《长安》（《文学时代》） …………………… 241
《长城》 ……………………………………… 289
《长城文艺》 ………………………………… 311
《丑小鸭》 …………………………………… 334
《创作》 ……………………………………… 366
《春风》（长春） …………………………… 370
《春风》（鹤岗） …………………………… 416
《春风》（沈阳）（《中外文学》） ………… 428

D

《当代》 ……………………………………… 452
《当代外国文学》 …………………………… 479
《滇池》 ……………………………………… 493
《电影创作》 ………………………………… 539
《电影新作》 ………………………………… 595

F

《非非》 ……………………………………… 625
《汾水》（《山西文学》） …………………… 627
《福建文艺》（《福建文学》） ……………… 695
《芙蓉》 ……………………………………… 777

G

《甘肃文艺》（《飞天》） …………………… 803
《广东文艺》（《作品》） …………………… 895
《广西文艺》（《广西文学》） ……………… 967
《广州文艺》 ………………………………… 1046
《贵阳文艺》（《花溪》） …………………… 1118
《贵州文艺》（《山花》） …………………… 1182

H

《哈尔滨文艺》（《小说林》） ……………… 1257
《海燕》 ……………………………………… 1309
《杭州文艺》（《西湖》） …………………… 1349
《河北文艺》（《河北文学》） ……………… 1414
《河南文艺》（《奔流》） …………………… 1476
《黑龙江文艺》（《北方文学》） …………… 1547
《黑龙江戏剧》（《剧作家》） ……………… 1615
《红岩》 ……………………………………… 1636
《湖北文艺》（《长江文艺》） ……………… 1664
《呼和浩特文艺》（《山丹》） ……………… 1740
《花城》 ……………………………………… 1778
《花山》 ……………………………………… 1809
《黄河》 ……………………………………… 1818
《火花》 ……………………………………… 1826

J

《吉林文艺》（《长春》、《作家》） ………… 1827
《江城》（《短篇小说》） …………………… 1904
《江南》 ……………………………………… 1961
《江苏文艺》（《雨花》） …………………… 1981
《江西文艺》（《星火》） …………………… 2052
《解放军文艺》 ……………………………… 2112
《今天》 ……………………………………… 2180
《剧本》 ……………………………………… 2183

K

《昆仑》 …………………………………… 2227

L

《辽宁文艺》(《鸭绿江》) …………………… 2249
《绿洲》(乌鲁木齐) ……………………… 2327

M

《莽原》 …………………………………… 2346
《芒种》 …………………………………… 2365
《萌芽》 …………………………………… 2418
《民族文学》 ……………………………… 2471
《名作欣赏》 ……………………………… 2520

N

《南京文艺》(《青春》) …………………… 2570
《内蒙古文艺》(《草原》) ………………… 2625
《宁夏文艺》(《朔方》) …………………… 2694

Q

《青海文艺》(《青海湖》) ………………… 2761
《清明》 …………………………………… 2834
《青年外国文学》 ………………………… 2857
《青年文学》 ……………………………… 2862
《青年作家》 ……………………………… 2902
《秋实》 …………………………………… 2965

R

《人民文学》 ……………………………… 2968

S

《散文选刊》 ……………………………… 3029
《山东文艺》(《山东文学》) ……………… 3053
《陕西文艺》(《延河》) …………………… 3129
《山西群众文艺》(《晋阳文艺》) ………… 3191

《上海文艺》(《上海文学》) ……………… 3267
《生活》 …………………………………… 3333
《石河子文艺》(《绿洲》、《绿风》) ……… 3334
《世界文学》 ……………………………… 3374
《诗刊》 …………………………………… 3426
《诗神》 …………………………………… 3530
《十月》 …………………………………… 3567
《收获》 …………………………………… 3597
《四川文艺》(《四川文学》、《现代作家》)
　　　　 ………………………………… 3618

T

《台港文学选刊》 ………………………… 3705
《特区文学》 ……………………………… 3732
《天涯》 …………………………………… 3753

W

《外国文艺》 ……………………………… 3769
《外国戏剧》 ……………………………… 3800
《外国小说》 ……………………………… 3827
《武汉文艺》(《芳草》) …………………… 3840

X

《西藏文艺》(《西藏文学》) ……………… 3900
《希望》(广州) …………………………… 3946
《希望》(合肥) …………………………… 3982
《戏剧创作》(《戏剧文学》) ……………… 4006
《湘江文艺》(《湘江文学》、《文学月报》、《湖南
文学》) …………………………………… 4033
《小说界》 ………………………………… 4113
《小说选刊》 ……………………………… 4137
《小说月报》 ……………………………… 4182
《新港》(《小说导报》、《天津文学》) …… 4208
《新疆民族文学》(《民族作家》) ………… 4270
《新疆文艺》(《新疆文学》、《中国西部文学》)
　　　　 ………………………………… 4300
《新苑》 …………………………………… 4375
《星星》 …………………………………… 4392

区域目录索引

全国性期刊

《丑小鸭》 …………………………… 334
《当代》 ……………………………… 452
《电影新作》 ………………………… 595
《解放军文艺》 ……………………… 2112
《剧本》 ……………………………… 2183
《昆仑》 ……………………………… 2227
《民族文学》 ………………………… 2471
《青年文学》 ………………………… 2862
《人民文学》 ………………………… 2968
《世界文学》 ………………………… 3374
《诗刊》 ……………………………… 3426
《外国戏剧》 ………………………… 3800
《小说选刊》 ………………………… 4137
《中国》 ……………………………… 4668
《中国作家》 ………………………… 4676
《啄木鸟》 …………………………… 4730
《作品与争鸣》 ……………………… 4743

安徽省

《安徽文学》 ………………………… 001
《安徽文艺》 ………………………… 001
《清明》 ……………………………… 2834
《文学》 ……………………………… 001
《希望》（合肥） …………………… 3982

北京市

《北京文学》 ………………………… 100
《北京文艺》 ………………………… 100
《电影创作》 ………………………… 539
《十月》 ……………………………… 3567

福建省

《福建文学》 ………………………… 695

《福建文艺》 ………………………… 695
《台港文学选刊》 …………………… 3705
《中篇小说选刊》 …………………… 4691

甘肃省

《飞天》 ……………………………… 803
《甘肃文艺》 ………………………… 803
《阳关》 ……………………………… 4489

广东省

《广东文艺》 ………………………… 895
《广州文艺》 ………………………… 1046
《花城》 ……………………………… 1778
《特区文学》 ………………………… 3732
《希望》（广州） …………………… 3946
《作品》 ……………………………… 895

广西壮族自治区

《广西文学》 ………………………… 967
《广西文艺》 ………………………… 967
《青年外国文学》 …………………… 2857

贵州省

《创作》 ……………………………… 366
《贵阳文艺》 ………………………… 1118
《贵州文艺》 ………………………… 1182
《花溪》 ……………………………… 1118
《山花》 ……………………………… 1182

海南省

《天涯》 ……………………………… 3753

河北省

《长城》 …………………………………………… 289
《长城文艺》 ……………………………………… 311
《河北文学》 …………………………………… 1414
《河北文艺》 …………………………………… 1414
《花山》 ………………………………………… 1809
《诗神》 ………………………………………… 3530

河南省

《百花园》 ……………………………………… 4610
《奔流》 ………………………………………… 1476
《河南文艺》 …………………………………… 1476
《莽原》 ………………………………………… 2346
《散文选刊》 …………………………………… 3029
《郑州文艺》 …………………………………… 4610

黑龙江省

《北大荒》 ……………………………………… 091
《北方文学》 …………………………………… 1547
《春风》（鹤岗） ……………………………… 416
《哈尔滨文艺》 ………………………………… 1257
《黑龙江文艺》 ………………………………… 1547
《黑龙江戏剧》 ………………………………… 1615
《剧作家》 ……………………………………… 1615
《外国小说》 …………………………………… 3827
《小说林》 ……………………………………… 1257

湖北省

《长江文艺》 …………………………………… 1664
《芳草》 ………………………………………… 3840
《湖北文艺》 …………………………………… 1664
《武汉文艺》 …………………………………… 3840

湖南省

《芙蓉》 ………………………………………… 777
《湖南文学》 …………………………………… 4033
《文学月报》 …………………………………… 4033
《湘江文学》 …………………………………… 4033
《湘江文艺》 …………………………………… 4033

吉林省

《春风》（长春） ……………………………… 370
《长春》 ………………………………………… 1827
《短篇小说》 …………………………………… 1904
《吉林文艺》 …………………………………… 1827
《江城》 ………………………………………… 1904
《戏剧创作》 …………………………………… 4006
《戏剧文学》 …………………………………… 4006
《新苑》 ………………………………………… 4375
《作家》 ………………………………………… 1827

江苏省

《当代外国文学》 ……………………………… 479
《江苏文艺》 …………………………………… 1981
《南京文艺》 …………………………………… 2570
《青春》 ………………………………………… 2570
《译林》 ………………………………………… 4518
《雨花》 ………………………………………… 1981
《钟山》 ………………………………………… 4702

江西省

《百花洲》 ……………………………………… 062
《江西文艺》 …………………………………… 2052
《星火》 ………………………………………… 2052

辽宁省

《春风》（沈阳） ……………………………… 428
《海燕》 ………………………………………… 1309
《辽宁文艺》 …………………………………… 2249
《芒种》 ………………………………………… 2365
《鸭绿江》 ……………………………………… 2249
《中外文学》 …………………………………… 428

内蒙古自治区

《草原》 ………………………………………… 2625
《呼和浩特文艺》 ……………………………… 1740
《内蒙古文艺》 ………………………………… 2625

《山丹》 …………………………………… 1740

宁夏回族自治区

《宁夏文艺》 ………………………………… 2694
《朔方》 ……………………………………… 2694

青海省

《青海湖》 …………………………………… 2761
《青海文艺》 ………………………………… 2761

山东省

《山东文学》 ………………………………… 3053
《山东文艺》 ………………………………… 3053

陕西省

《长安》 ……………………………………… 241
《陕西文艺》 ………………………………… 3129
《文学时代》 ………………………………… 241
《延河》 ……………………………………… 3129

山西省

《汾水》 ……………………………………… 627
《黄河》 ……………………………………… 1818
《晋阳文艺》 ………………………………… 3191
《名作欣赏》 ………………………………… 2520
《山西群众文艺》 …………………………… 3191
《山西文学》 ………………………………… 627

上海市

《萌芽》 ……………………………………… 2418
《上海文学》 ………………………………… 3267
《上海文艺》 ………………………………… 3267
《收获》 ……………………………………… 3597
《外国文艺》 ………………………………… 3769
《小说界》 …………………………………… 4113

四川省

《红岩》 ……………………………………… 1636

《青年作家》 ………………………………… 2902
《四川文学》 ………………………………… 3618
《四川文艺》 ………………………………… 3618
《现代作家》 ………………………………… 3618
《星星》 ……………………………………… 4392

天津市

《天津文学》 ………………………………… 4208
《小说月报》 ………………………………… 4182
《小说导报》 ………………………………… 4208
《新港》 ……………………………………… 4208

西藏自治区

《西藏文学》 ………………………………… 3900
《西藏文艺》 ………………………………… 3900

新疆维吾尔自治区

《绿风》 ……………………………………… 3334
《绿洲》（石河子） ………………………… 3334
《绿洲》（乌鲁木齐） ……………………… 2327
《民族作家》 ………………………………… 4270
《石河子文艺》 ……………………………… 3334
《新疆民族文学》 …………………………… 4270
《新疆文学》 ………………………………… 4300
《新疆文艺》 ………………………………… 4300
《中国西部文学》 …………………………… 4300

云南省

《边疆文艺》 ………………………………… 176
《滇池》 ……………………………………… 493
《大西南文学》 ……………………………… 176

浙江省

《东海》 ……………………………………… 4542
《江南》 ……………………………………… 1961
《杭州文艺》 ………………………………… 1349
《西湖》 ……………………………………… 1349
《浙江文艺》 ………………………………… 4542

民刊

创作谈

构思巧　命题妙——简评小小说《故意》------- 许肇本

美术

晨露（中国画）（封面）------------- 李仁康
南国情（中国画）（封底）------------- 许继庄
木瓜花（中国画）（封二）------------- 方小宁
萌春（中国画）（封三）-------------- 房新泉

1989 年第 12 期　刊名：《作品》

目录

小说

寂寞的黑土地（中篇小说）----------- 邓学聪
蜜的季节 ----------------------- 雁　舒
南方的梦 ----------------------- 胡海峥
错在谁身上 --------------------- 杜　凌
酸酸甜甜两大味 ----------------- 林荣之
低谷 -------------------------- 耳汝尔

中国潮

思维，像只奇特的鸟 -------------- 章以武

散文

怀茅公 ------------------------ 郭　风
法国人的舞会——大亚湾札记（之六）--- 何卓琼
无名者泪 ---------------------- 木　青
校园情思 ---------------------- 沈健芳

本刊特稿

英国风情录（连载）——九、圣诞节与圣诞唔
十、陈香梅与陈纳德 -------------- 黄文湘

诗歌

长流的棹歌 -------------------- 海　南
雨后集 ------------------ 郭海鸿　李伟新
陈超卓　梁　睿　梁德堂　杨国胜　陈　栋　全小珠
邓　闪　梁永利　姚高育　黄照焜

评论

无言的魅力——我看《作品》兼评其 88 年的部分小说
-------------------------------- 文　易

美术

三友图（中国画）（封面）------------- 陈子毅
鸭倌·晨雾（中国画）（封二）--------- 刘克银
客家农村组画二幅（水印木刻）（封三）--- 罗映球

《广西文艺》
（《广西文学》）

【简　介】

　　综合性文学月刊。广西文学艺术界联合会主办。创刊于 1951 年，1980 年 7 月由《广西文艺》更名为《广西文学》。其旨在推出优秀作品，扶持和培养少数民族作家。对繁荣广西地区文学创作和培养文学新人作出了贡献。

期刊号：1976 年第 1 期—1989 年第 12 期

改刊的话

　　粉碎"四人帮"以后，特别是党的三中全会以来，文艺思想得到解放，"双百"方针得到贯彻，文艺创作空前活跃，产生了一批受群众欢迎的、好的和较好的作品，涌现了不少的创作新军。在这创作发展和广大文学爱好者的日益要求的形势下，我们《广西文艺》原来作为综合性的文艺期刊，显然是满足不了需要了。从这一期开始，把它改名为《广西文学》。主要发表文学方面的各种体裁、形式的创作和评论。

　　文学期刊是个重要的思想阵地，又是百花齐放的文学园地。我们将坚定地贯彻马克思主义的思想路线，贯彻百花齐放、百家争鸣的方针，繁荣社会主义文学，反映现实生活，为四化服务。

　　创作要繁荣，关键在于继续解放思想。实践证明：思想解放百花开，思想禁锢百花残；没有思想的解放，就没有文艺的繁荣。被捆着的手脚，连走路都很难，何况要跳舞呢。文学创作是抒发思想感谢的精神产品，如果作者思想处于受拘束、压抑状态，

那是难得在创作中表现出独创精神来的。 当前，我们国家、我们的人民正在处于新的历史时期，举国上下正在进行新的长征，我们的文学创作应当义不容辞地担负这一历史使命——正如全国第四次文代会所昭示的：繁荣社会主义文艺，为四个现代化做出应有的贡献。 发扬艺术民主，广开文路，广开言路，广开才路，把广大文艺工作者的积极性调动起来，创作出既有社会主义先进思想内容又具有民族风格的完美的艺术形式的作品，进一步满足各族人民精神生活多方面的需要。

文艺是时代的镜子，应当反映人民的情绪，表达人民的愿望，正确地把握时代的脉搏。

当前是亿万人民向社会主义现代化进军的伟大时代，我们的使命应当帮助人民认识和克服前进道路上的困难和障碍，鼓舞斗志，提高信心。 我们首先提倡努力反映各族人民向四化进军的雄伟场景，塑造各行业涌现出来、成为人们学习榜样的那些先进的典型形象，歌颂他们崇高的共产主义道德品质，鼓舞人们向上的精神，歌颂献身四化的社会主义新人，鞭挞与扫除一切阻碍四化进程的绊脚石：官僚主义，特权思想，以及无政府主义，极端个人主义等等旧社会遗留的恶习，荡涤林彪、"四人帮"的流毒。 在这里，题材不应成为创作的框框。 我们提倡反映当代的现实生活，并不是排斥近代或古代的东西。 我们要求的是，作品所宣传的思想和宣扬的道德的社会意义。一些反动、腐朽、颓废，令人产生悲观、消极、堕落的东西，我们是排斥的，不管它反映的生活是现在还是过去。

作品之所以具有生命力，在于真、善、美。 简单的说，真善美就是要符合于现实生活，宣传进步的思想倾向和崇高的道德观点，具备完美的艺术形式。因而，要求作家要面对现实，正视人生，从生活出发，敢于反映生活中的矛盾和斗争，提出和回答千百万人民迫切关心的问题。

注重文学的思想境界，提高人民的道德品质和审美能力，是一切有社会责任感的作家的自觉职责。我们要注意文学作品的社会效果，加强作者与编辑的责任心，努力提高作品的思想水平和艺术质量，力求为各族人民提供精神粮食，使我们的文艺真正起到团结人民、教育人民、培养社会主义新人的积极作用。

我们希望把刊物办得更活泼一些，更富有民族特色和地方特点。 为此，文学的战斗性和多样性必须结合。 充分发挥作者创作风格，让各种题材、体裁、形式、风格的作品自由竞赛，各放异采。

海阔凭鱼跃，天空任鸟飞，创作的天地是广阔的。 我们的刊物将为不同风格流派的新老作家纵横驰骋的天地。

加强文学评论工作是一个迫切的问题。 文学评论，要求理论联系创作实际，探讨当前人们关注的创作和理论中存在的问题。 要求文学评论工作者积极研究新情况，善于发现新问题，敢于支持新生事物，珍视作家的创作劳动，对那些热情而积极的针砭时弊的作品，对初露头角的新秀，我们都将给予支持与鼓励。 在文学理论问题上，我们提倡不同观点和学派的自由讨论，在批评与反批评中实行"三不主义"。敢于对一些不正确的观点和不正常的现象进行实事求是、与人为善的批评，大兴争鸣之风。

广西是多民族聚居的地区，希望广大作者深入生活，打破禁区，放开眼界，充分发掘民族题材的丰富宝藏。 既要写民族过去的生活，也要描写他们今天的现实和明天的憧憬。 同时，还必须重视民族的优秀文学遗产的发掘、整理，刊登各民族民间的优秀作品，以满足广大读者多方面的需要，促进各民族社会主义文艺繁荣和发展。

培养各民族作者队伍，扶植新生力量，也是本刊一项重要的经常性的任务。 对少数民族青年作者，尽可能给予扶植、爱护，提供必要的条件，使之得到成长。

办好刊物，需要广大作者和读者的热情关怀和支持，我们热切希望同志们对刊物提出多方面的批评和建议，使我们这个园地新苗茁壮，百花盛开。

1976 年第 1 期　刊名:《广西文艺》
目录

词二首 ································· 毛泽东
水调歌头·重上井冈山　一九六五年五月
念奴娇·鸟儿问答　一九六五年秋

都安瑶族自治县农业学大寨专辑
在千山万崇指挥作战（报告文学）········· 陆文祥等
贴心书记（速写）················· 蓝汉东等
大号镢头（速写）················· 卢　勋等
勇闯"妖风洞"（速写）············· 徐国南等
一张小字报（速写）··············· 李春标等
深山红燕（速写）··················· 张　朴
战天斗地歌满山（民歌二十七首）······· 覃汉芳等
换来瑶山胜江南（诗三首）············ 农冠品
雄心征服千条水（诗三首）············ 柯　炽
斗山人（诗三首）·················· 邓永隆
打开山门引水来（诗·外二首）········· 蓝书京
地下河新歌（诗）·················· 黎家麟
运粮行（诗）····················· 龙京才

鹧鸪岭上（长篇小说《雨后青山》第二章）
··············· 百色地区三结合创作组集体创作
最后一班车（小说）················ 严冬阳

阵地（小说）························蒋成美
拦马（小说）························梁维杰
心中的歌（散文）····················罗传洲
钟声阵阵（桂剧）···········柳州市革委会文化局
《钟声阵阵》剧组韦壮凡···········陶业泰执笔
陶业泰执笔红军标语（木偶小话剧）
··········自治区《红军标语》改编小组改编（增刊）
我们的县委书记（渔鼓）················方大伦等
晚点名（鼓词）·······················刘正亮
三送公粮（歌曲）···········潘如文词　李延林曲

文艺短论

继续为"文化大革命"和新生事物大喊大叫····新　浪
时代在召唤·························黎少华等
惊雷篇····························柴立扬
文艺轻骑好·····················自治区歌舞团

农民起义的光辉历史不容歪曲
··············蒙山县茶山水库工程指挥部评论组
"解缚"与"解放"·····················韦　来
"座次"的秘密················林建华　郑际浩

颂歌献给毛主席（年画）················沈复明
人人学会打坦克（水粉画）··············仑小宝
自治区工人、战士画展选登
··························南宁市治矿厂
工人业余美术组等

关于"农业学大寨，普及大寨县"征稿启事
··························本刊编辑部

1976 年第 2 期　刊名:《广西文艺》
目录

坚持文艺革命，反击右倾翻案风············初　澜
文艺战线今胜昔······················昱　兵
回击右倾翻案风诗抄（诗·五首）···········蓝南妮等
无坚不可摧　无高不可攀
——学习毛主席词《水调歌头·重上井冈山》
··························杜书瀛
迎着阶级斗争风暴前进
——学习毛主席词《念奴娇·鸟儿问答》····颜运祯
响彻云霄的战斗号角
——喜读毛主席词二首············包玉堂
投降派、修正主义者与孔孟之道
··············广西教育学院大批判组
试看天地翻覆（诗·二十五首）···庞　然　梁锦安等
火红的花（诗）······················李荣贞

冲呵（诗）·························李　强
画卷（诗）·························陈育芜
大好春光看不尽（诗）················张叔宁
山村夜（诗）·······················亢　进
描图人（诗）·······················向　群

玉英（小说）·······················韦一凡
赤脚书记（小说）···················龚知敏
○的故事（儿童文学）················吕　梁
贫管代表（小说）···················肖祥彰
岩上小青松（小说）··················莫润春

农机曲（独幕桂剧）·············桂林市桂剧团
《农机曲》剧组编剧·········刘克嘉　张定一执笔
侗乡有了小平原（歌曲）
··········尹　永词　陈国凡　陆炳兰曲

新课堂（年画）····················邓学东
战石海（年画）····················黄宗海
多装快运（国画）············谢嘉喻　梁荣中
乌金滚滚（雕塑）····················黄　俭
煤矿工地速写（速写二幅）·············黄建章

1976 年第 3 期　刊名:《广西文艺》
目录

中共中央关于华国锋同志任中共中央第一副主席、国务院总理的决议
中共中央关于撤销邓小平党内外一切职务的决议

天安门广场的反革命政治事件
··············《人民日报》工农兵通讯员
《人民日报》记者吴德同志在天安门广场广播讲话
天安门广场事件说明了什么？······《人民日报》社论

纪念毛主席《在延安文艺座谈会上的讲话》发表三十四周年　纪念中共中央一九六六年五月十六日《通知》十周年　专辑
　"文化大革命"永放光芒
——纪念中共中央一九六六年五月十六日《通知》十周年······《人民日报》、《红旗》杂志、《解放军报》编辑部
深入批判邓小平　坚持文艺革命
——学习《在延安文艺座谈会上的讲话》······初　澜
文艺要更好地为巩固无产阶级专政服务
——纪念毛主席《在延安文艺座谈会上的讲话》发表三十四周年
··························本刊评论员
坚持反击右倾翻案风　誓将文艺革命进行到底

——三月下旬我区部分业余和专业文艺工作者集会批邓、反击文艺界右倾翻案风发言纪要

大力反映无产阶级同走资派的斗争⋯⋯杨华巩　龚　卓

要坚持不懈地学习样板戏的创作经验
　　　　　　　　　　　　　　　蓝基春　黄世雄

热烈欢呼毛主席、党中央英明决策诗抄（七首）
　　　　　　　　　　　　　　　杨鹤楼　何达成等

东风浩荡（诗）⋯⋯⋯⋯⋯⋯⋯⋯⋯⋯⋯包玉堂
火炬映红新天地（诗）⋯⋯⋯⋯⋯⋯⋯王秀堂
大炮·赞歌·战旗·红梅（诗）⋯⋯⋯⋯张　波
科技发展的一个见证（诗）⋯⋯⋯⋯⋯黄家玲
山村理论组（诗）⋯⋯⋯⋯⋯⋯⋯⋯⋯黄仲雄
工宣队的大旗（诗）⋯⋯⋯⋯⋯⋯⋯⋯林　玉
赤脚医生暖人心（诗）⋯⋯⋯⋯⋯⋯⋯唐忠雄
永不解甲（诗）⋯⋯⋯⋯⋯⋯⋯⋯⋯⋯龙京才
深山红花（诗）⋯⋯⋯⋯⋯⋯⋯⋯⋯⋯周祖添

不息的锤声（小说）⋯⋯⋯⋯⋯⋯⋯⋯柯天国
反击（小说）⋯⋯⋯⋯⋯⋯⋯⋯⋯⋯⋯黄德昌
耕大叔讲课（小说）⋯⋯⋯⋯⋯⋯⋯⋯钟扬莆
穿上军装的红卫生（小说）⋯⋯⋯⋯⋯江　波

一花引来万花开（曲艺）⋯⋯⋯⋯融水苗族自治县
革委会文化科创作组词曲
反击右倾翻案风　促进工农业生产（歌曲）
⋯⋯⋯⋯⋯杨鹤楼　唐云斌词　佳向　陈　鲸　刘艾曲

坚决反击　乘胜前进（宣传画）⋯⋯⋯雷德祖
斥孔（国画）⋯⋯⋯⋯⋯⋯⋯⋯⋯⋯⋯阳太阳
为农业机械化贡献力量（素描）⋯⋯⋯梁启德
百花争艳春满园（版画）⋯⋯⋯⋯⋯⋯邱霍泉
《满腔热情歌颂"文化大革命"》征文启事
　　　　　　　　　　　　　　《广西文艺》编辑部

1976 年第 4 期　刊名:《广西文艺》
目录

在斗争中建设党
《人民日报》、《红旗》杂志、《解放军报》社论

锣未残（小说·征文选登）⋯⋯⋯⋯⋯黄元好
划等号的人（小说·征文选登）⋯⋯⋯吕　梁
拆墙记（小说·征文选登）⋯⋯⋯⋯⋯李东伟
红霞似火（小说·征文选登）⋯⋯⋯⋯乐定俊
红水河畔新歌台（新民歌二十首）⋯⋯罗赋山等
瑶山新户（叙事诗·征文选登）
　　　　　　　　　　肇　隆　名　涛　少　华
莺歌燕舞新侗乡（诗·征文选登）⋯⋯尹　永

等号歌（诗·征文选登）⋯⋯⋯⋯⋯⋯韦国华
我在读一本活的书（诗·征文选登）⋯邓　平
新党员和老支书（诗·征文选登）⋯⋯李建平
穿云破雾的山鹰（诗·征文选登）⋯⋯麦春芳
写在广阔的天地（诗三首·征文选登）农文扬
向阳院赞歌（诗）⋯⋯⋯⋯⋯⋯⋯⋯⋯李汉文
书记的肩垫（诗）⋯⋯⋯⋯⋯⋯⋯⋯⋯严冬阳
人老心红齐上道（诗）⋯⋯⋯⋯⋯⋯⋯杨　军
背篓剧团进山�}（诗）⋯⋯⋯⋯⋯⋯⋯邓小飞

向坚持同走资派作斗争的英雄人物鼓掌
——喜读长篇小说《雨后青山》⋯⋯⋯杨志岐
强盗的"正经"和"拳经"（杂文）⋯⋯程迈步等
"老谱"新"袭用"种种（杂文）⋯⋯⋯陈　炳
"挽歌"小议（杂文）⋯⋯⋯⋯⋯⋯⋯谭福开

毛主席教导我们学理论（国画）⋯⋯耿　建　张自嶷
凉山需要你们（木刻）⋯⋯⋯⋯⋯⋯⋯马振声
彝族喜迎新社员（木刻）⋯⋯⋯⋯⋯⋯阿　鸽
又一个丰收年（油画）⋯⋯⋯⋯⋯⋯⋯莫若莹

1976 年第 5 期　刊名:《广西文艺》
目录

伟大的领袖和导师毛泽东主席永垂不朽
中国共产党中央委员会
中华人民共和国全国人民代表大会常务委员会
中华人民共和国国务院
中国共产党中央军事委员会
告全党全军全国各族人民书
在伟大的领袖和导师毛泽东主席追悼大会上中国共产党中央委员会第一副主席、国务院总理华国锋同志致悼词

毛泽东永远和我们心连心（诗·十六首）⋯黄秀华
"跟着毛泽东，前进就是胜利!"⋯⋯⋯陆秀轩
灿烂明灯照征程⋯⋯⋯⋯⋯⋯⋯⋯⋯⋯颜景堂
红太阳的光辉永照我心头⋯⋯⋯⋯⋯⋯包玉堂
毛泽东，我们永远跟着您⋯⋯⋯广西体育工作大队
不尽邕江滚滚流⋯⋯⋯⋯⋯⋯⋯⋯⋯⋯张汉平
继续沿着为工农服务的方向前进⋯⋯岑溪县文艺宣传队
毛泽东思想的光辉永照菜乡大舞台
　　　　　　　　　　　　　　南宁市郊区白沙大队
业余文艺宣传队
沿着毛主席指引的航向胜利前进
——纪念毛主席首次接见红卫兵十周年
珍贵的纪念（散文）⋯⋯⋯⋯⋯⋯⋯⋯杨红莉
英姿勃勃（散文）⋯⋯⋯⋯⋯⋯⋯⋯⋯莫清华

共产主义凯歌扬
——广西赴唐山抗震救灾第二医疗列车
诗歌选（二十四首）············韩继银　齐良恭等
抗震学校开学了（诗）················何添成
深情厚谊满车厢（散文）
——广西赴唐山抗震救灾第二医疗列车纪事····韦　肖
矿工——战士（散文）················岑献青

纪念鲁迅　学习鲁迅
捍卫毛主席革命路线的坚强战士（理论）
··················唐文俊　杨益群
接过鲁迅的笔（歌曲）
············书　铭　晚锦词　韵　玲　新　风曲
鲁迅组画（两幅）················雷德祖
致敬——电贺红军长征胜利到达陕北
横眉冷对

1976 年第 6 期　刊名：《广西文艺》
目录

中国共产党中央委员会　中华人民共和国全国人民代
表大会常务委员会
中华人民共和国国务院　中国共产党中央军事委员会
关于建立伟大的领袖和导师毛泽东主席纪念堂的决定
中共中央关于出版《毛泽东选集》和筹备出版《毛泽东
全集》的决定
毛主席是我们心中永远不落的红太阳（诗·十首）
··························盘美英
毛主席关怀我们成长（版画）
············刘绍昆　龙家桓　雷时康
热烈庆祝华国锋同志任中共中央主席、中央军委主席
热烈庆祝粉碎"四人帮"篡党夺权阴谋的伟大胜利
热烈赞颂华主席　狠揭猛批"四人帮"
将文艺革命进行到底············本刊评论员
我们衷心爱戴英明领袖华主席（诗·十一首）
··············王溶岩　刘观凝等
瑶家衷心爱戴华主席（民歌·十首）····陆上才等
华主席是我们继续革命的掌舵人（桂剧清唱）
··························李　寅
胜利了（群口词）················韦显珍
同声高唱《国际歌》（快板）············肖允康
心潮逐浪高（散文）················凌　渡
以华国锋主席为首的党中央率领我们去战斗（歌曲）
······李守和　钟亚彬　李定芬词　黄金安　张光新曲

八亿人民雄赳赳（歌曲）
··············广西艺术学院音乐系集体词曲
除四害（儿童歌曲）········杨鹤楼词　于木林曲

光辉的批示（诗·三首）
——赞《创业》··········彭景宝　赵怀庆等
阳光灿烂征程
——欢呼毛主席对《创业》批示的发表········原　彤
扼杀《园丁之歌》也是为了篡党夺权
··················中共湖南省委宣传部
折断"四人帮"打向《园丁之歌》的棍子·······殷智元
毛主席教育路线的颂歌
——赞湘剧高腔《园丁之歌》············洪　流
戳穿"四人帮"在"写与走资派斗争"问题上的阴谋
··························勇　进
决不容许颠倒历史
——剥江青是革命现代京剧"培育者"的画皮
··························冯明洋
从江青喜爱《辕门斩子》谈起············林建华
旗手·黑手·刽子手··········杨　群　李人凡
砸烂"四人帮"痛打"落水狗"·······广西大学写作组

八角林里的眼睛（故事）··············陈小荔
小小侦察兵（小说）················韦凤英

欢呼伟大的历史性胜利（宣传画）····周　明　蒙显刚
东风传喜讯　万众齐欢腾（速写三幅）
··················黄三才　卢仲坚等

1977 年第 1 期　刊名：《广西文艺》
目录

纪念敬爱的周恩来总理逝世一周年
难忘的一天····················丛绍全
邕水情长··········南宁西园招待所党支部
欢乐的军舰····················唐道尧
西津儿女寄深情··················毅　力
周总理在柳州··················海代泉

周总理，我们呼唤您的英名············韦其麟
周总理的衬衣··················赵清学
漓江笑迎总理回············泰国明　韦玉翠
英魂岁岁伴山河··················蓝鸿恩
拉车颂··············廖　球　周隆杰
怀念······················叶宗翰
光辉的足迹····················杨　军
红梅如火吐芬芳··················韦照斌
驶向理想的远方··················龙京才
怀念之歌····················叶　锦
周总理常到我壮乡················邝　七

周总理在桂林视察 ——————————————— 桂 海
周恩来总理、陈毅副总理、邓颖超、张茜同志在阳朔
—————————————————————————— 桂 海

小说·散文
愿望 ————————————————————— 罗传洲
火上添柴 ————————————————— 蒋威美
深山炮声 ————————————————— 严小丁
红水河畔新歌台（新民歌二十七首）
——————————————— 刘景荣 白克信
瘟神送走人安乐 ——————————— 韦国华
漓江晨曲 ————————————————— 唐 维
定向爆破 ————————————————— 刘青贤
永久牌 ——————————————————— 辛 古
敞开胸怀唱欢歌 ——————————— 刘沛盛
火车加油人加油 ——————————— 马毅雄
笑声涌春潮 ————————————————— 柯 纪
锻工的歌 ————————————————— 于建才
连心桥 ——————————————————— 赵厚柏

评论
"四人帮"篡党夺权的一个大阴谋
——批判资产阶级野心家，阴谋家江青"八·一八"
黑批示座谈纪要
妄图篡党夺权的丑恶表演 —————— 丘振声
是谁在招魂，谁在反攻倒算？ —————— 覃伊萍
毛主席革命教育路线的颂歌
——喜看影片《园丁之歌》 —————— 柴土扬
"过河卒子"解 —————————————— 杜书瀛
"夺子杀母"术的妙用 ———————— 谭绍鹏
江青的"密谈"与宋江的"私访"
—————————————— 河池地区文化局大批判组

演唱曲艺
共同的心愿 ————————————————— 符笑略
龙腾虎跃 ——————————————————— 李 侃
各族人民爱戴华主席 ——— 古 笛词 晓 影曲
壮歌向着北京飞 ————— 陈 驹词 庞国权曲
织壮锦 ————————————— 于 力词 王汉光曲

美术
各旗人民热爱华主席 ——— 韦智仁 覃树林 陈翔云
油城在前进 ————————————————— 杨启鸿

1977 年第 2 期　刊名:《广西文艺》
目录

评论
篡党夺权阴谋的彻底暴露——批判反革命影片《反
击》 ————————————————————— 李 涛
利用文艺进行篡党夺权的反对主张 ———— 韦仁民
英雄史观在文艺上的翻版 ————————— 朱慧珍
"三突出"是对"两结合"创作方法的反动 ——— 鲁 原
"磨"字后面藏杀机 ——————————————— 何 文
斥"空白"论 —————————————————— 司燕中
教唆犯的狰狞面孔 ————— 河池地区文化局大批判组

小说·散文
两个专业队长的故事 ——————————— 钟扬莆
采蜜人小传 ————————————————— 于 峪
地下尖兵 ——————————————— 黄建夫 岑献青

大新新事
高高的绿云山 ——————————— 黎浩邦 许 玺
基石 ————————————————————— 健 浩
春潮滚滚 ——————————————————— 童健飞

诗歌
一座金碑 ————————————— 丁晓红 罗作霞
雷锋和我们又相逢 ——————— 黎国璞 陈克拉
青春，这样才火红 —————————————— 符 浩
打开宝库的大门 ——————————————— 孙南雄
艘艘巨轮迎红日 ——————————————— 李志俭
大庆红旗飘心头 ——————————————— 李 湘
结晶 ————————————————————— 苏虎棠
写在轧钢机旁 ——————————————— 赵红雁
写在蓝空 ——————————————————— 杨 柳
牵着时间鼻子跑 ——————————————— 齐鸣河
铁牛飞跑马难追 ——————————————— 黄家玲
南盘江的笑容 ——————————————— 慈明和
信 ————————————————————— 海代泉
山山都是金银库 ——————————————— 何 津
车轮滚滚向前驰 ——————————————— 梁敬三

演唱　歌曲
山村喜事 ————————————————— 邓国显
大老郭三放《创业》 —————————————— 雷万钧
华主席率领我们学大庆 ————— 竿 笙词 叶士达曲
一步一曲胜利歌 ——— 黄 锋 梁禄君词 张新林曲
毛难山乡有了拖拉机 ————— 蒙国荣词 詹景森曲

美术

毛主席冬泳过的地方························涂　克
绣幅壮锦送北京·························吴国梁
春潮滚滚····························温　子
妇女号归航······················胡德智　梁万成

1977 年第 3 期　刊名:《广西文艺》
目录

毛主席手书叶剑英同志《远望》诗
华主席手书民歌一首
诗三首····························叶剑英

纪念毛主席《在延安文艺座谈会上的讲话》发表三十五周年

沿着文艺为工农兵服务的方向胜利前进·······杜书瀛
火红的战旗　胜利的保证·······广西师院中文系写作组
桂林漓江机械厂工人理论组
"双百"方针永放光芒···················殷智元

热烈欢呼《毛泽东选集》第五卷出版

喜迎"五卷"（诗）····················罗立斌
热烈庆祝《毛选》五卷出版（诗）···········周光春
雄文"五卷"到车间——桂林棉纺厂车间歌台选辑
································蔡树建等
印制宝书心欢畅（诗）··················卢东生
印刷工人多荣光（诗）··················金钟麟
毛主席留下的无价宝（诗）···············李　萍
同学（诗）·························范柱权
句句润心田（诗）················梁运安　王和军
字字如珍珠（诗）················任树人　宋新柳
宏音震寰宇（诗）·····················齐世福
舵手颂（诗）·······················柏　岩
喜迎红"五卷"到矿山（鼓词）·······蔡　旭　黄遇春
手捧雄文心潮涌（对口快板）··············靳翔飞

小说·散文

莲塘夜雨（小说）·····················黄飞卿
厂房里的春天（小说）··················高树彦
伙伴（小说）·······················陈　多
扁担之歌（散文·外一篇）················胡学方
雷锋叔叔回来了（儿童文学）··············李德成
金色的飘带（儿童文学）·················陆严洁

诗歌

诗词两首··························林克武
筑坝战歌··························江　滨
都安行····························龙　腾

红水河畔新歌台················谭荣生　莫作钦等
侗乡新曲（二首）····················黄钟警
海员的欢笑·················方华强　何寿坤
好闺女····························俞治平
售货员的笑颜·······················祖　慰
家乡越变越新鲜······················黄　刊

歌曲

掀起学习毛主席著作新高潮
················易　立词　景　森　晓影曲
厂举大庆旗　人学王进喜
··········罗绍征　陈名三词　罗绍征曲
社会主义劳动竞赛好···何达成词　刘同元　徐嘉政曲

美术

旧貌换新颜（版画）···················宋贤邦
高山飞银河（版画）···················陈　栋
桂林山水剪纸·······················朱晨光

1977 年第 4 期　刊名:《广西文艺》
目录

纪念中国人民解放军建军五十周年

飞马追踪（长篇小说选载）···············武剑青
草鞋颂歌（散文）····················韩　齐
油松树（散文）······················黄　刊
官兵同学硬"六连"（数来宝）·············黎　明
毛主席教我们栽幸福果（诗）·············李常思
华主席给我们指航向（诗）·········英　龙　邵　华
周总理来到战士中间（诗）···············杨宁文
源泉（诗）·························王　宁
换哨（诗·外一首）····················章立品
炮兵之歌（诗·二首）··················王晋军
同心曲（诗·二首）····················雷　锋
南泥湾的种子（诗）···················叶正高
理论小组新篇章（版画）·················黄挺南
常备（版画）·················黄盛威　曾和平
连在一起（版画）····················董良高
催春雨（版画）···············蒙显刚　蒙力亚

小说·散文

春满果园（小说）····················钟扬莆
这不是梦（小说）····················黄德昌
小圆石（童话）······················林植峰
工地剪影（散文）····················晓　达

诗歌

天河上的金足迹·····················于　力

颂歌献给华主席 ————————————— 勇 刹
我爱我幸福的家乡 —————— 韦显珍 农冠品
绿海钢铁堡 ——————————————— 莎 红
支农曲 ————————————————— 包玉堂
归侨短笛 ——————————————— 王一桃
龙门床呵老战友 ————————————— 张宝申
在雾海中破浪远航 ————————————— 梁远明
群山添新峰 ——————————————— 赵厚柏
瑶山新景 ——————————————— 龙怡凡

评论
坚持三项基本原则 写好同"四人帮"的斗争
——影片《创业》的一点启示 —————— 陈 炳
"四人帮"的"公安部" —————————— 谭绍鹏
"零"和"算盘珠" ——————————— 韦荣新
烧荒·自焚 ——————————————— 吕 强

音乐
壮"欢"向着华主席唱
————————— 友宁原词 筝笙改词 韦 苇曲

1977 年第 5 期　刊名:《广西文艺》
目录

八十书怀 ——————————————— 叶剑英
重读《论持久战》 ————————————— 叶剑英

隆重纪念伟大的领袖和导师毛主席逝世一周年
缅怀毛主席（诗） ————————————— 林克武
领袖颂（诗） ——————————————— 秦 似
光辉永照人世间（诗） —————————— 黄勇刹
伟大的会见（诗） ————————————— 张益正
毛主席纪念堂，我心中的堂（诗） ————— 何达成
雄伟的巨著（诗） ————————————— 庞 然
井冈木盆歌（诗） ————————————— 于 沙
毛主席教我改名字（诗） —————————— 蓝保华
药圃里的怀念（诗） ———————————— 赵怀庆
毛主席恩情颂不完（民歌） ————————— 林仕谋
毛主席功勋万世垂（民歌） ————————— 农福庆
日夜怀念毛主席（民歌） —————————— 庞绍光
毛主席著作照心中（民歌） ————————— 韦奇春
海石花（小说） —————————————— 龙 鸣
永不忘怀的岁月（散文） —————————— 王正常
归侨春秋（散文） ————————————— 邓锦凤
永远的怀念（诗表演） —————— 农冠品 韦显珍
高举毛主席的伟大旗帜奋勇战斗（歌曲）
————————————— 曾宪瑞 词 陈良曲

热烈庆祝党的十一大和十一届一中全会的胜利召开
金秋凯歌（诗） —————————————— 杨鹤楼
光辉的里程碑（诗） ———————————— 凡景远
东风旗扬（诗） —————————————— 蓝直荣
不落的太阳照耀着侗寨苗家（诗） ————— 苗延秀
写在喜讯传来的时刻（诗） ————————— 有 云
致敬！老一辈无产阶级革命家（诗） ———— 李 苹
敲起铜鼓把酒歌欢唱（诗） ———————— 潘泉脉等
欢呼胜利想亲人（诗） —————————— 何 津
金光闪闪的政治报告（诗） ———————— 潘仲龄
为党浇开向阳花（诗） —————————— 吴中任
十月的火把（散文） ———————————— 丘 行
红叶礼赞（散文） ————————————— 任 君
五颜六色的海（散文） —————————— 邓小秋
喜迎春（散曲） —————————————— 黄贻猛
欢呼伟大的胜利（油车） —————————— 雷德祖
为党的十一大放声歌唱（歌曲）
————————— 李湘词　蓝启金　林海东曲

伏"鸡"小传（小说） ——————————— 李赤枫
金不换（革命传说） ———————————— 林 红
华主席来到灵水边（歌词） ————————— 古 笛
百凤朝阳（诗） —————————————— 刘观凝
青狮寄语（诗） —————————————— 刘名涛
朱总英名垂青史（诗） —————————— 冯亚舟
朱总司令探望老战士（诗） ————————— 魏升焜
红七军故乡的歌（诗） —————————— 莎 红
重来百色（诗） —————————————— 林 青
百色城（诗） ——————————————— 黄 青
源远流长（诗） —————————————— 蓝怀昌
崭新的战斗堡垒（诗） —————————— 侬易天
革命的现实主义和革命的浪漫主义相结合的光辉典
范——学习毛主席诗词的一点体会
————————— 河池地区文教办公室写作组
气贯长虹　情撼肺腑——喜读《陈毅诗词选集》
—————————————————— 向 群
华主席的关怀暖万家（素描） ———————— 郭怀仁
春到船台（木刻） ————————————— 王 琦

1977 年第 6 期　刊名:《广西文艺》
目录

攻关 ————————————————— 叶剑英
坚持"百花齐放、百家争鸣"的方针——纪念伟大的
领袖和导师毛主席逝世一周年 ———— 文化部理论组
斥阴谋文艺 ——————————————— 何邦泰

走天涯的人（小说） ———————————— 汪 渝

山青水绿（小说）—————————————马符生
裁缝社里的新人（小说）————————韦汉三
勇攀高峰（报告文学）————————韦春芳
船坞赞歌（报告文学）————胡文东 封德坚 鲁 汀
擎天树（散文）——————————————黄建中
林海玉叶（散文）—————————————春 林
白鹅与鱼鹰（童话）—————————林植峰

冬泳亭（诗）———————————————韦 丘
晨曲（诗）————————————————肖自强
华政委端来一杯茶（诗）————————许国泰
"要赶快做"！（诗）————————————莫勇继
红水河畔新歌台（民歌九首）————韦明波等
重逢（诗）————————————————李志明
当年喜迎红七军（诗）————————向德助
侗山灯火（诗）——————————————金彦华
右江行（诗·二首）————————————孙步康
水库抒情（长诗片断）—————————蓝 曼
从这里走向明天（诗·三首）————林白薇
知青点里"红管家"（诗）—————————秦敬德
南海诗草（诗·二首）————————刘 章
谈心（散文诗）——————————————胡 锐
书记的日记（散文诗）————————黄德威
园丁赞（诗·四首）————————————张铭新
"老九不能走"（诗）————————————江山瑞
登山歌（诗）——————————————周祖添
擒油龙（诗）——————————————杨森庆

伟大的领袖 亲密的战友（雕塑）
——毛主席和周副主席、朱总司令在一起
—————————————————仇志海 俞 崧
潘锡柔 陈桂轮 傅天仇 程允贤
我爱我幸福的家乡（歌曲）
—————————韦显珍 农冠品词 詹景森 黎承纲曲
插秧机欢唱人欢笑（歌曲）——————筱 媛词曲
封面：壮锦图案设计——————区工艺美术研究室
封面：桂林山水画————————————涂 克
油香千里（铜版画）—————————杨启鸿
侗寨遇救星（木刻）—————————吴烈民

1978 年第 1 期 刊名:《广西文艺》
目录

毛主席给陈毅同志谈诗的一封信
坚持推倒、彻底批判"文艺黑线专政"论
关于形象思维——学习《毛主席给陈毅同志谈诗的一
封信》—————————————————————杜书瀛
从民歌中吸引养料和形式——————包玉堂

遗篇化春风 催得万山红
——在南宁的部分文学工作者学习《毛主席给陈毅同
志谈诗的一封信》坐谈会简讯

她的故事（小说）————————————韦一凡
夜走红泥岭（小说）—————————李英敏
香禾记（小说）——————————————王志梧

红棉花似火（诗）————————————黄勇刹
板仓行（诗）——————————————秦 似
春风送暖情意长（诗）————————覃超仁
革命传统永不忘（诗）————————黄宝山
站在魁星楼把歌唱（诗）——————覃绍宽
桃花红（诗）——————————————侯 枫
相见歌（诗）——————————————韦其麟
儿歌四首————————————————胡明树遗作
骑手的路（诗）——————————————唐长风

南海明珠（散文）——————————陈培栋 于 峪
东兰行（散文）——————————————毛正三
贮木水库的春天（散文）——————莎 红
拔哥（革命故事）————————————韦 杰

炉前风烟（牛娘剧）
——————————岑溪县文艺宣传队集体创作王其鹏执笔
忙季钟声（邕剧）————南宁市文化局创作组集体创作
李君强 李玉昆 梁家宣执笔
小蜜蜂（童话歌舞剧）——————————苏开来
华主席号召我们大竞赛（歌曲）
—————————————————曾宪瑞 词 陈 良曲
红日照南疆（油画）—————————雷德祖
壮锦图案设计———————————————陈 华
林海泛木（版画）—————————————陆 田
壮乡春早（速写）—————————————雷时圣
向科学技术现代化进军（宣传画）——梁启德

1978 年第 2 期 刊名:《广西文艺》
目录

中华人民共和国国歌—————————聂 耳曲 集体填词

华主席给《人民文学》的光辉题词
跃马扬鞭再长征 光明中国更光明（民歌廿一首）
——热烈欢呼五届人大和五届政协胜利召开

纪念敬爱的周总理诞辰八十周年
周总理青年时代诗选
努力为生，还要努力为死

——学习敬爱的周总理青年时代的一些诗歌···韦其麟
华光永披
——回忆敬爱的周总理对"抗敌演剧队"的亲切关怀
·······················侯 枫
周总理的笔筒 ·······················周继昌
幸福的回忆 ···············广西采调团写作组
光辉的榜样（诗）·····················包玉堂
青山绿水念亲人（诗）·················秦新华
争春百花献总理（诗）·················周维新
叠采明灯（诗）·······················麦春芳
九弦琴（诗）·························秦国明
颂歌中的一个音符（诗·外一首）·········曾宪瑞
漓江唱出心中歌（诗）·················经友三
您和我们永远在一起（诗）·············孙如容
天地尽沐总理恩（诗）·················李肇隆
创业终生留伟绩（诗）·················李育文
唱给周总理的歌（歌曲）····漓 舟词 筱 媛曲
情满漓江（素描）·····················雷德祖
金风送爽（小说）·····················肖定吉
相亲记（小说）·······················卢振海
如虎添翅（小说）·····················林唯唯
金城吐翠（散文）·····················李邦本
参加太平军去（民间故事）
············彭十伯等人口述 彭会资搜集整理

霞光曲（诗）·························古 笛
看《刘三姐》演出有感（诗）···········邓凡平
红珊瑚献给科学家（诗）···············田德军
京族三岛奇观（诗）···················张化声
唱胶林（诗·三首）···················亢 进
割胶工（诗·二首）···················吴荫循
云端水库（诗）·······················严永通
春歌（诗）·························秦振武
祖国的挂历（诗）·····················黄家玲
信天游一曲虽唱战友（诗）·············敏 岐
"海上花园"（诗）···················任冬青

闹学记（相声）·······················顾乐真
群众喜闻乐见的好戏《刘三姐》·········郑天健
三十年代的革命文艺不容诋毁···········杨益群
文艺批评小议 ·······················申 辰
向科技现代化进军（歌曲）
······叶惠明 唐剑文 张 弦词 何忠三 付炳崇曲
我和星星打电话（歌曲）····张秋生词 亦 生曲
叶副主席诗《八十书怀》（篆刻）·······李骆公
漓江春（版画）·······················陈更新
壮锦图案设计 ·······················陈 华
渔港之夜（写生）·····················黄独峰

1978 年第 3 期 刊名：《广西文艺》
目录

选队长（小说）·······················黄飞卿
为了明天（小说）·····················黄德昌
补草鞋（革命故事）···················孟国基
野外散记（散文）·····················聂 波
天湖三姐妹（散文）···················李育孙
山花一束（散文）·····················苏长仙
献给小朋友们
小放鸭员 ·························李 可
黑熊为啥没朋友 ·····················宁元士

湘江赣水千载流（诗·三首）···········于 力
东兰谣（诗）·························瞿 琮
清风楼之歌（诗）·····················农冠品
红军锅（诗）·························兰怀昌
锄头歌（诗）·························叶知秋
追着春光前进（诗·外一首）···········孙如容
冬冬与气球（儿童诗）·················夏妞妞
握手（诗·外一首）···················于建才
渔歌（诗）·························肖扬武
铁牛进山（诗·外一首）···············剑 文
约会（诗）·························赵怀庆
托儿所里红灯亮（诗）·················黄永令
流水欢歌（诗·六首）·················管用和
珍珠湾的清早（诗）···················庞 然
周总理来乘五路车（鼓词）·············李定余
赶路忙（表演唱）·····················瞿恭辉

努力歌颂新的人物、新的世界···········林 云
掌握语言艺术 搞好文学创作
——学习鲁迅小说札记·················吴 倚
"似花还似非花" ·····················陈 炳

处处有雷锋（漫画）···················江 夫
好孩子（漫画）·······················李冠国

封面设计 ·························翁文忠
漓江长虹（写生二幅）·················梁荣中
京族三岛尽朝晖（石雕）···············东兴石雕厂
虾汛（牛角雕）·······················合浦工艺美术厂
花瓶（泥兴陶器）·····················钦州泥兴陶器厂
双龙瓶（美术陶瓷）···················柳州市美术陶器厂
汗水浇出靶心花（宣传画）·············仓小宝

1978 年第 4 期　刊名:《广西文艺》
目录

小说·散文

三月三（长篇小说《瀑布》选载） ················ 陆　地
父女之间 ··· 桂挺工
走娘家 ··· 屈方雄
马缨丹花红艳艳（报告文学） ····················· 葆　青
橘子洲头（外一篇） ································· 肖甘牛
从独鲁万到伦敦 ····································· 许宗强

诗歌

百花齐向太阳红（民歌六首） ····················· 李阿玲等
铮铮空谷荡雄音 ····································· 柏　岩
白果树 ··· 蒋太福
邕江欢歌 ··· 卢养成
韦老铁（小叙事诗） ································· 柯　炽
铺路歌 ··· 苗延秀
登叠采书怀 ··· 彭泽陶
繁花硕果满华园 ····································· 黄日昌
接书记 ··· 杨桂英

评论

假左真右的反革命文艺理论 ······················· 沈太慧
作品要有"新鲜"感（编辑手记） ··················· 柳　叶
县委书记的赞歌（书评）
　　——评张化声的诗集《踏遍山乡》 ············· 王一桃
读《一个官员的死》（名著欣赏） ················· 兰少成
附：一个官员的死（短篇小说） ··················· 契诃夫
契诃夫（作家简介） ································· 天　空

曲艺·音乐

追顾客（快板书） ··································· 彭　匈
啊！祖国（歌曲） ··························· 壮　歌　词曲

美术

漓江恋（油画） ····································· 涂　克
壮锦图案设计 ······································· 梁英华
西沙海燕（国画） ··································· 黄独峰
象山钦水漓江滨（国画） ··························· 阳太阳

其他

编后

1978 年第 5 期　刊名:《广西文艺》
目录

刘三姐（歌舞剧）
　　·········· 柳州《刘三姐》剧本创作小组创编
广西壮族自治区 1960 年《刘三姐》会演大会改编

小说·散文

布谷鸟叫的早晨 ····································· 覃　惠
天兵天将 ··· 杨涉钦
春来花朵发行枝
　　——区科学大会散记
　　　　　　　　　　　　　　　甘棠惠　梁宪华
小花鹿剪"辫子"（童话） ··························· 黄每裕
灯光 ··· 宁业钧

诗歌

清清的小河 ··· 林　玉
夺钢抒情 ··· 剑　熏
探闺女 ··· 谢广星
把青春追回来 ······································· 黄宗信
山村座落在我心房 ··································· 李　苹
机械化使我直起了腰 ································· 廖成报
金田水库赞 ··· 曾志桦
织网 ··· 何德辉
煤河欢歌（外一首） ································· 黄　灿
歌飞天涯 ··· 苏虎棠
山水联婚我搭桥 ····································· 周金有

文艺评论

阴谋文艺的一个标本——《百花川》 ··············· 刘志光
诗之母（创作谈） ··································· 黄勇刹
"拔高"与"压低"（文艺随笔） ····················· 程万里
力戒概念化（编辑手记） ··························· 夕　明
古代人民的英雄史诗（名著欣赏）
　　——读《木兰诗》 ······························· 王弋丁
附：木兰诗（古代民间叙事诗）

音乐·美术

《刘三姐》选曲（五首）
夏荷（国画） ······································· 肖　朗
壮锦图案设计 ······································· 华　媛
理想（诗配画） ······················· 韦玉翠 诗　张达平 画
家访（铜板画） ····································· 杨启鸿
强将手下无弱兵（木刻） ··························· 邱霍泉

编后

1978 年第 6 期　刊名:《广西文艺》

目录

毛泽东思想永远鼓舞着我们前进

珍珠子（散文）————————————凌　渡
不灭的明灯（散文）————————————李丹林
诗二首————————————林道行
韶山杜鹃红（诗）————————————杨红莉
井冈行（诗二首）————————————黄　河

沉痛悼念郭沫若同志

忆伟大的无产阶级文化战士郭沫若————侯　枫
邕漓情长迎您归
——敬读郭老的《邕漓行》————————王一桃

小说·散文

红小鬼与黑少佐————————————李英敏
春寒曲————————————老　松
辣椒妹————————————曾仕龙
阿林的信（儿童文学）————————————王育英
三进元宝山————————————吕庸浚

诗歌

人民公社实在好（新民歌十一首）————王　湘等
入党·在大渡河边
——长诗《高原凯歌》中的两章
　　　　　　　　　　　包玉堂　韦照斌
擎天柱————————————鲁　原
苍山雾海间（二首）————————————韦炳伦
望新城————————————龙怡凡
在深山密林（二首）————————————周祖添
黄牛、雄鸡和青蛙（寓言诗）————————顾柳生
旅游篇（二首）————————————杨兆祥
干校诗笺————————————南　雄

文艺评论

向民歌学习
——从《刘三姐》的山歌谈起————————王亨念
"事"、"声"与"人"（编辑手记）————————宗　翰
文艺作品不能描写爱情吗?（读者论坛）————韦志彪
"她"的确是她（读者论坛）
——读短篇小说《她的故事》————————郑胜丰

音乐·美术

祖国的春天无限美————————曾宪瑞词　李学伦曲
总任务　照万家————————左　锋词　践　明曲
大寨花开红艳艳——————易　立词　何忠三　李延林曲
漓江晨雾（国画）————————————周志龙

壮锦图案————————————梁英华
未来新景————————————关景宇　赵宝林
壮乡明珠（套色木刻）————————————李增霆
美丽的漓江（摄影）————————————陈亚江

其他

文艺消息一则
编后

1978 年第 7 期　刊名:《广西文艺》

目录

诗词三首————————————毛泽东

小说·散文

诊室内外的春天————————————李　竑
高处不走走低处————————————叶宗翰
我那老头子————————————张国聪　马振桓
高山望————————————李　彬
新婚夫妇————————————柯天国
花朵礼赞————————————秦振武
漓江渔火————————————成　德

诗歌

祖国前程美似锦（新民歌七首）————李庚生等
重游旧战场（七律四首）————————罗立斌
听歌————————————秦　似
太阳游过邕江————————————黄　青
北部湾礼赞（二首）————————————罗马丁
路（小叙事诗）————————————杉　松
阿婭的歌（外一首）————————————莎　红
彩色的矿山（二首）————————————杨鹤楼
路树————————————龙京才
四川行（二首）————————————欧阳若修
我上银河开水闸————————————黄寿才
他————————————杨荣杰

文艺评论

绚丽多彩的光辉诗篇
——学习毛主席的《诗词三首》座谈会简讯
推陈出新　化腐为奇
——学习毛主席诗词运用典故的体会————马焯荣
散与不散（编辑手记）————————————凌　渡

曲艺·音乐

老管天（相声）————————————罗锦全
华主席亲咧华主席好————————陈　驹词　庞国权曲
我爱祖国江河水————————牛志强词　刘昌瑾曲

美术

雄鸡（国画）—————————————徐杰民
壮锦图案设计—————————刘业宁　杨大明
好好学习　天天向上（宣传画）—————梁　强
地质勘探组画————————————龙山农
歌唱伟大祖国————————————吴冠英
放学路上——————————————温　子
编后

1978 年第 8 期　刊名:《广西文艺》
目录

小说·散文·报告文学

101 天——————————————恒　颂
在北去的列车上————————————陈　多
石坚的爱情—————————————唐择扶
花满枝头——————————————谢树强
可爱的南方—————————————聂　波
打开绿色的宝库————————————李葆青
右江古渡火花歌————————————黄福林
没有胶树的胶园————————————吴荫循
绘彩的花瓶—————————————子　红

诗歌

情歌新花朵朵开（新情歌 17 首）————杨蠹等
流蜜的右江—————————————扬　军
森林诗抄（三首）———————————陈侃言
北京的巧遇—————————————艺　涛
笑（二首）—————————————杨　克
赤眼蜂，是谁调动了你?————————黄家玲
金龙飞了——————————————黄焕英
砥柱石———————————————叶　锦
二〇〇〇年的早晨———————————邓国显
十里甜河——————————————卢岱荣

评论

一切诬蔑不实之词必须推倒
——为晋剧《三上桃峰》彻底平反———韦显珍
区文化局、区文联等筹备小组联合召开座谈会
彻底揭批"四人帮"炮制"《三上桃峰》事件"的反
革命阴谋

难忘的最后一课
——读都德的《最后一课》—————贺祥麟
附：最后一课（小说）———————[法国]都　德

音乐·美术

故乡啊，你变得这样美（歌曲）----肖薇编词　筝笙曲
阿妈要上巡逻队（歌曲）
　　　　　　苏卓兴词　苏文进　詹景森曲
清风楼前花更红（油画）———————许　超
左江惊雷（油画）
——一九三〇年邓小平同志赴龙州组织武装起义
　　　　　　　　　　　　　　　　李先志
壮锦图案设计—————————杨大明　刘业宁
奇峰峡谷无阻挡————————————彭　诚
静物写生——————————————邵伟尧
头像速写——————————————徐　刚

《广西文艺》编辑部举办 1977—1978 年优秀短篇小
说评选启事
编后

1978 年第 9 期　刊名:《广西文艺》
目录

红七军老战士忆当年

少年英俊
——回忆杨英烈士—————————莫文骅
抢占天险娄山关————————————欧致富
邓小平同志叫我找南瓜—————————黄松坚
红色标语——————————————覃士冕
借枪的故事—————————————孟国基

小说·散文·报告文学

回马枪———————————————陆　地
深沉的爱——————————————梁发源
田春云治服"惹不起"—————————方家祥
飞翔的海鸥
——记总工程师卢达————————潘荣才
百花图———————————————周民震
红枫赞———————————————黄　刊
红水河上的炮声————————————李克斌
壮乡古城展新容
——南宁书简————————韦纬组　梁冠文
林海明珠
——寄自隆林的信————————程万里

诗歌

红水河之歌—————————————周光春
光辉功业照前程
——庆广西壮族自治区廿周年
　　　　　　　　　　　　　　　　罗立斌
水调歌头二首————————————莫乃群
节日书怀——————————————林克武
沁园春·南下途中———————————郑少东

幸福全靠党指引　团结高歌再长征
——庆祝广西壮族自治区成立二十周年民歌选
　　　　　　　　　　　苏维光　李春芬等
红码头……………………………………黄宝山
右江行（三首）…………………………包玉堂
啊，我的可爱的乡土……………………秦　似
庆自治…………………………………苗延秀
山区颂…………………………………秦振武
悬崖歌（叙事诗）………………………韦其麟
右江潮（外一首）………………………黄　青
写在红七军故乡的歌（组诗）…………莎　红
江山娇（三首）…………………………柯　炽
秋天的歌（二首）………………………骆绍刚

评论
繁荣文艺创作，为新时期总任务服务
——庆祝广西壮族自治区成立廿周年……本刊评论员
《云飞嶂》创作杂谈……………………武剑青
浅谈《云飞嶂》的人物塑造……………范　舟

音乐·美术
心中的歌献给华主席（歌曲）………罗绍征　词曲
灯塔照征程（壮族末伦）
　　　　　　　　　韦显珍作词　粟仁金编曲
壮乡雨后映朝阳（油画）………………雷德祖
热烈庆祝广西壮族自治区成立二十周年（宣传画）
　　　　　　　　　　　潘大强　陈德泉
壮锦图案设计…………………………宋金良
毛主席派人来（木刻）
——一九五一年中央访问团访问龙胜…吴烈民
敬刻华主席给《人民文学》的光辉题词（篆刻）
　　　　　　　　　　　　　　李骆公
庆祝广西壮族自治区成立二十周年（篆刻）帅立志
百色起义（油画）………………………曾日文

孔雀石…………………………………龙凤林
鸭和鹅…………………………………殷　夫

诗歌
天安门诗词选
特级教师素描（二首）…………………魏升焜
闪光的证书……………………………李肇隆
您爱粉笔染银发………………………泰国明
播种者…………………………………海代泉
校园短笛………………………………泰新华

北仑河的怒涛（二首）…………………张化声
伤疤
——一位越南华侨的控诉………………李　湘
观察……………………………………莫少云
铁丝网呵铁丝网………………………何　津
我的古巴兄弟（讽刺诗）………………甘棠惠

在金凤凰落脚的地方……………………农冠品
新竹青青………………………………陈雨帆

文艺评论
南方土改运动的生动描绘
——重读长篇小说《美丽的南方》………谭绍鹏
《刘三姐》是出好戏……………………陈　肃
彻底肃清"四人帮"在文艺批评上的流毒影响
　　　　　　　　　　　　　　谢　敏

音乐·美术
前进在新长征的道路上…………芦　芒词　王正字曲
封面设计………………………………覃忠华
亿万人民心中的丰碑（雕塑）…………俞　崧
试看天地翻覆（油画）…………………邵伟尧
虾（国画）………………………………朱晨光
编后
本刊启事
《广西文艺》编辑部举办 1977—1978 年优秀短篇小说评选启事

1979 年第 1 期　刊名:《广西文艺》
目录

小说·散文
楠竹青翠…………………………………陈肖人
豆子事件………………………………黄飞卿
明朗的冬天
——长篇小说《红波滚滚》的一章………蓝鸿恩
"歌仙"的凯旋…………………………雷　锋
星之歌…………………………………黄桂平
图书馆…………………………………徐治平

寓言三则
木棉树的故事…………………………梁　固

1979 年第 2 期　刊名:《广西文艺》
目录

小说·报告文学·散文
出庭……………………………………黄善飞
书记与科长………………………梁昭上　黄春秀
一封长长的来信………………………朱　俐
我的表姐………………………………邓国胜
风雷世家…………………………吴采法　黄德任

勇敢的进军
——记玉林制药厂引进国外先进技术…………李 竑
桥…………………………………………………蓝育生

白熊的花招（寓盲）………………………………龚治臧
黄莺、花儿、土地（寓言）………………………黄正文
乌龟的故事（瑶族民间故事）……………凌永庆整理

文艺评论
把颠倒了的是非颠倒过来
——为短篇小说《故人》平反………………扬 戈
不能把香花当毒草
——重评《元宵夜曲》………………………王一桃
胆子再大一点，写得再深一点……………………宋 郡

诗歌
春的放歌…………………………………………古 笛
我们这样响应……………………………………庞 然
怎能不歌唱………………………………………黄宗信
百灵歌（小叙事诗）……………………………黎国璞
在边境上…………………………………………包玉堂
东隅十日游………………………………………罗立斌
漓江行……………………………………………曾有云
尊师爱生吟………………………………………李 耿
祖国叮，让我再加一个拖斗……………………唐长风
溪边的洗衣姑娘…………………………………李甜芬
荔枝熟了的时候…………………………………潘恒济
爱……………………………………刘登翰 孙绍振

音乐·美术
美丽的壮乡……………陈 驹 易立词 杨通八曲
春到亿佬冲………李学纶 古 笛词 李学纶曲
哨…………………………………………………仓小宝
斯巴达克思（连环画第一集选载）
…………………李葆靖编文 雷德祖绘画
魁星楼……………………………………………王瑞祥摄

要说真话
——在短篇小说创作座谈会上的发言………弋 丁

小说·散文
榴花似火
——长篇小说《榴花似火》的一章…………丘 行
无名高地…………………………………………吕 梁
金不换赞…………………………………………岑献青

丰收的助手（科学童话）………………………莫 克
怀郭老 话勾漏（游记）………………………何一萍
阿达够（苗族民间故事）……………陈玉宝 搜集整理
望仙坡（地方掌故）……………………………韦纬组
红水河畔新歌台：山歌越唱越精神………………区桂凉等
寓言诗二首………………………………………郑奕森

诗歌
入列吧，同志……………………………………钟 盛
为祖国和人民做个有益的人……………………李新科
献给诗人…………………………………………卿锡古
红叶……………………………………………陈侃言
欢笑的壮乡………………………………………谷 欣
金钟山…………………………………………慈明和
浪花朵朵…………………………………………韦银芳
"老积极"…………………………………………颜运祯
桂林即景…………………………………………罗立斌
笔记诗……………………………………………潘 古
我们一定活得更年青……………………………李志明
忆右江……………………………………………林 青

音乐·美术
手拉手儿朝前跨……………………左 锋词 践 明曲
快快插上科学的翅膀……………黄胜泉词 单稚琛曲
计划生育好（年画）……………………………吴模才
落户（油画）……………黄文波画 南 雄配诗
随时准备歼灭敢于来犯之敌……………………梁 强

1979 年第 3 期　刊名:《广西文艺》
目录

在文艺工作座谈会和故事片创作会议上的讲话
…………………………………………………周恩来
铭记和感勉
——学习周总理关于文艺问题讲话的札记……秦 似

评论
思想再解放些步子更迈大点
——在短篇小说创作座谈会上的发言………李英敏

1979 年第 4 期　刊名:《广西文艺》
目录

小说·散文
边境上的来客……………………………………雷 铎
不谢的秋菊………………………………………吴作韬
森林中的孩子……………………………………王育英
肖厂长一家………………………………………苏 玲
邻居……………………………………………梁宪华
射箭的波玛………………………………………聂 波
工厂短笛…………………………………………范英华

行情种种（随笔）·············谢 逸
碧莲如画（游记）·············唐剑文
荷叶上的珍珠（童话）···········林植峰
画虎（笑话）···············石 淘
寓言三则···········黄瑞云 金毅忠

文艺评论
要有艺术民主··············何邦泰
让孙悟空从"紧箍咒"下解放出来·····张 辛
这叫文艺批评吗?
——对《文学常识》一书提些意见·····刘名涛
计划生育的赞歌 文艺园地的新花
——评喜剧《甜蜜的事业》·······王正春
此是人民心底花
——读《天安门诗词五百首》······剑 文

读者、作者与编者
及时反映 大胆创作···········司徒玉燕
《出庭》是一篇值得欢迎的作品······秋 水
甲乙谈话录···············廖 雷
爱情新花红艳艳·············杨少云
欢迎这样的好作品············陈显佳
对童话《小花鹿剪"辫子"》的一点意见····黄树祥

诗歌
越寇胆敢来挑衅 坚决打它不留情
········蓝鸿恩 黄勇刹 柯 炽 杨鹤楼
埋诗··············陈三光 谭涛初
友谊的长笛···············金彦华
好大的雾呵灯花簇簇···········于建才
南疆诗草················杨金亭
红水河畔山歌大联唱
······韦新和 冯雅初 龙殿保 谭荣生等
流云岁月记阴晴·············麦春芳
踏月行·················黄琼柳
甜蜜的路················绿 蓬
水族潜水工···············周祖添
赣湘参观学习吟稿············韦瑞霖
美丽的港口···············向 群
谒刚峰庙················庞传武

讽刺诗
主任的五官···············覃桂清
破格授勋记···············甘 明

音乐·美术
凯旋门下迎亲人·······任红举 词 柳 朗曲
瑶山飞来吉祥鸟·······于力词 小沛曲
自卫还击前线速写·······廖宗怡 区焕章
迎春·················许信尧摄
篆刻·················帅立志

1979 年第 5 期 刊名:《广西文艺》
目录

社论：发扬革命文学的光荣传统
——纪念"五四"六十周年

自卫还击·保卫边疆
母亲，为了您的尊严与安宁（速写）·····李海强
没有攻不玻的堡垒（速写）·········李葆青
庄严的界碑（速写）···········穆予才
神炮手威震敌胆（速写）·········梁忠纪
赤子丹心（诗二首）···········符昭苏
战士的心（外二首）·······丁云鹏 孙 映
寄自华侨农场的诗（诗）·········雷一扶
怎么办（待）··············任海鹰
英雄花开英雄来（歌曲）·········范成伦词曲
自卫还击，保卫边疆（画）········雷德祖
桂花飘香的时候（小说）·········黎江晓
碰壁记（小说）·············李业甲
生命之树（杂文）············张 起
扑不灭的火焰（革命回忆录）
——记龙州起义失败后找党········吴 西
稻王送谷（民间故事）·······彭令资搜集整理
写在列车窗口（散文）··········陆次繁
风与新竹（寓言）············黄正文
豹子头（地方掌故）············瑜

谈谈两个口号问题（文艺评论）······林焕平

纪念张曙
忆张曙（文艺评论）···········周 畸
英魂莫散喊杀声（文艺评论）
——纪念张曙诞生七十周年········冯明洋
日落西山（歌曲）·······田 汉词 张 曙曲

春风过处花满枝（民歌一辑）
古怪歌················方大伦
瑶山调················蒙光朝
短歌八首···············赵 淦等
桥··················胡文治
喜为四化攀高峰············唐云斌
齐争贡献渡晚年············区衣乐

诗二首················叶惠明
看《摩登时代》感赋（诗）········周 游

望穿秋永（诗）……………………………黄卓群
写在纪念册上（诗）………………………刘湛秋
木麻黄呵，海岛的卫士（诗）……………黄河
海笋（诗）…………………………………黄家玲
如果……（诗）……………………………韦银芳
珍珠的摇篮（外一首）……………………何津
爱的潜移（诗）……………………………王钢
真武阁（诗）………………………………袁裔琪
喷艳吐香开不败（诗）……………………彭善

1979 年第 6 期　刊名:《广西文艺》
目录

自卫还击·保卫边疆

情深谊长（小说）…………………………胡品廉
有我无敌（速写）………………姜柳初　陈定兴
致敬！自卫反击战的英雄们（诗）………孙如容
铁证（诗）…………………………………姚成友
战地交响乐（诗）…………………………于竖
你敢再来我敢打（诗）……………………林明
小花猫（涛）………………………………罗绮儒
小蜜蜂（诗）………………………………魏升焜
两条狼（歌曲）……………茅晓峰词　文刀曲
炮兵叔叔真英雄（歌曲）…………竿笙词曲
《自卫还击，保卫边疆》展览（画）……陈以忠
威震南天
——前线空军战斗生活诗画
……………黄三才　黄增炎刻　正午竹叶诗
并非爱情（小说）…………………………祖慰
沙堆激战（儿童文学）……………………樊庆荣
想摸太阳的孩子（儿童文学）……………刘洁
铜鼓世界（游记）…………………………蒋廷瑜
它们为什么不搬家（科学童话）…………谈庆麟
姐弟斗妖耶（壮族民间故事）……蓝鸿恩搜集整理
广西民间动物故事：穿山甲的教训
……………………（瑶族）盘承乾等搜集盘理
马蜂做窝……………（苗族）枣树搜集整理
猴子等果（寓言》…………………………宋保龙
在一次学习会上的发言……………………陆地
词生于情，意余于采（名著欣赏）
——读安徒生童话《卖火柴的小女孩》…杉松
（附）卖火柴的小女孩……………………安徒生
关于反面人物的描写（作品评介）
——短篇小说《桂花飘香的时候》读后……鲁霖

喜鹊老师（童话诗）………………………莎红
顽皮的"？"（诗）………………………林玉
壮乡儿歌（二首）…………………………蓝阳春

讽刺童谣（二首）………………童心　林国强
有这样一个小女孩（诗）…………………张益正
钻塔（诗）…………………………………黄灿
唱给梦中的宝宝（外一首）………………王溶岩
谜语诗……………………………………杨永生
祖国，你笑了（外一首）…………………符浩
我俩又获新爱情（诗）……………………黄炎
诗一首……………………………………连贯
乡情集（二首）……………………………严阵

和科学家联欢在一起（儿童歌曲）
……………………黄胜泉词　汪波曲
儿童生活诗画……………袁惠民刻　琦琦诗
摘果（画）…………………………………王亚妮
塘角鱼（画）………………………………程开涛

1979 年第 7 期　刊名:《广西文艺》
目录

自卫还击·保卫边疆

杜鹃啼血（小说）…………………………于峪
梯子赞（散文）……………………………蓝太阳
自卫还击严惩越寇（诗）…………………刘景荣
去吧！孩子（诗）…………………………李湘
我是铁，我是钢（诗）……………………莫少云
凌风驾雨（画）……………………………庞泰嵩
速写（画）…………………………………招炽挺

小说·散文

南飞雁……………………………………邓瑞昆
鸡郎佬戴花记……………………………卢三
跛脚爷爷…………………………………陈德锌
"铁嘟嘟"进村了…………………………扬达忠
基石之歌…………………………………潘恒济
春游雁山（游记）…………………………杜奋嘉
志在四方（随笔）…………………………湖涌
白头翁的后代（童话）……………………宁元士
小河上的浪花（童话）……………………梁秀云
柑香亭和柳侯词（地方掌故）……………平平
懒惰和勤劳（寓言）………………………蔡永彪
以讹传讹（小晶）…………………………彭景宏
格言三则…………………………………刘荫湲

文艺评论

在实践的检验下
——《现实主义——广阔的道路》辨……刘名涛
为《楚汉春秋》平反………………………潘健
要真、善、美………………………………夕明

诗歌

踏莎行 .... 周光春
红色东兰 .... 卢永克
柳江上 .... 黄 青
莫拿瘪奶哄娃娃 .... 李肇隆
母牛之歌 .... 覃 惠 覃桂清
枫林经霜叶更红 .... 肖甘牛 王景全
笑声里的泪珠 .... 杨鹤楼
"牛棚"诗草 .... 林 贞
诗二首 .... 吴三才
奔腾吧，万世不竭的源流 .... 谭立予
恋人曲 .... 南 方
该不该叫哥一声 .... 区桂凉
漏斗和瓶子（寓言诗） .... 越怀庆
贝江 .... 罗纪元
海堤 .... 冯志荣

音乐·美术

封面设计 .... 翁文希
思乡曲 .... 李 湘词 欧阳可传曲
归来吧 .... 陈汉泉词 刘 艾曲

1979 年第 8 期　刊名：《广西文艺》
目录

自卫还击·保卫边疆

在阵地上的诗（散文） .... 王道平
子弹·照片（散文） .... 孟宪武
岔路口的小窝棚（散文） .... 莫孝川
自卫还击战中的她们（诗） .... 刑晓宾
兵民是胜利之本（组画） .... 周度其画
前线速写 .... 曾宪高 何国华 王 刚画
在自卫还击战斗中的英雄们
　　　　　　 邵增虎 彭强华 赖征云画

小说·散文

喷火的穿山甲 .... 聂 波 侯佐澜
孪生姐妹 .... 王浩亮
郁江渔歌 .... 徐治平
"皇城使"奋御越寇（历史故事） .... 骆鉴清
粤西第一洞天（游记） .... 凌 渡
气象情报员（科学童话） .... 莫 克
充实知识厚藏（随笔） .... 谢 逸
依样画葫芦（民间故事） .... 海 歌搜集整理
樟树和松树（壮族民间故事） ...... 苏 珊搜集整理
狐狸评论员（寓言） .... 海代泉
钢钎和钥匙（寓言） .... 庞仕章
越南越难（政治笑话） .... 李自然

格言八则 .... 刘荫澐
三言两语 .... 汝 浩

诗歌

讲出人民心里话，万众绘出新中华
　　——献给五届人大第二次会议的歌 ...... 丁 沙等
红水河畔新歌台：
好歌越唱心越开，歌满青山情满怀 ...... 冯雅初等
我们女英雄的一对眼睛 .... 黄 青
怀想诗 .... 陈三光 谭涛初
百寿烈士墓 .... 黄爱邦
时间老人的心愿 .... 谢小莹
补书 .... 邓照华
一朝有情情更真 .... 麦 颖
山湖边 .... 李甜芬
给孩子们的诗（三首） .... 陈酒香
春雨 .... 丁云鹏
究竟谁好？ .... 孙 映
赠友人 .... 曾昭文
话为何不直说？ .... 陀继宗
山鹰与孔雀 .... 管 斌
诗二首 .... 朱光天

文艺评论

评反面人物的简单化
从"耒阳县凤雏理事"说起
　　——情节漫笔 .... 王云光
读者、作者与编者：发人深思的艺术形象
　　——评论短篇小说《桂花飘香的时候》来稿摘登
　　　　　　　　　　　　　　　　　　 雷务远等

音乐

北京的钟声（歌曲） .... 曾宪瑞词 李延林曲

1979 年第 9 期　刊名：《广西文艺》
目录

小说·散文

发生在异国的爱和恨 .... 黄绍武
梅老师 .... 穆予才
局长夫人 .... 邓瑞昆
聋子老爹 .... 黄培宗
丰收之后 .... 傅燕南
南湖纪行（游记） .... 韦纬组
南山寺记（游记） .... 石 谷
在家里听从主人（南斯拉夫民间故事） ..... 王志冲译
兔子和鳄鱼（非洲民间故事） .... 严永通译
樵夫和河伯（印度民间故事） .... 丁岐江译
白兔的画（寓言） .... 林植峰

文艺评论

文艺评论小议 ·· 穆　映
办"国家公园"好不好? ································· 中　仁
李志曙的《老天爷》

——往事杂忆 ······································· 李　凌
"读者、作者与编者"专栏 ·························· 张世勋等
短小、深刻

——读莫泊桑的《我的叔叔于勒》

·· 林建华　卢相贤
（附）我的叔叔于勒 ····················· ［法国］莫泊桑
"何如泼墨写云烟"

——读邓拓同志遗作《桂林杂诗》 ············· 余国琨
诗歌含蓄小议 ······································· 海代泉
洪承畴的两次弹尘 ························· 舒　英　张成觉

诗歌

桂林杂诗 ······································· 邓　拓遗作
祖国东北行（外三首） ····························· 罗立斌
列车，正在飞奔隆隆 ······························· 唐长风
要民主不要权贵，要民主不要专制 ············· 韦能雄

带刺的玫瑰

山野杂记 ··· 韦银芳
报纸和某君的对话 ······················· 丁家寿　李有才
一粒草籽 ··· 罗　红
"男高音" ··· 秋　沫
问"大好"书记 ····························· 谢朴生　蒙智扉
伐木者生活剪影（二首） ····························· 郑　南
红水河上的爱情（外一首） ························· 王一桃
造风的女神 ··· 曾有云
摸鱼儿 ··· 杨韬亮
给在暗室工作的朋友 ······························· 凌　雨
露珠集 ··· 张　波
读报感怀 ··· 谢洪信
听广播感吟 ··· 黄文武

音乐·美术

泪海（歌曲） ······································· 显　珍
夕　明　竽　笙词　晓　影曲
护林队到山村（木刻） ····························· 杨启鸿
促膝（木刻） ······································· 宇　青
访问日本传统工艺速写 ····························· 翁文忠
救护（水粉画） ····································· 侯　滨

1979 年第 10 期　刊名:《广西文艺》
目录

回顾与展望

——庆祝中华人民共和国建国三十周年····本刊评论员

诗歌

东风浩荡桨橹稠　千江万河赛龙舟············麻维甫等
建国三十周年喜作 ································· 莫乃群
春色满壮乡 ··· 包玉堂
秃笔谱新章 ··· 苗延秀
鹧鸪天

——为庆祝建国三十周年作 ····················· 周　游
蛇郎（故事诗）····柯　炽（执笔）　龙京才　王溶岩

小说·散文

重开的玫瑰 ··· 肖定吉
女囚徒 ··· 罗来勇
爱 ··· 邓锦凤
长漏记 ··· 林唯唯
找党

——选自长篇小说《澎湃的赤水河》 ········· 徐君慧
红八军的故乡

——龙州（游记） ······························· 严小丁
北海小志（游记） ································· 李宝靖
崔因的故事（民间故事） ················· 冯宇明搜集整理
一席趣谈（随笔） ································· 巫东方
关于"积羽沉舟"（随笔） ························· 裴　滴

音乐·美术

美好的赞歌 ····························· 洪　源词　王正宇曲
勾玛爱弹口弦琴 ··············· 杨　炼词　李学纶曲
梅菊图 ··· 黄独峰
甜的海洋 ··· 谢才干
青春常绿 ··· 杨　照
渔港晨曲 ··· 董　苏

1979 年第 11 期　刊名:《广西文艺》
目录

小说

在郊区派出所里 ····································· 孙步康
但德尔斯的一家（香港来稿） ····················· 阮　朗
一张招贤榜的故事 ································· 康圣清
痴仔列传 ··· 廖　文

散文

硝云弹幕凝深情（报告文学）·········黄辅民　海　浪
她的尾巴（童话）····························杉　松
高高的白石山（游记）···············凌崇征　韦宝兴
人民的呼唤（书信）·························姚正康
侯大狗的传说（民间故事）···········黄培基搜集整理
山村幼儿院（散文）·························梁　山
到底还是个傻瓜（寓言）···················邝金鼻
掷纸过河（寓言）···························覃宗文
思想的火花（锦言）·····················邓书明辑录

诗

浪淘沙　喜逢战友························林　叶
脚之歌································周祖添
漓江水育我长成材
——写给天津支桂的工友···················石　英
金麦黄熟了····························韦革新
致马兰基·····························黄家玲
火花集································马晋乾
明天……
——一支动人的歌·······················彭　澍
烈士墓前的遐想·························姚成友
边境小镇·······························鲁　原
杜鹃花·······························秦培峰

选父亲································黄　河
讽刺诗二首·························刘止平　蒋国森
寓言诗二首·························邓志民　杨　青
南斯拉夫抒情诗（二首）···················王志冲选译

评论

加强写作基本功的实践锻炼　塑造感人的人物形象
——读《广西文艺》的几个短篇小说有感
·······································宁金芝
可信，可亲，可爱·······················王弋丁
试论共同美····························伊　萍

音乐·美术

一串串歌声飞过岭（小组唱）
··················尹　永词　秦考伦　苏用宗曲
主任的五官（讽刺歌曲）·······覃桂清词　陈萃璧编曲
冠岩风光（水印木刻）····················龙廷坝
漓江畔（国画）·······················覃绍殷
岩罅漏霞光（国画）·····················朱培均
家住青山绿水旁（国画）···················周志龙
江畔三月（水印木刻）····················邓福觉

目录

诗歌

右江革命歌谣选（二十四首）
············黄焕英　覃绍宽　班汉隆等搜集整理
红水河的女儿
——写在红七军的故乡····················于　力
流吧，东兰的水（二首）··················刘毅然
香飘四季·····························农冠品
东兰纪行·····························陈有发
诗二首·····························吴赞之遗作
香茶敬给红七军（侗歌）··················张祖寿
木棉花开飞彩霞························陈欣德
绿色的风·····························曾宪瑞
苗岭游击词····························周广生
诗三首·······························蔡天心

散文

坚定的革命战士
——深切怀念我的父亲李明瑞················李秉元
右江红旗飘
——忆我的爸爸黄举平二三事················黄语扬
右江的脉搏（散文）·····················陈雨帆
风（散文）····························苏长仙
百色记游·····························潘荣才
红军的故事二则
一只炖鸡··············唐龙阶口述　陈德锌搜集整理
智擒肖守卿··············尹锡金口述　祖岱年搜集整理
在进军广西的日子里（革命回忆录）·············刘天野

评论

伯乐和马儿
——新近听到的几个青年女中音之一
··························杜　辉　李　凌
毛难族民间文学概况·····················袁凤辰
真诚与诗（诗坛絮语）····················陈侃言
可爱的后一代
——喜读童话《白头翁的后代》···············韦景隆

小说

银海结盟
——传记文学《韦拔群伟传》中的一章···········谢　敏
杨柳依依····························吴冠荣
奇异的历程（科学幻想小说）················莫里林

音乐·美术

姐妹花

——为桂林、熊本结成友好城市而作（歌曲）
....................有 云词 松 龄曲
我爱红莲（歌曲）...........程 恺词 刘子庄曲
邓小平同志在百色（油画）..........张 征 黄务华
蜡烛燃尽朝暾出（油画）..............雷似祖
书品新作
——全区书法、国画、篆刻作品展览选登

1980 年第 1 期　刊名:《广西文艺》
目录

评论
真诚勇敢地正视人生.................武剑青
歌圩小议.......................建 文
还留余趣漾胸间
——读小说《电话选"官"记》
............................吴子厚

桂艺录
解放思想，为繁荣文艺而奋斗
——全国第四次文代会广西代表活动散记　樊笑云

小说
死牢里的呐喊..............金彦华 王景全
游子回归心....................黄绍武
情天霹雳......................周广生
邻居的婚事....................孙吴远

寓言诗
国王头上长着一双驴耳朵.............蓝鸿恩

带刺的玫瑰诗
主任与蚊子....................韦昌敏
馋书记（外一首）...........石中元 石中才
某君上班（外一首）...............穆 武
官职与肚子....................黄通健
实在不像话....................李云冲
写一位校长....................雷一扶

组诗
在田野......................符昭苏
昨天.......................何浩深

古体诗
由桂林至阳朔（四首）..............张 华
阳朔风景（四首）................天 光

烽火桂林
四十年前的回忆
——桂林文化城纪事...............谢加因

桂岭纪游
鱼峰山歌节....................田 丁
漫游广西第一峰..................李光照

民间故事
桂叶..............丁兰英口述 钟月红搜集整理

杂文
玉林石......................石 谷
推........................韦能雄

寓言
屎克螂"留洋"..................王宗仁
寻花.......................蔡永彪

锦言
智慧之花....................蒋金镛

歌曲
啊，小溪..............罗绍征 陈名三

美术
封面设计....................廖宗怡
当家人（中国画）...........龙国平 邓超华
天鹅（油画）..................徐 刚
速写一束....................涂 克

1980 年第 2 期　刊名:《广西文艺》
目录

小说
神奇的魔棍....................王育英
一颗苦涩的心...................于 峪
死者的眼光....................傅燕南
善良者演出的悲剧................李建平
第三个身影....................陆通耀

烽火桂林
新安旅行团在桂林................艾 林

桂岭纪游
龙州行......................赵清学

小品
反比律.....................陈德锌

张主任的"辩证法"·····················赵可铭 吴世斌
父教子·······································谢 群
部长审画·····································张伟业

民间故事
述梅·····························梁彬搜集整理

科学童话
海中霸王·····································谈庆麟

寓言
两则···海代泉

评论
木耳·法官·园丁···························程万里
叙事诗《蛇郎》发表以后···················姚正康等
该拿镜子照一下
——欣读小品文《以讹传讹》···············莫正平

歌海浪花
河水不断歌不断 山歌越唱心越欢··········谭荣生等

童话诗
愚蠢的国王·································庞仕章
在密密的林子里·····························莎 红

带刺的玫瑰
诗十二首····················杨 柳 黄可钊等

短诗一束
弟弟,你听我说·····························左 锋
遗物···曾有云
书海,我的向往·····························沈 伟
火药味(外二首)···························欧外鸥
夜游鱼峰山·································苗延秀
南国草木(三首)···························符启文
苦楝赋·······································杨奕桓

古体诗
伟大的胜利·································农 康
诗二首·······································林半觉

音乐
四化红花人人爱·············曾宪瑞词 晓 影曲
春暖花开三月三·············张玉柱词 万丁一曲
心里的火焰就是爱情··········张 贵词 刘 艾曲

美术
封面设计·····································廖宗怡

试验小组(水印木刻)···············区焕章 彭 诚
春天(水印木刻)···························陆 田
英雄花开迎英雄(中国画)···················邹才干

1980 年第 3 期　刊名:《广西文艺》
目录

广西壮族自治区第三次文代会特辑
开幕词·······································郭 铭
在广西壮族自治区第三次文代会上的讲话·······贺亦然
解放思想,加强团结,繁荣社会主义文艺·······陆 地
广西壮族自治区第三次文代会决议
闭幕词·······································林道行
广西文联第三届委员会主席、副主席、委员名单
广西文联各协分会主席、副主席名单
南疆春色·····················本刊记者 甘棠惠

小说
割不断的纽带·······························熊楚才
迷惘的爱情·································钟 玉
爷爷啊爷爷·································岑 桑
婚筵席上的新闻公报·························王云高

烽火桂林
桂剧《梁红玉》演出前后
——忆欧阳予倩先生···························关 玉

游记
重游平孟·····································阮长洲

诗歌
唱给鞍钢(二首)···························包玉堂
云···澍 雨
苦楝树之歌·································孙步康
翠竹吟(三首)·····························徐金文
山稔(外一首)·····························张铭新
珍珠姑娘·····································任海鹰
星星···邓明杰
讽刺有啥了不起·····························蒋国森

组诗
疯了的年代·································于 坚

讽刺诗
"真理"·······································徐惠文

评论
正确处理好文艺和政治的关系···············林焕平

杂文
治治"健忘症"⋯⋯⋯⋯⋯⋯⋯⋯⋯⋯⋯⋯⋯⋯⋯廖剑鸣

随笔
一指之差⋯⋯⋯⋯⋯⋯⋯⋯⋯⋯⋯⋯⋯⋯⋯⋯⋯谢 逸
读书勿自缚⋯⋯⋯⋯⋯⋯⋯⋯⋯⋯⋯⋯⋯⋯⋯⋯湖 涌

地方掌故
阳朔的由来⋯⋯⋯⋯⋯⋯⋯⋯⋯⋯⋯⋯⋯⋯⋯⋯天 光

阿拉伯动物故事
狐狸、狼和狗⋯⋯⋯⋯⋯⋯⋯⋯⋯⋯⋯⋯⋯⋯朱富强译

寓言
并非冤枉⋯⋯⋯⋯⋯⋯⋯⋯⋯⋯⋯⋯⋯⋯⋯⋯肖杰明
长颈鹿和上帝⋯⋯⋯⋯⋯⋯⋯⋯⋯⋯⋯⋯⋯⋯邝金鼻
灭虱⋯⋯⋯⋯⋯⋯⋯⋯⋯⋯⋯⋯⋯⋯⋯⋯⋯⋯刘典忠
罩花想果⋯⋯⋯⋯⋯⋯⋯⋯⋯⋯⋯⋯⋯⋯⋯⋯今 生

美术
封面设计⋯⋯⋯⋯⋯⋯⋯⋯⋯⋯⋯⋯⋯⋯⋯⋯廖宗怡
花与少女（版画）⋯⋯⋯⋯⋯⋯⋯⋯⋯⋯⋯⋯杨 照
圆明园遗址（铜版画）⋯⋯⋯⋯⋯⋯⋯⋯⋯⋯杨启鸿
沐日（水墨画）⋯⋯⋯⋯⋯⋯⋯⋯⋯⋯⋯⋯⋯星 河

1980 年第 4 期　刊名:《广西文艺》
目录

小说
播种者的意外收获⋯⋯⋯⋯⋯⋯⋯⋯⋯⋯⋯⋯俞锦元
蛇牙（香港来稿）⋯⋯⋯⋯⋯⋯⋯⋯⋯⋯⋯⋯阮 朗
"我有选民证"⋯⋯⋯⋯⋯⋯⋯⋯⋯⋯⋯⋯⋯⋯钟扬莆
秋阳朗朗⋯⋯⋯⋯⋯⋯⋯⋯⋯⋯⋯⋯⋯⋯⋯⋯周民震
伞恋⋯⋯⋯⋯⋯⋯⋯⋯⋯⋯⋯⋯⋯⋯⋯⋯⋯⋯李 岸

杂文
补牙记⋯⋯⋯⋯⋯⋯⋯⋯⋯⋯⋯⋯⋯⋯⋯⋯⋯秦 似

烽火桂林
甘与吾民共死生
——悼念田汉先生⋯⋯⋯⋯⋯⋯⋯⋯⋯⋯⋯彭燕郊

桂岭纪游
泛游碧莲世界⋯⋯⋯⋯⋯⋯⋯⋯⋯⋯⋯⋯⋯⋯叶惠明

民间故事
侬智高的传说⋯⋯⋯⋯⋯⋯何伟斌　罗桂荣　口述
杨荣杰　金稼民　岑隆业　搜集整理

寓言
猫头鹰（外一章）⋯⋯⋯⋯⋯⋯⋯⋯⋯⋯⋯⋯谭 峰

不愿嫁接的梨树⋯⋯⋯⋯⋯⋯⋯⋯⋯温存超　冯绍康

评论
谈"对号入座"⋯⋯⋯⋯⋯⋯⋯⋯⋯⋯⋯⋯⋯⋯谢 敏
可喜的突破
——读小说《死牢里的呐喊》⋯⋯⋯⋯⋯⋯惠 慧
不，这是不真实的！
——《死牢里的呐喊》读后⋯⋯⋯⋯⋯⋯⋯罗良德
一篇取信于民的作品⋯⋯⋯⋯⋯⋯⋯⋯⋯⋯李安和
加强学习　共同探讨
——记南宁部分文艺评论工作者座谈会⋯⋯纪 兵

诗歌
春到花明楼
——忆刘少奇同志 1960 年回旧居情景⋯⋯周保林
我唱着怀念的歌⋯⋯⋯⋯⋯⋯⋯⋯⋯⋯⋯⋯王溶岩
幸福，你在哪里⋯⋯⋯⋯⋯⋯⋯⋯⋯⋯⋯⋯唐长风
呵，我久别的支部
——一个共产党员的日记⋯⋯⋯⋯⋯⋯⋯⋯张化声
进钢城（三首）⋯⋯⋯⋯⋯⋯⋯⋯⋯⋯⋯⋯黄 青
透过水晶⋯⋯⋯⋯⋯⋯⋯⋯⋯⋯⋯⋯⋯⋯⋯杨鹤楼
晨跑⋯⋯⋯⋯⋯⋯⋯⋯⋯⋯⋯⋯⋯⋯⋯⋯⋯叶 锦
剑麻⋯⋯⋯⋯⋯⋯⋯⋯⋯⋯⋯⋯⋯⋯⋯⋯⋯莫文征
地下河之歌⋯⋯⋯⋯⋯⋯⋯⋯⋯⋯⋯⋯⋯⋯王一桃
耳朵⋯⋯⋯⋯⋯⋯⋯⋯⋯⋯⋯⋯⋯⋯⋯⋯⋯谭立予

旧体诗
上井冈山⋯⋯⋯⋯⋯⋯⋯⋯⋯⋯⋯⋯⋯⋯⋯林克武
诗四首⋯⋯⋯⋯⋯⋯⋯⋯⋯⋯⋯⋯⋯⋯⋯⋯王沂暖
观徐悲鸿画展⋯⋯⋯⋯⋯⋯⋯⋯⋯⋯⋯⋯⋯谭之清

美术
封面设计⋯⋯⋯⋯⋯⋯⋯⋯⋯⋯⋯⋯⋯⋯⋯⋯刘业宁
人民的好总理⋯⋯⋯⋯⋯⋯⋯⋯⋯⋯⋯⋯⋯赵黄岗摄
陈老总在漓江上⋯⋯⋯⋯⋯⋯⋯⋯⋯⋯⋯⋯赵黄岗摄
书法、篆刻⋯⋯⋯⋯⋯⋯⋯⋯⋯⋯⋯⋯⋯⋯李骆公

1980 年第 5 期　刊名:《广西文艺》
目录

小说
"小院舞厅"纪事⋯⋯⋯⋯⋯⋯⋯⋯⋯⋯⋯⋯黄德昌
两张离婚证⋯⋯⋯⋯⋯⋯⋯⋯⋯⋯⋯⋯⋯⋯黄 默
故事发生在提拔之前⋯⋯⋯⋯⋯⋯⋯⋯⋯⋯叶宗翰
初春⋯⋯⋯⋯⋯⋯⋯⋯⋯⋯⋯⋯⋯⋯⋯⋯⋯谢志苏

革命回忆录
在少奇同志身边⋯⋯⋯⋯⋯⋯⋯周济口述　姚明翊整理

烽火桂林

唱出人民的心声 ················· 刘式昕　甄伯蔚

评论

《瀑布》第一部
——《长夜》读后 ····················· 胡仲实
票房价值、社会效果和作家职责 ············· 谢　敏

杂文

酒瓶漏气的联想 ····························· 云　淡

科学寓言

不想反悔的鲷鱼 ························· 谈庆麟

桂岭纪游

京族三岛春色 ····························· 李葆青

诗歌

人心的回响 ······························· 夕　明

木棉礼赞

——写在对越自卫反击烈士墓前 ··········· 何国成
多情的山水（两首）···················· 周祖添
迎猴年 ································· 王亦耕
春曲 ·································· 凌启培
边关诗叶（两首）······················ 红　波
新生·浇灌 ····························· 向　群
真理（外一首）························· 符　浩
柳芽 ·································· 廖学真
阳光 ·································· 郑忠保
白云 ·································· 邓稚学
露珠 ·································· 袁　芒
当你赞美青山 ························· 黎洪溢
笋（外两首）··························· 南　雄
畸形的树 ····························· 邓　平
灵魂 ·································· 庞　然
力量 ·································· 黄　河
风筝及其他（寓言诗）················· 胡鹏南
镜·秤·尺 ····························· 孙曼云

旧体诗

诗一首 ································· 农　康
初春喜雨 ····························· 吴子厚

消息一则

民族地区文艺刊物编辑工作会议在昆明召开

美术

封面设计 ····························· 王培堃

晨炊 ······················· 仓小宝画　汪苇诗
梅园春来花如雪 ······················· 李树勤
新的一天 ····························· 阳　云

1980 年第 6 期　刊名:《广西文艺》

目录

矿山呵，矿山（小说）················· 廖怀明
我写的两次典型报告（小说）············· 穆予才
对亲家（小说）························· 黄飞卿
属龙的和属龙的（小说）················· 蒋锡元
呵，柑子（小说）······················ 文　萍
一朵被蹂躏的蛋花（小说）··············· 李　松
在《救亡日报》的日子（烽火桂林）········· 何家英
愚溪小记（桂岭纪游）·················· 王　干
百寿图（地方掌故）···················· 黄爱邦
螺蛳山（民间故事）···················· 唐剑文
老虎·太阳·青蛙（杂文）··············· 白积缘
不愿自立的树（寓言）·················· 梁立松
回信（诗）···························· 韦明波
海（诗）····························· 秦振武
深山里（诗）·························· 陶　虹
浪花集（诗）·························· 杨　山
写在国境线上（诗二首）················ 李甜芬
无题（诗）···························· 吴品华
生活情思（诗二首）···················· 南　方
路·老农（诗）························· 漠　韦
拾零（诗）···························· 李发模
无题小集（诗）························ 高近远
随想二题（诗）························ 周广生
钢花·葵花·算盘珠（诗）········ 石中元　石中才
木耳（诗）···························· 林　玉
歌海浪花（民歌二十二首）············· 黎忠信等
诗两首 ······························· 李　耿

植根于生活的土壤之中
——谈《云飞嶂》中刘春的塑造 ··········· 姚正康
深刻揭露　发人深省（艺苑精英）
——读《席方平》 ····················· 黄　葵
席方平（小说）························· 蒲松龄
封面设计 ····························· 林富章
紧紧盯住敌人 ················· 招炽挺　廖宗怡
满山荔枝红（套色木刻）················· 郭　令

1980 年第 7 期　刊名:《广西文学》

目录

改刊的话
牛仙（小说）···彭 匋
身份（小说）···李 竑
春江花月（小说）·····································潘大林
珠联璧合（小说）······························刘丕展 邱一中
保住百天（小说）·····································严立群
可爱的"逃兵"（小说）·································周 明

桂林木刻的回忆片断（烽火桂林）·······················张在民
寻梦园（散文）·······································周树莹
故垒遨游（桂岭纪游）·································黄家瑛
伯公树（散文）·······································杨 军
相思林中（散文）·····································聂 波
仙鹤（民间故事）·························姚庆利口述 谢世烈整理
一个被打的老婆子（寓言三则）·························凝 溪
猴子主考（寓言）·····································林植峰
"未经本人审阅"（小品文）·····························姜 安

寄给台湾的诗
红桧（外一首）·······································林 音
金鸡呀，你不该啼·····································崔合美
杜鹃声声···姚正康
盼···邓雨泉 陈家钧

漓江水绿（外一首）···································阿 红
桂林山水诗（三首）···································晓 雪
南国小夜曲（二首）···································柯 原
歌圩行（二首）·······································陶立璠
桂西苗族民歌（二首）·····························孟 洒搜集整理
水（诗）···林明广
星花集（诗）···黄 淮
风化石（诗）···黄正业
沉思的对话（散文诗）·································罗长山
花木絮语（散文诗）···································铁 生
花坪纪行（二首）·····································曾有云
李花（诗）···韦寿评

先进人物形象塑造三题·································鲁 霖
文章的事例要实事求是·································易 立
读者来信···于浩成
墨葡萄···马万里
边疆鸿雁····································王 兰图 南 雄诗
挚友···雷时康 雷务武

1980 年第 8 期　刊名:《广西文学》

目录

师长（革命回忆录）
——忆贺龙···吴 微
啊，中国的"赫刺克勒斯"（报告文学）
·····································冯庚桂 何培嵩
桂花表的故事（小说）·································韦延祝
柜台前后（小说）·····································邓经春
"跳坡"时节（小说）···································杨光富
开锈锁（小说）·······································林唯唯
日月潭畔（小说）·····································肖甘牛

骑牛郎的回忆（散文）·································于 峪
彝王寨半日游（桂岭纪游）·····························杨 军
猫和虎（苗族民间故事）·······················陈玉宝 搜集整理
金鱼的生活道路（寓言二则）····························海代泉
八路军桂林办事处（地方掌故）························余国琨
桂平游踪诗草（诗·四首）·····························罗立斌
花桥（诗·七首）
——广西纪行···沙 鸥
歌的家乡（诗·二首）·································黄钟警
停停吧，县委书记的吉普（诗）·························张化声
桂林山水游思（诗·二首）·····························行 速
糊涂的主人（童话诗）·································莎 红
春天短歌（诗·二首）·································马光琳
长相思（诗）···赵葆华
爱之歌（诗·二首）·····························杨美廉 张永勋
日历断想（诗）·······································黄大章
过"卫星田"故地（诗）·································谢寿球
我和琦善（诗）
——重温影片《林则徐》·································杨大矛
珍珠篇（诗·三首）···································王化清
革命风云的生动画卷
——读长篇小说《澎湃的赤水河》·························吴松亭
深情一曲《彩云归》···································何绍源
绚丽的南疆山水画
——读莎红的诗集《山欢水笑》·························董永佳
翠鸟（国画）···黄独峰
路上（木刻）···成文正
笛声震山谷（木刻）···································王 琦
鲁迅和青年（木刻）···································沈尧伊

1980 年第 9 期　刊名:《广西文学》
目录

职业（小说）················ 蒋锡元
明天（小说）················ 陈德锌
如果爱情也是一种力量（小说）····· 高　林
韦木买车（小说）············· 钟扬莆
一笔奇特的债务（小说）········· 吴伟梁
荔枝春·················· 田　稼
故乡的坡歌（散文）··········· 凌　渡
莲花洞里莲花池（桂岭纪游）······ 苏长仙
小白兔的花钟（科学童话）······· 莫　克
写生（小品文二则）··········· 邢怀忠
关于干预生活和文艺批评
如何看待文艺和政治的关系
　——文艺理论座谈会综述········ 本刊记者
好诗览罢自长吟（诗品）········· 吴子厚

歌海浪花（民歌十二首）········· 冯海生等
广西各族情歌选（十二首）······· 金钟等搜集

带刺的玫瑰
"吃床铺"················ 桂汉标
如此爱情················· 粟　杰
笑··················· 蒋太福
情满歌圩（诗）············· 高洪波
行吟集（诗）
　——从桂林到阳朔··········· 曲有源
七条半枪礼赞（诗）··········· 黄东成
骆驼山剪影（诗）············ 白　岩
还有这样一株海棠（诗）········· 黎　耘
捞月（诗）················ 陈家钧
云海中的小岛（诗）··········· 毕长龙

春意··················· 阳太阳
长空雁叫霜晨月············· 杨纳维
侗乡三月·············· 龙开朗　吴家华
春潮··················· 陈祖煌
瑶山速写················· 邵伟尧

1980 年第 10 期　刊名:《广西文学》
目录

梅哨（侗族叙事琵琶歌）
　········· 蓝怀昌　覃承勤搜集、翻译、整理
星期天（诗）··············· 黄　灿
无题（诗）··············· 海雁遗作

火花集（散文诗）············ 冯风和
花木二题（散文诗）··········· 子　红

飞镖老将
　——选自长篇小说《失去权力的将军》··· 武剑青
猪市轶事（小说）············ 李尊秀
"织女"会"牛郎"（小说）········· 刘不展
鲶鱼（小说）··············· 赵辛予
艰难的爱（小说）············ 孙步康
叶（小说）··············· 于　峪
天空蓝蓝的（小说）··········· 黄痊愈
让生活更美（报告文学）········· 李葆青

文化城的悲欢（烽火桂林）········ 何家英
海角亭记（桂岭纪游）···· 邓雨泉　邱作明　鲁岳生
荔子碑（地方掌故）··········· 肖泽昌
鸳鸯石（民间故事）······ 潘　琦　包玉堂搜集整理
榕树果子的故事（童话）········· 梁　诚

现实主义的真实与自然主义的"真实"··· 叶　橹
面对实际，明辨是非
　——兼复易立同志··········· 建　文
全区文艺创作会议在南宁召开
大量征集各族民间文学资料启事

桂林山水（国画）············ 梁荣中
速写··················· 涂　克
工地写生（油画）············ 田大军
晨曦（套色木刻）············ 黄三才

1980 年第 11 期　刊名:《广西文学》
目录

替（小说）··············· 梅帅元
换班（小说）··············· 草　园
"咳……"（小说）············ 陈肖人
她去参加一个婚礼（小说）······· 华　明
"马大哈"经理（小说）·········· 南　塽
两个弦月将圆的晚上（小说）······ 李家法
虎门千金
　——选自长篇小说《失去权力的将军》··· 武剑青

诗……（烽火桂林）··········· 陈中宣
激流砥柱鸡笼洲（游记）········· 鲁　笔
大藤峡纪行（游记）······· 黄健仁　杨宗銮
大树与猴子（寓言）··········· 贾　林
向柳宗元的寓言学习（随笔）······ 丘振声
曹邺轶事（随笔）············ 天　光

鲤鱼丘（红军传说）————王志梧
看不见的鱼网（童话）————谈庆麟
不信天的故事（民间故事）————谢志苏搜集整理
苗乡的婚嫁习俗（风情小记）————阳盛海
三层堰石林千古（散文）
——访红七军兵工厂旧址————黄福林

红水河畔新歌台（民歌二十四首）————黄寿民等
风雨夜渡（外一首）————丘景来
梦（外一首）————曾霞初
红水河畔三月三（五首）————黄河清
诗两首————吴三才
潮（诗）————彭洋
旱区喜降及时雨（诗）————游景恒
心愿（诗）————李甜芬
教师是这样说的……（诗）————何津

短诗一束
窗户————叶海东
野草的申辩————江山瑞
大海————杨鹤楼
动物园遐想（二首）————常建军
嘎达水库————韦革新
写生————方晴
奇香异彩的多耶花
——《梅娟》读后感————黄勇刹
我爱山花的自然美————杜贵晨
纳凉闲话
——关于《广西文艺》上的一些小说————曲以文
亦在情理之中
——读《善良者演出的悲剧》————马昕
奇则奇矣，然……————张克刚
浅谈《身价》主题的提炼和深化————罗良德
《职业》说出了我的心里话————高歌
编后
鸡（国画）————杰民 安治
轻点，别将他吵醒（木刻）————张国权画 李瑜琦诗
马（国画）————徐悲鸿
通向漓江的小河（水印木刻）————邓福觉

勒内阿公（散文）————任君
禾花鱼（散文）————莫孝川
丁老师和他的书架（散文）————黄世衡
河池的一家（散文）————刘烨园
水上骆驼（散文）————叶宗翰
豹鼓（加纳民间故事）————严永通译

悼赵丹同志（诗）————朱惠然
唱秀英
——壮族民间叙事长歌————农冠品 区农乐搜集整理
读庄严的决定以后
——告慰一位青年华侨牺牲者（诗）————叶锦
杂诗一扎（诗）————邓生才
多行不义罪难逃——闻审判林彪、"四人帮"反革命集
团有感（诗）————包玉堂
石海感怀（诗）————陈肖人
哭周楠同志（诗）————陈华
随想曲（诗）————何鸿志
花匠遐思（诗）————彭善
斯大林谈文艺批评（理论）————林焕平
漫谈横加干涉（评论）————谢敏
爱情也是一种力量（评论）————王道义
艺术真实小议（评论）————刘亮盈
一个有血有肉的人物（评论）————姜铁军
上任纪事（小说）————林彬华
"蛤蚧王"相亲（小说）————李杰
茧囊梦（小说）————刘丹
生活的主角（小说）————黎江晓
三唱《捉放曹》（小说）————蓝鸿恩
和"知了"断交（小说）————稼稼
鹤顶红（小说）————黄晓昱
时势与罪人（小说）————海歌
一往情深（小说）————李恒茂
设宴（小说）————梁宪华

编后
山花（国画）————陈再乾
夏夜（国画）————宁新生
春风吹又生（国画）————黄德祥
母子之间（摄影）————邓朝兴

1980 年第 12 期　刊名:《广西文学》
目录

桂林漫游（烽火桂林）————陈残云
秋旅日记（桂岭纪游）
——记广东作家参观访问团游桂林————范怀烈
春城纪盛（散文）————谭流
织女心（散文）————郭志权

1981 年第 1 期　刊名:《广西文学》
目录

谈谈写小说的体会
——在文学创作讲习班的谈话————陆地
扎实的脚步
——读蒋锡元的三篇小说随感————中仁

盖棺能论定吗? ————————穆　映
有感于赵丹对柳州的深情 ————————程万里
作协广西分会成立理论工作委员会 ————————纪　兵

又在开小差了,秀秀 ————————蒋锡元
他还在笑 ————————冯天德　宋尤兴
狗肉香喷喷 ————————柯天国
通花地板之下 ————————朱淑玲
无名氏 ————————覃文明
在那不远的地方 ————————李志璞
无能之辈 ————————恒　颂
山魈 ————————肖甘牛
秘密任务 ————————黄钟平

蕉叶 ————————肖　朗
黄山喜遇 ————————袁庆禄
女军医 ————————彭强华
攀 ————————盛春华
军鸽 ————————杨在溪　史明高

1981 年第 2 期　刊名:《广西文学》
目录

奇怪的女厂长(小说) ————————颜新云
候选人的往事(小说) ————————刘玉峰
"铁人"的绷带(小说) ————————黎国璞
"后补社员"(小说) ————————玉宇成
大海的惩罚(小说) ————————吴文伟
扶桑巡礼(散文) ————————邵　刚
女人山的雪(散文) ————————凌　渡
瑶民诗(地方掌故) ————————于兰阶
京族民间故事三则 ————————韩鹏初整理
斜塔的怒吼(寓言) ————————柯　林
不肯离开金笼子的黄莺(寓言) ————————邝金鼻
雷声(寓言) ————————海代泉

红水河畔新歌台(25首) ————————韦崇先等
历史的审判(诗) ————————秦　似
侗寨听歌(诗) ————————贾　芝
两相恋(诗·外一首) ————————高　鲁
歌海行(二首) ————————吴　超
奇岩遐思(二首) ————————黄　雨
生命之树常绿(诗·外一首) ————————周应节
退而进(诗) ————————赵怀庆
丰收更上一层楼(诗) ————————颜运祯
边塞曲(二首) ————————莎　红
桂南风情(二首) ————————亢　进
入学(诗) ————————恭　敬

评侗族琵琶歌
《梅娟》的翻译整理 ————————侬易天
沃土里开出来的花朵
——短篇小说集《椰风蕉雨》读后 ————————肇　涛
欧阳予倩轶事(作家艺术家与广西) ————————关　玉
我喜爱新民歌 ————————郭冬森

玉簪生烟云,绿水泛轻舟(水印木刻) ————————邓福觉
接亲(套色木刻) ————————张秋民
侗笛声声(套色木刻) ————————吴烈民
思(油画) ————————蔡荣华
荷花女(木刻) ————————关　洁
绣(木刻) ————————陈大华

1981 年第 3 期　刊名:《广西文学》
目录

叫我怎能忘记
——南斯拉夫纪行 ————————贺祥麟
旅港小记 ————————陈残云
圣诞节前夕的故事 ————————秦　牧
新加坡朋友,我向您问候 ————————黄婉秋
雨花石 ————————谢　逸
边防巾帼
——记支前模范陈玉英 ————————莫孝川
剪禾把的时节 ————————莫义明
绿柳情思 ————————韦纬组
花明楼思绪 ————————何邦泰
"圣种"飘香 ————————徐治平
桂花香叠彩 ————————彭会资
团年饭 ————————黄克东
乌云 ————————黄　炎
莫弋之死
——红水河边一个古老的故事 ————————韦其麟
真正凶手是公鸡
——根据壮族民间童话改编 ————————蓝鸿恩

民族·山水·风情
花山抒怀 ————————黄勇刹
风雨桥(外二首) ————————董永佳
桂林行吟(二首) ————————叶知秋
京族三岛情歌(二首) ————————张化声
歌的节日(三首) ————————宗　鄂
侗乡风情(二首) ————————林　玉
西山柠檬汁 ————————陈雨帆
倾注对周总理的深情(二首) ————————剑　文
诗呵,你为什么失恋? ————————顾　工
清风·素月 ————————张永枚

春风之歌（外一首）————————罗马丁

翠竹顶起半边天

瀑布————————————————李荣贞
爱（二首）——————————————孙如容
花艳果熟树木青————————————麦春芳
珍珠姑娘珍珠场————————————何　津
种莲女（外一首）————————————向　群
广西情歌一百首————————————柯　炽

带刺的玫瑰

夜歌与晨歌（四首）————————————柯　原
谁亮谁黑谁苦?（三首）——————————韦明波
伤感篇——————————————————李肇隆
沉思集（三首）——————————周祖添　闭欣明
沉默（外一首）——————————————张呈富
长相思——————————————————廖联原
答四川友人————————————————钟纪民
读诗有感————————————————吴子厚
太平天国（外一首）————————————粟　稔
夜航——————————————————黄宝山
含羞草——————————————————刘文瑞

译诗一束

夜之星——————————————————黄汉杰译
致云雀——————————————杨　军　杨克译
诗人————————————————————黎华译
名联探胜————————————————林阳光
生活的画卷
　　——读诗漫语————————————吴　干
张飞用计小议————————————————吴隐强
标准之外————————————————毛水清
漓江帆影（国画）——————————————莫士光
细雨（套色木刻）——————————————骆根兴
速写——————————————————张源禧
为了明天（套色木刻）————————————李玉军

1981 年第 4 期　刊名:《广西文学》
目录

诗·小说

我和十三妹
　　——根据某君与十三妹通信写成————张　报
过三峡——————————————————白崇义
啊！绿洲————————————————李　竑
寻找蚂蚁窝的人————————————陈敦德
小巷深处的芳香————————————柴立扬

小小说

汽车小偷与失主的通信
　　——————[西德]奥托·内比尔著　叶国泉译
棋迷和戏迷————————————————李培森
决心——————————————————伍耀良
姜丽丽的洋皮箱————————————叶晓雯

散文

赶落潮——————————————————田　稼
希望之歌
　　——怀念我们的父亲李迪生————————建军平
起凤山——————————————————陆怀琛
闲窗断想————————————————彭　洋
绿叶——————————————————杜奋嘉
他寂寂无闻地离去————————————资武鸣
老来娇（外一章）————————————李　萌

童话寓言

鹅的眼光————————————————林植峰
烛邹三罪————————————————李争辑译
镜子的不平————————————————林贞元
河马是怎么来的————————————海　帆

文艺评论

春回大地
　　——读胡耀邦同志讲话随感————————上官桂枝
但愿从今绝谎言————————————吴子厚
关于短篇小说《替》的来稿来信摘登————盛崇鼎等
陶醉于受骗和骗人————————————司马庄
对《奇香异彩的多耶花》的意见————————曲辰人
谈短篇小说的"短"————————————丘　峰

美术

竹（国画）————————————————管　桦
漫画
　　——选自一九八一年元月全区漫画展览——张亚芳等
书法作品选————————————————骆绍基等
皓月当空（套色木刻）————————————朱恒安

1981 年第 5 期　刊名:《广西文学》
目录

矛盾的生平及其伟大成就
　　——沉痛哀悼茅盾同志逝世————————林焕平
二十年代的轶事
　　——长篇《瀑布》第二部一个插曲——（壮族）陆　地
瑶山一支花————————————（瑶族）莫义明
绣球里有一颗槟榔————————————聂震宁

苗岭油杉 ┈┈┈┈┈┈┈┈┈┈ （苗族）梁　彬
葡萄架下的孩子 ┈┈┈┈┈┈ （壮族）稼　稼

宝石牛
——根据侗族民间传说写成
┈┈┈┈ （侗族）秦振武　黄永龄　苏茂茵
颂离休将军 ┈┈┈┈┈┈┈┈ （侗族）苗延秀
志在远方（三首） ┈┈┈┈┈ （壮族）黄　青
山美水秀瑶家欢（组诗） ┈┈ （壮族）莎　红
墙——梦窗的记述 ┈┈┈┈┈ （壮族）农冠品
太阳两题 ┈┈┈┈┈┈┈┈┈┈┈┈┈ 林万里
红棉花开三月天 ┈┈┈┈┈┈ （壮族）侬易天
云南行（二首） ┈┈┈┈┈┈┈┈┈┈ 颜运祯
家乡的笑容 ┈┈┈┈┈┈┈┈ （仫佬族）包玉堂
香满瑶山 ┈┈┈┈┈┈┈┈┈┈ （壮族）蓝阳春
格老书记 ┈┈┈┈┈┈┈┈┈┈ （仫佬族）潘　琦
仙娘山下 ┈┈┈┈┈┈┈┈┈┈ （壮族）覃立新
智斗彝王（彝族民间故事）
┈┈┈ （彝族）王婆毅口述　罗德健搜集整理
菜牛的故事（毛难族民间故事）
┈┈┈┈┈┈┈┈┈┈┈┈┈ （毛难族）蒙海山
覃灿庭口述　蒙国荣　搜集整理
夜莺和布谷鸟（外一章） ┈┈ （回族）海代泉
富禄三月三的传说（侗族民间故事）
┈┈┈┈┈┈┈┈┈┈┈┈┈┈┈┈ 吴炳金搜集整理
箭勇（苗族民间故事） ┈┈ 银上珍口述　王天若整理
神奇的花山 ┈┈┈┈┈┈┈┈ （壮族）黄云香
应该正确地认识生活和表现生活
——从几篇作品的读后印象感到的 ┈┈ 黎　岺
消息一则 ┈┈┈┈┈┈┈┈┈┈┈┈┈┈ 王溶岩
瑶山牧笛（套色木刻） ┈┈┈ （苗族）唐石生
回声（木刻） ┈┈┈┈┈┈┈ 邬永柳　余伟雄
速写 ┈┈┈┈┈┈┈┈┈┈┈ 邵伟尧　刘绍昆
喜洋洋（油画） ┈┈┈┈┈┈┈┈┈┈┈ 卢　恺

1981 年第 6 期　刊名：《广西文学》

目录

痛悼钢鸣同志 ┈┈┈┈┈┈┈┈┈┈┈┈ 秦　似
难忘的回忆
——悼念钢鸣同志 ┈┈┈┈┈┈ 蓝鸿恩　谢　敏
敬悼茅盾同志 ┈┈┈┈┈┈┈┈┈┈┈┈ 李　耿
漫谈左右 ┈┈┈┈┈┈┈┈┈┈┈┈┈┈ 秦　似
生命之藤常青
——记壮族诗人韦其麟 ┈┈┈┈┈┈┈┈ 叶惠明
儿童文学创作要注意儿童特点 ┈┈┈┈┈ 叶　锦
从《小兵张嘎》到《苗苗》
——漫谈写给儿童的作品 ┈┈┈┈┈┈┈ 樊笑云

看稿琐记 ┈┈┈┈┈┈┈┈┈┈┈┈┈┈ 谭乡野

卖猪广告 ┈┈┈┈┈┈┈┈┈┈┈┈┈┈ 蓝汉东
征服 ┈┈┈┈┈┈┈┈┈ 帅　元　韦　玮　海　涛
处世之道 ┈┈┈┈┈┈┈┈┈┈┈┈┈┈ 孙步康
恩仇 ┈┈┈┈┈┈┈┈┈┈┈┈┈┈┈┈ 黄可钊
惊涛拍岸——长篇历史小说《太平烽火》选载
┈┈┈┈┈┈┈┈┈┈┈┈┈ 凌崇征　刘经元

给孩子们

9×9 ┈┈┈┈┈┈┈┈┈┈┈┈┈┈┈┈ 南　塘
还需采访 ┈┈┈┈┈┈┈┈┈┈┈┈┈┈ 谈庆麟
说谎的小猫 ┈┈┈┈┈┈┈┈┈┈┈┈┈ 何德新
蝉和杜鹃鸟 ┈┈┈┈┈┈┈ 彭予伟　口述　衣冠品　整理
公鸡、南蛇与蜈蚣 ┈┈┈┈┈ 韦绍伯　口述　杨树森　整理
塘角鱼的头为什么扁？ ┈┈┈┈┈ 韦波兵　搜集整理
在那浪村 ┈┈┈┈┈┈┈┈┈┈┈┈┈┈ 凌　渡
村头树下谈笑录 ┈┈┈┈┈┈┈┈┈┈┈ 宋　郡
古今文人小故事（二则） ┈┈┈┈┈┈┈ 门世湘辑
士兵和裁缝
┈┈┈ ［匈］艾莱克·伯涅得克著　袁　芒译
红水河畔新歌台（十三首） ┈┈┈┈┈┈ 杨立中等
攀登颂
——长诗《青春的心曲》中的一章 ┈┈┈ 野　曼
龙凤呈祥 ┈┈┈┈┈┈┈┈┈┈┈┈┈┈ 谭荣生
勘探情歌 ┈┈┈┈┈┈┈┈┈┈┈┈┈┈ 南　雄
妹今愿去请媒人 ┈┈┈┈┈┈┈┈┈┈┈ 区桂凉
草木篇 ┈┈┈┈┈┈┈┈┈┈┈┈┈┈┈ 黄福林
游漓江九马画山有感 ┈┈┈┈┈┈┈┈┈ 邓凡平
鼓真懂么？ ┈┈┈┈┈┈┈┈┈┈┈┈┈ 梁立松
猫头鹰的胸怀 ┈┈┈┈┈┈┈┈┈┈┈┈ 陈乃祥
磨石笑了 ┈┈┈┈┈┈┈┈┈┈┈┈┈┈ 罗绮儒
塞纳河的晨曦（国画） ┈┈┈┈┈┈┈┈ 劳崇聘
爱的追求（水墨画） ┈┈┈┈┈┈ 谢　森画　柯　炽诗
修船的京族渔妇（油画） ┈┈┈┈┈┈┈ 沈名存
耄英图（国画） ┈┈┈┈┈┈┈┈┈┈┈ 李苦禅

1981 年第 7 期　刊名：《广西文学》

目录

评论

文艺繁荣的保证
——纪念中国共产党成立六十周年 ┈┈┈ 本刊评论员
浓郁的泥土芳香
——读《莲塘夜雨》有感 ┈┈┈┈ 邓生才　陈运祐
评《莲塘夜雨》
——兼谈短篇小说的深度 ┈┈┈┈┈┈┈ 肇　涛
生活，还是生活

——创作的感受 ······················· 黄飞卿
黄飞卿作品讨论会在贵县举行（消息）········· 纪　兵

小说
风满潇湘
——又名《火把》 ········· 柯　蓝　文　秋
圈套 ································· 邝柳槐
爱情的承包 ························· 韦延祝
列车东去 ··························· 吴伟梁
他救起的第三个人 ············· 宁　烨　柏　年

散文
家乡桥 ····························· 谭　流
情满雨花台 ························· 李　萌
一个追求光明的先驱者
——记朱锡昂烈士 ················· 刘天野
雅长松 ····························· 李葆青
略谈桂林杉湖个子 ················· 李　微

红水河畔新歌台
民歌十四首 ················· 秦国明　瑜　琦等

兄弟姐妹诗画
上茶楼 ····························· 何添成
苦竹花呀旱塘峡 ····················· 何达成
小店春秋 ··························· 何国成
牧羊娃 ················· 谢小莹诗　谢茜画

山花海浪短诗一束
桂林姑娘 ··························· 晏　明
管宝贝的阿姨 ······················· 张　蒲
瓶 ······························· 蓝大荣
树荫下 ····························· 周鹏宽
闲思集（二首） ····················· 凝　溪
山中情歌（仿壮族民歌体）············· 黄药眠
致啄木鸟 ··························· 唐毓芳
放排小景（外一首）················· 伍应禄
他和她 ····························· 覃树发
关于民歌来信的选登

美术
信念（油画）······················· 肖继东
风景写生 ··························· 涂　克
雨后（版画）······················· 李彦鹏
出猎（版画）······················· 田宏图
篆刻 ······························· 韦仕开
飞向月宫 ··························· 袁惠民

1981 年第 8 期　刊名:《广西文学》
目录

小说·童话
卜丽仙招婿 ························· 周广生
五天的激流 ················· 杜少华　杨光照
亚木和他的铁猫 ····················· 李　晋
候诊室里的笑声 ····················· 黄　彪
离离乡间草 ························· 于　峪
我能原谅她吗? ····················· 戈　华
小椰树（童话）····················· 莫　克

诗歌
悼宋庆龄名誉主席 ··················· 周　游
写在国境线上（组诗）········· （壮族）莎　红
战士有一支歌 ······················· 曾宪瑞
界河情思 ··························· 郭光豹
边山小学 ··························· 文　丙
怀友词二阕 ························· 梁　枫
相思湖 ················· （蒙古族）查　干
瀑布（外一首）··········· （壮族）蒙光朝
家乡情（二首）··········· （侗族）黄钟警
述怀 ······························· 林静中
奉和《述怀》······················· 叶惠明
山花海浪（十首）········· 冯志荣　刘仁强　卢岱荣
韦恨芳　林　玉　张　红　天际舟　张森明　漠　韦
蔡成章
红水河畔新歌台 ············· 何佐松　孔令光等

散文
花·泉
——南疆敌曲 ····················· 莫少云
鱼馅落水饺 ························· 冯国政
追月 ······························· 年　祈
悼念周钢鸣老师 ····················· 黄克夫
花坪花 ····························· 露　白
太平天国故事传说
堂辩 ················· 黄培棋　凌忠州搜集整理
铁巴掌 ················· 邓金陵　蒋德泰搜集整理

评论
关于文学的民族特色和地方特点的讨论
关于文学的民族特色的随想 ············· 程万里
琐谈文学作品的民族特色问题 ··········· 梁超然
关于文艺的民族特色
——座谈会报导 ····················· 本刊记者
不可硬编与猎奇 ····················· 孙小敏

美术

光荣啊！人民战士（水粉画）------区焕章　廖宗怡
戎马春秋（木刻）------廖宗怡
黄昏（木刻）------吴忠贤
篆刻------帅立志

1981 年第 9 期　刊名:《广西文学》
目录

纪念鲁迅诞辰一百周年
文艺是引导国民精神的前途的
灯火（短论）
——纪念鲁迅先生诞辰一百周年
浅论鲁迅前期小说的悲剧性------雷　锐
鲁迅小说反封建主题的现实意义------谢　敏
剪辫子的和不剪辫子的
——漫谈鲁迅小说的反封建主题------鲁　原
鲁迅杂文的艺术魅力------吴立德

小说
新庙祝传------彭　匋
鱼的恋情------刘丕展
二苟的故事------龚自修
跛哥——乡间纪事------陈肖人
斗牛------梁宪华

诗歌
红水河畔新歌台------韦成汉　韦新和等
菩萨蛮
——《中国社会各阶级的分析》读后------林道行
西陵诗草（四首）------李国平
路标指引着明天------向　群
献给人民的音乐家
——写在昆明西山聂耳墓前------河　清
山圩小铺------何浩深
海峡的浪花
——寄给台湾同胞的短笺------于宗信
筑路者的工棚------林　玉
悄悄话------李甜芬
儿歌两首------胡天生　黄庆东
桂林短章（二首）------杨　翼
山花海浪------鲁原　莫定章　宁宏宇
王　洪　韦　华

散文
他，永远活在人们心中
——记与茅盾先生的两次会见------（中国香港）刘文勇
游伊岭岩------李竖新

甜------苏德祯
找翅膀的青蛙（童话）------杉　松

美术
在你们身上寄托着人类和中国的将来
——鲁迅《致中共中央》（铜版画）------杨启鸿
鲁迅手迹------广西博物馆供稿
伟大的文学家思想家革命家
鲁迅（木刻）------雷时康
鲁迅诗《赠画师》（书法篆刻）------李骆公

1981 年第 10 期　刊名:《广西文学》
目录

小说·报告文学
认真学习《决议》　健全文艺批评　繁荣文艺创作
积极开展思想战线上的批评与自我批评------林焕平
社会主义祖国的利益高于一切------秦　似
文艺事业健康发展必不可少的一环------包玉堂
希望之星（报告文学）------何培嵩　冯庚桂
唱吧，琴键------樊家信
老朱卖糖------周筱荣
玩笑姻缘------廖铁星
醒来恨晚------梁发源
红酥麻雀------沈祖连
求师------张国聪　马振恒
变------芩为径

诗歌
唱给祖国的恋歌------于　坚
春天对大地诉说
——写给我的祖国------韦　华
诗四首------林克武
乡村的笑容
编织谣（外一首）------李　仁
农家的晒衣竹竿------陈汉泉
晨雨------丁　芒
村边------曾有云
山村图书室------赖松廷
窗------邱灼明
山花海浪
海螺------刘文瑞
煤------陈昌黎
致一位烈士
——写在法卡山上------时永福
小树·巨石------顾　城
水（外一首）------韦银芳
椰树赞------石太瑞

藤 ———————————————————— 周祖添
垂钓 ———————————————————— 马光琳
红水河畔新歌台 ————————— 张宜举 韦奇春等

散文

在美丽的罗马尼亚 ——————————— 李英敏
火把 ———————————————————— 徐君慧
仙人掌催我提笔…… ————————————— 犁 人
隐山觅踪 ——————————————————— 刘 英
鲁迅先生就是这样的人
——忆先生病中对《现实文学》杂志的关怀——— 白 曙
儿童文学创作随想 ——————————— 涂 克
可爱的青年人形象
——谈梅帅元和他小说中的人物 ——— 王敏之
把《决议》精神贯彻到文艺工作中去
——作协广西分会评论工作座谈会报道——— 本刊记者
《广西文学》优秀作品评奖启事

美术

民族商店里（装饰画）——————————— 邓 军
水乡春绿（国画）————————————— 王维宝
春到漓江（摄影）————————————— 陈亚江
同胞（版画）——————————————— 胡 洋

1981 年第 11 期　刊名：《广西文学》
目录

小说

双喜临门 ——————————————（瑶族）蓝怀昌
雅模 ————————————————————— 林 红
蒙公三坐船 ————————————（壮族）韦一凡
韦卜旺和他的乜怀娴 ———（壮族）黄志谋 黄有新
遥远的槟榔树 ——————————————— 孙步康
梅英 ———————————————————— 王玉凤

诗歌

法卡山诗情（三首）————————————— 柯 原
幸福（外一首）——————————————（瑶族）辛 古
敕勒川 —————————————（壮族）黄宝山
山海涛声 —————————————————— 黄家玲
壮乡金秋 —————————————（壮族）黄寿才
瑶山酒 ——————————————（壮族）韦照斌
蜂匠·歌声 ————————————（壮族）黎家磷
红水河畔新歌台 ———————— 刘善福 王永明等

散文

童心集 ——————————————（壮族）韦其麟
啊，灯！ —————————————（彝族）韦革新
吃鸡酒 ————————————————— 黄 河 杨 军

蜡花情思 —————————————（苗族）杨尤富
没六鱼洞趣闻 ———————（壮族）黄汉昌 李畅权
苏轼与梧州苏山 —————————————— 骆鉴清
对歌山（壮族民间故事）——————（壮族）依易天整理
望郎石（仫佬族民间故事）
——————————（仫佬族）包玉堂 吴盛枝整理
金银寨（苗族民间故事）
—————————————（苗族）霁春 陈善搜集整理
影子与人（寓言）—————————————— 李树则

理论

广西隆重纪念鲁迅诞生一百周年 —————— 本刊记者
壮族文学的民族特色浅谈 —————————— 石 榕
一颗耐咀嚼的橄榄
——短篇小说《卜丽仙招婿》读后 ————— 金 枫
学步回顾 —————————————————— 周广生

美术

苗岭金秋 —————————————————— 郑军里
速写 ——————————————— 姚 秦 谢 森
山的儿子（木刻）—————————————— 韦智仁
南盘江的早晨（国画）———————————— 梁荣中

1981 年第 12 期　刊名：《广西文学》
目录

小说

乌纱巷春秋 ————————————————— 毛志成
梅山情 ——————————————————— 严思广
端砚 ———————————————————— 王云高
一生之计 —————————————（壮族）潘荣才
午 ————————————————————— 岑之京
有一片彩云飘过 ——————————————— 黄德昌
理发店听来的故事 —————————————— 蒋锡元
第八神经 —————————————————— 阚泽民
占凉棚 ——————————————————— 夏 汎
庄家女儿 —————————————————— 李宽定
竹子大　尾巴歪 ————————————（瑶族）唐玉文
瓜熟蒂落 ————————————— 冯政麟 黄才深

理论

坚持毛泽东文艺思想才能繁荣创作 ————— 杨 戈
《唱吧，琴键》读后漫笔 —————————— 易 彬
取材新　构思巧
——《乌纱巷春秋》读后 ————————— 秋 水

美术

林中鸟语（套色木刻）———————————— 官厚生

大地（套色木刻）⋯⋯⋯⋯⋯⋯⋯⋯⋯⋯区焕章
春晓（木刻）⋯⋯⋯⋯⋯⋯⋯⋯⋯⋯⋯杜鸿年
有志者（油画）⋯⋯⋯⋯⋯⋯艾轩画　南雄诗

1982 年第 1 期　刊名：《广西文学》
目录

小说

爱的苹果⋯⋯⋯⋯⋯⋯⋯⋯谢曼丽　贺慈航
烟花公主⋯⋯⋯⋯⋯⋯⋯⋯⋯⋯⋯⋯叶宗翰
有客迟来⋯⋯⋯⋯⋯⋯⋯⋯⋯⋯⋯⋯金沙水
街旁小木棚⋯⋯⋯⋯⋯⋯⋯⋯⋯⋯⋯韦子源
接蜂记⋯⋯⋯⋯⋯⋯⋯⋯⋯⋯⋯⋯⋯黄婉玲
惩罚⋯⋯⋯⋯⋯⋯⋯⋯⋯⋯⋯⋯⋯⋯廖铁星
客人⋯⋯⋯⋯［英］爱·约·普伦克特著　贺祥麟译注

诗歌

红水河畔新歌台⋯⋯⋯⋯⋯首林祥　孟春礼等

春天的家乡

春天的家乡（四首）⋯⋯⋯⋯⋯⋯⋯⋯沙　鸥
喝油茶⋯⋯⋯⋯⋯⋯⋯⋯⋯⋯⋯⋯⋯覃　惠
三月，南国的田野⋯⋯⋯⋯⋯⋯⋯⋯黄　昆
海上垂钓⋯⋯⋯⋯⋯⋯⋯⋯⋯⋯⋯⋯周鹏宽
大脑，我奇异的土壤（外三首）⋯⋯苏　展
新走大路莫嫌生⋯⋯⋯⋯⋯⋯⋯⋯⋯李肇隆
公园假山⋯⋯⋯⋯⋯⋯⋯⋯⋯⋯⋯⋯何　津
咏牡丹⋯⋯⋯⋯⋯⋯⋯⋯⋯⋯⋯⋯⋯张厚感
竹乡小学⋯⋯⋯⋯⋯⋯⋯⋯⋯⋯⋯⋯吕定禄
在海边拾到的浪花⋯⋯⋯⋯⋯⋯⋯⋯何德新
桂北初秋三题⋯⋯⋯⋯⋯⋯⋯⋯⋯⋯罗立斌
桂平西山行⋯⋯⋯⋯⋯⋯⋯⋯⋯⋯⋯欧阳若修

散文

法卡山一日
巧雷显威⋯⋯⋯⋯⋯⋯⋯⋯⋯⋯⋯⋯李志明
罐头警铃⋯⋯⋯⋯⋯⋯⋯⋯⋯⋯⋯⋯肖跃华
阵地缝补⋯⋯⋯⋯⋯⋯⋯⋯⋯⋯⋯⋯陈玉莲
送饭路上⋯⋯⋯⋯⋯⋯⋯⋯⋯⋯⋯⋯廖老成
金竹筒箩（桂岭风情）⋯⋯⋯⋯⋯⋯梁廷军
问银河（外二章）⋯⋯⋯⋯⋯⋯⋯⋯魏久环
清水河⋯⋯⋯⋯⋯⋯⋯⋯⋯⋯⋯⋯⋯谢　逸
写在桂北丛山间（散文诗）⋯⋯⋯⋯敏　歧
小白丽（童话）⋯⋯⋯⋯⋯⋯⋯⋯⋯稼　稼

评论

贵在自觉（每月文谈）⋯⋯⋯丘　行　易　乡
"故人"何在？——创作余谈⋯⋯⋯⋯陆　地

一篇构思奇妙的小说⋯⋯⋯⋯⋯⋯⋯贺祥麟
花间絮语
应有的亮色⋯⋯⋯⋯⋯⋯⋯⋯⋯⋯⋯丘　峥
良药和糖衣⋯⋯⋯⋯⋯⋯⋯⋯⋯⋯⋯颜运祯
有感于蒲松龄摆茶摊⋯⋯⋯⋯⋯⋯⋯程东安

美术

静静的漓江（油画）⋯⋯⋯⋯⋯⋯⋯涂　克
插图选登⋯⋯⋯⋯⋯⋯⋯⋯⋯⋯⋯⋯霄德租
漓江垂钓（摄影）⋯⋯⋯⋯⋯⋯⋯⋯汤庆森
溯源（油画）⋯⋯⋯⋯⋯⋯⋯⋯⋯⋯章仁缘

1982 年第 2 期　刊名：《广西文学》
目录

小说

清清的水，会过来的⋯⋯⋯⋯⋯⋯⋯杨　松
深谷里的山花⋯⋯⋯⋯⋯⋯⋯⋯⋯⋯费平林
画眉笼里的格鲁花⋯⋯⋯⋯⋯⋯⋯⋯篮怀昌
强中手⋯⋯⋯⋯⋯⋯⋯⋯⋯张展超　雷文习
仙乡亭三记⋯⋯⋯⋯⋯⋯⋯⋯⋯⋯⋯陈肖人
一封寄给上帝的信
⋯⋯⋯⋯［墨西哥］格霄戈里奥·洛佩兹　陆煜泰译

诗歌

红水河畔新歌台⋯⋯⋯⋯⋯韦代林　封林林等
荣誉⋯⋯⋯⋯⋯⋯⋯⋯⋯⋯⋯⋯⋯⋯叶延滨
高山诗情⋯⋯⋯⋯⋯⋯⋯⋯⋯⋯⋯⋯林万里
大路伸向远方（二首）⋯⋯⋯⋯⋯⋯何国成
桂西风情（二首）⋯⋯⋯⋯⋯⋯⋯⋯河　清
鼓楼听歌⋯⋯⋯⋯⋯⋯⋯⋯⋯⋯⋯⋯涂世馨
瑶山晚会⋯⋯⋯⋯⋯⋯⋯⋯⋯⋯⋯⋯鲍　失
白云且悠悠（外一首）⋯⋯⋯⋯⋯⋯凌国星
柳——给远在台湾的兄长⋯⋯⋯⋯⋯郭灵运
田野来风（三首）⋯⋯⋯⋯⋯⋯⋯⋯黎　耘
酒醒不见牛肉巴⋯⋯⋯⋯⋯⋯⋯⋯⋯赵　淦

散文

乡土情（桂岭风情）⋯⋯⋯⋯⋯⋯⋯黄志谋
天坛情思⋯⋯⋯⋯⋯⋯⋯⋯⋯⋯⋯⋯那家伦
带刺的板栗果⋯⋯⋯⋯⋯⋯⋯⋯⋯⋯凌　渡
架屋欢⋯⋯⋯⋯⋯⋯⋯⋯⋯⋯⋯⋯⋯陈雨帆
他是个勤奋好学的孩子
——《钢铁是怎样炼成的》作者的童年⋯罗　岭

评论

努力丰富生活积累（每月文谈）⋯⋯苏　凡
我写爱情题材（我是怎样创作的）⋯张　扬

生动有趣　含意隽永
　　——读《一封寄给上帝的信》··········彭会资　甘恒彩

美术

漓水轻舟（摄影）···················邓朝兴
少女头像（雕塑）···················詹行宪
瑶家女（雕塑）·····················曾肇权
新手镯（雕塑）·····················张　鸣
满目琳琅（油画）···················孙见光
彩霞迎春（国画）···················乔　木

1982 年第 3 期　刊名:《广西文学》
目录

小说

秋夜清歌·························刘存旭
春华秋实·························吴翠琼
粉红色的婚筵······················王玉凤
回道班··························曾莲秀
慈母心··························林　红
提携···························刘　洁
哥哥的任务·······················稼　稼

诗歌

心的波音（五首）···················孙如容
心声——唱给伟大的女性···············麦春芳
铺路石（外一首）···················叶　锦
六色蘑菇（外一首）··················李荣贞
谁说……（外四首）·················谢小莹
林中的歌（外二首）··················李甜芬
前进路上的沉吟····················韦银芳
三月情思·························黄琼柳
呵，一天（外一首）··················林　宝
海的回答（外一首）··················陈少娟

散文

香港见闻杂杂······················林焕平
西江剪影·························谢　逸
侗乡小唱·························蔡　旭
行歌之夜·························冯志奇
龙门访秀·························黄桂钦

评论

时代·新人（每月文谈）················刘名涛
人物分析琐谈（我是怎样创作的）···········叶　辛
艺术的构思与独创性··················叶　橹

美术

家在花丛中（油画）··················祁海平
民族学院的早晨（木刻）················陈更新
绣（油画）·······················尤开民
红水河···············李绍忠　谢　森画　瑜　琦诗

1982 年第 4 期　刊名:《广西文学》
目录

春花开在二月里（小说）················邓锦风
寄意（小说）······················阚泽民
中国的背脊（诗歌·外二首）·············吴小军
伊岭岩的启示（散文）·················王　蒙
努力提高思想理论水平·················韵　悠
刘满伯买车（小说）··················蒋咸美
"秋风客"（小说）···················叶玉生
"出土文物"（小说）·················陈修龄
责任（小说）······················雷务远
手（诗·外一首）···················唐懋洁
故乡变迹（三首）···················刘桂阳
法卡山下的歌圩（诗·外一首）············张化声
蹄花（诗）
　　——边疆短笛···················何达成
诗词三首·························罗培元
瑶山二题（诗）····················农冠品
奇丽的梦（诗·外一首）
　　——伊岭岩漫想··················吴淮生
彩石小集（科学诗）··················杨鹤搂
花香绿岛（桂岭风情）·················田　稼
大瑶山散记（桂岭风情）················聂　波
打鸟界上（桂冷风情）·················王天若
五色花糯米（桂岭风情）·······那家佐　刘建华
山之恋（散文）····················陆光亭
大山笔记（三章）（散文）···············陆　健
寓言三则················海代泉　顾　文
关于突破的自我反省（我是怎样创作的）·······何士光
从欧阳修改文章谈起（花间絮语）···········伊　萍
格调随谈（花间絮语）·················潘　健
作家的眼睛（花间絮语）················半　牧
山村（水印木刻）···················邓福觉
山高水长（国画）···················阳太阳
建设中的佛子岭（木刻）················陈烟桥
黄河恋（油画）····················方照华

1982 年第 5 期　刊名:《广西文学》
目录

纪念《在延安文艺座谈会上的讲话》发表四十周年

一切从有利于人民出发 ································· 林　云
文艺应该比生活更高更美 ························· 向　彤
要震撼人心　更要振奋人心
——学习毛泽东同志关于歌颂和暴露问题的论述
··· 野　果
到新生活中去 ····································· 谢　敏

小说

春分 ··· 聂震宁
鲨王叔的忌讳 ····································· 穆予才
秦九伯做客 ··· 肖定吉
柳绿燕高飞 ··· 杨　松
但愿人都美 ··· 侯苏豫
新舅娘 ··· 黄克东

诗歌

渔乡新港（外二首）····························· 何　津
荔乡的树 ··· 何浩深
八角林中 ······························· 莫勇继　陈　多
庭院里，飞出一支歌（两首）················· 向　群
家庭篇（两首）····································· 陈肖人
妈妈和孩子 ··· 张丽萍
石言诗稿（五首）································· 陶希晋
桂郡南四邑巡礼 ··································· 罗立斌
读《陈毅诗词选集》有感（外二首）········· 邓生才
红水河畔新歌台 ······················· 林泽生　闭尚佳等

散文

瑶家的温泉（桂岭风情）························· 柴立扬
夜来香 ··· 李育孙
色彩赋 ··· 刘　斌
大海走笔 ··· 林　玉
登天都峰 ··· 龙彼德
漓江漫笔（桂岭风情）························· 姚　似
该谁吃木炭（革命传说）························· 黄福林

评论

自古江山助文章 ··································· 吴九成
本刊 1980—1981 年优秀作品评奖揭晓

美术

家家都在画屏中（国画）························· 张　步
欢乐的天使（水粉画）
——献给文学艺术家们 ············· 谢　森画　柯　炽诗

瑶寨新声（木刻）································· 廖宗怡
荒原情（油画）····································· 杨涤江

1982 年第 6 期　刊名:《广西文学》
目录

纪念"六·一"国际儿童节

白咪咪（小说）····································· 何桂兴
爷爷的秘诀（小说）····························· 孙慧琦
儿歌一束（诗歌）····················· 吴大宇　黄寿才等
童心集——续篇（散文）························· 韦其麟
小五角星花（散文）····························· 岑献青
小黑猫做好事（童话）························· 何德新
流萤曲（散文）····································· 叶　葵

小说

站在昨天面前 ····································· 毛志成
椿芽香 ··· 叶　牮
山大王当"官"记 ································· 柯天国
怪客——选自长篇小说《新绿林传》········· 里　汗
一双新式女鞋 ····················· [美]杰罗姆·威德麦恩作
陆煜泰译

诗歌

鲜花盛开的城 ····································· 韦能雄
飘香的工厂（外一首）························· 金彦华
透明的厂房 ··· 海代泉
知青小吃店之夜 ··································· 曾有云
边境小路（外二首）····························· 莎　红
涠洲岛月夜 ··· 江　河
我赞美绿······ ····································· 张雪杉
京华行二题 ··· 吴三才
天涯果品（三首）································· 朱光天
溪边笑声 ··· 黄刚毅
贺江婚礼 ··· 陈侃言
龙眼市 ··· 凌焕彩
水塔 ··· 莫西芬
密码 ··· 杨　群

散文

侗乡听歌（桂岭风情）························· 李葆青
观画读史游象山（桂岭风情）················· 李时新
小草 ··· 王敦贤
寓言（三则）····························· 梁立松　刘占武等

评论

多创造些精美的精神食粮（每月文谈）········· 容　平
生活·情感（我是怎样创作的）················· 徐君慧

关于艺术地反映农村政策的随想⋯⋯⋯⋯⋯颜运祯
小谈茅盾创作的第二个十年
——《茅盾四十年代在香港和桂林的文学成就》前言
⋯⋯⋯⋯⋯⋯⋯⋯⋯⋯⋯⋯⋯⋯⋯⋯⋯林焕平
"秘诀"与"撕稿"（编辑手记）⋯⋯⋯⋯⋯叶宗翰
看似寻常却艰辛
——读《一双新式女鞋》⋯⋯⋯彭会资 甘恒彩

美术

天鹅（国画）⋯⋯⋯⋯⋯⋯⋯⋯⋯⋯⋯⋯李 怡
小鬼和小鬼（木刻）⋯⋯⋯⋯⋯⋯⋯⋯⋯郭 龄
速写⋯⋯⋯⋯⋯⋯⋯⋯⋯⋯⋯⋯⋯⋯⋯杨启鸿
金色的童年（组画之一）⋯⋯⋯⋯⋯⋯⋯潘鸿海

1982 年第 7 期　刊名:《广西文学》
目录

小说

鼓励和鞭策（每月文谈）⋯⋯⋯⋯⋯⋯⋯吴 明
刺梨，刺梨⋯⋯⋯⋯⋯⋯⋯⋯⋯⋯⋯⋯蒋锡元
火塘夜会⋯⋯⋯⋯⋯⋯⋯⋯⋯⋯⋯⋯⋯邓启明
等待⋯⋯⋯⋯⋯⋯⋯⋯⋯⋯⋯⋯⋯⋯⋯廖铁星
青光牌小刀⋯⋯⋯⋯⋯⋯⋯⋯⋯⋯⋯⋯张加莎
女刑侦队员的奇遇⋯⋯⋯⋯⋯⋯⋯⋯⋯陈霭坚
瑶山新姑爷⋯⋯⋯⋯⋯⋯⋯⋯⋯⋯⋯⋯莫义明
薄暮⋯⋯⋯⋯⋯⋯⋯[英]萨奇作 周弦波译

诗歌

火把节情诗（组诗）⋯⋯⋯⋯⋯⋯⋯⋯⋯韦革新
六姐妹⋯⋯⋯⋯⋯⋯⋯⋯⋯⋯⋯⋯⋯⋯林 宝
红水河畔新歌台⋯⋯⋯⋯⋯杨卫东 胡念川等
乡土⋯⋯⋯⋯⋯⋯⋯⋯⋯⋯⋯⋯⋯⋯⋯袁裔琪
"热"回来了⋯⋯⋯⋯⋯⋯⋯⋯⋯⋯⋯⋯黄家玲
百色行诗草⋯⋯⋯⋯⋯⋯⋯⋯⋯⋯⋯⋯林克武
美哉大明山⋯⋯⋯⋯⋯⋯⋯⋯⋯⋯⋯⋯黄 革
心潮激浪
——读诗有感⋯⋯⋯⋯⋯⋯⋯⋯⋯⋯⋯李志明
山花海浪
再生冶炼炉⋯⋯⋯⋯⋯⋯⋯⋯⋯⋯⋯⋯李玉林
流泉⋯⋯⋯⋯⋯⋯⋯⋯⋯⋯⋯⋯⋯⋯⋯陀继宗
叠彩（外一首）⋯⋯⋯⋯⋯⋯⋯⋯⋯⋯彭 洋
电视天线⋯⋯⋯⋯⋯⋯⋯⋯⋯⋯⋯⋯⋯杨燕清
秤⋯⋯⋯⋯⋯⋯⋯⋯⋯⋯⋯⋯⋯⋯⋯⋯张泽荣
爱，就象这棵树⋯⋯⋯⋯⋯⋯⋯⋯⋯⋯沈素华
老花匠⋯⋯⋯⋯⋯⋯⋯⋯⋯⋯⋯⋯⋯⋯王景全

散文

抹不去的脚印

——怀念司马文森同志⋯⋯⋯⋯⋯⋯⋯野 曼
东篱菊⋯⋯⋯⋯⋯⋯⋯⋯⋯⋯⋯⋯⋯⋯邓 咏
木棉⋯⋯⋯⋯⋯⋯⋯⋯⋯⋯⋯⋯⋯⋯⋯李甜芬
牧鹅妹⋯⋯⋯⋯⋯⋯⋯⋯⋯⋯⋯⋯⋯⋯张秋实
古灵渠畔贺新郎（桂岭风情）⋯⋯李肇隆 蒋太福
冯子材墓小记⋯⋯⋯⋯⋯⋯⋯⋯⋯⋯⋯黄齐和
契诃夫深入生活⋯⋯⋯⋯⋯⋯⋯⋯⋯⋯杨 辑

评论

对真善美的探索和追求⋯⋯⋯⋯⋯⋯⋯周鉴铭
秦似杂文艺术特色初探⋯⋯⋯⋯⋯⋯⋯龙燕平
对《秋夜清歌》、《提携》的评论
——来稿摘登⋯⋯⋯⋯⋯⋯⋯⋯⋯⋯邓运祥等
谈《薄暮》中的巧合⋯⋯⋯⋯⋯⋯⋯⋯黄仕荣

美术

阳朔朝晖（摄影）⋯⋯⋯⋯⋯⋯⋯⋯⋯邓朝兴
求知（木刻）⋯⋯⋯⋯⋯⋯⋯⋯⋯⋯⋯覃高阳
渔家仔（木雕）⋯⋯⋯⋯⋯⋯⋯⋯⋯⋯杨蕴华
不尽黄河古今流（油画）⋯⋯⋯⋯⋯⋯刘建建

1982 年第 8 期　刊名:《广西文学》
目录

小说

挺拔的老树⋯⋯⋯⋯⋯⋯⋯⋯⋯⋯⋯⋯张士放
这里有株玉兰树⋯⋯⋯⋯⋯⋯⋯⋯⋯⋯李梦琴
主角⋯⋯⋯⋯⋯⋯⋯⋯⋯⋯⋯⋯⋯⋯⋯黄承瑞
手足情⋯⋯⋯⋯⋯⋯⋯⋯⋯⋯⋯⋯⋯⋯周广生
佩红⋯⋯⋯⋯⋯⋯⋯⋯⋯⋯⋯⋯⋯⋯⋯梅帅元
赤脚的和穿袜的⋯⋯⋯⋯⋯⋯⋯⋯⋯⋯黄飞卿

诗歌

唱给边防军
弹坑里的小树（外一首）⋯⋯⋯⋯⋯⋯侬易天
界河边的鸡场（外一首）⋯⋯⋯⋯⋯⋯彭景宏
绿色的南关（二首）⋯⋯⋯⋯⋯⋯⋯⋯杨鹤楼
礁石情⋯⋯⋯⋯⋯⋯⋯⋯⋯⋯⋯⋯⋯⋯刘文瑞
西双版纳诗抄（三首）⋯⋯⋯⋯⋯⋯⋯包玉堂
放牧白云的大婶（外一首）⋯⋯张映华 吕定禄
恋（二首）⋯⋯⋯⋯⋯⋯⋯⋯⋯⋯⋯⋯陆 健
江畔诗抄（二首）⋯⋯⋯⋯⋯⋯⋯⋯⋯剑 文
诗二首⋯⋯⋯⋯⋯⋯⋯⋯⋯⋯⋯⋯⋯⋯黄福林
红水河畔新歌台⋯⋯⋯⋯⋯韦玉翠 黄寿民等

散文

在海底山林中⋯⋯⋯⋯⋯⋯⋯⋯⋯⋯⋯于 峪
法卡雷⋯⋯⋯⋯⋯⋯⋯⋯⋯⋯⋯⋯⋯⋯莫孝川

心随军鸽飞 —————————————— 刘汉太
星海灯湖 —————————————————— 李 萌
乐在西沙 —————————————————— 王建国
小花赴会（童话） ———————————— 谈庆麟
宜山游踪 —————————————————— 陈祯伟
寓言 —————————————— 凝 溪 海代泉

理论
执着地追求和表现美（每月文谈）——— 杨 戈
一幅富有时代色彩的历史画卷
——长篇小说《失去权力的将军》读后— 丘振声
沉思·哲理·诗情《广西文学》1980—1981 年获奖诗
歌漫评 ——————————————————— 敏 歧

美术
金绣瑶山（油画） ———————————— 李汝信
小八路（石版铅笔） ——————————— 孙滋溪
法卡山速写 ————————————————— 刘大为
远山（国画） ——————————————— 李伟光
前线速写 —————————————————— 周 明

1982 年第 9 期　刊名:《广西文学》
目录

小说
唱嫁歌 ——————————— 吴光宇 吴光文
在前排正中 ————————— 金彦华 骆 项
一棵桃树枯荣的故事 ——————————— 易朝龙
眼睛 ———————————————————— 阳远恒
歌乐山寻宝记 ————————————————— 明德昭
治猴记趣 —————————————————— 黎国璞
双目失明的人
———— [美]麦克金利·凯恩特作 陆煜泰译

诗歌
山泉 ———————————————————— 韦其麟
垒起诗的烽火台（外一首） ——————— 潘万提
边城诗草 —————————————————— 敏 歧
情满海滩 —————————————————— 杨幼雄
生活的风（三首） ——————————— 亢 进
姐妹泉（外一首） ——————————— 杨 柳
诗论二首 —————————————————— 李 耿
谁更值得尊敬
——国王和士兵的故事
———————— [苏]马尔夏克作 邵 焱译
红水河畔新歌台 ———————— 赵 捷 陈有才等

散文
南宁的绿 —————————————————— 湖 涌
山崳这边和那边 ———————————————— 凌 渡
补缸瓦匠 —————————————————— 田 稼
扑蝶 ———————————————————— 虞达文
我和森林 —————————————————— 陈侃言
黄金的联想 ————————————————— 郑家度

理论
文艺工作者的行动准则（每月文谈）——— 陶 杰
不可不"做"　不可太"做" ——————— 谭立明
做"三等车"上的旅行者
——读李竑的短篇小说集《妻子来自乡间》札记
———————————————————————— 恂 如
要致力于人物性格刻画 ——————————— 丘 峰
构思巧　笔法精
——读《双目失明的人》 ————— 彭会资 甘恒彩

消息
"广西少数民族文学创作评奖"揭晓颁奖

美术
读（国画） ————————————————— 林 埔
苗山十月（油画） ———————————— 谢 森
怀抱（雕塑） ——————————————— 李仕儒
响雪（国画） ——————————————— 张 凭

1982 年第 10 期　刊名:《广西文学》
目录

小说
登山 ———————————————————— 汪 骏
双龙飞腾记 ————————————————— 柯天国
海风掠过小叶榕 ———————— 于 力 殷敦煌
苦楝魂 ——————————————————— 林 红
明天的希望 ————————————————— 黄德昌
染棚哀乐 —————————————————— 赵辛予
温暖的泉流 ————————————————— 小 莹
轨迹 ———————————————————— 刘 丹
感报寺的钟声 ———————————————— 梁发源
自称是刑侦人员的人 [日]———星新一作 李有宽译

理论
为建设社会主义精神文明作更大贡献（每月文谈）
———————————————————————— 谢 敏
生活·学习·实践（我是怎样创作的）——— 张 长

美术

傣族少女（工笔重彩画）————————毛水仙

山区写生————————————————王开政

广厦之源（版画）————————————潘大溷

黄山（国画）—————————————刘海粟

1982 年第 11 期　刊名:《广西文学》
目录

小说

钻石项链————————————————刘清宏

在那高高的山上————————————龚知敏

守不住的丹田————————————王云高

老侄嫩叔————————————————覃炜明

巷口——————————————————李　逊

小河水清清——————————————裴志勇

圆月银辉——————————————梁昭上

十月，在我的家乡——————————黄勇刹

一条红的殷红的杠——————————王耀东

石头吟（外一首）——————————李野光

别追我，钞票————————————黎贡瑞

海螺——————————————————白　岩

玄虚的价值——————————————顾　城

瑶家乐（组诗）——————————何　津

印刷厂抒情曲（三首）————————于建才

菩萨蛮————————————————中　仁

叠彩山（外一首）——————————管　平

我愿（外一首）——————————杨　克

绚丽的山花—————黄常青　庞仕章　梁远明

石太瑞　黎家璘　覃树发　李寿华

红水河畔新歌台————————徐文仲　杨立中等

散文

五毛钱一铺——————————————秦　似

清凉山断想（西北万里行之一）————徐君慧

寻宝者————————————————宋　郡

山谷醉————————————————黄　莺

骆驼和旅行者（寓言）————————邝金鼻

兔子游水（寓言）——————————刘占武

理论

文学的崇高使命（每月文谈）
——贯彻十二大精神宣传共产主义思想座谈纪要

美术

一篇小说的诞生——————————李　竑

蝶会（工笔重彩画）————————许继庄

开镰酒（版画）——————————王晓鹏

苗乡速写（三幅）——————————杨家聪

壮锦的故事（国画）————————陈端忠

1982 年第 12 期　刊名:《广西文学》
目录

小说

山泉————————————王天若　黄佳能

钓蜂人————————————————蓝怀昌

重逢——————————————————苗延秀

老同古歌
——采风日记—————————————聂震宁

大山深处——————————————杨进恒

只等油茶花开日——————————潘　琦

抢新水——苗家生活速写————————杨光富

家乡啊，我的家乡（二首）—————包玉堂

唱给侗家的歌（二首）————————莎　红

我们要借红水河的……————邓永隆　蓝书京

在北部湾的海滩上
——写于北海市华侨新村——————黄钟警

诗歌

苗山情（三首）——————————李荣贞

桂林抒情（二首）—————————马光琳

甜蜜的诗（二首）—————————覃　惠

天地山川录（三首）————————农冠品

彩色的记忆————————————李甜芬

劝金鱼————————————————黄宝山

红水河畔新歌台——————林贞元　张宜举等

散文

高山红辣椒——————————————梁廷军

海南岛游丝——————————————黄　青

秋夜，泛起了一串串笑声——————叶　葵

侗寨斗牛图（桂岭风情）————————侯成韬

溶进夕阳的光亮中——————————岑献青

神弓宝剑（壮族民间故事）————蓝鸿恩整理

大胆有马骑（革命故事）————————黄福林

碎布条的沉思（寓言　外二则）————海代泉

理论

相亲相重　团结共进（每月文选）————山　人

努力提高我区少数民族文学创作质量————曾慧民

散文诗美的漫步——————————那家伦

美术

山居图（国画）——————————李　钊

渔歌（木刻）————————————张　红

边陲园丁（油画）——————————谢开基

1983 年第 1 期　刊名:《广西文学》

目录

小说

渡口―――――――――――――――韦一平
这一天―――――――――――――――韦编联
两巴掌―――――――――――――――张国聪
迎春号上的女神（地市刊物作品选）――庶　纪

诗歌

多情的红豆―――――河　清　何国成　王文福
周鹏宽　华继文　杨子忱
采石矶吊李白―――――――――――吴三才
拾物箱前―――――――――――――莫少云
啊，平原――――――――――――――韦银芳
滇行诗草（二首）――――――――――邓生才

散文

散文诗撷翠――――――――魏久环　敏　岐
本自立　秦　黛　叶友群　彭乡荣
赞美你啊！绿叶（科学小品）―――――宋尤兴
罪恶的渊薮（地方掌故）――――――李葆青
小树和小鸟（瑞典寓言）
――――――［瑞典］费恩·希拉格伊著　袁　芒译
寓言小集――――――――盖　壤　谈庆麟　林植峰

评论

颇值一读的短篇（小说写作通讯）―――秋　水
推测琐谈（花间絮语）―――――――邢念萱
何以把党的领导写成一塌糊涂呢?（争鸣篇）
――――――――――――――――蒋叔竑
清新、别致的新生活赞歌（读者·作者·编者）
――短篇小说《唱嫁歌》来稿摘登―――罗守让等
不要杜撰民族风情（读者·作者·编者）―――裴　珍
编后随笔（读者·作者·编者）

美术

红色小溪（国画）―――――――――邓　柯
窗花（国画）―――――――――――杨永琚
漓江游（国画）―――――――――――邓　军
欢乐的跳坡节（水彩画）――――――谢　森

1983 年第 2 期　刊名:《广西文学》

目录

小说

罗贝姐―――――――――――――熊楚才
干部楼下的空地―――――――――王猛舟
冻土―――――――――――――――刘止平

诗歌

一个人和一个民族的位置――――――陈少娟
买瓶好酒等壮哥―――――――――区桂凉
让我上学吧，阿咪―――――――――韦　华
贝雕厂诗情―――――――――――黎家璘
呵，遥远的世纪（外二首）――――――顾　工
第四级台阶――――――――――――吴小军
我憎恨现在的我―――――――――王瑞芳
车窗遐想―――――――――――――刘钦贤
我是一颗秕谷――――――――――小　辉
边界小店―――――――――――――张显华
闲暇――――――――［英］W.H.戴维斯　杨榴红译
绚丽的山花――――――潘俊龄　颖　康　梁宠传
韦日城　黄循贤　吴品华　张岁录
红水河畔新歌台――――――――麻　党　林贞元等

散文

三访边关―――――――――――――谢　逸
伞――――――――――――――――郭光豹
戴眼镜谈――――――――――――李炎光
一枚铜钱（革命回忆录）―――――――覃国翰
一只带链的铁锚―――――――――顾　文
鼓楼春（桂岭风情）―――――――――周东培

评论

政治符号与艺术形象
――也谈《挺拔的老树》（争鸣篇）―――慕　春
形象总是大于概念
――读《挺拔的老树》（争鸣篇）――――艾　平
"老树"并不挺拔（争鸣篇）―――――伦　生　亦　云
多做生活札记（花间絮语）――――――沈　默
评诗歌《姐妹泉》（外一首）来稿摘登
――――――――――――――矛　戈　柏林等
牢牢地植根于生活――《端茶》读后随笔――村　夫

美术

侗族姑娘（水彩画）――――――――杨家聪
收获（雕塑）――――――――李仕儒雕　南　雄诗
华山（国画）――――――――――――黄格胜
节日（工笔重彩）――――――――――蒋采萍

1983 年第 3 期 刊名:《广西文学》
目录

小说

手摇车上的角斗士（报告文学）·······················郑盛丰
暮鼓晨钟···凌崇征
茶楼往事···刘不展
街头乐队···谢曼丽
发自千山的信···曾莲秀
小烟炉风情···钟扬莆
"伞骨沟"的棉松（地市刊物作品选）···············李乃耀

诗歌

重游五塘···陶希晋
咏锦州（外一首）···罗立斌
前线的芦苇···邵燕祥
南疆情（二首）···柯　原
星星，亮在我的心里···江　河
云山淦水歌（二首）···古　笛
如果你···玉　生
百鸟衣的传奇···鲁　原
飞动的家庭···董　凯
野码头···龙怡凡
菜女吟···唐懋洁
山间···莫文征
海岛的衣裳···杉　松
锄头···莫西芬
旧屋···颖　康
"木鱼"歌··石　河
索道——长笛···袁伯霖
红水河畔新歌台···············韦守仪　石朝琪等

散文

春风风人——记何伟同志在广西二三事···········谭　流
海坪上的渔围···田　稼
侗乡一日···叶惠明
天下第一洞（游记）···吕　梁
草地情···黄　河
踏青（外一章）···陆　健
森林，你是一个偌大的筛子（外二章）···········彭　洋
碎光···覃炜明
碧波湖中东坡亭（地方掌故）·····························周家干

评论

"不是缺少美，而是缺少发现"（花间絮语）
···谭　平
短篇小说结构随想（小说写作通讯）···············吴文方
按文艺规律去评论和创作（争鸣篇）···············江建文

从《奇怪的女厂长》到《挺拔的老树》（争鸣篇）
···周鉴铭

美术

晨曲（油画）···王国俊
海岛卫士（木刻）···陈忠良
绍兴写生（油画）···周　楷
深夜，静悄悄（国画）···········杨云峰画　南　雄诗

1983 年第 4 期 刊名:《广西文学》
目录

小说

大山情···陈肖人
一场丑剧的内幕（报告文学）···········里　海　秋　水
搬家···汪　骏
拆房记···裴志勇
雷雨前后···张仁胜
深深的根···翁树杰
最后一条路···文　萍

诗歌

悼念萧三同志···张　报
桂林山水（四首）···············彭燕郊　纪　学
汽笛声声（四首）···············陈昌黎　龙　靖
曾水生　许志宇
劝妹绣球莫乱丢···林　玉
红水河畔新歌台···············李启云　张宜举等
小院撷趣···王守勋
农家乐···庞　然
柚林春雪···华　萍
锣鼓地···马光琳
马鞍山···李　竹
我思念的西山···农　丁

散文

蓝天下的新角度···丘　行
山高水远···徐治平
马达隆法湖散记···苏道深
"天上"的塔与地上的"龙"（游记）···············叶宗翰
在炮台山的哨所上（生活速写）·························冯英龙
养鸡记···韦纬组
护林人···李　耕
赶海···蒋继锋
呱呱叫的青蛙（童话）·······································李加辉

评论

典型环境与时代精神（争鸣篇）·························陈运祐

讨论《挺拔的老树》来稿综述（争鸣篇）····刘志一等
给人物提供好舞台（小说写作通讯）········侯佐澜
一篇描写离休干部的好作品（小说写作通讯）
·······································简　平
绘景与自然美（花间絮语）
——短篇小说艺术探微·····················谢明德

美术

壮乡春早（油画）·························李汝信
水乡夕阳（国画）·························阳　日
赶集归来（雕塑）·························朱连城
山村姑娘（油画）·························潘鸿海

1983 年第 5 期　刊名:《广西文学》
目录

青年作者小说专辑

在绿溶溶的山谷里···············（仫佬族）海　涛
培也姐姐·······················（侗族）覃文格
酒醉英雄汉·····················（壮族）韦　玮
盲师傅授徒·····················（壮族）黄有新
李小芹的书包和钟大树的手枪·····（壮族）稼　稼

小说

嘅喂，娅姥·······················（壮族）韦明波
达努节之夜的婚礼·················（瑶族）蓝怀昌
乌龟壳纪事·······················（壮族）潘泉脉
追球·····························（壮族）黎国璞
彼拉盖雅（外国文学选读）
　　　　　　[苏]米哈依尔·左琴柯作　陆煜泰译

诗歌

红水河畔新歌台
　　　　·······（壮族）覃绍宽　（瑶族）刘德禄等
唱给毛难山乡的歌（组诗）·········（壮族）莎　红
访滇西（三首）···················（壮族）黄　青
睡醒的大山（组诗）···············（壮族）何　津
笛声·银灯·······················（壮族）韦志彪
劳模会上（二首）·················（壮族）黄寿才
他走了···························（壮族）农冠品
写在工程师证上···················（壮族）凌永宁
光明的追求（二首）···············（回族）海代泉
草原风物情···················（蒙古族）阿拉坦托娅
望月（外二首）···················（壮族）黄琼柳
我愿变·························（壮族）韦守仪
故乡纪事（二首）···············（仫佬族）谢光先

散文

归来·······················黄有接　郭志权
吃烧鱼·······················（侗族）吴　浩
塞外盛会二题·················（苗族）杨光富
纯真的歌·····················（壮族）旭　野
瑶家新风·····················（瑶族）苏胜兴
葡萄乡之夜···················（壮族）黄福休
村鸽·························（壮族）严小丁
记"粤东会馆"（地方掌故）
　　　　　　　　　（壮族）邹爱华　潘茨宣
花山五题·····················（壮族）邓永隆

评论

喜听瑶山画眉鸟的歌唱（小说写作通讯）·······谭绍鹏
一篇颇能耐人寻味的小说·················邓生才
幽默风趣的《彼拉盖雅》·················彭会资
绿叶山泉及其他（读者·作者·编者）·······曾慧卿等

美术

上学（油画）·························王立民
篆刻·······························陶希晋
织（木刻）···························范竞达
在收获的土地上（木刻）···············苏克华
侗家秋（国画）·······················梁荣中

1986 年第 6 期　刊名:《广西文学》
目录

小说

老红花与老火鸭·······················潘鸿贵
永恒的黄永恒·························孙步康
小车梦·····························陈第振
直的河！横的河！·····················李格训
这门铃哪能不按·······················戴胜德
"三家村"轶事···················陈永阶　洪盛朝
日本微型小说（三篇）···········[日]星新一　原著
　　　　　　　　宋尤兴　梁近光　编译
冲破黑暗之门（报告文学）···········何培嵩　荆　璞

诗歌

我歌颂你的眼睛（外一首）···············韦革新
歌声溅落赶秋的圩场（外一首）···········崔合美
骆驼·······························唐建丰
湖面·······························邹放放
猎趣·······························车　凯
忠实的姑娘···························谭立予
虎山行·····························陆保生
我应该·····························王耀东

你用什么还我呢 ……………………………… 曲有源
过三峡（外一首）………………………………… 李建平
菩萨蛮（读诗有感）……………………………… 陈漫远
邕城看稀有金花茶喜赋一绝 …………………… 唐 弢
滑滑梯——写在幼儿园里 ……………………… 郭文明
红水河畔新歌台 ………………… 庞小燕 曾林祥等

散文
甜乡人好客 ……………………………………… 石 英
醉乡行 …………………………………………… 露 白
炉火比花红 …………………………… 那家佐 刘建华
鸟鸣声声翠 ……………………………………… 崔润民
讲给小纸片儿听的故事（科学童话）………… 谈庆麟
芽 ………………………………………………… 李志鹏

评论
诗歌·民族化·艺术美
——在广西文联座谈会上的讲话 …………… 王朝闻
"意识流"与心理描写（小说写作通讯）……… 钱江潮

美术
新娘子（油画）………………………………… 沈名存
冬至（版画）…………………………………… 书智仁
速写 ………………………………………… [美]张源禧
巴基斯坦风景写生（国画）…………………… 林 埔

爱的萌动 ………………………………………… 卢 泓
奔驰的马 ………………………………………… 若 冰
给妈妈 …………………………………………… 司徒杰

散文
泰国纪行 ………………………………………… 韦其麟
在烈土断碑前 …………………………………… 韦德三
北京情愫（散文诗）那家伦
"蓝皮书"的怀念 ……………………………… 蒋 寅
薰衣草
——新疆伊犁抒情之什 ……………………… 徐君慧
云中天湖 ………………………………………… 河 清

评论
给读者留点想象的余地（小说写作通讯）…… 晓 文
有感于作家"杀人"（花间絮语）……………… 吴九成
真情的结晶（花间絮语）……………………… 潘鸿贵
含蓄美（花间絮语）…………………………… 严永通
尽情地挥动你的彩笔
——兼谈《广西文学》近年的散文 ………… 彭 洋

美术
潺（油画）……………………………………… 王永强
生命的支柱
——中国的保尔张海迪（木刻）…………… 蒙显刚
夜（工笔画）…………………………………… 蒋太禄
翠绿抱沁泉（油画）…………………………… 涂 克

1983 年第 7 期　刊名:《广西文学》
目录

小说
支撑 ……………………………………………… 鲍学谦
刀斧手陆老盖 …………………………………… 石山浩
课题之外 ………………………………………… 刘 川
东流西归记 …………………………… 张宗杖 蒋继锋
白衣姐妹 ………………………………………… 梁广道
月照小院明 ……………………………………… 杨 松

诗歌
红水河畔新歌台 ………………… 王清炎 朱飞华等
大学生之歌
啊，故乡的古榕绿伞（外二首）……………… 刘 频
侗乡情（组诗）………………………………… 莫俊荣

爱的醒悟
——我心中的歌 ……………………………… 邓筱蓉
也是大学生的日记（三则）…………………… 刘桂阳
旷野的小树（外一首）………………………… 唐 虹
我是一滴春雨（外一首）……………………… 全 怡

1983 年第 8 期　刊名:《广西文学》
目录

小说
大地幽灵 ………………………………………… 毛志成
不当家不知柴米贵 …………………… 金彦华 骆 项
乡思 ……………………………………………… 周尊攘
荒天夕照 ………………………………………… 梅帅元
阁楼上的人们 …………………………………… 王 璞
任天乐佳话 ……………………………………… 赵范奇
权威的权威 ……………………………………… 曾国民
讲台 ……………………………………………… 李德成
角落 ……………………………………………… 曾慧民

诗歌
红水河畔新歌台 ………………… 苏春天 木等
战地花园（外一首）…………………………… 叶如秋
我歌唱小草（外一首）………………………… 杜建文
我突然发现
——学习张海迪 ………………………… 王 钢 吕 平

森林的耳朵（外一首）——————————————杨　柳
老藤——摘自一位老教师的日记——————————风林渡
妈妈，我不愿只穿中山装——————————————杨　克
我的爱情——————————————————————阿尔塔夫
江淮吟草——————————————————————吴三才
凤凰湖畔（外一首）————————————————伍子聪
扬名与隐名————————————————————漠　韦

散文
海鸥声声——————————————————————王建国
榕—————————————————————————周保旺
凤凰花快开了（外一章）——————————————岑献青
斗鸡记趣（桂岭风情）——————————————李葆青
苗寨前有一座小山————————————————黄永利
一代诗才压碧莲（广西古代文人掌故）——————古　良

评论
登高方能望远——————————————————孙步康
努力反映新的生活———————————王敏之　林　青
要重视反映时代精神———————————————李建平
真不离巧　巧中求真（小说写作通讯）—————罗宁让

美术
宝贝（国画）——————————————————王国仁
飞向未来（版画）————————————————黄三才
胜似亲人（工笔画）———————————————王炳炎
考核（版画）——————————————————范元和

1983 年第 9 期　刊名:《广西文学》
目录

小说
带提琴的俘虏兵————————————————牛建农
窗外飘落一片枯叶————————————————蒋锡元
呵，彩色的猪仔螺————————————————于　峪
沾血的友谊
长篇小说《流星》中的一章————————————武剑青
落叶峡谷——————————————————————李　逊
省略号里的事情—————————————————彭志刚
土平房里的人们—————————————————白　薇
生活也有醉人的时光———————————————邱小军
铺花的路——————————————————————杜少华
微波，从这里发出————————————————刘　丹

评论
评长篇小说《新绿林传》—————————————沈　声

美术
雏（工笔画）——————————————————唐继炳

插图选登——————————————————————詹忠效
插图选登——————————————————————雷德祖
山乡秋韵（工笔画）———————————————朱训德

1983 年第 10 期　刊名:《广西文学》
目录

小说
脚印，脚印……——————————————————吴海峰
矿石·地底之光—————————————————梅帅元
铁打的衙门流水的官———————————————廖亦民
大路上的哥儿们———————————张宗栻　蒋继锋
风切夜窗声————————————————————廖铁星
啊，人们……——————————————————黄晓昱
孔经理的盛衰（报告文学）————————————肖　林

诗歌
诗编辑的诗
钻探之歌（三首）————————————————孙友田
大成宝殿前的课堂——回忆与断想————————叶延滨
我躺在绿色的草坪————————————————黄东成
花魂————————————————————————张雪杉
听乐————————————————————————袁永庆
"灯光"——————————————————————龙彼德
侗寨风情（二首）————————————————河　清
夏锄————————————————————————朱谷忠
我问红水河（外一首）——————————————郑成文
别了，火塘———————————————————朱光天
水乡之夜—————————————————————郭玉山
放排（外一首）—————————————————白　龙

散文
天涯寻亲记（上）————————————————李英敏
放走了的小螳螂—————————————————虞达文
游漓江——————————————————————海　笑
散文诗一束———————————顾　文　陈昌黎　莫莉茵
芒果树——————————————————————林　宝

评论
发展和繁荣社会主义文艺的指导方针
——学习《邓小平文选》关于文艺问题的论述

————————————————————————林欣春
对话的技巧（小说写作通讯）——————————阿　明
谈《支撑》中的三个人物（作者·读者·编者）

————————————————————————曾国民
一得一失（作者·读者·编者）—————————覃富鑫
我看《支撑》（作者·读者·编者）—————————雷　萌

美术

家（油画） —————————— 李树基

家园（油画） —————————— 宋齐鸣

山水写生（国画） —————————— 刘益之

泰山担夫（油画） —————————— 朱贻德

1983 年第 11 期　刊名:《广西文学》
目录

小说

绿在山那边 —————————— 海　涛

听壁脚 —————————— 谢和光

新来的排长十九岁 —————————— 周骁骏

在宽阔的歌圩上 —————————— 聂震宁

三今"疯子" —————————— 周东培

画眉鸟叫的时候 —————————— 石山浩

正月采茶 —————————— 黄　钲

诗歌

岑逊的悲歌——一个壮族传说 —————————— 韦其麟

蜜甜蜜甜的菠萝山（外一首） —————————— 莎　红

青海行（二首） —————————— 农冠品

肝胆相照

——出席区政协南湖中秋赏月晚会有感 —————————— 苗延秀

为民族的幸福，干杯（外一首） —————————— 何　津

金色的春雨 —————————— 黄乃康

爱情篇 —————————— 柯　林

散文

天涯寻亲记（下） —————————— 李英敏

清清的庭木河 —————————— 潭承华

点点滴滴京岛情 —————————— 凌　渡

绿林深处 —————————— 潘　琦

踩月亮 —————————— 杨　军

校园的小路（二章） —————————— 唐玉文

鸡声 —————————— 黄神彪

评论

小说的"射门角度"（小说写作通讯） —————————— 丘　峰

善于突出　敢于舍弃（花间絮语） —————————— 梁　鲁

漫话灵感（花间絮语） —————————— 邢念萱

作家写"笑"（花间絮语） —————————— 胡宗健

美术

春水（油画） —————————— 冼小前

凌空有日（木刻） —————————— 潘大溢

牛（木刻） —————————— 龙圣明

三月蒙蒙雨（水彩） —————————— 宋文龙

1983 年第 12 期　刊名:《广西文学》
目录

小说

聚会——审判 —————————— 黄善飞

再见，桂花林 —————————— 黄德昌

老姑娘轶事 —————————— 廖　文

列车北去 —————————— 柯天国

乡间土"老九" —————————— 夏　沨

诗歌

太阳系 —————————— 黄勇刹

红水河的歌 ————— 黄　青　何国成　鲁　原

美的收获及其他（二首） —————————— 放　平

留住青春的地方 —————————— 傅六六

海滩的路 —————————— 龙旦城

暗示 —————————— 丁红云

红水河畔新歌台 ————————— 知　鸣　李易昌等

散文

旅顺一日 —————————— 秦　似

小画家们的老师（报告文学） —————————— 恒　颂

星光曲 —————————— 益　娜

当桂子飘香的时候 —————————— 卢豫冬

故乡，有一条小溪 —————————— 李中朝

雾海春山 —————————— 邓　咏

飞出背篓的孩子 —————————— 韦炳伦

蜗牛的眼睛（寓言） —————————— 谈庆麟

雨 —————————— 姚　古

评论

坚持毛泽东文艺思想的基本原则 —————————— 向　彤

谈谈短篇小说的"位移"（小说写作通讯）——— 周鉴铭

把自己的生命倾注进去（花间絮语） —————————— 贺兴安

美术

建设一个新中国（油画） ————— 安明阳　车永仁

母亲情（水印木刻） —————————— 潘行建

李雁草书近作

晨曦（摄影） —————————— 赵黄岗

1984 年第 1 期　刊名:《广西文学》
目录

小说

清除精神污染　繁荣文艺创作 —————————— 本刊评论员

英灵 ————————— 海　练　海　涛

来去寻望夫云（中篇小说）·············张 长
梅岭寻踪·····························刘肇贵
残局·······························王云高
蒲公英的小伞飘呀飘（外一篇）（地市刊物作品选）
··································罗小莹

诗歌

南疆北国
白山黑水（三首）·····················韩 笑
大漠抒怀（二首）·····················张化声
桂林抒情（二首）·····················木 斧
游星湖·····························杨绿白
故乡的旋律（二首）···················向 群
国境线上一块田·······················黄家玲
透亮的消息·························黄钟警
周末·······························庞 然
雨中荔火·····························罗马丁
海浪木（外一首）·····················蒋太福
呵，生活的两极·······················贤 宏
红水河畔新歌台···············张国权 凌火金等

散文

南防铁路工地掠影
良凤江的早晨·························石 卫
羽四岭的"穿山虎"·····················林唯唯
啊！混凝土·························海 歌
雨夜·······························冯志奇
仙人桥
——防城港·························于 峪
心中的歌·····························陈家瑞
陆地（八佳作家）
小木船·····························于宗信
月印·······························余毅忠
晨露野花集·························魏久环

评论

创作，需要思想·······················覃伊平
关于"探索"的探索·····················蒋锡元

美术

伙伴（油画）·························王衍成
秋的旋律（套色木刻）···················刘向荣
工地上的风钻手（木刻）·················商冰忠
春（石版画）·························邵常毅
版纳之夏（套色木刻）···················李亚军

1984 年第 2 期　刊名：《广西文学》

目录

散文

南国边防线
重返科甲关·························严小丁
边土·······························邓 咏
消逝了的风筝·························严风华
在边寨哨所里·························黎浩邦
敬礼·······························张有学
挂满锦旗的小屋·······················李甜芬
林焕平（八桂作家）

小说

最后一次夜巡·························叶长伟
无形的丰碑·························何文丹
腻哥·······························康圣清
来去寻望夫云（中篇小说·续完）···········张 长
修表·······························马伯威

诗歌

啊，红树林·························毛正三
特区素描（三首）·····················莫少云
彩色的城
——宝钢建设基地掠影···················杨鹤楼
月台，丰收的田埂·····················董 凯
丝绸厂短歌（二首）···················熊国永
航迹向蘑菇云深处延伸···················江 河
运水·······························陆伟然
茶林青青·····························金彦华
夕阳曲——给一个退休的老司机·············黄寿才
生活的路条（外一首）···················农俊林
知识·······························林继邦
桅·······························鲁 西
红水河畔新歌台···············陈作诗 田明月等

评论

"左"右病良方·······················周民震
文艺批评必须正常化和经常化···············谭福开

谈报告文学的人物塑造
——兼评《广西文学》几篇报告文学新作·······江建文
诗情画意"山那边"（读者·作者·编者）·······沙 干
一份难得的反面教材（读者·作者·编者）·······垦 荒
情趣别致的生活画图（读者·作者·编者）·······黄 燕

美术

山果落了（套色木刻）···················刘 宝

牵牛（石版画）━━━━━━━━━━━━━━━吴长江
醒（木刻）━━━━━━━━━━━━━━━━━━卢培君
麦黄时节（套色木刻）━━━━━━━━━━━刘荣彦

1984 年第 3 期　刊名:《广西文学》
目录

小说

山圩二人传（中篇小说）━━━━━━━━━常弼宇
甜叶菊━━━━━━━━━━━━━━━━━━刘止平
宜州诗魂（历史小说）━━━━━━━━━━梁超然
我们姐妹之间（纪念"三八"节妇女征文）
━━━━━━━━━━━━━━━━━━━━剑　玲（女）
报复（地市报刊作品选）━━━━━━━━━蒋锡元
小小阁楼（地市报刊作品选）━━━━━━吴小军
蹉跎（地市报刊作品选）━━━━━━━━━李日生

诗歌

清晨，我站在阳台上（外二首）━━━━━贺小松
苍翠的十万山（二首）━━━━━━━━━━何　津
如歌的童年（组诗）━━━━━━━━━━━覃琼送（女）
这个车间——写在棉纺厂━━━━━━━━白　薇（女）
天生桥寄语（二首）━━━━━━━━━━━杜剑文
钢城短歌（三首）━━━━━━━━━━━━剑　熏
黑榜——光荣簿（外一首）━━━━━━━胡天风
犁头赞━━━━━━━━━━━━━━━━━韦守仪
红水漆黑畔新歌台━━━━━━━谢瑞英　苏常萃等
归国迎春━━━━━━━━━━━━━━━━张　报
游五羊罗岗香雪━━━━━━━━━━━━━李若林

散文

"家藏"三劫━━━━━━━━━━━━━━谢　远
不知名的球友们━━━━━━━━━━━━━莫江华（女）
窗前槐━━━━━━━━━━━━━━━━━岑献青（女）
列作人间第一香━━━━━━━━━━━━━韦经荣
"杜握"叫得更欢了━━━━━━━━━━━隆李奎
溪，从曲折中来（外一章）━━━━━━━李　耕
斗笠━━━━━━━━━━━━━━━━━━沈素华
桂林掇拾━━━━━━━━━━━━━━━━何德新
北大荒抒情━━━━━━━━━━━━━━━晓　钧
读书人和吝啬的财主（寓言）━━━━━━林植峰
贺祥麟（八桂作家）

评论

创作总归于发现
——兼评一种非理性的美学主张━━━━━鲁　原
新诗创作艺术探微
——兼评《广西文学》部分诗作━━━━━罗良德

作诗和做人（作家书柬）━━━━━━━━蔡其矫

美术

草编姑娘（油画）━━━━━━━王遵义　李向阳
战友的遗孤（油画）━━━━━━李向阳画　南　雄诗
茶山春（木刻）━━━━━━━━━━━━━张旺清
桂林山水——象鼻山（油画）━━━━━━涂　克

1984 年第 4 期　刊名:《广西文学》
目录

小说

西枝艳━━━━━━━━━━━━━━━━━肖定吉
院落━━━━━━━━━━━━━━━━━━李　松
垃圾该怎么办?━━━━━━━━━━━━━柯天国
明月光━━━━━━━━━━━━━━━━━刘　炜
特急报告━━━━━━━━━━━━━━━━钟扬莆
在乡土上和海那边━━━━━━━━周　宏　卢　竑
老西墙上的钟（地市刊物作品选）━━━━叶　竹

诗歌

中午（外一首）━━━━━━━━━━━━━张丽萍
红柳树的门前（外二首）━━━━━━━━黄神彪
我并不孤独━━━━━━━━━━━━━━━赵红雁
纤夫（外一首）━━━━━━━━━━━━━邓锐帆
赶海的女孩（外一首）━━━━━━━━━林万里
断了头的石龟━━━━━━━━━━━━━━邱灼明
林里的笑声（外一首）━━━━━━━━━莎　红
回忆（外一首）━━━━━━━━━━━━━亢　进
晨光中的民族━━━━━━━━━━━━━━敏　歧
红水河畔新歌台━━━━━━━━杨卫东　刘三妹等

散文

海中小镇━━━━━━━━━━━━━━━━穆予才
哦，橡胶树━━━━━━━━━━━━━━━陆益业
翡翠池　我在想━━━━━━━━━━━━张秋实
京华情怀━━━━━━━━━━━━━━━━那家伦
晚风（外二章）━━━━━━━━━━━━━蔡　旭
我的额━━━━━━━━━━━━━━━━━柳　远
漓江，来自天上的海洋（桂岭纪游）━━━李肇隆
灰兔种白菜（寓言）━━━━━━━━━━方冠琴
水滴和石（寓言）━━━━━━━━━━━刘占武
黄青（八桂作家）

评论

新的探索　新的收获
——长篇小说《流星》漫评━━━━━━━魏　仁
尊重规律━━━━━━━━━━━━━━━━刘名涛

只能借鉴　不可套用 ································· 罗启业
及时地艺术地反映生活的变化
评王云高、宋郡的短篇新作《残局》 ············· 彭　洋

美术

春晨（水印木刻）····························· 胡　抗
战友（木刻）································· 纪清和
海风（油画）································· 张学锋
海滨之夏（木刻）····························· 王　琦
春汛（油画）································· 蔡景楷
边防写生 ··································· 涂光明

1984 年第 5 期　刊名:《广西文学》
目录

小说

相思红（中篇）····························· 蓝怀昌
意守丹田 ··································· 沈祖连
断臂的维纳斯 ······························· 覃建中
"香港街"上的围棋老板 ······················· 何文辉
暖雪 ····································· 李　逊
自酿的苦酒 ································· 陈玉清
长街尽头是海洋 ····························· 腾云飘

诗歌

我要像火炬般燃烧 ··························· 苏　展
中年之歌（二首）····························· 贤　宏
我不是…… ································· 肖　兰
花港观鱼 ··································· 黄东成
再见，昨天 ································· 珍　剑
她把写诗的技巧全都忘记 ······················· 甘作权
妈妈教画脚手架 ····························· 赵宽宏
绿色的歌（外一首）··························· 韦瑞华
攀登之歌 ··································· 莫小钧
短笛行吟（三首）····························· 欣　原
农民新村 ··································· 何瑞澄
咏梨花（外一首）····························· 郭勃澜
红水河畔新歌台 ····················· 许宗师　高友良等

散文

养猫 ····································· 姚　古
鹿鸣坳 ··································· 徐治平
画·果·烛 ································· 赵红梅
感情（外四章）····························· 宋秋萍
三上苗家岭 ································· 陆　瑛
月牙泉新画 ································· 黄福林
马蹄螺 ··································· 梅光明
徐君慧（八桂作家）

评论

多创作有强烈时代感的作品 ····················· 陈运祐
突然应不是偶然
——从《铁打的衙门流水的官》中赵书记谈起
 ······································· 潘武彬
"人一走，茶就凉"（花间絮语）
——艺术美在于塑造人物性格 ··················· 陈　炳

美术

归宿（套色木刻）····························· 范一辛
牧驼人家（木刻）····························· 文　科
谷满新仓（套色木刻）························· 郭　龄
斗牛场上（木刻）····························· 吴云彬
新花（国画）································· 纪清远

1984 年第 6 期　刊名:《广西文学》
目录

小说

海怪三哥与蒙眼观音（中篇）··················· 于　峪
蒲公英飘落的地方 ··························· 黄德昌
唉，那片叫人眷恋的土地 ················· 李乃耀　李吉光
换梁 ······························· 贺慈航　谢曼丽
爱的十字路 ························· 叶晓雯　薛　冰
买珍珠霜的小伙子 ··························· 宋安群
微型小说二题 ······························· 丹　军

诗歌

故乡的雪花 ································· 董　凯
中年人的敬意（三首）························· 曾有云
我指挥着一个乐队（外一首）··················· 叶秋江
鸟的恋歌 ··································· 韦　涉
别 ····································· 何国成
我的银行 ··································· 海　瑞
古营盘情思 ································· 严翰秀
红水河畔新歌台 ····················· 谭亚洲　石长胜等

散文

童蒙之歌 ··································· 韦其麟
雨后的大森林 ······························· 鲁之洛
小瓶子的悲哀（童话）························· 王世跃
求仙求知及其他 ····························· 林　宝
莎红（八桂作家）

评论

谈文艺创作中的主观和客观 ····················· 冯　峨
让情节摆脱概念的躯壳（花间絮语）··············· 胡宗健
极闲之笔"殊不寂寞" ························· 郭　超

美术

雨后（套色木刻） ———————— 杜鸿年
夕（木刻） ———————————— 李宝泉
微山湖上（油画） —————————— 陈国力
木刻小品 ———————————— 袁惠民
出院（国画） ———————————— 梁荣中

1984 年第 7 期　刊名:《广西文学》
目录

小说

徘徊 ———————————————— 杨　松
落花时节又逢君（中篇） ————— 毛志成
似梦非梦 ————————————— 韦奇平
边陲素描 ————————————— 麦展穗
小镇一角夜朦胧 ————————— 戈　华
最后的冲刺 ———————————— 潘大林

诗歌

林中的姑娘（五首） ——————— 林　宝
水 ——————————————— 庞仕章
仙女 ———————————————— 郭文明
她哭了 ——————————————— 华　萍
歌圩的歌 ————————————— 伍子聪
矿工的爱（两首） ———————— 张宝申
月夜，小河水在流 ———————— 蒋忠民
我眷恋家乡的土地 ———————— 黄社尤
等待 ———————————————— 常剑钧
过黄河 ——————————————— 红　波
大海的歌 ————————————— 叶知秋
红水河畔新歌台 ————— 张宜举　曹林祥等

散文

我的老师 ————————————— 贺祥麟
园边杂拾 ————————————— 谢　逸
揽胜者的心声 ———————————— 顾　文
访医记 ——————————————— 韦纬组
踩堂春色 ———————— 周东培　肖启中
镜前遐思 ————————————— 庞国弘
韦其麟（八桂作家）

评论

以生命的形式呈现出来 ————— 贺兴安
文学创作中的"小"与"大" ——— 周鉴铭
生气盎然的桂南风情画（读者·作者·编者）
———————————————— 覃富鑫
一束绚丽的边地山花（读者·作者·编者）—— 垦　荒

要地方色彩，更要……（读者·作者·编者）
———————————————— 刘　江

美术

把青春献给四化（宣传画） ———— 张　延
外国插图艺术
歌与梦（套色木刻） ——— 张朝阳画　柯　炽诗

1984 年第 8 期　刊名:《广西文学》
目录

小说

使命 ———————————————— 彭　匋
魂在山水间 ———————————— 克　雪
万里情 ——————————————— 恒　颂
落花时节又逢君（续完） ————— 毛志成
春雨迷蒙 ————————————— 毛正三
燕来雁去 ————————————— 黄有新
利益 ——————— [日]星新一作　屈庆璋译

诗歌

天地书 ——————————————— 柯　炽
走坡素描（组诗） ———————— 龙殿宝
乡情（二首） ———————————— 向　群
团日，在草地上 ————————— 王溶岩
创业者的"书" ——————————— 王耀东
我们，东方民族之魂 ——————— 吴昌明
红水河畔新歌台 ————— 李燮春　黄云龙等

散文

他自豪地笑了 ———————————— 洪湘明
红旗，在边关飘扬 ———————— 黄　莺
珊瑚岛之歌 ———————————— 柯　原
捞虾妹 ——————————————— 唐玉文
苦竹（外一章） ——————————— 高　路
竹排儿（外一章） —————————— 梁　书
雾（外一章） ———————————— 车　凯
阴阳先生（寓言） —————————— 唐占全
寓言二则 ————————————— 谈庆麟
苗延秀（八桂作家）

评论

浅谈小说艺术的动态美 ————— 罗守让
融铸着诗和小说美的散文
——读敏歧的散文集《霜叶集》 —— 辛　力
写好人物形象的"附属物" ———— 吴九成

美术

寸金难买寸光阴（宣传画）⋯⋯⋯⋯⋯⋯陈松茂
海韵（木刻）⋯⋯⋯⋯⋯⋯⋯⋯⋯⋯⋯陈中华
国画选登⋯⋯⋯⋯⋯⋯⋯⋯⋯⋯林 埔 苏 华
我山我水（套色木刻）⋯⋯⋯⋯⋯⋯⋯廖宗怡
青春啊，青春（套色木刻）
——法卡山战斗的年轻指挥员⋯⋯⋯立 新 小 南

1984 年第 9 期 刊名:《广西文学》
目录

小说

党委会前⋯⋯⋯⋯⋯⋯⋯⋯⋯⋯⋯⋯黄炳煜
山爱夕阳红⋯⋯⋯⋯⋯⋯⋯⋯晓 昱 南 塽
带惊叹号的人⋯⋯⋯⋯⋯⋯⋯⋯⋯⋯韦 玮
哈比的梦⋯⋯⋯⋯⋯⋯⋯⋯⋯⋯⋯⋯汪周京
猜⋯⋯⋯⋯⋯⋯⋯⋯⋯⋯⋯⋯⋯⋯蒋锡元
老哥老弟⋯⋯⋯⋯⋯⋯⋯⋯⋯⋯⋯⋯戴胜德
渡船⋯⋯⋯⋯⋯⋯⋯⋯⋯⋯⋯⋯⋯⋯夏太锋

诗歌

我们有理由喜新厌旧⋯⋯⋯⋯⋯⋯⋯卢禧滨
竹韵（外二首）⋯⋯⋯⋯⋯⋯⋯⋯⋯寒 星
喷香的油茶（外一首）⋯⋯⋯李肇隆 蒋太福
他和她（叙事诗）
——一曲爱的赞歌⋯⋯⋯⋯⋯⋯⋯肖祥彰
为了美好的记忆（外一首）⋯⋯⋯⋯河 清
星海，我的故乡⋯⋯⋯⋯⋯⋯⋯⋯⋯江 河
流在心中的河川⋯⋯⋯⋯⋯⋯⋯⋯⋯于凤伦
等待⋯⋯⋯⋯⋯⋯⋯⋯⋯⋯⋯⋯⋯常剑钧
红水河畔新歌台⋯⋯⋯⋯⋯桂 心 林贞元等

散文

仙鹤腾飞⋯⋯⋯⋯⋯⋯⋯⋯⋯⋯⋯⋯吴 浩
南疆草（三章）⋯⋯⋯⋯⋯⋯⋯⋯⋯纪 鹏
梧州行散记⋯⋯⋯⋯⋯⋯⋯⋯⋯⋯⋯樊 篱
插图小人的有趣经历（童话）⋯⋯⋯何德新
鹦鹉的猜疑（寓言）⋯⋯⋯⋯⋯⋯⋯海代泉
周民震（八桂作家）

评论

立体地把握人物性格⋯⋯⋯⋯⋯⋯⋯谢明德
文学的民族特色和艺术光彩
——写在读《江和岭》之后⋯⋯⋯江建文

美术

庙山春雨（摄影）⋯⋯⋯⋯⋯⋯⋯⋯张益明
大豆姑娘（版画）⋯⋯⋯⋯⋯⋯⋯⋯陈玉平

山货（版画）⋯⋯⋯⋯⋯⋯⋯⋯⋯⋯胡贻荪
剑与盾（连环画选登）⋯⋯⋯陆和荪改编 梁启德绘画
访朝速写（油画）⋯⋯⋯⋯⋯⋯⋯⋯涂 克

1984 年第 10 期 刊名:《广西文学》
目录

小说

大鹏一日同风起⋯⋯⋯⋯⋯⋯⋯⋯⋯张仁胜
名角色的新知音⋯⋯⋯⋯⋯⋯⋯⋯⋯刘丕展
宝姑娘和她古老的屋子⋯⋯⋯⋯⋯⋯廖亦民
金银花⋯⋯⋯⋯⋯⋯⋯⋯⋯⋯⋯⋯汪 骏
一张奖金支票⋯⋯⋯⋯⋯⋯⋯⋯⋯⋯程玉琛
鞋匠·救缝·无线电修理者（地市刊物作品选）
⋯⋯⋯⋯⋯⋯⋯⋯⋯⋯⋯⋯⋯⋯肖 方

散文

作家六人谈
赞美呀，改革的东风⋯⋯⋯⋯⋯⋯⋯林焕平
逝者如斯夫⋯⋯⋯⋯⋯⋯⋯⋯⋯⋯周民震
万水千山总是情⋯⋯⋯⋯⋯⋯⋯⋯⋯武剑青
希望和祝福⋯⋯⋯⋯⋯⋯⋯⋯⋯⋯⋯韦其麟
迎着太阳，奋力飞腾⋯⋯⋯⋯⋯⋯⋯徐君慧
国庆絮语⋯⋯⋯⋯⋯⋯⋯⋯⋯⋯⋯⋯贺祥麟
八桂人物
健美的"力塔"
——记第二十三届奥运会三枚金牌获得者李宁
⋯⋯⋯⋯⋯⋯⋯⋯⋯⋯⋯叶宗翰 莫孝川
她的昨天、今天和明天⋯⋯⋯⋯⋯⋯冯志奇
地角能人⋯⋯⋯⋯⋯⋯⋯⋯⋯⋯⋯谈庆麟
难忘的一举⋯⋯⋯⋯⋯⋯⋯⋯⋯⋯冯庚桂
一个边防军的妻子⋯⋯⋯⋯⋯⋯⋯⋯林 宝
糯食街（桂岭风情）⋯⋯⋯⋯⋯吴 浩 韦会明

诗歌

红浪溢彩
大化湖抒情⋯⋯⋯⋯⋯⋯⋯⋯⋯⋯⋯凌 渡
写人类一本巨著⋯⋯⋯⋯⋯⋯⋯⋯⋯叶惠明
六月雪⋯⋯⋯⋯⋯⋯⋯⋯⋯⋯⋯⋯露 白
老人的心愿（外一首）⋯⋯⋯⋯⋯⋯董永佳
"欢迎！ 欢迎！"
——雷公滩之声⋯⋯⋯⋯⋯⋯⋯⋯韦革新
明天，这里再不会荒凉（外一首）⋯何国成
建设电站的女军人（组诗）⋯⋯⋯⋯吴小军
飞驰的列车⋯⋯⋯⋯⋯⋯⋯⋯⋯⋯黄 青
电⋯⋯⋯⋯⋯⋯⋯⋯⋯⋯⋯⋯⋯⋯庞仕章
渔港情思（外一首）⋯⋯⋯⋯⋯⋯⋯黄家玲
开凿⋯⋯⋯⋯⋯⋯⋯⋯⋯⋯⋯⋯⋯苏虎棠

评论

红水河畔新歌台 ································· 苏　春等
社会主义祖国的伟大变革和作家的职责
——庆祝中华人民共和国成立三十五周年
··· 本刊评论员
回顾·思考·展望 ····························· 闻　起
应把人物性格作为一个完整的实体来描绘 ····· 钟本康

美术

《一九二九·十二，百色》（油画） ········· 刘晨煜
苗山少女（雕塑） ····························· 李仕儒
布伯——壮族民间传说中的英雄 ············· 黄　俭
喜茶（木刻） ································· 吴烈民
潜龙起舞（木刻） ····························· 潘大溢
热爱祖国，热爱共产党，热爱社会主义。
··································· （宣传画）晁德仁

1984 年第 11 期　刊名:《广西文学》
目录

小说

晚霞之后有星辰 ································· 黄德昌
金袖子传奇（中篇） ··························· 穆予才
白色金字塔 ····································· 梅帅元
碰杯，就要喝下去 ····························· 侯苏豫
驯火者 ··· 张宗栻
河与船 ··· 毛荣生
脚步 ··· 王　璞
废圩上长棵野牡丹（函授学员习作） ········· 岑隆业

评论

努力塑造好变革时期的农民形象——兼评近期《广西
文学》农村题材的小说创作 ················· 田　林

美术

书籍是知识的窗户（宣传画） ················· 张安朴
渔妇（雕塑） ································· 张　鸣
春归（版画） ································· 黄庆堂
瑶家少年（国画） ····························· 黄鲜花
慰忠魂（水彩） ································· 蒋振立

1984 年第 12 期　刊名:《广西文学》
目录

报告文学

花山魂（八桂人物）
——记壮族青年画家周少立，周少宁 ········· 柴立扬

谁家天下 ······································· 郑盛丰

小说

小屋，有人敲门 ································· 夏　汎
三位大学士 ····································· 张士放
赎身记 ····························· （中国香港）唐　人遗作
乡间记事 ······································· 蒋成美
我从梦中走出 ································· 熊春寒

诗歌

北部湾诗草（三首） ··························· 黄　堃
鲁迅公园的灯柱（外一首） ··················· 敏　歧
水乡（组诗） ································· 韦能雄
推销员的歌 ····································· 廖烈东
对峙 ··· 黄钟警
听贝多芬的《命运》 ··························· 叶延滨
愿 ··· 阮英华
问海 ··· 刘　英
小雨 ··· 莫　洪
红水河畔新歌台 ····················· 杨卫东　韦月珍等

散文

壮乡气息
——《隔壁官司》序 ······················· 陆　地
雨中游都峤山 ································· 河　清
蜂的散文诗 ····································· 李　耕
蠡园情 ··· 李　萌
乌桕花开 ······································· 谢瑞元
情深盘江月明中 ································· 聂　波

评论

他跨出了坚实的一步
——评于峪的短篇小说集《离离乡间草》 ······· 肇　涛

美术

小河水涨大河满（国画） ······················· 梁　耀
油茶（国画） ································· 曾宪高
山道弯弯（版画） ····························· 韦智仁
速写 ··· 张源禧
绿色的召唤（油画）
——花山组画之一 ················· 周少宁　周少立

1985 年第 1 期　刊名:《广西文学》
目录

小说

太阳，一个巨大的希望（函授学员习作） ······· 叶　矛
火的净化 ····························· 张正锂　张正钾

木楼之恋（函授学员习作）
——锦鸡寨纪事⋯⋯⋯⋯⋯⋯⋯⋯李乔杰
织锦⋯⋯⋯⋯⋯⋯⋯⋯⋯⋯⋯⋯⋯吴　克
失⋯⋯⋯⋯⋯⋯⋯⋯⋯⋯⋯⋯⋯⋯熊国永

报告文学
开拓者的脚步（八桂人物）⋯⋯⋯⋯张仁胜

诗歌
龙城诗会作品选
希望的分镜头⋯⋯⋯⋯⋯⋯⋯⋯⋯黄任锋
黑·白·桔红
——一个煤场工人的病中吟⋯⋯⋯魏　雨
你好，年轻的世界⋯⋯⋯⋯⋯⋯⋯苏　展
幼儿园的笑声⋯⋯⋯⋯⋯⋯⋯⋯⋯邓　扬
迷
——访搪瓷喷花车间⋯⋯⋯⋯⋯⋯徐代钧
哦，山花写在"山花"电池生产流水线⋯宇文翔
海岛·浪花（组诗）⋯⋯⋯⋯⋯⋯莎　红
走向花山（组诗）⋯⋯⋯⋯⋯⋯⋯杨　克
四十五分钟和五十四双眼睛⋯⋯⋯刘和平
小河那边——童年的记忆⋯⋯⋯⋯李甜芬
红水河畔新歌台⋯⋯⋯⋯庞小燕　李青华等

散文
"女儿岛"的早市⋯⋯⋯⋯⋯⋯⋯万国智
绿色的信息⋯⋯⋯⋯⋯⋯⋯⋯⋯⋯李英敏
泰山观日出⋯⋯⋯⋯⋯⋯⋯⋯⋯⋯东　瑞
一簸箕黄灿灿的苞米（外二章）⋯贺建春
辨影⋯⋯⋯⋯⋯⋯⋯⋯⋯⋯⋯⋯⋯徐春政
蜗牛慢行的来由（寓言）⋯⋯⋯⋯胡　霆

评论
散文创作手记（作家谈创作）⋯⋯那家伦
清新悦目　寓庄于谐
——评短篇小说《使命》（新作短评）⋯上官玉
人物环境"陌生化"手法小议（花间絮语）⋯施　琴
大家动手，植树栽花美化环境（宣传画）⋯陈振新
女体操运动员（油画）⋯⋯⋯⋯⋯陈衍宁
赛龙舟（木刻）⋯⋯⋯⋯雷务武　雷时康
过去·现在·将来（油画）⋯⋯⋯贝家骧
京家小船满春风（油画）⋯⋯⋯⋯张冬峰

1985 年第 2 期　刊名:《广西文学》
目录

小说
陡军的后代⋯⋯⋯⋯⋯⋯⋯⋯⋯⋯吴海峰

相逢何必曾相识⋯⋯⋯⋯⋯⋯⋯⋯青　阳
干杯，为自己⋯⋯⋯⋯⋯⋯⋯⋯⋯蒋锡元
人生一条路⋯⋯⋯⋯⋯⋯⋯⋯⋯⋯黄晓昱
古盆趣事⋯⋯⋯⋯⋯⋯⋯⋯⋯⋯⋯李　强

诗歌
这本歌书泡过酒⋯⋯⋯⋯黄勇刹　遗作
五指山风（二首）⋯⋯⋯⋯⋯⋯⋯冯麟煌
函授学员习作
祖国，我是你迟来的精卫⋯⋯⋯⋯钟纪新
一和十一⋯⋯⋯⋯⋯⋯⋯⋯⋯⋯⋯彭祖声
禾的情话⋯⋯⋯⋯⋯⋯⋯⋯⋯⋯⋯易宪文
红水河畔新歌台⋯⋯⋯⋯覃立仁　李守汉等

散文
函授学员习作
多梦的锚泊地⋯⋯⋯⋯⋯⋯⋯⋯⋯露　白
故乡，有一片油茶林⋯⋯⋯⋯⋯⋯黄莉萍
酒瓶的欣赏⋯⋯⋯⋯⋯⋯⋯⋯⋯⋯姚　古
发生在书房里的童话⋯⋯⋯⋯⋯⋯何德新

评论
发展通俗文学　促进文学繁荣⋯⋯丘振声
论小说的意境创造（小说创作艺术谈）⋯罗守让
略谈写声（花间絮语）⋯⋯⋯⋯⋯吴九成

美术
插图选登⋯⋯⋯⋯⋯⋯⋯⋯⋯⋯⋯雷德祖
瑶山的秋天（油画）⋯⋯⋯⋯⋯⋯祁海平
洗尘（雕塑）⋯⋯⋯⋯⋯⋯⋯⋯⋯李仕儒
醉（木刻）⋯⋯⋯⋯⋯⋯⋯⋯⋯⋯江碧波
寸草心（油画）⋯⋯⋯⋯⋯⋯⋯⋯周树桥

1985 年第 3 期　刊名:《广西文学》
目录

小说
假如我是 H 市的市长⋯⋯⋯⋯⋯陈秋生
贝丘的推理⋯⋯⋯⋯⋯⋯⋯⋯⋯⋯王云高
感情影子⋯⋯⋯⋯⋯⋯⋯⋯⋯⋯⋯杨　松
琵琶（历史小说）⋯⋯⋯⋯⋯⋯⋯马清江
南海一座岛⋯⋯⋯⋯⋯⋯⋯⋯⋯⋯李　逊
梨园外传⋯⋯⋯⋯⋯⋯⋯⋯⋯⋯⋯李天保
牛呀牛（广西函授文学院学员习作）⋯赵光祯
【评点】《牛啊牛》的特色⋯⋯⋯蒋　弦

诗歌
问鼎中原（组诗）⋯⋯⋯⋯⋯⋯⋯黄　青
大桂山林海诗笺（二首）⋯⋯⋯⋯罗马丁

今天我来招工⋯⋯⋯⋯⋯⋯⋯⋯⋯⋯黎 耘
桂林山水（两首）⋯⋯⋯⋯⋯⋯⋯⋯韦其麟
重逢
——致我心中的漓江⋯⋯⋯⋯⋯⋯刘 滨
珠城古榕⋯⋯⋯⋯⋯⋯⋯⋯⋯⋯⋯鲁 原
广西函授文学院学员习作
历史，恢复了坚毅的容颜⋯⋯⋯⋯陈小辉
雪花的选择⋯⋯⋯⋯⋯⋯⋯⋯⋯⋯沈素华
风（外三首）⋯⋯⋯⋯⋯⋯⋯⋯⋯庞玉言
烧荒⋯⋯⋯⋯⋯⋯⋯⋯⋯⋯⋯⋯⋯方 耘
红水河畔新歌台⋯⋯⋯⋯李忠健 王汉伟等

散文
前线随笔⋯⋯⋯⋯⋯⋯⋯⋯⋯⋯⋯杨小凌
无日不春风⋯⋯⋯⋯⋯⋯⋯⋯⋯⋯谢 逸
深山里的人们⋯⋯⋯⋯⋯⋯⋯⋯⋯敏 歧
绿色的歌（外一章）⋯⋯⋯⋯⋯⋯顾 文
天桥（外一章）⋯⋯⋯⋯⋯⋯⋯⋯魏久环
乡村集（广西函授文学院学员习作）⋯⋯丘卫平

评论
赞赏·争论·期待
——关于本刊一九八四年中篇小说的评论（来稿综述）
扩大人物性格的社会容量（小说创作艺术谈）
⋯⋯⋯⋯⋯⋯⋯⋯⋯⋯⋯⋯⋯钟本康
轻轻勾勒 跃然纸上
——谈散文的肖像描写⋯⋯⋯⋯绿 叶
百越境界
——花山文化与我们的创作（探索与思考）
⋯⋯⋯⋯⋯⋯⋯⋯⋯梅帅元 杨克

美术
王贵与李香香（连环画选登）⋯赵国经 王美芳
温泉之春（雕塑）⋯⋯⋯⋯⋯⋯⋯田金铎
篆刻四帧⋯⋯⋯⋯⋯⋯⋯帅民风 帅民心
大坝上的母亲（油画）⋯⋯⋯唐小禾 程 犁
微神（连环画选登）⋯⋯⋯⋯⋯⋯王书朋

1985 年第 4 期　刊名:《广西文学》
目录

小说
歌魂⋯⋯⋯⋯⋯⋯⋯⋯⋯⋯⋯⋯⋯孙步康
枪声，在大山里⋯⋯⋯⋯⋯⋯⋯⋯彭荣德
北京时间响到这里的时刻⋯⋯⋯⋯石山浩
两位先生与两位夫人⋯⋯⋯⋯⋯⋯陈弟振
蒲公英（大学生文学创作评比）⋯⋯泉 妮

报告文学
乌云终将散尽
——关于"中华大王国反革命案"的始末⋯⋯樊 篱

诗歌
开拓（外一首）⋯⋯⋯⋯⋯⋯⋯⋯向 群
百丈崖头（外一首）⋯⋯⋯⋯⋯⋯黄家玲
写给流云⋯⋯⋯⋯⋯⋯⋯⋯⋯⋯⋯庞仕章
远怀⋯⋯⋯⋯⋯⋯⋯⋯⋯⋯⋯⋯⋯江 河
红水河畔新歌台⋯⋯⋯⋯石长胜 韦凡慧等
大学生文学创作评比
西北，一支雄浑的歌⋯⋯⋯⋯⋯⋯张中定
不要以为⋯⋯⋯⋯⋯⋯⋯⋯⋯⋯⋯海 蒂
十七岁：两个心的世界没有集合⋯⋯常 舞
海滨：一个男人和一个女人⋯⋯⋯莫俊荣

散文
写在南国初冬的时候⋯⋯⋯⋯⋯⋯秦 似
访巴散记⋯⋯⋯⋯⋯⋯⋯⋯⋯⋯⋯蓝鸿恩
开楼门纪事（函授学员习作）⋯⋯吴 浩
春雨船影（大学生文学创作评比）⋯⋯代千山
妈妈的眼睛（大学生文学创作评比）⋯⋯黄怀璞
桂北二章⋯⋯⋯⋯⋯⋯⋯⋯⋯⋯⋯鲁 西
坐在海边的老人⋯⋯⋯⋯⋯⋯⋯⋯伊 萍

评论
无形的竞争（花间絮语）⋯⋯⋯⋯鲁 霖
一幅多彩的民族风情画
——谈凌渡的散文集《故乡的坡歌》⋯⋯叶公觉
百越境界 深沉的礼赞（新作短评）
——组诗《走向花山》评析⋯⋯彭 洋

美术
温暖的春风（油画）⋯⋯⋯⋯⋯⋯阎振铎
书香门第（中国画）⋯⋯⋯⋯⋯⋯杨金星
鱼（油画）⋯⋯⋯⋯⋯⋯⋯⋯⋯⋯李延州
高山下的花环（连环画选登）⋯⋯雷德祖

1985 年第 5 期　刊名:《广西文学》
目录

小说
流金的河⋯⋯⋯⋯⋯⋯⋯⋯⋯⋯⋯张宗栻
新作⋯⋯⋯⋯⋯⋯⋯⋯⋯⋯⋯⋯⋯汪 骏
相逢何必不相识⋯⋯⋯⋯⋯⋯⋯⋯赵 琪
初春，有点寒意（函授学员习作）⋯⋯蒋咸美
巧与深
——读《初春，有点寒意》⋯⋯⋯黄伦生

猎鱼记 张 征

报告文学

让"南珠"更加光彩夺目（八桂人物）
——记珍珠企业家刘文雄 李英敏

诗歌

牛呀，不要走错路了（外二首） 莎 红
我的住宅终于改建（函授学员习作） 凌焕彩
心酸的自豪感 宋克力
在槐花绽开的季节 王耀东
十八岁 蓝 焱
售货亭 盘妙彬
红水河畔新歌台 朱飞华 李其宜

散文

《山河声浪》序 黄勇刹
理解（外二章） 贺建春
雪，溶在温暖中（外二章） 蔡 旭
杨梅情（函授学员习作） 丁 汉
绿的启示（函授学员习作） 佟 梅

评论

改革题材与改革者形象的塑造
——兼评《广西文学》城市改革题材近作 江建文
"百越境界"与魔幻现实主义（探索与思考）
——也来思考《花山文化与我们的创作》 张兴劲
报告文学的神圣使命（新作短评）
——评报告文学《谁家天下》 陈学璞

美术

银花（油画） 李维凯
金凤（素描） 刘 吉
榕树下的集市 陈伟南
我们这一代人（油画） 王 琪

1985 年第 6 期　刊名：《广西文学》
目录

小说

碰撞 韦一凡
觅 鲍学谦
小画眉的歌 南 塮
那忘不了的（大学生文学创作评比） 莫莉莉

报告文学

通往巴巴拉境界（八桂人物） 林白薇

诗歌

相思树（外二首） 孙友田
大坝 贺小松
离乡井之歌 何浩深
哑女 何寄行
我没有怨你 吴秀杰
我是一粒苍白的种子（函授学员习作）
——台湾哥哥的情思 任世刚
绿树青山（二首）（函授学员习作） 汪南阶
庐山雾 黄乃康
月亮山 林 珂
大学生文学创作评比
鸽子 西 川
大海唱给月亮的恋歌 陈前正
南方的山 盘妙彬
接亲 陈 宁
红水河畔新歌台 杨卫东 陆光奎等

散文

爱山者 李 耕
沉思 林 宝
牡丹亭址白兰香 朱子椿
罗浮山神奇的云（函授学员习作） 苏定明
七色的光带（大学生文学创作评比） 离离草

评论

一部表现伟大人物的传记文学
——评长篇小说《第一个总统》 徐君慧
一要区别　二要提高
——关于通俗文学的一、二随想 雷猛发
四月，他们走向花山
——"花山文化与我们的创作"座谈会侧记 谭 素

美术

特区正午（油画） 何克敌
鸽子（油画） 高一呼
插图作品选登 雷时圣 甘武炎
侗乡月（国画） 黄格胜
夫与妻（国画） 魏 恕

1985 年第 7 期　刊名：《广西文学》
目录

小说

黑水河 梅帅元
纤魂 孙步康
在有白鹤的地方 海 涛
奇迹，在意料中出现 叶 林

大地情怀⋯⋯⋯⋯⋯⋯⋯⋯⋯⋯⋯⋯⋯⋯⋯黎国璞
月亮知道我的心（大学生文学创作评比）
⋯⋯⋯⋯⋯⋯⋯⋯⋯⋯⋯⋯⋯⋯梁　贵　安　妮

诗歌
九曲桥头的涛声⋯⋯⋯⋯⋯⋯⋯⋯⋯⋯⋯罗马丁
风⋯⋯⋯⋯⋯⋯⋯⋯⋯⋯⋯⋯⋯⋯⋯⋯⋯庞仕章
友谊关上的弹洞⋯⋯⋯⋯⋯⋯⋯⋯⋯⋯⋯罗维扬
在万山丛中（二首）⋯⋯⋯⋯⋯⋯⋯⋯⋯南　雄
红豆信⋯⋯⋯⋯⋯⋯⋯⋯⋯⋯⋯⋯⋯⋯⋯晓　晴
科尔沁儿女
——蒙古族农家的情歌⋯⋯⋯⋯⋯阿拉坦托娅
美人鱼的家乡（外一首）⋯⋯⋯⋯⋯⋯⋯何　津
忆友人⋯⋯⋯⋯⋯⋯⋯⋯⋯⋯⋯⋯⋯⋯⋯苏　峥
运行拾韵（二首）⋯⋯⋯⋯⋯⋯⋯⋯⋯⋯黄　灿
烟雨漓江
——题徐悲鸿名画《烟雨漓江》⋯⋯⋯白　岩
乡路上（函授学员习作）⋯⋯⋯⋯⋯⋯何国成
龟背行（函授学员习作）⋯⋯⋯⋯⋯⋯杨晓坚
土地的变化（函授学员习作）⋯⋯⋯⋯黄承基
红水河畔新歌台⋯⋯⋯⋯⋯黄　严　农永政等
大学生文学创作评比
我们的小木屋⋯⋯⋯⋯⋯⋯⋯⋯⋯⋯⋯邓学政
雨夜，风敲打着窗户⋯⋯⋯⋯⋯⋯⋯⋯程宝林
庄严的故事⋯⋯⋯⋯⋯⋯⋯⋯⋯⋯⋯⋯陶　宁
少年歌手⋯⋯⋯⋯⋯⋯⋯⋯⋯⋯⋯⋯⋯贾晓伟
月亮舞⋯⋯⋯⋯⋯⋯⋯⋯⋯⋯⋯⋯⋯⋯若　冰
渔姑⋯⋯⋯⋯⋯⋯⋯⋯⋯⋯⋯⋯⋯⋯⋯覃展龙

散文
呵，那绿的红的枫叶⋯⋯⋯⋯⋯⋯⋯⋯马　楠
敦煌小记⋯⋯⋯⋯⋯⋯⋯⋯⋯⋯⋯⋯⋯徐治平
九公和他的画眉⋯⋯⋯⋯⋯⋯⋯⋯⋯⋯谢　逸
耘海⋯⋯⋯⋯⋯⋯⋯⋯⋯⋯⋯⋯⋯⋯⋯邓　咏
小河清清（函授学员习作）⋯⋯⋯⋯⋯海　鹰
柏涧（大学生文学创作评比）⋯⋯⋯⋯刘　涛
春雷（大学生文学创作评比）⋯⋯⋯⋯贾学勤

评论
探索的探索（探索与思考）⋯⋯⋯⋯⋯丘　行
追寻与创造
——读追求"百越境界"的几篇小说新作⋯黄伦生
也谈组诗《走向花山》
——与彭洋同志商榷⋯⋯⋯⋯⋯⋯⋯钟纪新

美术
历史
——死亡里孕育着新生（油画）⋯⋯周少立　周少宁
新浪（油画）⋯⋯⋯⋯⋯⋯⋯⋯⋯⋯⋯陈衍宁

1985 年第 8 期　　刊名:《广西文学》

目录

小说
这一辈辈的人哟（中篇）⋯⋯⋯⋯⋯⋯张仁胜
沼泽地里的蛇⋯⋯⋯⋯⋯⋯⋯⋯⋯⋯⋯李　逊
岩葬⋯⋯⋯⋯⋯⋯⋯⋯⋯⋯⋯⋯⋯⋯⋯韦　玮
二十岁的梦⋯⋯⋯⋯⋯⋯⋯⋯⋯⋯⋯⋯贺　娟

诗歌
山之阿　水之湄（组诗）⋯⋯⋯⋯⋯⋯林白薇
流霞的浪花
我走了，妈妈⋯⋯⋯⋯⋯⋯⋯⋯⋯⋯⋯邓锐帆
水电工地的年轻人（二首）⋯⋯⋯覃　元　陈　华
红水河的变奏⋯⋯⋯⋯⋯⋯⋯⋯齐光远　黎文新
河岸，隆起一座坟茔
——献给一位水电建设者⋯⋯⋯⋯⋯曾健杰
辉绿岩⋯⋯⋯⋯⋯⋯⋯⋯⋯⋯⋯⋯⋯甘韶震
夜班，十五分钟插曲⋯⋯⋯⋯⋯⋯⋯罗旭昌
红河水畔新歌台⋯⋯⋯⋯⋯⋯苏焕基　韦守仪等

散文
我们的阵地（外四章）⋯⋯⋯⋯⋯⋯贺建春
滚地雷⋯⋯⋯⋯⋯⋯⋯⋯⋯⋯⋯⋯⋯徐春政
大千山的云雾（函授学员习作）⋯⋯曹永红
海滩脚印⋯⋯⋯⋯⋯⋯⋯⋯⋯⋯⋯⋯犁　人
山路啊，山路⋯⋯⋯⋯⋯⋯⋯⋯⋯⋯李　静
跳蚤的逻辑（寓言）⋯⋯⋯⋯⋯⋯⋯海代泉

大学生文学创作评比
冬夜的雪（小说）⋯⋯⋯⋯⋯⋯⋯⋯邹德胜
胜利的母亲（诗）
——献给一位女通讯兵⋯⋯⋯⋯⋯⋯阳　子
告诉孩子（诗）⋯⋯⋯⋯⋯⋯⋯⋯⋯方　舟
寒假，一个大学生回到村里（诗）⋯彭代雄
三棵童话树（散文）⋯⋯⋯⋯⋯⋯⋯张　谦

评论
关于通俗小说的人物塑造方法⋯⋯⋯宋梧刚

美术
青春（油画）⋯⋯⋯⋯⋯⋯⋯⋯⋯⋯何多苓
太行铁壁（国画）⋯⋯⋯⋯⋯⋯王迎春　杨力舟
铺路石（国画）⋯⋯⋯⋯⋯⋯⋯⋯⋯赵建成
斯诺西行（连环画）⋯⋯⋯⋯⋯⋯⋯陈　延

1985 年第 9 期 刊名：《广西文学》
目录

小说

塔摩 ································· 张宗栻
逝水 ································· 欧 文
到舞会去寻找 ······················· 林仕忆
十三道湾 ··························· 闻 波
翠鸟 ································· 潘大林
十六的月亮（大学生文学创作评比）······· 碧 江
陈忠胜的出手奇招（报告文学）·········· 林唯唯

天南地北

再致西部草原（外一首）··············· 魏志远
草原 ································· 高 路
深圳印象（二首）···················· 亢 进
游塔尔寺（外一首）·················· 农冠品
变奏的罗曼曲（二首）················· 张兴劲
夏夜 ································· 石 伟
茶女 ································· 子 页
阿加 ································· 洋 滔
述 ··································· 魏 雨
中国：当代雕塑 ····················· 黄明辉
套海魂衫的小伙子 ···················· 蔡 翼
春 ··································· 尚钧鹏
谣曲 ································· 泓 叶
乌篷船 ······························· 刘辛耕
天女散花 ··························· 绿 叶
白裤瑶风情 ························· 吴伟峰
意在山野 ··························· 徐天喜
小说观念演变寻踪（探索与思考）········· 李建平
难忘的岁月（油画）·········· 马宏道 倪芳华
爱国诗人陆游（国画）················· 马振声
雕塑作品选登 ·············· 黄君度 龚球夫
鱼米乡（木刻）····················· 吴烈民

1985 年第 10 期 刊名：《广西文学》
目录

老寿爷爷（大学生文学创作评论）········· 杨玥变
小城故事（小说二题）················· 叶 龙
野鸽子 ····························· 程 达
她睡着了 ··························· 叶晓雯
虎 ··································· 易 海
征婚 ······················· 张正锂 陆益业
古老的油榨 ························· 龚桂华

诗歌

小城，第一个集邮亭（外一首）·········· 邱灼明
天府之都散赋（二首）················· 叶廷滨
山地的后裔（二首）——给业大同学 ······ 吴昌明
旋——乡村旱冰场即景 ················ 亦 然
红土地（二首）····················· 吴小军
城郊公园（外一首）·················· 熊国永
属于我的海棠叶 ····················· 应忆航
我·南方 ··························· 李燕丽
一块红泥巴 ························· 张稼文
嫩叶 ··························· ［日本］长岛刚

散文

桔与种桔人——广西垦区散记 ·········· 胡 昭
采蚝歌 ····························· 邓 咏
归来吧，山魂 ······················· 林 宝
叠彩拾遗 ··························· 袁 红
散文二题（函授学员习作）··········· ［美国］劳 璞
鸟市漫步 ··························· 艾 彤

评论

为一代伟人立传
——长篇历史小说《第一个总统》创作情况
··············· 黄继树 赵元龄 苏理立
平中见奇 发人深思
——评短篇小说《陡军的后代》··········· 沙 平
时代精神与责任感——读稿随谈 ········· 里 海

美术

边陲金秋（油画）···················· 薛行彪
海峡情思（水印）···················· 许软松
街市（油画）······················· 司徒锦
绿潮（油画）················· 詹建俊画 南 雄诗

1985 年第 11 期 刊名：《广西文学》
目录

小说

统率“特混部队”的人（报告文学）········ 林唯唯
与你同行（大学生文学创作评比）········· 谷 子
除夕，在人间 ······················· 蒋继锋
仲夏一天 ··························· 谭 流
艺术家 ····························· 余庆华
你们太奇怪 ························· 马道远
豁口 ································· 周广生

诗歌

灯塔老人 ··························· 龙彼德

园的启示⋯⋯⋯⋯⋯⋯⋯⋯⋯⋯⋯⋯⋯⋯蒋太福
老猎手⋯⋯⋯⋯⋯⋯⋯⋯⋯⋯⋯⋯⋯⋯⋯刘国萍
睡莲⋯⋯⋯⋯⋯⋯⋯⋯⋯⋯⋯⋯⋯⋯⋯⋯莫 羡
你要去很远吗?⋯⋯⋯⋯⋯⋯⋯⋯⋯⋯⋯丁红云
雨花石⋯⋯⋯⋯⋯⋯⋯⋯⋯⋯⋯⋯⋯⋯⋯郭 军

散文

男子汉(大学生文学创作评比)⋯⋯⋯⋯郦 辉
沉默的拖竹佬(大学生文学创作评比)⋯钟纪新
我爱路边菊⋯⋯⋯⋯⋯⋯⋯⋯⋯⋯⋯⋯李先楠
龙州速写⋯⋯⋯⋯⋯⋯⋯⋯⋯⋯⋯⋯⋯覃党生
水仙祭(函授学员习作)⋯⋯⋯⋯⋯⋯⋯甘钰蓉
深山采药图⋯⋯⋯⋯⋯⋯⋯⋯⋯⋯⋯⋯谢瑞元
哦,那一片槐树林(大学生文学创作评比)⋯宰学明

评论

迈向表现真实人生的这一步
——漫议张仁胜的小说创作⋯⋯⋯⋯⋯张兴劲
漫话小说的艺术氛围(小说创作艺术谈)⋯钟本康

美术

豁口小说插图⋯⋯⋯⋯⋯⋯⋯⋯⋯⋯⋯雷德祖
虹(油画)⋯⋯⋯⋯⋯⋯⋯⋯⋯⋯⋯⋯沈松德
家住黄金寨(套色木刻)⋯⋯⋯⋯陈伯群 覃忠华
西去列车(国画)⋯⋯⋯⋯⋯⋯⋯⋯⋯陈光健

1985 年第 12 期 刊名:《广西文学》

目录

小说

生活的蒙太奇(大学生文学创作评比)⋯吴 刚
黑的舞台和黑的帷幕⋯⋯⋯⋯⋯⋯⋯⋯黄 俭
犄角(长篇小说《144 小时》选载)⋯⋯莫孝川
枫荷桂⋯⋯⋯⋯⋯⋯⋯⋯⋯⋯⋯⋯⋯蒋咸美
老龙崖⋯⋯⋯⋯⋯⋯⋯⋯⋯⋯⋯⋯⋯叶 林
当洪水袭来的时候(报告文学)⋯⋯⋯顾 文
采访伊始⋯⋯⋯⋯⋯⋯⋯⋯⋯⋯⋯⋯毛志成

诗歌

一个彝人的梦想(组诗)⋯⋯⋯⋯⋯吉狄马加
织女曲⋯⋯⋯⋯⋯⋯⋯⋯⋯⋯⋯⋯⋯海代泉
海浪,生命的诗行⋯⋯⋯⋯⋯⋯⋯⋯廖振斌
红水河畔新歌台⋯⋯⋯⋯⋯李肇隆 杨光富等
扯不断的彩带⋯⋯⋯⋯⋯⋯⋯⋯⋯⋯卢奇峰
南腔北调(二首)⋯⋯⋯⋯⋯⋯⋯⋯孙建军
无题⋯⋯⋯⋯⋯⋯⋯⋯⋯⋯⋯⋯⋯⋯赵 野
丛林断想(外一首)⋯⋯⋯⋯⋯⋯⋯钟 山

散文

投奔
——《一九三八年》片断⋯⋯⋯⋯⋯陆 地
林区撷叶⋯⋯⋯⋯⋯⋯⋯⋯⋯⋯⋯⋯黎 耘
在远海(外一章)⋯⋯⋯⋯⋯⋯⋯⋯顾晓军
绿窗随笔⋯⋯⋯⋯⋯⋯⋯⋯⋯⋯⋯⋯敏 歧
故乡菱(大学生文学创作评比)⋯⋯⋯陈寿星
边关情(函授学员习作)⋯⋯⋯⋯⋯⋯杨石龙
先驱者立起的路标
——读陆地的《瀑布》第二部《黎明》⋯艾 平

评论

"百越境界"与现代意识
——也来思考《花山文化》与我们的创作⋯蒋述卓
但愿这只是一个传说
——对《黑水河》的感知⋯⋯⋯⋯⋯蒙海宽
黑水河的启示⋯⋯⋯⋯⋯⋯⋯⋯⋯⋯陈 实

美术

插图选登⋯⋯⋯⋯⋯⋯⋯⋯⋯⋯⋯⋯雷德祖
采访伊始(小说)
早安,江城(油画)⋯⋯⋯⋯⋯⋯⋯王云鹏
煤与矿工(版画)⋯⋯⋯⋯⋯⋯⋯⋯刘亚平

1986 年第 1 期 刊名:《广西文学》

目录

小说

云天飞来秦吉了⋯⋯⋯⋯⋯⋯⋯⋯⋯黄善飞
苦楝树⋯⋯⋯⋯⋯⋯⋯⋯⋯⋯⋯⋯⋯龚桂华
小说二题⋯⋯⋯⋯⋯⋯⋯⋯⋯⋯⋯⋯张宗栻
斜阳⋯⋯⋯⋯⋯⋯⋯⋯⋯⋯⋯⋯⋯⋯方 长
山谷的回声⋯⋯⋯⋯⋯⋯⋯⋯⋯⋯⋯韦纬组
虫牙·萨特·泥蛇⋯⋯⋯⋯⋯⋯⋯⋯李启宪
我没有看错(大学生文学创作评比)⋯孙乐明
珍珠古郡,有一个星座(报告文学)⋯顾 文
车轮轧过泥泞道(报告文学)⋯⋯邓 敏 凌 羽

诗歌

军旅鸣奏曲
士兵 士兵⋯⋯⋯⋯⋯⋯⋯⋯⋯⋯⋯李元胜
壮士风度
——给一位双目失明的退伍军人⋯⋯伊 甸
笛音⋯⋯⋯⋯⋯⋯⋯⋯⋯⋯⋯⋯⋯⋯翼 华
朋友,当你在舞厅的时候⋯⋯⋯⋯⋯贺建春
大学生文学创作评比
啊,高原的黄土⋯⋯⋯⋯⋯⋯⋯⋯⋯孙定辉
黑色的漆器⋯⋯⋯⋯⋯⋯⋯⋯⋯⋯⋯陈应松

寄小英子和旧城墙⋯⋯⋯⋯⋯⋯⋯⋯尹剑峰
三月⋯⋯⋯⋯⋯⋯⋯⋯⋯⋯⋯⋯⋯尹春华
红水河作品征文
我们，迁移⋯⋯⋯⋯⋯⋯⋯⋯⋯⋯覃　元
我把调色板架上红水河⋯⋯⋯⋯⋯曾健杰

散文
南国明珠
北部湾油田寄语（诗）⋯⋯⋯⋯⋯林　菱
海畔音韵⋯⋯⋯⋯⋯⋯⋯⋯⋯⋯⋯顾　文
大海涛声⋯⋯⋯⋯⋯⋯⋯⋯⋯⋯⋯杨　彦
北海人⋯⋯⋯⋯⋯⋯⋯⋯⋯谢世华　石山浩
新港镇漫步⋯⋯⋯⋯⋯⋯⋯⋯⋯⋯林　宝
大路和小城⋯⋯⋯⋯⋯⋯⋯⋯⋯⋯张兴勉
涠洲散记⋯⋯⋯⋯⋯⋯⋯⋯⋯⋯⋯敏　歧
渡假村之夜⋯⋯⋯⋯⋯⋯⋯⋯⋯⋯谈庆麟

评论
当代小说观念放大了哪些审美因素⋯张兴劲
熔铸当代精神的壮乡风情画
——评韦一凡的中篇小说《碰撞》⋯徐治平

美术
和平雕像⋯⋯⋯⋯⋯⋯⋯⋯潘　鹤　王克庆等
人类之歌（作家轶事）（连环画）⋯雷德祖

1986 年第 2 期　刊名:《广西文学》
目录

小说
亲缘⋯⋯⋯⋯⋯⋯⋯⋯⋯⋯⋯⋯⋯吴海峰
太阳正在露头⋯⋯⋯⋯⋯⋯⋯⋯⋯李格训
牵情⋯⋯⋯⋯⋯⋯⋯⋯⋯⋯⋯⋯⋯黄　钢
星光⋯⋯⋯⋯⋯⋯⋯⋯⋯⋯⋯⋯⋯林小静
相马记（故事新编）⋯⋯⋯⋯⋯⋯李英敏
天平哟天平⋯⋯⋯⋯⋯⋯⋯⋯⋯⋯陈　雨
打进国际市场的人们（报告文学）⋯顾　文
手枪⋯⋯⋯⋯⋯⋯⋯⋯⋯⋯⋯⋯⋯廖铁星
十亩大田呵（大学生文学创作评比）⋯张琪敏

诗歌
新绿集
印染厂的女工们（组诗）⋯⋯⋯⋯刘　频
哦，莽原⋯⋯⋯⋯⋯⋯⋯⋯⋯⋯⋯易玉林
野月亮⋯⋯⋯⋯⋯⋯⋯⋯⋯⋯⋯⋯韦宏山
唱给"逃军粮"的歌⋯⋯⋯⋯⋯⋯苏韶芬
乡情集
我不知道（外一首）⋯⋯⋯⋯⋯⋯高　戈

星空下（二首）⋯⋯⋯⋯⋯⋯⋯⋯河　清
山和水⋯⋯⋯⋯⋯⋯⋯⋯⋯⋯⋯⋯红　波
旧轮胎⋯⋯⋯⋯⋯⋯⋯⋯⋯⋯⋯⋯贤　宏
杂货店剪影⋯⋯⋯⋯⋯⋯⋯⋯⋯⋯黄　灿
白桦林之恋⋯⋯⋯⋯⋯⋯⋯⋯⋯⋯王知十
夜⋯⋯⋯⋯⋯⋯⋯⋯⋯⋯⋯⋯⋯⋯莫西芬
瑶山情思⋯⋯⋯⋯⋯⋯⋯⋯⋯⋯⋯吴继山
大学生文学创作评比
周末　咖啡潮⋯⋯⋯⋯⋯⋯⋯⋯⋯刘　昕
我注视你的背影⋯⋯⋯⋯⋯⋯⋯⋯李尚才
为开拓者塑像⋯⋯⋯⋯⋯⋯⋯⋯⋯业　君
渡口：卖报少女⋯⋯⋯⋯⋯⋯⋯⋯缪　羽

散文
大学生文学创作评比
走向秋天⋯⋯⋯⋯⋯⋯⋯⋯⋯⋯⋯黄锦华
影的追忆⋯⋯⋯⋯⋯⋯⋯⋯⋯⋯⋯赵嫣萍
灵岩三章⋯⋯⋯⋯⋯⋯⋯⋯⋯⋯⋯袁　红
照片⋯⋯⋯⋯⋯⋯⋯⋯⋯⋯⋯⋯⋯邹红梅

评论
为繁荣我区少数民族文学创作再展宏图
——在广西第二届少数民族文学评奖授奖大会上的讲
话（摘要）⋯⋯⋯⋯⋯⋯⋯⋯⋯武剑青
我区召开武剑青长篇小说座谈会⋯⋯简　平
谈武剑青的长篇小说创作⋯⋯⋯⋯肇　涛
"百越境界"作品与时代精神（争鸣篇）⋯李昌沪
广西少数民族文学评奖获奖
作品篇目

美术
琴女（雕塑）
海边絮语（油画）⋯⋯⋯⋯⋯⋯⋯何　岸
苗岭人家（国画）⋯⋯⋯⋯⋯⋯⋯梁荣中

1986 年第 3 期　刊名:《广西文学》
目录

小说
踩过荆棘（大学生文学创作评比）⋯朱福泉
周末，最后一个来访者⋯⋯⋯⋯⋯邓　敏
阿香⋯⋯⋯⋯⋯⋯⋯⋯⋯⋯⋯⋯⋯苏小玲
劫波（长篇小说选载）⋯⋯⋯⋯⋯韦一凡
蛐蛐在叫（小小说）⋯⋯⋯⋯⋯⋯刘　建
苏老板和他的事业（报告文学）⋯邓建华　刘家英

诗歌
新绿集

边界，子夜的枪声
——一个越军士兵的故事片断 ················· 邱灼明
阳光耕耘的土地 ····························· 黄承基
你是一只斑斓虎
——致诗人牛汉 ····························· 刘 频
桨声（外一首） ····························· 林白薇
溪 ··· 魏 雨
到大自然去（二首） ························· 苏 展
上梁 ······································· 钟纪新
那个早晨，美丽得让人流泪 ··················· 莫俊荣
访都江堰 ··································· 王祝光
红水河畔新歌台 ················· 蓝景峰 刘学忠等
大学生文学创作评比
体操王子——给李宁 ························· 由 甲
中秋节 ····································· 木 子
六弦琴 ····································· 泰 日
去看大水的山里娃 ··························· 曾 鸣
女人与狗（小叙事诗） ······················· 沈在龙

散文
巨星起处观青云 ····························· 叶宗翰
雨季，在瓜亚基尔 ··························· 丁 炜
铁栅栏上的紫葡萄（叙事散文诗） ············· 李 耕
赶潮（函授学员习作） ······················· 黄乃和
重返桃花园（大学生文学创作评比） ··········· 曹菊生

评论
当代瑶族文学的一朵新花
——蓝怀昌小说集《相思红》浸议 ············· 杨炳忠
文学批评和多维性思维（花间絮语）
——由通俗文学的讨沦所想到的 ··············· 林 芳
一篇有份量的小说（新作短评）
——读《古老的油榨》 ······················· 沙 平
植根于脚下的土地 ··························· 杨 克

美术
西洋少女（雕塑）
郭沫若普陀救少女（作家轶事） ··············· 黄宗湖画
漓江日出（国画） ··························· 曾宪高

1986 年第 4 期 刊名:《广西文学》
目录

小说
老周和他的猫 ····························· 余庆华
格子 ······································· 杨 松
山矮人高 ··································· 贺晓晨
春眠 ······································· 克 雪

云雾深处是蓝天 ················· 韦 优 海 涛
大学生文学创作评比
校园酒巴 ··································· 蒋经韬
列车朝着家乡开 ····························· 曾得斌
第二扇窗户是敞开的 ························· 甲 子

诗歌
大学生文学创作评比
老水手（外一首） ··························· 杨增能
旱船 ······································· 杨云才
老井 ······································· 陶天真
多雨地带 ··································· 贾 雷
村庄的眼睛 ································· 龚鹏飞
动物园里的鹰 ······························· 袁贵远
江南寺 ····································· 银 波
鸳江之声
——梧州市诗作小辑
那深山里的黑眼睛呵（组诗） ················· 张丽萍
十三根火柴 ································· 贺春发
阿婆的手杖 ································· 郭 军
伏波滩上的沉思 ····························· 梁 昭
黑板上的繁星 ······························· 谭智基
荔枝雨 ····································· 陈 峰
野浴的女工们（函授学员习作） ··············· 牧 南

散文
大学生文学创作评比
漳州的春节 ································· 朱 玲
因为有了你……
——献给文学 ······························· 刘 利
静静的 ····································· 张佩星
豆豆草 ····································· 林 荫
望月 ······································· 李 成
冷水瀑 ····································· 覃 康
街心花园（散文诗） ························· 蒙 坚
小别（红水河作品征文） ····················· 丁 心
我听到了一种声音（外一章） ················· 朱谷忠
我爱牛 ····································· 黄祥享

评论
小说创作哲理美的追求 ······················· 罗守让
生活情趣漫笔 ······························· 郭 超

美术
曹雪芹（油画） ····························· 宋惠民
分秒必争
——巴尔扎克的故事 ························· 梁启德画
《涂克回顾画展》作品选登

1986 年第 5 期　刊名:《广西文学》
目录

小说

食虎者（中篇）………………………………孙步康
阿里巴巴咖啡店……………………………熊春寒
白帆船………………………………………覃文明
初冬日子……………………………………苏理立
我有一条河…………………………………少　崇
为了中国学派的崛起（报告文学）……王国坤　史可夫

诗歌

中年之旅
红水河
——永不苍老的河…………………………韦其麟
信息…………………………………………敏　歧
雾的深山（二首）…………………………农冠品
西安…………………………………………曾有云
花山晨昏（三首）…………………………鲁　原
白头叶猴……………………………………亢　进
东西南北
呼伦湖………………………………………王家新
三把铁锤的墓志铭…………………………柯　平
江南竹笛……………………………………吴　霖
山中………………………………宋　渠　宋　炜
悬羊…………………………………………何　仃

散文

山那边………………………………………林白薇
旅途散记……………………………………黄继树
山里人………………………………………覃党生
师傅…………………………………………姚　古
科学寓言五篇………………………………谈庆麟
女艄工（外一章）（函授学员习作）……贺建春

评论

文学时代精神的三个层次和文学形式……彭　洋
反馈意识的冷思考
——浅谈新诗的抒情………………………琼　柳

美术

红水河秋爽图（国画）（红水河征文）……黄格胜
愤怒出《琉森》
——列夫·托尔斯泰的故事…………徐　刚　绘
珍珠姑娘（雕塑）………王志春　蔡怀能　摄影
南　雄诗

1986 年第 6 期　刊名:《广西文学》
目录

小说

净地…………………………………………彭　匈
晚汐…………………………………………李家法
大山里的世界………………………………海　涛
不规则的圆圈………………………………翁树杰
第十一棵……………………………………蒋继锋
那犁镇的神奇买卖…………………………黄　钲
月老…………………………………………黄　彪

诗歌

白太阳（组诗）
——《一个壮族后裔的歌谣》之二………黄　堃
香港珍闻（二首）…………………………莫少云
给神女（外一首）…………………………刘桂阳
三十五岁的"青年"…………………………申力雯
沉默的石榴树………………………………陈绍陟
春…………………………………………孙如容
南方的界河（外一首）……………………黄家玲
红水河作品征文
悼丁玲同志…………………………………林焕平
多血质的红（组诗）………………………吴小军
给穿大襟士林布的妻子
——一个水电工人的思念…………………邓锐帆
太阳梦………………………………………农俊林

散文

旋转的乡音…………………………………廖静仁
晚霞…………………………………………湖　涌
烟·云·海…………………………………谢　逸
父亲的脚步声………………………………罗拥军
他还活在人们心中
——黄勇刹散文集《放耿擎天树》后记……蓝鸿恩
欠缺与完美…………………………………张兴勉
分野（外一篇）……………………………高景轩
丢手巾（外一章）…………………………彭　洋
鹅和鸭（寓言）……………………………余毅忠

评论

动笔之前
——创作断句………………………………陆　地
走向花山，走向远方
——评诗丛《含羞草》……………………陈　实

美术

五月（套色木刻）…………………………于文雅

大化，红水河上的明珠（国画）（红水河征文）
································刘益之
马克·吐温故居速写································张源禧
李雁侗乡写生

1986 年第 7 期　刊名:《广西文学》
目录

小说
褐色山麓································张宗栻
春潮带雨································林唯唯
丽娜································古亦忠
唉，雅乖································张一皇
昨天，不是梦（报告文学）································舒　蓝

小小说专辑
蛋的秘密································思　蜀
朋友································刘生忠
价值································叶晓雯
苦酒································邓经春
寺与庵································伍秋拂
平衡（红水河征文）································黄家超

诗歌
太阳史诗（组诗）································黄承基
进城的农民舞狮队································唐建国
冷峻中深沉的爱
——给一位同辈诗友································黄东成
红水河畔新歌台································黄碧瑞　张宜举等

有一个羞涩的夏天
远去的红帆（二首）································蓝　焱
雨景································程　维
我的小巷································黄任锋
写在柏油路上地································周庆龙
渔妇································阿　华
半边月································杨旭钦
等着我································余　公
夜半情歌································李继舟
短秋································韦帧祥　刘　苏
片断································艺　辛
夏日海边································满丹娜
小巷静静的路上································梁红英

散文
霜重色更浓
——茅盾在“‘文化大革命’中”································李标晶
观潮杂记································万国智

前行者（散文诗）································那家伦
路································张承明
泰山忆································李　萌
叠彩山情思································庞俭克

评论
金色的年华要出金色的作品
——广西青年文学工作者会议纪实································文　平
文学反映时代的内涵、途径及批评眼光································李建平
一朵潮头的浪花
——读小说《踩过荆棘》································高　云

美术
秋韵（国画）································梁荣中
我和我的一家（水彩画）································曾正明
我们的生活充满阳光（宣传画）································张安朴
夕阳曲（铜版画）································龙圣明
侗乡小景（油画）································和铁龙

1986 年第 8 期　刊名:《广西文学》
目录

小说
各领风骚································韦昌荣
你这人啊································恒　颂
铜壶································陈应松
照水································唐向辉
新县长和他的三亲六戚································汪　骏
龙滩的孩子们（红水河作品征文）································田代琳
洁白的金樱花（报告文学）································邓永隆　李华荣

诗歌
大山二重春································何德新
中国，每天上演新的戏剧································伍江喻
南国诗情（组诗）································晏　明
蔚蓝的情愫（组诗）································叶延滨
神奇的海韵（组诗）································何　津
夏天（三首）································杜建文
红水河作品征文
走向岩滩（外一首）································林超俊
红水河船夫································陆庆勇

散文
海上帆································犁　人
军校与学员（散文诗）································顾晓军
东兴见闻录································徐治平
云之歌（散文诗）································王咏梅
发现（外三首）································蔡　旭

红水河作品征文
绿莹莹的夜 ················· 施 云
红水河
——闪光的传送带 ············· 潘荣才

评论
批判国民性中的劣根性
——我国现代和当代文学中的一个传统 ······ 蒋述卓
对普通农民历史意识的把握
——读韦一凡小说集《隔壁官司》 ······· 蒙海宽

美术
新歌满山村（国画） ············ 黄格胜
鸽子（油画） ··············· 李 迪
侗乡情（速写） ·············· 杨大章
渴望和平（油画） ······· 王向明 金莉莉

1986 年第 9 期　刊名:《广西文学》
目录

小说
救世主 ··················· 姚 雄
水怪
——河魂 ················· 唐克雪
祖德流芳 ················· 王志梧
在金桂飘香的季节里 ········ 李 希 喜 宏
在这条小街上 ··············· 华 翰
不谋而合（红水河作品征文） ······· 梁汉南
酿蜜的人（报告文学） ··········· 林 青

诗歌
太阳风
在南方 ·················· 何 博
山里来的一群木匠 ············ 吴昌明
养鹿的小伙 ··············· 黄钟警
我们从冰冷的季节走来 ·········· 王剑冰
大学生诗页
雨中足球赛 ··············· 沈国存
标语墙 ·················· 交 响
七九河开（二首） ············ 王慧轩
读维纳斯塑像 ·············· 尹剑峰
生日晚会 ················· 陈锡民
甜蜜的流程
甜了，我的故乡（组诗）
——献给伶俐糖厂建厂卅周年 ······· 古 笛
糖厂印象 ················· 何裕畅
蔗乡初访 ················· 滕寿广

蔗园情歌 ················· 颜善平
碎玉集
灯 ···················· 琼 柳
面具（外一首） ············· 徐世宁
求是篇（二则） ············· 马君伟
岩洞 ··················· 粟利仁
童年（二首） ·············· 梁和平
石火 ··················· 贺小松
萤火虫 ·················· 莎 金
悼秦似同志 ··············· 罗立斌
王力同志之后，秦似同志遽然谢世，为诗以悼
······················· 周中仁
里湖的傍晚 ············· 何鸿志遗作
杜游吟草（二首） ············ 阮 璞

散文
哲人其萎
——悼念秦似同志 ············ 谭 流
远思 ··················· 霖 路
新珠璀璨
——访防掘新港 ············· 林 宝
风 ···················· 韦革新
花韵 ··················· 赵 璇

回忆诗人伍禾
——读《行列》之后 ··········· 骆宾基

评论
要获得富于现代感的结构
——关于广西民族文学发展的思考 ······ 陈雨帆
太阳输给他殷红的血
——读黄承基的两组诗 ··········· 农能学

美术
寒塘野趣（国画） ············ 杨大仟
酿蜜的人（速写） ············ 雷德祖
春夜（油画） ·············· 陈宏新

1986 年第 10 期　刊名:《广西文学》
目录

大学生文学创作评比获奖篇目

小说
花事（中篇） ·············· 陈敦德
沉雷 ··················· 周广生
热带 ··················· 张仁肚
恋之初 ·················· 廖怀明

立交桥 ································· 蒋 红

诗歌

出山（外一首）···················· 黄 青
诗二首 ···························· 黄邦君
古驿站遗址 ························ 佟 石
长城 ······················· 书 家 韦 红
青春的岁月 ························ 蒙松毅
火塘的叛逆 ························ 郭文明
红水河作品征文
人与河的世界（组诗）·············· 邱灼明
六月的日子
——寄自红水河汛期的岩滩电站 ······ 庞振义
我 ······························ 郭 军

散文

鼓荡的旗帜 ························ 黄国钦
访海明威第二故乡 ·················· 陆煜泰
聚散两依依 ························ 柳 嘉
壮歌随想 ·························· 郭 辉
你心底里的情和美 ·················· 冯志奇
飞螺 ······························ 杨 彦

评论

鲁迅散文诗的忧患意识 ················ 弥 莽
文学的多样化与当代性 ················ 程世洲

美术

趣（国画）························· 翁文忠
鲁迅先生（木刻）··················· 陈中华
洗衣的妇女（铜版画）················ 王晓鹏
新花（木刻）······················· 耿国华
有朋自远方来（宣传画）········ 陈 延 张海茹

1986 年第 11 期　刊名:《广西文学》
目录

大海堤　大海堤（报告文学）·········· 郑盛丰

小说

白罂粟（中篇）···················· 孙步康
珠江源（红水河系列报告小说之一）···· 梅帅元
我的上帝是毛虾 ···················· 吴海峰
迪斯科的快节奏 ···················· 阿 韦
疯狂的电风扇 ······················ 方 长

诗歌

美丽的冲突（组诗）·················· 魏 雨

冲突与勾通体验与超越 ················ 杨 克
忆天目山居一日晨起散步 ·············· 柯 平
老人与海 ·························· 陆 离
农妇 ······························ 伊 甸
民族花蕾
一个山村共产党员的故事 ·············· 黄神彪
酒坊姑娘 ·························· 梁肇佐
月亮河 ···························· 莫俊荣
南方树 ···························· 覃展龙

红水河作品征文

天生桥的传说 ······················ 王勤昌
太阳花 ···························· 肖柳宾

散文

皮尔逊夫人 ························ 韦德三
在蒙蒙细雨中 ······················ 岑献青
呵，九根树 ························ 张重汶
南方，秋雨的南方 ·················· 徐天喜
醉蟹 ······························ 陈正宽
打荞歌 ···························· 易 光
小河 ······························ 陈文和

评论

磅礴壮观的革命瀑布
——琐谈《瀑布》的“风雨三杰”及其他
··························· 郭 超 李耀先
自白
——在陆地小说讨论会上的发言 ········ 陆 地
象征化带来的多义性
——读张宗栻的小说《褐色山麓》······ 黄伟林
革命历史题材文学创作大有作为　陆地小说创作讨论
会在邕召开 ························ 小 萍

美术

余晖（国画）······················ 汤 漾
彩蝶纷飞（丝漏版画）················ 韦智仁
速写 ······························ 徐 刚
钢铁的构造（油画）·················· 刘亚平

1986 年第 12 期　刊名:《广西文学》
目录

小说

广角镜后的眼睛 ···················· 廖铁星
我是太阳 ·························· 何 江
再见，莫罕娜 ······················ 李 逊

独砂………………………………………蒋咸美
愿君有颗好牙兮…………………………陈　多
办公室飞进一只蜻蜓……………………佳　俊
静悄悄的两叉河口………………………王成林

诗歌

你也是一条河（组诗）…………………周　导
文友（二首）……………………………史晓京
金色苹果（外一首）……………………石光华
相思林……………………………………秦　堤
南方的酸嘢摊……………………………黄　灿
牛…………………………………………庞仕章
鱼峰山……………………………………田　湘
守珠棚……………………………………贤　红
红水河作品征文
我们是一支锁龙部队……………………潘水峰
风声、雨声、水声………………………蓝　焱
红水河畔新歌台………………阿　琦　韦生理等

散文

红水河作品征文
爆破………………………………………敏　歧
一抹晚霞…………………………………黄锦华
摆渡人……………………………………陈祯伟
大海潮韵（五章）………………………黎　耘
雪…………………………………………于心忠
萝卜………………………………………李　湮
农忙小憩…………………………………陈文和

评论

努力提高文艺创作水平
——献给自治区第四次文代会…………本刊评论员
用自己的眼睛看取生活
——读孙步康的小说《食虎者》………周鉴铭
诗美流向与当代意识……
——新时期诗歌的一点思考……………梁　昭

美术

双鸡图（国画）…………………………陈玉圃
火（国画）………………………………王建华
我的爷爷（油画）………………………贺德华
梁荣中访日作品展览选登

1987 年第 1 期　刊名:《广西文学》

目录

广西壮族自治区文学艺术工作者第四次代表大会开幕
词………………………………………………陆　地

在广西壮族自治区文学艺术工作者第四次代表大会开
幕式上的讲话………………………………陈辉光
以十二届六中全会"决议"为动力，促进我区文艺事
业大繁荣大发展
——在广西壮族自治区文学艺术工作者第四次代表大
会上的讲话…………………………………侯德彭
团结起来，为振兴我区文艺事业而奋斗
——在广西壮族自治区文学艺术工作者第四次代表大
会上的工作报告……………………………武剑青
广西壮族自治区文学艺术工作者第四次代表大会闭幕
词……………………………………………武剑青
广西壮族自治区文学艺术界联合会第四届委员会委员
名单
广西壮族自治区文学艺术界联合会第四届委员会名誉
主席、主席、副主席、顾问名单
中国作家协会广西分会第三届理事会名誉主席、主
席、副主席、顾问名单
冷太阳（中篇）…………………（瑶族）唐克雪
遥寄………………………………………何　江
黄脸国——《新山海经》之一………喜　宏　李　希
折断的钥匙………………………………谷　子
棋道（外一篇）…………………………李立强
东方智慧（五首）………………………任洪渊
熔接（外二首）…………………………顾　城
潍坊，风筝节……………………………王耀东
老朋友们…………………………………王小妮
雁山植物园（外二首）…………………曾有云
音乐抒情诗（二首）……………………鲁　萍
爱的化石…………………………………朱光天
山河宴（东线纪事）……………………杨德文
桂林女子…………………………………庞俭言
关于"李耳效应"或"马太效应"（见微录）……不　周
《铡美案》断想（见微录）………………司马庄
天伦之乐（千字散文）…………………姚　古
记着那篮子蘑茹（千字散文）…………陈侃言
文化与诗感
——新诗学断想……………………………杨匡汉
自治区第四次文代会在南宁胜利召开
首届"漓江诗会"在桂林举行
月夜（装饰画）…………………蓝柏坚　梁盈禧
贺敬之题词及漓江诗会剪影
本期部分作者近影
窗·妆点（油画）…………………………李向群

1987 年第 2 期　刊名:《广西文学》
目录

小说

涅槃变 ································· 周振天
红楼 ····························· 亚雪鲁
灰色的车前草 ····················· 黄德昌
静谷 ······························ 叶 茅
命运之线 ························· 叶宗翰
流入那河 ························· 林白薇

诗歌

工厂里的铁歌儿们（组诗）·········· 郑宝富
军人情愫：三别（诗组）············ 史 赋
记住南疆（二首）·················· 夏 雨
民族魂（外一首）················· 盘妙彬
郊区（二首）······················ 阿 吾
父亲 ····························· 凡一平
卖蔗少女 ························· 孟宇光
悼左联老战友白曙同志·············· 林焕平

散文

东线纪事
在界河这一边····················· 邓 咏
难忘的泪眼
——小村文化实录················· 张仁胜
见微录
相面····························· 陈正宽
壮家晒楼···············卓名信　李庆群
红水河作品征文
红水河的性格····················· 柴德森

评论

走向纵深的人性发现
——评张宗栻近年的小说创作········· 王川娅

美术

月夜（装饰画）···········蓝柏坚　梁盈禧
本期部分作者近影
插图作品选登
温馨（油画）····················· 郭和平

1987 年第 3 期　刊名:《广西文学》
目录

小说

梦断蓝溪························· 浩 鸣
仅次于勇士的人················· 毛忠成
古河雾（红水河作品征文）········· 陈修龄
野牛冲························· 岑隆业
C君轶事························· 潘大林
红水河的儿子（报告文学·红水河作品征文）
——记黄世忠····················· 葆 青
小说三题························· 思 蜀

诗歌

海上岁月（缓诗）················· 吴 霖
如梦的微风······················ 赵健雄
煤矸石························· 韦启文
断裂的雕像（外一首）············· 刘 频
扁钟························· 龙彼德
少年时光（外一首）··············· 韦国华
山思························· 张春涛
浪花短曲（二首）················· 王笠耘
季节（二首）（女作者诗页）········· 唐 文
初约（女作者诗页）··············· 苏韶芬
你和我（女作者诗页）············· 文 萍
思念（女作者诗页）··············· 覃琼送

散文

壁垒（东线纪事）················· 韦有新
边防猎手（东线纪事）············· 黄碧功
草原印象························· 张立勤
美呵，白塔山的绿叶··············· 黄福林
给诗人（散文诗）················· 祁 林
为下来的人唱赞歌（见微录）········· 谢 逸
冷月（千字散文）················· 林 宝
祖母的爱物（千字散文）············ 廖小屏

评论

金戈铁马唱大风——散文创作的力度······· 毛乐耕
体验的异变与诗的变异
——评魏丽《美丽的冲突》··········· 梁 昭

美术

月夜（装饰画）···········蓝柏坚　梁盈禧
本期部分作者近影书法作品选登
··············邓生才　何虚中　帅立志
我和小猫（版画）················· 雪 儿

1987 年第 4 期　刊名:《广西文学》
目录

小说

真传·······················陈中民
尊严之于八·················廖怀明

报告文学

神指姑娘和她的父亲·········李华荣　黄松龄
红水河作品征文
倾斜，黛绿色的山坡···········刘　恪
分流·······················黄　钲
工程师的父亲···············韦一凡

诗歌

冰岛会晤及其他·············刘　频
泪与笑的大山···············农冠品
春夏秋的复调（二首）·········张加百
变奏（二首）···············莫　羡
冬日的牧羊女···············王　勇
飞天·······················海代泉
锅台、生活的轴心
——给卖小食的姑娘·········韦银芳
想起南京小巷的时候·········贾晓伟
域外诗萃
铃与钟（外一首）·····[美国]爱伦·坡　周中仁译
菲利普·拉金诗三首···········西　川译

散文

东线纪事
第七个狗头·················陆腾琨
鄂伦春猎乡记事·············夏恩训
满眼是珠光·················零　辰
一颗美丽的南珠——南珠商场散记·········何　津
项链姑娘···················顾　文
红河水作品征文
写在岩滩电站工地上（外一首）·········黄伟权
千字散文
扣黎鸟···················夏　雨

评论

模糊，艺术美的诱发剂·········罗守让

美术

春（国画）·················黄格胜
本期部分作者近影
曾京兰的指画艺术
金舟（油画）···············徐东林

1987 年第 5 期　刊名:《广西文学》
目录

小说

栗坪村趣事·················王志悟
沉缓的流···················林唯唯
听房·······················王云高
惊变·······················黄春秀
山那边的那边···············何　石
可悲的苦心·················陈玉清
小街摄影···················吴桂强

报告文学

大海·珍珠·人···············沈祖连

散文

故乡人（东线纪事）···········赵　虎
庭毫山散记（东线纪事）·········夏　雨
金色的海洋乡···············刘血花
跑道就在脚下···············杨　彦
清明雨（散文诗）···········丁　力
杂感二题（见微录）···········浦　江
我在加德满都···············傅　卫
宝剑篇·····················姚　古

诗歌

青春的交响
秋·····················宋　渠　宋　炜
南方·······················孙功兵
你带回来一个世界···········陈先发
三分之二的切割和一条龙·········肖柳宾
波塞冬·····················雪　村
轮船公司···················柯　平
漂流瓶·····················曹　剑
矮种马·····················徐　永
空房子·····················张丽萍
天池·······················孙建军
枇杷果·····················菲　可
还魂草·····················莫　非
琥珀·······················高　路
乱弹天风（三首）···········卢祖品
菊花诗（二首）·············沙　鸥
逆光照·····················梁　平

评论

全国少数民族文学的格局与壮族文学·········吴重阳

美术

漓江晨雾（国画）——————————————黄格胜
牧归（木刻）——————————————————白志英
古老的回声（木刻）————————————刘　萍
亲爱的妈妈（油画）————————————汪建伟

1987 年第 6 期　刊名:《广西文学》
目录

小说

红鸟——————————————————————汤保华
人间——————————————————————张宗栻
斗————————————————————————肖柳宾
鳝王·蛤精——————————————————李家法
草滩——————————————————————蒋继锋
蓝鸟——————————————————————李鸿声
紫铜丝鱼篓——————————————————农　鸣

报告文学

绿叶的追求——————————————————蒋忠民

散文

漓江谣————————————————————庞俭克
花果情————————————————————谢瑞元
孩子睡了（外一章）（散文诗）————高元兴
造林人（散文诗）————————————鲁　西
古珠池夜游——————————————————曾邑保
宜人独桂林——————————————————李景阳
登金鸡山记（东线纪事）————————覃党生
独木桥（散文诗）————————————张兴勉

诗歌

最高的建筑（二首）————————————魏　雨
诗三首————————————————————柯　原
战地余韵（二首）————————————何德新
我们出发————————————————————曾有云
指画大师————————————————————秦　堤
季节——————————————————————王家鸿
学自行车的女孩————————————————黄　灿
希翼——————————————————————雪　婷
夏天——————————————————————蒙松毅
织毛衣的姑娘————————————————寒　流

评论

蓄意探索　繁荣他作
——首届壮族当代文学讨论会在邕举行——雁　翎
在历史的反思中探索出新——壮族当代文学讨论会部
分发言稿编——————关纪新　蓝鸿恩　郭　辉

陈雨帆　梁庭望　胡树琨　周鉴铭　雷猛发　韦以强
李从式　黄凤显

美术

侗族风情（国画）————————————————申少君
壮族当代文学讨论会（照片）————绍　光　兴　良
炎黄子孙向祖国（宣传画）————————梁照堂

1987 年第 7 期　刊名:《广西文学》
目录

小说

绿城之夏（中篇）————————————————黄德昌
石龙——————————————————————吴海峰
后会有期————————————————————黄祖松
新曲——————————————————————刘存旭
空屋——————————————————————肖柳宾

报告文学

啊，这热土，热海，这蓝色的奉献
——防城港掠影（南国明珠）————————何培嵩

散文

依依芭蕉情——————————————————李燕清
钢铁堡垒（东线纪事）————————————陆腾昆
还魂草（散文诗）————————————————李　萌
炉忆——————————————————————温存超
京族三岛二题（散文诗）——————————碧　海
岸翼（南国明珠）————————————————穆予才
轮船，从这里启航（南国明珠）——————严风华

诗歌

防城港（组诗）（南国明珠）————————伍江瑜
填海者（二首）（南国明珠）
——致防城港开发区————————————丘　林
远洋巨轮（南国明珠）————————————何　津
大山的儿子（外一首）————————————祝子杰
旋律（外一首）————————————————黄承基
昆明坝子（二首）————————————————周　民
邮——————————————————————————郭　军

评论

壮族文化深层的理性审视
——韦一凡长篇小说《劫波》读后————郭　辉
"我认识他"——简析《劫波》中的韦良山——高　深

美术

秋思（国画）————————————————————陈再乾

雕塑作品选登 ⋯⋯⋯⋯⋯⋯⋯⋯⋯⋯ 朱连城
书法作品选登 ⋯⋯⋯⋯⋯⋯⋯⋯⋯⋯ 伍纯道
艰难岁月（油画）⋯⋯⋯⋯⋯⋯⋯⋯ 张文源

1987 年第 8 期　刊名:《广西文学》
目录

小说·报告文学
飘 ⋯⋯⋯⋯⋯⋯⋯⋯⋯⋯⋯⋯⋯⋯⋯⋯ 洪湘明
香炉 ⋯⋯⋯⋯⋯⋯⋯⋯⋯⋯⋯⋯⋯⋯⋯ 白　瑾
明天就是年初一 ⋯⋯⋯⋯⋯⋯⋯⋯ 张国聪
最后一张照片 ⋯⋯⋯⋯⋯⋯⋯⋯⋯⋯ 符圣进
爱的插曲 ⋯⋯⋯⋯⋯⋯⋯⋯⋯⋯⋯⋯ 田保琳
他驾驶蒋纬国的专机起义 ⋯⋯⋯ 丁　炜
蓝色的梦 ⋯⋯⋯⋯⋯⋯⋯ 晓　雯　欧阳同淮

散文
百里边山行（东线纪事）⋯⋯⋯⋯ 凌　渡
淘金者 ⋯⋯⋯⋯⋯⋯⋯⋯⋯⋯⋯⋯⋯ 苏德祯
恋海者（散文诗）⋯⋯⋯⋯⋯⋯⋯⋯ 顾　文
难忘的路（千字散文）⋯⋯⋯⋯⋯ 韦贵忠

诗歌
战地上的剑麻
永恒的怀念 ⋯⋯⋯⋯⋯⋯⋯⋯⋯⋯ 雷秋云
对弈 ⋯⋯⋯⋯⋯⋯⋯⋯⋯⋯⋯⋯⋯⋯⋯ 翁小东
戍边，有一丛剑麻 ⋯⋯⋯⋯⋯⋯⋯ 叶汉忠
喜马拉雅古海（组诗）⋯⋯⋯⋯⋯ 魏志远
谁赢了谁（外一首）⋯⋯⋯⋯⋯⋯ 铁依甫江

评论
对民族生存状态的思考
——近年小说主题指向之一 ⋯⋯ 赵宝奇
走自己的路——漫评《广西文学》一组小说 ⋯⋯ 李超球

美术
漓江烟雨（水彩）⋯⋯⋯⋯⋯⋯⋯⋯ 邬永柳
法卡山前线速写 ⋯黄宗祥　黄宗海　黄宗湖　黄宗池
军歌
——纪念音乐家郑律成（木刻）⋯ 陈中华
烽火英烈（国画）⋯⋯⋯⋯⋯⋯⋯⋯ 周　明

1987 年第 9 期　刊名:《广西文学》
目录

小说·报告文学
重归田园 ⋯⋯⋯⋯⋯⋯⋯⋯⋯⋯⋯⋯ 赵　琪
断桥新圩（外一篇）⋯⋯⋯⋯⋯⋯ 林明广

都市的魔方 ⋯⋯⋯⋯⋯⋯⋯⋯⋯⋯⋯ 孙步康
算命佬传奇 ⋯⋯⋯⋯⋯⋯⋯⋯⋯⋯⋯ 翁树杰
江岸 ⋯⋯⋯⋯⋯⋯⋯⋯⋯⋯⋯⋯⋯⋯⋯ 李　逊
白云飘啊飘 ⋯⋯⋯⋯⋯⋯⋯⋯⋯⋯⋯ 唐玉文
鱼之泣 ⋯⋯⋯⋯⋯⋯⋯⋯⋯⋯⋯⋯⋯ 李燕清
汗洒青山 ⋯⋯⋯⋯⋯⋯⋯⋯⋯⋯⋯⋯ 张跃明

诗歌
红河风景线：骚动与眩惑（组诗）⋯⋯ 陈　宁
在塞尔苏村
——悼尤诺夫·阿蒂拉 ⋯⋯⋯⋯ 公　木
广西杂诗 ⋯⋯⋯⋯⋯⋯⋯⋯⋯⋯⋯⋯ 汪曾祺
三省坡下（组诗）⋯⋯⋯⋯⋯⋯⋯ 敏　歧
瀑布 ⋯⋯⋯⋯⋯⋯⋯⋯⋯⋯⋯⋯⋯⋯⋯ 陈侃言

散文
军魂（东线纪事）⋯⋯⋯⋯⋯⋯⋯⋯ 秦立德
中秋，这里也有笑声 ⋯⋯⋯⋯⋯ 钟　声
网吊床摇曳（外一章）（散文诗）⋯ 农　耘
黄昏的意识流（散文诗）⋯⋯⋯⋯ 黄神彪
美丽的窗口 ⋯⋯⋯⋯⋯⋯⋯⋯⋯⋯⋯ 韦德三
他佯装睡熟了 ⋯⋯⋯⋯⋯⋯⋯⋯⋯ 陈堪进

评论
台湾文学概观 ⋯⋯⋯⋯⋯⋯⋯⋯⋯⋯ 陈若曦

美术
牧归（国画）⋯⋯⋯⋯⋯⋯⋯⋯⋯⋯ 郑军里
焦土（油画）⋯⋯⋯⋯⋯⋯⋯⋯⋯⋯ 黄冠余
加强和学练兵，着眼未来战争（水粉画）⋯黄挺南

1987 年第 10 期　刊名:《广西文学》
目录

小说·报告文学
日出处，月落处 ⋯⋯⋯⋯⋯⋯⋯⋯ 岑隆业
麒麟山蟋蟀 ⋯⋯⋯⋯⋯⋯⋯⋯⋯⋯⋯ 刘丕展
银牌和她的历程 ⋯⋯⋯⋯⋯⋯⋯⋯ 孙如容
小镇纪事 ⋯⋯⋯⋯⋯⋯⋯⋯⋯⋯⋯⋯ 张丽萍
腹中空 ⋯⋯⋯⋯⋯⋯⋯⋯⋯⋯⋯⋯⋯ 吴作韬
神奇的解药 ⋯⋯⋯⋯⋯⋯⋯⋯⋯⋯⋯ 林予一
堰水悠悠 ⋯⋯⋯⋯⋯⋯⋯⋯⋯⋯⋯⋯ 欧阳同淮
如今的人哪 ⋯⋯⋯⋯⋯⋯⋯⋯⋯⋯⋯ 宋建平

散文
漓江春信（八桂风情）⋯⋯⋯⋯⋯ 刘白羽
在美人鱼的故乡
——访波散记（异国风情）⋯⋯ 武剑青

永生难忘的情怀（东线纪事）·········贺祖斌
芦苇的怀念（散文诗）·············李 耕
上帝··················韦革新
娓娓驮娘江（千字散文）···········聂 波

诗歌

四月，英雄花开了·············苏韶芬
望梅的滋味················王建新
深夜的都市（外一首）···········林 玉
中华一明珠················王知十
断想··················史晓京
高速公路，从古墓群中穿过·········黄家玲
晨歌··················苏 展
冬天散镜头················彭书华
鱼峰山··················金彦华
致友人··················唐建国
飞鸥··················贤 宏
水家妹··················韦志彪

评论

情趣和智慧
——《广西文学》散文八年··········黄伟林
《南方文坛》在邕召开座谈会

美术

星空（水彩）···············邬永柳
无花果（国画）··············肖桂联
篆刻四帧·················雷 祥

1987 年第 11 期　刊名:《广西文学》
目录

小说·报告文学

龙的城，龙的魂·········孙步康　何培嵩
绿色蚕食················李志彬
印···················赴 焰
空席··················黄齐和
皇冠··················宋 郡
相扶夕阳中················谭合成
指路··················潘大林
犟牛保··················廖怀明
表叔的油瓶子···············梁学标

诗歌

荷塘幽韵·················邓雨泉
落日··················李忠健
面对秋天·················王建平
钟··············吾热亚提·热合漫

走上高高的脚手架（朗诵诗）········陈小辉
魂萦古榕·················赵华荣
临界的小镇（外二首）···········盘妙彬
漓江之源
——漓江考察杂感其一··········吴昌明

散文

又见铜柱山（东线纪事）··········蒲 稠
黄昏的诱惑················黄锦华
属兔的··················姚 古
亮晶晶的露珠（外三章）··········红霜叶
界河边有个纺织石（东线纪事）·······梅里京

评论

广西电力文协《广西文学》红水河征文获奖篇目
热情讴歌红水河
——写在"红水河征文"评奖之后······丘振声
惋惜与欣然
——"东线纪事"小扎···········雁 翎

美术

细雨（水彩画）··············蒋振立
红水河征文颁奖活动照片四帧

1987 年第 12 期　刊名:《广西文学》
目录

小说·报告文学

投身改革开放的时代大潮·········本刊评论员
不合拍的音符···············叶宗翰
她的眼睛·················韩希钧
猫儿咪咪············张正钾　张正锂
反差··················黄晓昱
电霸··················马维廷
困惑··················王熙光
枭獴启示录················黄善飞
一位在北海投资的农民企业家········顾 文

诗歌

1987 青春诗萃·········西 川　宫 辉　老 木
程宝林　欧阳江河　杨 克　张子选　庄永春　陈东
东　赵天山　简 宁　王家新　乔 迈　刘 虹　李
晓梅　郭力家　郑道远

散文

黑眼睛　蓝眼睛·············潘大林
前线的情思················李燕青
叔婆和她的粽叶竹·············肖贵方

描龙绣凤 ⋯⋯⋯⋯⋯⋯⋯ 湖 涌

评论

《广西文学》南珠文学创作获奖篇目灼灼珠光

——南珠奖获奖作品印象⋯⋯⋯⋯ 敏 岐

"中国潮"报告文学征文

百家期刊联名启事

美术

腾飞（水粉画）⋯⋯⋯⋯⋯⋯⋯ 苏秀玲

沧海横流（指画）⋯⋯⋯⋯⋯⋯ 四明一风

温暖的阳光（油画）⋯⋯⋯⋯⋯ 何大桥

春暖（国画）⋯⋯⋯⋯⋯ 周明画 南雄诗

1988 年第 1 期　刊名:《广西文学》
目录

小说

骰子春秋 ⋯⋯⋯⋯⋯⋯⋯⋯⋯ 彭 匋

迷蒙的白沙洲 ⋯⋯⋯⋯⋯⋯⋯ 李 松

神医奇遇 ⋯⋯⋯⋯⋯⋯⋯⋯⋯ 黄家玲

蓝的太阳 ⋯⋯⋯⋯⋯⋯⋯⋯⋯ 贺晓晨

笃笃奏鸣曲 ⋯⋯⋯⋯⋯⋯⋯⋯ 李业甲

鬼与人 ⋯⋯⋯⋯⋯⋯⋯⋯⋯⋯ 叶 韵

远虑 ⋯⋯⋯⋯⋯⋯⋯⋯⋯⋯⋯ 沈阳连

童媳妇哎 ⋯⋯⋯⋯⋯⋯⋯⋯⋯ 蒙明颜

报告文学

情理乎? 法乎? ——两宗命案纪事⋯⋯ 卢 三

企业风采

贵县水泥厂 ⋯⋯⋯⋯⋯⋯⋯⋯ 姜敏邦摄影

多丽旋风（"中国潮"报告文学征文）⋯⋯ 严凤华

诗与散文

青年诗坛⋯⋯⋯⋯ 吴小军 李 逊 琼柳 韦 晓

顾 文 蒋跃民 栗利仁 郭文明 方 耘 刘承辉

林涌泉

飞跃歌 ⋯⋯⋯⋯⋯⋯⋯⋯⋯⋯ 周中仁

感事 ⋯⋯⋯⋯⋯⋯⋯⋯⋯⋯⋯ 韦湘秋

老街 ⋯⋯⋯⋯⋯⋯⋯⋯⋯⋯⋯ 张仁胜

南国笔记 ⋯⋯⋯⋯⋯⋯⋯⋯⋯ 贾平凹

致诗人 ⋯⋯⋯⋯⋯⋯⋯⋯⋯⋯ 韦其麟

感老 ⋯⋯⋯⋯⋯⋯⋯⋯⋯⋯⋯ 浦 江

剥皮沟里一支梅 ⋯⋯⋯⋯⋯⋯ 于建跃

文论·杂说

愿君有笔漂亮胡子⋯⋯⋯⋯⋯⋯ 覃富鑫

感情之结与流 ⋯⋯⋯⋯⋯⋯⋯ 潘武彬

再谈载道与言志这老调子⋯⋯⋯ 张国凡

谈格律诗 ⋯⋯⋯⋯⋯⋯⋯⋯⋯ 秦 似

龙说 ⋯⋯⋯⋯⋯⋯⋯⋯⋯⋯⋯ 莫 克

"索料"的妙用 ⋯⋯⋯⋯⋯⋯⋯ 恂 如

收缴凶器之余 ⋯⋯⋯⋯⋯⋯⋯ 牧 夫

念·唱·做·打 ⋯⋯⋯⋯⋯ 卢斯飞 曾慧民

把驴放回去 ⋯⋯⋯⋯⋯⋯⋯⋯ 吴 威

龙年响往

——代本期编后语

高原（油画）⋯⋯⋯⋯⋯⋯⋯⋯ 张国龙

1988 年第 2 期　刊名:《广西文学》
目录

街仔街女 ⋯⋯⋯⋯⋯⋯⋯ 林国辉 吴翠琼

谁是负心人 ⋯⋯⋯⋯⋯⋯⋯⋯ 潘德忠

赌城泰妓

——澳门杂记 ⋯⋯⋯⋯⋯⋯⋯ 梁 潜

李宗仁和郭德洁的婚事 ⋯⋯⋯ 陈雄权

割不断的情爱 ⋯⋯⋯⋯⋯⋯⋯ 汪 骏

从延安到沈阳 ⋯⋯⋯⋯⋯⋯⋯ 陆 地

五色的诱惑 ⋯⋯⋯⋯⋯⋯⋯ 竹松 良芹

贺江上的合面狮 ⋯⋯⋯⋯ 李建军 张丽萍

渔鹰 ⋯⋯⋯⋯⋯⋯⋯⋯⋯⋯⋯ 曾 骥

1988 年第 3 期　刊名:《广西文学》
目录

"中国潮"报告文学征文

80 年代, 新的群落在律动 ⋯⋯⋯ 黄凤珍

小说

太阳的颜色 ⋯⋯⋯⋯⋯⋯⋯⋯ 岑隆业

背阳山影 ⋯⋯⋯⋯⋯⋯⋯⋯⋯ 黄 莺

莫罗·情错·假山 ⋯⋯⋯⋯⋯ 喜宏 李希

怪号 ⋯⋯⋯⋯⋯⋯⋯⋯⋯⋯⋯ 周永志

十五岁的梦 ⋯⋯⋯⋯⋯⋯⋯⋯ 刘 明

文论·杂说

文论二题 ⋯⋯⋯⋯⋯⋯⋯⋯⋯ 潘武彬

门可罗雀与做人为文 ⋯⋯⋯⋯ 吴 威

富丫头也是丫头 ⋯⋯⋯⋯⋯⋯ 孔乙了

表层美也是"窗口"⋯⋯⋯⋯⋯ 陶振国

诗与散文

短歌长吟————宁绍旗　曾有云　马高明　李发模
寒流　龙彼德　桃李　贺小松　蒋纯槐
校园诗星————海力洪　张执浩　程蔚东　孙功兵
黄伟　陶朱　薛春建
从延安到沈阳（行军手记）————陆　地
中山北路那爿杂货店————庞俭克
来去匆匆————赵　璇
象山水月荡悠悠————柳　嘉
炮火，塑造了你的英灵（外一章）————潘耀良
故乡————梁　洪
漂泊雨（二章）————柳庆国
小屋，林海中的舟————岑朝仕
深山里的女子————朱谷忠

美术

新娘（油画）————祖天丽
渴（雕塑）————杨建强
记忆中的故乡（水粉画）————董　茗
平安的使者（油画）————耿国华

1988 年第 4 期　刊名:《广西文学》
目录

谁害了你————陶桂清
命运————梁贤津
爱的阴影（中篇）————李东伟
女人之心————王育英
他死于新婚燕尔（中篇）————于　峪
虚张————曾平标
从延安到沈阳————陆　地

1988 年第 5 期　刊名:《广西文学》
目录

小说

魂归（中篇）————李时新
稀榴花（中篇）————苗延秀
除却天边月————陈肖人
浓眉、淡眉，总是眉————洪双烨　林　坡
渡————张达桓
罗哈哈————韦元刚

"中国潮"报告文学征文

知识与"贩子"————何浩深

企业风采

月圆　表好　桂花香————苏德祯

诗与散文

中年之旅————查　干　金　哲　胡柏林
卢养成　伍立扬　邓生才　赵　雁　苏虎棠　潘恒济
农冠品　谷　曼　朱金晨　林　玉
蓝紫色————王中朝　乔柏　秦重阳
马克思的心愿————韦德三
行军手记————陆　地
紫荆山道————韦纬组
边陲的星啊————华　然
散文诗九章————丁　力　王晓利　夏恩训
郭良原　黄　灿

悼念

壮族作家韦显珍、仫佬族作家刘名涛、壮族诗人侬易
天逝世
寄给蓝天的信————彭　洋

文论·杂说

女人的形体与艺术的异化————吴一处
文学的生产与消费————江建文
说皮外————石　楚
把人才让给敌手可乎?————老　砂　吴　威

美术作品

山之泉（水彩）————郑捷克
版画、速写、图画————石　坚　张源禧
施兴善　盘福林

1988 年第 6 期　刊名:《广西文学》
目录

中篇小说专号

白表妹与 BRRQ————龚桂华
两个苦情女————陆佑迎
梦花之死————凌朝光　张柳华
怪客奇缘————杨　军

1988 年第 7 期　刊名:《广西文学》
目录

小说

上大学之前————蓝汉东
沉睡的裸魂————韦俊海
血崖————廖润柏
梦行————陆晓霜

狗洞 ················· 韦克耀
酒逢知己 ················ 谢少萍
白天的月亮 ··············· 李立强
月亮地 ················· 黎 平
爱的暖流 ················ 黄有新

小小说

摘画 ················· 韦 优
酒魂 ················· 谢树强
探病 ················· 韦继标
白太阳 ················ 谭云鹏

散文

青草坡 ················ 肖贵方
断奶 ················· 田代琳
从延安到沈阳 ·············· 陆 地

诗歌

贞女石 ··············· 韦家·韦红
走向秋天 ················ 唐建国
木棉树 ················ 吴继山
二重奏 ················· 杨 星
致改革者 ················ 伍应禄
山情 ················· 韦志彪
泄密 ················· 陆燕春
今夜星光灿烂
——给妈妈 ·············· 韩 华
致 Q 君 ················ 覃 朗

报告文学

红蓝酒新传 ··············· 韦保建
理想之梦
——记双屏画首创者韦茂森 ········· 覃革波
酒饼大王 ················ 张一皇
你踩着不变的步伐 ············ 张仁胜

美术

解放,献给第三代人(油画)
晚归(国画) ·············· 蔡洁明
趣(国画) ··············· 曾京兰
墨荷(国画) ·············· 余静生
孔子授业图(国画) ············ 李邦正

1988 年第 8 期　刊名:《广西文学》
目录

野情(中篇小说) ············· 林海明
梦里落花(中篇小说) ··········· 彭吉中

风流巷女子(中篇小说) ·········· 柯天国
紫竹巷云烟(短篇小说) ·········· 汪今舟
阿跛卖艺(短篇小说) ··········· 戴胜德
历史的思考 ··············· 崔晓冬

1988 年第 9 期　刊名:《广西文学》
目录

小说

龙河 ················· 海 涛
走向林莽深处 ·············· 吴邦国
长长的日子 ··············· 吴盛枝
水船 ················· 海 练
在深山老林里 ·············· 谢和光

小小说

山歌 ················· 罗 华
奥秘 ················· 刘冠蓝
靓姑娘 ················ 袁昌贵

散文

乡戏情愫 ················ 任 君
红鸟之羽 ················ 包晓泉
那小溪,那生活 ············· 潘 琦
乡思 ················· 覃小克
从延安到沈阳(行军手记) ········· 陆 地

诗歌

仫佬山新八景 ·············· 包玉堂
仫佬女(二首) ············· 常剑钧
刘明涛遗诗(二首)
夜浴 ················· 彭 静
南国雪景 ················ 吴瑞奎
我们的七月 ··············· 邝义军
树梢月儿缺了 ·············· 谢光先

报告文学

你好!　桂林(“中国潮”报告文学征文) ······黄德昌

评　论

新花灼灼
——仫佬族文学情况简介 ········ 蒙绍业　宇 鸣

文讯

西南作家的又一次盛会
——记“龙宫笔会”
《乡土文学》举办全国短篇小说大奖赛

美术

三月(套色木刻) ············· 阿 鸽

小河边（国画）·································刘益之
飞天（蜡染）··························柴万里 李绍中

1988 年第 10 期 刊名:《广西文学》
目录

征婚广告引起的故事（短篇小说）··············叶 韵
枪声中的沉思（报告文学）···················卢 三
小镇凡人·······························沙 川
从延安到沈阳（行军手记）···················陆 地

1988 年第 11 期 刊名:《广西文学》
目录

小说
死亡大迁徙·····························姚茂勤
你从那里来·····························曹天鹰
南方的葬礼（中篇）·······················潘大林
三笑公案·······························王云高
湖畔·································刘益善
悄然远云的荣誉··························泰宏祥
三坪岭·································覃紫扬
循环·································村 夫

散文
她的世界——家人之四·····················岑献青
生命的红水河（三章）·····················郭 辉
从延安到沈阳——行军手记··················陆 地

诗歌
夜的温泉（外一首）·······················宗 鄂
北部湾之岸（三首）·······················莫文征
有一种幻想·····························舒 洁
无题（外一首）··························王 小
季节过渡······························虹 影

文论·杂说
从严治官·······························曾慧民
是哭，不该用笑掩饰·······················潘武彬
脱下你的"长衫"·························吴 威
壮族作家群（资料）
本区文讯

美术
战友（国画）····························周 明
海滩（油画）····························卢 恺

1988 年第 12 期 刊名:《广西文学》
目录

日出下雷河
——访发展中的大新猛矿···············梅帅元 谢汉俊
南部之星·······························海 涛
地球等高线·····························唐克雪
"丹桂"——"试管婴儿"···················申 笔
这里有颗璀璨的星
——区建四公司一瞥······················草 莓
吹向田野的风···························雪 林
全聚德的诱惑······················何开粹 余庆华
雅钢，山间的雕像··························文振武
响箭·································彦 伟
叩响化肥王国之门··························陈 王
与风险打交道的人··························何培嵩
走出山谷·······························贾 明
诺亚方舟·······························邓敏杰
一路征程一路歌
——记潘领才及他的运输冶炼联合公司
··························林希明 潘茨宣
他在浪尖上行船
——记企业家许鉴昌······················钟浩金
金子，发亮的金子··························谢绍英
艰难的腾飞
——记邹节明和他领导的桂林中药厂·············映 雪
桂山，从这里崛起
——一组没有旁白的蒙太奇··················谭建国
拉辕套的人·····························欧阳同淮
大爆发——记德保酒石······················林永格
抉择，灵魂的躁动
——蔡日新创业记························程全中
滴滴浆泉醉人心····················胡文雄 李德成
鸳鸯江畔的一颗明珠·······················胡文雄
——记梧州市二轻经理部经理谭苏···李德成 胡文雄
绿灯下的勇士···························曹建文
"糖国梦"
——"伶糖效益"启示录··············黄佩华 常粥宇
敢于"骑着虎走"的人
——记鹿寨化肥总厂厂长顾庆臣················一 丁
为"灰色城堡"寻找五彩路的人·········朱石龙 顺 贞
沧桑卅年几回首··························丛 溪
扬长避短步步高
——记在改革中前进的桂林第四制药厂············李 梨
奔向闪光的目标
——灌阳县电气化建设见闻··················于子牛
日照葵花金灿灿
——桂林味精食品总厂改革纪事···············苏理立

右江潮 ⋯⋯⋯⋯⋯⋯⋯⋯⋯⋯林永格
奇迹在这里诞生
——访广西中医学院制药厂 ⋯⋯肖 雯
第五种力——恭城县水电建设纪程 ⋯廖铁星
唉,名牌 ⋯⋯⋯⋯⋯⋯⋯⋯⋯黄凤珍
光热颂 ⋯⋯⋯⋯⋯⋯⋯⋯⋯⋯周淞岐
在"0"的起跑线上 ⋯⋯⋯⋯⋯陈殿新
秋色(国画) ⋯⋯⋯⋯⋯⋯⋯梁荣中

1989 年第 1 期 刊名:《广西文学》
目录

文论
广西文坛三思录 ⋯⋯⋯⋯常弼宇 黄佩华等

"中国潮"报告文学征文
神州大倒卖 ⋯⋯⋯⋯⋯⋯⋯⋯孙步康
敢冒风险的角色
——记梧州港运公司总经理甘世彬
⋯⋯⋯⋯⋯⋯⋯⋯胡文雄 李德成
老当益壮,谁知白首之心
——写自梧州市物资贸易大厦的报告 ⋯⋯梁振伟

小说
罪人走出石碑 ⋯⋯⋯⋯⋯⋯⋯张仁胜
寄魂 ⋯⋯⋯⋯⋯⋯⋯⋯⋯⋯龙京才
小小说
死刑,缓期执行 ⋯⋯⋯⋯⋯⋯沈祖连
珍珠 ⋯⋯⋯⋯⋯⋯⋯⋯⋯⋯徐 铎
斜路 ⋯⋯⋯⋯⋯⋯⋯⋯⋯⋯慕仕凡
分车 ⋯⋯⋯⋯⋯⋯⋯⋯⋯⋯程佐中
雷公林 ⋯⋯⋯⋯⋯⋯⋯⋯⋯吕成品

散文
美丽的东山岭 ⋯⋯⋯⋯⋯⋯⋯毛正三
有一个黄昏、夜晚、黎明 ⋯⋯⋯张立勤
捶布声声 ⋯⋯⋯⋯⋯⋯⋯⋯⋯吴 浩
山谣(外一章) ⋯⋯⋯⋯⋯⋯李 成
从延安到沈阳(行军手记) ⋯⋯陆 地

诗歌
泥兴壶、茶色眼镜及其他(组诗) ⋯邱灼明
柳江人(组诗) ⋯⋯⋯⋯⋯⋯徐小锋
女人与衣架(外一首) ⋯⋯⋯⋯梦 妮
怀念(组诗) ⋯⋯⋯⋯⋯⋯⋯洛 川
广西行(三首) ⋯⋯⋯⋯⋯⋯闻 山
小站(外一首) ⋯⋯⋯⋯⋯⋯俞建平
山村教师 ⋯⋯⋯⋯⋯⋯⋯⋯⋯何山鹰

谒柳侯衣冠冢 ⋯⋯⋯⋯⋯⋯⋯韩鹏初

美术
南国硕果图(国画) ⋯⋯⋯⋯⋯陈再乾
彭洋书法选
美国西部写生(国画) ⋯⋯⋯⋯黄格胜

1989 年第 2 期 刊名:《广西文学》
目录

小说
情场呓语 ⋯⋯⋯⋯⋯⋯⋯⋯⋯贺慈航
失控的心 ⋯⋯⋯⋯⋯⋯⋯⋯⋯梁津贤
怪圈 ⋯⋯⋯⋯⋯⋯⋯⋯⋯⋯⋯潘德忠
火烧岭 ⋯⋯⋯⋯⋯⋯⋯⋯⋯⋯唐克雪
时鳖症(外一篇) ⋯⋯⋯⋯⋯⋯韦汉基
你还是你 ⋯⋯⋯⋯⋯⋯⋯⋯⋯韦一平

企业风采
啊!大桂山("中国潮"报告文学征文)
⋯⋯⋯⋯⋯⋯⋯⋯李建军 张丽萍
蛇酒厂长传奇("中国潮"报告文学征文)
⋯⋯⋯⋯⋯⋯⋯⋯胡文雄 李德成

诗歌
朴素的岁月(组诗) ⋯⋯⋯⋯⋯刘承辉
孔雀与猎人 ⋯⋯⋯⋯⋯⋯⋯⋯曾有云
西行列车 ⋯⋯⋯⋯⋯⋯⋯⋯⋯李笑梅
并非传奇的故事(外一首) ⋯⋯曹建文
月亮河 ⋯⋯⋯⋯⋯⋯⋯⋯⋯⋯黄伟文
不是失落 ⋯⋯⋯⋯⋯⋯⋯⋯⋯李青山
灯塔 ⋯⋯⋯⋯⋯⋯⋯⋯⋯⋯⋯陈佩芸
遥迢的爱 ⋯⋯⋯⋯⋯⋯⋯⋯⋯梁谢成

散文
南岳归来 ⋯⋯⋯⋯⋯⋯⋯⋯⋯贾宝泉
风帆 ⋯⋯⋯⋯⋯⋯⋯⋯⋯⋯⋯庞俭克
从延安到沈阳(行军手记) ⋯⋯陆 地
乡野浪仔 ⋯⋯⋯⋯⋯⋯⋯⋯⋯蔡德林
海堤 ⋯⋯⋯⋯⋯⋯⋯⋯⋯⋯⋯宋 女

美术
花鸟(国画) ⋯⋯⋯⋯⋯⋯⋯德 泉
野花(油画) ⋯⋯⋯⋯⋯⋯⋯王介明
牧羊女(国画) ⋯⋯⋯⋯陈加林 尹敏玲
海边絮语(木刻) ⋯⋯⋯⋯⋯⋯卢建明
山花(国画) ⋯⋯⋯⋯⋯刘念柏 颜 艳
篆刻 ⋯⋯⋯⋯⋯⋯⋯⋯⋯⋯⋯吴长明

1989 年第 3 期　刊名:《广西文学》

目录

小说

姑姑河隐私（中篇小说）·············常弼宇
夏天的印象·····················龚　人
赶猪郎公的女人···················吴伟樑
春的信息
——广西十一家地市报纸"八桂潮"征文获奖作品
选登
缓期执行······················冷　热
题签·························柳　德
土红色的小人····················朱　影
人在秋天······················石山浩
卖馄饨的娘儿····················沈东子

诗歌

中国，物价大爆炸··················黄承基
诗四首·······················鲍　昌
黄昏的吉他（组诗）·················彭　洋
解缆························赵雪勤
最后的秋天
——看西班牙电影《重新开始》并致海明威····沈　奇
海盗船
——读帕里什同名画·················苏　展
关于女人······················刘桂阳
平常日子······················陈　勇
信
——给女友······················周　俊

散文

卵石及其他·····················韦其麟
岛国风情
——访问菲律宾散记·················农冠品
梧州，我的第二故乡·················车作汉
从延安到沈阳（行军手记）··············陆　地
我们更需要"现在"
——代编后语并与某些作家对话············李　竑

美术

沐浴（油画）····················邵伟尧
乡音（套色木刻）··················黄业元
家常事（腊纸版画）·················杨恒生
瑶家女（木刻）···················王　剑
月亮泉（油画）···················谢　森

1989 年第 4 期　刊名:《广西文学》

目录

小说

美人窝·······················凡一平
河湾························岑隆业
大白鳝·······················张宗杙
赵司马仔······················李英敏
寻觅························谢和光
可怜天下孔夫子···················曹建文
梦·························黄乃葵
V 同学·······················杨承立
时髦角色······················王汉平

报告文学

钱路························何　石

诗歌

我渴望走进人的心窝（组诗）·············黄任锋
木壳船·······················钱叶用
心之触觉（组诗）··················曾有云

短诗找吟

工地早晨······················丁　芒
红裙子流行色····················苏韶芬
占线························刘　江
红房间·······················韦晓浪
海之舞（二首）···················何　津
五月的大路·····················杨　子
脚印
——致沙虫女·····················南　樵
你的信·······················翁朝华
连长的妻子·····················汪　沸
思·························晓　霜

散文

港区春早······················林　宝
瑶山三日······················苏长仙
瞬间························杨　㷇

美术

露（油画）·····················陈腾光
《青山情》组画之一（国画）······曹树明　陈伯群
书法选登················吴昌明　廖玉华
信息（国画）····················盘桂兴

1989 年第 5 期　刊名:《广西文学》

目录

小说

梦尽相思林 ································· 刘红驹
漂向大河 ··································· 黄佩华
炸缰 ······································· 陈应松
乐村人等 ··································· 卢　军
我们的花名叫：大蛇、黑佬、费翔、0.1 ······ 杨斌凯
辉煌时刻 ··································· 吴庆光
满足 ······································· 时　学
死界 ······································· 严群力
船上的寓言 ································· 谷　子
疗贫 ······································· 周绍麟

"中国潮"报告文学征文

这里崛起一个亿万富翁
　　——国营昭开平县大脑山林场纪实 ······ 叶长伟
边陲那搏风的雄鹰
　　——记王新华和他的建材化工厂 ········ 露　珠

诗歌

在海上遥寄一位朋友（外一首） ············· 立　人
夜思 ······································· 胡德超
老屋 ······································· 唐　文
值夜班的老人 ······························· 赵红雁
岁月的困惑 ································· 梁肇佐
秋天（外一首） ····························· 陈　宁
致美塞河 ··································· 钟泳天
不死的精魂 ································· 周放放
有水的梦境 ································· 徐　泽

散文

住在活动房子里的人们
　　——访美见闻 ························· 陆煜泰
祖母·故乡 ································· 汉　胤
淘金者（外一章） ··························· 林万里

评论

躁动不安的西文坛
　　——"振兴广西文艺大讨论"记述之一 ····· 彭　洋

美术

鸟声（油画） ······························· 魏连福
圩日（油画） ······························· 黄　希
北部湾的渔妇（木刻） ····················· 黄道鸿
村旁（油画） ······························· 韦文羽
金秀速写 ··································· 谭华生

1989 年第 6 期　刊名:《广西文学》

目录

小说

将军楼的儿女们 ····························· 凌　进
树下 ······································· 王建平
结婚 ······································· 何　江
入党 ······································· 任芙康
小镇五把刀 ································· 赵辛予
春意微微 ··································· 黄圣华
小店轶事 ··································· 丁庆礼
狗熊牌铅笔刀（童话） ····················· 何德新

"中国潮"报告文学征文

多彩的足迹 ································· 丁　力
边陲之光
　　——记大新县水电水利建设 ····· 露　珠　咏　文
昭平：走进自然 ····························· 叶长伟

诗歌

牺牲 ······································· 秦安江
现代诗人（外一首） ························· 盘妙彬
季节（二首） ······························· 桑　梓
诗二首 ····································· 李　逊
平房 56 号（外一首） ······················· 雨　田
大化（外一首） ····························· 黄　青
胡不归 ····································· 唐　诗
冰之下
　　——十四行诗一首 ····················· 邵勉力
被音乐淋湿的少女 ··························· 义　海
飞天
　　——观《敦煌壁画》画展 ··············· 邱　健

散文

粉店春秋 ··································· 班正持
我曾有一个父亲 ····························· 毛荣生
池塘 ······································· 潘恒济
雨日的情绪 ································· 冯　艺
鸽子，飞吧! ······························· 海代泉

美术

红叶（国画） ······························· 姚震西
秋月（拼版） ······························· 卢伟克
神秘的梦（连环画选登） ··················· 雷德祖

1989 年第 7 期　刊名:《广西文学》
目录

小说

四重奏 ······················· 彭 匋
乐陶陶酒店 ················· 陈肖人
老响的恨 ··················· 蓝怀昌
AB 二题 ····················· 韦一凡
小城男女 ····················· 于 峪
海里的月亮 ················· 潘荣才
丈夫之谜 ··················· 韦纬组
标志 ························· 蒋锡元
珍珠项链 ····················· 黄 钲
迷魂阵 ····················· 蒋咸美
酒话 ························· 海 练
这都怪哇嗒 ················· 喜 宏
寡妇巷
　——漓江的传说 ··········· 刘让君
老康的祖坟 ················· 沈祖连
惘 ·············· 洪双烨　林 坡
往事 ······················· 龚家旺

"中国潮"报告文学征文

龙的传人在治水
　——广西水利系统纪事 ····· 刘止平

诗歌

意象与幻象 ················· 敏 岐
大山的褶皱（外一首）······· 韦革新
乡祭（三首）··············· 农冠品
沉默录（三首）············· 河 清
迷人的地平线（组诗）······· 何 津
萌动的季节（组诗）········· 南 雄
途中 ······················· 李荣贞
仙人掌 ····················· 林 玉
宝石效应 ··················· 杨鹤楼
蚕赋 ······················· 苏虎棠

散文

大雄宝殿 ··················· 徐治平
春雨又潇潇 ················· 凌 渡
人生 ······················· 严翰秀

读者·作者·编者

为他们的现在与将来
　——本期编后话

美术

运去的风帆（国画）········· 梁文博
牧（国画）················· 郑军里
春讯（国画）··············· 曾宪高
夏曲（国画）··············· 邓秀叶

1989 年第 8 期　刊名:《广西文学》
目录

小说

被囚禁的灵魂 ··············· 杨小明
哭棺 ······················· 廖怀明
灾后 ······················· 苏延国
你其实在爱你自己 ··········· 郁 子
小小说二题 ················· 韦汉基
早行的人们 ················· 谢和光
后墙 ······················· 杨斌凯
拳友 ······················· 丁 力
官地 ······················· 曾平标
踩台 ······················· 裴志勇
单身女郎的黄昏 ············· 骆学芳

"中国潮"报告文学征文

旋风 ······················· 刘止平
闪光的银翼 ················· 欧阳同淮

诗歌

心中的绿意（组诗）········· 汪 沸
寻觅 ······················· 罗玉良
北极光 ····················· 吕沙东
秋日故事 ··················· 黄敕从
城市光环 ··················· 梁秋生
名画 ······················· 刘自立
走出春墙 ··················· 梁文淑
今日有群鸦飞过 ············· 谭兴海
黑板前的童话 ··············· 黄锡红

散文

为建造精神丰碑而献身的人 ··· 丘振声
宴席终将散去 ··············· 严凤华
山地散记（二章）··········· 韦奇宁

美术

绣球花（水印木刻）········· 郑 爽
对歌（雕塑）··············· 刘骥林
苗（雕塑）················· 陈作芳
打稻子的姑娘们（木刻）····· 徐 冰
回音（塑雕）··············· 石向东

1989 年第 9 期　刊名:《广西文学》

目录

"中国潮"报告文学

南线，今日南线······何培嵩

小说

断椅······吴海峰
五官三题······谷 子
静静倾听······林 白
反馈······石山浩
死亡出操······廖铁星
折腰······孙步康
兵佬——故乡人之三······潘大林
画中人——或被警察拘留的经历······叶 茅
风流人生（三题）······晓 雯
明日将怎样······林唯唯
烦恼的阿美······黄晓昱
黑白封皮的书······梁 芹
尚用么叔······庞世伟
村女当官记······陈自能

诗歌

黄牌指向中国人口······林超峻
苍茫时刻（组诗）······徐小锋
诗三首······非 亚
无雪之城（二首）······黄 堃
灾区的报告······郭文明
祈祷（二首）······顾 文
等你······李忠健

散文

自己的天空（外一首）······包晓泉
怅然生日······彭 洋
红河绞滩······毛 健
菜市的早晨······陈文龙

评论

弘扬南方民族文化精神
——评常弼宇《姑姑河的隐私》······秦立德
谁说"南方没有小说"
——评潘大林的《南方的葬礼》······何浩深

美术

青草地（国画）······王政蘋
瑶山八月（国画）······柴万里
《李雁行、草书千字文》选页
仲夏（油画）······卢 恺

1989 年第 10 期　刊名:《广西文学》

目录

坚持社会主义的文艺方向
——在全区文艺座谈会上的总结讲话（一九八九年三十一日）······自治区党委宣传部副部长 张 洋
回顾反思，坚持文艺正确方向
······自治区文联主席 武剑青
通往巴黎之路
——国营武鸣华侨淀粉厂纪实······黄锡红
桂西高原的童话
——拉么锌矿走访记······老 枪
文化的诱惑······马草塘
女人世界里的男人······刘 丹
神州风采
——合浦炮竹厂走向世界纪实······符玉波
艰难的起步
——记南宁开关设备厂······韦保建
强者的微笑
——记合浦沙田乡码头服务站······杨宗胜
锰都大足音
——矿山人物写意······梁结珠
底线，从这里升腾
——访中国访地产开发总公司梧州公司
······胡文雄 李德成
"啃"石头的年轻人······李建军
振翅奋飞
——黎塘糖厂创业纪实······欧志克
开拓者的交响曲······黄启光 肖瑞泉
淘尽沙泥见闪光
——记劳改天地中的璀璨明珠新洲锡矿······廖铁星
冠军·司机·经理
——记司兆复和他的"大安信托寄售部"
······潘茨宣 邹爱华
彩笔写在现实的土地上······黄祖松
为了播种光明······周太安
三小友腾飞······陆腾昆 何少忠
今夜星光灿烂
——梧州地区星光化工厂及厂长邹伟长素描···草 弓
崛起的事业
——记江苏海安县建筑工程公司经理薛家宽
······顾延长 丁 力
左江，有一条龙
——国营左江华侨农场罐头厂纪实······黄锡红
铅字沉甸 步履声声
——记广西民族语文印刷厂······周保旺
闪光的事业 残疾人的歌······黄启光
共和国不应忘记······肖 野

开篇人

——访明阳糖厂厂长陈健·············韦苏文

敬礼,绿色开拓者

——来自昭平县的报告······龙丕怀 劳学军

"塑二"魂·····························覃慈高

自古人生谁无妈(诗)·················柯 炽

北方诗情(诗二首)·················农冠品

访中南海毛泽东同志故居(散文诗·外二章)

·······································丁 力

朝霞(国画)·······················王晋元

祖国啊,母亲(年画)···············刘熹奇

新雨(雕塑)·······················尹一鹏

先民的遗产(国画)·················庞 海

1989 年第 11 期 刊名:《广西文学》
目录

小说

土司楼三题·························韦 优

古塔·······························王云高

友谊·······························武剑青

弥留之际···························徐君慧

患难夫妻···························赵清学

关于狗的故事·······················蒙光朝

小花鱼儿的梦·······················杉 松

说不清……·························莫之棪

小城卖刀者·························肖定吉

马斯特风波·························刘肇贵

罢宴·······························樊 篱

误区·······························李 竑

小小说二题·························吴 江

无解方程的未知数···················肖妙婷

一群人·····························蒙明颜

诗歌

文坛有赠三首·······················吴三才

天地山川···························柯 炽

湖泊的幽思(外一首)···············何浩深

西山佛像···························曾有云

夜的琴(外一首)···················金彦华

三月五日的日记(外一首)···········罗马丁

断了线的风筝(外一首)·············风林渡

冬日·······························潘泉脉

琴沄岩·····························白 岩

边关月·····························张化声

海之韵(组诗)·····················曾宪瑞

那不是你(外一章)·················黄 伟

散文

那深深的一瞥·······················汝 汝

沉痛哀悼黄青同志

美术

拦路歌(国画)·····················郑小娟

雨林奇(国画)·····················陈新华

坐在楼梯上的小男孩(水彩)·········韦竟明

黄昏伴鸟飞(油画)·················涂 克

1989 年第 12 期 刊名:《广西文学》
目录

小说

园园的觅···························舒 予

年青的滋味·························韦绍林

恶神·苦神

——故乡往事录·····················李志川

人归何处···························王明清

玉皇蘑·····························思 蜀

黑的眼·····························程 达

危梯·······························伍道扬

狼咬·······························刘承辉

画展·······························刘明文

霹雳人生···························朱 俊

千里西江展宏图

——全国最大的内河渠化工程纪实(报告文学)

·······································陈雄权

舞会皇后···························华 凤

黑鹰·······························蒋昌松

锁·································蒋 红

已阅·······························孟 麟

错断·······························林荣芝

诗歌十五家············欧 有 菡 子 梦 海

寇 莉 梁耀奇 舒 野 陆少平 叶延滨 毛 健

陆 健 韩新东 吴春源 郝伟强 丁红云 蓝芝同

散文

非洲琐记···························魏述让

散文诗十一家·············柳 远 杨鹤楼

朱云双 凌焕彩 严 炎 萧红涛 南 雨 敏 歧

邓 杰 林万里 陈 松

夏·································斯 文

山姐儿·····························黄 鹤

美术

北部湾·亚热带(油画)·············刘绍昆

花山随想（雕塑）……………………尹一鹏
遐思（雕塑）………………………陈蔚平
圩日（油画）………………………杨　华

《广州文艺》

【简　介】

综合性文学月刊。广东省广州市文学艺术界联合会主办。创刊于1973年。其旨在锐意开拓，力推新人新作，注重凸显广州独特的文化优势，建造以现代都市文学为主体的期刊风格，所载作品多具新鲜真实的风格。曾被誉为"南中国的文化彩虹，大时代的精神绿洲"。

期刊号：1977年第1期—1989年第12期

1977年第1期　刊名：《广州文艺》
目录

在伟大的领袖和导师毛泽东纪念堂奠基仪式上华国锋主席的重要讲话

在华主席为首的党中央领导下胜利前进

万众齐颂华主席　万炮齐轰"四人帮"
胜利之歌（朗诵诗）………………黄兆存
华主席呵，西沙军民衷心爱戴您（诗）………任海鹰
华主席挥手我们闯（诗）……………熊丽清

除"四害"（快板）………………程新生
热昏的胡话　险恶的用心
——斥"四人帮"扼杀《创业》的"理论"根据
　　　　　　　　　　广州市文艺创作室评论组
清算四人帮破坏文艺革命的滔天罪行…………陈残云
华程是一个优秀的党的领导干部形象
　　　　　　　　　　广东师院中文系批判组
"四人帮"迫害影片《海霞》说明了什么？
……………………………何　汪　汪　康
"四人帮"篡党夺权的一个罪证
——评反动影片《反击》……………裴汉康
杂文
在"求全责备"的背后…………………严　章
撕掉麒麟皮　痛打落水狗………………林　苗

永远赞颂伟大领袖和导师毛主席　无限怀念敬爱的周恩来总理

世代高歌《东方红》（散文）……………吴义宏
展宏图………………………………姚瑞英
难忘的夜晚（诗）……………………杨　渡
永难忘啊，这一天（诗）………………吕　宇
——一位炼铁老工人对周总理的怀念
缅怀总理豪情壮（诗）………………饶镜英
怀念您呵，敬爱的周总理！（诗）………陆镇康
敬爱的周总理永远和我们在一起（素描）
……………………………詹忠效（画）

工业学大庆　农业学大寨

无产者（长篇小说选载）………………于　逢
光辉的道路（散文）………黄启光　周蜜蜜
金色的航道（散文）…………………何厚础
工业学大庆诗抄（四首）………………陈定颐等
农业学大寨诗抄（六首）………………樊容樟等
学大庆掀起新高潮（歌曲）………郑　南词　余志峰曲
大干歌（歌曲）…………刘志文词　潘永暲曲
为了早日实现"四个现代化"（对口词）……关俭良

沙田话今昔（南音说唱）
………韦　丘词　广东音乐曲艺团唱腔组唱腔设计

群众文艺辅导讲座

略谈南音唱腔改革………………………李丹红
白云珠海沐春风（国画）………梁世雄　陈金章
祖国大地尽朝晖（宣传画）………………刘仁毅
力量的源泉（速写三幅）………………林　埔等
支农轻骑（年画）………………………陈秉钧

1977 年第 2 期　刊名:《广州文艺》

目录

华主席和我们心连心

英明的领袖　贴心的亲人（组诗）·············肖万成
贴心人，知心话（国画）··········鸥　洋　杨之光
华主席呵，我们衷心爱戴您!（宣传画）·······梅建业
金谷红荔寄深情（散文）·················林耀培
十月里响起一声春雷（女声独唱）
·······················章　明词　郑秋枫曲
周总理指挥我们高唱《东方红》（广州方言歌）
·······················江　川词　汤凯旋曲
光辉的题词（诗）
——喜读华主席、叶副主席三月五日题词······梁水兴
雷锋的《毛选》（诗）···················叶秀荣

深揭狠批"四人帮"

撕下红色的面纱···················萧　殷
清除"四人帮"在文艺阵地的祸害···········北　庚
迎接社会主义文艺的春天
拔掉"四人帮"射向粤剧革命的三枝毒箭
·····················广州市戏曲工作室
江青强制修改《夜练》的险恶用心
·················广州部队政治部歌舞团大批判组

匕首与投枪

格杀革命文艺的大棒　炮制反党毒草的灵犀
——剖析"四人帮"的所谓"反对写真人真事"
···············市橡胶工业局工人业余文艺评论组
砸碎"三字经"的枷锁················郭应新
"三突出"是一枝毒箭··········冯达辉　梁兆发
剥画皮（龙舟对唱）·················邝洪昌
虎头山上斗江青（粤曲弹唱）
·················蔡衍棻词　李燕熙唱腔设计

工业学大庆　农业学大寨

西沙浪花礁畔凯歌扬（报告文学）
·····················广州业余大学文艺版
远航散记（散文）···········陈沛祥　罗　桦
伏波千浬（报告文学）···············向北中
新枝挺秀（小说）·················伍深明
风雨黎明（小说）···········方　亮　王文锦
大汗歌（诗）·····················柯　原
扛木谣（诗）·····················符启文
红医岗（独幕话剧）·······东山区《红医岗》创作组
大干社会主义（摄影两幅）·······扶岳华　张俊贤
心红炉旺（油画）··················雷振华

1977 年第 3 期　刊名:《广州文艺》

目录

毛泽东思想永放光芒（诗八首）
——热烈欢呼《毛泽东选集》第五卷出版····黄河浪等

永放光芒的灯塔
——纪念毛主席《在延安文艺座谈会上的讲话》发表
三十五周年··················胡一川
文艺创作一定要分清敌我
——学习《论十大关系》的一点体会
·······················沈　彭　吴新源
扼杀文艺创作的大棒　炮制反党毒草的妙方
——斥"四人帮"的"三突出"创作原则·······曾石龙
论鲁迅无产阶级世界观的确立
·············广州鲁迅纪念馆　岳实益
南海激战（电影文学剧本·连载）·········孟宪章
"顶煤柱"（报告文学）···············罗铭恩
春天回来了（散文）················萧　明
春天的故事（儿童文学）··············陆　笙
铁马奔腾（小小说）··········朱荣燊　杨羽仪
热浪滚滚（小小说）·················王　琪
胶刀铮亮（小说）·················罗德祯
飞跃的步伐（诗）·················陈定颐
火红的车间（诗）·················莫少云
橡胶工人喜支农（诗）···············谢伟国
大港油海（诗）···················陈忠干
老锻工（诗）····················邓树荣
天大旱，人大干（诗）···············剑　影
堵丰江（诗）····················刘玉庭
抗旱歌（诗）····················张国亮
马安煤矿速写两幅·················张绍城
江青的嘴脸（政治讽刺诗）·············黄　雨
死路一条（漫画三幅）···············陈树斌等
白丁先生（相声）·················陈定一
群舟竞渡（广东音乐）
——根据广东音乐《赛龙夺锦》整理
·······················集体整理　刘仲文执笔
永做抓革命促生产的火车头（男声独唱）
·······················浩　曦明　志词　谭志斌曲

浇灌新花

大庆红旗胸中飘　踏平南海千浬涛
——报告文学《西沙浪花礁畔凯歌扬》《伏波千浬》读后
·······················蒋荣炳　刘胜元

亲切的关怀　巨大的鼓舞（国画）
··········《广州日报》美术组集体创作　单柏钦执笔

人民的心愿　革命的武器（宣传画）…………梁照堂
抓纲治国　乘胜前进
——工业学大庆画选…………黄安仁　胡大江等
毛主席发表《在延安文艺座谈会上的讲话》旧址（水粉画）…………余　本
文艺简讯一则

1977 年第 4 期　刊名:《广州文艺》
目录

纪念中国人民解放军建军五十周年
朱德同志诗选
毛主席革命军事路线的颂歌
——谈朱德同志的诗歌…………梁建国
心之歌（政治抒情诗）…………向　明
霹雳颂（组诗）…………瞿　琮
沁园春（词）…………王钊宇
月梨（小说）…………范若丁
深山女猎手（小说）…………孙吴远　陈国凯　彭尔清
接过革命的枪（小说）…………黄　力
阶级情深贯碧空（特写）…………敏　英
南泥湾的歌声（小歌剧）…………章　明
硬骨头六连颂（对口快板）…………张玉来
挪鸡窝（表演唱）…………刘锦庭　温建新
光辉的日子（诗）…………苏方学
军旗映红万重山（外一首）…………叶知秋
朱老总走过的路（诗）…………郭兆甄
夜巡（诗）…………邝空文
步枪歌（外一首）…………柯　原
夜读（诗）…………刘平章　田树德
南海激战（电影文学剧本连载·续完）…………孟宪章

浇灌新花
一部传统教育的生动教材
——喜读电影文学剧本《南海激战》
…………解放军某部"海战模范连"
南海激战　威震敌胆
…………万山海战大功荣立者、某部副参谋长　钟定桂
雪里行军情更迫（国画）…………招炽廷
庆祝中国人民解放军建军五十周年部队美术作品选
…………王刚等
南昌起义（油画）…………陈衍宁　伍启中
坚持"百花齐放，百家争鸣"方针，批判"四人帮"的文化专制主义…………杨　群

匕首与投枪
"用笔杀人"者绝没有好下场…………刘树祥
是批判继承，还是全盘否定？………广东音乐曲艺团

"独来独往"的王法…………祁　海
光芒万丈照千秋（女声独唱广州方言）
…………刘志文词　刘　超曲
钢铁工人志气豪（歌曲）…………清　涌词　司徒健曲
文艺简讯几则

1977 年第 5 期　刊名:《广州文艺》
目录

热烈欢庆中国共产党第十一次全国代表大会胜利召开
欢呼"十一大"的伟大胜利（诗十一首）
…………王　起　刘乐群　蒲蛰龙
高举毛主席的伟大旗帜，紧跟华主席胜利前进（宣传画）…………李醒滔　梁照堂
八亿神州喜庆"十一大"（粤曲）…………谭青霜
华主席登上"十一大"主席台（歌曲）
…………清　涌　陈　貌词　郑炳衡曲
欢腾的珠江（速写）…………甘迎祥

高举毛主席的伟大旗帜奋勇前进
光辉的形象　亲切的教导
——记薛焰同志幸福的回忆…………向北中
人民的心愿（散文）
——毛主席纪念堂抒情…………鲁　光
亿万人民的心愿（国画）…………徐　希
仰望（诗）
——毛主席纪念堂落成…………臧克家
毛主席纪念堂抒怀（诗）…………匡　满
毛主席啊，石湾陶工想念您（诗）…………徐庆宜
献上胜利的花圈（诗）…………吕海沐
在东方欲晓的日子里（散文）
——杨开慧烈士在广州…………谭朝阳
十月二十四日的颂歌（散文）
——井冈抒怀…………杨羽仪
"我是人民服务员"（特写）
——记新亚旅店党支部副书记罗少英二三事
…………牛知明　郑步铎　胡群英　申福东　周仲辉
钢梁铁柱（报告文学）
——记广州造纸厂一支"铁人"式的老工人队伍
…………广州业余大学文艺版
桔洲少年怀念毛主席（诗表演）
…………长沙市郊枫树山小学
陶瓷花板寄深情（南音）…………蔡衍棻
毛主席的伟大旗帜高高飘扬（歌曲）
…………郭兆甄　瞿　琮词　郑秋枫曲
千锤百炼更增辉
——《毛主席诗词》校订稿学习札记…………陈绍伟
咱给华主席当服务员（诗表演）…………罗时叙

流水情长（小演唱）—————————李远芳
英雄歌（长诗）
——献给广州石油化工总厂的建设者们
—————————徐启文　招小波　桂汉标
黄瑞琰　曾广生　朱光天
医书记为啥姓医（小说）—————祖　慰
银花灿灿（散文）—————————吕　雷
打倒"四人帮"　粤剧要解放
—————————广州市业余戏曲改革研究组

创作谈
关于散文的立意——《创作论》片断————萧　毅

浇灌新花
生活是文艺创作的唯一源泉
——喜读电影文学剧本《南海激战》
—————————锦　泉　民　举
春桃（独幕粤剧）———萧万成　胡集成　李瑞龙
书法篆刻作品选登—————秦咢生　卢惠贞等
工业的粮仓（水彩画）——————杭鸣时
作者·读者·编者
文艺简讯

1977 年第 6 期　刊名:《广州文艺》
目录

讨伐篡党夺权的阴谋文艺—————本刊编辑部
兴起社会主义文化建设的高潮
——学习华主席在党的"十一大"的政治报告
—————————————华　嘉
立大志　鼓干劲　为繁荣革命的文艺事业艰苦奋斗
——在省文艺创作会议上的发言———秦　牧
学习"两结合"的创作方法　搞好文艺创作———李　门

纪念广州公社起义五十周年
南粤惊雷（散文）—————————朱光天
珠江战旗红（组诗）———————柯　原
不灭的枪声（诗）—————————陈定颐
红色兵工厂（诗）—————————孔捷生
一条街道的传闻（诗）——————黄兆存
刑场上的婚礼（诗）———————西　彤
永系血染红领巾（诗）——————樊积龄
广州起义烈士陵园（摄影）————严润棠

在抗癌战线上（报告文学）
——记中山医学院几位防治肿瘤的科研、医务工作者
—————————陈国凯　彭尔清　吴敬亮
大洋上下（散文）

——太平洋科学考察散记——————辛　慧
温暖（小说）—————————黄天源
焰火—————————————周金灼
爱情的故事（诗）————————陈侃言
红太阳颂（诗）—————————袁华傥
天上人间一颗心（广州方言说唱）——韦　丘
坚贞不屈霞姑娘（南音说唱）———曾凡华词　李燕熙曲
三八红花（表演唱）————郑泳涛　陈爱真

匕首与投枪
"阴谋文艺"析—————————江励夫

美术作品评介
"您好，列宁同志！"
——读程十发同志的国画《东方》———迟　轲
大干序曲（独幕话剧）——————郭应新
青山常在（独幕采茶戏）—————李伟才
纪念毛泽东同志《在延安文艺座谈会上的讲话》发表
三十五周年美展作品选登
东方（国画）—————————程十发
业余文艺　繁花竞放
一九七七年广州市群众文艺会演述评
佳节倍思毛主席的恩情（国画）一九七八年年历
—————————————徐　希

文艺简讯

1978 年第 1 期　刊名:《广州文艺》
目录

批判"文艺黑线专政"论　繁荣社会主义文艺
—————————————黄庄平
读《捣鬼心传》有感———————欧阳山

"调整党的文艺政策"笔谈
要认真调整党的文艺政策—————卢民举
当看到老作家又出现在文坛的时候——姚瑞英
从请文艺工作者上主席台想到的———赵国雄
对粤剧唱腔改革的意见——————陈自强
春风情深桃李知（散文）
——深深怀念敬爱的周总理—————陆镇康
广东革命烈士诗抄（九首）
—————彭　湃　周文雍　李少石　向秀丽等
草鞋颂（散文）—————————沈仁康
贼喊捉贼的又一拙劣表演——"四人帮""评论《水
浒》"的反革命政治阴谋——————亚　力
珠海怒涛（九场粤剧）
—————王建勋　陈　光　吴建邦　江　帆

迎春诗草

南疆春秀 ————————————————— 陈忠干
迎春短歌 ——————————— 陈正平 张泰忠
迎春 ——————————— 芦荻 袁鲁 叶春
喜迎新春 ————————————————— 马皓
路口 —————————————————— 林泽生
革命重担（小说）————————— 祖慰 燕南 敦德
蜜蜂之歌（外一则）
——写给孩子们的童话、寓言
————————————— 刘维 黄尔昌 梁世顿
车飞千里（小说）————————————— 陈丙坤
偶遇（小说）——————————————— 黄天源
侦察报告（叙事诗）—————————— 苏方学
闲不住的晚年（特写）
——赞新亚旅店退休老工人共产党员张萍
————————————————— 牛知明 俞志刚
歌唱英雄向秀丽（粤曲）——————— 黎进 吴建邦
老教授备课（快板）—————————— 余伯焜
纪念堂上金字匾（女声合唱）
————————— 卢昆 陈忠干词 李助炘曲

画家与画

画家兴会更无前
——读关山月同志的新作《山花烂漫》有感—汤集祥
山花烂漫（国画）—————————— 关山月

群众文艺辅导讲座

中国画人物线描水墨技法经验随笔
总结经验 促进发展
——写在《中国画人物线描水墨技法经验随笔》的前面
————————————————————— 顾炳鑫
谈意笔技法在现代国画人物画上的实践和探索
————————————————————— 周昌谷

中国画人物线描水墨技法经验随笔图例
大红花（水粉画）—————————— 林风眠
英雄向秀丽（石雕）————————— 曹崇恩
生活气息浓郁 形式多彩多姿
——一九七七年广州市农村业余文艺会演述评
————————————————————— 本刊记者
文艺简讯（两则）
《广州文艺》编辑部举办短篇小说征文评奖

——学习《毛主席给陈毅同志谈诗的一封信》的体会
————————————————————— 吴三立
祖国明天歌更多（诗）————————— 黄英晃
争为"人大"搭彩门（诗）——————— 阎锦木
五届"人大"播春雨（诗）——————— 陶新民
祖国处处艳阳天（粤曲小演唱）——— 潘邦榛 唐峰
生活真实与艺术真实
——兼评浩然的《西沙儿女》—————— 杨群
演剧队指引我走上革命路
——纪念周总理，批判"四人帮"—————— 林岚
要消灭一切害人虫（报告文学）
——记五届人大代表、昆虫学家蒲蛰龙教授
————————————————— 裴汉康 唐豪
华灯璀璨夜大学（报告文学）
——广州业余大学部分班级教学科研活动巡礼
————————— 郑步铎 李适娟 周志东
搭桥（外一首）———————————— 索河
呵，高高的铁塔（诗）————————— 郭兆甄
风雨夜（小说）——————————— 陈残云

作家与作品

植根于生活的土壤中（特写）
——记老作家陈残云 —————— 陆龙威 高乃炎
锚位（小小说）——————————— 李威
寓言五则 ——————— 徐柏茂 陈永锵 王文锦
张大伯二进广南站（龙舟对唱）———— 茹斯红
过塘鱼（小粤剧）————— 朱甜 屈慎宁 屈伟才
亲人（独幕话剧）
————— 市服务局业余创作组 李子占 关俭良执笔
请计算机"算命"（讽刺诗）—————— 桂汉标
"真中见假"与"假中见真"
——略谈《惊雷》和《粤海忠魂》的舞台形象
————————————————————— 郭秉箴

浇灌新花

喜看新花迎春开
——赞《过塘鱼》 ————— 谢锡光 黄兆存 鞠潼波
一张大字报（粤语弹唱）——— 蔡衍棻作词 李燕熙谱曲

读者·作者·编者

读者来信摘登

群众文艺辅导讲座

中国画人物线描水墨技法经验随笔
略谈创作经验 ——————————— 刘继卣
学习民间艺术 ——————————— 戴敦邦
中国画人物线描水墨技法经验随笔图例

春晓（国画）———————————— 梁世雄

1978年第2期 刊名:《广州文艺》
目录

毛主席给陈毅同志谈诗的一封信
华主席给《人民文学》的光辉题词
掌握形象思维 搞好文艺创作————— 罗沅文
谈作诗的几个问题

人民万岁（宣传画）·····················伍启中
山雨（国画）·····························王维宝
晨曲（油画）·····························余国宏
简讯两则

1978 年第 3 期　刊名:《广州文艺》
目录

光辉的指示　行动的纲领·············本刊评论员
光辉永在　遗范长存
——永远铭记周总理对出口商品交易会的关怀
·····································郑少康
特殊任务（电影文学剧本连载）···········梁　信

作家与作品
从电影《红色娘子军》说起················之　键

短篇小说征文选登
点心师外传······························林伟雄
边寨之夜·······························尨之虎
纪念碑前的怀念（革命回忆录）············陈一民
阿英（小小说）··························仇权邦
一船深情（小说）························陈　风
神舟改造见精神（报告文学）
——记朱委员长关怀广州第十一橡胶厂的建设
·····························谢伟国　沈适伟
童话两篇····················陈　茹　何厚础
儿歌一束·······························张铭新等
很值得一读的李贺诗歌····················裘汉康
李贺《公莫舞歌》浅释（唐诗小札）········刘逸生
山村飞出织网歌（诗）····················陈俊年
喜庆民歌获新生（民歌十首）···黄火兴　黄慧骐等
考试之后（广州方言快板表演）············黄每裕
园丁窗口的灯花（女声独唱）·····陈貌词　杨庶正曲
孔雀开屏（广东音乐·主旋律谱）··········何大傻
"大处着眼"与"小处落笔"
——谈细节的运用························陈　炳

浇灌新花
谈粤剧《喜双逢》中郭流形象的塑造········建　邦
谈粤剧《智擒十虎》中的人物塑造
·································一　江　渔　火
文寓新意　发人深省
——读短篇小说《革命重担》··············张家禄

画家与画
"猫头鹰"冤案··························黄笃维

群众文艺辅导讲座
中国画人物线描水墨技法经验随笔
略论现代水墨人物画·····················蒋兆和
白描琐谈·······························范　曾
中国画人物线描水墨技法经验随笔图例
测天管地（国画）························林　墉
猫头鹰（国画）··························黄永玉
春风浩荡　百花吐艳
——一九七八年广州市文艺会演节目剧照选登
文艺简讯
《广州文艺》编辑部举办短篇小说征文评奖

1978 年第 4 期　刊名:《广州文艺》
目录

跟随华主席进行新的长征
人民大会堂买茶（散文）··················秦　牧
海的性格（散文）························柳　嘉
在新的长征途中（诗三首）················洪三泰
人民的喜悦·····························戈　弩
胜利的进军（粤曲对唱）·········潘邦榛　关　汉
欢庆科学喜逢春（宣传画）················梁照堂
万松林里（散文）
——庐山书简···························罗时叙
巍巍梅岭香雪飘（散文）··················杨羽仪

短篇小说征文选登
红玛瑙·································沈仁康
家庭喜剧·······························陈国凯
阿尔泰山上的雄鹰························舒　心

作家与作品
秦牧散文的风格··························杨奎章
三十年代革命文艺不容否定················谭福开
《一代风流》是"专写错误路线的反动作品"吗?
——评原"上海革命大批判写作小组"的一篇黑文
·····························谭如海　曾小凡
九鼎铸形　犀角烛怪
——谈"四人帮"何以仇视莎士比亚·········戴镏龄
特殊任务（电影文学剧本　连载续完）·······梁　信

诗配画　黎雄才配画　姚北全配诗
虎门威远炮台一角（速写）················黎雄才
珠江船队（速写）························陈金章
故垒新姿（速写）························林丰俗
江上灯语（速写）························刘中东
海上渔业收购站（速写）··················苏　华
鹅寮（速写）····························王维宝

兰圃抒情（粤曲）⋯⋯⋯⋯⋯⋯⋯⋯蔡衍棻　姚北全
红心似火（演唱）⋯⋯⋯⋯⋯⋯⋯⋯黄计钧　王　蕾
指挥刀（诗）⋯⋯⋯⋯⋯⋯⋯⋯⋯⋯⋯⋯⋯李长江
飞吧，风筝（诗）⋯⋯⋯⋯⋯⋯⋯⋯⋯⋯⋯韩作荣

群众文艺辅导讲座
中国画人物线描水墨技法经验随笔
对线描的几点体会⋯⋯⋯⋯⋯⋯⋯⋯⋯⋯⋯贺友直
对国画人物练习的几点意见⋯⋯⋯⋯⋯⋯⋯方增先
中国画人物线描水墨技法经验随笔图例
会报（国画）⋯⋯⋯⋯⋯⋯⋯⋯⋯⋯陈衍宁　伍启中
罗浮秀色（国画）⋯⋯⋯⋯⋯⋯⋯⋯⋯⋯⋯陈金章

1978 年第 5 期　刊名：《广州文艺》
目录

沉痛哀悼卓越的无产阶级文化战士郭沫若同志逝世
沉痛的悼念⋯⋯⋯⋯⋯⋯⋯广州市文学艺术界联合会
井冈山巡礼：登湖口石钟山（诗）⋯郭沫若遗作手迹

短篇小说征文选登
姐姐的爱情⋯⋯⋯⋯⋯⋯⋯⋯⋯⋯许显良　方　亮
一张发不出去的请柬⋯⋯⋯⋯⋯⋯⋯⋯⋯黄锦鸿
人欢车快⋯⋯⋯⋯⋯⋯⋯⋯⋯⋯⋯⋯⋯⋯张育荣
威士忌酒和茉莉花茶⋯⋯⋯⋯⋯⋯⋯⋯⋯梁淇湘
周四老倌⋯⋯⋯⋯⋯⋯⋯⋯⋯⋯⋯⋯⋯⋯陈书林
接线⋯⋯⋯⋯⋯⋯⋯⋯⋯⋯⋯⋯⋯⋯⋯⋯张　敏
山镇小客栈⋯⋯⋯⋯⋯⋯⋯⋯⋯⋯⋯⋯⋯刘阳春

作家与作品
作品概念化的原因何在？⋯⋯⋯⋯⋯⋯⋯⋯萧　殷
寒凝大地发春华（报告文学）
——记作家萧殷同志⋯⋯⋯⋯⋯谢望新　李孟昱
不朽的城（散文）⋯⋯⋯⋯⋯⋯⋯⋯⋯⋯⋯杜　埃
童牛金鱼出世记（科学童话）⋯⋯⋯⋯⋯⋯鲁　克
选种记（小说）⋯⋯⋯⋯⋯⋯⋯⋯⋯⋯⋯陈伯吹
酒井（民间传说）⋯⋯⋯⋯⋯⋯⋯⋯⋯⋯呆向真
无辜的小女孩（诗）
⋯⋯⋯⋯⋯⋯⋯⋯［美国］鲍勃·培根　舒　平译
幸福渠（诗）⋯⋯⋯⋯⋯⋯⋯⋯⋯⋯⋯⋯何松新
五更曲（诗）⋯⋯⋯⋯⋯⋯⋯⋯⋯⋯⋯⋯肖自强
战士的脚印（外一首）⋯⋯⋯⋯⋯⋯⋯⋯⋯于　最
测绘员之歌（诗）⋯⋯⋯⋯⋯⋯⋯⋯⋯⋯雷一扶
竞赛红旗水下飘（诗）⋯⋯⋯⋯⋯⋯⋯⋯任海鹰
七律　大岭感怀⋯⋯⋯⋯⋯⋯⋯⋯⋯⋯⋯孙一民
晶莹的生活小浪花
——读黄天源同志的短篇小说⋯⋯⋯⋯⋯易　准
学诗漫笔二题⋯⋯⋯⋯⋯⋯⋯⋯⋯⋯⋯司马玉常

漫谈艺术构思⋯⋯⋯⋯⋯⋯⋯⋯⋯⋯⋯⋯曾小帆
从《我们村里的年轻人》想起⋯⋯⋯⋯⋯⋯祁　海
唱吧，布谷鸟（女高音独唱）⋯⋯郑　南词　杨庶正曲
不拘小节的人（相声小段）⋯⋯⋯⋯⋯⋯⋯夏雨田
桃园堡解放只待月华明（粤剧《山乡风云》选段）
⋯⋯⋯⋯⋯⋯⋯⋯⋯⋯⋯⋯⋯⋯广东粤剧院供稿

画家与画
画驴何罪？⋯⋯⋯⋯⋯⋯⋯⋯⋯⋯⋯⋯⋯杨家聪
大寨亚克西（国画）⋯⋯⋯⋯⋯⋯⋯⋯⋯⋯黄　胄

群众文艺辅导讲座　中国画人物线描水墨技法经验随
笔
熟悉人　严造型　讲笔墨⋯⋯⋯⋯⋯⋯⋯刘文西
工笔重彩人物画经验点滴⋯⋯⋯⋯⋯⋯⋯任率英
中国画人物线描水墨技法经验随笔图例
高山流水　万古长青（国画）⋯⋯⋯⋯⋯⋯黎雄才
南岛林区（石版画）⋯⋯⋯⋯⋯⋯⋯⋯⋯张运辉

1978 年第 6 期　刊名：《广州文艺》
目录

短篇小说征文选登
失踪了的星星⋯⋯⋯⋯⋯⋯⋯⋯⋯⋯祖　慰　敦　德
漩涡⋯⋯⋯⋯⋯⋯⋯⋯⋯⋯⋯⋯⋯刘斯奋　李树政
怎么不称心⋯⋯⋯⋯⋯⋯⋯⋯⋯⋯⋯⋯⋯陈学工
红棉树下⋯⋯⋯⋯⋯⋯⋯⋯⋯⋯⋯⋯⋯⋯褟建基
从"小人物"到"奴隶总管"
——评李希凡的"我们走过的路"⋯⋯⋯⋯杨　群
青春似火（散文）
——从庄辛辛的事件想起⋯⋯⋯⋯⋯⋯⋯韦　轩
祖国在他心间（报告文学）⋯⋯⋯⋯⋯⋯⋯李　旋
中南海的浪花（诗二首）
——写在毛主席居住的地方⋯⋯⋯⋯⋯⋯崔合美
咏物诗草（四首）⋯⋯⋯⋯⋯⋯⋯⋯⋯⋯姚成友
寄根室渔民的歌（诗）⋯⋯⋯⋯⋯⋯⋯⋯匡　满
《李自成》一、二卷艺术特色琐谈⋯⋯⋯⋯黄新康
基于生活　大胆探索
——略谈粤剧《春华常在》⋯⋯⋯⋯范　敏　洪　金
十年重见《宝莲灯》⋯⋯⋯⋯⋯⋯⋯⋯⋯寒　山
喜看山乡农民画⋯⋯⋯⋯⋯⋯⋯⋯⋯⋯⋯周柏年
《冬去春来》重版后记⋯⋯⋯⋯⋯⋯⋯⋯⋯华　嘉
父亲的心（散文）⋯⋯⋯⋯⋯⋯⋯⋯⋯⋯肖　雁
青纱帐——甘蔗林（诗）⋯⋯⋯⋯⋯⋯⋯⋯柯　原
大锤歌（粤曲大喉独唱）⋯⋯⋯⋯⋯⋯⋯蔡衍棻词
七月渔歌（男女声对唱、重唱）
⋯⋯⋯⋯⋯⋯⋯⋯⋯⋯⋯⋯⋯陈宜浩词　徐东蔚曲

双桥烟雨（粤曲独唱）————————————黄锡龄撰曲

画家与画
凌云健笔意纵横
——读李苦禅先生的画有感————————曾　燕
英视瞬瞬卫神州（国画）————————李苦禅

群众文艺辅导讲座　中国画人物线描水墨技法经验随笔
线描技法探索点滴————————————丁世弼
略谈中国绘画中的线及其技法——————曾景初
水墨人物画技法学习笔记————————林　埔
中国画人物线描水墨技法经验随笔图例
同学（剪纸两幅）————————广州军区美术组
苹果与杨桃（水彩画）————————王肇民
木雕动物小品（木雕）————————滕文金
龙门县农民年画作品选
简讯一则
稿约

1979 年第 1 期　刊名:《广州文艺》

目录

散文
青史舵楼何处寻
——探索复原五十多年前中共"三大"旧址掇珍
————————————————————黄流沙
菊颂————————————————————端木蕻良

短篇小说征文选登
消逝了的琴声————————————————刘世俊
知音——————————————————————若　诗
路遇——————————————————————钟集桐

作品与分析
童心上的阴影（小说征文选登）————马翠梦
谈谈《童心上的阴影》————————————张　绰

诗
水调歌头·深切怀念伟大领袖和导师毛主席———王　越
怀念毛泽东————————————————马　皓
七律·纪念毛主席八十五诞辰——————刘行则
七绝·读毛主席诗词————————————杜伯奎
矢志实现毛主席遗愿————————————陈笑风
摸鱼儿·迎春漫唱————————————胡希明
炉台短歌——————————————————张　浪

报告文学
云丝
——记广州化学研究所副所长、麻纤维专家酆云鹤
————————李春晓　邓开颂　袁效贤

评论
贯彻"双百方针"　繁荣文艺创作
解放思想　大胆创作————————————陈一民
"名药催花"的启示————————————曾敏之
大海赋和水滴篇——————————————司　茶

壮歌谱颂新长征
——学习叶委员长《绝句》有感——————木之青
关于董老赠诗————————————————曹靖华
董必武同志赠曹靖华同志诗手迹
人物，情节及其他
——读稿札记——————————————柳　嘉

戏剧·演唱
特别约会（独幕话剧）————————刘家彭
新长征路上的文人（相声）——————夏雨田

画家与画
师造化　夺天工——试谈吴作人的物画———万青力
齐奋进（国画）（封面）————————吴作人
蝙蝠的性格（寓言）————————————江　泓
主任的"时间观念"（讽刺小品）————杨家佶

片玉集
写诗"三忌"————————————————北　庚

来信摘登
谈谈小说《姐姐的爱情》————————王　灼等
培育新苗的园丁
——报告文学《寒凝大地发春华》读后————戴木胜
真实感人
——读《寒凝大地发春华》————————张运华

群众文艺辅导讲座
生活　创作　技巧————————————黄　胄
中国画人物线描水墨技法经验随笔图例

美术·摄影
一九七八年广州市美术摄影展览作品选

文艺简讯一则

1979 年第 2 期　刊名：《广州文艺》
目录

短篇小说征文选登
祖国情思⋯⋯⋯⋯⋯⋯⋯⋯⋯⋯⋯⋯⋯薛家柱
"自留婶"⋯⋯⋯⋯⋯⋯⋯⋯⋯⋯⋯⋯⋯华　棠

作品与分析
拳头打在谁身上（短篇小说征文）⋯⋯⋯方　亮
痛定思痛　振聋发聩
——读《拳头大在谁身上》⋯⋯⋯⋯⋯易　淮

评论
"文艺黑线"论必须根本推倒⋯⋯⋯⋯⋯杨　群
谈社会主义时期的悲剧⋯⋯⋯⋯⋯⋯⋯饶芃子
革命诗歌史上空前的壮观
——读天安门诗抄⋯⋯⋯⋯⋯⋯⋯⋯周　敏

关于文艺评论⋯⋯⋯⋯⋯⋯⋯⋯⋯⋯⋯于　逢
是甘泉还是毒泉？⋯⋯⋯⋯⋯严承章　郑泳涛

诗
诗三首⋯⋯⋯⋯⋯⋯⋯⋯⋯⋯⋯⋯⋯⋯赵朴初
水调歌头·七九年迎春曲⋯⋯⋯⋯⋯⋯曾敏之
如此"领导"（讽刺诗四首）⋯⋯⋯⋯⋯吴义宏
作品欣赏
契诃夫短篇小说：胖子和瘦子
唱"短歌"的艺术才能和力量
——读契诃夫的短篇《胖子和瘦子》
⋯⋯⋯⋯⋯⋯⋯⋯⋯⋯汪　文　晓　晨
伶仃洋上不伶仃（小说）⋯⋯⋯⋯⋯⋯何　芷
情满大江（小说）⋯⋯⋯⋯⋯⋯⋯⋯⋯何厚础
骄傲自大的玫瑰（寓言）⋯⋯⋯⋯⋯⋯梁耀斌
蝙蝠想吃夜蛾肉（科学童话）⋯⋯张志光　林岸殊

岭南风采
"是山皆有水，无地不生花"
——西樵的山水花木与人物⋯⋯⋯⋯⋯韦　轩

宋词小札
范仲淹·渔家傲⋯⋯⋯⋯⋯⋯⋯⋯⋯⋯刘逸生

演唱
老书记会客（快板书）⋯⋯⋯⋯⋯⋯⋯黄每裕
莲港归渔（粤曲）⋯⋯⋯⋯⋯⋯⋯⋯⋯朱　甜
戏应从哪里开始？
——戏剧创作浅谈⋯⋯⋯⋯⋯⋯⋯⋯姚柱林
漫谈相声的"包袱"⋯⋯⋯⋯⋯⋯⋯⋯夏雨田

片玉集
诗忌空泛⋯⋯⋯⋯⋯⋯⋯⋯⋯⋯⋯⋯⋯钱超英
艰苦的创作劳动⋯⋯⋯⋯⋯⋯⋯⋯⋯⋯雨田辑
果戈里的"万宝全书"⋯⋯⋯⋯⋯⋯⋯万雷辑

群众文艺辅导讲座
"李自成"插图创作琐谈⋯⋯⋯王绪阳　贵庆余
中国画人物线描，水墨技法经验随笔图例

美术
幽香（水粉画）⋯⋯⋯⋯⋯⋯⋯⋯⋯⋯钟安之
一九七八年广州市美术摄影作品选登

1979 年第 3 期　刊名：《广州文艺》
目录

风华方茂发　岁月正峥嵘
——记周恩来同志大革命时期在广东的革命活动
⋯⋯⋯⋯⋯⋯⋯⋯⋯⋯⋯⋯⋯⋯⋯绿　星

电影文学剧本选登
江南一叶（第三、六章）⋯⋯⋯⋯菡　子　李　纳

散文
交城山风⋯⋯⋯⋯⋯⋯⋯⋯⋯⋯⋯⋯⋯段宝林
温暖长存⋯⋯⋯⋯⋯⋯⋯⋯⋯⋯⋯⋯⋯钟子硕
"体育岛"之春⋯⋯⋯⋯⋯⋯⋯⋯⋯⋯李　旋
评论
文艺民主必须有法律保障⋯⋯⋯⋯⋯⋯严承章
文艺高潮滚滚来
——本刊举办短篇小说征文评奖总结⋯本刊编辑部
我省大型文艺丛刊《花城》将于四月问世
本刊短篇小说征文评奖结果（简讯）

小说
不死的古榕⋯⋯⋯⋯⋯⋯⋯⋯⋯⋯⋯⋯李春晓
蚊子和水牛（寓言）⋯⋯⋯⋯⋯⋯⋯⋯谢权治

作品欣赏
莫泊桑短篇小说：寂寞
"呼喊"的艺术⋯⋯⋯⋯⋯⋯郑成伟　林少荣

诗
中日和平友好条约签订志喜，寄日本友人波多野大郎
教授田中谦二教授⋯⋯⋯⋯⋯⋯⋯⋯王　起
七律·迎春、悼亡友⋯⋯⋯⋯⋯⋯⋯⋯陈一民
南歌子·读《天安门诗抄》（二首）⋯⋯周克光
巨臂颂⋯⋯⋯⋯⋯⋯⋯⋯⋯⋯⋯⋯⋯⋯野　曼

夜过葡萄园 ⋯⋯⋯⋯⋯⋯⋯⋯ 钟永华
每当我登上工地 ⋯⋯⋯⋯ 姚长金 邱 云
科学诗二首 ⋯⋯⋯⋯⋯⋯⋯⋯ 桂汉标

岭南风采
七星降人间（散文）——记星湖的山水 ⋯⋯ 柳 嘉
星湖新绿（国画） ⋯⋯⋯⋯⋯⋯ 林丰俗

激扬篇
阿尔诺耳弗的影子（杂文） ⋯⋯⋯ 谢望新
"创作自由"与"反革命口号"和真正的反革命（杂
文） ⋯⋯⋯⋯⋯⋯⋯⋯⋯⋯ 于 群

宋词小札
苏轼念奴娇（赤壁怀古） ⋯⋯⋯⋯ 刘逸生
谈文学欣赏 ⋯⋯⋯⋯⋯⋯⋯⋯ 黄辰人
朱自清谈"逼真" ⋯⋯⋯⋯⋯⋯ 毅平辑

画家与画
画以人重 ⋯⋯⋯⋯⋯⋯⋯⋯⋯ 汪 凯
侧面女像（油画） ⋯⋯⋯⋯⋯⋯ 李铁夫

歌曲
为什么我会爱上他（女声独唱）
⋯⋯⋯⋯⋯⋯⋯ 瞿 琮词 郑秋枫曲

群众文艺辅导讲座
基本功与赶浪头，抄近路 ⋯⋯⋯⋯ 叶浅予
中国画人物线描、水墨技法经验随笔图例

美术
船台晨曲（铜版画） ⋯⋯⋯⋯⋯ 陈晓南
归渔（铜版画） ⋯⋯⋯⋯⋯⋯⋯ 曾继康
剪纸（三幅） ⋯⋯⋯⋯⋯⋯⋯⋯ 林载华

1979 年第 4 期 刊名:《广州文艺》
目录

散文
凤凰的彩翼 ⋯⋯⋯⋯⋯⋯⋯⋯⋯ 吴其琅

彼岸一瞥
访日掠影 ⋯⋯⋯⋯⋯⋯⋯⋯⋯⋯ 王维宝

学习周恩来同志讲话 繁荣文艺创作
发扬民主和繁荣文艺——学习札记 ⋯⋯ 周 敏
希望和联想 ⋯⋯⋯⋯⋯⋯⋯⋯⋯ 叶 石
要有人民的民主 要有人民的自由 ⋯⋯ 谢家因

一个话剧演员的心声 ⋯⋯⋯⋯⋯⋯ 林 清
"大框子"·"冲红灯" ⋯⋯⋯⋯⋯ 火 光

小说
无言的战友 ⋯⋯⋯⋯⋯⋯⋯⋯⋯ 于 最
春风吹拂的时候 ⋯⋯⋯⋯⋯⋯⋯ 蔡晓莱

作品与分析
牛（小说） ⋯⋯⋯⋯⋯⋯ 余光美 王祖鉴
林彪路线讽刺画
——谈书信形式的短篇小说《牛》 ⋯⋯ 张 绰

作家谈创作
一封谈创作规划的信 ⋯⋯⋯⋯⋯⋯ 姚雪垠

作家与作品
朝鲜战地日记选 ⋯⋯⋯⋯⋯⋯ 黄谷柳遗作
悼念黄谷柳 ⋯⋯⋯⋯⋯⋯⋯⋯ 曾敏之
瞻仰追悼会上的摄影（诗） ⋯⋯⋯ 杨桂欣
"阿公，我们为什么要打中国?"（诗）
——越南边防少年阿旺的话 ⋯⋯⋯ 莫少云
火（诗） ⋯⋯⋯⋯⋯⋯⋯ 林举英 关振东
怪胎（外一首） ⋯⋯⋯⋯⋯⋯⋯ 于 沙
秋光好（诗） ⋯⋯⋯⋯⋯⋯⋯⋯ 陈 谦

岭南风采
花城绿海（散文） ⋯⋯⋯⋯⋯⋯ 黄泳瑜

"一名之立，旬月踌躇"
——关于文学作品的修改 ⋯⋯⋯⋯ 杨匡汉
要出新（读稿札记） ⋯⋯⋯⋯⋯⋯ 周金灼

激扬篇
要刮垢磨光，不能饥不择食（杂文） ⋯⋯ 蔡衍棻
题材重大就是好作品吗?（杂文） ⋯⋯ 渔 火

片玉集
诗花·诗心
——学诗小记 ⋯⋯⋯⋯⋯⋯⋯⋯ 芦 荻

作品欣赏
在高潮中表现性格发展的飞跃 ⋯⋯⋯ 吴建邦
——试谈《窦娥冤》第三折的艺术特色
感天动地窦娥冤（第三折） ⋯⋯⋯ 关汉卿
辨假、去渣 ⋯⋯⋯⋯⋯⋯⋯⋯⋯ 春 晓

宋词小札
晏殊·蝶恋花、杜安世·端正好 ⋯⋯ 刘逸生

演唱
换房（龙舟） ⋯⋯⋯⋯⋯⋯⋯⋯ 长 弓

画家与画
榕荫归牧（国画）·······················李可染
可贵者胆　所要者魂
——谈李可染老师的艺术态度·········张　步

群众文艺辅导讲座
谈谈毛笔人物写生·····················杨之光
中国画人物线描、水墨技法经验随笔图例

美术
青年作者雕塑作品·····················陈　斌等
油画（两幅）·············刘盛夫　罗国贤

1979 年第 5 期　刊名:《广州文艺》
目录

小说
银灰色的盾（科学幻想小说）·········子　其
历史呵，你审判我吧·················钱玉祥

作品与分析
谁之罪·································李昭淳
大胆的看取人生——《谁之罪》读后·····江南月

评论
文艺应当有民族特色和地方色彩
——从《三家巷》、《苦斗》的风俗画描写谈起
·······································黄伟宗
不拘一格·······························张　绰

文艺书简
希望有个辅导青年的文艺刊物出现
萧殷同志给本刊编辑部的信
文毓同志给萧殷同志的信

散文
寄广州·································周吉光
飞·····································柳　嘉
绿色的宠儿·····························岑之京

作品欣赏
欧·亨利短篇小说:警察和赞美诗
意料之外　情理之中
——读《警察和赞美诗》···············曾小帆

诗
胜利歌——广州石油化工厂胜利投产献诗
·····················徐启文　招小波　朱光天

海南行（四首）·························徐　刚

激扬篇
"'凡是'公式注入法"小议···············怀　励
读艾青的《光的赞歌》···················芦　荻

宋词小札
周邦彦：过秦楼·························刘逸生
再谈戏怎样开始?·······················姚柱林

画家与画
一个漫画家的历程——记廖冰兄·········黄伟强
漫画两幅·······························廖冰兄

来稿摘登
谈谈小说《失踪了的星星》
·······················朱安平　成立海　吴广森等
刻苦地从事艺术劳动·····················毅平辑
托尔斯泰的百宝囊·······················山水辑
福楼拜的"一词说"·······················朝德辑

歌曲
欢迎您
——远方的朋友（独唱）·······郑南词　刘长安曲

美术
傣族舞蹈（国画）·······················李世南
《晋阳秋》插图选·······················詹忠效
山村小景（国画）·······················李　庚

1979 年第 6 期　刊名:《广州文艺》
目录

世界屋脊行（游记）···鲁　光　王　丁文　詹忠效图

小说
"孽种"·······················李树政　刘斯奋
春燕飞回·······························陈明斐
偷"笑"的人（讽刺小说）···············黄心武
叶落归根·······························郭伟强
萤火虫（儿童文学）·····················仲　克

评论
也谈社会主义时期的悲剧问题
——与饶芃子同志商榷···················舒大源
动物、植物与拟人化
——兼评《广州文艺》去年发表的一些寓言、童话
·······································陈子典

作品欣赏
安徒生童话：皇帝的新装
幻想的魅力
——读安徒生童话《皇帝的新装》··············陈　青

诗
款项·南风窗……（外一首）·············林建平
旧瓶装新酒（寓言故事新编二则）··········桂汉标
边境线南北的烈士墓·················马红卫
读全国人代会《告台湾同胞书》感时书事·······黄轶球
我的心伴随你守卫祖国···············王永海
小树苗　排队走·················邹彬如

学步一得
不断认识生活　真实反映生活
——写《拳头打在谁身上》想到的··········方　亮
皓月星灯下的白鹅潭（散文）···········柳　嘉

激扬篇
为何惧"笑"？··················严承章
从"池塘生春草"谈起··········徐应佩　周溶泉
从鲁迅小说谈结尾的艺术·············陈　炳
宋词小札
晏几道：临江仙·················刘逸生
《革命烈士印谱》小叙··············端木蕻良
革命烈士印谱（篆刻）··············李白凤

画家与画
画坛新秀
——试谈青年画家王维宝和他的创作·······周佐愚
小鸟天堂（国画）················王维宝

演唱
武松打虎（粤曲大喉独唱）············蔡衍棻

片玉集
方言俗语议··················杨光治
本刊举办第二次短篇小说征文启事

群众文艺辅导讲座
学习传统与练习基本功·············程十发
中国画人物线描、水墨技法经验随笔图例

美术
西江船队（国画）················刘　仑
篆刻作品··················张惠生

1979 年第 7 期　　刊名:《广州文艺》

目录

小说
铁木大爹··················杨永辉
溜冰恋曲··················黄天源

电影文学剧本
今夜星光灿烂················白　桦
世界屋脊行（游记）···鲁　光　王　丁文　詹忠效图

评论
左翼文学运动中的瞿秋白同志·········谭福开
文学作品中的景物描写············杨　嘉
花间漫语——飞花时节访老作家曹靖华····钟子硕
诗画之间··················曾敏之

诗
台湾乡情（歌词二首）············瞿　琮
元素之歌（二首）··············怀　志
山村牧民房（诗）············芦　芒遗作
歌仔戏（诗）················柯　原

作品欣赏
促织····················蒲松龄
抓住典型事件挖深写透
——谈《聊斋志异·促织》的艺术构思·····刘烈茂

宋词小札
李清照：念奴娇···············刘逸生
鹧鸪鸟和护理（法国民间故事）·······丁歧江译
"请倒过来试试吧！"···········于克家辑

画家与画
跃马长城　棒捶岛（木刻两幅）·······黄新波
诗人　战士　画家
——记老版画家黄新波同志·········周佐愚
一稿两投要不得（读者来信）·········崔海遵
本刊举办第二次短篇小说征文

群众文艺辅导讲座
我是怎样学画人物写生的···········王子武
中国画人物线描水墨技法经验随笔图例
桃香十里（国画）··············崔子范
千帆映日（油画）··············梁器奇
海港初夏（水粉画）·············陈舫枝

1979 年第 8 期　刊名:《广州文艺》
目录

说实话　抒真情　表达人民的心声
——本刊诗歌创作座谈会纪要 …………… 本刊记者
探索诗歌语言的"三美" …………… 刘逸生

小说
记得当时年纪小 …………… 岑　桑
高挑个，赵大姐和我
——一个护士的日记 …………… 刘云程
边陲鸟音 …………… 于　最
穷苦人 …………… 谭日超

作品与分析
迟开的含笑花（小说） …………… 华　棠
贵在写出人物的性格
——读《迟开的含笑花》 …………… 易　准

评论
说"对比" …………… 吴功正
从鲁迅小说中学习写景状物 …………… 王祚庆

作品欣赏
大堰河
——我的保姆（诗） …………… 艾　青
赞美与诅咒的诗
——读艾青诗《大堰河——我的保姆》 …………… 金钦波

诗
椰村狂想曲 …………… 韦　丘
星湖之夜 …………… 蔡其矫
婚礼 …………… 凌　大
小叶桉，我把你寻找 …………… 孙　泱
九个大字 …………… 姚成友
民歌二首 …………… 邓玉贵
文坛祭将诗（七首） …………… 郭隽杰
试炼 …………… 野　曼
伶仃洋应该改名 …………… 玉　杲
军医院剪影 …………… 邓树荣

激扬篇
秀才跌跤的故事 …………… 镜　如
是开头，不是过头 …………… 渔　火
老万（讽刺小品） …………… 朱力士

散文
界河上的歌 …………… 汤世杰

岭南风采
永不消逝的春光
——漫步在华南植物园的绿色道路上
…………… 潘耀华　张廷春

作品诊室
要注意文学语言的精确性 …………… 邵　炜

宋词小札
秦观：鹊桥仙 …………… 刘逸生
厚脸皮（相声小品） …………… 夏雨田
罗丹画论 …………… 谷乡辑
诗野掇零 …………… 王慧骐

画家与画
榕荫（油画） …………… 徐东白
南国风情——访老画家徐东白先生 …………… 杨家聪

美术
山河壮（雕塑） …………… 滕文金
西樵飞流千尺（国画） …………… 黄　云
青年农民（水彩） …………… 陈秀娥
碧海帆影（水彩） …………… 胡巨湛
战地速写 …………… 曾照欣等

1979 年第 9 期　刊名:《广州文艺》
目录

小说
作品与分析
霜雪夜 …………… 尤德炳
大胆，但要深刻理解
——短篇小说《霜雪夜》读后 …………… 张　绰
"招贤榜"贴出后 …………… 华　棠
电影妃子 …………… 咏　竹
斩蛇记 …………… 梅门造

评论
"两结合"创作方法质疑 …………… 丁福康
漫谈《水浒传》的环境描写 …………… 公　盾
《故乡》从生活到艺术 …………… 陈根生

作品欣赏
高度性格化了的"三拳"
——读《水浒传》第三回《鲁提辖拳打镇关西》
…………… 黄　天

诗
欣看珠玉满琼楼 …………… 老舍遗作

渔港寄妻 ————————————————————— 韦　丘
枪声迎来黎明 ——————————————————— 叶知秋
生命最后的时刻 —————————————————— 瞿　琮

散文

罗元帅在红军中的故事（革命回忆录）—————— 白　刃
悼念司马文森同志 ————————————————— 韩　萌
书的往事 ————————————————————— 柳　嘉
晚霞似火 ————————————————————— 朱光天

激扬篇

重读《辱骂和恐吓绝不是战斗》感言 ————————— 叶　石
从神农尝百草说起 ————————————————— 杨汝纲
要学鱼饮水　勿作鹦鹉啼 ————————————— 洪　治
诗的真情实感 ——————————————————— 梵　杨
一点入手　以小见大 ——————————————— 陈忠干
箭未发而人先坠马 ————————————————— 郁　云
如痴似魔始为诗 —————————————————— 肖文苑

宋词小札

陆游：钗头凤 ——————————————————— 刘逸生

片玉集

诗应该这么写 ——————————————————— 浩　明

演唱

金鸡岭上建奇功（粤曲）—————————————— 芦　蔚

画家与画

陈衍宁的油画 ——————————————————— 黄蒙田
余音（油画）——————————————————— 陈衍宁

美术

壮志凌霄（国画）————————————————— 郑乃珖
柳帘映奇峰（摄影二帧）————————————— 李仁康等
峡谷初醒、窗前（版画）—————————— 张运辉　王立莎
海南岛速写一组 —————————————————— 杨麟阶
战地速写（二帧）—————————————— 彭石根　招炽挺

本刊举办第二次短篇小说征文启事
广州文艺启事

1979 年第 10 期　刊名：《广州文艺》
目录

小说

作品与分析

鱼王昌（小说征文）———————————————— 岑之京

读《鱼王昌》二题 ————————————————— 易　征
选择 ——————————————————————— 孙　泱
风暴前夜
——长篇小说《海啸》上卷中的几节 ———————— 峻　青
白盈盈之死（刑事侦察小说·征文）————————— 林　啸
革命现实主义传统的恢复和发扬
——"伤痕文学"辩 ————————— 谢望新　赖伯疆
把酒论长江——漫忆郭小川谈创作 ————————— 杨匡汉

诗歌

沁园春　红棉（为庆祝建国三十周年作）—————— 刘逸生
七律　国庆颂 ——————————————————— 马　皓
金缕曲　缅怀前广州市长朱光同志 ————————— 王　越
七律二首　建国三十周年抒怀 ——————————— 潘佛章
念奴娇 —————————————————————— 王　起
满江红　题钟馗骑驴仗剑图 ———————————— 胡希明
民歌四首 ————————————— 张　浪　黄焕新　邓玉贵
葵乡曲 —————————————————————— 芦　荻
山寨拂晓 ————————————————————— 李发模
我们是种子（外一首）——————————————— 苏　展
无题四首 ————————————————————— 胡天风

作品欣赏

雪浪花（散文）—————————————————— 杨　朔
隽永的诗味　深邃的哲理
——读杨朔的散文《雪浪花》———————————— 陈其光
讲真话　动真情　写真诗 ————————————— 楚天舒
无巧不成书 ———————————————————— 杨　嘉

论林掇英

"语秋肖似"——李渔论人物语言 ————————— 彭　骏

散文

彼岸一瞥
澳行散记 ————————————————————— 庄　稼
佛坑叙旧 ————————————————————— 牧　惠

岭南风采

羊城未来
——一个建筑工程师的遐想 ————————————— 漓　水

学步一得

在"童心"上下功夫 ———————————————— 马翠萝

片玉集

"生""熟"浅说 —————————————————— 王志清

激扬篇

小说家、历史家、说谎家 ————————————— 宋大雷
"笼"门已开君莫堵 ———————————————— 谢鸿钧

宋词小札
辛弃疾：沁园春 ————————————————————— 刘逸生

画家与画
黎雄才及其山水画 ————————————————————— 王贵忱
苍松图（国画）————————————————————— 黎雄才

歌曲
啊，祖国，火中的凤凰
———————— 瞿 琮 陈 貌词 许敏男 郑秋枫曲

美术
祖国颂（篆刻）————————————————————— 卢炜圻
书法 ————————————————— 梁扶冲 王 恺等
荷花鹁鸰（国画）————————————————————— 陈贞馥

1979 年第 11 期 　刊名：《广州文艺》
目录

小说
作品与分析
黑海潮（小说·征文）————————————————————— 陈海鹰
贵在真实——读《黑海潮》有感 ————————————— 张奥列
海滨之战
——长篇小说《海啸》下卷中的几节 ————————— 峻 青
沈局长与钉螺（征文）————————————————————— 薛家柱
最后的证词（征文）————————————————————— 王文锦
海瑞出山（历史小说）————————————————————— 甘恢理
也谈歌颂与暴露 ————————————————————— 谭如海
英雄气概女儿肠
——漫忆与田汉同志相处的日子 ————————— 止 戈

诗歌
捍卫手的荣誉 ————————————————————— 田章夫
水手的命运（组诗）————————————— （中国香港）黄河浪
诗的絮语（二题）————————————————————— 李云鹏
南粤二首 ————————————————————— 吕 剑

透视
十二级台风刮不倒 ————————— 廖冰兄画　阳朔山诗
四面哼（亨）通 ————————————— 江沛扬画　天 章诗
面目全非 ————————————— 黄伟强画　朱光天诗
书记和秘书 ————————————— 陈树斌画　黄 柏文

作品欣赏
一杯茶（小说）————————————————— ［英］曼斯菲尔德
精巧·含蓄·细腻

——短篇小说《一杯茶》艺术特色浅探 ————— 边 远

读稿札记
不要猎奇 ————————————————————— 周金灼

彼岸一瞥
游菲零拾（外一章）————————————— （中国香港）彦 火

激扬篇
倘若灌园叟不逢仙女的话 ————————————————————— 桂 山
不许拿"工农兵"当棍子 ————————————————————— 曾石龙
"飞"辩
——《谈"飞"》读后 ————————————————————— 亚 力

宋词小札
吴文英：莺啼序 ————————————————————— 刘逸生

歌曲
划船歌（女声二重唱）————————————— 万卯义词　杨庶正曲

美术
蕾歌（油画、局部）————————————————————— 汤集祥
摄影新作二帧 ————————————————— 浪淘沙　黄汝广
绿荫双栖（国画）————————————————————— 黄安仁
国画小品两幅 ————————————————— 单柏钦　张治安

1979 年第 12 期 　刊名：《广州文艺》
目录

小说
作品与分析
在百分之九十里 ————————————————————— 赵启强
角度·广度·深度
——读短篇小说《在百分之九十里》————————— 黄伟宗
追求者（征文）————————————————————— 孟维娜
弥留之夜（征文）————————————————————— 何德强
"爸爸……"（征文）————————————————————— 李怀垾
爷爷的戒条 ————————————————— （中国香港）刘於斯
典型问题辨析 ————————————————————— 黄展人

诗歌
《紧急通知》（外一首）————————————————————— 桂汉标
白云山思情
——南国诗草之二 ————————————————————— 雁 翼
辩护词 ————————————————————— 梁锦培
血的代价 ————————————————————— 徐启文
你流的不是血 ————————————————————— 招小波
浪淘沙（二首）————————————————————— 赵西林

透视

某招待所即景⋯⋯⋯⋯⋯⋯⋯江沛扬画　林建平诗

"好心人"⋯⋯⋯⋯⋯⋯⋯⋯黄伟强画　许显良诗

采访两侧⋯⋯⋯⋯⋯⋯⋯⋯⋯⋯⋯陈树斌图文

"我身边一个儿女也不留"⋯⋯曹　钺画　鸣　之诗

作品欣赏

闲笔自有深意在——《红楼梦》第八回中描写生活琐

事的艺术工力⋯⋯⋯⋯⋯⋯⋯⋯⋯⋯彭　骏

戏剧语言"贵浅显"⋯⋯⋯⋯⋯⋯⋯⋯王世德

眼泪、"零度风格"及其他⋯⋯⋯⋯⋯⋯郭　超

散文

海的怀念⋯⋯⋯⋯⋯⋯⋯⋯⋯⋯⋯⋯李春晓

岭南风采

小北江的琴声⋯⋯⋯⋯⋯⋯⋯⋯⋯⋯杨羽仪

学步一得

"欺世"、"媚俗"与"传神"

——细节描写体会点滴⋯⋯⋯⋯⋯⋯岑之京

激扬篇

假如是毒草⋯⋯⋯⋯⋯⋯⋯⋯⋯⋯⋯陈锡添

作家的勇气⋯⋯⋯⋯⋯⋯⋯⋯⋯⋯⋯吴九成

惊人的默写能力（画苑轶事）⋯⋯⋯⋯万青力

三种外国语系的人名⋯⋯⋯⋯⋯⋯⋯邓开善辑

"文艺烹调的工作"⋯⋯⋯⋯⋯⋯⋯⋯香　白辑

谁走后门（讽刺小品）⋯⋯⋯⋯⋯⋯⋯勒木儿

读稿札记

三思而后写⋯⋯⋯⋯⋯⋯⋯⋯⋯⋯⋯王文锦

不要概念化⋯⋯⋯⋯⋯⋯⋯⋯⋯⋯⋯陈　茹

追求情节的弊病⋯⋯⋯⋯⋯⋯⋯⋯⋯陆龙威

通信摘录⋯⋯⋯⋯⋯⋯⋯⋯⋯⋯⋯⋯方　芳

宋词小札

刘克庄：沁园春（梦孚若）⋯⋯⋯⋯⋯刘逸生

演唱

刑场血泪歌（粤曲子喉独唱）⋯⋯⋯⋯蔡衍棻

广州福冈友谊歌（歌曲）⋯⋯郑　南词　伍郑文曲

美术

丹霞（国画）⋯⋯⋯⋯⋯⋯（中国香港）任真汉

晨、小冠军（雕塑）⋯⋯⋯⋯⋯胡　博　曾汝平

峡谷长龙（国画）⋯⋯⋯⋯⋯⋯⋯⋯黄笃维

海恋等（套色木刻）⋯⋯⋯⋯⋯梁鼎英　陈晓南

目录

小说

作品与分析

一尊金佛像（刑事侦察小说·征文）

⋯⋯⋯⋯⋯⋯⋯⋯⋯⋯⋯岑之京　王文锦

悬念迭出　曲折生动

——读小说《一尊金佛像》⋯⋯⋯⋯谭子艺

"豆豉上楼梯"（征文）⋯⋯⋯⋯⋯⋯钟志谦

飞向蓝天⋯⋯⋯⋯⋯⋯⋯（中国香港）郑海辛

评论

关于悲剧的悲剧

——悲剧讨论有感⋯⋯⋯⋯⋯⋯⋯黄伟宗

一位给人们带来美好的人

——悼念焦菊隐先生⋯⋯⋯⋯⋯⋯⋯胡絜青

诗歌

在燃烧的战场（三首）⋯⋯⋯⋯⋯⋯李　瑛

浣溪沙（二首）

——献给文代会⋯⋯⋯⋯⋯⋯⋯⋯⋯谢　堂

车床边的恋歌（二首）⋯⋯⋯⋯⋯⋯陈定颐

赤旋风（外一首）⋯⋯⋯⋯⋯⋯⋯⋯欧外鸥

作品欣赏

古丽·鲁赫（小说）

⋯⋯⋯⋯［巴基斯坦］艾赫麦德·纳迪姆·卡斯米

朴实的描绘　传神的艺术

短篇小说《古丽·鲁赫》的艺术特色

⋯⋯⋯⋯⋯⋯⋯⋯⋯⋯⋯⋯公　羽　山　水

散文

走向成熟的艺术家

——访国画家杨之光⋯⋯⋯⋯⋯易　征　沈仁康

彼岸一瞥

黑金海上的明珠

——科威特见闻⋯⋯⋯⋯⋯⋯⋯⋯苏森桃图文

细致观察　认真探索

——广州市文联、《广州文艺》编辑部举办短篇小说创

作座谈会侧记⋯⋯⋯⋯⋯⋯⋯⋯⋯⋯金　之

园中人语

"瓜皮小帽"与"毡帽"的考究

——人物肖像描写琐谈⋯⋯⋯⋯⋯⋯亚　力

论林掇英

为情而造文 藻耀而情明

——读《文心雕龙·情采》札记 …………徐应佩 周溶泉

琴条四时山水画欣赏 ………………………………区潜云

"巧缀"在诗歌中的运用 ……………………………谭永祥

列夫·托尔斯泰谈创作 …………………………史璠 郭珍辑

果戈里的写作方法 …………………………………钟达途辑

宋词小札

张先:一丛花 ………………………………………刘逸生

读稿札记

情理与意料的统一 …………………………………戈弩

贵在创新 ……………………………………………向北中

不要宣传个人迷信 …………………………………霍之键

悲剧创作管见 ………………………………………谭龙生

不要忘记通俗化 ……………………………………卢慧龄

来信摘登:谈谈小说《溜冰恋曲》和《孽种》

………………………………………………………张仲可等

美术

在祖国的怀抱(点彩木刻) …………………………杨麟阶

"新人新作"美术作品选 ……………………………彭爱莲等

南粤风情(速写) ……………………………………杨家聪等

春夏秋冬(国画) ……………………………………黎葛民

1980 年第 2 期 刊名:《广州文艺》
目录

小说
作品与分析

木匠说印(征文) ……………………………………谭先义

有永存价值的是人

——从《木匠说印》想起的 ……………………………张绰

补尼龙袜的少女(征文) ……………………………张宇清

飞向蓝天(续完) ………………………(中国香港)郑海辛

大海的请帖(推理小说)

……………………………[日本]笹泽世保 柯平译

论文学技巧(上) ……………[苏联]高尔基 王庚虎译

诗歌

登山者之歌(二首) ………………………………匡满

春(四首) ……………………………………………流沙河

战士和果子沟 ………………………………………莎红

给山理发 ……………………………………………洋滔

港湾呵,母亲 ………………………………………骆耕野

雨后 …………………………………………朱谷忠 朱谷青

作品欣赏

桨声灯影里的秦淮河 ………………………………朱自清

漂亮缜密 委婉动人

——读《桨声灯影里的秦淮河》 ………邱庞同 曹文彬

"冷处理"漫笔 ………………………………钟子硕 陈锡添

大小相形 巨细映衬

——诗的艺术辩证法札记 …………………………李元洛

散文

火种之歌

——记广州农讲所教员肖楚女 ……………………谭朝阳

漂洋过海 ……………………………………(中国香港)陶然

散文笔谈

我爱描画祖国的山山水水 …………………………柳嘉

激扬篇

干预生活与干预文艺 ………………………………谭如海

思想·形象·艺术生命力 …………………………谢望新

白嘴鸦的眼睛 ………………………………………徐世生辑

诗品与人品 …………………………………………浩明

读稿札记

不要照葫芦画瓢 ……………………………………岑之京

要紧的不是真人真事 ………………………………亚力

诗应当干预生活 ……………………………………朱光天

宋词小札

晏殊:踏莎行 ………………………………………刘逸生

谈相声的结构 ………………………………………夏雨田

美术欣赏

青春(油画) ………………………………………鸥洋

关于"人体美" ……………………………………迟轲

美术

渔港清晨(油画) …………………………………朱适全

擎天(国画) ………………………………………陈洞庭

摄影二帧 …………………………………………关山 黄风

1980 年第 3 期 刊名:《广州文艺》
目录

小说
作品与分析

鬼姐(征文) ………………………………………陈树荣

离奇性与真实性的辩证统一

——读《鬼姐》随感 ………………………………易准

不能接受的宝石花（征文）························鲁　涛
啊，春风（征文）·······························陈　非
死而复生的人（征文）··························万成平
花桥荣记································（中国台湾）白先勇

新芽
玉鸡寨··陈致和
论文学技巧（下）················[苏]高尔基　王庚虎译

诗歌
随"沉滓"泛起的诗······························刘舰平
他也搞"四化"（讽刺诗）························白　描
千古一保姆····································黎焕颐
秋··周成海
船··陈玉龙
恭喜您，祖国
——我们的母亲································朱光天

透视
机关"足球赛"····················曾　钺画　何展图诗
"研究生"的学制··················剑　锋画　何展图诗
鹦鹉····························梁　荣画　张泽义诗
怒发冲冠························廖冰兄画　浪淘沙诗

作品欣赏
散文诗六篇··················[俄]屠格涅夫著　黄伟经译
诗的韵味和散文的清新优美
——试谈屠格涅夫的散文诗························黄伟经
悲剧人物杂谈··································陈平原
合而观之······································舒　芜
粉笔的生命（散文）····························刘宏伟

散文笔谈
浅谈散文····························（中国香港）彦　火

学步一得
在生活的宝藏里································王文锦

激扬篇
情天任鸟飞　理海凭鱼跃··························徐德仁
一块"化石"的启迪······························林英男

读稿札记
繁与简··周金灼
情景之间······································桂　山
细节描写应该真实······························彭泓冰

宋词小札
欧阳修：蝶恋花································刘逸生

漫谈相声的结构································夏雨田

演唱
尤部长揩油（快板书）··························韦仁忠
寻诗的途径··································芦　荻　朱帆
司汤达对待批评的谦虚态度······················钟达途辑
三一律··邓开善辑

美术
反弹琵琶（国画
——舞剧《丝路花雨》中英娘独舞）················杨之光
装饰画··黄伟强
雕塑小品······················曾肇权　林　彬　孔凡伟
敦煌秋色（水彩画）、瑶山之鹰（水彩画）
································林毓豪　杨家聪

1980 年第 4 期　刊名：《广州文艺》
目录

小说
作品与分析
这一条街································（中国香港）白　洛
了望香港一角
——读《这一条街》······························张　绰
黎明之前（征文）······························张建国
吉田师傅（征文）······························赵　洪
过关斩将（征文）······························方　亮
野玫瑰（征文）································宁泉骋
一位伟大诗人的忠告
——向青年作者推荐《歌德谈话录》················王　湛
"浓后谈"——风格小说··························刘景清

作品欣赏
张弛兼济——《李自成》中兴归山会张献忠一节的艺
术手法··吴功正

诗歌
一本书的呼喊··································姚成友
太阳的光芒·金子·······························桂汉标
巨星··顾　城
春草集··岑　琦
白蚂蚁（外一首）····················（中国香港）黄河浪
假如（外一首）································刘宝田
我不是火柴盒··································陈忠干
蜗牛··聂鑫森
水田··文　丙
提倡社会主义文艺创作方法的多样化··············黄伟宗

散文
吐鲁番三日……………………………………匡 满
不死的记忆——和田汉同志相处的日子…………姚散生

激扬篇
要造出大群新的战士………………………………丘 峰
"推敲"余墨…………………………………………杨汝纲

读稿札记
编辑要当伯乐………………………………………柳 嘉
主题小感……………………………………………许显良
谈"笑"………………………………………………唐 豪

宋词小札
岳飞：满江红………………………………………刘逸生
"繁"、"简"小议……………………………………王志清

美术
美术欣赏
雨霁新花如许红
——喜读黄胄病愈新作……………………………杨家聪
春（中国画）………………………………………黄 胄
友谊、贸易、旅游的朋友，欢迎您（宣传画）
…………………………………………………………梁照堂
北江行（速写）……………………………………汤小铭等
宝石花（中国画）…………………………………梅文鼎
水乡（中国画）……………………………………李仁康

1980 年第 5 期　刊名：《广州文艺》
目录

小说
作品与分析
辩护人（征文）……………………………………王亚平
别有新意的人《辩护人》…………………………张奥列
觉醒的摧毁者（征文）……………………………黄佳星
不仅为了爱（征文）………………………………毛 铁
夜钓（散文）………………………………………杨亚基

新芽
水姑…………………………………………………周正平
月圆时候……………………………………………谢连波
社会主义文学的反封建任务………………谢望新 赖伯疆

作品欣赏
舞会以后（小说）………………………[俄]列·托尔斯泰
鲜明的对比 细腻的手法
——读《舞会以后》………………………………周 铮

诗
汉宫秋月……………………………………………赵焕明
故乡…………………………………………………莫 非
月亮花………………………………………………瞿 琮
不够…………………………………………………龙彼德
"栏"中诗抄…………………………………………谭子艺

透视
幽默三则…………………………………………陈树斌图文
画图………………………………………李幼容诗 梁 荣画
"遥控"……………………………………洪三泰诗 王小华画
从"晒挂面"到"晒棉纱"——谈《灵感》…………蔡桑安
文成于思……………………………………………钟惦棐

激扬篇
"两个'容许'"引起的感慨…………………………严承章
牙签鸟………………………………………………阿 山

作家书简
关怀、鼓励与建议…………………………刘心武 冯骥才等
油画家的探索
——看北京油画研究会作品展……………………黄蒙田
人多车少（讽刺小品）……………………………吴之俊

论林掇英
作家的创作个性和艺术风格
——曹丕《典论·论文》学习札记…………………王世德

读稿札记
更深刻些、更丰富些………………………………小 路

宋词小札
苏轼：水调歌头……………………………………刘逸生
谈相声的结构（三）………………………………夏雨田

美术
溪（油画）…………………………………………李化吉
初春（水彩画）……………………………（中国香港）欧阳乃霑
归（国画）…………………………………（中国香港）刘世仁
头像写生……………………………李瑞祥 梁器奇 杨家聪
雕塑小品……………………………曾 良 陈本宗 滕文金

1980 年第 6 期　刊名：《广州文艺》
目录

小说
作品与分析
头发（征文）………………………………………贾平凹

人物多样化与手法多样化

——读贾平凹的短篇小说《头发》 ⋯⋯⋯⋯⋯ 黄伟宗

祭（征文）⋯⋯⋯⋯⋯⋯⋯⋯⋯⋯⋯⋯⋯⋯⋯ 王昌定

阿玉（征文）⋯⋯⋯⋯⋯⋯⋯⋯⋯⋯⋯⋯⋯⋯⋯ 吴繁昌

这是不是那个……（征文）⋯⋯⋯⋯⋯⋯⋯⋯⋯ 王安忆

三个要死的人和上帝 ⋯⋯⋯⋯⋯⋯⋯⋯⋯⋯⋯ 冯骥才

菊花小镇（散文）⋯⋯⋯⋯⋯⋯⋯⋯⋯⋯⋯⋯⋯ 杨羽仪

作品欣赏

张君瑞害相思杂剧 ⋯⋯⋯⋯⋯⋯⋯⋯⋯⋯⋯⋯ 王实甫

（《西厢记》第三本）

"恐俺小姐还有许多假处哩"

——《西厢记》"闹简"、"赖简"中莺莺的喜剧形象

⋯⋯⋯⋯⋯⋯⋯⋯⋯⋯⋯⋯⋯⋯⋯⋯⋯⋯⋯⋯ 洪 云

诗

故乡的土（外一首）⋯⋯⋯⋯⋯⋯⋯⋯⋯⋯⋯⋯ 李小雨

采山果（外一首）⋯⋯⋯⋯⋯⋯⋯ 郭建中 田成章

姑娘疯了 ⋯⋯⋯⋯⋯⋯⋯⋯⋯⋯⋯⋯⋯⋯⋯⋯⋯ 徐启文

牛棚情诗（组诗）⋯⋯⋯⋯⋯⋯⋯⋯⋯⋯⋯⋯⋯ 贾长厚

山间遐想（散文诗）⋯⋯⋯⋯⋯⋯⋯⋯⋯⋯⋯⋯ 汪维福

月下恋歌（散文诗）⋯⋯⋯⋯⋯⋯⋯ 王慧骐 王慧骏

红花草（外一首）⋯⋯⋯⋯⋯⋯⋯⋯⋯⋯⋯⋯⋯ 张 波

满江红二首（词）⋯⋯⋯⋯⋯⋯⋯⋯⋯⋯⋯⋯⋯ 黄施民

风帆（外一首）⋯⋯⋯⋯⋯⋯⋯⋯⋯⋯⋯⋯⋯⋯ 苏方学

论林掇英

悄焉动容 视通万里

——刘勰谈艺术构思 ⋯⋯⋯⋯⋯⋯⋯⋯⋯⋯⋯ 郑昆盛

学步一得

学艺随想录 ⋯⋯⋯⋯⋯⋯⋯⋯⋯⋯⋯⋯⋯⋯⋯ 黄天源

激扬篇

浮想篇

——写在刘少奇同志冤案平反之际 ⋯⋯⋯⋯⋯ 胡永年

众所周知

——从生病、吃药谈到文艺 ⋯⋯⋯⋯⋯⋯⋯⋯ 雨 佳

文艺批评"怎评"？

——杂记三则 ⋯⋯⋯⋯⋯⋯⋯⋯⋯⋯⋯⋯⋯⋯ 谭龙生

观画之余 ⋯⋯⋯⋯⋯⋯⋯⋯⋯⋯⋯⋯⋯⋯⋯⋯ 大 江

学"白描" ⋯⋯⋯⋯⋯⋯⋯⋯⋯⋯⋯⋯⋯⋯⋯⋯ 吴士余

读稿札记·"失真"小议 ⋯⋯⋯⋯⋯⋯⋯⋯⋯⋯ 岑之京

宋词小札

柳永：八声甘州 ⋯⋯⋯⋯⋯⋯⋯⋯⋯⋯⋯⋯⋯ 刘逸生

美术欣赏

绚丽多彩的铜版画艺术

——介绍两位英国铜版画家及作品 ⋯⋯⋯⋯⋯ 陈晓南

来信摘登

关于社会主义时期悲剧讨论的两封来信

⋯⋯⋯⋯⋯⋯⋯⋯⋯⋯⋯⋯⋯⋯ 曾小帆 饶定国

作家片言录 ⋯⋯⋯⋯⋯⋯⋯⋯⋯⋯⋯⋯⋯⋯⋯ 郑成伟辑

未曾见过的不画 ⋯⋯⋯⋯⋯⋯⋯⋯⋯⋯⋯⋯⋯ 钟达途辑

以哀写乐 ⋯⋯⋯⋯⋯⋯⋯⋯⋯⋯⋯⋯⋯⋯⋯⋯ 范文质

笼里的鸡（寓言）⋯⋯⋯⋯⋯⋯⋯⋯⋯⋯⋯⋯⋯ 凝 溪

意尽笔止 ⋯⋯⋯⋯⋯⋯⋯⋯⋯⋯⋯⋯⋯⋯⋯⋯ 姚 明

西子湖畔春意浓

——记十四个城市文艺期刊座谈会 ⋯⋯ 索锋光 易原符

美术

西班牙舞蹈（国画）⋯⋯⋯⋯⋯⋯⋯⋯⋯⋯⋯⋯ 伍启中

彼多喜桥（铜版画）⋯⋯⋯⋯ ［英国］佛朗塞斯·海登

雨中归家（铜版画）⋯⋯⋯⋯⋯ ［英国］E.勃朗班

走出温室的玫瑰（麻胶版画）⋯⋯⋯⋯⋯⋯⋯ 黄新波遗作

晚晴图（国画）⋯⋯⋯⋯⋯⋯⋯⋯⋯⋯⋯⋯⋯⋯ 孙文斌

六月荔香（国画）⋯⋯⋯⋯⋯⋯⋯⋯⋯⋯⋯⋯⋯ 陈子毅

1980 年第 7 期　刊名:《广州文艺》
目录

小说

作品与分析

我的哥哥和爸爸（征文）⋯⋯⋯⋯⋯⋯⋯⋯⋯⋯ 杨少衡

二赖子上门（征文）⋯⋯⋯⋯⋯⋯⋯⋯⋯⋯⋯⋯ 吴 牧

"短"的艺术

——读《我的哥哥和爸爸》、《二赖子上门》⋯ 张 绰

实况转播（征文）⋯⋯⋯⋯⋯⋯⋯⋯⋯⋯⋯⋯⋯ 邹月照

绵绵的雨丝（征文）⋯⋯⋯⋯⋯⋯⋯⋯⋯⋯⋯⋯ 刘 武

妈妈，我实在不该怨您（儿童文学）⋯⋯⋯⋯⋯ 岑 桑

替罪羊（征文）⋯⋯⋯⋯⋯⋯⋯⋯⋯⋯⋯⋯⋯⋯ 姚吏青

牦牛之歌（散文）⋯⋯⋯⋯⋯⋯⋯⋯⋯⋯⋯⋯⋯ 鲁 光

忠实于生活　忠实于人民 ⋯⋯⋯⋯⋯⋯⋯⋯⋯ 杨 群

作品欣赏

往事（七）⋯⋯⋯⋯⋯⋯⋯⋯⋯⋯⋯⋯⋯⋯⋯⋯ 冰 心

一颗晶莹的水珠

——谈冰心《往事（七）》的艺术特色 ⋯⋯⋯⋯ 王松盛

园中人语

漫话"一百万字废品" ⋯⋯⋯⋯⋯⋯⋯⋯⋯⋯⋯ 秦 牧

文学书简 ⋯⋯⋯⋯⋯⋯⋯⋯⋯⋯ ［苏］高尔基 吕 鹏译

透视

"抱窝鸡" ⋯⋯⋯⋯⋯⋯⋯⋯⋯⋯⋯ 林建平诗 陈树斌画

背包蹲点·······················洪三泰诗　曾　钺画
审稿·························李幼容诗　梁　荣画

诗歌
阿勒泰画页（组诗）·····························崔合美
老头子呀，真够呛······························蚕　丝
考·······································蔡文祥
邮袋里有无数颗心（外一首）···················顾　工
诗话二章····································杨汝纲

论林掇英
文章合为时而著　歌诗合为事而作
——读白居易《与元九书》札记······徐应佩　周溶泉

激扬篇
说"鸡肋"···································韦明铧
玫瑰和草（寓言）·····························刘润泉
风筝和线（寓言）·····························刘润泉
小溪和小水圹（寓言）··························蔡金胜
砂粒和牡蛎（寓言）···························蔡金胜
蛙声（寓言）·································凝　溪

宋词小札
周邦彦：应天长·······························刘逸生

美术欣赏
涓涓清泉在流淌
——谈青年画家陈舫枝························林　埔

读稿札记
"一分钟小说"的活力····························桂　山
漫话扑白粉···································言　午
琵琶壮烈歌（粤曲自弹唱）······················蔡衍棻词

来信摘登
批评与建议··································森　木等

美术
战地黄花（油画）·····························陈舫枝
摄影作品选···················陈　田　温　恒　陈健康
枫溪美术陶瓷································许光明摄
舞罢（国画）·································李世南
断桥会（国画）·······················（中国澳门）余国宏

1980 年第 8 期　　刊名:《广州文艺》

目录

作品与分析
心灵的呼唤（组诗）——给奋发的一代·············商子秦
张永久　旷　野　张泽义　朱　榕
赞《心灵的呼唤》·····························梵　杨

小说
"马路天使"（征文）···························贺景文
只要你不说谎……（征文）·····················陆海桥
心迹（征文）·································余朱人
"嘿儿，嘿儿，嘿儿……"（征文）···············许乃平
母亲的微笑（征文）···················叶满添　李晓卫

新芽
审戏·······································于　峪
不要忘记……
——赞《今夜星光灿烂》·····················霍之键

诗歌
昨日小辑（组诗）·····························柯　原
药材诗（二首）·······························桂汉标

作品欣赏
苦恼·································［俄］契诃夫
立意新奇　寓意深邃
——读契诃夫短篇小说《苦恼》················李廉恕
化美为媚····································贺光鑫
摹写音乐的文学语言····························常　青
《红楼梦》的语言艺术浅探······················曹思彬

岭南风采
椰树凌霄（散文）·····························林建征

论林掇英
从"先得成竹"谈起
——读苏轼的一则画论·······················彭　骏

激扬篇
"一刀切"·"多刀切"·························柳　嘉
正名与正估··································孟　起
作家呵，请写出灵魂的真实···············郑　珺　解　铃

读稿札记
从泥团到人像·································罗　辛
没有"句号"的诗·······························胡德培
"喂食"的启示·································洪　治

"通感"⋯⋯⋯⋯⋯⋯⋯⋯⋯⋯⋯⋯⋯⋯⋯⋯邓开善
得吃一对鲸才行⋯⋯⋯⋯⋯⋯⋯⋯⋯⋯⋯⋯兰　马
"赋诗必此诗"⋯⋯⋯⋯⋯⋯⋯⋯⋯⋯⋯⋯⋯杨光治

来信刊登
《鬼姐》是抄袭之作⋯⋯⋯⋯⋯⋯⋯⋯⋯⋯王延辉

宋词小札
秦观：浣溪沙⋯⋯⋯⋯⋯⋯⋯⋯⋯⋯⋯⋯⋯刘逸生

演唱
荔枝颂（粤曲）⋯⋯⋯⋯⋯陈冠卿词曲　红线女唱

美术
在深圳的罗湖桥畔（油画）⋯⋯⋯雷　坦　黄家雄
刘主席来海盗（国画）⋯⋯⋯⋯⋯⋯⋯⋯王国经
运载火箭实验速写（二幅）⋯⋯⋯彭强华　赖征云
春到园林多幽趣（摄影二帧）⋯⋯⋯⋯⋯浪淘沙
雨（水粉）⋯⋯⋯⋯⋯⋯⋯⋯⋯⋯⋯⋯⋯李醒滔
江边（油画）⋯⋯⋯⋯⋯⋯⋯⋯⋯⋯⋯⋯詹忠效

1980 年第 9 期　刊名：《广州文艺》
目录

坚持从历史的真实出发
——当代文学中实用主义倾向的批判⋯⋯⋯⋯陈其光

小说
作品与分析
在良心的天平上（征文）⋯⋯⋯⋯⋯⋯⋯⋯孙华炳
倾听人物内心的对话和独白⋯⋯⋯⋯⋯⋯⋯蔡怀励
病例分析（征文）⋯⋯⋯⋯⋯⋯⋯⋯⋯⋯汤保华
满座皆惊（征文）⋯⋯⋯⋯⋯⋯⋯⋯⋯⋯流　泉
顺路（征文）⋯⋯⋯⋯⋯⋯⋯⋯⋯⋯⋯⋯蔡东士
逝去了的春天⋯⋯⋯⋯⋯⋯⋯⋯⋯⋯⋯⋯赵启强
文学书简（上）⋯⋯[苏]高尔基　王庚虎　吕　鹏译

诗歌
选举⋯⋯⋯⋯⋯⋯⋯⋯⋯⋯⋯⋯⋯⋯⋯⋯再　耕
水兵——教师⋯⋯⋯⋯⋯⋯⋯⋯⋯⋯⋯⋯贾吉庆
高高的烟囱呵，今在哪里？⋯⋯⋯⋯⋯⋯曾裔南
追寻⋯⋯⋯⋯⋯⋯⋯⋯⋯⋯⋯⋯⋯⋯⋯⋯姜金城
我们的机场（外一首）⋯⋯⋯⋯⋯⋯⋯⋯毕长龙
普罗米修斯的自白⋯⋯⋯⋯⋯⋯⋯⋯⋯⋯曾小嘉
自行车独白⋯⋯⋯⋯⋯⋯⋯⋯⋯⋯⋯⋯⋯流沙河

作品欣赏
孩子也是平民⋯⋯⋯⋯[德]海因里希·伯尔　孙　远译

让读者张开想象的翅膀
——读《孩子也是平民》⋯⋯⋯⋯⋯⋯⋯陈锡添

园中人语
诗人、诗和"我"的遭遇⋯⋯⋯⋯⋯⋯⋯⋯耶　曼

激扬篇
关于繁荣杂文的我见⋯⋯⋯⋯⋯⋯⋯⋯⋯华　然
帮与伙⋯⋯⋯⋯⋯⋯⋯⋯⋯⋯⋯⋯⋯⋯⋯阳朔山
立信·言行·"瓜蔓抄"
——读史随笔⋯⋯⋯⋯⋯⋯⋯⋯⋯⋯⋯曾敏之
"甜氏"、"爹爹"和虚弱症⋯⋯⋯⋯⋯⋯⋯金钦俊

读稿札记
三易其稿所想到的⋯⋯⋯⋯⋯⋯⋯⋯⋯⋯山　今
也谈人体画⋯⋯⋯⋯⋯⋯⋯⋯⋯⋯⋯⋯⋯鸥　洋
对油画《青春》的意见⋯⋯⋯⋯⋯⋯⋯⋯孔德兴

宋词小札
姜夔：疏影⋯⋯⋯⋯⋯⋯⋯⋯⋯⋯⋯⋯⋯刘逸生

来信刊登
对"社会主义的批判现实主义"创作方法的怀疑
⋯⋯⋯⋯⋯⋯⋯⋯⋯⋯⋯⋯⋯⋯⋯⋯冯　放
不是创作方法，而是文学流派⋯⋯⋯⋯⋯湘衡吉

文学小常识
意识流⋯⋯⋯⋯⋯⋯⋯⋯⋯⋯⋯⋯⋯⋯⋯曾小帆
蒙泰涅告读者⋯⋯⋯⋯⋯⋯⋯⋯⋯⋯⋯肖熙幼译
易卜生的两则札记⋯⋯⋯⋯⋯⋯⋯⋯⋯⋯广　艺辑

美术
海之晨（彩墨画）⋯⋯⋯⋯⋯⋯⋯⋯⋯⋯吴冠中
睡莲（水印木刻）⋯⋯⋯⋯⋯⋯⋯⋯⋯⋯曾庆钊
英雄花（水印木刻）⋯⋯⋯⋯⋯⋯⋯⋯⋯孙　黎
绍兴水乡（速写）⋯⋯⋯⋯⋯⋯⋯⋯⋯⋯司徒勤参
山上人家（速写）⋯⋯⋯⋯⋯⋯⋯⋯⋯⋯甘迎祥
小熊猫（国画）⋯⋯⋯⋯⋯⋯⋯⋯⋯⋯⋯黄少华
猴图（国画）⋯⋯⋯⋯⋯⋯⋯⋯⋯⋯⋯⋯李　燕

1980 年第 10 期　刊名：《广州文艺》
目录

小说
"老油条"发脆（征文）⋯⋯⋯⋯⋯⋯⋯⋯王德永
星（征文）⋯⋯⋯⋯⋯⋯⋯⋯⋯⋯⋯⋯⋯刘　浩
"啊巴拉咕⋯⋯"（征文）⋯⋯⋯⋯⋯⋯⋯王文锦
十六号区域（科学幻想小说）⋯⋯⋯⋯⋯胡　根

严寒（翻译小说）
············[苏]瓦连金·卡达耶夫　张大军译
长江之歌（散文）············漓　阳
追寻性格创造的踪迹
——读岑之京的短篇小说·······谢望新　李钟声
文学书简（下）···[苏]高尔基　王庚虎　吕　鹏译
欢快有益的聚会
——全国十七家市办文学期刊小说编辑工作座谈会在
长春召开··············刘克治

诗歌
我高兴，十年噩梦已告终
——当我翻开了共和国第一部刑法的时候·······野　曼

短诗小辑
我喜欢················姚成友
枫叶················刘舰平
半屏山断想（外一首）·········陈玉龙
夏夜小集（三首）··········时红军
海花（外一首）···········任海鹰
火车················张宗栻
呵，望夫山·············李钟声
老牛瞪大眼珠怒视着·········苏方学

读稿札记
想到了程咬金的"三板斧"·······文　政

透视
"八机部长"·········朱光天诗　曾　钺画
"分"妈妈··········桂汉标诗　蚁美楷画
八小时之外的"自由"·····桂汉标诗　梁　荣画

作品欣赏
开市大吉··············老　舍
半恨半笑看世界的作品
——读老舍的《开市大吉》·······金钦俊
茅盾·巴金·《烽火》
——书叶小集··········姜德明
"小说"由来············廖　晓

园中人语
谈谈我的"三级跳"·········冯骥才

激扬篇
乱弹集草··············武克仁

宋词小札
辛弃疾：贺新郎（别茂嘉十二弟）···刘逸生

歌曲
春雨沙沙（女高音独唱）·······刘志文词　践　耳曲

美术
散花图（国画）············刘　汉
岭南风（国画）············潘晋拔
家家都在画屏中（国画）········张　步
绿娘（雕塑）·············唐大禧
古柏（水粉画）············罗宗海

1980 年第 11 期　刊名:《广州文艺》
目录

小说
作品与分析
流不出的眼泪············余松岩
情节浅探
——读《流不出的眼泪》·······易　云
彩云追月··············王梓夫
失魂的人··············木　青
伤害了谁?·············赵大年
江南月···············柯文辉
十六号区域（科学幻想小说·续完）··胡　根
莫扎特（广播剧）·····曾　卓　薛如英　欧阳乙

诗歌
帽子峰下（二首）··········韦　丘
合唱················孙中明
湖山吟草（二首）··········芦　荻

宋词小札
史达祖：三姝媚···········刘逸生
工人作家蒋子龙剪影·········马　威

激扬篇
劝君莫学"鳖厮脚"·········蓝田玉
得失之间··············李国权

读稿札记
"无标点诗"小议···········江　柳

作品欣赏
交上了好运道的画家·······[英]斯·穆姆　梁宝华译
简朴中遇深意　平淡中见匠心·····徐盛桓
能立于纸上的语言··········饶芃子
张天翼和他的"写作公约"·······李稚田

美术

黑天鹅（国画）—————————————林 埔
版画二幅—————————————陈德祥 曾继康
摄影二帧—————————————廖衍强 黄汝广
目录版头画—————————————林炽熙

1980 年第 12 期　刊名:《广州文艺》
目录

小说

"一！二！三……"—————————————陈 放
归宿（征文）—————————————任镛笙
两枚军功章（征文）—————————————林新仪
"鬼哭"—————————————孙广益
大禹戒酒（历史小说）—————————————周 郎

作品与分析

静静的月影湖（征文）—————————————丁小莉
"短"的结构
——读《静静的月影湖》随想—————————————张 绰
莫扎特（广播剧·续完）———曾 卓 薛如英 欧阳乙
要有点历史感
——文苑谈片—————————————杨匡汉
"反形法"小议—————————————浩 明

诗歌

春天和秋天的争论—————————————顾 工
流金的珠江口—————————————陈忠干
爱情—————————————文 丙

作品欣赏

离婚—————————————[法]莫泊桑 陈 蓬译
精炼而生动的图画
——介绍莫泊桑的《离婚》—————————————梵 杨

彼岸一瞥

花园城散记—————————————涨源禧图文

宋词小札

辛弃疾：摸鱼儿—————————————刘逸生

来信摘登

对"社会主义的批判现实主义"的异议———吴永富
本刊举办一九八一年短篇小说"朝花奖"

美术

新秀（中国画）—————————————杨之光
猴子欢海图（中国画）—————————————赖少其

万紫千红玉液香（中国画）—————————————周怀民

1981 年第 1 期　刊名:《广州文艺》
目录

小说

脊梁—————————————张 宁
爱情咏叹调—————————————刘 恒
生命（科学幻想小说）———谭普利著 穆 川译
淡绿色的蒲蓝—————————————张石山
蓝细腰峰和线扎球（推理小说）
—————————————[日]日下圭介著 谢济新译

作品分析

独特的性格　淳朴的语言
——读《脊梁》—————————————谭子艺

作品欣赏

最好的顾客（小说）
—————————————[法]亨利·特罗亚著 张成柱译
引人入胜的小说
——读亨利·特罗亚的短篇《最好的顾客》——张国培

特区剪影

乞巷情思（散文）—————————————王文锦
这块土地（诗）—————————————郑 南

我的第一篇作品

第一篇习作发表的前后—————————————陈国凯

园中人语

《辩护人》的姐妹篇—————————————王亚平

诗海泛舟

诗情·画意·音乐感
——龚自珍《西部落花歌》赏鉴—————————————陈新璋

诗歌

致诗人—————————————弘 征
哈密瓜—————————————流沙河
齿轮—————————————陈定颐
赤道的风—————————————瞿 琮

透视

不相称的婚礼（诗配画）———荆 榛诗 陈树斌画
某公登广告（诗配画）———林建平诗 林友安画
万能的钥匙（诗配画）———林建平诗 苏森桃画

激扬篇

金圣叹的一番秒论 ————————————— 牧　惠

随感录 ————————————————————— 杨　越

头发、法律和平等 ————————————— 阳朔山

读稿札记

学一学"性格差异法" ———————————— 桂　山

要重视心理描写 ————————————————— 良　之

起舞弄清影

——艺术趣谈 ——————————————— 徐德仁

铺路石 ——————————————————— 雷国维

编者的话

本刊举办一九八一年短篇小说"朝花奖"

本刊第二期短篇小说专号要目预告

美术

春晓（装饰画）——————————————— 黄伟强

春笛（雕塑）—————————————————— 林毓豪

山间春雷鸣（国画）——————————————— 黄　云

一条街道（水彩）————————————————— 张亦豪

黄山樱花（水彩）————————————————— 胡巨湛

溪畔农家（水粉）————————————————— 凌承伟

1981 年第 2 期　刊名:《广州文艺》

目录

短篇小说专号

绣花男 ——————————————————————— 少　君

甜蜜的杏香 ————————————————————— 黄献国

故园情——瓜棚柳下杂记之二 ————————— 刘绍棠

小船飘呀飘 ————————————————————— 郑万隆

"为人师表"?! —————————————————— 赵致真

末日审判 ——————————————————————— 黄　放

披在善良者身上的囚衣 ——————————— 吴若增

饭盒缘 ——————————————————————— 马君伟

粘在墙上的爱情 ——————————（中国香港）海辛

桥牌桌边的凶手（推理小说·连载）

————————[英]阿·克利斯蒂著　黄　均　柳　琳译

梦里的维纳斯（特区剪影）——————————— 张黎明

诗三首 ——————————————————————— 杨熙龄

《广州青年文学会》成立

美术

如鱼得水（装饰画）——————————————— 黄伟强

书法纂刻 ———————————————————— 陈景舒等

罗岗耸翠（速写）———————————— 梁业鸿　杨家聪

葵乡春雨后（国画）——————————————— 梁世雄

1981 年第 3 期　刊名:《广州文艺》

目录

小说

爱之页

那里，有一片牵牛花 ——————————————— 毛　铁

一张褪色的照片 ——————————————————— 李春晓

明天早晨 ——————————————————————— 楚　明

阿祥相亲记（特区剪影）—————————————— 陈　茹

爱的寻求 ——————————————（中国台湾）三　毛

我所知道的三毛（台湾作家介绍）—————————— 何慰慈

娟娟的头发 ——————————————— 曹济民　毛四维

桥牌桌边的凶手（推理小说·连载）

————[英]阿格莎·克利斯蒂著　黄　均　柳　琳译

香岛随感录（散文）———————————————— 陈残云

特区剪影

珠海行

——广东经济特区速写

① 拱北海关 ————————————————————— 潘晋拔

② 香洲图书馆 ———————————————————— 梁　荣

③ 银海新邨 ————————————————————— 詹忠效

④ 石景山下 ————————————————————— 潘晋拔

作品欣赏

桃源与沅州（散文）——————————————— 沈从文

雍容丰满　气韵贯通

——读沈从文的《桃源与沅州》——————— 诸孝正

园中人语

观察·积累·放机关枪……

——端木蕻良谈文学创作与写作 ——————— 黄伟经

题材与主题漫议 —————————————————— 高松年

艺苑谈趣

以你的名字命名…… ——————————————— 韦明铧

从"壁虎"被嘲说到文艺批评 ——————————— 郑成伟

艺术的"铁律" ——————————————————— 郭　超

虎虎的生气

——祝广州青年文学会的成立 ——————— 高　鲁

诗歌

春思（组诗）———————————————————— 徐　刚

听惊雷 ——————————————————————— 李　放

论林掇英

立主脑·密针线·脱窠臼 ————————— 沈　默　陈　雷

文学小常识
黑色幽默……………………………………邵　炜

本刊第二次短篇小说评奖揭晓
编后

美术
旋律（装饰画）………………………王建伟　尹定邦
山水情（摄影）
①庐山龙首岩……………………………………浪淘沙
②一江诗情………………………………………蔡少华

1981 年第 4 期　刊名:《广州文艺》
目录

特区剪影
移山填海造花园（报告文学）
——广州引进外资建筑现代化白天鹅饭店、中国（广
州）大酒店、花园酒店工程侧记………………柳　嘉
珠海潮（散文）………………………………杨羽仪
飞走了的新娘（小说）………………………王文锦
问经理（诗）…………………………………郑　南

广州青年文学会会员之页
黑三点（小说）………………………………伊　始
读《黑三点》所得点点（作品分析）………蔡怀励
紧急寻人（小说）……………………………张瑞龙
不见了那座尼庵（小说）……………………丁小莉
美的追求
——记青年女作者丁小莉…………………阿　泓
铁将军（小说）………………………（中国香港）阮　朗
桥牌桌边的凶手（推理小说·连载）
……[英]阿格莎·克利斯蒂著　黄　均　柳　琳译
文学青年谈孔捷生
——孔捷生近作讨论会拾零………………厉　力
可喜的新突破
——在孔捷生近作讨论会上的发言………张瑞龙

作品欣赏
寺内（第七卷）……………………（中国香港）刘以鬯
别开生面的故事新编
——谈刘以鬯和他的意识流诗体小说《寺内》
…………………………………………………许翼心

诗海泛舟
婉转动人　缠绵悱恻
——白居易《长恨歌》的艺术特性……………饶芃子

我的第一篇作品
被压出来的小说………………………………木　青

艺苑谈趣
谈断和续的艺术辩证法………………………王世德
闲笔不"闲"……………………………………吴士余

诗歌
致南方（组诗）………………………………徐　刚
通什小唱………………………………………王春光
"拿来的"与"新文艺"
——从《狂人日记》、《药》谈到"意识流"、"朦胧
诗"……………………………………………高　信
春华扬芬　秋实蕴珍
——访雕塑家滕文金…………………………文　政

美术
拾贝（国画）…………………………………陈衍宁
一条街道（水彩画）…………………………张亦豪
黄山樱花（水彩画）…………………………胡巨湛
溪畔农家（水粉画）…………………………凌承伟

1981 年第 5 期　刊名:《广州文艺》
目录

小说
母女情………………………………………叶　辛
画虎的人……………………………………韩石山
行星的道路（上）…………………………建　安
阴影在正午消失……………………………黄天源
功夫不负有心人
——记青年作者黄天源……………………闻　芝
找房子的人
——送给C和C……………………（中国香港）梁秉钧
桥牌桌边的凶手（推理小说·连载）
…………………[英]阿·克利斯蒂著　黄　均　柳　琳译

作品分析
以情感人　情中见理——读《母女情》………张　绰

散文
彩蝶纷飞的蝴蝶湾（特区剪影）……………阿　泓
当我的船离开了港口
——《海行记》之一章………………………田　野
刘宾雁同文学青年谈创作……………………纪　草

青年诗作评点
青春的心弦………………评点者:芦　荻　野　曼

画——题工业区规划图 ················· 何展图
鲜花与奖章 ······················ 招小波
秋到小站 ······················· 蔡宗周
寄生树 ························· 徐启文
盐田巡步 ······················· 冯麟煌
爱的价值 ······················· 陈定颐
种子 ·························· 姚成友
琴弦 ·························· 罗铭恩
水恋两题 ······················· 陈家孝
昨天，今天…… ···················· 张润森
关于"意识流"的对话和断想 ··········· 许翼心

作品欣赏
写人以情 感人至深
——谈话本小说《卖油郎独占花魁》 ········ 何芳梅

论林掇英
诗味醇美在咸酸之外
——司空图提出的一条美学原理 ········· 王世德

诗海泛舟
王和卿：醉中天·大蝴蝶
——元曲小札 ··················· 黎根树

艺苑谈趣
"渐入佳境" ······················ 徐德仁
"在艺术语言中最重要的是动词" ·········· 陈根生

读稿札记
杂而且精且锐且美 ·················· 浪淘沙

为无标点诗说几句 ··········· （中国香港）黄河浪

文学小常识
何谓小小说 ·············· ［俄］阿·托尔斯泰

寓言歌曲
虹和桥 ························· 李惠薪
自豪的猩猩 ······················ 李惠薪
广州美 ················· 瞿 琮词 郑秋枫曲

本刊举办一九八一年短篇小说"朝花奖"
本刊第六期短篇小说专号作品预告

美术
樱花雨（国画） ············ 王西京 李亚婷
明月松间照（国画） ················ 陈金章
美国科幻书籍插图 ········· ［美］弗兰克·弗拉杰塔
美国科幻画家弗兰克·弗拉杰塔 ·········· 王益论

1981 年第 6 期　刊名:《广州文艺》
目录

短篇小说专号
一壶酒 ························· 锦 云
最后一波 ······················· 孔捷生
失去二号院落的大街 ················· 母国政
夜海茫茫 ······················· 朱光天
爱情的命运 ······················ 王润滋
"醉猫"入党 ····················· 张雄辉
在索朗山口 ······················ 郭玉道
炮竹声声 ······················· 梁发源
琴声 ·························· 沈治平
行星的道路（下） ·················· 建 安
我的弟弟康雄 ·············· （中国台湾）陈映真
穿夏装的姑娘们 ·········· ［美］欧文·肖著 殷衣译
这样的国土，这样的爱情
——欧文·肖的名篇《穿夏装的姑娘们》 ······ 熙 龄
桥牌桌边的凶手（推理小说·连载）
············ ［英］阿·克利斯蒂著 黄 均 柳 琳译
小川和他的小朋友 ·················· 李玲修
辣（诗） ······················· 陈静龉
泳（诗） ······················· 梅 翁

美术
小孩与和平鸽（国画） ················ 蒋兆和
驼峰迎春（国画） ·················· 叶 维
向海洋（套色木刻） ················· 路 荑
岛与岸（水印木刻） ·········· （中国香港）梅创基

1981 年第 7 期　刊名:《广州文艺》
目录

纪念中国共产党诞生六十周年
火红的秋叶（小说） ················· 张志彤
红陵颂（散文） ···················· 漓 阳
爱之曲
——长篇叙事诗《青春的心曲》中的一章 ······ 野 曼
香江脱险记
——革命回忆录《东纵一叶》选章 ········· 王作尧
（范伯祥 王 影整理）

小说
201 光棍宿舍 ·············· 贺景文 张昌华
名角儿 ························· 航 鹰
桥牌桌边的凶手（推理小说·连载）
············ ［英］阿·克利斯蒂著 黄 均 柳 琳译

白雪公主
　　　　　　[法]菲利普·久马　鲍里斯·穆阿萨尔著
彭守诚译

彼岸一瞥
东京速写（上）————————（中国香港）彦　火

作品分析
对比烘托　形真情深
——读《火红的秋叶》——————蔡运桂

评论
题材广阔　大有作为————————黄展人
"眼前有景道不得"——————韦明铧　韦光华

作品欣赏
一颗颤动的心在倾诉
——谈《牡丹亭》"惊梦"和"寻梦"—————洪　云
（附：汤显祖《牡丹亭》"惊梦"、"寻梦"）

艺苑谈趣
艺术的"抽象"————————徐德仁
寓庄于谐————————林草思

诗海泛舟
托物言志　别开生面
——黄巢菊花诗赏析————————陈新璋

诗歌
家门（外一首）————————李发模
新茶（外一首）————————周志友

我的第一篇作品
从失败中迈出步子去————————叶　辛

激扬篇
偷听·假听·喜听————————祖　慰
拼命与玩命————————徐尘言

文学小常识
魔幻现实主义————————翁家喜

相声
"文明"人————————夏雨田

美术
春风得意（国画）————————黄　胄　杨之光
山区水泵站（水粉画）————————陈舫枝
珠江流日夜（铜版画）————————陈德祥

唐招提寺（访问日本写生）————————劳崇聘
珠水云山（国画）————————刘中东
《广州水彩画研究会》第二回展作品选登
　　　　　　潘　鹤　林毓豪　杨家聪

1981 年第 8 期　刊名:《广州文艺》
目录

小说
李白咏蝶————————马　昭
鳜鱼————————张小玲
绿色的情义————————刘树华
抢木匠————————吴　牧
南角村趣事————————岑之京
焚画————————观　懋　伯　仲
"演员"————————姜琍敏
桥牌桌边的凶手（推理小说·连载）
—————[英]阿·克利斯蒂著　黄　均　柳　琳译
二路电车————[埃及]迈哈穆德·台木耳　秦　水译

作品欣赏
一道感情的涓涓细流
——读台木耳短篇小说《二路电车》—————陈　青

彼岸一瞥
东京描写（下）————————（中国香港）彦　火

艺术个性的追求
——王文锦短篇小说读后感—————谢望新　李钟声
愿星光更加灿烂
——一次文学创作座谈会侧记—————陈绍伟　蔡怀励

诗歌
党呵，我已真正认识您（外一首）—————姚成友
播种————————姜金城
新居（外一首）————————莫少云
甘蔗，在自留地里萌芽————————崔合美
迎春花————————沙　鸥
心还是心————————柯　原

园中人语
新年，在江上
——写在《西江月》出版时—————李　黎
文学，需要种种真实————————郑泳涛

艺苑谈趣
秉兴为文　未尝废业————————肖文苑
于连的"梯子"————————戎东贵　黄正瑶

激扬篇

古已有之，于"今"为烈！ ················ 浩 成
榜样·带头 ······················· 秋 穗

来信摘登

友谊与爱情的界限
——《那里，有一片牵牛花》读后 ····· 洪 治
李欣的爱情观异见 ················· 肖文清
玛利·卡萨特 ····················· 王益论

美术

丽逖娅在园中看报（油画）
　　　　　　　　　　［美］玛利·卡萨特（女）
开端（水粉画） ···················· 蒋有作
蛇口工地（水彩、深圳特区写生） ······ 陈 吾
秋溏鹭影（国画） ········· 李筱孙 梁振亚
哨（油画） ······················· 项而躬
银海畔在建设（油画棒、珠海特区写生） ····· 雷 坦

1981 年第 9 期　刊名：《广州文艺》
目录

鲁迅与郁达夫的友情 ··············· 郑心伶

小说专号

外国短篇小说特辑
墓园里的爱情
　　··············· ［法］安德烈·莫洛亚　周炽湛译
遗书的焚毁
　　··············· ［英］约翰·高尔斯华绥　杨 曦译
被窃的友情
　　··············· ［美］爱丽斯·马克士威　李金桥译
她牺牲了爱 ······ ［保］O.博雅哲也夫　何自然译
纸包不住火 ············· ［俄］契诃夫　汝 龙译
最后的一个丛林部落人
　　··············· ［南非］珍妮·霍斯　李 昕译
桥牌桌边的凶手（推理小说·连载）
　　··· ［英］阿·克利斯蒂著　黄 均　柳 琳译
蜜月（小说） ····················· 晶 婷
"娜拉"的懊恼（小说） ······· 陆星儿 陈可雄
王老二住店（小说） ················ 郭玉道
身瘁灵魂在（历史小说）
——小说《李贽》末章 ·············· 武克仁
重返三堡村 ······················ 黄秋耘

作品欣赏

情节、对话和人物
——契诃夫短篇小说《纸包不住火》读后 ······ 张国培

诗歌

希望 ··························· 郑成义
指挥塔台 ······················· 赵际文
洛伊斯·惠勒的礼物
——斯诺夫人访问记 ················ 白 夜
勇上景阳冈
——围绕一幅漫画发生的争论 ·········· 纯 亮
附：《景阳冈下一酒家》（漫画）军强、《也是武松？》
（漫画）冰兄

美术

花正红（国画） ···················· 林 墉
静穆的清真寺（国画） ··············· 苏 华
藕花深处（国画） ·················· 阿 尧
新篁晓雾（国画） ·················· 王 立
女青工（粉彩画） ·················· 郭绍纲
大学生（油画） ···················· 何 岸

1981 年第 10 期　刊名：《广州文艺》
目录

"青年的吸铁石"
——纪念鲁迅诞辰一百周年 ············ 严承章

青年作者小说专号

孟浩然出山（历史小说） ············· 肖文苑
喜相逢 ························· 竹 林
菜园子张静 ······················ 农 弟
落叶 ··························· 赵振开
春夜（特区剪影） ·················· 李树政
夜来香 ························· 舒 升
广州青年文学会小说专辑
甜蜜的星 ······················· 骆 炬
海娘——"母亲"之二 ··············· 苏 炜
在那日出的地方 ··················· 伊 始
大海的儿子
——记青年作家伊始 ················ 闻 之
"下凡" ························· 梁瑞明
桥牌桌边的凶手（推理小说·续完）
　　··· ［英］阿·克利斯蒂著　黄 均　柳 琳译

诗歌

船形屋 ························· 冯麟煌
织 ··························· 张跃虎
雨 ··························· 何展图
夏日，黄昏后的草原（外一首） ········· 姜文岩
胡椒 ··························· 蔡宗周
扫描 ··························· 尧山壁

艺术的节制
——评孔捷生的"第二步"，兼论"意识流"
·····································黄伟宗

美术

公孙大娘剑舞（国画）·····················陈振国
油田之晨（国画）·······················袁　浩
织桶图（木刻）························邓子敬

1981 年第 11 期　刊名:《广州文艺》
目录

小说·散文

不准收场的正经玩笑·····················熙　高
寒妮（作家岑桑评点）····················王海玲
我爱你，但是……······················吴若增
形而上的影子·························祖　慰
她从香港归来·························杨干华
春夜，正在悄悄消逝·····················吕　雷
裸脸（翻译小说连载·一）
　　　　　[美]西德尼·谢尔登著　肖　诤译
出海（散文）·························紫　风

作品分析

《不准收场的正经玩笑》读后·················张　绰

诗海泛舟

纳兰性德的《金缕曲》····················黄天骥

园中人语

众里寻它千百度·······················祖　慰
韩素音的医学·························白　夜

艺苑谈趣

彩笔之外的美与思考
——漫谈画的题跋······················杨汝絅
小猫、小狗及其他······················贺光鑫

诗歌

七律　越王台上看木棉···················曼　学
船夫颂····························骆耕野
海的遐想（散文诗）·····················乔艳萍
你回来了（外一首）·····················陈柏森

文学小常识

简谈比较文学·························曾小帆

美术

虎女（国画）·························刘旦宅
求索
——广州青年美术协会展览作品选
新知（国画）·························彭爱莲

1981 年第 12 期　刊名:《广州文艺》
目录

小说

有幸者身上的信息······················祖　慰
失眠（作家关振东点评）···················乔典运
两个将军·····················张宗栻　蒋继锋
晚霞····························汤吉夫
韩淘气探亲·························杨润身
厂长女儿的奇遇·······················王梓夫
幸运儿·······················陶　正　田增翔
裸脸（翻译小说连载·二）
　　　　　[美]西德尼·谢尔登著　肖　诤译
记蒙族作家玛拉沁夫··············行　人　石　湾
意境是散文的生命
——散文创作座谈会侧记···················杨羽仪
人物的"反叛"························赵　鹰

诗歌

灯塔老人（外一首）·····················金　帆
火的求索（二首）······················里　沙
水（散文诗）·························杨小垣

诗海泛舟

笔端喷情　象意并茂
——《山坡羊·潼关怀古》赏析················屈宝贤

艺苑谈趣

也谈艺术的"抽象"·····················沈　默
再探艺术的"抽象"·····················徐德仁
从安格尔乐于改画说起····················程东安

美术

根（国画局部）·················冯一鸣　陈望秋
松鹰图（国画二帧）···············夏子颐　谭大鹏
桂林行（摄影）·······················浪淘沙
高原牧歌（国画）······················刘济荣

1982 年第 1 期　刊名:《广州文艺》
目录

小说

呵，又一个夏威夷 ································· 宋耀良
春姑 ································· 梁广道
归 ················· 尹　平　翁洋洋
纯朴 ································· 戴　舫
侏儒 ································· 丁小莉
乔迁 ································· 舒　展
霓虹灯一闪，又一闪 ················· 小　岩
我应该爱谁 ································· 张魁虎
牧羊哀话 ································· 郭沫若
裸脸（翻译小说连载·三）
　　　　[美]西德尼·谢尔登著　肖　诤译
海明威访问记 ── [美]乔治·普林顿著　陈江编译

作品欣赏

诗化了的情节与人物
──读郭沫若早期短篇小说《牧羊哀话》
　　　　　　　　周溶泉　徐应佩

诗歌

"花轿"行 ································· 胡　笳
我回来了 ································· 李　放
柳絮·云·我 ································· 陈文芷
海霞 ································· 佟明光
夜 ································· 魏志远
歌声 ································· 秋　原
摆渡姑娘 ································· 任海鹰
绿叶 ································· 于宗信
目光 ································· 陈茂欣
起点 ································· 龙彼德

诗海泛舟

一枝浓艳露凝香 ································· 刘斯翰
山水情怀 ································· 柳　嘉

来稿摘登

小中见大，小中求新、求深 ················· 金建陵
"情"与"景"小议 ································· 杨光治

本刊一九八二年继续举办短篇小说"朝花奖"

美术

爱（油画） ································· 潘鸿海
岭南春早（国画二帧） ········· 单剑峰　凌镜清
银瀑溅飞虹（水印木刻） ················· 罗剑钊

飞吧（水印木刻） ································· 罗剑钊

1982 年第 2 期　刊名:《广州文艺》
目录

小说·散文

引擎 ································· 邹月照
鸡鸣茅店月 ················· 张昌华　贺景文
来自底层
──记录贺景文、张昌华同志 ········· 陈鸿祥
靠墙角的方桌 ································· 陈丹梅
弯弯的月儿（漓阳点评） ················· 朱玉琪
红桃 ································· 郭玉道
咫尺天涯 ································· 李昭淳
裸脸（翻译小说连载·四）
　　　　[美]西德尼·谢尔登著　肖　诤译
荷花·荷花（散文） ········· （中国台湾）雪　韵

作品欣赏

情切切，意绵绵
──台湾散文《荷花·荷花》欣赏 ········· 郑成伟

作品分析

晶莹透亮的童心
──读《鸡鸣茅店月》 ················· 易　准
成名之前
──记国画家程十发 ················· 汝　捷

诗歌

花城巡礼（组诗） ································· 冯麟煌
渔村掠影（二首） ································· 管用和
南国短歌（二首） ································· 芦　荻
南海油歌 ································· 郭继联
小榄菊 ································· 陈绍伟
念奴娇　怀西沥野营诸友 ················· 黄施民

艺苑谈趣

人，不是神或鬼
──谈文学作品的人物塑造（二则） ········· 林文山
龄官与雀儿 ································· 王昌定

来稿摘登

读《孟浩然出山》有感 ················· 唐伯平
读《"演员"》随感 ················· 唐顺发
"演员"是个什么人 ················· 斯远涛

美术

迎来春色（国画） ································· 李世南

花地版画研究会作品选 ⸺⸺⸺⸺⸺ 郑爽等
速写选 ⸺⸺⸺⸺⸺⸺⸺（中国香港）陆廷栋
南国抒情（水粉、油画三幅）⸺⸺⸺⸺ 梁照堂等

1982 年第 3 期　刊名:《广州文艺》
目录

小说·报告文学
葡萄是酸的 ⸺⸺⸺⸺⸺⸺⸺⸺⸺ 张重光
迷人的微笑 ⸺⸺⸺⸺⸺⸺⸺⸺⸺ 丁宏昌
大海里的油海（报告文学）⸺⸺ 柳　嘉　周　文
运气从脚下开始 ⸺⸺⸺⸺⸺⸺⸺⸺ 张雄辉
欢腾的桃花溪 ⸺⸺⸺⸺⸺⸺⸺⸺⸺ 廖　琪
难忘的旅程 ⸺⸺⸺⸺⸺⸺⸺⸺⸺⸺ 石　英
孙子有理 ⸺⸺⸺⸺⸺⸺⸺⸺⸺⸺ 戴厚英
有情人 ⸺⸺⸺⸺⸺⸺⸺⸺⸺⸺⸺ 吴一天
裸脸（续完）⸺ [美] 西德尼·谢尔登著　肖　诤译
疾飞吧!　钢铁的白鸟（散文）⸺⸺⸺⸺ 陈俊年

作品分析
站到精神文明建设的前列
　⸺评短篇小说《迷人的微笑》⸺⸺⸺ 江南月
山崎朋子印象记 ⸺⸺⸺⸺⸺⸺⸺⸺ 查志华

园中人语
鹞鹰的眼睛 ⸺⸺⸺⸺⸺⸺⸺⸺⸺ 莫应丰

诗歌
田野奏鸣曲（组诗）⸺⸺⸺⸺⸺⸺⸺ 洪三泰
勇于向诗峰登攀
　⸺记青年诗人洪三泰 ⸺⸺⸺⸺⸺⸺ 李恒茂
写在西子湖边（二首）⸺⸺⸺⸺⸺⸺ 陈定颐
我童年的国画 ⸺⸺⸺⸺⸺⸺⸺⸺⸺ 郑兆辉
泥土的秘密（外一首）⸺⸺⸺⸺⸺⸺ 周　民
游丝（散文诗三章）⸺⸺⸺⸺⸺⸺⸺ 刘　征
草原诗片（三首）⸺⸺⸺⸺⸺⸺⸺⸺ 张　芸

诗海泛舟
牡丹真国色　褒贬任诗人
　⸺唐代两首咏牡丹诗鉴赏 ⸺⸺⸺⸺ 陈新璋

艺苑谈趣
人，不是神或鬼
　⸺再谈文学作品的人物塑造 ⸺⸺⸺⸺ 林文山
波罗金诺会战·潼关南原大战
　⸺题材纵横谈之一 ⸺⸺⸺⸺⸺⸺⸺ 黄树森
请接过这把"金钥匙"
　⸺谈文艺创作中的"慎始" ⸺⸺⸺⸺ 钟子硕

慕尼黑·啤酒店主妇……
　⸺诗歌艺术欣赏 ⸺⸺⸺⸺⸺⸺⸺⸺ 余　之

本刊第四期小说专号作品要目预告

美术
舞（油画）⸺⸺⸺⸺⸺⸺⸺⸺⸺⸺ 陈衍宁
山以水为镜（国画）⸺⸺⸺⸺⸺⸺⸺ 黄笃维
水边雀跃（国画）⸺⸺⸺⸺⸺⸺⸺⸺ 邹　雅
水碧山青（国画）⸺⸺⸺⸺⸺⸺⸺⸺ 陈金章

1982 年第 4 期　刊名:《广州文艺》
目录

本刊一九八一年短篇小说"朝花奖"获奖作品揭晓

小说专号
她送来一束山楂（中篇小说）⸺⸺⸺⸺ 张　扬
船家（张绰点评）⸺⸺⸺⸺⸺⸺⸺⸺ 吴雪恼
葵涌三女传 ⸺⸺⸺⸺⸺⸺⸺⸺⸺⸺ 仇启明
驼队长与三寡妇 ⸺⸺⸺⸺⸺⸺⸺⸺ 黄卓荣
信任 ⸺⸺⸺⸺⸺⸺⸺⸺ 赵鹏万　刘允章
又是秋天 ⸺⸺⸺⸺⸺⸺⸺⸺⸺⸺ 毛　铁
送别（历史小说）⸺⸺⸺⸺⸺⸺⸺⸺ 黎　之
绝不能轻信一个女人（翻译小说）
　⸺⸺⸺ [英] 维克托·康宁著　何贤安　蔡新洪译
冒险家们（翻译小说）
　⸺⸺⸺ [美] 欧·亨利著　何贤安　蔡新洪译
您是……（诗）⸺⸺⸺⸺⸺⸺⸺⸺⸺ 林贤治

美术
摘葡萄（国画）⸺⸺⸺⸺⸺⸺⸺⸺⸺ 杨之光
水墨动物画二幅 ⸺⸺⸺⸺⸺⸺ 卓　然　李连仲
枫溪陶瓷人物 ⸺⸺⸺⸺⸺⸺⸺⸺⸺ 陈钟鸣

1982 年第 5 期　刊名:《广州文艺》
目录

小说·报告文学
鬼符（小说）⸺⸺⸺⸺⸺⸺⸺⸺⸺ 韩石山
冰冰（小说）⸺⸺⸺⸺⸺⸺⸺⸺⸺ 仇权邦
燕燕坊（小说）⸺⸺⸺⸺⸺⸺⸺⸺⸺ 聂鑫森
信誉（特区剪影·报告文学）⸺⸺⸺⸺ 刘学强
春天的向导（小说）⸺⸺⸺⸺⸺⸺⸺ 农　弟
天蓝色的诗剧（小说）⸺⸺⸺⸺⸺⸺ 仇学宝
蜜月后的第一天（小说）⸺⸺⸺⸺⸺ 蒋丽萍
洁白的小槐花（小说）⸺⸺⸺⸺⸺⸺ 王不天

哥哥（散文）—————————————钟惠玲
华冈之恋（散文）——————————阚家蕡
山羊角（小说）
　　————[保加利亚]尼古拉·哈伊托夫著　余志和译

纪念《在延安文艺座谈会上的讲话》发表四十周年
农村题材也是一朵花—————————陈残云
　"源"和"流"——————————————饶芃子
坚实宽广之路————————————张雄辉

作品与分析
反腐化变质斗争在作品中的反映
　——评短篇小说《鬼符》与《冰冰》———张　绰

作品欣赏
悄悄拨动心弦的悲歌
　——读《山羊角》——————————蔡怀励
在深沉的旋律中涌荡着浩歌
　——评岑桑的中短篇小说集《躲藏着的春天》
　　　　　　　　　　　　　李钟声　谢望新
"要从生活中来"
　——访青年作家王润滋————————丘　峰

诗歌
青年诗页—————兰正文　招小波　张浪等
南国小夜曲（二首）—————————柯　原
致最佳营业员———————————姚成友
绿色的队伍————————————任海鹰
远行者
　——————[英]R.L.斯蒂文生作　古　树　林彬译
机场的灯—————————————赵际文

艺苑谈趣
水泥·瓶底·钢轨——————————凌　烟
"矍括"——————————————李元洛
赠给你一束野蔷薇—————————杨汝绢
以实衬虚—————————————范文质

美术
南国秀色（油画）—————————蒋有作
雕塑作品两件————————庄小尖　林杨
岭南拾翠（国画）——————黄　云　梁铭添
市郊之晨（油画）—————————陈舫枝
启航（水彩）———————————罗宗海

1982 年第 6 期　刊名:《广州文艺》
目录

小说专号
梦，这并不是梦———————————哲　中
绕了一圈之后————————————乔典运
幽怨（张绰评点）——————————叶　辛
豆荚———————————————陈学工
胡须风波—————————————王文锦
巴女————————————林问询　周钰樵
秋雨春风—————————————金　潮
微笑———————————————张　威
河道弯弯—————————————祝春亭
治保主任郭大虾——————————岑之京
霍尔面包店————————————杨　惕
诀别了昨天（报告文学）
　——心灵复甦的故事————————漓　阳
有朋自远方来
　——本刊"朝花奖"颁奖活动侧记———本报记者

美术
苗家女（水彩）——————————杨家聪
羊城朝花艳
　——"朝花奖"照片一组
版画选登
　——选自全国首次三版展览会
鉴湖———————————————梁世雄
鸟语———————————————叶绿野

1982 年第 7 期　刊名:《广州文艺》
目录

报告文学　小说
智慧的"密码"（报告文学）—————祖　慰
黑子妈让贤（小说）————————王梓夫
升华（小说）———————————马未都
妈从乡下来（小说）————黄学君　黄天源
雪打灯（小说）——————锦　云　王　毅
秋思（小说）———————————石　岩
吴钩吟（历史小说）————师　飚　毛　铁
老琴师（散文）——————————童恩正
槟城的除夕（散文）
　——《海行记》之一篇————————田　野

广州市文联文艺理论委员会召开座谈会严肃批评中篇
小说《春天的童话》
他有这样一个脑袋

——老作家黄药眠教授速写⋯⋯⋯钟子硕　李联海

作品欣赏
生动的场面描写
——读沙汀的《在其香居茶馆里》⋯⋯⋯吴功正
福楼拜书信选（一）
——致乔治·桑⋯⋯⋯亚　丁译
晶莹素洁的浪花
——读孙犁散文集《澹定集》⋯⋯⋯金荣光

"朝花奖"获奖者谈创作
当我困惑的时候⋯⋯⋯韩石山

诗歌
五朵红云下（组诗）⋯⋯⋯朱光天
壮美生活笔底诗
——介绍年轻诗人朱光天⋯⋯⋯容　韵
边哨的旋律⋯⋯⋯瞿　琮
他和黄昏⋯⋯⋯骆晓戈
闻歌⋯⋯⋯沙　蕾
愿⋯⋯⋯苏　敏
放风筝⋯⋯⋯何昌正
诗二首⋯⋯⋯饶　禩
满庭芳⋯⋯⋯张永球

艺苑谈趣
诗中数字⋯⋯⋯沙　鹏

美术
印度装（国画）⋯⋯⋯叶浅予
效叶浅予印度献花舞（国画）⋯⋯⋯张大千
游戏神通
——漫画张大千三幅⋯⋯⋯叶浅予
特区新姿
——深圳美术作品选登
罗湖展新颜⋯⋯⋯许典水
春到深圳⋯⋯⋯杨德祺

1982 年第 8 期　刊名:《广州文艺》
目录

小说·报告文学
牛哈外传（小说）⋯⋯⋯鲁　涛
金锁铜关（小说）⋯⋯⋯李松基　朱光天
中流砥柱（报告文学）
——当洪水骤然而至的时候⋯⋯⋯王文锦
落叶的回忆（小说）（睛沙评点）⋯⋯⋯陈永萍
幽谷中的神秘别墅（科学幻想小说）⋯⋯⋯陆若冰

一剑霜寒十四州（历史小说）⋯⋯⋯肖文苑
钢琴大师（翻译小说）
⋯⋯⋯［美］赫尔伯特·高尔德斯顿著　曾宪才译
夜间的佣人（翻译小说）
⋯⋯⋯［日］星新一著　赤　虹译

作品与分析
谈谈"牛哈"⋯⋯⋯文　政

重视运用滤斗
——谈生活素材的净化⋯⋯⋯杨匡汉
形象思维谈片⋯⋯⋯杜　埃

作品欣赏
一曲难忘
——读《钢琴大师》漫笔⋯⋯⋯蔡怀励
福楼拜书信选（二）
——给乔治·桑⋯⋯⋯亚　丁译

彼岸一瞥
巴基斯坦风情⋯⋯⋯苏　华

诗歌
写在醒来的土地上（组诗）⋯⋯⋯范　源

哦·刻·远
——记回族青年作家张承志谈创作⋯⋯⋯谭龙生

艺苑谈趣
立意
——诗人追求的瑰宝⋯⋯⋯野　曼
以景状情⋯⋯⋯徐德仁

美术
驱虎豹（国画）⋯⋯⋯汤集祥
古典人物（国画）⋯⋯⋯顾炳鑫
乡思（水彩画）⋯⋯⋯张源禧
哥伦布与紫荆花（水彩画）⋯⋯⋯张源禧

1982 年第 9 期　刊名:《广州文艺》
目录

小说专号
纯情（报告文学·特区剪影）⋯⋯⋯理　由
五月的海滨（小说）⋯⋯⋯陈少雄
红樱桃（小说）⋯⋯⋯平申生
海市⋯⋯（小说）⋯⋯⋯竹　林
锁链，是柔软的⋯⋯（小说）⋯⋯⋯戴厚英

不仅为了她（小说）——————————关 鸿
渴（小说）——————————————马曼宁
带血的舞步（科幻小说）——————朱玉琪
惩罚（小说）——————————————孙 颢
标点——文章的音符————————艾 彤

美术

女演员（国画）——————————刘国辉
月色冷青松（摄影）————————陈 田
画中飞鹭（摄影）—————————陈亚江
李行简山水画（二幅）

1982 年第 10 期 刊名:《广州文艺》
目录

小说·散文

地下党员（小说）—————————易介南
评《地下党员》的艺术构思（作品与分析）——张 绰
继往开来（散文）（小说）—————柳 嘉
鸡鸣早看天（小说）————————赵大年
荒漠的诱惑（小说）————————许瑞生
法医（小说）——————————————李延庆
锁链，是柔软的（中）（小说）———戴厚英
港方经理（特区剪影）——张黎明 陈 茹
高高的蚕山上（漓阳评点）（小说）—禹本愚
穿过开阔地（小说）————————黄蓓佳
甘苦在其中——访张扬————————亚 力
福楼拜书信选（三）
——致波德莱尔（三）————————亚 丁译

诗海泛舟

壮景遐思笔下描
——米芾《咏潮》诗赏析——————陈新璋
青年诗作评点
——广州青年文学会诗页——评点者：关振东 沈仁康
处女地—————————————————何展图
奇特的工地————————————蔡宗周
星星何须羡慕月亮————————姚成友
黎明，密林的梦语（外一首）———莫少云
砂轮—————————————————陈定颐
特殊兵种————————————————陈俊年
星星（外一首）——————————罗铭恩
一支芦管在吹……
——读诗集《芦荻抒情》——————朱光天

"朝花奖"获奖者谈创作

自寻烦恼走山路—————————张 宇

艺苑谈趣

从"马一角"看"虚实相半"—————陈 炳
吸引眼睛的诱饵
——浅谈诗的色彩美感———————黄莲中
云雾奇诡
——登庐山随感——————————————胡德培

美术

少女（油画）——————————————司徒绵
故土红棉话最艳（套色版画）———甘迎祥
屈原故里（国画）—————————黄树文

1982 年第 11 期 刊名:《广州文艺》
目录

小说专号

我和"阿诗玛"的悲欢（传记文学）
——记杨丽坤的爱恋、家庭和希望（上）——唐凤楼
郁金香和海棠叶（小说）—————沈泰来
如果检察长卖红薯（小说）————蔡东士
人之常情（小说）—————张枚同 程 琪
乡民口碑录（小说）————————宁泉骋
鞋的故事（小说）—————————陆 杰
金玉其中（小说）—————————粟蓓安
苔（小说）———————————————张 烨
海边一棵榕树（小说）———————王海玲
锁链，是柔软的……（下）（小说）——戴厚英

美术

献（国画）——————————————詹忠效
出塞图（国画）——————————方增先
惠州、罗浮纪行（速写）—————单剑锋
侗家速写二幅——————————————梁 荣

1982 年第 12 期 刊名:《广州文艺》
目录

小说

我和"阿诗玛"的悲欢（传记文学）
——记杨丽坤的爱恋、家庭和希望（下）——唐凤楼
海的咏叹调（小说）————————张 维
月照乡间路（小说）（文政评点）——黄学农
管公用电话的小姑娘（小说）———晓 剑
洁白的脚印（小说）————————谢俊杰
留下不走的拓荒者（小说）————恢 理
穿布衫的"美神"（小说）—————许瑞生

作品欣赏

"短"的艺术途径

——两篇外国短小说的启迪⋯⋯⋯⋯⋯钟子硕

独角兽（小说）⋯⋯⋯［美］詹姆斯·瑟巴 陈锡添译

选择（小说）⋯⋯⋯［英］鲁珀特·克罗夫特·库克

吕炳华 陈锡添译

和文艺工作者的谈话⋯⋯⋯［苏］高尔基 戎道洪译

形散而神不散

——一次散文创作座谈会散记⋯⋯⋯⋯亚 力

从曹雪芹的批评和茅盾的调查说起

——题材纵横之二⋯⋯⋯⋯⋯⋯⋯⋯黄树森

论林掇英

"酒"与"饭"⋯⋯⋯⋯⋯⋯⋯⋯⋯⋯⋯陈世明

"朝花奖"获奖者谈创作

弯弯的小路

——我是怎样摸到文学的门槛的⋯⋯⋯⋯张昌华

诗歌

炊烟⋯⋯⋯⋯⋯⋯⋯⋯⋯⋯⋯⋯⋯⋯张 鹤

花港观鱼⋯⋯⋯⋯⋯⋯⋯⋯⋯⋯⋯⋯叶知秋

风筝⋯⋯⋯⋯⋯⋯⋯⋯⋯⋯⋯⋯⋯⋯何鹰

艺苑谈趣

孺子可师⋯⋯⋯⋯⋯⋯⋯⋯⋯⋯⋯⋯韦明铧

意会与把握⋯⋯⋯⋯⋯⋯⋯⋯⋯⋯⋯郑子敏

关于周作人"杂学"的杂感⋯⋯⋯⋯⋯杨汝絅

美术

拉萨街头（国画）⋯⋯⋯⋯⋯⋯⋯⋯⋯徐 希

徐希小记⋯⋯⋯⋯⋯⋯⋯⋯⋯⋯⋯⋯詹忠效

西北行（速写）⋯⋯⋯⋯（中国香港）梅创基

水乡恋（国画）⋯⋯⋯⋯⋯⋯⋯⋯⋯王维宝

1983 年第 1 期　刊名:《广州文艺》
目录

十年⋯⋯⋯⋯⋯⋯⋯⋯⋯⋯⋯⋯⋯⋯编者的话

小说专号

渴（中篇小说）⋯⋯⋯⋯⋯⋯⋯⋯⋯⋯祖 慰

生命的决战⋯⋯⋯⋯⋯⋯⋯⋯⋯⋯⋯谢德裕

老姑娘岳兰⋯⋯⋯⋯⋯⋯⋯⋯⋯⋯⋯王梓夫

秋雨晴时⋯⋯⋯⋯⋯⋯⋯⋯⋯⋯⋯⋯祝兴义

有一条小溪⋯⋯⋯⋯⋯⋯⋯⋯⋯⋯⋯何健雄

"无牌"教师⋯⋯⋯⋯⋯⋯⋯⋯⋯⋯⋯华 棠

作品欣赏

黯淡生活中的苦闷颜色

——读《纪念》⋯⋯⋯⋯⋯⋯⋯⋯⋯吴福辉

纪念（小说）⋯⋯⋯⋯⋯⋯⋯⋯⋯⋯钱钟书

来稿摘登

别有风味的《红樱桃》⋯⋯⋯⋯⋯⋯⋯达英骈

象江水一样向前⋯⋯⋯⋯⋯⋯⋯⋯⋯洪 治

一管之见

——谈谈《她送来一束山楂》⋯⋯⋯⋯葛燎原

哀婉深沉的歌⋯⋯⋯⋯⋯⋯⋯⋯⋯⋯万时兴

失真之处⋯⋯⋯⋯⋯⋯⋯⋯⋯⋯⋯⋯江 衡

本刊一九八三年继续举办"朝花奖"

美术

奔马（国画）⋯⋯⋯⋯⋯⋯⋯⋯⋯⋯刘勃舒

匡庐秀色（摄影二帧）⋯⋯⋯⋯⋯⋯⋯廖衍强

梅花香自苦寒来（国画）⋯⋯⋯⋯⋯⋯梁业鸿

古元水彩画选⋯⋯⋯⋯⋯⋯⋯⋯⋯⋯古 元

1983 年第 2 期　刊名:《广州文艺》
目录

小说

海棠，在今年结果⋯⋯⋯⋯⋯⋯⋯⋯桂雨清

追求⋯⋯⋯⋯⋯⋯⋯⋯⋯⋯⋯⋯⋯⋯聂欣如

表妹⋯⋯⋯⋯⋯⋯⋯⋯⋯⋯⋯⋯⋯⋯江小华

哦，那层纱⋯⋯⋯⋯⋯⋯⋯⋯⋯⋯⋯晓 剑

扯直了曲线⋯⋯⋯⋯⋯⋯⋯⋯⋯⋯⋯农 弟

就象你爱大海⋯⋯⋯⋯⋯⋯⋯⋯⋯⋯紫 蔻

伞⋯⋯⋯⋯⋯⋯⋯⋯⋯⋯⋯⋯⋯⋯⋯仇启明

艺术在人民之中⋯⋯⋯⋯⋯⋯⋯⋯⋯王首道

祝贺《广州文艺》创刊十周年⋯⋯⋯⋯王任重

百花齐放　推陈出新⋯⋯⋯⋯⋯⋯⋯欧 初

祝贺《广州文艺》创刊十周年⋯⋯⋯⋯杜 埃

赞地摊报刊

——贺《广州文艺》创刊十周年和《南风》出版满五

十期⋯⋯⋯⋯⋯⋯⋯⋯⋯⋯⋯⋯⋯⋯秦 牧

唐凤楼小记（特写）⋯⋯⋯⋯⋯⋯⋯陈 茹

一首不易谱曲的歌

——读《我和"阿诗玛"的悲欢》⋯⋯汪习麟

作品分析

从对比中展现性格特征

——评《海棠在今年结果》的得与失⋯⋯张 绰

作品欣赏

我所知道的康桥（散文）——————————徐志摩
心灵的绝唱
——徐志摩散文《我所知道的康桥》赏析———郑成伟

园中人语

关于"苦闷期"的通信—————————————岑 桑

诗海泛舟

多情自古伤离别
——林逋《长相思》词欣赏———————————徐 英
文学之于我
——幻想、读书、思考、奋斗————————吴若增

诗歌

轻轻地把帷幕拉开（二首 胡 箭） 广场塑像（徐
启文） 海滨遐想（李钟声） 少年的歌（外二首
阎 勃） 我得到了承认（张永久） 我愿
——（郭光豹） 风（文 丙） 扫烟囱的孩子
（［英］威廉·布莱克作 古村 林 彬译） 春
（甘永柏）

艺苑谈趣

罗敷与海伦的联想
——小议间接描写—————————————郭 超
掬水月在手——————————————————徐德仁
谈集句诗——————————————————古远清

美术

藕花深处（国画）（华三川） 泼墨铸诗情（国画两
幅）（李 庚） 木刻（二帧）（张运辉 邓子敬）
花朵（油画）（苏丹丹） 肖像（油画）（何韵兰）

1983 年第 3 期　刊名:《广州文艺》
目录

傣族之魂（报告文学）
——记著名傣族舞蹈家刀美兰————————庞瑞垠
海侍们（散文 岑桑评点）—————————林建征
克拉玛依情话（小说 柳嘉评点）——————韩天航
圣加罗示村发生的事（小说）————————杜 埃
阿末小的故事（小说）———————————竹 林
听我说，听我说，没有桃源（小说）—————楚 迪
维纳斯的丈夫（小说）———————————韩石山
珠海渔女，你叙说着什么（散文）——————杨羽仪
坚实的脚步
——记青年作家杨羽仪————————————闻 之

作品欣赏

人情味弥漫全篇的佳制
——读郁达夫的短篇小说《薄奠》···周溶泉 徐应佩
做生活的强者
——记作家高晓声————————————————祖丁远

道路是曲折的，生活是美好的
——谈谈我是怎样踏上文学道路的———————贺景文

作品争鸣

真准深
——读短篇小说《"无牌"教师》———————赵 鹰
失去了真实也就失去了典型
——评短篇小说《"无牌"教师》———————郑成伟

诗歌

星星（外一首）——————————————————孙 泱
香港灯火——————————————————欧阳翎
珠江情思——————————————————————马 丁
卖冰棍的老人——————————————————陈松叶
旅
渔女的发辫——————————————————任海鹰
香蕉——————————————————————苏圻雄

诗配画

盐田奇观——————————————李 放诗 林 墉画
驼铃的歌——————————————张 维诗 林 墉画
春的仓库——————————————张 波诗 陈衍宁画
西湖晨曲——————————————弘 征诗 陈衍宁画

来稿摘登

一篇结构工巧，颇深沉有力的好作品
——读小说《海的咏叹调》—————————————方 非

艺苑谈趣

诗的倒装——————————————————————李元洛
说鬼比说虎如何？——————————————谭龙生
以意逆志，是为得之——————————————王世德

美术

啊，母亲！（油画）—————————————李忠良
广州市群众美术摄影展览作品选登
塞外风光（摄影）——————————————浪淘沙

1983 年第 4 期　刊名:《广州文艺》
目录

小说·报告文学专号

蕲蛇老人传（小说）————————————李自由
心（小说）——————————————————徐恒进
归去来兮（小说）——————————————王文锦
天堂谷（翻译小说·上）
　　　　　　［英］玛格丽特·罗姆　陈　蓬译
黄金的品格（报告文学）
　　——记著名经济学家孙冶方———————张　扬
丹青引（报告文学）————————————山　谷
东方的步伐（报告文学）
　　——记东方宾馆总经理杨献庭
　　　　　　　　陈俊年　曾昭仁　陈洁明
新村叙旧（散文）——————————————陈残云

作品分析

试谈《蕲蛇老人传》的人物塑造——————沙世荣

美术

《广州文艺》创刊十周年《南风》出版五十期纪念题
词赠画选登————————————曹靖华　钱松嵒
林　林　蒋兆和　关山月　赖少其　阮章竞　邵　宇
林散之　程十发　峻　青　陈残云　吴有恒　廖冰兄
顾炳鑫　许麟庐　金　燍　泰　怡　李文新　黄文宽

1983 年第 5 期　刊名:《广州文艺》
目录

小说·报告文学

镜头对准，开拍！（小说）—————————黄　放
"在我心有空处为你……"————————程乃珊
巴根草（小说）
　　——水乡拾忆之一——————————姜　滇
在彩排结束前离开（小说·越秀文学征文）—伊　妮
我们应该欢乐（小说）———————————陈晓敏
女人的心（小说）—————————————蒋丽萍
天堂谷（翻译小说·中）
　　　　　　［英］玛格丽特·罗姆　陈　蓬译
凤凰（小说）
　　　　［英］西维亚·特·华纳著　曾宪才译
黄金的品格（报告文学·下）
　　——记著名经济学家孙冶方————————张　扬
社会主义文艺应以共产主义思想为灵魂————蔡运桂
同青年作家的谈话
　　　　［苏］伊·爱伦堡著　戎道洪　节译

作品欣赏

读《凤凰》片语——————————————黄　沙

本刊一九八二年小说"朝花奖"揭晓

诗海泛舟

立意新颖，优美风趣
　　——薛能《新柳》诗赏析———————陈新璋
乡情（散文）———————————————韦　丘
七绝二首　咏梅——————————————陈一民

美术

维吾尔族诗人（油画）———————————全山石
雕塑————————————————————林毓豪
水彩画——————————————————黄　超
天涯之歌（彩色摄影）———————————柳　嘉

1983 年第 6 期　刊名:《广州文艺》
目录

小说·传记文学

迷惘之后（小说·上）———————————张士敏
小院歌声（小说·"编辑眼"作者鲁周）——魏雅华
第九交响曲（小说·漓阳评点）——————丁小莉
银海声河之星（传记文学）
　　——记我国已故优秀译配演员邱岳峰——潘　星
小路上的女人（小说·越秀文学征文）———黄慧昆
天堂谷（翻译小说·下）
　　　　　　［英］玛格丽特·罗姆著　陈　蓬译
月花（外一首）——————————————魏久环

美术

采莲（油画）———————————————潘鸿海
一九八二年澳门国际摄影展览
　　　　　　曾纪将　蔡江瑶　曾　越　李凤贤
香港二十三届国际摄影展览
广州地区入选，获奖作品选登
中国画三幅————————陈永锵　区　晖　黄　云
同心协力（工笔人物）——————邝　声　缪爱莉
家乡美（工笔人物）————————————王玉珏

1983 年第 7 期　刊名:《广州文艺》
目录

小说·报告文学

硝烟刚刚散去……（小说）——————王　平　周健行
迷惘之后（小说·下）———————————张士敏

我，她，罗锅大爷（小说）························马 林
一帧没有落款的书法（小说·越秀文学征文）
··················龚知敏
龙泉村的棋王（小说）·······················郑集思
勇士（小说）·································冯骥才
他在不断开拓领域
——访作家冯骥才·······················王肇岐
逆境中的斗士（报告文学）·····················淳 亮
中国当代文学的"飞来峰"·····················理 由

作品分析
军事题材的道德探索
——评《硝烟刚刚散去……》·················张 绰

诗歌
春雨，轻轻地飘·····························洪 源
水乡一条街·································左一兵
帆的传说···································苏 力
枫叶（外一首）·····························张洪波
童年纪事···································卫世平
那个黄昏，是桔黄色的·······················姜维平

作品欣赏
吵架（小说）·······························刘以鬯
吵架（小说）·······························舒巷城
题材相似，手法不同，意趣迥异
——读舒巷城和刘以鬯的同名小说《吵架》·····许翼心

艺苑谈趣
土壤·极致·交换位置
——漫谈典型环境·······················唐再兴
异苑陌上闲步
——读几首外国诗的札记···················杨汝絅
扑向太阳···································徐德仁

美术
织女（水粉）·······························鸥 洋
夜泊（国画）·······························李仁康
映日荷花别样红（国画）·····················梁业鸿
水印木刻（二幅）···························郑 爽

1983 年第 8 期 刊名:《广州文艺》
目录

白果花 月色中盛开的梦（小说）···············岳立功
山岗上的枪声（小说）·······················吴若增
居仁坊阿顺（小说）·························伊 始
相逢在特区（小说）·························陈 茹

紫罗兰色（小说）···························王小鹰
王小鹰的生活和创作道路
——青年作者简介·······················武 宁
别把我记在心里（小说）·····················周震亚

三叶集
宋"老板"摆宴（小说）·····················张福荣
假如有更多这样的"老板"（创作说） 张福荣
"编辑眼"·································纯 子
哥本哈根小夜曲（彼岸一瞥·散文）·············丁 炜
贝比玛（散文）·····························薛尔康

作品分析
情景·意境·哲理
——试析《白果花，月色中盛开的梦》的艺术特点
··················钟子硕
老舍与胡絜青
——在胡絜青家中做客后记···················白 夜
试谈今年来我国文学中的现代化倾向·············陈剑晖
"重要的是自己的声音"
——吴若增短篇小说的艺术特色···············刘乐群
青年诗作评点·················评点者 柳 嘉
攀登者···································艺 辛
春雨·····································莫少云
夜守·····································郭玉山
潭水清清·································姚成友
水晶·····································徐启文
会唱歌的星·································朱光天

诗海泛舟
高手笔下石生辉
——辛弃疾咏石诗赏析·····················陈新璋

园中人语
谈谈诗的意境·······························洪三泰

作品争鸣
我相信 我相信 没有桃源
——读《听我说，听我说，没有桃源》·········全建中
一幅弗洛伊德主义的图解
——评《听我说，听我说，没有桃源》···········卢洁峰
告读者·································本刊编辑部

美术
扇舞（国画）·······························伍启中
木刻两幅···································黄树德
摄影三帧·········李必标 钟立辉 林泽川 苏嘉和
幽篁深处（国画）···························刘 仑

1983 年第 9 期　刊名:《广州文艺》
目录

报告文学　小说

东方卓别林（报告文学）
——"阿 Q"严顺开"正传"·············宋　超　徐茂昌
查干和阿拉坦（小说）·····················许　淇
还债（小说·浪淘沙评点）·················王梓夫
假如配上美妙的旋律（小说·越秀文学征文）
　　　　　　　　　　　　　　章以武　黄锦鸿
啊，王兰花（小说）·····················朱玉琪
路，靠他自己走出来
——记业余作者朱玉琪·················李安瑜

三叶集

旋涡（小说）·························李万里
"旋涡"里的歌（创作改）·················李万里
我推荐这朵小花（"编辑眼"）·············绿　草
平安夜（小说）·······················阚家蕤

作品分析

领略一个美好的心灵世界
——评许淇的《查干和阿拉坦》·············张　绰

作品欣赏

开启心扉的两只滑轮
——赏析《平安夜》的心理描写·············钟子硕
幽默的文学与文学的幽默
——访作家秦牧·······················陈　衡
作家的学校是生活···[苏]彼·巴甫连柯　戎道洪译

诗歌

我永远属于青年·······················陈赤军
轮胎·······························何展图
温泉的雨···························何香久
太湖的鸟···························蔡宗周
等·······························卢　迈
湖·······························李挺奋
落日·······························张跃虎

诗海泛舟

一曲劳歌谁复知·······················刘斯翰

艺苑谈趣

激情的淀积·························赵　鹰

美术

晨（油画）·························关则驹

恬静的树木（钢笔画）·················杨　艺
山东老区写生（中国画）·················梁维瑛
边塞驼铃（中国画）·················梁培龙

1983 年第 10 期　刊名:《广州文艺》
目录

小说专号

深巷明朝卖杏花·······················桂雨清
老木匠和他的关门徒弟·················黎　化
第一封情书·························苏　叶
阿齐·······························唐凤楼
小路通向远方·························孙丹薇
梦浴（中篇小说）·····················伊　妮
来客·······························魏雅华
旅途·······························马未都
太阳·月儿·星星（诗）·················莫　愁

美术

逸趣（国画）·····················陈衍宁（封面）
悠悠小舟（摄影）·················王　榕（封二）
山云隐现（摄影）·················蔡少华（封二）
《海啸》插图选·················詹忠效（封三）

1983 年第 11 期　刊名:《广州文艺》
目录

小说

闪光
——童年记事之一（中篇小说）·············白　桦
自新大陆……（小说）·················王　川
在文讲所 308 房间（小说）·············姜锋青

三叶集

儿时唱的那支歌（小说·越秀文学征文）·······陆　笙
不仅仅是眷念（创作谈）·················陆　笙
有造境　有写境（编辑眼）·················文　政
作为我的朋友（小说）·················刘心武
库萨卡（小说）····[俄]列·安德列耶夫　亦　鸣译

作品欣赏

象征主义与写实主义的密切融合
——从《库萨卡》看列·安德烈耶夫创作的艺术特征
　　　　　　　　　　　　　朱兆翰　郑成伟
关于"现代化文学"的质疑·················黄展人
福楼拜书信选
——致俄国作家屠格涅夫·················亚　丁译

诗歌

珠贝的项链 ————————————————— 田中禾
早渔 ——————————————————— 颜昌海
飞吧，月光 ————————————————— 时红军
深圳的风和雨（外一首）——————— 邓良球　刘运潮
假中见真 —————————————————— 林文山

艺苑谈趣

关于《大卫》的寻思 ———————————— 徐德仁
《广州文艺》一九八四年第一期起增版发行

美术

心中的花（国画）————————————— 黄柔昌
粤岭翠色（水彩两幅）——————————— 杨家聪
珠江晨曦（油画）—————————————— 任　兴
世世代代（国画）—————————————— 梁　荣
方昉书籍设计作品选

1983 年第 12 期　刊名：《广州文艺》
目录

蓝色的新娘
　——张瑜（报告文学）——————— 希　子　望　远
青果黄花（中篇小说）——————————— 赵大年
涨潮，涨潮，伶仃洋（小说）————————— 吕　雷
九江鱼（小说·越秀文学征文）———————— 伍深明
好猎手和他的梦（小说）——————————— 蔡测海
莫高思翔（散文）
　——西北纪行 ——————————————— 柳　嘉
我的房东（小说）—————————————— 冰　心

作品欣赏

层次复层次　洞天又洞天
　——冰心小说《我的房东》赏析 ——————— 金钦俊
和花儿一起生活的人
　——记老舍夫人胡絜青 ——————————— 王庚虎
青年时代与天才
　　　　　　　[苏]康·阿·费定　戎道洪　节译
波浪（散文诗）——————————————— 李发模
歌墟即景（诗）——————————————— 莫少云

诗海泛舟

一首形神兼备的题画诗
　——黄庭坚《题竹石牧牛》赏析 —————— 陈新璋

艺苑谈趣

艺术家的"捕捉" ————————————— 贺光鑫

《广州文艺》一九八四年第一期起增版发行

本刊"朝花奖"获奖作品推荐意见表

美术

冬（油画）—————————— （中国澳门）余国宏
东坡词意（国画）—————————————— 刘旦宅
东北林区行（速写二幅）——————————— 刘济荣
摄影作品选 ————————————————— 梁乐天

1984 年第 1 期　刊名：《广州文艺》
目录

新的一页
　——编者的话

小说·报告文学

潜流中有鲨鱼（中篇小说）—————————— 希　子
月照襄河渡（小说·漓阳、叶石评点）————— 周元镐
深情（小说）———————————————— 董宏猷
留言（小说·港台文讯）—————— （中国香港）夏　易

三叶集

小石桥（小说·越秀文学征文）———————— 路　草
为狗叔说几句话（创作谈）—————————— 路　草
要约而写真（编辑眼）——————————— 文　政

微型小说

那儿，是夏天，这儿，是早上 ———————— 小　宇
在幕后…… ————————————————— 周志俊
眼神 ——————————————————— 王志民
圆 ———————————————————— 姚永君

影画小说

美丽的夜色 ———————— 作者　刘文彦　摄影　宏　毅
导演　黄统荣　主演　张东升　贾梅婴
带着祖国的托付……（报告文学·越秀文学征文）
　　　　　　　　　　　　　　　　　罗铭恩　陈明哲
评"革命现实主义和现代主义的结合"论———— 黄展人
"友谊"这个字眼……（散文）————————— 竹　林
夜·风雨平台（散文·芦荻评点）——————— 洪三泰

作品分析

真诚质朴　景美情深
　——读短篇小说《深情》——————————— 张奥列

作品欣赏

纵横捭阖　烟水迷离

——吴梅村的《圆圆曲》……………黄天骥
圆圆曲……………………………………吴梅村

作家访问记
丁玲的晚间来客………………………白 夜
夏易谈创作……………………………夏 香

诗歌
塔灯（徐启文）、洞庭秋月（外一首·蔡宗周）、葛洲坝（叶知秋）、溜冰（郭玉山）、美丽的西湖旁（叶曙光）、阳光（黄东成）、三潭印月、白堤漫步（叶笛）

艺苑谈趣
红了樱桃 绿了芭蕉…………………韦明铧
死的闪光………………………………凌 烟

文学小常识
希腊神话与荷马史诗…………………亚 力

美术
莉斯·玛戴尔像（油画）………〔法〕莫里斯·埃兰热
《莉斯·玛戴尔像》及其他（中外名画赏析）
…………………………………………迟 轲
西北神韵（摄影三帧）………………柳 嘉

1984 年第 2 期　刊名:《广州文艺》
目录

小说·报告文学
不倦的奔牛
——牛犇（报告文学）……晨 钟 晨 光
南来之风（中篇小说·特区剪影）……黄天源
填表（小说）…………………………姜 村
情如春水（小说·浪淘沙评点）…殷慧芬 楼耀福
金箩（小说）…………………………丰晓梅
无法捕捉的笑（小说·越秀文学征文）……欧嘉年
时光倒流一千年（小说·港台文讯）
……………………………（中国香港）海 辛

微型小说
"○"……………………………………余松岩
雨………………………………………吕硕文
一株花的一生………………………郑集思
水巷遗迹（散文）……………………杨羽仪
旅日日记（散文·彼岸一瞥）………谢文勇
"未曾带地图的旅人"
——肖乾记事（作家传记）…………郑 直
正视"现代派"文艺思潮在青年中的影响

——《广州文艺》广州青年文学会联合召开的作者座谈会纪要

作家与生活
——同高尔基文学院学生的谈话
………………〔苏〕伊·爱伦堡 戎道洪译

作品欣赏
熔裁穿插 出神入化
——谈谈《三国演义》第七十二回中"曹操杀杨修"的情节构造………………………俞祖平

诗海泛舟
凌波仙子欲倾城
——黄庭坚咏水仙花赏析……………陈新璋

诗歌
耕耘，在家乡的土地上（组诗）……冯麟煌
他在热土上歌唱
——记青年诗人冯麟煌………………天 章
塞外弦歌（二首）……………………胡 笳
瞳仁中写着未来…………………………顾 工
土地（外一首）………………………陈玉坤
别后（外一首）………………………卓 凡
奉献（散文诗）………………………杨 炼
以文为高 甘当"傻佬"
——介绍香港作家海辛先生……………夏 香
《溜冰恋曲》序………………………易 巩

艺苑谈趣
苏州归来话济公………………………谷 梁

美术
三月水（水印木刻）…………………于秉正
广东省农村农场新貌画展作品选…曾祥熙 李晓白等
庄稼陶瓷雕塑展览作品选登…………庄 稼
嫦娥奔月 天女散花（年画）………任率英

1984 年第 3 期　刊名:《广州文艺》
目录

小说·报告文学专号
绿色的逗号（中篇小说）……………魏冬生
婚礼和葬礼（中篇小说）……………张士敏
弯弯的歌圩路（报告文学）…………柴立扬
"牧马人"香港探亲记（报告文学）……蔡东士
导音（小说）…………………………陶 正
花烛般渔火（小说·亚力评点）……叶明山

迁居（小说） —————————— 李建纲
船老板的女儿（小说） —————— 罗欣荣
在这块古老的土地上（小说） ——— 廖 琪

图画小说
月光，照在小路上（越秀文学征文）
—————————— 王 海 文 汤集祥 图

微型小说
刚下了一场雨…………………… 吴嘉聪
一瞬间 ————————————— 成莫愁
诗五首 ————————————— 陈一民
东江纵队成立四十周年纪行
五指山风情（诗） ——————— 陈烘炽

作品分析
歌·诗·画·情
——报告文学《弯弯的歌圩路》读后
—————————— 黄树森 钟晓毅

美术
泰国舞蹈（国画） ——————— 李世南
尹积昌浮雕人像选登 —————— 尹积昌
春风漓水客舟轻（国画） ———— 黄定成
颐和园铜亭壮观（国画） ———— 谭大鹏
罗宗海水彩画选登 —————— 罗宗海

1984 年第 4 期　刊名：《广州文艺》
目录

小说·报告文学
无声的旋律（中篇小说） ———— 鲁之洛
弧线（小说） ————————— 卢一基
石榴树下的远亲（小说） —— 锦 云 王 毅
在瑰丽的舞台上（报告文学）
——记著名舞蹈家赵青 —— 孟皋卿 倪振良
慈姑妹偷师（小说） —————— 华 棠
咖啡馆之梦（小说） —————— 马 林
吹过去一阵风（小说·留学生之页）—顾月华
厨房杀人犯（翻译小说）
———————— [泰]克立·巴莫 栾文华译

三叶集
车间变奏曲（小说·越秀文学征文）— 昌 洪
这支曲（创作谈） ——————— 昌 洪
修改　充实　提高（编辑眼） ——— 尚 东

微型小说
恨——动物篇之一 ——————— 李春荣
怒——动物篇之二 ——————— 李春荣
绿邮包和红杜鹃（散文） ———— 赵丽宏

作品分析
世界冠军背后
——评短篇小说《弧线》 ———— 张 绰

作品欣赏
耐人寻味　意趣盎然
——读《厨房杀人犯》 ————— 张国培
春晖录（作家访问记）
——记黄药眠先生谈治学 ———— 郑成伟

诗海泛舟
王维山水名作二题 —————— 刘斯翰

诗歌
山村里的新楼（张洪波）、黄酒（邓玉贵）、雪写的思念（子页）、钻头（陈定颐）、深深的小巷（郭继联）、去呀，傻妹子（莫少云）、在海上（赵军）、你织绣着美的画幅（于宗信）、夏日随感（苏敏）、寒星（卢迈）、假如你是一株白杨（高铁军）、给妈妈塑像（卫世平）、石钟山（曾旭升）
小手拖（田中禾）
女裁缝（林锡潜）
地平线（张 浪）

本刊一九八三年"朝花奖"作品获奖揭晓

艺苑谈趣
应有阿波罗的神通 ————— 咏 枫 朱 曦
说铺垫 ————————————— 陈 炳

文学小常识
古代希腊的悲喜剧 —————— 伊 妮

稿信摘登
写棋须写行内话
——《龙泉村的棋王》读后 ——— 舒 英
给舒英同志的信 ——————— 郑集思

美术
芭蕾之花（油画） ——————— 鸥 洋
珠江河畔（国画） —————— 陈永康
船厂远眺（炭笔） —————— 曾庆钊
鱼跃金波（国画） ——————— 梁 宽
春风得意（国画） —————— 梁业鸿

升平小调（油画）……………………………陈舫枝
漓江挹翠（油画）……………………………李瑞祥

1984 年第 5 期　刊名:《广州文艺》
目录

小说·报告文学
在地狱的人口（报告文学）
　　　　　　　　　　　杨代漳　贾国辉　杨可夫
风正一帆悬（报告文学）
——记《精变》女主角魏慧丽…………………山　谷
爱的疑云（中篇小说）………………余友三　叶　梅
魂归（小说·戈弩评点）………………………彭瑞高
再婚的女人（小说）……………………………毛志成
风筝·姑娘·悬崖上的小伙（小说）…………桂雨清
南国萌芽北方草
——记业余作者桂雨清…………………………祥　麟
鸡公山伯爵（小说）……………………………贺良凡
海森教授的悲剧（小说）………………………杨　惕
网（小说·港台文汇）………………（中国香港）陶　然
十年辛苦不寻常
——记香港作家陶然先生………………………夏　香
今年桔子分外甜（小说·越秀文学征文）……邹伟远
尴尬的老汉（微型小说）………………………成莫愁
……心灵的桥梁（微型小说）…………………唐凤楼
远火（散文）……………………………………杨闻宇
沉思（小说）……………………………………王统照

作品欣赏
凭空设境，重在写意的《沉思》…………………黄新康
文学创作的"最佳可能性"………………………熊开国

诗海泛舟
花中豪杰的赞歌
——张维屏咏木棉词赏析………………………陈新璋

诗歌
孔雀公主的爱情（二首·洪三泰）、铁匠（苏南）、那时候，为了什么（姚成友）、骑海（陈元通）、晴（孟胜国）、贵阳随想（商子秦）、夜里敲门（徐国静）、寄……（外二首·魏久环）、泉州湾·日湖塔（田中禾）、闻笛（林根强）

艺苑谈趣
有生命的标点
——曹禺剧作语言札记…………………………马　威
闲笔的妙用………………………………………陈达专

美术
荷塘新雨后（国画）……………………………方楚雄
鹭乡晨曲（国画）………………………………梁世雄
长空在召唤（国画）……………………………蔡天涛
刘中东国画选……………………………………刘中东
傣族姑娘（水彩）………………………………陈杰雄
一笛春风草满川（国画）………………………燕　陵

1984 年第 6 期　刊名:《广州文艺》
目录

小说·报告文学专号
爱神战胜死神（报告文学）……………………赵　凌
他们毁灭了自己（报告文学）…………容　嵩　雷　凯
大学里的早春时节（中篇小说）………………孙　颙
晨雾还未消散（小说）…………………………莫　伸
他真的回来看她?（小说·高鲁评点）………许子东
海之情（小说）…………………………………肖复兴
毛毛雨打湿衣裳……（小说）…………………肖建国
林中残梦（小说）………………………………岩　森
哈德逊河边的大楼（小说·越秀文学征文）
　　　　　　　　　　　　　　　　　　……顾月华
"棋王罗家宝"新传（小说·新秀文学征文）
　　　　　　　　　　　　　　　　　　……戴胜德
女演员和她的脸蛋儿（小说）…………………王庚虎
朝如青丝暮成雪（小说）………………………航　鹰
小夜恋曲（小说）………………………………康　健
中彩日（小说·港台文汇）……………………东　瑞
热爱生活　勤奋多产
——访香港青年作家东瑞先生…………………夏　香
湖畔（微型小说）………………………………常空军
澳大利亚风景油画作品选登

美术
汲水图（国画）…………………………………周思聪
曾良陶瓷雕作品…………………………………曾　良
阿涛版画…………………………………………阿　涛
自然的歌　心中的爱
——简谈两幅澳大利亚风景油画………………汤集祥
澳大利亚风景油画作品选登

1984 年第 7 期　刊名:《广州文艺》
目录

小说·报告文学
有一个中国音乐家（报告文学）（柳嘉、亚力评点）
——记画家高燕……………………………………赵丽宏

世界你早！ 阳光你早！（报告文学）
——记汪苏苏、宋怀强、王汤三重唱艺术小组
．．．．．．．．．．．．．．．．．．．．．．．．．．．天 云 晓 明
无名氏肖像（小说）．．．．．．．．．．．．．．．关 鸿
狰狞的夜（连载小说）
．．．．．．．．［美］西德尼·谢尔登著 汪 村 工 雨译
学会说声再见（小说）．．．．．．．．．．．．．吕 胜
"男子汉旅游团"纪事（小说）．．．．．．．陈宜浩
自费生之恋（小说·留学生之页）．．．．唐 仔
中间的树（影画小说）．．．．．．．作者：刘权明
摄影：宏 毅 导演：黄统荣 主演：张晓磊 陈 锐
玛丽娅的礁石（小说）
．．．．．．．．［苏］谢尔盖·沃罗宁著 戴 骢译
蜜月的雨（微型小说）．．．．．．．．．．．．．廖建华
难解的谜（微型小说）．．．．．．．．．．．．．林荣芝
人牛（散文）．．．．．．．．．．．．．．．．．．．．丘 峰

域外花
礁石旁有过一个仙境
——读《玛丽娅的礁石》．．．．．．．．．亚 力
列夫托尔斯泰的技巧
．．．．．．．．．．．．［苏］康·阿·费定 戎道洪译

诗海泛舟
此心安处是吾乡
——苏轼歌妓词《定风波》赏析．．．．．．．陈新璋

环市东·377·"南南信箱"
业余创作该怎么安排时间
退稿是怎么回事
孔捷生在想什么，写什么

诗歌
丝路情丝（二首·洋雨）、谜（李可刚）
黑夜里的歌唱（罗铭恩）、窑洞之夜（陈阵）
崩豆工（田惠刚）、家庭（柯原）、泼（任海鹰）
我的心，在椰海中涤荡（朱光天）

探微录
艺术中的"开头"．．．．．．．．．．．．．．．徐德仁

说长道短
含蓄与含糊
——微型小说《书法家》与《圆》的对比．．．．．．．刘乐群

美术
新秀（油画）．．．．．．．．．．．．．．．．．．．李忠良
春、夏、秋（水彩）．．．．．．．．．．［美国］程 及
彩墨淋漓尽抒情．．．．．．．．．．．．．．．珂 田

1984 年第 8 期　刊名：《广州文艺》

目录

小说·报告文学
断桥（中篇小说）．．．．．．．．．．．．．．．赵大年
来自脚手架的云雀
——沈小岑（报告文学）．．．．希 子 桑 子
空山鸟语（小说）．．．．．．．．．．．．．．．王 川
阿斯塔纳看墓人（小说）．．．．．．．．．．伊 始
绿色的星期五（小说）．．．．．．．．．．．黄献国
第四十四个春天（小说）．．．．．．．．．朱玉琪
狰狞的夜（连载小说）
．．．．．．．．［美］西德尼·谢尔登著 汪 村 工 雨译
云云花后里的梦魇（小说·港台文汛）
．．．．．．．．．．．．．．．．（中国台湾）陈铭幡
向性（微型小说）
．．．．．．．．［法］娜莎莉·萨鲁特 陶桂年译

作品分析
命题深邃，构思巧妙
——读中篇小说《断桥》．．．．黄树森 钟晓毅
五月，朝花荟萃的五月
——《广州文艺》第四届"朝花奖"颁奖及笔会活动
侧记．．．．．．．．．．．．．．．．．．．．．．尚 东

青年诗作之页
海的儿子（外二首）．．．．．．．．．．．．马向东
星之恋（外一首）．．．．．．．．．．．．．．卢 迈
秋歌．．．．．．．．．．．．．．．．．．．．．．潘健生
风．．．．．．．．．．．．．．．．．．．．．．．．涓 涓
春歌．．．．．．．．．．．．．．．．．．．．．．杨超鹏
霜．．．．．．．．．．．．．．．．．．．．．．．．邓峻枫
九月（外一首）．．．．．．．．．．．．．．．．兰正文
相同的话．．．．．．．．．．．．．．．．．．．．卓 凡
长街行．．．．．．．．．．．．．．．．．．．．．黄河浪
侗寨风情．．．．．．．．．．．．．．．．．．．．文 丙
老槐树（散文诗）．．．．．．．．．．．．．．杨 炼

南南信箱·环市东 377
怎样使自己成为一个作家
把错漏减少到最低限度

说长道短
寄希望与你
——《广州文艺》
——"朝花奖"获奖者和笔会作者笔谈

美术

日本仕女画选登

朝花荟萃

——"朝花奖"活动侧记（摄影）

六月榴花红似火（国画）⸺⸺⸺⸺⸺杨家聪

1984 年第 9 期　刊名:《广州文艺》
目录

作品分析

越狱（小说）⸺⸺⸺⸺⸺⸺⸺⸺⸺桂雨清

妙哉与众不同处——谈《越狱》⸺⸺黄　沙

"剃头李"传奇（中篇小说）⸺⸺⸺宁泉骋

一个国民党上校的脚印（传记小说）⸺梅中泉

黑夜，有盏马灯……（小说）⸺⸺⸺赵宇共

怪马黑子（小说）⸺⸺⸺⸺⸺⸺⸺王爱英

画梦（小说）⸺⸺⸺⸺⸺⸺⸺⸺⸺汪天云

银河中的一颗星辰（报告文学）⸺向述其　林文询

狰狞的夜（连载小说）

⸺⸺⸺［美］西德尼·谢尔登著　汪　村　工　雨译

痛失（微型小说）⸺⸺⸺⸺⸺⸺⸺黄建中

留学生之页

悠然逆旅频回首（散文）

——写在去国两周年之际⸺⸺⸺⸺苏　炜

港台文讯

从《姐姐的爱情》到《阿达传略》

⸺⸺⸺⸺⸺⸺⸺⸺（中国香港）许显良

作品欣赏

笔笼山川　纸纳四时

——陶弘景《答谢中书书》赏析⸺⸺徐应佩　周溶泉

奇山异水　天下独绝

——谈吴均的《与朱元思书》⸺⸺⸺丁长河

女作者诗页

野花开放（梅绍静）　希望（孙桂负）

春雨（侯丽娟）　鱼乐国（张芸）

新建筑群（黄焕新）　芳香的夜（龙彼德）

幼女的别情（陈茂欣）　你有祖国（黄东成）

帆（散文诗·宋才逢）

朝花奖获奖者谈创作

小峰花间知甘苦⸺⸺⸺⸺⸺⸺⸺桂雨清

环市东 377·"南南信箱"

我所熟悉的许显良先生

题材、风格的多样化

美术

舞（国画）⸺⸺⸺⸺⸺⸺⸺⸺⸺华其敏

文苑采薇（作者剪影）

中国心（油画）⸺⸺⸺⸺⸺⸺⸺于英增

1984 年第 10 期　刊名:《广州文艺》
目录

小说专号

龙虎滩上的女人（中篇小说）⸺⸺⸺付　荻

多情的珀丝，多情的莎娜（小说）⸺⸺罗石贤

山魂（小说·柳嘉评点）⸺⸺⸺张宗杖　李　逊

桃花寨　鸳鸯岭（中篇小说）⸺⸺⸺胡　柯

狰狞的夜（连载小说）

⸺⸺⸺［美］西德尼·谢尔登著　汪　村　工　雨译

哦，波澜（小说）⸺⸺⸺⸺⸺⸺⸺何志云

黄昏的风景（小说）⸺⸺⸺⸺⸺⸺蒋丽萍

祖传秘诀（小说）⸺⸺⸺⸺⸺⸺⸺殷春树

超级机器人（幻想小说）⸺⸺⸺⸺⸺马　牛

邂逅（微型小说）⸺⸺⸺⸺⸺⸺⸺刘树华

"脚伏"（微型小说）⸺⸺⸺⸺⸺⸺张宝妮

三叶集

夜声（小说）⸺⸺⸺⸺⸺⸺⸺⸺⸺黄　堃

我的思索（创作谈）⸺⸺⸺⸺⸺⸺黄　堃

抒发人的心声（编辑眼）⸺⸺⸺⸺⸺绿　草

美术

英雄城（国画）⸺⸺⸺⸺⸺⸺⸺⸺单剑峰

文苑采薇（作者剪影）

特区风情（油画）⸺⸺⸺⸺⸺⸺⸺陈衍宁等

1984 年第 11 期　刊名:《广州文艺》
目录

小说·报告文学

望海椰（中篇小说）⸺⸺⸺⸺⸺⸺⸺吕　雷

铁凝和她的父亲（报告文学）⸺⸺⸺谢大光

六只手指（小说·戈弩评点）⸺⸺⸺彭瑞高

在绿茵茵的草地下面（小说）⸺⸺⸺许子东

长城上的篝火（小说）⸺⸺⸺⸺⸺⸺陈　垦

度假（小说·留学生之页）⸺⸺⸺⸺顾月华

考验（小说·港台文汛）⸺⸺⸺（中国台湾）欧阳子

狰狞的夜（连载小说）

⸺⸺⸺［美］西德尼·谢尔登著　汪　村　工　雨译

流砂河（小说）————————————张系国

作品欣赏
酌奇而又纯真
——《流砂河》赏析————————金钦俊
散文的美————————————柳　嘉

诗海泛舟
一曲伤离的咏叹调
——周邦彦《瑞龙吟》浅析————梁鉴江

诗歌
带给你一束星星花
远方（外一首）————————骆一禾
雨的回忆（外一首）—————吕　胜
海堤————————————陈衍庆
多雨的江南（二首）—————饶庆年
野马————————————林贤治
南方印象————————————王　彬
独特的旋律（二首）—————黄振超
雪————————————邓俊枫

环市东 377·南南信箱
关夕芝和儿童文学
题材是重要的吗?

艺苑谈趣
封闭、开放与未来————————徐德仁

美术
南海（国画）————————尚　涛
广州水彩画研究会第四回展作品选登
詹天佑（国画）————————陈振国
美国插图选登

1984 年第 12 期　刊名:《广州文艺》
目录

小说专号
狩猎伶仃洋（中篇小说）————赵大年
爱与死的迷惘（中篇小说）——石　工
血河（小说）————————石　冰
球星的沉浮（报告文学·越秀文学征文）
——吴育华的未完道路——郑　毅　吴晓波
又是周末（小说）————————邹月照
将军野史（小说）————————陆　笙
狰狞的夜（连载小说）
————[美]西德尼·谢尔登著　汪　村　工　雨译

一个荒诞的梦（微型小说）————沉　洲
"是 Ma"!?（微型小说）————高　鲁
舞台，空荡荡……（影画小说）
————编文　周志俊　摄影　弘　一

美术
街市（蛋彩画）————————司徒绵
国外写生（国画）————————劳崇聘

1985 年第 1 期　刊名:《广州文艺》
目录

机会与挑战
——本刊新年趋势

小说
那一片白杨林（短篇小说·桂山评点）————邓建楚
乔局长点鸳鸯（短篇小说）————谭先义
崭新的角色（短篇小说）————侯钰鑫
帕毅和毅帕（短篇小说）————吴雪恼
维纳斯的坎肩（短篇小说）————航　鹰
谜二仙（中篇小说）————杨　威
狰狞的夜（连载小说）
————[美]西德尼·谢尔登著　汪　村　工　雨译
喝，喝……（微型小说）————刘阳春
嫩伢儿（微型小说）————田中禾

滑浪风帆
死角（短篇小说）————————曹征路

魅力世界
"世界屋脊"的呼唤（报告文学）————钱五一

都市之光
追逐（散文）————————叶　石

作家访问记
人到中年万事兴
——记女作家谌容————————祖丁远

作品欣赏
用忧愤和血泪谱写的自挽歌
——读《红楼梦》中林黛玉的《葬花词》————饶芃子
葬花词
——选自曹雪芹《红楼梦》第二十七回

旋转餐厅
影画小说
烛光⋯⋯⋯⋯⋯作者 漆佳兵 导演 黄统荣
摄影 弘 一 主演 菩超英 陈锐

散文
香港宋城随想⋯⋯⋯⋯⋯⋯⋯⋯⋯杨羽仪
一株椰树⋯⋯⋯⋯⋯（中国香港）唐乙凤

环市东 377 信箱
写一滴水如何⋯⋯⋯⋯⋯⋯⋯⋯⋯南 南
切莫忽略细节⋯⋯⋯⋯⋯⋯⋯⋯⋯纯 子
编者的话

诗歌
送煤的小伙⋯⋯⋯⋯⋯⋯⋯⋯⋯⋯郭继联
檐下，挂着金色的日子⋯⋯⋯⋯⋯莫少云
"越秀文学新人新作征文奖"揭晓

美术
晨光（油画局部）⋯⋯⋯⋯⋯⋯⋯陈衍宁
新人新作（摄影四帧）

1985 年第 2 期　刊名:《广州文艺》
目录

园中人语
车队越过鹰崖（中篇小说）⋯⋯⋯⋯南予见
妙在显示新的特质
——评《车队越过鹰崖》⋯⋯⋯⋯黄伟宗

魅力世界
"野心"三级跳（报告文学）
⋯⋯⋯⋯⋯⋯⋯邢 健 白 玲 耀 泉
这一株仙人掌（中篇小说）⋯⋯⋯⋯毛志成

短篇小说
木柄少女⋯⋯⋯⋯⋯⋯⋯⋯⋯⋯⋯程新国
一棵树⋯⋯⋯⋯⋯⋯⋯⋯⋯⋯⋯⋯万 方
乔迁之悲⋯⋯⋯⋯⋯⋯⋯⋯⋯⋯⋯黄锦鸿
茶友⋯⋯⋯⋯⋯⋯⋯⋯⋯⋯⋯⋯⋯郑集思
狰狞的夜（连载小说）
⋯⋯⋯［美］西德尼·谢尔登著 汪 村 工 雨译

域外花
逃亡路上（短篇小说）
⋯⋯⋯⋯⋯⋯［西德］施努尔著 文 思译
情景交融 言外有声

——《逃亡路上》欣赏⋯⋯⋯⋯⋯文 思

港台文汛
我是怎样成为幽默大师的?（短篇小说）⋯⋯⋯鲁 嘉

旋转餐厅
散文
珠泪⋯⋯⋯⋯⋯⋯⋯⋯⋯⋯⋯⋯⋯黄 业
贵乎诚⋯⋯⋯⋯⋯⋯（中国香港）唐乙凤

艺苑谈趣
说站着写⋯⋯⋯⋯⋯⋯⋯⋯⋯⋯⋯杨汝绷

诗歌
城市交响乐⋯⋯⋯⋯⋯⋯⋯⋯⋯⋯弘 征
八月天山道⋯⋯⋯⋯⋯⋯⋯⋯⋯⋯胡 笳
抛弃⋯⋯⋯⋯⋯⋯⋯⋯⋯⋯⋯⋯⋯翟永太

美术
泰国舞蹈（国画）⋯⋯⋯⋯⋯⋯⋯杨之光
阿富汗写生（国画）⋯⋯⋯⋯⋯⋯苏 华
香港掠影（速写）⋯⋯⋯⋯⋯⋯⋯杨家聪
柳嘉旅行摄影作品

1985 年第 3 期　刊名:《广州文艺》
目录

小说·报告文学专号
都市之光
感情色彩（中篇小说）⋯⋯⋯⋯⋯黄天源
地狱之路（中篇报告小说）⋯⋯⋯少 君

魅力世界
着了魔的"渔夫"（报告文学）⋯⋯杜 峻

滑浪风帆
走出青楼之后⋯⋯（短篇小说）⋯⋯杨 惕

短篇小说
彩色的云⋯⋯⋯⋯⋯⋯⋯⋯⋯⋯⋯赖汉衍
"逆子"的挑战⋯⋯⋯⋯⋯⋯⋯⋯⋯仇启明
老婆不在身边的时候⋯⋯⋯⋯⋯⋯晓 剑
飞越茫茫的云海⋯⋯⋯⋯⋯⋯⋯⋯李其宏
狰狞的夜（连载小说）⋯⋯［美］西德尼·谢尔登著
果绿的窗帘（微型小说）⋯⋯⋯⋯邓子科
一件好事，一件新事，一个创举⋯⋯陈一民

旋转餐厅

美术

苏醒（油画）——————————李正天

广州文艺编辑部、广州侨光制药厂联合经营签约剪影、题词

1985 年第 4 期　刊名:《广州文艺》
目录

都市之光

猛龙过江（中篇小说）——————江　川

特区剪影

夜，在深圳……（小说）——————李兰妮

魅力世界

雨后的芳菲（报告文学）
——记电影演员顾永菲——————汪天云

短篇小说

鬼节（柳嘉评点）——————————繆　士

敲敲门，屋里骤然静寂——————胡　健

似曾相识——————————————王小鹰

边陲的火凤凰——————————陈　明

息息相通（微型小说·外一篇）——周志俊

风（微型小说）——————陈应潮　吕硕文

狰狞的夜（连载小说）—[美]西德尼·谢尔登著

港台文讯

失落的鼻子（小说）—————（中国香港）东　瑞

作品欣赏

开庭前夜（小说）—————[俄]契诃夫著　一　苇译

笑过之后的玩味
——读《开庭前夜》——————谭龙生

旋转餐厅

影画小说

角落里的迪斯科——————余伯琨文　利智仁摄

海思（散文）——————————李其纲

诗歌

山水情怀

"空白点"（外一首）（蔡宗周）　我要换一张帆（时红军）　雾缕（孟宪和）　钟乳石对石笋说（张讴）　天外一线（邓玉贵）　十月，椰子熟了（郑南）　向海（沙陵）　水上的舞蹈（散文诗）（于宗信）　珍珠贝（外一首）（朱光天）

讨论，需要改革和更新
——对广东文艺评论的思考——————陈剑晖

天才与劳动——————[苏]列·列昂诺夫著　戎道洪译

艺苑谈趣·问号的作用——————贺光鑫

美术

吉普赛女郎（油画）——————梁明诚

1985 年第 5 期　刊名:《广州文艺》
目录

三叶集

竹叶湖，你在诉说什么（小说）——武生智　刘培玉

心中湖水荡漾（创作谈）——武生智　刘培玉

生气和色彩所在（编辑眼）——————亚　力

滑浪风帆

我为什么杀他（小说）——————郁　笼

绿孔雀、王子和梅花鹿（小说）——黄献国

魅力世界

她有一颗中国心（报告文学）——————白舒荣

一九八四年"朝花奖"揭晓
"朝花奖"评选组织者答记者问

短篇小说

老龙溪传奇——————————刘舰平

追寻那飘落的槐花——————陈卓乾

约会云湖——————————聂鑫森

"七十三能"想入党?!——————康　健

月儿圆——————————李治邦　李治国

冲击波——————————阎振新

狰狞的夜（连载小说）
——[美]西德尼·谢尔登著　汪　村　工　雨译

域外花

丑陋人和她的美玉（小说）
——————[新加坡]凯瑟琳·林　张国培译

一玉辨美丑（作品欣赏）——————张国培

微型小说

新聊斋三则——————————李本深

最佳选择——————————段儒东

连衣裙（散文）——————————张小玲

艺苑谈趣

点化——————————————李元洛

老生"熟"谈 —————————————————— 凌 烟

旋转餐厅
环市东 377 信箱

美术
咖啡色的梦（摄影）
侨光风采（摄影）—————————————— 陈华辉

1985 年第 6 期 　刊名:《广州文艺》
目录

小说专号
短篇小说
黑橄榄（张奥列评点）—————————————— 陆 笙
上来吧，三角梅旁的年轻人 ——————————— 李大刚
乔白妞开店 —————————————————— 刘学林
但愿你懂得 —————————————————— 南 翔
海风中的歌声 ————————————————— 吕 胜
河南卖汤妇 —————————————————— 坎 坷
一个没有花的花圈 ——————————————— 明 德

都市之光
狗肉喷香（小说）——————————————— 戴胜德

滑浪风帆
无眼的石像（小说）—————————————— 孙步康

试飞
绿色邮车（小说）——————————————— 墨 白

连载小说
狰狞的夜 —————————— ［美］西德尼·谢尔登著
汪 村 工 雨译
女强人 ————— ［美］西德尼·谢尔登著 宗 斯译
我童心中的俄罗斯（散文）——————————— 陆 环

微型小说
"当晴朗的一天……" ————————————— 周 励
迷茫的夜 —————————————————— 赵健雄
考试 ————————————————————— 黎劲风

诗歌
往事的遗痕 —————————————————— 冯麟煌
雪崩 ————————————————————— 程 维

旋转餐厅
美术
劲舞（油画）————————————————— 司徒绵
梁世雄国画选
晚会掠影（摄影）——————————————— 崔 峰

1985 年第 7 期 　刊名:《广州文艺》
目录

都市之光
潇洒的男式帽（小说·纯子评点）—————————— 王永海

港台文讯
风铃（中篇小说）—————————（中国台湾）琼 瑶

短篇小说
婚姻介绍所外的纪事 —————————————— 陈 垦
弑父 ————————————————————— 齐麟鹏
纸帘 ————————————————————— 邹月照
吻 —————————————————————— 殷敦煌
"三枚子"轶事 ———————————————— 丰晓梅
离任之前 —————————————————— 孔令驹
艺术 ——————— ［苏］阿·布霍夫著 戎道洪译

微型小说
青果 ————————————————————— 范 元
乌? —————————————————————— 廖应坚
曲为心声 —————————————————— 姚永君
女强人（连载小说）
—————— ［美］西德尼·谢尔登著 宗 斯译
且听一阕城市改革的主旋律（评论）—————— 文 政
枫杨树，开黄花（散文）———————————— 苏 叶
在天边消失的星星（散文）——————————— 鲁 良

旋转餐厅
诗歌
城市的笑容
街灯 ————————————————————— 高 楠
旋转餐厅 —————————————————— 姚成友
染色的流水线 ———————————————— 刘益善
童年 ————————————————————— 胡永其
妈妈，请松开额头弯曲的皱纹吧——————————郭良原
家（叶知秋）　我自信……（黄耀文）　微笑（外一
首·龙彼德）　毛毛雨（汪国真）　峨眉草鞋（陈忠
干）　记忆（董宏猷）
西德尼·谢尔登一席谈
—————— ［美］马丁·尔·格罗斯著 欧阳丹译

美术

帽子少女（日本画）……………………………[日本]中原修
流溪河畔（国画）……………………………………李仁康
水乡机艇（水彩）……………………………………黄　超
体育壁画（铜雕）……………………………………王维加

1985 年第 8 期　刊名：《广州文艺》
目录

小说专号
滑浪风帆
红十字栎（小说）……………………………………卢一基

魅力世界
他，在与死神作战……（报告文学）
——记广州侨光制药厂技术员薛念汉…………朱光天
一抹彩霞（报告文学）
——记女歌手董岱……………………………………郑　毅

都市之光
青春正当年（小说）………………………张奥列　黄莘
她走进密林（中篇小说）……………………………张士敏
模特儿之情（影画小说）……………………著文：王涌
导演：陈衍洲　摄影：蔡少华　主演：高永枚　高奇

短篇小说
哭丧婆…………………………………………………叶　林
恶梦……………………………………………………邹月照
文凭的魔力…………………………………………齐明昌
清莹的小溪，我对你说……………………………陈敏莉
女强人（长篇连载）……………[美]西德尼·谢尔登著

微型小说
甜美的梦……………………………………………徐鸿来
多雨的季节…………………………………………吕硕文
露重霜严骨更坚
——怀念肖殷同志…………………………………杨奎章
野百合（诗）………………………………………梅绍静
老报人（诗）………………………………………黄东成

旋转餐厅
小巷（油画）………………………………………刘　谦

1985 年第 9 期　刊名：《广州文艺》
目录

特区剪影
星星和它的轨迹（小说·叶石评点）………………黎珍宇

魅力世界
沙头角风情…………………………………………陆国松

滑浪风帆
醒着的梦（小说）……………………………………非　白

短篇小说
女部长和"北京猿人"……………………雨　时　如　月
杂牌大学生…………………………………………莫　伸
妈妈，梦中的妈妈…………………………………何　江
冲不破的心防线……………………………………章以武
他们都在爱…………………………………………王　海
火烧云下……………………………………………黄学农

试飞
捣龟人传（小说）…………………………………马晓才
女强人（连载小说）
………………………[美]西德尼·谢尔登著　宗　斯译

散文
热烘烘的三月街……………………………………柳　嘉
人………………………………………（中国香港）唐乙凤

诗歌
岛……………………………………………………廖亦武
雪鹰…………………………………………………石光华
渡夫…………………………………………………林贤治
梨花掩映的土墙……………………………………陈有才
梦……………………………………………………冯　杰

微型小说
小丑………………………[俄]屠格涅夫著　黄伟经译
请喝可口可乐………[美]安妮·白莱佛著　翁显雄译

艺苑谈趣
牛仔裤与文学艺术的民族性………………………徐德仁
毋忘我………………………………………………韦明铧

旋转餐厅
美术
春天的气息（油画）………………………………关则驹
人民颂（版画三幅）

陈洪辉雕塑作品

1985 年第 10 期　刊名:《广州文艺》
目录

魅力世界
金杯，在他手中高举（报告文学）·············郑　毅

短篇小说
车上没有座位·············李佩甫
看守黄金的驼子·············彭见明
黑色幽灵·············沈石溪
松仙·············珊　泉
风中（张奥列评点）·············王大鹏
床上世界·············李康美

滑浪风帆
凸凹（小说）·············晓　宫
走出迷濛的雾林（小说）·············李　静

三叶集
请跟我来（小说）·············赵　洁
我在试着弹（创作谈）·············赵　洁
希望这仅仅是序曲（编辑眼）·············亚　力
今宵歌尽时
——香港夜生活之一（散文）·············李树政

试飞
鱼塘上只有星光（小说）·············程　衍

微型小说
他走了，带走了她的书·············陈　敏
女强人（连载小说）
　　　　　［美］西德尼·谢尔登著　宗　斯译

域外花
狂人（小说）·············［法］莫泊桑著　迟　罕译
力透纸背的"狂人"自画像
——读《狂人》·············迟　轲

港台文讯
都市人（小说）·············（中国香港）刘于斯

诗歌
城市抒情诗·············田惠刚
母亲和孩子·············陈　克
立体电影到营房·············孟宪和

旋转餐厅
美术
奔放（油画）·············古　月
木棉花（国画）·············曾　钺
扶桑风情（速写）·············郭炳安

1985 年第 11 期　刊名:《广州文艺》
目录

午夜，笼罩迷雾的艳阳天酒店（中篇报告小说）
·············少　君

都市之光
寻觅爱的女人们（小说）·············沈泰来

魅力世界
一位联邦德国专家在中国（报告文学）·············罗铭恩

滑浪风帆
现代占卜（小说）
——命运和感情的裂变记录·············孙晓刚　李彬勇

域外花
不由自主（小说）
·············［意］阿尔贝托·莫拉维亚著　吕同六译
一幅没有点穿的谜语画面
——解析莫拉维亚的短篇《不由自主》·············钟子硕

短篇小说
珍珠项链·············唐　宁
蓝桥之梦·············陈卓乾
有瑕之壁·············徐鸿来
江轮夜行·············映　泉
三十里水路·············戈　菲
庙街灯火（散文）
——香港夜生活之二·············李树政
女强人（连载小说）
　　　　　［美］西德尼·谢尔登著　宗　斯译
从《白门柳》漫论历史小说
——致刘斯奋·············金钦俊

微型小说
唉……星！·············周志俊
星星·············吕硕文

诗歌
爱的明信片（于宗信）　那双眼睛啊……（莫少云）
浪花（郭继联）　吹叶子（任海鹰）　海螺（邓雨

泉） 失去光明的春天（冯麟煌）

旋转餐厅
美术
凝思（油画）························潘 雷
澳门行——（速写）·······汤小铭 王恤珠 陈衍宁
美籍华裔钟耕略作品（油画）

1985 年第 12 期 刊名:《广州文艺》
目录

小说·报告文学专号
魅力世界
青春不悔（报告文学）
——记亚洲球星古广明··············尚 东
在香的迷宫里（报告文学）
——记在香的世界里不断探索的张锦僚
··························青 山 云 南
两个感情冒险者的命运（中篇小说）·······叶 辛
都市之光·红颜（小说）···············卢一基
艺术学府里幽默的爱情（小说）··········平海南
在礁石上遗落的日记（小说）···········王海玲
主编韩德来（小说）·················岑之京
真尼轶事（小说）··················毛志成
当头明月照微涟（散文）
——香港夜生活之三················李树政
女强人（连载小说）·······〔美〕西德尼·谢尔登著

旋转餐厅
美术
渔家女（油画）···················李忠良
杨之光访印作品（国画）
黔桂行（速写）···················梅创基

1986 年第 1 期 刊名:《广州文艺》
目录

魅力世界
猛龙扬威海内外（报告文学）···········仇启明

都市霓虹
"平田大郎"的烦恼（小说）···········何民琦

小说
白塔，雨雾中的女神（阿西点评）········陈应松
国手和辣白菜····················李占恒
噢，为人师者（阿心点评）············黄砾明

一个士兵的祈祷··················何署坤
明星在一夜间升起·················周宜地
〇号女囚的玫瑰吻·················桂雨清

试飞
深深的海洋，你为何不平静（小说）·······吴扬文
女强人（连载小说）
··············〔美〕西德尼·谢尔登著 宗 斯译

东方快车
大金牙·孙悟空尾巴·迪斯科··········方 亮

散文
冒险家酒后真言··················杨羽仪
草原五月······················许 淇

诗歌
小河梦·······················郑 玲
音乐抒情诗二题···················鲁 萍
在人类走出来的地方················李建华

诗海泛舟
燃烧在夜空的情诗
——海涅爱情诗《宣告》欣赏···········朱光天

艺苑谈趣
两个手指的细节典型吗··············洪 欣

旋转餐厅
心灵的歌
致春风 夏日 秋雨 冬夜

美术
信息（油画）····················小 涂

1986 年第 2 期 刊名:《广州文艺》
目录

小说·报告文学专号
魅力世界
一个现代青年的梦（报告文学）·········方 亮

都市霓虹
挣出漩涡的女老板（小说）············贺星寒
黄阿坤父子（小说）················岑之京

侨光风采
百川归海鸟投林（报告文学）···········朱光天

滑浪风帆

啊，太阳花（小说）————————————邢军纪

小说

死亡角——————————————————盛 李
纯羊毛手套————————————————程新国
深巷小屋————————————南 翔 严丽霞
走出黑暗——————————————————康 健
非洲少女的微笑——————————————辛汝忠
雾谛（微型小说）—————————————王 筠
女强人（连载小说）——————[美]西德尼·谢尔登著
宗 斯译
有朝一日（连载小说）—————[美]西德尼·谢尔登著
天 健 念 郴 明 子译

诗歌

太阳，听我说———————————————李东龄
我们的季节————————————————汪新奇
小街————————————————————艺 辛
有一颗种子————————————————吴迪安
大海的小船————[澳大利亚]埃塞尔·特纳 宜 明译

旋转餐厅
美术

奔向春天（日本画）——————[日本]森秀雄
广州市政协委员视察《广州文艺》、侨光制药厂联营
工作的摄影和书法、国画作品

1986年第3期 刊名:《广州文艺》
目录

三叶集

阳光下的弃婴（报告文学）————————石国仕
"婴儿"想说些什么（创作谈）———————石国仕
颤动心弦的小曲（编辑眼）————————小 云
法网（报告文学）
——记刘浩然诈骗集团的覆灭————————青 山
看门人杜赫（小说）————————————黄天源
美的追求
——读黄天源小说断想————————————余柏茂

特区剪影

开绿"的士"的波仔（小说）———————刘健安

小说

独身贵族——————————————————马 林
苦水湖畔（柳嘉评点）——————————洪 风
四月的风

——艺术学府里幽默的爱情（续）—————平海南
苦楝拐杖上的新叶（戈弩评点）—————董 坚
流水，只有流水——————————————蒋丽萍
太阳与十二个平方————————————晓 宫
对峙的瞬间（微型小说）—————————徐鸿来

诗歌

题友人画展————————————————孙晓刚
夜的峡谷————————————————李彬勇
泥石流（外一首）—————————————卢 迈
夏————————————————————沈绍裘
有朝一日（连载小说）—————[美]西德尼·谢尔登著
天 健 念 郴 明 子译

东方快车

"下车伊始"二题——————————————蔡怀励

旋转餐厅
美术

不倦的夜（油画）————————————潘 雷
法籍华裔画家陈建中作品
革命情侣
——詹忠效连环画新作选

1986年第4期 刊名:《广州文艺》
目录

小说·报告文学专号

厶河渡（小说）——————————————邹 平

魅力世界

食在广州第一家（报告文学）——————何厚础
人生五线谱（报告文学）
——记羊城歌坛新星唐彪————————卢一基

都市霓虹

假作真时真亦假（小说）—————————唐 宁
最后的同行（小说）————————————邬峭峰

滑浪风帆

心灵透视器（小说）————————————邹月照

特区剪影

墙（小说）————————————————洪三泰

短篇小说

军营里的迪斯科——————————————王永海
赌注————————————————————丰晓梅

初恋的回声⸺⸺⸺⸺⸺⸺⸺⸺殷慧芬 楼耀福
痛苦的心迹⸺⸺⸺⸺⸺⸺⸺⸺⸺⸺陆镇康
总工程师与桥（微型小说）⸺⸺⸺⸺⸺何天谷
洛阳观花记（散文）⸺⸺⸺⸺⸺⸺⸺柳 嘉
有朝一日（连载小说）⸺⸺［美］西德尼·谢尔登著

诗歌
花城
⸺⸺花海（外一首）（中国香港）犁 青 小巷和大路
　陈茂欣 桥马问答 柯 炽 浪游的船 沈展云
爱的方程 汪国真 跋涉（外一首） 梁以墀
一九八五年"朝花奖"获奖作品揭晓

旋转餐厅
美术
稚趣（油画）⸺⸺⸺⸺⸺⸺［日本］望月一雄
陈舫枝的探求
广州水彩画研究会第五回展览作品选

1986 年第 5 期　刊名:《广州文艺》
目录

秋叶金黄时（小说）⸺⸺⸺⸺⸺⸺⸺龚绍东

都市霓虹
三个女性的追求（小说）⸺⸺⸺⸺⸺宁泉骋
红绿蓝三重奏（小说）⸺⸺⸺⸺⸺⸺林白薇

魅力世界
中国夜莺唱醉了赫尔辛基（报告文学）
⸺⸺记沈湘教授与梁宁、迪里拜尔⸺⸺徐光荣

滑浪风帆
裸根（小说）⸺⸺⸺⸺⸺⸺⸺⸺⸺阎欣宁

小说
深沟底部的小河（文政点评）⸺⸺⸺平申生
美德多迈出一步（谭方明点评）⸺⸺金 岱
下雨天，留客天⸺⸺⸺⸺⸺⸺⸺⸺乔 瑜
宣传部轶事⸺⸺⸺⸺⸺⸺⸺⸺⸺谭英凯
别了，假如应该永别⸺⸺⸺⸺⸺⸺王恒信
有朝一日（连载小说）⸺⸺［美］西德尼·谢尔登著
天 健 念 彬 明 子译

东方快车
金陵点滴⸺⸺⸺⸺⸺⸺⸺⸺⸺⸺陈 茹

诗歌
小梅沙之夜（散文诗）⸺⸺⸺⸺⸺⸺安 超
落叶（散文诗·外一章）⸺⸺⸺⸺⸺黄 堃
山水画家（外一首）⸺⸺⸺⸺⸺⸺⸺杨 山
多雪的日子⸺⸺⸺⸺⸺⸺⸺⸺⸺⸺柴寿宇

艺苑谈趣
唯美陶醉的片刻⸺⸺⸺⸺⸺⸺⸺⸺陈达专

诗海泛舟
精致优美的《采莲曲》⸺⸺⸺⸺⸺⸺杨光治

旋转餐厅
美术
卖唱女郎（油画）⸺⸺⸺⸺⸺⸺⸺⸺欧 洋
涂志伟油画新作
杜滋龄作品（国画）

1986 年第 6 期　刊名:《广州文艺》
目录

小说·报告文学专号
魅力世界
两伊战火中的中国人（报告文学）⸺⸺丁 炜
大本营二十四小时（报告文学）⸺⸺翟树言 郑 毅
⸺⸺中国足球队"五·一九"之役一周年追记

都市霓虹
电脑红娘（小说）⸺⸺⸺⸺⸺⸺⸺⸺昌 洪

滑浪风帆
冰封的河流（小说）⸺⸺⸺⸺⸺⸺⸺郭才明

侨光风采
开放心中的世界（报告文学）
⸺⸺当代广州青年速写之一⸺⸺⸺⸺张瑞龙
他被兽性主宰（报告小说）⸺⸺⸺⸺陈天泽

小说
沐浴节之夜⸺⸺⸺⸺⸺⸺⸺⸺⸺⸺任善炯
现代蛮荒⸺⸺⸺⸺⸺⸺⸺⸺⸺⸺⸺黄 放
骚动的灵魂⸺⸺⸺⸺⸺⸺⸺⸺⸺⸺王延辉
没有完成那一吻⸺⸺⸺⸺⸺⸺⸺⸺张永久
太阳雨⸺⸺⸺⸺⸺⸺⸺⸺⸺⸺⸺⸺王 筠
橄榄树，北仑河没有忘记……（散文）⸺张 弘
有朝一日（连载小说）⸺⸺［美］西德尼·谢尔登著
天 健 念 郴 明 子译

天涯履迹
"茶叶蛋专家"办筵席（散文）……………………文 思
《广州文艺》、侨光制药厂联营一周年纪庆（七绝二
首）………………………………………刘逸生 陈芦荻

旋转餐厅
美术
沉醉（油画）………………………………………区础坚
摩尔雕塑选
卢延光国画作品选

1986 年第 7 期　刊名:《广州文艺》
目录

魅力世界
她的泪痕，她的脚印（报告文学）
——记广东省特等劳动模范赖兰喜………………陈安先
雁过留声（报告文学）
——赵达裕的第四攀登…………………………尚 东
长空启示录（中篇小说·张奥列评点）…………江 川
海鸥没有沉默（中篇小说）……………………张士敏
控制论专家奇遇记（小说）……………………丁宏昌
西德小镇的雪夜（小说）………………………杜景康
背影漂亮的女人（微型小说）…………………阎振新

都市霓虹
长孙（小说）………………………………………胡 健

滑浪风帆
北墙上那一双眼睛（小说）……………………苏 童

侨光风采
"大刀王兰英"
——当代广州青年速写之二……………………张瑞龙
东方快车·珠海行………………………………文 政

旋转餐厅
有朝一日（连载小说）………[美]西德尼·谢尔登著
天 健 念 郴 明 子译
带露的紫罗兰（诗二首）………………………于宗信

美术
周末（国画）…………………………李 晨 雷小洲
王恤珠访美作品选

霹雳画廊
张绍城的追求
——国画新作

1986 年第 8 期　刊名:《广州文艺》
目录

魅力世界
双刃宝剑（报告文学）
——记律师受理一宗重大经济犯罪案件
……………………………………青 山 云 南
被遗忘的"地下工作者"们（报告文学）………张瑞龙
闰红（报告文学）………………………………唐 纪

都市霓虹
医生和他的朋友（中篇小说）…………………何卓琼
并非爱情摇篮（小说）…………………………谭 宜

滑浪风帆
祭母（小说）……………………………………桂雨清

港台文讯
老毕的明天（小说·郭绍尘评点）
……………………………………（中国台湾）陌上尘
万紫千红总是春
——文学创作恳谈会纪要………………………本刊记者

短篇小说
长寿汤…………………………………………岑之京
小巷之夜………………………………………孔令驹
雷阵雨
——艺术学府里幽默的爱情（续二）…………平海南

诗歌
松花江上………………………………………蔡宗周
福厦公路………………………………………黄东成
白衣少女的吻…………………………………胡 笳
有朝一日（连载小说）………[美]西德尼·谢尔登著
天 健 念 郴 明 子译

旋转餐厅
美术
香甜（油画）……………………………………冉茂芹

霹雳画廊
雄健与灵变（黄云国画）

1986 年第 9 期　刊名:《广州文艺》
目录

都市霓虹
男子汉啊，男子汉（中篇小说）………………黄锦鸿

走出街市，返回街市……黄锦鸿

园中人语
文学的呼唤：现代都市意识
——黄锦鸿小说初探……张奥列

滑浪风帆
你的眼睛告诉我（小说）……曾 平

小说
血蚂蚁……雁 宁
土铳在晨雾中轰响……曾维浩
吹泡泡的狗……张宇光
娘娘庙……马本德
烦恼……李其宏

试飞
南中国海的歌哭（小说）……黄 华

侨光风采
带刺的玫瑰（报告文学）
——当代广州青年速写之三……张瑞龙

域外花
断剑（小说）……[英]G.K.切斯特顿著 戎道洪译
有朝一日（连载小说）……[美]西德尼·谢尔登著
天 健 念 郴 明 子译

诗歌
在黎明的铜镜中（外二首）……北 岛
一只红鸟一只绿鸟一只黑鸟的旅行……周亚平
走向历史走向自己……姜文岩
太阳雨……田章夫
青萍自嘲……郭光豹
月亮，一架古老的纺车……高旭旺

东方快车
化作温润的南风……吴幼坚

旋转餐厅
美术
风（日本画）……[日]森秀雄

霹雳画廊
对个性的执着——评胡赤骏油画……晓 风

1986 年第 10 期　刊名:《广州文艺》
目录

小说·报告文学专号
魅力世界
广州一怪杰（报告文学）……方亮

小说
死鸟（阿达点评）……陶建军
无形的网，无边的雾……曹征路
夜里的诞生……叶明山
穿过五百米坑道……王永海
冰雪消融……赵 洁
"啊啊"和我……李胜利
闲情……滕锦平

滑浪风帆
莫名其妙的故事（小说）……李海音

都市霓虹
CH，拜拜!（文政点评）……陈 平 戴 雪

微型小说
婚礼……李 尧
生者……郁 越

天涯履迹
访美走笔……刘学强
悠远的回声……沈 镭

旋转餐厅
有朝一日（连载小说）……[美]西德尼·谢尔登著
天 健 念 郴 明 子译

美术
回眸……关则驹
红船今侣书画会作品选

霹雳画廊
雷——潘雷的画

1986 年第 11 期　刊名:《广州文艺》
目录

魅力世界
雕塑人生（报告文学）——记雕塑家唐大禧……陆镇康
荣誉市民卜格（报告文学）……罗铭恩

都市霓虹

玉牢（小说）————————————————卢一基

小说

我说过，我要看雪去——————————————燕　子
第三十三个乘客——————————————邹月照
孤星————————————————————凌耀忠
十字滩——————————————————邹　平
复婚————————————————————蓓　蓓
寒夜跟踪————[美]亨利·哈里森著　金培武译
爱之苦难（中篇小说）——————————黄　平
友谊（散文）——————————————柳　嘉
有朝一日（连载小说）————[美]西德尼·谢尔登著
天　健　念　郴　明　子译

旋转餐厅
美术

花丛中（油画）————————————蚁美楷

霹雳画廊

平凡与不平凡（沈文江国画新作）
人体艺术————————————————李正天

1986 年第 12 期　刊名:《广州文艺》
目录

魅力世界
来自天河体育城的冲击波（报告文学）————张瑞龙
道爷阿兰（中篇小说）——————————缪　士
模特儿白皮书（纪实小说）————吴礽六　关　鸿

短篇小说
七姐诞————————————————李树政
美神————————————————洪三泰
山村那面，是雾的海洋————————宋跃辉
今晚大家都很愉快————————————白小易
阁楼上——————————————————王筑城
白色轿车——————[美]欧·亨利著　邱扬译

滑浪风帆
野性的呼唤（小说）——————————陆　笙

侨光风采
这里的男性公民（报告文学）——————江　川
神秘？坟墓？意淫？性变态？
——关于小说《医生和他的朋友》的讨论
————————————暨南大学文艺学研究生

诗海泛舟
对人类命运的深沉思考
——叶慈诗《丽达与天鹅》赏析——————陈　实
有朝一日（连载小说）————[美]西德尼·谢尔登著
天　健　念　郴　明　子译
虽然（诗）——————————————程　维
山中正午（外一首）——————————潘建生

旋转餐厅
美术
红衣少女（油画）——————————冉茂芹

霹雳画廊
框外话则驹（关则驹油画）
广州水彩画研究会第六回展览作品选

1987 年第 1 期　刊名:《广州文艺》
目录

冬季里的瞬间（中篇小说）——————陶建军

魅力世界
"女性王国"探奇（报告文学）————郑逸夫

都市霓虹
阿达传略（小说）——————（中国香港）许显良
时间差（小说）————————————李书崇

风味阁
无法解释的梦境（小说·维维点评）——孙立宪

小说
弯曲的光————————————————谭先义
狗铃————————————————童江南
愿你常在我梦中————————————旷荣怿
蓝太阳——————————————————王少华
科长明天要来（微型）————————马晓才

试飞
征服（小说）————————————宫　洁
《野性的林》后记——————————柳　嘉

诗歌
新春感怀——————————————李树政
长城到底是什么————————————阿　坚
他，走了……—————————————王　兵
也给黄河——————————————洋中冰
喜歌·哀歌————————————————杨　克

致 S ————————————————————— 易殿选
有朝一日（连载小说）——————[美]西德尼·谢尔登著
天 健 念 郴 明 子译

域外花
狼（小说）—————————[俄]蒲 宁著 易新农译
夜光奏鸣曲 ——————————————— 斯 翰

东方快车
沈阳一夜 —————————————————— 陈 茹

旋转餐厅
美术
迎宾（油画）————————————————— 关则驹
瞧这"一家子"（风俗画）—————————— 陈树斌

霹雳画廊
海风·红土·阳光
——何坚宁油画新探 ——————————— 则 驹

1987 年第 2 期　刊名：《广州文艺》
目录

魅力世界
哈罗，广州"的士"！（报告文学）——— 黄锦鸿 宁泉骋

滑浪风帆
16：47，高地被占领（小说）——————— 王小阳

都市霓虹
光棍汉的森林（小说）—————————— 陈 垦

风味阁
真我？假我？（科幻小说）——————— 郁 越

小说
云嫂 ————————————————————— 马晓才
斑驳的亚马哈 ————————————————— 栈 桥
当代新闻 ————————————————————— 唐 镇
瓜摊风波 ————————————————————— 孙 砺
雨中的太阳 ————————————————————— 池 莉
迷宫里，母亲的召唤 ————————————— 杨彦荒

港台文讯
金牌杀手的顾客（小说）——————————— 牛吐温

试飞
坟堆 ———————————————————————— 吴晓波

颤动的流沙（连载小说）
——— [英]维多利亚·霍尔特著 耿 平 小 洛译

东方快车
飞短流长话上海 ——————————————— 陆龙威

旋转餐厅
美术
心弦（油画）————————————————— 涂志伟
日本人体艺术作品选登

霹雳画廊
他从咸阳古道走来（刘书民国画）————— 陈振国

1987 年第 3 期　刊名：《广州文艺》
目录

兴家波澜（中篇小说）——————————— 宁泉骋
离奇的蚯蚓骗局（报告文学）————— 青 山 云 南

都市霓虹
我，雁雁和"皮鞋皇后"（小说）—————— 洪三泰
夏日里最后的玫瑰（小说）—————————— 沈 欣

风味阁
痴娃（小说）—————————————————— 王爱英

小说
后院的紫槐和少女 —————————————— 苏 童
幸运后卫 ————————————————————— 哈 果
明天考试 ————————————————————— 任善炯
小径 ———————————————————————— 黄惟群
静园 ———————————————————————— 王 筠
春的氛围（微型小说）———————————— 谭 宜

彼岸一瞥
美丽的夏威夷（散文）———————————— 邓峻枫
穿上"迷彩服"的军人小说（评论）
——《广州文艺》几篇军事小说漫议 ———— 何 龙
被驯化的野性（评论）———————————— 晓 舟

诗歌
游子的心（外一首）————————————— 朱光天
镂刻（外一首）——————————————— 蔡宗周
月儿圆了（外一首）————————————— 李富祺
音乐抒情诗（二首）————————————— 鲁 萍
一千零八十个玫瑰梦 ————————————— 魏 可
新世纪 ——————————————————————— 许鑫荣

秋思⋯⋯⋯⋯⋯⋯⋯⋯⋯⋯⋯⋯⋯⋯如　冰
赶八月⋯⋯⋯⋯⋯⋯⋯⋯⋯⋯⋯⋯⋯苏韶芬
小路⋯⋯⋯⋯⋯⋯⋯⋯⋯⋯⋯⋯⋯⋯贾　雷
颤动的流沙（连载小说）
⋯⋯⋯［英］维多利亚·霍尔特著　耿　平　小　洛译

旋转餐厅
美术
金发女郎（油画）⋯⋯⋯⋯⋯⋯⋯⋯⋯李金明
建筑师心中的雕塑（霹雳画廊·潘奋雕塑）⋯⋯梁明诚
访欧印象作品（油画）⋯⋯⋯⋯⋯⋯⋯李金明

1987 年第 4 期　刊名:《广州文艺》
目录

魅力世界
广州的"炒更"者（报告文学）
——系列报告文学《南风畅想曲》之二
⋯⋯⋯⋯⋯⋯⋯⋯⋯黄锦鸿　宁泉骋
蜿蜒的界河（报告文学）⋯⋯⋯⋯⋯陈安先

都市霓虹
妙龄时光（中篇小说）⋯⋯⋯⋯⋯⋯陈天泽

滑浪风帆
生命的荒原（小说）⋯⋯⋯⋯⋯⋯⋯王德麟

短篇小说
最后一个⋯⋯⋯⋯⋯⋯⋯⋯⋯⋯⋯王恒信
嫁日里的栅栏⋯⋯⋯⋯⋯⋯⋯⋯⋯凌耀忠
没有血液的石头⋯⋯⋯⋯⋯⋯⋯⋯韩春旭
惶惶托卡塔⋯⋯⋯⋯⋯⋯⋯⋯⋯⋯荒　原
塔里木河的独木舟⋯⋯⋯⋯⋯⋯⋯杨羽仪
花园大厦之夜⋯⋯⋯⋯⋯⋯⋯⋯⋯燕　子
"小儿科"⋯⋯⋯⋯⋯⋯⋯⋯⋯⋯⋯苏　南
解放了的男子汉（微型小说）⋯⋯⋯周志俊

东方快车
雪花纷扬　思绪纷扬⋯⋯⋯⋯⋯⋯⋯吴幼坚

诗歌
冷月畅想曲⋯⋯⋯⋯⋯⋯⋯⋯⋯⋯潘健生
无题⋯⋯⋯⋯⋯⋯⋯⋯⋯⋯⋯⋯⋯沈展云
盼⋯⋯⋯⋯⋯⋯⋯⋯⋯⋯⋯⋯⋯⋯沈绍裘
箭与歌⋯⋯⋯⋯⋯［美］朗·费罗著　李广生译
相思树·灯笼花（外一首）⋯⋯⋯⋯陈忠干
帆⋯⋯⋯⋯⋯⋯⋯⋯⋯⋯⋯⋯⋯⋯梁以墀
河⋯⋯⋯⋯⋯⋯⋯⋯⋯⋯⋯⋯⋯⋯陈英伟

夏末赠友人 B⋯⋯⋯⋯⋯⋯⋯⋯⋯⋯李发模
颤动的流沙（连载小说）
⋯⋯⋯［英］维多利亚·霍尔特著　耿　平　小　洛译

广州召开文学艺术界第三次代表大会（通讯）

旋转餐厅
美术
钢琴家（油画）⋯⋯⋯⋯［美籍华裔画家］陈逸飞

霹雳画廊
她在寻找起跑点（吴海鹰油画）⋯⋯鲁　夫
星河展
——油画新作
野⋯⋯⋯⋯⋯⋯⋯⋯⋯⋯⋯⋯⋯⋯鸥　洋
母与子⋯⋯⋯⋯⋯⋯⋯⋯⋯⋯⋯⋯刘仁毅

1987 年第 5 期　刊名:《广州文艺》
目录

鸽子·鹞子（中篇小说·柳嘉点评）⋯⋯张　波

都市霓虹
朋友圈（小说）⋯⋯⋯⋯⋯⋯⋯⋯⋯何厚础
提琴·小号·咖啡厅（小说）⋯⋯⋯邓建楚

风味阁
新变形记（小说）⋯⋯⋯⋯⋯⋯⋯⋯刘索拉

滑浪风帆
心灵的密码（小说）⋯⋯⋯⋯⋯⋯⋯哲　夫

朝花奖揭晓
辉煌的跋涉（评论）⋯⋯⋯⋯⋯⋯⋯郭小东

小说
追杀⋯⋯⋯⋯⋯⋯⋯⋯⋯⋯⋯⋯⋯胡发云
江堤上的太阳伞⋯⋯⋯⋯⋯⋯⋯⋯张仁胜
吹向天地的风——关于刘索拉⋯⋯舒大沅

诗歌
南方是花城（组诗）⋯⋯⋯⋯⋯⋯⋯洛　克
这一群一群的白鹤⋯⋯⋯⋯⋯⋯⋯姚成友
五月的最后一天⋯⋯⋯⋯⋯⋯⋯⋯陆　健
鞋子⋯⋯⋯⋯⋯⋯⋯⋯⋯⋯⋯⋯⋯舟恒划
眸光⋯⋯⋯⋯⋯⋯⋯⋯⋯⋯⋯⋯⋯张月娥
颤动的流沙（连载小说）
⋯⋯⋯［英］维多利亚·霍尔特著　耿　平　小　洛译

旋转餐厅
美术
初夏（摄影）————————————————徐　沛

霹雳画廊
曹国昌的脾性（木雕）————————关则驹

1987 年第 6 期　刊名:《广州文艺》

目录

魅力世界
狂飙为我长江落（报告文学）——————戴善奎

都市霓虹
绿色在呼唤（小说·陈实点评）——————安兴本
窄巷阔人家（小说）————————————江　川

短篇小说
冷的血————————————————————宋树根
无声的天空————————————————李斌奎
大漠足迹————————————————————段　磊
黄金甲————————————————————周元镐

滑浪风帆
第四次换防（小说）——————李治邦　李送今

风味阁
隔（小说）————————————————刘阳春

旋转餐厅
颤动的流沙（连载小说）
　　——［英］维多利亚·霍尔特著　耿　平　小　洛译
西部的女人（诗歌）————————————董宏猷

美术
香港小姐（国画）————————————林　埔
题词（贺《广州文艺》、广州侨光制药厂联营）
　　————————————————朱森林　欧　初

霹雳画廊
苏华的眼光（苏华国画）——————————梁　江

1987 年第 7 期　刊名:《广州文艺》

目录

魅力世界
到广州"找饭碗"的外地人（报告文学）
　　————————————黄锦鸿　宁泉骋
系列报告文学《南风畅想曲》之三
三个不幸者的爱与恋（报告文学）——蔡玉明　高承亮

都市霓虹
甜咖啡，苦咖啡（小说）——————————关夕芝

风味阁
都市的舞会（小说）————————————张雄辉

小说
夜，在那一片盐滩（斯翰点评）——————李树政
伪饰（中篇小说）——————殷慧芬　楼耀福
无土的世界————————————————蒋丽萍
鸠山先生————————————————————马　林
等待————————————————————郑逸夫
这个或那个（翻译小说）
　　————［英］鲁伯特·克罗夫特—库克著　芳　芷译
幸福（翻译小说）
　　————［希腊］尼柯斯·卡赞扎基著　金培武译
鞋匠和他的儿子（微型小说）——————徐鸿来

试飞
"4523"与"3617"（小说）——————孔祥书

旋转餐厅
颤动的流沙（连载小说）
　　——［英］维多利亚·霍尔特著　耿　平　小　洛译
灵感（外一首）————————————————林　远
贺年片（诗）————————————————黄耀文

《广州文艺》举办"朝花奖"摄影比赛

美术
回眸（摄影）————————————————孙成毅
广州侨光制药厂　广州文艺编辑部　联营续约

1987 年第 8 期　刊名:《广州文艺》

目录

魅力世界
逐日者（报告文学）————————————舒大沅

都市霓虹
两全其美（中篇小说·彼岸点评）————陆北威
回旋的恋歌（中篇小说）————陈天泽
作妻子，还是当丈夫（小说）————汪天云

短篇小说
朱姐（柳嘉点评）————马　丁
和平的日子————邹月照
最后的拥抱————燕　子
空弦————黄叶飞
交换价值————戈　锋

旋转餐厅
森林与明湖的思索（散文）————杨羽仪

诗歌
看时装表演————郭光豹
这一夜————桂汉标
不悔————肖　强
黄手绢————聂　沛
梦中，我儿子丢了————阿　坚
江边（外一首）————熊少严

文学 BB 机
一个时代的遗憾
——读关夕芝的《甜咖啡，苦咖啡》————舒大沅
通信两则————阿　茹　关夕芝
颤动的流沙（连载小说）
————〔英〕维多利亚·霍尔特著　耿　平　小　洛译

《广州文艺》举办"朝花奖"摄影比赛

美术
憩园（油画）————雷　坦

霹雳画廊
仅那么一点点（区础坚的油画）————涂志伟
清新，质朴，时代气息（广州龙门农民画选）
————潘　丽

1987 年第 9 期　刊名：《广州文艺》
目录

特区剪影
的士高（纪实小说·斯翰点评）————罗建琳

都市霓虹
第十九个（小说）————段成路　杨乃道

魅力世界
明天会更好（报告文学）————舒大沅

短篇小说
水种（陈卫中点评）————王　筠
怪齿————陈应松
相遇在黄昏————沈燕飞
第一只苹果————邓一光
魔鬼森林————张健人
舞台上下的诱惑————巫　猛

风味阁
不逝（小说）————竹　子

天涯履迹
太空城畅想曲（散文）————刘学强

诗歌
旋转餐厅（外一首）————朱光天
四月————马永波
沉默————陶　虹
微笑，像盛满星星的窗口————姜文岩

旋转餐厅
颤动的流沙（连载小说）
————〔英〕维多利亚·霍尔特著　耿　平　小　洛译

美术
倚栏的女郎（国画）————林　埔
"朝花奖"摄影比赛作品选登

霹雳画廊
绿色奏鸣曲（区晖国画）————黄堃源

1987 年第 10 期　刊名：《广州文艺》
目录

魅力世界
广州，夜幕正在降临（报告文学）————黄锦鸿　宁泉骋

都市霓虹
遗落在黑猫酒吧的信（小说）————李叔德
周末，在立交桥（小说）————廖晓勉

风味阁
木雕舰队（小说）————陶建军
黑鸟（小说）————李　逊

星河漫游
"风味阁"里品风味（评论）·············叶小帆

小说
小雨轻风落楝花·············桂雨清
豹精·神医·梦魇·············谭 力
短篇二题·············杨志广
二等舱一夜·············李乔亚
故乡（散文）·············柳 嘉
默契（诗歌）·············郑彦云

诗海泛舟
扬帆直向日边航·············丘宜明

文学BB机
通信一则·············阿 坚
女人说·············罗建琳

旋转餐厅
颤动的流沙（连载小说）
·············［英］维多利亚·霍尔特著 耿 平 小 洛译

美术
青春浪花（国画）·············林 埔
"朝花奖"摄影比赛作品选登

霹雳画廊
气韵在流动（梁照堂国画）·············斧 天

1987 年第 11 期　刊名:《广州文艺》
目录

风味阁
意境（中篇小说）·············何卓琼
迷魂·小说·············王爱英

彼岸一瞥
在巴黎的天空下·············孔捷生

魅力世界
那一片明艳的朝霞（报告文学）·············张瑞龙
珠江的浮力（报告文学）·············陈安先

都市霓虹
月虽残，亮如雪······（小说）·············燕 子
垃圾小姐（中篇小说）·············盛 李

小说
街上清风·············何厚础
滚动的球·············姚育明
黄昏校园的痴迷·············白小易
路劫后···················成莫愁

旋转餐厅
诗歌
失恋的季节（外一首）·············魏 可
草原之夜（外一首）·············未 可
独行者·············朱雪城
写给一座知青坟·············邓玉贵
大海：早晨的印象·············潘健生
颤动的流沙（连载小说）
·············［英］维多利亚·霍尔特著 耿 平 小 洛译

美术
金秋（摄影）
"朝花奖"摄影比赛作品选登

1987 年第 12 期　刊名:《广州文艺》
目录

魅力世界
三坛怪杰（报告文学）
——区潜云的医术、书法、武功·······何厚础 龚伯洪
偷渡，为你烧一串纸钱
——系列报告文学《南风畅想曲》之五
·············黄锦鸿 宁泉骋

星河漫游
现代都市的诱惑力（评论）·············张奥列
一个女钢琴家的自述（纪实文学）
——关于《乒乓启示录》最后的采访·············关 鸿

都市霓虹
吉它回旋曲（小说）·············方 正

风味阁
猎猴儿（小说）·············李 斌

侨光风采
走出"峡谷"（报告文学）·············黄 茵

小说
在西部小镇上·············晓 剑
她在凄迷的烟雾里·············周式源
鹿儿情（中篇）·············楚 明

海岛历险（翻译小说）
—————— ［美］理查德·康内尔著　金培武译

旋转餐厅
颤动的流沙（连载小说）
—————— ［英］维多利亚·霍尔特著　耿　平　小　洛译

美术
盼（国画）—————————————— 詹忠效
桃花溪春汛（国画）——————————— 赖少其
"朝花奖"摄影比赛作品选登

"中国潮"报告文学征文百家期刊联名启事

1988 年第 1 期　刊名:《广州文艺》
目录

中国潮
色彩斑斓的街市（报告文学）————— 黄锦鸿　宁泉骋

滑浪风帆
狂太阳（小说）——————————————— 何　江

都市霓虹
帮忙（小说）————————————————— 徐　星
夜阑珊（小说）———————————————— 孙　砺
青春的安魂曲（报告文学）————————— 陈铁军

小说
启封之思 —————————————————— 雷　铎
男人们 ——————————————————— 曹征路
界碑 ———————————————————— 黄　华

风味阁
蓝蝇（小说）———————————————— 沈东子

试飞
我们同时起跑（小说）———————————— 宇向东

星河漫游
一把热切的期望之火（评论）————————— 刘斯翰

诗歌
二十六岁的风景线 —————————————— 宁绍旗
酒会自白 —————————————————— 梅绍静
寄太平洋彼岸的挚友 ————————————— 陈志铭
脚印 ———————————————————— 笑　涛
春天的儿女 ————————————————— 汪国真

听雨 ———————————————————— 史晓京
我的房间 —————————————————— 丘　岳
情感对理智说 ———————————————— 芳　洲

文学 BB 机
通信两则 ——————————————— 铁　军　阿　坚

东方快车
大海·珍珠（散文）—————————————— 吴幼坚

旋转餐厅
"中国潮"报告文学征文百家期刊联名启事

美术
春之声（摄影）———————————————— 曾　钊

1988 年第 2 期　刊名:《广州文艺》
目录

都市霓虹
大海的钟声（小说·柳嘉点评）————————— 何厚础
航空港的值班小姐（小说）—————————— 未　文
假面舞会上的邂逅（小说）—————————— 王小阳
铜纽扣（中篇小说）————————————— 唐　镇
列车上的军事泄密（报告小说）———————— 张泗琪

中国潮
万心通透一根丝（报告文学）————————— 陈伯坚
初探克火神（报告文学）——————————— 龚伯洪

小说
猔羊 ———————————————————— 李乔亚
小谢姑娘 —————————————————— 寇云峰
流连 ———————————————————— 邓一光
坡地 ———————————————————— 雁　宁

风味阁
恶梦（小说）———————————————— 姜文岩

诗歌
温柔的河流 ————————————————— 周婉玲
春天的图案（外一首）———————————— 于宗信
美国之星 —————————————————— 薛春建
回想 ———————————————————— 阿　橹
寻梦 ———————————————————— 钟兆云

"中国潮"报告文学征文百家期刊联名启事

旋转餐厅
读者意见征询表

美术
富贵平安（摄影）————————————————孙成毅
张大千临摹敦煌壁画
"朝花奖"摄影比赛作品选登

1988 年第 3 期　刊名:《广州文艺》
目录

中国潮
中国龙，腾飞在羊城（报告文学）
——六届全运会日记————————————赵丽宏

都市霓虹
唯一的 Bridge（小说）————————————沈泰来
生死魂（小说）————————————————陆　笙

星河漫游
南国乡镇的魅力
——我眼中的陆笙小说—————————————叶小帆

滑浪风帆
坠落的红衣裳（小说）————————————蒋丽萍

魅力世界
美神姐妹（报告文学）————————————洪三泰
春天在这里（报告文学）——爽记水产店与真真水产
店见闻录—————————————何厚础　谭　宜

魔影（微型小说）—————————————周志俊

风味阁
风雪中的小店堂（小说）————————————王　平
笛声（小说）————————————————陆北威
母与女（小说）————————————————黄叶飞
"写实"的风味（短评）————————————陈卫中

旋转餐厅
诗歌
夜宿太阳岛（三首）—————————————于　最
赠一位音乐指挥（外一首）——————————解聘如
新区的路—————————————————黄耀文
水街的女人—————————————————洛　克
女护士的秘密（中篇连载小说·上）
——————[美]阿德莱德·汉弗莱斯著　黎小林译

美术
背影（摄影）————————————————周宪华
朝花奖摄影比赛作品选登
红船今侣书画展作品选

1988 年第 4 期　刊名:《广州文艺》
目录

中国潮
京广大道的呼唤（报告文学）
——————杨冠英　蔡宗周　叶敏虎
来自铁路的报告（短评）————————————晓　舟

都市霓虹
理解（小说）————————————————黄天源
非生理性冲动（小说）————————————宋海年

小说
国宝（中篇）——————————————姚育明　兰之光
深渊（报告小说）
——《军事法院在开庭》之二—————————张泗琪
辫影（钟晓毅点评）—————————————唐炳良
短篇二题—————————————————彭瑞高

风味阁
偷窥（小说二篇）——————————————凌　纾
春天的信息
——广州文艺界理论界企业界对话会侧记————陈卫中

旋转餐厅
女护士的秘密（中篇连载小说·下）
——————[美]阿德莱德·汉弗莱斯著　黎小林译
春日村居杂咏（诗二首）————————————谢　璋

美术
线条的艺术（摄影）————————————梁力昌
"朝花奖"摄影比赛作品选登

霹雳画廊
浪尖上的启示————————————————芦　苇

1988 年第 5 期　刊名:《广州文艺》
目录

中国潮
弄潮在软饮料王国（报告文学）——————谭鸿雁　陶建军

滑浪风帆
冷宫（小说）————————————王少华

都市霓虹
爱情故事（小说）————————————胡　鹏
符号动物（小说）————————————金　岱
老虎进了城（小说）————————————戴胜德

风味阁
兵是大（中篇小说）————————————王恒信

小说
喷发（陈志红点评）————————————张　为
黑字（黄桂元点评）————————————肖克凡
雷鸟————————————唐　栋
功夫嘴————————————李克威
热草————————————刘庆邦

旋转餐厅
诗歌
寂（外一首）————————————梁鉴江
海边掠影————————————丘　岳
大漠的风————————————高旭旺
遐思————————————张含贞
风筝————————————陶　虹
童年的太阳————————————贺　丹
无题————————————张小敏

文学BB机
通信二则————————————阿　坚　唐　镇

环市东377
美术
湖畔（摄影）————————————何捷忠
"朝花奖"摄影比赛作品选登

1988 年第 6 期　刊名:《广州文艺》
目录

都市霓虹
大歌星（小说）————————————严歌苓
坦率的谈话（小说）————————————李功达
女雇工（小说）————————————南　翔
应急灯（小说）————————————廖晓勉
西关小姐（小说）————————————陈天泽
疑惑的舞步（小说）————————————方　正
夏时制的黄昏（小说）————————————胡发云
迟飞的蝴蝶（小说）————————————曹征路

滑浪风帆
孔雀羽毛（小说）————————————陈小敏

中国潮
突进之旅（报告文学）————————————舒大沅

风味阁
让我们分享幸福（小说）————————————王　筠

港台文讯
施莉之恋（小说）————————（中国香港）牛吐温
"朝花奖"揭晓

旋转餐厅
诗歌
都市情————————————朱光天
愿望————————————赵建雄
爱情·世界·太阳————————————丘　岳
龙————————————水　如
爱之梦————————————鲁　萍

环市东377
美术
轻诉（摄影）————————————魏东华
"朝花奖"摄影比赛作品选登
霹雳画廊
路的启迪（黄堃源的油画）————————————淼　淼

1988 年第 7 期　刊名:《广州文艺》
目录

中国潮
广日之路（报告文学）
——来自广州电梯工业公司的报告————孔令驹　陈卫中
谜一般的桑拿浴，谜一般的按摩女（报告文学）
————————————袁　炳

都市霓虹
白丁香，白丁香（中篇小说）————殷慧芬　楼耀福
走吧，你不用解释（小说）————————————丰晓梅

魅力世界
广州电信建设的启示（报告文学）————————————宁泉骋

星河漫游
一次文学漫步
——1987 年"朝花奖"获奖作品随笔————————————陈志红

小说

爱的寻觅⋯⋯⋯⋯⋯⋯⋯⋯⋯⋯⋯⋯⋯⋯李 斌
昨天再来⋯⋯⋯⋯⋯⋯⋯⋯⋯⋯⋯⋯⋯李彬勇
颤抖的枪口⋯⋯⋯⋯⋯⋯⋯⋯⋯⋯⋯⋯王永海
生命⋯⋯⋯⋯⋯⋯⋯⋯⋯⋯⋯⋯⋯⋯⋯黄叶飞

旋转餐厅
美术
"朝花奖"摄影作品选登

1988 年第 8 期　刊名:《广州文艺》
目录

都市题材作品专号
中国潮
一个普通人和一个美丽的小城（报告文学）⋯赵丽宏

都市霓虹
你别让我失望（中篇小说）⋯⋯⋯⋯⋯⋯王梓夫
没有播映的电视片（中篇小说）⋯⋯⋯⋯紫 苏
本小姐 A 城搵食（小说）⋯⋯⋯⋯⋯⋯⋯王海玲
多多餐厅（小说）⋯⋯⋯⋯⋯⋯⋯⋯⋯⋯孙建成
沙发的故事（小说）⋯⋯⋯⋯⋯⋯⋯⋯⋯海 雀

魅力世界
第一位涉迹南北两极的中国女性（报告文学）

⋯⋯⋯⋯⋯⋯⋯⋯⋯⋯⋯⋯⋯⋯⋯⋯罗铭恩

星河漫游
《寒妮》及其他
——试谈王海玲的小说创作⋯⋯⋯⋯⋯岑 桑
金橄榄（小说）⋯⋯⋯⋯⋯⋯⋯⋯⋯⋯⋯陆 笙
梦中的故乡（散文）⋯⋯⋯⋯⋯⋯⋯⋯⋯唐 宁

试飞
错过了的爱（小说）⋯⋯⋯⋯⋯⋯⋯⋯⋯薛小蓝

旋转餐厅
诗歌
哭嫁⋯⋯⋯⋯⋯⋯⋯⋯⋯⋯⋯⋯⋯⋯⋯如 冰
夜山（外一首）⋯⋯⋯⋯⋯⋯⋯⋯⋯⋯⋯潘健生
青鸟⋯⋯⋯⋯⋯⋯⋯⋯⋯⋯⋯⋯⋯⋯⋯章 玮

简讯一则
长篇连载预告

美术
"朝花奖"摄影比赛作品选登

1988 年第 9 期　刊名:《广州文艺》
目录

中国潮
正在崛起的汽车王国
——广州标致（报告文学）⋯⋯⋯⋯孔令驹　陈卫中
企业家的性格（报告文学）⋯⋯⋯⋯⋯⋯肖复兴

都市霓虹
《水浒》知识智力竞赛侧记（小说）⋯⋯⋯谈 歌
爱之桥梦幻（小说）⋯⋯⋯⋯⋯⋯⋯⋯⋯岑 桑
新娘的秘密（小说）⋯⋯⋯⋯⋯⋯⋯⋯⋯宫 洁

特区剪影
掮客（小说）⋯⋯⋯⋯⋯⋯⋯⋯⋯⋯⋯⋯旷荣怿

滑浪风帆
随着台风远去（小说）⋯⋯⋯⋯⋯⋯⋯⋯闫欣宁

小说
悬棺⋯⋯⋯⋯⋯⋯⋯⋯⋯⋯⋯⋯⋯⋯⋯雁 宁
滩歌⋯⋯⋯⋯⋯⋯⋯⋯⋯⋯⋯⋯⋯⋯⋯谭英凯
梦游（散文）⋯⋯⋯⋯⋯⋯⋯⋯⋯⋯⋯⋯戴厚英

诗歌
斑斓的死水（外一首）⋯⋯⋯⋯⋯⋯⋯⋯雪 逸
冬的情书⋯⋯⋯⋯⋯⋯⋯⋯⋯⋯⋯⋯⋯王浦安
动物启示录⋯⋯⋯⋯⋯⋯⋯⋯⋯⋯⋯⋯小 老
星⋯⋯⋯⋯⋯⋯⋯⋯⋯⋯⋯⋯⋯⋯⋯⋯金聚泰
深圳之夜⋯⋯⋯⋯⋯⋯⋯⋯⋯⋯⋯⋯⋯陈英伟
科林别墅（长篇连载）

⋯⋯⋯⋯⋯⋯［美］马里宁·罗斯著　邓峻枫译

旋转餐厅
环市东 377

1988 年第 10 期　刊名:《广州文艺》
目录

鸣谢⋯⋯⋯⋯⋯⋯⋯⋯⋯⋯⋯⋯⋯⋯本刊编辑部

都市霓虹
霓虹灯在闪烁（小说）⋯⋯⋯⋯⋯⋯⋯⋯张雄辉
水晶（中篇小说）⋯⋯⋯⋯⋯⋯⋯⋯⋯⋯郑彦英
竞争（小说）⋯⋯⋯⋯⋯⋯⋯⋯⋯⋯⋯⋯谭 力

滑浪风帆

牲灵（中篇小说）——————————————————陶建军

星河漫游

陶建军小说创作的一次蜕变（评论）——————魏 威

中国潮

"野人"梦狂——————————————————————田 天
发家三字经——————————————————————柳 嘉

诗歌

盆花——————————————————————————肖大跃
反向——————————————————————————林乐山

旋转餐厅

科林别墅（长篇连载）
——————————————[美]马里宁·罗斯著 邓峻枫译

美术

明眸（摄影）——————————————————————谭志刚
"朝花奖"摄影比赛作品选

1988 年第 11 期　刊名:《广州文艺》
目录

蓄洪屋（中篇小说）——————————————————邹 平

魅力世界

中国："999"（报告文学）
——来自南方制药厂的报告——————————————袁 炳
梦逝（纪实文学）
——一个少女的沉沦——————————————云 南 君 保

都市霓虹

夜色温柔（小说）——————————————————孙建成
禽兽（小说）——————————————————————黄桂元

风味阁

无题（小说）——————————————————————王爱英
情的圈套（小说）——————————————————周式源
火妖（小说）——————————————————————邓宗良
相反（微型小说）——————[日]大森健一著 梁小棋译
赶庙会（散文）——————————————————————柳 嘉

环市东 377
旋转餐厅

诗·湖畔的小路（外一首）——————————————熊少严

科林别墅（长篇连载）
——————————————[美]马里宁·罗斯著 邓峻枫译
人像（摄影）

1988 年第 12 期　刊名:《广州文艺》
目录

都市题材作品专号
都市霓虹

情殇（中篇小说）——————————————————凌耀忠
"新潮古董"传——————————————————————丰晓梅

魅力世界

开拓者的价值观（报告文学）
——九佛农工商联合公司总经理陈汝林素描———罗铭恩
离婚女人的故事（纪实文学）——————————————黄 茵

滑浪风帆

姹紫荧荧（中篇小说）——————————————————成莫愁
《大潮汐》序——————————————————————陈残云
《人生的轨迹》（散文）——————————————————耿在镰
我发现了真实的时节（诗）——————————————黄东成

旋转餐厅

预告·长篇翻译连载小说《冷血天使》内容简介
科林别墅（连载小说·续完）
——————————————[美]马里宁·罗斯著 邓峻枫译

《广州文艺》1988 年 1—12 期总目录

美术

甜（摄影）——————————————————————杜锦雄

1989 年第 1 期　刊名:《广州文艺》
目录

旋转餐厅
滑浪风帆

盲流们在密林中（中篇小说）——————————————段 磊

星河漫游

"中国潮"的一朵浪花（评论）——————————————叶小枫

都市霓虹

瞬间的惶惑（小说）——————————————————李治邦
暑热（小说）——————————————————————黄虹坚
第三名军人（小说）——————————————————罗 戎

世态三题（小说）——————————章　昆

风味阁
小说二题——————————————阿　毛

短篇小说
小艇上的水兵——————————李忠效
月下轻泣——————————————杨　雄

诗歌
深圳，总经理和女秘书的夏天————赵　婧
草（外一首）——————————周锡镤
天河赏月追感赠 S 君————————何　龙
寄海岛——————————————刘鸿伏
月夜——————————————王若冰
在南方——————————————刘京亮
冷血天使（长篇小说连载）
——————[美]迈克尔·帕尔默著　邓峻枫译

环市东 377
"朝花奖"摄影比赛揭晓

1989 年第 2 期　刊名:《广州文艺》
目录

都市霓虹
苍白与辉煌（中篇小说）——————黄锦鸿
台上台下（小说）————————王　璞

特区剪影
橄榄味的旅程（小说）————南　翔　丽　霞
高尔夫球场的旧木门（小说）————郑集思

魅力世界
凭窨争驱（报告文学）
——记广州兴华制药厂厂长张国强————宁泉骋

战争·人性·文学
——陶建军作品讨论会综述—————陈卫中
冰河残梦（小说）————————银小俊
逛向酒吧（散文）————————舒大沅

旋转餐厅
冷血天使（长篇连载）
——————[美]迈克尔·帕尔默著　邓峻枫译

美术
风采（摄影）——————————郑林雄

1989 年第 3 期　刊名:《广州文艺》
目录

具有深远影响的义举
——写在中侨（深圳）实业公司　广州文艺杂志社合
作办刊之际——————————黄菘华

特区剪影
潇洒靓女（小说）————————王海玲

魅力世界
艰难的跨越（报告文学）——————陈天泽

都市霓虹
纯情歌女（中篇小说）——————卢一基

广州，100 个面孔
好个不在乎的吴捷玲（纪实文学）———楚　明

港台文讯
香港，超常的一对（小说）————郑志鹏
单身女人的故事（纪实文学）————黄　茵
复杂的人（小说）————————周式源
复原（小说）——————————白小易

旋转餐厅
闹市中的画影（诗）——————于　最
冷血天使（长篇连载）
——————[美]迈克尔·帕尔默著　邓峻枫译

理事絮语

1989 年第 4 期　刊名:《广州文艺》
目录

都市霓虹
聚龙坊的 24 小说（中篇小说）————张雄辉
兼容并著：一种文学的选择（短评）——叶小帆
解脱（小说）——————————孙　顾
疯狂的柯丽菲（小说）——————章　轲

魅力世界
带着 5 分钱去美国的人（报告文学）———张士敏
一个幸运的女人（报告文学）
——记杨振华和她的"851"————林　机　石　楚
南国歌坛双星（报告文学）
——唐彪与安李————————黄兆存

苦雪（小说）——————————————宋海年　施建国

诗歌

厂长负责制周年纪念有感（三首）————郑尧新
十行抒情诗（三首）————————————蔡宗周
冬的梦————————————————————西　篱

旋转餐厅

冷血天使（长篇连载）
　　————————[美]迈克尔·帕尔默著　邓峻枫译

理事絮语

1989 年第 5 期　刊名:《广州文艺》
目录

魅力世界

太阳神（报告文学）————————————舒大沅
"万家乐"，顺德的又一骄傲（报告文学）——仇启明

都市霓虹

地下舞厅（小说）————————————唐　镇

广州，100 个面孔

永远的初恋（纪实文学）————————张　波
困惑的"格调"————————————————赵　洁

风味阁

怪病研究（小说）————————————李胜利
在地狱和天堂之间（纪实文学）————李乔亚
哈哈镜（小说）————————————董宏量
残月（小说）————————————————李　威
"安乐死"在中国（报告文学）——马英天　邱利民
"中侨朝花文学奖"揭晓

旋转餐厅

诗歌

挽留（外一首）————————————梁鉴江
陕北三条河————————————————阿　坚
我们的人生————————————————邢　飞
小船（外一首）—————————————陈明斐
冷血天使（长篇连载）
　　————————[美]迈克尔·帕尔默著　邓峻枫译

理事絮语

1989 年第 6 期　刊名:《广州文艺》
目录

星河漫游

寻找广州文学的位置
——关于 1988 年度"中侨朝花文学奖"的对话
　　————————————————殷国明　叶小枫

都市霓虹

魔鬼胡志安（小说）————————————张永久
世人都说神仙好（小说）————————赵　洁
聚散总无常（小说）————————————于桂蓉

小说

江天日暮————————————————吴有恒
军旅笔记小说二则————————————雷　铎
远岛————————————————————何继青
人的萌芽————————————————金　岱
最后一个殉情者————————————宇向东

广州，100 个面孔

"麦大爷的潇洒"（纪实文学）————张雄辉
面对你的抉择（纪实文学）————————陶建军

天涯履迹

布达佩斯的风（散文）————————章　昆

旋转餐厅

诗歌

太阳（外一首）————————————水　如
四月雪————————————————————柴寿宇
我的钥匙————————————————梁志宏
细语————————————————————马永波
冷血天使（长篇连载）———[美]迈克尔·帕尔默著
邓峻枫译

理事絮语

向大海（摄影）

1989 年第 7 期　刊名:《广州文艺》
目录

魅力世界

此岸与彼岸：七彩灯船的童话（报告文学）——黄锦鸿
人生一翼（纪实文学）
——记艺术大师刘海粟的爱情生活————庆　云

都市霓虹

祝你交好运（小说）——————————————王梓夫

节食（中篇小说）——————————————陆北威

《节食》：一种人生体验（评论）——————张奥列

广州，100 个面孔

新潮（纪实文学）——————————————何卓琼

域外花

灯火阑珊（小说）———————————[日]猿渡静子

"爱的代价"（小说）—————————————严　力

广州并非文化沙漠化（评论）———————陈残云

小说

雨前————————————————————孙建成

迷幻的人海————————————————谭慰慈

诗歌

在南方的短诗————————————————李彬勇

浪花————————————————————刘丙辰

旋转餐厅

冷血天使（长篇连载）—————[美]迈克尔·帕尔默著
邓峻枫译

理事絮语

1989 年第 8 期　刊名：《广州文艺》
目录

都市题材作品专号
魅力世界

珠江画侣（报告文学）

——记著名画家杨之光与鸥洋—————————伊　妮

王中之王（报告文学）

——记珠江钢琴公司经理黎达苏———————罗铭恩

都市霓虹
小说

时尚————————————————————胡　健

幽会————————————————————王　璞

初吻——————————————殷慧芬　楼耀福

天使小夜曲————————————————凌　纾

文艺公关————————————————柳　嘉

并蒂莲————————————————————黄叶飞

岛人笔记（四则）（散文）————————赵丽宏

空棺之葬（小说）————————————邓宗良

冷馨儿（小说）————————————————赵　冬

诗歌

雾秋（二首）————————————————陈茂欣

吻走了月的一半（外一首）————————李富祺

原野————————————————————潘健生

吊屈原————————————————————司徒杰

土地————————————————————赵贵平

星座————————————————————顾　工

旋转餐厅
域外花

作客他乡（翻译小说）

————————[英]罗尔德·达尔著　工　雨译

美术

人像（摄影）

1989 年第 9 期　刊名：《广州文艺》
目录

都市霓虹

莹子（中篇小说）——————————————谭　力

你知道，你是谁

——读谭力中篇小说《莹子》（短评）————钟晓毅

业大生悲喜录（中篇小说）————————王　筠

小船，随风漂去————————————————沈嘉禄

广州，100 个面孔

刻在棺材边的指甲痕（纪实文学）————雷　铎

小说

红山楂————————————————————有令峻

赴爸爸的婚宴————————————————张　梅

旧事三题————————————————————章　昆

域外花

家庭之友—————————[奥]赫伯特·艾森内希著　熊音译

与山对座（诗歌）————————————————程　维

旋转餐厅

生父（中篇连载）

————————[美]格罗莉亚·摩菲著　李　峰译

清纯（摄影）

1989 年第 10 期　刊名:《广州文艺》
目录

小说专号
都市霓虹
朦胧小屋（中篇小说）──────雨　时　如　月
《一路平安》伴你行（小说）──────张小玲
痛快一回（小说）──────刘泽林

特区剪影
画廊大侠（小说）──────李　逊

广州,100 个面孔
夏日里的"保安蓝"（纪实文学）──────黄锦鸿

小说
空坟──────何继青
怪杰──────李乔亚
无名小卒──────章　昆

风味阁
黑精灵（小说）──────张　为　郝　军

旋转餐厅
生父（长篇连载）
──────［美］格罗莉亚·摩菲著　李　峰译
"大体育服务法"的魅力（专访）──────姜维平

美术
含笑（摄影）

1989 年第 11 期　刊名:《广州文艺》
目录

都市霓虹
小说
患了癌症的吴君的困惑──────王爱英
孙子──────楚　明
都市小夜曲──────李树政
没有绿色的太阳──────刘益善
游魂四重奏（中篇小说）──────王　庆

广州,100 个面孔
一个广州人（纪实文学）──────李兰妮
他从黄埔军校来（纪实文学）──────罗铭恩
并非爱情童话（纪实文学）──────谭　宜

港台文汛
提刀探病牛（小说）──────（中国台湾）汪笨湖
一个女老板的罪恶足迹（报告文学）──────黄汉民

旋转餐厅
生父（中篇连载）
──────［美］格罗莉亚·摩菲著　李　峰译
一声口哨（外一首）──────（中国台湾）杨　平

美术
蜜月（摄影）
──────（选自深圳罗湖区摄影学会作品展览）
向读者推荐何卓琼长篇小说《祸水》

1989 年第 12 期　刊名:《广州文艺》
目录

珠海作家小辑
宾士域（特区剪影·中篇小说）──────杨雪萍
特区打工妹（特区剪影·小说）──────王海玲
你从哪里来（特区剪影·小说）──────莎　妮
旅英幽默（散文）──────杨　彦
关于春天的印象或感觉（诗）──────宋恒涛
珠海,一幅迷人的织锦（诗）──────陈满翌

星河漫游
选择：艰难的历程（评论）
──《宾士域》、《特区打工妹》、《你从哪里来》读后
断想──────钟晓毅

都市霓虹
海面上出现第一条船（中篇）──────李彬勇

广州,100 个面孔
女剧作家的渴望（纪实文学）──────叶小帆

魅力世界
水做的男人（报告文学）
──记著名花鸟画家方楚雄──────伊　妮

锦丝织就康庄路（报告文学）
──记顺德沙滘工艺厂──────石　楚

旋转餐厅
诗歌
十行抒情诗（四首）──────蔡宗周
红荔曲（外一首）──────于　最
乳名──────黄东成

秋日咏菊（三首）——————————谢　璋
黄埔军魂—————————————潘健生
月又圆了—————————————黄京云
我在桥上看你们———————————熊少严
雪夜———————————————赵贵平

域外花
戒指（翻译小说）
——————[日] 星新一著　赵　冬　丁建中译
乡居新闻（微型小说）————————周志俊

《广州文艺》1989 年 1—12 期总目录
金发女郎（摄影）

《贵阳文艺》

（《花溪》）

【简　介】

综合性文学月刊。贵州省文学艺术界联合会主办。创建于 1978 年，1980 年 1 月由《贵阳文艺》更名为《花溪》。刊登作品体裁主要有小说、诗歌、散文、报告文学、文学评论等。刊登作品角度丰富、贴近生活，后期偏向青年文学。

期刊号：1979 年第 1 期—1989 年第 12 期

1979 年第 1 期　刊名：《贵阳文艺》
目录

松柏山人—————————————陶文正
一丝不苟—————————————赵正康
暑假第一天（小说）—————————袁仁琮
满江红·和杨德政同志《贺省科学大会》——余光荣
毛主席词《贺新郎》给我们的启示————王　灼
身在宝山要识宝（文艺书简）—————柳　枏
虚构与真实————————————李印堂
文房四宝古今谈———————————冯济泉
麻醉（讽刺诗两首）—————————罗　马
追忆郭老—————————————朱　曦
大海之歌（外一首）—————————石永言
咏黔中文艺二十二韵—————————王燕玉
游记诗草（三首）——————————俞白巍
人民的神力
——风！雷！电！重读郭老之《雷电颂》（附作品）——————————————谢振东
斗山的队伍
——献给人民公社（三首）———————钟　明

1979 年第 2 期　刊名：《贵阳文艺》
目录

诗歌
怀念篇
花溪的怀念（三首）—————————刘彻东
水族心中的红云
——怀念老一辈无产阶级革命家邓恩铭————龙光沛
惊雷篇
壮丽的画卷————————————陈佩芸
新长征
进军歌——————————————戴明贤
老学徒——————————————刘福林
夜市———————————————斯　奇
山里的歌（二首）——————————管远祚
她去送行—————————————郑德明
我们的车队（三首）—————————段春林
少数民族赞歌
寄自瑶山的诗（二首）————————王洪儒
草海晨曲（二首）——————————郝建葆
侗寨新歌（三首）——————————崔笛扬

小说·散文
清明花赋（散文）——————————丁汉琼
春回大地

——苏州贵阳两地书画家盛会散记————赵西林
女厂长（小说）————涂尘野
魔三角的秘密（科学幻想小说）————袁维林
盘陀路上（小说）————弋良俊

剧本·故事
金钥匙（童话）————余未人
凌云志（民兵故事）————杨远承

评论·随笔
略评话剧《于无声处》————林钟美
"说出"和"流露"————秦玉明
学诗札记————梁君
忠于生活需要勇敢————刘德一
阅读与欣赏
茶花赋————杨朔
情真意挚 文采照人
——《茶花赋》欣赏————王锐铣
简讯二则————佳丁 闻罗潘

音乐
清明时节思亲人————《天安门诗抄》词 龙明洪曲
总理功高天下————《天安门诗抄》词 冰杰曲

美术
迎春（国画）
————宋吟可 张继馨 谢孝思 刘淑华 费新我
苏州市
贵阳市国画书法联展作品
都柳江畔（国画）————宋吟可
荷花（国画）————张继馨
红梅（国画）————谢孝思
书法————费新我 陈恒安 冯济泉
张辛稼 吴烊木 包俊宜
篆刻————张寒月 戴明贤 矫毅 吴乾惠等
花卉（国画）————吴乾惠
河滨公园————姚云
收获————刘寂

"摔跤"————赵尔寰
明镜————彭庆元
土城听涛————漆春生
黔东山歌唱贺龙————杨国安
航标————陈谷
打得好呵，我的边防战友————郝建葆
绿色的心灵（外一首）————里沙
青春不再来（歌词）————大可
情歌新花朵朵鲜（十七首）
————朱吉成 刘智祥 张斯霞等
送给孩子们的礼物（十三首）
————弋良俊 余忠明 许荣彬等
旧体诗词（四首）————赵德山 涂月僧 王正

小说·散文
坝上桥头忆总理————冉崇熙 刘彻东
九月菊————李萍
迷雾————袁昌文
魔三角的秘密（科学幻想小说）————袁维林
琴————三山
琢磨成美材
——王若飞同志和他的达德母校————赵西林
蜗牛（童话）————叶树
牡丹花和土地（寓言）————庞本驹
鱼的对话（寓言）————李如松
喜鹊和乌鸦（寓言）————史宏拯
中小学生作文选登————何宇麟 樊丹艺

评论·杂文
学习周总理讲话笔谈————虞缪明 龙炘成 梁重昆
谈电影文学剧本《毕升》————于得水 王云晖
识得青山真面目
——读短篇小说（大青山中）————陈学书
赞"儿科大夫"
——列夫·托尔斯泰找"缘校"的启示————浪花
贵在抒真情————高宗文
王苏诗解读————李云飞
阅读与欣赏
最后一课
——阿尔萨斯者一个小孩的自叙————[法]都德
浅谈最后一课————吴静文
刺梨————李如松 高致贤

1979 年第 3 期　刊名:《贵阳文艺》
目录

诗歌
写在科学的春天（六首）————杨大矛
数学竞赛（外一首）————徐强
翅膀（外一首）————程显模
工业渔父——管道钳工————蔡葵
仓————陈犀

歌曲
欢迎英雄的子弟兵凯旋归来————叶笛词 抒文曲
青年之歌————皇甫重庆词 罗世侠曲
飞扬吧！少先队队旗————杨春华词 石应霓曲
扬子，密西西比————司马宇文词 嵇文曲

美术

迎春（国画）——————————————————方小石
国画写生习作选登————————陈教品 宋剑峰 张志辉
王永祥 杨长槐 鲁 风 谭漆林 宋承德
黔灵石径（水彩）—————————————田宇高
贵阳风光————————————————张代航
公社饲养员———————————————吴家贵
宋吟可、孟光涛、方小石、陈恒安
国画、书法在贵阳联展————————————叶 笛

1979 年第 4 期　刊名:《贵阳文艺》
目录

散文·小说

不屈的新松　忠贞的战士
——记马绵征烈士和林彪"四人帮"的殊死斗争
————————————汤宝华 谭良洲 刘荣敏
野菱角
——回忆马绵征的学生时代———————邹敬祖
文坛忆背
深切的怀念
——《"五四"琐忆》之二———————塞先艾
徐悲鸿先生在贵阳 1937—1942—1944 年间的断续回忆————————————————————陈恒安
侗乡的记忆————————————————韦 翰
还乡漫记————————————————刘淑华
退马—————————————————卢惠龙
"研究"书记————————————————张德庆

诗歌

抒情诗
山野短笛（七首）————————————梅 翁
阳光，在你的鬓边闪烁————————————张 劲
李四光在贵阳（二首）————————————罗 马
哲理诗
山泉集（四首）————————————黄邦君
响铃集（六首）————————————张斯侠
假如……（二首）————————————胥忠国
星光集（二首）————————————管远祚
寓言诗
河堤（外一首）————————————叶 笛
水磨和小溪————————————————舟 帆
牡丹与泥土————————————————邱元利
讽刺诗
"关系学"及其他（三首）————————丹 军
为某些新诗打油————————————李汝伦
"听说要'收'"————————————秦玉明
他—————————————————胡顺猷

旧体诗词

满江红—————————————————朱 曦
七律—————————————————陈果青
游贵阳花溪————————————————王沂暖
咏花绝句（三首）————————————徐振辉
读白石印谱————————————————戴明贤
诗配画
究竟是谁复杂———————————蔡毅诗 王乐天画
给"高价姑娘"——————符启文诗 董定强 蒋新思画
为"四化"服务　临花溪赋诗————————叶 笛

评论·杂文

转移与题材多样化————————————叶 辛
也谈民歌
——与黄勇刹同志商榷————————刘霁春
回眸时看小于菟
——读《女厂长》有感————————龙炘成

文艺随笔

生命就是写作————————————————黄建春
读诗刍议————————————————石永言
旧体诗词也是一朵花————————————王 灼
从京剧脸谱谈起————————————徐振辉
留下想象的余地————————————叶晓文
读书偶记————————————————家 浚

阅读与欣赏

荷塘月色————————————————朱自清
漫谈《荷塘月色》————————————王锐铣
为艺苑新苗喝采（五篇）
————————闻义柯 甘詠衡 黄 岗 抒文 郝建葆
东风夜放花千树
——贵阳市属剧团青少年汇演评述————兵 捷
文艺简讯————————————————林 帆

歌曲

颂党歌声永不落————————————龙廷才词曲
全党全民搞四化——————————刘 章词 孙承禧曲
献给你——————————————郝建葆词 徐 开曲
摘下一朵红色的玫瑰——————张 郁词 陈勤智曲
两条狼—————————————茅晓峰词 张正贤曲
美丽的春姑娘————————————宋 屹词 雅 文曲

美术

乌江小景（国画）————————————孟光涛
徐悲鸿先生在贵阳所作书、画
虬松图（国画）
鱼鹰图（国画）
《不审贴》（书法）

《频有哀祸帖》（书法）
乌江红军渡口（国画） …………………………… 李昌宗
苗寨烟叶香（版画） ……………………………… 董克俊
月满心繁（版画） ………………………………… 龙开朗
一泻千里（版画） ………………………………… 蒋志伊
女孩（雕塑） ……………………………………… 刘万琪
花卉（版画） ……………………………………… 符朝荣
花溪风光 …………………………………………… 谭涤非
信鸽 ………………………………………………… 肖义泉

1979 年第 5 期　刊名:《贵阳文艺》
目录

庆祝建国三十周年诗歌专辑
放歌集
朱吉成　杨宗和　刘智祥　余忠明　孔令华
丹心集
贺东久　李云飞　舟　帆
长征集
田　兵　方立平　王　也　黎端明　潘俊龄　李发锡
陈学书　唐大同　梁上泉　陶文正　弋良俊　管远祚
张斯侠
群芳集
雷　霆　寒　星　余薇野　邓星荣　钟　明　穆倍贤
王　丰　葛　美　王国云　刘江生　阮居平　刘　凡
邓玉贵　君　羊　孙小蘭　徐　强　陈　新　弘　征
陈　谷　李世周　罗　马
出新集
王若望　塞先艾　李侠公　李独清　刘凤亭　赵德山
赵西林　陈恒安　冯济泉　王　正　胡廉夫　王燕玉
王强一　谭科模　郑秩威　余光荣

散文·小说
关于《第四病室》的回忆 …………………………… 巴　金
轻轻的敲门声 ……………………………………… 毛志成
山里的雾 …………………………………………… 雨　煤
萧乡笛城春意浓 …………………………………… 雷弟祥

评论·杂文·歌曲
阅读与欣赏
女歌唱家 …………………… ［罗马尼亚］德梅特里乌斯
摄取最能表现人物灵魂的画面
——介绍《女歌唱家》 ……………………………… 涂宝野
关于小说《迷雾》的讨论
真实的生活经验　典型的形象 …………………… 李建国
小说的真实感要强 ………………………………… 吴美渌
发人深省的主题 …………………………………… 夏其翰
一个虚假的形象 …………………………………… 龙炘成

祖国颂 …………………………… 肖树文词　徐开曲
快快举起那金色的酒杯 ………… 周流词　蒋治中曲
两只猫 …………………………… 洪茵词　孙静蓉曲

美术
雨霁（国画） ……………………………………… 杨宁森
山高水长任奔驰（国画） ………………………… 杨长槐
祝寿图（国画） …………………………………… 卓问强
都柳碧榕（国画） ………………………………… 张润生
墨竹（国画） ……………………………………… 刘复莘
红装素裹（国画） ………………………………… 黎培基
侗寨秋艳（木刻） ………………………………… 吴家华
音和韵谐（木刻） ………………………………… 卜国昌
百花争放四时春（篆刻） ………………………… 王得一
硕实累累（国画） ………………………………… 封国权
屈子行吟图（水粉） ……………………………… 张世申
黔灵山宏福寺 …………………………………… 石浚生
苗家乐（剪纸） …………………………………… 谢志诚

1979 年第 6 期　刊名:《贵阳文艺》
目录

小说·散文
宿命 ………………………………………………… 汤宝华
拒捕 ………………………………………………… 张　华
不自由的恋爱 ……………………………………… 李宽定
阳光照不到的院落 ………………………………… 薄　非
春联 …………………………………………（湖南）易照峰
被撞伤的人 ………………………………（黑龙江）常太昶
文坛忆昔
徐悲鸿先生在贵阳 1937—1942—1944 年间的断续回
忆 …………………………………………………… 陈恒安
作家·战士·园丁
——访老作家萧殷片断 …………………（湖南）弘　征

诗歌
没有提出申诉的人（叙事诗） …………………… 张　克
旅穗旅桂诗词九首 ………………………………… 赵西林
浪淘沙（二首）
谒黄花岗七十二烈士墓
游佛山祖庙
谒广州起义烈士陵园
参观华南植物园
忆江南（三首）
榴花词 ………………………………………（湖南）于　沙
水乡湖影
——寄自珠江三角洲的明信片（四首）
　　　　　　　　　　　　　　　　……………（广东）韦　丘

二小于一 ································· 陶文正
致研究员（外一首） ····················· 周家鼎

诗歌

绿叶的情书（二首） ····················· 弋良俊
窗口 ································· 胡康
从山野采来的小花（二首） ··········· （北京）李武兵
致诗人 ································· 马奔

评论·杂文

郑子尹和他的诗 ······················· 王燕玉
创作与阅读 ··························· 吕兆廉
关于小说《迷雾》的讨论
熟悉的陌生人
——谈小说《迷雾》的李兴儒 ············· 李印堂
不能把精神病患者作为批判对象
——对《迷雾》的一点意见 ··············· 彻言

歌曲

云崔姑娘 ····················· 晨枫词 黎树燊曲
青春不再来 ··················· 大可词 天满曲
请告诉我 ············· 王守勋 刁铁军词 孟庆辉曲
献给护士的歌 ········· 陈黔生 郑正强词 李继昌曲

美术

天竺腊梅（国画） ····················· 宋吟可
钟馗未完稿（国画） ····················· 徐悲鸿
白莲（国画） ························· 李行百
溪边（国画） ························· 宋剑锋

1980 年第 1 期　刊名：《花溪》
目录

小说·散文

道是无情却有情（小说） ················· 余未人
黑玫瑰（小说） ······················· 卢勇祥
拜年（小说） ················· （西安）贾平凹 张敏
憨哥哥（小说） ······················· 鄷远征
杨老者赶场（小说） ····················· 王枫林
贵山今昔（散文） ······················· 田兵
寄语蓝天绿水间（散文） ················· 李起超

诗歌
清水江的诗

山野拾掇（四首） ····················· 廖国松
清水江的梦（三首） ····················· 黄邦君
酿蜜的侗寨（三首） ····················· 彭庆元
浆声笑靥中的清水江 ····················· 李云飞

浪花 ····················· （广州）符启文
摆渡 ································· 杨远承
炮声·雾中 ··························· 钟华
旅游杂咏（三首） ····················· 沈耘
情歌（七首） ············· （南宁）王熔岩搜集整理
商店里有个仙女 ··············· （成都）里沙
看电影《甲午风云》听邓世昌弹琵琶有感 ····· 卢雨樵
遥寄台湾 ····························· 李大光

评论·杂文

如何读生活这本大书 ············· （上海）赵自

阅读与欣赏

最后一片叶子 ················· ［美国］欧·亨利
生命的"奥秘"
——读《最后一片叶子》 ················· 伊星

片玉集

契诃夫谈创作 ························· 袁汀辑录

歌曲

清明（清平乐） ················· 陶铸词 丁甲曲
啊，太阳 ····················· 赵越词 雅文曲
春风吹遍乌蒙山 ············· 许家骅词 蒲文曲

美术

黔灵胜景（国画） ····················· 章光恺
苗寨秋深（国画） ····················· 汤国鼎
凌霄（国画） ························· 吴国梁
窗（油画） ··························· 向光

1980 年第 2 期　刊名：《花溪》
目录

小说

侨女传 ······························· 毛志成
阴郁的黄昏 ··························· 何士光
患难之交 ····························· 叶辛
卖血者 ····················· （广州）黄虹坚
局长同志 ····························· 亘木
在乡村小路上 ························· 杨兴成

散文·故事·寓言

樟江恋 ······························· 王鸿儒
桂花成实向秋荣 ······················· 高成华

寓言

青山和白云 ··························· 拉丁

瓜与岩·····································罗诗清

故事新编
伯乐碰壁·····································杨光沼

诗歌
思考的诗·······················贺东久 穆倍贤 弋 玮
唐大同 高晨钟等
爱的花瓣·············柯愈勋 竹 林 思 翔 任启江等
浪花集····················方立平 颜家文 夏 天
群星集·····································张斯侠
旧体诗词五首······郑君华 朱 曦 李侠公 冯济泉

评论·杂文
阅读与欣赏
我爱这土地·····································艾 青
通过自己的心写诗·····························张 克
口之于味,有同嗜焉·····························何大堪
人民、文艺工作者的母亲·························柳 枏
闲话"山中月"·································梅 翁
由衷的感谢·····································袁昌文

歌曲
山泉和姑娘·····················张寿山词 邓祖纯曲
小字典,我的好朋友·············程宏明词 陈承谦曲

美术
留得几多清凉(国画)···························何礼谦
枇杷小鸟(国画)·······························王雪岑
花溪小景(国画)·······························王振中

1980 年第 3 期 刊名:《花溪》
目录

小说
玫瑰情思·····································余未人
父子·······································伍 略
崔书记漫游风景区·······························刚劲韧

散文·寓言
闪闪发光的泥土·································张 起
药园散记·····································陈其琳
高原的路·····································秋 阳
公鸡与青蛙·····································赵和勋

诗歌
女作者之页
思念·······································董佳佳

送别马绵征(外一首)···························微 一
路灯·······································丁汉琼
山村小学速写·································吕瑞华
爱果·······································禾 禾
小球迷和大球迷·································张盘文
青玉案 夜读·································吴静文

诗的火花
岩泉(外一首)·································程显谟
歌手(外一首)·································王 丰
真话·······································陈 谷
流星集·····································康武能
镜子的呼声·····································邢 汉
咏物短句(四首)·······························培 贵
凤羽村撷景(三首)···························弋良俊
游新会小鸟天堂·································李汝伦
走金阳·····································陈 犀

诗画配
风·····························李世同诗 王乐天画
煮熟的鸡会飞·····················山 涛诗 曾宪阳画
方向错了·······················山 涛诗 龚宗唐画
过敏的"温度表"·················丹 军诗 周发书画

评论·杂文
阅读与欣赏
魂断蓝桥(美国电影文学剧本)
发人深思,值得借鉴
——评美国影片《魂断蓝桥》···················桠 子

作品评论
喜看新苗破土·································李印堂
塑造典型要力求真与美的统一
——读《阳光照不到的院落》·················秦家伦
一个"小人物"的悲剧···························熊易农
让阳光尽快普照每一个角落·······················毛学言

画品
生活之窗·····································陈训明
现实生活的画窗·····················龙炘成 聂明才

歌曲
呵! 早晨,你好·················陈绍伟词 冰 杰曲
红玫瑰·················周 威词 邓尔博 张世明曲
情妹送哥过大河·················敖行维词 胡家勋曲

美术
生命(油画)·································尹光中
大熊与小熊(油画棒)···························董克俊

昆明西山睡美人（套色木刻）—————潘中亮

1980 年第 4—5 期　刊名：《花溪》
目录

小说·散文

人才之歌（报告文学）—————陶文正　刘彻东
折冲樽俎鞭撒旦—————赵西林
心海微澜—————刘荣敏
忏悔—————甘建民
春风知我意—————卢惠龙
泪—————王　忠
原谅我，妈妈—————王鸿儒
铁腕人物—————熊宗仁

诗歌

怀念你，敬爱的少奇同志—————石永言
深深的忆（三首）—————程显模
献给刘少奇同志—————陈训明
历史，就应该这样—————彭庆元
车过乌江桥—————段春林
水塘边—————郑德明
侗家吃新节—————钟　明
南海曲（六首）—————赵德山
花溪流连—————张　克
绿野飞花（四首）—————罗　笑
西湖灯会（三首）—————张　劲
爱的短歌—————廖国松
抒情诗二首—————李发模
花溪，当你正争奇斗丽—————龙光沛
问鸟—————王贤良
致举锤者（外一首）—————杨　山
信—————萧　萧
鹧鸪天—————王尊华
除夕—————朱　曦
简讯一则—————叶　笛

评论·杂文

我是怎样写《金陵春梦》的—————唐　人

作品评论

性格的美、灵魂的美
——《道是无情却有情》的美感作用讨论———秦家伦
真实，但不善美
——《黑玫瑰》中叶秀的形象—————彭联柄
玫瑰为什么黑？——读《黑玫瑰》—————靳泽津
错将魔鬼当女神
谈《宿命》的思想内容—————丁　亥

"新人"刍议—————庞瑞垠
布依族的浪哨歌（上）—————汛　河

阅读与欣赏

魂断兰桥（美国电影文学名著欣赏　续第三期）

音乐

让青春闪耀光彩—————阮居平词　郑光祥曲
绿叶赞—————黄持一词　天　满曲

名曲欣赏

小夜曲—————雨　果词　古　诺曲

美术

牧笛（国画）—————黄天虎
抚琴图（国画）—————廖志惠
荷花送香（国画）—————杨国勋

名画与画家

莎士基亚（油画）—————伦勃朗
画家伦勃朗与《莎士基亚》—————幼　农

1980 年第 6 期　刊名：《花溪》
目录

小说·散文

越过藤条河
——中篇小说《爱与恨的边界》选载—————彭荆风
第二者（推理小说）—————彭忠明
刻着"T·K"的戒指（科学幻想小说）—————胡晓林
留得光彩照人间
——纪念王若飞叔叔遇难卅四周年—————杨秀清
战友《革命回忆录》—————魏德坤口述　雷弟祥整理

诗歌

恶梦—————叶　笛
想起来……（外一首）—————郝键葆
三峡吟（组诗）—————吴厚炎
花溪—————王燕生
竹乡夜（外一首）—————寒　星
观画杂咏（寓言诗一束）—————杨大矛
代某公立言（二首）—————于　沙
新都宝华寺（二题）—————培　贵
海的幻想—————汤保华

评论·杂文
作品评论

叶秀是一个典型形象—————方　可

《黑玫瑰》是现实主义作品吗？ ⋯⋯⋯⋯⋯ 陈荣光
历史是公正的法官 ⋯⋯⋯⋯⋯⋯⋯⋯⋯⋯ 郑利群

阅读与欣赏
不平的镜子
——圣诞节故事 ⋯⋯⋯⋯ 契诃夫著 汝 龙译
我们要什么样的"镜子"？
——介绍契诃夫的短篇小说《不平的镜子》⋯⋯ 张 灯
布依族的浪哨歌（下） ⋯⋯⋯⋯ （布依族）汛 河
西子湖畔春意浓
——记十四个城市文艺期刊座谈会
⋯⋯⋯⋯⋯⋯⋯ 索峰光 易原符

音乐
中南友谊之歌 ⋯⋯⋯⋯⋯⋯ 傅 林词 雅 文曲
祖国，像妈妈一样 ⋯⋯⋯⋯⋯ 晨 枫词 中 笑曲

美术
江山多娇（国画） ⋯⋯⋯⋯⋯⋯⋯⋯⋯⋯ 蒋梦谷
紫藤猫（国画） ⋯⋯⋯⋯⋯⋯⋯⋯⋯⋯⋯ 平 治
春曲（国画） ⋯⋯⋯⋯⋯⋯⋯⋯ 张正刚 邢炜杰

1980 年第 7 期　刊名:《花溪》
目录

小说
娄阿鼠告状 ⋯⋯⋯⋯⋯⋯⋯⋯⋯⋯⋯⋯ 彭荆风
小宋江巧宴朝天椒 ⋯⋯⋯⋯⋯⋯⋯⋯⋯ 涂尘野
高傲的心 ⋯⋯⋯⋯⋯⋯⋯⋯⋯⋯⋯⋯⋯ 雁 宁
洪根宝进城记 ⋯⋯⋯⋯⋯⋯⋯⋯⋯⋯⋯ 滕和叶
春愁 ⋯⋯⋯⋯⋯⋯⋯⋯⋯⋯⋯⋯⋯⋯⋯ 贾平凹
第二十八票 ⋯⋯⋯⋯⋯⋯⋯⋯⋯⋯ 荣 荣 芳 芳

散文
牧鹿妹娃 ⋯⋯⋯⋯⋯⋯⋯⋯⋯ 刘志坚 鲁之洛
鱼灯和风筝 ⋯⋯⋯⋯⋯⋯⋯⋯⋯⋯⋯⋯ 李芷和
寓言一组 ⋯⋯⋯⋯⋯⋯⋯⋯⋯⋯ 李 抒 李如松
吴广孝 凝 溪 郭正清 谢宗周

评论·杂文
从托尔斯泰写作《复活》谈起 ⋯⋯⋯⋯⋯ 高宗文
创作上的"喷火口" ⋯⋯⋯⋯⋯⋯⋯⋯⋯ 黄建春

阅读与欣赏
三个当中选一个
——一个古老而又新颖的故事 ⋯ 契诃夫著 汝 龙译
精炼、深刻、创新 ⋯⋯⋯⋯⋯⋯⋯⋯⋯⋯ 汝 龙

诗歌
新疆行 ⋯⋯⋯⋯⋯⋯⋯⋯⋯⋯⋯⋯⋯⋯ 张世珠
请给我们以时间（外一首） ⋯⋯⋯⋯⋯⋯ 杨宗和
忘不了的脚印（五首） ⋯⋯⋯⋯⋯⋯⋯⋯ 沙 鸥
崖畔归来（三首） ⋯⋯⋯⋯⋯⋯⋯⋯⋯⋯ 涛 声
国旗 ⋯⋯⋯⋯⋯⋯⋯⋯⋯⋯⋯⋯⋯⋯⋯ 葵 焜
让坐（外一首） ⋯⋯⋯⋯⋯⋯⋯⋯⋯⋯⋯ 陈学书
春曲（二首） ⋯⋯⋯⋯⋯⋯⋯⋯⋯⋯⋯⋯ 王泽洲
郑成功塑像（外一首） ⋯⋯⋯⋯⋯⋯⋯⋯ 张品成
偶思集 ⋯⋯⋯⋯⋯⋯⋯⋯⋯⋯⋯ 纪 芒 黄邦君
夜出玉门（外一首） ⋯⋯⋯⋯⋯⋯⋯⋯⋯ 王得一
七律 ⋯⋯⋯⋯⋯⋯⋯⋯⋯⋯⋯⋯⋯⋯⋯ 周国鼎

美术
雨后 ⋯⋯⋯⋯⋯⋯⋯⋯⋯⋯⋯⋯⋯⋯⋯ 黎培基
采莲图 ⋯⋯⋯⋯⋯⋯⋯⋯⋯⋯⋯⋯⋯⋯ 薛银星
美术欣赏
安德斯·佐恩的铜版画（四幅）
谈佐恩的铜版画 ⋯⋯⋯⋯⋯⋯⋯⋯⋯⋯ 董克俊

1980 年第 8 期　刊名:《花溪》
目录

小说
袁老、卜老和二小 ⋯⋯⋯⋯⋯⋯⋯⋯⋯⋯ 薄 非
亲人 ⋯⋯⋯⋯⋯⋯⋯⋯⋯⋯⋯⋯⋯⋯⋯ 阮居平
燃烧在心里的爱 ⋯⋯⋯⋯⋯⋯⋯⋯⋯⋯⋯ 李宽定
幽魂 ⋯⋯⋯⋯⋯⋯⋯⋯⋯⋯⋯⋯⋯⋯⋯ 何士光
弯曲的小路 ⋯⋯⋯⋯⋯⋯⋯⋯⋯⋯⋯⋯ 徐乃贤
急需病人 ⋯⋯⋯ ［美］安·布奇瓦尔德著 徐秀燕编译

散文
回文·集句
——读诗随笔 ⋯⋯⋯⋯⋯⋯⋯⋯⋯⋯⋯ 溟 弦
铜鼓声声 ⋯⋯⋯⋯⋯⋯⋯⋯⋯⋯⋯⋯⋯ 刘知侠

评论·杂文
愿这样的悲剧不再重演
——读《肖也牧作品选》所想到的 ⋯⋯⋯ 扬 帆
要注重文学作品的民族风格 ⋯⋯⋯⋯⋯⋯ 孙钦华
编辑谈
"春风"的启示 ⋯⋯⋯⋯⋯⋯⋯⋯⋯⋯⋯ 一 文
闲话"编者" ⋯⋯⋯⋯⋯⋯⋯⋯⋯⋯⋯⋯ 杜 郁
散文小议 ⋯⋯⋯⋯⋯⋯⋯⋯⋯⋯⋯⋯⋯ 徐 平
阅读与欣赏
冒名顶替（短篇科学幻想小说）
⋯⋯⋯⋯⋯⋯⋯⋯ ［美国］费利浦·K.狄克

诗歌

大江东去（二首）
我曾经迷恋过海市蜃楼（外一首）·············王符启
学步集·····································梅 翁
森林的早晨（二首）·····················陈佩芸
长街上·································谭安贵
短诗一束········廖国昌 陈 钟 王雨谷 黄明仲
妈妈的眸子·········[罗]杰罗克斯著 徐海文译
"绝招"（二首）·························罗绍书
情歌二首·······················李玉伦收集整理

美术

黔灵烟雨（国画）
炎阳绿夏（国画）·······················吴家华
玉帛新艳（水印木刻）
美术欣赏
鹫石（国画）···························潘天华
潘天寿《鹫石》欣赏

1980 年第 9 期　刊名:《花溪》
目录

小说

求索·······································毛 铁
午餐半小时·································史铁生
第二十一章·································徐大康
下棋·······································林 杉
作为父亲的儿子·····························周 力

散文

醉人的鲜花·································本 芸
两颗胶籽·································张 蓓

评论

左拉的文学创作道路·························扬 帆

阅读与欣赏

警长的女儿·······[美国]查·契斯纳特 陶 洁译
一曲反抗种族主义的悲歌
——《警长的女儿》读后·················徐用文

诗歌

本期小说编后记·····························祝 化
江南纪行（五首）···························钟 华
时间的诗·····················（布依族）弋良俊
带露的红豆（三首）·····················张德强
虫情测报站·································崔合美
草海情思·································洪 茵

蚯蚓（外三首）·····························陈春琼
山中桥···································乔大学
鱼鸟篇（二首）·····························文 丙
暗礁·······································白 云
短诗二首···································赵宽宏
果核·······································罗运琪
含羞草···································康武能
船···岳德彬
种子·······································李 梨
词三首·····································赵西林
渔家傲·····································刘凤亭

美术

读（国画）·································廖志惠
睡莲（油画）·······························袁天才
举杯邀明月（国画）·····················丁国才
美术欣赏
月夜飞凫（国画）·························王渔父
勇于革命　贵在创造·····················鲁 风

1980 年第 10 期　刊名:《花溪》
目录

短篇小说专辑

在新开放的浴场上···························谭 力
啊，人……·································雨 煤
道是无情却有情（续）·····················余未人
相逢在铁窗下·······························彭忠明
人生劫···································张中明
栽秧时节···································和国正
被遗忘的人·································鹿 江

评论

花溪春蕾　文苑新英
——评《花溪》青年作者小说·············扬 帆

诗歌

女青年诗页
秋···敖安妮
可爱的夜姑娘·······························林 杉
山野剪影···································留 一
昆明西山四题·······························吴厚炎
风筝·······································陈训明
"乔厂长"上任以后·························刘 古
我在云中歌唱·······························王蔚桦

美术

董克俊木刻选

伙伴
《雪峰寓言》插图（三幅）
伴羊归

1980 年第 11 期　刊名:《花溪》
目录

小说
关于吃的故事—————————————————————毛志成
生之恋—————————————————————————张　敏
影子—————————————————————————伍元新
红痣—————————————————————————禾　木
妹花—————————————————————————陈月枢
团日—————————————————————————杨大矛

散文
白鹭
——童年纪事之二————————————————陈先喜

评论·杂文
大胆和可贵的尝试————————————————王若望
花溪论坛
向封建思想进攻————————————————武克仁
构思巧妙意境新
——读廖公弦同志的诗集《山中月》—————熊冬华
编辑谈
读稿断想—————————————————————闪　思
读诗小札—————————————————————林　帆
释关照—————————————————————丙　吟
广泛的题材，可喜的收获
——《花溪》短篇小说试评—————————仇学渊

诗歌
闪思篇（二首）————————————————叶　笛
蓝（外一首）————————————————梅　翁
火山（外一首）————————————————徐　卫
花的梦—————————————————————徐　强
小鸟（外一首）————————————————龙超云
书（外一首）————————————————曹前军
新月（外一首）————————————————曾　玖
江边（外一首）————————————————陈学书
我有笔如刀—————————————————陈有才
黎明鸟啼—————————————————商子秦
建筑工人的勋章————————————————蔡耀庭

美术
雨后（国画）————————————————谭涤非
乌江（国画）————————————————李昌中
鹰（国画）————————————————吴国梁
美术欣赏
蝉竹（国画）————————————————赵少昂
相顾两欣然
——读赵少昂先生《蝉竹》————————杨长槐

1980 年第 12 期　刊名:《花溪》
目录

小说
插曲—————————————————————钱　巍
十三爷—————————————————————廖公弦
唉，这一夜——————————————————胡开强
在大楼下面—————————————————张　敏
七点钟—————————————————————曹冠龙
奔儿—————————————————————戴明贤

散文
回忆谢六逸—————————————————李独青
星岛抒情——————————————（中国香港）华　莎

评论
"作品面前人人平等"赞————————————金　根
争鸣篇
一篇失败的作品————————————————李建国
一篇真实感人的作品—————————————耘　裴
探索·奋进
——记全国部分市办文艺刊物诗歌座谈会————邓星荣

诗歌
全国部分市办文艺刊物诗歌座谈会诗会
诗人盛会　歌荡花溪
（呼和浩特）毕力格太
（沈阳）吴　山
（济南）青　山
（吉林）魏明居
（个旧）李汉柱
（通辽）谌　海
（四川）蓝　疆
（四川）杨世运
（武汉）戴绍泰
（杭州）胡丰传
（郑州）刘　思
（合肥）陈桂棣
（济南）孙国章
（太原）刘亚瑜
（广州）朱光天
（旅大）高　云

（云南）凝　溪
（云南）周良沛
（呼和浩特）贾　勋
（武汉）管用和
（杭州）何昌正
（沈阳）佟明光
（昆明）孙家祥
（合肥）志　友
（吉林）于庆成
（宝鸡）商子秦
（西安）毛　锜

美术
青年美展作品选登
飞（木刻）·······················余　陈（女）
探索（油画）·····················陈筑培
光阴（油画）·····················陈启基
为了明天（油画）···············蒋绍勇
娄山关（国画）···················张润生

1981 年第 1 期　刊名:《花溪》
目录

小说
女作者专辑
心的召唤·························苗　月
昨天，已过去···················肖　矛
竹影婆娑的晚上···············白　雪
闹鬼·····························林　杉
遭遇·····························李　珺
负罪的心·························卢新勤

散文
乡居小唱（四篇）···············杨雪萍
寓言两则·························孙传泽

诗歌
沉思集···············寒　星　李云飞　舟　帆
曹建成　邓星荣　王泽洲
山水情·········蓝　疆　郑成义　李发模　潘俊龄
倘若只要阳光·····················蔡　葵
我的奏鸣曲（组诗）···············黄　翔
印象小集（四首）···············刘玉芳

评论
艺廊絮语
断臂维纳斯的启示···············黄万机

争鸣篇
特殊历史环境里的特殊人物
——评《啊，人……》的人性描写·······秦家伦
一次失败的探索
——读小说《啊，人……》·········龙炘成
创作需要胆识——致雨煤的信·········程伯钧

国外小说精萃
最危险的游戏·············〔美〕雷齐德·柯勒尔

编辑谈
"双桥牌"爱情·····················王文锦

美术
鲁风花鸟画选登（六幅）

1981 年第 2 期　刊名:《花溪》
目录

小说
我是第七任厂长···················何光渝
她有一头披肩发···················刘心武
河岸街八号·······················木　青
他为什么自杀?···················叶　辛
爱的宗教·························潘志豪
电力大革命·······〔加拿大〕肯·米切尔　李希光译

散文
别有天地在沙滩···················陈梧山
中秋月·························李春玉
船儿远航·························李延陵
乌龟和它的儿子（非洲寓言）····〔英〕图德　徐用文译

诗歌
贵州省职工业余文学创作积极分子会议诗歌选
　　　　　　　　吴厚炎　公　夫　蔡　葵
陈学书　崔笛扬　张西铭　魏玉光
雏凤新声·灯及其他···············高吉明
民族诗苑·木叶集···················弋良俊
《花溪》荟萃·冷眼集（五首）·········漆春生
黔中吟···························张逸宾
巨帽山（外一首）···················何　鹰
含羞草·························白　云

评论
争鸣篇
人性的复苏
——读小说《啊，人……》及其评论《一次失败的探

索》 ————————————（四川）仲呈祥
深刻的概括，感人的艺术
——读短篇小说《啊，人……》————张万明
人性感动了我 ————————（武汉）黄亚屏
一篇描写人性的好小说 ——————彭晓勇

编辑谈
"不好弄"随想 ————————————群 文
跳高的联想 ——————————————吴 直

美术
终身公仆（国画） ————————————杨抱林
点腊（水彩） ————————————田宇高
秋夜（国画） ————————————宋承德
老年（竹根雕） ————————————刘万琪

1981 年第 3 期 刊名:《花溪》
目录

贵阳市文学艺术界联合会第一次代表大会胜利召开
————————————————甘 枚
贵阳市文学艺术届联合会第一届委员会、顾问名单
贵阳市文学工作者协会、戏剧工作者协会、美术工作
者协会、音乐工作者协会第一届理事会名单

小说
高贵的心 ——————————————马文骏
我们正年轻 ——————————————苗 月
求业者 ——————————————王文锦
这儿出产天才（科学幻想小说） ——————胡晓林
魔鬼"咪咪" ————————————林 杉
怪客（推理小说） ————————————彭 澎

散文
人物志·访王阳明先生谪居处 ——————沐 雨
重游飞云洞 ————————————杨明渊

诗歌
《花溪》荟萃
高原诗抄 ——————————————朱吉成
鹰的歌 ——————————————张斯侠
青春的旋律 ————————————阮居平
爱的自白 ——————宁 静 谭克华 英 琪
登庐山 ——————————————陈玄秋
七律二首 ——————————————刘 河

评论
争鸣篇
谈《啊，人……》的得失 ——————何大堪
真实生动 合情合理
——关于《啊，人……》的评价问题 ——张 灯

花溪文学讲座
自然主义文学（外国文学流派介绍之一）——杨 帆

阅读与欣赏
菲菲小姐 ————————————[法]莫泊桑

美术
黎培基中国画选登
水墨芭蕉图（国画） ————————黎培基
春长在（国画） ————————————陈正强
目录剪纸 ——————————————谢志诚

1981 年第 4 期 刊名:《花溪》
目录

新时代的报告
命运与奋斗的交响 ————————————李起超

小说
"智囊计划"（科学幻想小说） ——————胡晓林
追求 ——————————————张长京
买卖人 ——————————————陈传瑜
她不是灰姑娘 ————————————王小鹰
美…… ——————————————孙明剑

散文
春夜里 ——————————————陈 年

诗歌
《花溪》荟萃
我把心窗全部打开 ————————————蔚 桦
我歌唱…… ————————————钟 明
黔山风情 ——————————————邓先勤

民族诗苑
苗岭歌声 ——————————————潘俊龄
崩龙族的鼓 ————————————胡 笛
诗四首 ——————————————王 正
词二首 ——————————————胡廉夫
散文诗卷 ————————————管用和 李 耕

评论

花溪文学讲座·象征主义诗歌（外国文学流派介绍之二）·············扬 帆

时代的号手，人民的诗人

——简评郭小川和他的诗············晓 雪

美术

贵州省参加《全国第一届书法篆刻展览会》作品选登

书法·············陈恒安 萧之亮 冯济泉

黄济云 张星槎 王得一

篆刻·············戴明贤 吴乾惠 陈廷欧 周运真

美术欣赏

披着皮大衣的女人·············[西班牙]格列柯

格列柯的肖像画

——《披着皮大衣的女人》·············黄 键

菊（国画）·············喻泽正

目录剪纸·············谢志诚

1981 年第 5 期　刊名:《花溪》
目录

小说

划破幽静的夜空（推理小说）·············彭 澎

大街小巷·············苗 月

妻子·············雨 煤

戴军帽的小伙子·············孙 山

少校的愁情·············黄 放

我和幺姑奶奶·············鄷远征

帕克太太猎虎记·············[英]塞 基著 徐 淦译

散文

惊鸿·············戴明贤

画家的眼睛·············高成华

诗歌

骊山之歌（组诗）·············张 克

爱和恨的交响（六首）·············顾 工 蔡 葵 张 长

戴安常 再 耕 张显华

短诗细吟（十二首）·············胡 康 王 丰 阿 红

季振华 石永言 刁永泉 文成斌 钱锦芳 张 挚

聂鑫森 肖 同 里 沙 骆耕野

词五首·············赵西林

评论

时代需要这样的企业家·············沈太慧

春天里的回顾和憧憬·············（新疆）雷茂奎

（花溪文学讲座）西方现代派及美国当代文学

——外国文学流派介绍之三·············陈 焜

编辑谈　要深入开掘·············吴 庸

美术

杨国勋戏曲人物选登

封底广告设计·············邓家焕

剪纸（目录）·············谢志诚

1981 年第 6 期　刊名:《花溪》
目录

小说·散文

捕捉声音和白云·············张昆华

生之歌·············徐 卫

失去的眼睛·············谭 力

寸金之地·············雁 宁

酒乡恋情·············袁仁庆

初春的夜晚·············袁昌文

白玉兰·············王 安

知音·明珠·············史晓鸥

车旁丽影·············[日本]夏树静子著 窦 子译

诗歌

飞向童心的歌（诗辑）·············管 乐 杨远承

山 涛 竹 林 钟声威 陈 之 俞伯秋 高近远

陈宫煊

春的旋律（诗辑）·············张红雨 崔笛扬 何正华

杜 若 张今禹 陈官煊

橄榄集（诗辑）·············杜永红 刘 苹 刘汝林

傅树湘 周华东

评论

激扬志气的篇章·············涂尘野

鼓舞人们扬起生活的风帆·············秦家伦

读者中来·············行 云 胡孟雄

匠心巧运塑新人·············言 非

花溪文学讲座

西方现代派及美国当代文学

——外国文学流派介绍之三·············陈 焜

美术

《春山瑞色国画展览》作品选登·············周秉声 平 治

刘定一 宋承志 杨国勋 宋剑锋 陈敦品 杨宋森

杨长槐 杨抱林 廖志惠

1981 年第 7 期　刊名:《花溪》

目录

诗歌

六十诞辰颂丰功　四化征途旗更红
赵德山　赵西林　涂月僧　朱曦　叶笛　钟华
黄邦君　陈运和　陈钟　洪茵　余中明　郝建葆
橄榄集
顾城　高伐林　程显模　刘一　胡顺猷　罗大胜
岳德彬　董翼
《花溪》业余诗歌讲习班习作选
雏凤新声
拓石　周问礼　黄忠　邹佐　安慰　陈新民
周薇　冯霞　卢德荣　元炘　周学芬

小说·散文

城市与孩子……………………………………何士光
作家的朋友们
——文学简忆…………………………………彭荆风
天国恨（长篇历史小说选载）………顾汶光　顾朴光
花塔浮想………………………………………柳嘉
过滩
——记我的伯父陈毅同志……………………陈晓
店门大开………………………………………何光渝
悲歌渔光曲
——忆杜萦姐姐………………………………丁汉琼
落选之后………………………………………庞本驹
春雨濛濛………………………………………谢赤缨

评论

花溪文学讲座·从生活到作品………………叶辛
一个可爱的买卖人
——作品评论…………………………………裘实
及时总结经验　扶持文学青年
——市文协与本刊编辑部召开苗月、林杉作品讨论会
………………………………………………丙吟
省市共同召开首次科幻小说讨论会…………丙吟

美术

娄山关（摄影）………………………彭匡　宋啸秋
中国画联展作品选登…………………黎培基　黄天虎
王雪岑　张润生　宋承德　谭涤非
人物肖像（油画）……………………………龚家璜
风景写生（油画）……………………………陈启基

1981 年第 8 期　刊名:《花溪》

目录

小说·散文

一号首长………………………………………杨舜
家………………………………………………苗月
旺福兄弟………………………………………徐卫
石柱通灵………………………………………苏晓星
月是今夜圆……………………………………潘志豪
天国恨（长篇历史小说选载　第二十六章）
………………………………………顾汶光　顾朴光
散文二则·蓝底白花　山那边…………………白雪
集邮者的哀与乐………………………………符启文
柳江茶叶青……………………………………阮居平

诗歌

建设者的剪影…………………………梁上泉　徐强
于沙　陈森智　周问礼
花溪荟萃　写在蓝色的界河畔………………王贤良
心歌集　石城　段春林　朱光天　穆倍贤　丁芒
陈森智　李黔滨　微一　方晴
法国诗二首…………………………………萧沉冈译

评论

阅读与欣赏
午后森林中………………………………〔美〕马尔兹
在林莽的法则下………………………………弋人

作品评论

青春的温馨与叹息
——评苗月的小说……………………………秦家伦
在幻想的广阔天空翱翔
——评胡晓林的科学幻想小说………彭钟岷　彭辛岷
艺坛新秀（文艺消息一则）…………………郝建葆
作家的话

美术

舞蹈演员（摄影）
中国画联展作品选登…………………章光恺　吴国梁
陈永源　汤国隶　丁国才
雨竹（国画）…………………………………王振中
新篁丛里（国画）……………………………汤之屏

1981 年第 9 期　刊名:《花溪》
目录

纪念鲁迅诞辰一百周年
凝思（版画）························董克俊
鲁迅的笔
——金不换（散文）
回忆录（诗歌）······················梅　翁
鲁迅的评论浅谈·····················孙钦华
短篇小说的开端和结尾
——学习鲁迅小说札记··············袁　希

小说·散文
黄昏我们行进在宁静的山谷············晓　剑
小店一枝花·························余德庄
情（科学幻想小说）··················胡晓林
海滨传奇·························沈仁康
分房问题·························李国强
醉翁之意·························许子东
听竹琴记·························戴明贤
夏——童年纪事·····················陈先喜

诗歌
花溪荟萃················廖公弦　寒　星
橄榄集··········周嘉提　陈彭年　夏　天
周华东　再　耕　张卫平　陈应松
旧体诗词五首·······················赵德山
"新人"一解（随笔）··················王　梧

美术
《庆祝中国共产党成立六十周年美术作品展览》选登
孔雀舞（国画）······················李丹冰
振兴中华　建设四化（宣传画）·········万祥富
缔造者（油画）······················毕永祥
赤水河英雄河（国画）················汤国磊
红寿长青（国画）····················王雪岑
红桃（国画）······················平　治
碑（油画）························钱文观
长青图（国画）······················杨守森
侗家纺织图（木刻）··················龙开朗

1981 年第 10 期　刊名:《花溪》
目录

开展批评和自我批评，繁荣社会主义文艺创作
··························本刊编辑部

小说·散文
奇梦··························王玉鑫
迎宾曲·························柏遵道
宝石戒指·························涂　平
秘密使命（中篇反特小说）············张昆华
西子忠魂·························柳　嘉
脊梁赋·························蔚　桦

诗歌
橄榄集··········顾　工　张　挚　刘长生　杨大矛
绿水诗束·············莎　蕻　罗　笑　石永言
梅　翁　穆倍贤　鄂家发　陈学书　李发模　弋良俊
钟　明　曾小嘉　乔大学

评论
创作谈
和青年作者谈小说
——在苗月、林杉小说讨论会上的发言····彭荆风
文章自得方为贵·····················辰　雨
请张开想象的翅膀···················曾繁仁
编辑谈　是否"看见"？
——夜读偶拾之一··················文　蒙

美术
贵阳市《少数民族生活美术作品展览》选登
祖国颂（油画）······················林　楠
彩云归（油画）······················塞人毅
风（油画）························毕永祥
苗岭初醒（油画）····················石云华
醉（版画）························徐学廉
山歌（油画）······················黄　健
蜡染新花（国画）····················丁国才
喜盈盈（国画）······················丁冬云
牧（木刻）························曹琼德
我的乐园（国画）····················康华德

1981 年第 11 期　刊名:《花溪》
目录

小说·散文
生命的绿（报告文学）················石　荔
宝灯（电视小说）·······汤保华　王黔生　黄　放
"好人"随昨天去了···················贺光涛
涟漪··························沈治平
秘密使命（中篇反特小说）············张昆华

诗歌
蓓蕾篇··············文　丙　穆倍贤　王　也

黄邦君　王敬安　阮居平
云·海·山乡————————徐启文　张　挚　刘长生
肖　肖　程显谟　熊明泽　徐　强　唐少华

评论
作品评论
表现时代前进的要求和历史发展的趋势
——读《黄昏，我们行进在宁静的山谷》有感
————————————彭定南
评《啊，人……》描写抽象"人性"的"探索"
————————————甘　犁

编辑谈
作家和编辑的眼睛
——从契诃夫对谢格洛的劝告谈起————李世同

美术
侗乡园丁（油画）——————————赵　虹
大青树下（国画）——————————梅肖青
进驻阿佤山（国画）—————————钟开天
岱宗凌绝顶（国画）—————————周秉声

1981 年第 12 期　刊名:《花溪》
目录

小说
宁静的山镇——————————————廖公弦
野菊花————————————————吴翼民
啊，朋友————————————————黄强国
山林青青————————————————字　心
海思————————————————————谭　力
明珠————————————————————龙连山

散文
浩然正气————————————————宗　洲
雁南归的歌—————————————雁　翼
天然灵液今胜昔——————俞百巍　汤葛纺
金叶————————————————————史晓鸥
寓言两则————————————————石　林

诗歌
花溪荟萃
春之浩歌————————————————黎焕颐
唱给祖国人民的歌————————张斯侠　刘福林
漆春生　胡丰传　拓　石　张继楼　马绪英
橄榄集——————王中朝　彭　川　王纯簿　刘大林
清明菜（散文诗）——————————彭小青

评论
文学评论
文艺必须有批评
——学习鲁迅关于文艺批评的论述————沈太慧
"平理若衡，照辞如镜"
——从《知音篇》浅谈刘勰的文学评论————单洪根
文学评论要准确把握人物形象——————辰　雨

作品分析
"写下我的悔恨和悲哀"
——涓生浅论————————————郑　流

美术
鹤寿（国画）————————————宋吟可
喜悦（木刻）————————————余　陈
方小石花鸟画卷选登

1982 年第 1 期　刊名:《花溪》
目录

新春寄读者————————————————编　者

小说
没有路标的荒原——————————————朱幼棣
告别演出————————————————潘志豪
灿烂的夕照————————————————斯　人
小西街————————————————————雁　宁
有这样一个司机——————————————陈学书
在点心铺里————————————————殷慧芬

散文
活力————————————————————宗　洲

海外漫笔
重访伦敦散记——————————————龙永图
说猴————————————————————符启文

诗歌
胜利之歌——————叶　笛　管　乐　叶　树　韦建华
建设者乐章————————————李发模　马合省
叶庆瑞　张永权　刘设庸
橄榄集————————————刘湛秋　王　也　郭　欣
叶廷滨　范　泓　程伯钧

飞向童心的歌
银河鹊桥————————————————雁　翼
旧体诗词——————————杨德政　阎学增　余光荣
陈梧山　杨文山　朱　曦　郑秩威　刘凤亭

评论

花溪论坛

时代的要求　人民的呼声⋯⋯⋯⋯⋯赵　庭

现实主义与真实⋯⋯⋯⋯⋯⋯⋯⋯⋯边平恕

作品评论

爱的追求与幻灭

——读《心的召唤》中的爱情描写⋯⋯李印堂

小说创作十二谈①绕⋯⋯⋯⋯⋯⋯刘心武

读者笔谈

愿作者写出更新大"旺福"来⋯⋯⋯冯季庆

我的随想⋯⋯⋯⋯⋯⋯⋯⋯⋯⋯⋯朱　影

我们更需要"鼓舞"文学⋯⋯⋯⋯⋯李文敏

希望刊物开辟一些新栏目⋯⋯⋯⋯蒋金根

美术

献给美的追求者（油画）⋯⋯⋯⋯王棘旋

侗乡八月节（油画）⋯⋯⋯⋯⋯⋯盛济坤

春满侗寨（水印木刻）⋯⋯⋯⋯⋯龙　冰

晨渡（国画）⋯⋯⋯⋯⋯⋯⋯⋯⋯杨抱林

鸡鸣朝暾（国画）⋯⋯⋯⋯⋯⋯⋯顾　林

1982 年第 2 期　刊名:《花溪》
目录

小说

高高的楼上⋯⋯⋯⋯⋯⋯⋯⋯⋯⋯成　平

阿木林和他的同志们⋯⋯⋯⋯⋯⋯李安林

后师母⋯⋯⋯⋯⋯⋯⋯⋯⋯⋯⋯⋯汪　洋

苦竹沟的笑声⋯⋯⋯⋯⋯⋯⋯⋯⋯宗　景

墨绿色的意见箱⋯⋯⋯⋯⋯⋯⋯⋯张建国

散文

裁缝师傅的维纳斯铅笔⋯⋯⋯⋯⋯戴明贤

琐忆⋯⋯⋯⋯⋯⋯⋯⋯⋯⋯⋯⋯⋯郧远征

帽子，衣服及其他⋯⋯⋯⋯⋯⋯⋯秋　阳

勤奋为人民写作的人

——访老作家蹇先艾⋯⋯⋯⋯⋯⋯吴纯俭

诗歌

建设者的脚印⋯⋯⋯周志友　左一兵　任　洪　蔡　葵

橄榄集⋯⋯⋯⋯⋯⋯⋯张红波　张志鹏　王建平

仿　蕾　钱锦芳　李霁宇

江山多娇⋯⋯⋯⋯⋯⋯⋯⋯⋯蔚桦　查　干

胥忠国　杜永红　何昌正　冯霞

散文诗卷⋯⋯⋯⋯⋯⋯李耕　罗文亮　魏久环

评论

小说创作十二谈②　开拓⋯⋯⋯⋯刘绍棠

作品评论

现实生活将进一步作出回答

——喜读短篇小说《奇梦》⋯⋯⋯⋯行　人

回顾、展望、信心、力量

——致花溪编辑部的一封信⋯⋯⋯雨　煤

阅读与欣赏

烟（小说）⋯⋯⋯⋯⋯［波兰］柯诺普尼茨卡

寓深刻主题于常见生活图景

——评短篇小说《烟》⋯⋯⋯⋯⋯孙友善

严恽和他的《落花》⋯⋯⋯⋯⋯⋯李绍珊

美术

乌江山水（国画）⋯⋯⋯⋯⋯⋯⋯孟光涛

《萧之亮国画、书法遗作展览》作品选登

1982 年第 3 期　刊名:《花溪》
目录

奋斗之歌

在那遥远的地方（报告文学）

——青年作家何士光的故事⋯⋯⋯李起超

小说

换房记⋯⋯⋯⋯⋯⋯⋯⋯⋯⋯⋯⋯胡　丹

1－1＝1（科幻小说）⋯⋯⋯⋯⋯胡晓林

清清的池水⋯⋯⋯⋯⋯⋯⋯⋯⋯⋯沈治平

赶歌会⋯⋯⋯⋯⋯⋯⋯⋯⋯⋯（侗族）谭　覃

花溪苗圃

红帅与蓝土⋯⋯⋯⋯⋯⋯⋯⋯⋯⋯胡筱娅

注意表现人物的感情

——读《红帅与蓝土》⋯⋯⋯⋯⋯龚　蓬

散文

蜜窝⋯⋯⋯⋯⋯⋯⋯⋯⋯⋯⋯⋯⋯叶公觉

名城新花⋯⋯⋯⋯⋯⋯⋯⋯⋯⋯⋯雷弟祥

诗歌

春的进军（三首）⋯⋯⋯⋯⋯⋯⋯李云飞

旅途掠影（五首）⋯⋯⋯⋯⋯⋯⋯罗绍书

橄榄集⋯⋯⋯⋯⋯何鹰　余薇野　骆耕野

桂兴华　李志清　韦建华　沈良意　邹平　任洪

民族诗苑⋯⋯⋯⋯⋯⋯王敬安　弋良俊　熊明泽

欧秀昌　佳　峻　汛　河

雏凤新声⋯⋯⋯⋯⋯⋯⋯⋯⋯⋯寒梦华　李　敏

评论
小说创作十二谈③
揉面——谈语言运用⋯⋯⋯⋯⋯⋯汪曾祺

寄习作者
谈分寸⋯⋯⋯⋯⋯⋯⋯⋯⋯⋯⋯彭钟岷

随笔
"炼话"——鲁迅小说语言札记⋯⋯马　威
"只有去发现它"⋯⋯⋯⋯⋯⋯⋯刘德一
咫尺与万里⋯⋯⋯⋯⋯⋯⋯⋯⋯章邦鼎

作品评论
润物细无声
——读何士光的短篇小说《喜悦》⋯鄞丕业

美术
啊！土地（油画）⋯⋯⋯⋯⋯⋯⋯姚钟华
美术作品选登⋯⋯⋯⋯⋯⋯秦元魁　蒙绍华
张正刚　巫子强　张世申　李慧昂　田宇高　林发荣
殷树成　夏文俊

1982 年第 4 期　刊名:《花溪》
目录

小说
非洲黑人和吉卜赛女郎⋯⋯⋯李益品　傅小渝
四姑娘卖茶⋯⋯⋯⋯⋯⋯⋯⋯⋯徐　斌
但愿有天堂⋯⋯⋯⋯⋯⋯⋯⋯⋯郑一帆

袖珍小说
命运之什（三题）⋯⋯⋯⋯⋯⋯戴明贤
绣花枕头⋯⋯⋯⋯⋯⋯⋯⋯⋯⋯夏正社
一个女侦察员的奇遇（中篇推理小说）⋯杨贵云

散文
茅台渡⋯⋯⋯⋯⋯⋯⋯⋯⋯⋯⋯耳　元
天府觅踪
——记一个普通的编辑⋯⋯⋯⋯石永言
鹿回头遐想⋯⋯⋯⋯⋯⋯⋯⋯⋯朱光天

诗歌
花溪荟萃
我是竹（外三首）⋯⋯⋯⋯⋯⋯黄邦君
心歌集⋯⋯⋯⋯⋯漆春生　沈潮涛　姜琍敏
罗马　运春　张斯侠　刘　古
写在中越边界线⋯⋯⋯⋯⋯⋯⋯王贤良

美国现代诗选译⋯⋯⋯⋯杨通荣　丁廷森　徐用文译

评论
小说创作十二谈④
觅——谈小说的细节⋯⋯⋯⋯⋯从维熙
"文艺是发明的事业"⋯⋯⋯⋯⋯张　劲

阅读与欣赏
雪⋯⋯⋯⋯⋯⋯⋯⋯⋯⋯⋯⋯⋯鲁　迅
浓烈的诗词　战斗的哲理
——散文诗《雪》赏析⋯⋯⋯⋯陈开鸣

读者笔谈
花溪之春
——读《花溪》部份诗作⋯⋯⋯竹　林

美术
入市喜盈盈（水印木刻）⋯⋯⋯王树艺
王树艺版画作品选登⋯⋯赵西林　配词　克　俊　文
一江春水来（国画）⋯⋯⋯⋯⋯杨长槐

1982 年第 5 期　刊名:《花溪》
目录

小说·散文
圣洁的晚餐⋯⋯⋯⋯⋯⋯⋯⋯⋯姚　奇
弦外之音⋯⋯⋯⋯⋯⋯⋯⋯⋯⋯刘孝存
足球友谊赛⋯⋯⋯⋯⋯⋯⋯⋯⋯薄　非

袖珍小说
路遇⋯⋯⋯⋯⋯⋯⋯⋯⋯⋯⋯⋯孙殿财
啊！长长的阶梯⋯⋯⋯⋯⋯⋯⋯陈学书
删⋯⋯⋯⋯⋯⋯⋯⋯⋯⋯⋯⋯⋯汪天云

花溪苗圃
在这个院坝⋯⋯⋯⋯⋯⋯⋯⋯⋯伍新明
探索平凡生活中的美
——读《在这个院坝》⋯⋯⋯⋯何　畏
一个女侦察员的奇遇（中篇推理小说）⋯杨贵云
好山好水看不足（游记）
——访瓯江石门洞刘伯温读书处⋯许　寅

诗歌
花溪荟萃⋯⋯⋯⋯⋯⋯⋯⋯⋯寒　星　廖国松
绿色的远帆⋯⋯⋯⋯⋯⋯穆倍贤　舟　帆　张显华
我喜爱所有的颜色⋯⋯⋯⋯⋯⋯顾　工
自然协奏曲（外一首）⋯⋯⋯⋯韩嗣仪
摄（外二首）⋯⋯⋯⋯⋯⋯⋯⋯高竹林

评论

文艺的社会性和作家的实践
——学习《在延安文艺座谈会上的讲话》┈┈┈杨德政
小说创作十二谈⑤
捕捉——谈人物的肖像描写┈┈┈┈┈┈胡万春
花溪信箱┈┈┈┈┈┈┈陈先喜　何　迅　刘　微
吴正国　宋小萍　中　南

美术

山花烂漫（水粉）┈┈┈┈┈┈┈┈┈┈殷树成
杜甫（国画）┈┈┈┈┈┈┈┈┈┈┈┈黄永厚
女大学生（油画）┈┈┈┈┈┈┈┈┈┈┈向　光

1982 年第 6 期　刊名:《花溪》
目录

小说

本刊 1981 年短篇小说、报告文学评奖揭晓
第七场是高潮┈┈┈┈┈┈┈┈┈┈┈┈黄　放
命运唤我奔向前方┈┈┈┈┈┈┈┈┈┈卢惠龙
感激┈┈┈┈┈┈┈┈┈┈┈┈┈┈┈┈伍元新
龙塘香酒┈┈┈┈┈┈┈┈┈┈┈（侗族）刘荣敏

袖珍小说

雪白的手绢┈┈┈┈┈┈┈┈┈┈┈┈┈王玉鑫
表┈┈┈┈┈┈┈┈┈┈┈┈┈┈┈┈┈黄　樑
一个女侦察员的奇遇（中篇推理小说）┈┈杨贵云

散文
海外漫笔
尼亚加拉瀑布剪影┈┈┈┈┈┈┈┈┈┈┈杨　桦
铺满黄金的旅程┈┈┈┈┈┈┈┈┈┈┈┈陈延华

诗歌

花溪荟萃┈┈┈┈┈┈┈┈┈┈廖公弦　刁永泉
橄榄集┈┈┈┈┈┈┈┈李光厚　培　贵　王建平
胥忠国　段春林　吴　野　钟宗梯
飞向童心的歌┈┈┈陈官煊　杨远承　刘智祥　倩　晴
爱的花瓣┈┈┈┈┈┈┈┈┈┈┈杨大矛　乔大学

评论

小说创作十二谈⑥
感情与色彩┈┈┈┈┈┈┈┈┈┈┈┈┈叶　辛

阅读与欣赏

大乌鸦┈┈┈┈┈┈┈┈┈┈[俄]布　宁　陈　馥译
被吞噬的爱情
——评布宁的短篇小说《大乌鸦》┈┈┈┈孙友善

矿·脑子·合金
——关于"生活"的随想┈┈┈┈┈┈┈┈刘德一

文艺随笔

吃柿饼与作家的实地经验┈┈┈┈┈┈┈┈秦家伦

美术

雨后（水粉）┈┈┈┈┈┈┈┈┈┈┈┈┈王兴煜
追花（套色木刻）┈┈┈┈┈┈┈┈┈┈┈刘荣彦
荒原早晨（套色木刻）┈┈┈┈┈┈┈┈┈陈玉平
青春十八（国画）┈┈┈┈┈┈┈┈┈┈┈申根源
水彩写生┈┈┈┈┈┈┈┈┈┈┈┈┈┈┈王德仁
秋恋（套色木刻）┈┈┈┈┈┈┈┈┈┈┈丁立江
春江泛舟（套色木刻）┈┈┈┈┈┈┈┈┈孙豪放

1982 年第 7 期　刊名:《花溪》
目录

小说

西餐馆里的姑娘┈┈┈┈┈┈┈┈┈┈┈┈晓　剑
生日┈┈┈┈┈┈┈┈┈┈┈┈┈┈┈┈┈柏遵道
水晶花┈┈┈┈┈┈┈┈┈┈┈┈┈┈┈┈洪　琼
在凤镇的大桥上┈┈┈┈┈┈┈┈┈┈┈┈王文锦
信痴┈┈┈┈┈┈┈┈┈┈┈┈┈┈┈┈┈吴凤珍

袖珍科幻小说

捷径（外一篇）┈┈┈┈┈┈┈┈┈┈┈┈吴国梁

散文

爱的天平（报告文学）┈┈┈┈┈高成华　杨麒麟

海外漫笔
人海茫茫
——巴黎戴高乐机场转机记┈┈┈┈┈┈┈龙永图
夜莺的教训（寓言）┈┈┈┈┈┈┈┈┈┈钟　法

诗歌

诗人兴会更无前
——贵州省诗歌创作座谈会作品选┈┈┈┈王建平
陈　犀　崔笛扬　杨大矛　刘长生　余薇野　李发模
刘　滨　叶　笛　邓先勤　冯　霞　黄邦君　钟　阳
漆春生　杜永红　岳德彬　张显华
我们的心
——乐山诗会抒怀┈┈┈┈┈┈┈┈┈┈┈白　航

评论

小说创作十二谈⑦
取舍┈┈┈┈┈┈┈┈┈┈┈┈┈┈┈┈┈林斤澜

作品评论
美丽的灵魂
——读李发模《黑色的星星》断想·············尹在勤

编辑谈
到"四化"建设的生活中去·········李德明　熊冬华
基调、力量与"光明的尾巴"·············余　之

寄习作者
一个不能回避的问题
——关于作家的世界观·············何大堪

文讯
贵州省诗歌创作座谈会在贵阳举行·············叶　笛

美术
玉兰（国画）·············顾　林
雨后新晴（国画）·············卓问渔
高增一角（国画）·············张润生
岩梁（水粉）·············殷树成
海埂（水彩）·············万常沛

1982 年第 8 期　刊名:《花溪》
目录

小说
"铜锤花脸"和"白面书生"·············陈茂荣
拨开草丛有野菊·············毛志成
海龟传奇（科学小说）·············郑文光
坟·············周　矢
两套间·············（纳西族）和国正

袖珍小说
幺女·············弓　戈
在手术室里·············田　野

散文
遥远的记念·············柳　嘉
夏门掠影·············本　芸

海外漫笔
载酒行——法国廊酒之乡随记·············王宪华

诗歌
贵州省诗歌创作座谈会作品选········流沙河　孙静轩
唐大同　蔡　葵　阮居平　吴仲华
橄榄集·············王志杰　鄂家发　王国云
笑　波　陈浩记　郑祖荣

雏凤新声·············周京泽
旧体诗词·············朱　曦　冯济泉
"诗品"今译·············弘　征

评论
小说创作十二谈⑧
入微——观察生活琐谈·············陈国凯

阅读与欣赏
毒·············[英]罗阿德·达尔著　陈珏译
独特的视角　巧妙的结局
——读达尔的《毒》·············宗福先

名人轶事
花溪信箱·············王俊堂　张兆兴　中　南
李世国　张六顺　董解明　王立刚　吕贞亚

国画作品选登
春意长新（国画）·············廖志惠
四喜图（国画）·············孙奇峰
海的儿子（国画）·············杨沛章
太行秋色（国画）·············孙克纲
岭南妇女（国画）·············张德育
秋获万颗籽（国画）·············李长有
水仙（国画）·············于复千
古城新秋（国画）
　　　　赵松涛　王颂余　孙克纲　李长有

1982 年第 9 期　刊名:《花溪》
目录

青年女作者小说专辑
绿色保险柜·············石　荔
成年人·············苗　月
太阳的儿女们·············张桂珍
别·············杨　泥
夜间，在疾驶的电车上·············殷慧芬
静静的小河湾·············林　杉

花溪苗圃
星星的梦·············安　红
评点《星星的梦》·············秦家伦

散文
作家访问记
爱听铿然戛石声——访雁翼·············韩　冰
大理石的琼宫玉殿
——游织金的两个洞·············涂尘野

泼水节漫笔——版纳风情录·······余德庄
绣·······邱景衡

诗歌
花溪荟萃·······钟华 黎焕颐 戴安常
橄榄集·······洪茵 顾城 龙俊德
张新泉 黎正光 金鸿为 胡顺猷 郑正强 黎明
吴乐森
就日峰·······傅仇
孩子与钥匙·······杨远宏

评论
小说创作十二谈⑨
选择·······何士光
写好一场一景一瞥
——短篇小说阅读札记·······张灯

新作小评
浓郁的乡情——评《故乡的校园》·······谢会昌
一个有特色的艺术形象
——试谈小说《后师母》·······胡孟雄
"土著"其人
——《命运唤我奔向前方》读后·······龙炘成
诗·自我·人民·时代·······黄邦君

一九八二年省美展作品选
假日（油画）·······颜冰
晚风（油画）·······林楠
车水马龙（版画）·······知凝
乡情（版画）·······刘隆基
侗乡新甜（剪纸）·······张代航
半三十（油画）·······唐文法
山道弯弯（油画）·······雷于栋

1982 年第 10 期　刊名:《花溪》
目录

小说
财富·······曲一日
我们与团支部书记·······何筑光
花旦传奇（中篇）·······毛志成

花溪苗圃
监考·······冉玉生
略谈《监考》的得失·······薄非

潕阳河风光
天然灵液映奇姿（散文）·······陈其琳

潕阳小调（三首）·······廖公弦
潕阳河上风景线（四首）·······寒星
心的传递（散文）·······谭亚新

诗歌
芳草集·······李小雨 王尔碑 谭天琳
冯霞 梅绍静 邓先勤 陈春琼 微一 徐慧
嘉嘉 秦素芬 彭邦贵 吕瑞华 石英 岳岚
唐少华 钟慧 陈超常 田祖贤

评论
小说创作十二谈⑩
翻与变·······王蒙

阅读与欣赏
美洲叔叔·······[葡萄牙]菲亚略·德·阿尔梅伊达著
姚京明译
舒缓适宜 诙谐俏皮
——谈短篇小说《美洲叔叔》·······秦家伦

美术
朝阳（国画）·······吴钱曲
娄山关（国画）·······汤国磊
雄风（国画）·······平治
百花图（国画）·······黎培基
醉归（版画）·······董克俊
雪（版画）·······曹琼德
春临侗寨（油画）·······杨匀一

1982 年第 11 期　刊名:《花溪》
目录

小说
远去的列车·······晋其炎
身份·······姚克明
黎明，发起攻击·······陈茂荣
夜的歌·······杨胜利
梅竹溪哟……·······叶太和

袖珍小说
美·······黄坚亮
秤·······王志华

散文
苗寨来了个汉族媳·······杨明渊
牵牛花·······王兆华
泪花赋·······柳闻莺
盲鱼（寓言）·······谈维

诗歌

花溪荟萃 …………………… 陈犀 沈仁康 管用和
生活横断面 ……… 于沙 张大成 王正 柯愈勋
橄榄集 ……………… 拓石 周导 何正华
周渝 刘小放 刘古 周问礼 胥勋和 韦建华
贺小阳 罗亨长
雏凤新声 ………………………… 钟旭 黄忠
游踪杂咏（三首） …………………………… 刘乃崇
诗三首 ………………………………………… 游默
邯郸行 ………………………………………… 沈耘
晨曲 ………………………………………… 郭同旭

评论

小说创作十二谈⑪
凝练 ………………………………………… 王愿坚

评论者笔会

让形象思维长上眼睛 ……………………… 王鸿儒
作家应当掌握先进的思想武器 …………… 李健民
根本问题在于学习 …………………………… 奔众
沉静得可以听见生活的脉冲
——从《种包谷的老人》看何士光短篇新作的艺术特
色 ………………………………………… 罗强烈

小说短评

新人形象 真实可信——评《绿色保险柜》刘小芬的
形象 ……………………………… 李世同 田原
雏凤清于老凤声——读《告别演出》 ……… 践各

文艺随笔

文学要使青年惊醒起来感奋起来 …………… 李一

美术

布依阿妹（油画） …………………………… 戴仲光
春草青青（国画） …………………………… 丁国才
鱼乐图（国画） ……………………………… 王雪岑
款古（国画） ………………………………… 钱文观
新娘子（版画） ……………………………… 蒲国昌
梨乡情（版画） ……………………………… 张炳德
春之曲（版画） ……………………………… 沈延祥

1982 年第 12 期　刊名:《花溪》

目录

小说

市长与水晶抄手 …………………………… 何光渝
爱因斯坦和他的院士们 ……………………… 建安
波——波 …………………………………… 王炳如
礼宾组组长——清流人物志 ………………… 司马赤
追茶壶 ……………………………………… 吴达明

袖珍小说

水的趣事 …………………………………… 陈学书
肇事之后 …………………………………… 黄光辉
替身 ………………………………………… 胡晓林

散文

"维C之王"的联想 ………………………… 琼文
茶香袅袅 …………………………………… 余德庄
谜底求解 …………………………………… 辰雨
晚开的花石榴 ……………………………… 李伟
一块砖坯（寓言） ………………………… 熊金林

诗歌

花溪荟萃 …………………………………… 叶笛
劳动者 ……………… 任洪 陈先哮 马绪英
橄榄集 ……………… 商子秦 李根红 朱光天
边国政 王敦贤 钟高渊 范明 李霁宇 季振华
陈之 张雄龙 陈韧 陈森智 夏子全
庐山行（诗二首） ………………………… 胡廉夫

评论

小说创作十二谈⑫
说"竭" ……………………………………… 周克芹

新作小评

短而不浅 颇有力度
——评《啊！长长的阶梯》 ……………… 韩子英
神圣的职责 纯洁的心灵
——喜读短篇小说《圣洁的晚餐》 ……… 李先锋
对成功和胜利精神的礼赞
——喜读《足球友谊赛》 ………………… 胡孟雄
童心的呼唤——读《水晶花》有感 ………… 青竹
《非洲黑人和吉卜赛女郎》读后 …………… 谭星

文艺随笔

花环、断腿、祥林嫂之死
——浅谈鲁迅小说的场面剪裁艺术 ……… 竺柏岳

编辑谈

生活终究是美好的 ………………………… 胡昕

美术

早晨的太阳（油画） ………………………… 王元珍
钟灵诗画作品选登
三友图（国画） ……… 宋吟可 赵德山 刘知白
佳节（油画） ……………………………… 边秉贵

1983 年第 1 期　刊名:《花溪》
目录

小说

"白娘娘"坐阵 ································· 杨正明
父亲的生日 ································· 张永龙
宋厂长三请牛贵民 ····················· 王玉鑫
在秋天的山坡上 ····················· 牟　强
春晖寸草 ····················· 安文新　安尚彧
雨天 ································· 高建邦

散文

在难民收容所 ····················· 陈　沂
三到草海边 ····················· 丁汉琼
树根情思 ································· 群　闻

花溪漫话

且说杂文 ································· 朱　曦
杂家、杂体、杂味 ····················· 王　梧
弃文变为从文之后 ····················· 龙炘成

诗歌

花溪荟萃 ····················· 蔡其娇　朱昌勤
迎春花开 ················· 子　页　胡　茄　邓万鹏
吴厚炎　范　方　马　沙　郑德明
火红的生活 ··············· 任启江　肖　宾　薛亦然
谢本良　令狐昌琪　叶　京　饶克勤　方小毅
橄榄集 ············· 王锡俊　郭振伟　孙昕晨　晓　路
雏凤新声 ············· 赵　坤　贾宁宁　孙万莉　白　云

评论

诗歌创作谈①
珍惜感受吧，那是诗人唯一的财富 ················· 雁　翼

作家随笔

"创作谈"外读 ····················· 塞先艾
语言是艺术 ····················· 汪曾祺
电影文学创作谈①
要有一个总体构思 ····················· 孟森辉　陆寿均

作品评论

贵州农村的"三部曲"
——读《在贵州道上》、《风波》和《乡场上》
································· 秦家伦

美术

造船姑娘（油画） ····················· 王　琪
添新箩（国画） ····················· 杨小吾

岭上风情（国画） ····················· 黄天虎
瑞雪（国画） ····················· 乔德龙

1983 年第 2 期　刊名:《花溪》
目录

小说

盘姑 ································· 欧之德
山行 ································· 廖国松
机线班长 ································· 袁仁琮
生活是一支歌 ····················· 王金年
帘幕刚刚拉开 ····················· 汪　洋

散文

寸草春晖（报告文学） ····················· 吕茂廷
黄土高原 ································· 贾平凹

花溪漫话

从剖析具体事物入手 ····················· 袁昌文
"如闻馨欬精神振" ····················· 甘　犁

诗歌

花溪荟萃 ································· 张　克
民族诗苑 ··············· 王泽洲　运　春　沙　驼
阿拉坦托娅　张治平　石　林
江山多娇 ················· 宁　宇　冰　夫　郑成义
赵丽宏　阮居平　王冶新
橄榄集 ····· 刁永泉　陈越常　杨立中　洋　滔　唐永泉
诗词五首 ································· 赵西林
散文诗二题 ····················· 黄兴邦　苏应奎

评论

诗歌创作谈②
由水而虹的幻化 ····················· 谢　冕
电影文学创作谈②
电影编剧要有银幕感 ····················· 孟森辉　陆寿钧

评论者笔会

深入·熟悉·吃透·采集 ····················· 张　灯
要有一个生活基地 ····················· 王鸿儒
在生活的基点上升华 ····················· 辰　雨
有感于不在生活的"漩涡中"
——从鲁迅未完成的几部创作说起 ····················· 陈锐锋

美术

高原之歌（油画） ····················· 王忠弟
《一九八二年贵州水彩水粉画展览》作品选登
侗寨风光 ································· 田宇高

乌江电站 ————————————— 赵　虹
春 ——————————————————— 夏文俊
农家小景 —————————————— 符朝荣
鄂温克少年（油画）—————— 侯　刚

美术
春暖任鱼跃（国画）—————— 平　治
大青树下（国画）—————————梅肖青
初春（水粉）——————————— 夏文俊
乌江烟雨（国画）—————————孟光涛
阿诗玛（丙烯壁画局部）—————彦　东

1983 年第 3 期　刊名:《花溪》
目录

小说
在甲板上 —————————————— 袁政谦
阿俐与阿伶 ————————————— 唐孟元
出山 ———————————————————— 吴恩泽
远山白云 ——————————————— 林　杉

袖珍小说
纪念 ———————————————————— 戴绍康
奇特的处方 ————————————— 陈学书
一枚分币 ——————————————— 穆培贤
"纠章" ——————————————————黄光辉

散文
开发"能源"的人（报告文学）——— 刘　毅　蔡　葵
福灯 ———————————————————— 乔守峰
二月花 ——————————————————本　芸

诗歌
花溪荟萃 ———————————— 韩作荣　程显模
生活的旋律 ——— 叶延滨　徐荣街　刘镇　吴辛
橄榄集 ——————————— 夯父　张雪杉　沙　陵
林贤治　钟旭　周棉　施春彩　高朗
雏凤新声 ——————————————— 扬　鬃

评论
诗歌创作谈③
诗·是一种合金 ——————————— 顾　工

电影文学创作谈③
电影剧本要有一个好的开头————— 孟森辉　陆寿钧
《蚀》、《子夜》的创作与学习马克思主义
——茅盾的创作道路初探————— 陈开鸣

作家随笔
从做菜想到植竹 —————————— 莫应丰
变迁——关于小说形式的浅见 ——— 孔捷生

编辑谈
少——多——少 ————————————— 柳　枬

1983 年第 4 期　刊名:《花溪》
目录

小说
骆平和他的鸽子青鹉 ——————— 郑正强
我们的年龄都一样 ————————— 傅　恒
山里，有一座吊桥 ————————— 郭培杰
生活正年轻 ————————————— 徐筑敏
旅途即事 ——————————————— 周青明

袖珍小说
弹片 ———————————————————— 高维晞
打酒的小姑娘 ———————————— 官仁林
称呼问题 ——————————————— 梁　华

散文
天涯诗魂 ——————————————— 柳　嘉
枫叶红似火 ————————————— 李砥中
杜鹃花 ——————————————————杜　若
双富 ———————————————————— 文　武
竹根 ———————————————————— 黎跃军

诗歌
花溪荟萃 ———————— 刘湛秋　黄邦君　培　贵
抒情与思考 ——— 谭　楷　孙霄兵　桂兴华　吴重阳
橄榄集 ——————————— 张峦耀　张斯侠　刘福林
康武能　鄢家发　郭廓　范方　邓海南　林锡潜
叶　簇　任海鹰　何停　莫西芬

评论
诗歌创作谈④⑤
诗是清泉 ——————————————— 白　桦
创作激情的秘密 —————————— 陈敬容
电影文学创作谈④
选好创作题材 ——————————— 孟森辉　陆寿钧
文学的"提神"和"提神"的文学 —— 卢祖品

作品评论
点燃人们心灵之火
——评小说《"白娘娘"坐阵》——— 饶克勤
牢牢地把握主题

——略谈《雨天》的情节提炼 ················· 白　丁

文论笔记
"写本质"与"写现象"辨析 ················· 邱富常

美术
灿烂春光（国画） ····················· 杨抱林
池畔（国画） ······················· 宋吟可
双喜图（国画） ····················· 方小石
啄木声声（国画） ···················· 杨守森
春酣（国画） ······················· 黎培基
美的追求（油画） ···················· 巫子强

1983 年第 5 期　刊名:《花溪》
目录

小说
满福叔 ··························· 陈贵荣
号音，重新回荡胸中 ··················· 张必华
梧桐雨 ··························· 魏继新
拜年 ···························· 黄震白
耍狮人传奇（中篇连载） ················· 周毅如

散文
生命的种子（报告文学）
　　　　　文志强　许　宏　李永朗　孙承庆

花溪漫话
"一面"之外 ······················· 苏　静
发扬文人相亲的好传统 ·················· 陈秀生

诗歌
花溪荟萃 ············· 辛　笛　忆明珠　纪　宇
橄榄集 ·············· 杨　山　易　知　邱元利
生活的旋律 ··········· 白　丁　何吉明　蔡　葵
左一兵　赵宽宏
雏凤新声 ························· 张时荣
刺梨集 ····················· 罗绍书　白　云

评论
诗歌创作谈⑥
诗的形象 ························· 晏　明
电影创作谈⑤
故事影片中的故事 ··············· 孟森辉　陆寿钧

文论笔记
正确理解文艺的认识、教育、审美作用——学习马克
思、恩格斯关于文艺作用的论述 ··········· 陈　辽

读者笔谈
我们需要什么样的提高 ·················· 晓　河
有感于"我不是文学家" ················· 李光平

美术
麦收时节（油画） ···················· 张世范
蕉林晨晖（国画） ···················· 卢　平
赛牦牛（国画） ····················· 马振声
火与马 ··············· 姜　旗木刻　徐　刚配诗
荷香六月（国画） ···················· 孙吉斌

1983 年第 6 期　刊名:《花溪》
目录

小说
米兰花 ··························· 尹述贵
蔚蓝色的微笑 ······················ 刘玲娅
闲话之间 ························· 徐　卫
眼望故乡水 ······················· 陈　明

袖珍小说
路遇 ···························· 许鑫荣
傻? ······················· （满族）陈　颖
耍狮人传奇（中篇连载） ················· 周毅如

散文
"喜儿的今天" ····················· 赖　祥
老人和他的小院 ····················· 风　紫

花溪漫话
从庄子讲的一个故事说起 ················· 金　根
梅·情·诗·魂 ····················· 辰　雨

诗歌
花溪荟萃 ··········· 李小雨　陈敬容　石光华
生活的旋律 ········· 寒　星　王贤良　和　谷　胡顺猷
橄榄集 ··········· 龙超云　鲍雨冰　杜永红　陈继光
飞向童心的歌 ······················ 叶　笛　俞伯秋
陈官煊　华　夏　钟声威　管　乐　周一峰
厦门行录（三首） ···················· 赵德山

评论
诗歌创作谈⑦
抒情诗的立体感 ····················· 刘湛秋
电影创作谈⑥
电影剧本中的"戏" ··············· 孟森辉　陆寿钧

作家专访

"每个人都可以写小说"

——访青年女作家王安忆⋯⋯⋯⋯⋯⋯晓 晨

评论者笔会

奇中要见真⋯⋯⋯⋯⋯⋯⋯⋯⋯⋯⋯孙友善

撩人处，每在细节⋯⋯⋯⋯⋯⋯⋯⋯乔 梁

花溪信箱

读者之声⋯⋯⋯⋯⋯⋯王心良 陈茂荣 罗 征

蒋金根 曲 健 李 强 张瑞甫 陈建平 黄光东

美术

啊，大海（水粉）⋯⋯⋯⋯⋯⋯⋯⋯梁照堂

版画新作

寂静的山林⋯⋯⋯⋯⋯⋯⋯⋯⋯⋯张信让

风⋯⋯⋯⋯⋯⋯⋯⋯⋯⋯⋯⋯⋯⋯董克俊

偃仉山人（国画）⋯⋯⋯⋯⋯⋯⋯⋯税关键

我爱北京（国画）⋯⋯⋯⋯⋯⋯⋯⋯李维定

1983 年第 7 期　刊名:《花溪》
目录

小说

活着的女人和死去的男人⋯⋯⋯⋯⋯刘 陵

梦断格天阁⋯⋯⋯⋯⋯⋯⋯⋯⋯⋯戴明贤

罗家斐咏叹调⋯⋯⋯⋯⋯⋯⋯⋯⋯李起超

鞋匠与演员⋯⋯⋯⋯⋯⋯⋯⋯⋯⋯孟亚辉

耍狮人传奇（中篇连载）⋯⋯⋯⋯⋯周毅如

散文

绿荫处处⋯⋯⋯⋯⋯⋯⋯⋯⋯⋯⋯陈明云

泉水飞流咏间歇⋯⋯⋯⋯⋯⋯⋯⋯潘俊龄

会址桑沧⋯⋯⋯⋯⋯⋯⋯⋯⋯⋯⋯石永言

莺歌笛韵⋯⋯⋯⋯⋯⋯⋯⋯⋯⋯⋯李连嘉

诗歌

花溪荟萃⋯⋯⋯⋯⋯⋯廖公弦 雷抒雁 周嘉堤

顾城 杨培勇 杨炼 李发模 骆耕野 吴克明

北岛 董佳佳 许 平 杜若 陈满平 崔笛杨

王小妮 郑德明

"遵义诗会"简讯⋯⋯⋯⋯⋯⋯⋯⋯叶 笛

评论

诗歌创作谈⑧

诗的韵法、句法、章法及其他⋯⋯⋯蔡其矫

电影创作谈⑦

电影剧作中人物的塑造⋯⋯⋯⋯孟森辉 陆寿钧

新作小评

难忘的旅途

——评短篇小说《旅途即事》⋯⋯⋯夏文琦

"看似异常最奇崛"

——读《骆平和他的鸽子青鹁》⋯⋯田 原

文艺随笔

要善于追赶时代的密源⋯⋯⋯⋯⋯秋 阳

读读作品中的人物诨名⋯⋯⋯⋯⋯川江水

美术

夏日（油画）⋯⋯⋯⋯⋯⋯⋯⋯⋯潘 雷

眼睛（国画）⋯⋯⋯⋯⋯⋯⋯⋯⋯谢关键

土地（木刻）⋯⋯⋯⋯⋯⋯⋯⋯⋯王 平

八月的草原（国画）⋯⋯⋯⋯⋯⋯沈道鸿

芍药（油画）⋯⋯⋯⋯⋯⋯⋯⋯⋯毕永祥

1983 年第 8 期　刊名:《花溪》
目录

小说

心桥⋯⋯⋯⋯⋯⋯⋯⋯⋯⋯⋯⋯⋯曲一日

一个令人困惑而着迷的形象

——读小说《心桥》⋯⋯⋯⋯⋯⋯秦家伦

酒仙和半瓶"茅台"⋯⋯⋯⋯⋯⋯郑正强

悠悠琴声⋯⋯⋯⋯⋯⋯⋯⋯⋯⋯⋯林 杉

一门关死的楼房⋯⋯⋯⋯⋯⋯⋯⋯周孜仁

有这样一位姑娘⋯⋯⋯⋯⋯⋯⋯⋯宋佳良

苍山洱海的歌⋯⋯⋯⋯⋯⋯⋯⋯⋯涂 平

雪路⋯⋯⋯⋯⋯⋯⋯⋯⋯⋯⋯⋯⋯李 君

妙人儿，凶（讽刺小说）⋯⋯⋯⋯黄培勋

散文

海行⋯⋯⋯⋯⋯⋯⋯⋯⋯⋯⋯⋯⋯柳 嘉

茶乡情⋯⋯⋯⋯⋯⋯⋯⋯⋯⋯⋯⋯孙风岐

故乡七月七⋯⋯⋯⋯⋯⋯⋯⋯⋯⋯王兰英

诗歌

花溪荟萃⋯⋯⋯⋯⋯⋯黎焕颐 杨 牧 柴德森

生活的旋律⋯⋯⋯⋯⋯⋯陈佩芸 程显谟 漆春生

乔大学 刘设庸 弋良俊 钟 明 穆倍贤

雏凤新声⋯⋯⋯⋯⋯⋯⋯王力农 朱一鸣 宋 琳

徐 芳 张维民 武中天 王 敏 王以楼

评论

诗歌创作谈⑨

诗话四则 .... 廖公弦
电影创作谈⑧
电影剧作中的"戏剧性" .... 孟森辉 陆寿钧

阅读与欣赏
月夜 .... 巴 金
一个没有活着出场的主人公——读巴金的早期短篇小说《月夜》 .... 周溶泉 徐应佩

美术欣赏
美在传神 .... 袁 浩

美术
画家之妻（油画） .... 初 伦
节日（木刻） .... 蒲国昌
工地（木刻） .... 林德宏
造船厂一角（水彩） .... 张 文
银苍玉洱（水印木刻） .... 李忠祥
威宁荞香（油画） .... 张幼农

1983 年第 9 期　刊名:《花溪》
目录

小说
爱因斯坦在上海 .... 建 安
选择最佳角度
——小议建安的《爱因斯坦在上海》 ... 伊 星
花的墙 .... 顾 鸣
人生一瞬间 .... 郑一帆
鼓浪屿琴声 .... 牟 强
背影 .... 马晓光 朱淑琴
今日开奖（讽刺小说） .... 草 人
花溪苗圃
一把花生 .... 叶保平
浇苗片语 .... 张 灯

袖珍小说
接棒 .... 杨 柳
信封背面 .... 梁明裕
天门第一子（中篇武术小说连载） ... 宋梧刚

散文
从困顿中觉醒 .... 秋 阳
红子的缅思 .... 谷 天
香炉山 .... 杨明渊

诗歌
花溪荟萃 .... 张志民 雁 翼 林 希
祖国江山分外娇 ... 艾 莎 李凤海 叶庆瑞 乔大学
九叶新绿 .... 唐 祈 唐 湜 杜 燮 郑 敏
散文诗卷 .... 刘湛秋 韩嗣仪
李 耕 蓝 疆 陈 钟
金陵记胜（七律四首） .... 梁鸿安

评论
诗歌创作谈⑩
诗，在探索中前进 .... 寒 星

阅读与欣赏
胡安·达连 .... ［乌拉圭］奥拉西奥·基罗加著
蔡润国译 常世儒校
基罗加和他的动物题材作品 .... 蔡润国

作品评论
在求索中迈进
——读叶笛近年来的部分诗作 .... 黄邦君

美术
海之情（油画） .... 刘京东
山雀（国画） .... 郑小娟
他拣了一个钱包（国画） .... 任家蓁
苗家姑娘（国画） .... 焦成根
山雨欲来（国画） .... 张跃林

1983 年第 10 期　刊名:《花溪》
目录

小说
菜市悲喜剧 .... 张宝霆
秋天，在阳光下 .... 石 定
心，溢满了…… .... 范晓轩
人不是牵牛花 .... 周健行
气枪的奥秘 .... 和国正
普罗米修士 .... 缪 士

讽刺小说
马副县长的"联系学" .... 马 迅
"酒吧皇后" .... 王文锦
天门第一子（中篇武术小说连载） ... 宋梧刚

散文
觉醒后的跨进 .... 秋 阳
一个童话作家的"童话" .... 陈若尘

寓言
回声 .... 吴广厚

壶水和炉火 .... 遇 逮
无知的书架 .... 叶 澍
斗室遐思 .... 蔚 文 冰 洁

诗歌
花溪荟萃 .... 孙友田 杨小敏 映 春
生活的旋律 .... 陆 萍 杨大矛
再 耕 张大成 岳德彬 达 丹
橄榄集 ...... 周京泽 冯恩昌 张斯侠 渭 水 蒋卫平
民族诗苑 .... 王泽洲 潘俊龄 雪 影
雏凤新声 .... 周问礼

诗歌漫评
雏凤清于老凤声——《花溪》创刊来青年诗作漫评
.... 叶 笛 黄甫白
诗二首 .... 冯济泉
南方（三首） .... 陈 犀

评论
诗歌创作谈⑪
诗忌 .... 张志民

文艺随笔
文艺作品要努力塑造社会主义新人形象
——学习邓小平同志关于文艺问题的重要论述
.... 李德明 熊冬华

作品评论
醇如佳酿，绚若五彩
——戴明贤散文艺特色初探 .... 黄万机

美术
爽秋（油画） .... 朱乃正
刘知白国画选登
高原晨（木刻） .... 陈筑培
丰年（木刻） .... 石道德

1983 年第 11 期 刊名:《花溪》
目录

小说
谁是"神鹰"？（中篇侦破小说连载） .... 许天宇
皇家花园号 .... 张长京
马司机和弹花匠高六 .... 徐 卫
因为我们在一起 .... 张承浩
便宜无好货（讽刺小说） .... 映 泉

花溪苗圃
我们宿舍的楼梯 .... 吴建筑
文贵曲笔
——对《我们宿舍的楼梯》的评点 .... 祝 化

散文
龙宫去来 .... 群 文
芳魂 .... 杜 若
小园赋芳菲 .... 丁汉琼
温度计的喜剧 .... 谢光仲
闲话婚仪 .... 王世君
在那遥远的地方 .... 王念玉

诗歌
生活的旋律 .... 黄邦君 杨培勇 李天林
刁永泉 熊明泽 李志洪 亚 楠 刘福林
橄榄集 ...... 白 汀 崔笛扬 徐 芳 杨永年 龚广瑞
刺梨集 .... 罗 马 弋 玮
雏凤新声 .... 陈明媚 牧 青 程伦强

评论
努力开拓爱国主义文学题材 .... 缪俊杰
诗歌创作谈⑫
生活、责任、情调…… .... 潘俊龄

寄习作者
在梦幻和现实中间
——写给一位文学青年 .... 张同吾
电影创作谈⑨
电影剧本的结构形式（上） .... 孟森辉 陆寿钧

随笔
讲技巧与"无技巧" .... 秦家伦

美术
山梨（国画） .... 宋剑锋
"大连版画展"作品选登
鸭声（木刻） .... 朱纯一
海疆守卫者（套色木刻） .... 冉茂魁
船台焊花朵朵艳（木刻） .... 张家瑞
海花（套色木刻） .... 周义柱
山泉水清 .... 孟光涛
榕荫渡口（国画） .... 陈新华

1983 年第 12 期　刊名:《花溪》

目录

小说

强者的抉择·······················王　健
陈赶幺·························季　柯
假日·························王积熙

袖珍小说

接电话·························于　里
鸽哨·························黄光辉

花溪苗圃

排球冲击波·······················江　燕
冲击波透出的新意···················禾　木
谁是"神鹰"?(中篇侦破小说连载)···········许天宇

散文

团圆·························黄达华
绿满湄江·······················本　芸
跳花灯·························孙凤岐
街灯·························于　狄

诗歌

边塞新歌·············杨宗和　林　染　文　然
李遇春　高　平　张小波
雏凤新声·············李乃华　汪慧兰　李　江
汪　泓　马仕安
生活横断面···········李云飞　何香久　廖国昌
陈松叶　蔚　桦　刘晓滨　郭宝臣　沈潮涛
相见欢(三首)····················赵西林

评论

坚持社会主义方向,抵制和清除精神污染
·····················为礼·一卒
诗歌创作谈⑬
诗的随想录·······················邹荻帆
电影文学创作谈⑩
电影剧本的结构形式(下)···········孟森辉　陆寿钧

文学回忆录

"战死者的战绩的一页"
——回忆王启霖烈士的文学创作活动·········黄慧珠

作品评论

向新的创作领域掘进
——从三篇当代青年题材的小说谈起········乔　梁
前进,但不要"一门关死"
——小说《一门关死的楼房》读后··········林　帆

读者中来

我的几点建议·····················王心良

美术

海风(油画)·····················张学锋

版画作品选登

竹锁青峰·······················吴家华
春娃娃·························姜　旗
苗家今朝·······················何正元
小河涨水·······················徐学廉
冬夜·························曹琼德
古树(国画)·····················吴冠中

1984 年第 1 期　刊名:《花溪》

目录

小说新秀谱
——陆星儿小辑

斑点(小说)·····················陆星儿
星星·自己·纤夫(报告文学)
——记陆星儿·····················田珍颖
生活与幸福属于强者
——陆星儿小说谈片··················丁道希

短篇小说

三棱箭·························何光渝
双人舞·························映　泉
八月瓜·························梁国赋

中篇小说

没有打完的官司····················叶　辛

答花溪读者问

"短"的艺术······················孟伟哉

花溪苗圃

老人和塑象(微型小说)···············卓守忠
呵,我的朦胧(微型小说)··············王　菱
点评·························戴明贤

寄自编辑部

当你不能自已的时候··················丹　晨

小说技巧探索

小说结构法例析①·············刘孝存　曹国瑞

花溪论坛
灵魂工程师的灵魂 ⋯⋯⋯⋯⋯⋯⋯ 秦家伦
青年作者的责任 ⋯⋯⋯⋯⋯⋯⋯⋯ 钟 明
这是又一次思想解放 ⋯⋯⋯⋯⋯⋯ 薄 非
散文创作十二谈①
探索和发展散文艺术 ⋯⋯⋯⋯⋯⋯ 秦 牧

海外漫笔
联合国大厦琐记 ⋯⋯⋯⋯⋯⋯⋯⋯ 龙永图

花溪荟萃
我们这里的土地（三首） ⋯⋯⋯⋯ 廖公弦

雏凤新声
春天的预约（外一首） ⋯⋯⋯⋯⋯ 魏明伟
一份感人的预约书（点评） ⋯⋯⋯ 张 克

生活的旋律
峨眉山背夫 ⋯⋯⋯⋯⋯⋯⋯⋯⋯⋯ 培 贵
红柳 ⋯⋯⋯⋯⋯⋯⋯⋯⋯⋯⋯⋯⋯ 徐 强
信号楼之夜 ⋯⋯⋯⋯⋯⋯⋯⋯⋯⋯ 冉 庄

青年诗人侧影
准噶尔的纤夫
——杨牧印象散记 ⋯⋯⋯⋯⋯⋯ 周政保

麻辣集
讽刺诗（二首） ⋯⋯⋯⋯⋯⋯⋯⋯ 陈显荣

美术
封面设计 ⋯⋯⋯⋯⋯⋯⋯⋯⋯⋯⋯ 王小飞
船厂女工（油画） ⋯⋯⋯⋯⋯⋯⋯ 王 琪
雪原情（国画） ⋯⋯⋯⋯⋯⋯⋯⋯ 阎胜利
小鸟（套色木刻） ⋯⋯⋯⋯⋯⋯⋯ 蒋谷峰
考试之夜（套色木刻） ⋯⋯⋯⋯⋯ 朱连先

1984 年第 2 期　刊名：《花溪》
目录

小说新秀谱
——铁凝小辑
六月的话题（小说） ⋯⋯⋯⋯⋯⋯ 铁 凝
铁凝和她的女朋友们 ⋯⋯⋯⋯⋯⋯ 雷 达
她有一双爱探究的黑眼睛
——记铁凝 ⋯⋯⋯⋯⋯⋯⋯⋯⋯ 顾传菁

短篇小说
第三任干部处长 ⋯⋯⋯⋯⋯⋯⋯⋯ 宋 渤

让不出去的套间 ⋯⋯⋯⋯⋯⋯⋯⋯ 黄 放
叶兰当上班主任 ⋯⋯⋯⋯⋯⋯⋯⋯ 吴世祥
爸爸和妈妈
——献给葛洲坝工程建设者们 ⋯⋯ 力 牛

中篇小说连载
没有打完的官司 ⋯⋯⋯⋯⋯⋯⋯⋯ 叶 辛

寄自编辑部
哪里去寻找新人 ⋯⋯⋯⋯⋯⋯⋯⋯ 彭钟岷

花溪苗圃
同路人（小说） ⋯⋯⋯⋯⋯（苗族）李 露
《同路人》评点 ⋯⋯⋯⋯⋯⋯⋯⋯ 谭 星

阅读与欣赏
一台宏大的收音机（小说）
⋯⋯⋯⋯⋯ [美国] 约翰·契佛著　舒逊译
契佛和他笔下的美国 ⋯⋯⋯⋯⋯⋯ 胡允恒

山泉集
花之忆 ⋯⋯⋯⋯⋯⋯⋯⋯⋯⋯⋯⋯ 戴明贤
散文创作十二谈②
情感的燃烧和酝酿 ⋯⋯⋯⋯⋯⋯⋯ 谢 璞

小说技巧探索
小说结构法例析② ⋯⋯⋯⋯ 刘孝存　曹国瑞

作家书简
给青年诗作者 ⋯⋯⋯⋯⋯⋯⋯⋯⋯ 罗 洛

生活的旋律
植树者的身影 ⋯⋯⋯⋯⋯⋯⋯⋯⋯ 王建平
灯 ⋯⋯⋯⋯⋯⋯⋯⋯⋯⋯⋯⋯⋯⋯ 唐大同
检验工 ⋯⋯⋯⋯⋯⋯⋯⋯⋯⋯⋯⋯ 聂鑫森
放筏者 ⋯⋯⋯⋯⋯⋯⋯⋯⋯⋯⋯⋯ 张新泉

橄榄集
水的故事 ⋯⋯⋯⋯⋯⋯⋯⋯⋯⋯⋯ 王家新
腊月雪 ⋯⋯⋯⋯⋯⋯⋯⋯⋯⋯⋯⋯ 陈 谷
石头 ⋯⋯⋯⋯⋯⋯⋯⋯⋯⋯⋯⋯⋯ 张 勃

我与诗
我爱生活，我才歌唱 ⋯⋯⋯⋯⋯⋯ 林 希

散文诗
春，在山野 ⋯⋯⋯⋯⋯⋯⋯⋯⋯⋯ 罗文亮

美术
萧娴书展作品选登
姹紫嫣红笑春风（国画）
　　　　　　　　　　　　孙其峰　贾宝岷　霍春阳等作

1984 年第 3 期　刊名:《花溪》
目录

小说新秀谱
——李宽定小辑
巧娘（小说）·······················李宽定
他找到了自己的路
——李宽定小说近作管窥···········韩志君
他从山里来
——李宽定印象记·················王泽群

短篇小说
民工朱山和他背上的俘虏···········陈茂荣
明月夜···························陈文明
阿福阿贵的轻喜剧·················汤保华
离·······························黄东黎
答《花溪》读者问
历史小说谈屑·····················鲍　昌

中篇小说连载
没有打完的官司···················叶　辛

小说技巧探索
小说结构法例析③··········刘孝存　曹国瑞
散文创作十二谈③
生活与构思·······················碧　野

神州处处
贡嘎山，请撩开你的面纱···········蔚　桦

作家访问记
他在用心声说话……
——访作家杨益言·················湘　雄

花溪荟萃
登泰山，看来路（外一首）·········张　克
诗歌创作谈⑭
谈诗的"钝化"·····················李元洛

雏凤新声
粉笔，父亲的信···················戴　崴
谈两首处女作的得失（点评）·······寒　星

橄榄集
为丈夫举起失去的双臂（外一首）···许　平
城市的小街·······················黄恺新
希望的云彩（外一首）·············戴安常
渔港夕照（外一首）···············张　扬
虎门炮台·························张显华
赠别·····························杨培勇
雨中·····························陈官煊
盼·······························陈春琼
月亮船···························张斯侠
风车·····························沈在龙

文艺随笔
"翁仲如何作仲翁"——诗坛趣闻·····丁国成

美术
封面设计·························王小飞
婚礼（油画）·····················张　苗
松梅跃雀图（国画）···············陈子毅
隶书（对联）·····················欧广勇
行书（横披）·····················杨奎章
不夜的山谷（国画）···············黄　云
献花图（国画）···················詹忠效

1984 年第 4 期　刊名:《花溪》
目录

小说新秀谱
——顾汶光小辑
知遇（小说）·····················顾汶光
在六十八万字后面·················张　灯
且说《天国恨》···················吴秀明

短篇小说
假日叩门声·······················曲振海
光与色······················朱淑琴　马晓光
野外的太阳日·····················欧之德

中篇小说连载
没有打完的官司···················叶　辛

花溪苗圃
祝愿歌（小说）···················黄亚屏
点评·····························永　刚

新作小评
可喜的转折
——汤保华新作《情感分析》读后·····李印堂

小说技巧探索
小说结构法例析④ ································· 刘孝存　曹国瑞
散文创作十二谈④ ································· 峻　青
散文的选材 ······································· 峻　青

海外漫笔
主角——访泰回忆 ································· 彭荆风

寸铁录
动物、人物以及"复归"其说 ···················· 司马双
凤雏先生的悲喜剧 ································· 林　帆

花溪荟萃
原始森林奏鸣曲（组诗） ························· 王泽洲

乡情草
故乡的雨路 ······································· 黎焕颐
山野秋思（二首） ································· 涛　声
结束或开始 ······································· 程建强

旧体诗词
七律三首 ··· 赵德山

青年诗人侧影
果园里走出来的女诗人——记傅天琳 ·············· 余薇野

麻辣集
讽刺诗两首 ······································· 陈显荣

美术
封面设计 ··· 张世申
娓娓乡音（国画） ································· 廖志惠
太湖（国画） ····································· 赵松涛
布依姑娘（油画） ································· 戴仲光

1984 年第 5 期　刊名:《花溪》
目录

奋斗之歌
大路朝天（报告文学）
——记松烟林苗公司负责人周登高··· 蔚　桦　王黔生

小说新秀谱
——王小鹰小辑
彩窗（小说） ····································· 王小鹰
片断——王小鹰印象记 ··························· 乐维华
笔底清泉出新声
——读王小鹰的小说创作 ······················· 修　远

短篇小说
长海，长长的海 ································· 胡开强
搭班车来的女人 ································· 袁政谦
天上云儿飘 ····································· 伍元新

中篇小说连载
风雨峨眉路 ····································· 黄嘉德

微型小说
妻子 ··· 丁廷森
小河 ··· 郭培杰

答《花溪》读者问
过好语言第一关 ································· 蹇先艾

神州处处
火焰山行 ····························· 李遇春　毕亚丁　陈君堃
散文创作十二谈⑤
散文的真情实感 ································· 柳　嘉

花溪荟萃
夜来的时候（外二首） ··························· 龙超云

生活的旋律
塑（外一首） ··································· 柯愈勋
液压支柱（外一首） ····························· 陈春琼
我在地图上找不到你的轨道 ······················· 柴德森
诗歌创作谈⑮
围绕着意象的创造 ······························· 阿　红

电影文学创作谈
电影剧本的人物动作描写 ················· 孟森辉　陆寿钧

读者作者编者
鼓励与批评 ····································· 袁　鹰等

美术
喜悦（油画） ··································· 毕永祥
晨曦初露（油画） ······························· 刘　晓
自家的羊（油画） ······························· 张世申
山乡（油画） ··································· 王忠弟
莲塘秋色（国画） ······························· 田　源

1984 年第 6 期　刊名:《花溪》
目录

奋斗之歌
一个"黑人"和他的事业（报告文学）

——贵州省“粮食状元”徐仁义创业记·········彭钟岷

小说新秀谱
——石定小辑
牧歌（小说）·································石　定
石定小说印象·······························戴明贤
放梢初见叶离离
——我所认识的石定·······················骆长木

短篇小说
焦距——采访笔记·························李霁宇
小角色···································苗　月
别叫我爸爸·······························张永龙

微型小说
三分钟小说　异口同声　酥胡豆　平局　影评
··陈兆义

中篇小说连载
风雨峨眉路·······························黄嘉德

花溪苗圃
悠闲者（小说）····························周广贵
但愿这样的悠闲者越来越少·················祝　化

寄自编辑部
“四个方面”和“四个目的”·················龙世辉
散文创作十二谈⑥
文若行云自卷舒····························韩少华

雏凤新声
工字钢的音符（三首）·····················唐亚平
力的诗风
——谈新作者唐亚平三首诗·················钟　文
诗歌创作谈⑯
《九叶集》的启示··························公　刘

生活的旋律
九龙半岛的花环（二首）···················寒　星
十月·····································张时荣

飞向童心的歌
写给小伙伴的诗（二首）···················胡顺猷
小苗苗的小诗（二首）·····················陈官煊
孤独的小石亭····························管　乐

阅读与欣赏
如诗如画的战斗篇章
——读《采蒲台的苇》·····················洪　治
采蒲台的苇·······························孙　犁

美术
“夏日”组画之三、之四（木刻）···········蒲国昌
爷孙（木刻）·····························吴线曲
黔灵秋光（国画）·························李昌中
清洁女工（油画）·························周光介

1984 年第 7 期　刊名:《花溪》

目录

小说新秀谱
——杨东明小辑
黄河鲤（小说）····························杨东明
“绿化队”里的“黑骏马”···················张石山
青春在他的作品中闪光·····················杨旭村

奋斗之歌
杨金秀，在多伦多……（报告文学）
··································周青明　郑正强

短篇小说
焊枪，喷吐着火花··························蒙　萌
淡淡的檬子花····························运　春
妹·干三·羊子····························梁国赋

中篇小说连载
风雨峨眉路·······························黄嘉德

微型小说
玉镯·····································欧　骁
庄严的时刻·······························郁　越
诗歌创作谈⑰
《九叶集》的启示（续一）·················公　刘
散文创作十二谈⑦
散文创作中的弊端及其克服·················石　英
怀有春天——记李国文·····················濮思温

生活的旋律
夜，村里的年轻人·························李发模
纪念碑
——献给乌江渡电站·······················程显谟
圆满的牧家·····························阿拉坦托娅
蛙鼓·····································蔡　葵
勘测拾韵·································张子原
清溪放筏·································朱谷忠

橄榄集
蜻蜓（外二首）····························陈明媚
四季·····································关登瀛

历史的句号
——题下关"万人冢" ································· 罗绍书

散文诗卷
山野情思（二首） ································· 王敦贤

文艺随笔
对社会起家庭教师的作用
——文学批评断想 ································· 罗强烈
挤奶·吃草·逐水草而居 ································· 弓 力
读者作者编者
沽名钓誉可耻
代邮

美术
包俊宜作品选登（书法、篆刻）
周运真作品选登（书法、篆刻）
侗家村舍（国画） ································· 杨长槐

1984 年第 8 期 刊名:《花溪》
目录

小说新秀谱
——谭力小辑
外国的她 ································· 谭 力
我看谭力 ································· 张慧光
意气风发的小伙子
——记我的朋友谭力 ································· 雁 宁

奋斗之歌
几经移植的树（报告文学） ········· 陈其琳 邓星荣

短篇小说
九节滩作证 ································· 任宗景
一个青年女教师的日记 ································· 吴 民
车站上 ································· 徐 卫
鱼神 ································· 郑一帆

中篇小说连载
风雨峨眉路 ································· 黄嘉德

微型小说
虎与犬 ································· 廖国松
猴礼 ································· 周志俊
耳朵 ································· 马筱英
诗歌创作谈⑱
《九叶集》的启示（续二） ································· 公 刘
散文创作十二谈⑧

航行中的断想 ································· 李起超

花溪荟萃
杜鹃花盛开的时候（组诗） ················· 张 克

橄榄集
弹花匠（外二首） ································· 张新泉
梅（外一首） ································· 白 航
小街（外一首） ································· 朱 曦
沉默 ································· 晓 路

旧体诗词
词三首 ································· 赵西林

作家访问记
执着的追求
——就小说民族化问题访刘绍棠同志 ········· 晓 源

寄自编辑部
形象、情节和细节 ················· 李德明 熊冬华

名画欣赏
杜因和他的《古钢琴》 ································· 顾 森

美术
创业颂 ········· 杨长槐 董克俊 宋剑锋 吴家华
古钢琴（油画） ································· 杜 因

1984 年第 9 期 刊名:《花溪》
目录

小说新秀谱
——肖复兴小辑
屋檐下的燕窝（小说） ································· 肖复兴
生活在普通人中间——肖复兴印象 ················· 石 湾
像水，像风……——试谈肖复兴小说近作 ········· 田增科

短篇小说
川味"抄手" ································· 章贵生
业余朋友 ································· 李利克
老人行 ································· 赵剑平
最后一次巡逻 ································· 顾 平
电影院对过 ································· 华 照
月季 ································· 安 夫

中篇小说连载
风雨峨眉路 ································· 黄嘉德

花溪苗圃

梧桐树下（小说）·····································王念玉
美的展示和美的追求
——读《梧桐桥下》······························清 茗
弓影（散文）·······································冰 冰
描绘美好心灵·······································群 文
散文创作十二谈⑨
愿你的枝头长出真的叶子·······················赵丽宏

神州处处

大海，一个被波涛托起的召唤·····················康 青

花溪荟萃

凉山风情（组诗）·································叶延滨
遵义的诗··培 贵

阅读与欣赏

诗和生活的接触点
——抒情诗《一簇红花》赏析····················方 平
一簇红花·································[美]弗罗斯特

生活的旋律

山沟里，诞生了第一台阳台·······················王新民
车轮滚滚的前方·································邱元利
我们播种富强·····································宋克力
故乡情（外一章）·································李 耕

作家访问记

从社会底层走出来的改革家
——张贤亮印象记·······························关登瀛

美术

徐学廉连环画选刊
杨笑明连环画选刊
人像习作（油画）·································张世范

1984 年第 10 期　刊名:《花溪》

目录

小说新秀谱
——乔雪竹小辑

海滩、星星、人（中篇小说）·····················乔雪竹
一个不安的、追求的精灵·························高 原

短篇小说

大山之魂··陈茂荣
搭在马凳上的擂台·································蒙 萌
电大师生——电大人物记·························曾达敏

中篇小说连载

帷幕后面的君子兰·································龙二国

袖珍小说

让座··赵德明
病··熊安伟
毕加索的故事·····································牛俊才
散文创作十二谈⑩
漫谈散文创作·····································郭 风

美术

贵州织金打鸡洞（摄影）·························曾宪阳
新闻人物（水印木刻）·····························蒲国昌
青山有幸（国画）·································黄天虎
春返侗乡（油画）·································杨念一
奋进（国画）·····································杨抱林

1984 年第 11 期　刊名:《花溪》

目录

小说新秀谱
——甘铁生小辑

没记入日记的·····································甘铁生
真诚的心灵与敏锐的识见
——评甘铁生的小说创作·························华 铭
在逆境中跃起——记甘铁生·······················紫 风

短篇小说

弟弟长成了男子汉·································石 荔
送药女工·······························殷慧芬　楼耀福
小厂传来解散令·································任立新
小小··叶路英
在人生的航道上
——乌江系列小说之一·························梁国赋
萍水相逢·······························（苗族）刘 霞
卖鼠药的年轻人·································刘醒龙

讽刺小说

记者··汝荣兴

中篇小说连载

帷幕后面的君子兰·································龙二国

历史小说

辨颠··戴明贤

翻译小说

读者来信·····················[美]海明威　丁廷森译

散文创作十二谈⑪
关于散文写人与锤练文字 ································· 何　为

美术
卷曲石（封面摄影）
——贵州溶洞奇观之一 ······················· 金德明
曙光初照（国画） ······························· 范石甫
榕荫（国画） ····································· 黄　云
清风（国画） ····································· 张亚冰
鸣春（国画） ····································· 吴东魁
玉树临风（国画） ······························· 芷　林

1984 年第 12 期　刊名:《花溪》
目录

小说新秀谱
——雁宁小辑
冬天的雕像 ······································· 雁　宁
雁宁创作失得 ····································· 张慧光
离不开故乡的雏雁
——我眼睛中的雁宁 ··························· 何世进

小说
校园里有很多树 ··································· 黄亚屏
坐小轿车的施工队长 ······························ 何筑光
月光下 ··· 黄家刚
逃婚——长篇小说《遥遥的路程》选载 ········· 涂尘野

微型小说
蟹汤 ··· 赵德明
溪桥 ··· 周志俊

中篇小说连载
帷幕后的君子兰 ··································· 龙二国
散文创作十二谈⑫
与时代同步前进 ··································· 袁　鹰

作家访问记
在宏观与微观之间遨游
——听陆文夫谈小说创作 ····················· 陈　益

生活的旋律
致遵义 ··· 竹　娃
小憩（外一首） ··································· 陈钧叶
下夜班的女工 ····································· 赵泽华

小叙事诗
女诗人，用心灵在歌唱 ····························· 胡　茄

美术
地下星空（摄影） ································· 金德明
鼓舞（国画） ····································· 宋剑锋

美术欣赏
姚茫父书画作品选登
姚华的书画艺术 ··································· 邓见宽
《花溪》文学月刊一九八四年总目录

1985 年第 1 期　刊名:《花溪》
目录

文坛新秀谱
——徐卫小辑
我们翻越卓拉克盖 ································· 徐　卫
关于徐卫小说的速写 ······························ 罗强烈
旅行者　香客　作家 ······························ 张永龙

中篇小说连载
猎取人头的姑娘 ··································· 李必雨

短篇小说
"船拐子"逸事 ··································· 宋学德
旅伴 ··· 郑一帆
碑 ··· 孙再华

袖珍小说
小说三题 ··· 王亚平

讽刺小说
具有典型意义的新闻 ······························ 张益民

花溪苗圃
平凡人的苦恼 ····································· 方大丰
平淡生活中的平淡故事 ····························· 华　奚

翻译小说
他那死去的小姨子 ············ ［美］里查德·斯托克斯
林新祯译　丁廷森校订
出奇与合理 ······································· 董君轶

散文
藤悟 ··· 谭亚新
一张旧画 ··· 金　一

生活的旋律
山杜鹃（二首） ··································· 杨　牧
旅途花絮（二首） ································· 岳德彬
龙舞 ··· 杨永年

女鉴定员··········张子原
从一个高原走向另一个高原·········李泽华
街头··········王建平
一颗赤诚的弹头
——给奥运会的中华射击健儿·········李乃华

花溪荟萃
春天真好··········李　钢
日和月（外一首）·········陈春琼
独腿跳高者··········晓　露

评论
读《母女浪游中国》·········微　任

创作谈
散文和美··········岑　森

美术
参加第六届全国美展作品
寸草春晖（版画）·········董克俊
杨国勋漫画
南疆花卉（国画）·········平　治

1985 年第 2 期　刊名：《花溪》
目录

文坛新秀谱
　　——蔡测海小辑
荒路··········蔡测海
震撼心灵的伐木声
——对蔡测海小说的感受·········陈　明
青山焉能留得住
——蔡测海印象·········王　蓬

中篇小说连载
猎取人头的姑娘·········李必雨

短篇小说
一部获奖广播剧的生产全过程·········陈金堂
九号房间··········刘继安
盖着红毯的马车·········周晓琳
雪虎··········吴世祥
澎湖湾上太阳岛·········龙　潜
可喜的起点··········禾　木

袖珍小说
瞬间··········阿波　肖微
朱厂长谈创作·········林荣芝

雨来得太迟了··········〔英〕莱蕾托·图德　徐用文译

翻译小说
狗的自尊··········〔苏联〕费·阿勃拉莫夫　粟周熊译

神州处处
海之情··········柳　嘉
楚阳台，楚阳台·········赵丽宏

雏凤新声
高原马帮··········曾雁平
有这样一个修自行车的青年·········官　蕾
好在不就事论事
——读新作者曾雁平、官蕾的两首诗·········邓星荣

生活的旋律
厂长，真有大将风度·········张　华
蒙古马··········王家新
三千万座山··········陈绍陟
关于《三千万座山》的通信·········绿　原
江边··········田光时

筑城新作漫评
一幕绝望而壮烈的悲剧
——评戴明贤的历史中篇小说《九疑烟尘》····吴秀明

文艺随笔
灵感与勤奋··········童　牧
《公鸡和牛》·········曾祥麟
加·加西亚·马尔克斯谈灵感

美术
第六届全国美展入选作品
百花似锦　绿树成荫（宣传画）·········张代航
载歌行（版画）·········刘隆基
漫画两题··········曾健雄
小河沟（磨漆画）·········林　楠

1985 年第 3 期　刊名：《花溪》
目录

文坛新秀谱
　　——叶之蓁小辑
"小征泽尔"的悲剧
——小粒子奏鸣曲之三·········叶之蓁
他也正年轻
——叶之蓁散记·········曾敬庄
让落尘透过"光谱"

——简评叶之蓁的"建国巷"系列小说············黄　尧

中篇小说连载
猎取人头的姑娘·······················李必雨

短篇小说
和解····························冉　平
燕儿····························刘晓萍
门·····························鄡远征
夕阳无限好·······················孙月沐
飘离群落的荞花·····················黄达华
丑角儿···························彭成仁

袖珍小说
浆糊····························李邦海
广告的妙用·······················莫洪军
明天是元旦·······················刘　锴
残缺····························少　鸿
示范动作·························赵德明
不治之症·························安文新
课桌上的粉笔字·····················张　宁
失算····························吕　明

花溪苗圃
平凡人的苦恼······················方大丰
平淡生活中的平淡故事··················华　奚

翻译小说
太空来访者···········[日]星新一著　陈　浩译

散文
又是潼关夜·······················和　谷

花溪荟萃
暖暖的乡情（三首）···················培　贵

探索之路
高原的传说·······················李泽华
大瀑布··························张久运

雏凤新声
钓鱼——新厂长趣闻···················杨　威
清晨（外一首）·····················岳　丽

生活的旋律
悠悠驼铃响动着·····················林　希
诗歌创作谈⑲
诗和乐感·························宋　垒

青年诗人侧影
李钢和他的水兵诗····················杨大矛

筑城新作漫评
刻意于喜剧性的艺术追求
——读短篇小说集《金鸡飞过岭来》
·······················庹修明　谢会昌

美术作品
第六届全国美展入选作品
三头牛（水彩）
连环画选刊·······················毕永祥
花溪之夏（素描）····················王忠弟
网新絮（磨漆画）····················钱文观

1985 年第 4 期　刊名:《花溪》
目录

文坛新秀谱
——简嘉小辑
烙印····························简　嘉
简嘉印象记·······················李叔德
我想对简嘉说······················乔　良

中篇小说连载
流血的银山·······················李必雨

短篇小说
上坟····························吴若增
红红的月亮·······················西　篱
杰作····························姚克明
"关心"病·························陈传珂
翡翠上的裂痕······················吴翼民
三个女大学教师的通信··················卢新勤
芝麻·西瓜························邓克贤
了凡大伯·························牟章琳

袖珍小说
名画····························王兆新

花溪苗圃
农家小女·························陈昌发
情绪·诗意························戈　梅

散文
故乡月··························杨　露

雏凤新声
再见（外一首）……………………………西 篱
幸福………………………………………………杨 威
锁…………………………………………………刘 义
甲秀楼…………………………………………吴茹烈
月亮……………………………………………郭玉松
暮春（外一首）……………………………王朝平
雪…………………………………………………梁 觅
馨香徐徐来………………………………………胡 昕

生活的旋律
赶集的农妇……………………………………张 欣
街道工程队……………………………………潘 烽
低垂（外一首）……………………………李发模

我与诗
探索感情的世界……………………………刘湛秋

评论
技巧
——思想与生活的审美把握………………丁道希

美术
春催处处绿（木刻）………………………张炳德
山寨小店（钢笔淡彩）………………………黄 超
石板寨（磨漆画）
——第六届全国美展入选作品……………王 平
苗族古歌（磨漆画）
——第六届全国美展入选作品……………潘志星

1985 年第 5 期 刊名：《花溪》
目录

报告文学
第十三块金牌的折光…………………………小 流

文坛新秀谱
——彭见明小辑
最新的石雕……………………………………彭见明
见明，那人……………………………………钱建群
沿山溪而行——评彭见明的几篇小说……吴文娟

中篇小说连载
流血的银山……………………………………李必雨

短篇小说
大师兄，大师兄的女同学……………………蒙 萌
眼光……………………………………………聂鑫森

六路车站………………………………………李 君
各人脚下一块土………………………………李 双
妈妈与孩子……………………………………罗强烈

传记文学
酒中豪…………………………………………张 克
从鸟到人………………………………………李加建

散文
妻子……………………………………………吴厚炎

花溪荟萃
踏青（七首）………………………………陈明媚
秀气、纯真、自然…………………………廖公弦

鲜花与士兵
这里也开放鲜花（外一首）………………刘毅然
我在界碑这边种花……………………………翼 华

生活的旋律
你想象着我……——答陈春琼………………刘 章
钥匙……………………………………………张新泉

美术
吴家华版画展览作品选登

花溪美苑
生活的歌手……………………………………董克俊
获第六届全国美展铜牌奖作品
点点红（国画）……………………………陈东平

1985 年第 6 期 刊名：《花溪》
目录

报告文学
一个"现代人"的命运
——记贵州大学教师肖君和…………………余未人

文坛新秀谱
——陈源斌小辑
雪夜……………………………………………陈源斌
陈源斌印象………………………………李伍伦 夏文蔚
陈源斌小说散谈………………………………苗振亚

短篇小说
恐慌……………………………………………西 篱
秀秀、三伯伯和我……………………………王念玉
宝贝儿·这位推销员…………………………林 杉

小时候的朋友 ······傅小渝
狩猎 ······王安
野果 ······马骥家
芳草岸 ······赵剑平

散文
龙宫话龙（外一章） ······张克
金鱼的故事 ······蒙萌
雪国万里行
——一次文学引起的经济活动 ······杜修

花溪荟萃
纳雍，这地方（组诗） ······陈绍陟

大朋友送给小朋友
飞雪（外一首） ······王满夷
知了 ······李富祺
六年级和汪老师（外一首） ······潘仲龄

生活的旋律
山野抒情诗（组诗） ······梅翁
大庆情思（二首） ······陈佩芸
相望 ······任耀庭
贵阳竹枝词（六首） ······朱曦

诗人谈诗
诗的个性与创新 ······孙静轩

筑城新作漫笔
"我是蓝，我爱白帆"
——读梅翁诗集《彩色的波》 ······张建建

美术
孩子们的版画
侗乡烟雨（国画） ······杨长槐

1985 年第 7 期　刊名：《花溪》
目录

文坛新秀谱
——储福金小辑
一个出过名的青年女作家的故事 ······储福金
深院 ······储福金
金陵小才子——储福金印象记 ······赵本夫
变化的开端——致储福金 ······顾小虎

中篇小说连载
流血的银山 ······李必雨

革命回忆录
挺进黔东 ······李真

短篇小说
学生楼下的空地 ······杨延民
华灯初上 ······尹平 叶梦一
螺纹 ······卢惠龙
崇拜 ······胡开强
月光幽幽的友芳场 ······余伟时

袖珍小说
沙发 ······郁越
楼梯 ······阿波 肖微

翻译小说
骑木桶的人····[奥地利]弗朗兹·卡夫卡 彭川译

散文
山乡宴趣 ······杨明渊

花溪荟萃
岩和鹰的传说（五首） ······沈在龙

生活的旋律
土高炉上的树（外一首） ······程显谟
居住在瀑布边的老人 ······张显华
我追求激动的生活 ······周导
在灞桥，我拾得一枚古钱 ······石英

旧体诗
八桂纪游（三首） ······杨霜

评论
她在剖析人生
——短篇小说集《星光闪烁》读后 ······张灯
把生活变成艺术
——读蒙萌的《搭在马凳上的擂台》 ······罗强烈

筑城文讯
由得奖而说到管乐其人其诗 ······朱曦

美术
泉（国画） ······廖志惠
秋趣（国画） ······吴国梁
秋（版画） ······曹琼德
拔河（木刻） ······孙雁明
朝露未晞（国画） ······杨守森

1985 年第 8 期　刊名:《花溪》
目录

报告文学
倚得东风树便青⋯⋯⋯⋯⋯⋯⋯⋯⋯⋯孙凤岐

文坛新秀谱
——雷铎小辑
在落叶深深的林中
——《人生组曲》之一⋯⋯⋯⋯⋯⋯⋯雷　铎
童心·诗意·悲喜剧及创造性
——雷铎作品漫评⋯⋯⋯⋯⋯⋯⋯⋯肖悟了
他和男儿女儿踏着硝烟走来⋯⋯⋯⋯⋯齐　莹

中篇小说连载
沸腾的泪泉
——《葫芦娃地木鼓声》之三⋯⋯⋯李必雨

短篇小说
醉棍⋯⋯⋯⋯⋯⋯⋯⋯⋯（苗族）覃智扬
村姑白玉荷⋯⋯⋯⋯⋯⋯⋯⋯⋯⋯⋯吴恩泽
王腊妹和她捡得的人⋯⋯⋯⋯⋯⋯⋯韩祖映
候鸟⋯⋯⋯⋯⋯⋯⋯⋯⋯⋯⋯⋯⋯⋯伍元新
爱美之心⋯⋯⋯⋯⋯⋯⋯⋯⋯⋯⋯⋯郭燕平
美在于充实⋯⋯⋯⋯⋯⋯⋯⋯⋯⋯⋯戴明贤

袖珍小说
柴油机之外的事情　雨⋯⋯⋯⋯⋯⋯王亚平

翻译小说
一次电话⋯⋯⋯⋯⋯⋯[美]多萝西·帕克著
廖小罕　郑汉植译　杨通荣校

雏凤新声
斗牛舞⋯⋯⋯⋯⋯⋯⋯⋯⋯⋯⋯⋯⋯宋　健

生活的旋律
小镇⋯⋯⋯⋯⋯⋯⋯⋯⋯⋯⋯⋯⋯⋯杜　若
在公共汽车上（外一首）
——给一位老人⋯⋯⋯⋯⋯⋯⋯⋯⋯王力农
修铁路⋯⋯⋯⋯⋯⋯⋯⋯⋯⋯⋯⋯⋯邓先勤

评论
从单一美中走出来⋯⋯⋯⋯⋯⋯⋯⋯叶　笛

美术
吴乾惠先生遗作选登
山村（国画）⋯⋯⋯⋯⋯⋯⋯⋯⋯⋯李昌中

1985 年第 9 期　刊名:《花溪》
目录

文坛新秀谱
——宋学孟小辑
表妹枝儿⋯⋯⋯⋯⋯⋯⋯⋯⋯⋯⋯⋯宋学孟
冷峻而诚挚的文学之歌
——宋学孟短篇小说印象⋯⋯⋯⋯⋯胡永年
给人以绿
——宋学孟印象记⋯⋯⋯⋯⋯⋯⋯⋯鲁秀珍

中篇小说连载
沸腾的泪泉
——《葫芦娃地木鼓声》之三⋯⋯⋯李必雨

短篇小说
人生之旅⋯⋯⋯⋯⋯⋯⋯⋯⋯⋯⋯⋯陈金堂
放贷⋯⋯⋯⋯⋯⋯⋯⋯⋯⋯⋯⋯⋯⋯和国正
猪蹄岛⋯⋯⋯⋯⋯⋯⋯⋯⋯⋯⋯⋯⋯陆大献
这姑娘　那小伙⋯⋯⋯⋯⋯⋯⋯⋯⋯彭兴国

袖珍小说
特别午餐⋯⋯⋯⋯⋯⋯⋯⋯⋯⋯⋯⋯钟兴明
站着的和坐着的⋯⋯⋯⋯⋯⋯⋯⋯⋯安文新
"空城计"与"蓝色夏威夷"⋯⋯⋯⋯赵德明

花溪苗圃
熊的教鞭⋯⋯⋯⋯⋯⋯⋯⋯⋯⋯⋯⋯李成忠
温煦渗出阴霾——读《熊的教鞭》⋯⋯戴明贤

散文
沙头角散记⋯⋯⋯⋯⋯⋯⋯⋯⋯⋯⋯张盛良

花溪荟萃
高原组诗（三首）⋯⋯⋯⋯⋯⋯⋯⋯王建平

诗集选萃
少女的太阳（二首）⋯⋯⋯⋯⋯⋯⋯叶　笛

生活的旋律
蓝色的抒情（三首）⋯⋯⋯⋯⋯⋯⋯柯愈勋
在咸亨酒店⋯⋯⋯⋯⋯⋯⋯⋯⋯⋯⋯周嘉堤
他牺牲在他的作品上⋯⋯⋯⋯⋯⋯⋯黄　宏
礼赞⋯⋯⋯⋯⋯⋯⋯⋯⋯⋯⋯⋯⋯⋯张时荣

评论
美在空灵
——诗美学谈⋯⋯⋯⋯⋯⋯⋯⋯⋯⋯杨匡汉

美术

知识是光华四射的珍宝（宣传画）·············唐文法

鸡（国画）···周昌平

邱石冥遗作选载

家乡（国画）·······································刘复莘

1985 年第 10 期　刊名:《花溪》
目录

报告文学

领导就是服务·····················群　文　邓星荣

文坛新秀谱

——何立伟小辑

暮景···何立伟

白色鸟从哪里飞来

——立伟和他的创作·······················陈湘生

中篇小说

翅膀退化的昆虫们·······························卢新勤

短篇小说

雅达的神秘宝藏·····················（布依族）罗吉万

小屋与大桥·······································虹　雷

年轻的心哪·······································张　征

仓库没有被水淹···································王　诲

上访者···向义光

花溪苗圃

春寒···王　乾

平淡中见奇崛·····································弋　人

散文

故乡入梦来·······································张静枫

衬衫·纽扣·······································赵范奇

花溪荟萃

东方，我的诗

——关于历史，自然和人生的共鸣·············张时荣

该开放的花必须开放

放蜂姑娘的花期···································雷思奇

我用梦的脚步……·······························胡万能

心里的秘密·······································罗　毅

鸽子···黄　默

生活的旋律

一个男人在撑筏子·································何小竹

男子汉的傍晚·····································傅　强

三月···袁　超

评论

熟悉人物，才能写好人物

——谈报告文学《一个"现代人"的命运》·······刘之侠

美术

贵阳地区青年"爱我中华"书法大奖赛作品

路途（国画）·····································黄天虎

1985 年第 11 期　刊名:《花溪》
目录

文坛新秀谱

——朱苏进小辑

杀伤半径···朱苏进

刻意求新的又一力作·······························赖瑞云

跳跃——我所知道的朱苏进·························周　涛

短篇小说

大鸟——高原奇事之一·····························蒙　萌

空床···鄞远征

女子的世界·······································姚晓英

别了，绿色的军营·································顾　平

闯海者···来　其

理想···杨雪萍

家···俞　律

星星和月亮·······································龙　潜

海外漫笔

访日小记···田　兵

年青的朋友们大家来相会

大山里的传说（外一首）···························王汝梅

校园里的笑声（二首）·····························胡　鸿

回声···张　烨

雏凤新声

蓝天的眼底（外一首）·····························罗　凌

我们的季节

——大学生生活随笔·························姚　辉

农家女···彭学明

柳絮集

"点睛"者（外一首）·······························罗绍书

桦树···陈应松

我拉着提琴，在月光下·····························杨　明

评论

不断反思和探索

——访李准 ·············· 沈太慧

美术

贵阳书画院作品选登（一）

园林雕塑小品设计 ·············· 张 旭

1985 年第 12 期　刊名:《花溪》
目录

文坛新秀谱

——聂鑫森小辑

神杖 ·············· 聂鑫森

这一座古城，这一个作家

——聂鑫森与他的小说创作 ·············· 皓 子

聂鑫森忆趣 ·············· 李发模

短篇小说

响水溪烟云 ·············· 赵剑平

惯性的力量

——机关记事二题 ·············· 袁政谦

塔顶屋面上 ·············· 徐 斌

圣母与海 ·············· 宋茨林

列车超员 ·············· 苗 月

"家庭妇男"悲喜剧 ·············· 卢朝阳

英国马 ·············· 刘正绪

冬天的夜晚 ·············· 西 篱

星空 ·············· 薛家柱

袖珍小说

银白色灯光 ·············· 阿 波 肖 微

溺水者 ·············· 安文新

我的阳台 ·············· 周志俊

散文

我的牛大路 ·············· 徐柏林

边风实录（二章） ·············· 王鸿儒

写在夫妻峰下的短歌 ·············· 王林林

花溪荟萃

给你（组诗） ·············· 陈春琼

生活的旋律

在女教师宿舍（外一首） ·············· 庞立臣

矿工的形象（外一首） ·············· 陈 与

街头，五个农女 ·············· 薛亦然

雕塑家对女兵的请求 ·············· 敏 男

七〇四工程 ·············· 荒 芜

评论

永不止息的追求

——读《人生之旅》 ·············· 肖 德 李 墨

美丽的忧伤

——西篱《红红的月亮》 ·············· 张建建

美术

贵阳书画院作品选登（二）

梅（国画） ·············· 范石甫

1986 年第 1 期　刊名:《花溪》
目录

作家笔会

——姜天民小辑

自然木手杖 ·············· 姜天民

简评《自然木手杖》 ·············· 储福金

他在文学创作的道路上迅跑 ·············· 程 枫

短篇小说

陨石与荒原 ·············· 李本深

阿杏进山 ·············· 吴恩泽

涉世 ·············· 有 为

假女人和真女人 ·············· 熊望平

红绿相间的纱巾 ·············· 刘岩松 刘春玲

花溪苗圃

小溪旁的妈妈 ·············· 姚 婷

灼灼的爱之心（点评） ·············· 吴 岱

讽刺小说

告急，告急，病例告急! ·············· 杜光辉

袖珍小说

男孩和鸽子（三题） ·············· 汪 平

海滨无题曲 ·············· 兴 安

散文

浓缩的十天 ·············· 石 英

草原上的路 ·············· 柳 嘉

花溪荟萃

海岸情思（散文诗） ·············· 孙桂贞

我的探索

高原石林 ·············· 曾雁平

雏凤新声

诗人的眼睛（外一首）·············冉东英

热·····························陈继光

风筝···························梁正乾

过小巷·························赵伯鸿

思索集

鱼鹰（外一首）·················林 莽

写给颠倒的那段历史·············邬锡鑫

思索···························深 浅

被延长的生命

被延长的生命

——给电力架线工···············李乃华

将军的黑骏马伫立在沙原·········李 瑜

同题诗

A弦上的恋歌·······胡 定 刘 镇 韦春霞

美术

南京市美展作品选登

莫奈夫人（油画）···············雷诺阿

1986 年第 2 期 刊名:《花溪》
目录

作家笔会
——李发模小辑

抒情诗选（五首）···············李发模

一个讲故事的诗人——读李发模的叙事诗··高洪波

李发模掠影·····················司马赤

袖珍报告文学

关于袖珍报告文学···············本刊编者

作家们的好后勤

——鲁令子留下的印象···········李宽定

伯乐哉！曹雨煤·················李宽定

短篇小说

古树之魂·······················陈茂荣

鲁班法·························蒙 萌

公路上的传说···················肖克凡

绿野

——妻子的故事三章···········汤学春

最后一个杭州人·················张廷竹

麦河上的春季···················张紫汀

地平线上的剪影·················高 深

讽刺小说

人的形象·······················傅小渝

花溪苗圃

赶羊人·························张昭贵

写出"圆形人物"来（点评）·······吴 岱

花溪荟萃

大学生谐谑曲（三首）···········伊 甸

橄榄集

感情的河流（三首）·············戴安常

我们长高并且变矮（外一首）·····黄亚洲

小河湾的黑蜻蜓·················唐亚平

美术

日（摄影）·····················杨 扬

贵阳书画院作品选登（三）

水粉静物·······················张惠林

1986 年第 3 期 刊名:《花溪》
目录

文坛新人
——陈茂荣小辑

怪兵···························陈茂荣

战士自有战士的性格

——读陈茂荣笔下的军人形象·····成建三

力量与韧

——陈茂荣生活与创作谈片·······顾 平

短篇小说

无言之歌·······················戴明贤

慧眼···························涂尘野

黑森林，白姑娘·················聂震宁

读小说《黑森林，白姑娘》·······李发模

绿·红·蓝·····················姚晓英

梦归童心落天涯·················何继青

失之交臂·······················徐 卫

足球，足球···········何筑光 吴建筑

讽刺小说

艳阳下的女人···········黄 莘 张奥列

作家访问记

在成熟中崛起的鲍昌·············关登瀛

散文
母亲的坟茔 ································ 沈　昊

袖珍报告文学
一位临时工的思索 ···················· 陶文正

花溪荟萃
朝霞，覆盖在他的名字上 ············· 黄　宏

祖国我的献诗
我的黄河
我的爱情 ······························ 张时荣

橄榄集
眼睛 ································· 沈在龙
找自己（外一首） ···················· 冉东英
五月的思念 ··························· 袁贵远
女娲 ································· 王川平
醉石（外一首） ······················ 柴德森
给远洋留学的友人 ···················· 李泽华
我捻着那串粲然的泪珠 ·············· 杨培勇
赠友人（二首） ······················ 沙　鸥

高原回声
花溪 ································· 蔡其矫
高原回声（二首） ···················· 程显谟
凝固的海（组诗） ···················· 王建渐

文艺随笔
幻觉艺术与写意艺术 ················· 秦家伦

美术
贵阳书画院作品选登（四）
速写（钢笔） ························· 黄德伟
牧歌（丙烯画） ······················ 曾希圣

1986 年第 4 期　刊名:《花溪》
目录

作家笔会
落红 ································· 戴明贤
戴明贤小说漫评 ······················ 张建建
淡泊者 ······························· 余未人

短篇小说
贯城河诳语 ··························· 何光渝
为我祝福 ····························· 江　岸
蝴蝶胸针 ····························· 黄　灿

老兵·黄狗·白鸽 ···················· 杜鸿雁
夜曲 ································· 石　荔
在雨伞下 ····························· 龚光融

长篇小说连载
大雪满弓刀
——长篇小说《骁将》中三节 ·········· 彭荆风

文学新论坛
关于"文学新论坛" ················· 本刊编者
方法·观念·时代
——关于文艺研究的思考 ·············· 徐新建
传统与当代 ··························· 张时荣

袖珍报告文学
永恒安宁的梦乡
——郭忠晓的爱情和家庭 ·············· 西　篱

散文
牛的闲话 ····························· 周　游

花溪荟萃
黄土地（三首） ······················ 陈　静

雏凤新声
森林里的故事（组诗） ··············· 西　篱
雨季小村 ····························· 张东辉

生活的旋律
县委大院（二首） ···················· 杜　若
珠海流韵（二首） ···················· 寒　星
芭蕉饭（外一首） ···················· 金鸿为

高原回声
茂兰喀斯特地貌组曲（组诗） ········· 宋　健

美术
贵阳书画院作品选登（五）
瓜棚下（国画） ······················ 丁国才
寒香（国画） ························· 平　治

1986 年第 5 期　刊名:《花溪》
目录

文坛新人
——蒙萌小辑
山精
——高原奇事之三 ···················· 蒙　萌

忧郁的乐观主义
——蒙萌小说印象·······················张建建
不幸的幸运儿·······················英　子　晓　伊

短篇小说
没有到过的街道·····················张永龙
和谐···························（纳西族）和国正
龙塘坳香窨························（侗族）刘荣敏
活宝···························伍元新
斑斓带··························廖国松
血兰之旅·························陈茂荣
飘着落叶的山楂树···················（布依族）运　春
黄昏，下着雪·······················西　篱

花溪苗圃
森林正年轻·······················顾　平
真切体验与写景深度（点评）·············戈　梅

高原回声
于细微处见精神····················秋　阳
编后

1986 年第 6 期　刊名:《花溪》
目录

文坛新人
——赵剑平小辑
冲嫂和半截男人们····················赵剑平
"冲嫂"及其他
——赵剑平短篇小说印象················张时荣
他从山中来·······················石　荔

短篇小说
摔琴···························俞　律
最后的"纪录"······················章贵生
起点站··························傅宁军
惆怅（二题）·······················杜　帆
周末的晚上·······················王晓伊

讽刺小说
精神文明发生器····················何　协

花溪苗圃
小说两题·························郭　威
读郭威的两篇小说（点评）···············吴　岱

海外漫笔
生活在一个普通美国家庭

——留美学生家书···············（中国香港）华　莎
流动的思絮
——《花溪》《山花》近期小说艺术欣赏谈片····井绪东

袖珍报告文学
伯妈，祝你长寿················（布依族）罗吉万

龙腾虎跃
播种神话的人
——致蔬菜专家李桂莲·················魏吴民
生命不息，追求不止
——致王炳俊同志····················张时荣

花溪荟萃
诗三首··························张　克

黔灵诗会
帝王轶事（二首）·····················叶　笛
诗史二首·························朱　曦
写在乌江两岸
——武警部队生活剪影（二首）·············王贤良
张露萍烈士墓······················漆春生
豆腐果奶奶（外一首）··················竹　林
织补姑娘·························胡　定
题李宁在奥运会领奖台上（外一首）··········阮居平
我们的公园省（外一首）················沈在龙
麻辣歌（二首）······················罗绍书
冬天（外一首）······················郭良原

筑城新作漫评
诗，时代的轨迹
——喜读张克同志近作·················寒　星

美术
贵阳市第二次幼儿教玩具
少儿书画、劳作、摄影作品展览作品选登

1986 年第 7 期　刊名:《花溪》
目录

文坛新人
——唐亚平　陈绍陟小辑
我因为爱你而成为女人·················张永龙
诗歌: 微笑拥抱着的痛苦················徐新建
黄果树大瀑布······················陈绍陟
我来征服山·······················唐亚平

短篇小说
一龙一虎一凤·····················李叔德

空中跑道 .... 英 子
棋势 .... 陈金堂
辽阔的原野 .... 曾志明
疯狂的夏天 .... 陈恩裕
舞伴 .... 郭培杰

翻译小说
贝巴树 .... （直布罗陀）E.G.恰普勒著 徐用文译

海外漫笔
异乡客眼中的美国人
——留美学生家书 .... （中国香港）华 莎

诗歌
南方的雨 .... 刘 云
梦里回声 .... 戴 冰

美术
贵阳书画院作品选登
编箩（拓版画） .... 吴家贵

1986 年第 8 期 刊名：《花溪》
目录

作家笔会
——陈继光小辑
地球的一角
——《新浪潮前奏曲》之九 .... 陈继光
时代生活的前奏曲
——读陈继光《新浪潮前奏曲》 .... 夏锦乾
收获频问播种时 .... 漆启泰

短篇小说
花果故事——夫妻轶闻二章 .... （布依族）罗吉万
旷达 .... 邹志安
括苍山的篝火旁 .... 朱幼棣
弓村记事（三篇） .... 李长廷
妈妈，给你硬币 .... 虹 雷
男女之间 .... 邓江华

袖珍小说
锁 .... 杨道松
无题 .... 鄂 子

翻译小说
天堂的误会
.... ［印度］罗宾德拉纳特·泰戈尔 杨通荣译
按钮，按钮 .... ［美］里查德·马西森 李乐东译

散文
姚茫父的笺谱
——黄裳又跋茫父山水笺 .... 姜德明

花溪荟萃
立体（组诗） .... 李 钢

雏凤新声
蔚蓝色的云（二首） .... 周开迅

橄榄集
老人与山（外一首） .... 王建平
男大学生 .... 梁正乾
煤的故乡（组诗） .... 袁贵远
雨季来临 .... 薛成林

作家访问记
在厄运中立起来的强者
——柳溪印象记 .... 关登瀛

文学新论坛
兼收并蓄，为我所用
——略读几篇小说的新手法 .... 王鸿儒

美术
贵阳市美协首届评奖美术作品选登

1986 年第 9 期 刊名：《花溪》
目录

作家笔会
——何士光小辑
雨霖霖 .... 何士光
点滴的"畅想" .... 何士光
无尽的岁月 .... 戈 梅

报告文学
大漠里的汉子们 .... 罗来勇
魂系拳台 .... 穆倍贤

短篇小说
死无对证 .... 赵剑平
春天的横断面 .... 姜丽娟
小巷的雕塑 .... 肖克凡
烦恼 .... 袁政谦
山谷里的风 .... 李新华
小镇上，那八月的太阳 .... （苗族）龙 潜
碑 .... 杜永红

散文

南方的窗 ················ 祖　平

海上飘来的小镇 ············ 丁　凡

花溪荟萃

土色鸟（外二首）·········· 杨　迪

生活的旋律

匆匆行色 ················ 蓝　疆

茶品 ··················· 卢　俊

橄榄集

河石子（外一首）·········· 夏新辉

被遗忘的少女 ············· 陈荣强

牧人的妻子 ·············· 李岂林

旧体诗词

春茗词（四首）············ 陈恒安

文学新论坛

批评思维的分蘖 ··········· 罗强烈

选择与发现 ·············· 施　楠

敬告作者

美术

陈恒安先生遗作选载

版画新作 ················ 刘隆基

1986 年第 10 期　刊名：《花溪》
目录

作家笔会

——华莎小辑

美国式的喜怒哀乐

——留美学生家书 ······ （中国香港）华　莎

烙印——评华莎的三部游记 ······· 伊　星

丹青难写是精神 ············ 余未人

短篇小说

火马 ·················· 陈茂荣

老房 ············ （布依族）蒙　萌

巨人 ·················· 赵剑平

长长的路上有支歌 ·········· 石　荔

在踏浪沙龙 ·············· 英　子

在遥远山村 ·············· 英　子

编后

敬告作者

美术

版纳春（国画）············ 杜　鸣

1986 年第 11 期　刊名：《花溪》
目录

作家笔会

——伍略小辑

热风 ············ （苗族）伍　略

天真汉 ················· 李起超

关于伍略小说的对话 ········· 张　灯

报告文学

"川军"入黔 ············· 徐新建

短篇小说

铃儿响叮当 ·············· 晋其炎

远游 ·················· 王亚平

鸟笼 ·················· 鄻远征

厚土 ·················· 公　夫

延伸在街头的历史 ·········· 何筑光

岩务的"星期六"······ （苗族）吴恩泽

袖珍小说

专家 ·················· 南　召

宝物 ·················· 李正清

散文

难忘的一席谈

——纪念著名作家蹇先艾同志从事文学活动六十周年

·············· （侗族）刘荣敏

手之悟 ················· 谭亚新

盘江初渡 ················ 罗　笑

花溪荟萃

黄昏的故事（外二首）········ 李发模

雏凤新声

雨后（三首）············· 珂　皓

生活的旋律

童年的沙滩 ·············· 刘永书

月蚀 ·················· 宋兴宇

橄榄集

梦 ··················· 杨胜辉

夜的眼 ················· 戴　冰

岁月之塔 ················ 滕　萍

小屋 .... 杜永红

高原回声
高原短笛（组诗）................ 张显华
鹰之魂（外一首）................ 程显谟

寓言
蔷薇·山泉·河水 .... 叶万昌

美术
高马得戏曲人物画作品选登
春江水暖（国画）................ 黎培基

错误（外一首）................ 姚 晖
也许（二首）.................... 董 重

评论
晋其炎的文学生涯
百炼钢化作绕指桑
——再谈方小石先生花鸟画 .... 鲁 风

美术
资阳市美协首届评奖美术作品选登 ... 陈金麟 周昌平
国画人物 .... 陈永源
竹（国画）...................... 方小石

1986 年第 12 期　刊名:《花溪》
目录

作家笔会
——张石山小辑
九女丛台坟
——仇犹遗风录 .... 张石山
张石山创作印象 .... 何志云
石山·山石　过去·现在
——记青年作家张石山 .... 黄 尧

短篇小说
兵家事 .... 毛志成
我和我 .... 张 笠
江湖岁月 .... 冯雪男
送葬 .... 李晋西
麻边 .... 张廷涛
单身汉轶事 .... 杨道松

花溪苗圃
不和谐蒙太奇 .... 缪 翔
视角艺术小析 .... 张建建

讽刺小说
神奇的红色风湿膏 .... 卢朝阳

花溪荟萃
月光絮语 .... 唐跃生

生活的旋律
我的儿子（组诗五首）.......... 陈明媚
爱情和死亡的协奏曲（四首）.... 黄 文

橄榄集
梅雨江南 .... 李 勇

1987 年第 1 期　刊名:《花溪》
目录

文坛新人
——罗吉万小辑
菌子王
——山乡诸"王"之三 .... （布依族）罗吉万
命运的抉择者
——罗吉万小传 .... 晓 伊 捷 飞

短篇小说
启明星 .... 刘国红
小嘴巴、瘦脸和大手 .... 廖国松
杂树（小说两篇）.............. 陈应松
翡翠戒指 .... 黄 灿
弃园——《北方田园诗》之六 .... 王 松
毛肚火锅 .... 江忠平
秘密 .... 俞 律

"现代意识与文学"十二谈
现代意识对文学的特殊重要意义 .. 张 韧

贵州山水
打鸡洞畅想曲 .... 张 克

作家访问记
沙汀同志谈话散记 .... 沈太慧

橄榄集
老树和小树（外一首）.......... 王世亚
一切都只有一次 .... 汪 涌
秋 .... 岳德彬
手语（外一首）................ 沙 鸥
有约 .... 刁永泉
童贞岛 .... 戴才芳

美丽而忧伤的战争 ……………………… 孙昕晨
秋色（二首） …………………………… 周　琪
青春奏鸣 ………………………………… 龙　俊

雏凤新声
升起你的风帆 …………………………… 程　键
青春的秘密 ……………………………… 洋　洁
石阶 ……………………………………… 无　澜
在黄昏 …………………………………… 官　蕾
点评 ……………………………………… 黄子昂

翻译诗
安娜·阿赫玛托娃诗选 ………………… 荀红军译

散文诗卷
大陆 ……………………………………… 徐成淼
初阳·我们 ……………………………… 琇　石

旧体诗
江上望庐山 ……………………………… 荒　芜

美术
国画山水两幅 …………………………… 杨长槐
国画人物 ………………………………… 宋剑锋
山气（纸板画）
——全国九届版画展优秀作品 ………… 董克俊
篆刻作品选 ……………………………… 沈　涛

1987 年第 2 期　刊名:《花溪》
目录

作家笔会
——毛志成小辑
界（中篇小说） ………………………… 毛志成
沉淀了的沸扬
——介绍毛志成和他的作品 …… 庄之明　刘希亮
一日印象——毛志成侧记 ……………… 傅珊珊

短篇小说
第三梯队 ………………………………… 余伟时
野猪涧的攀山人 ………………………… 石　林
我登上了长城 …………………………… 黄晓昱
我也没跳过华尔兹 ……………………… 龚光融
补考 ……………………………………… 曾达敏

袖珍小说
第四堵墙的消除 ………………………… 孙徐春
关于结婚 ………………………………… 熊洪斌

散文
昨晚，我梦见了你…… …………………… 周　琪

海外漫笔
湄南河和芭堤雅的夜晚 ………………… 巴　迅

"现代意识与文学"十二谈②
主体意识的张扬 ………………………… 张　韧

透明的轻音乐
透明的轻音乐（三首） ………………… 叶　笛
少女的星星园 …………………………… 胡　鸿
迷离 ……………………………………… 沈在龙
未经许诺的吻 …………………………… 洋　洁
秋雨 ……………………………………… 汪　涌
小夜曲 …………………………………… 石佳昱
童年的纺车（二首） …………………… 张　伟
告风 ……………………………………… 陈小繁
别 ………………………………………… 周继才
期待 …………………………（仡佬族）赵伯鸿
太阳风 …………………………………… 张大铸

橄榄集
崂山诗旅（二首） ……………………… 徐慎贵
礁石与海潮 ……………………………… 管用和
夜之歌 …………………………………… 何正华
清晰 ……………………………………… 林双国
狗与鹰的启示 …………………………… 荀新馨
临街的窗 ………………………………… 孙昕晨
踏青曲 …………………………………… 祝　光
卵石 ……………………………………… 深　浅
盼 ………………………………………… 李　勇

歌词
袅娜少女——甲秀楼 …………………… 肖树文
诗歌创作谈⑳
生活·美·诗——读诗随想 …………… 白　航

美术
蜡染作品 ………………………… 陈宁康　傅木兰
国画作品 ………………………………… 张润生
桥（第九届全国版画展获奖作品选） … 曹琼德

1987 年第 3 期　刊名:《花溪》
目录

纪实文学
带血腥味的街头闹剧 …………………… 李起超

文坛新人
——李静小辑
童身（小说）——————————————李　静
性心理的严肃探索者
——论李静的小说创作——————————李叔德
巴山来的李静——————————————孙少山

短篇小说
雾峡————————————————————赵剑平
竹韵————————————————————陈应松
瓮中————————————————————佳　云
养伤的日子——————————————————张　征
潘兄————————————————————熊洪斌

翻译小说
伊·拉克莎短篇小说两篇————————粟周熊译

"现代意识与文学"十二谈③
流贯文学十年的反思意识————————张　韧

筑城新作漫评
追寻艺术的自觉
——读伍略新作《热风》随想录————井绪东

我与诗
我选择了诗——————————————————木　斧

彩虹集
大山凝眸（外一首）————————————张子原
周末舞会——————————————————蔡　葵
我悔————————————————————石　坚

试验诗苑
乡村风格四步——————————————开　愚
丢了头颅——————————————————李发模

旧体诗词
新疆行词抄——————————————————赵西林

美术
杨国勋遗作选
雕塑作品——————————————————嵇信群

1987 年第 4 期　刊名:《花溪》
目录

纪实文学
我们的"比基尼"（报告文学）————————何光渝
巴黎通讯（海外漫笔）——————（中国香港）华　莎

作家笔会
——雨时、如月小辑
不要全留给黑匣子（小说）——————雨　时　如　月
不是一组笔名
——记中年夫妻作家雨时、如月——————舒信波
对人生的思索与解剖
——雨时、如月小说创作管窥——————吴松亭

短篇小说
雪原之夜——————————————————吉友权
司机和他的两个助手——————————————罗　雀
鱼钓人——————————————————毛之侠
夏天————————————————————周晓琳
远离村舍的男女——————————————蒋金彦

翻译小说
圣地的女人——————————[日本]夏崛正元　曾祥禄译

橄榄集
断章（外一首）——————————————陈浩记
野外喷水池——————————————————冉东英
插秧————————————————————达　丹
这里————————————————————黄泰平
姚辉其人——————————————————姚　辉

散文诗卷
我的言他的歌（四章）————————————李　耕

麻辣集
耳朵过敏症（外一首）————————————陈显荣
婚前"检查"——————————————————罗绍书

"现代意识与文学"十二谈④
潜流的忧患与涅槃的互补意识————————张　韧
油画肖像——————————————————饶湘平
黔东南州美术作品选登

1987 年第 5 期　刊名:《花溪》
目录

作家笔会
——孙少山小辑
大肚川（纪实小说）————————————孙少山
孙少山的小说世界——————————————华　铭
孙少山其人——————————————————傅　星

纪实文学
我去深圳——————————————————徐新建

离婚记························黄家刚

"现代意识与文学"十二谈⑤
纪实——小说审美的新潮·············张 韧

短篇小说
这车,不算晚点······游孟宪
想飞的鸽子·················罗 逸
不朽的眷恋·················包 川
失去的五月·················费 力
秋日·····················牛俊才

袖珍小说
蓝眼睛····················朱 亮
一瞬间····················安文新
失踪的楼房·················蛐 蛐
北京时间··················胡晨钟

生活的旋律
故乡(三首)···············程显谟
红帆·····················梅绍静
谒岳王庙(外一首)············黄邦君
失去的小河·················陈荣强

橄榄集
纪念碑散章·················徐 冰
晶莹的空白(二首)············曾雁平
十六岁的斗室···············唐高翔
故乡山····················傅卫鸿
情在远方(二首)············谢先云
渴望·····················冉长青
盛开的白帆·················戴 冰
枣红的记忆·················李 江

文艺随笔
艺术直觉与创作··············汤国铣

美术
山寨(版画) 春牛图(版画)·······刘建国
秋音(版画)················石道德
油画新作三幅···············黄 键

1987 年第 6 期 刊名:《花溪》
目录

作家笔会
——赵丽宏小辑
汔畔·····················赵丽宏

陌生的与熟悉的
——《汔畔》引起的美学思考········刘绪源
我所结识的赵丽宏·············宋 琳

短篇小说
我不是你··················冰 岛
宝宝·····················贺晓彤
桩头·····················廖国松
地主·····················邹月照
白雪消融悄无声··············路叶英
河边··················(苗族)李再春

"现代意识与文学"十二谈⑥
现代城市意识的失落与寻求········张 韧

彩虹集
星火计划等八首··············欧阳俊
马 迅 王佳翔 余 洁 张显华

橄榄集
虎啸等十三首···········胥忠国 孙 黔
官 蕾 李泽华 张 克 鲁 萍 周 琪 陈继光

散文诗
小溪的故事等四首·············朱一鸣
初恋(二章)···············唐少华

中学生诗章
心的明镜等三首·······秦 瑾 蔡 文 陶雪迎

神州处处
孔林秋飔··················柳 嘉

作家访问记
春天的呼唤者,执着的追求者
——记作家李国文············沈太慧

美术
油画作品···············李惠昂 张 旭
章治华,陈启基现代艺术作品选登

1987 年第 7 期 刊名:《花溪》
目录

作家笔会
——榴红小辑
我就是那匹母马···············榴 红
乡土气息与幽默色调

——榴红小说的艺术追求·····················陈朝红
榴红印象·······································孙静轩

短篇小说
迟来的客人·····································孙建成
初雪···石　荔
情感对位·······································佳　云
黑蝶祭···崔晓勇
温柔的春夜·····································王安林

翻译小说
请你轻声点好吗?
··········[美]莱蒙特·卡尔威著　江光伦译

"现代意识与文学"十二谈⑦
时代的变革与道德的困惑·····················张　韧

生活的旋律
上班了,我和太阳等六首···金　哲　王欣敏　胡　杰

橄榄集
纸皇冠等五首·············张思荣　杨兴昌　谢以佐

自然与生命
生灵等五首·······陈绍陟　殷　吟　曾居一　薛成林

海外漫笔
玄奘到过的地方·······························宋立道

美术
章治华、陈启基现代艺术作品选登
水粉画作品·····································周　矩

1987 年第 8 期　刊名:《花溪》
目录

作家笔会
——邹志安小辑
自强(小说)·································邹志安
黄河远上白云间
——读《自强》·····························李德于
邹志安琐记·····································刘乃奇

边关风采
——云南边防部队作品专辑
死谷(中篇小说)·····························彭民希
金砖(短篇小说)·····························尹瑞伟
天边的林海(短篇小说)·····················欧之德

狼泉(短篇小说)·····························陈正才
边地(短篇小说)·····························韩可风
者阴山之魂(纪实文学)·····················杨树芳

"现代意识与文学"十二谈⑧
文化的层次、属性与现代文化意识·············张　韧

生活的旋律
阿子果,一个彝族姑娘的名字等两首
··杨　迪　叶敏捷

怪味豆
老鼠与小偷(外二首)·························姜建国

美术
四省市电影宣传画展
贵阳地区获奖作品选登

1987 年第 9 期　刊名:《花溪》
目录

作家笔会
——李叔德小辑
棒打不散(小说)·····························李叔德
李叔德小说略论·······························广　林
他坦率地表现着自己
——李叔德印象·····························王　蓬

纪实文学
考场即景(中篇纪实小说)···················英　子
农夫之死(报告文学)
——一个在真实事件与杜撰故事间徘徊的幽灵
··李起超

短篇小说
西去无车路·····································赵范奇
野猪涧的老骆驼·······························石　林
逝川···陈文明
一座山讲的故事·······························汝荣兴

袖珍小说
爱情故事·······································闻　禾

翻译小说
有老虎便会有狮子··········[泰国]楚兰达　栾文华译

海外漫笔
甘乍娜印象·····································廖公弦

轻轻地说
在那黄昏有等四首————————李 勇
黄健勇 付卫鸿 陈 波

橄榄集
秋鹕等四首——————杨 迪 李大文 郭为民 沈再龙

"现代意识与文学"十二谈⑨
变革意识：时代与文学的精灵—————张 韧

艺苑漫步
吴晓平和他的摄影——————————李宽定

美术
贵阳书画院院展作品选登
吴晓平摄影作品选登
刘隆基、闵如刚版画作品选登

1987 年第 10 期　刊名:《花溪》
目录

作家笔会
——陈村小辑
老宅（小说）——————————陈 村
生生死死的困惑
——谈陈村小说———————————吴 裴
老友陈村————————————————黄 石

短篇小说
江水作证——————————————黄晓昱
太阳没有性别————————————费 力
同学————————————————孙建成
古某其人——————————————李 蔚
灰屋————————————————游孟宪

讽刺小说
喷嚏的故事————————————牟 强

报告文学
回甜的苦酒————————————陈义忠
拳拳之心——————————————田闻一

"现代意识与文学"十二谈⑩
急遽嬗变的价值意识————————张 韧

散文
无意的一句————————————谭亚新
荞花————————————————陈月枢

鸟趣————————————————罗 笑

诗歌
夏天就要过去（组诗）————————西 篱
望瀑布——————————————郑 南
威宁——————————————陈佩云

美术
水彩画两幅————————————李 杏
动物自嘲——————————罗马文 刘雍图
插瓶中的奇观（油画）————————龚家璜

1987 年第 11 期　刊名:《花溪》
目录

文坛新人
——和国正小辑
烂品（小说）————————————和国正
和国正市井小说概评————————黄祖康
和胖轶事——————————————廖国松

长篇小说
孤独的小公主————————————余未人
梅沙隆兵变————————————罗大胜

短篇小说
石门渡——————————————汤保华
找不到名字的故事—————————袁政谦
异兆————————————————李兴志
在舞厅——————————————何筑光
夕照————————————————孟昭恺
通向月亮的梯子————————————西 篱

"现代意识与文学"十二谈⑪
现代小说文体意识的复苏—————张 韧

美术
雨荷翠鸟（国画）————————刘定一
林楠画展作品选登

1987 年第 12 期　刊名:《花溪》
目录

作家笔会
——雨煤小辑
墙外（中篇小说）————————雨 煤
走向自觉的"人学"意识

——雨煤小说纵论 …………………………… 王鸿儒
雨中煤 ……………………………………… 何光渝

短篇小说
恼人的岁月 ………………………（布依族）邓全中
牙齿 ………………………………………… 廖国松
父亲和女儿的故事 ………………………… 朱一鸣
凶手 ………………………………………… 李乔亚

报告文学
看，这家个体户
——"喜迎春"印象 ………………………… 彭钟岷

"现代意识与文学"十二谈⑫
这是寻找与确立自己哲学意识的时代 ……… 张 韧

雏凤新声
给他（六首）……………… 王国宏 丽 蓉 王 冰
钟时菊 杨朝东

橄榄集
墙（二首）………………………… 魏红声 王建平

文艺漫话
《九疑烟尘》的结构语言
——兼谈历史小说叙述观念的变化 ……… 张建建
一九八七年总目录
百家期刊联名启事

美术
花溪月刊小说插图选 ……………… 马荣华 宋剑锋
张正刚 陈筑培 杨笑明 徐学廉 李惠昂 谌宏徽
壁挂艺术 ………………… 马正荣 裴学度 张代航

1988 年第 1 期　刊名：《花溪》
目录

作家笔会
——李宽定小辑
女大学生（长篇小说）……………………… 李宽定
爱情、婚姻、家庭和女人
——关于《女大学生》题外话 …………… 李宽定

海外漫笔
旅美散记（一）…………………………… 丁廷模

短篇小说
S 的故事 …………………………………… 宋 伟

花溪苗圃
殒星（小说）……………………………… 杨树枫
未发光的殒星（点评）…………………… 华 奚

翻译小说
奇妙的威胁 ………………[日]三好彻著　陈喜儒译

文学编辑致习作者十二谈①
什么样人才有可能成为作家 ……………… 崔道怡

美术
美术作品两幅 …………………………… 成肖玉
山路（版画）……………………………… 滕维平
雨过（国画）……………………………… 何承爵
水粉画习作 ……………………………… 盛荣光
目录篆刻 ………………………………… 斋 之

1988 年第 2 期　刊名：《花溪》
目录

作家笔会
——彭荆风小辑
豆腐 ……………………………………… 彭荆风
豆腐的随想 ……………………………… 张 焜
命运的战车
——记作家彭荆风 ……………………… 丁小平

纪实文学
云贵高原的难忘往事
——记陈校长 …………………（中国香港）华 莎
在神秘的茅台 …………………………… 何士光

短篇小说
"盖儿，思努" …………………………… 吴秦业
朱红色的大叉 …………………………… 尹光中
这里有泉水 ……………………………… 王 安
贯城河诳语 ……………………………… 何光渝
雾 ………………………………………… 邓全中

散文
笙歌寄情怀 ……………………………… 杨明渊

诗歌
花溪荟萃（五首）………………………… 开 愚
橄榄集（十三首）………………… 叶 笛 黄 冰
叶 茅 达 丹 袁贵远 珂 皓 李泽华 郭 廓
令狐昌琪
生活的旋律（四首）……………… 汪 涌 朱吉成
探索之路（四首）………………… 骆耕野 属 阳

文学编辑致习作者十二谈②
怎样把生活变为小说 ················· 崔道怡
痛悼钟华 ························· 张　灯

美术
爸爸妈妈和我（摄影小说） ··········· 李庭明
唐人诗意（国画） ················· 陈永原

1988 年第 3 期　刊名:《花溪》
目录

文坛新人
——汤保华小辑
男子汉们 ······················· 汤保华
人性与自然的追索者
——汤保华印象 ················· 李双璧
魂兮，归来 ····················· 袁　远

海外漫笔
旅美散记 ······················· 丁廷模

短篇小说
门前树上鸟 ····················· 梁国赋
豪放派火锅 ····················· 智　民
小城记事 ······················· 吴厚炎
苏醒的旷野 ····················· 朱幼棣
坐堂 ··························· 巴　迅

花溪苗圃
黄月亮（小说） ················· 罗福强
《黄月亮》析评 ················· 建　建

翻译小说
一个女人的尊严 ········· ［泰国］蓓西·潘西丽著
明承荣译　郭久麟校

诗歌
花溪荟萃（十首） ····· 伊　甸　刘宗扬　赵秀杰
高原风景线（三首） ··············· 欧阳俊
橄榄集（十三首） ········· 李发模　梁正乾
沈天鸿　冷　月　陈金平　杨培勇　秦　瑾　陈燕妮
袁　昆　孙　侃
雏凤新声 ················· 殷　符　赵莲红
A 弦上的歌 ····················· 赵伯鸿

散文
浪漫的湘西 ····················· 罗强烈

文学编辑致习作者十二谈③
语言——作家的基本功 ············· 崔道怡

读者来信
关于小说《西去无车路》 ··········· 夏文琦

美术
油画肖像 ······················· 赵　虹

1988 年第 4 期　刊名:《花溪》
目录

作家笔会
——嵇伟小辑
叠影（小说） ··················· 嵇　伟
嵇伟的情感世界 ················· 魏　威
只言片语话嵇伟 ················· 江　迅

"中国潮"报告文学征文
神秘岛 ························· 徐新建
海南，1987 ····················· 王念玉

短篇小说
无奇——小城人物 ··············· 凌　宁
山林语 ························· 邹　镇
白山·黑洞——人生场景二题 ······· 李霁宇

诗歌
透明的轻音乐（八首） ······· 胡天风　王中朝
陈金平　周开迅　陈明媚
橄榄集（十五首） ··········· 郭良原　洋　洁
张金烈　邓建明　刘鸿伏　沈天鸿　沈在龙　李乃华
曾赤鸣　白　夫　陈　亮　刘奇伟
咏黄果树瀑布（旧体诗） ··········· 肖树文
麻辣集（三首） ················· 陈显荣

文学编辑致习作者十二谈④
细节——艺术的试金石 ············· 崔道怡

美术
版画作品 ······················· 王　平
书法篆刻作品 ············· 于　虹　倪祖林
夏　刚　熊大刚　申　静　崔李平
油画作品 ······· 王　肖　马　骏　李德明　张忠华

1988 年第 5 期　刊名:《花溪》
目录

文坛新人
——苗月小辑
绕地球一周（小说）·································· 苗　月
深入同代人的内心世界
——琐谈苗月的几篇小说（评论）·········· 梁　木
一个不安分的精灵（特写）···················· 余未人

纪实文学
北京演员·· 王　鹏
露天赌场素描·· 禾　木

短篇小说
快乐的风······························ （中国香港）华　莎
晚安，"的士"小姐································· 宋树根
牛王·· 何　适
女人的梦··· 廖家云
嚣声·· 辛　予
假面舞会··· 王泽群
小岛大兵··· 李建国

散文
接兵·· 高洪波

诗歌
花溪荟萃（三首）·································· 裘小龙
横竿集（十一首）············· 王建渐　曾雁平　周　琪
商子秦　郭良原　黄邦君
橄榄集（八首）···· 李乃华　邹礼凤　李培华　刘　镇
散文诗（三章）···································· 张　克

文学编辑致习作者十二谈⑤
思想
——作品的生命线······························· 崔道怡
读者来信······························ 郭明全　米心至

美术
水彩画作品选登···································· 田宇高
油画作品······························ 陈晓光　郭达平
国画作品······························ 方　坤　罗道全
小说插画··· 李惠昂

1988 年第 6 期　刊名:《花溪》
目录

作家笔会
——张昆华小辑
窗外飘起阴冷的小雨······························ 张昆华
情的结晶　美的颂歌
——张昆华近作漫评····························· 杨振昆
他在不断地追求···································· 杨明渊

短篇小说
蝗灾·· 张　征
世界大海滩（纪实小说）························· 陈金堂
未归军魂（纪实小说）··························· 刘醒龙
盛夏的沙滩······························ （苗族）刘　萧
老矸子山的黄昏···································· 胡　彬

报告文学
来自地质战线的报告（"中国潮"征文）······ 顾汶光

诗歌
花溪荟萃（四首）·································· 李亚伟
访泰诗抄（四首）·································· 廖公弦
飞向童心的歌（五首）················· 黄亚洲　陈　杰
雏凤新声（四首）
　　　　　　谢以佐　季　风　任泽琼　龙　俊
橄榄集（二首）····························· 石头　深浅

文学编辑致习作者十二谈⑥
感情——创作的原动力···························· 崔道怡

美术
少年书画选登

1988 年第 7 期　刊名:《花溪》
目录

作家笔会
——李起超小辑
悲怆辉煌的旋律···································· 李起超
起超兄无恙··· 何士光
在历史与现实的交汇点上展示人生
——李起超报告文学简论························· 艾筑生

短篇小说
执照·· 王鹏搏
祝你幸福··· 丁小莉

城中岗 ································· 傅小渝

关于后娘 ····························· 梁国赋

古歌 ································· 郑一帆

袖珍小说

故里拾趣（五则）····················· 熊洪斌

报告文学

梦回酒醒古州行 ······················ 徐新建

散文

鸟从山中飞来 ························· 戴明贤

夏天的日历 ··························· 罗强烈

诗歌

春之光（五首）···雨 慈 苏韶芬 洪 波 杨 坤

生活的旋律（十首）·············· 梅 蓊 周嘉堤

蔡 葵 王贤良

橄榄集（九首）················ 石 头 王世亚

陈 村 庞 烬 官 蕾

散文诗（八章）···张 克 朱一鸣 程显谟 知 会

文学编辑致习作者十二谈⑦

人物——小说的主体 ·················· 崔道怡

美术

战友（省"时代风采"美展作品）···李慧昂 黄 伟

李慧勇 熊 勇 潘 严

对手（摄影小说）····················· 李庭明

1988 年第 8 期　刊名:《花溪》
目录

李乔亚小辑

黑棺（小说）························· 李乔亚

邈然七曜山，美哉三峡人

——李乔亚小说漫评 ················ 程地宇

人生非梦（特写）········· 徐志茂 杨志权 木 川

"中国潮"报告文学征文

荆棘黄金路

——献给贵州的黄金地质工作者们·········· 何光渝

浪潮在山谷里交碰——鲁布革启示录········· 卢惠龙

教徒·疯子·改革者 ················· 向义光

散文游记

奥国游踪（一）······················ 戴明贤

探索台湾最神秘的地方——兰屿····（中国香港）华 莎

文学编辑致习作者十二谈⑧

性格——人物的标记 ·················· 崔道怡

美术

剪纸新作··········陈丁生 冯志秀 王少风 蒋世煜

郑维光京剧脸谱绘制艺术

1988 年第 9 期　刊名:《花溪》
目录

肖克凡小辑

黑匣——无法证明的故事 ················ 肖克凡

他走进了自己的部落 ·················· 蒋子龙

黑砂里走出来的作家 ·················· 鲍光满

短篇小说

菰笋 ······························ 孙建成

太极图漩涡 ·························· 杜永红

蔡姑娘 ····························· 王建平

记忆之墓 ···························· 张昆华

犯山 ······························ 吴恩泽

灵灯 ······························ 罗 漠

翻译小说

异国海滩··········[美]詹姆斯·索尔特著 甄春亮译

散文

音乐金字塔·美术万花筒

——奥国游踪之二 ················· 戴明贤

黄山观日出 ·························· 岑应奎

诗歌

女作家之页（十一首）············· 西 篱 杨依群

邹礼凤 龙超云 周 琪 陈明媚

寄自金秋（七首）·········· 姜 桦 杨 迪 黄 胜

陈东风 李枝能

生活的旋律（五首）················ 竹 天 王国俊

王浦安 廖涛声

讽刺诗（一首）······················ 罗 马

文学编辑致习作者十二谈⑨

故事——小说的支架 ·················· 崔道怡

美术

董克俊版画艺术展作品选

省"时代风采"美展作品选 ··············· 廖志惠

杨守生 尹光中 颜 冰

1988 年第 10 期　刊名:《花溪》
目录

李霁宇小辑
生生死死（小说）──────────李霁宇
更上层楼（评论）
　　──李霁宇作品读后──────李国文
霁宇印象（特写）──────────邓　贤

短篇小说
叫魂───────────────赵范奇
小城故事（二题）───────────石　定
窑神───────────────周百义
生命之光──────────────陈　军
高处不胜寒─────────────毛志成

花溪苗圃
包裹（小说）────────────张川西
《包裹》读后（作品小析）───────一　宇

散文
谁的月亮及其他──奥国游踪之三───戴明贤

诗歌
橄榄集（八首）───汪　涌　唐亚平　晴　雪　薛成林
生活的旋律（四首）────冉　旗　王　伟　宋兴宇
散文诗（五章）──────────张　克

文学编辑致习作者十二谈⑩
情节──性格的轨迹──────────崔道怡
纪实散文"金壶奖"征文启事

美术
油画作品──────────饶湘平　曾希圣
雕塑作品选──────────刘　雍　田世信
刘万琪　曹志勇　李伟胜

1988 年第 11 期　刊名:《花溪》
目录

王安小辑
小河潺潺（小说）───────────王　安
坦诚地面对生活（评论）───────黄祖康
王安印象剪辑（特写）───────伍　略

短篇小说
碎月───────────────罗来勇

日全食───────────────杜诗筠
空旋───────────────黄烈燕
那人·那牛─────────────赖　榆
斑鸠───────────────游梦宪
纪念品──────────────熊洪斌
黄猫───────────────禄炳宪
浓云里的太阳────────────胡跃平
六月夜晚的行动───────────王安林

散文
狂欢节及其他──奥国游踪之四────戴明贤

诗歌
爱之泉（十二首）──────────寒　星
蒋维扬　张显华　潘大华
生命的张力（十二首）─────────叶延滨
黄邦君　龙　英　潘洗尘

文学编辑致习作者十二谈⑪
结构──美的造型──────────崔道怡

美术
马蒂斯剪纸作品
秦元魁油画作品
省"时代风采"美展作品选

1988 年第 12 期　刊名:《花溪》
目录

张永龙小辑
只有今宵夜最长（小说）───────张永龙
高楼丛林中的漂泊者（评论）──────黄祖康
烟瘾（特写）────────────余未人

短篇小说
得儿───────────────袁政谦
红月亮──────────────（苗族）罗　漠
麝香───────────────廖国松
龙塘黑脚俏─────────────（侗族）刘荣敏
古桥───────────────汤保华

长篇选载
死角里的骚动───────────（侗族）袁仁琮

散文
雪城穆瑙
　　──奥国游踪之五─────────戴明贤

诗歌
不绝的蓝色调（十首）·········（回族）达 丹 彭 玲
白 薇 汪 翔 陈姜恩 余达忠 王国俊
G弦上的咏叹调（七首）·········孙万莉 杨依群
林 林 王尧礼 邹礼凤

文学编辑致习作者十二谈⑫
意境——美的神韵·······················崔道怡

评论
雅气、拙味、天机·······················吴季子
《花溪》1988年总目录

美术
陈秋白、陆远明原木艺术
全国青少年书法篆刻第二届神龙

1989 年第 1 期 刊名：《花溪》
目录

新年寄语
楼耀福　殷慧芬小辑
孽种（小说）·······················殷慧芬 楼耀福
突破：孕育在跋涉途中（评论）
——致殷慧芬、楼耀福夫妇·············戴 达
这玩命的小两口儿（特写）
——殷慧芬、楼耀福印象·············张文中

短篇小说
女殇·······························陈茂荣
男女二重奏·························俞 律
孵蛋·······························和国正
画痴·······························吕舒怀

散文
剪不断的乡愁——我的大陆行·············琼 瑶

诗歌
花溪荟萃
贵州师大"天马杯"获奖作品选·············开 愚
陈 天 唐 劫 刘海麟 刘太华 王仕学
橄榄集·······························李 峻 鲁 萍
曲 近 冉云飞 知 会 深 浅

报告文学
艰难的脚印
——记安顺市包装厂厂长曾庆华·············泽 鸿
顺 琼 青 明

名家致习作者十二谈①
路就在我们脚下——小说漫谈·············彭荆风

我与诗
诗之沉思·······························白 航

读稿趣谈
去后谈编·······························黄家刚

美术
外国插图名作选刊

1989 年第 2 期 刊名：《花溪》
目录

傅天琳小辑
小诗（六首）·······················傅天琳
这就是她，只能是她
——读《傅天琳自选诗集》·············余薇野

报告文学
川军：得胜回朝
——长篇报告文学《五十万"川军"下贵州》的一章
·······························彭钟岷

小说
醉秋——假面人生片断·················李 静
快乐的晚餐·························巴 迅
祖坟·······························郑正强
叶儿·······························湘 女
难得受罚·························林荣芝
舟舟·······························周 琪

翻译小说
路遇·············[美]理查德·鲍希 江光伦译

散文
我们的高原·························罗强烈
仙人球·······························袁宪秋
国内旅行志异·····················（中国香港）华 莎

诗歌
橄榄集（八首）···赵历法 程显谟 黄邦君 郭良原
旧体诗（两首）·····················李冀峰

名家致习作者十二谈②
商品和精品
——小说漫谈·······················彭荆风

筑城新作漫评
笙鼓壮春潮
——读赵西林《笙鸣鼓和集》········阳海洲 李放眉

美术
情（版画）·······················吴家华
花鸟（国画）·····················刘定一
野集（版画）·····················韦正彬

1989 年第 3 期　刊名:《花溪》
目录

中篇小说
海滨风景前的聚会·················杜诗筠

短篇小说
血岭·························张宗栻
今天没有太阳····················石 荔
人生旅途·······················刚劲韧
山鹰·························西 篱
打赌·························裴建平
努尔·························杨道松

翻译小说
小鹰瓦尔拉姆·······[苏联]奥图马诰夫著 粟周熊译

"金壶奖"纪实散文征文
罗漠其人·······················徐成森

散文
黄土地上的骆驼草·················杨树枫

名家致习作者十二谈③
作家是干什么的?·················彭荆风

海外漫笔
莫斯科之夜——访苏散记之十二·········伍 略

美术
贵阳地区美术院校学生作品选刊

王鹏搏印象·····················和近建

短篇小说
宽慰·························赵范奇
绿崖·························刘醒龙
色狼·························王 安
祖婆的仓房·····················赵剑平
七巧梦·······················路叶英
昨夜星光·······················孙建成

袖珍小说
死之谜·······················江芙蓉

翻译小说
草叶上的露珠·······[泰国]楚兰达著 栾文华译

"金壶奖"记实散文征文
悬崖上的山茶花···················张 克

诗歌
橄榄集·······················冉东英
立 人 哑 默 王敬安 沈前祥 张 路 陈 亮
黄极洲 邹礼凤 陆大庆
探索之路················季 风 龙 俊 官 蕾
谢以佐 陈俊龙
旧体诗·······················王萼华

海外漫笔
访波散记——奥尔斯丁，你好·········韦 翰

散文
绿梦·························张顺琼

名家致习作者十二谈④
灯下漫笔（之一）·················何士光

读稿趣谈
处稿趣事·······················陈伊恭

美术
赶场（油画）·····················赵 竹

1989 年第 4 期　刊名:《花溪》
目录

王鹏搏小辑
北京黑户·······················王鹏搏
王鹏搏和他的"北京系列"小说·····金乃千 唐爱梅

1989 年第 5 期　刊名:《花溪》
目录

中篇小说
书王
——山乡诸"王"传奇之六·············罗吉万

短篇小说

没有你的日子里⋯⋯⋯⋯⋯⋯⋯⋯⋯⋯费　力
大槐树下⋯⋯⋯⋯⋯⋯⋯⋯⋯⋯⋯⋯李晋西
丈夫要去莫斯科⋯⋯⋯⋯⋯⋯⋯⋯毛　健
蛇佬⋯⋯⋯⋯⋯⋯⋯⋯⋯⋯⋯⋯⋯何阴克
白梦——假面人生片断之二⋯⋯李　静
真迹⋯⋯⋯⋯⋯⋯⋯⋯⋯⋯⋯⋯⋯熊洪斌
情到深处⋯⋯⋯⋯⋯⋯⋯⋯⋯⋯⋯黄烈燕

散文

故人不见今时月
——水冲沟纪事（"金壶奖"纪实散文征文）
⋯⋯⋯⋯⋯⋯⋯⋯⋯⋯⋯⋯⋯李放眉
家刚，归去来兮（"金壶奖"纪实散文征文）
⋯⋯⋯⋯⋯⋯⋯⋯⋯⋯⋯⋯⋯陈茂荣
命运（"金壶奖"纪实散文征文）李映棠
赤壁瞬间⋯⋯⋯⋯⋯⋯⋯⋯⋯⋯⋯柳　嘉
穿越山海之间——南行散记⋯⋯秋　阳

海外漫笔

波罗的海风情⋯⋯⋯⋯⋯⋯⋯⋯⋯韦　翰

诗歌

侗寨风情（散文诗）⋯⋯⋯⋯⋯⋯村　姑
花溪荟萃⋯⋯⋯⋯⋯⋯⋯叶　笛　李泽华
探索之路⋯⋯⋯⋯⋯⋯⋯王　强　洋　洁
橄榄集⋯⋯⋯⋯⋯张　凯　王尧礼　沈再龙

名家致习作者十二谈⑤

灯下漫笔（之二）⋯⋯⋯⋯⋯⋯⋯何士光

作家来函

给编辑部×同志的一封信⋯⋯⋯彭荆风

美术

摄影作品选登⋯⋯⋯⋯孟　威　杨　扬　诸福生
廖志惠木瓢艺术
徐学廉插图选

1989 年第 6 期　刊名：《花溪》

目录

"金壶奖"纪实散文征文

让美永驻人间⋯⋯⋯⋯⋯⋯⋯⋯⋯顾汶光
圆圈⋯⋯⋯⋯⋯⋯⋯⋯⋯⋯⋯⋯⋯吴厚炎

散文

大雪殇⋯⋯⋯⋯⋯⋯⋯⋯⋯⋯⋯⋯丁建元

蓝棉袄⋯⋯⋯⋯⋯⋯⋯⋯⋯⋯⋯⋯何阴克
老张头（外一章）⋯⋯⋯⋯⋯⋯⋯王尧礼
小桔树⋯⋯⋯⋯⋯⋯⋯⋯⋯⋯⋯⋯李小玲
父亲⋯⋯⋯⋯⋯⋯⋯⋯⋯⋯⋯⋯⋯袁宪秋
三十个三百六十五天⋯⋯⋯⋯⋯唐少华
红叶三枚⋯⋯⋯⋯⋯⋯⋯⋯⋯⋯⋯陈　军
海南梦⋯⋯⋯⋯⋯⋯⋯⋯⋯⋯⋯⋯祖　平
深圳观潮⋯⋯⋯⋯⋯⋯⋯⋯⋯⋯⋯秋　阳

短篇小说

画家的妻子⋯⋯⋯⋯⋯⋯⋯⋯⋯⋯苏叔阳
瓜伯乐沉浮记⋯⋯⋯⋯⋯⋯⋯⋯黄绍环
稀里糊涂梦⋯⋯⋯⋯⋯⋯⋯⋯⋯⋯张　征
有朋自远方来⋯⋯⋯⋯⋯⋯⋯⋯余伟时
鱼坟⋯⋯⋯⋯⋯⋯⋯⋯⋯⋯⋯⋯⋯郑一帆
黑洞⋯⋯⋯⋯⋯⋯⋯⋯⋯⋯⋯⋯⋯陈纪祥

诗歌

橄榄集（十二首）⋯⋯⋯陈东风　陈浩记　王向明
丽　蓉　王鹏翔　冉培松　王建树　欧阳雪梅　龙志敏

海外漫笔

加拿大之行⋯⋯⋯⋯⋯⋯⋯⋯⋯⋯俞渭江

名家致习作者十二谈⑥

灯下漫笔（三）⋯⋯⋯⋯⋯⋯⋯⋯何士光

短评

小戴羽的大书法⋯⋯⋯⋯⋯⋯⋯戴明贤

美术

曹琼德作品
国画⋯⋯⋯⋯⋯⋯⋯⋯⋯⋯⋯⋯⋯杨守森
戴羽墨戏
水粉⋯⋯⋯⋯⋯⋯⋯⋯⋯⋯⋯⋯⋯刘克银

1989 年第 7 期　刊名：《花溪》

目录

报告文学

真幻世界的原色扫描⋯⋯⋯⋯⋯李起超
周琪小辑
痛苦不用模仿（组诗六首）⋯⋯周　琪
心灵的日记（特写）⋯⋯⋯⋯⋯张　克

短篇小说

噪音⋯⋯⋯⋯⋯⋯⋯⋯⋯⋯⋯⋯⋯石　荔
杨贵妃之死⋯⋯⋯⋯⋯⋯⋯⋯⋯王鸿儒

小城故事⋯⋯⋯⋯⋯⋯⋯⋯⋯⋯⋯⋯张凯稜
川军小小⋯⋯⋯⋯⋯⋯⋯⋯⋯⋯⋯伍元新
岁月，像条河⋯⋯⋯⋯⋯⋯⋯⋯⋯黄晓廷

翻译小说
势利眼⋯⋯⋯⋯⋯[美]莫力·卡拉汉著　刘建东译

诗歌
生活的旋律（十二首）⋯⋯⋯⋯廖公弦　马仲星
宋兴宇　欧　骁　李　勇　雷智贵

散文
在七月的延边（"金壶奖"纪实散文征文）⋯⋯丁建元
今昔花江边（"金壶奖"纪实散文征文）⋯⋯侯泽鸿
大白杨哟苇子壕⋯⋯⋯⋯⋯⋯⋯⋯华　东
坎坎⋯⋯⋯⋯⋯⋯⋯⋯⋯⋯⋯⋯李　萍

名家致习作者十二谈⑦
离宫乱弹⋯⋯⋯⋯⋯⋯⋯⋯⋯⋯阎　纲

文学与人生·写作者言之一
逃匿·选择⋯⋯⋯⋯友　问　周　琪　徐新建　张健健

美术
贵州民族学院艺术系学生版画作品选登⋯⋯⋯杨建铭
秦继飞　陆万红　文　迹　龙于辉　张晓斌

1989 年第 8 期　刊名:《花溪》
目录

中篇小说
旱龙⋯⋯⋯⋯⋯⋯⋯⋯⋯⋯⋯⋯廖国松

短篇小说
浅褐色的意向⋯⋯⋯⋯⋯⋯⋯⋯⋯高　波
三角梅⋯⋯⋯⋯⋯⋯⋯⋯⋯⋯⋯巴　迅
回煞⋯⋯⋯⋯⋯⋯⋯⋯⋯⋯⋯⋯张静枫

翻译小说
感伤的罗曼史⋯⋯⋯⋯[苏]阿·雅·卡普列尔著
粟周熊译

散文
寂寞的对话⋯⋯⋯⋯⋯⋯⋯⋯⋯罗强烈
马岭河峡谷拾英⋯⋯⋯⋯⋯⋯⋯李君怡
凡草克顽症（"金壶奖"征文）⋯⋯⋯杨明渊
古城镇远（"金壶奖"征文）⋯⋯⋯潘年英
我服了，夏正社（"金壶奖"征文）⋯⋯伍元新

诗歌小辑
大学生诗叶⋯⋯⋯⋯胡永志　杨胜辉　陈金平
老　石　庄放林　汪　翔　谢以佐　李　峻　谢延强
吴　斌　白　夫　王家洋

雏凤新声
我并没有背对太阳（七首）⋯⋯⋯⋯张　红
少女的梦⋯⋯⋯⋯⋯⋯⋯⋯⋯⋯晓　贝

名家致习作者十二谈⑧
说变⋯⋯⋯⋯⋯⋯⋯⋯⋯⋯⋯⋯阎　纲

文学与人生·写作者言之二
存在的情怀⋯⋯⋯⋯⋯⋯⋯⋯⋯徐新建

美术
曹琼德作品选

1989 年第 9 期　刊名:《花溪》
目录

戴绍康小辑
小说两题⋯⋯⋯⋯⋯⋯⋯⋯⋯⋯戴绍康
传统与现实的凝重思考（评论）⋯⋯⋯王　刚
知情者言（特写）⋯⋯⋯⋯⋯⋯⋯司马赤

短篇小说
猫眼⋯⋯⋯⋯⋯⋯⋯⋯⋯⋯⋯⋯廖时香
山乡人物⋯⋯⋯⋯⋯⋯⋯⋯⋯⋯游孟宪
摹拟法庭⋯⋯⋯⋯⋯⋯⋯⋯⋯⋯伍　略
大脚和他的钢琴⋯⋯⋯⋯⋯⋯⋯李成忠
遗失⋯⋯⋯⋯⋯⋯⋯⋯⋯⋯⋯⋯张川西

散文
乡风二题⋯⋯⋯⋯⋯⋯⋯⋯⋯⋯罗　笑
何炳权和他的足球事业（"金壶杯"征文）⋯⋯龙炘成
金色的梦（"金壶杯"征文）⋯⋯⋯周青明

诗歌
现代音乐（七首）⋯⋯⋯陆大庆　戴　冰　陈　村
四季相思（十一首）⋯⋯黄邦君　王茗桂　喻　健
庄　剑　潘大华　刘　涵
散文诗（六章）⋯⋯⋯董朝阳　康洪伟　林　林

文学与人生写作者言之三
语言与欢乐⋯⋯⋯⋯⋯⋯徐新建　林树明
西　篱　陈绍陟　黄祖康

名家致习作者十二谈⑨
你——文学的追逐者 ················· 阎 纲

文摘
列那尔论文学创作

美术
封面 ····················· 于晓洋 张代航
封底摄影作品 ········· 王亚新 王幼明 陈 刚
本刊小说插图选 ············· 陈筑培 宋剑峰
张正刚 陈肖玉 饶湘平 钱筑生

1989 年第 10 期 刊名:《花溪》
目录

迟子建小辑
小说三篇 ·························· 迟子建
跟着感觉走（评论） ················· 袁 元
迟子建印象（特写） ················· 于 劲

短篇小说
误区 ····························· 佳 云
酩酊 ····························· 鄷远征
夏日的小泥屋 ····················· 蒋兴华
失望桥头 ························· 袁仁琮

翻译小说
落叶 ············· ［苏］阿·梅谢里亚柯夫著 张建勋译

报告文学
被魔鬼拉下地狱 ··················· 张万明

散文
孤独 ····························· 张爱平

诗歌
诗乡诗选（二十一首） ········· 郑德明 吴仲华等
生活的旋律（八首） ··········· 西 篱 李发模等

名家致习作者十二谈⑩
要用中国话写中国小说 ··············· 苏叔阳

文学与人生·写作者言之四
阅读的戏剧 ······· 西 篱 徐新建 周 琪 张建建

编稿随笔
退稿趣事 ························· 夏文琦

美术
国画花鸟 ························· 鲁 风
国画两幅 ························· 何礼谦
水彩画（复印处理） ················· 王逢春

1989 年第 11 期 刊名:《花溪》
目录

短篇小说
黑碑 ····················· 杨道松 黄建中
瘸腿 ····························· 袁政谦
我和尼姑的梦 ····················· 吴世祥
关于三个人或四个人的故事 ············· 王鲁平
蛮悫 ····························· 安文新
名教授和大倒爷（讽刺小说） ··········· 毛志成

翻译小说
天女 ············· ［日］森村诚一著 包振民译

散文
弥勒佛和《大云经》另注 ··············· 刘荣敏
江南的秋 ························· 岑 索
春日的南方之旅 ············· （中国香港）华 莎

寓言
改舟为桥等十二则 ··················· 叶 澍

诗歌
无色情感线（八首） ··········· 谢明洲 傅卫鸿等
雏风新声（七首） ··········· 黄帝火 王 付等

名家致习作者十二谈⑪
小说要有神 ······················· 苏叔阳

文学与人生·写作者言之五
沉迷于永恒之中 ········· 林树明 李 裴 周 琪

美术
王少丰纸刻艺术
王平现代艺术作品选
版画作品 ························· 唐文法

1989 年第 12 期 刊名:《花溪》
目录

赵范奇小辑
白层屋里人（小说） ················· 赵范奇

艰难耕耘的实绩（评论）⋯⋯⋯⋯⋯⋯卢惠龙
"规范"出奇文（特写）⋯⋯⋯⋯⋯⋯⋯康后元

报告文学
息烽有个曾老板⋯⋯⋯⋯⋯⋯⋯⋯⋯⋯周青明

短篇小说
罩着红布的黑棺材⋯⋯⋯⋯⋯⋯（布依族）蒙 萌
吃喝二题⋯⋯⋯⋯⋯⋯⋯⋯⋯⋯⋯⋯⋯虹 雷
强按始末⋯⋯⋯⋯⋯⋯⋯⋯⋯⋯⋯⋯⋯张琪敏
作家⋯⋯⋯⋯⋯⋯⋯⋯⋯⋯⋯⋯⋯⋯⋯王安林
山鬼⋯⋯⋯⋯⋯⋯⋯⋯⋯⋯⋯⋯⋯⋯⋯石 林
逃遁的诱惑⋯⋯⋯⋯⋯⋯⋯⋯刘国红 王乃飞
无色酒⋯⋯⋯⋯⋯⋯⋯⋯⋯⋯⋯⋯⋯⋯罗迎贤

散文
为有文章在
——悼蒙萌⋯⋯⋯⋯⋯⋯⋯⋯⋯⋯⋯罗吉万
石六四⋯⋯⋯⋯⋯⋯⋯⋯⋯⋯⋯⋯⋯⋯王尧礼

诗歌
假日（组诗）⋯⋯⋯⋯⋯⋯⋯⋯⋯⋯⋯陈明媚
橄榄集（七首）⋯⋯⋯⋯⋯⋯⋯⋯⋯李发模等

袖珍小说
绿色的蝴蝶⋯⋯⋯⋯⋯⋯⋯⋯⋯⋯⋯⋯吴阳庆

名家致习作者十二谈⑫
小说的品味⋯⋯⋯⋯⋯⋯⋯⋯⋯⋯⋯⋯苏叔阳

文学与人生·写作者言之六
飞渡心灵的大海⋯⋯⋯⋯⋯⋯李 裴 周 琪
《花溪》1989年总目录

美术
构成艺术⋯⋯⋯⋯⋯⋯⋯⋯⋯董克俊 张代航
贵阳市美术书法大展巡礼

《贵州文艺》
（《山花》）

【简 介】
　　综合性文学月刊。贵州省文学艺术界联合会主办。创刊于1950年。1979年1月由《贵州文艺》更名为《山花》。其坚持"融文学精品与前卫艺术于一炉"的精神，将凸显文学精神与聚焦视觉人文新趋势结合在一起。对贵州地区的文学发展作出了贡献。

期刊号：1976年第1期—1989年第12期

1976年第1期　刊名：《贵州文艺》
目录

词二首⋯⋯⋯⋯⋯⋯⋯⋯⋯⋯⋯⋯⋯⋯毛泽东
水调歌头·重上井冈山
念奴娇·鸟儿问答
继续革命永登攀（诗四首）⋯⋯司徒华枫 陆朝翔等
风雷动 旌旗奋⋯⋯⋯⋯⋯⋯⋯⋯⋯⋯潘俊龄
鲲鹏展翅 一往无前⋯⋯⋯⋯⋯⋯⋯⋯张全海
文艺革命不容否定⋯⋯⋯⋯⋯⋯⋯⋯⋯李云飞
驳斥"紧箍咒"的谬论⋯⋯⋯⋯⋯⋯⋯⋯江先仪
满腔热情地歌颂社会主义新生事物（文艺短评）
⋯⋯⋯⋯⋯⋯⋯⋯⋯⋯⋯⋯⋯⋯⋯⋯本 忠
洪流滚滚（诗十三首）⋯⋯⋯枕 木 蔺剑平等
工宣队进驻的时候（小说）⋯⋯⋯⋯⋯伍元新
贫管代表（小说）⋯⋯⋯⋯⋯⋯⋯⋯⋯珂 鹰

归来（小说）……………………………………王文科
映山红（散文）…………………………………胥忠国
阿依班长（散文）………………………………刘士杰
红旗舞东风………………………………………文　戈
民族团结的壮丽颂歌……………………………秦家伦
评几出反映学大寨的小戏………………………迅　生
喜看青山新苗壮…………………………………刘肇武
我们必须努力作战………………………………单洪根
来自农业第一线的报告
松桃行……………………………………………柏　森
碧水欢歌…………………………………………辛　耕
新松吐翠…………………………………………龙岳洲
心红苗壮…………………………………………松　瀚
支农赞……………………………………………代　奎
诗五首………………龙昌吉　许义成　王兴玲　石小平等
画六幅………………宋承德　信群宇高　曾凡生
高原盛开大寨花（诗四首）……………韦永知　邬锡鑫等
当今一代新愚公（民歌十首）…………杨松杰　许以人等
春华出嫁（贵州灯词）…………………………冉　庄
遵义会议响春雷（歌曲）……………陈克正词　彦　克曲
大寨花开水家寨（歌曲）
　　　　　　　沈复华原词　集体改词　黎树桑曲
明珠撒满布依寨（歌曲）………路塔词　晓　泉曲
流水不腐（油画）………………………………巫子强
人造小平原（农民画）…………………………张文林
新的征途（年画）………………………………赵　虹
军爱民民拥军（门画）………赵海鹰　潘建源　马荣华
农民画选（三幅）………………………………刘正发等

1976 年第 2 期　刊名：《贵州文艺》
目录

中共中央关于华国锋同志任中共中央第一副主席、国
务院总理的决议
中共中央关于撤销邓小平党内外一切职务的决议
坚持文艺革命　反击右倾翻案风………………初　澜
坚决拥护党中央和毛主席的英明决策
　　　　　　　　　　培　贵　彭显刚　夏志彬等
坚决反击右倾翻案风
招生（小说）……………………………………李宽定
万山红遍（小说）………………………………星　宫
钢铁大军反复辟（诗十一首）…………水钢赛诗会诗选
社会主义新生事物赞歌（诗）…………钟文森　邬锡鑫等
战旗向前（诗）…………………………………漆春生
"三项指示为纲"与"一花独放"论……………柴鸣荣
以战斗保卫革命样板戏
　　　　兴义县敬南公社吴家坪大队业余文艺宣传队
咒骂"极左"正暴露了极右……………………李选钢

"重新估价"就是要复辟…………………………张乃恒
右倾翻案风与宋江的"复礼"……………………袁锦华
邬金（小说）……………………………………王　海
幸福（小说）……………………………………谭　骏
小燕高飞（小说）………………………………梁志忠
新来的姑爷（小说）……………………………吕　笑
车过乌江关（诗）………………………………田　兵
神州处处摆战场（民歌十首）
　　　　　黄正奎　黄大鑫　韦洪思　贺德坤等
工厂矿山鏖战急（诗）………胡　康　刘彻东等
高原盛开大寨花（诗）……刘盛昌　王钟啸　钟立芳等
艺苑新花
——苗族双人舞《聋哑妹上学了》……………杜福华
为"文化大革命"引吭高歌
——读《贵州文艺》一九七五年部分小说散文
　　　　　　　　　　　　　　　　　　　卢惠龙

充分发挥诗歌的战斗作用………贵州水城钢铁厂政治部
春茶送到中南海（歌曲）………萧树文词　天　满曲
大学办到山乡来（歌曲）………罗　戟词　胡启文曲
学英雄　见行动（宣传画）……………………潘胜前
工人画选四幅……………………………………徐久隆等
侗寨新戏（国画）………………………………宋剑锋

1976 年第 3 期　刊名：《贵州文艺》
目录

"文化大革命"永放光芒
春光灿烂（小说）………………………………杜　斌
银线千里（小说）………………………………舒佩吾
门（小说）………………………………………秦玉明
马蹄岩战歌（小说）……………………………何永刚
红袖章（小说）…………………………………龙永烈
油印机赞歌（散文）……………………………蒋汤清
小松树的故事（童话）…………………………吴　勇
"文化大革命"赞歌（诗十三首）
　　　　　尹在勤　阮居平　罗大胜　王晓卫等
巡逻在天安门广场（诗）………………………胥忠国
"小坚决"（诗）…………………………………陈　谷
炮手（诗歌）……………………………………刘福林
阳光雨露育新苗（儿歌十三首）
　　　　　向世俊　俞伯秋　董倩文　吴松柏等
胸怀朝阳朝前走（民歌十九首）
　　　　　查　亮　韦洪思　沈　萍　张汝开等
热情讴歌"文化大革命"（文艺短评）…………陈光新
"匕首见"与"剑出鞘"（杂文）………………单洪根
都是"里外一块挖"（杂文）……………………刘畅征
所谓"雷同化根源"论的实质……………………涂　冰
着力反映无产阶级对走资派的斗争（评论）…钱理群

像龙国正那样坚持革命（评论）——————吴正国
自力更生创奇迹　气壮山河攀高峰（评论）
——————————————肖国秘　刘隆良
纲举目张　所向披靡（评论）————陈金铨　李德鹏
烂熳的鲜花　战斗的画卷
——大方县农民画赞——————————叶　笛
战斗在赤水河畔的"背篓剧团"
——————————中共习水县委通讯组何启富
习水县文化馆王世荣
聋哑妹上学了（苗族双人舞）
——————————铜仁地区文工团集体创作
罗丽丽　刘芳芳编导　邓祖纯词曲
反击右倾翻案风（对口词）——————夏元佐
张大爷看戏（金钱板）————————任文艺
苗岭新人（相声）——————————孙宝奎
连队图书室（小快板）————————郝志恒
新苗苗壮（贵州灯词）————————左　群
"文化大革命"凯歌唱不完（歌曲）
——————————郑　南词　蒲文中　笑秀召曲
村村寨寨学大寨（歌曲）
——————————春　芽词　李祖俊　刘庆成曲
我们见到了毛主席（油画）——————邓绍义
到处莺歌燕舞（组画）————陈筑培　孟庆湘等
全国少年儿童美展贵州作品选（四幅）
——————————————贵州省美展办公室供稿
大地春雷
——纪念"文化大革命"十周年——————董克俊

1976 年第 5—6 期　刊名:《贵州文艺》

目录

热烈欢呼华国锋同志为我们党的领袖　愤怒声讨"四
人帮"反党集团的滔天罪行
伟大的历史性胜利——————————《人民日报》、
《红旗》杂志、《解放军报》社论
光辉的历史文件——————————任　平
颂歌献给华主席（诗十四首）————尚郭海　高大维等
彻底批判"四人帮"的修正主义文艺路线（评论）
——————————————何积全　陈金铨
毛主席的光辉批示永远指引我们战斗（评论）
——————————————————钟　海
剥开"旗手"的画皮（评论）——————左　钺
捣鬼术的破产（杂文）————————颜鹏飞
"四人帮"及其"钢铁公司"（杂文）——高建仪
莺歌燕舞春来早（琵琶弹唱）————冉　庄
怒斥"四人帮"（唱词）————————杨远承
胜利喜讯传四方（对口快板）————杨宗和
欢呼打倒"四人帮"（锣鼓快板）——韩述华　余新生

华主席登上天安门（歌曲）————艾伯芳词　邓承群曲
红旗开路大步走（歌曲）
——————————李永芳　罗孝诗词　卓英昂曲
红小兵声讨"四人帮"（歌曲）
——————————————童　文词　罗　敏曲
四人帮　大坏蛋（歌曲）
——————————————齐　红　一　飞词　群　凡曲
遵义朝晖（速写）————————袁文奎画　谭曙东配诗

纪念鲁迅　学习鲁迅
识别"蛀虫"　战胜"蛀虫"（评论）
——————————王　梧　陈锐锋　汤国铣
掷向"假革命的反革命"的投枪（评论）
——————————————————贺汪泽
学习鲁迅永远进击的革命精神（评论）——单洪根
投枪、匕首赞（诗六首）——————周嘉堤　罗迎贤等
鲁迅诗句镌刻——————————戴明贤
风雪路上（小说）——————————刘肇武
岔河涨水（小说）——————————戴明贤
出土新苗（小说）——————————翁　今
布力和阿桑（小说）————————珂　鹰
红线曲（小说）——————————老　初
早春的山乡（小说）————————田儒雄
彤玲（小说）——————————薛　芬
黔南行（散文）——————————崔亚斌
八月桂花（散文）—————————刘士杰
雨后春笋（散文）—————————王金义
巫龙溪上（散文）—————————龚立新
一条航道万代走　永远怀念毛主席（评论）
——————————————秦家伦　黄觉冰
永远高唱东方红（诗三首）—————陈佩芸等
抓纲举旗夺胜利（诗十四首）————钟文森　刘庆鹰等
送子去西藏（诗二首）———————陈尚旋
毛泽东思想光辉照寰宇（民歌十六首）
——————————————黄正奎　思　群等
红日照苗山（贵州文琴弹唱）———韩乐群
小红军唱革命宝（表演唱）—————李永林
共产党领导幸福多（贵州盘歌）——李其元
农机利甲习（布依吹弹说唱）———黄仁书　张瑞生
毛主席永远活在我们心中（歌曲）
——————————韩乐群词　郑光祥曲
我们走着胜利的路（歌曲）———杨国安词　罗　斌曲
除掉四害　人心大快（速写）————董克俊
愤怒声讨"四人帮"篡党夺权的罪行（宣传画）
——————————————————孟庆湘
新年画（二幅）——————————黄天虎　盛济坤
遵义颂（剪纸）——————————马正荣

1977 年第 1 期　刊名:《贵州文艺》
目录

纪念敬爱的周总理逝世一周年

人民的好总理永远活在我们心中（诗十九首）
　　　　　　　　　　　　田　兵　杨德艺等
心的忆念（散文）　　　　　　　　　　朱金城
贵州人民怀念周总理（散文）　　赵运乾　潘俊龄
缅怀周总理（散文）　　　　　　　　　向　征
青松颂（朗诵剧）　　　　　　　　　　戴明贤
浩气长存天地间（唱词）　　　　　　　王　戈
敬爱的周总理永垂不朽（组歌选）
　　　　　　　韩乐群词　冀　洲　张　柯等曲
鞠躬尽瘁（雕塑）　　　　　　　　　　刘永祥

飞歌献给华主席

清联纪行（散文）　　　　　　　　　欧阳祖照
幸福的回忆（散文）　　孙　丹　吕　笑　王　海
跟随华主席向前进（散文）　　　　　　筑　民
古城风雨（故事）　　　　　　刘志学　朱海峰
莺歌燕舞霞满天（诗六首）　　夏昌林　伊　尹等
春到娄山（小演唱）　　　　　　　　　罗文亮
欢呼华主席来掌舵（歌曲）　　　　　蒋太林词曲
华主席率领咱学大寨（歌曲）
　　　　　　　　晨　枫词　珈　珞　中　笑曲
遵义霞光红万代（年画）　　　　　　巫子强等
拖拉机开进苗山寨（小说）　　　　　　雨　煤
赤水竹乡（诗三首）　　　　　　　　　陈　谷
春天的喜讯（诗）　　　　　　　　　　吴厚炎
豪情寄往虎头山（清音）　　　　　　　朱礼敦
"四人帮"篡改"双百"方针是为了篡党夺权
　　　　　　　　　　　　　　　　　　杜福华
春风又绿文艺园地　　　　　　　　　　肖体礼
妙论露狰狞　　　　　　　　　　　　　杨淑媛
欢呼《园丁之歌》的新生（评论）　　　林玉山
做革命的、有出息的文艺战士（学习札记）
　　　　　　　　　　　　　　　　　　纪　昆
黑诗见贼心（杂文）　　　　　　　　　敏　克
吕翁、吕婆及其门徒（杂文）　　　　　晓　虎
从"石头"说开去（杂文）　　　　　　周家禧
从"彻底"论者说起（杂文）　　　　　杨光全
一帮祸国殃民的害人虫（漫画）　　　　刘　雍
贵州省少数民族美术学习班作品选（二幅）
　　　　　　　　　　　　　赵宏伦　杨念一等

1977 年第 2 期　刊名:《贵州文艺》
目录

中共中央关于学习《毛泽东选集》第五卷的决定（一
九七七年四月七日）
《毛泽东选集》第五卷介绍
　　　　　中共中央毛泽东主席著作编辑出版委员会
掀起学习毛主席著作的新高潮
——热烈欢呼《毛泽东选集》第五卷出版
　　　　《人民日报》、《红旗》杂志、《解放军报》社论
毛主席《关于红楼梦研究问题的信》手迹（一九五四
年十月十六日）
毛主席手书叶剑英同志《远望》诗
华主席书写民歌一首
诗三首　　　　　　　　　　　　　　　叶剑英
陈毅同志诗词选
红色宝书照征程（诗十三首）　　　　王贤良等
民歌添彩光闪烁（民歌八首）　　赵明君　黎　飞等
欢呼《毛泽东选集》五卷到山村（花灯歌舞）
　　　　　　　　　　　　贵州省花灯剧团集体创作
我站在桐油灯旁（诗）　　　　　　　　徐　海
毛主席批示赤天化（诗）　　　　　　　培　贵
毛选五卷出版了（歌曲）　　　韩乐群词　马伯龙曲
写在翻阅报纸的欢快时刻（散文）　　　闻　浒
情满南大（散文）　　　　　　　卓列兵　倪　鹰
金色的大堤（散文）　　　　　　　　　徐　卫
"云湖天河"赞（诗）　　　　　　　　吕　笑
春兴（七律）　　　　　　　　　　　　陶文鹏
华主席挥锹来填土（歌词）　　　　　　映　春
隧道的命名（诗）　　　　　　　　　　钟文森
遵义儿女齐欢庆（油画）　　盛济坤画　阮居平配诗
向雷锋同志学习（诗三首）　　　　　　张　兴等
接师娘（故事）　　　　　　　　　　　伍元新
学雷锋（儿童表演唱）　　　张秋生词　王承祖曲
农业学大寨（诗十首）　　　崔笛扬　邬锡鑫等
辙印（小说）　　　　　　　　　　　　戴明贤
桔园赋（散文）　　　　　　　　　　　张子初
挎包（散文）　　　　　　　　　　　　鄨丕业
探亲（小说）　　　　　　　　　　　　刘忠仁
小兰嘎（小叙事诗）　　　　　　　　　王鸿儒
巧匠会师（唱词）　　　　　　　　　　杨宗和
闪光的图画（散文）　　　　　　何培贵　胡骥超
迎风展翅（散文）　　　　　　　　　　邓　升
安全系数（小说）　　　　　　　　　　阎于信
顶梁柱（散文）　　　　　　　　　　　朱礼敦
用战斗迎接百花盛开的春天　　　　　　雨　煤
喜读长篇小说《英雄的乡土》　　　　　王　梧
粉碎"三突出"的理论体系　　　　　　岳　文

让"三突出的创作原则"见鬼去吧⋯⋯⋯⋯杨明兴
"四人帮"反对"写真人真事"的真相⋯⋯⋯姚赣南
彻底批判反党电影《反击》⋯⋯⋯⋯⋯⋯⋯曹宇文
在"四人帮"研究《红楼梦》的葫芦里⋯⋯⋯吴美渌
农民画选（二幅）⋯⋯⋯⋯⋯⋯⋯许自华　唐善全
侗乡三月（木刻）⋯⋯⋯⋯⋯⋯⋯吴家华　龙开朗

1977 年第 3 期　刊名:《贵州文艺》
目录

更高地举起毛主席革命文艺路线的伟大红旗
——纪念《在延安文艺座谈会上的讲话》发表三十五
周年⋯⋯⋯⋯⋯⋯⋯⋯⋯⋯《人民日报》社论
高举毛主席伟大旗帜　把文艺革命进行到底
——学习《在中国共产党全国宣传工作会议上的讲
话》⋯⋯⋯⋯⋯⋯贵州省军区政治部理论组
永远沿着毛主席指引的方向前进
——学习《在延安文艺座谈会上的讲话》
⋯⋯⋯⋯⋯贵阳市评剧团《平凡的岗位》创作组
巍然丰碑指前路（诗八首）⋯⋯钟文森　蔺剑平等
沿着韶山银河走（散文）
⋯⋯⋯⋯何光渝　徐国舜　杜　斌　龙永烈
连心鱼塘（诗）⋯⋯⋯⋯⋯⋯⋯⋯⋯⋯欧阳祖照

抓纲治国鼓干劲　坚定不移学大庆
学大庆　展宏图（诗九首）⋯⋯⋯龚晓霓　白　云等
雪里青松（小说）⋯⋯⋯⋯⋯⋯⋯⋯⋯⋯唐光明
凌鹰（小说）⋯⋯⋯⋯⋯⋯⋯⋯⋯⋯⋯王运华
闪光的煤（散文）⋯⋯⋯⋯⋯⋯⋯⋯⋯⋯王鸿儒
画（散文）⋯⋯⋯⋯⋯⋯⋯⋯⋯⋯⋯⋯晓　芜
跃进浪潮滚滚来（歌曲）⋯⋯颂　令词　蒲　文曲

高举红旗斗志昂　大打农业翻身仗
农业学大寨民歌选⋯⋯⋯⋯⋯罗建刚　谢不雕等
姐夫（小说）⋯⋯⋯⋯⋯⋯⋯⋯⋯⋯⋯李宽定
处处有雷锋（散文）⋯⋯⋯⋯⋯⋯⋯⋯⋯冯梅江
火娃（电影文学剧本）⋯⋯⋯⋯⋯叶　辛　谢　飞
向阳花开朵朵红（儿歌九首）
⋯⋯⋯⋯⋯⋯⋯⋯⋯⋯张继楼　吴松柏等
抓纲治国绘宏图（民歌十首）⋯黄正奎　思　群等
批戏的要害是篡党夺权（评论）⋯⋯⋯⋯⋯秦家伦
平凡的岗位不平凡
——贵阳市环境卫生管理站工人座谈会纪要
⋯⋯⋯⋯⋯⋯⋯⋯⋯⋯⋯⋯⋯李　昆整理
《踏遍青山》重见太阳（评论）
⋯⋯⋯⋯⋯⋯⋯⋯⋯⋯贵州省话剧团创作组
竖蜻蜓·摆积木·垒宝塔（杂文）
——"三突出"三比⋯⋯⋯⋯⋯⋯⋯⋯钱理群

荔枝、袜子及其他（杂文）⋯⋯⋯⋯⋯⋯李德谦
"文坛皇帝"的末运（杂文）⋯⋯⋯⋯⋯⋯贺汪泽

文艺简讯两则
《讲话》发表以来我省美术作品选登
一轮红日照心间（素描）⋯⋯⋯⋯⋯⋯⋯赵　虹
《平凡的岗位》剧照三幅
《踏遍青山》剧照三幅

1977 年第 4 期　刊名:《贵州文艺》
目录

中国共产党第十届中央委员会第三次全体会议公报
巨大的喜讯（诗五首）⋯⋯⋯⋯⋯李发模　马家华等
八十抒怀⋯⋯⋯⋯⋯⋯⋯⋯⋯⋯⋯⋯⋯叶剑英
朱德同志诗选

隆重纪念中国人民解放军建军五十周年专辑
找红军（革命回忆录）⋯⋯贵阳警备区司令员　刘德山
强攻三杨庄（革命回忆录）
⋯⋯⋯兴义军分区司令员全国战斗英雄　齐培元
钢铁长城（诗十一首）⋯⋯⋯⋯⋯刘福林　周嘉堤等
各族人民唱红军（歌谣六首）
⋯⋯⋯⋯⋯⋯⋯⋯⋯⋯安顺地区文化局　水　鹤
一件棉大衣（红军故事）⋯⋯⋯湖南省桑植县革命历史
调查组整理　林时久　田海云执笔
迎龙桥（红军故事）⋯⋯⋯⋯⋯⋯⋯⋯⋯代　奎
这故事发生在茅台（红军故事）⋯⋯⋯⋯⋯朱吉成
花艳树常青（唱词）⋯⋯⋯⋯⋯⋯⋯⋯⋯雪　荷
哨所抒怀（诗）⋯⋯⋯⋯⋯⋯⋯⋯⋯⋯⋯王贤良
文艺要歌颂人民的军队（短论）⋯⋯何秀全　谭天河
长征战士赋归来（评论）⋯⋯⋯⋯⋯⋯⋯潘俊龄
八一军旗一样红（歌曲）⋯⋯⋯罗文亮词　李继昌曲
任凭风浪起（小说）⋯⋯⋯⋯⋯⋯⋯⋯⋯雨　煤
锤声（小说）⋯⋯⋯⋯⋯⋯⋯⋯⋯⋯⋯王　海
来自开阳磷矿的报告（特写）⋯⋯⋯朱礼敦　孙继勤

大干战歌震山河
农业学大寨（诗七首）⋯⋯⋯⋯⋯韩述华　张　劲等
走社会主义道路的带头人（速写）⋯⋯⋯⋯杨胜利
穷则思变（速写）⋯⋯⋯⋯⋯⋯⋯⋯⋯⋯卢惠龙
迈开大步（小说）⋯⋯⋯⋯⋯⋯⋯⋯⋯⋯朱慕文
途中（散文）⋯⋯⋯⋯⋯⋯⋯⋯⋯⋯⋯王积熙
山头搭起赛歌台（山歌联唱）⋯⋯⋯⋯⋯韩乐群
苗岭要变虎头山（清音）⋯⋯⋯⋯⋯⋯⋯孙　奕
豪情壮志冲云霄（群口词）⋯⋯⋯⋯⋯⋯任　岷
大寨花开遍苗岭（歌曲）⋯⋯⋯马　瞻词　雅　文曲
颂歌从心窝里来（歌曲）⋯（彝族）民歌　石应宽曲

评"四人帮"形而上学的文艺观（评论）————卢惠龙
火眼金睛与金箍棒（杂感二则）————李 萍

文艺简讯两则
华主席和我们心连心
————向秋志玛（藏、女） 李敬平（知青）
春到湘黔线
——华主席视察湘黔铁路工地（中国画）——徐久隆
苗岭春晓（木刻）——龙 瑜（侗族、女） 刘承汉
娄山关（中国画）————杨长槐
高原形势无限好（木刻）————（藏族）仁真郎加

创作漫谈三题
——文艺学习札记————雨 煤
努力反映同"四人帮"的伟大斗争（短论）——王 梧
评电影《苗岭风雷》
————王大卫 王本忠 林介夫 张继泽
说"虎"（杂文）————铁 汉

文艺简讯（二则）
亲切的关怀（木刻）————熊谟松
向华主席汇报（年画）——西藏革命展览馆集体创作
征途上（木刻）————刘子才

1977 年第 5 期　刊名:《贵州文艺》
目录

纪念伟大领袖和导师毛主席逝世一周年
毛主席纪念堂北大厅内的毛主席塑像
一年的纪念（诗十首）————潘俊龄 石 荔等
不尽长江滚滚来（散文）————柳 枒
苗家儿女一片心（散文）————洪建山
春涌江界河（散文）————杨宗和
金秋献给毛主席（散文）————汪富舜
红日颂（小演唱）————罗文亮
香樟献给毛主席纪念堂（歌曲）————冀 洲曲
水家怀念毛主席（歌曲）——韩乐群词 马伯龙曲
香茶献给华主席（四首）————刘益善 思 恩等
遵义行（二首）————刘 章
民歌（十二首）————赵范奇 贺 贤等
窗前————周嘉堤
学大庆 展宏图（七首）————彭乡荣 胡晓曦
高原盛开大寨花（五首）————刘 萍 黄明仲等
林莽深处（二首）————黄邦君
哨所中秋夜（散文诗）————欧立德
松江志（报告文学）————欧阳祖照
欢乐的苗寨（报告文学）————刘 昕 黄生科
苦竹新歌（报告文学）————罗世槐
前列（特写）————何光渝
风雨乐陵站（小说）————何士光
难忘的小伙伴（小说）————欧阳发
送竞赛书以后（小小说）————李秀振
伞（散文）————彭世庄
黄桷树（散文）————潘光华
幺嫂送瓜（花灯小戏）————刘元良
光辉的形象 动人的颂歌
——喜读《贵州文艺》几篇歌颂华主席的散文
————李湘嵘 李公爽 方家常
"芳荃零落无余春"
——读鲁迅《湘灵歌》————单洪根

1977 年第 6 期　刊名:《贵州文艺》
目录

飞翔吧 赤天化（报告文学）————王鸿儒
百合花开（散文）————李起超
下乡日记（散文）————司马赤
和朝霞一同升起的歌（小说）——胡志祥 蒋黔忠
奇勋记（小说）————卓 平
探林海（中篇小说连载）————滕树嵩

诗歌
学大寨纪事（三首）————廖公弦
登攀之歌（二首）————何 锐 郑君华
祖国啊，我的母亲————陈佩芸
金色的收获（外一首）————李发模
高原盛开大寨花（八首）————赵宋永 张明友等
创业的灯火（二首）————王征华
学大庆 展宏图（三首）————钟文森 张印贺等
教师之歌（三首）————王家燊 杜 若等
绘新图————陈秋平

剧本
平凡的岗位（六场评剧）————黎润德执笔
市评剧团集体创作————袁家俊

评论
把刊物办成百花盛开的文艺园地————本刊评论员
调动一切积极因素 繁荣我省文艺创作
——省文艺创作会议综述————本刊记者
砸碎精神枷锁 催开文艺百花
——省、市部分文艺工作者举行座谈会狠批"文艺黑
线专政"论————本刊记者
阴谋文艺的极右实质（评论）————单洪根
"从路线出发"论剖析（评论）————钱理群
喜看诗坛绽新花
——读《雄关放歌》————冬 华

"空白"解（杂文）⋯⋯⋯⋯⋯⋯⋯⋯⋯陈　涛
如此"欣欣向荣"（杂文）⋯⋯谢振东　辛稼赋
作者·读者·编者
文艺简讯

歌曲

攀登科技新高峰⋯⋯⋯陈鸣远词　天　满　蒲　文曲
来个社会主义劳动大竞赛
⋯⋯⋯⋯⋯⋯⋯白　翎　晨　枫词　孟庆辉曲

美术

亲切的会见（油画）⋯⋯⋯⋯应凤仙　周嘉祥
敬爱的陈毅同志（素描）⋯⋯⋯⋯⋯刘定一
苗岭战歌（雕塑）⋯⋯⋯⋯⋯⋯⋯⋯刘万琪
侗寨广积粮（木刻）⋯⋯（侗族）龙开朗　吴家华
洱海新塔（水粉画）⋯⋯（白族）高中炎　李忠翔
道钉（木刻）⋯⋯⋯⋯⋯⋯⋯⋯⋯⋯申根源

1978 年第 1 期　刊名:《贵州文艺》
目录

献给全国科学大会

为跳蚤立传的人（特写）⋯⋯⋯⋯⋯⋯家　浚
二○二个数据（特写）⋯⋯⋯⋯⋯⋯⋯弋　人
芬芳的果实（特写）⋯⋯⋯⋯⋯⋯⋯李起超
千里之行（特写）⋯⋯⋯⋯⋯⋯⋯⋯吴桐祺
深夜攻关（诗）⋯⋯⋯⋯⋯⋯何　锐　郑君华
勇攀科学高峰（歌曲）⋯⋯⋯韩乐群词　马伯龙曲

学习《毛主席给陈毅同志谈诗的一封信》
学习浅谈⋯⋯⋯⋯⋯⋯⋯⋯⋯⋯⋯蹇先艾
一点体会⋯⋯⋯⋯⋯⋯⋯⋯⋯⋯⋯田　兵
掌握诗歌的艺术规律⋯⋯⋯⋯⋯⋯⋯张　克
形式不可忽视⋯⋯⋯⋯⋯⋯⋯⋯⋯廖公弦
向民歌学习⋯⋯⋯⋯⋯⋯⋯⋯⋯⋯黎成林
肃清"文艺黑线专政"论的流毒（评论）⋯武光瑞
一个反马克思主义的认识论体系（评论）⋯袁锦华
评《风雨乐陵站》⋯⋯⋯⋯⋯⋯⋯⋯毅　光
夕照·青山（文艺随笔）⋯⋯⋯⋯⋯朱　曦
水的主人（散文）⋯⋯⋯⋯⋯⋯岳　洲　祖　照
报春梅（散文）⋯⋯⋯⋯⋯⋯⋯⋯杨宗林
吆鸭的韦公（小说）⋯⋯⋯⋯⋯⋯罗国凡
犟大爷（小说）⋯⋯⋯⋯⋯⋯⋯⋯罗世槐
炽热的心（小说）⋯⋯⋯⋯⋯⋯⋯老　初
洒金寨的山茶（小说）⋯⋯⋯⋯⋯朱礼敦
序曲（小说）⋯⋯⋯⋯⋯⋯⋯⋯⋯王应桂
"芝麻官"（小说）⋯⋯⋯⋯⋯朱安义　李绍珊
颂歌献给华主席（诗二首）⋯⋯王晋军　崔合美

怀念敬爱的周总理（诗四首）⋯⋯胡　康　姚祖源等
民歌十一首⋯⋯⋯⋯⋯⋯⋯⋯⋯文　科　小　冰等
长征路上谱新篇（诗十二首）⋯⋯崔笛扬　陶文鹏等
学大庆　展宏图（诗三首）⋯⋯⋯枕　木　映　春等
高原盛开大寨花（诗六首）⋯⋯⋯白　云　谢金华等
周总理亿万人民歌颂您（歌曲）
⋯⋯⋯⋯⋯⋯⋯⋯⋯⋯袁　丁词　丁　甲　勤　智曲
小评论（小戏）⋯⋯遵义市川剧团创作组金启坤执笔
夺牛记（唱词）⋯⋯⋯⋯⋯⋯⋯⋯⋯⋯杨宗和
特号鞋（快板书）⋯⋯⋯⋯⋯⋯⋯⋯⋯敖行维
英明的决策（油画）⋯⋯⋯⋯⋯⋯⋯⋯潘迎华
亲切的教导（油画）⋯⋯⋯⋯⋯⋯⋯⋯赵　虹
六盘水地区工人画展作品（三幅）⋯⋯赵全生等
芙蓉国里尽朝晖（中国画）⋯⋯⋯⋯⋯杨守森

1978 年第 2 期　刊名:《贵州文艺》
目录

中华人民共和国国歌⋯⋯⋯⋯⋯⋯聂　耳曲　集体填词

科学大军　纵横驰骋

欲与天公试比高（报告文学）⋯⋯⋯⋯王　剑
犁体曲百之谜（报告文学）⋯⋯⋯何光渝　陶文正
啊，龙女，你在哪里（散文）⋯⋯⋯⋯雨　灿
水钢会战剪影
沸腾的炉台（诗五首）⋯⋯⋯⋯谢敦智　华必兴等
钢城春色（散文）⋯⋯⋯⋯⋯⋯⋯司徒明德
混凝土浇铸的人（散文）⋯⋯⋯⋯⋯张�国
挡不住的车轮（八场话剧）
⋯⋯⋯⋯⋯⋯王　呐　赵　谦　张　北
小说两篇⋯⋯⋯⋯⋯⋯⋯⋯⋯⋯⋯司马赤
洗猪
任胡子佳话
一张公共汽车票（小说）⋯⋯⋯⋯⋯王家燊
"老"朋友（小说）⋯⋯⋯⋯⋯⋯⋯邓传瑶
进军歌（诗四首）⋯⋯⋯⋯⋯⋯钟文森　高宗文等
高原盛开大寨花（诗八首）⋯⋯⋯龚晓霓　吕瑞华等
阶级的利剑⋯⋯⋯⋯⋯⋯⋯⋯何　锐　郑君华
甘龙河的流水⋯⋯⋯⋯⋯⋯⋯⋯⋯陈佩芸
边防线上（诗三首）⋯⋯⋯⋯⋯王贤良　桂汉标等
路⋯⋯⋯⋯⋯⋯⋯⋯⋯⋯⋯⋯⋯陈学书
将军本色是诗人
——读《陈毅诗词选集》⋯⋯⋯⋯⋯叶闰桐
题材琐谈
——学习鲁迅论题材札记⋯⋯⋯⋯黄大荣
生活与创作（文艺书简）⋯⋯⋯⋯⋯柳　枏
勇攀科学高峰
——读《贵州文艺》几篇特写⋯⋯⋯李湘嵘

精巧的构思（新作小评） ································ 刘德一
漫话插图（文艺随笔） ································ 肖体礼
简讯
诗配画 ····························· 孟庆湘画 王晓卫配诗
华主席和翻身奴隶心连心（木刻） ···················· 阿 鸽
雨露滋润禾苗壮（年画） ················· 龙汗珍 孙吉斌
毛主席的旗帜是团结的旗帜、胜利的旗帜（宣传画）
··· 彭福光
滔滔阴河唱新歌（木刻） ····························· 吴家贵

1978 年第 3 期　刊名:《贵州文艺》
目录

文艺要为新时期的总任务服务 ······················ 季 泉
迈开大步走（诗五首） ··············· 黄 畅 刘友贵等
华主席绘出新蓝图（民歌四首） ················ 黄明仲等
喜学新宪法（清音） ································ 杨宗和

小说
樱花谣 ··· 方瑞祥
旗帜 ··· 韦 翰
当检查团到来的时候 ································ 伍法同
居委主任 ··· 李宽定
起点 ··· 晓 辰
回"敬"（讽刺小品） ································ 徐本礼
任金山大闹恶虎屯（长篇选载） ·················· 万清洁

儿童文学
小花猫的故事（童话电影文学剧本） ·············· 何 洪
红花朵朵（儿歌十二首） ············· 继 楼 俞伯秋等
捉住了（小说） ······································ 赵继成
寓言（二则） ··· 鄂丕业

诗歌
洪湖抒情 ··· 周嘉堤
霞 ··· 崔笛扬
为了"可爱的中国" ································ 杨宗和
高原盛开大寨花（六首） ·············· 张 劲 程显谟等
民歌六首 ····························· 汪德仲 黎明轩等
三省边（二首） ······································ 于 沙
送胶路上 ··· 余德庄
麦粒的话 ··· 斯信强
夜静 ··· 桂汉标

评论
深入生活　努力繁荣文艺创作
——记省、市文艺工作者纪念《讲话》发表三十六周
年座谈会 ······································· 本刊记者

从拉萨尔的历史剧谈起
——学习马克思和恩格斯的两封信 ·············· 李印堂
短篇小说小议 ·· 蹇先艾
我省话剧的可喜收获（评论） ····················· 林钟美
从白求恩"检讨"所想到的（文艺随笔） ·········· 陈朝红
成如容易却艰辛（文艺随笔） ····················· 于世亮
贵州省文联及各协会恢复活动（简讯二则）

美术　摄影
赤水轻骑（国画） ···································· 申根沅
剧照：话剧《挡不住的车轮》（三幅）
····························· 陈忠源 徐 平 刘毓澄
话剧《难忘的年代》（三幅） ····················· 刘毓澄

1978 年第 4 期　刊名:《贵州文艺》
目录

小说
新人新作
心事 ··· 杜国景
我们厂的两个年青人 ································ 张建国
借来的技术员 ·· 王福田
杏子 ··· 洪 波
"铁算盘" ··· 罗志金
人民的勤务员 ·· 罗 逸
初春夜 ··· 王先耕
令人欣慰的花束 ······································ 柏 森
银杏树下人家 ·· 何士光
管妹子 ··· 陈学书
布依女猎队 ··· 罗国凡

散文
阿泡和阿泡的歌 ······································ 钟 华
油灯调 ··· 石 荔
火把 ··· 陶建生

诗歌
钢铁长城 ····························· 王鸿儒 王贤良等
人民公社好 ·························· 管用和 李长远等
扛一座鞍钢进乌蒙 ················· 张雄龙 张瑞林等
家访归来 ··· 张 劲
"钟将" ·· 孙建朝
刺藜花 ··· 刘 章
民歌十二首 ·························· 黄济光 朱瑞甫等
火光闪闪 ··· 钟 华
科学家 ··· 何世君
控制台的讯号灯 ······································ 康武能

曲艺

盘渡（花灯演唱）————————朱礼敦
打田小唱（清音）—————————夏昌林
闹春图（清音）——————————艾 湫
迎水欢歌（小演唱）————————黄正奎

理论

广开文路 繁荣创作（短论）————本刊评论员
关于"二革"创作方法的通信————张嘉彦
努力塑造党的领导干部形象————王 灼
采取一端————————————吴功正
略谈形象思维—————————秦玉明
读小说《任凭风浪起》——————苏 耕
评木刻《蔚然成林》——————嵇信群
引吭高歌 阔步前进———————天 满
闪光的发针（文艺随笔）————王颖泰
文艺简讯（一则）————————高致贤

美术

大方农民画（二幅）——————陈荫波等
十年规划 振奋人心———————刘 雍
向科学技术现代化进军—————陈筑培

1978 年第 5 期　刊名:《贵州文艺》
目录

诗词三首——————————————毛泽东

散文·小说

希望（报告文学）————陶文正 王 诲
鞭炮声中话镇宁（散文）—————林 乙
房东（小说）——————————亚 光
炊烟袅袅（小说）————————吴慧泉
探亲记（小说）—————————许咏讽

新人新作

练功（小说）——————————黄尔康
抽水机停转的时候（小说）———史宏拯
寓言（三则）————王 灿 朱江荣 叶 树
拉开夜幕的人（散文）—————张光奎
雾（散文）——————————杨大为

诗歌

镇宁巡礼（三首）————————汛 河
红旗满中华（七首）————王绥青 张德庆等
白层渡口歌声稠————————刘恭茂

剧本

难忘的年代（五场话剧）————曹宇文 孔凡祥

理论·杂文

笔补造化天无功
——李贺诗歌的艺术风格—————马焯荣
漫话文采————————————高建仪
别出蹊径
——读报告文学《哥德巴赫猜想》等随感——陈立浩
肃清索隐术的流毒
——读"为《三上桃峰》平反"有感———俞百巍

文艺杂谈

小说贵"精"——————————弋 人
提倡"真切的批评"———————林钟美
"模式"一谈—————————廖公弦
"灵感"杂谈—————————增 楷
琪琪的"鉴别"————————柳 枏
从兰花豆想起的————————朱 曦
样板小议——————————王 诲

美术

韶山农民夜校旧址（中国画）
——————————吴冠中画 张 劲配诗
大家都来支援农业（水彩）————吴冠中
渔港（油画）—————————吴冠中
黄果树瀑布（油画）——————袁天才
展望————————————张世申

1978 年第 6 期　刊名:《贵州文艺》
目录

纪念伟大领袖毛主席诞辰八十五周年

伟大领袖毛主席（泥塑）———毛主席纪念堂雕塑组
七绝四首————————————蹇先艾
毛主席诞辰八十五周年有感（诗）———田 兵
毛主席，人民的领袖（诗十一首）
—————————张 克 黄 畅 叶 笛等
虎生双翼过铁索（红军故事二则）
——————————魏绪文等搜集整理
毛主席从我家门前过（歌曲）
———————栾生金词 阿旺编曲 冀 洲 张 柯改曲
赤水谣（歌曲）—————高 峻词 彦 克曲
鲜红的朱砂出土了（报告文学）——家 浚 寸 心
秋月春花（散文）————————青明贤
桥（散文）——————————方瑞祥
山村月夜（散文）————————杨隆昌
莫要笑早了（小说）———————司马赤

秦大爷（小说）——————————————石　定
钟声（小说）——————————————王洪如
目标正前方（小说）——————————潘柳蔚
对话二则（小品）——————————————宋　新
燃烧吧，通红的篝火（诗五首）———聂鑫森　白　云等
雾晨（诗六首）——————唐大同　吴厚炎等
晨读（散文诗）——————————————张斯侠
湘西月下曲（诗）——————————————枕　木
民歌三首——————————————张太治等
金菜籽（黔剧）——————————————张建国
金鸡岭下战群魔（贵州民兵革命斗争故事）———群　力
绕口令（二则）——————————————阮居平
新中国预言诗人的歌唱
——略谈郭沫若《女神》的思想特色与独特贡献
——————————————钱理群　秦家伦
指鹿为马和说水是酒——————————梁洪安
形象思维的基本特征——————————朱宜初
文艺杂谈（三篇）———欧阳发　卢惠龙　余歌今
读《胭脂》——————————高建仪　高克明
胭脂——————————————（清）蒲松龄

文艺简讯（二则）
治印——————————方小石　戴明贤等
科学种田好　攻关夺丰收（剪纸）——————谢志诚

1979 年第 1 期　刊名：《山花》
目录

待到山花烂熳时——————————本刊编辑部
天安门诗词选
珍贵的启示（诗三首）———何　锐　刘益善　王家燊
花溪的怀念（唱词）——————————杨远承
十姐妹献花（快板书）——————————章　湜
此是人民心底花——————————（苗族）潘俊龄
访绍兴鲁迅故居（散文）——————————塞先艾
边寨之夜（散文）——————柏鸿鹄　杨　昭
大庆散记（散文）——————————杜　斌
茶（散文）——————————————王宇正
换肩（小说）——————————（布依族）罗国凡
"无解方程"（小说）——————————公　复
这样的哭声（小说）——————————廖公弦
叫山雀，鹦哥和母鸡的声音（童话）—————戴明贤
寓言（二则）——————————————叶　树
地县刊物选载：
温暖的雪夜（小说）——————————卢惠龙
长征路上（组诗）——————————田　兵
山花烂熳（诗四首）——————吴纯俭　钟　阳等
姚文元就医（书帽）——————邓新志　邓新华

形象思维与议论——————————蒋孔阳
看电影《山寨火种》随想——————————乙　一
从马锦演严嵩说起（文艺杂谈）——————浪　花
山歌都是心中出（文艺随笔）————————江瑞成
新月（木刻）——————————————饶湘平
雨后（木刻）——————————————蒋志伊
习作三幅——————田世信　夏文俊　王　伟
鹿群（木刻）——————————————董克俊
书法——————————陈恒安　冯济泉

1979 年第 2 期　刊名：《山花》
目录

登上时代的列车，前进——————————林钟美
为实现四个现代化放声高歌————————雅　文
画出新时代的宏伟画卷——————————平　石
民主卫士（报告文学）——————柏　森　陶文正
刚刚摘下的橄榄（小说）——————————袁昌文
两代爱情（小说）——————————————雨　煤
要拿到才是黄鳝（小说）——————————张志侠
炸瘤（小说）——————————————金永福
宜林山国（散文）——————————————聂　波
因噎废食（小品）——————————————照　明
娃娃鱼吃"自来食"（寓言）————————陈果卿
田鸡和老虎（民间故事）———（布依族）李　箐整理
硕果累累（诗三首）———钟文森　陈佩芸　枕　木
科技新花（诗二首）——————阎于信　刘庆鹰
唱给山花（诗）——————————————刘智祥
写在民族山乡（诗四首）———陈　犀　沈前祥等
词二首——————————————赵德山
诗五首——————————————涂月僧
冬夜（诗）——————————————陈　谷
泉水边（诗）——————————————卢相福
彝族情歌二首——————（彝族）黎明轩搜集整理
苗族情歌三首——————（苗族）龙从汉搜集整理
水西彝族爱国历史人物奢香————（彝族）余宏模
清代贵州诗人郑珍——————————黄大荣

文艺杂谈
短篇小说"别是一家"——————————弋　人
重要的是人物的命运——————————何大堪
汤显祖卧薪——————————————浪　花
快慢与质量——————————————李云飞
绝妙而深刻——介绍《陪衬人》—————张　灯
陪衬人——————————————[法]左　拉
春色满园（中国画）——————————宋剑锋
屈原桔颂图（中国画）——————————王锡麒
牡丹白鸡（中国画）——————————周天民

黔东南林区小景（中国画）·············张润生
劲节（中国画）·····················朱欣生

1979 年第 3 期　刊名:《山花》
目录

认真学习周恩来同志《在文艺工作座谈会和故事片创
作会议上的讲话》
启示和敦促·······················涂尘野
造成艺术民主的风气·············本　忠　建亚
文艺要求思想性和艺术性辩证的结合·········李世同
文字生涯（散文）···················孙　犁
航行在涨潮的河流上（散文）·············李起超
晨歌（散文）·····················何光渝
秋雨（小说）·····················何士光
约法三章（小说）···················亚　光
压宝（小说）·····················邓德礼
团结（小说）·····················林贵祥
态度问题（小品）···················唐　方
纸花与秋菊（寓言）·················赖　榆
怀念（诗三首）···············廖公弦　陶文鹏
春风从我心上吹过（诗）···············于　沙
啊！山乡（诗）····················李发模
云雾山中（诗四首）···········陈学书　程显谟等
焊牢钢筋筑大坝（诗）·················赵福剑
公鸡和鸭（寓言诗）·················晨　钟
幺妹想造薅秧机（儿童诗）···············吕瑞华
少数民族情歌四首···················汛　河整理
民歌六首·················彭乡荣　朱礼太等
洁白的璐酒姐（故事）·················黄　放
"四人帮"和相声（相声）···············进　求
戴红花（唱词）····················杨宗和
实事求是地评价文艺作品，彻底解放我省的文艺生产
力····························本刊记者
《大树脚》是替资产阶级涂脂抹粉吗?（评论）
······························卓廉操
关于小说《侗家人》的通信···············杨　昭
读稿拾零（文艺杂谈）·················伊　星
从表演艺术想到的（文艺杂谈）·············雨　煤
振奋人心（中国画）···················张永康
雨过天晴（中国画）···················孙吉斌
人像写生三幅·····················杨抱林等
侗家姐妹（剪纸）···················谢志诚

1979 年第 4 期　刊名:《山花》
目录

选举（小说）·····················章正远
推荐（小说）·····················李宽定
"没奈何"（小说）···················向　征
月夜（小说）·····················汪富舜
裙子（小说）·····················拉　丁

风物志
薅秧歌（散文）····················黄公政
苗岭登高（散文）···················韦　翰
中秋月圆（散文）···················卢永康
节日的礼品（散文）·················茹　荫
灯（散文）·······················刘大林
拜人为师（寓言）···················叶　树
分量（小品）·····················闻　政

红军故事
木姜子·················（布依族）龙江农搜集
毛辣角的来历·······（苗族）蒙正华讲述　洪　茵整理
火龙衣··················王家燊　田松清搜集
北仑河，你为什么愤怒（诗）·············张明友
边防生活剪影（诗二首）···············王贤良
陇西行·························田　兵
火红的山乡（诗七首）···········尧山壁　潘俊龄等
耕耘（诗二首）···············刘庆鹰　陆朝翔
铁路短笛（诗二首）·················赵凌霞
把门窗打开（诗）···················朱　曦

逆耳篇
麦克风（诗）·····················廖昌国
"研究"与忍受（诗）·················胡顺猷
给干部（诗二首）···················徐　康
红军歌谣（二首）·············李　箐搜集整理
发扬艺术民主　繁荣文艺创作
——记本刊编辑部举行的学习周总理重要讲话的座谈
会····························本刊记者
诗的精炼（评论）···················张嘉彦
民歌的养料（评论）·················刘智祥

文艺杂谈
对比的艺术力量····················王　梧
一诗千改始心安····················刘鸿渝
从"骑驴看唱本"说起·················倪咏怀
谈小说《无解方程》·················王大卫
巧误生辉　小而有戏
——喜读黔剧《金菜籽》···············李怀埙

读《西西里柠檬》…………………………………杜　郁
西西里柠檬（小说）…………………………[意]皮兰德娄
读者来信…………………………………………高致贤

文艺简讯（二则）
戏剧人物速写（四幅）……温尚光　杨国勋　潘裕钰
瓜香雏壮（中国画）……………………………谭涤非
争艳（中国画）…………………………………贾宜群
都柳江畔（中国画）……………………………宋吟可
漫画（二幅）……………………………………曾宪阳

1979 年第 5 期　刊名:《山花》
目录

文艺要为社会主义现代化建设服务（短论）
……………………………………………本刊评论员
"五四"琐议（回忆录）…………………………蹇先艾
"五四"——贵州（回忆录）……………………咏　白

祝贺自卫还击战斗的伟大胜利
出巡（诗）………………………………………周家堤
向您致敬
——年青的英雄（诗）………………………孙远祥
保卫边疆显英豪（唱词）………………………杨远承
木棉渡（金钱板）………………………………孙友善
神奇的"眼睛"（快板书）………………………管远祚
苏修越寇………………………………………阮居平
怀念劳郭同志…………………………………涂尘野
兰花坡上（小说）………………………………卢惠龙
探亲（小说）……………………………………钟　阳
高主任（小说）…………………………………王正飞
场里场外（小说）………………………………任　拓
"三杆子"（小说）………………………………尹建民

民兵故事
闹元宵…………………………………………陈　颖
董存瑞威镇侯之山……………………………李宽定
青山常在………………………………………张玉龙
骄傲的彩虹（寓言）……………………………何　鹏
春蚕和蜘蛛（寓言）……………………………陈华强
悼吴晗师（诗）…………………………………王葶华
理想之歌（诗四首）………刘　古　叶　笛　徐　强
弹坑（诗）………………………………………蔡文祥
桃花泉边（诗）…………………………………韩棕树
"一号桥墩"（诗）………………………………汤世杰
年青的考古队员（外一首）……………………李黔滨
初春之夜（诗）…………………………………张斯侠
飘动的红领巾（诗二首）………………………鲁　聂

民歌七首…………………………陈学书　柯亭聪等
蹇先艾和他的创作（评论）………秦家伦　钱理群

评《刚刚摘下的橄榄》
赞美这样的爱情………………陈金铨　李德鹏
成功的心理描写…………………………李印堂
富有特色的细节描写……………………单洪根
关于寓言的一封信………………………李如松

小评论
读寓言《老鼠改成语》……………………林介夫
《这样的哭声》有特色……………………徐本礼

读者·作者·编者
我省召开少数民族文学史编写工作座谈会（简讯）
微雨（中国画）……………………………宋吟可
大理一塔寺（中国画）……………………孟光涛
书法………………………………………陈恒安
小鸡与一串红……………………………方小石

1979 年第 6 期　刊名:《山花》
目录

欢庆胜利，团结进军（社论）
——热烈祝贺贵州省文学艺术工作者第三次代表大会
的胜利召开
贵州省文学艺术工作者第三次代表大会隆重召开
贵州省文学艺术界联合会第三届委员会及各协会主
席、副主席、委员、理事名单

祝贺自卫还击战的伟大胜利
鸡的驳斥（诗）……………………………公　刘
学习自卫还击战英雄（诗）………………李独清
烽火篇（诗）………………………………丹　军
新战士方人民（特写）……………彭耀华　覃信刚
边境的母亲（散文）………………………高树彦

儿童文学专辑
我给星星打电话（儿歌六首）……俞伯秋　阮居平等
写故事人的故事（小说）…………………高　耕
我的拗爷爷（小说）………………………弋　人
二娃子和玉龙驹（红军故事）……………贾文德
第一次飞翔（童话）
　　　　　　[爱尔兰]欧弗拉赫蒂作　艾　湫译
星期天（小说）……………………………周青明
小飞（小说）………………………………陈国贤
红军歌谣………………………蒋国维　林　竹整理
黔东纪行（散文）………………………罗邦武　李　杰

风雪鄂西传尺书（散文）···翁淑馨口述 吴如嵩整理
捕捉天火的人（诗）·······················罗　马
花溪杂咏（诗）···························陈果青
苗岭乌江搭歌台（民歌八首）
　　　　　　　　兰　水　朱昭仲　农庆国等
青年泥水匠的心愿（诗）···················郑正强
蜻蜓和青蛙（诗）·························刘典忠
祝福（诗）·····························杨　山
温暖（诗）·····························张显华
山里人（诗）···························侯自佳
茨藜篇（诗六首）···········黄邦君　黄德乔等
长教源头活水来
　　——读戴明贤同志的几篇儿童小说·····张万明
古典诗歌中的比喻·······················凌今是
电影《火娃》的人物塑造及其他···········海　沙
诗话（三则）···········张　克　朱　曦　钟　法

杂谈·随笔

从梅兰芳学艺说起·······················李　今
万丈高楼从地起·························钟俾实
开掘"未被发现之点"···················李德谦
《拾零》的拾零·························艺　光
情真意切　真挚动人·····················肖　侃
喀布尔人···················〔印度〕泰戈尔

文艺简讯（三则）

班报委员（版画）···········（江苏）程　勉
新花（版画）···············（黑龙江）刘广海
春雨（版画）···············（四川）朱理存
儿童画五篇···················宋　雷　代　冰等

1979 年第 7 期　刊名:《山花》
目录

一个特别的学生（散文）···················王若飞
一篇新发现的王若飞佚文·················赵西林
从黔西南腾起的山鹰（报告文学）···王贤良　王立江
硬骨头战士谢国华（特写）···············何刀戈
蜜路（散文）···························刘礼贵
洋槐花开（散文）·······················严为礼
闲话犀牛洞（散文）·····················涂月僧
路边捡来的孩子（小说）·················温传昭
烧不化的金芦笙（小说）·················黄　放
山乡一夜（小说）·······················晓　青
徐霞客游黑山（小说）···················晏国琉
风筝的自由（寓言）·····················杨小蜂
小品二则···················黄瑞云　李　伟
怀念邓恩铭同志（诗）···················张　劲

海思（诗）·····························廖公弦
新时期抒情（诗）·······················杜　若
贵州瀑布（诗）·························刘岚山
石歌（诗）·····························刘智祥
八月竹（诗）···························君　羊
银碗又斟糯米酒（诗）···········（苗族）潘俊龄
乡土（诗）·····························李发模
山乡风貌（诗）·························陈智武
山路歌（诗）···························杨泽明
胜利属我们（诗）·······················王永俊
耕云曲（诗）···························徐　强
插秧（诗）···················舟　帆　晓　苗
七绝二首（诗）·························杜永红
"大妈不姓江"（小闹剧）···············李健吾
彝家的琴音和歌声（歌曲）···钟　华词　珈　珞编曲
四项基本原则与"双百"方针（短论）
　　　　　　　　　　　　本　忠　学　德
漫话《秋雨》（评论）···················李起超
读《文心雕龙·风骨》札记（评论）·······杨明兴

杂谈·随笔

有感于"照站不误"···········陈茂东　叶小文
从《基度山伯爵》重版想到的·······舒　英　张成觉
冶金裁衣，意多言少·····················希　古
福楼拜式的训练·························黄建春
勤奋学习的克雷洛夫·····················王文新
人民的好总理（版画）···················吴俊发
行军路上（版画）·······················吕　林
梅园春来花如雪（版画）·················李树勤
董老视察北大荒（版画）·················王　兰
抗日英雄赵一曼（版画）·················阎　风
《囚歌》插图之一——叶　挺（版画）···吴强年
科研新花（版画）·······················史继鸿

1979 年第 8 期　刊名:《山花》
目录

田乐大看戏·····························滕和叶
在马棚里·······························孙承庆
油菜籽、奖状和飞天·····················司马赤
厂长的烦恼·····························飞　天
朱丽叶·罗曼···················〔法〕莫泊桑
新一代最可爱的人（报告文学）···········伍元新
周总理永远活在各族人民心中·······（彝族）李　乔
水曲新音·······························涂尘野
贵州医疗队在几内亚（比绍）·············陈其林

诗歌

雄关飞越马蹄疾

词四首...蔡天心

长征歌谣...汤国富搜集整理

青枫坡...漆春生

故乡吟...陈 沂

怀念周总理...鲁 义

琴与剑...胡 康

山野短笛...廖梅翁

民歌八首.......................................牛 斗 龚晓宽等

清江行...黄建春

春水...张 克

杂咏...陈文涛

涨潮...程显谟

都柳江畔谱新歌...黄 亮

评论

更好地把握短篇小说的艺术特征.............................林钟美

人物分析与作品...叶 辛

根深叶茂

——谈陈恒安同志的书法艺术...............................陈训明

为《拾零》争鸣...张万明

杂谈·随笔

富有艺术魅力的光...王颖泰

动与静...李云飞

观桃园桃花所想到的.......................................陈立浩

一字之妙...润清云

玫瑰、夜莺、剑与火的歌唱.................................黄邦君

海涅诗五首...冯 至译

补白：甘蔗与白糖...刘福林

读者来信

美术

贵州省科普美展作品二幅...................................高先贵等

贵州省科普美展作品三幅...................................刘永祥等

灰金丝猴（雕塑）...刘万琪

1979 年第 9 期　刊名:《山花》
目录

小说·散文

逆暴风而进的小鸟

——记马绵征同志...连 文

摔碎的小提琴...黄尔康

下楼...雨 煤

开初那些日子...明 文

雄碑起木黄...田 兵

兔子与马赛跑...王满夷

诗歌

红云...刘智祥

赞张志新烈士...梁洪安

海滨杂咏...唐大同

诗词四首...魏朝真

江城子...杨德政

广场雷霆...罗 马

边地晨唱...杨泽明

哨兵的歌...余忠明

新长征路上

早行人...于 一

试车即景...刘凤亭

山乡爱情曲...张雪杉

深山喇叭...刘环成

配角...吕 笑

党的政策回乡里...汪德仲

乌江风情...漆春生

集市抒情...秦 云

扫帚·畚箕...杨远承

木叶声声...（布依族）弋良俊

戏剧

帽子（独幕话剧）...刘于夫

评论

漫谈科学幻想小说...建 安

评论中应有一个"我"

——读闻一多诗歌评论随笔.........................翟大炳 高树榕

且从纸上看乌江...李含凤

政治与艺术的杂感...何大堪

杂谈随笔

从平淡的生活现象谈起.....................................于世亮

议论人诗辩...李世全

补白：安电表小议...陈 文

文艺简讯（三则）

美术

人勤苗壮（中国画）.......................................陈敦品

农民画（四幅）.................................李兴华 韩庆龙等

林间（钢笔画）...王忠弟

1979 年第 10 期　刊名:《山花》
目录

热烈庆祝中华人民共和国建国三十周年
诗歌
十月的阳光
诗四首·····························廖公弦　王得一
词七首······赵德山　杨德政　胡廉夫　蔡天心　叶　笛
民歌六首············汛　河　王永明　谢金华　李隆汉
贵州风光
贵阳行（三首）···························毛　锜
车过娄山关·····························黎焕颐
台湾诗情·····························于忠信
人类在怎样地前进·························蔡　葵
夜曲·······························思　前
三听喇叭·····························涛　声
青春恋（五首）···········陈学书　李云飞　刘大林

小说
启蒙老师·····························陈国贤
路遇"刘公裁"·························黄振霞
春水涟漪·····························何士光
终身大事·····························章正远
芳芳和我们·····························杨兴成
和鲨鱼打交道的日子·····················卓　平
外国童话（二则）·······················季银庚译

散文
林海抒情·····························纪　芒
茅酒赋·······························黄　杨
笑颤颤的花·····························戴明贤
龙门春色·····························丹　军

歌曲
祖国大地尽春风·················李云棋词　邓承群曲

曲艺
进山莫问道（弹词）·················邓新志　邓新华
路边对话（灯词）·······················强卫民
说石山（书帽）·························阮居平
山寨月夜（清音）·······················朱礼敦
家（相声）·····························刘设庸

评论
关于文学真实性问题的探索·················虹　闻
涧水清流化诗情
——试论廖公弦诗的艺术特色·········雨　佳　莫贵阳
评中篇小说《这也是战争》·················张　灯

谁家的论调
——评《"歌德"与"缺德"》的一些观点······谭继贤
一股值得注意的"纠偏风"·················袁锦华
我国古典诗词与蒙太奇·····················海　沙

文艺简讯（二则）

美术
红梅（中国画）·························宋吟可
娄山关（中国画）·······················孟光涛
大地复甦（水印木刻）·····················吴家华
春雨（水印木刻）·······················刘宗河
建筑工人（雕塑）·······················孙利平
护短的妈妈（漫画）·····················曾健雄
隔海遥望未归人（木刻）·················田　力

1979 年第 11 期　刊名:《山花》
目录

小说
明烛照佳人·····························叶宗翰
邂逅·······························石　荔
"右倾"的爱情·························公　复
乔书记错点鸳鸯谱·····················酆远征
敲锣的人·····························剑　平

散文
梦中的记忆·····························字　心
镜子之歌·····························周青明
奢香和荞酥·····························胡孟雄

诗歌
啊！长江·····························杜　若
十月的阳光·····························岳德彬
乌江抒怀·····························陈佩芸
花蕾（四首）···········康武能　钟黔宁　邬锡金
旧体诗词（八首）·················雪　松　王和钧
吴静文　朱　曦　廖耀南
神箭的传说·····························钟文森
白雪与麦苗（外一首）·····················吴仲华
碎影·······························公　夫
打桩·······························罗　笑

评论
浅谈艺术真实的客观性·····················丹　枫
赏花断想——读近三年来《贵州文艺》《山花》的短篇
小说·······························文　烁
读诗杂记·····························张文勋

从"猘烂苹果"谈起⸺⸺⸺⸺⸺⸺⸺何积全
阅读与欣赏
哀惋的歌⸺⸺⸺⸺⸺⸺⸺⸺⸺伊 星
被出卖的埃米娜⸺⸺⸺[希腊]克塞诺普洛斯
奇花一枝别样开⸺⸺⸺⸺⸺⸺殷树成
文艺消息
百花争艳迎国庆
《贵州日报》就如何认识目前文艺形式开展讨论

美术

寒夜（油画）⸺⸺⸺⸺⸺⸺⸺张以玉
为什么（油画）⸺⸺⸺⸺⸺⸺吴光鼎
无辜者（油画）⸺⸺⸺⸺⸺⸺巫子强
桐油之乡（木刻）⸺⸺⸺⸺⸺胡贻孙
不受欢迎的"球赛"（漫画）⸺⸺曾宪阳

1979 年第 12 期　刊名:《山花》
目录

在中国文学艺术工作者第四次代表大会上的祝辞
⸺⸺⸺⸺⸺⸺⸺⸺⸺⸺⸺⸺邓小平
贵州革命烈士诗选（邓恩铭、王若飞、周逸群、黄齐
生等遗作）
村口⸺⸺⸺⸺⸺⸺⸺⸺⸺⸺映 春
珍贵的画幅⸺⸺⸺⸺⸺⸺⸺杨宗和
彭德怀将军之歌⸺⸺⸺⸺左一兵 涂介华
花红果⸺⸺⸺⸺⸺⸺⸺⸺⸺沈国凡
失眠及其他（四首）⸺⸺⸺⸺公 刘
花⸺⸺⸺⸺⸺⸺⸺⸺⸺⸺李 瑛
诗词二首⸺⸺⸺⸺⸺⸺⸺⸺张世珠
在共和国三十周岁的时候（外一首）⸺钟 华
建国三十周年⸺⸺⸺⸺⸺⸺⸺赵德山

新长征路上

春呵，你好⸺⸺⸺⸺⸺⸺⸺⸺何 锐
春到侗乡（三首）⸺⸺⸺⸺⸺陈佩芸
请喝一碗丰收酒⸺⸺⸺⸺⸺⸺张显华
我爱山中小路⸺⸺⸺⸺⸺⸺⸺钟 明
洗脚⸺⸺⸺⸺⸺⸺⸺⸺⸺⸺钟文森
游吧，银鱼（外一首）⸺⸺⸺⸺程显谟
侗乡山泉吟⸺⸺⸺⸺⸺⸺⸺⸺胡 康
奔马如飞（外一首）⸺⸺⸺⸺⸺阮居平
瀑布歌⸺⸺⸺⸺⸺⸺⸺⸺⸺刘福林
民歌小辑⸺⸺⸺谢金华 卢永虎 高德真等
过龙里⸺⸺⸺⸺⸺⸺⸺⸺⸺田 兵
情诗三首⸺⸺⸺⸺⸺⸺⸺⸺流沙河
自述⸺⸺⸺⸺⸺⸺⸺⸺⸺⸺王若望
诗词五首⸺⸺⸺⸺田君亮 李独清 陈梧山等

剑戟篇

少女、湖泊（十首）⸺白 云 培 贵 穆倍贤等
森林怨⸺⸺⸺⸺⸺⸺⸺⸺⸺崔笛扬
寻找什么（外一首）⸺⸺⸺⸺⸺李发模
鸟笼、小鸟和它们的主人（三首）⸺陈学书
还我草海⸺⸺⸺⸺⸺⸺⸺⸺⸺罗 马
边防曲（四首）⸺⸺⸺王贤良 杨泽明 吕瑞华
茅草赞（四首）⸺⸺⸺⸺周嘉堤 陈红雨等
随感录（十一首）⸺⸺黄邦君 岳德彬 阎于信等
真正的歌，真正的花⸺⸺⸺⸺⸺肖 岗
春雷，杨柳和积雪（三首）⸺⸺⸺刘智祥

旅游新韵

游踪（七首）⸺宫 玺 王冶新 朱吉成 君 羊等
西行诗草（三首）⸺⸺⸺⸺⸺⸺沈 耘
闪光的征途（三首）⸺⸺⸺⸺⸺漆春生
给牛喂水（外一首）⸺⸺⸺⸺⸺郑德明
拓荒者之歌（五首）⸺⸺⸺⸺叶 笛 徐 强等
儿童诗三首⸺⸺⸺⸺⸺⸺⸺⸺张秋生
小波波，我问你（儿歌二首）⸺周敬青 杨远承
山野短笛（五首）⸺⸺⸺⸺廖国松 黄 畅
诗的播种季节⸺⸺⸺⸺⸺⸺⸺陈 晏
艺品三题⸺⸺⸺⸺⸺⸺⸺⸺彭庆元
她和他（二首）⸺⸺⸺⸺⸺⸺⸺张 劲
绞架下的意愿⸺⸺⸺⸺⸺⸺⸺张斯侠
有了法律以后（外一首）⸺⸺⸺⸺胥忠国
悄悄话⸺⸺⸺⸺⸺⸺⸺⸺⸺于 一
情歌联唱⸺晓 乐 戚家驹 汛 河 代俄沟兔汝等
爱歌与恨歌（叙事诗）⸺⸺⸺⸺廖公弦
林泉曲（叙事诗）⸺⸺⸺⸺⸺⸺张 克
"苗家董存瑞"之歌⸺⸺⸺⸺⸺潘俊龄
贵州清代诗人郑珍、周起渭作品选

理论

我与新诗⸺⸺⸺⸺⸺⸺⸺⸺⸺蹇先艾
"小窗风雪立多时"⸺⸺⸺⸺⸺朱 曦
意境⸺⸺诗的生命⸺⸺⸺⸺⸺岳国钧
动人心弦的"呼声"⸺⸺⸺⸺⸺邓星荣
诗论小辑⸺⸺⸺⸺⸺⸺⸺⸺黄建春
春返苗山（木刻）

1980 年第 1 期　刊名:《山花》
目录

文代会归来

盛会漫记⸺⸺⸺⸺⸺⸺⸺⸺⸺蹇先艾
从北京回来⸺⸺⸺⸺⸺⸺⸺⸺肖家驹
我们的队伍向太阳⸺⸺⸺⸺⸺⸺俞百巍

任重道远 ································· 韦　翰
应为人民鼓与呼 ····················· 戴明贤
撒满珍珠的处女地上 ················· 杨路塔

评论
热情的鼓励　宝贵的建议
——黔剧《奢香夫人》在京演出的一次座谈 ··· 冀　洲
文讯二则

小说
黑豆队长 ····························· 张永龙
石磴 ································· 申　椒
晶莹的蓝宝石 ······················· 黄虹坚
他们最后吵了起来 ··················· 黎　歌
戏迷胡 ····························· 郑志洪

散文
草海啊，草海 ······················· 欧阳祖照
黔水飞虹 ····························· 晓　晨
灯 ································· 卓玉良
张青元和他的战士们（特写） ········· 潘柳蔚
买态度（小品） ····················· 陈　钟

诗歌
为了明天的思考（四首） ············· 穆倍贤
号角篇（二首） ····················· 陈志民
佛光 ································· 成再耕
竹乡 ································· 王建平
森林甜梦（二首） ··················· 王泽洲
高山和大海（二首） ················· 洪三泰
杀鸡令 ····························· 王雨谷

美术
娄山凯歌 ················· 孟庆湘画　梅　翁配诗
千梁万柱出林海（中国画） ··········· 李昌中
赤水太平渡（中国画） ··············· 王振中
夜（套色木刻） ····················· 谢光荣

1980 年第 2 期　刊名:《山花》
目录

电影文学剧本
敌营十八年 ··························· 唐佩琳

小说
弗洛思堡之夜 ······················· 建　安
她——咋啦? ······················· 周　熠
尺大姑 ····························· 赵基汉

散文

风物志
梵净访猴记 ··························· 周珍元

诗歌
处女地（外二首） ··················· 杜永红
在春天面前（三首） ····· 钟　阳　郑君华　陶文鹏
卷宗 ································· 张显华
造访贵阳地下公园 ··················· 方　达
姑娘和战士 ··························· 刘彻东
车辙 ································· 王晋军
玩具篇 ····························· 徐成淼

评论
《基度山伯爵》情节结构的特色 ······· 欧阳发
朴素中见深刻
——读张克同志的诗集《征程集》 ····· 熊冬华
言路
《屁颂》及其他 ····················· 宋金明
从狼毛的变换想到的 ················· 姚　政
强词夺理和从善如流 ················· 钟　法
省文联召开会议传达全国第四次文代会精神
文艺简讯一则

美术
文姬抚琴（中国画） ················· 杨小吾
凌霜雪而弥劲（中国画） ············· 方小石
节日（中国画） ····················· 何伊华
雨过天晴万象新（中国画） ··········· 杨守森

1980 年第 3 期　刊名:《山花》
目录

小说
侗寨春归时 ··························· 黄　放
金缕曲 ····························· 戴明贤
如何不如何 ··························· 杨兴成
狗娃子小传 ··························· 莫　夫
小比旅行记 ··························· 李佩瑜
年岁的智慧 ················· [法]阿拉托尔·法郎士

散文
和穷困苦战的地方 ··················· 秦　牧
他所惦记的 ··························· 字　心
螃蟹选职业（寓言） ················· 梁立松
奇怪的中医生（小品） ··············· 白　衣

诗歌

心声集（短诗二十二首）——————陈所巨　刘宝田
李竹　张兴　徐国志　弋良俊　成再耕　马合省
凌云　吕良才　赵春华　罗笑　杨大矛　陈学书
王泽洲　徐长林
春晨（二首）——————————————龚炜
枯死的春天——————————————沙鸥
追——————————————————崔笛扬
像珍惜我的青春似的——————————张廓
剑戟篇
如此转移——————————————洪茵
会————————————————————廖国松

评论

落墨布局　惨淡经营
——从鲁迅小说《药》谈短篇小说的"短"
——————————————王咏枫　张耀辉
白居易与元稹（文学史话）——————闻国新

新作小评

简评独幕话剧《帽子》——————————林介夫
喜读《探亲》————————————彭联柄
何时斩断此"官系"——————————阿芄

随笔

不搞"一勺烩"————————————谭继贤
"一个比喻一首诗"——————————单洪根
这样的"闲"笔————————————李德谦

美术

贵州国画院成立（文讯）——————发书
春谷新晨（中国画）————————翟启刚
春讯争先（中国画）————————蒋明泽
选笔（油画）————————————李自由
侗乡新绿（中国画）————————杨长槐
西北望长安　可怜无数山（木刻）——周发书

1980 年第 4 期　刊名:《山花》
目录

诗歌

诗谜（廖志惠　题图）————————廖公弦
不屈的魂魄——————————————陈佩芸
醒来了，青山——————————————罗马
春天的颜色（外四首）（张士申　题图）——杜永红
侨乡拾翠（三首）——————————韦丘
露珠哪去了（石俊生　插图）————崔合美
龙骨车——————————————黄邦君

会拍马的蚂蚁（外一首）（张士申插图）
————————————————鲁行　范建国
独山答问——————————————刘智祥
题子苾夫人《涉江诗、词稿》遗著，寄慰千帆
————————————————朱光潜
读沈祖棻同志遗著《涉江词稿》《涉江诗稿》
————————————————荒芜
早早诗——————————沈祖棻　子苾遗著

小说

历史的断层（于冬云　插图）————公复
恋歌（陈筑培　插图）————————黄钲
匆匆过客（马荣华　插图）—————路遥
唉，万金油！（宋剑锋　插图）———郾远征
假戏真做——————————————段荃法
秋枫叶红——————————————余力
拉丁文问题（廖志惠　插图）——[法]莫泊桑

民间文学

周渔璜的故事——————————安文新整理

评论

摆正文艺和政治的关系————————林钟美
彝汉团结的赞歌　评黔剧《奢香夫人》
————————————————郭汉城　沈尧
评《我们这一代年轻人》——————王梧　杨思民
"三年无改于父之道"？——————朱曦
也谈"对号入座"——————————文蒙
为杂文争一席之地—————————龙炘成
作协贵州分会召开文艺与政治关系讨论会（文艺消
息）————————————————鲁者

美术

雨后春光分外明（中国画）—————孟光涛
蕉叶有意伴荆花（中国画）—————吴乾惠
春（中国画）————————————黄天虎

1980 年第 5 期　刊名:《山花》
目录

小说

月有阴晴圆缺（插图廖志惠）————马文骏
要留清白在人间（插图张士申）———张永龙
过时的风景（两篇）（插图董克俊）—韦翰
气功神威录————————————嵇信群
疯子的饰物————————————王黔生

散文

情满天华山……………………汪文科
生活的和弦……………………白　凌
只考虑"大事"（寓言）………桂国强
黄鹂学唱（寓言）……………叶　树
书记"试验田"（小品文）……张西铭

阅读欣赏

资本主义社会的真实写照……柏　森
出声的思想（插图张正刚）
………………[意大利]阿·莫拉维亚
中人（插图张正刚）……[意大利]阿·莫拉维亚

诗歌

江南纪行（五首）……………钟　华
爱的琴弦（七首）……………韩作荣
崔笛扬　柯愈勋　王　野
词二首…………………………赵西林
高高的山上（二首）…………孙友田
谒王若飞同志故居……………寒　星
他的名字是一个问号…………尹在勤
春风，春光……………………梁谢成
迷信与科学（外一首）………黄　畅
浮想篇（四首）………………黄邦君
纤夫号子（外一首）…………漆春生

评论

九省、区文艺期刊编辑工作者的一次盛会…本刊记者
从社会主义文艺的特点看文艺与政治的关系…何积全

新作小评

谈《黑豆队长》的笔调………罗建明
感人的《摔碎的小提琴》……秦玉明
《邂逅》的艺术特色…………张万明

随笔

《拾零》续篇…………………伊　星
尊重纸上的人物………………薛炎文
独创一格………………………陈训明
简讯

美术

侗寨秋艳（木刻）……………吴家华
星心相映（木刻）……………钟清伟
百年树人（篆刻）……………戴明贤
不拘一格（篆刻）……………王得一
为有牺牲多壮志（篆刻）……未乾惠
乘风破浪（篆刻）……………陈挺欧
冯济泉书法

1980 年第 6 期　刊名:《山花》

目录

小说

长刺的兰草……………………张西铭
49 张退稿笺…………………史宏拯
马蓼花………………………王晓楚
秤……………………………柳　邦
捕"蛇"记…………………余德庄

散文

记念爸爸张霖之………………张克菲
唐德海和他的歌………（苗族）潘俊龄

风物志

跳花会…………………（布依族）罗国凡

诗歌

拾彩贝（儿歌七首）………戴世光　高晨钟
文　丙　周嘉堤　吕良才　邓元杰　张秋生
海恋（三首）…………………陈学书
云海（外一首）………………贺羡泉
会见邓大姐……………………李侠公
赞迎春画展……………………刘凤亭
秋叶（四首）…………（布依族）王泽洲
根、大山………………………培　贵
害羞草（外一首）……………王贤良
百灵鸟儿唱了…………………白　云
矿石的启示（外一首）………六　赫
春雷……………………………李黔滨

民间文学

苗族情歌（三首）……………（苗族）岩　公
张凤宝唱　（苗族）唐春芳整理
金凤凰飞过水寨………（水族）王老和唱　杨有义整理
仙石（彝族民间故事）………（彝族）安文新整理
简文柱的故事…………（苗族）唐德海遗作
（苗族）喜　农整理
猫（非洲童话）………………季银庚译

评论

繁荣民族文艺　促进四化建设………卓　钺
浅说文艺的政治功能…………陈锐锋
把文学期刊办得更有生气（文艺消息）

评李发模的诗

崭露头角的新人………………廖公弦
散发乡土气息的诗……………秦家伦

作协贵州省分会召开李发模诗歌讨论会┈┈┈┈何　锐

杂文

不倒翁的哲学┈┈┈┈┈┈┈┈┈┈┈┈┈辛宏仁
西红柿的联想┈┈┈┈┈┈┈┈┈┈┈┈┈辛宏仁
闲话"美人年"┈┈┈┈┈┈┈┈┈┈┈┈┈彭献中
"脊梁"漫议┈┈┈┈┈┈┈┈┈┈┈┈┈┈盛荣高

美术

夔凤图（光敏画）┈┈┈┈┈┈┈┈┈┈┈张幼农
静（光敏画）┈┈┈┈┈┈┈┈┈┈┈┈┈黄　健
春雨（光敏画）┈┈┈┈┈┈┈┈┈┈┈┈巫子强
白水河瀑布（光敏画）┈┈┈┈┈┈┈┈┈彭香忠
演员在角色中（光敏画）┈┈┈┈┈┈┈┈钱文观

从"黑豆"说开去┈┈┈┈┈┈┈┈┈┈┈┈弋　人
贞娜是怎样堕落的┈┈┈┈┈┈┈┈┈┈┈杜　郁
文艺与政治关系我见┈┈┈┈┈┈┈┈┈┈迅　生

随笔

妙玉式的刀斧手可以休矣┈┈┈┈┈┈┈┈蔚　桦
维纳斯断臂之谜┈┈┈┈┈┈┈┈┈┈┈┈石延寿
文艺简讯：中国文艺研究会贵州分会成立、省文联各
协会召开会议进一步贯彻全国第四次文代会精神

美术

宋吟可近作
雨霁（中国画）
红梅（中国画）
蔡文姬（中国画）

1980 年第 7 期　刊名:《山花》
目录

小说

山林恋┈┈┈┈┈┈┈┈┈┈┈┈┈┈┈┈何士光
中秋月┈┈┈┈┈┈┈┈┈┈┈┈┈┈┈┈李宽定
山里人┈┈┈┈┈┈┈┈┈┈┈┈（侗族）袁仁琮
风雨桥头┈┈┈┈┈┈┈┈┈┈┈（侗族）刘荣敏
迎嘉宾┈┈┈┈┈┈┈┈┈┈┈┈┈┈┈┈司马赤
掌瓢师傅┈┈┈┈┈┈┈┈┈┈┈┈┈┈┈邓德礼

诗歌

新人诗页
早熟的杏子（外四首）┈┈┈┈┈┈┈┈┈钟　阳
青天（四首）┈┈┈┈┈┈┈┈┈┈┈┈┈施春彩
边关战士情（三首）┈┈┈┈┈┈┈┈┈┈马合省
水牛的角（外一首）┈┈┈┈┈┈┈┈┈┈龚　炜
海祭┈┈┈┈┈┈┈┈┈┈┈┈┈┈┈┈┈施春彩
安源煤的自述┈┈┈┈┈┈┈┈┈┈┈┈┈沈良意
斩不断的琴弦┈┈┈┈┈┈┈┈┈┈┈┈┈蒋人初
逮捕令签署之前┈┈┈┈┈┈┈┈┈┈┈┈胥忠国
蓝天白云间┈┈┈┈┈┈┈┈┈┈┈┈┈┈阿　红
大海妈妈（外一首）┈┈┈┈┈┈┈┈┈┈朱吉成
乡恋（两首）┈┈┈┈┈┈┈┈┈┈┈┈┈黎焕颐

风物志

忆乡行┈┈┈┈┈┈┈┈┈┈┈┈┈┈┈┈冯梅江
故乡的灯会┈┈┈┈┈┈┈┈┈┈┈┈┈┈傅天华

理论

为培养社会主义新人作出贡献
——全省文艺、文化工作会议情况简述┈┈奔　众
读宋吟可的画┈┈┈┈┈┈┈┈┈┈┈┈┈王树艺

1980 年第 8 期　刊名:《山花》
目录

小说

韭菜叶宽宽┈┈┈┈┈┈┈┈┈┈┈┈┈┈剑　平
王老太太┈┈┈┈┈┈┈┈┈┈┈┈┈┈┈林贵祥
"招婿榜"┈┈┈┈┈┈┈┈┈┈┈┈┈┈┈吴汝松
涮坛子┈┈┈┈┈┈┈┈┈┈┈┈┈┈┈┈王亚光
直立梯┈┈┈┈┈┈┈┈┈┈┈[英国]威廉·桑沙姆

散文

悼念劳郭同志┈┈┈┈┈┈┈┈┈┈┈┈┈邢立斌
不应该忘记的人┈┈┈┈┈┈┈┈┈┈┈┈蹇先艾
继华的性格┈┈┈┈┈┈┈┈┈┈┈┈┈┈谢六逸
刺梨遐思┈┈┈┈┈┈┈┈┈┈┈┈┈┈┈戴明贤
名师与高徒（特写）┈┈┈┈┈┈┈┈┈┈浩　熙

诗歌

在车厢里写的诗（外一首）┈┈┈┈┈┈┈邵燕祥
万物在渐变、突变┈┈┈┈┈┈┈┈┈┈┈顾　工
飞翔吧，祖国┈┈┈┈┈┈┈┈┈┈连亚云　刘映春
聂鑫森　王　野　张雄龙　刘汝林
苔（外一首）┈┈┈┈┈┈┈┈┈┈┈┈┈纪　宇
访友（外一首）┈┈┈┈┈┈┈┈┈┈┈┈方　晴
艺苑书简┈┈┈┈┈┈┈┈┈┈┈┈┈┈┈高伐林
漩涡┈┈┈┈┈┈┈┈┈┈┈┈┈┈┈┈┈李发模
葡萄上架┈┈┈┈┈┈┈┈┈┈┈┈┈┈┈张建勋
石壁上的小松┈┈┈┈┈┈┈┈┈┈┈┈┈陈所巨
棕榈（散文诗）┈┈┈┈┈┈┈┈┈┈┈┈李　耕
讽刺诗二首┈┈┈┈┈┈┈┈┈┈┈王满夷　胡学武

民间文学

司尼陆和谷尕杜笛┈┈┈┈┈┈┈┈┈┈┈燕　宝

愚蠢的渔翁（寓言） ⋯⋯⋯⋯⋯⋯⋯⋯ 朱健平

评论
陆游与唐婉 ⋯⋯⋯⋯⋯⋯⋯⋯⋯⋯⋯ 闻国新
要有"自己的声音" ⋯⋯⋯⋯⋯⋯⋯⋯ 朱先树
黄齐生和他的诗文 ⋯⋯⋯⋯⋯⋯⋯⋯ 裴　钟
谈洪世清同志的画 ⋯⋯⋯⋯⋯⋯⋯⋯ 杨长槐

言路
重读《滕王阁序》有感 ⋯⋯⋯⋯⋯⋯ 朱　曦
"圈阅"利弊略考 ⋯⋯⋯⋯⋯⋯⋯⋯⋯ 叶小文
"敲门砖"及其他 ⋯⋯⋯⋯⋯⋯⋯⋯⋯ 辰　雨
读者来信：引用古典要准确 ⋯⋯⋯⋯ 陈世明
罗军同志逝世

美术
鹰（中国画） ⋯⋯⋯⋯⋯⋯⋯⋯ 潘天寿遗作
水牛（中国画） ⋯⋯⋯⋯⋯⋯⋯⋯⋯ 洪世清
梦酣（中国画） ⋯⋯⋯⋯⋯⋯⋯⋯⋯ 洪世清

1980 年第 9 期　刊名：《山花》
目录

小说
虔诚的"罪人" ⋯⋯⋯⋯⋯⋯⋯⋯⋯⋯ 斯　人
汤姆的吻 ⋯⋯⋯⋯⋯⋯⋯⋯⋯⋯⋯⋯ 王黔生
遮荫树 ⋯⋯⋯⋯⋯⋯⋯⋯（彝族）苏晓星
幸福在哪里 ⋯⋯⋯⋯⋯⋯⋯⋯⋯⋯⋯ 张永龙
食品站长 ⋯⋯⋯⋯⋯⋯⋯⋯⋯⋯⋯⋯ 王达真
兰花烟 ⋯⋯⋯⋯⋯⋯⋯⋯⋯（彝族）安文新

散文
晨 ⋯⋯⋯⋯⋯⋯⋯⋯⋯⋯⋯⋯⋯⋯⋯ 陈先喜
蚕 ⋯⋯⋯⋯⋯⋯⋯⋯⋯⋯⋯⋯⋯⋯⋯ 易允武
鬼斧神工者斗洞 ⋯⋯⋯⋯⋯⋯⋯⋯⋯ 周青明

诗歌
新人诗页
黑夜与黎明（组诗） ⋯⋯⋯⋯⋯⋯⋯ 杜永红
我爱生活（三首） ⋯⋯⋯⋯⋯⋯⋯⋯ 王建平
柳·月光 ⋯⋯⋯⋯⋯⋯⋯（布依族）王泽洲
风景画 ⋯⋯⋯⋯⋯⋯⋯⋯⋯⋯⋯⋯⋯ 陈春琼
化石及其他（三首） ⋯⋯⋯⋯⋯⋯⋯ 张永权
北戴河杂咏 ⋯⋯⋯⋯⋯⋯⋯⋯⋯⋯⋯ 钟敬文
写在张秀眉的故乡（二首） ⋯⋯⋯⋯ 彭庆元
深情的花果（二首） ⋯⋯⋯⋯⋯⋯⋯ 程显谟
在历史的河滩上（二首） ⋯⋯⋯⋯⋯ 张显华
火花集 ⋯⋯⋯⋯⋯⋯⋯⋯⋯⋯⋯⋯⋯ 张斯侠

挑·顶（讽刺诗二首） ⋯⋯⋯⋯⋯⋯⋯ 罗绍书

评论
艺术中的美与丑 ⋯⋯⋯⋯⋯⋯⋯⋯⋯ 何大堪
精巧的剪裁　细致的刻划
　　——评《弗洛恩堡之夜》 ⋯⋯⋯⋯ 钟孝甫
"青春作伴好还乡"
　　——读柳亚子两封信墨迹 ⋯⋯⋯⋯ 陈恒安
柳亚子墨迹保存者来信摘抄 ⋯⋯⋯⋯ 陈世富

随笔
读稿随感 ⋯⋯⋯⋯⋯⋯⋯⋯⋯⋯⋯⋯ 熊冬华
作家呵，请写出灵魂的真实 ⋯⋯ 郑珺　解铃

文苑佳话
《牛虻》与苏格拉底　"去问一棵梅树它怎样产生梅子吧"　画"火"的启示　王羲之练字
　　　　　　吴遵林　章邦鼎　管远祚

美术
青岛宾馆（油画） ⋯⋯⋯⋯⋯⋯⋯⋯ 蒙绍华
青岛写生（油画） ⋯⋯⋯⋯⋯⋯⋯⋯ 张正刚
乌江电站工地（油画） ⋯⋯⋯⋯⋯⋯ 张世申
春雨（水彩） ⋯⋯⋯⋯⋯⋯⋯⋯⋯⋯ 田宇高
青年演员（油画） ⋯⋯⋯⋯⋯⋯⋯⋯ 向　光

1980 年第 10 期　刊名：《山花》
目录

人世的烟尘 ⋯⋯⋯⋯⋯⋯⋯⋯⋯⋯⋯ 石　定
月亮对着月亮 ⋯⋯⋯⋯⋯⋯⋯⋯⋯⋯ 刘心武
黎明时更难入睡 ⋯⋯⋯⋯⋯⋯⋯⋯⋯ 孙承庆
账 ⋯⋯⋯⋯⋯⋯⋯⋯⋯⋯⋯⋯⋯⋯⋯ 夏秦豫
军长来视察 ⋯⋯⋯⋯⋯⋯⋯⋯⋯⋯⋯ 斯　人
今夕是何年 ⋯⋯⋯⋯⋯⋯⋯⋯⋯⋯⋯ 何士光
幽谷百合 ⋯⋯⋯⋯⋯⋯⋯⋯⋯⋯⋯⋯ 杨胜利
青竹林来苦竹丫 ⋯⋯⋯⋯⋯（布依族）罗国凡
在崎岖的小道上 ⋯⋯⋯⋯⋯⋯⋯⋯⋯ 张建国
孤雁还乡 ⋯⋯⋯⋯⋯⋯⋯⋯⋯⋯⋯⋯ 徐　卫

编者的话
《王树艺术刻选集》序 ⋯⋯⋯⋯⋯⋯⋯ 李　桦
王树艺术刻选（五幅）

1980 年第 11 期　刊名:《山花》
目录

人啊，人 ⋯⋯⋯⋯⋯⋯⋯⋯⋯⋯⋯⋯⋯⋯ 张永龙
甘家埫的甘大爷 ⋯⋯⋯⋯⋯⋯⋯⋯⋯⋯⋯ 周克芹
雁回飞 ⋯⋯⋯⋯⋯⋯⋯⋯⋯⋯⋯⋯⋯⋯⋯ 鄷远征
醒来 ⋯⋯⋯⋯⋯⋯⋯⋯⋯⋯⋯⋯⋯⋯⋯⋯ 何光渝
爱之弦 ⋯⋯⋯⋯⋯⋯⋯⋯⋯⋯⋯⋯⋯⋯⋯ 黄　放
当太阳落下 ⋯⋯⋯⋯⋯⋯⋯⋯⋯⋯⋯⋯⋯ 薄　非
波光粼粼 ⋯⋯⋯⋯⋯⋯⋯⋯⋯⋯⋯⋯⋯⋯ 赵基汉
银河苑 ⋯⋯⋯⋯⋯⋯⋯⋯⋯⋯⋯⋯⋯⋯⋯ 公　复
台词 ⋯⋯⋯⋯⋯⋯⋯⋯⋯⋯⋯⋯⋯⋯⋯⋯ 司马赤
河水清亮亮 ⋯⋯⋯⋯⋯⋯⋯⋯⋯⋯⋯⋯⋯ 剑　平
众星闪灼
——《青年作者小说专号》编后 ⋯⋯⋯⋯ 柏　森
百尺竿头　更进一步
——记何士光作品讨论会 ⋯⋯⋯⋯⋯⋯ 杜　郁
谈何士光的小说 ⋯⋯⋯⋯⋯⋯⋯⋯⋯⋯⋯ 肖　侃
省青年美展作品选登（三幅） ⋯⋯⋯⋯⋯ 平　沉等

1980 年第 12 期　刊名:《山花》
目录

小说
飘落的枫叶 ⋯⋯⋯⋯⋯⋯⋯⋯⋯⋯⋯⋯⋯ 徐　卫
深深的山谷 ⋯⋯⋯⋯⋯⋯⋯⋯⋯⋯⋯⋯⋯ 肖　茅
彭老三趣事 ⋯⋯⋯⋯⋯⋯⋯⋯（土家族）孙健忠
父与女 ⋯⋯⋯⋯⋯⋯⋯⋯⋯⋯⋯⋯⋯⋯⋯ 李宽照
绣花枕头 ⋯⋯⋯⋯⋯⋯⋯⋯⋯⋯（彝族）安文新

散文
祖国情思 ⋯⋯⋯⋯⋯⋯⋯⋯⋯⋯⋯⋯⋯⋯ 孔捷生
月光（外一则） ⋯⋯⋯⋯⋯⋯⋯⋯⋯⋯⋯ 陈伟平
野渡 ⋯⋯⋯⋯⋯⋯⋯⋯⋯⋯⋯⋯⋯⋯⋯⋯ 刘克钧
高高山上崩龙人 ⋯⋯⋯⋯⋯⋯⋯ 柏鸿鹄　杨　昭
愚婆磨杵（寓言） ⋯⋯⋯⋯⋯⋯⋯⋯⋯⋯ 叶　树
也是工作需要（小品文） ⋯⋯⋯⋯⋯⋯⋯ 班程农

民间故事
妹妹箫 ⋯⋯⋯⋯⋯⋯⋯⋯⋯⋯⋯⋯⋯⋯⋯ 萧　声

诗歌
黄果树抒情（组诗） ⋯⋯⋯⋯⋯⋯⋯⋯⋯ 梅　翕
心中的歌（组诗） ⋯⋯⋯⋯⋯⋯⋯⋯⋯⋯ 傅天琳
岸边（组诗） ⋯⋯⋯⋯⋯⋯⋯⋯⋯⋯⋯⋯ 张　克
贵州行（二首） ⋯⋯⋯⋯⋯⋯⋯⋯⋯⋯⋯ 方　敬
爱情的末班车（外一首） ⋯⋯⋯⋯⋯⋯⋯ 蔚　桦

散文诗一束 ⋯⋯⋯⋯⋯⋯⋯⋯⋯⋯⋯⋯⋯ 余薇野
塔梦（散文诗） ⋯⋯⋯⋯⋯⋯⋯⋯⋯⋯⋯ 罗文亮
彩色的露珠（短诗丛） ⋯⋯⋯⋯⋯ 蒋人初　施春彩
叶曙光　何　鹰　周树仁　倩　晴　洪　茵　刘福林
吴仲华　王　丰　杜　若　弋　玮等

评论
我省少数民族作家的盛会
——贵州少数民族文学创作会议记 ⋯⋯⋯ 杜　郁
"到延安去"
——《贺敬之和他的诗》之一章 ⋯⋯ 尹在勤　孙光萱
读诗集《带线条的情书》 ⋯⋯⋯⋯⋯⋯⋯ 傅　活
红白喜事及其他（言路） ⋯⋯⋯⋯⋯⋯⋯ 鄂　梦
优孟及其他（言路） ⋯⋯⋯⋯⋯⋯⋯⋯⋯ 李　晓
片玉集 ⋯⋯⋯⋯⋯⋯⋯⋯⋯⋯⋯ 李怀埙　龙文彬等

1981 年第 1 期　刊名:《山花》
目录

新花似锦　人材辈出
——贵州省文艺创作授奖大会隆重举行 ⋯⋯ 本刊记者

小说·散文
降压灵 ⋯⋯⋯⋯⋯⋯⋯⋯⋯⋯⋯（纳西族）和国正
菊黄色的梦 ⋯⋯⋯⋯⋯⋯⋯⋯⋯⋯⋯⋯⋯ 蒋　韵
感伤的恋曲 ⋯⋯⋯⋯⋯⋯⋯⋯⋯⋯⋯⋯⋯ 涂　冰
邻居 ⋯⋯⋯⋯⋯⋯⋯⋯⋯⋯⋯⋯⋯⋯⋯⋯ 陈先喜
忆林青 ⋯⋯⋯⋯⋯⋯⋯⋯⋯⋯⋯⋯⋯⋯⋯ 王树艺
野玫瑰与黑郡主（中篇小说连载） ⋯⋯⋯ 李必雨

诗歌
处女地上的春笋（六人处女作） ⋯⋯⋯⋯ 彭世庄
刘　敏　艾　民　方　晓　东方渔笛　白映泉
昆明拾遗（三首） ⋯⋯⋯⋯⋯⋯⋯⋯⋯⋯ 廖公弦
琴·孔雀舞 ⋯⋯⋯⋯⋯⋯⋯⋯⋯⋯⋯⋯⋯ 杨　山
雷公山漫歌（三首） ⋯⋯⋯⋯⋯⋯⋯⋯⋯ 君　羊
银河恋 ⋯⋯⋯⋯⋯⋯⋯⋯⋯⋯⋯⋯⋯⋯⋯ 任启江
青春曲 ⋯⋯⋯⋯⋯⋯⋯⋯⋯⋯⋯⋯⋯⋯⋯ 麦　紫
动物诗四首 ⋯⋯⋯⋯⋯ [美]保罗·安格尔　荒　芜译

评论
深沉·浑厚
——评何士光的短篇小说 ⋯⋯⋯⋯⋯⋯⋯ 刘锡诚
感受·理解·表达
——关于《乡场上》的写作 ⋯⋯⋯⋯⋯⋯ 何士光
愿这样的悲剧不再重演 ⋯⋯⋯⋯⋯⋯ 易　农　奔　众
挖掘人的灵魂 ⋯⋯⋯⋯⋯⋯⋯⋯⋯⋯⋯⋯ 高进贤
彩笔绘山河 ⋯⋯⋯⋯⋯⋯⋯⋯⋯⋯⋯⋯⋯ 乎　石

《白居易与元稹》一文的两点辨正 —————— 刘维冶

美术
孟光涛作品选登（四幅）

1981 年第 2 期 刊名：《山花》
目录

小说·散文
蔡达夫妇的双重生活 —————————————— 徐 卫
幸福进行曲 —————————————————— 薄 非
少年行 ——————————————————— 母国政
门声 ———————————————————— 袁 浪
离婚 ———————————————————— 王黔生
纽约高楼里的奢望（纽约札记之一）————— 龙永图
三进桃花村 ————————————————— 赵 林
野玫瑰与黑郡主 ——————————————— 李必雨

诗歌
村野三章 —————————————————— 晏 明
深山战士情（三首）—————————————— 马合省
落日（外一首）———————————————— 张志鹏
海恋（二首）————————————————— 石永言
破冰船 ——————————————————— 龚 炜
山泉 ———————————————————— 钟 阳
星的梦（散文诗）——————————————— 李 耕
思索的星 ———— 杜永红 王建平 张 劲 许鑫荣

评论
奋斗中崛起
——叶辛作品讨论会简记 ———————————— 杜 郁
在创作的道路上 ——————————————— 叶 辛
《风凛冽》漫谈 ————————————— 虹 闻 瑞 丰

文艺随笔
关于小说标题 ————————————————— 蹇先艾
诗苑一得 —————————————————— 蔚 桦
看贵州国画院首届画展有感 —————————— 潘中亮

1981 年第 3 期 刊名：《山花》
目录

小说
风，在山谷屋呼啸 —————————————— 赵基汉
榜样 ———————————————————— 陈先喜
细雨霏霏 —————————————————— 杨兴成
贺喜 ———————————————————— 庞本驹

安琪儿 ——————————————————— 张文钧
野玫瑰与黑郡主（中篇小说连载）—————— 李必雨

诗歌
被黑布蒙住眼的人（组诗）—————————— 周嘉堤
棉袄的弹洞 ————————————————— 曲有源
高高的黄果树（外一首）——————————— 兰 疆
雪 ————————————————————— 王小妮
校园诗笺 —————————————————— 漆春生
沐瀑（外一首）———————————————— 叶 笛
心灵的帆（旅游诗丛）———————————— 王泽洲
罗迎贤 陈佩芸 郑德明 施春彩 杜 若

评论
寸心篇
我是怎么写《呼声》的 ———————————— 李发模
鸿雁何日再飞来
——评《雁南飞》———————————————— 李含凤
镂刻人物的灵魂
——喜读徐卫的两个短篇 ——————————— 龙炘成
"后劲"与"厚积" ——————————————— 郭 超

言路
由"牛棚"想到的 ——————————————— 代 劫
爱材，识材，用材 —————————————— 钟 法
站着写的启示（文艺随笔）—————————— 阿 芃
全国书法展览介绍 —————————————— 陈恒安

美术
全国第一届书法篆刻作品选登 ———————— 陈恒安等
思凡 ———————————————————— 杨国勋

1981 年第 4 期 刊名：《山花》
目录

小说
野玫瑰与黑郡主（中篇小说连载）—————— 李必雨
人心难测 —————————————————— 涂尘野
绿梦 ———————————————————— 戴明贤
交班的时候 ————————————————— 邢立斌
陨落的流星 ————————————————— 雨 煤
乌呐和宝马 ——————————————（彝族）苏晓星
跑道，从脚下起 ——————————————— 巴 迅

散文
"甲壳虫"歌王之死 —————————————— 龙永图
向"探索者"探索 ————————— 张静枫 周青明
目光 ———————————————————— 龙志毅

莫明的悲剧
——记一桩离奇的案件⋯⋯⋯⋯⋯⋯⋯丹　军

美术

刘万琪作品选
美的发现（评介）⋯⋯⋯⋯⋯⋯⋯⋯鄂　梦

1981 年第 5 期　刊名:《山花》
目录

小说·散文

悲痛与回想——悼念茅盾同志⋯⋯⋯⋯蹇先艾
窠巢⋯⋯⋯⋯⋯⋯⋯⋯⋯⋯⋯⋯⋯林　杉
树叶沙沙响⋯⋯⋯⋯⋯⋯⋯⋯⋯⋯鸽　子
男婚女嫁⋯⋯⋯⋯⋯⋯⋯⋯⋯⋯⋯石　荔
不解之缘⋯⋯⋯⋯⋯⋯⋯⋯⋯⋯⋯韦　翰
怀南道中⋯⋯⋯⋯⋯⋯⋯⋯⋯⋯⋯徐　卫
风尘⋯⋯⋯⋯⋯⋯⋯⋯⋯⋯⋯⋯何士光
小镇新事⋯⋯⋯⋯⋯⋯⋯⋯⋯⋯廖公弦
赔情⋯⋯⋯⋯⋯⋯⋯⋯⋯⋯⋯⋯⋯老　初
侗乡散记（散文）⋯⋯⋯⋯⋯⋯⋯赵国青

诗歌

走向生活（组诗）⋯⋯⋯⋯⋯⋯⋯董佳佳
黎明集（三首）⋯⋯⋯⋯⋯⋯⋯⋯刘汝林
山魂⋯⋯⋯⋯⋯⋯⋯⋯⋯⋯⋯⋯黄东成
争论⋯⋯⋯⋯⋯⋯⋯⋯⋯⋯⋯⋯郭沫勤
竹·云·月（散文诗三首）⋯⋯⋯⋯姚　衡
瀑布·长城（旧体诗二首）⋯⋯刘凤亭　李侠公
彩色的星星（短诗丛）⋯⋯王　丰　康武能　罗　马
穆倍贤　马合省　李发模　阮居平　管　乐　顾　城
胥忠国　段春林　钟　明等

评论

让社会主义新人出现在作家笔下
——读《山花》近两年发表的短篇小说
⋯⋯⋯⋯⋯⋯⋯⋯⋯奔　众　易　农
和青年作家谈美学⋯⋯⋯⋯⋯⋯⋯王世德
总结经验，乘胜前进——本刊编辑部召开小说、诗歌
创作座谈会⋯⋯⋯⋯⋯⋯⋯⋯⋯本刊记者
漫评《野玫瑰与黑郡主》⋯⋯⋯⋯伊　星
诗话四则⋯⋯⋯⋯⋯⋯⋯⋯⋯⋯宋　垒
诗论诗⋯⋯⋯⋯⋯⋯⋯⋯⋯⋯⋯邵　苏
请安"纱窗"（杂文）⋯⋯⋯⋯⋯辰　雨

美术

田宇高水彩画选
水粉二张⋯⋯⋯⋯⋯⋯⋯⋯⋯⋯殷树成

1981 年第 6 期　刊名:《山花》
目录

小说·散文

天国恨（长篇历史小说选载）⋯⋯顾汶光　顾朴光
从黎明到夜晚（小说三篇）⋯⋯⋯⋯吴雨初
妈妈的警告⋯⋯⋯⋯⋯⋯⋯⋯⋯⋯闻　胜
最后一套嫁衣⋯⋯⋯⋯⋯⋯⋯⋯滕剑鸣
城中之城⋯⋯⋯⋯⋯⋯⋯⋯⋯⋯龙永图
雪花梨⋯⋯⋯⋯⋯⋯⋯⋯⋯⋯⋯字　心
不死的竹⋯⋯⋯⋯⋯⋯⋯⋯⋯⋯童绥福

诗歌

小花朵的邀请（儿歌）⋯⋯王宜振　陈学书等
赤水之春⋯⋯⋯⋯⋯⋯⋯⋯刘　敏　庄广镇等
山野诗笺（二首）⋯⋯⋯⋯⋯⋯⋯贺羡泉
文艺之春（七律）⋯⋯⋯⋯⋯⋯⋯刘顺慈
花溪小唱（七绝）⋯⋯⋯⋯⋯⋯⋯涂月僧
雪线春歌⋯⋯⋯⋯⋯⋯⋯⋯⋯⋯戴安常
三叠泉瀑布⋯⋯⋯⋯⋯⋯⋯⋯⋯郭　廓
被黑布蒙住眼睛的人（二首）⋯⋯周嘉堤
贵阳小令（二首）⋯⋯⋯⋯⋯⋯⋯邵　甦
露珠⋯⋯⋯⋯⋯⋯⋯⋯⋯⋯⋯⋯金鸿为
池塘⋯⋯⋯⋯⋯⋯⋯⋯⋯⋯⋯⋯公　天
洒水车⋯⋯⋯⋯⋯⋯⋯⋯⋯⋯⋯王新民

评论

努力塑造新时期的少年儿童形象（短论）
⋯⋯⋯⋯⋯⋯⋯⋯⋯于　意　谢德风
要有一颗赤子之心⋯⋯⋯⋯⋯⋯⋯何士光
生活，美——创作随想⋯⋯⋯⋯⋯雨　煤
农村新人的赞歌
——记雨煤同志作品讨论会⋯⋯⋯何彩孝

1981 年第 7 期　刊名:《山花》
目录

诗歌

芬芳的大地（八首）⋯⋯李长路　田　兵　张　克等
南歌子（四首）⋯⋯⋯⋯⋯⋯⋯⋯赵西林
浪花集（三首）⋯⋯⋯⋯⋯⋯⋯⋯杨　山
大学生诗页（四首）⋯⋯⋯⋯高伐林　穆倍贤等
汉宫春⋯⋯⋯⋯⋯⋯⋯⋯⋯⋯⋯阎学增
山路⋯⋯⋯⋯⋯⋯⋯⋯⋯⋯⋯⋯邓　丹
秋⋯⋯⋯⋯⋯⋯⋯⋯⋯⋯⋯⋯⋯梅　翕
枫叶⋯⋯⋯⋯⋯⋯⋯⋯⋯⋯⋯⋯陈果卿
剪纸姑娘⋯⋯⋯⋯⋯⋯⋯⋯⋯⋯邓先勤

散文·小说

瞿秋白同志在黄陂（回忆录）························周君适
播乐火种（回忆录）·······························杨泓光
林区南哨·······························（苗族）杨明渊
情牵意连（中篇小说）·····························叶　辛
这儿飞来蝴蝶···································王雨谷
僻远的路·······································郑一帆
乌龟和野兔（喀麦隆民间故事）
································[英]图　德　徐用文译

评论

塑造新人随想···································何大堪
诗与诗人的职责·································李发模
爱情描写中的几个问题·····························季　泉

文艺随笔

讲给人听的故事·································遥　攀
谚语与诗·······································东方既晓
作协贵州分会召开诗歌讨论会·······················思　蜀
高尔基被取消名誉院士后··············吴遵林　张林森
简讯（二则）

美术

赏莲（中国画）·································宋吟可
晴日花更红（中国画）·····························刘国权
乌江（中国画）·································李昌中
娄山关（中国画）····················王振中　张润生

1981 年第 8 期　刊名:《山花》

目录

散文·小说

在金凤展翅的地方（报告文学）·····················欧阳祖照
一鳞半爪忆茅公·································顾彭年
联合国一日···································龙永图
深山里的"穿山甲"····················陈跃红　谢　英
寂静的河谷···································徐　卫
沙基···旻　野
情牵意连（中篇连载）·····························叶　辛

诗歌

诗词八首·······································李　真
有一条花溪流在我心间（组诗）·····················沈　重
给一位诗人···································木　斧
苗岭映山红（外一首）·····························查　干
撒高粱粑·······································胥忠国
花米饭···张显华
烟雨四月八（组诗）·····························陈佩芸

竹海山茶（外一首）·····························寒　星
山中···王尔碑
渔歌唱晚·······································黄邦君
走在田坎上···································赵永烈

评论

认真学好《决议》繁荣文艺创作·····················本刊记者
少数民族新人的生动形象·····························阳　发

争鸣园地

洪洞县里无好人吗·································罗守让
深刻的内涵　鲜明的形象·····························沙　平
1＞4——夜谈偶拾之一·····························文　蒙

文艺随笔

贵在实事求是···································陈锐锋
画鬼难易辨···································辰　雨
想象片谈·······································雨　佳
樊宗师与"朦胧诗"·······························谭继贤
文苑佳话（一则）·································蔡育平

美术

春雨···黄天虎
秋夜···宋永德
清音阁·······································王振中
秋雨···晓　三
松鸡···谭涤非
广陵绝韵·······································才国才

1981 年第 9 期　刊名:《山花》

目录

纪念鲁迅先生诞辰一百周年

鲁迅与文学青年·································蹇先艾
遵循大师的教导·································王树艺
写在鲁迅纪念馆里（诗二首）·······················钟　华

诗歌

城市风情（组诗）·································梅　蓊
我的进行曲（三首）·····························王建平
仙人掌·蒲公英·································钟　阳
桃花冲诗笺（三首）·····························王维洲
黎明，交给我一颗······························黎焕颐
阳光···陈所巨
飞盘···周志友
溶洞石柱·······································胥忠国
短歌集··················刘立云　映　春　胡　康等

散文·小说

忆旧 ················ 闻国新
高原明珠 ················ 方 敬
枣树的回忆 ················ 王 忠
天国恨（长篇历史小说连载）········ 顾汶光 顾朴光
丁字口 ················ 郑一帆
偏心 ················ 石 荔
心曲 ················ 段丽娜
王二拐风尘记 ················ 鄷远征
雨还在下个不停 ················ 徐成森

评论
争鸣园地
《降压灵》得失浅议
——兼谈对它的批评 ········ 李印堂
从《降压灵》的缺陷谈起 ········ 宛 鸣
春笋含露节节高
——评《山花》一九八〇年部份新人诗作 ····· 黄邦君
平中见奇 奇中见平 ········ 余昌谷
是要有真感情（西窗诗话小辑）····· 阿 红

美术

兰色的歌、春天的脚步 ········ 卜维勤
鲁迅先生 ················ 方增先
鲁迅 ················ 蒲国昌
祝福 ················ 张嵩祖
红衣男孩 ········ ［英］托马斯 劳伦士

1981 年第 10 期　刊名:《山花》
目录

花的高原

荒漠（小说）········ （蒙古族）玛拉沁夫
三月三（小说）········ （布依族）罗国凡
石雕的故事（小说）········ （苗族）伍 略
打牛场上（小说）········ （侗族）刘荣敏
心血（小说）········ （布依族）王运春
桥（小说）········ （彝族）安文新
侗乡小路（散文）········ （侗族）滕剑鸣
彩虹篇（诗歌）········ （水族）石尚竹
（布依族）王泽洲 （苗族）潘俊龄等
紫青色锁链缠绕下绽开的花朵（评论）
········ （苗族）紫 戈 庹修明
天国恨（长篇历史小说连载）········ 顾汶光 顾朴光

诗歌

火红的车间（二首）········ 聂鑫森
都市印象（三首）········ 穆倍贤

生活的回声（二首）········ 夏勇刚
滩 ················ 杜永红
森林礼赞（外一首）········ 程显谟
种子、绿叶 ················ 文大家
落叶果 ················ 于宗信
散文诗之页 ········ 方竟成 蔡泽栋 彭小青
短歌集 ········ 王桂林 罗笑兰 幽等

评论

浅谈鲁迅旧体诗歌 ········ 涂月僧

争鸣园地

《降压灵》与现实主义问题 ········ 王鸿儒
蹈袭与创新 ················ 李壮鹰
光明是永远遮不住的
——读组诗《被黑布蒙住眼的人》········ 朱先树

美术

普天同庆 ················ 廖杰惠
姚华书画选登

1981 年第 11 期　刊名:《山花》
目录

将进酒 ················ 何士光
车轮生四角 ················ 戴明贤
榴花似火 ················ 刘礼贵
月蕾 ················ 徐 卫
啊，"桃花源"！ ················ 宋茨林
这个小伙子！ ················ 黄天舜
张万贵的遭遇 ················ 郑一帆
静静的山村 ················ 亚 光
马哥头 ················ 孙建朝 孙定朝
挂满绰号的哥哥 ················ 白 雪
猫 ················ 王林林
寓言二则 ········ 陈 欢 凝溪
应该再现历史真实（评论）········ 龙炘成
细语（油画）················ 应凤仙
欢乐的苗家（油画）················ 张世申
红军需要你指挥（水墨画）········ 孟庆湘
知音（油画）················ 戴仲光
春晖（国画）················ 余碧芳
鸡鸣朝暾（国画）················ 顾 林

1981 年第 12 期　刊名:《山花》
目录

小说·散文

不眠夜 ································· 晋其炎
热乡热土 ······························ 吴恩泽
山青水流长 ····························· 石　定
伦敦一夜 ······························ 巴　迅
眼睛 ································· 字　心
老搬 ································· 张荫檀
蠹鱼 ································· 高建邦
登太阳山 ······························ 罗　笑

诗歌

燕翅擦亮的天空下（组诗） ····················· 李发模
粉笔写出的诗（组诗） ······················· 龚　炜
重访河西 ······························ 全　璜
老农 ································· 崔笛扬
傍晚 ································· 唐大同
你看，那就是我 ·························· 魏志远
捻线的傈尼姑娘 ·························· 米思及
讽刺诗二首 ····························· 罗绍书
浪花集（短诗丛）·········· 张雄龙　鄢家发　陈学书
莫西芬　丹军　管乐　乔大学　郑成义　蔡葵等

评论

文艺创作和文艺批评一道前进 ················· 本刊记者
马蹄答答的诗情
——读田兵的组诗《出击中原》 ················ 廖公弦
可贵的努力
——评《幼芽》一九八一年小说专号 ············ 童　春
关于小说《降压灵》的讨论
《降压灵》是"真实生动的画卷"吗? ······ 杨麒麟
环境不够典型 ··························· 周凤毛
对《降压灵》及其结尾的意见 ················· 李含凤
坏处说坏　好处说好 ······················ 沈太慧
《降压灵》与真实性、倾向性 ················· 辰　雨

美术

几经风霜愈更红（中国画） ··················· 孙吉斌
侗乡园丁（油画） ························ 赵　虹
大地（版画） ··························· 卜国昌
一支古老的歌（版画） ····················· 董克俊
激流勇进（版画） ························ 吴家华
丰年（版画） ··························· 谢光荣

1982 年第 1 期　刊名:《山花》
目录

小说·散文

深山里 ································ 晋其炎
春 ································· 余未人
叶环 ································· 阎宪奇
芥蒂 ································· 张桂珍
牛皮船上 ······························ 柳　屯
天安门看风筝 ··························· 戴明贤
兰花梦 ································ 钟　奇
在密林，在山岗……（电影文学剧本）
　　　　　　　　　　　　　　徐心制（执笔）　杨胜利

诗歌

春天印象 ··············· 杜永红　刘福林　侯自佳
白雪　旭宇　王泽洲　孙廷觉
芒种时节 ······························ 崔笛扬
赤天化抒情 ····························· 寒　星
梦 ································· 刘　敏
海浪花 ······················· 雷　奔　王国栋
犀牛潭（外一首） ························ 胥忠国
放鸽子的儿童 ··························· 王贤良
输电线、瀑布（散文诗） ···················· 徐成淼

评论

评短篇小说《人啊，人》 ···················· 陈锐锋
彩笔谱写英雄史
——漫谈《天国恨》的人物塑造 ················ 卓廉操
报告文学的想象 ·························· 洪威雷

文艺随笔

时刻想着广大群众 ························ 谭　星
心中要有光明 ··························· 辛　成
文苑佳话：演员与角色 ············· 吴遵林　张林森
文艺消息：
贵州省文联召开各协会理事扩大会
贵州省少数民族文学创作评奖揭晓

美术

牛 ································· 徐惠健
加尔西亚像 ····························· 戈　雅
国画（三幅） ··············· 李行百　陈敦品　吴乾惠
书法（二幅） ··················· 李长路　杜永樵

1982 年第 2 期　刊名:《山花》
目录

小说·散文

在金皇冠的阴影下	建 安
庄稼汉元顺的政治经济学	吴恩泽
杨柳依依	袁政谦
基础	安文新
校对姑娘的梦（散文）	郁小萍
血溅安龙所（中篇小说连载）	谢彬如
苍白的岁月（选载）	
［日本］山口百惠　姚顺先　谢延庄译	

诗歌

都市风光	梅 蓊　杜永红
山中	刘大林　胥忠国　沈 耘　王 宏等
我走向成熟	培 贵
生活	李根红
麟山棋亭	张 扬
别了，乌江	徐 强

评论

努力描写和培养时代的新人	大 坎
一出令人啼笑皆非的闹剧	
——评短篇小说《当太阳落下》	辰 雨
醇厚的乡土恋和人情美	罗强烈
生活的芳香	
——作协贵州分会讨论李宽定作品	卮 言
喜读《山花》小说专号	森 林

文艺随笔

十年辛苦　付之一炬	胡义成
李白笔下的月亮	杨知秋
文艺消息：我省少年儿童文学创作座谈会和学习班在贵阳举行	

美术

母亲（油画）	吴光鼎
鹤寿（中国画）	宋吟可
边陲盛典（中国画）	宋剑峰
苗家乐（油画）	王棘旋
无限风光在险峰（中国画）	潘天寿

1982 年第 3 期　刊名:《山花》
目录

小说·散文

晚年	鹿 江
普工陶三	何光渝
雨天	胡筱娅
小伶俐	陈礼英
汪三和徒弟	曾教仁　贺少华
普通的乡下人	龙海清
血溅安龙所（中篇连载）	谢彬如

诗歌

旅途四首	雁 翼
旧体诗二首	朱光潜
工业区的春天（三首）	彭世庄
矿山诗情（二首）	孙友田
问云（外一首）	贺羡泉
春的原野	钱锦方　黄邦君　张斯侠
刘福林　谢其规	
小花	唐龙泉

评论

《野玫瑰与黑郡主》探胜	杨光汉
疑义相与析	
——关于《降压灵》的讨论	虹 闻
读小说《春》	胡孟雄

文艺随笔

创新片谈	杉 沐
南鹞北鸢与生活积累	秦家伦
跳跃，但要有逻辑（诗话）	王世德
姚茫父书画简介	董君扶
文艺消息：贵州省九位民族作家获全国少数民族文学创作奖	

美术

秋实（中国画）	平 治
编织的姑娘（油画）	［德］莱勃尔
飞流直下（木刻）	潘中亮
鸡（中国画）	甫国昌
古木印月（中国画）	杨长槐

1982 年第 4 期　刊名:《山花》
目录

小说

山村教师的罗曼史⋯⋯⋯⋯⋯⋯⋯涂尘野
小院；小院中人⋯⋯⋯⋯⋯⋯⋯⋯和国正
夜的反省⋯⋯⋯⋯⋯⋯⋯⋯⋯⋯⋯李占恒
我们"129"⋯⋯⋯⋯⋯⋯⋯⋯⋯⋯谢赤婴
血溅安龙所⋯⋯⋯⋯⋯⋯⋯⋯⋯⋯谢彬如
苍白的岁月（选载之二）
　　　　[日本]山口百惠　姚顺先　谢延庄译

诗歌

绿色的使命（组诗）⋯⋯⋯⋯⋯⋯杜永红
遗镞的考证（外一首）⋯⋯⋯⋯⋯流沙河
木叶歌⋯⋯⋯⋯⋯⋯⋯⋯⋯⋯⋯⋯莎　蕻
露珠集⋯⋯⋯⋯⋯⋯⋯⋯⋯⋯⋯⋯管用和
同车⋯⋯⋯⋯⋯⋯⋯⋯⋯⋯⋯⋯⋯龙彼德
蒲公英⋯⋯⋯⋯⋯⋯⋯⋯⋯⋯⋯⋯肖沉冈
卖染料的老人⋯⋯⋯⋯⋯⋯⋯⋯⋯映　春
花⋯⋯⋯⋯⋯⋯⋯⋯⋯⋯⋯⋯⋯⋯邓　丹
春笋集（处女作）⋯⋯⋯⋯牟　强　伍新国
石　野　冯　霞　李泽华　杨家鸣

评论

试谈市侩主义在文学中的影响⋯⋯王鸿儒
艺术中的相反相成
　　——从傻大姐说起⋯⋯⋯⋯⋯马凤起
热爱生活　赞美生活
　　——读罗国凡短篇创作有感⋯苏晓星

争鸣园地

震聋发聩　新颖深刻
　　——短篇小说《沙基》片谈⋯朱达成
真实才是基础
　　——《沙基》读余我见⋯⋯⋯李德谦
高原之花　芬芳独具⋯⋯⋯⋯⋯夏硕琦

美术

侗家姑娘（国画）⋯⋯⋯⋯⋯⋯瞿启纲
贵州国画院国画展览选登（四幅）

1982 年第 5 期　刊名:《山花》
目录

小说

鹦鹉之歌（中篇小说连载）⋯⋯（苗族）李必雨
梁子上人家⋯⋯⋯⋯⋯⋯⋯⋯⋯戴绍康
弯街书店⋯⋯⋯⋯⋯⋯⋯⋯⋯⋯袁政谦
生命的钟⋯⋯⋯⋯⋯⋯⋯⋯⋯⋯戴明贤
村妇⋯⋯⋯⋯⋯⋯⋯⋯⋯⋯⋯⋯童　稚
运气不好的男人⋯⋯⋯⋯[日本]星新一著

讽刺小说

高明不高明⋯⋯⋯⋯⋯⋯⋯⋯⋯夏秦豫
廉价的晚餐⋯⋯⋯⋯⋯⋯⋯⋯⋯高腾蛟

散文

"我是半个中国人"
　　——访女作家韩素音⋯⋯⋯⋯李　虹
苍白的岁月（选载之三）⋯[日本]山口百惠著

风物志

布依人的婚礼⋯⋯⋯⋯⋯⋯⋯⋯亚　光
白云寺⋯⋯⋯⋯⋯⋯⋯⋯⋯⋯⋯程培信等
小公鸡（寓言）⋯⋯⋯⋯⋯（彝族）安文新

诗歌

站起来的土地（组诗）⋯⋯⋯⋯王建平
进人民大会堂（组诗）⋯⋯⋯（苗族）潘俊龄
星星闪烁在你的心灵⋯⋯⋯⋯⋯查　干
伞下⋯⋯⋯⋯⋯⋯⋯⋯⋯⋯⋯⋯张　克

诗歌

漓江写意（四首）⋯⋯⋯⋯⋯⋯叶　笛
天府纪游（二首）⋯⋯⋯⋯⋯⋯罗绍书
深山书市⋯⋯⋯⋯⋯⋯⋯⋯⋯⋯涛　声
旧体诗二首⋯⋯⋯⋯⋯⋯⋯⋯⋯壬　人
彩色的流水线⋯⋯⋯刘益善　柯愈勋　左一兵
刘大林　魏玉光　龙治水

评论

努力塑造社会主义新人形象⋯⋯何积全
关于《天国恨》的通信　附:刘恩普给《天国恨》作
者的信⋯⋯⋯⋯⋯⋯⋯⋯⋯⋯⋯顾汶光
漫话电影《毕升》⋯⋯⋯⋯⋯⋯海　沙

文艺随笔

浅究白诗的"俗"⋯⋯⋯⋯⋯⋯杜　斌
批评家的"文德"⋯⋯⋯⋯⋯⋯⋯袁　远

争鸣园地

对《沙基》人物塑造的看法·······················李德潜
也谈《沙基》的人物塑造·························张 灯

文艺消息

作协贵州分会举办《在延安文艺座谈会上的讲话》学习班
省作协、省人民出版社召开中长篇小说创作座谈会

美术

雾·······································田宇高
水彩（五篇）·······林发荣 殷树成 田宇高 夏文俊

1982 年第 6 期　刊名:《山花》
目录

小说

万古桃源·································郑一帆
红纱巾·································孙承庆
爱的甘苦·································林 杉
向远方·································苗 月
白燕·································李国强
报童·············[西德]瓦尔特·保安 史 欣译
鹦鹉之歌（中篇小说连载）·········（苗族）李必雨

讽刺与幽默
讽刺小说

铜锣会会长
——清流人物志之一·····················司马赤
阿Q的子孙·································王春晓
讽刺小品
有眼不识·································陈学书
这一锤·····························（彝族）安文新
独门独院·································许焕岗

逸闻趣事

郑板桥轶事·································黄调元

风物志

龙泉·································裕 蛟
杀鱼节的由来·······杨 杨搜集整理 田继珍等讲述
仙人岩·································石干昌 杨 志

名作赏析

手挥五弦的艺术
——谈《乌鸦》·························弋 人
附:乌鸦·································[俄]蒲 宁

诗歌

山妹子（叙事诗）·························李发模
俺家也买电视机（外一首）·················聪 聪
小树，你在欢迎谁·························王宜振
孩子们跑过草地·························陈学书
小护林队的故事·························管 乐
小树叶和小蝴蝶（三首）·················黎焕颐
采桑（外一首）·························郑德明
放蜂姑·································刘福林

评论

细腻的笔触，生动的形象
——关于小说《晚年》的通信·············钟 法
鲁迅小说的抒情色彩·····················杜一白

诗美学谈

化美为媚·································尹在勤

随感录

耳鸣·打鼾·照镜子·····················李壮鹰
烟茶相赠与邮筒相寄·····················周崇坡
"尺幅千里"与"展拓开张"（诗话）·········陈习玲

争鸣园地

也谈《沙基》·································王黔生
要正确地理解和描写爱情
——短篇小说《沙基》小议···············秦家伦

美术

流·································张正刚
六人油画展览选登（五幅）·················蒙绍华等

1982 年第 7 期　刊名:《山花》
目录

小说

手术·································廖国松
"硬壳虫"·································李 锐
布依女·································宋茨林
父亲·································鹿 江
大龙山里的传说·····················（侗族）刘荣敏
国家机密·················[日]星新一著 李有宽译
鹦鹉之歌（中篇连载）···············（苗族）李必雨

讽刺与幽默

顾四爷看戏·································邓克贤
未名"作家"的梦·····················（布依族）卢朝阳

散文

萤 ⋯⋯⋯⋯⋯⋯⋯⋯⋯⋯⋯⋯⋯⋯⋯⋯⋯高建邦

流风余韵

——访宋庆龄同志的故居 ⋯⋯⋯⋯⋯石永言

风物志

黔南第一山 ⋯⋯⋯⋯⋯⋯⋯⋯⋯⋯⋯⋯杨文学

天然艺术馆 ⋯⋯⋯⋯⋯⋯（布依族）王天辉

诗歌

时间 ⋯⋯⋯⋯⋯⋯⋯⋯⋯⋯⋯⋯⋯⋯⋯肖 琦

关索岭怀古 ⋯⋯⋯⋯⋯⋯⋯⋯⋯⋯⋯田 兵

生活的颜色（外一首） ⋯⋯⋯⋯⋯⋯⋯寒 星

黑人诗歌选译（三首） ⋯⋯⋯杨通荣 丁廷森

山花诗笺

关于春天的诗 ⋯⋯⋯⋯⋯⋯⋯⋯⋯⋯文大家

边城小景（外一首） ⋯⋯⋯⋯⋯⋯⋯梁上泉

成熟 ⋯⋯⋯⋯⋯⋯⋯⋯⋯⋯⋯⋯⋯⋯张斯侠

赠诗友 ⋯⋯⋯⋯⋯⋯⋯⋯⋯⋯⋯⋯⋯蔚 桦

访薛涛井 ⋯⋯⋯⋯⋯⋯⋯⋯⋯⋯⋯⋯黄邦君

无花果 ⋯⋯⋯⋯⋯⋯⋯⋯⋯⋯⋯⋯⋯时红军

教室窗边一棵树 ⋯⋯⋯⋯⋯⋯⋯⋯⋯茹 霜

小辣椒（二题） ⋯⋯⋯⋯⋯⋯⋯⋯⋯余薇野

称怨 ⋯⋯⋯⋯⋯⋯⋯⋯⋯⋯⋯⋯⋯⋯罗绍书

评论

聆听生活的召唤

新的步伐

——喜读《花溪》近期的一些小说 ⋯熊易农

心灵的感召

——读短篇小说《工蜂》偶感 ⋯⋯⋯伊 星

诗美学谈

诗的朴素美 ⋯⋯⋯⋯⋯⋯⋯⋯⋯⋯⋯张 劲

作协贵州分会召开余未人短篇小说讨论会 ⋯闻 讯

争鸣园地

敲了一记警钟

——短篇小说《沙基》读后 ⋯⋯⋯⋯王光明

美术

母子 ⋯⋯⋯⋯⋯⋯⋯⋯⋯⋯⋯⋯⋯⋯田世信

卡脱本夫人和她的女儿们 ⋯⋯⋯[法]雷诺阿

熊猫 ⋯⋯⋯⋯⋯⋯⋯⋯⋯⋯⋯⋯⋯⋯洪世清

梳 ⋯⋯⋯⋯⋯⋯⋯⋯⋯⋯⋯⋯⋯⋯⋯罗文宪

鲤鱼 ⋯⋯⋯⋯⋯⋯⋯⋯⋯⋯⋯⋯⋯⋯王小竹

1982 年第 8 期　刊名:《山花》

目录

小说

小小说

碎玉 ⋯⋯⋯⋯⋯⋯⋯⋯⋯⋯⋯⋯⋯⋯陈义忠

范大爷 ⋯⋯⋯⋯⋯⋯⋯⋯⋯⋯⋯⋯⋯王 健

夺雨 ⋯⋯⋯⋯⋯⋯⋯⋯⋯⋯⋯⋯⋯⋯张泰明

黑洞 ⋯⋯⋯⋯⋯⋯⋯⋯⋯⋯⋯⋯⋯⋯牟 强

掉队 ⋯⋯⋯⋯⋯⋯⋯⋯⋯⋯⋯⋯⋯⋯武光瑞

摩登 ⋯⋯⋯⋯⋯⋯⋯⋯⋯⋯⋯⋯⋯⋯滕纬明

母亲的婚礼 ⋯⋯⋯⋯⋯⋯⋯⋯⋯⋯⋯涂 冰

磕头拜师 ⋯⋯⋯⋯⋯⋯⋯⋯⋯⋯⋯⋯王玉鑫

豆花嫂 ⋯⋯⋯⋯⋯⋯⋯⋯⋯⋯⋯⋯⋯向朝斌

鹦鹉之歌（中篇连载） ⋯⋯⋯（苗族）李必雨

幽默与讽刺

丁姐的沙龙 ⋯⋯⋯⋯⋯⋯⋯⋯⋯⋯⋯张 筑

孔丘与如来 ⋯⋯⋯⋯⋯⋯⋯⋯⋯⋯⋯段春林

散文

高原上的春花

——访著名老作家蹇先艾 ⋯⋯⋯⋯⋯赵国青

梦中的小妹和小弟 ⋯⋯⋯⋯⋯⋯⋯⋯任 昕

散文二题 ⋯⋯⋯⋯⋯⋯⋯⋯⋯⋯⋯⋯李 耕

风物志

竹海思源 ⋯⋯⋯⋯⋯⋯⋯⋯⋯⋯⋯⋯胡骥超

诗歌

花溪恋（三首） ⋯⋯⋯⋯⋯⋯⋯⋯⋯陈 犀

山乡诗情（三首） ⋯⋯⋯⋯⋯⋯⋯⋯陈智武

战士的情怀 ⋯⋯⋯⋯⋯⋯⋯⋯⋯⋯⋯王贤良

闪灼的红星（二首） ⋯⋯⋯⋯⋯⋯⋯柳 沄

阿妈的女儿 ⋯⋯⋯⋯⋯⋯⋯⋯⋯⋯⋯沈前祥

三月 ⋯⋯⋯⋯⋯⋯⋯⋯⋯⋯⋯⋯⋯⋯刘映春

钢铁激情（三首） ⋯⋯⋯⋯⋯⋯⋯⋯施春彩

赛马 ⋯⋯⋯⋯⋯⋯⋯⋯⋯⋯⋯⋯⋯⋯张显华

鸟儿，你唱的什么 ⋯⋯⋯⋯⋯⋯⋯⋯沈朝涛

苗族古歌 ⋯⋯⋯⋯⋯⋯⋯⋯⋯⋯⋯⋯胥忠国

苗乡问答 ⋯⋯⋯⋯⋯⋯⋯⋯⋯⋯⋯⋯白 榕

黄昏随想曲 ⋯⋯⋯⋯⋯⋯⋯⋯⋯⋯⋯李松波

评论

想象的威力

——谈小说创作的想象 ⋯⋯⋯⋯⋯⋯叶 辛

诗美学谈

美即充实 ·· 杨匡汉
快与慢（诗坛趣闻）······················· 丁国成
设身处地与人物描写····················· 郭 超

随感录

由"声蜚文坛"说开去····················· 学 迅
田汉拍案而起的启迪····················· 沈祖方
冰山的八分之七呢·························· 白 丁
我省诗坛的一次盛会
——作协贵州分会等六个单位联合召开诗歌座谈会
··· 闻 讯

美术

憧憬 ·· 刘万琪
源远流长 ··· 孟光涛
天津国画展览作品选····················· 孙其峰等

石头吟 ·· 沈 耘
心谷里有一条淌蜜的花溪··············· 刘 滨
蜡染之乡 ··· 元 华
小镇风采 ··· 杜 若
散文诗三章 ················ 耿林莽 徐成淼 彭小青
年轻的水手最爱什么····················· 姚贵阳
自然·诗 ·· 周京泽

山花诗笺

心——写在重庆曾家岩周公馆········· 杨 山
我思念着白云 ····································· 唐大同
雪化水，从房檐上滴下来··············· 陈所巨
时间 ·· 王建平
给乡村小学教师 ································· 吕瑞华
聂耳墓 ··· 钟 明

评论

文学之路

一片属于自己的帆·························· 周嘉堤

诗美学谈

表现美的感情 ····································· 朱先树
笋脱壳而成材
——评王建平的诗歌创作··············· 黄邦君
收获·希望·改进
——读者来信、来搞摘登

美术

鸡（中国画）···································· 卜国昌
故乡情（中国画）···························· 杨抱林
秋实图（中国画）···························· 宋剑锋
艳（国画）··· 钱文观
拜月记（国画）·································· 杨国勋
添新箩（国画）·································· 杨小吾

1982 年第 9 期　刊名:《山花》
目录

小说

归来——南行记新篇之一··············· 艾 芜
秋妹 ·· 袁政谦
酒店里 ··· 卢惠龙
一枝一叶总关情 ································· 戴绍康
三驾车 ··· 薄 非
无声的诗 ··· 伍元新
鹦鹉之歌——泰缅边境记事········（苗族）李必雨

讽刺与幽默

牛镇寻"马"记································· 鄞远征
小灾星 ··· 石 定
逸闻趣事二则 ····················· 黄调元 夏碧云

散文

我的第一本书 ····································· 邢增仪
啊，红刺果 ··· 石尚竹

风物志

杨粲墓 ··· 乔一民
杉树王 ··· 杜 若

寓言

灰尘和泥土 ··· 简昌镒

诗歌

写在酒乡 ··· 廖公弦

1982 年第 10 期　刊名:《山花》
目录

星星·太阳·旗帜
——献给十二大的诗
星辉赞 ··· 钟 华
追随太阳 ··· 醒 木
旗帜 ···（布依族）弋 玮

小说

田老幺夫妇的家庭生活····················· 何士光
遗留在西子湖畔的诗····················· 曾德厚
部长和他的女儿 ································· 郭洪才

重婚 .... 劬 夫
斗神记
——长篇小说《沧桑曲》第二部中的一个章节
.... 石 果

小小说
对台戏 .... 罗吉万
舅舅的疼爱 .... 丹 娘
这个问题 .... 贺光涛
鱼 .... 青林森

讽刺小说
接书记 .... 李 柯
投其所好 .... 陈育智
病 .... 陈义忠

散文
指月亮 .... 王念玉
贵州青裤瑶族的婚俗 .... 雷 鸣
天鹅池 .... 杜 若

诗歌
工地上的旋律（组诗） .... 赵宽宏
秋思（外一首） .... 周京泽
十二月的阳光 .... 傅天琳
树和风 .... 商子秦
花溪情思 .... 鄢家发
血珀（外一首） .... 刘智祥
合照 .... 张斯侠 刘 古
山寨风情（散文诗三章） .... 罗文亮
心灵的歌（短诗丛） ..... 冯 霞 张雄龙 再 耕
梅艺辛 李天林 彭邦贵 易 山 莫西芬 钟文森
陈学书 王学芯

评论
在探求和创造中前进
——王剑中篇小说漫评 .... 伊 星

诗美学谈
矛盾逆折 新颖警策
——诗美学漫笔 .... 李元洛
从荒诞派的影响谈起 .... 孙友善
小议文学作品的蕴蓄美 .... 胡宗健
各抒己见 踊跃争鸣
——作协贵州分会召开王剑中篇小说讨论会 ..... 闻 讯

随感录
请记取潘岳的教训 .... 向 川
创作才能不可滥用 .... 龙炘成

一烫一冻的启示 .... 李 裴

美术
南国雨情（国画） .... 鲁 风
山乡小寨（油画） .... 王忠弟
梨乡情（木刻） .... 张炳德
《山花》插图选登（三幅） .... 张正刚等
寒兮暖所伏 .... 顾 林

1982 年第 11 期　刊名:《山花》
目录

小说
吉原先生 .... 徐筑敏 李 柯
他看了她一眼 .... 温传昭
弯弯的水牛角 .... 石 定
后生 .... 苏晓星
最后的工作日 .... 余未人
寒夜 .... 老 初
改选 .... 黄振霞

讽刺与幽默
夫人的鸡蛋 .... 周青明

小小说
雨中 .... 吴恩泽
关于…… .... 张 志

寓言
乌龟和老鹰 .... ［英］图 德 徐用文译

散文
一组诗飘在潕阳河 .... 戴明贤
清纯的世界 .... 陶文正
忆王渔父先生 .... 田 兵

风物志
李世杰与蓉城绿化 .... 罗绍书
石阡温泉 .... 余道君

诗歌
唱给长江和它的水电站 .... 李加建
潕阳河览胜（组诗） .... 廖公弦
花溪意象 .... 周嘉堤
鸽子 .... 胥忠国
我播种光明 .... 黄邦君
爱的花束（三首） .... 杨大矛
追春的蜜蜂 .... 海 梦

峨眉秀 .... 壬 人
乡土之歌 .... 康武能 何吉明 何 鹰 阮居平
杨培勇 蔡国瑞 蒋人初 张新泉 达 丹 傅世友

评论
文学之路
生活·感受·思考 .... 王 剑

诗美学谈
从单一的美走出来 .... 谢 冕
美的客观性 .... 吴双林
感时寓情 深沉浓郁
——简评戴明贤的三篇历史小说 .... 张万明
向生活的深处开掘
——评《酒店里》的人物塑造 .... 赵范奇

美术
争艳 .... 贾宜群
山居图 .... 张润生
苗寨笙歌 .... 乔德龙

1982 年第 12 期 刊名:《山花》
目录

电影、电视剧本专辑
绿色的网（电影文学剧本）................ 彭荆风
浥江谴恨（电影文学剧本）...... 卓廉操 顾汶光
留影（电视小品）.............. 李少华 史维德
小松鼠吃核桃（美术动画片脚本）
.... （彝族）安文新 安尚彧

诗歌
农家三代肖像（组诗）.................... 沈 重
闪光的轨迹（组诗）...................... 许 平
获—— .... 陈 沂
滇行草（二首）.......................... 崔笛扬
建筑师 .... 陈春琼
写在郭老故乡 .... 王长富
我是一，我是十亿 .... 王德芳
春蚕 .... （苗族）杨 鬃
散文诗二束 .... 余薇野 罗亨长
山川、乡情 .... 黄东成 张继楼 沈前祥
贺 庆 郑德明 郑正强

评论
再谈社会主义新人的塑造 .... 阎 纲
《莫泊桑短篇小说选集》序 .... 李健吾
捕捉生活中的诗

——漫谈戴明贤的散文创作 .... 罗强烈
简评寒星近两年的诗歌创作 .... 刘智祥
独具匠心的个性刻划
——试析《红楼梦》中对芳官的描写 .... 何大堪
从平凡中挖掘美
——评短篇小说《遗留在西子湖畔的诗》.. 辰 雨
也谈蒙太奇的老祖宗 .... 马立鞭
关于文学中的妇女问题
——谈《方舟》及其批评 .... 翟大炳

美术
寿星 .... 田世信
万里无云 .... 方小石
贵州省煤炭工作局首届职工书画展览选登（五幅）
.... 赵全生等

1983 年第 1 期 刊名:《山花》
目录

小说
蛮子进京 .... 罗吉万
瓜洲渡 .... 杨冠军
无名拳师 .... 陈 啸
宽宽和巧巧 .... 雏 燕
相识恨晚 .... 陈育智
小表姐 .... 王 海
闹良宵 .... 杨兴成
老榕树下的卖粿人家 .... 巴 迅
大道生财 .... 张荫檀

讽刺小说
盛会归来 .... 和国正

散文
八旗亭怀古 .... 龙志毅
龙潭奇观 .... 徐 卫

诗歌
乡下人，足迹留在北京（组诗）............ 李发模
在温暖的土地上（组诗）.................. 张显华
奇幻的潕阳河（组诗）.................... 陈佩芸
钢缆厂一瞥 .... 聂鑫森
台阶 .... 余以建
天麻（外一首）.......................... 唐大同
山乡写意（二首）........................ 简祖海
昨天的杨槐 .... 黄 宏
大地之恋 ...... 徐国志 杨国安 毛 瑛 罗 笑
赴嘉州（七绝）.......................... 陈吉权

评论

文学之路

各有灵苗各自探 ——————————————— 戴明贤

漫评雨煤的小说创作 ——————————— 张 灯

横断面与纵剖面

——短篇小说艺术探微 —————————— 谢明德

人物形象的正面观与面面观

——从柳湘莲的形象塑造说起 —————— 秦家伦

山花近期讽刺作品一瞥 ————————— 沈太慧

随想录

请君莫学牛蒲郎 ——————————————— 学 迅

且说追求"爆炸性" ——————————— 白 丁

可贵的挑剔 ——————————————————— 辰 雨

作协贵州分会召开罗国凡短篇小说讨论会 —— 闻 讯

美术

鱼鹰 ——————————————————————— 宋吟可

黔灵秋色 ——————————————————— 李昌宗

老银匠 ——————————————————————— 吕红平

窗外小景 ——————————————————— 刘知白

紫藤鱼 ——————————————————————— 王雪岑

1983 年第 2 期 刊名:《山花》
目录

小说

从泥泞里起飞（报告文学） —— 刘 毅 何筑光

三湘剑侠（中篇小说） ——————————— 戴明贤

向着明天冲刺 ——————————————————— 马 迅

今天刮北风 ——————————————————— 字 心

活的春天 ——————————————————————— 闻 胜

小小说

浓重的夜色 ——————————————————— 袁政谦

夏末傍晚的阵雨 ——————————————— 牟 强

深情 ——————————————————————————— 王玉鑫

蜜蜂与狗儿花 ——————————————— 杨志鸿

菊花晶与菊花 ——————————————————— 琳 瑯

中秋月 ——————————————————————— 段丽娜

回家（翻译小说）—— [美]彼特·哈密尔著 张玲姬译

讽刺小说

五粮液赋 ——————————————————————— 黄震白

并非虚构 ——————————————————— 欧阳腊梅

风物志

水光潋滟的小西湖 ————————————— 杨隆昌

侗乡鼓楼 ——————————————————————— 吴江

抬"官"人 ——————————— 吴定国 刘昌洪

诗歌

红枫树素描（三首） ————————————— 陈 犀

梦（二首） ——————————————————— 黎焕颐

鹅卵石砂滩（外一首） ————————————— 张 克

欢腾的花坡（二首） ————————————— 枕 木

兰花寨纪事（二首） ————————————— 吴厚炎

羊泗岩（旧体诗） ——————————————— 晏均平

晨（散文诗） ——————————————————— 王泽洲

短诗丛 —————————— 王中朝 白 云 沈潮涛
罗绍书 晓 钢 彭国梁 海 婷

评论

努力开创贵州文艺评论的新局面 ——————— 蹇先艾

艺术夸张三谈 ——————————————————— 李壮鹰

诗美学谈

关于新诗中的空白（一） ————————————— 徐敬亚

岁月蹉跎，人自进取

——评长篇小说《蹉跎岁月》 ————————— 罗 声

中国古代的"伊凡·德密特里·切尔维亚科夫"之死
————————————————————————————— 鲍廷毅

作协贵州分会召开寒星诗作讨论会 —————— 闻 讯

美术

彩流 ——————————————————————————— 李 媚

曲径踏雪 ——————————————————————— 彭 澎

毛毛雨 ——————————————————————— 赵海鹏

书法 ——————————————————————————— 张大千

嬉戏图 ——————————————————————— 胡爽盦

1983 年第 3 期 刊名:《山花》
目录

小说

夜，在我们这节车厢上 ————— 孙承庆 李 柯

灵魂的呼唤 ——————————————————— 涂 冰

这件事，只有她知道 ————————————— 庄雅莉

心病 ——————————————————————————— 李佩瑜

流行病 ——————————— [日]星新一著 李有宽译

三湘剑侠（中篇小说） ——————————— 戴明贤

三车间轶事（新人新作） ————————————— 刘 剑

新作小析 ——————————————————————— 成建三

讽刺小说

眼镜的旅行 ——————————————————— 王竹庭

江部长⋯⋯⋯⋯⋯⋯⋯⋯⋯⋯⋯⋯⋯⋯吴国春

散文
扬州诗情⋯⋯⋯⋯⋯⋯⋯⋯⋯⋯⋯⋯⋯石永言
新安诗语⋯⋯⋯⋯⋯⋯⋯⋯⋯⋯⋯⋯⋯天 然

风物志
奇异的盈缩泉⋯⋯⋯⋯⋯⋯⋯⋯⋯⋯何彩孝

诗歌
青春寄语⋯⋯⋯⋯⋯⋯⋯⋯⋯⋯⋯⋯⋯杨大矛
我从雨中走来（外一首）⋯⋯⋯⋯⋯沈天鸿
春（外一首）⋯⋯⋯⋯⋯⋯⋯⋯⋯⋯⋯刘 剑
二月⋯⋯⋯⋯⋯⋯⋯⋯⋯⋯⋯⋯⋯⋯⋯王建平
夜读⋯⋯⋯⋯⋯⋯⋯⋯⋯⋯⋯⋯⋯⋯⋯刘以农
两条山溪（外一首）⋯⋯⋯⋯⋯⋯⋯钱锦方
老人⋯⋯⋯⋯⋯⋯⋯⋯⋯⋯⋯⋯⋯⋯⋯映 春
待业青年烫发店⋯⋯⋯⋯⋯⋯⋯⋯⋯陈 瀚
岩松⋯⋯⋯⋯⋯⋯⋯⋯⋯⋯⋯⋯⋯⋯⋯许鑫荣
棒槌⋯⋯⋯⋯⋯⋯⋯⋯⋯⋯⋯⋯⋯⋯⋯彭世庄
词三首⋯⋯⋯⋯⋯⋯⋯⋯⋯⋯⋯⋯⋯⋯吴静文
竖琴（散文诗）⋯⋯⋯⋯⋯⋯⋯⋯⋯徐成淼

评论
按照美的规律去创造
——纪念马克思逝世一百周年⋯⋯黎 文

文学之路
讴歌美好的心灵
结籽的向日葵
——徐成淼和他的散文诗⋯⋯⋯⋯王光明

诗美学谈
关于新诗中的空白（二）⋯⋯徐敬亚 莫 有
要加强报告文学的文学性
——谈当前提高报告文学创作质量的一个问题
⋯⋯⋯⋯⋯⋯⋯⋯⋯⋯⋯⋯⋯⋯⋯⋯林钟美
光彩照人的人物形象
——《天国恨》人物塑造琐谈⋯⋯周珍元

美术
晨（摄影）⋯⋯⋯⋯⋯⋯⋯⋯⋯⋯⋯李 媚
朦胧夕阳在云中（摄影）⋯⋯⋯⋯王济文
水彩两幅⋯⋯⋯⋯⋯⋯⋯⋯⋯夏文俊 龚 遂
邱石冥花卉二帧

1983 年第 4 期 刊名:《山花》
目录

小说·报告文学
人，应当是大写的！（报告文学）
⋯⋯⋯⋯⋯涂尘野 文志强 孙承庆 徐筑敏
野渡⋯⋯⋯⋯⋯⋯⋯⋯⋯⋯⋯⋯⋯⋯李宽定
比往事还早的往事⋯⋯⋯⋯⋯⋯⋯毛志成
执行逮捕的时候⋯⋯⋯⋯⋯⋯⋯⋯郭旦霞

小小说
金钱桔⋯⋯⋯⋯⋯⋯⋯⋯⋯⋯⋯⋯⋯周青明
可怜天下父母心⋯⋯⋯⋯⋯⋯⋯⋯雪 林
柳老二取经⋯⋯⋯⋯⋯⋯⋯⋯⋯⋯黄震白
白杨岭风情⋯⋯⋯⋯⋯⋯⋯⋯⋯⋯梁国赋
"三得利"⋯⋯⋯⋯⋯⋯⋯⋯⋯雷智贵 刘㧑修
派车⋯⋯⋯⋯⋯⋯⋯⋯⋯⋯⋯⋯⋯⋯赵凤岐
打猎⋯⋯⋯⋯⋯⋯⋯⋯⋯⋯⋯⋯⋯⋯王家燊
我是怎样自杀的
⋯⋯⋯⋯[土耳其]阿吉兹·涅辛著 阎树声译

讽刺小说
"处女作"⋯⋯⋯⋯⋯⋯⋯⋯⋯⋯⋯林孙珍
华室铭⋯⋯⋯⋯⋯⋯⋯⋯⋯⋯⋯⋯⋯程国径
新人新作
拉二胡的临时工⋯⋯⋯⋯⋯⋯⋯⋯任立新
新作小析⋯⋯⋯⋯⋯⋯⋯⋯⋯⋯⋯⋯闻 讯

散文
在曼哈缅寺⋯⋯⋯⋯⋯⋯⋯⋯⋯⋯余德庄
花卉篇⋯⋯⋯⋯⋯⋯⋯⋯⋯⋯⋯⋯⋯陆 健
母亲的脊背⋯⋯⋯⋯⋯⋯⋯⋯⋯⋯李文敏
寓言三则⋯⋯⋯⋯⋯⋯⋯⋯⋯蔡泽栋 愚 连

风物志
莫有芝与《影山草堂》⋯⋯⋯⋯⋯储佩成
漫话喷水池⋯⋯⋯⋯⋯⋯⋯⋯⋯⋯黄调元

诗歌
彩色的世界（组诗）⋯⋯⋯⋯⋯⋯寒 星
高原煤都二题⋯⋯⋯⋯⋯⋯⋯⋯⋯孙友田
站起来的姓名（组诗）⋯⋯⋯⋯⋯黄子昂
茅台酒的旋律⋯⋯⋯⋯⋯⋯⋯⋯⋯唐大同
心灵的召唤⋯⋯⋯⋯⋯⋯⋯张斯侠 刘福林
红军烈士墓（外一首）⋯⋯⋯⋯⋯杜永红
漆家⋯⋯⋯⋯⋯⋯⋯⋯⋯⋯⋯⋯⋯⋯刘大林
山茅草赞⋯⋯⋯⋯⋯⋯⋯⋯⋯⋯⋯乔大学
南回的春燕⋯⋯⋯⋯⋯⋯⋯⋯⋯⋯吴遵林

望故乡明月 ———————————————— 培　贵

题赵长庚教授青龙洞全景图 ————————— 雷　兵

评论

何士光创作论 ———————————————— 钱理群
作家书简 ——————————— 李健吾　吴伯箫

评论

表现新生活　发掘人性美
　——苗族作家伍略小说简评 ————— 王鸿儒
淙淙流淌的山泉
　——评李发模诗集《呼声》中的抒情短诗
　————————————— 艾筑生　秦家伦
从把握"全面"中"深入一角"
　——茅盾创作经验谈片 ——————— 王嘉良
"蒙太奇的老祖宗"置疑 ——————— 李道春
散文语言论絮 ————————————— 周冠群
多与少（文艺随笔）—————————— 丁国成
诗的"无理之妙" ——————————— 陈世明

诗美学谈

诗情中的理性 ————————————— 何克俭
略谈《浪江遗恨》对石达开悲剧形象的塑造 —— 阮迅生

美术

清江初月 —————————— 蒙绍华　张正刚
山道弯弯 —————————————— 杨田力
金碧侗乡 —————————————— 蒋志伊
苗寨今朝 —————————————— 何正元
少女 ——————————————— 孟庆湘
雪 ———————————————— 田宇高

美术

乌蒙金秋 —————————————— 黄天虎
少女 ——————————————— 李惠昂
乌江电站 —————————————— 赵　虹
残雪 ——————————————— 袁富义
云南风光 —————————————— 符朝荣
奔马 ——————————————— 徐悲鸿

1983 年第 5 期　刊名:《山花》
目录

小说·报告文学

蒋筑英的父亲回忆蒋筑英（特写）—— 宗水龙　吴庆笃
路在南极北极间（报告文学）————— 李起超
心债 ——————————————— 宋　勃
杨树的眼睛 ————————————— 梁晓声
啊，白果树 ————————————— 戴绍康
永乐酒店 —————————————— 王春晓
拿破仑谋杀案 ————— 本·韦德　戴维·哈普古德著
邱东林　刘曙刚译
金工"死遇"记（讽刺小说）———— 坚果　李今
日遇三险（讽刺小说）————————— 司马赤

1983 年第 6 期　刊名:《山花》
目录

小说

月光，淡淡的（中篇小说）—————— 雨　煤
打一百年伙计 ————————————— 吴世祥
探险记 ——————————————— 司马赤
苍苍竹林寺 —————————————— 石　定
太阳底下的街 ————————————— 雁　宁
主人 ——————————————— 贺光涛
故事，在哪儿结尾? ————————— 骆长木

散文

我给茅盾当副官 ———————————— 张国文
听涛 ——————————————— 闻树国
李伯元临终获赠银 ——————————— 贺　庆

散文

初到密山 —————————————— 丁　玲
福泉山（风物志）——————————— 彭松荣

诗歌

红百合的思念（散文诗五首）————— 雁　翼
中越边界战士情 ———————————— 王贤良
白板船（外一首）——————————— 宫　玺
在城乡交换的边缘（组诗）—————— 映　春
小诗二题 —————————————— 李根红
我捕捉 ——————————————— 罗　马
镇远青龙洞 ————————————— 田　兵
水仙颂（天仙子）——————————— 阎学增
七律二首 —————————————— 罗哲文

诗歌

中国，有这样一个小山村（组诗）——— 张庆明
工地上的旋律（组诗）————————— 赵宽宏
孩子们的天地 ————— 钟文森　王满夷　陈学书
杨远承　邬锡鑫
献给城市的诗（组诗）————————— 程显谟
雨夜 ——————————————— 王小妮
彝乡风情（二首）——————————— 沈前祥
安顺龙宫（七绝四首）————————— 陈梧山

评论

跟上时代，反映时代 —————— 蹇先艾

让生活教育我们、充实我们 —————— 何士光

探索内心世界的个性 —————— 王世德

无中生有，写来偏不突兀

——读《聊斋志异》札记之一 —————— 李宽定

贵州省文联召开全省文艺座谈会

作协贵州分会召开长篇历史小说《天国恨》讨论会

美术

期待（油画）—————— ［罗］尼古拉，拉里高莱斯库

静静的森林（油画）—————— ［德］阿道尔夫　德莱斯勒

春雨（中国画）—————— 曾伯章

绣花图（中国画）—————— 李光武

草海复苏（版画）—————— 刘继贤

树（中国画）—————— 陈长浩

卖山楂的姑娘（版画）—————— 李德荣

1983 年第 7 期　刊名:《山花》
目录

小说

一个甜美的梦 —————— 石　定

走向西湖的路 —————— 杨冠军

山溪水清清 —————— 老　初

进山 —————— 伍　略

生活需要旋律 —————— 邢增仪

讽刺小说

一部"荒诞派"小说的诞生 —————— 江　宗

汤泉诗人 —————— 戴明贤

资料的价值 —————— 夏秦豫

尾巴的故事 —————— ［土耳其］阿吉兹·涅辛著　阎树声译

散文

中华蜜蜂（报告文学）—————— 陶文正

桥赋 —————— 高　轩

绿色的香蕉林 —————— 邓洪平

竹乡明珠 —————— 余祖海　朱祖雄

漫话马世英（贵州人物志）—————— 吴美渌

诗歌

湘黔浅上（三首）—————— 韩作荣

云南留韵（组诗）—————— 罗绍书

山城草（三题）—————— 文大家

矿山洗衣歌（外一首）—————— 任启江

玉屏箫笛吟 —————— 杜　若

别离（外一首）—————— 弋　伟

三月 —————— 康武能

晚来的春韵 —————— 潘俊龄

黎明，写在春天的原野（三首）—————— 王泽洲

人生 —————— 文武斌

劫后漫吟（二首）—————— 李侠公

词三首 —————— 赵西林

诉衷情 —————— 叶　笛

评论

漫谈韦翰的短篇小说集（云雀）—————— 奔　众

向生活学习技巧 —————— 唐再兴

诗美学谈

美在流动中 —————— 钟　文

浓淡相宜

——艺术辩证法谈片 —————— 郭　超

来稿来信摘登

简讯二则

美术

秋韵 —————— 彭邦卿

暮 —————— 彭　澎

英雄血洒斗蓬冲 —————— 申根元　王忠才

侗乡秋色 —————— 王忠才

1983 年第 8 期　刊名:《山花》
目录

小说

师表 —————— 吴世祥

张蒲扇趣事 —————— 张心平

今宵月色好 —————— 闵朝仪

信不信由你 —————— 牟　强

裸虫和羽虫 —————— 李佩瑜

夏天的故事 —————— 高　潮

游方客 —————— 杨　军　龙国良

买来的冷落（讽刺小说）—————— 戴世光

否极泰来 —————— ［英］高尔斯华绥　潘衍明译

散文

他的女儿叫红叶 —————— 戴明贤

花谣 —————— 郁小萍

"上帝的食品"与"神的营养"（报告文学）—————— 张桂珍

诗歌

上海诗绪（三首）—————— 廖公弦

贵州雕塑（二首）—————— 雷抒雁

南方

——北方（三首）——————王建平　王小妮　陈应松

生活·阳光

啊，太阳———————————————张时荣
我有了一张合格证—————————————杨培勇
早晨，我敲响了上课的钟————————————李天林
五月的石榴花——————————————杜永红
彩色的信念——————————————张维民
采蘑菇的山妹——————————————刘映春
鳞爪集（七首）———————鲁　行　雀笛杨
叶　簇　许　平等

破土篇

月下吟（散文诗）——————————刘　霞
妈妈、我十七岁了（外一首）—————————汪　涌

评论

描摹风情，小中见美
——李宽定新作试评——————————王鸿儒

争鸣园地

不值得赞美的人性
——评小说《野渡》——————————陈永强
人情美与人性美的探求
——读小说《野渡》——————————李印堂
短而有味
——短篇小说艺术探微——————————谢明德

新作短评

灵魂的呼唤——读《心债》——————————沙　平
人的赞歌
——读《人，应当是大写的！》——————何大堪
作协贵州分会召开戴明贤、李起超散文讨论会
——————————————————闻　讯

美术

在花园的温室里（局部）—————[法]马　奈
翠玉满春（国画）——————————杨长槐
青年国画作品选登———————————黄正铁等

1983 年第 9 期　刊名:《山花》
目录

中篇小说

邻家嫂子———————————————韩志君

小说·散文

一个清清白白的人—————（鄂温克族）乌热尔图

潜流———————（哈萨克族）艾克拜尔·米吉提
刺藜花开的时节————————（布依族）运　春
带花园的小屋————————（布依族）卢朝阳
同娘————————————（布依族）罗国凡
花溪赋——————————————（回族）马　犁
登上苗岭主峰———————————（苗族）杨明渊
（本栏作品，除《同娘》、《登上苗岭主峰》外，均系
全国少数民族文学翻译、创作会供稿）

诗歌

生命，在美的光采中发扬（组诗）—————彭世庄
他向文化站走去（外二首）——————————崔笛扬
夷牢溪———————————————黎焕颐
黔行诗稿（三首）——————————（满族）佟明光
江河行吟——————————————贺羡泉
希冀之歌—————————————白　云
星———————————————————沈潮涛
长城———————————————————高　深
茶山雾——————————————刘礼贵

评论

有关《基石》的点点滴滴（创作谈）—————叶　辛
传统与我们——————————————杨　炼
琴韵瀑声两相宜
——戴明贤、李起超散文艺术之比较——————张　劲

争鸣园地

特殊的环境与人物
——也谈《野渡》——————————黄祖康
平中见巧，淡而有味
——读中篇小说《月光，淡淡的》———钟　法　毛　翰
欲得周郎顾（文艺随笔）—————————李壮鹰

美术

读书的少女———————————[法]雷诺阿
花溪———————————————蒙绍华
书法篆刻选登——————————————陈恒安等

1983 年第 10 期　刊名:《山花》
目录

小说

小阁楼———————————————蒙　萌
泥水工的爱情——————————————蒙　萌
小评
向着真实、单纯与朴素—————————戴明贤
酒肆风雪夜——————————————阎宪奇
魔方———————————————————叶友生

正在消逝的形象 ················ 龙志毅
光棍汉老K ····················· 高腾蛟
橄榄寨 ················ 杨鸿鹄 杨 昭
宝石花项练（讽刺小说）········· 李家诚
夏日的初恋········[日]山田稔 王果庆译

散文

意念草 ······················· 闻树国
绿音两篇 ····················· 管 乐
晚雨小调 ····················· 邓晓源

诗歌

桐乡组歌（组诗）··············· 刘大林
山乡春歌（组诗）··············· 陈智武
英国宪章派诗选译（二首）···杨通荣 丁廷森
中年之歌（组诗）··············· 胥忠国
乡歌（组诗）··················· 刘福林
澄江山影（外一首）············· 王维洲
父亲 ························· 周嘉堤
在印度，有一个藏人 ··········· 李松波
黄果树瀑布断想 ··············· 杜 文

评论

小说创作要更上一层楼
——在《山花》举办的小说座谈会上的讲话···王 蒙
紧紧拥抱变革的时代
——评王剑的中篇小说《二月潮》········罗强烈

争鸣园地

一幅凝重的山水人物画
——读短篇小说《野渡》········· 晓 寒
野渡，你在哪里？——也谈《野渡》······白 丁
读影秋诗有感 ················· 张世珠

美术

荷花清荫 ····················· 邹传安
放排 ························· 陈志强
谢志成撕纸艺术
刘知白画展选登

妻子的故事 ··················· 傅世友
初恋的噩梦 ··················· 吴世祥
遥远的山寨 ··················· 张静枫

讽刺与幽默

树影之下 ····················· 孔祥光
追悼会 ······················· 马 迅
○ ··························· 鄞远征
玉芝 ························· 马维昕
滴水岩游记 ··················· 李士升

诗歌

抒情诗三首 ··················· 陈 犀
细雨中的无题抒情诗（三首）····· 刘湛秋
黑亮的岁月 ··················· 寒 星
竹篱 ························· 张显华
雪 ··························· 王建平
人和自然 ····················· 柯愈勋
仙人掌 ······················· 张时荣
菜花 ························· 莫西芬
南明河抒情 ··················· 吴遵林
写在故乡 ····················· 彭邦贵
二月兰 ······················· 元 华
散文诗一束 ······· 徐成淼 罗文亮 彭小青
旧体诗二首 ··················· 宋振庭
故乡吟二首 ··················· 赵德山
赠七九级毕业生 ··············· 雷德荣
黔灵诗草（三首）··············· 秋 柳

评论

武装头脑 解决问题
——学习《邓小平文选》的初步体会···塞先艾
短篇小说的细节（小说创作谈）····· 彭荆风

文学之路

功夫在言外 ··················· 顾汶光
"七实三虚"写风云
——论长篇历史小说《天国恨》······吴秀明
诗的远距离比喻 ··············· 黄邦君

美术

芦花扬秋风 ··················· 雷智贵
春水长流 ····················· 朱训德

1983 年第 11 期 刊名：《山花》
目录

中篇小说

爆炸 ······················· 许明桃

小说·散文

跳蚤 ························· 张永龙

1983 年第 12 期　刊名:《山花》
目录

小说·散文

妙仙庵剪影 ································· 王　蒙
勋章 ······································· 徐　卫
因小失大 ································· 尧玉麟
吃大户 ··································· 刘　勇
老军人的新故事 ······················· 戴定常
旅伴 ····································· 陈念华
厨房之战（讽刺小说） ················· 姚天强
越狱记（回忆录） ····················· 田　兵

诗歌

人生（组诗） ··············· （布依族）王泽州
钢铁的旋律（三首） ··················· 刘长生
门前，喜鹊在树上搭窝（外一首） ······· 刘益善
破土篇
生命的里程碑 ························· 唐亚平
牧女 ····································· 曾雁平
我曾在飞雪中站立 ····················· 梁谢成
魔方 ····································· 郑正强

评论

作协贵州分会召开座谈会，讨论防止和清除精神污染
问题 ····································· 文　心
反映当代青年追求与希望的篇章
——谈余未人的小说创作 ··············· 秦家伦

小说创作谈

巧手织天衣
——浅谈"组合"的艺术 ··············· 唐再兴

新作短评

生活甜美梦中笑
——小析《一个甜美的梦》 ··············· 小　乙
来信来稿摘登

美术

赤水小景 ······························· 熊洪潘
黑龙江书画院展览选登
犹似流水 ······························· 夏文俊

1984 年第 1 期　刊名:《山花》
目录

中篇小说

告别"421" ····························· 石　荔
仇家父子 ································· 司马赤

散文

沙枣树的风格
——怀念爸爸杨勇 ····················· 杨　菁
晚晴 ····································· 陈先喜
风景这边独好 ························· 海　笑
偷声音的人 ··························· 赵海洲

评论

且说青灯味
——《张毕来文选》序 ················· 张毕来

青年作家笔谈

愿有一点进步 ························· 何士光
把最好的精神食粮献给人民 ············· 叶　辛
在沃土中耕耘 ························· 李发模
做人民的赤子 ························· 李宽定
回顾和展望 ··························· 顾汶光
喂，来一场竞赛 ······················· 王　剑
一蓬引人注目的山花
——谈《喜风集》的社会意义和艺术特色 ······ 黄万机

文艺随笔

长与短 ································· 丁国成
借宾衬主，以巧胜人 ··················· 钟　法

美术

春梅 ····································· 董明国
江南春雨 ······························· 王　宣
三得利（摄影连环画） ················· 雷智贵

1984 年第 2 期　刊名:《山花》
目录

小说·散文

在故乡的密林中（中篇小说） ············· 戴绍康
站在时代霞光里的人（报告文学） ········· 崔笛扬
留在记忆里的花溪 ····················· 向白水
春大姐 ································· 马文骏
亚军轶事 ······························· 谭树生
"菜无价"和"春芽儿" ················· 龙剑平

山道上，有一片快乐的彩云 ················ 林　之
春雨的馈赠 ································· 邢增仪
灯影 ······································· 尹　平
春愁 ······································· 许明挑
少海潮歌 ································· 王晓楚

评论
清除精神污染　促进创作繁荣 ············ 余小里
杯水风波、永恒哲理与抽象的人性、人道主义
··· 王世德

诗美学谈
感情，诗的直接内容 ····················· 吕　进
鼓满了风力的帆
　——漫谈李起超散文的特色 ············ 张　灯

新作短评
生活，在冲击波中
　——读中篇小说《爆炸》 ·············· 郭千里
一个不合适的圆圈
　——评短篇小说《○》 ················ 李　晓

美术
芙蓉 ······································· 邹传安
午餐以后 ····························· [法]雷诺阿
横渡莫吉利 ····························· 文国璋
春 ··· 邵常毅
苗山行 ····································· 唐石生
欢乐的摆手舞 ··························· 黄定初

1984 年第 3 期　刊名：《山花》
目录

小说·散文
一代球王的悲哀（中篇） ················· 许宗强
在小店里 ································· 李国强
弄潮儿 ····································· 郭洪才
出嫁 ······································· 骆长木
短途车 ····································· 金　平
树赋 ······································· 张　翔
侗乡散记 ································· 廉正祥
文庙月幽 ································· 孙凤岐
新月赋 ····································· 曾湘萍

诗歌
母亲海（组诗） ························· 李　钢
钢铁雕塑（组诗） ····················· 王建平
东方，历史的回响（组诗） ············· 黄邦君

山野童趣（二首） ····················· 陈所巨
温泉之歌（散文诗） ····················· 徐成淼
喜读蹇先艾师《入党感赋》奉和 ········· 刘　光
生活之歌
给养鸡户 ································· 李发模
装配线 ····································· 映　春
赤天化抒情（二首） ····················· 陈佩芸
交班 ······································· 史天云
我们回收支柱 ··························· 龚　炜
火塘 ······································· 卜宗学
界碑 ······································· 洪三泰
失而复得的手臂 ························· 许　平
在这里，我们相遇 ····················· 杨培勇
老船长（外一首） ····················· 鄢家发
春秋谣（二首） ························· 杨　山
情满天涯 ················· 张　克　崔笛扬　梁上泉
郑成义　李可刚　石永言　冉　庄　郑德明　翼　华

山城速写
电子计算机大厦 ························· 穆倍贤
新楼，挺直了脊梁 ····················· 黄　畅
X 形天桥（外一首） ····················· 胥忠国
房顶，属于我的土地 ····················· 程建强
给女理发师 ····························· 唐亚平
第一次设摊 ····························· 张显华
大学生的诗 ················· 胡学群　曹汉俊　汪　涌
张时荣　胡郁芬　杜一夫　黄晓众

兄弟民族之页
三月，在华夏的土地上 ··········· （苗族）彭世庄
郊野（三章） ··················· （布依族）王泽洲
昙花，你 ······················· （苗族）潘俊龄
晨曲 ····················· （蒙古族）阿拉坦托娅
金秋 ··························· （侗族）石新民
初恋 ··························· （白族）栗缓小荻
纺车 ··························· （水族）潘世质
鳞爪集 ····················· 鲁　行　邬锡鑫　向白水
邵　甦　晨　梅　叶　簇等

评论
《胡学文短篇小说选》序 ················· 方　敬
时代感·道德观·地方色彩
　——读 1983 年《山花》小说断想 ··· 王鸿儒　奔　众
"切至"说与"远距离比喻"
　——与黄邦君同志商榷 ················· 斐　文
新诗例话（二则） ····················· 钟　文

美术
草编姑娘 ····················· 王遵义　李向阳

午餐以后……………………………［法］雷诺阿
青年书法选登（八幅）………………包俊宜等

1984 年第 4 期　刊名:《山花》
目录

一九八三年"山花奖"获奖作品揭晓
祝贺与希望…………………………………蹇先艾
重阳（中篇小说）…………………………石　定
短评："流"出来的文章…………………文　蒙
牛主（短篇小说）…………………………罗吉万
九章大叔（短篇小说）……………………陈先喜
平衡木上的梦（短篇小说）………………巴　迅
一个啼笑皆非的故事（讽刺小说）………徐嘉鹏
"灯花"新曲（散文）……………………潘俊龄
刨肉汤（风物志）…………………………乡　音
玄奘（电影文学剧本）……………………廖公弦

评论
学习和讨论胡乔木同志的重要文章《关于人道主义和异化问题》
——作协贵州分会召开马列主义文艺理论讨论会
思考　选择　前进
——简评中篇小说《告别"421"》…………井绪东
"光明"与"尾巴"（小说创作谈）………唐再兴
"逆"的艺术…………………………………黄毓璜
创作需要批评（杂谈）……………………童　牧
扁鹊诊病的联想（杂谈）…………………张　灯

美术
桃花三月…………………………………………王长春
春水………………………………………………张朝阳
初尝温饱…………………………………………傅　林
沈从文像…………………………………………刘鸿洲

1984 年第 5 期　刊名:《山花》
目录

报告文学
金雁还乡（报告文学）……………………孙承庆
山不在高（报告文学）……………王黔生　蔚　桦

小说
悠悠明月江（中篇小说）………任芙康　刘晓梅
我们都在追求…………………………………王玉鑫
我和我的弟弟…………………………………曹克胜
结婚……………………………………………尧玉麟

画不成的头像…………………………………毛志成

讽刺与幽默
药物 X…………………………………………何扬林
L 先生的末日………………［日］星新一著　李有宽译

散文
老人和她的遗嘱……………………………戴明贤
高原客车……………………………………罗强烈

风物志
黔东佛顶山…………………………………明卫华

评论
努力表现变革中的社会生活………………黎　文

争鸣园地
不是大山的报复，而是历史的警钟！
——中篇小说《在故乡的蜜林中》读后
………………………………张伧纲　陈黔生
充满诗情画意的奋进曲
——中篇小说《在故乡的蜜林中》赏析…………伊　星
评长篇小说《巴黎的秘密》
——马克思恩格斯论现实主义（之一）
………………［苏］弗里德连迭尔　程代熙译
《红楼梦》艺术鉴赏小札…………………何士龙
说不出、说不休、不说出（随笔）………陈习玲

文讯
首届"山花奖"授奖大会在筑隆重举行
本刊编辑部召开农村题材创作座谈会

美术
晚风……………………………………………王长春
细雨花溪………………［西德］玛格丽特贝格曼
熊猫图…………………………………………洪世清
松鼠……………………………………………刘定一

1984 年第 6 期　刊名:《山花》
目录

本刊 1983 年第七期发表的短篇小说《一个甜美的梦》（即《公路从门前过》）获 1983 年全国优秀短篇小说奖

小说
企业家（中篇小说）………………………许明桃
钢顶针…………………………………………戴绍康

秋日 ······················· 袁政谦
永恒的霞光 ················· 郑一帆
座上客 ····················· 安文新
有奖竞赛（讽刺小说）········· 熊烈龙

诗歌
在太湖 ····················· 雁　翼
白浪 ······················· 公　夫
改革者之歌 ················· 杜永红
南疆掠影 ··················· 寒　星
西行拾韵 ··················· 弘　征
云南留韵 ··················· 罗绍书
侗乡散歌 ··················· 杜　若
雪化田乐 ··················· 莫西芬
不愿守枯萎的梦 ············· 沈潮涛
唱给孩子们的歌
夏夏（外一首）············· 付天琳
放牛乐 ····················· 储佩成
坡上有一片青竹林 ··········· 肖玉琮
零蛋压成扁轱辘 ············· 俞伯秋
湖滩上 ····················· 文　丙
大熊猫在街头微笑 ··········· 钟文森

乡村大道
山里的红百合（组诗）········· 映　春
在希望的田野上（组诗）······· 穆倍贤
新居的缺陷（外一首）········· 张显华
田野之声（外一首）··········· 培　贵
鸡场 ······················· 吴遵林
四月，蜜乡丰实而甜美 ······· 刘大林
他俩是邻家 ················· 陈　谷
工棚曲 ····················· 白　云
晨牧 ······················· 黄定才

兄弟民族诗页
竹叶声声（外一首）····· （水族）石尚竹
一片清辉 ············· （苗族）潘俊龄
春日印象 ············· （回族）达　丹
夜渔 ················· （水族）潘朝霖
我羡慕 ··············· （布依族）吴开国
女作者诗页 ······· 王尔碑　陈春琼　元华
青年作者诗页 ····· 许平　吴振祥　杨培勇

茅于美词选
旧体诗 ··········· 蒋希文　石果　李乔
诗二首 ····················· 燕　黎
七律二首 ··················· 梁鸿安
讽刺诗　小辣椒 ············· 余薇野

评论
创作谈
思考，而且发现 ············· 石　定

争鸣园地
也谈《在故乡的密林中》······· 卓　钺
不可信氛围中的可信雕塑 ····· 张时荣
将生活升华为诗 ············· 朱先树
评"真正的社会主义"
——马克思恩格斯论现实主义
··············· ［苏］弗里德连迭尔　程代熙译
贵州省第二次文学创作评奖委员会通知
读者来信摘登（省外部分）

美术
少女 ······················· 彭　澎
花儿朵朵 ··················· 王长生等摄
岱宗凌绝顶 ················· 周秉声
秋实图 ····················· 王永祥
风雪图 ····················· 刘宗河
清水江畔 ··················· 胡炳煊

1984 年第 7 期　刊名:《山花》
目录

小说
灰塔（中篇小说）············· 徐　卫
短评：跋涉的迹印 ··········· 文　蒙
寄托 ······················· 吴世祥
王木匠怪传 ················· 谭树生
天边那颗黄星宿 ············· 赵剑平

散文
我的小楼一角 ··············· 高　楠
我和芦花 ··················· 雷智贵
水西风土诗话（风物志二则）··· 罗绍书

评论

争鸣园地
评杨矛这个人 ··············· 何大堪
呵，倜傥不羁的开拓者 ······· 井绪东
听钟华的《乌江歌》··········· 尹在勤
走你的路
——读《良家妇女》致李宽定 ··· 罗强烈
《清流人物志》的喜剧特色 ····· 艾筑生
寻觅者的自白
——赞何士光的一篇创作谈 ····· 余　见

美术
仙人掌花 ································ 曾宪阳
相识恨晚（摄影小说）·············· 雷智贵

1984 年第 8 期　刊名：《山花》
目录

报告文学
沧桑之变——二铺人物素描 ·········· 王春晓

短篇小说
上帝、登山者和女厂长 ·············· 尹　平
那时没种枫香树 ···················· 戴明贤
木兰 ······························ 卢朝阳
巴河源头 ·························· 周古文
三梯队的成员们 ···················· 杨兴成
真心话（翻译小说）　［意］路易吉·皮蓝德娄作
王　勇译

中篇小说
槐荫下 ···························· 刘　韧

电影文学
稻花 ······························ 胡宗裕

散文
格林威治公园的老妇人及其他 ·········· 龙永图
"八月竹"的怀念 ···················· 君　羊
源颂 ······························ 赵德明
家乡的池塘 ························ 杨贵和
寓言（二则）························ 李如松

风物志
滴水岩瀑布游记 ···················· 杨隆昌
石上的星星 ························ 钟寒秋

评论
争鸣园地
对社会主义精神文明深情的呼唤
——也谈《在故乡的密林中》的主题和人物 ··· 何镇邦
"全颜色"人物及其他
——读《在故乡的密林中》············ 晓　笋
评拉萨尔的历史剧《弗兰茨·冯·济金根》
——马克思恩格斯论现实主义（之三）
　　　　　　　　［苏］弗里德连达尔　程代熙译
假如你明天成为盲人（随笔）·········· 李壮鹰
爱的价格与情的尊严（杂谈）·········· 学　迅

美术
节日晨收 ·························· 陈白一
激浪飞筏 ·························· 林发荣
版纳欢歌（版画）············ 万强麟　陈　琦
海市蜃楼（版画）·················· 蒋振华

1984 年第 9 期　刊名：《山花》
目录

小说
矿工的妻子（中篇小说）·············· 金永福

短篇小说
香香和旱冰场 ······················ 郑一帆
我和发子 ·························· 廖公弦
流水落花春去也 ···················· 字　心
枣 ································ 李　勃
混沌 ······························ 巴　迅
木马骑士（翻译小说）
　　［英］戴维·赫伯特·劳伦斯著　董璐蓓译

诗歌
高原二重奏（二首）············ 王泽洲　唐亚平
野玫瑰（组诗）···················· 杨　牧
矿山：黑色的主题（二首）············ 培　贵
山野日记（二首）·················· 梅　蓊
海上音乐会（外一首）·········· 宋　渠　宋　炜
大佛的传说（民间故事诗）············ 杨大矛
佛兰德斯无名氏作者诗三首 ············ 何其芳译

变革的山乡
田野的风（组诗）·················· 胥忠国
编竹器 ···························· 张时荣
故乡，有一条小溪 ·················· 卜宗学
候车室，三个乡间老婆婆 ············ 王德芳
桐花 ······························ 陈智武

青春的竖琴
纺织童话的姑娘（外一首）············ 曾雁平
年轻的护士们 ······················ 石　林
养花姑娘（外一首）················ 程显谟
一个修伞青年的宣言 ················ 彭建祖
爱的启示录
石榴树 ···························· 骆耕野
雨夜的小街 ························ 卫世平
游方 ······························ 杜永红
码头，一只船开了 ·················· 刘益善
在海滨 ···························· 车前子

波浪推送着你 ⋯⋯⋯⋯⋯⋯⋯⋯⋯⋯ 顾　城
鳞爪集 ⋯⋯⋯⋯ 孔　伟　龙彼德　朱　忠
金　谷　沈前祥　钟文森等

评论
石果创作论 ⋯⋯⋯⋯⋯⋯⋯⋯⋯⋯ 钱理群
从《跳蚤》看张永龙的创作特点 ⋯⋯ 黄祖康
时代需要这样的企业家
——读中篇小说《企业家》 ⋯⋯⋯ 林为进
诗人的眼睛 ⋯⋯⋯⋯⋯⋯⋯⋯⋯⋯ 袁忠岳
短小精悍与以小见大
——鲁迅杂文漫笔 ⋯⋯⋯⋯⋯⋯⋯ 杜一白

美术
昙花 ⋯⋯⋯⋯⋯⋯⋯⋯⋯⋯⋯⋯⋯ 金德明
蓝色世界 ⋯⋯⋯⋯⋯⋯⋯⋯⋯⋯⋯ 尹光忠
速写 ⋯⋯⋯⋯⋯⋯⋯⋯⋯⋯⋯⋯⋯ 杨国勋
欣欣向荣 ⋯⋯⋯⋯⋯⋯⋯⋯⋯⋯⋯ 吴家华

1984 年第 10 期　刊名:《山花》
目录

报告文学
天生桥，我要为你唱一支歌 ⋯⋯⋯⋯ 杨雪萍
为祖国而战 ⋯⋯⋯⋯⋯⋯⋯⋯⋯⋯ 陈茂荣

中篇小说
○＝∞ ⋯⋯⋯⋯⋯⋯⋯⋯⋯⋯⋯⋯ 王　剑

长篇选载
遥遥的路程 ⋯⋯⋯⋯⋯⋯⋯⋯⋯⋯ 涂尘野

短篇小说
高空交响曲 ⋯⋯⋯⋯⋯⋯⋯⋯⋯⋯ 章贵生
豆花饭店的公案 ⋯⋯⋯⋯⋯⋯⋯⋯ 向朝斌
黑猫 ⋯⋯⋯⋯⋯⋯⋯⋯⋯⋯⋯⋯⋯ 莫怀戚

讽刺小说
钓鱼，涵洞和翻车事故 ⋯⋯⋯⋯⋯ 夏世信
华威先生寻访记 ⋯⋯⋯⋯⋯⋯⋯⋯ 曾纪威

小小说
被加工的面 ⋯⋯⋯⋯⋯⋯⋯⋯⋯⋯ 魏　勇
肥猪菜和他，她 ⋯⋯⋯⋯⋯⋯⋯⋯ 安文新
害怕下棋的象棋冠军 ⋯⋯⋯⋯⋯⋯ 徐郁东

作家摇篮
虬根（短篇小说） ⋯⋯⋯⋯⋯⋯⋯ 龙　潜
生活的逻辑（短评） ⋯⋯⋯⋯⋯⋯ 本刊编者

故事新编
伯欢使牛 ⋯⋯⋯⋯⋯⋯⋯⋯⋯⋯⋯ 高致贤
李逵杀鸡 ⋯⋯⋯⋯⋯⋯⋯⋯⋯⋯⋯ 李如松

散文
大自然的大奇迹
——中国贵州溶洞奇观影展内外 ⋯⋯ 张　克

风物志
织金打鸡洞游记 ⋯⋯⋯⋯⋯⋯⋯⋯ 吴大荣
杨粲墓中的铜鼓 ⋯⋯⋯⋯⋯⋯⋯⋯ 乔一民

乡土文学研究
试论新时期的黔北文学 ⋯⋯⋯⋯⋯ 罗强烈

小说技巧谈
艺术构思的“点儿” ⋯⋯⋯⋯⋯⋯ 钟本康

诗美学谈
诗的思辩美 ⋯⋯⋯⋯⋯⋯⋯⋯⋯⋯ 陈世明

新作短评
一幅雄浑的大漠风情画
——谈中篇小说《灰塔》 ⋯⋯⋯⋯ 乔　梁

名作赏析
画面背后的力量 ⋯⋯⋯⋯⋯⋯⋯⋯ 梅　翁
附:《沼泽地》 ⋯⋯⋯⋯⋯ [日] 芥川龙之介

读者与编者
批评·鼓励·希望

美术
菽花芳菲 ⋯⋯⋯⋯⋯⋯⋯⋯⋯⋯⋯ 雷智贵
山茶 ⋯⋯⋯⋯⋯⋯⋯⋯⋯⋯⋯⋯⋯ 刘宇涛
和平 ⋯⋯⋯⋯⋯⋯⋯⋯⋯⋯⋯⋯⋯ 方国强
少女 ⋯⋯⋯⋯⋯⋯⋯⋯⋯⋯⋯⋯⋯ 向　光

1984 年第 11 期　刊名:《山花》
目录

鸟蛋（作家摇篮） ⋯⋯⋯⋯⋯⋯⋯ 刘　霞
力求准确判断自己（短评） ⋯⋯⋯ 本刊编者
“第三世界”和“烂翅蟋蟀” ⋯⋯⋯ 蒙　萌
生与死的协奏 ⋯⋯⋯⋯⋯⋯⋯⋯⋯ 尧玉麟
棋王世家 ⋯⋯⋯⋯⋯⋯⋯⋯⋯⋯⋯ 徐伯荣

这门，是开？ 还是不开?·············徐嘉鹏
开远和她的表姨·················吴世祥
"小鸡"·····················耕　夫
我的朋友·····················相　惠
怡园轶事·····················戴宣常
悔约·······················张荫檀
好个魏一才（讽刺小说）············曹克胜
绿茵场外（小小说）·······张晓光　朱淑琴
签名（小小说）·················叶永春
美（小小说）··················东　旭
不速之客（小小说）··············钟　秋
"罗曼蒂克党员"（写实小说）·········麻　岱
黔东烽火（长篇选载）·············车培英

评论
乡土文学研究
蹇先艾笔下的黔北风情············王鸿儒

小说技巧谈
小说中的时间··················谢明德

名作赏析
铅铸的小说···················弋　人
附：柯留沙···················高尔基

美术
高秋·······················王长春
路·······················王中娣
女勘测队员···················石　衡
待开拓的地方··················吴家贵
山居图·····················陈永源
虎·······················李　墨

1984 年第 12 期　刊名：《山花》

目录

短篇小说
茅盖王·····················罗吉万
夏阳·······················许明桃
阿瓦山迷雾···················安文新

讽刺小说
创作创作····················魏国岱

小小说
螺纹·······················章贵生
拾婴记·····················罗国凡
写信·······················高中艺

写实小说
"爱"的陷阱············钟　奇　达　能

外国小说
保证·············〔日〕星新一著　李有宽译

作家摇篮
码头风情····················陈庚发

点评
矛盾冲突的层层推进··············本刊编者

报告文学
耐人寻味的环西业余学校···········龙　渝

散文
有朋自远方来··················石永言

风物志
瓢井·······················吴　江

诗歌
乌江魂（组诗）·················胥忠国
乌江渡（外一章）···············罗文亮
高原颂
高原女姓····················龚　炜
高原，生我育我的母亲············赵　翔
这里，是一个神奇的世界···········王泽洲
高原·平原····················许　平
火与钢（组诗）·················王建平
太阳神（二首）·················彭世庄
山鹰·······················张显华
我是山民，我是矿工·············陈春琼
掘进之歌····················任启江
黎明，春天的原野··············黎焕颐
村夜，果园里··················陈　谷
春访鸟笼专业村················元　华
八月，浸满酒香的水乡············石尚竹
飞播·······················刘汝林
捡松果的小女孩················曾雁平
打桐·······················陈智武
被黑布蒙住眼的人（组诗）··········周嘉堤
致我们（外一首）···············陈绍陟
山花吟（外一首）···············梁谢成
黄山温泉（外一首）··············贺盖泉
黄山二题····················沈　耘
初识黄山····················吴遵林

诗歌

月是故乡明 ················· 岳德彬
月光奏鸣曲 ················· 钱锦方
小径 ····················· 程建强
水的雕像 ··················· 冯庆川
玉屏听箫 ··················· 刘 古
不要将他们打扰 ·············· 彭邦贵
根系 ····················· 李根红
摇篮 ····················· 程显谟
草 ······················ 刘大林
海边断想 ··················· 胡郁芬
沙漠里的林子 ················ 叶 笛
乡音 ····················· 谢世平
家乡 ····················· 邬锡鑫
写在乌江两岸 ················ 王贤良
一个幸存者的心愿 ············· 田 野
摘辣椒 ···················· 郑德明

散文诗页

大地的雕塑者 ················ 唐 明
我是个田野上的主妇 ············ 唐亚平
葡萄 ····················· 徐成淼
冰凌花 ···················· 王 野
黄果树瀑布联想 ·············· 张时荣
田野集 ···················· 徐慎贵

旧体诗

青海行（四首）·············· 田 兵
七律二首 ··················· 壬 人

评论

在自己的基点上行进
——廖公弦近作管测 ··········· 张 劲
寻找自己的生活坐标 ············ 鲍 昌
浅议生活的诗化 ·············· 张 驰

小说技巧谈

短篇小说素材论（上）··········· 钱光培

佳作赏析

一卷变幻无穷的心电图 ··········· 黎 文
附：一小时的故事 ·········· [美] 凯特·肖班

读者与编者

对作者意见的函复 ············· 叶 辛
揭发抄袭行为
——读者来信选登 ············· 卢 洪等
斥剽窃者 ··················· 姬 丽

美术摄影

秋实 ····················· 廖志惠
赤水河畔 ··················· 汤国鼎
山水 ····················· 张友碧
版画二幅 ··················· 王 平
杜鹃 ····················· 彭 匡

1985 年第 1 期　刊名:《山花》

目录

短篇小说

红色达露花 ················· 刘 霞
珰璐的追求和刘霞的追求（短评）····· 戴明贤
霸王滩的美人鱼 ·············· 梁国赋
神机妙算克顽敌 ·············· 李宽照

写实小说

他抛弃了妻子儿女 ············· 钟 奇

讽刺小说

招风耳和马屁精 ·············· 和国正

中篇连载

清宫风云（历史小说）········ 顾汶光 顾朴光

作家摇篮

傻哈罗（短篇小说）············ 刘 剑
小说主要是写人（短评）·········· 本刊编者
花溪百步桥（散文）············ 吴亚群
切莫忽视基本功（短评）·········· 本刊编者

风物志

铜仁九龙洞 ················· 张 萍

诗歌

两座高峰
——纪念遵义会议五十周年 ········ 廖公弦
五十年啦，遵义 ·············· 陈 沂
遵义 ····················· 石永言

大学生诗页

第一季的咏叹 ················ 张久运
我驶出我的古堡（外一首）········· 袁 超
黑蚯蚓 ···················· 李泽华
古寺 ····················· 汪 涌
也许
——给一个少女 ·············· 张 凯
题 Pr 小照 ················· 张志强

铜像 ·· 王　强

江山多娇
南疆升起一弯新月（外一首）················· 寒　星
西北的太阳（外一首）····························· 鄢家发
月夜箫声 ··· 朱谷忠
库尔伦夜歌 ·· 石光华
地平线 ·· 杨益生

评论
"思辨的幻想"浅析 ································ 邱富常

小说技巧谈
短篇小说素材论（下）····························· 钱光培

新作短评
心灵世界的新开拓
——评《人民文学》所发我省的作者三个短篇
··· 井绪东
他终于成为生活的强者
——喜读罗吉万的新作《茅盖王》··········· 乔　梁

佳作赏析
《午餐》的第一人称写法························· 成建三
附：《午餐》·············· ［英］威廉·萨·毛姆
读者来信选登

美术摄影
摄影三幅················· 曾宪阳　刘毓澄　王长春
享利奥夫人 ································· ［法］雷诺阿
摄影 ·· 曾宪阳

1985 年第 2 期　刊名:《山花》
目录

小说
清宫风云（中篇历史小说）········ 顾汶光　顾朴光
墙那边 ·· 李宽定
血橙 ··· 金　平
马路幻想家（纪实小说）························· 朱小羊
甲子春情（纪实小说）····························· 晋其炎

报告文学
一个人和第二个大自然·························· 李起超

诗歌
青春诗会
新的节奏（组诗）································· 许　平

威宁纪行（组诗）································· 陈绍陟
高原西部：知识爆炸 ····························· 宋　健
高原的春天 ··· 李泽华
白云与我结伴 ······································ 李松波
长长的思念 ··· 沈潮涛
岩石 ··· 王家新

评论
中篇创作的可喜收获
——六部获奖作品读后····························· 王鸿儒

诗美学谈
散文诗的美学特征································· 王光明

佳作赏析
幼小心灵的创伤
——浅析《他的父亲》····························· 川之水
附：他的父亲·············· ［美］史坦培克　沉　樱译

1985 年第 3 期　刊名:《山花》
目录

小说
厂长的私生活（中篇小说）························ 龙志毅
清宫风云（中篇历史小说）········ 顾汶光　顾朴光
一位剧团团长的沉浮····························· 杨双奇
彩莲和她的丈夫································· 吴恩泽

报告文学
在那黄金的一刻································· 杨雪萍

散文
当他们三人同时来到····························· 张　克
铜鼓，在三月三敲响····························· 运　春

作家摇篮
马路上的谐剧（小说）····························· 周　平
让新的生活涌到笔端（评论）···················· 苑坪玉

诗歌
京华写意（三首）································· 李发模
伊敏河畔（三首）································· 陈佩芸
巡行曲（外一首）································· 杨大矛
武夷考察（二首）································· 郑成义
露珠 ··· 黎正光
石林遐思 ·· 鲁　行
断树的沉思 ··· 王贵荣
鳞爪集 ·············· 车前子　公　夫　阳　子等

评论
步人文艺的黄金时代……韦　翰
读梅翁《彩色的波》……廖公弦
创作自由一席谈……蹇先艾等

小说技巧谈
研究偶然……谢明德

佳作赏析
对人物内心世界的深刻解剖……秦家伦
附:《一件艺术品》……契诃夫

美术
摄影……曾宪阳
时光……周湛华

1985 年第 4 期　刊名:《山花》

目录

小说
迫在眉睫（中篇）……陈茂荣
清宫风云（中篇历史小说）……顾汶光　顾朴光
芒拉寨的歌……刘　琼
汪小泉……国　五

讽刺与幽默
讽刺的讽刺
……[苏]阿甫坦吉尔·阿杰依什维里著　董君扶译
可恨的小说……刘　昕
奇文点评实录……王　灿

散文
刺梨花……罗强烈
献上一束春野的诗……郭万才

诗歌
春天的脚步
桃花开了……莫西芬
春水……公　夫
爱在天涯……王中朝
春之印象……赵　翔
植树节……王建平
旧体诗词……贾若瑜
卖仙人掌的小女孩……映　春

散文诗页
野鸭群……潘万堤
花萼……徐成淼
红烛花……郁小萍
黄果树瀑布（外一首）……凌文远
祖国·月亮……杜　若
新的比赛……黄邦君
南方的雪……高旭旺
军事文学的新收获……刘白羽

评论
作家的现代意识……蒋　力
《清宫风云》创作杂谈……顾汶光
论《清宫风云》的艺术美……秦家伦
善用“断续”神灵丰足……钟　法

佳作赏析
美感与认识作用的统一
——《果戈大叔》赏析……王成祥
附：果戈大叔……[喀麦隆]巴贝·蒙戈

美术摄影
春天（摄影二幅）……曾宪阳　雷智贵

1985 年第 5 期　刊名:《山花》

目录

小说
拐鸽……伍元新
新星的陨落……宇　心
梧桐细雨……铃　娃
爱是爱的伙伴……张　长
光环与阴影……宋树根

讽刺与幽默
被遗忘的编剧……栈　桥
暗锁问题……蜀　民
我要当爷爷……雨　东

报告文学
于旋转人生中寻求生命的根……徐成淼
牛年寻“马”……徐新建

散文
蛇的神话……戴明贤

诗歌
巷道风（组诗）……王建平
这不叫粗鲁
——一个驾驶员的话……黄　强
炊烟……简　宁

青春的竖琴
世界流行色 ································· 张小波
三月，拉提琴的少女 ················· 曾雁平
三人舞《戏浪》 ······················· 熊　雄
围棋 ··································· 陈明媚
鳞爪集 ··············· 石永言　李天林　君　羊
高继恒　龙彼德　朱世祥

评论
文学与信息 ··························· 翟大炳
倾诉一片感激之情
——戴明贤抒情散文简论 ············· 张建建

佳作赏析
温馨的《冬天》 ······················· 邱富常
附:《冬天》 ··························· 朱自清

1985 年第 6 期　刊名:《山花》
目录

小说
《闪电》（中篇） ····················· 王　安
我和我的女邻居 ······················· 蒙　萌
晚宴 ································· 游孟宪
人事科长 ····························· 思　基
程娜 ································· 贺晓彤

作家摇篮
"煤炉子"美学家（小说） ··············· 胡　律
编余小记（评论） ····················· 编　者

报告文学
"百灵鸟"之歌 ······················· 韦　翰

风物志
仕而后学的诗人 ······················· 罗绍书

诗歌
同题诗笔会
童年 ································· 李　钢
傅天琳　余薇野　木　斧　曾伯炎　曾祥麟　袁永庆
穆　仁　王尔碑　郁小萍
春草的歌 ····························· 杜永红
水仙花 ······························· 陈钦智
六一
冰凌 ································· 车前子
女娃与小花 ··························· 董　星
六月一日 ····························· 缪国庆

不死的冰凌花 ························· 周嘉堤
听涛 ································· 许鑫荣

旧体诗
海口风光 ····························· 秋　柳
赴崖城及宁远河水库
登邱山 ······························· 岳　光
工厂里的年轻人 ······················· 伊　甸

评论
我写郝天佑
——谈谈郝天佑的成型过程 ············· 陈茂荣
写出了军人的价值
——评中篇小说《迫在眉睫》 ··········· 何大堪
小说的赋比兴的诗体美 ················· 李保均
把开发人才放在首位
——读《厂长的私生活》 ··············· 张时荣

诗美学谈
诗歌艺术创新的着眼点 ················· 张嘉彦

1985 年第 7 期　刊名:《山花》
目录

献给国际青年年小说专号
沉浮（中篇小说） ····················· 涂　冰
危石 ································· 章贵生
漩涡 ································· 莫怀戚
约会 ································· 刘　剑
劫运 ································· 冯　川
乡庆 ································· 庞本驹
竹女 ································· 赵剑平

评论
简论《大渡魂》的悲壮美 ················· 王鸿儒
把笔触伸向熟悉的生活 ················· 叶　辛
何士光的中篇小说《青砖的楼房》 ···· [日本]近藤直子
远山飘来一曲纯情的歌
——读小说《山外青山》致作者 ········· 罗强烈
关于小说审美趋向的思考 ················· 仲呈祥
作家的"学者化"与作品的"学问化" ····· 学　迅

美术摄影
花乡（摄影） ················· 龙子荣　马文光
鸟鸣山更幽（国画） ··················· 杨长槐

1985 年第 8 期　刊名:《山花》
目录

小说

追随缪斯··卢惠龙
是真的来看我吗?······························彭鸽子
冯巧································徐小强　司马赤
看新居··顾志坤
考场上··王荆凯
两个伊尔玛
　　　[芬兰]爱尔薇·西奈尔伏著　余志远译

散文

水乡恋··赵长宁
一次不寻常的采访(报告文学)
　　　　　　　　　何彩孝(执笔)　胡　涌

诗歌

寄自老山前线的诗(二首)···············陈　灿
谒中山陵··吴厚炎

高原颂

大山与男人··龚　炜
护秋··胥忠国
背扇的歌··张显华
山鸽子··陈　谷
山野日记(二首)······························梅　蕎
短诗丛···罗绍书　黄东成　钱锦方　叶延滨　李泽华
古寺(外一首)··································柯　平

山野的孩子

山雀们飞到哪儿去了呢(外一首)·······陈绍陟
出嫁的姐姐··阳　子
睡吧,孩子··陈所巨
雨季:走出小屋的童年··········宋　渠　宋　炜
高原梦··黄邦君
你就是那颗星····································培　贵
七月,在南方····································石光华
鳞爪集··········杨同生　朱谷忠　刘　郎　杨　然等

评论

批评:线性—双向—系统······················杨匡汉
生活与想象
　—读徐小强、司马赤的《冯巧》···········李宽定

小说创作谈

小说的诗化　诗化的小说··················钟本康

随笔

捕捉社会心理的新信息······················黄万机
从"囫囵语"谈起······························张跃生

杂感

须以吾言写吾心································刘德一

美术

花溪小景(油画)······························秦元魁

1985 年第 9 期　刊名:《山花》
目录

小说

电脑、《易经》及其他·······················尹　平
荒甸子··杨爱平
登高··许明桃
兄妹··王宏光
秋的絮语··金　澄
光的复活(科幻小说)·······················李　门

讽刺与幽默

酸奶··罗兴武
君子兰··杨　真
这天从子夜开始
　　　[苏]尼·叶林　符·卡萨耶夫著　陈训明译

报告文学

从污泥中爬过来的冠军·······徐成森(执笔)　唐贵奇

散文

淌酒的河··罗强烈
美国来鸿··赵　玖
边风实录··王鸿儒

诗歌

鲜花与战争(二首)···························曹　剑
齐鲁风景线(三首)···························叶　笛
在高原(组诗)··································程显谟
强者··向书豪
一枚酱果的梦游史·····························陈寿星
野渡··刘益善
放蜂人··陈锡民
蓝蓝的海··白雪婷
七彩池(外一首)······························胥勋和

周末。 海，在远方 ································ 胡兰芳
高原 ······································· 吴克明
你又去到音乐之乡（外一首）·············· 陈佩芸
鳞爪集 ················· 李泽华 南 子 杜 若等

评论
关于"越轨"问题的思考 ······················ 肖君和

小说艺术谈
对客观世界的主观意识渗透 ·········· 王 干 费振钟
序《贵州当代诗词选》············ 李独清遗作
触发
——创作的导火线 ····················· 郭 超

美术摄影
连环画选 ·································· 黄天虎

1985 年第 10 期 刊名:《山花》
目录

小说
在命运的这个港湾 ················· （苗族）梁国赋
无名草 ······················ （布依族）罗吉万
北京来客 ····················· （侗族）袁仁琮
病中吟 ······················ （彝族）熊正国
小玉 ······················· （土家族）张心平
春风送一程 ··················· （仡佬族）罗长木
"神仙"指路 ··················· （侗族）刘荣敏
红娘 ······················· （侗族）谭良洲
老人 ······················· （彝族）安文新

评论
人性的证明和人道的呼唤
——电影《良家妇女》观后随想 ·············· 王爱莲
文学的"同步""异步"及其他 ·············· 赵夫青
说破不值半文钱
——浅谈暗示的艺术 ····················· 赵 捷

新作短评
男子汉的魅力
——读短篇小说《约会》 ················· 黄万机
拓展艺术视野
——评冯川的《劫运》 ················· 刘智祥

诗美学谈
新诗的"赋" ·························· 吕 进

佳作赏析
逆转手法的妙用
——浅谈《冒险家》的结尾 ················ 王世德
附：冒险家 ················· ［美］欧·亨利 何裴泽

美术摄影
摄影 ······················· 龙子荣 马文光
飞鸟相与还（国画）····················· 柯德恩

1985 年第 11 期 刊名:《山花》
目录

小说
在两岔河湾中（中篇）···················· 赵剑平
新楼 ······························ 袁政谦
冯玲子和她的闸 ······················ 章贵生
车向公安局 ························· 贺晓彤
青枫圪苑 ·························· 陈月枢
赛钓 ····························· 何阴克
英雄肝胆亦柔肠（传记文学）··············· 张 克
路基下面的石头（写实小说）··············· 周青明

诗歌
破土篇
九月的童话树（组诗）···················· 陈 波
撒拉族诗情（组诗）····················· 晏 明
黔之恋（组诗）······················· 张 烨
银杉树 ···························· 唐亚平
江边采石场（外一首）···················· 万安伦
假如生活是树 ······················· 易殿选
致伟人 ···························· 李尚才
夭折的时光 ························· 黑 桦
蒲公英 ···························· 何 博

恋人曲
满月之夜（外一首）····················· 龚 炜
即使…… ·························· 西 篱
南方 ····························· 尚建国
忆 ······························ 晨 梅

评论
把自然的有机的整体的面目还给文艺
——记肖君和关于文艺研究方法论问题的谈话··· 奔 众
致贵州文坛的部分青年作者 ················ 罗强烈
漫议二题 ·························· 龙炘成

美术摄影
余音 ····························· 杨培德

秋色（摄影）························孙若信　蒋道环

1985 年第 12 期　刊名:《山花》
目录

小说

帕金森、钦雨泉及其他····················罗来勇
雁字回时·····························赵晓铃
平常事·····························杨道松
白冠王子与灰公主······················唐乘华
星星、田园··························姚晓英
嵌着戒指的烟杆·······················李再春
山野小曲··························谢小波
大卫·斯旺·········〔美〕霍桑著　齐新潮　顾朴光译

报告文学

鼓楼之谜···························徐新建

散文

咸兴叙旧——访朝散记之三·················赵大年
柳州怀古··························伍本芸
草赋······························高　轩

诗歌

同题诗：爱的复苏·······宫　玺　黎焕颐　姜金城
黑珍珠的传说·······················胥忠国
大平原之魂（二首）·····················王建平
矿山喜炮··························任启江
山中岁月（二首）······················陈春琼
畅想曲···························王泽洲
我长久地站着等待你·····················栗原小荻
晚唱的高原·························宋　健
犹豫·····························吴雪梅
写诗的矿工··························段　扬
煤矿拾诗··························邓先勤
红眼睛（小叙事诗）·····················李松波
那本小书（散文诗）·····················吴秋林
词三首····························赵西林

评论

寻找新的表现对象：文化与文学···············张建建
同而不同　不异而异（诗美学谈）············陈世明
文学创作审美情感试探··················文　岚

美术摄影

留连（摄影）·························薛　碧
金色留不住（油画）·····················王宗周

1986 年第 1 期　刊名:《山花》
目录

短篇小说

夜之声···························张勤学
"胜利大逃亡"·······················莫怀戚
写给丈夫的小说·······················聂欣如
福从天上来·························王　康

讽刺与幽默特辑

文友刘蹒娃·························姚思源
古校长的学问·······················陈翰辉
我叫什么名字·······················申国祥
他丢失了什么·······················罗兴武
千人歌···························殷　扬
女科长的成熟·······················宋茨林
生态平衡··························李朝华

翻译小说

悲剧，是这样酿成的
·················〔美〕约翰·柯里尔　范东生译
附：一篇有特色的心理分析小说

写实小说

小西湖与张学良······················庞本驹

报告文学

冰山、摄影机、人·····················朱幼棣

诗歌

拒绝成熟··························简　宁
高原抒情·········曾雁平　陈绍陟　唐跃生
我喜欢在路上走······················顾　城
父亲的墓地·························伺书豪
卖羊皮的汉子·······················黎正光
悠悠白云··························李天林
鳞爪集···············李泽华　杨　然等
诗二首···························李冀峰

评论

略谈文艺批评和研究的新方法论··············石　璞
创作，要从生活出发，从自己的实际出发········李宽定
抒情体教文诗的写作··················刘湛秋
文学的"神圣"与作家的责任···············学　迅

美术

寻（摄影）
伟大的转折（油画）·············彭裕汉　陈宁康

1986 年第 2 期　刊名:《山花》
目录

报告文学
尹光中印象 ················ 徐新建

小说
皱面人 ················ 徐成淼
失鳕得鲱 ················ 黄　同
路 ················ 西　篱
哎，天边那颗星 ················ 龙　潜
舞厅里（小小说） ················ 方　舟
老人、少女、烈火（小小说） ················ 周晓琳

作家摇篮
神秘的女邻居 ················ 李　珺
市风民情的生活剪影 ················ 何　澜

翻译小说
雪女 ········· ［日］星新一著　黄国超译

散文
访日小记 ················ 田　兵
故乡的半边月亮 ················ 李　耕

诗歌
岁月的河（二首） ················ 张新泉
进山（二首） ················ 陈金平
黄昏的童话（外一首） ················ 黄晓华
夏天的回忆（外一首） ················ 桑　子
秋兴 ················ 杨　山
致大漠无名的河流 ················ 钱锦方
你和他 ················ 孙友田
我们曾经在一起筑路 ················ 杜　若
晒药场 ················ 莫少云
过野马川 ················ 洪　茵
森林之夜 ················ 李光云
旧体诗五首 ········· 王　正　何悟深　杨　霜

评论
儿童小说的创新与探索 ················ 周　晓
气韵：对于中国书画艺术的移植 ····· 费振钟　王　干
一部别具一格的鬼话小说 ················ 胡从经
试论情节处理的基本原则 ················ 胡山林
发扬奥林匹克精神（宣传画） ················ 廖志惠

1986 年第 3 期　刊名:《山花》
目录

小说
那个巷口，没有灯光 ················ 英　子
浮生半日闲 ················ 彭仲劼
老鸦口的汉子们 ················ 尹光中
老院后边有块地 ················ 何筑光
偷闲（小小说） ················ 卢凡夫
消失在茫茫太空的少女
··········· ［美］汤姆·戈德温著　李炎翔译

电影文学剧本
今晚有重要广播 ········· 流水长　张　侠　刘建国

散文
在维纳斯诞生地 ················ 刘厚明
梦回都匀 ················ 高洪波

诗歌
纷乱的网络 ················ 李发模
高原回旋曲（二首） ················ 王建平
小马灯 ················ 叶钱用
渔妇与海 ················ 詹小林
作品 1 号 ················ 何铁生
男阿姨 ················ 沈在龙
鳞爪集 ········· 瑞　晨　朱如忠　殷　红　伊　簾等

评论
理论与现实
——我省部分青年评论工作者座谈会综述
··········· 晓　星　建　建
艺术的两极：纪实——象征 ················ 徐新建
文学生产的感知建构一体化 ················ 张嘉彦
星星：到巷口去发光（创作谈） ················ 英　子
品吧，品这幽香的茅台
——读《山与我们的合影》寄廖公弦 ········· 刘　章
野趣（国画） ················ 柯德思

1986 年第 4 期　刊名:《山花》
目录

中篇小说
欲 ················ 叶　辛

短篇小说
乌江魂 ················ 覃智扬

大河⋯⋯⋯⋯⋯⋯⋯⋯⋯⋯⋯⋯⋯⋯⋯⋯杨道松
鹦鹉⋯⋯⋯⋯⋯⋯⋯⋯⋯⋯⋯⋯⋯⋯⋯⋯廖国松
盐巴⋯⋯⋯⋯⋯⋯⋯⋯⋯⋯任芙康　刘晓梅

讽刺与幽默
F讲师在一个清醒的早晨⋯⋯⋯⋯⋯⋯伍祥贵
怀疑畅想曲⋯⋯⋯⋯⋯⋯⋯⋯⋯⋯⋯⋯金德华

纪实小说
爆炸的婚礼⋯⋯⋯⋯⋯⋯⋯⋯菁　明　茉　萼

诗歌
呵，老山（外一首）⋯⋯⋯⋯⋯⋯⋯⋯陈　灿
你我之间⋯⋯⋯⋯⋯⋯⋯⋯⋯⋯⋯⋯梁彬艳
奉献⋯⋯⋯⋯⋯⋯⋯⋯⋯⋯⋯⋯⋯⋯元　华
采兰姑娘⋯⋯⋯⋯⋯⋯⋯⋯⋯⋯⋯⋯胡　锐
镜泊深潭⋯⋯⋯⋯⋯⋯⋯⋯⋯⋯⋯⋯罗文亮
花木篇⋯⋯⋯⋯⋯⋯⋯⋯⋯⋯⋯⋯⋯望　云
故土·故人⋯⋯⋯⋯⋯⋯⋯⋯⋯⋯⋯木　斧
梦（外一首）⋯⋯⋯⋯⋯⋯⋯⋯⋯⋯冯　杰
短诗一束⋯⋯⋯⋯⋯⋯⋯⋯⋯⋯⋯王家新等

评论
思想·理论·人·创作⋯⋯⋯⋯⋯⋯⋯彭北荣
思维的正负效应与作家的创作⋯⋯⋯耀大炳　金　淘
热烈的理想和冷静的现实⋯⋯⋯⋯⋯刘智祥
断想：关于现代史诗⋯⋯⋯⋯⋯⋯⋯黎正光
惊（摄影）
竹林青青（油画）⋯⋯⋯⋯⋯⋯⋯⋯谢光荣

1986年第5期　刊名:《山花》
目录

小说
鸟斗⋯⋯⋯⋯⋯⋯⋯⋯⋯⋯⋯⋯⋯⋯和国正
夜雾，升起在河湾⋯⋯⋯⋯⋯⋯⋯⋯张心平
打狗谐谑曲⋯⋯⋯⋯⋯⋯⋯⋯⋯⋯⋯廖国松
红围巾⋯⋯⋯⋯⋯⋯⋯⋯⋯⋯⋯⋯⋯柏　原
咬人草⋯⋯⋯⋯⋯⋯⋯⋯⋯⋯⋯⋯⋯储一天
母亲的心思⋯⋯⋯⋯⋯⋯⋯⋯⋯⋯⋯莫怀戚
忧虑⋯⋯⋯⋯⋯⋯⋯⋯⋯⋯⋯⋯⋯⋯王宏光
海德杰博士的实验⋯⋯⋯［美］霍　桑著　丁传林译

作家摇篮
远方的树叶⋯⋯⋯⋯⋯⋯⋯⋯⋯⋯⋯龚光融
云层外的月亮⋯⋯⋯⋯⋯⋯⋯⋯⋯⋯龚光融
变化中的追求
——谈龚光融的两篇作品⋯⋯⋯⋯⋯生　平

散文
情洒乌蒙路⋯⋯⋯⋯⋯⋯⋯⋯⋯⋯⋯潘俊龄
放生⋯⋯⋯⋯⋯⋯⋯⋯⋯⋯⋯⋯⋯⋯闻树国

诗歌
独臂厂长（外一首）⋯⋯⋯⋯⋯⋯⋯柯　平
瞬间⋯⋯⋯⋯⋯⋯⋯⋯⋯⋯⋯⋯⋯⋯向书豪
播（外一首）⋯⋯⋯⋯⋯⋯⋯⋯⋯⋯杜永红
梵净山诗章（二首）⋯⋯⋯⋯⋯⋯⋯漆春生
长岛短贝（二首）⋯⋯⋯⋯⋯⋯⋯⋯郑成义
远山的呼唤⋯⋯⋯⋯⋯⋯⋯⋯⋯⋯⋯刘益善
不协调的和声⋯⋯⋯⋯⋯⋯⋯⋯⋯⋯叶延滨
短歌集⋯⋯⋯⋯⋯⋯沙　鸥　简　宁　李亚威等
悼念丁玲同志⋯⋯⋯⋯⋯⋯⋯⋯⋯⋯蹇先艾

评论
被"拷问"的灵魂及其所影罩下的社会心理
——读王剑的长篇小说《生活的法典》⋯⋯罗强烈
面向生活、勇于创新⋯⋯⋯⋯⋯⋯⋯杨长槐
透明的轻音乐派抒情诗
——读叶笛的诗集《少女的太阳》⋯⋯吴思敬
野马河畔、石板街上的人们
——赵剑平五部中篇小说概评⋯⋯⋯张时荣
建筑（摄影）
祁连山下（油画）⋯⋯⋯⋯⋯⋯⋯⋯秦元魁

1986年第6期　刊名:《山花》
目录

短篇小说
伊佐拉⋯⋯⋯⋯⋯⋯⋯⋯⋯⋯⋯⋯⋯赵国星
钟声悠悠⋯⋯⋯⋯⋯⋯⋯⋯⋯⋯⋯⋯刘　剑
下棋⋯⋯⋯⋯⋯⋯⋯⋯⋯⋯⋯⋯⋯⋯黄天舜
萧萧凤尾松⋯⋯⋯⋯⋯⋯⋯⋯⋯⋯⋯字　心
金玉满堂⋯⋯⋯⋯⋯⋯⋯⋯⋯⋯⋯⋯田有刚
恩人杜柏水⋯⋯⋯⋯⋯⋯⋯⋯⋯⋯⋯龙芹香
毫无把握的冒险
⋯⋯⋯⋯⋯［德］T.魏森堡著　管　蔚　陈　颖译

中篇小说
远乡异域⋯⋯⋯⋯⋯⋯⋯⋯⋯⋯⋯⋯涂　冰

散文
大西北萍踪⋯⋯⋯⋯⋯⋯⋯⋯⋯⋯⋯韦　翰
姚茫父与陈师曾⋯⋯⋯⋯⋯⋯⋯⋯⋯姜德明

诗歌
皮靴里的孩子⋯⋯⋯⋯⋯⋯⋯⋯⋯⋯车前子

夏天的眼睛（外三首）—————————黄　说
爱的组曲—————————————————童心亮
山·山·山————————————————汪　涌
红房子—————————————————彭　玲
晚秋画片————————————————石佳昱
天空下的河流（三首）————————沈天鸿
黔西札记（二首）————————————子　页
天坛，请为我的姐妹们唱支祝福歌——石尚竹
石林短吟————————————————张承源
山后那块土地——————————————邬锡鑫
桑椹果—————————————————胡兰芳

评论
小说艺术谈
系列：小说结构的新方式————王　干　费振钟

作家通讯
关于材料、主体及风格的通信————王　剑　罗强烈

理论探讨
道德观、价值观与文学
——从当代贵州文学的一种格局谈起——黄祖康
青春的困惑
——姚晓英的小说与文学中的启悟主题——陈跃红
瓶供（国画）—————————————姚茫父

1986 年第 7 期　刊名:《山花》
目录

中篇小说
石头人人间浪游记————————————李起超

短篇小说
警戒线—————————————————王达真
骡马店轶事————————————————王金生
残局———————————————张晓光　朱淑琴

作家摇篮
冬日———————————————————刘晓苹
《冬日》读后————————————————叶　辛

报告文学
渐入佳境————————————————袁　晞

散文
曼谷，朦胧中的美————————————巴　迅

诗歌
木盒子石盒子及其他（三首）——————李　钢
贵州二题（二首）————————————白　航
青铜高原————————————————何香久
孤独的石榴树（外一首）————————陈绍陟
诗三首—————————————————张　烨
我因为爱你而成为女人（外一首）———唐亚平
这就是南方————————————————易殿选
大漠沉船的后事—————————————孙功兵
短歌集———胥忠国　程建强　黄泰平　张晓健等
散文诗二题———————————徐成淼　朱一鸣

理论
给贵州诗会的一封信——————————张志民
滋味、美感与想象————————————曹顺庆
主体心理导向的一种集合（创作与生活）—赵剑平
有所延续的更换（小说艺术谈）————梅子涵
你如何看小说（文艺随笔）————————魏　柯
一个值得注意的问题（文艺随笔）———辰　雨
苏州园林揽胜（版画）—————————吴家华

1986 年第 8 期　刊名:《山花》
目录

中篇小说
错位———————————————————吴之工

短篇小说
雪魂———————————————————聂鑫森
进山·狗·春天—————————————杨道松
列车结合部————————————————铁　璀
月光，多纯洁（外一题）————————侯黎风
钓鱼人—————————————————李再春
虫害———————————————————马　迅
某事的终结——————[美]厄·海明威　李乐东译

作家摇篮
银杏走廊————————————————小　梨
编余赘语————————————————编　者

散文
大西北萍踪（二）————————————韦　翰

诗歌
青青成片的竹林—————————————姜素素
驼蹄，播种着三月————————————翼　华
探路三首————————————————黄邦君
高原风（外一首）————————————胥忠国

我爱猎人 ⋯⋯⋯⋯⋯⋯⋯⋯⋯⋯ 唐亚平
印染的少女 ⋯⋯⋯⋯⋯⋯⋯⋯ 宋　建
大别山短笛 ⋯⋯⋯⋯⋯⋯⋯⋯ 潘万堤
短诗 ⋯⋯⋯⋯⋯ 张承源　西　篱　吴厚炎

理论

叶辛中篇近作的新开拓 ⋯⋯⋯⋯ 艾筑生
王剑：在终点和起点的螺旋中上升⋯⋯罗强烈
抒情的悲歌 ⋯⋯⋯⋯⋯⋯⋯⋯⋯ 乔　良
黄龙风光（玻璃画）⋯⋯⋯⋯⋯⋯ 于成松

1986 年第 9 期　刊名:《山花》
目录

中篇小说
第三号包房 ⋯⋯⋯⋯⋯⋯⋯⋯⋯ 龙志毅

短篇小说
死巷 ⋯⋯⋯⋯⋯⋯⋯⋯⋯⋯⋯⋯ 陈秋生
列车通过魔界 ⋯⋯⋯⋯⋯⋯⋯⋯ 杨爱平
沉与浮 ⋯⋯⋯⋯⋯⋯⋯⋯⋯⋯⋯ 李永朗
老戏 ⋯⋯⋯⋯⋯⋯⋯⋯⋯⋯⋯⋯ 陈　军
秀嫂的心事 ⋯⋯⋯⋯⋯⋯⋯⋯⋯ 朔　原

讽刺与幽默
破戒 ⋯⋯⋯⋯⋯⋯⋯⋯⋯⋯⋯⋯ 姚思源
谜迷 ⋯⋯⋯⋯⋯⋯⋯⋯⋯⋯⋯⋯ 覃智扬
修车记 ⋯⋯⋯⋯⋯⋯⋯⋯⋯⋯⋯ 文　非

报告文学
一个秘鲁姑娘的情怀 ⋯⋯⋯⋯⋯ 孟宪臣

散文
拉萨印象 ⋯⋯⋯⋯⋯⋯⋯⋯⋯⋯ 罗强烈
苗寨木楼 ⋯⋯⋯⋯⋯⋯⋯⋯⋯⋯ 龙岳洲

诗歌
山里的故事（小叙事诗）⋯⋯⋯⋯ 肖　鹏
黄土地（二首）⋯⋯⋯⋯⋯⋯⋯⋯ 尚仲敏
人生研究（二首）⋯⋯⋯⋯⋯⋯⋯ 路　茫
爬刀梯 ⋯⋯⋯⋯⋯⋯⋯⋯⋯⋯⋯ 阳　子
诗六首⋯杨　克　沙　鸥　王荣刚　李春梦　赵云虎
短歌集 ⋯⋯⋯⋯⋯⋯⋯ 梁　芒　王建渐等
麻辣歌（三首）⋯⋯⋯⋯⋯⋯⋯⋯ 罗绍书

理论
新诗"声画组接蒙太奇"蠡测 ⋯⋯ 戴达奎
"物一无文"与"物无一则无文"

——散文美杂说 ⋯⋯⋯⋯⋯⋯⋯ 周冠群
音乐的"空筐结构"与小说中人物情感世界
——谈音乐欣赏与人物描写的关系 ⋯ 翟大炳
文明与愚昧冲突下的妇女命运
——三位女性形象小议 ⋯⋯⋯⋯ 毛有为
僻静的山谷（摄影）⋯⋯⋯⋯⋯⋯ 贺培铨
秋红图（水彩）⋯⋯⋯⋯⋯⋯⋯⋯ 王逢春

1986 年第 10 期　刊名:《山花》
目录

小说
穷人 ⋯⋯⋯⋯⋯⋯⋯⋯⋯⋯⋯⋯ 赵剑平
妻子的心 ⋯⋯⋯⋯⋯⋯⋯⋯⋯⋯ 周声华
哦，朵娃 ⋯⋯⋯⋯⋯⋯⋯⋯⋯⋯ 西　篱
停电 ⋯⋯⋯⋯⋯⋯⋯⋯⋯⋯⋯⋯ 金　平
菊莲 ⋯⋯⋯⋯⋯⋯⋯⋯⋯⋯⋯⋯ 许明桃
土屋 ⋯⋯⋯⋯⋯⋯⋯⋯⋯⋯⋯⋯ 张凯稜
林中 ⋯⋯⋯⋯⋯⋯⋯⋯⋯⋯⋯⋯ 瞿　明

散文
恋爱豆腐果的故事 ⋯⋯⋯⋯⋯⋯ 龚光融
毛毛雨 ⋯⋯⋯⋯⋯⋯⋯⋯⋯⋯⋯ 李　莉

翻译小说连载
兰博（《第一滴血》续集）
⋯⋯⋯⋯⋯⋯ ［美］大卫·莫勒尔著　丁洪林译

诗歌
诗的喀斯特 ⋯⋯⋯⋯⋯⋯⋯⋯⋯ 张　克
在边疆 ⋯⋯⋯⋯⋯⋯⋯⋯⋯⋯⋯ 陈佩芸
祖国，我是你的帆 ⋯⋯⋯⋯⋯⋯ 章　勇
那山 ⋯⋯⋯⋯⋯⋯⋯⋯⋯⋯⋯⋯ 陈绍陟
沙漠上 ⋯⋯⋯⋯⋯⋯⋯⋯⋯⋯⋯ 郭宝臣
耙棒舞 ⋯⋯⋯⋯⋯⋯⋯⋯⋯⋯⋯ 张显华
绿竹 ⋯⋯⋯⋯⋯⋯⋯⋯⋯⋯⋯⋯ 张金烈
山妹子 ⋯⋯⋯⋯⋯⋯⋯⋯⋯⋯⋯ 陈俊龙

理论
继续向文化巨人学习
——纪念鲁迅逝世五十周年 ⋯⋯ 蹇先艾
我所认识的蹇老 ⋯⋯⋯⋯⋯⋯⋯ 叶　辛
文学·梦·神话意识 ⋯⋯⋯⋯⋯ 彭兆荣
小说时空结构形式的新变
——读《你别无选择》等三篇小说⋯罗春生　胡宗健
自然直率一往情深
——读林徽因《别丢掉》⋯⋯⋯⋯ 岳洪治
霜叶红於二月花（摄影）⋯⋯⋯⋯ 贺培铨

群山叠翠图（国画）——————————张友碧

1986 年第 11 期　刊名:《山花》
目录

短篇小说
纤纤素手——————————刘贵贤
迁坟——————————廖国松
梦——————————龚光融
猴精儿与陶妹儿——————万兴厚　邵　南
房号问题——————————辛　吾

特写
六月的震荡————成建三　马晓麟　房　方　邱富常

作家摇篮
中奖——————————张长京
编《中奖》前后——————————吴世祥

散文
贵州、桂林、折耳根——————————姜　昆
浙江宾馆"吊古"记——————————秦瘦鸥
龙龙师——————————楚　生

翻译小说连载
兰博（《第一滴血》续集）
——————————[美]大卫·莫勒尔著　丁洪林译

诗歌
青春潮
南高原（组诗）——————————姚　辉
大流徒（组诗）——————————陈　波
兄弟，我们上山去（外一首）——————程建强
寻找空船——————————宋　健
魔方——————————黄泰平
石人（外一首）——————————汪　涌
随想——————————李　博
塔——————————杨世洲
桥牌名将邓小平（外一首）——————尚仲敏
刘家峡抒情（三首）——————————木　斧

理论
下一段冲刺：思考的深度·形式的意味————黄祖康
李起超艺术论的启示
——读《石头人人间浪游记》——————何士光
关于诗的传统与现代追求问题——————朱先树
荷香（摄影）——————————王　哲
鸡·猫头鹰——————————张　旭

1986 年第 12 期　刊名:《山花》
目录

短篇小说
歌女——————————杨志广
共鸣浪漫曲——————————徐成淼
碧血唐州——————————吴正德
悠悠山中事——————————映　春

作家摇篮
夹皮沟兴起西装热（小说）——————邓全中
萤火虫、夜来香（散文）——————————朱旭云

纪实小说
魔幻人生——————————宋　健

讽刺与幽默
狗命关天——————————李良萱
问题彻底解决——————————石　林
马虎先生——————————陈爱山

散文
鸟趣——————————秋　阳

翻译小说连载
兰博（《第一滴血》续集）
——————————[美]大卫·莫勒尔著　丁洪林译

诗歌
村姑——————————金相喜
龙舞——————————肖　笛
娶亲路上——————————李光云
小溪边，那片忘忧草——————————陈　洪
岁月的河——————————张新泉
我是你远飞的鸟儿——————————陈春琼
夜——————————于一元
开花石——————————罗西临
藤吟——————————郑玛丽
初恋——————————张　雪
贵州文艺界召开大型座谈会纪念蹇先艾从事文学活动
六十年——————————闻　似

理论
未完成的"涅槃"
——《走向未来》丛书主编包遵信谈中国传统文化与
现代化——————————马晓麟　房　方
诗学随笔——————————路　茫
诗论三题——————————余薇野

晨曦（摄影）—————————陈永平
杀鸡图（国画）—————————王松年

中国新时期诗歌研讨会在西南师大举行———田　菱
"岩山意蕴"的发掘和启迪
——评蒙萌"高原奇事"的创作意向————张嘉彦

1987 年第 1 期　刊名:《山花》
目录

短篇小说
姊妹藤—————————刘雪平
我们的故事—————————蒙　萌
难眠之夜—————————吴世祥
行路难—————————小　梨
烟囱·煤·一撮毛—————————李永朗
漩涡—————————李兴志
埃米尔的欲望—————————管　蔚　陈　颖译

翻译小说连载
兰博（《第一滴血》续集）
—————————[美]大卫·莫勒尔著　丁洪林译

讽刺与幽默
神奇的相片—————————姚思源
产房趣事—————————罗会坤
钓鱼—————————曾云华
不择手段的成名狂—————————若　英译

报告文学
白芸豆，红芸豆
玛瑙般的花芸豆—————————李起超

散文
赶乡场—————————聂　吉
南部深山记事—————————洪作立

诗歌
我就要出征—————————曹　剑
青年诗页—————————詹小林　谢　轮　耐　克
查明旭　戴　冰　刘太亨　黄殿琴　周开迅　阿　米
鲁心兰　滕　萍　黄廉清
高原回声（三首）—————————程显谟
德彪西的月亮—————————鲁　萍

理论
现代小说艺术
"乐感"的浸入与生发—————————王　干　费振钟

诗美学谈
洞开缪斯之门
——对诗的审美过程的考察—————————王邵军

1987 年第 2 期　刊名:《山花》
目录

作家摇篮
蛊—————————韦文扬
关于"苗山"（创作谈）—————————韦文扬
写在《蛊》的后面—————————祖　康
匕首—————————蒙　萌
川妹—————————伍元新
泉溪泪—————————杨兴成

翻译小说连载
兰博（《第一滴血》续集）
—————————[美]大卫·莫勒尔著　丁洪林译

风景（水彩）—————————田宇高

1987 年第 3 期　刊名:《山花》
目录

短篇小说
斜阳—————————陈　军
圈儿—————————邹　风
断层谷—————————汤宝华
戒烟的故事—————————袁政谦
船儿荡漾在星海—————————英　子

作家摇篮
神秘的小屋—————————张　路
《神秘的小屋》编后—————————吴世祥

散文
梅花香自苦寒来—————————力　群
纪念的纪念—————————李硕儒

翻译小说连载
兰博（《第一滴血》续集）
—————————[美]大卫·莫勒尔著　丁洪林译

诗歌
春天（外二首）—————————黄晓华
旋转—————————高继恒
泡桐，开着淡紫色的花—————————晨　梅

新嫁娘 ----------------------------------- 王跃晨
白云生处（外一首） ---------------------- 杜　若
母亲 ----------------------------------- 叶延滨
三月的恋歌 -------------- 宋渠　邵薇　滕萍
刘益善　王长富　贺庆
初涉诗坛 ---------- 流韵　李正超　杨玉华　高舜

理论
李宽定与他的文学世界 -------------------- 钱荫愉
一个秘密：艺术形式 ---------------------- 胡宗健
面对生活的抉择 -------------------------- 张毓书

1987 年第 4 期　刊名:《山花》
目录

报告文学
山水情 --------------------------------- 张　克

短篇小说
失味 ----------------------------------- 方　晴
迷津 ----------------------------------- 余未人
小屋的情结 ---------------------- （彝族）安文新

讽刺与幽默
美与丑的变焦 -------------------------- 左志松
作风问题 ------------------------------ 刘建中

翻译小说连载
兰博（《第一滴血》续集）
------------------- ［美］大卫·莫勒尔著　丁洪林译

诗歌
遁月 ----------------------------------- 子　页
岁月的河 ------------------------------- 张新泉
猛士 ----------------------------------- 映　春
赠别 ----------------------------------- 钱锦方
山雨 ----------------------------------- 张显华
巴山 ----------------------------------- 陈应松
你是那一个太阳么 ---------------------- 龙超云
在三月 --------------------------------- 陈所巨
凹河·南中国正在融化 ------------------ 石佳昱
穿越经纬线 ---------------------------- 杨松杰
苦竹 ----------------------------------- 张金烈
你好！贵阳（外一首） ------------------ 李松波
渡口边 --------------------------------- 罗　扬
山哥 ----------------------------------- 王忠范

理论
写出独特的感受
——谈小说中的印象描写 ---------------- 王锡渭
两种求得艺术灵感的方法
——中西文论比较点滴 ------------------ 曹顺庆
心灵净化描写的得与失
——赵剑平小说教论 -------------------- 刘　火
形式·地域意识（文艺随笔） -------------- 陈跃红

1987 年第 5 期　刊名:《山花》
目录

报告文学
士兵与王冠 ---------------------------- 游　泳
希望之光 ------------------------------ 黄振霞

短篇小说
归 ------------------------------------- 龚光融
弯曲的脚印 ---------------------------- 田有刚
深巷客栈 ------------------------------ 杨爱平
大杂院里的小插曲 ---------------------- 林　杉
达子叔 -------------------------------- 陈茂荣

讽刺与幽默
吹牛皮的二华 -------------------------- 莫怀戚
红灯·绿灯 ---------------------------- 马凤林
刷错了码子 ---------------------------- 毕　力
罚款 ----------------------------------- 幸雨利

散文
又是石榴花开时节 ---------------------- 谢　敏

翻译小说
高昂的代价 ------------------- ［日］西村寿行

诗歌
初涉诗坛 ------------ 周开迅　朱登林　黄极洲
你是我灵魂的兄弟 -------------- 宋渠　宋炜
老家（组诗） -------------------------- 陈绍陟
关于山姑 ------------------------------ 李发模
短诗丛 --- 鲁萍　王小蝉　董朝阳　张润泽　李博
诗八首 ----------- 杜永红　刘银环　杨　然等
鳞爪集 ---------------------- 李亚强　凌文远等

理论
情调·境界·责任感 -------------------- 张　灯

诗学美谈
新诗的"陌生化效果"及其审美价值管窥┈┈┈戴达奎
诗歌张力之谜
　　——读北岛、舒婷诗的一点随想┈┈┈┈┈翟大炳
采┈┈┈┈┈┈┈┈┈┈┈┈┈┈┈┈┈┈┈刘佩杰
我的家乡┈┈┈┈┈┈┈┈┈┈┈┈┈┈┈┈符朝荣

谈汤保华创作的"远距离"态势┈┈┈┈┈┈李放眉
自我与时代撞击出的艺术世界
　　——评《抒情短诗一百首》的心灵结构┈┈┈张时荣

文艺随笔
借物寄情愫　以物显意蕴
　　——人与物关系断想┈┈┈┈┈┈┈┈┈郭　超
幻（摄影）┈┈┈┈┈┈┈┈┈┈┈┈┈┈┈李亚平
香溢（水粉）┈┈┈┈┈┈┈┈┈┈┈┈┈┈丁建生

1987 年第 6 期　刊名:《山花》
目录

小说
福兴公遗事┈┈┈┈┈┈┈┈┈┈┈┈┈┈┈王玉鑫
雨祭┈┈┈┈┈┈┈┈┈┈┈┈┈┈┈┈┈┈李　静
战争未归人┈┈┈┈┈┈┈┈┈┈┈┈┈┈┈马常友
搭船┈┈┈┈┈┈┈┈┈┈┈┈┈┈┈┈┈┈田儒刚
红色小雨伞┈┈┈┈┈┈┈┈┈┈┈┈┈┈┈龙　潜
先驱┈┈┈┈┈┈┈┈┈┈┈┈┈┈┈┈┈┈田　涌
彼德洛爷爷┈┈┈[苏]鲍利斯·叶基莫夫著　王泽芝译

作家摇篮
微笑┈┈┈┈┈┈┈┈┈┈┈┈┈┈┈┈┈┈郭燕平
短评：写一点沉甸甸的人生┈┈┈┈┈┈┈┈阿　超
小说二题┈┈┈┈┈┈┈┈┈┈┈┈┈┈┈┈唐　燕

散文
故乡石韵┈┈┈┈┈┈┈┈┈┈┈┈┈┈┈┈蒋　林
寓言三则┈┈┈┈┈┈┈┈┈┈┈┈┈┈┈┈叶　树

作家来信
心在山水间┈┈┈┈┈┈┈┈┈┈┈┈┈┈┈陈　沂

诗歌
故乡抒情（三首）┈┈┈┈┈┈┈┈┈┈┈┈李　露
天空下的河流┈┈┈┈┈┈┈┈┈┈┈┈┈┈沈天鸿
水上音乐（外一首）┈┈┈┈┈┈┈┈┈┈┈李　成
小村┈┈┈┈┈┈┈┈┈┈┈┈┈┈┈┈┈┈李中琳
春来┈┈┈┈┈┈┈┈┈┈┈┈┈┈┈┈┈┈莫少云
摇摇谣（儿童诗）
┈┈┈┈┈钟文森　车前子　杨松杰　胡顺猷
海湾·舢板┈┈┈┈┈┈┈┈┈┈┈┈┈┈┈邬锡鑫
我的无词的心┈┈┈┈┈┈┈┈┈┈┈┈┈┈雪　村
少女的风┈┈┈┈┈┈┈┈┈┈┈┈┈┈┈┈杨　萍
红嘴唇┈┈┈┈┈┈┈┈┈┈┈┈┈┈┈┈┈龙文采

评论

诗美学谈
第三代诗人的语言态度┈┈┈┈┈┈┈┈┈┈陈　超

1987 年第 7 期　刊名:《山花》
目录

报告文学
他渴望理解┈┈┈┈┈┈┈┈┈┈┈┈┈┈┈孙承庆

短篇小说
那藤·那树┈┈┈┈┈┈┈┈┈┈┈┈┈┈┈邓全中
花瓣岁月┈┈┈┈┈┈┈┈┈┈┈┈┈┈┈┈汪　涌
鲵塑┈┈┈┈┈┈┈┈┈┈┈┈┈┈┈┈┈┈廖国松
夏日炎炎┈┈┈┈┈┈┈┈┈┈┈┈┈┈┈┈曾志群
昨天┈┈┈┈┈┈┈┈┈┈┈┈┈┈┈┈┈┈金　陵

翻译小说
难忘的儿歌┈┈┈┈┈┈┈┈[日]石川泰辅著　曾祥禄译

小小说
雨夜┈┈┈┈┈┈┈┈┈┈┈┈┈┈┈┈┈┈何　文
放鸟┈┈┈┈┈┈┈┈┈┈┈┈┈┈┈┈┈┈赵范奇
一条鱼值五万元┈┈┈┈┈┈┈┈┈┈┈┈┈许明桃

作家摇篮
小师傅┈┈┈┈┈┈┈┈┈┈┈┈┈┈┈（苗）吴凯洪

散文
潕溪长虹┈┈┈┈┈┈┈┈┈┈┈┈┈（苗）潘俊龄
七叔和他的"尾巴龙"┈┈┈┈┈┈┈┈┈┈罗　笑
公┈┈┈┈┈┈┈┈┈┈┈┈┈┈┈┈┈┈┈杨文福

诗歌
青年诗页┈┈┈┈┈┈┈┈┈┈┈┈┈杨玉华　姚　辉
　陈　波　周开迅　张洪波　西　篱
最大的和最终的（外十二首）┈┈┈┈┈┈┈黎焕颐
森林┈┈┈┈┈┈┈┈┈┈┈┈┈┈┈┈┈┈查明旭
诗十首┈┈┈┈┈┈┈┈┈┈┈┈何首乌　黄　堃　王荣刚等
筒车（散文诗）┈┈┈┈┈┈┈┈┈┈┈┈┈徐成淼

评论

关于历史小说创新的思考和尝试⋯⋯⋯⋯⋯顾汶光

过程　结果　动作

——短篇小说心理活动描写三题⋯⋯⋯白　屋

"象征"二题

——廖国松《黄眼》读解⋯⋯⋯⋯⋯张建建

云雀从杉树林唱到天南海北

——陈佩芸诗作片论⋯⋯⋯⋯⋯⋯尹在勤

1987 年第 8 期　刊名:《山花》
目录

报告文学

秘密世界的报告

——中国原子弹诞生始末⋯⋯⋯⋯罗来勇

"八五"魂⋯⋯⋯⋯⋯⋯穆倍贤　周　琪

短篇小说

钻进脑门心的虫子⋯⋯⋯⋯⋯⋯王敦贤

顾四爷改行⋯⋯⋯⋯⋯⋯⋯⋯邓克贤

黄昏、静悄悄⋯⋯⋯⋯⋯⋯⋯张心平

因为重用我⋯⋯⋯⋯⋯⋯⋯⋯张清明

魂色⋯⋯⋯⋯⋯⋯⋯⋯⋯⋯秋　生

散文

这就是历史⋯⋯⋯⋯⋯⋯⋯⋯陈　靖

岁月⋯⋯⋯⋯⋯⋯⋯⋯⋯⋯李宽定

老山前线来信

诗歌

血染的风采（外一首）⋯⋯⋯⋯胥忠国

士兵之梦⋯⋯⋯⋯⋯⋯⋯⋯章　勇

夜哨（旧体诗）⋯⋯⋯⋯⋯⋯田　兵

关于我的牙病（外一首）⋯⋯⋯木　斧

现代春意（外二首）⋯⋯⋯⋯余以建

船·岛⋯⋯⋯⋯⋯⋯⋯⋯⋯袁蔚华

草原意象⋯⋯⋯⋯⋯⋯⋯⋯李岂林

幽谷⋯⋯⋯⋯⋯⋯⋯⋯⋯曾雁平

初夏⋯⋯⋯⋯⋯⋯⋯⋯⋯夏雨金

香菇⋯⋯⋯⋯⋯⋯⋯⋯⋯岳德彬

舜井街一瞥⋯⋯⋯⋯⋯⋯⋯侯书良

理论

现代意识的强化与小说意识的深化⋯⋯胡宗健

国家变体与地域变体

——偏远地区比较文学研究的可行性讨论⋯陈跃红

"蜡"和"石子"（文艺随笔）⋯⋯⋯杨光治

1987 年第 9 期　刊名:《山花》
目录

中篇小说

脾气鸟⋯⋯⋯⋯⋯⋯⋯⋯⋯和国政

短篇小说

家事⋯⋯⋯⋯⋯⋯⋯⋯⋯⋯张长京

猫之初⋯⋯⋯⋯⋯⋯⋯⋯⋯谷　刚

倾斜⋯⋯⋯⋯⋯⋯⋯⋯⋯⋯高　宁

青山悠悠⋯⋯⋯⋯⋯⋯⋯⋯王亚光

人与狗⋯⋯⋯⋯⋯⋯⋯⋯⋯王世君

爸爸⋯⋯⋯⋯⋯⋯⋯⋯⋯⋯陈建生

翻译小说

情侣⋯⋯⋯⋯⋯［美］蓓蒂·威廉斯著　夏加杰译

报告文学

你在为高原抹彩⋯⋯⋯⋯⋯⋯谯立东

散文

淡泊的人生　寂寞的文学

——师兄李宽定及其作品⋯⋯⋯⋯袁　敏

诗歌

黔北山镇听乐（组诗）⋯⋯⋯⋯晏　明

通车（外一首）⋯⋯⋯⋯⋯⋯柯　平

打水的女人⋯⋯⋯⋯⋯⋯⋯伊　甸

瞩望⋯⋯⋯⋯⋯⋯⋯⋯⋯易殿选

儿童团员⋯⋯⋯⋯⋯⋯⋯⋯简　宁

短诗十六首⋯⋯⋯⋯王毅勇　崔笛扬　郑成义等

理论

更好地反映变革中的少数民族生活⋯⋯本刊编辑部

对社会人生的冷竣透视与热忱探求

——何士光近作管窥⋯⋯⋯⋯⋯艾筑生

开放与综合：寻求新的诗美⋯⋯⋯王　干

这多味道

——诗艺赏析⋯⋯⋯⋯⋯⋯⋯苗得雨

恋（摄影）⋯⋯⋯⋯⋯⋯⋯⋯巴　山

1987 年第 10 期　刊名:《山花》
目录

报告文学

董酒情深⋯⋯⋯⋯⋯⋯⋯⋯杜永红

"八五"魂⋯⋯⋯⋯⋯⋯⋯穆倍贤　周　琪

小说

紫狼 ································· 雪　屏
篾匠其人其事 ····················· 何国均
眼睛 ····························· 马其德
格贝 ····························· 丁光洪

小小说

文化人 ··························· 杨佳明
月季 ····························· 董安碧
夕阳 ····························· 张顺伦
潘老场风情录 ····················· 杜国景
橄榄树 ··························· 江　流

中篇小说

滚厂 ····························· 戴绍康

散文

游相宝山记 ······················· 查　毅

诗歌

倒挂仙人掌（四首）················· 张　克
黔西北（三首）··················· 陈绍陟
思女
——给 C.L ····················· 王中朝
诗三首 ··························· 唐亚平等
自寻苦恼的人 ····················· 梁谢成
六月雨 ··························· 周　琪
遥想是岸 ························· 张瑞君
麻辣歌 ··························· 罗绍书
旧体诗二首 ······················· 钟敬文
太阳（散文诗）··················· 余薇野

评论

诗：个体生命的瞬间展开
——对当代诗歌价值确认方式的批判性思考 ·· 陈　超
诗歌定义与测不准原理 ············· 马立鞭
生命力的充实
——唐亚平诗作印象 ················· 梅　翕
探索中的选择
——陈学书小说印象 ················· 王鸿儒
当代生活的真实写照
——读《福兴公遗事》··············· 沙　平
泪（摄影）······················· 刘佩杰

1987 年第 11 期　刊名:《山花》

目录

中篇小说

儿女婚姻 ························· 叶　辛

报告文学

红绿灯启示录
——独山县孟孔冶炼厂张家钟创业记 ······ 周君良
黑箱·价值·"冲宝" ········· 凯　稜　东　方　陶　歌
国家博士 ························· 徐新建
到我们这里来 ····················· 一　止
大山的魂魄 ······················· 胡骥超

诗歌

夕阳西逝（组诗）················· 舒　洁
卖香蕉的姑娘（外一首）············· 杨　山
生命意识 ························· 于耀江
年轻的遗言 ······················· 陆新瑾
春雨 ····························· 方竟成
我的船 ··························· 薛　健
致友人 ··························· 晓　梅
鼓浪屿 ··························· 尹安贵
怀旧 ····························· 朱　彻
波 ······························· 王学芯
刑天 ····························· 回光时
草原的黄昏 ······················· 达　黄
你心中只有你自己 ················· 黄殿琴
一只鸟 ··························· 王琪博
黄昏 ····························· 平中凡
五月 ····························· 王　岩
岩画 ····························· 陈锡民

理论

小说的裂变效应 ··················· 李　裴
歌叙体小说简论 ··················· 邱惠德
山那边的画声
——陈绍陟诗作读后 ················· 星　子
江山无情笔有情
——《杨长槐画集》读后 ············· 顾汶光
苏醒（摄影）····················· 刘佩杰

1987 年第 12 期　刊名:《山花》
目录

中篇小说
江阴八十日························顾汶光

短篇小说
这一届班子························晋其炎
淘金····························王　庆
一张传票························刘贵贤
黑狗结婚························履　冰

报告文学
既然展开了翅膀
——记安顺市安酒厂厂长李幼鸿·······周青明　王在卉
在神秘的领域施展才干的人
——记国家级脑外科专家吴若秋教授·······何彩孝　沈潮涛

诗歌
诗二首··························雁　翼
十行抒情诗························子　页
岸······························胡燕妮
乐山大佛（散文诗）················罗文亮
飘在山风里的歌····················叶知风
清江行··························陈佩芸
雪花····························石尚彬
姑娘追··························罗炳林

评论
现代小说中的"反讽"技巧
——读祖慰的两部小说·············翟大炳
试论散文文体的多样美·············周冠群
一枝留取春心在
——《鲁风花鸟画集》读后·········顾汶光
请忘记和忘不了（文艺随笔）·········钟　法
颤动（摄影）····················刘佩杰

1988 年第 1 期　刊名:《山花》
目录

中篇小说
散乱的脚印························龙志毅

报告文学
中国潮征文
他的白天和黑夜
——记铁五局局长杨瑾华·········贺黎明　潘光和

风华路··························龚光融

短篇小说
生命涅槃························顾　平
星的季节························谷　刚

我的一天
紫木凼之夜（同题散文）
··············蔚　桦　顾汶光　何光渝　叶　辛

作家摇篮
蓝色世界（组诗）················王玫梅
十六岁少女的蓝色世界
——读玫梅的诗················建　平

诗歌
城市（三首）····················陈　波
随想从野菊花开始··················贺海涛
无题三首························赵健雄
采参人（外一首）················杨川庆
有鹤自远方来····················潘俊龄
散文诗一束······程显谟　王家鸿　罗文亮　朱一鸣

理论
对话、理解、携手并进
——山花编辑部召开企业家文学家联谊会纪要
································黄祖康
小说叙述的审美简化················王　干
在"顶峰时刻"放歌及其他
——当代抒情诗创作片论···········熊达令
封面设计························成肖玉

1988 年第 2 期　刊名:《山花》
目录

蒙萌作品小辑
等到三十岁························蒙　萌
昨天的太阳························蒙　萌
自觉意识的匮乏
——蒙萌小说创作再论·············张建建

小说
初恋，初恋························宇　心
设若生命另有一次··················宋树根
中国潮征文
燃烧的山岩（报告文学）···········庞本驹
三人行（报告文学）················老　初

散文

假如那里山石有知 ⋯⋯⋯⋯⋯⋯⋯⋯⋯⋯⋯⋯⋯ 石　果
土地之声 ⋯⋯⋯⋯⋯⋯⋯⋯⋯⋯⋯⋯⋯⋯⋯⋯⋯⋯ 王建平
问秋的土地
——祭恩师钟华 ⋯⋯⋯⋯⋯⋯⋯⋯⋯⋯⋯⋯⋯⋯⋯ 李发模

诗歌

纳雍（组诗） ⋯⋯⋯⋯⋯⋯⋯⋯⋯⋯⋯⋯⋯⋯⋯⋯ 陈金平
草原，我的草原（二首） ⋯⋯⋯⋯⋯⋯⋯⋯⋯⋯⋯ 王忠范
陀螺（外一首） ⋯⋯⋯⋯⋯⋯⋯⋯⋯⋯⋯⋯⋯⋯⋯ 张新泉
致弹古筝的少女 ⋯⋯⋯⋯⋯⋯⋯⋯⋯⋯⋯⋯⋯⋯⋯ 李　成
雨在深夜停了 ⋯⋯⋯⋯⋯⋯⋯⋯⋯⋯⋯⋯⋯⋯⋯⋯ 达　黄
阳光 ⋯⋯⋯⋯⋯⋯⋯⋯⋯⋯⋯⋯⋯⋯⋯⋯⋯⋯⋯⋯ 邓　树
扳罾的老人 ⋯⋯⋯⋯⋯⋯⋯⋯⋯⋯⋯⋯⋯⋯⋯⋯⋯ 徐　康
老渔人 ⋯⋯⋯⋯⋯⋯⋯⋯⋯⋯⋯⋯⋯⋯⋯⋯⋯⋯⋯ 陈小龙
中国夏天 ⋯⋯⋯⋯⋯⋯⋯⋯⋯⋯⋯⋯⋯⋯⋯⋯⋯⋯ 陈衍强
高原诗魂 ⋯⋯⋯⋯⋯⋯⋯⋯⋯⋯⋯⋯⋯⋯⋯⋯⋯⋯ 邬锡鑫

理论

艺术创作力探秘 ⋯⋯⋯⋯⋯⋯⋯⋯⋯⋯⋯⋯⋯⋯⋯ 宋耀良
石定创作的视角与意蕴 ⋯⋯⋯⋯⋯⋯⋯⋯⋯⋯⋯ 秦家伦
从戴绍康《滚厂》得到的启示 ⋯⋯⋯⋯⋯⋯⋯⋯ 白崇人
诗话三则 ⋯⋯⋯⋯⋯⋯⋯⋯⋯⋯⋯⋯⋯⋯⋯⋯⋯⋯ 弘　石
不能以"名"取文 ⋯⋯⋯⋯⋯⋯⋯⋯⋯⋯⋯⋯⋯⋯ 张符谦

1988 年第 3 期　刊名:《山花》
目录

纪实小说

达巴山大空难 ⋯⋯⋯⋯⋯⋯⋯⋯⋯⋯⋯⋯⋯⋯⋯ 石国仕
报告文学（中国潮征文）
酒中岁月长 ⋯⋯⋯⋯⋯⋯⋯⋯⋯⋯⋯⋯⋯⋯⋯⋯ 何士光
金相分析 ⋯⋯⋯⋯⋯⋯⋯⋯⋯⋯⋯⋯⋯⋯⋯⋯⋯⋯ 汤保华
为了梦中的五彩石 ⋯⋯⋯⋯⋯⋯⋯⋯⋯⋯⋯⋯⋯ 周君良

讽刺与幽默

溪上本无桥（小说） ⋯⋯⋯⋯⋯⋯⋯⋯⋯⋯⋯⋯ 王　康
没有幽默感的轮子（小说） ⋯⋯⋯⋯⋯⋯⋯⋯⋯ 涤　心
长命提纲（小说） ⋯⋯⋯⋯⋯⋯⋯⋯⋯⋯⋯⋯⋯ 罗绍松
王八宴（小说） ⋯⋯⋯⋯⋯⋯⋯⋯⋯⋯⋯⋯⋯⋯ 罗兴武

作家摇篮

"鼓上蚤"诙谐曲 ⋯⋯⋯⋯⋯⋯⋯⋯⋯⋯⋯⋯⋯⋯ 杜　逊
读《"鼓上蚤"诙谐曲》 ⋯⋯⋯⋯⋯⋯⋯⋯⋯⋯ 祖　康

我的一天

一个女人的二十五岁生日 ⋯⋯⋯⋯⋯⋯⋯⋯⋯ 唐亚平
忆萨纳先生 ⋯⋯⋯⋯⋯⋯⋯⋯⋯⋯⋯⋯⋯⋯⋯⋯ 娄季初

诗歌

特区雕像（三首） ⋯⋯⋯⋯⋯⋯⋯⋯⋯⋯⋯⋯⋯ 张　克
荒原之莲（三首） ⋯⋯⋯⋯⋯⋯⋯⋯⋯⋯⋯⋯⋯ 谢明洲
赶场的老人（外一首） ⋯⋯⋯⋯⋯⋯⋯⋯⋯⋯⋯ 姚　辉
古老的故事（外一首） ⋯⋯⋯⋯⋯⋯⋯⋯⋯⋯⋯ 周　琪
高原·梦·我（外一首） ⋯⋯⋯⋯⋯⋯⋯⋯⋯⋯ 流　韵
雨夜（外一首） ⋯⋯⋯⋯⋯⋯⋯⋯⋯⋯⋯⋯⋯⋯ 柳　沄
老屋（外一首） ⋯⋯⋯⋯⋯⋯⋯⋯⋯⋯⋯⋯⋯⋯ 秦群鸽
诗十六首 ⋯⋯⋯⋯⋯⋯⋯⋯ 杨玉华　张建华　郭延秋
曲　近　张显华　沈　耘　张子康　列美平措等

理论

谈艺术形态相互渗透的活力 ⋯⋯⋯⋯⋯⋯⋯⋯⋯ 翟大炳
艺术变化与时空度量 ⋯⋯⋯⋯⋯⋯⋯⋯⋯⋯⋯⋯ 胡宗健
新颖独特的侗家奇葩 ⋯⋯⋯⋯⋯⋯⋯⋯⋯⋯⋯⋯ 方　芳
诗学随笔 ⋯⋯⋯⋯⋯⋯⋯⋯⋯⋯⋯⋯⋯⋯⋯⋯⋯ 路　茫

1988 年第 4 期　刊名:《山花》
目录

龚光融作品辑

亲爱的们（短篇小说） ⋯⋯⋯⋯⋯⋯⋯⋯⋯⋯⋯ 龚光融
瞬间（中篇小说） ⋯⋯⋯⋯⋯⋯⋯⋯⋯⋯⋯⋯⋯ 龚光融

短篇小说

博艾霍拉诱惑 ⋯⋯⋯⋯⋯⋯⋯⋯⋯⋯⋯⋯⋯⋯⋯ 金　平
夜曲 ⋯⋯⋯⋯⋯⋯⋯⋯⋯⋯⋯⋯⋯⋯⋯⋯⋯⋯⋯ 卢惠龙
源 ⋯⋯⋯⋯⋯⋯⋯⋯⋯⋯⋯⋯⋯⋯⋯⋯⋯⋯⋯⋯ 樵立东
谁是强者 ⋯⋯⋯⋯⋯⋯⋯ ［苏］伊·弗罗洛娃　刘秀鸾译

散文

最长的一天（我的一天） ⋯⋯⋯⋯⋯⋯⋯⋯⋯⋯ 饶观圣
《残荷》后记 ⋯⋯⋯⋯⋯⋯⋯⋯⋯⋯⋯⋯⋯⋯⋯ 戴明贤
孤独的单身汉 ⋯⋯⋯⋯⋯⋯⋯⋯⋯⋯⋯⋯⋯⋯⋯ 罗强烈

报告文学

与昨天告别 ⋯⋯⋯⋯⋯⋯⋯⋯⋯⋯⋯⋯⋯ 周琪　老木
春风悄然渡东瀛 ⋯⋯⋯⋯⋯⋯⋯⋯⋯⋯⋯⋯⋯⋯ 杨宗和

诗歌

黑咖啡，紫咖啡（三首） ⋯⋯⋯⋯⋯⋯⋯⋯⋯⋯ 杨　牧
心之热土（组诗） ⋯⋯⋯⋯⋯⋯⋯⋯⋯⋯⋯⋯⋯ 华万里
到江南
——与 C.L ⋯⋯⋯⋯⋯⋯⋯⋯⋯⋯⋯⋯⋯⋯⋯⋯ 王中朝
古盐路（外一首） ⋯⋯⋯⋯⋯⋯⋯⋯⋯⋯⋯⋯⋯ 胥忠国
那夜 ⋯⋯⋯⋯⋯⋯⋯⋯⋯⋯⋯⋯⋯⋯⋯⋯⋯⋯⋯ 张金烈
花事 ⋯⋯⋯⋯⋯⋯⋯⋯⋯⋯⋯⋯⋯⋯⋯⋯⋯⋯⋯ 张永权
桔乡情思 ⋯⋯⋯⋯⋯⋯⋯⋯⋯⋯⋯⋯⋯⋯⋯⋯⋯ 王德芳

散文诗-----------------------------王尔碑　董朝阳　吴　穹

理论
第三代诗人诗歌的审丑倾向-------------邵　军　静　楠
主观感觉与客观写实的融合
——读龚光融的小说兼论文学创作中的婚姻与爱情
------------------------------------李宽定
诗的漫画　漫画的诗
——序罗绍书《浅刺微讽集》--------------吕　进
堪舆家与他在第一百年发生的蜕变
——韦文扬小说《龙脉》读后-------------平

1988 年第 5 期　刊名:《山花》
目录

小说·散文
老屋（中篇小说）-----------------------雨　煤

城市风景线
病房摇滚乐（小说）---------------------徐成淼
走吧（小说）-------------------------魏　宁
总算死透之后（小说）-------------------姚　辉
你的 G 城仲夏夜（小说）-----------------半　水
这里不是太阳岛（小说）-----------------杜　明
第二十一个（小说）---------------------李　门
在巴黎看地戏（散文）-------------------王　虎
都市寓言（四篇）-------------（中国香港）孙重贵

报告文学
在毁与誉之间----------------------顾汶光　吴　勇

诗歌
来去贵阳（外一首）---------------------秦　松
人生之张力（组诗）---------------------黄邦君
垂钓（外二首）-----------------------李发模
飘散的土地-------------------------哑　默
等待日出（外一首）---------------------陈明媚
诗十二首--------------------闻　弓　谢克强　回光时
李亚强　伊　甸　万登学等

理论
批评：现状与前景
——贵州小说创作乱弹--------------祖　建整理
艺术创造力探秘之二---------------------宋耀良
诗歌的题材与形式-----------------------王光明
逃婚、房子、钱的蒙太奇-----------------雨　煤
读《老屋》的随想-----------------------叶　辛

1988 年第 6 期　刊名:《山花》
目录

"中国潮"报告文学专辑
中国第一旅----------------------宋树根　陈知柏
"魔鬼总工程师"的世界及其领空-------------宋　健
小百姓们的小世界-----------------------李巨川
可算与非可算价值-----------------------胡　律
唯有渴望不曾改-----------------------穆倍贤
三级跳选手-------------------------曾成亮

赵剑平作品辑
獭祭
第一匹骡子
人性兽性的搏杀
——评赵剑平新作《第一匹骡子》、《獭祭》----张时荣

1988 年第 7 期　刊名:《山花》
目录

大学生之页
阶梯（短篇·处女作）-------------------张　弛
家在贵阳（中篇·处女作）-----------------汤向前
岁月与独白（诗九首）-------------薛成林　陆新谨
颜　杰　孙功兵　陈　军　夏　阳　朱登林　廖仲毛

小说苑
荷风居记---------------------------聂鑫森
秋天的无花果-------------------------孟亚辉
野猫滩-----------------------------牛伯成
经过这个夏天我们谁也不认识谁-------------洪作立
蹁爷-------------------------------郭　明

翻译小说
梅布尔----------------[英] W.S.毛姆　肖　兰译

报告文学
牡丹园里的山百合-----------------周青明　侯泽鸿

诗歌
西川诗三首-------------------------西　川
这里曾是渡口（外一首）-----------------邓玉明
有赠-------------------------------周　云
夜行人-----------------------------潘印惠
那个黄昏---------------------------杨朝东
梳---------------------------------陈茂均
短诗三首--------------柯　平　周明明　李　伟等

散文诗一束—————————董朝阳　罗文亮　李尚朝

青年评论家小辑
艺术创造力探密之三
"雄浑"与"崇高"
——中西美学范畴的比较与辨析—————曹顺庆
自铸一格的改革文学
——评长篇小说《那天，你去了远方》
—————————————————李洁非　张陵
反讽的意义
——对第三代诗语言现象的一个考察
—————————————————程光炜　王丽丽

1988 年第 8 期　刊名:《山花》
目录

张永龙作品二篇
无花的春天（中篇小说）
冷面团伙（短篇小说）
实在的人生和社会世相（短评）

小说苑
水做的骨肉—————————————邓全中
黔北志异—————————————韩可风
寨边纪事—————————————谢文洁

散文之页
白藤湖的梦————————————韦　翰
安息吧，肖岱同志——————————叶　辛
流逝———————————————李天明

报告文学
张家驹治厂记—————————侯泽鸿　陈广生

诗歌
《龙宫》同题诗五首
———吉狄马加　傅天琳　戴安常　梁上泉　高缨
断裂（三首）————————————李钢音
富顺二题—————————————王燕生
改革者（外二首）——————————周所同
女人———————————————周　琪
梧桐树（外二首）——————————黄晓华
春的使者（外一首）—————————曲有源
诗四首————————————赵宏钟　毕文君等

评论
诗坛的困惑与转机—————————王　干
"分色主义"与《金牧场》的艺术魅力———翟大炳

1988 年第 9 期　刊名:《山花》
目录

山花中篇小说、报告文学奖获奖名单

中篇小说
断崖———————————————石　定

"中国潮"报告文学征文
中国西部神话——鲁布革—————成建三　王　剑

小说苑
里耶木须地————————————阿　炳
戏潮———————————————廖国松
口粮———————————————尹光中

翻译小说
战士和母亲——［苏］伏·阿斯塔菲耶夫著　王泽芝译

诗歌
抒情诗四首————————————王中朝
思辩的人生————————————黎焕颐
祭祀———————————————龙　郁
古炮台（二首）——————————程显谟
青苔（三首）———————————李　博
裂变的时空（外一首）————————伊　康
薜缘（外一首）——————————郑波凤
诗十四首——————陈　乔　梁志宏　开　愚
　　　　　曹　剑　官　蕾　沈在龙等

评论
无短亦无长　本来非皂白
——有意思!《山花》七、八期小说—————王　剑
"生命的哀愁已来到人的心上"
——从《相爱在明天》看何士光的生命哲学——黄祖康
"世界苦"的历史的观照
——评历史小说《大渡魂》—————————胡宗健
面对诗歌——————————————林　莽

1988 年第 10 期　刊名:《山花》
目录

廖国松作品小辑
绿房子
滩头
紫色
我看廖作—————————————戴明贤

小说

神孕 ································· 梁国赋
小城八大怪 ························· 雪　垅
疥疮 ······························· 罗　雀
鱼之渊 ····························· 赵范奇

翻译小说

红茧 ················· [日]安部公房　黄国超译

讽刺与幽默

命运之手（外一题）················· 李　勃
仿技 ······························· 明　德
323 没有忘记你 ····················· 王家平

作家书简

蹇先艾致端木蕻良

散文

香港行 ····························· 秦瘦鸥
那年，我六岁 ······················· 李　寨
坝上剪影 ··························· 陈晓兵

报告文学

旋转人生
——记"华强当铺"老板赵德亮 ········· 贺黎明

诗歌

爱的青痕 ··························· 子　页
河与海 ····························· 桑恒昌
紫桑椹黄玉米黑睡莲 ················· 沈天鸿
杂花集 ····························· 余薇野
女人与海 ··························· 龙　俊
我的心迹 ··························· 梁谢成
相思藤萝 ··························· 钱锦方
日初之前 ··························· 牟超日
远景 ······························· 赖大安
并非独身女人的生活 ················· 林春梅
狗尾草（外一首）··················· 钟文森

评论

新时期小说表现的主体性问题 ········· 李　裴
视角调整与艺术张力 ················· 唐卫国

1988 年第 11 期　刊名:《山花》
目录

青年作品专辑
小说

孤独的复仇者 ······················· 张法光
夜歌 ······························· 莫怀戚
有心栽花 ··························· 张长京
今宵酒醒何处 ······················· 杨蔚冬
友谊的范围 ························· 黄　石
青春祭 ····························· 汪　勇
秘而不宣的往事 ····················· 国　洪
长江蛋 ····························· 胡　强
太阳山 ····························· 黄健勇

散文

小城依旧 ··························· 罗强烈
瞿塘的精灵 ························· 金　平
生命的春天（企业之星）············· 东　方

翻译小说

福蒂斯克太太 ········· [英]多丽丝·莱辛　毛羽群译

诗歌

女巫（四首）······················· 唐亚平
人生一瞥（外一首）················· 王纪文
神话 ······························· 黄　湘
灿烂的一个人…… ··················· 雪　村
音乐抒情诗 ························· 鲁　萍

1988 年第 12 期　刊名:《山花》
目录

中篇小说专辑

如烟往事 ··························· 韦　翰
艺术部落的后院 ····················· 何秋翎
爱的死结 ··························· 金学种

报告文学

姚忠和管理术
——贵州水泥厂高级经济师、厂长素描 ······· 吕茂廷

诗歌

秋分 ······························· 渠　炜
拟铅字之命运 ······················· 苏　敏
跳磴等五首 ················· 沈在龙　陈乔
曹　剑　官　蕾　翟　明

1989 年第 1 期　刊名:《山花》
目录

中国潮
历史将与你同在-------------龚光融　周君良　宋　健

海外航稿
贵州女人-----------------陈若曦
陈若曦和她的艺术世界-------------潘亚暾

名家新作
村女-------------------李宽定

小说苑
瘤疾-------------------邹长鸣
布袋里是什么---------------蒋仲文
愿影-------------------杨爱平

翻译小说
吉丝和露丝---------------王玉珍

诗歌
梦境·瞬间·想象-------------龙　俊
踏浪女神（外二首）-----------简　宁
碰铃（五首）--------------李泽华
风景二题----------------沙　鸥
紫色的晚上（外一首）----------义　海
辛辣集（二首）-------------木　斧
中国瓷器（外一首）----------柯　平
心灵的雷声（外一首）----------廖友农
短诗七首-------------姚　平　李占学等

理论
在语言返回本源的途中----------耿占春
小说的描述语言分析-----------刘　火
用真诚去拥抱文学批评----------毛有为

美术
封面设计----------------谢啸冰

1989 年第 2 期　刊名:《山花》
目录

韦文扬小说二题
山（中篇小说）
忌雷（短篇小说）

小说苑
天线与鸽子--------------吴　天
雷打岩-----------------汤保华
苦岸-------------------李天明
我的公公----------------武光瑞

小小说荟萃
鹭鸶洲-----------------龚有才
步行乐意----------------刘先和
风波-------------------霍健康
美丽的弧光---------------郑　波
乔迁志喜----------------张　烨

企业星
贵州化肥厂专辑
厂长活改革---------------马应成
贵化在改革中奋进-----------杨集权
职工作品选------------许明桃　金晓明等

诗歌
诗三首-----------------韩　东
化石魔方----------------杨小滨
相宝山杂诗---------------廖公弦
龟秘（外二首）-------------黄邦君
深山（外一乎）-------------孙晓杰
琼瑶·三毛---------------孙功兵
感觉 21 号（外一首）----------谢延强
五月之涉（外一首）----------何鑫业
远航-------------------陈太顺

理论
论现代抒情诗的戏剧性----------戴　达
艺术直觉与小说结构----------段崇轩
诗人与艺术史--------------韩　东
改善与重构民族心理
——罗吉万作品讨论会综述--------任立新

1989 年第 3 期　刊名:《山花》
目录

中篇小说
作家梦-----------------南为水

小说苑
不幸降临于斯--------------陈圣乐
老井轶事----------------黄德义
黑河-------------------凌　宁
秋光-------------------何　文

长篇选载
安禄山开边···················王鸿儒

作家摇篮
山路·····················张明贵
一片孤独的叶子················张明贵

散文
"金壶奖"征文
再过四十年··················李宽定
搬家·····················高洪波
诗人钟华周年祭················袁应军
走向大山···················付泽刚

企业星
遵义董酒厂职工作品专页
这里有一片星海················程 艾
诗之卷·········陈春琼 王荣刚 许 平
爱我中华爱我董酒···············胡淑芳
散文·········王荣刚 王新征 曹光军
怪"号"（小小说）···············赵 飞
春之舞·竹乡行（摄影）············陈锡初
风过矣·泊·石阶················王怀义
剪纸二帽···················房小春

诗歌
有些耸人听闻的事情（组诗）··········陈绍陟
人生的夏季（散文诗）·············丁 兮
陌生房子及其他（三首）············岩 鹰
冰原孤魂···················蔡发玉
诗三页····················姚学礼
两部风笛（二首）···············陈衍强
老鼠夹····················黄东成
复婚·····················张晓峰
唿哨·····················蒲生怒

理论
文学：现状与前景···············罗强烈
——我的回答
批评的蛙跳
——兼谈建国四十年的文学批评········林树明
彝山奴的恢弘人生
——读长篇小说《两个女性》·········胡宗健
表现张力
——诗的一种结尾方式············马立鞭

美术
封面设计···················谢啸冰

1989 年第 4 期　刊名:《山花》
目录

短篇小说
水韵·····················费振钟
幽魂·····················罗祖祥
乘车·····················黄健勇

中篇小说
没有不散的筵席················张清明

讽刺小说
冠军梦····················寇广生
壁虎·····················潘大华
文化重镇···················章 轲
看电影····················谢文洁

翻译小说
永远不会忘记你
——［美］雷·布拉德伯利著 肖 岚 陈 波译

作家摇篮
庄镇·····················林盛青
寓于性格复杂性中的艺术张力·········承 庆

散文
"金壶奖"征文
李淑彬现象··················余 力
平凡的意义··················张 弛

企业星
钢龙腾"云关"
——记在改革中崛起的朝阳钢厂········本刊记者

诗歌
有爱流过的夜晚的 F 小调（外一首）······义 海
湿房子（外二章）···············冉 冉
钢琴姑娘···················张仁平
记忆之水···················周拥军
高原遇雨（外一首）··············林 莽
我总在临睡之前················张兆华
石头·山风··················周雁翔
看鸟（外一首）················伊 伊
你静坐窗前（外一首）·············李尚朝
无题抒情诗（二首）··············王 强
复婚·····················张晓峰
短诗四首·········胡 杰 张金烈 于一元
羊长发 徐浩然 达 丹

理论

声音的发现

——论一种新的诗歌倾向·······················胡 兴

散文期待着创新

——谈目前散文之流弊·······················丁 椰

龙志毅创作中的忧患意识·······················王鸿儒

在求圣的路上

——谈程显谟的《美神》·······················朱光树

桂林诗草（三首）·······························唐流德

南方猎手（外一首）·····························冉云飞

短诗三首·····················白 薇 郑波凤 张顺琼

理论

腐烂的生命

——谈《蒿里行》中的黄耀祖·····················徐 达

卢惠龙的小说：期待视野中的嬗变················艾筑生

1989 年第 5 期　刊名:《山花》
目录

中篇历史小说

泛滥的人欲·································顾汶光

小说苑

杀妻····································张永龙

刘村笔记（三题）·····························赵宽宏

有个专科之后·······························杜永红

解甲归砚·································赵 自

雨雾黄昏·································陈志斌

讽刺与幽默

吃鳖记····································屠渭兔

美丽的西班牙女郎·····························陈 波

楼上楼下·································孙正元

作家摇篮

林中哨卡·································骆 俊

散文

源远流长·································罗强烈

嚼槟榔····································里 遥

企业星　首届华日艺术节作品巡礼

企业文化的多角度辐射·························张宗舜

华日路····································翟灿斌

散文七章················黄桂芬　周叶平　何庆华
　　　　　贺美云　游建国　徐建利　辛芙芬

游记四题············邱世彬　杨 宏　杨 刚　滕 斌

小小说二篇·····················张 斌　刘绍珍

杂文·随笔·······················刘国光　涂展亮

诗歌

太阳、经过上午十时（外一首）···················南 野

春的祝福（四首）·····························张 克

男人的季节（三首）····························叶延滨

想往（组诗）·······························王中朝

1989 年第 6 期　刊名:《山花》
目录

中篇小说

搓板胡同掌故·······························雪 屏

短篇小说

漏雨的小屋·································魏 宁

6 号门牌·································董碧波

河子驼····································刘益善

人头马····································杨蔚冬

山神····································巴 迅

黑太阳····································田 夫

散文（"金壶奖"征文）

你与人民同在·······························卢惠龙

母亲····································何光渝

翻译小说

兰德里的激流

···············[德] T.魏森堡著　管 蔚　陈 颖译

企业星

巾帼创业记·································君 华

作家摇篮

雀缘（外一题）·····························卢 郎

诗三首·············帅 昕　李新春　闵伦全　闵 敏

诗歌

世纪河（三首）·····························邓玉明

你必须对我温柔地一笑（外一首）···················易殿选

初冬的回声（外一首）·························陈广斌

一个女人的悄悄话（四首）·······················周 琪

女神（外一首）·····························龙彼德

那片林子里我轻轻迈步（外一首）···················贺海涛

六月诗页·······················杨朝东　列美平措
杨 枫　王玫梅　邹礼凤　石忠华　杜 若

理论

疲软? 超越? 自我选择! ─────────钱荫愉
作家之作品─────────────────徐建新

1989 年第 7 期　刊名:《山花》
目录

中篇小说
女教师之死 ────────────────龚光融

短篇小说
诗人的某一个夜晚 ──────────────刘　谦
老神庙和杠爷 ────────────────李胜利
热水溪 ─────────────────── 铁　璀
荷花塘 ─────────────────── 王世君
银狗 ──────────────────── 赖　榆

微型小说
紧急电话 ────────────────── 黄健勇
睦邻 ──────────────────── 王正化

作家摇篮
情债（附点评）───────────────杨文福
诗四首（附点评）
　　────────周士敏　王建中　高　云　王　凭

"金壶奖"征文
小巷夕阳 ────────────────── 戴明贤
莲井、莲井　路边的卖酒人 ─────────罗吉万

散文
太阳的梦 ────────────────── 王建平
赤水行 ─────────────────── 吴世祥
企业星（贵州轮胎厂专辑）
1 与飞旋的圆
　　──厂长马世春和贵轮的新变 ──────君　华
职工作品选 ───────谢志端　夏　牟　李平发
陈其南　饶明泉　李世芬　汪玉琪　申　敏

诗歌
七月诗页 ────────流　韵　胡远红　帅国晖
曹宇翔　汪　涌　曲　近　陈学书　陈茂欣　杨依群
宋玉杰　杨　宁　李　峻
爱的辩证 ────────────────── 李发模
小夜曲 ─────────────────── 李　莉

理论
话重读 ─────────────────── 林树明

1989 年第 8 期　刊名:《山花》
目录

中篇小说
人世的悬念 ───────────────── 字　心

短篇小说
临时结婚证 ───────────────── 涂　冰
蛇 ──────────────────── 第代着冬
夏夜的隐秘 ───────────────── 傅恩丽
小巷深处 ────────────────── 王　钦
古伞 ──────────────────── 赵　冬

作家摇篮
吴老汉升官记（附：点评）───────── 柳文坤
诗一束 ──────────杨庆良　林　琳　张　艳

报告文学
晚照炼炉红 ───────────────── 罗吉万
神奇的不谢之花 ─────────周青明　侯泽鸿

"金壶奖"征文
草海咏叹调 ───────────────── 龙志毅
送路 ──────────────────── 马　迅
金发碧眼的苗寨阿娜，你…… ───────潘俊龄
在小时候 ────────────────── 刘秋霞

企业星
一片冰心在玉壶 ────────────── 李起超
诗歌 ──────────唐绍荣　阿　晓　穷　石
山泉与月姑（散文）───────────── 滕剑鸣
风度（小小说）───────────────春　山
苗岭情歌 ────────────曾成亮　顾先平

诗歌
青色的橄榄 ──────荀明军　李红旗　黑　薇
乔仁卯　刘秋萍　邹昆凌等
故人三题 ────────────────── 朱登林
画梦者 ─────────────────── 张金烈
花的魔力 ────────────────── 邢　昊
神水 ──────────────────── 蓝启发
冬天的黑石头（散文诗）───────────董朝阳

评论
诗歌中"远取譬"的联想机制 ─────────陈　宇
蒙萌小说的人格主题 ───────────── 王鸿儒
艺术青春常在的"果壳"诗人 ──────────翟大炳

1989 年第 9 期　刊名:《山花》
目录

中篇小说

边陲劫案 ······················· 李必雨

小说苑

韩家湾轶事 ····················· 田有刚
爸爸的团队 ····················· 刘　琼
搂着肩走过大街 ················· 吕克昌
婚姻的葬礼 ····················· 王晓春
凉水西施 ······················· 邓全中
福毛 ··························· 段　平
断墙（外一题） ················· 王美泉

作家摇篮

枯黄的坟茔（附点评） ··········· 徐兴智
母鹿 ··························· 王　龙

散文

猫场记（"金壶奖"征文） ········· 韦　翰
去山里，趁着年轻（"金壶奖征文"） ····· 潘　灵
痴梦难休 ······················· 吕红文

诗歌

信念及其他（三首） ············· 立　人
乐在其中（三首） ··············· 邵　薇
沉淀（外一首） ················· 陆大庆
另一种形式（外一首） ··········· 伊　廉
冰蕾诗二首 ····················· 冰　蕾
秩序·县城 ····················· 祝凤鸣
插秧的日子（外一首） ··········· 洪治纲
关于诗的两首诗 ················· 陈　超
短诗八首 ············· 蓝　郁　陈　亮　周明祥
李　勇　张晓峰　晨　梅

理论

艺术家的感受 ··················· 胡宗健
叙事方式与语言情绪 ············· 胡　平
谈阅读前的理解 ················· 林树明
批评的艺术　艺术的批评
——《文学的审美积淀》评介 ········· 古远清

1989 年第 10 期　刊名:《山花》
目录

报告文学　散文

为了共和国的绿野 ··············· 包　岛
理解四重奏 ····················· 孙承庆
天化情韵六月雪 ················· 汤保华
周总理与茅台酒 ················· 陈博深
红色的烙印 ····················· 思　基

中篇小说

汉子 ··························· 金永福

小说苑

钟声 ··························· 赵剑平
磨嘎 ··························· 赵剑平
宝珠 ··························· 戴绍康
老转 ··························· 邹长铭
赤天化职工作品之页 ········· 王　波　常　辛
卢嘉榕　穆仁宏　林建国

诗歌

龙的传人 ······················· 沈　丽
歌唱 ··························· 尚仲敏
水手们 ························· 李凯霆
血液舞蹈的时候 ················· 高文翔
北山（外一首） ················· 沙　鸥
有关荷花的两种颤栗 ············· 姚　辉
夜（外一首） ··················· 廖友农
猎人与虎（组诗） ··············· 胥忠国
抒情短诗 13 首 ········· 谢以佐　张永刚　叶　茅
陈广德　杨依群　苏历铭　周德东　戴中平　张晓健

理论

辩证地认识文艺的社会作用 ······· 徐　达
也论当代文艺的主旋律 ··········· 肖君和
心灵的困惑 ····················· 李　裴
曼纽尔的音乐 ··················· 廖亦成

1989 年第 11 期　刊名:《山花》
目录

小说苑

生命的搏击 ····················· 魏治祥
鬼风 ··························· 秋　秋
你的方式 ······················· 王安林
蜡烛为什么流泪 ················· 林　波

节骨草 ———————————————— 周德东
美妻 ———————————————————— 思 蜀
岁月 ———————————————————— 蔡 康

散文
帕氏定律之否定 ———————————— 吴世祥
石房赋 ———————————————————— 姜澄清
我的故事 —————————————————— 南为水

作家摇篮
寻人启事 —————————————————— 柯真海
那扇窗，开着 ———————————————— 杨胜年
短诗七首 ————————— 陈德祥 东 霞 胡际春
王万明 曹祥荣 易红利 张金福

报告文学
美好未来的设计 ———————————— 孙承庆

诗歌
短诗十五家 ————————— 惠 子 柳士同 苗得雨
刘 镇 沈在龙 宋中吉 尹 抒 林 琳等
东山岭长城（外一首）—————————— 李 露
新竹枝词 —————————————————— 鲁 川
读你（外一首）——————————————— 谢克强
晨（外一章）（散文诗）————————— 王尔碑
梦寻（散文诗）——————————————— 李天明

理论
误读二题
诗可以误读 ———————————————— 王 干
误读辩 ———————————————————— 林树明
隔海传书 —————————————————— 阿 红
试论散文中的人格显现 ———————— 周冠群
诗人的人格建设 —————————————— 蒋登科

华阳电工厂厂庆特辑
四分之一世纪的歌（报告文学）———— 冯晓生
高原的明珠（诗歌）——————————— 谢 挺
洗衣台记（散文）————————————— 叶日升
又一个没有月亮的夜晚（小说）—————— 茅少康

1989 年第 12 期　刊名:《山花》

目录

中篇小说
苦力 ———————————————————— 吴恩泽
短夏 ———————————————————— 戴 冰

短篇小说
钓痴 ———————————————————— 许宗斌
菸垛子后面的爱情 ——————————— 郭燕平
到小岛去 —————————————————— 王纪文
双榉小板凳（外二篇）—————————— 蒙 萌遗作
送蒙萌 ———————————————————— 戴明贤
悼蒙萌 ———————————————————— 周青明

报告文学
奋斗不息、拼搏不止的女性
——关于徐英莲 —————————————— 叶 辛

作家摇篮
炉子·妻子·儿子（附点评）—————— 胡宗华

诗歌
唐亚平诗二首 ———————————————— 唐亚平
融雪之日（外二首）——————————— 郁 笛
袋鼠（外一首）——————————————— 柯 平
黄昏之水（外一首）——————————— 周拥军
山溪（外一首）——————————————— 尹安贵
一阵风 ———————————————————— 黄爱平
无题（外一首）——————————————— 木 易
抒情短诗九家 ————— 司马玉琴 何鑫业 王 柯
赵哲权 陈金平 冉 庄 张晓峰 周树仁 李 勇

理论
对生活的深广揭示和挖掘 ——————— 沈太慧
乡情·民仪·新风
——乡土诗歌漫议 ————————————— 陈良运
《听笛人手记》：印象式评论的杰作
——————————————————— 翟大炳 杨 杰
《雾山之恋》：阵装中的呻吟 ————— 章 山

《哈尔滨文艺》
（《小说林》）

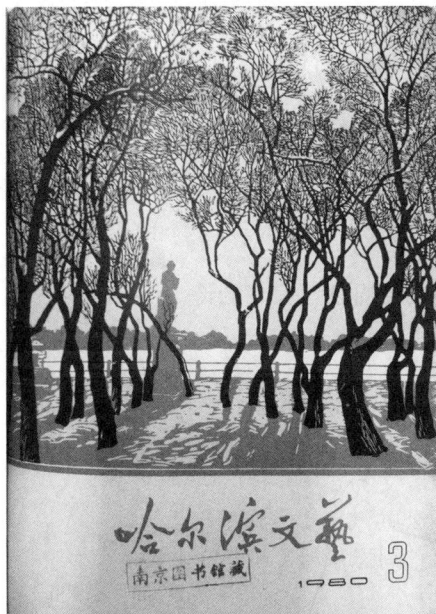

【简　介】

综合性文学月刊。哈尔滨文学艺术界联合会主办。创刊于1956年。1981年10月由《哈尔滨文艺》更名为《小说林》。其以刊发中短篇小说为主，另有超短篇小说及文学评论等。作品内容涉及社会各方面生活，顺应时代潮流，把握大众口味，多有趣味性，涵盖社会百态、众生法相。

期刊号：1978 年第 1 期—1989 年第 12 期

1978 年第 1 期　刊名：《哈尔滨文艺》
目录

毛主席给陈毅同志谈诗的一封信⋯⋯⋯⋯⋯影印插页

小说·散文

垫肩旗⋯⋯⋯⋯⋯⋯⋯⋯⋯⋯⋯⋯⋯⋯⋯支　援
在矿井里⋯⋯⋯⋯⋯⋯⋯⋯⋯⋯⋯⋯⋯李恒谦
第一天工作⋯⋯⋯⋯⋯⋯⋯⋯⋯⋯⋯⋯周焕龙
闪光的历史⋯⋯⋯⋯⋯⋯⋯⋯⋯⋯⋯⋯⋯林　基
写在瑞雪纷飞的日子里⋯⋯⋯⋯⋯⋯⋯纪　洲

诗歌

千秋万代⋯⋯⋯⋯⋯⋯⋯⋯⋯⋯⋯⋯⋯⋯王　毅
海港的回忆⋯⋯⋯⋯⋯⋯⋯⋯⋯⋯⋯⋯⋯热　风
不尽的倾吐⋯⋯⋯⋯⋯⋯⋯⋯⋯⋯⋯⋯巴彦布
登攀⋯⋯⋯⋯⋯⋯⋯⋯⋯⋯⋯⋯⋯⋯⋯⋯王海庭
读《通知》⋯⋯⋯⋯⋯⋯⋯⋯⋯⋯⋯⋯⋯于维汉
旭日光辉照金秋⋯⋯⋯⋯⋯⋯⋯⋯⋯⋯韩百灵
献给教师的歌⋯⋯⋯⋯⋯⋯⋯⋯⋯⋯⋯张惊雷
访问公社农研站⋯⋯⋯⋯⋯⋯⋯⋯⋯⋯展　葳
新年第一班⋯⋯⋯⋯⋯⋯⋯⋯⋯⋯⋯⋯赵锡忠
站台啊，我准时向你报到⋯⋯⋯⋯⋯⋯润　成

曲艺

夺牛（快板书）⋯⋯⋯⋯⋯⋯⋯⋯⋯⋯罗万成
新对春联（相声）⋯⋯⋯⋯⋯王润生　白英杰
红色考卷（单出头）⋯⋯⋯⋯⋯⋯⋯⋯奚青汶
节振国（评书连载）⋯⋯⋯⋯尹阔良　王天君
曲艺创作知识简介⋯⋯⋯⋯⋯⋯金　钟　奚　曲

评论

彻底推倒"文艺黑线专政"论⋯⋯⋯⋯本刊评论员
彻底批判"文艺黑线专政"论　打好揭批"四人帮"
第三战役⋯⋯⋯⋯⋯⋯⋯⋯⋯⋯⋯⋯⋯本刊记者
一个炮制"阴谋文艺"的谬论⋯⋯⋯⋯彭　放
戏曲改革的可喜收获
——浅谈评剧《蝶恋花》的音乐创作⋯⋯⋯曲子玮
周总理视察哈尔滨三八饭店（素描）⋯⋯铁　民
高举大庆红旗向现代化进军（宣传画）⋯⋯祝　天
开发矿业（水粉画）⋯⋯⋯⋯⋯⋯⋯李洪声
师生之间（版画）⋯⋯⋯⋯⋯⋯⋯⋯⋯冯士杰
向四个现代化胜利进军（歌曲）⋯⋯马太中词　李永德曲
小弟弟爱学习（歌曲）⋯⋯⋯⋯刘锡仑　张　寒词曲

1978 年第 2 期　刊名：《哈尔滨文艺》
目录

华主席为《人民文学》题词⋯⋯⋯⋯⋯⋯扉页
光辉题词照征程
——欢呼华主席为《人民文学》题词⋯⋯⋯本刊编辑部
春风化雨润诗坛　百花竞开春满园
——本刊编辑部邀集部分专业和业余文艺工作者坐谈
《毛主席给陈毅同志谈诗的一封信》⋯⋯本刊记者
跟着华主席抓纲治文艺
——本刊编辑部邀集文艺界部分同志坐谈学习华主席
的光辉题词⋯⋯⋯⋯⋯⋯⋯⋯⋯⋯⋯本刊记者

小说·散文

抢在时间前面的人（报告文学）·································刘维久
国际悲歌寄深情（散文）·································赵世菊
新的竞赛（小说）·································季魁勋
白菜壮心的时候（小说）·································康俊生
"钦差大人"的苦恼（讽刺小说）·································陈 明
丽丽和小花猫（童话）·································田成章 郭建中

诗

雪原春雷·································李凤清
金色的哈达·································刘文正
让旗·································高福兴
壮志篇·································曹慰农
春雨·································李 义
春光赞·································王 和
集体户的除夕·································吕良才
腊月春光·································李海星
踏勘归来·································刘传芳
在"生产进度指示板"上·································林 晔
古栈道畅想·································李松涛
场院里·································钱英球
海的潮讯·································王瑞来

曲艺

硕果满枝（唱词）·································李文馨
灭虫记（单出头）·································王觉民
中流砥柱（相声）·································矫崇兴 康常英
节振国（评书连载）·································尹阔良编讲 王天君整理
曲艺创作知识简介·································金 钟 奚 曲

评论

珍贵的文献 指路的明灯·································黄益庸
谈诗歌的"比、兴"（创作漫谈）·································范震飙
炮制"主题先行"的祸心·································王天伟
言简意赅 情趣盎然
——喜读《坐电梯》（新作短评）·································蒋逢轩
华主席关心咱工农村（歌曲）
·································王天君词 家 驹 子 玮曲
毛主席栽花华主席来浇（歌曲）
·································梁世斌词、郭树山曲
春到松花江（油画）·································祝林恩
一定要把国营农场搞好（套色版画）·································赵 沛
迎春（套色版画）·································王 兰

1978 年第 3 期 刊名:《哈尔滨文艺》
目录

纪念敬爱的周总理诞辰八十周年
周总理青年时代诗选
巨星颂
——纪念敬爱的周总理诞辰八十周年献诗·······刘相如
伟大的无产者
——献给敬爱的周总理八十诞辰·································徐 枫
永远纪念他
——为周恩来总理八十诞辰而作·································陆伟然
献给周总理·································陈广德
献花献给敬爱的周总理·································王云笑
炽热的情思
——为敬爱的周总理写下的诗·································满 锐
奖章·································刘杰锋
《周恩来号》赞·································李向晨
春天里的怀念（散文）
·································哈尔滨话剧院 安 洁 陈 力执笔
忆总理（散文）·································云燕铭
周总理在公共汽车上（快板书）·································汶 水
我驾驶着"周恩来号"机车（歌曲）
·································何 宏词 里 人曲

小说·散文

为了崇高的事业（报告文学）·································谢文利 杨明生
窗口内外（小说）·································孙士民
妈妈的红绢花（小说）·································李汉平
采霞（散文）·································李凤林
早春（散文）·································孙 伟

曲艺

永不下岗（故事）·································王育才
铁牛新歌（数来宝）·································丁树春 徐景学
节振国（评书连载）（第三回）
·································尹阔良编讲 王天君整理
曲艺创作知识简介（三）·································金 钟 奚 曲

评论

漫谈形象思维·································杨治经 王敬文
飞香走红满天春
——浅谈李贺的歌诗·································张 一
谈诗的构思（创作漫谈）·································郑应杰
凝真情 喷怒火
——评诗集《火红的十月》·································李文剑

作品简介

乌苏里晨曲（雕塑）·································杨世昌

阳光雨露（素描）·································石　璞
忠诚党的教育事业
——省、市优秀教师柳玉芳（摄影）·······崔崇和
书法·······································刘　忠

1978 年第 4 期　刊名:《哈尔滨文艺》
目录

报告文学·小说

"徐大懋设想"（报告文学）·················林　基
春夜（小说）·····························苏本玉

电影文学剧本

张衡·····································王　和

诗歌

实验室里的春来早（外一首）···············秦　晓
群星灿烂（林业科研人物速写）···········陈国屏
炼钢工的祝贺·····························齐洪江
电光闪闪（二首）·························李同都
描图室之春·······························孙怀川
青年育种家·······························刘福仁
火柴点亮的刹那·····························代宁萱
多愿把自己也变成一滴水珠···············何　宏
山花·····································赤　叶
兴安短笛（二首）·························鲍雨冰

曲艺

明灯永亮（京韵大鼓）·····················苳福勋
林海新歌（快板书）·······················高　富
㧝种记（二人转）·························徐双山
石油的故事（相声）···········侯宝林　郑辅源
节振国（评书连载）·······尹阔良编讲　王天君整理

评论

诗体问题管见·····························谢文利
明窗数编在　长与物华新
——谈李白诗歌的艺术特色与形象思维·····李　晖
浅谈诗的意境（创作随笔）·················郑应杰
由此及彼与由表及里（文艺随笔）···········黄益庸
华主席引来幸福水···········王　德词　初　旭曲
共商国家大事（国画）···········王秀成　林　彦
为建设社会主义现代化强国而奋斗（宣传画）
·····································祝　民
热烈欢呼五届人大胜利闭幕（摄影）
······张瑞民　朱德久　王建男　付金喜　崔崇和
百花齐放（国画）·························吴振东

1978 年第 5 期　刊名:《哈尔滨文艺》
目录

纪念毛主席《在延安文艺座谈会上的讲话》发表三十六周年

为伟大的新长征歌唱·····················本刊评论员
战斗的纪念·······························刘相如
反映英雄的时代　歌颂时代的英雄···········丛　深
心潮滚滚·································支　援
迎春寄意·································艾　若
快马加鞭·································季魁勋

小说

报捷之前·································李恒谦
我的师傅·································程树榛

电影文学剧本

张衡（续）·······························王　和

诗歌

全国都望着大庆笑·························李海星
油花怒放
——大庆诗抄·····························章　华
草原勘探（外一首）···········杜显斌　范震威
琴师（外一首）···························黄秋实
闪耀吧，时代的明珠·······················吴越冲
火热的矿山（四首）·······赵海滨　王少连　娄得平
车笛万里唱赞歌·····························谢文利

曲艺

洞庭飞霞（唱词）·························张宪斌
大闹华严寺（快板书）·····················李凤岐
说"耳朵"（相声）···········白英杰　王润生
回春饭馆（二人转）·······耿　瑛　甲禾　里果
节振国（评书连载）·······尹阔良编讲　王天君整理
油田新花海上开（歌曲）·······志　同词　魏启天曲
光照千秋
——毛主席在延安文艺坐谈会上的讲话（国画）
·····································王秀成　林　彦
华主席视察大庆（版画）·····················乐　锋
王铁人（雕塑）···························唐洪民
我们爱韶山的红杜鹃（国画）···············胡梅生

1978 年第 6 期　刊名:《哈尔滨文艺》
目录

放声歌唱新长征

新长征短笛（民歌八首）—————金文玉　岳凌云等
让伟大祖国展翅飞（诗表渲）—————老骥　小流
喜看大地卷洪流（对口快板）—————孙士学
新宪法暖人心（山东快书）—————孙传松
要重视儿童文学创作—————延泽民

小说·散文

"司令"今昔（小说）—————李汉平
北海风情（散文）—————张又君
缝扣儿（小说）—————王洪昌
豆花飘香时节（小说）—————白浪
老狼逛花园（童话）—————田成章　郭建中
小火柴的悔恨（童话）—————孙士民
寓言三则—————孙幼忱
"黑蝴蝶"（寓言）—————马合省
中学生作文选—————刘联联　孙丽梅

诗歌

快乐的孩子、快乐的歌（儿歌十六首）
—————王云笑　李沐明等
金色的钥匙（童话诗）—————戴宁萱

儿童诗

儿童火车向前开—————陈金汀
林子里的故事—————苗欣
民族花朵—————邱钖昉
汽球和伙伴—————尚广荣
兴凯湖孩子的歌—————小回
谜语诗—————周英学　华盛
啄木鸟嘴巴长—————牧铭
沈行·旅行—————张惊雷
奔向未来—————钱英球
中学生的歌—————哈七中学生　尹弘斌
诗传单—————邵兵　周得力
挺起胸脯上讲台—————徐春玉
眼睛—————王希奎

戏曲

胖墩接站（儿童二人转）—————奚青文
在森林里（童话剧）—————李今深

评论

试谈儿童文学的几个特点—————李丽

文艺随笔

艺术贵在创新—————李佳
生活与创作
——读《子夜》重印本后记—————安明明

歌曲

我们是小小科学家—————程亚刚词　孟抒云曲
猜一猜，想一想——成林　金铭斩　非词曲
我们在阳光下茁壮成长—————张景云词　吕聂曲
总任务放光华—————振梅果曲
三大革命一起抓—————小石词　梅果曲

美术

摄影艺术—————张耀　崔崇和　李亚滨
剪纸—————陈万金
儿童画一组—————石大龙等画
小咪咪（儿童画）—————李墨白画

1978 年第 7 期　刊名:《哈尔滨文艺》
目录

悼念卓越的无产阶级文化战士郭沫若同志
杨花飘洒寄哀思—————关沫南
写在永久的怀念中—————刘树声
高考中的浪花（小说）—————宋士秀
春播之前（小说）—————张驰
愣丫的向往（儿童文学）—————王洪昌
船夫（散文）—————宋学廷
园艺的春天（散文）—————郑铁成
老严头（小小说）—————杨更新
验收（小小说）—————李恒谦
中学生作文选—————张旭　翟凌
深情的颂歌涌心房
——各族歌手颂党诗歌小辑
—————关守中　鄂尔登挂　宋歌等
永不熄灭的篝火（四首）—————绿林
水碧松青（组诗）—————聂振邦
櫖树下的怀念—————吴岩
红公鸡（童话诗）—————李冰牧
擂响实现总任务的战鼓（对口词）—————郑文科
六盘山（唱词）—————宋客
光辉的榜样（鼓词）—————际野
云海赞歌（唱词）—————瑞林
接扁担（快板书）—————修莱华
选标兵（山东快书）—————赵连甲
接场长（二人转）—————野草
谈短篇小说的人物刻划（创作漫谈）—————潘秀通

诗与拟人化杂谈 ················· 郭 超
生活之树长青
——评介《高考中的浪花》 ······· 李一之
党旗颂 ············ 王天君词 曲子伟曲
光照丹嶂（国画） ················ 王仙圃
南湖曙光（国画） ················ 李维康
新的长征 ····················· 阎中礼等

1978 年第 8 期 刊名:《哈尔滨文艺》
目录

诗人兴会更无前
——省文联一届四次全体委员（扩大）会议侧记
························· 本刊记者
省文联举行一届四次全体委员（扩大）会议 ···· 文 讯
分手（小说） ·················· 韩 佳
我的副手（小说） ················ 王福岐
天下第一关（散文） ··············· 郑训智
在伊勒乌里山上（散文） ············· 林 青
李老师和我（中学生作文诗） ··········· 王若严
写给"朱德号"机车 ················ 于 帆
珍宝岛的诗 ···················· 陆伟然
银溪曲 ······················ 叶晓山
夜间，紧急集合 ·················· 田玉文
洗军衣 ······················ 岳凌云
沙滩脚印 ····················· 庞壮国
黄花崖 ······················ 马合省
真正的海军衫 ··················· 何 宏
第一把垦荒火 ··················· 李武兵
明亮的小屋 ···················· 李 琦
挑战（山东快书） ·············· 尹卓林改编
春到哨卡（唱词） ················ 方继发
边防新曲（数来宝） ··············· 张民清
一发炮弹（山东琴书） ·············· 张俊汉
驯犬小记（山东快书） ·············· 王兴东
碰壁记（书帽） ·················· 晓 方
努力塑造老一代革命家的光辉形象
——兼谈话剧《东进！东进！》 ········· 唐乃智
谈短篇小说的构思与提炼主题（创作漫谈） ····· 栾振国
变术的破产 ·············· 董金锷 席代淮
野心与"鬼火" ·················· 赵连城
盛夏情亦浓、江滨飘艺芳
——首都三剧院来哈演出收到热烈欢迎 ····· 文 讯
仰望火红的"八一"军旗 ······· 志 同词 杨人翊曲
解放（油画） ··················· 刘宇廉
篆刻 ······················· 吴 朗
书法 ··················· 杨角游 奇周齐
赵一曼（油画） ·················· 刘亚民

1978 年第 9 期 刊名:《哈尔滨文艺》
目录

小说

他重新工作以后 ·················· 隋 星
并肩战斗 ····················· 陆星儿
红榜计 ······················ 杜玉亭
泉 ························· 柯 亮
仇敌（独幕话剧） ················· 盛学仁

诗歌
飞腾的边疆草原
阳光下的翡翠 ··················· 李钧贵
幸福的摇篮里（外一首） ············· 鲍雨冰
摄影 ······················· 何 宏
蚕和虹（寓言诗） ················· 吴惠斌
彩色的语言 ···················· 张澍贵
车上锦旗飘
——一个老司机的话 ·············· 王天君
仪表总装线放歌 ·················· 李文剑
红领巾与基石 ··················· 胡国斌
向着明珠 ····················· 王守恕
归途 ······················· 吕良才
路宽了，心儿更亮了（外二首） ········· 赤 叶
支农电工 ····················· 郝贵卿

评论

郭老及其《女神》 ················· 陈 隄
漫谈短篇小说的艺术风格 ·········· 杨治经 王敬文
关于高尔基写作的二、三事 ············ 甘雨泽
莲花小议 ····················· 苗成文
支农工人乐开怀 ········· 何 宏秀 田词 郭 颂曲
松花江上（油画） ················· 李秀实
驱逐（油画） ··················· 杨 角
笔落奔驰写藤花（国画） ············· 牛 山
学雷锋（国画） ·················· 金 兰

1978 年第 10 期 刊名:《哈尔滨文艺》
目录

诗词三首 ····················· 毛泽东
读毛主席诗词三首的几点感受 ··········· 春 阳
读毛主席两首《贺新郎》词 ············ 张志岳
变迁（小说） ··················· 王育才
沉雷轰响的时候（小说） ············· 张世栋
欢腾的伊敏河（散文） ··············· 安 娜
草原的彩虹（散文） ················ 何德权

鄂温克草原的节日（组诗） …………… 于 波
周总理摸过我的弓箭 ………………… 蔡文祥
"赞达仁"哪，唱起来吧！ ………… 额尔登挂
呼伦贝尔草原放歌 …………………… 田雪夫
呼盟草原见闻（四首） ……………… 陈广德
十月感怀 ……………………………… 开 印
爱晚亭（外一首） …………………… 王忠瑜
桃花 …………………………………… 寇宗鄂
台秤歌 ………………………………… 李向晨
养猪谣（二首） ……………………… 朱宏轩
马驹 …………………………………… 武学和
长长的谷穗 …………………………… 邵生杰
送奶曲 ………………………………… 刘福仁
又一个新成果来临 …………………… 车帅仁
"水帘洞"里 ………………………… 李宝岑
前进！向着二〇〇〇 ………………… 陈继光
达子香 ………………………………… 商殿举
柜台内外（唱词） …………………… 瑞 林
铁骨红心（快书） …………………… 王润生
我的工作真光荣（数来宝） ………… 添 军
雨夜除害（快板书） ………………… 矫崇兴
"重灾户"翻身（相声） …… 耿 瑛 杨振华
阴谋诗歌的一个"样板" …… 崔永生 丁国成
警策雷鸣、佳句璀灿
　——鲁迅诗歌漫议 ………………… 高 信
读《祝福》 …………………………… 王 和
让散文"飞腾"起来
　——关于散文的通信 ……………… 刘延年
啊！红旗 …… 俊 臣 小 石词 里 栋 王 羊曲
雨后新荷（国画） …………………… 西 河
建党时期的毛泽东主席（雕塑） …… 杨世昌
为了明天（装饰画） ………………… 陈万金
地下动脉（套色版画） ……………… 李士学

1978 年第 11 期　刊名:《哈尔滨文艺》
目录

奇特的会议（小说） ………………… 肖正义
最后一场（讽刺小说） ……………… 孙晓中
老铁（小说） ………………………… 陈鲁鹏
繁花似锦（散文） …………………… 门瑞瑜
寓言四则 ……………………………… 刘自球
小白兔日记（童话） ………………… 谷安楫
我爱新课本（中学生作文选） ……… 周红梅
乌吉娜（叙事诗） …………………… 宋 歌
贺新郎 ………………………………… 章子冈
风·花·果子·车轮 ………………… 李翔云
完达山的石头 ………………………… 商殿举

这就是我美好的理想 ………………… 张景云
大喜之日（唱词） …………………… 刘子成
三上林场（故事） …………………… 陈谷音
改名（相声） ………………………… 李 斌
形象思维·生活·世界观 …………… 杨奎章
诗意的追求
　——读杨朔同志的散文 …………… 李 琦
借一斑而窥其全豹的艺术描写
　——从《红楼梦》中的一张"招贴"谈起
　　　　　　　　　　 周溶泉 徐应佩
从艺术家的札记谈起 ………………… 张成林
关于诗的三封信 ……… ［苏］高尔基 甘雨泽译
用血汗浇开幸福花 …… 弘 夫 贾玉玲词 姜宏丽曲
晚会（版画） ………………………… 晁 楣
展望（国画） ………………………… 王天胜
革新（水印版画） …………………… 李士学
草原女儿（油画） …………………… 臧尔康

1978 年第 12 期　刊名:《哈尔滨文艺》
目录

湘江情思（散文） …………………… 门瑞瑜
在毛主席旧居（二首） ……………… 钱英球
礼物 …………………………………… 于 沙
典型经验（小说） …………………… 谢 树
最后的微笑（小说） ………………… 于耀生
永恒的怀念（小说） ………………… 马福林
金菊花（散文） ……………………… 姜世栋
创业土（散文） ……………………… 吴远人
一个星期天（中学生作文选） ……… 袁 硕
五彩的瀑布 …………………………… 叶乃微
课堂上 ………………………………… 李景麟
夯歌·压道车 ………………………… 佟玉峰
送煤姑娘（外二首） ………………… 王守恕
路灯下 ………………………………… 单尊贵
老兵新传 ……………………………… 翁景贵
我站在配电盘前 ……………………… 黄秋实
烧荒（外一首） ……………………… 李凤岐
雾中 …………………………………… 别闽生
迎 ……………………………………… 周 蒙
在碧绿的山谷中 ……………………… 于 波
致诗人 ………………………………… 岳 亭
马头琴二曲 …………………………… 柳彩然
草坪前 ………………………………… 常 玢
大治前后（相声） …………… 袁 军 万 里
练兵场上（小京剧） ………………… 张亚斌
千古不朽的革命壮歌
　——读天安门革命诗词 …………… 李激扬

真实·生动·感人
——导演话剧《于无声处》漫记 …………安 洁
漫谈肖红与美术（文坛史话）…………刘树声
文笔宜疏 脉络宜显
——浅谈散文笔法 …………………吕福田
解放思想 繁荣创作
——我市召开创作会议讨论实践是检验真理的唯一标准
…………………………………本刊记者
为加速实现四个现代化而奋斗
——我市召开业余创作会议 …………李维汉
雪莲红啊葵花黄 …………毛 橇词 魏启天曲
硕果 …………………………………吴镇东
毛主席在延安（素描）…………………实 理
小会计（油画）…………………………张晓非
花鸟（国画）…………………………高云嵒
习作选登 …………陆 玮 张钦芸 刘 冶

1979 年第 1 期　刊名:《哈尔滨文艺》
目录

纪念敬爱的周总理逝世三周年
人民心中的一座丰碑（散文）…………马 楠
温暖的草地（小说）……………………谢挺宇
悼周总理二首（诗）……………………章子冈
呵，周恩来同志（诗）…………………王云笑
周总理又回到了我们身边（诗）…锋 戟 里 百
光辉的形象（诗）………………………田 青
巍巍青山高（歌曲）…………邹荻帆词 焕 之曲

报告文学·小说
在芬芳的土地上（报告文学）
——记美国友人韩丁在北大荒 …………门瑞瑜
反面人物（小说）………………………高光地
游地下森林（散文）……………………苏志松
青枝绿叶（民间故事）…………楚星祥 马明超

诗歌
时代的狂飙 ……………………………徐 枫
话剧《于无声处》人物题咏 …………黄益庸
你是火 你是剑（外一首）………曹长青 田姊援
实践——冶炼真理的高炉 ……………李方元
古诗词四首 ……………………………田雪夫
迎春新歌 ………………………………聂振邦

评论
用于实践繁荣创作 ……………………春 茂
作家的忠实和勇气 ……………………刘相如
《冰山上的来客》是一部好影片 …吴玉南 王成军

巧为比譬 妙笔生花 …………徐应佩 周溶泉
艺术与民主 ……………………………袁殿池
贵有胆识 ………………………………丹 赤

美术
静物（水粉画）…………………………张声鑫
银城（水粉画）…………………………实 普

1979 年第 2 期　刊名:《哈尔滨文艺》
目录

文艺要为社会主义现代化建设服务 …………牛乃文
贯彻周总理讲话精神繁荣社会主义文艺事业
——哈市部分文艺工作者举行座谈会 …………文 讯
气壮山河的革命英雄史诗
——谈长篇小说《保卫延安》…………弘 弢
真正的主人（报告文学）………………卢殿学
不平常的嫁妆（小说）…………………沈治平
冰城风情（散文）………………………李激扬
严惩白俄总管（工厂史）………………张福山
出征辞 …………………………………陆伟然
悼诗一束 ………………………………萧 军
韩丁（三首）……………………………苗 欣
诗传单（二首）…………………………黄显宇
时间篇（二首）…………………………赵圣铁
老钻工开上了采煤机 …………………蔡文祥
校园短笛（二首）………………………王立军
朝霞满天的时候 ………………………邹积慧
菜乡路上 ………………………………张东旭
老农学家速写 …………………………范震威
松花江畔哭白辛 ………………………赵 逊
间隙和奸细（七场话剧）…丛 深 林 予 刘水长
静物（水粉画）…………………………王景岚
抄诗（木刻）……………………………胡 晶
韶山（木刻）……………………………张若一
早春（套色木刻）………………………韩承霖遗作
每周一题（套色木刻）…………………鲍忠恩

1979 年第 3 期　刊名:《哈尔滨文艺》
目录

病（讽刺小说）…………………………家 畔
长河流水（小说）………………………张恩儒
忆战友彩斌（散文）……………………王忠瑜
三年（三首）……………………………刘畅园
大海之歌 …………………………彩 斌遗作
北大荒的姑娘（四首）……………彩 斌遗作

矿山雪（说唱诗）—————————————————赤 叶
边防寄语（二首）—————————————————季新山
歌词之页（二首）—————————袁晓玲 姜在心
讽刺诗（二首）—————————————————天 马
北大荒的白杨—————————————————高福兴
繁荣文艺必须发扬民主—————————————杨 角
从晴雯得病的风波说开去—————————————李 亭
深入揭示人物的内心世界—————————————李 佳

文艺题笔
时间与战斗—————————————————姜连臣
托尔斯泰的刻苦精神—————————————邱锡昉

间隙和奸细（七场话剧）———丛 深 林 予 刘水长
松花江三月春来早（歌曲）—————————周 逊
沈正钧词 冯继先 孙敬敏曲
绿丛新姿（水粉画）—————————臧尔康 魏云秀
双鹿（冰雕摄影）—————————————王伟平
伤痕（连环画）—————————刘宇廉 陈宜明 李 斌
志在兰天（套色木刻）—————————刘志英 陈伟钦

1979 年第 4 期　刊名:《哈尔滨文艺》
目录

美的颂歌（报告文学）—————————————陈 明
青春的旅程（报告文学）—————————————杨明生
千言万语说不清（小说）—————————李庆西 蒋原伦
雾散了（小说）—————————————————刘梓钰
青山常在水长流（散文）—————————————碧 野
松花江赋（散文）—————————————————张成林
弟弟（中学生作文选）—————————————陈 昭
誓师—————————————————————解文欣
诗，就要这么写—————————————————陆伟然
晨曦—————————————————————谢文利
悼亡诗—————————————————————鲍雨冰
春笋—————————————————————丁国成
北大荒的笑容（二首）—————————————李文剑
"雄鹿"报春—————————————————柳彩然
泥土芬芳（六首）———宋歌 范震威 武学和 俞 盛
维吾尔民歌二首—————————————安 静收集整理
旧体诗二首—————————————————骆 时 安克环
歌词诗页（六首）—————————张志同 绿 林等

文艺评论
为创作新话剧而努力—————————————李束丝
把艺术民主贯彻在文艺批评中—————————赵连城
海豹、青蛙、无题（随笔）—————————高松年

创作漫谈
浅谈题材处理—————————————————古远清
谈"对比"—————————————————赵增锴

笛福和他的《鲁滨孙漂流记》—————————甘雨泽
文艺动态二则—————————————文 讯 柳 文
鲁迅题字的一张照片（小史料）—————————萧 耘
在樱花盛开的时候—————————西 彤词 里 栋曲
迎春（油画）—————————————————张钦若
心愿（木刻）—————————————————魏运秀
洁白无瑕（国画）—————————杜宝印 杜宝玉
曙光（套色木刻）—————————————————晁 楣

1979 年第 5 期　刊名:《哈尔滨文艺》
目录

略谈初期新文学运动—————————————李葆琰
岁寒更觉松柏翠（报告文学）—————————吴学运
战斗的海燕（散文）—————————————刘树声
昆特依（散文）—————————————————林 青
"灾星"（小说）—————————————————王治新
成熟（小说）—————————————————李汉平
急救（小说）—————————————————康俊生

新长征速写
喜日—————————————聂振邦 李激扬
宝刀—————————————————————季魁勋
致凯旋的英雄（外一首）—————————————姜玉臣
江上吟—————————————————————公 刘
倘若他活着—————————————————李景麟
大地给我以水（二首）—————————————吴 越
愿做革命砧上铁—————————————————黄 淮
立在心头的塑像—————————————————李 琦
沸腾的森林（二首）—————————————陈国屏
引进工地抒情—————————————————李同都
检矿锤的歌（三首）—————————————李 龟
彩云哟，娶亲的花轿—————————————杜显斌
我爱我的压勺—————————————————胡国斌
雷声—————————————————————岳凌云
风雪运输线—————————————————黄秋实
出国前夜—————————————————吴耀中
奖旗—————————————————————邵传玲
信—————————————————————商殿举
收山歌—————————————————————谭德生
每当我从你窗下经过—————————————姜在心
长安杂咏—————————————————荒 芜
解放文艺思想的锐利武器—————————————杨奎章
诗的意境（创作漫谈）—————————————吴功正

随笔

似与不似之间 ································· 郁　云
从《石壕吏》谈诗的视觉因素 ········· 润　荃
朝霞里飞出一只布谷鸟（歌曲）
　　　　　　　　　张志同词　初　旭曲
夏日（油画）····························· 刘　治
森林春晓（套色木刻）················· 王　琦
习作 ······································· 栾玉箴等
兴安夜色（国画）····················· 李秀实

1979 年第 6 期　刊名:《哈尔滨文艺》

目录

为了孩子们的光明未来（报告文学）····· 闻　众
大路寄语（散文）····················· 张　起
归来者（小说）························· 舒　群
领唱（小说）··························· 高光地
骄傲的鸡（童话）····················· 刘艳霞
我的小伙伴（中学生作文选）········· 李　正
看象记（中学生作文选）············· 赵　烈

儿童诗

我们的图画 ····························· 鲁　兵
高峰上的鲜花（童话诗）············· 李洪臣
锁 ··· 陈金汀
完达山的孩子（三首）····· 田成章　郭建中
石头的故事 ····························· 钱英球
"小老师" ································· 董惠敏
一支画笔 ································· 宋坤玲
夏令营之歌 ····························· 张景云
阿宝呀，又睡熟了 ····················· 刘福仁
明天，就要考试 ······················· 赵锡忠
镜泊飞瀑 ································· 吕良才

儿歌

小猫咪的歌（三首）················· 李沐明
山村儿歌（二首）····················· 王　野
补课 ······································· 孙幼忱
弟弟和咪咪 ····························· 陈丹妮
弟弟人小有志气 ······················· 吴惠斌
"小为什么" ····························· 重　源

忆旧游（古体诗）····················· 陈　隄
小说集《雾暗霞明》后记 ············· 关沫南
谈安徒生的《皇帝的新装》（阅读与欣赏）····· 李　丽

文艺随笔

要尊重人物的性格 ····················· 刘梓钰

吟和改 ··································· 肖文范
漫谈小说的开头和结尾（创作漫谈）
　　　　　　　　　王敬文　杨治经
仰望祖国的蓝天 ······· 金　波词 苏勇 王 平曲
迎着太阳唱颂歌 ········· 王峰岚词　董振国曲
春潮（水粉画）························· 王云英
摇篮（油画及局部）··················· 杨　角
林场（木刻）··························· 王　琦

1979 年第 7 期　刊名:《哈尔滨文艺》

目录

江河飞舟（报告文学）····· 陈淀国　徐国腾
朱德的故事（长篇选登）············· 谢储生
收获（小说）··························· 郁　民
全家福（小说）························· 戈　基
春花（散文）··························· 李凤林
葵花祭（散文）··············· 王孝文　薄惠民
河蚌妹妹和珍珠（科学童话）········· 黄健民

党的阳光照北疆

鄂温克猎人的祝愿 ········· （鄂温克族）乌热尔图
水乡的早晨 ··············· （朝鲜族）李云迪
采蜜 ······················· （达斡尔族）鄂明尔
木耳园新歌 ··············· （满族）费忠元
歌声 ······················· （回族）赛尔代
民族团结之歌 ··········· （蒙古族）巴彦布
遵义会议会址畅想（二首）············· 叶乃溢
采自大地的花束（二首）············· 于　波
七月雨 ··································· 刘　章
陕北行 ··································· 宋　军
题延安画卷 ····························· 田雪夫
雨花台（外一首）····················· 万以诚
铁牛会 ··································· 翁景贵
"庄户"书记 ····························· 潘学国
完达山的孩子 ··············· 田成章　郭建中
北方山色 ································· 胡　昭
春雨 ······································· 孟若桦
"三十六棚"诗笺（二首）············· 绿　林
读《女神》（评论）··················· 胥树人
介绍一部奇书（翻译札记）············· 荒　芜
谈细节（创作漫谈）··················· 晓　培
还是要从生活出发（创作通讯）········· 汶　水
留芳（水粉画）························· 王云英
毛主席在北京（素描）················· 任　丁
欢庆（木刻）··························· 乐　锋
哈尔滨风光（油画）··················· 石　璞

1979 年第 8 期　刊名:《哈尔滨文艺》
目录

哈尔滨之歌（散文）·································萧　军
爱民新曲（小说）····················宗水龙　张洪舜
奇花（长篇选载）·······························陈　模
我,"地球书记"及讲演稿（小说）···············毛四维
拜师难（散文）·································新凤霞
金石之声犹在耳（散文）·························王戈清
一个真正的共产党员·····························顾笑言
致祭老舍（舒舍予）归来偶成二律并叙···········萧　军
在抗联战斗过的地方·····························叶晓山
追歼···田永生
在山梁上·······································常　玢
马蹄表之歌·····································王化文
北疆汽车兵·····································田玉文
练兵三题···················蔡文祥　赵云龙　李广文
沉思集（四首）·································方　晴
解放思想大胆创作
——陈沂同志在座谈会上的讲话（记录整理）
·······································本刊通讯员
关于鲁迅"北平五讲"的新证···········丁言昭　陈友雄

杂文
读《大风歌》的启示·····························丁　亥
从曹操"遂再不问"谈起··························李　直
生活素材与艺术提炼（创作漫谈）·················郭　超
杜鹃（水粉画）·································王云英
展翅（木刻）···································王　琦
小英雄（雕塑）·································潘绍索
风景画·······································林　彦等

1979 年第 9 期　刊名:《哈尔滨文艺》
目录

小说
天涯芳草·······································母国政
底片···孙晓中
峡谷···阿　威
第一辆坦克上的歌（报告文学）·········吴学运　许　文
指挥部的窗口（散文）···························吴远人
拾贝在艺海边（作家访问记）·····················门瑞瑜
鲁迅与书籍装帧艺术（随笔）·····················李　奕

山南海北
五台山纪行·····································王霆钧
西藏风光·······································王禹时

巍巍防洪塔·····································汶　水
圣诞树和婚礼（译文）
········[俄]费·米·陀思妥耶夫斯基　刁绍华译
为四个现代化纵情高歌
——祝贺第七届"哈尔滨之夏"音乐会胜利闭幕
···关　丕

碧血红花
刻在张志新烈士的墓碑上（三首）·····田秭援　曹长青
血写的党课（外一首）···························王润成
闪电···李珂民
寸草集（二首）·································张建堂
草原新词·······································子　君
葡萄熟了·······································李月林
清泉情（外一首）·······························李海星
重返草原·······································马学良
连心雨·······································于宗信

评论
浅谈高尔基的《母亲》···············徐志英　陈戈华
闻其声而知其人·····················席代淮　朱文祥
文艺创作意在笔先···················侯成言　强玉芝
群马图（局部）·································尹瘦石
永不凋谢的红花
——张志新烈士（雕塑）·························铁恩厚
第七届"哈尔滨之夏"摄影、速写集锦
············崔彦勤　王志立　李东利　邹　路　李　敏
哈尔滨防洪纪念塔（浮雕）···········鲁迅美院集体创作
防洪纪念塔（速写）·····························石　璞

1979 年第 10 期　刊名:《哈尔滨文艺》
目录

漫忆鲁迅先生···································萧　军
望儿墓（长篇选载）·····························刘绍棠
天牢日记（小说）·······························王立纯
牙呢?（小说）·································毛四维
冻锅饼和热饺子（长篇选载）·····················韩统良

散文
哈尔滨之歌·····································萧　军
生命力·······································金德顺
婚礼之感慨·····································小　回
长翅膀的星·····································李文方
大庆的灯火·····································张洪舜

山南海北
菊颂···聂振邦

白云深处 …………………………………………… 李激扬
呵，这儿的黎明 …………………………………… 郑训智
黑鱼泡剪影 ………………………………………… 曹学敏
蝴蝶泉边 …………………………………………… 白 帆
镜子的美德（外二则）…………………………… 韩梦杰
威尼斯小夜曲 ……………………………………… 艾 青
你还要远行（九首）……………………………… 沙 鸥
致大海 ……………………………………………… 满 锐
短章，献给张志新 ………………………………… 陆伟然
呵，南海（六首）………………………………… 刘畅园
沙粒集 ……………………………………………… 姜在心
推土机赞（外一首）……………………………… 方 林
兴安岭的云 ………………………………………… 孙伊斌
呵，爱辉松 ………………………………………… 杨志军
大庆拾锦（二首）………………………………… 查 干
行吟集 ……………………………………………… 曲有源
我要高速度 ………………………………………… 戚积广
秋山图（译文）……………[日]芥川龙之介作 适 夷译
游戏（译文）……[美]亚尔伯特·马尔茨 徐昌汉译
从人物出场看人物刻画（书评）………………… 赵正权
鲁迅的自用印章 …………………………………… 吴 朗
也谈《红楼梦》的几种书名（学术探讨）……… 吴 明
"嗜痂成瘾"及其他（杂文）…………………… 张 一
惊鹤（套色木刻）………………………………… 晁 楣
伟大的祖国在前进（宣传画）…………………… 石铁民
果实（油画）……………………………………… 韩景生
静物（油画）……………………………………… 石 揖
秋野（油画）……………………………………… 张晓非
镜泊秋色（油画）………………………………… 周 正

1979 年第 11 期　刊名:《哈尔滨文艺》
目录

有这样一位战士（报告文学）………… 牟建国 杨锦锐
失掉高潮的悲喜剧（小说）……………………… 韩汝诚
诉（小说）………………………………………… 李湛海
呵，索伦（散文）………………………………… 范震飚

山南海北
参园行 ……………………………………………… 王景富
漫步太阳岛 ……………………………… 刘 峰 秦德相
金剑啸与哈尔滨革命文艺活动（文坛先驱资料）
　　………………………………………………… 姜椿芳
追 …………………………………………………… 杨 角
在黄永玉笔下（二首）…………………………… 胡 昭
剧场内外（二首）………………………………… 李 直
收获真理的季节 …………………………………… 孟宪良
夜猎 ………………………………………………… 岳 亭

十七点以后（译文）………………[苏]维克多·亚历山
大罗维奇 徐昌汉 宋嗣喜译
文学是真实的领域（评论）……………………… 刘锡诚
一套发人深省的连环画（评论）………………… 杨治经
家乡·天鹅与艺术评论（文艺随笔）…………… 庐 湘

艺术辩证法
"出格"与"人格"………………………………… 吴士余
情与理 ……………………………………………… 肖文苑

笑迎烽火（雕塑）………………………………… 孙玉琢
缅怀（油画）……………………………………… 赵廷椿
李时珍（国画）…………………………………… 于进海
连环画《枫》选登…………… 陈宜明 刘宇廉 李 斌

1979 年第 12 期　刊名:《哈尔滨文艺》
目录

二加二等于四吗?（小说）……………………… 毕 芳
在清冷的江边（长篇选载）……………………… 刘亚舟

散文
墨旱莲 ……………………………………………… 张抗抗
石油"蜜"………………………………………… 毕国昌
萧红故乡呼兰散记 ………………………………… 石堪砺
朵朵钢花抒青春 ………………………… 谢炳锁 宋 懋

山南海北
小兴安岭的翠冠 …………………………………… 苏电西

鸟语花香
燕窝 ………………………………………………… 白 帆
石龙花 ……………………………………………… 贾 非
勇敢地站出来吧，诗人的"我"………………… 杨 奔
采自生活的沃土（十四首）…………… 何 鹰 杨俊青等
在广州参观一座烈士墓 …………………………… 赤 叶
乌苏里江渔歌（二首）…………………………… 徐 枫
致歌唱家张权 ……………………………………… 李方元
喦赠哈尔滨诸友并叙 ……………………………… 萧 军
南斯拉夫诗四首………… 德·马克西莫维奇等 周 维译
太太（翻译小说）………………[俄]契诃夫著 汝 龙译
勇于探索贵在独创（评论）……………………… 修玉祥
诗歌语言琐谈（创作漫谈）……………………… 黄益庸

文艺随笔
创作要有感而为 …………………………………… 王向峰
寓意初识 …………………………………………… 谢文利

杂文

读《赠盖帮式序》有感⋯⋯⋯⋯⋯⋯辰　龙
需要狠狠"踢一脚"⋯⋯⋯⋯⋯⋯耕　天
静物（油画）⋯⋯⋯⋯⋯⋯⋯⋯宋学斌
绿荫深处（木刻）⋯⋯⋯⋯⋯⋯王　琦
洒血祭玄杰（雕塑）⋯⋯⋯⋯⋯铁恩厚
读（雕塑）⋯⋯⋯⋯⋯⋯⋯⋯⋯孙玉琢
静物（油画）⋯⋯⋯⋯⋯⋯⋯⋯曾耀宗
风景（油画）⋯⋯⋯⋯⋯⋯⋯⋯柴贵良

1980 年第 1 期　刊名:《哈尔滨文艺》
目录

满目松江夕照明（报告文学）
——吕其恩同志在病中⋯⋯林　基　江　吟
请客（小说）⋯⋯⋯⋯⋯⋯⋯顾笑言
南辕北辙（小说）⋯⋯⋯⋯李庆西　李杭
又一春（小说）⋯⋯⋯⋯⋯⋯李守信

小圃新苗

期待（小说）⋯⋯⋯⋯⋯⋯⋯迟书滨
热烈的期待（短评）⋯⋯⋯⋯汶　水
遥远的亚兰斯克（翻译小说）⋯[苏]В.л.里金
张　引译
淮安，我心中的城（散文）⋯⋯韩统良
涕泪依依（散文）
——悼在哈工作过的作家李克异⋯关沫南
美化生活的人（散文）⋯⋯⋯吕中山

山南海北

江上明珠⋯⋯⋯⋯⋯⋯⋯⋯⋯聂振邦
青城神灯⋯⋯⋯⋯⋯⋯⋯⋯⋯白　帆
祝酒·特根恩湖的早晨⋯⋯⋯艾　青
沃尔沃车队（外一首）⋯⋯⋯芦　萍
哈尔滨情思（二首）⋯⋯⋯⋯韩作荣
林海涛声（四首）⋯⋯⋯⋯⋯谢文利
深山里的花朵（三首）⋯⋯⋯谭德生
嘱托⋯⋯⋯⋯⋯⋯⋯⋯⋯⋯⋯俞　盛
两颗心⋯⋯⋯⋯⋯⋯⋯⋯⋯⋯于　波
草·树⋯⋯⋯⋯⋯⋯⋯⋯⋯⋯王守恕
断想四则⋯⋯⋯⋯⋯⋯⋯⋯⋯孙玉洁

冬去春来

等待（外一首）⋯⋯⋯⋯⋯⋯沉　苏
忠贞⋯⋯⋯⋯⋯⋯⋯⋯⋯⋯⋯汪　抗
握⋯⋯⋯⋯⋯⋯⋯⋯⋯⋯⋯⋯心　田
哈尔滨访友（古体诗）⋯⋯⋯黄　军
文学领域没有避风港⋯⋯⋯⋯林　予

创作与学习随想⋯⋯⋯⋯⋯⋯刘树声

文艺随笔

扑捉光明⋯⋯⋯⋯⋯⋯⋯⋯⋯李家兴
谨防"文明棍"⋯⋯⋯⋯⋯⋯丹　赤
舒群小传⋯⋯⋯⋯⋯⋯⋯里　栋　小　石

美学研究

略谈美学研究的发展趋向⋯⋯张松泉
赫哲渔女（国画）⋯⋯⋯⋯⋯杨　沙
友谊传四海（套色木刻）⋯⋯边玉林
新伐区（套色木刻）⋯⋯⋯⋯晁　楣
春风（木刻）⋯⋯⋯⋯⋯⋯⋯方振宁
延边果园（国画）⋯⋯⋯⋯⋯王秀成
丁香（国画）⋯⋯⋯⋯⋯⋯⋯杜宝印

1980 年第 2 期　刊名:《哈尔滨文艺》
目录

快乐的受奖者（小说）⋯⋯⋯阿　成
脑电波纪录片（小说）⋯⋯⋯毛四维
调转之前（小说）⋯⋯⋯⋯⋯高光地
对象（小说）⋯⋯⋯⋯⋯⋯⋯绍　文
撒谎（翻译小说）⋯⋯[日]远藤周作著　金君子译
儿童花园（翻译小说）⋯⋯⋯[俄]А.库普林著
高文风译

小圃新苗

妈妈的生日⋯⋯⋯⋯⋯⋯⋯⋯李朝晖
于细微处见深刻⋯⋯⋯⋯⋯⋯春　茂

石壁树丛之歌（散文）⋯⋯⋯秦　牧
赏雪（散文）⋯⋯⋯⋯⋯⋯⋯陆伟然

山南海北

秋游镜泊⋯⋯⋯⋯⋯⋯⋯⋯⋯谢　树
药泉记⋯⋯⋯⋯⋯⋯⋯⋯⋯⋯支　援

鸟语花香

西沙群岛上的鲣鸟⋯⋯⋯⋯⋯戈　情
迎春花的品格⋯⋯⋯⋯⋯⋯⋯林　寒
从普通人的悲欢离合谈起（随笔）⋯侯成言
思想的浪花（短句集）⋯⋯⋯杨　群
谈鲁诗小札（诗论）⋯⋯⋯⋯锡　金
浅论《八月的乡村》⋯⋯⋯⋯王中仪
漫话诗的艺术魅力（创作谈）⋯阿　红
春（雕塑）⋯⋯⋯⋯⋯⋯⋯⋯孙正琢
松江之富（国画）⋯⋯⋯⋯⋯吴镇东

冬日（油画速写） ——————————————— 邹　路
街景（油画速写） ——————————————— 刘及弟
松花江晨曲（木刻） —————————————— 张若一

1980 年第 3 期　刊名：《哈尔滨文艺》
目录

松涛呼唤着一个伟大的姓名
——刘少奇同志在黑龙江林区的日日夜夜 ——— 关守中
鹰姐（小说） ————————————————— 周焕龙
牛局长和马厂长（小说） ————————————— 王崇胜
长夜灯不熄（翻译小说）
———［印度］哈特亚·阿赫默得·阿巴斯著　白　玲译
爱情之窝（翻译小说）
—————————［美］林·拉德纳著　昶　涵译
织绸机上的哲理（报告文学） ——————————— 鲁秀珍
石海情怀（散文） ————————————————— 中　流

鸟语花香
绿啄木鸟和小山雀 ————————————————— 胡新化
花卉二题 ————————————————————— 聂振邦
欢庆（七律） ——————————————————— 杨　角
海滩上的歌（四首） ———————————————— 刘祖慈
诗人艾青 ————————————————————— 雷　霆
大干的汗珠 ———————————————————— 刘福仁
大庆是个酿蜜场 —————————————————— 包玉堂
权力（外一首） —————————————————— 万以诚
山野里的歌（五章） ———————————————— 李希英
草原二章（散文诗） ———————————————— 文　牧
认真学习　自由争论　努力探讨新问题
——哈市文联召开文艺问题座谈会 —————— 本刊记者
漫议文艺批评（文艺短论） ————————————— 刘效炎
有缺点，但又十分可爱的英雄人物（作品评论）
———————————————————— 胡德培
"辅笔"小议（创作漫谈） —————————————— 王荣伟
"难产"解（文艺随笔） ——————————————— 蒋逢轩
思想的浪花（短句集） ——————————————— 杨　群
松江月夜（套色木刻） ——————————————— 关厚生
小雪橇（雕塑） —————————————————— 孙正琢
冰雕（摄影） ——————————————————— 李东利

1980 年第 4 期　刊名：《哈尔滨文艺》
目录

日本姑娘（小说） ————————————————— 刘跃利
舌（小说） ———————————————————— 孟伟哉
团圆饭（小说） —————————————————— 高尔品

小圃新苗
一件平常的事情 —————————————————— 傅　讯
寓意深刻　含而不露（短评） ———————————— 董金锷
黑人杰弗（翻译小说）
—————［美］台奥多·德莱塞著　徐昌汉译
新娘与婆母（日本民间故事） ———————————— 丁歧江译
健将（报告文学） ————————————————— 刘兆林

散文
延河静静流 ———————————————————— 关松军
大洋彼岸话友情 —————————————————— 杨世昌
魁北克现代艺术一瞥 ———————————————— 铁恩厚

您永远是巍巍的高山 ———————————————— 满　锐
播种者之歌 ———————————————————— 刘杰峰
不朽的碑碣（外一首） ——————————————— 绿　林
村歌（二首） ——————————————————— 宋　歌
银河集（七首） —————————————————— 雷　雯
咏台湾 —————————————————————— 周　瑛
教鞭 ——————————————————————— 李务本
努力塑造具有时代特色的新人形象（文艺评论）
———————————————————— 弘　弢

文艺随笔
从"偶然"说起 —————————————————— 薛炎文
文贵精不贵粗 ——————————————————— 王之望
漫谈人物出场（创作漫谈） ————————————— 古远清

文苑研艺
诗与数 —————————————————— 徐应佩　周溶泉
练字造语之工 ——————————————————— 智　奇
长鼓舞（木刻） —————————————————— 乐　锋
魁北克（速写） —————————————————— 杨世昌
布贴画风景 ———————————————————— 陈　民

1980 年第 5 期　刊名：《哈尔滨文艺》
目录

小说
做媒 ——————————————————————— 李宽定
小阿飞日记 ———————————————————— 孔　厥
在采金船工地 ——————————————————— 梁国伟

小圃新苗
画像 ——————————————————————— 高成山
贵在巧（短评） —————————————————— 默　耘

蜜柑（翻译小说）····[日]芥川龙之介著　卢乃昌译
墙（翻译小说）
—————————[苏]维克托里亚·瓦尔坦著　宋嗣喜译
七十五弟子（报告文学）—————————————慕及春

散文
春的旋律—————————————————————平　青
大桥卫士—————————————————————游　波
松花江啊，梦里的江!—————————————苏叔阳
水下繁花—————————————————————王景富
鹰的诞生—————————————————————牛　汉
建设之歌—————————————————————邵生杰
我是煤——————————————————————索久林
铁路线上的歌（散文诗三章）—————————阎宝忠
哈尔滨抒怀（二首）—————————————————王　野
阿里山林木篇———————————————————于宗信
要敢于变革创新（短论）——————————————王向峰
漫谈积累（文艺随笔）——————————————刘忠惠
"美，就是性格和表现"（创作漫谈）
——试谈短篇小说的人物塑造—————————陈　炳
归帆（水印木刻）—————————————————李士学
周总理和大庆人（木刻）—————————————沈尧伊
套马·（套色木刻）—————————————————晁　楣

1980 年第 6 期　刊名:《哈尔滨文艺》
目录

九号院里的"海战"（小说）—————————郑万隆
歌的船（小说）——————————————————李汉平
偷时间的"鸭蛋"（童话）—————————————刘自球
小猴照镜子（童话）————————————————白　浪
寓言四则—————————————————————刘占武

小圃新苗
加强班的孩子———————————————————于桂芬
以情动人（短评）—————————————————何　因
小羽毛和鲑鱼的故事（法国童话）
—————————[法]克里斯蒂安·皮诺作　童　友译
狐狸和熊·水母为什么没有骨头（日本民间故事二则）
—————————————————————徐昌铭译
音乐岛的沉没（科学幻想小说）—————————北　筠
儿歌一束—————————————王云笑　郭殿文
红领巾的歌————————————————————刘福仁
哈尔滨的白天鹅（童话诗）————————————李冰牧
夜曲———————————————————————丹　妮
蛙鸣———————————————————————李希英
一个淘气的孩子（报告文学）———————————默　耘
风雪里诞生（革命回忆录）————————————姜清池

全面认识文艺和政治的关系（文艺与政治关系问题讨
论）—————————————————————吴翊南
反复修改　精益求精
——漫谈小说创作中的加工与修改—————王敬文
繁荣社会主义音乐艺术，抵制不健康的"流行歌曲"
—————————————————————子　钧
西子湖畔春意浓
——全国十四城市文艺期刊座谈会在杭州召开
—————————————————索峰光　易原符
睡（国画）————————————————————韩美林
剪纸（四幅）———————————————————陈万金
儿童画（四幅）——————————————————侯小玄等

1980 年第 7 期　刊名:《哈尔滨文艺》
目录

爱米神的微笑———————————————————扬　烈
春光无限好————————————————————蒋继昌
一张偷偷拍摄的照片———————————————袁　静

翻译小说
印度短篇小说两篇—————————————拉斯金·邦德作
郁　葱　周　维译
为了女儿—————————[波兰]阿道夫·迪加辛斯基作
杨一丰译
海滨的女孩————————————[苏]娜·芭兰斯卡娅作
乔光汉　赵立枝译

散文
怒吼在敌人的刺刀丛中——————————————杨　角
忆聂耳——————————————————————林　成
访郭沫若故乡———————————————————彭　放
蒙面萨满（叙事诗·选载）————————————范震飚
假如是个中国商标—————————————————易和元

评论
对当前文艺问题的几点认识————————————牛乃文
在自己铸造的镜子面前——————————————张　一
诗的"自我"应是人民的折光———————————张万晨

美术
松花江畔（国画）—————————————————林　彦
刘少奇同志在林区（木刻）————————————乐　锋
北京的声音（国画）————————————————杨绘晨
风景（油画）———————————————————邹　路

1980 年第 8 期　刊名:《哈尔滨文艺》
目录

他也是灵魂工作者（报告文学）—————————吴学运

小说

恶梦（中篇·上）—————————扬　烈　朝　栋
洗澡—————————刘心武
图书馆的故事—————————晓　樵
转移—————————刘梓钰
意外的礼物　　[苏]尤里·巴霍京作　谷　羽译
托德和吝啬鬼　　[美]艾·巴·辛格作　夏家骏译

散文

春天悄悄地走来了—————————郑万隆
大森林的色调—————————屈兴岐

诗歌

春天，属于我们—————————何　鹰
归来（三首）—————————沙　鸥
清明二首—————————王书怀
松花江上—————————曹长青　田秭援
情满兴安岭（组诗）—————————中　流
行吟集—————————曲有源

评论

泥土与闯将及其他—————————刘相如
谈《高老头》的艺术构思—————————吴　朗
敢为自己设难题（文艺随笔）—————————邓小秋

美术

夏日（油画）—————————石铁民
第一步（雕塑）—————————吴喜林　刘连海
松花江之春（国画）—————————廉　甫

1980 年第 9 期　刊名:《哈尔滨文艺》
目录

小说·散文

北大荒散记（之一）
——家信—————————陈瑞晴
恶梦（中篇·下）—————————扬　烈　朝　栋
呼唤—————————刘秀泉
信号　　[俄]迦尔洵作　高文风译
单人乐队　　[土耳其]阿·涅辛作　贺　婴译
瞬间　　[俄]柯罗连柯作　王育伦译
长堤上的思念（报告文学）—————————杨明生

看瓜记（散文）—————————王景富

诗歌
新花集

生命的春歌（组诗·六首）—————————何抒秀
哈尔滨风情（组诗·三首）—————————李　琦
种子—————————马福山
真挚与深切（诗评）—————————巴彦布

评论

谱写向四化进军的英雄乐章—————————马　威

文艺随笔

要注意转换角度—————————高　云
诗人与诗匠—————————肖文苑
诗中议论片想—————————钟尚钧
百家争鸣　勇于探索　努力繁荣诗歌创作———本刊记者

美术

收获（雕塑）—————————金在坤　杨世昌
外语课代表（水粉画）—————————焦志广
《哈夏》摄影集锦—————————张　伟　盛洪发
周末（套色木刻）—————————刘广海

1980 年第 10 期　刊名:《哈尔滨文艺》
目录

小说·散文

人事沧桑—————————林　予
尚绯大姐（北大荒散记之二）—————————陈瑞晴
大刀王五（历史小说）—————————王　和
接见—————————赵德明
领航员的故事　　[南]科·斯特帕诺维奇作
吴　虹　周　维译
捐躯在俄国的土地上
—————————[匈]扎尔卡·马特作　金亚娜译
水楼下的婚姻（报告文学）—————————王戈情

鸟语花香

天下风流月季花—————————林　寒
飞龙鸟—————————胡新化

诗歌

诗三首—————————（中国香港）何　达
兴安风姿（外二首）—————————绿　林
怀古二题—————————徐　枫
星花集—————————黄　淮

评论

永不枯萎的艺术花束⋯⋯⋯⋯⋯⋯⋯李　佳
抹着白鼻子的正面人物⋯⋯⋯⋯⋯张春林
从"马蹄香"谈起⋯⋯⋯⋯⋯⋯⋯⋯陈　炳

美术

松江夕照（摄影）⋯⋯⋯⋯⋯⋯⋯⋯刘　燕
选手（雕塑）⋯⋯⋯⋯⋯⋯⋯⋯美工室供稿
内蒙古草原速写⋯⋯⋯⋯⋯⋯⋯⋯陈　洋
等待⋯⋯⋯⋯⋯⋯⋯⋯⋯⋯⋯⋯⋯刘　燕

1980 年第 11 期　刊名:《哈尔滨文艺》
目录

小说·散文

猜猜（北大荒散记之三）⋯⋯⋯⋯陈瑞晴
瓦松吟⋯⋯⋯⋯⋯⋯⋯⋯李杭育　李庆西
考场⋯⋯⋯⋯⋯⋯⋯⋯⋯⋯⋯⋯⋯流　星
书记找他们有事⋯⋯⋯⋯⋯⋯⋯⋯栾之千
阿发和他的"徒爹"⋯⋯⋯⋯⋯⋯⋯王　利
寓言二则⋯⋯⋯⋯⋯⋯⋯⋯⋯⋯⋯杨　孜
啊，父老兄弟（报告文学）⋯⋯⋯祖　慰
不屈的女囚⋯⋯⋯⋯⋯⋯⋯⋯⋯⋯于　帆
绿珍珠⋯⋯⋯⋯⋯⋯⋯⋯⋯⋯⋯⋯吴远人
夏天的早晨⋯⋯⋯⋯⋯⋯⋯⋯⋯⋯赤　叶

诗歌

松花江遐想⋯⋯⋯⋯⋯⋯⋯⋯⋯⋯雷抒雁
向郭维彬致敬⋯⋯⋯⋯⋯⋯⋯⋯⋯杨　角
我愿把你当做一面镜子⋯⋯⋯⋯⋯关守中
带火的星⋯⋯⋯⋯⋯⋯⋯⋯⋯⋯⋯晨　号
致生还的母亲⋯⋯⋯⋯⋯⋯⋯⋯⋯震　飙
赞郭维彬同志⋯⋯⋯⋯⋯⋯⋯⋯⋯王无析
杂感三题⋯⋯⋯⋯⋯⋯⋯⋯⋯⋯⋯易和元

评论

漫谈毛四维的小说创作⋯⋯⋯⋯⋯杨治经
要善于捕捉形象（创作漫谈）⋯⋯吴功正

文艺随笔

无形与有形⋯⋯⋯⋯⋯⋯⋯⋯⋯⋯赵增锴
从鲁迅诗《所闻》谈起⋯⋯⋯⋯⋯高　信
神话与《山海经》⋯⋯⋯⋯⋯⋯⋯云　奇

通讯

加强团结有谊　促进诗歌繁荣⋯⋯伟　然等

美术

江畔余晖（摄影）⋯⋯⋯⋯⋯⋯⋯于　夫
香山野菊（国画）⋯⋯⋯⋯⋯⋯⋯张　仃
禽戏（国画）⋯⋯⋯⋯⋯⋯⋯⋯⋯尚云喦

1980 年第 12 期　刊名:《哈尔滨文艺》
目录

小说·散文

冒牌右派和啼笑姻缘⋯⋯⋯⋯⋯⋯陈泽昆
初次公审⋯⋯⋯⋯⋯⋯⋯⋯⋯⋯⋯丛　深
最幸运的人⋯⋯⋯⋯⋯⋯⋯⋯⋯⋯毛四维
笑⋯⋯⋯⋯⋯⋯⋯⋯⋯⋯⋯⋯⋯⋯刘茂祥
实用射击学⋯⋯⋯⋯⋯⋯⋯⋯⋯⋯曲大忠
木佛财主（日本民间故事）⋯⋯⋯郝迟译
离合悲欢忆萧红⋯⋯⋯⋯⋯⋯⋯⋯高　原
（附）萧红于 38 年写给高原的信

鸟语花香

植物的话⋯⋯⋯⋯⋯⋯⋯⋯⋯⋯⋯雷　加
变色的鸟⋯⋯⋯⋯⋯⋯⋯⋯⋯⋯⋯胡新化

诗歌

短诗一束⋯⋯⋯⋯⋯⋯钱英球　赵圣铁　刘　中
刘友春　孙玉洁　张雪杉　庞壮国　李同都
靖宇树的故事⋯⋯⋯⋯⋯⋯⋯⋯⋯牛雅杰
我的恋歌（三首）⋯⋯⋯⋯⋯⋯⋯梁谢成
奖旗和喜报⋯⋯⋯⋯⋯⋯⋯⋯⋯⋯李传圣

评论

笔谈
改革文艺体制　繁荣文艺事业
⋯⋯⋯⋯⋯⋯杨　角丛　深陈　昊吴翙南
要写好人物的命运⋯⋯⋯⋯⋯⋯⋯席代淮

文艺随笔

艺术的"迂回"⋯⋯⋯⋯⋯⋯⋯⋯郁　云
风格小议⋯⋯⋯⋯⋯⋯⋯⋯⋯⋯⋯王鸿宾
神话二则浅说⋯⋯⋯⋯⋯⋯⋯⋯⋯哿　奇

美术

白花（水粉画）⋯⋯⋯⋯⋯⋯⋯⋯王云英
归（木刻）⋯⋯⋯⋯⋯⋯⋯⋯⋯⋯王佳楠
沫若笔名印谱⋯⋯⋯⋯⋯⋯⋯⋯⋯王兆卿
丁香（油画）⋯⋯⋯⋯⋯⋯⋯⋯⋯赵廷椿

1981 年第 1 期　刊名:《哈尔滨文艺》
目录

小说

"哑巴"——北大荒散记之四 ⋯⋯⋯⋯⋯⋯ 陈瑞晴
值得庆幸的错误 ⋯⋯⋯⋯⋯⋯⋯⋯⋯ 魏雅华
新的废墟 ⋯⋯⋯⋯⋯⋯⋯⋯⋯⋯⋯ 金 矢
笔短意长——评《新的废墟》 ⋯⋯⋯⋯⋯ 默 耘
老木匠 ⋯⋯⋯⋯⋯⋯⋯⋯⋯⋯⋯⋯ 王立纯

录相小辑

面孔（外二篇）⋯⋯⋯⋯⋯⋯⋯⋯ 云 波 学 利
腰果钱 ⋯⋯[巴西]若尔热·梅达乌尔作　洁 石译

散文

红柳 ⋯⋯⋯⋯⋯⋯⋯⋯⋯⋯⋯⋯ 李长荣
苏捷斯卡战地巡礼 ⋯⋯⋯⋯⋯⋯⋯⋯ 陈 模
额尔古纳河畔的笑声 ⋯⋯⋯⋯⋯⋯⋯ 丁继松

山南海北

洞庭游 ⋯⋯⋯⋯⋯⋯⋯⋯⋯⋯⋯⋯ 谢 树
岳麓情思 ⋯⋯⋯⋯⋯⋯⋯⋯⋯⋯⋯ 李贵德

诗歌

国旗（外二首）⋯⋯⋯⋯⋯⋯⋯⋯⋯ 杨明生
黎明的歌声（五首）⋯⋯⋯⋯⋯⋯⋯⋯ 绿 林
海思 ⋯⋯⋯⋯⋯⋯⋯⋯⋯⋯⋯⋯ 张常信
心之"思" ⋯⋯⋯⋯⋯⋯⋯⋯⋯⋯⋯ 张 文
我心中的台湾岛啊 ⋯⋯⋯⋯⋯⋯⋯⋯ 董殿惠

评论

为歌剧的困境呼吁 ⋯⋯⋯⋯⋯⋯⋯⋯ 沙 青
略谈几篇报告文学的艺术特色 ⋯⋯⋯⋯ 刘 春
作家的"慧眼"（创作漫谈）⋯⋯⋯⋯⋯ 郭 超

文艺随笔

从画梅说起 ⋯⋯⋯⋯⋯⋯⋯⋯⋯⋯ 李安恒
"深挖井"的启示 ⋯⋯⋯⋯⋯⋯⋯⋯⋯ 建 家
可敬的英雄（中国神话欣赏）⋯⋯⋯⋯⋯ 陈 述

美术

静物（水彩画）⋯⋯⋯⋯⋯⋯⋯⋯⋯ 柳士瑞
人民心中的丰碑（雕塑）⋯⋯⋯⋯⋯⋯ 曲乃述
人物写生（国画）⋯⋯⋯⋯⋯⋯⋯⋯ 林 彦
鱼（水彩画）⋯⋯⋯⋯⋯⋯⋯⋯⋯⋯ 李 静
疾风知劲草（国画）⋯⋯⋯⋯⋯⋯⋯⋯ 高惠民

1981 年第 2 期　刊名:《哈尔滨文艺》
目录

小说专号

彗星的航程 ⋯⋯⋯⋯⋯⋯⋯⋯⋯⋯ 王 予
赖二嫂动土 ⋯⋯⋯⋯⋯⋯⋯⋯⋯⋯ 周莘榆
选举之后 ⋯⋯⋯⋯⋯⋯⋯⋯⋯⋯⋯ 翁树杰
月圆时节 ⋯⋯⋯⋯⋯⋯⋯⋯⋯⋯⋯ 毛志成
太阳，每天都是新的 ⋯⋯⋯⋯⋯⋯⋯ 毛四维
回声 ⋯⋯⋯⋯⋯⋯⋯⋯⋯⋯⋯⋯ 王立纯
公仆 ⋯⋯⋯⋯⋯⋯⋯⋯⋯⋯⋯⋯ 郁 民
谁往高处走 ⋯⋯⋯⋯⋯⋯⋯⋯⋯⋯ 张荣珍
绝笔者的爱 ⋯⋯⋯⋯⋯⋯⋯⋯⋯⋯ 阿 成

寓言

铁锁和钥匙 ⋯⋯⋯⋯⋯⋯⋯⋯⋯⋯ 陈乃祥
拱地的猪 ⋯⋯⋯⋯⋯⋯⋯⋯⋯⋯⋯ 刘占武

编后小记

静物（水彩画）⋯⋯⋯⋯⋯⋯⋯⋯⋯ 柳士瑞
哈尔滨风光组画（石刻）⋯⋯⋯⋯⋯⋯ 于进海
千山风光（国画）⋯⋯⋯⋯⋯⋯⋯⋯ 王震起
孔雀（国画）⋯⋯⋯⋯⋯⋯⋯⋯⋯⋯ 王伟平

1981 年第 3 期　刊名:《哈尔滨文艺》
目录

小说

爱的伪证 ⋯⋯⋯⋯⋯⋯⋯⋯⋯⋯⋯ 韩汝诚

女作者专辑

美啊，模特儿 ⋯⋯⋯⋯⋯⋯⋯⋯⋯⋯ 王浙滨
月光曲 ⋯⋯⋯⋯⋯⋯⋯⋯⋯⋯⋯⋯ 邵长青
失去了的 ⋯⋯⋯⋯⋯⋯⋯⋯⋯⋯⋯ 余未人
爸爸啊爸爸 ⋯⋯⋯⋯⋯⋯⋯⋯⋯⋯ 叶 子

绿野新笛

我的爱 ⋯⋯⋯⋯⋯⋯⋯⋯⋯⋯⋯⋯ 李长荣
一朵顶着露珠儿的鲜花 ⋯⋯⋯⋯⋯⋯ 流 星
曼讷塞的梦 ⋯⋯⋯⋯[美]艾·巴·辛格作　夏家骏译

散文

折不断翅膀的雄鹰 ⋯⋯⋯⋯⋯⋯⋯⋯ 巴彦布
蓬莱仙境 ⋯⋯⋯⋯⋯⋯⋯⋯⋯⋯⋯ 宋士秀
人民的铁流 ⋯⋯⋯⋯⋯⋯⋯⋯⋯⋯ 张洪舜

诗歌

秋江吟（组诗·四首）························韦　丘
北大荒，我的摇篮（组诗·四首）·······谢鲁勃
游人，从哨位前走过····················杨德祥
蓝色的海湾····························李占学
会开屏的百灵（外一首）·················赵修峰
树（外一首）··························安　阳
古船颂（外二首）·······················秋　原
岳桦·海胆····························许　行
银河集································雷　雯
接情书································蔡文祥
踩格子（外一首）·······················侯景云
带药味的诗····························商殿举
慧星（外一首）·························刘大平
路····································彭　俐
齿轮································王守恕

评论

王蒙的《春之声》和现实主义流派········郑应杰
霜叶红于二月花（创作漫谈）············胡德培

文艺随笔

生命跃动的静境························钟尚钧
反面人物的个性························邓小秋
女娲（中国神话欣赏）···················玄　公

美术

含笑（水彩画）·························李世林
伐木人（木刻）·························乐　峰
小景（木刻）··························王　兰
春风（木刻）··························王佳楠

1981 年第 4 期　刊名:《哈尔滨文艺》
目录

向朋友打开心扉························刘秀泉
多雨的春天····························沈治平
来自机密封条下面的故事···············俞天白

绿野新笛

黄土包上的"歌唱家"···················杨振国
平淡与不平淡（短评）···················默　耘
圆圆的河流石··························何　因
麦秸································孙晓中

录相小辑

选票································姚俊杰
刷人································李清林

出生证····················［土耳其］萨巴哈廷·阿里作
曾宪英　唐鹤鸣译

散文

归（报告文学）····················韶　华　刘元举
黄金的故乡····························李凤林
晨露野花集····························魏久环

诗歌

山川集····················雷　霆　乔延凤　阵　容
姚　莹　澍　雨　阎宝忠
诗词九首················丁　洪　雪　夫　宝　骧　广　德
爱的竖琴················戚积广　洪三泰　何　鹰
也　非　苏阿芒
花瓣集··················翁景贵　王天君　包白痕

评论

真实性·倾向性·典型性···············白　石　马爱诗
法制与律师的悲喜剧（新作短评）·········孟　询
独立的生命（创作漫谈）·················栾振国
传奇英雄
——羿（中国神话欣赏）···············修金堂

美术

林中鸟语（油画）·······················关厚生
舍得一身剐（油画）···············陈宜明　李　斌
雪（木刻）····························王　兰
蜜（国画）····························蒋　悦

1981 年第 5 期　刊名:《哈尔滨文艺》
目录

小说

第二次总结····························路　南
初诺································毛志成
聋子
——北大荒散记之五····················陈瑞晴
无用的人················［日］远藤周作著　郑应杰译
爱的波折····························小　回

绿野新苗

心带创伤的勇士························张仲瑛
剪裁得当、精炼明快（短评）············默　耘

录相小辑

缺角商标····························曲大忠
锦旗································梁明虎

散文

矿石般的品格 ———————————— 谢炳锁 曹松茂
赤子情（报告文学）———————————————— 杨明生
文学青年的导师 ————————————————— 韩统良
琴声 ——————————————————————— 赵灿群

诗歌

森林·海洋·草原 ——————————— 梁 南 中 流
赤 叶 查 干 李冰牧
花瓣集 ——————————— 田秭援 刘福仁 蒋 巍
吴耀中 谢文利 赵德威 鲍雨冰

评论

诗人们，赞颂崇高的心灵美吧！ —————————— 任 愫
短评二则 ——————————————————— 牟 呐
杨诚斋与陆放翁 ————————————————— 王无析
鲧禹治水（中国神话欣赏）————————————— 满汝毅
充分认识、深刻反映时代精神 —————————— 文 讯

美术

夜泊（套色木刻）————————————————— 乐 锋
春天的百灵（国画）———————————————— 贾立群
千山风光（国画）————————————————— 于 恒
溢芳（国画）——————————————————— 林 红

1981 年第 6 期　刊名:《哈尔滨文艺》
目录

小说

苗情 ——————————————————————— 一 村
星期日 ——————————————————————— 高文铎
洁白的雪花 ————————————————————— 黄兴武
靠海的房间 ————————————————————— 阿 成
思念 ——————————————————————— 开 羽
高宝山和他老婆 ————————————————— 曹玉成
他和她（绿野新笛）———————————————— 张治安
朝阳花和牵牛花（寓言）—————————————— 王长夫
庄园买主——［巴西］蒙特依罗·洛巴托作 禹 凡译
笼子里的星星
　　　　　［法］克利斯蒂安·皮诺作 林永安译

散文

耕耘在贫瘠的土地上（访问记）——————————— 吴远人
神秘的小伙伴（回忆录）—————————————— 聂振邦

诗歌

新花集——————————— 刘仁城 刘学颜 丹 妮
何抒秀 赵德超

给孩子们 ——————————— 商殿举 彩 然 陆少平
花瓣集 ——————————— 张雪杉 张德众 王 野
纪念萧红诞辰七十周年
萧红在北京的时候（回忆录）————————————— 李洁吾
谈萧红的《商市街》（评论）————————————— 刘树声
萧红故居诗笺（四首）——————————————— 何 宏
纪念萧红诞辰七十周年（书法）———————————— 杨 角

评论

关于爱情描写的通信 ——————————————— 黄益庸
谈诗歌语言的"跳跃性"（创作漫谈）
　　　　　　　　　　　　　　　　　　 谢文利 曹长青
艺术的生命在于真实 ——————————————— 王建伟
贯彻落实中央工作会议精神努力提高文艺刊物思想艺
术质量（文讯）—————————————————— 张 浪

美术

春（水印木刻）—————————————————— 李士学
小松鼠（木刻）—————————————————— 张若一
花朵（雕塑）——————————————————— 金在坤
草原笛声（装饰画）———————————————— 陈万金

1981 年第 7 期　刊名:《哈尔滨文艺》
目录

小说

县委大楼的"劳金"———————————————— 郑九蝉
本事歌 ——————————————————————— 高光地
大学生哆咪咪 ————————————————————— 王平验
办年货 ——————————————————————— 余含真
春 ———————————————————————— 栾之千

散文

希望的复活（报告文学）—————————— 赵连成 李激扬
飞吧，小凤 ————————————————————— 关荣玉
心灵的闪光 ————————————————————— 林 基
山村的早晨（外一章）——————————————— 田 琳

山南海北

"天府"夜市 ——————————————————— 吴远人
啊，兴凯湖 ————————————————————— 平 青

诗歌

民族风情 ——————————— 杨光汉 沙 蕾 巴彦布
金成辉 中 流 晓 达 陈 犀
花瓣集 ——————————— 易和元 黄 淮 万忆萱
给孩子们 ——————————————————————— 苗 欣

评论

坚持四项基本原则正确贯彻"双百"方针·······杨　角
刘亚舟的文学起步（文苑新人）·············彭　放

文艺随笔

"点铁成金"与"点金成铁"···············梓　钰
移开·····························蒋逢轩
刘勰鬻书（文坛轶事）··················大　霖

美术

收获（木刻）······················王　琦
高风亮节（木刻）····················魏运秀
苗苗（木刻）······················鲍忠恩
万众一心（宣传画）···················张若一

1981 年第 8 期　刊名:《哈尔滨文艺》
目录

雪妮日记························赵德明
十八岁的哥哥坐在小河边················谢鲁渤
沉思的少女·······················范震威
一级教授························张洪舜
羊躲豹··························吴翼民
郑板桥的故事······················何琼崖
白杨与苔藓（寓言）···················韦　敏
2 路电车···········〔埃及〕马赫穆德·泰姆尔
王忠亮　王育伦译

散文

寒夜···························何　因
边防战士的爱·····················高润祥

山南海北

游上方山························王霆钧
渔乡秋日·······················白　帆

新穗

遗弃在秋叶里的诗····················房雪霏
温馨的靰鞡草·····················朱天红

诗歌

鲜红的领章···········杨德祥　马合省　吴学运
王晓廉　胡世宗
放歌黑龙江··················陈　放　绿　林
登庐山抒怀······················黄秋实

评论

情论三章·······················庐　湘

学艺札记（作家谈创作）·············巴　波
真善美的捕捉着（新作短评）··············焦勇夫
从席勒说到高鹗（文艺随笔）··············薛炎文
范仲淹三次遭贬（文坛轶闻）··············张成林

美术

雨后（国画）······················杨　力
兴安丽窗（国画）····················李维康
庭院（木刻）······················王　琦
咪咪（国画）······················高　莽

1981 年第 9 期　刊名:《哈尔滨文艺》
目录

小说

张学良在"九一八"之夜················孟泽人
文工队的风波
——北大荒散记之七··················陈瑞晴
翠绿翠绿的······················潘　青
洞房··························唐耀舜

散文

拾来满篮醉梦·····················马继红
扶桑游简························邵　刚
小镇鸡鸣························庞　镇
喧闹的码头·······················陈谷音
俯仰之间························商友敬
映山红··························谷来春

诗歌

人·生命·爱情·······邓海南　黎焕颐　路　地
郭宝臣　吴重阳　王　也等
生活的絮语·······纪　宇　韩　玉　佳峻倩晴
花瓣集···················吴马克　王守恕等

论评

读《朝花夕拾》····················黄政安
我为什么要写《萧红传》················肖　凤
新农村的颂歌·····················任　愫
开拓美的心灵　谱写爱的赞歌·············丁国成
柳宗元的恻隐之心（文坛轶闻）·············肖文苑

美术

小溪（套色木刻）····················张光林
月光如水（木刻）····················王　琦
春暖（套色木刻）····················官厚生

1981 年第 1 期 刊名:《小说林》
目录

改刊词

短篇小说

重返绿草营........................王立纯
星星般的眼睛........................肖复兴
党会了解我的
——北大荒散记之八........................陈瑞晴
梦回乌托邦........................刘正新
没有价值的人........................郑九蝉
小巷深处的微笑........................蒋 巍
文坛上的火山........................魏雅华
五大莲池二龙斗（民间故事·外一篇）........................张 超

中篇小说

秋叶........................董国军

超短篇小说

欣慰（外一则）........................何 宏
小波斯........................赵德明
队长媳妇儿........................流 星

评论

作家谈创作·我写抗联小说........................关沫南
作家与作品·《张志民小说选》序........................孙 犁
作家剪影·丁玲又回到北大荒........................韩 冰
文苑新人·青年作者李庆西和他的小说........................李福亮
文学起步·我的生活道路和两篇小说........................郑九蝉
新作短评·深沉的思索清醒的抉择
——《星星般的眼睛》读后........................张 一

美术

封面设计........................张若一
路（木刻）........................王佳南
林（木刻）........................王 琦
鸣（国画）........................张 仃

1981 年第 2 期 刊名:《小说林》
目录

短篇

初秋........................锦 云 王 毅
啊！土........................毛志成
信念........................李宽定
初春之晨........................柳 溪
仲夏之梦（北大荒散记之九）........................陈瑞晴
眼睛........................鲁 琪
处方........................陈国凯
山路弯弯........................张万林

中篇

刘三怪本传........................韩耀旗 王曦昌

超短篇

失效的真诚........................皎 剑
诊断........................若 禾
礁石与鹅卵石（寓言）........................韦 敏

评论

作家创作·与业余文学爱好者读创作........................萧 军
为粗手大脚的爹娘画像........................刘绍棠
作家与作品·李国文短篇小说集序言........................李清泉
作家剪影·他，举着生命的火把
——记骆宾基........................阎纯德
文学起步·向生活索取
——关于我的几篇习作........................王立纯

美术

秋江白鹭（套色木刻）........................张光林
祝酒（雕塑）........................金在坤

1981 年第 3 期 刊名:《小说林》
目录

短篇

草原深处........................吴可雨
傻憨和蔫丫的故事........................阿 鹏
啊，雪花........................李五泉
种瓜得豆........................黎 明 韩 玉
烦恼........................一 村
苦菜花开........................薛凤宝
悔悟........................马仲夏
病........................毕任昌
屏风记（历史小说）........................常万生 王文智

绿野新笛

生的歧视........................张若谷

中篇

一个姑娘的遭遇........................唐志凯

超短篇

有色镜........................木 桦

他想哼支歌儿 ————————————— 金 矢
尾巴 ————————————————— 成 刚
这才是妈妈呢!（童话）————————— 郑 峰

评论
业余文学创作的甘和苦 ——————— 陈 模

作家与作品
新结识的朋友 ————————————— 孟伟哉
深知时间赋于生命意义的人 ————— 庐 湘

作家剪影
生活的开掘者——记雷加 —————— 闫纯德

新作短评
公仆的颂歌 ————————————— 彭 放
未来属于自己 ————————————— 刘 敏

美术
呼玛河（套色木刻）————————— 景 森
小憩（套色木刻）—————————— 王合群
舞（剪纸）————————————— 仇焕宝
本刊一九八一年度优秀小说评选启事

1982 年第 1 期 刊名:《小说林》
目录

中篇
当多情的眸子欺骗了你的时候 ———— 黎 婴

短篇
断肠草传奇 ————————————— 苏方桂
从前，在旷野上 ——————————— 蒋原伦
浪花 ——————————————— 王 扶
很少有人捡得金子 —————————— 周广生
X 的沉思 ————————————— 刘亚舟
金色的蜻蜓 ————————————— 胡唯刚

绿野新笛
司机王宝 —————————————— 柳 辉

超短篇
荒诞二题 —————————————— 金为华
望远镜 —————————————— 木 桦

评论
作家谈创作
漫话小说 —————————————— 王 蒙

作家剪影
老干已成铁　逢春又着花————— 张勉之　艾 力

作家与作品
《呼兰河传》的艺术美 ——————— 韩文敏

美术
报春（国画）———————————— 孙其峰
装饰画二幅 ————————————— 逄岐山
春色满园（石刻）—————————— 于进海

1982 年第 2 期 刊名:《小说林》
目录

短篇
强龙压倒地头蛇 ——————————— 南予见
门斗 ——————————————— 董子华
鞭 ——————————————— 王立纯
生活不是梦 ————————————— 梁晓声
我的表儿点了? ——————————— 曲大忠

超短篇
人——小事三则 ——————————— 陈瑞晴
目中无人
没事找事儿
这是个人哪

中篇
异国土地上的墓碑 —————————— 陈烈鸥

评论
作品争鸣
美丽青春的呼唤 ——————————— 刘延年
《北极光》艺术真实性之我见 ———— 栾振国

作家与作品
《蒲柳人家》的艺术特色 —————— 刘锡诚

文学起步
爱和追求 —————————————— 谢鲁渤

美术
山雨（国画）———————————— 赵文贤
戏水图（国画）——————————— 高云岩
迎春（国画）———————————— 于若秋
本刊一九八一年度优秀小说评选揭晓

1982 年第 3 期　刊名:《小说林》
目录

短篇

爷儿俩 ————————————————————— 白　桦
金棒槌 ————————————————————— 王治新
坏女人的故事 ————————————————— 吴若增
战舰该起锚了 ————————————————— 王　予
相逢，并不意外 ————————————————— 阚　峰
柳嫂失踪 ——————————————————— 陈学工
元县令献乐（历史小说）———————————— 乔书明
水月妈（绿野新笛）——————————————— 田青山

超短

穿红背心的小伙子 ————————— 李本深　白幼玲
归 —————————————————————— 路　南
爸爸 ————————————————————— 阿　成

中篇

石原莞尔的阴谋 ———————————————— 孟泽人

评论

我的文学初步（作家谈创作）————————— 从维熙
关于《光明屯纪事》的通信（作家与作品）
————————————— 黄益庸　符钟涛　陈毕方
一篇引人深思的小说
——读《爷儿俩》（新作短评）—————— 刘　春
歪歪扭扭的第一步（文学起步）——————— 肖复兴

美术

赫哲姑娘（雕塑）——————————————— 杨世昌
少女（石刻二幅）——————————————— 于进海
茅盾笔名选刻 ————— 吴　朗　王兆卿　高润生　治印

1982 年第 4 期　刊名:《小说林》
目录

短篇

松鼠 ————————————————————— 叶　楠
老跟浆汁馆 ————————————————— 姜孟之
撵狼 ————————————————————— 王西兰
蜜月草 ——————————————————— 孔繁晶
芙蓉楼的居民 ————————————————— 毛志成
鲤儿闹塘 —————————————————— 赵松泉
无法起诉的案例 —————————— 李庆西　李杭育
虎犊 ————————————————————— 甲　乙
不同的符号 ————————————————— 杨利民

长城离泪（历史绣像小说）—————————— 马　嘶

超短

苏醒（二则）————————————————— 张　林
藏书家的爱情 ————————————————— 李　枰
丑角 ————————————————————— 何百源
处长醒了 —————————————————— 查　铁

评论

作家谈创作

我的探求 —————————————————— 张天民

作家与作品

论吴荪甫的悲剧性格 ————————————— 冯镇魁

文苑新人

发掘黑土地的金子 ——————————————— 默　耘

文学起步

我与科幻小说 ————————————————— 魏雅华

美术

《啊！东北》油画风景画展选登

1982 年第 5 期　刊名:《小说林》
目录

短篇

蒙尘的画轴 ————————————————— 吴翼民
海螺 ————————————————————— 郑九蝉
风在切切细语 ————————————————— 徐　枫
蓝鸟花 ——————————————————— 刘跃利
山嫂的家园 ————————————————— 吴晨笛
闭门羹 ——————————————————— 张　发
逃 —————————————————————— 张恩儒
应有尽有 —————————————————— 开　锡
炊烟（绿野新笛）——————————————— 朱源得

中篇

剪不断的情丝 ————————————————— 木　青

超短篇

第一次谈话 ————————————————— 高光地
花圈 ————————————————————— 张龙珠
大老黑照像 ————————————————— 刘振岱

获奖者的话

情寄三江 —————————————————— 郑九蝉

做一个负责任的"厨子" ················ 王立纯
北大荒，我会再来的 ················ 谢鲁渤
我的紧迫感 ················ 肖复兴

评论
到生活的激流中去
——重新学习《在延安文艺座谈会上的讲话》的体会
················牛乃文

作家谈创作
漫话小说（续一） ················ 王　蒙

文苑新人
他是生活中的"列车长" ················ 鲁秀珍

新作短评
笑的伟力 ················ 钟　平
巧妙的构思 ················ 谢万霖

美术
雨后（国画） ················ 张广俊
春燕（雕塑） ················ 唐洪民
屈原故乡秭归（国画） ················ 王秀成

1982 年第 6 期　刊名:《小说林》
目录

中篇
她跨进了这道门槛 ················ 黎　婴

短篇
猫叔 ················ 周玉海
小毛驴车 ················ 佳　峻
太学生 ················ 刘正新
女儿心里的歌 ················ 母国政
燃烧的画 ················ 倪晓燕
老孙头耍猴 ················ 韩世辉
清清小河水 ················ 王　晓
美 ················ 朱凤琴
老师像妈妈（绿野新笛） ················ 晓　捷

超短篇
风筝 ················ 谢鲁渤
祭 ················ 孙金义
云 ················ 江金波

获奖者的话
几句心里话 ················ 王　毅

人民的召唤 ················ 陈瑞晴
同龄人给我的启示 ················ 赵德明
愿做林中一小鸟儿 ················ 赵云鹏

评论
作家谈创作
水东流　不回头 ················ 高晓声

作家与作品
关于孙犁作品的通信 ················ 冉淮舟
一朵芳香淡远的花 ················ 张　炯

文学起步
千万别把他关在门外 ················ 郑万隆

美术
小朋友（年画） ················ 乔学山
《王羲之的少年时代》连环画选登 ················ 逄岐山
装饰画二幅 ················ 刘巨兴

1982 年第 7 期　刊名:《小说林》
目录

短篇
牛牛不解其中意 ················ 郑九蝉
蔡老退休 ················ 王平验
麦粒，落在土地上 ················ 关沫南
祖传秘方 ················ 吴可雨
春风，吹来一小片羽毛 ················ 王立纯
迷人的西大坡 ················ 潘洪君
新式"TNT"（绿野新笛） ················ 隋铁磊

中篇
迷途者的足音 ················ 张雅文

超短篇
渴 ················ 何　因
多余的半天 ················ 刘占武
螳螂·乌龟（二则） ················ 文以思

评论
作家谈创作
从读书到写书 ················ 张抗抗

作家与作品
关于短篇小说的通信 ················ 张　林　黄益庸

文学起步

《金棒槌》写作前后 ································· 王治新

新作短评

我读《松鼠》 ································· 谢海泉

美术

水印木刻二幅 ································· 李士学
国画二幅 ································· 贾平西

1982 年第 8 期　刊名:《小说林》
目录

短篇

生活啊生活 ································· 肖正义
浓雾弥漫的早晨 ································· 孙成武
走吧，不要回头 ································· 姜　磊
大哥、二哥
——麻子哥 ································· 袁汝学
生命之泉 ································· 韩建东
哎，男子汉 ································· 蒋　巍
除夕夜归人 ································· 王忠瑜
铃声 ································· 若　禾

纪实小说

胸怀 ································· 吴　越

超短

带血斑的大雁蛋 ································· 李正纲
晚年 ································· 阚　峰
字谜 ································· 司玉笙

评论
作家谈创作

时代·思想·创作 ································· 梁　斌
艺术构思断想 ································· 黎汝清

作家与作品

《杨朔文集》序言 ································· 马　加

作家剪影

求真 ································· 张勉之

读者短评

希望更多的人拿起笔来写超短小说 ················· 陈恩裕

美术

哈尔滨市城市雕塑设计展览作品选登九件

1982 年第 9 期　刊名:《小说林》
目录

短篇

夜深了 ································· 吴　强
门外 ································· 金　鲤
段长夫人 ································· 刘树德
对"爱"的警告 ································· 王瑞起
这是你吗? ································· 胡兆铮
两个卖豆角的 ································· 杨更新
腊八 ································· 王崇胜

超短

倒绷孩儿 ································· 司马赤
汽车里 ································· 杨晓英
抓阄 ································· 高　钫

中篇

萨埵和安子 ································· 黎　婴

评论
作家谈创作

深入生活的核心是认识生活 ················· 张笑天

作家剪影

秋实 ································· 闻树国
随姚雪垠庐山行 ································· 胡德培

新作评论

花小自有奇趣处 ································· 王健儒
读者短评 ································· 刘　品等

美术

版画六幅 ································· 杜鸿年等

1982 年第 10 期　刊名:《小说林》
目录

短篇

送阿姨 ································· 青　林
亲俺一下吧 ································· 吴若增
通向草原的路 ································· 吴可雨
宝贝儿子 ································· 林　希
他的外号叫"鸭蛋" ································· 曹布拉
哗哗东流水 ································· 云　波　学利
但愿这个谎是真的 ································· 涂　平
"磨转儿" ································· 王学忠

把谁摆在首位···················高　低
爱情不能代替···················张　旻
赶大篷车的姑娘（绿野新笛）····蒋炜民　栾殿湖

中篇
十里洋场·················吴正德　吴久德

1982 年第 11 期　刊名:《小说林》
目录

短篇
小镇上的木匠哥···················祝春亭
记忆···························毕继新
闪颤的星·······················支　援
土耳其大哥与丑小鸭···············孔繁晶
青青河边草·····················丁继松
中秋节·····················郁　民　云　峰
哎，这个"小妖精"···············王佩家
归乡（绿野新笛）·················张　泊

中篇
A 型性格·················李庆西　李杭育

超短篇
报灾情························何同桂
阿姨，"您"真好···················闰　水
啊，我······················李宗江
水儿真甜·······················雏　燕

评论
作家谈创作
从我写小说的失败谈起···············丰　村

作家剪影
生命的春天——记作家刘绍棠·········孟宪良

新作评论
一个生动的"陪衬人"形象···········吕福田
贵在有见于平凡···················张　一

美术
牡丹（国画）·····················王企华
塔贝拉水淙淙（国画）···············林　埔

1982 年第 12 期　刊名:《小说林》
目录

短篇
快乐王国·······················王左泓
从山泉来的陌生人···················刘树华
驻春酒·························叶　华
侄子·························高尔品
世界和人·······················吴若增
行路难·························阿　成
瘸子·························吴　乔
清凌凌一股水（绿野新笛）···········肖法武

中篇
小草在吐绿·····················飞　雁

超短篇
扔不下的扫把·····················书　琪
清明祭·························岫　森
溢香的大杂院·····················黄　平
品茗·························秦小微

评论
作家谈创作
漫话小说（三）···················王　蒙
唯有真诚　才能真实···············金　梅

新作评论
不忘夜深时·····················崔道怡

美术
傣族春牧（国画）···················程十发
溪水甜（套色木刻）···············杜鸿年

1983 年第 1 期　刊名:《小说林》
目录

短篇
福地·························刘绍棠
怅惘·························彭荆风
洁白的、翠绿的···················王世俊
远山·························谢鲁渤
方为夫妇·······················胡　晓
寡妇家的大行李···················张万林
江边对话·······················梁国伟

中篇

一个女人的忏悔 ⋯⋯⋯⋯⋯⋯⋯⋯⋯ 黎汝清

超短篇

避重就轻 ⋯⋯⋯⋯⋯⋯⋯⋯⋯⋯⋯⋯ 彭学甫
手 ⋯⋯⋯⋯⋯⋯⋯⋯⋯⋯⋯⋯⋯⋯ 李慎溢
金丝雀歌唱了 ⋯⋯⋯⋯⋯⋯⋯⋯⋯⋯ 李祥年

评论

走创新之路（作家谈创作）⋯⋯⋯⋯⋯ 李国文
我是怎样开始写小说的（作家谈创作）⋯ 张志民
评《相见时难》（作家与作品）⋯⋯⋯ 曾镇南
一个读者的希望（读者短评）⋯⋯⋯⋯ 陈滨才

美术

人物写生三幅 ⋯⋯⋯⋯⋯⋯⋯⋯⋯⋯ 刘国辉

1983 年第 2 期　刊名:《小说林》
目录

短篇

蓝色海湾里的一片白帆 ⋯⋯⋯⋯⋯⋯ 胡兆铮
夜过大雁湖 ⋯⋯⋯⋯⋯⋯⋯⋯⋯⋯ 杨利民
狍子、猎户和采购员的故事 ⋯⋯⋯⋯ 李　蔚
阿玉 ⋯⋯⋯⋯⋯⋯⋯⋯⋯⋯⋯⋯⋯ 开　羽
交叉点 ⋯⋯⋯⋯⋯⋯⋯⋯⋯⋯⋯⋯ 赵振开
这也是爱情 ⋯⋯⋯⋯⋯⋯⋯⋯⋯⋯ 张学博
寸草心 ⋯⋯⋯⋯⋯⋯⋯⋯⋯⋯⋯⋯ 石　朴
秧歌会演（绿野新笛）⋯⋯⋯⋯⋯⋯ 胡文华

中篇

弱者 ⋯⋯⋯⋯⋯⋯⋯⋯⋯⋯⋯⋯⋯ 韦君宜

超短篇

夫妻二题 ⋯⋯⋯⋯⋯⋯⋯⋯⋯⋯⋯ 李五泉
楼上和楼下
夜话
图书馆的通告 ⋯⋯⋯⋯⋯⋯⋯⋯⋯ 杜增义

评论

忠实于生活（作家谈创作）⋯⋯⋯⋯ 林　予
小说杂感（小说漫笔）⋯⋯⋯⋯⋯⋯ 滕　云
"我喜欢把笔触伸进人的心灵"
——访青年女作家王安忆 ⋯⋯⋯⋯ 谢海泉
希望在这里升起（新作评论）⋯⋯⋯ 王鸿宾
一九八二年《小说林》优秀作品评选揭晓

美术

春歌（套色木刻）⋯⋯⋯⋯⋯⋯⋯⋯ 官厚生
群鹤（国画）⋯⋯⋯⋯⋯⋯⋯⋯⋯⋯ 王仙圃
燕山新貌（国画）⋯⋯⋯⋯⋯⋯⋯⋯ 王仙圃

1983 年第 3 期　刊名:《小说林》
目录

短篇

早霞谢别天幕 ⋯⋯⋯⋯⋯⋯⋯⋯⋯ 叶明山
误诊 ⋯⋯⋯⋯⋯⋯⋯⋯⋯⋯⋯⋯⋯ 韩汝诚
还是那轮明月 ⋯⋯⋯⋯⋯⋯⋯⋯⋯ 何亚京
望春 ⋯⋯⋯⋯⋯⋯⋯⋯ 高志辰　张延汾
徐小布住院 ⋯⋯⋯⋯⋯⋯⋯⋯⋯⋯ 卜　可
老处女的婚姻 ⋯⋯⋯⋯⋯⋯⋯⋯⋯ 刁秀娟
雪冢（绿野新笛）⋯⋯⋯⋯⋯⋯⋯⋯ 陈雅光

中篇科幻

丢失的梦 ⋯⋯⋯⋯⋯⋯⋯⋯⋯⋯⋯ 魏雅华

历史小说

金巨人 ⋯⋯⋯⋯⋯⋯⋯⋯⋯⋯⋯⋯ 杨书案

超短篇

月光下 ⋯⋯⋯⋯⋯⋯⋯⋯⋯⋯⋯⋯ 宋玉良
抓彩 ⋯⋯⋯⋯⋯⋯⋯⋯⋯⋯⋯⋯⋯ 周治邦

评论

作家谈创作
无题 ⋯⋯⋯⋯⋯⋯⋯⋯⋯⋯⋯⋯⋯ 贾平凹

作家与作品
向着未来微笑
——评《远去的白帆》⋯⋯⋯⋯⋯⋯ 方顺景

小说漫笔
入乎其内与出乎其外 ⋯⋯⋯⋯⋯⋯ 黄益庸

新作评论
朴实无华　深邃独到 ⋯⋯⋯⋯⋯⋯ 李树栋

美术

秋山行（套色木刻）⋯⋯⋯⋯⋯⋯⋯ 张光林
回故乡（水印木刻）⋯⋯⋯⋯⋯⋯⋯ 魏运秀
山珍珠（国画）⋯⋯⋯⋯⋯⋯⋯⋯⋯ 贾平西

1983 年第 4 期 刊名:《小说林》
目录

短篇

赤诚的心 ································· 翁树杰
三颗枸杞豆 ······························· 程 海
穿猩红筒裙的姑娘 ······················· 彭鸽子
森林深处 ······························· 韩元国
拉绒围巾 ································· 一 村
集日 ··································· 王西兰
黄金叶的秘密 ················· 杨蓝天 杨北星
卖票的姑娘 ····························· 晓 剑
经理失眠（绿野新笛） ··················· 宋灵生

中篇

"武棒棒"其人 ··························· 李宽定

超短篇

小路行 ····················· 李福亮 梁树成
数纽扣 ································· 吴凤珍
寂寞的玫瑰 ················· 李本深 白幼玲

评论

短篇杂谈（作家谈创作） ················· 王 毅
我所认识的孙犁（作家剪影） ············· 阿 凤
捉住太阳
——《三颗枸杞豆》读后（新作评论） ····· 晨 号
逼真·传神·挥洒
——读《送阿姨》札记（新作评论） ······· 赵则训
读《蓝色海湾里的一叶白帆》（新作评论） ··· 姜胜群

美术

春（水粉画） ··························· 张若一
婚礼（国画） ··························· 陈智娟
大鲇鱼（国画） ························· 李宝瑞
肖像（国画） ··························· 林 埔

1983 年第 5 期 刊名:《小说林》
目录

短篇

挣脱 ··························· 汪 汛 叶 安
黄昏，她穿过小树林 ····················· 赵和琪
任家宝访友 ····························· 罗灏白
押运途中 ······························· 蒋原伦
弟弟 ··································· 李荣昌
假日 ··································· 孙一农
等车（绿野新笛） ······················· 刘云程

中篇

紫云塔 竹竿河 ························· 杨东明

超短篇

江水清清 ······························· 黄 平
朋友 ··································· 韩 冰
娃娃运动会上 ··························· 高润祥

评论

《小说林》获奖作品漫评 ················· 陶尔夫

获奖者的话

几句实话 ······························· 吴 强
我是个学步的孩子 ······················· 王左泓
写这个时代的人 ························· 姜孟之
获奖感言 ······························· 岫 森
做生活的有心人 ························· 皎 剑

美术

海阔天高（装饰画） ····················· 张若一
合颂图（国画） ························· 吴国仁
逆风（国画） ··························· 兰铁成
双鸡图（国画） ························· 赵之林
春之歌（国画） ························· 赵林红
三月（水彩） ··························· 金铭俊

1983 年第 6 期 刊名:《小说林》
目录

短篇

一院三家人 ····························· 雏 燕
星 ··································· 白景晟
乡里旧事 ······························· 刘冬冠
小杈子 ································· 毕 方
寒夜，蜡烛在燃烧 ······················· 木 桦
人芽儿 ································· 苗 欣
五分钟官运 ····························· 柳 辉
在国际列车通过的地方（绿野新笛） ······· 曹 敏

中篇

叮当响的万寿锁 ························· 姜 磊

超短篇

雨夜 ··································· 岫 森
窗外飘进一片大雪花 ····················· 郭文琛
考工 ··································· 默 耘

获奖者的话

怎么说呢? ································白 桦

继续拼搏 ································张雅文

表一点心愿 ································南予见

挖掘生活中的美 ················李本深 白幼玲

评论

作家谈创作

削繁就简三春树 ························峻 青

作家与作品

漫评鲁琪的短篇小说 ····················铁 峰

作家剪影

犹有香如故——记作家柳溪 ················蔡 嵘

美术

春花（套色木刻）························张光林

瞻仰（水彩）····························袁双印

北方四月（套色木刻）····················胡 晶

童年（油画）····························何 燕

碧波（油画）····························张瑞民

1983 年第 7 期　刊名:《小说林》
目录

短篇

"B52"越过蓝线 ························蒋 巍

黑色半导体 ····························李五泉

剪彩 ································薛家柱

夜晚，我们面对星空 ····················王立纯

牛二愣小传 ····························王国勋

她寻觅绿色的歌 ························赵云鹤

源（绿野新笛）························陈丹婉

中篇

努尔哈赤与紫薇夫人 ············徐宏智 单东浩

超短篇

捕捉 ································夏郑生

新任经理 ······························何 因

奇病 ································刘占武

评论

作家谈创作

开拓眼界 ······························高晓声

作家与作品

风格与个性、人格相统一

——《孙犁的现实主义艺术论》中的一节·······金 梅

新作短评

一篇别开生面的小说 ····················栾振国

美术

追求（水粉画）························于 君

秋歌（国画）····························张广俊

长白山上（国画）························林 彦

秋（国画）······························吴国仁

龙江月初升（国画）····················王秀成

风景（油画）····························宋翔申

1983 年第 8 期　刊名:《小说林》
目录

短篇

经委主任和大学生 ······················索久林

骨灰日记 ························锦 云 王 毅

柳叶儿 ································刘 思

天涯芳草 ······························丁继松

丝瓜架下 ······························张 炜

书 ································竹 子

觉醒（绿野新笛）························惠相海

中篇

瓜田异梦 ························何琼崖 潘宝明

超短篇

春雨 ································梁建林

阿妈呀，阿妈 ····················涅 殊 戈 隆

火中情 ································高 志

评论

作家谈创作

笔记本和学习创作 ······················叶 辛

文章不是无情物 ························京 夫

作家与作品

别具一格 ······························蔡 葵

美术

村村又绿（套色木刻）····················官厚生

晨（木刻）······························于 筠

青岛车站（水粉画）····················于 君

归宿（水印木刻）························李士学

北方姑娘（套色木刻）····················胡 晶

肖像（油画）····························臧尔康

1983 年第 9 期　刊名:《小说林》
目录

短篇

酒德·······················刘正新
他是船长·······················吴泽蕴
李金桃·······················青　林
小弯刀·······················程　海
小楼交响曲·······················阿　成
三个小伙子（绿野新笛）·······················隋铁磊　王　丰

中篇

心灵荒原上的狼·······················李翔云

超短篇

补课·······················耿建伟
柳藏鹦鹉·······················陈伯卿
一个被遗忘了的孩子·······················刘树成

评论

作家谈创作
迟发的一封信·······················李惠薪

作品评论

以《不仅仅是留恋》为例·······················李清泉

作家与作品

从《八月的乡村》到《第三代》·······················徐　塞
新作短评
他敢于向生活挑战·······················李布克

美术

山花（水印木刻）·······················李士学
午（国画）·······················李　涵
码头（水粉画）·······················于　君
林区新容（木刻）·······················江　雪
市郊（油画）·······················刘　治
松花江畔（油画）·······················鞠士伟

1983 年第 10 期　刊名:《小说林》
目录

短篇

洪峰到达之前·······················陈　峻
绝针·······················刘学林　徐元东
喜鹊喳喳·······················张　发
开会·······················陈国凯

老同学·······················孙少山
瓦罐盆·······················王崇胜
买蛙（绿野新笛）（附评）·······················王献春

中篇

小巷轶闻·······················袁和平

超短篇

香港见闻·······················开　羽
小照相馆
女郎与海狮

评论

作家谈创作
唱一曲严峻的乡村牧歌——古华谈创作·······················胡德培

作家与作品

清亮的生命之泉·······················曾镇南

作品争鸣

一篇不可多得的佳作·······················程　平
所欠者美　所失者真·······················吕福田　刘延年
《早霞谢别天幕》得失谈·······················李福亮

新作短评

理解人的内心世界·······················张　一

美术

雨（壁挂）·······················戚春晓
出山（木刻）·······················乐　锋
汲水（水印木刻）·······················杨昌莲
春到傣家（壁挂）·······················王霄月

1983 年第 11 期　刊名:《小说林》
目录

短篇

茉莉情·······················平　青
夙愿·······················梁晓声
风儿吹动船帆·······················黎　泉
钱三招和清水太爷·······················柳　辉
涓涓流水边·······················赵振华
后妈的巴掌（绿野新笛）·······················巩福昕

中篇

桃王·······················飞　雁

超短篇
两只鸟 ······················ 徐大春
遗物 ······················ 周和平

评论
作家谈创作
舒群一席谈 ················· 韩文敏
小说漫笔
时代 · 人物 · 品质 ············· 李家兴

作家剪影
靠征服而存在——记青年作家贾平凹 ····· 周 矢

美术
春晨 ······················ 胡 抗
风沙（国画） ················· 韦启美
少女（水彩） ················· 金铭俊
我爱大自然 ·················· 王建权
秋实 ······················ 张光林

1983 年第 12 期　刊名:《小说林》
目录

文艺工作者要站在清除精神污染斗争的前列 ··· 杨 角

短篇
春雨，下得再大些 ·············· 翁树杰
年戏 ······················ 刘树德
她心里，有一棵圣诞树 ··········· 叶明山
同龄人 ····················· 韩梦杰
上课了 ····················· 韩建东
土屋 ······················ 杨利民
告别 ······················ 岳 丁
他在寒夜里死去（绿野新笛） ········ 洪永太

中篇
相见时难别亦难 ··············· 张雅文

超短篇
五站地 ····················· 周 导
"生日"里 ··················· 何中原
收破烂儿 ···················· 巩福昕
臭子儿 ····················· 马秋阳

评论
作家谈创作
但愿能多点创作后劲 ········· 汪浙成 温小钰

作家与作品
走自己的路
——对汪浙成、温小钰的一点了解 ····· 朱 寨

新作短评
党心仍有回天力
——《洪峰到达之前》漫评 ········ 栾振国
"位卑未敢忘忧国"
——读《酒德》 ·············· 林为进

美术
升腾（水粉画） ················ 于 君
为了明天
——纪念毛主席九十诞辰而作 ······· 张若一
乘风破浪（雕塑） ·············· 杨世昌
爱（油画） ·················· 臧尔康

1984 年第 1 期　刊名:《小说林》
目录

短篇
"小朋友"的故事 ··············· 沙 蕾
半拉子猎人历险记 ·············· 李 蔚
女巫黄鲶婆 ·················· 张 炜
地邻 ······················ 周玉海
乔迁只在悲喜间（绿野新笛） ········ 李英群

中篇
野丁香 ····················· 赵和琪

超短篇
龙卷风 ····················· 木 桦
我不等于他 ·················· 宋剑青
如此爱情 ···················· 殷京生

评论
一声长鸣的警钟 ··············· 刘相如

作家谈创作
向老师和读者们的一份汇报 ········· 顾笑言
作家与作品
简评肖红的短篇小说《手》 ········· 骆宾基
新作短评
艰难的挖掘
——读《小巷轶闻》有感 ········· 蒋原伦

美术
晨雾（油画） ················· 张若一

王震将军在北大荒（套色木刻）·······李仁平
雪春（套色木刻）·············李福茂
考试之后（套色木刻）···········朱连生
刺儿················刘　宝

1984 年第 2 期　刊名:《小说林》
目录

短篇
走过小桥················赵　新
驯兽·················高　缨
母与女················吴　山
人事局长···············孙　耀
"毛驴子"和"含羞草"··········赞　春
胡屠户和小西门达尔·······梁树成　李福亮
同名果················魏　峰
闪光的焰（绿野新笛）··········徐子良

中篇
忧伤的布谷鸟··············宋　歌

超短篇
春雨潇潇···············勇　久
小乘客················张志军

评论
质量第一···············林　予
小说漫笔
思想倾向不可忽视
——漫话提高小说创作质量········晓　江
文苑新人
艰难的起步
——谈郑九蝉的小说创作········王敬文

作家剪影
从炮火硝烟中来
——记著名作家魏巍··········张勉之

美术
兴安岭之夏（油画）···········石　璞
艺术体操（雕塑）············金在坤
人像（速写）··············刘国辉
晨读·················姜宝星
姐妹们················刘向荣

1984 年第 3 期　刊名:《小说林》
目录

短篇
黑妮夺魁···············南予见
喜珠·················张福麟
献身·············刘慧婷　金　汤
钥匙，在他的大衣兜里··········李守信
回望·················吴可雨
流去吧，浑浊的浪············学　利
冰湖上的灯··············岫　森
大杂院里的"现代化"··········柏　松
茉莉花香（绿野新笛）··········张耀民

中篇
灯塔上的星星··············王霆钧

超短篇
第十一根手指··············木　桦
醒·················何　因
信任·················付兴龙

评论
作家与作品
创作信条与创作实践···········程树榛
小说漫笔
略谈工业改革题材的小说创作·······郑兴万
多在人物塑造上下功夫··········晓　江

作家剪影
大别山之子
——鲁彦周剪影············韩　冰
文学起步
我的转折···············刘树德
一九八三年《小说林》优秀作品评选揭晓

美术
初春（油画）··············石铁民
嫦娥（雪雕设计稿）···········唐洪珉
射日（雕塑设计稿）···········铁恩厚
北方（套色木刻）············乐　锋
隆冬（套色木刻）············杨少军

1984 年第 4 期　刊名:《小说林》
目录

短篇

民意测验 ································· 刘亚舟
丘比特的翅膀 ······················· 齐明昌
秘密协定 ····························· 姜孟之
白杨何萧萧 ··························· 若　禾
两相好 ······························· 张宏志
"业余电工"之死 ····················· 李国胜
扁豆架下 ····························· 张荣珍
生活原本就是这样 ··················· 王金年
小司机的心事（绿野新笛） ··········· 岳增年

中篇

千里共婵娟 ··························· 刘树猷

超短篇

猎鹿 ································· 霍　龙
算命 ································· 祝成林
押题 ································· 韩则烈

评论

小说漫笔
注意加强当代性
——漫话提高小说创作质量之三 ······· 晓　江

作家与作品

由南国到北疆——林予和他的小说 ····· 刘冬冠

新作短评

潇潇春雨　盎盎生机
——《春雨，下得再大些》读后 ······· 李布克

美术

秋水 ······························· 张若一
赵一曼纪念像设计 ··················· 王松引
呼兰河畔——肖红纪念像设计 ········· 王松引
赫哲春曲（油画） ··················· 赵廷春
傲霜（套色木刻） ··················· 晁　楣

1984 年第 5 期　刊名:《小说林》
目录

短篇

南来北往 ····························· 林　予
法律之外 ····························· 赵子清

让她恨我吧 ··························· 郑志远
白月季花 ····························· 石　砚
被忘却的匾额 ······················· 钟恪民
西门婆婆中彩 ······················· 刘　勇
补习班新来的老师（绿野新笛） ······· 李可人

中篇

柳家酒幌 ····························· 罗　珠

超短篇

恋人·情话 ··························· 陈国屏
弯弯的雪路 ··························· 金同悌
痛觉转移 ····························· 毛元江
绝症 ··························· 于淑华　谷鸿微

获奖者的话

为勇敢的改革者唱赞歌 ··············· 翁树杰
从现实生活出发 ····················· 张雅文
谈谈艺术虚构 ······················· 李　蔚
我的感想和体会 ····················· 刘树成
认识生活认识人 ····················· 巩福昕

评论

作家谈创作
乡情，文学创作的根 ················· 木　青
吉祥之兆 ····························· 母国政
作品评论
献上一束鲜花
——八三年度《小说林》获奖小说读后 ····· 石　加

小说漫笔

"要观察，就应该在下面观察" ········· 滕　云

美术

初雪（写生） ······················· 乔十光
友谊（木刻） ······················· 于进海
补天（雕塑设计稿） ················· 铁恩厚
孔雀舞（漆画） ····················· 乔十光
北疆（木刻） ······················· 于进海

1984 年第 6 期　刊名:《小说林》
目录

短篇

绿色的旋律 ··························· 王立纯
普通老百姓 ····················· 李大远　胡桔根
绿云镇趣闻 ··························· 屈兴岐
旋转 ································· 芦振亮

亲家之间 ......管建勋
俏嫂（绿野新笛）......王励俭

中篇
从幽静小街走出的青年 ......木 青

超短篇
一家人 ......李可人
内部消息 ......邓星明
点睛 ......黄宗堂
获奖者的话
与党一心，和人民同步 ......陈 峻
忧思，纤夫的忧思 ......蒋 巍
致编辑 ......程 海
节省些笔墨 ......何 因

评论
作家谈创作
两个"不可能"合成一个"可能"
——浅谈作家的观察力、想象力、表现力......黎汝清

新作短评
略谈《旋转》 ......姜胜群
作品讨论
《丢失的梦》讨论会发言摘要

美术
夕阳 ......张若一
雁归来 ......李焕民
森林卫士 ......陈万金
生命之歌（太阳岛岛徽设计）......铁恩厚

1984 年第 7 期　刊名:《小说林》
目录

短篇
爷爷唱的歌 ......韩建东
七星聚会 ......唐孝成
河边的银杏树 ......黄佳星
出嫁之前 ......孟庆华
武生季幕云 ......李五泉
情债 ......张雅文
于老歪的婚事 ......赵志悌
分手（绿野新笛）......杨振华

中篇
心灵之火（报告文学）
......张洪舜　赵连城　吴学运　刘子成

超短篇
小小说二题 ......黄开中
难题儿
爸爸醉了
小巷中 ......杨 进

评论
作家谈创作
从太阳岛出发 ......陆星儿

作家剪影
她在探索中成长
——记陆星儿 ......蒋原伦

小说漫笔
坚持丰富与明确的统一 ......赵 捷
《七星聚会》结构小析 ......张 一

美术
午（水彩）......刘中华
朝霞（园林雕塑）......铁恩厚
归雁（木刻）......于 筠
冬（油画草图）......刘及弟
春（国画）......冀秀娟

1984 年第 8 期　刊名:《小说林》
目录

短篇
采访琐记 ......张侍民
告密者 ......刘国民
徐福贵 ......陈维兴
夜闯龙翔驿 ......张 振
月有阴晴圆缺 ......马未都
匆匆过客 ......莫大祥
扎布（绿野新笛）......高克平

中篇
浮萍草 ......黎 婴

超短篇
责任 ......牧 毫
过节 ......周 恒

评论
作家谈创作
关于《夜幕下的哈尔滨》的创作......陈 玙

作家剪影
骆驼! 他从沙漠中来
——冯骥才剪影 ·······················闻树国

新作短评
深度、意趣和文采
——《采访琐记》读后 ·············晨 号
一篇新颖别致的小说 ·················刘 春
编辑部致读者

美术
防汛塔下（水印木刻局部）·········黄 楠
寄（套色木刻）·······················黄 楠
人物写生（国画）···················刘国辉
热爱劳动（剪纸）···················崔申西
象脚鼓声（漆画）···················乔十光
巧手精编（国画）···················吴秀楣

1984 年第 9 期 刊名:《小说林》
目录

短篇
摇晃的秤锤 ·························韦 加
岁去春来 ···························李 汀
坏子 ·······························张侍民
牧歌 ·······························孙柏昌
我找到了那株野樱桃 ···············赵淑侠
小镇风情画 ·························徐晓鹤
马鞍上的乐乐鸟 ···················相 义
欲望（绿野新笛）···················殷京生

中篇
刘聋子船口 ·························宋 歌

超短篇
饼干 ·······························牧 毫
没有预告的电视剧 ···················中 跃

评论
作家与作品
骏马看远行
——谈金河的短篇小说 ·············庐 湘

作家剪影
他张开艺术的翅膀
——访部队作家黎汝清 ·············肖 平
小说漫笔
夸张与变形 ·························胡宗健

别具一格的心理描写 ···············刘安海

美术
玉米香 ·····························张良武
冬网 ·······························杨世昌
春苗 ·······························金在坤
晨露 ·······························曹香滨
版纳小集 ···························李 璞

1984 年第 10 期 刊名:《小说林》
目录

短篇
山城夜 ·····························潘 青
罗愫之谜 ···························张侍民
悠悠小河水 ·························燕治国
唱大戏 ·····························丁 茂
茜茜 ·······························张立揆
她站在十字路口（绿野新笛）·······苍 月

中篇
军人的妻子 ···················刘含涛 孙嘉莉

超短篇
从"头"做起 ·······················隋铁磊
"自学"成材
发票 ·······························王 玮
红、绿、白 ·························文以思

评论
小说漫笔
"一开始"就"用自己的眼睛" ·········江曾培
文学起步
我追寻美的足迹 ···················魏继新
仅仅是起步 ·························李汉平
文苑新人
李汉平和她的《梦·泪·梦》·········周 达
新作短评
读三个超短篇 ·······················郑志强

美术
春暖花开（套色木刻）···············张光林
心愿（油画）·························臧尔康
冰雪摇篮（油画局部）···············申胜秋
北大荒姑娘（国画）···················赵林红
三月 兴安（油画）···················宋翔申
金屯（套色木刻）···················官厚生
晨曲（套色木刻）···················乐 锋

溪流旁 ································· 曹达立
山雀唤人行（水彩）·················· 丛培华

1984 年第 11 期　刊名:《小说林》
目录

中篇
抱金娃娃的人们 ····················· 李国昌

短篇
翡翠项链 ··························· 吴泽蕴
时壶 ······························ 王祥夫
两盆白菊 ··························· 若　禾
鞋 ································· 陈计中

超短篇
就职演说 ··························· 杨世运
等车的一对儿 ······················· 何中原

评论
文苑新人
蒋巍作品的情志观 ···················· 艾　若
作家与作品
在时代的潮流中汲取诗情
——评贾平凹的两篇近作 ·············· 李健民

小说漫笔
写好人物的第一句话 ·················· 郑贱德

美术
彩虹（油画局部）···················· 刘吉弟
雪（雕塑）························· 孙正琢
送牛奶（油画）····················· 崔明华
映红（油画）······················· 张晓菲
白桦林 ····························· 王　路

1984 年第 12 期　刊名:《小说林》
目录

短篇
白木屋 ····························· 聶鑫森
五十二刀半传奇 ····················· 刘　思
我们举杯 ··························· 翁树杰
卧牛屯的两大户 ····················· 刘畅园
甜柚 ······························ 胡桔根
隔绝之后 ······················ 于　祥　云　和
卖饭口（绿野新笛）················· 李伟华

中篇
啊，转业兵 ························· 王正元

超短篇
归宿 ······························ 若　禾
周末 ······························ 寒　冰
听电视 ····························· 吴国良

评论
小说漫笔
幻觉中的真实 ······················· 叶伯泉
作家与作品
试论沈从文小说的抒情特色 ············ 庾文云

作家剪影
历经沧桑大道直
——访著名老作家沈从文··········· 蔡测海　王　蓬

美术
硕果丰收（国画）···················· 苏葆桢
春羔（雕塑）······················· 唐洪民
兴旺小户（套色木刻）················ 蒙希平
归（剪纸）························· 崔申酉
乡情（套色木刻）···················· 郝伯义
无垠（套色木刻）···················· 张朝阳

1985 年第 1 期　刊名:《小说林》
目录

中篇
木棉花 ······················· 张仲艳　戈　基

短篇
山神 ······························ 艾　平
一次中断了的就职演说 ················ 阿　成
秘方 ······························ 孙少山
清明后的一天
——黄明 ··························· 徐朝夫
老衣 ······························ 杨　惕
航标灯 ····························· 刘　粹
排队 ······························ 曹布拉
一个科长和另一个科长 ················ 赵旭忠

超短篇
气质 ······························ 万焕奎
闲客 ······························ 郑志远
爱的天平 ··························· 衣晓峰

评论
作家谈创作
作家气质与创作个性⋯⋯⋯⋯⋯梁晓声
接近读者⋯⋯⋯⋯⋯⋯⋯⋯⋯⋯孙少山

文苑新人
坚韧向上的生命力
——读孙少山部分近作印象⋯⋯⋯华 铭

小说漫笔
"艺术提炼"随感录⋯⋯⋯⋯⋯⋯赵 捷

美术
芭蕾舞演员（油画）⋯⋯⋯⋯⋯魏连福
雀跃（套色木刻）⋯⋯⋯⋯⋯⋯王家德
歇晌（套色木刻）⋯⋯⋯⋯⋯⋯吴静秋
牛（国画）⋯⋯⋯⋯⋯⋯⋯⋯⋯张乙迪
抱猫的少女（油画）⋯⋯⋯⋯⋯刘 力
肖像（油画）⋯⋯⋯⋯⋯⋯⋯⋯刘 力

1985 年第 2 期　刊名:《小说林》
目录

短篇
在人生的门槛上⋯⋯⋯⋯⋯⋯⋯孔凡晶
人！狼！⋯⋯⋯⋯⋯⋯⋯⋯⋯⋯韩 冰
早餐桌上的风波⋯⋯⋯⋯⋯⋯⋯丁临一

超短篇
鬼篇二则
捉鬼⋯⋯⋯⋯⋯⋯⋯⋯⋯⋯⋯⋯肖 陈
鬼魂⋯⋯⋯⋯⋯⋯⋯⋯⋯⋯⋯⋯许 树

中篇
相逢在雁来镇⋯⋯⋯⋯⋯⋯⋯⋯张侍民

评论
作家谈创作
小说也是一种综合性的艺术样式⋯⋯何士光

作家剪影
邓刚印象记⋯⋯⋯⋯⋯⋯⋯⋯⋯郑九蝉

文苑新人
森林里的歌
——读刘树德的短篇小说⋯⋯⋯李福亮

美术
鸟声（油画）⋯⋯⋯⋯⋯⋯⋯⋯魏连福
水彩画二幅⋯⋯⋯⋯⋯⋯⋯⋯⋯王立德
农忙（油画）⋯⋯⋯⋯⋯⋯⋯⋯郭连江
乐趣（油画）⋯⋯⋯⋯⋯⋯⋯⋯孙平凡
秋场（油画）⋯⋯⋯⋯⋯⋯⋯⋯王健华

1985 年第 3 期　刊名:《小说林》
目录

短篇小说专号
大山的俘虏⋯⋯⋯⋯⋯⋯⋯⋯⋯刘正新
画踪⋯⋯⋯⋯⋯⋯⋯陈秋生 莫大祥
未完成的交响曲⋯⋯⋯⋯⋯⋯⋯李声鸣
盛夏正午时⋯⋯⋯⋯⋯⋯⋯⋯⋯张新建
一场虚惊⋯⋯⋯⋯⋯⋯⋯⋯⋯⋯李 蔚
英雄形象⋯⋯⋯⋯⋯⋯⋯⋯⋯⋯苏 策
死不了的⋯⋯⋯⋯⋯⋯⋯⋯⋯⋯常 征
靠近锅炉的小屋⋯⋯⋯⋯⋯⋯⋯晓 寒
龙膏⋯⋯⋯⋯⋯⋯⋯⋯⋯⋯⋯⋯石榴奇
歌手⋯⋯⋯⋯⋯⋯⋯⋯⋯⋯⋯⋯庄启东

评论
作家谈创作
立足自己独特的生活地域⋯⋯⋯刘兆林

作家剪影
刘兆林印象记⋯⋯⋯⋯⋯⋯⋯⋯孙少山
作家与作品
简评赵淑侠女士的《我们的歌》⋯⋯⋯庐 湘 刘树声

美术
肖像（油画）⋯⋯⋯⋯⋯⋯⋯⋯陈 奇
大地（油画）⋯⋯⋯⋯⋯⋯⋯⋯臧尔康
国画二幅⋯⋯⋯⋯⋯⋯⋯⋯⋯⋯景长海
黎明寂静的地平线（油画）⋯⋯姜 奇 张 跃
秋夜橹声（套色木刻）⋯⋯⋯⋯程 勉

1985 年第 4 期　刊名:《小说林》
目录

短篇
破晓之前⋯⋯⋯⋯⋯⋯⋯⋯⋯⋯张健行
寻那失去了的……⋯⋯⋯⋯⋯⋯姚焕吉
他吃了一只瓢虫⋯⋯⋯⋯⋯⋯⋯哲 夫
墙⋯⋯⋯⋯⋯⋯⋯⋯⋯⋯⋯⋯⋯柯 申
不相知的老友⋯⋯⋯⋯⋯⋯⋯⋯周 渺

立交桥下的窗口·····························张知行

中篇

少女泪·····································林 基

超短篇

试锤·······································王不天
飞去飞来（附小评）·······················孙 题
遗嘱·······································李桂芳
抄袭·······································铁 磊

评论

作家谈创作
改革的时代呼唤改革文学····················程树榛
作家与作品
改革文学的新篇章
——读《生活变奏曲》······················蒋原伦
新作短评
《鞋》的容量·····························林为进

美术

松谷（套色木刻）·························晁 楣
肖像（油画）·····························陈 奇
人到中年（漫画）·························王松引
晨（国画）·······························吴荣光
春夜（油画）·····························陈宏新

1985 年第 5 期　刊名:《小说林》
目录

短篇

山里红哟，酸溜溜·························赵和琪
巴宾大叔和麻老太·························黎 婴
但愿儿子不似我···························田 雨
戒酒·······································张冰之

中篇

神剑之光
——黄瘸子的男军师和女贼王追捕记··········流 星

超短篇

死囚夜话·································赵清源
尚未到任的老师···························严 民
错中错·····································倪 丰
获奖者的话

评论

作家与作品

一本有创作个性的小说·····················焦勇夫

美术

老师·······································薛雄群
鸽子·······································高一呼
丰年·······································杨恩陶
载月归·····································张白波

1985 年第 6 期　刊名:《小说林》
目录

中篇

心灵的震颤·································段祺华

短篇

玉珠·······································张福麟
小楼静悄悄·································吴翼民
晴天雨·····································吕中山
车虎子·····································关成彦
陨星·······································罗 珠
模糊的视线·································韦 建

超短篇

哭的启示·································许长军
床···小 璐
获奖者的话

评论

作家谈创作
老话新说
——关于深入生活的通信····················韶 华
奉献给读者的一捧新果·····················栾振国

美术

家乡的孩子·································王盛烈
无名花·····································郑 爽
饮水的熊·································杨冬白
未来世界·································王小明
朝阳·······································刘 虹

1985 年第 7 期　刊名:《小说林》
目录

短篇

微澜·······································娜 子
一个民选经理的遭遇·······················张 振
荒野里的哭声·····························杨 畅

卖梨 ································ 李　泉
迷惘 ································ 李海音
白雪掩映的和平街 ···················· 程丽梅
虚惊 ································ 童玉云

中篇
丁香花开的时候 ················ 刘含涛　孙嘉莉

超短篇
打人的礼物 ·························· 杨成志
一个被抛弃的丈夫的话 ················· 何　人

评论
作家与作品
新的追求与探索
——读锦云、王毅的小说集《丈夫》 ········· 王敬文
新作短评
简评《抱金娃娃的人们》 ················ 张　明
大潮之中见世相 ······················ 夏重源

美术
假日 ································ 张乙迪
民族情 ······························ 吴木坚
鲁迅斋馆印谱（之一） ·········· 王兆卿　治　印
鹤乡情（局部） ······················ 刘伟平
帆 ································· 于　君
稚 ································· 吴成群

1985 年第 8 期　刊名:《小说林》
目录

短篇
山火 ································ 孙少山
鼾声的研究 ·························· 李　蔚
少年不知愁滋味 ······················ 徐锦川
吃大户 ······························ 王传铸
爱情是蓝色的 ························ 刘冬冠
杂乱人家 ···················· 于冬桂　雪　珉

中篇
通肯河，静静地流 ···················· 宋　歌

超短篇
最后一支香烟 ························ 方国荣
想象 ································ 胡晓明
远来的和尚会念经 ···················· 赵剑斌

评论
小说漫笔
情趣 ································ 赵　捷

作家剪影
航鹰印象记 ·························· 王　绯

美术
太阳岛 ······························ 张乙迪
鱼 ································· 李延州
幸福的小舟 ·························· 曹达立
油画写生二幅 ························ 陈　奇

1985 年第 9 期　刊名:《小说林》
目录

短篇
飘动的绿带子 ························ 张海燕
雕像上的最后一片花瓣 ················· 余国振
装穷卖富 ···························· 田　雨
雨神 ································ 金　澄
战地医院 ···························· 彭荆风
笼子 ································ 李声鸣
天长地久 ···························· 王家男

中篇
疯人戏 ······························ 刘国民

超短篇
钓狗记 ······························ 郭文琛
灯下 ································ 李　璠

评论
作家谈创作
谈谈《幸运儿》 ······················ 刘亚舟
作家与作品
《幸运儿》人物描写浅析 ················ 李里千

美术
渔民（装饰画） ······················ 张乙迪
小镇春秋（油画） ···················· 沈行工
鲁迅斋馆印谱之二 ···················· 王兆卿
松花江（油画） ······················ 孙云台
日出（油画） ························ 石　璞

1985 年第 10 期　刊名:《小说林》
目录

中篇

征服 ································· 边　夫

短篇

妈妈，我…… ····················· 王宏光
作家和他的妻子 ················· 翁树杰
殡仪乐队的送葬曲 ··············· 唐谊练
又黑又矮是"福相" ··············· 吴模定
波浪 ····························· 许子东
浪花水手 ················ 王海粟　汤建华

破土篇

失眠症　附评《向深层掘进》 ······ 于　斌
相逢　附评《要深沉，贵在含蓄》 ··· 王振萍

超短篇

芽儿 ····························· 周　恒

评论

《中国现代各流派小说选》前言 ····· 严家炎
艺术的犯与避 ····················· 夏　虹

美术

朗月（油画） ····················· 王　路
爽秋（油画） ····················· 蒋庆北
红墙喜事（油画） ················· 侯　刚
赵一曼（雕塑） ············ 金在坤　杨世昌
摇篮（雕塑） ····················· 吕　滨

1985 年第 11 期　刊名:《小说林》
目录

短篇

金子 ····························· 苏连科
傻兄阿汪 ························· 王维铭
在生活的立交桥上 ················· 王立纯
雨 ······························· 朱　伟
小城"歌唱家" ····················· 卢万成
电工和狗 ························· 齐明昌

中篇

流行色
——当代思考（之一） ············· 阿　成

超短篇

啊，美丽的月亮湖 ················· 刘彬彬

破土篇

苦乐"迪斯科" ····················· 焦　玫

评论

作家与作品
探求者的文学 ····················· 张　钟

作家剪影

遥远的路 ························· 和　谷

美术

雪乡（版画） ····················· 杨凯红
小演员（油画） ··················· 杨飞云
十年（油画） ····················· 何建成
微风（油画） ····················· 尹国良

1985 年第 12 期　刊名:《小说林》
目录

短篇

摇橹歌 ··························· 赵利平
野外 ····························· 曾　平
柔板 ····························· 徐振清
有那么一天 ······················· 余未人
沉重 ····························· 孟庆华

中篇

无字的墓碑 ······················· 窦志先
附评：墓碑上真的无字吗? ··········· 刘亚洲
破土篇
弥留 ····························· 杨成志
附评：浅析《弥留》 ················· 姜胜群

超短篇

钓狗记 ··························· 郭文琛

评论

小说漫笔
小说中的哲理思考 ················· 胡宗健
写手的艺术 ······················· 刘安海

美术

金风（版画） ····················· 晁　楣
假日里的老师（国画） ············· 周秀清
弦上情（油画） ··················· 冯　健

小鸟（国画）·······················韩书力
一九八五年小说林优秀小说评选启事

1986 年第 1 期　刊名：《小说林》
目录

短篇
今晚没有会议·······················韩　冰
彩湖·····························张福麟
两颗撞击的心灵·····················齐迎春
风雨夜话人·················牟　宁　王崇信
三月的雨·························林茂生

破土篇
山沟沟，亮起一盏灯·················鲍　华

中篇
红屋顶小楼·······················徐　之

超短篇
鼻子的悲剧·······················周　格
课堂提问·························曾祥铎

评论
作家与作品
默默地为小草歌唱
——谈肖复兴和他的创作·············林为进
《飘散的情思》后记·················肖复兴

美术
晨（油画）·······················葛鹏仁
桃李情（国画）·····················赵无畏
做嫁衣（国画）·····················王美芳
鸡（国画）·······················贾平西

1986 年第 2 期　刊名：《小说林》
目录

中篇
G 弦上的颤音·····················王左泓

短篇
没有月亮的抱月湾·················迟子建
长工·····························张郁民
水闸·····························苏　童
门斗里的"战争与和平"···············赵旭忠
离家出走的女人·····················马秀华

大能人·····························陈炳全
画家·少女·街头···················林汉秋

破土篇
对手——附点评：《为有源头活水来》·······李希文

超短篇
福音·····························李世武
月色溶溶·························邢　可
座次解·····························阿　侠

评论
小说新潮录
现代派味儿的新体小说
——谈谈刘索拉与徐星·············曾镇南

小说漫笔
绿叶衬托　云彩掩映
——关于小说的非直接性描写·········胡宗健

美术
戏（装饰画）·······················于　君
鸽子（木刻）·······················阿　鸽
秋（国画）·······················胡明哲
雪乡春（版画）·····················李　璞
街口（油画）·······················姜亚洲

1986 年第 3 期　刊名：《小说林》
目录

短篇
搭车人·····························阿　成
今夕何夕·························阿　成
作者的话
追求·····························阿　成

短评
凝练的艺术
——评阿成的《搭车人》和《今夕何夕》·······刘　春
老蔫和他的盖列·····················苏连科
带泪的处女作·······················戴长鑫

中篇
一个没用的男人·····················刘国民

超短篇
魅力·····························王俊义
桂·月·····························赵升学

破土篇

陌上谁家年少　附短评⋯⋯⋯⋯⋯⋯⋯⋯⋯高　晶

评论

小说漫笔

春江水暖鸭先知⋯⋯⋯⋯⋯⋯⋯⋯⋯⋯江曾培

"城市"与"乡村"⋯⋯⋯⋯⋯⋯⋯⋯⋯⋯胡德培

基调⋯⋯⋯⋯⋯⋯⋯⋯⋯⋯⋯⋯⋯⋯⋯赵　捷

美术

秋韵（水印木刻）⋯⋯⋯⋯⋯⋯⋯⋯⋯⋯杨凯红

马背上的一家人（油画）⋯⋯⋯⋯⋯⋯⋯葛鹏仁

母亲的骄傲（雕塑）⋯⋯⋯⋯⋯⋯⋯⋯⋯刘焕章

晨（木刻）⋯⋯⋯⋯⋯⋯⋯⋯⋯⋯⋯⋯⋯杨　云

春回大地（木刻）⋯⋯⋯⋯⋯⋯⋯⋯⋯⋯江　雪

1986 年第 4 期　刊名:《小说林》
目录

中篇

马头里的思想⋯⋯⋯⋯⋯⋯⋯⋯⋯⋯⋯⋯刘国民

短篇

明明说，没有爸爸也可以⋯⋯⋯⋯⋯⋯⋯鲁　琪

在低洼处⋯⋯⋯⋯⋯⋯⋯⋯⋯⋯⋯⋯⋯迟子建

绿色的骚动⋯⋯⋯⋯⋯⋯⋯⋯⋯⋯⋯⋯⋯川　竹

新月，请告诉她⋯⋯⋯⋯⋯⋯⋯⋯⋯⋯⋯刘红梅

银行家之死⋯⋯⋯⋯⋯⋯⋯⋯⋯⋯⋯⋯⋯郭绍贵

老公公和儿媳妇⋯⋯⋯⋯⋯⋯⋯⋯⋯⋯⋯李锡群

苦啊，人参汤⋯⋯⋯⋯⋯⋯⋯⋯⋯⋯⋯⋯若　禾

超短篇

眼睛⋯⋯⋯⋯⋯⋯⋯⋯⋯⋯⋯⋯⋯⋯⋯⋯王洪君

择⋯⋯⋯⋯⋯⋯⋯⋯⋯⋯⋯⋯⋯⋯⋯⋯⋯王海英

绿荫深处⋯⋯⋯⋯⋯⋯⋯⋯⋯⋯⋯⋯⋯⋯杨田林

误会⋯⋯⋯⋯⋯⋯⋯⋯⋯⋯⋯⋯⋯⋯⋯⋯李喜成

破土篇

请媳妇　附评⋯⋯⋯⋯⋯⋯⋯⋯⋯⋯⋯⋯鲁　星

评论

群星灿烂的北方⋯⋯⋯⋯⋯⋯⋯⋯⋯⋯⋯马　加

作家与作品

浅谈吴若增小说中的农民形象⋯⋯⋯⋯⋯王建新

美术

寒雨新霜　蕉鸡图（国画）⋯⋯⋯⋯⋯⋯高惠民

春至　寂静的世界（国画）⋯⋯⋯⋯⋯⋯卢禹舜

纪念哈尔滨市解放四十周年（宣传画）⋯⋯⋯张若一

1986 年第 5 期　刊名:《小说林》
目录

短篇

冰雕⋯⋯⋯⋯⋯⋯⋯⋯⋯⋯⋯⋯⋯⋯⋯⋯张连荣

神秘的曲线⋯⋯⋯⋯⋯⋯⋯⋯⋯⋯⋯⋯⋯有令峻

正午⋯⋯⋯⋯⋯⋯⋯⋯⋯⋯⋯⋯⋯⋯⋯⋯何凯旋

河那边的小妮⋯⋯⋯⋯⋯⋯⋯⋯⋯⋯⋯⋯周　恒

世仇⋯⋯⋯⋯⋯⋯⋯⋯⋯⋯⋯⋯常辅棠　刘　建

中篇

谋杀者的爱⋯⋯⋯⋯⋯⋯⋯⋯⋯⋯逆　风　晓　剑

超短篇

和谐⋯⋯⋯⋯⋯⋯⋯⋯⋯⋯⋯⋯⋯⋯⋯⋯秦建鸣

架士鼓手⋯⋯⋯⋯⋯⋯⋯⋯⋯⋯⋯⋯⋯⋯肖　凌

屠夫断臂⋯⋯⋯⋯⋯⋯⋯⋯⋯⋯⋯⋯⋯⋯金　黎

破土篇

难忘的"110"　附短评⋯⋯⋯⋯⋯⋯⋯曲越胜

评论

一九八五年文学琐谈⋯⋯⋯⋯⋯⋯⋯⋯⋯曾镇南

一个复杂的形象　一个受伤的灵魂

——评《一个没用的男人》⋯⋯⋯⋯⋯⋯刘　春

美术

天池传说⋯⋯⋯⋯⋯⋯⋯⋯⋯⋯⋯⋯⋯⋯王犁犁

戈壁之光⋯⋯⋯⋯⋯⋯⋯⋯⋯⋯⋯⋯⋯⋯思广智

1986 年第 6 期　刊名:《小说林》
目录

短篇

在海上，我听太阳唱了一支不知名的歌⋯⋯余国振

哦，风信子⋯⋯⋯⋯⋯⋯⋯⋯⋯⋯⋯⋯⋯付德芳

爱的孤岛⋯⋯⋯⋯⋯⋯⋯⋯⋯⋯⋯⋯⋯⋯张笑天

话说三冒子⋯⋯⋯⋯⋯⋯⋯⋯⋯⋯⋯⋯⋯鲍煜学

乌江雾⋯⋯⋯⋯⋯⋯⋯⋯⋯⋯⋯⋯⋯⋯⋯覃智扬

中篇

流逝的年华⋯⋯⋯⋯⋯⋯⋯⋯⋯⋯⋯⋯⋯阿　成

超短篇

差别⋯⋯⋯⋯⋯⋯⋯⋯⋯⋯⋯⋯⋯⋯⋯⋯铁　磊

弄巧成拙 .... 张洪兴
小胡子叔叔 .... 李乃文
爱之谜 .... 刘松河

破土篇
挡车 .... 亦　馨
关于《挡车》的对话 .... 默　深

评论
小说新潮录
读《小鲍庄》 .... 曾镇南
新作短评
《少女漂泊记》读后感 .... 韦健玮
向高点攀登　向深层掘进
——谈《疯人戏》的题材开拓 .... 石　加

美术
河畔（国画） .... 廉　浦
北方十月（国画） .... 廉　浦

1986 年第 7 期　刊名:《小说林》
目录

本刊寄语

短篇
小镇上，有一片开阔地 .... 赵　琦
苍蝇·死刑犯·小黄花 .... 章　戈
"牛大喝"醉酒 .... 许长军
我认识一条黄沙道 .... 常新港

中篇
厂长和他的猫 .... 石　非

短篇
眼睛 .... 木　桦
吻的风波 .... 张世杰

校园小说
明天 .... 崔广胜

怪味小说
猫的思索 .... 孙　莉

新花园
杂色的梦 .... 刘晓光

评论
马尔斯的欢聚
——纪念哈尔滨解放四十年 .... 关沫南
意境深厚　耐人咀嚼
——《小说林》84、85 年超短篇佳作评点 .... 栾振国

美术
春意 .... 柳敦贵
秋实 .... 柳敦贵

1986 年第 8 期　刊名:《小说林》
目录

中篇
阴阳界 .... 罗　珠

短篇
臭镇悲老 .... 张振刚
梅花是开在冬天的 .... 吴泽蕴
我们是老熟人 .... 彭鸽子

超短篇
白墙 .... 赵团欣
徐科长的电话 .... 冯　骏
校园小说
丁香雨 .... 曹济民

怪味小说
高血压患者的福音 .... 李可人

新花园
谁骗谁 .... 刘正义
星光闪烁 .... 梁　安
点评：我读这两篇小小说 .... 赵润华

获奖者的话
梦，我还会做的 .... 张海燕
一点思索 .... 孔凡晶
我怀念的地方 .... 方国荣
寻找自己的立足点 .... 刘彬彬

评论
小说探索
哲理：从时代的民族的历史深层意识中抉取
——新时期小说艺术的审美谛视之一 .... 罗守让
新作短评
人的沉沦与马的觉醒
——评《马头里的思想》 .... 吕福田

美术
童年（木刻）—————————王合群
学友（木刻）—————————王合群

1986 年第 9 期　刊名:《小说林》
目录

致读者

短篇
狡猾—————————吴可雨
担心的，并没有发生—————————王育才
杀死棕熊的人—————————王立忱
第一印象—————————于涤心

中篇
大力神—————————王立纯

超短篇
假如……也许……那么……—————————未　萌
遗嘱—————————李占恒

校园小说
沉思的少女—————————林汉秋

怪味小说
老陈的新装—————————曹布拉

新花园
孩子的呼唤—————————朱彦臣

获奖者的话
人，不会变成神—————————窦志先
究竟潜下去没有—————————刘国民
学习，提高，携手并进—————————阿　成
获奖小记—————————杨　惕
一点感想—————————赵利平

评论
小说探索
论北大荒文学的民俗美—————————宋德胤
文学新人
北大荒人的后代——王左泓和他的小说—————————平　青

美术
春江夜曲（版画）—————————晁　楣
黎明的呼唤（版画）—————————晁　楣
成熟的山岭（油画）—————————臧尔康

1986 年第 10 期　刊名:《小说林》
目录

纪念本刊改刊五周年题词—————————王　蒙　冯　牧

短篇
海·海—————————黄坚亮
温柔的绞杀—————————王唯铭
人海沧桑—————————程树榛
"厂长万岁"—————————危雪辉
今晚十点行动（侦破小说）—————————郭　震

中篇
西河涨水—————————宋　歌

超短篇
"非法"同居—————————白小易
被玷污的遗愿—————————张记书

校园小说
一个女大学生的自白—————————李保均

怪味小说
并非医疗事故—————————衣晓峰
梦魇—————————韩建东

新花园
除夕—————————陈志坚
点评：读《除夕》这篇小说—————————石　浩
票的风波—————————陈　杰
点评：哎，如此处长—————————江　流

评论
文学起步
我的文学摇篮—————————刘国民
文学新人
关于迟子建短篇小说的思索—————————黄益庸

1986 年第 11 期　刊名:《小说林》
目录

短篇
死了的山歌—————————刘正新
"过河拆桥"—————————丁　茂
老夫子的房子—————————王　娘
风雪中，一个俄罗斯女人—————————苏连科
杨斧子—————————徐双山

新年礼物·································董　毅

中篇

"政治骗子"的忏悔·······················钟恪民

超短篇

文坛新星·······························姜天民
美的追求者·····························姜天民
校园小说
下海·································高尔品

怪味小说

遗失变奏曲·····························刘国成

新花园

姑娘之死·······························冬　亢

评论

小说新潮录
说《黑氏》···························曾镇南

小说探索

蔷薇的呼唤
——近年讽刺小说漫谈···················张春宁

读者点评

美术

牧歌（摄影）···························马德贵

1986 年第 12 期　刊名:《小说林》
目录

小说

官星闪闪亮·····························赵旭忠
假作真时真亦假·························崔新三
观音·································卢万成
择偶日记·······························高维晞
"北极村"轶事·························谢　树
纸匠传人·······························张　涛
把门神新传·····························牛元光
中堂·································李乔亚
在"普快"列车上·······················倪　土

评论

小说新潮录
从《找乐》到《鬈毛》
——兼谈创作的客观生活基础···············曾镇南

作家与作品

支援和他的小说·························刘　春

美术

富中奇作品
晨·································兰铁成

1987 年第 1 期　刊名:《小说林》
目录

杨沫的初恋（中篇纪实小说）·················红　舒
流浪女的姻缘（中篇言情小说）···············于　显
张学良的两个女人（中篇纪实小说）···········沙　风
夜半的较量（报告侦破小说）·················彭景约

1987 年第 2 期　刊名:《小说林》
目录

短篇

呵，安装女工···························莫　非
鸽子台·······························王雨谷
月朦朦　海茫茫·························陈堪进
分道·································李康美
蓬草·································王洪昌

中篇

爱的插曲·······························赵云鹤

超短篇

连锁反应·······························谢明洲
秘诀·································田仲三
河边·································青　林
小站·································钱　霞
第一个月的工资·························钱　霞

校园小说

残破·································高　秋

怪味小说

火柴盒艳史·····························魏雅华

新花园

再相逢·······························李润福
微笑·································傅　涌
没有名字的鸟儿·························周丽颖

评论

小说新潮录

谌荣的新着数 ················· 刘蓓蓓
新作短评
对《金丝猫》的经济学思考
——兼论米亚的形象 ············· 迈 潇

1987 年第 3 期　刊名:《小说林》
目录

短篇
熊的寻根 ················· 彭荆风
太姥姥的恋情 ·············· 吴若增
不相衬的婚姻 ·············· 巴 威
似曾相识 ·················· 绍 六
清雪 ····················· 迟子建
活着的故事 ················ 于建兵
白马小客栈 ················ 庞颖洁
腐骨上的鲜花 ·············· 佟城春
啊，原始森林 ·············· 刘树德

中篇
连理枝 ····················· 韩 起

超短篇
多面人 ····················· 司玉笙
孤独 ······················· 潘洗尘

怪味小说
招魂 ······················· 陈玉谦

新花园
无题 ······················· 颜世凡
悔 ························· 秦雅娟
微笑的雕塑 ················· 王 辉

评论
新作评析
一个卖肉女人之成功的与失落的
——评《温柔的绞杀》 ········· 张 韧
单纯、多义及其他
——漫评《小镇上，有一片开阔地》、《臭镇悲老》
························ 李计谋

1987 年第 4 期　刊名:《小说林》
目录

风流女囚（中篇法制小说）········ 严 民
怪松图之谜（中篇传奇小说）······ 柳 辉

失落在海峡彼岸的爱（中篇爱情小说）····· 王无析
神弹弓小眉子（中篇传奇小说）········ 有令峻

1987 年第 5 期　刊名:《小说林》
目录

短篇
远村的梦 ·················· 张郁民
黑老汉 ···················· 查代文
假如你第一次扛枪打兔子 ······· 谈 歌
落叶 ······················ 青 林
市曲 ······················ 马其德
白雪 ······················ 平 青
带血的角色 ················· 高宏民
探监的新媳妇 ··············· 刘延廷

中篇
年华 ······················ 张连波

超短篇
悼词 ······················ 柳 陌
口袋儿 ···················· 新 学
汽车上 ···················· 马德菊
两张戏票 ·················· 张华炳
老人二题 ·················· 郭 威

新花园
心中的城堡 ················· 木 柏
牛仔裤 ···················· 吴为华
培生和他的"咪咪" ··········· 李忆君
雪韵 ······················ 王 叶

评论
小说新潮录
不同价值观念的并存
——读《你不可改变我》 ········ 牛玉秋
新作评析
一曲悲怆的颂歌
——读长篇小说《绿川英子》 ····· 张 捷
文学起步
打篮球和写小说 ············· 王左泓

1987 年第 6 期　刊名:《小说林》
目录

短篇
命运 ······················ 刘继安

吹着校音器的女人 ……………………… 俞跃进
秋虫啄啄 …………………………………… 何立伟
微雨的夜 …………………………………… 何立伟
渡船 ………………………………………… 吕清温
拾不起的脚印 ……………………………… 刘　宝
霞光中的雕塑 ……………………………… 李善治
妻，我不该问 ……………………………… 时　明
白杨林带 ………………………… 常辅棠　刘　建

中篇
云遮月 ……………………………………… 肖　冰

超短篇
白色的纸片 ………………………………… 郑　方
形象 ………………………………………… 朱广世
让世界充满爱 ……………………………… 王　理

评论
小说新潮录
社会意识和生命意识的融合
——读张抗抗的《隐形伴侣》 …………… 杨世伟
小说探索
小说民族形式断想
——兼评何立伟小说的结构艺术 ………… 庾文云

两个未婚女子 ……………………………… 贺晓彤

中篇
北岛之夏 ………………………… 姚焕吉　卢　成

超短篇
池鱼 ………………………………………… 王冬严
紫砂壶 ……………………………………… 崔新三
钥匙 ………………………………………… 刘国芳
相思鸟 ……………………………………… 杜　桦
伞 …………………………………………… 杜文学
偏见 ………………………………………… 姚凤阁
取行李的喜剧 ……………………………… 杨世运

新花园
家庭 ………………………………………… 马继红

评论
小说欣赏
小说中描写的初恋
——《文学与爱情》之一章 ……………… 肖　凤
文学新人
奇特、完整、意外
——评姜胜群的超短小说 ………………… 栾振国

1987 年第 7 期　刊名：《小说林》
目录

杀手（中篇小说） ………………………… 陈秋生
乞丐王国（中篇传奇小说） ……………… 徐善新
心迹（中篇法制小说） …………………… 刘惠深
无情的桃花水（中篇爱情小说） ………… 良　辰
警车飞驰在子夜（侦破小说） …………… 刘长胜

1987 年第 8 期　刊名：《小说林》
目录

短篇
年年 ………………………………………… 张抗抗
石凳 ………………………………………… 辛　土
金峡谷 ……………………………………… 王国才
守夜人 ……………………………………… 李庆西
舞会上 ……………………………………… 母国政
陈旧的褴褛 ………………………………… 毛志成
打擂台 ……………………………………… 倪蓉棣
爱的变奏曲 ………………………………… 侯滁生
秋雨 ………………………………………… 孙成武

1987 年第 9 期　刊名：《小说林》
目录

短篇
雾韵 ………………………………………… 陈　明
大厨子 ……………………………………… 谭　杰
你说荒唐不荒唐 …………………………… 谈　歌
关于茅厕问题 ……………………………… 孙宜才
我看见我 …………………………………… 阿　成
夏日里最后的玫瑰 ………………………… 李乔亚
梅少岚之心 ………………………………… 马金声
挣脱 ………………………………………… 未　也
河东河西浪漫曲 …………………………… 楚世仓

中篇
四月十八庙门开 …………………………… 宋　歌

超短篇
众里寻她千百度 …………………………… 朱　奎
初恋 ………………………………………… 朱　奎

新花园
遗墨 ………………………………………… 路　春

评论
小说探索
试论小说叙述方式的变化与发展┈┈┈罗守让 罗守道
再论北大荒文学的民俗美┈┈┈┈┈┈┈┈┈宋德胤

1987 年第 10 期 刊名：《小说林》
目录

死魂（中篇法制小说）┈┈┈┈┈┈┈刘 峰 胡新化
警官泪（中篇侦破小说）┈┈┈┈┈┈┈┈┈┈柳 辉
影壁（中篇小说）┈┈┈┈┈┈┈┈┈┈┈┈┈肖复兴
梦游者（中篇科幻小说）┈┈┈┈┈┈┈┈┈┈魏雅华

1987 年第 11 期 刊名：《小说林》
目录

短篇
海的女儿┈┈┈┈┈┈┈┈┈┈┈┈┈┈┈┈┈黄 渭
照相物语┈┈┈┈┈┈┈┈┈┈┈┈┈┈┈┈┈王霄夫
尼大婶菲拉┈┈┈┈┈┈┈┈┈┈┈┈┈┈┈┈王 娘
红房子┈┈┈┈┈┈┈┈┈┈┈┈┈┈┈┈┈┈窦志先
梦痕录┈┈┈┈┈┈┈┈┈┈┈┈┈┈┈┈┈┈周 格
爱的选择┈┈┈┈┈┈┈┈┈┈┈┈┈┈┈┈┈颜石凡
云外天┈┈┈┈┈┈┈┈┈┈┈┈┈┈┈┈┈┈张 玲
道听途说二则┈┈┈┈┈┈┈┈┈┈┈┈┈┈┈流水长

中篇
雨夜┈┈┈┈┈┈┈┈┈┈┈┈┈┈┈翁盛槐 杨新民

超短篇
无题┈┈┈┈┈┈┈┈┈┈┈┈┈┈┈┈┈┈┈韩大年
幽微妙远 自成一趣（短评）┈┈┈┈┈┈┈┈阿 成
C 字之谜┈┈┈┈┈┈┈┈┈┈┈┈┈┈┈┈┈李 蔚
白字┈┈┈┈┈┈┈┈┈┈┈┈┈┈┈┈┈┈┈殷京生
撒谎的小妞┈┈┈┈┈┈┈┈┈┈┈┈┈┈┈┈付德芳
突然┈┈┈┈┈┈┈┈┈┈┈┈┈┈┈┈┈川 竹 江 石

评论
小说新潮录
读《厚土》印象┈┈┈┈┈┈┈┈┈┈┈┈┈┈刘思谦
小说探索
试论短篇小说的模糊情节┈┈┈┈┈┈┈┈┈┈郑 彬
文学新人
读王娘的两篇小说┈┈┈┈┈┈┈┈┈┈┈┈┈沈 泓

1987 年第 12 期 刊名：《小说林》
目录

短篇
老镜┈┈┈┈┈┈┈┈┈┈┈┈┈┈┈┈┈┈┈孙见喜
棋手┈┈┈┈┈┈┈┈┈┈┈┈┈┈┈┈┈┈┈郭东昉
苦笑┈┈┈┈┈┈┈┈┈┈┈┈┈┈┈┈┈┈┈桦 子
八字步┈┈┈┈┈┈┈┈┈┈┈┈┈┈┈┈┈┈李 蔚
邻居┈┈┈┈┈┈┈┈┈┈┈┈┈┈┈┈┈┈┈王德忱
霞镇┈┈┈┈┈┈┈┈┈┈┈┈┈┈┈┈┈┈┈鲍煜学
天意和人意┈┈┈┈┈┈┈┈┈┈┈┈┈┈┈┈曹济民
最后的作品┈┈┈┈┈┈┈┈┈┈┈┈┈陈秋生 莫大祥
怪物┈┈┈┈┈┈┈┈┈┈┈┈┈┈┈┈┈┈┈刘梓钰
老拐和小灰兔┈┈┈┈┈┈┈┈┈┈┈┈┈┈┈胡 鹏
苍老的秋天┈┈┈┈┈┈┈┈┈┈┈┈┈┈┈┈康洪伟

超短篇
进入角色┈┈┈┈┈┈┈┈┈┈┈┈┈┈┈┈┈詹政伟
最新发明┈┈┈┈┈┈┈┈┈┈┈┈┈┈┈┈┈蔡良基
雨┈┈┈┈┈┈┈┈┈┈┈┈┈┈┈┈┈┈┈┈文以思
这是我的妹妹┈┈┈┈┈┈┈┈┈┈┈┈┈┈┈杨 锦
河边┈┈┈┈┈┈┈┈┈┈┈┈┈┈┈┈┈┈┈田 林

评论
新作评析
各呈文采 婀娜多姿
——一九八七年《小说林》短篇小说选评┈┈┈李计谋
读《姑娘跑向罗马》的随想┈┈┈┈┈┈┈┈黄秋耘
文学新人
他是海娃、雨来、张嘎的兄弟——评孙幼忱的长篇
《通向奇异世界的小路》┈┈┈┈┈┈┈┈┈┈李 丽

1988 年第 1 期 刊名：《小说林》
目录

高鹗之恋（中篇爱情小说）┈┈┈┈┈┈┈┈┈窦应泰
小眉子三进济南府（中篇传奇小说）┈┈┈┈有令峻
这几个酸儿辣女（中篇乡情小说）┈┈┈┈┈刘绍棠
毒案（侦破小说）┈┈┈┈┈┈┈┈┈┈┈┈┈路 春

1988 年第 2 期 刊名：《小说林》
目录

短篇
特种兵┈┈┈┈┈┈┈┈┈┈┈┈┈┈┈┈┈┈朱一鸣
将军柱┈┈┈┈┈┈┈┈┈┈┈┈┈┈┈┈┈┈陈应松

"伊米多夫"外传······················许长军
望日莲···························红　舒
肚子天大·························醉　狐
破碎·····························苏连科
第一次星际之战发生以后···········李名英

中篇
海妖·····························蒋　巍

超短篇
雨后的故事·······················肖太淳
空白·····························言永祥
幻觉·····························陈力娇

新花园
上路·····························李锡江

评论
小说探索
铁凝近作的哲理意蕴···············任玉福
小说漫笔
五色杂陈的世界
——从《赤土路上的送葬队伍》所联想到的····胡德培

1988 年第 3 期　刊名:《小说林》
目录

短篇
机关咏叹调·······················谭英凯
竞选馆长·························胡开强
异功能者·························刘国生
画展·····························何立伟
变奏·····························蒋亚林
郑卡卡郑·························宁连生
永不回流的大江···················王凤麟
空镜头·················张亦嵘　张亦峥
星期天···························迟子建
吊桥·····························立　萌

中篇
地秤·····························徐双山

超短篇
敲门的悲喜剧·····················张如安
街上·····························刘国芳
迟归的儿子·······················暮　秋
透视眼···························王之中
星和月···························马　力

新花园
小阿姨···························马继红

评论
小说探索
浅谈创作中模糊性及其量度·········赵　捷
文学新人
何凯旋的艺术感觉和艺术追求
——评《打草》、《坏场上》·········张　一
读者评论·························刁　燕

1988 年第 4 期　刊名:《小说林》
目录

夫妻大赌棍（中篇纪实小说）·········梁喜忠
浮浪女子（中篇社会问题小说）·······毛志成
写匿名情书的人（中篇爱情小说）·····李翔云
宦官轶事（中篇秘史小说）···········纪红民
省博盗影（中篇侦破小说）···········李明耀

1988 年第 5 期　刊名:《小说林》
目录

短篇
悲剧还是喜剧·····················黄开中
在天空和大地之间·················张永琛
鹿茸梦···························凌　云
三秒钟短跑道·····················崔　捷
当代屈子·························子　干
春雨狂想曲·······················姚泽芊
亮音·····························马　丁
生日，一个 25 岁的变奏···········冰　岛
隔山兄弟·························孙　涛
夜，月芽般的眼睛·················嘉　男

中篇
笛声·····························丁　茂

超短篇
洗澡·····························窦卫华
童心·····························赵海峰

评论
小说探索
模糊时空和历史整体把握···········罗守道
作家与作品
赵淑侠寻根记·····················庐　湘

1988 年第 6 期　刊名:《小说林》
目录

短篇

明天，她走向洞房 ················· 付德芳
嘎妹子和罗锅小子 ················· 付德芳
大公鸡及其一些简单的故事 ········· 巴　威
野药 ····························· 周玉海
阿威的故事 ······················· 何凯旋
蓝色河 ··························· 王左泓
霞镇之魂 ························· 鲍煜学
错乱 ····························· 何香久
走进拐子巷 ······················· 林世恩

中篇

獠牙 ····························· 谢　璞

超短篇

超短篇三题 ······················· 郭　威

评论

作家与作品
扬弃传统寓言外观的政治寓言小说 ····· 冯立三
新作评析
别具一格的精巧构思
——读《熊的寻根》 ··············· 冯　牧
黄亮屯：一个孤寂而完整的世界
——《逃婚的姑娘》读后 ··········· 川　宁

1988 年第 7 期　刊名:《小说林》
目录

古塔女尸（中篇推理小说） ········· 王　标
代号 1001（中篇传奇小说） ········· 金小千
新钞之梦（中篇社会问题小说） ····· 陈金堂
蛇丐（中篇传奇小说） ············· 杨梅生

1988 年第 8 期　刊名:《小说林》
目录

短篇

小说三题 ························· 彭荆风
妈妈的船 ························· 文　义
苦乐人生 ························· 刁　斗
愉快的温州 ······················· 倪蓉棣
公园里跑出一只虎 ················· 孙占林

花红果 ··························· 王霆钧
哦，边地 ························· 艾　民

中篇

活路 ····························· 颜石凡

超短篇

斑马线 ··························· 绍　六
耳朵 ····························· 高润祥
《聊斋》新补 ····················· 晓　寒
询问病因 ························· 于伯生
买弟弟 ··························· 刘红梅

新花园

一组闯人的镜头 ··················· 梁　安

评论

小说探索
那是一个广阔的空间
——关于通俗文学的对话 ··········· 林为进
读者评点
读《变奏》 ······················· 张瑞娟

1988 年第 9 期　刊名:《小说林》
目录

短篇

机缘 ····························· 韶　华
怪梦录 ··························· 吴若增
七色心 ··························· 赵旭忠
绿地 ····························· 李五泉
都市四重奏 ······················· 李可人
狗眼 ····························· 刘继安

中篇

家家都有白蜡果 ··················· 张荣珍

报告文学

酒香飘过小山村
——记尚志县老街基啤酒厂厂长万世忠 ····· 黄文举

评论

小说探索
论新时期小说艺术的哲理抽象 ······· 罗守让
新作评析
一部优秀的传记文学
——读《中国的夏伯阳——赵尚志传》 ····· 关沫南

1988 年第 10 期　刊名:《小说林》
目录

从疯人院发出的一封信（中篇世态小说）·······柳　辉
爱的大纛（中篇社会问题小说）·······尚　一
黑衣圣母和野妓（爱情小说）
　　　[日]山田风太郎著　曲国贵　李藕堂译
关于车祸事故的推理（中篇推理小说）·······唐田人
将军与偏方的传奇（传奇小说）·······李治邦

1988 年第 11 期　刊名:《小说林》
目录

宫府风流案（中篇宫廷小说）·······窦应泰
多难人的妻子（中篇言情小说）·······许长军
血溅遗稿（中篇纪实小说）·······蒋　迅
爱妻失踪（中篇惊险小说）·······魏雅华

1988 年第 12 期　刊名:《小说林》
目录

短篇
鬼眼·······毛　毛
古柏·······肖复兴
轮空的一周·······陆星儿
月魇·······程　海
小说二题·······中　跃

中篇
生命的原色·······王海粟　殷国梁

超短篇
会棋·······马其德
母亲留下的·······季魁勋
信任·······葛景华

报告文学
远东边贸热　黑龙江边贸的明珠——绥芬河
　　　·······永　逸　阿　成

评论
作家与作品
历史反思与现实观照的艺术结晶
——评《有情人难成眷属》的美学价值·······杨治经
新作评析
民俗意识与改革

——《海妖》断想·······宋德胤
读者评点
读《机缘》·······杨纯光

1989 年第 1 期　刊名:《小说林》
目录

美娘寻夫（中篇传奇小说）·······白　岩
人惑（中篇言情小说）·······颜石凡
郑雄之死（中篇社会问题小说）·······陈忠琪
首次全国通俗文学座谈会在桂林召开·······温金海

1989 年第 2 期　刊名:《小说林》
目录

短篇
绿色的变幻·······章　轲　章伟文
魔椅音乐家·······陈应松
新坟前的两个寡妇·······鲁永兴
风流女人·······王仁超
小工·······常新港
蓝色布鲁斯·······何中生

中篇
五蕴心·······成　蹊

超短篇
一朵洁白的云·······姚　绍
太阳　太阳·······郭东昉
九·〇九〇九·······陈　杰
悔·······罗昌才

评论
小说的主流、裂变及创作实践过程
——1988 年 7 月 30 日在《小说林》创作座谈会上的
讲话·······张日凯

1989 年第 3 期　刊名:《小说林》
目录

小说
梦痕·······[瑞士]赵淑侠
无罪的女犯·······李　子
不该开启的诱惑·······窦卫华
桥灯·······胡燕怀
开满黄花的小站·······孔凡晶

那曾是地窖 ……………………………… 周 熠
风流小生六旺 …………………………… 傅 涌
巷逝 ……………………………………… 无 君
重燃的红烛 ……………………………… 刘增兰

评论
自立自强　求新求变
——全国通俗文学座谈会综述 ………… 林 青

1989 年第 4—5 期　刊名:《小说林》
目录

二十个男冤魂（纪实传奇小说）………… 冯育楠
畸花三态（社会问题小说）……………… 尚 一
幻恋（中篇言情小说）…………………… 文 荃
三对恋人和一个单身汉（中篇恋情小说）… 许长军
偷猎少女东北虎（中篇侦破传奇小说）… 苏连科
婚奴（婚姻小说）………………………… 晓 白

1989 年第 6 期　刊名:《小说林》
目录

小说
涅槃 ……………………………………… 李国文
冲锋憩息地 ……………………………… 叶 楠
生活不要毛毛虫 ………………………… 宇 明
喜丧 ……………………………………… 宋根生
老树 …………………………（白族）丁光洪
狭长的胡同 ……………………………… 张雅文
吕夫子 …………………………………… 姜贻斌
高邻 ……………………………………… 殷京生
热土 ……………………………………… 陈志坚
祭奠 ……………………………………… 红 泥
老斜街 ………………………… 于冬桂　于雪妮
大荒上的脚印 …………………………… 张兰圃
宴请 ……………………………………… 郑 方

评论
发人深思的《错位》…………………… 彭 诚
从夹道中走出来
——评长篇小说《刑警的隐秘》……… 谢 树
一本用生命写成的书
——读自传体小说《山连着山》……… 李 丽

一九八八年《小说林》获奖作品篇目
优秀作品
《错位》（第八期）…………………… 彭荆风

《机缘》（第九期）…………………… 韶 华
《这几个酸儿辣女》（第一期）……… 刘绍棠
《耳朵》（第八期）…………………… 高润祥
《街上》（第三期）…………………… 刘国芳
《那是一个广阔的空间》（评论）…… 林为进
佳作
《幻觉》（第二期）…………………… 陈力娇
《斑马线》（第八期）………………… 绍 六
《妻子的蓝皮本》（第十二期）……… 中 跃
《夫妻大赌棍》（第四期）…………… 梁喜中

1989 年第 7—8 期　刊名:《小说林》
目录

歌星？　情人？　罪犯？（中篇侦破小说）…… 师俊山
女演员突然死去（中篇侦破小说）…… 鲁 歌
女记者冒险采访绑架案（中篇惊险侦破小说）
………………………………………… 刘树楠
女叛徒现形记（中篇惊险侦破小说）… 吴正德　华伟章

1989 年第 9 期　刊名:《小说林》
目录

小说
捕鳇 ……………………………………… 梁晓声
晃泥滩 …………………………………… 魏世祥
轨迹 ……………………………………… 彭鸽子
浊水清泉 ………………………………… 高尔品
叫魂 ……………………………………… 李可人
水土不服 ………………………………… 周 祥
还乡记 …………………………………… 丁继松
东边太阳西边雨 ………………………… 于德润
非法同居 ………………………………… 谢鲁渤
相逢在北仑谷 …………………………… 杨田林
小珍 D 哥 ………………………………… 董雅滨

评论
在人性荒漠中的心里畸变
——读刘国民的小说 …………………… 李树声

1989 年第 10 期　刊名:《小说林》
目录

小说
错乱 ……………………………………… 李五泉
孤楼的困惑 ……………………………… 武志刚

梦，在何方 ————————— 巴 威
双寡情 ——————————— 韩统良
钱导演外传 ——————— 水 莲 汉 清
恋曲三阙 ——————————— 钱庭钧
阳谋 ———————————— 张广慧
火警 ———————————— 陈旭辉
大她和小她 ————————— 陈力娇
门 ————————— 衣晓峰 刘彦青
一个六月的黄昏 ——————— 孟凡果

评论
生活流：现实主义小说艺术新的审美形态 —— 罗守让

1989 年第 11 期　刊名:《小说林》
目录

破灭的少女梦 ————————— 李滨军
被囚禁的刘管教 —————————— 吴 祥
九泉之下英雄泪 —————————— 兰景林
伪大臣遗孀之死 —————————— 窦应泰
黑土地上的神话 —————————— 赵清源

1989 年第 12 期　刊名:《小说林》
目录

小说
泰山挑夫 ——————— 孙春亭 蓬 勃
中秋月 ——————————— 梁 晴
请你说你永不 ————————— 巴 威
吐药 ———————————— 王霆钧
心中的迪斯科 ————— 谢炳锁 曹松茂
鸟儿，别离巢 ————————— 晓 岚
孤儿泪 ——————————— 于劭溯
步行疗法 ——————————— 绍 六
记录 ———————————— 许长军
感慨 ———————————— 孙雪影
球讯 ———————————— 史立荣

报告文学
风流“老板”
——记哈尔滨轴承总厂销售公司经理姜树林 —— 钟 实

评论
《年关六赋》的艺术特色 ——————— 刘 春

《海燕》

【简　介】

　　综合性文学月刊。辽宁省大连市文学艺术界联合会主办。创刊于 1957 年,1978 年复刊,1985 年 1 月由《海燕》更名为《海燕中短篇小说》。其重在支持小说创作,以中短篇小说为主,同时刊发超短篇小说作品。

期刊号:1978 年第 1 期—1989 年第 12 期

致读者

　　停刊十七年的《海燕》又和大家见面了。

　　一九六一年，因为三年自然灾害带来的纸张紧张，《海燕》停了刊，这本来是正常的事情。 五年以后，无产阶级“文化大革命”开始，万恶的林彪、“四人帮”却翻出了这个早已停刊的文艺刊物，大加鞭挞，诬之为“国民党刊物”、“国民党想办而没有办成的刊物”、“比国民党还坏”。 既然刊物是国民党的，当然办刊物的人员，刊物的领导都成了“反动派”。连刊物联系过的广大作者、读者，也有不少人受到牵连。“四人帮”被打倒以后，许多同志一再呼吁《海燕》复刊，这证明一条真理：物极必反。“四人帮”整得太惨了，人民的同情是在《海燕》这方面。 党和人民粉碎了“四人帮”的“文艺黑线专政”论，给《海燕》平了反。 历史证明，林彪、“四人帮”是地地道道的国民党，是绞杀革命文艺的刽子手。《海燕》过去对人民作过有益的事情，人民今天还需要《海燕》。《海燕》编辑部的工作人员，对人民给予的

信任、鼓励，深为感激。《海燕》跟全国所有文艺团体、刊物一样，在无产阶级"文化大革命"前，是按照毛主席的革命文艺路线、方针、政策办的，是深受工农兵群众和广大读者欢迎的。 当然，她过去也有缺点和错误，但那是由于我们在世界观、艺术观方面的问题所造成的，是前进当中的缺点、错误，决非林彪、"四人帮"诬陷的什么"黑线专政"。

《海燕》将遵照英明领袖华主席给《人民文学》的光辉题词："坚持毛主席的革命文艺路线，贯彻执行百花齐放、百家争鸣的方针，为繁荣社会主义文艺创作而奋斗"，使自己成为兴无灭资的社会主义阵地，宣传新时期总任务的战争号角。

《海燕》将努力发扬过去的优点，从内容到形式，力求做到丰富多采，生动活泼，富有时代精神和地方特色。 争取发表更多更好的文艺作品，出色地反映新的长征路上的英雄人物和斗争生活，用以鼓舞人民群众向四个现代化的宏伟目标奋勇前进。

《海燕》将比过去更广泛地同专业和业余作者保持经常的密切的联系，通过各种方式，努力培养文艺创作的新生力量，帮助广大文艺青年打开眼界，解放思想，在毛主席指引的文艺大道上健康成长。

我们的任务繁重，能力有限，希望广大作者和读者像过去一样，给我们以大力支持和热情帮助。

目前，《海燕》还是一个内部发行的供专业和业余文艺作者交流作品和创作经验的园地，带有试刊的性质。 希望大家多多提出改进的意思，共同努力办好，使它将来能以崭新的姿态同广大读者见面。

1978 年第 1 期　刊名:《海燕》
目录

诗词三首 ————————————————毛泽东
致读者 ——————————————本刊编辑部
回忆旅居日本时的父亲 ————————和　生
原则（小说）————————————杨　旭
选择（小说）————————————余家贞
两个书记（小说）——————————张崇谦
走读（散文）————————————王续琨
烛（散文）—————————————于景宁
心愿（诗）—————————————李启同
珍贵的怀念（诗）——————————吕同举
长征路上搭歌台（新民歌选辑）———杜云孝　白　皓等
诗四首 ——————————————毛　英
巡航的路（组诗）——————————张家祥
哨（诗二首）————————————于宪东
爷爷，快睡吧（儿童诗）———————孙　毅
大庆行（诗二首）——————————张秉加
渔岛情歌（诗）———————————荆　鸿

创作谈
生活·思想·技巧 ——————————丁　洪
文艺随笔三则 ————————————卢　奕

杂文
风派
——灵魂被阉割了的奴才 ——————王　凡
风·水·防波堤（寓言）———————葛玉广

欣赏与借鉴
海燕 ————————————————高尔基
战斗的革命诗歌 ———————————求　实
拨乱反正　落实政策
怀念林迁乔 —————————————邵默夏
诗二首 ——————————————林　火
风雨路上识海燕 ———————————林世平
林迁桥遗作五篇
庆祝建国三十周年征文启事
封面设计 —————————————马学礼
关怀（木刻）————————————朱纯一
杏花　春雨　江南（木刻）——————张家瑞
周总理《春日偶成》（书法）—————于植元
篆刻 ——————————————王成晃
红梅（国画）————————————刘海栗

1979 年第 2 期　刊名:《海燕》
目录

又是一代人（小说　征文）
古镇奇遇（小说　征文）
银铃（小说）
长途跋涉（小说）
雨中（小小说）

礼花（外一首　征文）

公开的"秘密"（诗　征文）
少女心中的歌（诗　征文）
写在新华书店门口（诗　征文）
打字员之歌（诗　征文）
领海线上（诗）
病床述怀（诗）

晨歌（散文诗　外一章）
我的诗……（外一首）
春光曲（诗）
进城（诗）
北京书简（评论）

合理的表现人物关系的变化（创作谈）
《又是一代人》 读后（评论）
"转移"小议《文艺随笔》
纪念五四，发扬艺术民主（评论）
五四时期的主要文学团体和期刊（文史资料）
从成相谈起（杂文）
不可爱的"宝贝儿"（杂文）

1979 年第 3 期 刊名:《海燕》
目录

抢救（小说）
人民的儿子（小说）————————————达 愚
书记和司机（小说）————————————王旦轲
良师益友（散文）————————————王同禹
赤子之心赞（散文）————————————晓 石
在"日不动"国（童话）————————————严振国
夏游仙人洞（旅大风物志）————————————王玉良
小心上当（独幕喜剧）————————————春 野
辽南怒火
有这么一个年轻人
故乡行（诗）
诗三首
你有颗最好的心脏（外一首 征文）
战舰离厂（诗 征文）
瀑布（外一首）
我赞美恭石（散文诗 征文）
汗（诗 征文）

新"灶王爷"及其他（讽刺诗三首）
读《古镇奇遇》（评论）————————————沐 雯
《又是一代人》的人物塑造————————————柳 涵
罗丙尼，您为什么
略论鲁迅的弃医从文————————————邢富君
烘托与衬托琐谈（创作谈）————————————马力群

1980 年第 1 期 刊名:《海燕》
目录

诗歌
一月望雪（外一首）————————————李宴清
梅园翠柏（散文诗）————————————王代红
来自北疆的诗（三首）————————安造计 龙彼德
园丁与花朵（四章）————————————冯幽君
踏遍青山————————————柴德森

面对滔滔的大海（四首）————————————孙 毅
读陈毅同志诗有感————————————丁传军
唱给小溪的歌————————————郭宏达

小说
无心的花————————————孙 洁
生活，不息的长河————————————于景宁
爸爸————————————竹 林
爱————————————刘元举
坚冰在春风中消融————————————罗 萌
两张信笺的故事————————————王传珍

散文
战地炊烟————————————竹 青
蝮蛇世界（旋大风物志）————————杨广德 李 义

评论
诗人对生活的感受————————————谢 冕
随时代而飞翔————————————刑富君 陆 军
"僵化症"诊（杂文）————————————黎 军

创作谈
角度要新————————————张福高
谈于宪东的两首小诗————————————高 云
忆周总理————————[日本]藤山爱一郎 迟 军译

寓言
美人蕉和仙人掌（外一则）————————————郭日庆
无花果请令————————————盖 壤
阿凡提的新故事（故事新编）————————————阎文鹏
关于想象力的争执

1980 年第 2 期 刊名:《海燕》
目录

剑与火（报告文学）————————————王旦轲
有这样一个姑娘（小说）————————————邓 刚
变色眼镜的遭遇（讽刺小说）————————————崔世雄

小小说
好人————————————杨道立
风雪元宵夜————————————肖 奇
"卫道"者————————————黎 峰
酒————————————刘宪如
巴黎散记（散文）————————————马学良
解渴（小叙事诗）————————————杨 枫

无题诗一束 —————————————— 李 钢
深山烈士墓 —————————————— 党国栋
诗三首 ———————————————— 丁 洪
冬日抒情（二首） ————————— 何 鹰
盐场洞萧 —————————————— 李代生
护士的脚步 ————————————— 刘德盛
学诗絮语（二首） ————————— 樊发稼
玫瑰集 ——————————————— 田梦之

散文诗 小辑
春 ————————————————— 王代红
核桃之歌（外一章） ———————— 姜风清
果园里的爱情 ———————————— 张崇谦
老虎滩的传说（民间故事） ———— 宋一平
鸟站
———老铁山（旅大风物志）—— 王世俊 刘作贤

小品文
门道 ——————————————— 寒 雪
"至爱亲朋" ————————————— 崔亚斌
"源于生活，高于生活"辨（评论） — 刘长恒
沈括评画的启示（文艺随笔） ——— 李雨岷
活的形象创造思想（文艺随笔） —— 刘功成
真情实感及其他（作家与青年）
———记诗人方冰与我市作者座谈诗歌创作
——————————————— 本刊记者 高 云
尝早点（书帽） —————————— 郭成亮
艾广播（相声） —————————— 姜同彬
谈谈《在苹果园里》的拍摄 ———— 魏秀金

补白
重视知识的积累"伦敦雾的创作者"

1980 年第 3 期 刊名:《海燕》
目录

人民的心灵（组诗） ———————— 李宴清
抒情诗四首 ————————————— 厉 风
历史的回音 ————————————— 姚 莹
春颂（外一首） —————————— 兰 台
心灵的火花（二首） ———— 王慧骐 王慧骏
野鸭仿雁（儿童诗） ———————— 刘金忠
酒徒（讽刺诗） —————————— 王兴全
接到讣告之后（小说） ——— 何琼玮 何琼崖
老阎勇的忆苦思甜（小说） ———— 江 汗
路（小说） ————————————— 沙仁昌
肖何与曹参（历史小说） —————— 吴双林
篝火（翻译小说）——— [日本]大冈升平 迟 军译

马识途同志的两封信（作家与青年）
大勺飘香（报告文学） ——————— 谢有思
蝉·蜜蜂·萤火虫（散文） ————— 张 起
猎雕见闻（旅大风物志） —————— 曲 耿
旅顺天后宫轶闻（旅大风物志） —— 柏 芳

寓言五则
给"妈妈"送钱（生活小品） ———— 杨鸿义
人无完人（外一则） ———————— 张崇谦
骏马与海马 ————————————— 毕文高
寒流、冻冰和海流 ————————— 葛玉广
鸭子主考 —————————————— 于景宁

点滴录
沈括平诗的启示（文艺随笔） ——— 一 文
镜子 ——————————————— 勃 川
观察与写作 ————————————— 盛 飞
补白三则

1980 年第 4 期 刊名:《海燕》
目录

回忆一二·九（续篇） ——————— 宋 黎
回忆我的战友和丈夫
———柯棣华同志 ————————— 郭庆兰
星星作证（小说） ————————— 李宏林
"三八"电炉的内幕（小说） ———— 艾 群
光棍连长（小说） ————————— 张国巨
"勇士"的真话（小说） —————— 孙春平
清洁女神（小说） ————————— 郑建华
蚕乡小客人（儿童文学） —————— 刘元举
要写熟悉的生活（作家与青年） —— 柯 夫
回忆与丁玲同志的几次会面
——————————— 周恩惠 汪惟 张琳
献给大海的诗（诗） ———————— 蔡履中等
战士诗页（诗） —————————— 卢晨泉等
我怕……（诗） —————————— 王德盛
导弹之歌（诗） —————————— 于世春
果园拾零（二首） ————————— 张雪杉
短歌集（诗） ——————— 赏淮 宋协龙等
讽刺诗（三首） —————— 王兴全 赖松廷
奇猎海豹（旅大风物志） —————— 郭志勤
星海的来历（民间传说） ——— 王德露 高和保
初挥彩笔抒真情（诗评） —————— 代 一
题材漫议（文艺随笔） ——————— 刘明德
客厅里的议论"毫不足靠"（杂文） — 王长夫

1980 年第 5 期　刊名:《海燕》
目录

解放思想　明确方向　繁荣文艺
旅大市第三次文代会隆重召开

谁最美（小说）························叶枝盛
假韩信和它的大黑驴（小说）············申　平
幸福（小说）························梁淑香
不贤惠的妻子（小说）··················景　奇
年华似锦（报告文学）··················岩　华
扶桑行（访日散记）····················李舒安
船厂抒情（散文）············郎恩才　徐宏智
苗塞行（二首）························方　冰
窗帘（二首）························顾　工
长山列岛，我新的故乡················仇振荣
农村剪影（七首）····················巩其庄等
散歌集（五首）············文　丙　张家祥等
献给青年的一束花（五章）··············吕　林
脚印（外一首）························王宗斗
用自己的心灵去燃亮生活的烛（作者与青年）
································阿　红
个性、感情及审美理想（创作谈）········达　理
着衣的维纳斯（文艺随笔）··············石　工
"派症"小析（杂文）··················李体秀
浅谈杂文的特点（创作谈）··············林　源
旅顺口的故事（民间传说）··············阎文鹏
老狼舅舅（民间故事）··················李　明
对号（小品文）························毕文高
杨柳和枣树（寓言）····················于景宁
老山森和狗尾巴草（寓言）··············陈学成
暴戾的恐龙（寓言）····················陈乃祥

好雨····························田梦之
借权····························张法贵

散文
白云飘飘························陈锦清
夏夜····························孙景文

诗歌
怀念邓雅声同志····················郭述申
棒棰岛吟（外一首）················曹　瑛
北山恋（三首）····················刘　章
大雁歌（二首）············毕成宽　蔡小石
歌·野草（二首）··················孙艳丽
路灯下··························李幼容
采蘑··························李绍棠
星海游（三首）····················汪　洋
雪浪花··························未　凡
小岛····························滕毓旭
码头三题（散文诗·三章）············张书瀛
我又到这里来等你··················钟振起
写在儿子的褓襁里··················刘益善

评论
鲁迅
——中国民间文艺理论的奠基人········江　林
同是梅花意不同····················毕馥华

民间故事
一字之差························刘仁兴
一场虚惊（外一篇）················白清桂
老金山（风物传说）··········尹焕章　王　岚

相声
电霸王··························姜同彬

文艺动态
作家王蒙、从维熙、谌容、刘心武来旅大访问
欢快有益的聚会
编后记

1980 年第 6 期　刊名:《海燕》
目录

小说
粗粗····························梁淑香
附：写自己熟悉的生活················草　火
静静的护城河······················刘天德
唉，年轻人……····················张福麟
万喜老头的心事····················邹本泉
一封信的风波······················李　蔚
下了高高的台阶····················刘元举
救亡战歌（革命回忆录）··············郭欠恒

生活小故事
镜子····························刘海燕

1981 年第 1 期　刊名:《海燕》
目录

关红脸闯宴（小说）················张宜昌
附：有故事也有人物················王　霸
离别与重逢（小说）················张福麟
最后的叮咚声（小说）··············文　尔
啊，夫妻!（小说）················王正寅

大楼的风波（小说）——————————王 丰
八哥之死（小说）————————————樊家信
"小福尔摩斯"办案（推理小说）————肖 翔
看到照片之后（生活小故事）—————王 龙
一条小河（散文）————————————梁淑香
关于爱情的诗（组诗）——————————厉 风
神州月圆颂东风——————————————林 火
浇……（外二首）————————————张荫宝
湖边赏月—————————————————王耀武
绿叶————————————————————姜风清
同学————————————————————任惠敏
工厂情思（二首）————————————刘湛秋
锚（外一首）——————————————灿 群
秋初凉—————————————————谢挺宇
大海二题————————————————朱光天
第十六个出版家（杂文）——————刑富君
文学
——献身的事业（给初学写作者）——汪 惟
意料之外情理之中（名篇选读）———林之零
附：麦琪的礼物（小说）——[美]欧·亨利
朴素无华也是美（春之苗圃）————万 励
附：美与丑（小说）———————————孙德钧
毛遂自荐（成语小故事）——————昌 辑
揭露缺点不会给敌人提供材料么?（文艺小常识）
————————————————————石 山
"腊八粥"的故事————————————于耐寒
二龙戏珠（风物传说）
枕头风（寓言）—————————————张崇谦
猫头鹰和猫（寓言）——————————陈学成
编后记

文艺动态

1981 年第 2 期　刊名:《海燕》
目录

小说专号
对"提问"的提问（评论）
——《"在社会的档案里"向我们提出了什么问题?》
————————————————————张 弛
退休之前—————————————————焕 之
捉放篇——————————————————汤 凡
爱与恨——————————————————孙承杰
一个小偷的日记——————李世栋 张作恩
队长的妻子————————————————沙仁昌
生死边缘————————————————邓 刚
老乐————————————————————张 琳
早雾————————————————————邹本泉
"恶攻"罪————————————————子 山

"中国猿人"—————————————————高成山
没抓到的罪犯———————————————余家贞
编后记

1981 年第 3 期　刊名:《海燕》
目录

不寻常的乘客（小说）————陈大光 邹本泉
天涯何处无芳草（小说）————————艾 群
女厂长（小说）————————————胡伟荣
含苞待放（小说）——————————梁淑香
我的老馆长（小说）——————————张法贵
突然打来的彩球（小说）——————张德钧
奇特的彩礼（小说）——————————李长东
苦恼的丈夫（小说）——————————易林林
故乡的珍珠（散文）——————————赵 赴
给蒙族诗人——巴彦布（诗）————韦 丘
啊! 旅顺口（诗）——————————张常信
海望（诗）—————————————————毛 锜
露珠集（诗）————————————管用和
机场的灯火对我说（诗）——————陈镜波
苦涩的歌（五首）——————————高 云
大厦（诗）—————————————————王宗绍
拾贝，在南海（组诗）————————晓 凡
贪睡的狮子（寓言诗）———————杨大矛
从干预生活谈起（文艺随笔）————吴 山
两个赢棋者的下场（滨海杂谈）———张兴德
谈细节描写（创作谈）————————张文德
人称的艺术（名篇选读）——————张福高
附：孔乙己（小说）——————————鲁 迅
一株淡雅的小花（春之苗圃）————愫 园
附：后窗（小说）———————高满堂 高书堂
织布的声音（广播剧·日本文学介绍）
——————[日]木下顺二著 刘和民译
破镜重圆（成语小故事）——————崔永长辑
什么是典型?（文艺小常识）————石 山辑
鞋匠驸马（民间故事）————————李 明
书蠹（寓言）————————————张崇谦

1981 年第 4 期　刊名:《海燕》
目录

飞吧，黄雀!（小说）————————韩静霆
柳黄鹂儿（长篇小说《狼烟》片断）——刘绍棠
杨二嫂出工（小说）—————张崇谦 纪恒富
秋雨淅淅沥沥（小说）————————胡清和
运气（小说）————————————李惠文

被窃的数学史稿（小说）————————李 孚
新来的小伙子（小说）————————肖 草
挂红（小说）——————————————刘敬美
鲤鱼塘边的桃子熟了（小说）————伍保祥
暑假第一天（小说）————————郭振伍
这不是梦（小说）——————————史 更
白玉塔（外一首）——————————尧山壁
古战场（诗）————————————李占学
我爱我的女儿（组诗）————姚 莹 刘 瑛
"补课"（诗）————————————朱谷忠
小草的志向（外一首）——————韩春明
广场草坪（诗）——————————王宗斗
换日历（诗）————————————周晓科
露珠（诗）—————————————佟明光
问大海（诗）————————————许 行
生活、思考、创作（作家与青年）——王 蒙
漫谈生活和主题（创作谈）————王鸿谟
独辟蹊径，别出机杼（名篇选读）——陈静斐
附:《七个铜板》——————[匈牙利]莫里兹

1981 年第 5 期 刊名:《海燕》
目录

两代人
——短篇小说三题——————————张福麒
花月情（小说）——————————郑吉民
夏夜（小说）————————————马秋芬
老烈买鱼（小说）—————————郑德忱
魏征辞职（历史小说）——————常万生
悔悟（小说）————————————刘 越
两颗紧贴的心（小说）——————梁淑香
我的姐姐（小说）—————————武 剑
到红岩村去（外一篇）——————邵默夏
风筝（诗）—————————————黄 淮
高原行吟（二首）—————————李发模
边疆的花儿（诗）—————————胡世宗
乡村的夜，这般静……（外一首）——张家祥
污染了……（诗）—————————肖振荣
给我的朋友（诗）—————————任惠敏
遥寄台湾（二首）—————————元 华
雨（诗）——————————————孙 毅
中国达尔文的烦恼（杂文）————金 河
论"联想"（作家与青年）————从维熙
一幅朴实清新的风俗画（春之苗圃）——海一珠
面鱼儿（散文）——————————王素英
野蔷薇（小说·日本文学介绍）
———————————[日]小川未明 郑 仪译
青泥洼漫画（大连风物志）————张景勋

什么是意境?（文艺小常识）————复华辑
寓言二则——————————————薛文介

1981 年第 6 期 刊名:《海燕》
目录

肠梗阻（小说）——————————韶 华
红? 黑?（小说）——————————于宪东
打酱油的小男孩（小说）—————杨道立
永别了，昨天（小说）——————王旦轲
开市大吉（小说）—————————冯家齐
一线天（小说）——————————魏一鸣
元元历险记（童话）———————严振国
文学新人之路
——忆茅盾的教海————————鲍文清
玉鸽情思（散文）——————臧 瑾 温振东
北国诗情（二首）—————————何 鹰
孩子的秘密————————————张衍海
南行诗（二首）——————————吴 山
看戏有感—————————————潘宏仁
海，偌大的海———————————王德盛
仙人掌——————————————王宗斗
海鸥（外一首）——————————仇振荣
诗，应是号角———————————刘新智
青春———————————————李 纲
在母亲身边（三首）———————何昌正
感受时代脉搏，奏出时代旋律
——纪念高尔基逝世四十五周年——张福高
从巴贝奇的"建议"想到的（文艺随笔）——刘 思
日本童话五篇（日本文学介绍）盛淑文 李 疆译
你知道吗?（文艺小常识）————祥 子辑
黑老鸦的来历（民间故事）——王洪章收集整理
狗和它的影子（寓言）
——————[俄]列夫·托尔斯泰著 陈之定 彭小平译
相面大夫（小品文）———————于茂植

1981 年第 7 期 刊名:《海燕》
目录

破晓（长篇小说《危难之间》选载）——陈 淼
送暖（小说）————————————杜 歧
二一八病房（小说）————————唐 浩
以死相荐（历史小说）——————阎德荣
父亲（小说）————————————郭振伍
杜二娃逛城（小说）————————张日敏
短篇小说两篇（日本文学介绍）
桔子

矿车————————————————[日]芥川龙子介著　韩　铎译
阿英同志在大连（回忆录）——————钱小惠　钱厚祥
腰表（革命回忆录）——————金竹林口述　孟　君整理
黄山金针花（散文）——————————————杨剑龙
一首唱给伟大母亲的歌（外一首）——————张云晓
珍贵的回忆（诗）——————————————高　云
步云山杂咏（七绝·十二首）————————余定华
老船长（诗）————————————————陈秀庭
百叶窗（咏物诗三首）————————————雁　翎
辣嫂（诗）—————————————————陈峻峰
大道（诗）—————————————————王宗绍
寄深情（诗）————————————————安丰金
生活·时代·作家（作家与青年）————————肖　军
田贲的狱中诗（诗评）————————————石岱宗
剪枝小树会更直（春之苗圃）—————————沐　霆
老鹰和公鸡（寓言）
——————————[俄]列夫·托尔斯泰著　陈之定　彭小平译
我国古代诗词的几个第一（文艺小常识）
—————————————————————朱圣力辑
编后记

1981 年第 8 期　刊名：《海燕》
目录

在龙山的怀抱里（小说）———————————申　平
古城无处不飞絮（小说）———————————春　台
哥儿们（小说）———————————————刘嘉陵
哑巴（小说）————————————————金　河
后爸（小说）————————————————周　英
生活之路（小说）——————————————赵和琪
两个"老二"（小说）—————————————李寿良
记安娜（散文）———————————————文　尔
南游诗草（诗五首）—————————————方　冰
思考（组诗）————————————————张荫宝
呵，大连（诗）———————————————蔡小石
美丽的大连（外二首）————————————施克生
催芽（诗）—————————————————张可绣
黎明期的抒情（二首）————————————杨　山
山乡散曲（组诗）——————————————孙　承
我的癖好（诗）———————————————王宗绍
假如我是朵云—————————————————臧　瑾
注视着什么？（作家与青年）—————————雷抒雁
附：给雷抒雁的信——————————————振　志
雷抒雁小传—————————————————友　人
情长笔细，亲切朴实（名著欣赏）—————————代　一
附：《背影》————————————————朱自清
只此意，最难得（文艺随笔）—————————钟　法
什么是"意识流"（文学小常识）———————弋　戈

骄傲的小树枝（寓言）————————————王宗斗

1981 年第 9 期　刊名：《海燕》
目录

思考和怀念
——纪念鲁迅诞辰一百周年————————原宪千
觅（小说）—————————————————周桂龙
补票（小说）————————————————孙春平
杨二婶娶儿媳（小说）————————————刘树猷
主考官（小说）———————————————韩静霆
并非玩笑的故事（小说）——————毕成宽　蔡小石
攀亲记（小说）———————————————孙传基
马周入仕（历史小说）————————————常万生
小溪的歌（散文）——————————————赵灿群
枣儿红了（散文）——————————————魏绪强
果乡礼赞（大连风物志）———————————丛　束
沉思集（短诗六首）——————李宴清　王文清
程显模　钟振起
生活的浪花（短诗六首）———刘晓滨　孙　颖　陈玉坤
静　然　罗　辑
千里之行　始于足下（作家与青年）—————张笑天
附：给张笑天的信——————————————丰　田
作家张笑天简介———————————————田　佳
从简报引起的风波谈起（杂文）————————王　凡
从生活真实到艺术真实（名著欣赏）——————张福高
戴金质奖章的信鸽（寓言）——————————陈乃祥

1981 年第 10 期　刊名：《海燕》
目录

小说专号
路障————————————————————达　理
子贡生涯——————————————————杨文宝
胆识————————————————————于颖新
小店大盗——————————————————王旦轲
羞—————————————————————张崇谦
登山（儿童文学）——————————————邓　武
故交————————————————————潘学文
中魔（翻译小说）——————[日本]生岛治郎　杨顺安译
鲁迅——真正的革命者
——纪念鲁迅逝世四十五周年————————叶德浴
追求——访女作家张洁（作家专访）——————鲍文清

1981 年第 11 期　刊名:《海燕》
目录

庄严的大门（小说）·······················李宏林
雾的海（小说）·························胡小胡
夕阳下的彩虹（小说）·······················何立彬
新柳（小说）·····················王一民　翟　猛
迈得斯阴谋集团（日本小说）
　　　　　　［日本］星新一著　彦　良　晓　志译
梅花行动（推理小说连载）···········王永顺　常万忠
蛋蛋旅行记（童话）·······················澎　雨
善有善报（民间故事）·······················刘作贤

星海诗页
向往——信赖·····························李　革
回来了·······························陈阿舟
雪花飘舞·······························毕馥华
出航·······························刘新智
乡路·······························马明福
壮志比天高·····························丘　琴
我在生活中的天地间歌唱（诗三首）·············李松涛
我爱秋天（诗）·························曾　层
小景（诗）·····························刘戊声
漫步在诗的郊野
　——关于诗歌欣赏的通信·················谢　冕
附：给谢冕的信·························薛　石
选材要严（作家与青年）···················金　河
附：给金河的信·························霖　群
金河小传·······························陆　红
寄情于摩景状物之中（文艺随笔）·············雁　翎
从富尔曼诺夫挨"骂"谈起（文艺随笔）···········吕　林

寓言
新朋友与老朋友
猫·······························凝　溪

1981 年第 12 期　刊名:《海燕》
目录

春光属于你，谷建芬（报告文学）···········石　湾
腊八宴（小说）·························张福麟
小街上的薄铁铺（小说）···················辛　华
文晶和小伙子们（小说）···················邓　刚
天女木兰（小说）·······················小　潭
梅花行动（推理小说）···········王永顺　常万忠
悼念陈淼同志·························邵默夏
童心悠悠忆芳魂（散文）···················张德言

墨海诗页
秋·······························李　阳
秋收·······························韩春明
校园素描·····························徐海滨
悼陈淼同志·····························余定华
巡逻归来·····················海　鹰　君　亚
翱翔者短歌（组诗）·······················胡丰传
短诗集（五首）·················顾　工　华　卓
刘　镇　朱谷忠　王金图
漫步在诗的郊野（续）
　——关于诗歌欣赏的通信·················谢　冕
引力（作家专访）
　——记青年女作家张抗抗·················鲍文清
纵之·顺之·疗之（文艺随笔）···············曾祥明
有趣而令人深思的"误会"（文艺随笔）···········童玉云
金厂长的一席话（杂文）···················王醒夫
妙手回春的好药方（读者论坛）···············朱天红
山羊和猎狗（寓言）·······················薛文介
江河水（声乐曲）···············李直心词　穆传永曲
声乐曲《江河水》的一点说明·················李　言

1982 年第 1 期　刊名:《海燕》
目录

共同耕耘，繁荣社会主义文艺（滨海论坛）···毕馥华
进关和出关
　——记"九一八"事变前后·················宋　黎
市委书记轶闻（小说）·····················李宏林
生活的岔路口（小说）·····················焕　之
酒后无德（小说）·······················张廷竹
画面里的画面（小说）·····················庸　浩
老面头和史队长（小说）···················张宜昌
梅花行动（推理小说）···········王永顺　常万忠
死神叩门的时刻（散文）···················陈　淼
古渡夕照明（散文）·······················赵　赴
海神娘娘（民间故事）·····················晓　娟

星海诗页
两安行（四首）·························陈　正
赴约·······························张可绣
给昔日一位女友·························朱圣力
散歌集···········谢挺宇　孙友田　李占学　高伐林
灵感，从远方走来（作家与青年）·············晓　凡
附：给晓凡的信·························张　言
晓凡简介·····························王　棣
茅盾补充的六个字（文艺随笔）·······吕　林　张德印
给读者一块自由联想的空间（文艺随笔）·······史晓鸥

花苑中的玫瑰
——对联（滨海杂谈）························朱积孝
读者来信（三篇）························庄锡华等

1982 年第 2 期　刊名:《海燕》
目录

山姑（小说）····························胡清和
生在一条青藤上（小说）··················韩静霆
二婶戏傻子（小说）······················李长东
蜿蜒的乡间邮路（小说）··················江　汗
晚霞映在湖面上（小说）··················赵和琪
广岛之歌（日本文学介绍）
············[日本]今西祐行　晓　志　彦　良译
人的这颗心（小说）······················景　奇
校园剪影（散文）························王素英
最是难得童子心（散文）··········高满堂　高书堂

星海诗页
战果何处来（诗）························林　火
杂咏四首（诗）··························施克生
弹花小伙（诗）··························王宗斗
写在喧腾的工地（组诗）··················何　鹰
诗三首····················陈显荣　崔永生　和谷
让我们的文艺放射出时代的光彩
——评《海燕》一九八一年的小说创作·······张福高
走马文苑赏诗花（评论）
——谈《海燕》一九八一年发表的诗歌········代　一
生活·灵感·佳作（评论）················李世刚
名作家写作习惯趣谈（作家轶事）··········程东安
从列宁与高尔基的友谊谈起（评论）········王盛隆

1982 年第 3 期　刊名:《海燕》
目录

小说专号
遥远的星······························邹本泉
痴女和"佛头蝎子"······················毛志成
短篇二题······························母国政
妯娌································梁淑香
债··································李　蔚
娟怨（历史小说）························常万生
刘志高老爷子··························温俊权
秦老头嫁女····························孙玉凯
"西绪福斯"刺杀"木偶"（日本文学介绍）
··················[日本]森村诚一著　迟　军译
驹··································郑家生

深秋明月夜····················李述宽　岳长贵
石头房密谋（长篇选载）··················单　超
创作随想录（作家与青年）················张天民
附：作家张天民小传······················黄　淮
鲁迅杂文中的讽刺艺术··········周容泉　徐应佩

1982 年第 4 期　刊名:《海燕》
目录

魔界（小说）····························李　陀
心上的清泉（小说）······················朱振国
钓人的孩子（短篇三则）··················汪曾祺
老龙"大国舅"（小说）····················申　平
外祖父家里的事（小说）··················邓　刚
活着的和死去的（小说）··················华　戎
琴弦（小说）····························张福麟
一场空（翻译小说）
··············艾格尼恩·L.泰勒著　闻凤久译
亚洲飞人（报告文学）····················石　湾
傍晚，在小路上……（散文）··············赵灿群
松鼠姑娘与田鼠先生（童话）··············红　蕾
团圆月（诗）····························刘异云
星海诗页··············仇振荣　姜风清　金　来
　　　　　王代红　任惠敏　刘鸣芳　丁传军
浪花集（组诗）··························黄　淮
静悄悄闪光的星（作家专访）··············鲍文清
内情与外物的有机统一（文艺随笔）
——学习我国古典诗词意境的一点体会·······刘显昌
中国作家笔名探源
——萧军··············于　胜　丛　杨　国　成
有感于别开生面的照片（杂文）············王长夫
匠心来自观察（读者论坛）················刘　成
乌鸦与喜鹊（外一首·寓言）··············凝　溪
1981 年《海燕》作品奖揭晓

1982 年第 5 期　刊名:《海燕》
目录

我不了解她（小说）······················韩静霆
多活一小时（小说）······················冯骥才
停车一分钟（小说）······················孙春平
文章作在老婆身上（小说）················权延赤
门神（小说）····························侯贤奎
美歌（小说）····················韩冬　李治帮
与幼小者（日本文学之窗）
··················[日本]有岛武郎　彦　良　晓　志译
心花（散文）····························单　复

静坐囍床（春花小雨·散文）·········孙惠芬
我是一颗星（诗）·················高　云
星海诗页（诗）
·········方　人　王贵新　刘修建　肖应俭　王宗绍
从自己身边写起（作家与青年）·······叶　辛
附：给叶辛的信·················林逢春
青年作家叶辛简介···············林　雨
生活是文艺的唯一源泉
——纪念《在延安文艺座谈会上的讲话》发表四十周年
·······························柯　夫
老舍先生谈文学语言问题
——一九五七年春天一次讲话的记录·····王　凡整理
落笔于细致，着眼于深刻（《春花小雨》评论）
——读《静坐囍床》··············文　昕
尽在不言中（文艺随笔）···········江　含
以镜为镜（杂文）···············施建石
读《死神叩门的时刻》有感（读者论坛）···王猛河

1982 年第 6 期　刊名：《海燕》

目录

大海的肖像（小说）··············柯　夫
铁面厂长（小说）···············李长山
辛老师（小说）·················张长弓
我躲在阁楼上（小说）·············尹　平
失败的尝试（小说）··············孙　克
得失（小说两篇）···············王贺军
实力的较量（日本文学之窗）
·················〔日〕星新一著　罗兴典译
留给傣家的祝福（散文）···········金　平
"姑嫂石"的传说（民间故事）········钟　笙
银色的森林（诗三首）·············宁　宇
生命岂有涯（诗）···············林　火
星海诗页（诗七首）·····张荫宝　张书瀛　尹连胜
钟振起　刘新智　彭振德　凌　三
散歌集（诗五首）·········侯秀云　佟　畴
李瑞昌　李冰牧
要开掘人们心灵中的美（滨海论坛）·····王淑秧
语言的魅力（评论）··············杜一白
穿上西装革履的陈世和潘金莲（杂文）····毕馥华
短篇何时方能短（随笔）···········刑富君
中国作家笔名探源
——端木蕻良········于胜国　成　丛　杨
别具一格的环境描写（评论）·········吴功正
《面鱼儿》写作前后（读者·作者·编者）···王素英
我喜爱《给山》这首抒情诗（读者·作者·编者）
·······························张云友
文讯·······················一　丁

1982 年第 7 期　刊名：《海燕》

目录

小说专号

月是仲秋明··················余加祯
君子兰····················赵云鹤
离离原上草（历史小说）···········行　人
老邻居····················易　旻
五彩缤纷的万花筒··············陈吉蓉
白纸·····················靳恩全
比爱情更珍贵的················常跃强
有这样一个黄昏···············张廷竹
海角鸥影···················王素英
竹旁门（日本小说·日本文学之窗）
··············〔日〕国本田独步　于　雁译
一座农民办的旅馆（报告文学）·······张　琳

1982 年第 8 期　刊名：《海燕》

目录

袁厂长三治"小毛驴"（小说）········邓　刚
张团长请客（小说）··············戈　毅
朋友（小说）·················朱振国
老林的心愿（小说）··············史　更
考场上（小说）················李春娟
送蟹（小说）·················海　夫
赤蛙（日本小说·日本文学之窗）
··············〔日〕岛木健作著　迟　军译
秋天的云（报告文学）············王传珍
异样风光别样情（散文）···········程树榛
美丽的棒棰岛（民间故事）··········宋一平
星海诗页（诗九首）·····卢晨泉　刘佩军　施克生
陈　曦　晓　牧　丁占朴　于晓飞　孙秀清　张春学
生活的浪花（诗七首）·······张常信　厉　风

春花小雨

没对上号的岳父（小说）···········庄百政
带露折花色（评论）··············张福高
先要在生活中塑造好自己（滨海论坛）····张德印
评论家，敬你一杯酒（随笔）·········于　铁
洗脸也大有深意（评论）
——《红楼梦》艺术杂谈···········林文山
文学与医学（随笔）··············草　云
反衬的魅力（随笔）··············达　人
一个活生生的老农形象（读者论坛）
——读短篇小说《老龙‘大国舅’》·····杨纯光
味精和盐（寓言）···············邹世华

浮云和大树（寓言）·······················梁立松

他在遥远的山乡（作家专访）
　——访青年作家何士光·····················金　平

1982 年第 9 期　刊名：《海燕》
目录

关于文学创作（作家青年）·················丁　玲
敬礼！妈妈（小说）·····················宋学武
浴海风波（小说）······················字　心
同心结（小说）················张　钊　张　鉴
子威（小说）························毛志成
白天仙与黑瘟神（小说）··················许润江
真的故事（小说）······················唐　浩
吴奶奶修房（小说）·····················葛云飞
短篇二则（小说）······················中　夙
　亲戚
　笨锁儿
温暖的右手（小说·日本文学之窗）
　　　　　　　　[日]壶井荣著　包福履译
友谊常存翰墨香（散文）··················于植元
吴姑城的故事（民间故事）··········姜学友　于同群
星海诗页············李宴青　陈家德　孙书彬
　王中少　陈　伟　陈　正
生活的浪花···········王金屏　王明希　左一兵
　谢锐光　王贺锦
离情万丈在剪裁，转侧看花花不定（评论）
　　　　　　　　　　　　徐应佩　周溶泉
得意可以忘形（文艺随你）·················华　铭
创新漫议（文艺随笔）···················黄世英
文学作品中的生活真实拾零（文坛谈趣）·········东　安
真假月亮（寓言）······················刘占武

1982 年第 10 期　刊名：《海燕》
目录

小说专号
对号····························金　河
游子心···························苏泽祥
超音速瞬间·························宿聚生
多余老汉··························张福麟
金花爷爷··························刘继赴
出息····························黎　石
癌症？···························何若黔
"冰混"护士·························邵晓波
旷工的儿子（日本文学之窗）
　　　　　　　　[日]山本有三著　晓志彦　良译
生活、文学和我（作家与青年）···············何士光
附：青年作家何士光简介··················一　文

1982 年第 11 期　刊名：《海燕》
目录

同窗（小说）························徐　耕
三个好朋友（小说）·····················肖　翔
潋（小说）·························陈吉蓉
泼妇何二嫂（小说）··············何琼崖　夏荫祖
淡淡的紫丁香（小说）····················何淑清
难惹的小女兵（小说）····················于庆忠
罗斯冰架下的迷宫（科幻小说连载）·············华　戎
父归（日本文学之窗）····[日]菊池宽　于　雁译
槐树花开（散文）······················单　复
扶桑国里书友谊（散文）··················陈　正
星海诗页············王德盛　王中少　李宝松
　彭会安　王发斌
生活的浪花···········陈玉坤　李占学　黄　宏
　蔡国瑞　张文海
棒棰岛杂咏·························朱则民

春花小雨
买鞋（小说）························李　杰
于朴实中见清新（评论）——读《买鞋》·········陈静斐
真实·深刻·共鸣（作家谈创作）··············李国文
有希望的文学新人
　——邓刚及其小说创作···················金　河
中国人民的品德和气质（评论）···············朱天红
《羞》是一篇值得商榷的作品（读者来信）·········郑业林
为社会主义建设当好《门神》（读者来信）·········徐济根

1982 年第 12 期　刊名：《海燕》
目录

四姐星（小说）······················唐　浩
来自雨中的启示（小说）··················郑万隆
闵三买驴（小说）······················凌　河
最新消息（小说）······················孙玉凯
风雪之夜（小说）······················王　铮
罗斯冰架下的迷宫（科幻小说连载二）···········华　戎
登山赏莲（散文）······················丛　束
她爱大海（散文）······················张述哲
星海诗页············仇振荣　肖应俭　韩燕燕
　钟振起　刘新智　文　戌
生活的浪花···········刑万生　梁谢成　安　阳
漫谈散文（作家与青年）··················徐　刚

附：给徐刚的信⋯⋯⋯⋯⋯⋯⋯⋯林 润
青年作家徐刚简介⋯⋯⋯⋯⋯⋯李 文
在生活中开采诗的宝藏（作家谈创作）⋯孙友田
为有源头活水来（创作谈）⋯⋯王主玉
关于"Z.玛卡"的联想（文艺随笔）⋯史晓鸥
焚稿（文坛趣谈）⋯⋯⋯⋯⋯⋯丁国成
追求生活中的庄严美（评论）⋯陈悦青
时代需要高昂的进行曲（评论）⋯佟明光

1983 年第 1 期　刊名:《海燕》
目录

他很可爱（小说）⋯⋯⋯⋯⋯⋯浩 然
大年初一（小说）⋯⋯⋯⋯⋯⋯邓 刚
丁香花很香，很香（小说）⋯⋯杨道立
黑铁李轶事（小说）⋯⋯⋯⋯⋯孙传基
独角莲（报告文学）⋯⋯⋯⋯⋯沙仁昌
罗斯冰架下的迷宫（科幻小说连载三）⋯华 戎
善辩的幸兵卫（日本文学之窗）
⋯⋯⋯⋯［日本］星新一著 郭赈海
溪流集（散文）⋯⋯⋯⋯⋯⋯徐 刚
渔乡话河豚（散文）⋯⋯⋯⋯⋯荣 崟
初雪小集（诗）⋯⋯张荫宝 林牧雪 倩 晴
李 革 黄东成 樊发稼 王宗斗 王中朝
岸边青松（诗六首）⋯许海贵 胡世宗 王晋军
柳 沄 李 合
"人物积累"刍议（作家与青年）⋯陈建功
附：给陈建功的信⋯⋯⋯⋯⋯⋯简 之
青年作家陈建功简介⋯⋯⋯⋯迟 文
鲁迅小说题材特点（评论）⋯⋯杜一白
创作起步莫畏难（文艺随笔）⋯草 云
"好人"与"坏人"琐议（文艺随笔）⋯史振中
暂时罢笔的诀窍（文坛趣事）⋯任文锁
"代沟"上的桥梁（读者论坛）⋯曾祥明

1983 年第 2 期　刊名:《海燕》
目录

小说专号
7 号软席宝箱⋯⋯⋯⋯⋯⋯⋯张抗抗
柳暗花明⋯⋯⋯⋯⋯⋯⋯⋯⋯张福麟
第一个军礼⋯⋯⋯⋯⋯⋯⋯⋯宋学武
故乡人⋯⋯⋯⋯⋯⋯⋯⋯⋯⋯吴若增
明天是元旦⋯⋯⋯⋯⋯⋯⋯⋯郭振伍
学徒日记⋯⋯⋯⋯⋯⋯⋯⋯⋯叶枝盛
难忘的旅伴⋯⋯⋯⋯⋯⋯⋯⋯谢友鄞
采访⋯⋯⋯⋯⋯⋯⋯⋯⋯⋯⋯纪恒夫

换种⋯⋯⋯⋯⋯⋯⋯⋯⋯⋯⋯王金力
一个中学生和几个成年人的故事（报告文学）
⋯⋯⋯⋯⋯⋯⋯⋯卢 奕 牟其禾
清作的妻子（日本文学之窗）
⋯⋯⋯⋯［日本］吉田絃二郎著 吴树文译
百花的园地　新人的画卷
——《海燕》一九八二年小说印象记⋯何 群

1983 年第 3 期　刊名:《海燕》
目录

女儿在大陆（报告文学）⋯李宏林 李世栋
嫁与"弄潮儿"（小说）⋯⋯⋯江 汗

女作者小说专辑
"鬼"梁⋯⋯⋯⋯⋯⋯⋯⋯⋯梁淑香
慧宁孃孃⋯⋯⋯⋯⋯⋯⋯⋯⋯杨道立
郊外，幽静的海滨⋯⋯⋯⋯⋯王素英
搭配来的女教师⋯⋯⋯⋯⋯⋯李 杰
童心⋯⋯⋯⋯⋯⋯⋯⋯⋯⋯⋯谢迎晓
渔友（小说）⋯⋯⋯⋯⋯⋯⋯韩耀旗
熊本牧师（小说·日本文学之窗）
⋯⋯⋯⋯［日］梅崎春生著 郭 伦译
刻苦追求京剧艺术的一生
——悼念京剧表演艺术家曹艺斌同志⋯文 清
山乡散曲（散文）⋯⋯⋯⋯⋯沙仁昌
九顶凤凰山（民间传说）⋯⋯杨连群
人民的法典（诗）
——欢呼新宪法的诞生⋯⋯⋯裘 真

女作者诗辑
生活，在微笑（组诗）⋯⋯⋯任惠敏
总是要相信自己（外一首）⋯小 星
植树小景⋯⋯⋯⋯⋯⋯⋯⋯⋯查惠珠
海岛行（旧体诗五首）⋯⋯⋯吕若曾
金子般的心灵（评论）⋯⋯⋯张卫国
血泪凝诗情　理想照千秋（评论）
——读丁玲的《"牛棚"小品》⋯王淑秋
浅议小说中的对话（文艺随笔）
——夜读札记⋯⋯⋯⋯⋯⋯⋯吴 山
联想与回味随谈（文艺随笔）⋯达 人
对《同窗》的一点浅见（读者论坛）⋯陈 正
一个可爱的知识分子形象（读者论坛）⋯王宗斗
心灵之歌（来信摘登）⋯⋯⋯阳春桂
公鸡与苍鹰（寓言）⋯⋯⋯⋯林锡胜

1983 年第 4 期　刊名:《海燕》
目录

串门儿串到第三回（小说）……………………晨　歌
办公厅主任的为难事（小说）………………邹本泉
病马吟（历史小说）…………………………常万生
美的变奏曲（小说）…………………………刘孝存
"狗见愁"与"死不了"（小说）……………时　明
"掌权"大嫂（小说）………………………汀　田
鱼（小说）……………………………………赵松泉
黑链（推理小说连载之一）………………钱伟东
清妈和我（日本文学介绍·小说）
　　　　　　　　［日］夏目漱石著　罗兴典译
明月梨花（散文）……………………………赵　赴
太湖鸳鸯情（散文）………………谭亚新　金波
访欧记诗………………………………………余定华
迎春小集（组诗十一首）……施克生　孙　颖　小路
姜维平　子　页　王延青　寒星　李端昌
渔村小景（组诗）…………………………滕广强
当你提笔之前……（作家与青年）………李国文
附：给李国文同志的信……………………玉　良
作家李国文同志简介………………………思　文
会"说话"的馒头（文艺随笔）……………钟　法
作品与酒（文艺随笔）………………………艾　彤
琐谈"反常"（文艺随笔）…………………徐剑君
白鹭、渔鹰及其他（杂文）………………王长夫
萤火虫和月亮（寓言）……………………梁云祥
一九八二年《海燕》作品奖名单

1983 年第 5 期　刊名:《海燕》
目录

仅仅二十四小时（小说）……………………晓　凡
飘闪在心底的蓝披肩（小说）………………刘玉琢
稀奇篇（小说）……………………王金屏　王长岭
小巷子里的梆子声（小说）…………………辛　华
处分（小说）…………………………………邱晓光
采下这枝苦丁香（小说）……………………赵韫颖
黑链（推理销售连载之二）………………钱伟东
大川的水（小说·日本文学之窗）
　　　　　　　　　芥川龙之介著　吴树文译
大连湾抒怀（散文）…………………………董志正
小平岛的传说（民间故事）………………宋世广
我们工厂，充满阳光（组诗）………………孙　承
榴花小集………………王宗斗　郭　廊　姜殿华
谢善恕　陈　伟　朱圣力　刘文玉
夜宿……………………………………………杨子忱

形象生动，语言精当（名作欣赏）——读老舍的《断
魂枪》…………………………………………陈静斐
附：《断魂枪》………………………………老　舍
创作，需要敏感和激情（滨海论坛）………戴　翼
馨香沁心脾（评论）
　　——读散文《槐树开花》………………单泽润
模仿与创造（文艺随笔）……………………宁殿弼
热情讴歌新时代的英雄（读者来信）………杨先华

1983 年第 6 期　刊名:《海燕》
目录

魂迹弯弯（小说）……………………………周熙高
月亮兄弟（小说）……………………………侯贤奎
颤悠的野菊花（小说）………………………郑九蝉
别是一般滋味在心头（长篇报告文学节选）……胡清和
羊羊（小说）…………………………………赵云鹤
家信（小说）…………………………………孙传基
黑链（推理小说连载之三）………………钱伟东
石川啄木诗三首（日本文学之窗）………于　雷译
姊妹开花（散文）……………………………彩　霞
回乡（散文）…………………………………罗　丹
大连抒情诗（组诗）…………………………卢晨泉
留别诗（三首）………………………………陆　毅
夏风小集（短诗六首）
　　　　　锐　杰　杜维奇　路地　张常信
礼物（短诗六首）………文　丙　王代红　滕毓旭
喻德荣　李富祺　张玉庭
让我们两代人互相理解吧（评论）………晓　飞
细节要真实，作品才可信（评论）………永　胜
一个真实感人的形象（评论）………………晓　红
从能治病的诗文谈起（文艺随笔）………吴九成
也谈"凤姐"（文艺随笔）…………………王　悦
结尾琐谈（文艺随笔）………………………江　含
蛙鸣·鸡啼·语言（文艺随笔）……………陈汉江
骆宾基（作家笔名探源）……丛　杨　国成　于胜
一片黄树叶（寓言）…………………………梁立松
落在污泥中的珍珠（寓言）………………薛文介

1983 年第 7 期　刊名:《海燕》
目录

夭二厂长上任记（小说）……………………侯贤奎
心的呼唤（小说）……………………………许润江
一家之主（小说）……………………………孙玉凯
绿岛（小说）…………………………………张福麟
一份电话记录（小说）………………………李保国

蝉（小说）························桂雨清
戏（小说）························张宇清
黑链（推理小说连载之四）············钱伟东
洛阳记胜（散文）····················滕明道
山里人的喜事（散文）················单泽润
龙王塘（民间故事）·········蒋　焕　刘长杰
啊！农家的小院（组诗）··············张可绣
诗三首····························传　军
短歌集（短诗十首）·····刘晓滨　崔永生　王星之
叶延滨　朱则民　王兆琪
潺潺桃花水（评论）
——读小说《黑铁李轶事》············史晓鸥
作家与日记（文艺随笔）··············草　云
从金蔷薇想到的（文艺随笔）··········黄秀英
他平凡而可爱（读者来信）
——读小说《他很可爱》··············徐本礼
向狮子挑战的青蛙（寓言）············周冰冰

1983 年第 8 期　刊名:《海燕》
目录

深深的海洋（小说）··················余加祯
遥想桃花坪（小说）··················迟松年
淡淡的苦味（小说）··················宿聚生
圆恩寺（小说）······················高行健
慈母心（小说）······················王　铮
弯弯小河边（小说）··················宋一平
特等奖彩券（小说）··················李隆恩
盼（小说）························赵维友
反胃（小说）······················张　烈
朴贝明珠（散文）····················丛　束
一个新塘瓷盆（小品文）··············杨鸿义
暑假诗絮························张文海
三人小集（旧体诗十六首）
郭述申　公　木　吴　山
水兵小夜曲（组诗）··················张金杰
旅顺口之歌（短诗四首）···刘新智　杨先贵　侯文学

春花小雨
珍姐（散文）······················姚石民
感情真挚，题旨透彻（评论）
——读散文《珍姐》··················高　云
一篇对生活有独到见地的好小说（评论）
——读《仅仅二十四小时》············胡世宗
“听壁脚”的艺术（文艺随笔）··········林文山
先将想到的写出来（文坛趣谈）········任文锁
创作灵感小议（文艺随笔）············黄世英

1983 年第 9 期　刊名:《海燕》
目录

新作者小说专号
国脚之母··························刘朝平
水花村少女························孙惠芬
“科里蹲”法庭纪事··················邵晓波
短篇二则··························张　彬
欢腾跳跃的泉水河··················冷　严
礼单丢失之后······················胡登科
父女情····························谢迎晓
找“大脚”··························石雪清
月下小卖店························刘天晨
小店夜曲··························安　端
二十岁生日························李　杰
车过 G 镇··························唐　扶
家务事····························赵青田
厨房琐事··························王洪刚
幼小的新芽　未来的希望
——编后有感

1983 年第 10 期　刊名:《海燕》
目录

白桦树皮灯罩（小说）················梁晓声
鸟，又飞了回来（小说）··············肖复兴
有个马车夫（小说）··················刘进元
山楂树（小说）······················曹鸿翔
心迹（小说）······················胡清和
边老蹲（小说）······················韩树东
黑暗中的觉悟（小小说）············欧阳青尼
貂场记实（散文）····················林道远
一袋铜钱（民间故事）················李　明
抒情诗小集（短诗十一首）·······周绪琳　小　星
杨锦峰　瑶　溪　何　鹰　仇振荣　彭振德　凌　三
西北行（组诗）······················王多闻
枣下问答··························刘绍棠
附：作家刘绍棠简介··················文　尚
文学，应给人以鼓舞（读者论坛）
——评《圆恩寺》···········永　胜　晓　意
作家的“库存”（文艺随笔）············刘成信
诗谜（文艺随笔）····················丁国成
眼睛与头发（文艺随笔）··············许鸿翔
化无形为有形（文艺随笔）············马立鞭
“傍添几笔乱荆榛”（文艺随笔）········金　予

1983 年第 11 期　刊名:《海燕》

目录

在荒野上（小说）——————————邓　刚
一路上花朵自会开放（小说）—————尚绍华
嫣红的蔷薇（小说）————————王啸文
星月（小说）——————————金　平
路（小说）——————————李乔亚
司机与货郎（小说）————————王不天
雕刻（小说）——————————王丽萍
酸枣树（散文）——————————鲁　坎
静静的小巷（散文）————————秀　枫
滨城抒情（组诗）—————————张荫宝
我们的祖国充满阳光（短诗八首）
　　　　　刑万生　刘鸣芳　李瑞昌
诗二首————————————苏　生　王　凡
关于诗的品格（作家与青年）————公　刘
附：给公刘同志的信————————林　青
诗人公刘简介——————————海　平
永不熄灭的爱国主义生命之火（名著欣赏）
——闻一多爱国诗篇重读札记————戴　翼
附：闻一多先生诗三首
一颗璀璨的星（评论）
——关于小说《四姐星》的通信————刘明德
诗艺随想录（诗话）————————阿　红

1983 年第 12 期　刊名:《海燕》

目录

爱的变奏曲（小说）————————刘孝存
少妇（小说）——————————金　河
天凉好个秋（小说）————————张国巨
哎呦，妈妈……（小说）—————李万启
归（小说）——————————殷慧芬　楼耀福
表的风波（小说）—————————汀　田
积雪（小说）——————————初学文
老牛（小说）——————————大　可
画（散文）——————————李智发
普兰店的来历（民间故事）—————于茂植
伟大的奠基者
——纪念毛主席九十诞辰————裘　真
夕阳颂——————————潘宏仁
在祖国的大地上（短诗八首）
——张书瀛　刘一丁　王中少　李　炜　张宝义
防波堤上抒情——————————高　云
掌握思想武器　清除精神污染————王　凡
美得追求者（评论）

——评达理的小说创作————陈悦青　毕馥华
第一次……（作家与青年）—————王安忆
附：给王安忆同志的信————————璐　璐
青年女作家王安忆简介————————木　立
谈主题提炼（创作谈）————————李宏林
"势利眼"考（杂文）————————王醒夫
普希金对托尔斯泰的巨大影响（文学家轶事）
——————————程东安

1984 年第 1 期　刊名:《海燕》

目录

新主任二三事（小说）————————张宝申
一个架着双拐的人（小说）—————李　离
青山苍苍（小说）—————————学　利
喜欢高调的女教师（小说）—————于爱香
村头有棵老梨树（小说）———高满堂　史卫国
关红脸和"大秧子"（小说）————张宜昌
温馨的秋夜（小说）————————孙惠芬
灯（散文）——————————单泽润
曲柳花（散文）——————————王炳顺
文竹（散文）——————————素　素
旅顺口（外一首）—————————公　刘

工厂新曲
阳光下的神奇（组诗）————————侯秀云
竞争印象——————————曲庆玮
在祖国的大地上（短诗五首）———王　洪　戚积广
王焕民　陆伟然　赵荣超

春花小雨
兄弟姐妹（小说）—————————刘　萍
笔染淡墨描重彩
——读短篇小说《兄弟姐妹》————刘长恒
错鱼守护的"神物"（评论）——给邓刚的信—单　复
曲折起伏妙趣横生（文艺随笔）————达　人
丹青难写是精神（文艺随笔）————钟　法
"红楼"学艺琐谈（文艺随笔）————草　云

1984 年第 2 期　刊名:《海燕》

目录

忘却（小说）——————————赵　赴
心心（小说）——————————聂心如
扬起爱的风帆吧（小说）——————于力君
冬夜（小说）——————————中　凤
糖水菠萝（小说）—————————康　翎

夕照（小说）--------------------------凌　河
清明雨（小说）------------------------卢庆福
他当了领导……（小说）----------------新　学
在那温馨的角落（报告文学）------------石　湾
今夜星光灿烂（小说）------------------张连才
餐桌上（小说）------------------------阎文鹏
大海的歌（散文）----------------------高　云
在彩色水晶宫里（散文）----------------姜宝娥
海港小夜曲（组诗）--------------------宁　宇
饭桌，摆在了小院（外二首）------------任惠敏
短诗小集------------陈峻峰　王　强　肖应俭
小　星　郑宝富
加强文艺批评　清除精神污染（评论）----杨荫隆
美与丑
——艺术辩证法随笔（文艺随笔）--------赵　捷
作家应该献给人民最好的精神食粮（评论）--王淑秧

1984 年第 3 期　刊名：《海燕》
目录

女作者小说报告文学专辑
紫丁香飘香的季节（小说）--------------吴泽蕴
银色的光豪（小说）--------------------张　彬
新来的通讯员（小说）------------------何立彬
等一等，送奶人（小说）----------------武冬梅
安居巷的报告（报告文学）--------------李　明
燥风（历史小说）----------------------常万生
走向永恒（小说）----------------------王金年
飘海风的小城（翻译小说）
　　　　　　[日本]松下龙一著　韩　铎译
长江大桥放歌（散文）------------------邓荫柯
甲午战争的传说（民间传说）------------柳　笛

女作者诗小辑
在没有围墙的大学里--------------------董桂萍
别了，忧虑----------------------------黄翠英
大地，崛起这么多的新房----------------严　厉
鲤鱼--------------------------------郑玛丽
短诗十三首（诗画之页）--------王永林　王凤惠
高伐林　张少波　北　月　澎　舟　于　冰　陈　杰
张伦先
怎样积累生活（作家与青年）------------叶蔚林
附：给作家叶蔚林的信------------------文　生
作家叶蔚林简介------------------------海　平
现代主义文艺论与资产阶级世界观（评论）--戴　翼
侠骨丹心铸诗魂（名作欣赏）——读鉴胡女侠爱国诗
篇有感------------------------------陈悦青
附：秋瑾诗二首

1984 年第 4 期　刊名：《海燕》
目录

她·他·他们（小说）------------------王福田
狂风（小说）--------------------------宋学武
摇响了拨浪鼓（小说）------------------董桂萍
好好看看我，看看孩子（小说）----------郭　华
飘去的云朵（小说）--------------------张福麟
月亮，我轻轻对你说（小说）------------安　端
小岛渔光（报告文学）------------------张　琳
紫花槐（散文）------------------------焕　之
奇异的思念（报告文学）----------------庞泽云
散歌集（四首）------------------------张金杰
沉思小辑（短诗四首）--------董国勋　于　冰　马国杰
一九八三年《海燕》小说漫评（评论）------张福高
多样的形态　多姿的鲜花（评论）
——读一九八三年《海燕》的诗作有感------湘　竹
荒野上的茉莉花（评论）
——读邓刚新作《在荒野上》--------------叶纪彬
万事开头难（艺苑撷英）----------------刘成信

1984 年第 5 期　刊名：《海燕》
目录

春映河，偌大个河流（小说·征文）--------孙惠芬
绿叶掩映着的营区（小说）--------------吴戈平
洗礼（小说）--------------------------何若黔
写给母亲的信（小说）------------------于爱香
苦瓜（小说）--------------------------王　铮
赔情（小说）--------------------谢忠荣　王福德
祖国和人民将记住你（报告文学·征文）----王传珍
小塑料猫的尾巴（童话）----------------郑小凯
啊，花园口（外二首·征文）--------------卢晨泉

五月献诗
乔迁之夜吟新章（外一首）--------------潘宏仁
焊花--------------------------------方　红
船台，我们的责任田（外一首·征文）------阿　拜
琴弦（外一首）------------------------黎　曼
印花厂拾穗（二首·征文）----------------单泽润
检验工------------------------------端　昌
盐工心中的海--------------------------王中少
游园（外一首）------------------------晓　阳
著名诗人臧克家给潘宏仁的一封信--------臧克家
文学作品应该讴歌时代的代表（滨海论坛）--杨成潜

作品短评

宁在直中取，不在曲中求 —————— 林 润
恬淡，但感人 —————————————— 王晓峰
一石数鸟见功力 —————————————— 晓 意
"礼单"的背后 ——————————————— 刘东明
作家的声望与谦虚的美德（文艺随笔）—— 草 絮

1984 年第 6 期 刊名:《海燕》
目录

命运·自信·希望（报告文学·征文）
　　　　　　　　　　　　郭东斌　沙秀敏
到海岛探家的美院学生（小说）———— 邵默夏
南国绿宝石（小说）———————————— 刘元举
君子之风（小说）—————————————— 朱晓黄
留在英纳河畔的思恋（小说）———— 孙广森
弹琵琶的姑娘（小说）—————————— 白晖华
阳台组曲（小说）—————— 马晓光　朱淑琴
瘸腿成子（小说）—————————————— 岳 缶
请客（小说·春花小雨）————————— 朱振生
啊，圆明园（散文）———————————— 王恩宇
龙脉（散文）———————————————— 赵 赴
枕木引起的情思（散文）———————— 李连泰
城建新区的梦（外一首·征文）———— 钟振起
大连南路啊（诗）————————————— 邢万生
沃土新苗（诗·处女作小辑）—— 曲圣文　陈 杰
杨灵芝　庆 义　范传明　周悦涵　邹广桓　尹 崇
献给儿童一束花（诗辑）—— 王代红　滕毓旭　文 丙
世俗之风不可随（评论）————————— 高 云
"忘却"引起的思索（评论）—————— 永 胜
从"为他人做嫁衣裳"说开去（文艺随笔）— 白日勤
"留下买路钱"与"送上买路钱"（杂文）—— 李春燕
诗人都是爱美的（诗话）———————— 阿 红

1984 年第 7 期 刊名:《海燕》
目录

第一印象（小说·征文）————————— 毕成宽
疾风劲吹（长篇小说选载）——————— 韶 华
"大拿"苦恼事（小说·征文）————— 李 离
静夜思（小说）—————————————— 金 平
妈妈真的老了（小说）—————————— 白小易
祭月（小说）———————————————— 宋一平
回忆与憧憬（小说）———————————— 姜维平
在我们这楼里（小说）—————————— 李笑我
比翼奋飞　鹏程万里（作家专访·征文）
——访青年作家达理夫妇———————— 毕馥华

冰鞋的故事（散文）———————————— 鲁 野
七月，这火热的季节（组诗·征文）—— 宋庆毅
商场散歌（四首·征文）———————— 刘鸣芳
黑石礁（诗）———————————————— 邵燕祥
党啊，我属于你（诗·征文）————— 王宗斗
避雷针（诗）———————————————— 张文海
重要的功课（作家与青年）——————— 达 理
给青年作家达理的信———————————— 廖 雯
青年作家达理简介———————————— 海 平
诗苑剪絮（文艺随笔）—————————— 柏文猛
米勒的选择（文艺随笔）———————— 吕 林
"避"与"犯"的辩证法（文艺随笔）—— 马立鞭

1984 年第 8 期 刊名:《海燕》
目录

小说专号

走出寂寞 ———————————————— 桂雨清
见习所长（征文）————————————— 李隆恩
男人的"领地"与女人的"王国"（征文）— 王洪刚
古汉语讲师和他的女学生（征文）—— 中 夙
秋夜 ————————————————————— 常跃强
警校有位女教官（征文）———————— 姚石民
退婚 ————————————————————— 赵灿群
黑色皮包 —————————————————— 荣 崟
我与李雪（征文）—————————————— 张 玲
哥哥啊哥哥 ———————————————— 李万启
迈出艰难的第一步（评论）
——读小说《摇响了拨浪鼓》—————— 高 云
当代带兵人的心灵与追求（评论）
——评《绿叶掩映着的营区》—— 王黎峰　姚善义
木桶的怨气（寓言）———————————— 林锡胜

1984 年第 9 期 刊名:《海燕》
目录

小说：三合号（征文）—————————— 李 离
我在小屯的时候 ————————————— 朱光雪
媒人是谁（征文）—————————————— 张福麟
遥远的木履声（征文）—————————— 谢迎晓
假须 ————————————————————— 吴翼民
船·贝壳·老人 —————————————— 解厚春
迷惑（征文）———————————————— 孙 克
作家专访：刘绍棠和他的乡土文学——— 史晓鸥
散文：伞（征文）—————————————— 单泽润
诗歌：远航之歌（组诗·征文）———— 刘新智
花的精神（组诗·征文）———————— 刘鸣芳

我家的星期日（外二首·征文）························张荫宝
大树礼赞（诗·征文）·······························王德盛
毕业了，我整理着影集······························刘兴雨
评论：她很美
——评达理的《“亚细亚”的故事》·············草　云
文苑撷英：千锤百炼锻佳句
——谈我国古诗的佳句·············徐应佩　周溶泉
祝他们腾跃，再腾跃
——达理作品讨论会侧记·····························钟　艺
限制于突出··达　人
文艺随笔：文贵立意·······························杉　沐
文艺家·爱国者····································程　实
从莫里哀的绰号说起································程东安

1984 年第 10 期　刊名:《海燕》
目录

小说专号
那串布谷鸟的音节··································肖复兴
戴口罩的姑娘（征文）·······························季连昌
山青青哟海蓝蓝（征文）····························杜今学
乡韵三题（征文）··································张国巨
蹄声嘚嘚（征文）··································孙传基
悠悠清水河··王金力
海边的维纳斯（征文）·······························孙福胜
拉响警报器的时候··································潘忠玲
寒山泪··苏泽祥
品品（征文）······································孙承杰
一个科学家的失踪（推理小说连载）
　　　　　　　［英］威·瓦尔逊　贾　骏译

1984 年第 11 期　刊名:《海燕》
目录

小说
早菊未杨花··毛志成
爷爷、孙子和豆芽儿································申　平
告诉我，时间过了多久······························徐锦川
新闻人物的心事····································于涤心
心事··崔叶卿
中断的婚礼··赵维友
一个科学家的失踪（推理小说连载）
　　　　　　　［英］威·瓦尔逊　贾　骏译
报晓的晨钟（报告文学）····························王　颖

散文
家乡的小路··宝　木

砚魂··李光泰

诗歌
秋天，金色的秋天··································思　第
村委会的山墙（外一首）····························侯子威
海之歌（诗辑）···········黄　淮　未　凡　张书瀛
　　　孙秀清　滕广强　邢万生
北方短章（二首）··································罗继仁
我不能离开你哟，大海······························贾长厚
登遵义红军山······································徐光荣
潮思引··晓　阳
评论：耐人回味发人深思····························慕　辉
引人入胜的艺术魅力································刘成信
文艺随笔：艺术不能是宣传吗?························草　絮
同中求异··杨振喜

1984 年第 12 期　刊名:《海燕》
目录

小说
毕业歌在心头回荡（征文）····························刘景奇
吊脚楼··刘舰平
江边小吃店··仇大川
海边有一间小木屋·······················高满堂　史卫国
月亮，月亮··赵根荣
没有曲谱的歌······································李景田
“那时候”的故事··································王景科

报告文学
神行姑娘
——徐永久（征文）·······························孙传基
养猪人的胆识（征文）·······························纪喜厚

诗歌
生活，就是这样（组诗·征文）·······················任惠敏
山乡柳笛（组诗·征文）·······························董桂萍
岛上松（外一首·征文）·······························杨　阳
深沉的悼念（征文）································张云晓
黎明，坐在绿色的秋千上（征文）····················仇振荣
小镇，一个修锁的小伙（征文）······················王　强
扎彩灯（征文）····································张可绣
午夜的医院（征文）································单泽润

评论
豪气压倒俗气的赞歌································高　云
“苍鹰上击翻曙光”（创作谈）························李玲修
真实感人，令人深思（作品短评）····················竹　笛

1985 年第 1 期　刊名:《海燕中短篇小说》
目录

新年寄语话改刊 ————————————————本刊编辑部

中篇

山顶,有一片红云……——————————————达　理

短篇

湖面,有一颗树的倒影————————————陆星儿
"圆"的故事——————————————————吴泽蕴
僻静的小海湾————————————————刘汝达
少女孤坟凄凄雨————————————————马秀文
中锋的苦恼——————————————————杨学利

超短篇

在古刹里的争论————————————————毛志成
"泼妇"————————————————————薛连清
小店心声——————————————————邹立钢

域外篇

多里福斯岛之谜(惊险小说)

——————————————[英]琼·威尔斯
华一村译

雏凤篇

这里是快乐的园地————————————王安桅
观察入微,表现生动——谈《这里是快乐的园地》的
几点得失——————————————————湘　竹

作家与青年

讴歌人民是天职————————————————刘舰平
附:给作家刘舰平的信————————————滋　平
青年作家刘舰平简介————————————冠　群

文苑拾萃

封面油画《新来的大学生毕业生》————李树基

1985 年第 2 期　刊名:《海燕中短篇小说》
目录

中篇

劝君更进一杯酒————————————————毛志成

短篇

山里风情——————————————————于德才
21 弄 8 号——————————————————张斤夫

规格————————————————————吴若增
头上,是深远的蓝天————————————祁福林
干杯,明星队————————————————云晓璎

超短篇

相逢在列车上————————————————王　榕
父母戒——————————————————王兴全
牌子————————————————————杨　进

雏凤篇

小岛上来的"鲁滨孙"————————————董太锋
波光潋滟,金辉耀眼
——读《小岛上来的"鲁滨孙"》————刘长恒

域外篇

红宝石之谜——————[日]横沟正史著　张天旭译

作家与青年

在思索中争取突破————————————————邓　刚
附:给作家邓刚的信————————————李庆年
中年作家邓刚简介————————————申　近

评论

音容笑貌跃然纸上————————————————光　军

文苑拾萃

1985 年第 3 期　刊名:《海燕中短篇小说》
目录

中篇

远在天边——————————————————肖复兴
南北剑传奇(新编剑侠小说·连载)————桂雨清

短篇

今夜,没有月光————————————————宋学武
假如我是一片云————————————————乔　瑜
小站情悠悠——————————————————田永元
极乐鸟————————————————殷慧芬　楼耀福
爆竹声中——————————————————赵松泉
镜子前的媛媛————————————————石鑫德

超短篇

伞情————————————————————吴善志
她,在第九根灯柱下————————————伊　人
直呼其名之后————————————————吴戈平

域外篇

四个人和一个箱子

·······················[美]莱·戈·巴纳德著　徐克芳译

雏凤篇

不仅仅缺少钱·······················邓　强

别具情趣，耐人寻味·······················李　喆

作家与青年

人物，就在我身边·······················孙少山

附：给青年作家孙少山的信·······················马玉会

青年作家孙少山简介·······················纪　言

作品短评

思考与追求·······················张福高

文苑拾萃

1985 年第 4 期　刊名:《海燕中短篇小说》
目录

中篇

呵，大山·······················中　夙

南北剑传奇（新编剑侠小说·连载）·······················桂雨清

短篇

堂堂男子汉·······················刘舰平

浅水码头·······················胡登科

浪涛冲涤的疏浪堤哟·····························马歌今

啊，水彩石·······················李乔亚

心锁·······················李长山

超短篇

急于应聘·······················汤子文

夜路·······················王　敏

官腔的回声·······················陈东明

雏凤篇

当她向他·····························周　熠

灵魂的挖掘与审问·······················海一珠

域外篇

沉思·······················[苏]瓦·舒克申著　孟祥栾译

作家与青年

创作必须是自由的·······················陈　玙

附：给作家陈玙的信·······················唯　重

作家陈玙简介·······················慕　凤

文苑拾萃

1985 年第 5 期　刊名:《海燕中短篇小说》
目录

中篇

扑不灭的爱情火焰·······················胡清和

南北剑传奇（新编剑侠小说·连载）·······················桂雨清

短篇

嘴角叼着野菊花的"大兵"·······················韩静霆

山外边吹来的风·······················治　操

薄雾一样的纱巾·······················丁宏昌

出差·······················孙　克

超短篇

竹妮，当年她十八·······················贾　剑

巷口，有位裁衣姑娘·······················谢迎晓

母亲的烦恼·······················邬大海

洗像·······················肖英才

雏凤篇

小院闲话·······················李健飞

评点：意深旨远，闲话不闲·······················陈悦青

评论

她找到了曾经失落的……

——读《湖面，有一棵树的倒影》·······················田志伟

漫说宋学武的小说·······················殷晋培

文苑拾萃

封面油画《勃拉德斯米亚肖像》

·······················[苏]列歇特尼科夫

1985 年第 6 期　刊名:《海燕中短篇小说》
目录

中篇

走在青山绿水间·······················肖　矛

短篇

涛声隐隐来·······················毛志成

浮云，挡不住风吹·······················王立忱

祝你成功，不愿服输的人·······················李家信

空谷，回荡着锤音·······················林和平

儿子的作文·······················姚银安　汪　葵

遇鬼记·······················蔡　嵘

超短篇

小屋轶事⋯⋯⋯⋯⋯⋯⋯⋯⋯⋯⋯⋯⋯刘禾生
招魂儿⋯⋯⋯⋯⋯⋯⋯⋯⋯⋯⋯⋯⋯⋯王兴全
相亲⋯⋯⋯⋯⋯⋯⋯⋯⋯⋯⋯⋯⋯⋯⋯⋯祝　福

雏凤篇

从小山沟里来的姑娘⋯⋯⋯⋯⋯⋯⋯⋯林锡胜
评点：了结处柳暗花明——简评《从小山沟里来的姑娘》⋯⋯⋯⋯⋯⋯⋯⋯⋯⋯⋯⋯⋯⋯邓荫柯

域外篇

灯塔岛的秘密（推理小说）
⋯⋯⋯⋯⋯⋯［日］横沟正史著　张天旭译

作家与青年

思考·探索·追求⋯⋯⋯⋯⋯⋯⋯⋯⋯彭见明
附：给青年作家彭见明的信⋯⋯⋯⋯⋯静　怡
青年作家彭见明简介⋯⋯⋯⋯⋯⋯⋯⋯重　枫

文苑拾萃

1985 年第 7 期　刊名:《海燕中短篇小说》
目录

中篇

无意的冷漠⋯⋯⋯⋯⋯⋯⋯⋯⋯⋯⋯⋯杨东明
苍山洱海剑侠图（新编剑侠小说·连载）⋯⋯王占君

短篇

界石⋯⋯⋯⋯⋯⋯⋯⋯⋯⋯⋯⋯⋯⋯⋯林　丹
过年⋯⋯⋯⋯⋯⋯⋯⋯⋯⋯⋯⋯⋯⋯郑九蝉
仙人剌⋯⋯⋯⋯⋯⋯⋯⋯⋯⋯牟永臣　郑业林

超短篇

小镇上的人们⋯⋯⋯⋯⋯⋯⋯⋯⋯⋯刘朝相
我们都是待业青年⋯⋯⋯⋯⋯⋯⋯⋯杨宝成
人虽离去情尚在⋯⋯⋯⋯⋯⋯⋯⋯⋯韩佐民
出乎意料⋯⋯⋯⋯⋯⋯⋯⋯⋯⋯⋯⋯李长山

雏凤篇

山村在呼唤⋯⋯⋯⋯⋯⋯⋯⋯⋯⋯⋯苗　刚
评点：此间有一面心灵的透镜⋯⋯⋯陈悦青

作家与青年

从散文领域，走进小说天地⋯⋯⋯⋯王中才
附：给作家王中才的信⋯⋯⋯⋯⋯⋯山　村
作家王中才简介⋯⋯⋯⋯⋯⋯⋯⋯⋯申　远

文苑拾萃

1985 年第 8 期　刊名:《海燕中短篇小说》
目录

中篇

小城，一个多雪的冬天⋯⋯⋯⋯⋯⋯于滌心
苍山洱海剑侠图（新编剑侠小说·连载）⋯⋯王占君

短篇

母亲⋯⋯⋯⋯⋯⋯⋯⋯⋯⋯⋯⋯⋯⋯王安忆
烦恼⋯⋯⋯⋯⋯⋯⋯⋯⋯⋯⋯⋯⋯⋯母国政
一个侦察员的故事⋯⋯⋯⋯⋯⋯⋯⋯苏云翔

超短篇

两个卖冰棍的女郎⋯⋯⋯⋯⋯⋯⋯⋯挪　方
最后一次下潜⋯⋯⋯⋯⋯⋯⋯⋯⋯⋯丁宝成
相逢只有一瞬间⋯⋯⋯⋯⋯⋯⋯⋯⋯刘锡国
短会⋯⋯⋯⋯⋯⋯⋯⋯⋯⋯⋯⋯⋯⋯周祥华

雏凤篇

山路崎岖⋯⋯⋯⋯⋯⋯⋯⋯⋯⋯⋯⋯李顺福
评点：在微笑和苦恼中写人⋯⋯⋯⋯高　云

作家与青年

注意作品内容的超越性⋯⋯⋯⋯⋯⋯宋学武
附：给青年作家宋学武的信⋯⋯⋯⋯申　远
青年作家宋学武简介⋯⋯⋯⋯⋯⋯⋯静　怡

文艺随笔

观察与创作⋯⋯⋯⋯⋯⋯⋯⋯⋯⋯⋯达　人

文苑拾萃

1985 年第 9 期　刊名:《海燕中短篇小说》
目录

短篇

挖参的人⋯⋯⋯⋯⋯⋯⋯⋯⋯孙少山　崔彦海
蛙鼓惊梦⋯⋯⋯⋯⋯⋯⋯⋯⋯⋯⋯⋯王生田
深巷铃声⋯⋯⋯⋯⋯⋯⋯⋯⋯⋯⋯⋯吴翼民
从 A 电视台归来⋯⋯⋯⋯⋯⋯⋯⋯⋯竹　子

中篇

苍山洱海剑侠图（新编剑侠小说·连载）⋯⋯王占君

超短篇

在剧场里 ⋯⋯⋯⋯⋯⋯⋯⋯⋯⋯⋯⋯⋯⋯⋯⋯ 谢友郾
她，不该甩在镜头外边 ⋯⋯⋯⋯⋯⋯⋯⋯⋯⋯ 杨　竞
今夜良宵 ⋯⋯⋯⋯⋯⋯⋯⋯⋯⋯⋯⋯⋯⋯⋯⋯ 杨　辉
浅蓝色的连衣裙 ⋯⋯⋯⋯⋯⋯⋯⋯⋯⋯⋯⋯⋯ 晓　丹

雏凤篇

我们车间里的年轻人 ⋯⋯⋯⋯⋯⋯⋯⋯⋯⋯⋯ 季连昌
一群栩栩如生的青年人——谈《我们车间里年轻人》
人物塑造 ⋯⋯⋯⋯⋯⋯⋯⋯⋯⋯⋯⋯⋯⋯⋯⋯ 宏　言

域外篇

花的复仇（推理小说）
⋯⋯⋯⋯⋯⋯⋯⋯⋯⋯⋯ ［日］日下圭介著　王东林译

评论

问题隐于人物的言行中——读《祝您成功，不愿服输
的人》 ⋯⋯⋯⋯⋯⋯⋯⋯⋯⋯⋯⋯⋯⋯⋯⋯ 申　远
贵在留下了供读者思考的空白——评《浮云，挡不住
风吹》 ⋯⋯⋯⋯⋯⋯⋯⋯⋯⋯⋯⋯⋯⋯⋯⋯ 刘大鹏
好比一股夏夜的清风——辽宁省第四次文学期刊联谊
会纪要 ⋯⋯⋯⋯⋯⋯⋯⋯⋯⋯⋯⋯⋯⋯⋯⋯ 传　珍

文苑拾萃

1985 年第 10 期　刊名:《海燕中短篇小说》
目录

中篇

对第三者的审判 ⋯⋯⋯⋯⋯⋯⋯⋯⋯⋯⋯⋯⋯⋯ 楚　良
来自神秘谷的报告 ⋯⋯⋯⋯⋯⋯⋯⋯ 王安云　周稼骏

短篇

这山刚醒 ⋯⋯⋯⋯⋯⋯⋯⋯⋯⋯⋯⋯⋯⋯⋯⋯ 彭见明
风雪所抹不去的 ⋯⋯⋯⋯⋯⋯⋯⋯⋯⋯⋯⋯⋯ 傅宁军
最后一个夜晚 ⋯⋯⋯⋯⋯⋯⋯⋯⋯⋯⋯⋯⋯⋯ 王　敏
巧妹 ⋯⋯⋯⋯⋯⋯⋯⋯⋯⋯⋯⋯⋯⋯⋯⋯⋯⋯ 王树村
腊梅 ⋯⋯⋯⋯⋯⋯⋯⋯⋯⋯⋯⋯⋯⋯⋯⋯⋯⋯ 冷　严

超短篇

理解 ⋯⋯⋯⋯⋯⋯⋯⋯⋯⋯⋯⋯⋯⋯⋯⋯⋯⋯ 王洪礼
她碰到了他 ⋯⋯⋯⋯⋯⋯⋯⋯⋯⋯⋯⋯⋯⋯⋯ 陆玉生
繁忙的废人 ⋯⋯⋯⋯⋯⋯⋯⋯⋯⋯⋯⋯⋯⋯⋯ 刘永华
分虾 ⋯⋯⋯⋯⋯⋯⋯⋯⋯⋯⋯⋯⋯⋯⋯⋯⋯⋯ 阎文鹏

雏凤篇

描图室里的女同胞 ⋯⋯⋯⋯⋯⋯⋯⋯⋯⋯⋯⋯ 刘　萍
评点：注意性格与处境的对比 ⋯⋯⋯⋯⋯⋯⋯⋯ 林　言

作家与青年

真实与感受的谐和 ⋯⋯⋯⋯⋯⋯⋯⋯⋯⋯⋯⋯ 母国政
附：给作家母国政的信 ⋯⋯⋯⋯⋯⋯⋯⋯⋯⋯ 振　志
作家母国政同志简介 ⋯⋯⋯⋯⋯⋯⋯⋯⋯⋯⋯ 余　风

创作谈

去掉"死心眼儿" ⋯⋯⋯⋯⋯⋯⋯⋯⋯⋯⋯⋯⋯ 毛志成

文苑拾萃

1985 年第 11 期　刊名:《海燕中短篇小说》
目录

短篇

今天，海上有雾 ⋯⋯⋯⋯⋯⋯⋯⋯⋯⋯⋯⋯⋯ 杜今学
幻灭——一个女人的悲剧 ⋯⋯⋯⋯⋯⋯⋯⋯⋯ 包泉万
野火 ⋯⋯⋯⋯⋯⋯⋯⋯⋯⋯⋯⋯⋯⋯⋯⋯⋯⋯ 杨学利
春归 ⋯⋯⋯⋯⋯⋯⋯⋯⋯⋯⋯⋯⋯⋯⋯⋯⋯⋯ 李乔亚

中篇

爱之梦 ⋯⋯⋯⋯⋯⋯⋯⋯⋯⋯⋯⋯⋯⋯⋯⋯⋯ 孙　克

超短篇

人忙黄昏后 ⋯⋯⋯⋯⋯⋯⋯⋯⋯⋯⋯⋯⋯⋯⋯ 单泽润
事情发生在桥头 ⋯⋯⋯⋯⋯⋯⋯⋯⋯⋯⋯⋯⋯ 张宏志
大街，拐角处 ⋯⋯⋯⋯⋯⋯⋯⋯⋯⋯⋯⋯⋯⋯ 冯金彦
孩子留下的思索 ⋯⋯⋯⋯⋯⋯⋯⋯⋯⋯⋯⋯⋯ 刘景奇

雏凤篇

夫妻粉 ⋯⋯⋯⋯⋯⋯⋯⋯⋯⋯⋯⋯⋯⋯⋯⋯⋯ 庞泽云
评点：精调细做，其乐无穷
　　——读《夫妻粉》 ⋯⋯⋯⋯⋯⋯⋯⋯⋯⋯ 达　理

域外篇

你是医生吗? ⋯⋯⋯⋯ ［美］雷蒙德·卡弗著　杨谊青译

争鸣篇

审判第三者和第三者的审判——评中篇小说《对第三
者的审判》读后 ⋯⋯⋯⋯⋯⋯⋯⋯⋯⋯⋯⋯ 沐　霆
一个发人深思的爱情悲剧——小说《对第三者的审
判》读后 ⋯⋯⋯⋯⋯⋯⋯⋯⋯⋯⋯⋯⋯⋯⋯ 石湖娃

评论

隐隐涛声传大潮——读《涛声隐隐来》 ⋯⋯⋯⋯ 张金声
令人深思的慈母身影——读《母亲》随想 ⋯⋯⋯ 邓荫柯

文苑拾萃

1985 年第 12 期　刊名:《海燕中短篇小说》
目录

中篇
黑影································刘以林

短篇
明天，就要出发·····················吴戈平
我的师傅金万水·····················王　宁
名角儿··························张宝申

超短篇
不是选用的选用·····················司马博秋
男大当婚························张敬新
芳名··························肖　奇
阴转晴··························谢晓东
蓝色的雨伞下······················王　敏

雏凤篇
不相识的姑娘······················王希君
评点：在时代美德中写人物的转变··········戴　翼

域外篇
寒秋·····················[俄]伊·阿·蒲宁著
邹立泉　孟祥銮译

争鸣篇
用灵魂的污血谱写爱的浪漫曲············陆文采
是审判，还是赞美···················桐　义

评论
生活中，应当充满有意的温暖——读小说《无意的冷漠》··························湘　竹
我喜欢这一片红云···················振　洁
心潮如鼓的小店····················林　群
本刊 1985 年总目录

文苑拾萃

1986 年第 1 期　刊名:《海燕中短篇小说》
目录

中篇
远征军的叛逆者····················晨　哥

短篇
晨光··························林正义

心灯··························胡登科
月有阴晴圆缺······················林　谦

超短篇
白天鹅，向远方飞去··················王克臣

雏凤篇
下雨的星期天······················周瑰琦
评点：喜读《下雨的星期天》············叶德浴

域外篇
怪门里发生的奇事
··············[英]史蒂文森著　宋庆贵　陈悦青译

作家的青年
我的几篇小说······················杨东明
附：给作家杨东明的信·················挺　志
作家杨东明简介····················辰　之

文苑拾萃

1986 年第 2 期　刊名:《海燕中短篇小说》
目录

短篇小说专号
空落落的廊道······················杨东明
"体改"行动·······················楚　良
那黑色的河卵石····················董天柚
落叶·红枫·爱·····················黄坚亮
逝去了，那闪烁的星··················谢迎晓
山青、水清·······················邓建楚
山雨··························金鹰士
厄尔多斯的号声····················云晓璎
船坞，传来了斧子声··················朱振生
脚印又从这里开始···················王之峰
还你一尊维纳斯····················闻　蜇
支点··························孙　超

文苑拾萃

1986 年第 3 期　刊名:《海燕中短篇小说》
目录

女作者小集
我和我的爸爸妈妈（中篇）·············陆星儿
田野一片葱郁（短篇）················孙惠芬
蓝月亮之梦（短篇）·················吴泽蕴

他坐在昏暗的路灯下（短篇）·············李健飞
甜的·苦的·辣的（短篇）···············默 燏

短篇
古画儿和彩电····················孙少山
生活的风帆·····················章世添

超短篇
迟发的表扬稿····················刘 思
衷曲·······················徐传成
水························江晓薇
她睡在窗外的泥地上·················西 中
走向明天······················姜吉顺
评点：向灿烂的明天奋进——读小说《走向明天》的
几点想法······················高 云

域外篇
庄园的买主·············〔巴西〕蒙·罗巴托著 阎树声译

文苑拾萃

1986 年第 4 期 刊名：《海燕中短篇小说》
目录

中篇
音像之谜······················文 兰

短篇
家乡客来时·····················母国政
古潭里的鱼·····················刘汝达
爷们儿与娘们儿···················朱光雪
那片浓绿的林子···················初学文
蝶花村轶事·····················张 钧
崎岖坎坷的路····················沈兆福

超短篇
幽山湖畔······················肖英才

海胆篇
来客引起的痛苦···················邢 可

雏凤篇
追寻，在绿茵茵的球场上···············王兴志
评点：驰骋，在生活的疆场上·············刘鸣芳

域外篇
黑蔷薇庄园的秘密·······〔日〕横沟正史著 张天旭译

评论
民俗风情见精神
——评短篇小说《夫妻粉》···············沐 霆
悲中寓喜 短中见长
——评超短篇小说《在剧场里》············王宗绍

文苑拾萃

1986 年第 5 期 刊名：《海燕中短篇小说》
目录

中篇
旧踪·······················毛志成

短篇
龙头舢板······················安 端
请大胆走你的路···················仇大川
雪野·······················王金力
无垠的田野·····················刘景奇
妻子，深夜未归···················柏宁湘

超短篇
伞下·······················刘白玉
阴差阳错的事情···················郭毅民
初遇·······················陈友泉
新来的小司机····················郭 肃

雏凤篇
好气派的大书柜···················刘禾生
评点：写出了人物的思想"价值"——评小说《好气
派的大书柜》····················中 少

海胆篇
烟雾的喜剧·················章 轲 章伟文

评论
小说与绘画·················郭大东 草 云

文苑拾萃

1986 年第 6 期　刊名:《海燕中短篇小说》
目录

中篇

王一秋的周末······················沈虹光

短篇

七彩的黑暗······················雷　铎
野草坡························高满堂
一个逻辑学教师的推理················赵韫颖
菊花女·······················卢庆福
此站停车二十分钟··················吴戈平

超短篇

那一行无言的脚印··················侯秀云
扑克场上······················郭　肃
黄昏的谈话·····················冯　帆
再来一碗银丝面···················陈立仁

雏凤篇

留下吧,茉莉香······　　　　　　　　　孙学丽
评点:小荷尖尖,那一片诱人的绿·········单泽润

域外篇

同案犯·············[日]松本清张著　宋协毅译

作家与青年

作家、小说与我之关系················楚　良
附:给作家楚良同志的信···············冠　静
作家楚良同志简介··················群　怡

新作短评

生活的主流,社会的基调——读小说《他坐在昏暗的
路灯下》·······················刘鸣芳

读者论坛

时代的亮点,生活的小花···············海　澜
希望之路······················赵成立

文苑拾萃

1986 年第 7 期　刊名:《海燕中短篇小说》
目录

中篇

似水流年······················常　莎

短篇

奇迹,在海浪里发生··················朱振生
蓝花掸瓶·······················夏　萍
拳拳父子情······················梁淑香
谷旋河························张　彬

超短篇

一位企图报复的小伙··················邢　可
女人,更应有尊严···················家　政
醉酒之时见真情····················王之峰
拉架·························阎文鹏

雏凤篇

难判的考卷······················张　玲
评点:在人生的考卷上留下的问号——读小说《难判
的考卷》·······················悦　青

海胆篇

科长的苦衷······················寒　流

评论

儿女难解慈母心(作品短评)··············水　吉
道德,在迷惘中闪光(作品短评)·············彦　秋
趣在法外(文艺随笔)·················钟　法
文学研究新方法简介(文坛窗口)············应　俭
什么是系统论
美的追求(读者谈论)·················王克臣
在大地的怀抱中(读者论坛)··············宋　普

文苑拾萃

1986 年第 8 期　刊名:《海燕中短篇小说》
目录

中篇

龙凤陶之恋······················李光泰

短篇

岸上的风·······················史学平
无字的碑石······················杨学利
豆蔻年华·······················刘　齐
工程师≠工程师····················焦　述
作客·························王立忱

超短篇

半袋桃酥·······················邵利发
好梦·························刘金国
留给下一代的·····················王世传

味素 ⸺⸺⸺⸺⸺⸺⸺⸺⸺⸺ 纪喜厚
火神爷 ⸺⸺⸺⸺⸺⸺⸺⸺⸺⸺ 刘景奇

域外篇
人生 ⸺⸺⸺⸺⸺ [日]石坂洋次郎著 张福高译

雏凤篇
老巴的故事 ⸺⸺⸺⸺⸺⸺⸺⸺⸺ 周 毅
评点：敢遣正气上笔端 ⸺⸺⸺⸺⸺⸺⸺ 戴 毅

作家与青年
苦恼，是创作的动力 ⸺⸺⸺⸺⸺⸺⸺⸺ 刘兆林
附：给青年作家刘兆林的信 ⸺⸺⸺⸺⸺⸺ 林 林
青年作家刘兆林简介 ⸺⸺⸺⸺⸺⸺⸺⸺ 媛 媛

评论
在时代与未来的选择面前（作品短评）⸺⸺⸺ 王晓峰
当代小说五估（作家谈小说创作）⸺⸺⸺⸺ 毛志成
文学研究新方法简介（二）（文坛窗口）⸺⸺ 应 俭
什么是控制论

文苑拾萃

1986 年第 9 期　刊名:《海燕中短篇小说》
目录

中篇
等你回来，看窗口的灯 ⸺⸺⸺⸺⸺⸺⸺ 高满堂
古洞二十八号 ⸺⸺⸺⸺⸺⸺⸺⸺⸺⸺ 仇大川

短篇
骑手的秘密 ⸺⸺⸺⸺⸺⸺⸺⸺⸺⸺⸺ 王再平
大地多宁静 ⸺⸺⸺⸺⸺⸺⸺⸺⸺⸺⸺ 王延才
第一个九月 ⸺⸺⸺⸺⸺⸺⸺⸺⸺⸺⸺ 李隆恩
求土 ⸺⸺⸺⸺⸺⸺⸺⸺⸺⸺⸺⸺⸺ 谢厚春

超短篇
上车 ⸺⸺⸺⸺⸺⸺⸺⸺⸺⸺⸺⸺⸺ 高 峰
送你一束白玫瑰 ⸺⸺⸺⸺⸺⸺⸺⸺⸺ 王 咏

雏凤篇
要进城的小丫头 ⸺⸺⸺⸺⸺⸺ 郭笑嫣 于家政
评点：朦胧少年事，明晰社会情 ⸺⸺⸺⸺⸺ 佟 言

海胆篇
感谢风 ⸺⸺⸺⸺⸺⸺⸺⸺⸺⸺⸺⸺⸺ 徐而立

评论
当代小说五估（二）（作家谈创作）⸺⸺⸺⸺ 毛志成
人物语言与其他关系（文艺随笔）⸺⸺⸺⸺⸺ 达 人
文学研究新方法简介（三）（文坛窗口）⸺⸺ 应 俭
什么是信息论

文苑拾萃

1986 年第 10 期　刊名:《海燕中短篇小说》
目录

中篇
一百八十度大环摇 ⸺⸺⸺⸺⸺⸺⸺⸺⸺ 石学海
古洞二十八号 ⸺⸺⸺⸺⸺⸺⸺⸺⸺⸺ 仇大川

短篇
十七岁的少女，十八岁的兵 ⸺⸺⸺⸺⸺⸺ 吴戈平
花娘之死 ⸺⸺⸺⸺⸺⸺⸺⸺⸺⸺⸺⸺ 李汉平
芦花皇后 ⸺⸺⸺⸺⸺⸺⸺⸺⸺⸺⸺⸺ 阎文鹏
柳堤，暮霭沉沉 ⸺⸺⸺⸺⸺⸺⸺⸺⸺⸺ 王 岚

超短篇
湖面，留下了涟漪 ⸺⸺⸺⸺⸺⸺⸺⸺⸺ 尹克范
两个钱夹 ⸺⸺⸺⸺⸺⸺⸺⸺⸺⸺⸺⸺ 刘昌明
默契 ⸺⸺⸺⸺⸺⸺⸺⸺⸺⸺⸺⸺⸺ 荒 原
心 ⸺⸺⸺⸺⸺⸺⸺⸺⸺⸺⸺⸺⸺⸺ 张凤敏

雏凤篇
小路，可以作证 ⸺⸺⸺⸺⸺⸺⸺⸺⸺⸺ 寒 竹
评点：疏影横斜水清浅 ⸺⸺⸺⸺⸺⸺⸺⸺ 于植元

争鸣篇
夜不归宿 ⸺⸺⸺⸺⸺⸺⸺⸺⸺⸺⸺⸺ 于庆中

评论
如果你要写小说（作家谈创作）⸺⸺⸺⸺⸺ 邓 刚
当代小说五估（三）（作家谈小说创作）⸺⸺ 毛志成
一曲爱情的悲歌（作品短评）⸺⸺⸺⸺⸺⸺ 王云汉

文苑拾萃

1986 年第 11 期　刊名:《海燕中短篇小说》
目录

中篇
不要摔我 ⸺⸺⸺⸺⸺⸺⸺⸺⸺⸺⸺⸺ 邓 刚
古洞二十八号 ⸺⸺⸺⸺⸺⸺⸺⸺⸺⸺ 仇大川

短篇

远逝的牧歌 ———————————— 路 远
并非故事 ———————————————— 余未人
失去的花篮 ———————————— 赵松泉
前方，急转弯 ———————————— 高龙清
风雪的黄昏 ———————————— 于厚霖
索月 ———————————————————— 张 顺

超短篇

妈妈，你结婚吧 ———————————— 季连昌
常规 ———————————————————— 王世传
卖煤的老头儿 ———————————— 丁宝成

海胆篇

奉承的"艺术" ———————————— 王钦阳

域外篇

婚姻（新加坡）

————— 凯瑟琳·利姆著 崔文哲 林治华译

争鸣篇

有情文学和文学的有情 ———————— 单泽润
《夜不归宿》小议 ———————————— 叶德浴

作家与青年

作家之路实难言 ———————————— 张石山

评论

当代小说五估（四）（作家谈小说创作）——— 毛志成
鲜明的性格，严肃地主题 ———————— 刘成信
折射灵魂的三棱镜 ———————————— 刘者平

文苑拾萃

1986 年第 12 期　刊名:《海燕中短篇小说》
目录

中篇

山深闻鹧鸪 ———————————— 熊召政
古洞二十八号 ———————————— 仇大川

短篇

岁岁正阳 ———————————————— 孙惠芬
钓鲨 ———————————————————— 徐 铎
村酒 ————————————— 韩耀旗 古 桑
第十个辉煌的早晨 ———————————— 振 权
钓鱼的伙伴 ———————————————— 李长山
媒介 ———————————————————— 陈韶华

超短篇

阳台上 ———————————————— 王 敏
在拥挤的车厢里 ———————————— 杨文湘
人肩哪能一般高 ———————————— 王之峰

雏凤篇

三岔路口 ———————————————— 王安桅
评点：他找到了自己的位置 ——————— 张福高

海胆篇

亲授弟子 ———————————————— 张宝申

评论

犀利似短刃，精警如断崖 ———————— 王宗绍
令人回味的曲线美 ———————————— 陈静斐
沃土·摇篮·春雨 ———————————— 高 云
小说艺术生命的基因（文艺随笔）———— 邢富君
当代小说五估（五）（作家谈小说创作）—— 毛志成
辽宁省第五次文学期刊联谊会纪要 ———— 安 文
本刊一九八六年总目录

1987 年第 1 期　刊名:《海燕中短篇小说》
目录

中篇

血缘 ———————————————————— 孙少山
互不关联的四个故事 ———————————— 张石山
走驴 ———————————————————— 祝兴义
奇妙的匿名信 ———————————————— 谭英凯
老豁子 ———————————————————— 郑元祥

超短篇

那一刻…… ———————————————— 王 敏
厂长脸上的黑灰 ———————————— 王兴全
风雨中，校园倒了一株树 ———————— 肖英才
啊，我们来探望老师 ———————————— 胡双庆

雏凤篇

在那样一个冬天里 ———————————— 谈 燕
这是一朵楚楚动人的小花 ——————— 陆文采

海胆篇

君子之交淡如水 ———————————— 孙 克

评论

多几副笔墨在手 ———————————— 草 云
碑上无字，心中有言 ———————————— 林 群

1987 年第 2 期　刊名:《海燕中短篇小说》
目录

中篇

泥径 ································· 晓　剑

水患 ································· 于德才

海祭 ································· 王梓夫

古城旧事（小说二篇）················· 聂鑫森

翠柳大院（小说二篇）················· 林锡胜

超短篇

秋天的梦 ····························· 旸　旻

小戏 ································· 潘宝学

窗外一堆西瓜皮 ······················· 丁　涛

雏凤篇

枫叶红了 ····························· 肖凤珠

时光流逝情尚在（评点）··············· 李　言

域外篇

再次见到慧兰 ··············· 胡孟峰　王　鲁译

评论

深意寓于幽默中 ······················· 杨成潜

1987 年第 3 期　刊名:《海燕中短篇小说》
目录

始终坚持文艺的社会主义方向

中篇

葡萄名叫紫晶心 ······················· 胡兆铮

模拟改革家 ··························· 毛志成

危石 ································· 高　光

哭嫁 ································· 李乔亚

在特使大街上 ··············· 李治邦　李送今

梦画 ································· 李健飞

超短篇

两个外语学院的姑娘 ··················· 秦业怀

海上，飘着一只小舢板 ················· 徐宏智

考验，是讨厌的 ······················· 可　柔

雏凤篇

路遇 ································· 沈家栋

小草蒙茸可成茵（评点）··············· 刘长恒

校园篇

谢谢你的巧克力 ······················· 周瑰琦

海胆篇

县长洗澡 ····························· 孙春平

评论

历史的回声　现实的迷惘··············· 史晓鸥

小说变形之一瞥 ······················· 邢富君

1987 年第 4 期　刊名:《海燕中短篇小说》
目录

短篇

王县长找骂 ··························· 郑九蝉

海碰子与大学生 ······················· 刘汝达

失效的"炸弹" ······················· 季连昌

何处觅芳名 ··························· 赵　赴

同路人 ······························· 莫　沉

冬至 ································· 魏　宁

中篇

大茶壶外传 ··························· 徐　铎

超短篇

老顾 ································· 马其德

各有千秋 ····························· 吕忠奎

一个年轻的乞丐 ······················· 尹克范

雏凤篇

世界多美丽 ··························· 刘　东

稚嫩的新苗与纯真的世界（评点）········· 陈悦青

海胆篇

今天天气"Q"K ······················· 展　歌

域外篇

还有五十天 ··············· 星新一　范　苓译

争鸣篇

失去平衡的价值判断 ··················· 沐　霆

八十年代的忏悔者 ····················· 叶纪彬

评论

令人深思的两个人物 ··················· 单泽润

1987 年第 5 期　刊名:《海燕中短篇小说》
目录

一九八六年《海燕》优秀作品奖评选揭晓

短篇

冯锣鼓......庞泽云
醉海......安　端
夕照余辉......王志健
悠悠寸草心

超短篇

一块电子表的分配......李长祥
雪花，填平了车辙......温书敏
眼镜先生......李惟微

中篇

雁翎公主......王占君

校园篇

小镇女教师......冷　严

雏凤篇

月亮也会笑......鞠　峰
笔底无华赞高洁（评点）......戴　翼

域外篇

超高层旅馆爆炸计划（曹修林译）......西村京太郎
"争鸣栏"小说《泥径》讨论稿述评......高　云

评论

警语的创作技巧......钟　法

1987 年第 6 期　刊名:《海燕中短篇小说》
目录

短篇

只配住大杂院的人......毛志成
代鸣鸟......祝兴义
心灵审视笔记......家　坪
月光下的青石板路......杜丽蓉
会唱歌的海螺号......宋一平
绿房子......盛祥兰

超短篇

湖面，荡起涟漪......刘晓滨
公共汽车变奏曲......滕新华

鸡叫......张　娟
难忘的镜头......阎文鹏

中篇

雁翎公主......王占君

雏凤篇

苦尽甜来......刘天青
一首质朴而和谐的歌（评点）......陈静斐

海胆篇

苦笑......刘益善

域外篇

我的吉普赛男友......奥立大·温彻斯特　杨谊青译

评论

人们将会逐渐认识他......田志伟
从血管里流出来……......杨纯光
窄路别去挤，宽路到处有（读者论谈）......毕文高

1987 年第 7 期　刊名:《海燕中短篇小说》
目录

短篇

远方的雨......胡登科
夏雨......于涤心
一个苦难的女人......惠万安

超短篇

河那边的小厂......程玉梅
彩蝶飞走了......前　翔
喜糖......白　茫
布鞋......徐传成

中篇

这里，有一片结冰的海......朱振生
雁翎公主......王占君

海胆篇

一束鲜花在床前......田秀玉

雏凤篇

裂变......周波平
流水无声......邱模堂

评论

迥然易趣，相得益彰......达　理

在广大的空间里飞扬 …………………………… 邢富君
于细微处更见意趣深远 ………………………… 王晓峰

1987 年第 8 期　刊名：《海燕中短篇小说》
目录

中篇
那绿濛濛的天庭 …………………………………… 宿聚生

短篇
太阳里有一片汪洋 ……………………………… 石学海
老汤 ……………………………………………… 黄开中
一幅没有完成的画 ……………………………… 王生田
空白 ……………………………………………… 周百义
噢，那一片片洁白的雪花 ……………………… 李　瑞
净地韵事 ………………………………………… 王文校

超短篇
礼 ………………………………………………… 王兴全
深夜人未归 ……………………………………… 季连昌
夜巡 ……………………………………………… 丁宝成
插秧时节 ………………………………………… 陈洪才
进港 ……………………………………………… 于厚霖
校园篇
又回母校 ………………………………………… 王常滨

雏凤篇
急流 ……………………………………………… 唐晓凡
给人以启示的是思想内涵（评点） …………… 刘鸣芳

域外篇
礼品 …………… ［日本］赤川次郎著　宋协毅译

评论
历史的画卷在诙谐中伸展 ……………………… 高　云
一幅名画的启迪 ………………………………… 钟　法

1987 年第 9 期　刊名：《海燕中短篇小说》
目录

中篇
宣德宝炉轶闻 …………………………………… 张天禄

短篇
归去·归来 ……………………………………… 裴剑峰
墙纸 ……………………………………………… 史卫国
爱情，并非是等价的 …………………………… 侯树槐

别了，在厂歌声中…… ………………………… 李长山
昨天的思索 ……………………………………… 张雅文
隐私 ……………………………………………… 周东胜
深沉的簸箕湾 …………………………………… 鞠庆华

超短篇
上报名单的前后 ………………………………… 刘鸣芳
海滩上的两名个体户 …………………………… 石弟杰
邂逅 ……………………………………………… 崔新京
旅遇 ……………………………………………… 贾　剑

海胆篇
垃圾 ……………………………………………… 刘元举

雏凤篇
七彩的粽子 ……………………………………… 孙　伟
破灭了的七彩的梦（评点） …………………… 常　杉

评论
引人深思的锣鼓声 ……………………………… 潘宏仁
《走驴》和"道德意识"（读者论坛） ………… 赵成立

1987 年第 10 期　刊名：《海燕中短篇小说》
目录

短篇
深山里，有家小店 ……………………………… 林和平
对绿树的向往 …………………………………… 杨东明
绿洲 ……………………………………………… 张国巨
麦秸草 …………………………………………… 郑海金
一个夏天的童话 ………………………………… 泽　湘
他去了，去的太匆忙 …………………………… 李健飞
夜路 ……………………………………………… 孙学丽
祸心 ……………………………………………… 愚　夫

超短篇
终身大事 ………………………………………… 季连昌
死者的礼物 ……………………………………… 于丽黎
新芽 ……………………………………………… 王之峰

雏凤篇
选择 ……………………………………………… 王兴全
这群"浑小子"、"野姑娘"们（评点）………… 高　云

域外篇
下场 ……… ［奥地利］赫伯特·艾森赖希著　魏育青译

评论
揭示灵魂的杂剧舞台 …………………………… 王宗绍

与平常之中见光泽 ················· 周兴华
且看雨后天晴时 ················· 王德盛

1987 年第 11 期　刊名:《海燕中短篇小说》
目录

中篇
黑蝴蝶 ····················· 张一弓

短篇
吴司令的烦恼 ················· 庞泽云
山月蒙眬 ···················· 赵松泉
不要问我从哪里来 ········· 齐铁民　鞠显友
无期的合同 ··················· 韩永强

超短篇
仁义里轶事 ··················· 荒　原
舞伴 ······················· 黄健民
镜头对着谁 ··················· 冷　严
爷爷养了一只小花猫 ·············· 田　收

海胆篇
耳朵是无辜的 ················· 李松涛

雏凤篇
碰撞 ······················· 于厚霖
那一片晶莹的内心世界（评点） ······· 单泽润

域外篇
雪 ··········· ［苏联］柯·巴乌托夫斯基著　王　新译

评论
才子·君子·夫子 ·············· 毛志成
展现当代军人的心灵世界 ··········· 张福高

1987 年第 12 期　刊名:《海燕中短篇小说》
目录

投身改革之中　不忘作家责任 ········ 伍友明

中篇
柳树林，柳树林 ················ 王立忱

短篇
接壤 ······················· 孙惠芬
海浪簇拥的都市 ··········· 李德和　徐　铎
今夜窗外好月光 ················ 张　彬

厦海 ······················· 韩耀旗
比较 ······················· 赵灿群
寿趣 ······················· 林　丹
凡人琐事 ···················· 安　端
抓周 ······················· 刘　斌
瞎叔 ······················· 志　斌

超短篇
人情见在佳节时 ················ 刘鸣芳
超短篇小说二题 ················ 李长山
心医 ······················· 王忠华
姐妹俩 ····················· 李玉昌

域外篇
手续 ·········· ［土耳其］阿吉兹·涅辛　阎树声译

评论
历经艰辛于一动一静之中（文艺随笔） ····· 邢富君
一幅反映道德活动的画卷 ··········· 刘者平
辽宁省第六次文学期刊联谊会纪要
《海燕》一九八七年总目录

1988 年第 1 期　刊名:《海燕中短篇小说》
目录

刊首寄语 ·················· 本刊编辑部

中篇
老村 ······················· 林　丹

短篇
晃动着，一串紫葡萄 ·············· 彭见明
相对的窗口 ··················· 默　燏
几度风雨骤 ············· 王钦阳　曲慧毅
鸽子 ······················· 刘汝达

超短篇
啊，傻大兵 ··················· 杨秀学
雨中情 ····················· 阎文鹏
敲门声声 ···················· 单泽润
一支动人的夜歌 ················ 杨　友
但愿明天别刮风 ················ 王丽彬

雏凤篇
黑洞 ······················· 柔　辉
新颖的艺术构思与理智的感情描写（评点） ··· 戴　翼

海胆篇

周末的干烧桂鱼 —————————————— 张艺军

域外篇

蓝色瓷瓶之谜 ————[英]艾格塔·利斯泰尔　李铁瑛译

评论

两个人物，两种观念 ————————————— 林　群

1988 年第 2 期　刊名:《海燕中短篇小说》
目录

短篇

水边"有只王八" ——————————————— 黄世明
绝活 ————————————————————— 解　良
龙源趣人二录 ———————————————— 于德才
棋痨 ————————————————————— 王阿成
追求 ————————————————————— 马树权
又是一年芳草绿 ——————————————— 谷　桑
佳肴 ————————————————————— 金　鲤
光彩 ————————————————————— 吕雁麒
谁之过 ——————————————————— 吕树金

超短篇

我新结识的女朋友 ——————————————— 王卫国
邻居 ————————————————————— 王　群
超短篇小说二题 ——————————————— 余四海
剧痛 ————————————————————— 杨文杰

雏凤篇

法医难以验明 ———————————————— 仇小川
巧妙的构思，深刻的褒贬（评点） ——————— 叶德浴

海胆篇

悔 —————————————————————— 邵利发

评论

小说家，愿诗神与你同在（文艺随笔） ————— 邢富君
把握人物的命运，透视生活的脚步 —————— 司　达

文苑拾萃

1988 年第 3 期　刊名:《海燕中短篇小说》
目录

女作者专号

短篇

荒原深处，有炽热的岩浆 ——————————— 李汉平
茶花，留下了淡淡的芳香 ——————————— 莳　苓
四季罗曼曲 ————————————————— 何立彬
黑蝴蝶，红蝴蝶 ——————————————— 刘　虹
晚归 ————————————————————— 冷　严
失却的霞光 ————————————————— 祝焕荣

中篇

猪打泥泡 ——————————————————— 张　彬

超短篇

吃西瓜 ——————————————————— 姜秀静
向导 ————————————————————— 孙艳芳
四个夕阳 ——————————————————— 白晓慧

雏凤篇

浴…… ——————————————————— 杜　敏
《浴……》所引发的深层反应（评点） ————— 陈悦青

海胆篇

儿女们 ——————————————————— 梁淑香

域外篇

情侣 ————————[美]蓓蒂·威廉著　徐克芳译

纪实篇

"国脚"的启蒙老师 ————————————— 姜维平

评论

两议《宣德炉轶闻》 ————————————— 田志伟
野草编织的梦幻 ——————————————— 单泽润

文苑拾萃

1988 年第 4 期　刊名:《海燕中短篇小说》
目录

短篇

这里，是百慕大魔鬼三角区 ————————— 吴戈平
假如没有你…… ———————— 殷慧芬　楼跃福
黑狐 ————————————————————— 路　远

1341

狗的远方 ―――――――――――――――― 张宏志
虎斑鲍鱼珍珠鱼骨锁 ―――――――――― 鞠庆华
夜幻 ――――――――――――――――― 王生田
打碎了的花瓶 ――――――――――――― 张国臣
预选 ――――――――――――――――― 王晓燕
列车临时出了故障 ――――――――――― 王之峰

超短篇
父子二题 ――――――――――――――― 王不天
乡音 ――――――――――――――――― 卫 莹

中篇
神人 ――――――――――――――――― 赵 赴

雏凤篇
"丫"字形的小巷 ――――――――――― 于厚广
一曲泯灭的爱重又复活的赞歌（评点） ― 陆文采

域外篇
空中飞骑 ―――――［美］安布鲁斯·比尔斯著　陈悦青译

作家与青年
要重视"文学"意识 ―――――――――― 毛志成
给作家毛志成的信 ―――――――――― 挺 君
作家毛志成简介 ――――――――――― 之 言

评论
《黑蝴蝶》，张一弓的新探索 ――――― 邓荫柯
从朦胧走向清晰的欲念之流 ――――― 梅先华

文苑拾萃

1988 年第 5 期　刊名：《海燕中短篇小说》
目录

中篇
沉默的荒原 ――――――――――――― 王宗汉
秋天的轮廓 ――――――――――――― 周波平

短篇
帆归何处 ――――――――――――――― 胡登科
秋声二题 ――――――――――――――― 晨 哥
打糖 ――――――――――――――――― 晓 寒
我家的发生的怪事 ―――――――――― 贾琪华

纪实篇
目标――世界――大连石化公司参加国际大循环纪实
　　――――――――――――――――― 李长山

超短篇
票丢了 ――――――――――――――― 于东升
下场 ――――――――――――――――― 李淳毅

雏凤篇
搭车人 ――――――――――――――― 张艺军
老调新弹话主题（评点）
　　――读《搭车人》 ――――――――― 刘鸣芳

海胆篇
拜见经理 ――――――――――――――― 晓 一

评论
"豌豆上的公主"（文艺随笔） ―――― 邢富君
一幅乡镇女性当代心态的素描 ――――― 叶纪彬

文苑拾萃

1988 年第 6 期　刊名：《海燕中短篇小说》
目录

中篇
魔湖 ――――――――――――――――― 路 远

短篇
寒江泪 ――――――――――――――― 胡德伟
蛔蛔岛 ――――――――――――――― 史卫国
何老师和臭虫的故事 ―――――――――― 孙 克
海面上飘过一朵红云 ―――――――――― 朱振生

超短篇
老书记·菜市场·黑三儿 ――――――― 朱正亚
我不是你爹 ――――――――――――― 李心庄
熟料盆 ――――――――――――――― 赵 丰

雏凤篇
重逢 ――――――――――――――――― 周东胜
生活需要这样的挑战者（评点） ――――― 沐 霆

域外篇
恶魔的画像 ―――――――［日］横沟正史著　张天旭译

作家与青年
带生活"沉淀"之后 ―――――――――― 祝兴义
给作家祝兴义的信 ―――――――――― 振 之
作家祝兴义简介 ――――――――――― 林 琳

评论

不断变革的伦理道德观念⸻⸻⸻⸻刘者平

洞小泉旺　弦细声宏⸻⸻⸻⸻⸻钟　法

文苑拾萃

1988 年第 7 期　刊名:《海燕中短篇小说》
目录

中篇

盆浴⸻⸻⸻⸻⸻⸻⸻⸻⸻孙惠芬

系列篇

十二生肖图（之一）⸻⸻⸻⸻⸻叶大春

纪实篇

北京保姆⸻⸻⸻⸻⸻⸻⸻⸻王鹏博

"疯子王国"的爱神⸻⸻⸻⸻⸻刘永峥

短篇

近乎最低级的故事⸻⸻⸻⸻⸻毛志成

古城觅迹⸻⸻⸻⸻⸻⸻⸻⸻路　地

月光又照相思花⸻⸻⸻⸻⸻李藕堂

路考⸻⸻⸻⸻⸻⸻⸻⸻⸻于颖新

现代城市生活小插曲⸻⸻⸻⸻包贵殁

超短篇

未当作家之前⸻⸻⸻⸻⸻⸻邢　可

请听我说⸻⸻⸻⸻⸻⸻⸻⸻马翠琴

争鸣篇

山野的风⸻⸻⸻⸻⸻⸻⸻⸻孙学丽

海胆篇

?!⸻⸻⸻⸻⸻⸻⸻⸻⸻⸻翁树杰

雏凤篇

"屈从"的女人⸻⸻⸻张以连　王代荣

"屈从"的强者（评点）⸻⸻⸻⸻陈静斐

评论

民间文化的展示与民族精神的擢升⸻⸻傅汝新

文苑拾萃

1988 年第 8 期　刊名:《海燕中短篇小说》
目录

中篇

交换⸻⸻⸻⸻⸻⸻⸻⸻⸻⸻郑九蝉

短篇

话说那宾馆⸻⸻⸻⸻⸻⸻⸻⸻劬　夫

管车记⸻⸻⸻⸻⸻⸻⸻⸻⸻谭英凯

神枪⸻⸻⸻⸻⸻⸻⸻⸻⸻⸻吴戈平

比基尼风波⸻⸻⸻⸻⸻⸻⸻⸻李冰牧

萤虫儿⸻⸻⸻⸻⸻⸻⸻⸻⸻吴利平

系列篇

十二生肖图（之二）⸻⸻⸻⸻⸻叶大春

超短篇

丑人⸻⸻⸻⸻⸻⸻⸻⸻⸻⸻赵玉纯

女人·狼·男人⸻⸻⸻⸻⸻⸻卢雪松

磨⸻⸻⸻⸻⸻⸻⸻⸻⸻⸻⸻王永晨

少女的梦⸻⸻⸻⸻⸻⸻⸻⸻杨黎明

雏凤篇

选才闲话三则⸻⸻⸻⸻⸻⸻刘　铁

呼唤改革意识的无影灯（评点）⸻⸻王宗绍

域外篇

怪作家与女记者⸻⸻⸻［法］茹·贝尔丹著　王玉泉译

评论

成名意识与文学意识（文艺随笔）⸻⸻⸻毛志成

一支激荡人心的歌⸻⸻《荒原深处，有炽热的岩浆》

读后⸻⸻⸻⸻⸻⸻⸻⸻⸻肖英才

1988 年第 9 期　刊名:《海燕中短篇小说》
目录

中篇

歌星没有按时到达⸻⸻⸻⸻⸻孙春平

短篇

小镇的第一个大学生⸻⸻⸻⸻翁树杰

陌路同舟⸻⸻⸻⸻⸻⸻⸻⸻李不空

田家湾的年轻人⸻⸻⸻⸻⸻林锡胜

哦，女人⸻⸻⸻⸻⸻⸻侯滁生　路　春

位置⸻⸻⸻⸻⸻⸻⸻⸻⸻张雅文

超短篇

红嘴鸟 ································· 张建国

病假 ································· 黄如棠

跳舞 ································· 佟雪春

系列篇

十二生肖图（之三） ················· 叶大春

纪实篇

祖母绿戒指 ························· 景　奇

在同一的版面上 ····················· 王林海

表达积极的主题与应有的艺术真实（评点）··· 戴　翼

评论

文学商品化的困惑（文艺随笔）········· 方　言

声声不息的心态历程

——评中篇小说《神人》············· 司　达

1988 年第 10 期　刊名:《海燕中短篇小说》
目录

中篇

脊美鲸（征文）················· 徐　铎　徐　钢

短篇

到狐狸那儿度周末 ················· 黄献国

黄藤花架 ························· 王金力

二十万巨款归属谁 ················· 林明广

小矮人和小霸天（征文）··········· 王希君

超短篇

挂历 ····························· 林　木

棋如其人 ························· 刘　斌

叔叔，你喝醉了 ··················· 凌　灵

纪实篇

走出谷底（征文）················· 张国巨

海胆篇

金奖（征文）····················· 林　丹

雏凤篇

碑山（征文）····················· 姚建新

一幅令人辛酸的画面（评点）········· 陆文采

评论

恬谈中的沉重思虑——评小说《茶花，留下了淡淡的芳香》

···························· 杨锦峰

来自草原深处的故事

——评路远的中篇小说《魔湖》······· 杨先华

1988 年第 11 期　刊名:《海燕中短篇小说》
目录

中篇

畸人 ····················· 殷慧芬　楼耀福

短篇

清浊之间 ························· 吴翼民

封海（征文）····················· 郑海金

微笑 ····························· 刘泽林

幽事 ····························· 黄富强

大号写字台（征文）················· 阳　父

苦与甜 ····················· 洪双烨　林　坡

网地（征文）····················· 徐英华

静静的锁龙河（征文）··············· 于茂植

超短篇

正数与负数（征文）················· 张　清

一盘蕨菜 ························· 黄健民

苦涩的微笑 ······················· 徐　宇

纪实篇

别了，那棵歪脖子树 ··············· 姜维平

雏凤篇

火车上（征文）··················· 张贵顺

棋盘上的启示录（评点）············· 陈　越

域外篇

忠贞不渝 ········· ［英］罗伯特·邓达斯　郑延国译

争鸣篇

爱的困惑 ························· 悦　青

在呻吟中丧失 ····················· 晓　阳

评论

展示了崇高的人性美 ··············· 周兴华

1988 年第 12 期　刊名:《海燕中短篇小说》
目录

短篇

爱到三十（征文）················· 孙惠芬

大山落日（征文）················· 高奇志

光环（征文）····················· 王兴全

苦吟 ……………………………… 李乔亚
上访（征文）……………………… 李健飞
山里汉子和镇上女人 ……………… 山 笛

中篇
大陆人 ……………………………… 王立忱

超短篇
小小说三题 ………………………… 陆昭环
铁门（征文）……………………… 谈 燕

纪实篇
奇女子梁静枝（征文）…………… 孙传基

海胆篇
工作幽默 …………………………… 许长军

雏凤篇
绿蝴蝶（征文）…………………… 高金娥
蝶不恋花解语（评点）…………… 沐 霆

评论
《陌路同舟》读后 ………………… 叶 凡
通俗文学的明天 …………………… 邢富君

1989 年第 1 期　刊名:《海燕中短篇小说》
目录

中篇
运气（征文）……………………… 张 重
东丹王投唐（《辽宫秘史》上篇）… 王占君

短篇
栀子花、白兰花都开了 …………… 吴泽蕴
州城笔记三则 ……………………… 京 夫
断梦 ………………………………… 朱一鸣
父亲·儿子（征文）……………… 忠 言
柳吱吱鸟儿 ………………………… 赵松泉

超短篇
遗嘱 ………………………………… 武宝生
眼泪（征文）……………………… 连义安
羊孩（征文）……………………… 刘世成
猫（征文）………………………… 奚 铭

旅顺口
向粉尘恶魔宣战的人（报告文学征文）
……………………… 刘乃庆 邰朴成

我死了（征文）…………………… 朱秀昀
写出了真情（评点）……………… 陈静斐

域外篇
风流韵事 …………… ［日］星新一著　孙好轩译

评论
惟妙惟肖的世态漫画 ……………… 杨先华
搜尽奇峰打草稿 …………………… 叶纪彬
芸芸众生相　世间多磨难
——读《十二生肖图》及其他 …… 李运抟

1989 第 2 期　刊名:《海燕中短篇小说》
目录

中篇
异梦 ………………………………… 毛志成
皇太弟争位（《辽宫秘史》中篇）… 王占君

短篇
乞丐亭 ……………………………… 凌 云
早熟的秋天 ………………………… 于涤心
宝石疑案（外一篇）（征文）…… 王振之
发难 …………………………… 陆耀亭 健 力
黑子（征文）……………………… 杜今学
不值当的事儿（征文）…………… 杜 敏
跨越山谷（征文）………………… 魏 艳

超短篇
信（征文）………………………… 舟 人
军人（征文）……………………… 梁呈伟

海胆篇
三儿（征文）……………………… 刘宏成

旅顺口
硬汉宋承宽（报告文学）（征文）… 于厚霖

评论
从生活的散文中抽出诗来——读小说《到狐狸那儿度
周末》随感 ………………………… 陆文采

1989 年第 3 期　刊名:《海燕中短篇小说》
目录

旅顺口
企业家身边的女人（征文·报告文学）……… 莳 苓

冲出误区（征文·雏凤篇）——————————王　全
老生常谈——基本功（评点）——————————戴　翼

中篇
发生在贵妃村的故事————————————翁树杰
祥古山政变（《辽宫秘史》下篇）——————王占军

短篇
斜阳楼——————————————————聂鑫森
死眼——————————————————顾　工
"约姆"的故事（征文）————————————江　汗

超短篇
金戒指（征文）——————————————满　涛
黑掌柜（征文）——————————————孙菊华

域外篇
杀意开发公司——————[日]森村诚一著　解明东译

评论
挪动脚跟看看世界——小说梦之二——————邢富君
深沉的呼唤　美好的追求
——评中篇小说《脊美鲸》——————————邱　实

1989 年第 4 期　刊名:《海燕中短篇小说》
目录

短篇
绝碑（征文）——————————————林　啸
灰毛驴·绿头绳·黑猎崽·白手绢（征文）—————郑海金
天作之合（征文）————————————栾凤桐
老柳——————————————————阿　成
炉烟后的太阳——————————————张建中

超短篇
考票（征文）——————————————奚　铭
晚节（征文）——————————————金国钧

海胆篇
笑佛——————————————————赵洪武

旅顺口
人之初（中篇·征文）——————王　舸　王　豹
驾风驭浪写春秋（报告文学·征文）
——————————————于厚霖　吴厚涛
封海的日子（雏凤篇·征文）——————徐英华
相互阻隔的心灵传递出来的孤寂之声（评点）
——————————————————陈悦青

评论
我对一切都在乎——生活的感受和观察————孙惠芳
一篇充满生活意蕴的小说
——简谈郑海金的《封海》——————————高　云
不清不浊的怪现象
——读小说《清浊之间》有感————————刘者平

1989 年第 5 期　刊名:《海燕中短篇小说》
目录

短篇
这世界怎么了（征文）——————————庞泽云
功在其外（征文）——————唐世荣　张绿黎
无果树——————————————————王德忱
飘动的蓝手帕（征文）——————周传章　孙甲仁
人生二章（征文）————————————姚建新

超短篇
寂寞中的期待（征文）——————————枫　露
死亡通知书（征文）————————————马树权

中篇
铁山恨（征文）——————————————孙　克

域外篇
手套——————[加拿大]R.U.福约斯著　孙继成译

旅顺口
游动的财神（报告文学·征文）——————田　晟
胡子（雏凤篇·征文）——————————辛　礼
作品的可读性与倾向性（评点）——————叶纪彬

评论
论当代文学的嬉皮士倾向（之一）——————毛志成
一种难以平复的悲凉————————————杨先华

1989 年第 6 期　刊名:《海燕中短篇小说》
目录

短篇
踯躅长街（征文）————————————吴戈平
困惑——————————————————阴家坪
日月同天——————————————————洪兆惠
那五彩的云（征文）————————————李长山
情船（征文）——————————————袁忠发
荒陂上，有对男女青年的身影（征文）————周华敏

中篇

恨不相逢未嫁时（征文）————孙德钧 张 琳

超短篇

73 个花圈————刘忠寰
哦，小溪————国 秀
牌友（征文）————姜秀静
稀罕物————刘玉惠
老叶一句话（征文）————孙明初

旅顺口

这是一块极有特色的土地（报告文学·征文）
————徐 铎

评论

论当代文学家的嬉皮士倾向（之二）————毛志成
人间自有真情在————林 群
耐人寻味的喜剧————叶 凡

1989 年第 7 期　刊名:《海燕中短篇小说》
目录

短篇

好戏不在锣鼓响————马其德
泪的轨迹————姚一风
天要下雨，娘要嫁人（征文）————宋江岩
北方，我的北方（征文）————孙学丽
光荣而苦涩的辞职（征文）————季连昌

中篇

空白（征文）————林 丹

超短篇

飘扬在火车站前的三角旗————赵 刚
第一次站岗（征文）————崔焕珉
风口儿————黄 杭
卖鸡蛋的老师————韩行风

域外篇

绿色的魔爪————〔苏〕格奥尔基·古里阿著 张雅真译

旅顺口

一个不走运的画家（报告文学·征文）————王洪刚

评论

生命的海洋
——我的文学创作————徐 铎
幽闭的女性心灵之抗争————陈静斐

梦境迷离何处寻————戴 翼

1989 年第 8 期　刊名:《海燕中短篇小说》
目录

短篇

燃烧的云霞（征文）————孙惠芬
老街（征文）————安 端
秋天的失落（征文）————张勇平 于贵华
热流（征文）————朱振生

超短篇

远山有雾（征文）————宋有健
一封绿色的信（征文）————梁淑香
交易（征文）————彭剑峰
帽子————于伯生

中篇

金色的扭变（征文）————晏 金

海胆篇

"厂长死了"以后……（征文）————王兴全

旅顺口

无名小卒（征文）————沈兆福

评论

小说杂话四题————高满堂
不仅仅是一场恶作剧————周兴华

1989 年第 9 期　刊名:《海燕中短篇小说》
目录

中篇

死灰（征文）————刘汝达
薄如蝉翼的远山（征文）————魏 艳

短篇

祖祖辈辈留下了我（征文）————刘宪如
海盗和那个女人（征文）————鞠庆华
馒头（征文）————李春鹏
七月不是秋（征文）————高金娥
腥雾（征文）————杨 竞

超短篇

最后的雕像————高朝晖
苦恼————于伯生

价值 .... 姜建国

旅顺口

奏出动人的音符（报告文学·征文）

.... 张 晶 曾立军

评论

她心中自有一片净土 .... 田志伟

大浪淘沙

——人性的善与恶的交战 .... 海一珠

1989 年第 10 期　刊名:《海燕中短篇小说》
目录

短篇

雇工山妞 .... 赵清田

海蛎子味儿 .... 姜立林

老歌 .... 王成贤 　仇大川

昨夜青春昨夜泪 .... 胡登科

小镇二月 .... 邱模堂

纪实小说二题 .... 景 奇

角度，在色彩斑驳中旋转 .... 周波平

红领带 .... 杨有忠 　杨有义

中篇

夏天的寂寞 .... 高满堂

超短篇

这一课是反证法 .... 王冷铁

爱的困惑 .... 马树权

旅顺口

四十而立也不晚 .... 姜维平

1989 年第 11 期　刊名:《海燕中短篇小说》
目录

"开发杯——国庆 40 周年征文"评选揭晓

中篇

生意场（征文） .... 杨 波

少女之死（征文） .... 黑 孩

短篇

饭余三记 .... 王不天

都因为那只王八（征文） .... 于厚霖

大雾（征文） .... 满 涛

岁月（征文） .... 忠 言

司诺克之谜（征文） .... 王德东

不是贿赂 .... 王银昌

超短篇

神童（外一首） .... 沙 松

老村 .... 滕连庆

海胆篇

取经（征文） .... 初 伟

旅顺口

一支农民铜管乐队的诞生（征文） ...... 俞绍冰

评论

永远去寻找那新的星座 .... 高挺之

"功"在何处 .... 王宗绍

1989 年第 12 期　刊名:《海燕中短篇小说》
目录

中篇

君子之交 .... 高奇志

短篇

一位北京女记者的爱 .... 杨 力

远逝 .... 殷慧芬 　楼耀福

六讳图 .... 叶大春

飘不去的云 .... 刘泽林

剁黑橡的女人 .... 赵 熙

超短篇

上学（外一篇） .... 梁静枝

弄巧成拙 .... 晋 川

作发型 .... 峤 石

海胆篇

市委会议室 .... 王安林

域外篇

天使的脸蛋儿 ---- ［美］科内尔·伍赖兹著　于俊平译

旅顺口

面对生活的挑战 .... 陈玉杰

评论

一片充满爱国主义激情的小说 .... 陆文采

困惑，引起的思索 .... 刘者平

在精巧的叙述中流露深沉的人生感受············司 达
《海燕中短篇小说》1989年总目录

《杭州文艺》
（《西湖》）

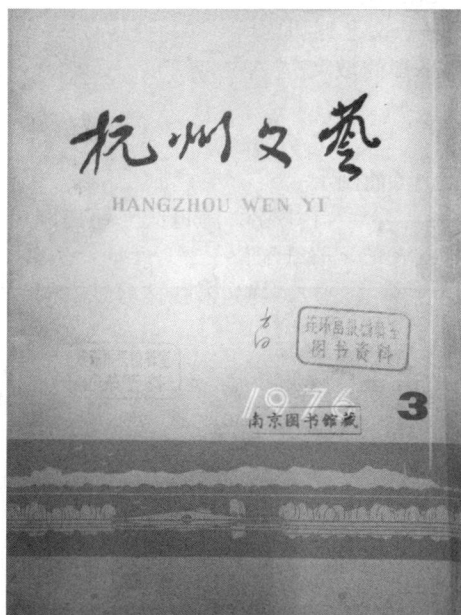

【简　介】

　　综合性文学月刊。浙江省杭州市文学艺术界联合主办。创刊于1958年，1979年1月由《杭州文艺》更名为《西湖》，2002年9月由《西湖》更名为《鸭嘴兽》，2004年重新启用《西湖》，开辟"鲁迅研究资料"和"争鸣园"专栏，形成独特的办刊风貌。

期刊号：1976年第1期—1985年第12期

1976年第1期　刊名：《杭州文艺》
目录

词二首············毛泽东
天地翻覆展新容　继续革命攀高峰
——工农兵业余诗歌作者学习毛主席词二首的座谈摘要
胜利进军的战斗号角
——读毛主席的两首词············方 焱　潘 烈
高路入云端
——学习毛主席二首的一点感受············葛福林
光辉诗篇照天地（六首）············胡爱忠　孔令旗等

报告文学·小说·散文

社会主义的正气歌
——来自良渚公社的报告
——余杭县"农业学大寨"创作级创作　陆云松执笔
春潮（小说）············红 华
云雾茶（散文）············阿 牛
关键时刻（小说）············朱德才
潜力（小说）············黄梦燕

诗歌

教育革命红花艳（七首）
——杭州市灯塔中学高一（三）班学农诗歌选辑
············蒋祖芬等
茧手礼赞············陈常明　吴育华　李天骅
沈志荣　叶曙光
昌北行（五首）············蔡 涉
出征前············方竟成
初进海涂············余 刚
新画家············李追深
战斗的讯音——大兴安岭来信············洪宇东

戏剧·故事·曲艺

山河的主人（独幕话剧）············孟启斌　包朝赞
伟大的进军（表演唱）············瞿松青
牵"牛"初记（革命故事）············吴文昶　包朝赞
翠英（革命故事）············陈出新
县委书记到伢队（唱词）············姚百顺
农业学大寨　普及大寨县（越剧表演唱）
············彩 娟　大 正　希 龙词　贺富忠曲
我们也为大办农业出力量（儿歌表演）
············少 逸词　沈 扬曲
金凤凰飞回山窝来（说唱）············丁成福
明珠闪闪（评弹）············范自强　丰国需

歌曲

农业学大寨工作队员（齐唱）···叶 菲词　徐星平曲
贫下中农学大寨············何志光　贾德俊词　徐星平曲
咱队的大学生回来了（女高音独唱）
············郑旭华词　王次炤曲
为钢而战············黄 峰　李少文词　毛国富曲

评论

农业在大上　文艺要跟上
——从"赶任务"谈起············钱松樵　周荣新

美术

"三八"渠水翻出来（年画）············李以泰
山村新苗（油画）············傅希陶
封面设计············陈明钧

1349

"热情歌颂无产阶级'文化大革命'和社会主义新生事物"征文启事

1976 年第 2 期　刊名:《杭州文艺》
目录

小说·散文
样子（小说）························倪　土
植保姑娘（小说）····················张为礼
一篇小说稿（小说）··················陈歆耕

新作者园地
忠实的学生（小小说）················许　云
（附：创作体会《努力做到有新意》）
签字（小小说）············钱土木　蒋唤苏
（附：创作体会《正确处理英雄人物与转变人物的关系》）
祖国的蓝天（散文）··················徐家麟
成果（散文）························韩华荣
菊花满山（散文）····················陈继光
迎春画新画（散文诗）················倪舜华

诗歌
农大新曲（三首）····················冯永杰
咱们的工人大学生····················吴永祚
铁流钢花谱新篇（八首）
——杭钢赛诗会诗歌选载··············朱金清
战鼓声声（四首）····················崔汝光等
改天换地战歌高（新民歌十首）········包文中等
钱江春潮························沈治平
坑道工诗抄（三首）··················李育生
出海······························孙　兵
支农码头··························程卫东

革命故事·曲艺
红旗飘飘（革命故事）················张康生
搬家记（革命故事）··················徐士龙
柜台内外（相声）····················马　烈
田头批判会（顺口溜）····金华县罗埠公社上章大队业余创作组创作　章竹林执笔
大战石头沟（对口快板）··············白祥飞
雪夜送肥（快板书）········杭州市长征中学文宣队
支农新规（快板）····················姚百顺

歌曲
阳春三月闹春耕（女声小合唱）····陈才铮词　王次炤曲
丰收渔歌满渔场（男声小合唱）
························舟山渔歌　学咏改编
迎头痛击右倾翻案风··········徐程声词　史崇义曲
我为支农多轧钢····················施天银词曲

评论
更好地反映社会主义历史阶段的斗争生活
——影片《决裂》学习札记··············卜星延
人物行动描写的艺术
——学习恩格斯关于文艺问题指示的札记····蒋成瑀
选材要严——文艺通讯之一··············江　声
多写短小精悍的散文··················钱新余

美术
欢迎新战士（油画）
··········王书铭　陈可久　钮建刚　沈　炎
各行各业支农忙（剪纸配诗）
··················宋胜林剪纸　胡　霜配诗

1976 年第 3 期　刊名:《杭州文艺》
目录

小说·散文
文宣队纪事（小说·征文）··············陈旭明
"乱头阿爹"（小说）··················肖　前
定位（小说）························赵　征
小燕（儿童文学）····················红　华
我们这一代（斯文·征文）··············项冰如
种花人（斯文·征文）··················徐家麟

诗歌
北京——母亲的城（征文）
——一个红卫兵的脚印··················东方涛
灯火赋（征文）··············峻　深　江鹰岩
八亿神州风雷动　反击右倾翻案风（新民歌十四首）
································胡审言等

新生事物赞
敬礼！革命委员会····················阙维杭
赞"朝农"··························杨森祥
赞革命样板戏························陈　勇
广阔天地献年华······················沈志荣
祖国盛开向阳花······················童　昌

革命故事·曲艺
英明的决议　战斗的召唤（对口调）
··························金　钟　长　鸣
"金不换"（革命故事·征文）············张永春
志在四方（相声）····················丁立行
回春（说唱）························范自强

带路（快板书）……………………………………松　岭
红灯高照（儿童故事）……………………………谭克德

歌曲

歌唱无产阶级"文化大革命"………陆　原　周　彦词
《人民音乐》编辑部改词　刘　岩曲
新生事物向阳笑………徐程声词　史崇义　陆佩德曲
火红的战旗在召唤
……………杭州市五四中学志农战斗队词　孙　军曲
前进！红小兵………………莫炳奎词　洪光宇曲

评论

提倡写"文化大革命"
——文艺通讯……………………………………卞星延
努力塑造"文化大革命"的英雄形象……………吴伏海
教育战线上反修防修的先锋战士
——评《前夕》中方壮涛的英雄形象…………任重远
评走资派陈文海…………………………………钟本康
坚持文艺为无产阶级政治服务
——学习《在延安文艺座谈会上的讲话》的一点体会
……………………………………………………孔令旗
学《讲话》，为工农，坚持走上山下乡的道路
……………………………………淳安睦剧团党支部
保卫革命样板戏　反击右倾翻案风
……………………………杭州杂技团学员　邵旭闵

浇灌新花

开门办学结硕果
——喜读《学农诗歌选辑》……………………方　向
回忆鲁迅先生………………董秋芳口述　谢德铣整理

美术

在英雄的岗位上（套色木刻）……83249部队　王济民
欢迎新战友（油画）…………………工人　何绍教
余杭县农业学大寨画展速写选
………………………余杭县美术创作学习班供稿

1976年第4期　刊名：《杭州文艺》
目录

小说·散文

顶风前进的火（小说·征文）…………………沈治平
后代（长篇小说选载）…………………………毛　英
出春（儿童文学）………………………………刘源春
掸扫篇（散文）…………………………………邹　园

诗歌

幸福的接见（征文）……………………………汪　涛

锤和镰………………………………………………紫　枫
南湖组歌…………………………………………吴永祚
金色的传单（征文）……………………………宓晓雄
访蔡永祥烈士纪念馆……………………………陈　军
工宣队的战旗（征文）…………………………潘国钧
校牌………………………………………………骆长平
油印机……………………………………………龙彼德
挥笔写诗抒豪情　歌颂"文化大革命"（八首）
——笕桥公社遵义大队赛诗会诗选……………陈水根等
烽火台……………………………………………宫　玺
海防——边疆……………………………………马绪英

戏剧·曲艺

同志（独幕话剧）
……………东海舰队文工团集体创作　鞠明生执笔
传笛（相声·征文）……………………………张复新
家庭批判会（小锣说唱）…张永春　徐燕清　蒋子龙
立足点（相声）…………………………………徐士龙
追车记（快板）…………………………………王锡才

歌曲

人民离不开太阳的光辉………………浙江省暨杭州纪念
"七一"群众歌咏大会创作学习班词曲
八亿人民坚决走社会主义大道
………………省文化局歌词创作学习班词　汪贤耿曲
我唱颂歌迎朝阳（男声独唱）…陈才铮词　邵　锋曲
贫下中农管理学校就是好………王　维词　伊　仁曲

评论

"风波"正未有穷期
——鲁迅小说学习札记…………………………高　信

随笔

"哭丧脸"小议…………………………………王忠明
从社文杰"转弯子"谈起………………………王大同
"样子"析………………………………………方　犁
小谈艺术辩证法
——革命样板戏学习札记………………………蒋成瑀

浇灌新花

读散文《云雾茶》有感…………………………楼飞甫
新的题材　新的人物
——略谈《杭州文艺》上的四篇相声创作……杨子华

美术

"文化大革命"永放光芒（宣传画）
………………………………39356部队　王钟鸣
蓝天小将（国画）……………86461部队　聂　焦
热气腾腾（木刻）………………………………风　云

1976 年第 5 期　刊名：《杭州文艺》

目录

纪念鲁迅诞生 95 周年逝世 40 周年专辑
读点鲁迅　深入批邓
——纪念鲁迅诞生九十五周年和逝世四十五周年
　　　　　　　　　　　　　本刊工农兵业余评论组
学习鲁迅　深入批邓　反击右倾翻案风
——工农兵作者和专业文艺工作者学习鲁迅、纪念鲁迅座谈会摘要
"不克厥敌，战则不止"
——纪念伟大的革命家鲁迅逝世四十周年⋯⋯卞星延
学习鲁迅　热情支持社会主义新生事物
——从鲁迅《白莽作〈孩儿塔〉序》谈起
　　　　　　　　　　　　　　　绍兴鲁迅纪念馆
"进击"——光辉的斗争哲学——学习《庆祝沪宁克
复的那一边》一文的辩证法思想⋯⋯⋯童炽昌
决不宽恕　战斗到底
——读鲁迅《半夏小集》等四篇杂文
　　　　　　　杭大中文系 74 级工农兵学员学鲁迅小组
学习鲁迅　同"谣言世家"作斗争
　　　　　　　　萧山县东方红公社杜湖大队理论组
学习鲁迅　批判"蛀虫"
——从鲁迅评《水浒》谈起⋯⋯⋯⋯⋯⋯刘操南
"杂取"生活　"推断"将来
——学习鲁迅关于典型化的论述⋯⋯⋯⋯陈　坚
"文学是战斗的！"⋯⋯⋯⋯浙师院中文系 771 班
工农兵学员　徐邦金　范春梅
鲁迅与车夫⋯⋯⋯⋯⋯⋯⋯⋯⋯⋯⋯⋯袭士雄
鲁迅对反动儿童读物的批判
——从鲁迅的一封未刊书简谈起⋯⋯⋯⋯蒋　风
鲁迅的愿望实现了⋯⋯⋯⋯⋯⋯⋯⋯⋯钦　文
鲁迅《仙台书简》（给蒋抑卮的信）
热爱祖国的心声　批判旧教育的檄文
——读鲁迅《仙台书简》⋯⋯⋯王德林　邹志方
鲁迅在浙江教育界的革命活动
鲁迅在浙江两级师范学堂⋯⋯⋯杭州市第一中学
王祖勋　董舒林
鲁迅在绍兴府中学堂⋯⋯⋯⋯⋯⋯⋯⋯周蒂堂
鲁迅在山会初级师范学堂⋯⋯绍兴地区师范学校王德林
关于鲁迅思想发展的几个问题⋯⋯⋯⋯钟本康
鲁迅早期与报刊杂志的关系⋯⋯⋯⋯⋯张能耿
两句诗看法的商榷
——关于鲁迅《阻郁达夫移家杭州》中三、四句的解
说问题⋯⋯⋯⋯⋯⋯⋯⋯⋯⋯⋯⋯⋯单演义
《鲁迅书话》在关史实的辩证⋯⋯孙　瑛　钦　文
景　唐　江　立　齐　生　薛绥之
鲁迅的战笔（诗）
——纪念鲁迅逝世四十周年⋯⋯⋯⋯⋯马　烈
"金不换"（诗）⋯⋯⋯⋯⋯⋯⋯⋯⋯⋯蔡　涉
肺腑永铭火炬语（诗）⋯⋯⋯⋯⋯⋯⋯裴樟松
横站（木刻）⋯⋯⋯⋯⋯⋯浙江美术学院　张怀江
鲁迅评《水浒》（木刻）⋯⋯浙江美术学院　赵延年
"我们应当造出大群的新的战士"（木刻）
　　　　　　　　　　　　绍兴鲁迅纪念馆　邬继德
编后⋯⋯⋯⋯⋯⋯⋯⋯⋯⋯⋯⋯⋯本刊编辑部

1976 年第 6 期　刊名：《杭州文艺》

目录

热烈庆祝华国锋同志任中共中央主席、中央军委主席
热烈庆祝粉碎"四人帮"篡党夺权阴谋的伟大胜利
亿万人民尽开颜（民歌十四首）⋯⋯⋯⋯韩天发等
沸腾的广场（诗）⋯⋯⋯⋯⋯⋯⋯⋯⋯桑民强
喜爆声声（诗）
——写在游行队伍里⋯⋯⋯⋯⋯⋯⋯⋯方　忠
祝捷纪盛（诗）⋯⋯⋯⋯⋯⋯⋯⋯⋯⋯蔡　涉
烛天烈火正熊熊（诗）⋯⋯⋯⋯⋯⋯⋯刘操南
胜利的凯歌（散文）⋯⋯⋯⋯⋯⋯⋯⋯赵振汉
紧跟华主席乘胜前进（弹词开篇）⋯⋯范自强　蒋豫生
钱江飞舟迎捷报（小演唱）⋯⋯⋯⋯⋯王正康
打倒"四人帮"（三句半）⋯⋯⋯⋯⋯⋯鲁　东
团结在以华国锋主席为首的党中央周围（歌曲）
　　　　　　　　　　　　　　　　李士珍词曲
"三要三不要"牢记心里（歌曲）
　　　　　　　　　　　　学　农　珊　卡词曲
打倒"四人帮"人心大快（歌曲）⋯⋯⋯群声词曲
万众欢腾的节日⋯⋯⋯⋯⋯⋯⋯⋯⋯本刊编辑部

继承毛主席遗志　把无产阶级革命事业进行到底
洒满阳光的路（散文）⋯⋯⋯⋯⋯⋯⋯向　阳
金色的大道（散文诗）⋯⋯⋯⋯⋯⋯⋯叶　春
禾苗出土迎朝阳（诗）⋯⋯杨敏生　管思耿　沈　璧
《五·九批示》照征途⋯⋯⋯⋯⋯⋯⋯江路长
心中太阳永不落（民歌八首）⋯⋯⋯⋯李苏卿等
听课（诗）
——瞻仰广州农民运动讲习所⋯⋯⋯⋯杨　光
哨兵的怀念（诗）⋯⋯⋯⋯⋯⋯⋯⋯⋯嵇亦工
毛主席活在咱心中（诗）⋯⋯⋯⋯⋯⋯陈常明
高举红旗向前冲（诗）⋯⋯⋯⋯红小兵　郑　斐
誓将遗志化宏图（诗九首）⋯⋯⋯⋯⋯蒋应武等
浙江儿女怀念毛主席（弹词开篇）⋯⋯张永春
毛主席，您永远活在我们心里（歌曲）
　　　　　　　　　　　　　申屠奇词　黄进之曲

小说·散文
后代（长篇小说选载）⋯⋯⋯⋯⋯⋯⋯毛　英

杨梅红了（散文）——————————————陈继光
算珠声声（散文）————————————————辛　民

戏剧·曲艺
园丁之歌（湘剧高腔）————长沙市碧湘街完小原作
长沙市文艺工作团改编　柳仲甫执笔
借车（快板剧）————————建德县白沙镇业余文宣队创作
张复新执笔

评论
从扼杀《创业》看"四人帮"的狼子野心
————————————————杭州市文化局创作组
撕下老牌机会主义者的画皮
——读鲁迅《三月的租界》——————————陈　坚
从"新桃换旧符"谈起（杂文）——————————胡　振
"横站"颂——————————————————肖　煌

美术
热烈庆祝华国锋同志任中共中央主席、中央军委主席
（宣传画）————————下城区业余美术组集体创作
王校章　陈　健执笔
打倒王洪文、张春桥、江青、姚文元反党集团（宣传
画）——————下城区业余美术组集体创作　张培力执笔
列宁的教导（木刻）————————杭州扇厂　李以泰
顶风冒雪拦海涂（国画）——————郎承文　陆秀竞
夜校课前（木刻）——————————————宋　斌
爷爷上工去了（国画）————————————皇甫建明
启事——————————————————本刊编辑部

1977 年第 1 期　　刊名:《杭州文艺》

目录

纪念敬爱的周总理逝世一周年
生命的礼赞（诗）
——纪念周总理逝世一周年——————————阙维杭
一个光辉的名字（诗）————————————洪宇东
新春时节忆总理（斯文）——————————孙晓泉
十里湖山思总理（弹词开篇）————————柳　河
周总理来到梅家坞（歌曲）——申屠奇词　黄进之曲

小说·散文
金丝银线映朝阳（散文）——————————黄怀安
"老窑头"的故事（小说）——————————金学钟
百分卡（小说）————————————————谷　益
后代（长篇小说选载）————————————毛　英

诗歌
火红的新春——————————————————赵焕明

高唱《三大纪律八项注意》歌前进
————————————————驻浙某部　王玉忠
诗传单（三首）————————————————晨　星
政治夜校炉火旺——————————————骆长平
春潮满山谷（三首）
——寄自造田工地的诗————————————崔汝先
夜战——————————————————————郭　亮

曲艺·故事
毛主席在我们心中永生（对口词）——————链　根
列车声讨会（天津快板）——————————承仲方
全家批判"四人帮"（相声）——————83013 部队宣传队
怒批"四人帮"（唱词）——————————张卫列
会场斗争（革命故事）
——根据电影《创业》片断改编————————马来法
山乡女货郎（快板）————————————陈文达

歌曲
人民和华主席心连心——————方竟成词　徐星平曲
紧跟华主席，掀起社会主义建设新高潮
————————————————倪舜华词　来东海曲
工人阶级有志气————————————珊　卡词曲

评论
用战斗迎接社会主义文艺的春天————————卜星延
"水银秤"的妙用——————————————胡　振
斥"求全责备"————————————————方　焱

鲁迅研究资料
关于鲁迅《自题小像》诗的创作年代
————————上海鲁迅纪念馆　韩　明　陈友雄
春联漫话——————————————————黄敬明
新春联——————————————————黄敬明

美术
伟大的实践（毛主席视察农科所）
——《毛主席指路我们走》组画之一
————————————董达荣　傅希陶　章学麟
夯平坎坷开新路
——《毛主席指路我们走》组画之二
————————————傅希陶　章学麟　董达荣
隆隆机场谱赞歌
——《毛主席指路我们走》组画之三
————————————章学麟　傅希陶　董达荣

1977 年第 2 期　刊名:《杭州文艺》
目录

小说·散文

三亩携李园（小说）－－－－－－－－－－张正钢
度假（小说）－－－－－－－－－－－－－胡尹强
后代（长篇小说选载）－－－－－－－－－毛　英
铺路石（散文）－－－－－－－－－－－－犁　云
工厂的大门（散文）－－－－－－－－－－邹　园

诗歌

在围海造田工地（三首）－－江鹰岩　管思耿
大干，快上！－－－－－－－－－－－－－赵和松
农业学大寨墙头诗抄－－－－－－－－－－程肇荣
永远冲锋逞英豪－－－－－－－－－－－－郭宏川
卷扬机手－－－－－－－－－－－－－－－程卫东
海岸巡逻－－－－－－－－－－－－－－－赵熙阳
"迎春诗会"有感－－－－－－－－－－－郭仲选

曲艺·革命故事

万众欢呼华主席（唱词）－－－－－－－－许文贤
华主席和群众心边心（坐唱）－－－－－－范自强
幸福的回忆（开篇）－－－－－－－－－－周　策
帽子工厂（相声）－－－－－－－－－－－朱秋僧
怒批"四人帮"（数来宝）－－－包朝赞　孟启斌
工地炮声（快板）－－－－－－－曹　东　蒋豫生
路口夺肥（革命故事）－－－－－－－－－李建树

歌曲

赞歌献给华主席－－－－－－陈才铮词　王次炤曲
红小兵紧跟华主席前进
　　　　　钟高渊词　张孝博　丁永安曲
跃进凯歌震河山－－－－－－－孙　军　小　鹏词曲

评论

修正主义文艺理论的一个标本
　　——批判"三突出"－－－－－－－钟本康
从"护官符"的解释　看江青的罪恶目的－－刘操南
扫除八股　改进文风－－－－－－－－－－肖　煌

创作通讯

愿做早莺争暖树　不可坐等看百花
　　——给一位业务作者的信－－－－－武子牛

美术·摄影

"迎春诗会"剪影－－－－－－－省影展办公室供稿
《纪念鲁迅书法篆刻展览》作品选
　　　　　商向前　郭仲选　陈威遐　陈左夫

到处莺歌燕舞（国画）－－－－－－－－－何水发

1977 年第 3 期　刊名:《杭州文艺》
目录

小说·散文

登陆浪窝岛（小说）－－－－－－－－－－洪　军
石炮手（小说）－－－－－－－－－－－－夏鸿根
后代（长篇小说选载）－－－－－－－－－毛　英
打鸟湾奇事（散文）－－－－－－－－－－屠再华

诗歌

跃进歌声震山河（新民歌十首）－－－－－曹国政等
创业队员的歌－－－－－－－－－－－－－盛子潮
沸腾的黄土丘陵－－－－－－－－－－－－王一义
钢城多娇－－－－－－－－－－－－－－－刘希涛
下班以后－－－－－－－－－－魏章竹　章华林
电业工人的歌
　　——梅溪发电厂诗歌选载（九首）－－吕国城等

戏剧·曲艺·故事

《创业》歌（独幕话剧）
　　　　　东海舰队政治部文工团　鞠明生
诗的研究（相声）－－－－－－－－－－－曹志行
千军万马支农忙（苏滩）－－－－－－－－蒋豫生
茶乡新歌（革命故事）－－－－－－－－－周永祥

歌曲

永远高唱毛泽东思想的颂歌－－－周祥钧词　黄简章曲
大寨花开遍地红－－－－钱建隆词　郑小维　钱建隆曲
大办农业掀热浪（女声越剧表演唱）
　　　　　华水法　马玉祥词　华水法曲

评论
杂文

"同乡会"与"四人帮"－－－－－－－－谢广田
"本钱"与"敲门砖"－－－－－－－－－李宝川
一盏灯光抒深情
　　——《周总理办公室的灯光》的艺术构思－－潘国钧

随笔

废除"官腔"－－－－－－－－－－－－－王忠明
可敬与可亲－－－－－－－－－－－－－－冯振德
鲁迅研究资料
有恒先生谈《答有恒先生》－－－裘士雄　黄中海

美术

你办事　我放心（油画）－－－杭州美工团　叶其璋

为加速实现农业机械化而奋斗（宣传画）
　　　　　　　　　　杭州拖拉机厂工人　王千生

1977 年第 4 期　刊名:《杭州文艺》
目录

暖流（散文）………………………………叶国炜
爆竹声中（散文）……………………………红　华
"领头雁"（小说）……………………………刘源春
"堤"外事（小说）……………………………刘大中
闪光的乌金（小说）…………………………朱效瑜

诗歌
写在新安江畔………………………………吴育华
新安江畔春光好（新民歌十四首）………秦开荣等
电花闪烁（三首）
——献给"三八"女电工……………………洪加祥

戏剧·故事·曲艺
政治流氓下乡记（快板书）………………张复新
夸师傅（数来宝）……………………………汪世炎
人人继承雷锋志（相声）……………………章荣朝
小铁牛（革命故事）…………………………程永成
宝地风波（革命故事）………………………叶运昌
打猪槽（小戏）………………………………过希贤

歌曲
食蟹有感………………………孙晓泉词　王素霞曲

评论
爱的大纛　憎的丰碑
——浅谈鲁迅后期的诗………………………李　丹

经验交流
坚持党的基本路线　繁荣社会主义文艺创作
　　　　　　　　　　　　　中共乾潭区委员会

美术·摄影
绘新图（摄影）………………………………邓永和
育种（摄影）…………………………………邓永和
山河换新装（国画）…………………………寿崇德
马达声声情谊深（国画）
　　　　　　　　　建德县农机配件厂工人　程　民

1977 年第 5 期　刊名:《杭州文艺》
目录

更高地举起毛主席革命文艺路线的伟大的旗帜
——纪念《在延安文艺座谈会上的讲话》发表三十五
周年…………………………………《人民日报》社论
热烈欢呼《毛泽东选集》第五卷出版
雄文五卷千秋照（新民歌十二首）………陈城胜等
欢呼毛选五卷出版（调寄清平乐）…………郭仲选
热烈欢呼毛选五卷出版发行（诗配画）
　　　　　　黄云松　何志生　郦纬农速写
罗　岩　郭　华配诗
雄文五卷耀日月（坐唱）……………………朱秋僧
喜相逢（小演唱）……………………………李　幸
我送宝书到水乡（女声独唱）
　　　　　　　　　　　　钱建隆词　谢承培曲
解放后文艺战线上第一场大论战
——学习《应当重视电影〈武训传〉的讨论》
　　　　　　　　　　　　　　　　　方光明

诗歌
沁园春
——为纪念毛主席《在延安文艺座谈会上的讲话》发
表三十五周年而作………………………孙晓泉
写在周总理纪念邮票上………………………张　宏
推着时代车轮向前飞跑………………………潘志光
铁道线上汽笛高（四首）……………………骆长平
钢城曲（三首）………………………………何昌正
登攀…………………………………………程卫东
熔炉…………………………………………朱金晨
今日车间歌最多（新民歌八首）……………集　叙等
火热的车间（三首）…………………………曹国政

小说·散文
同心果（小说）………………………………赵瑞平
她们没有留下姓名（小说）…………………石志明
不平坦的路（小说）…………………………黄梦燕
闪光的螺丝钉（散文）………………………小　琦
杂草·人面兽（寓言两则）…………………楼志武

曲艺
周总理来到楼外楼（革命故事）……………马来法
大庆战旗永飘扬（弹词演唱）………………张永春
一张火车票（小演唱）
　　　　　　　徐　川　陈跃火　贾献法　钱永泰
处处有雷锋（山东快书）……驻杭某部王钦亮　解庆谦
白骨精做梦（相声）…………………………孙庆树

歌曲

举国吹呼华主席（女声独唱）
　　　　　　　　　　鲜于开选词　鲁　明　高　桦曲
坚决把国民经济搞上去————————鲁鹤鸣词　伊　仁曲
灿烂阳光照工地（独唱）————陈洁行词　来东海曲

评论

人民生活是文学艺术的唯一源泉
——学习《在延安文艺座谈会上的讲话》札记
　　　　　　　　　　　　　　　　　　　朱克玲
谣言掩盖不了丑恶的面目
——江青的一出卑劣丑剧————杭州市文化局大批判组
谎言终究代替不了事实
——评"揪《顶风逆流不回头》的'黑后台'事件"
　　　　　　　　　　　　　　　《杭州文艺》大批判组
荒谬的理论　险恶的用心
——批判"根本任务"论————————钟本康
批判反动影片《反击》
无耻的捏造————————————应志良
绝妙的自我写照————光明电影院工农兵影评组
从韩凌钓鱼谈起————————————冯振德
"短"的随笔————————————方　犁
浪花录（创作杂感）————————赵和松

美术

南堡人民的贴心人（油画）————郦纬农　何绍教
旧象愈摧破　人类便愈进步（木刻）————李以泰
《纪念鲁迅书法篆刻展览》作品选————周国诚等
喜上加喜（木刻）————杭钢机械动力处　风　云

1977年第6期　刊名:《杭州文艺》
目录

小说·散文

小交通（小说）————————————陈道阔
断奶（小说）————————————方艳芬
假日里（小说）————————————沈虎根
杜鹃花盛开的山路（散文）————————楼飞甫
大雪飘山村（儿童文学）————————红　华

诗歌

向阳花开朵朵红（儿歌十八首）————胡际荣等
红缨枪赞————————————洪宇东
我们的"小炮艇"————————————周　武
姐姐的来信————————————浦　石
赤脚医生的歌————————————梅其卿
洒满阳光的校园————————————王丽娅

曲艺·故事

红心飞向毛主席纪念堂（小演唱）————虞诵南
教育战线擂战鼓（快板书）————————章竹林
下马岭上（革命故事）————————章荣朝
打蛇的故事（革命故事）————————谭克德
展览室里斗争（革命故事）————————陈出新
雪地摆战场（小歌舞）————————徐常鑫
摇头术（相声）————————————钱久彰

歌曲

手捧毛选五卷笑颜开————杨明明词　张寿祺曲
红领巾闪耀着红太阳的光辉————朱松岭词　丁永安曲
格桑花献给华主席————周　威词　张孝博曲
各族儿童歌唱华主席————黄持一　徐震渊词　叶　椿曲

评论

《红楼梦》研究和两条路线斗争
——学习毛主席《关于红楼梦研究问题的信》札记
　　　　　　　　　　　　　　　　　　　方光明
继续革命的嘹亮号角
——读叶副主席《远望》诗————————刘操南
为祖国造就革命的新一代
——学习鲁迅论儿童文艺的一点体会————蒋　风
湘灵一曲慰忠魂
——谈鲁迅作《湘灵歌》的一些史实————陈友雄
螃蟹宴·主与奴（杂感二题）————————谢广田

美术·摄影

曹娥江的早晨（油画）
——华国锋同志一九七一年视察浙江农村途中
　　　　　　　　　傅希陶　王干生画　何昌正配诗
金梭银线连北京　织锦工人心向华主席（水粉画）
　　　　　　　　　陈明钧　吴自强画　王珣配诗
个个健康（摄影）————————市摄影办公室供稿

1977年第7期　刊名:《杭州文艺》
目录

热烈庆祝党的十届三中全会胜利召开
三中全会公报暖人心（诗）————————陈出新
拥护领袖华主席（民歌六首）————————集　叙等
喜讯传遍千里铁道线（诗）————————骆长平
喜报到西湖（诗）————————————胡　粗
十届三中全会公报好（双人数来宝）————刘正伦
特大喜讯北京来（歌曲）————胡丰传词　区汉荣曲
热烈庆祝党的十届三中全会的胜利召开（速写）
　　　　　　　　　　　　　　　　　　　杜高杰

诗歌

风卷红旗过大关
——献给中国共产党诞生五十六周年⋯⋯⋯⋯赵焕明
千歌万曲唱给党（民歌二十首）⋯⋯⋯⋯邬根元等
胜利歌（散文诗）⋯⋯⋯⋯⋯⋯⋯⋯⋯⋯⋯陈城胜
吕梁山对我说（三首）⋯⋯⋯⋯⋯⋯⋯⋯⋯谢鲁渤
歌唱吧，新安江⋯⋯⋯⋯⋯⋯⋯⋯⋯⋯⋯⋯洪加祥
炼钢工人的乐章⋯⋯⋯⋯⋯⋯⋯⋯⋯⋯⋯⋯李义方
历史⋯⋯⋯⋯⋯⋯⋯⋯⋯⋯⋯⋯⋯⋯⋯⋯⋯钟高渊

小说·散文

通红的火（小说）⋯⋯⋯⋯⋯⋯⋯⋯⋯⋯⋯汪逸芳
"老将"师傅（小说）⋯⋯⋯⋯⋯⋯⋯⋯⋯⋯姜　三
山高路长（小说）
——山区旅店纪事⋯⋯⋯⋯⋯⋯⋯⋯⋯⋯⋯倪　土
奔腾的浪潮（散文）⋯⋯⋯⋯⋯⋯肖　前　陈旭明

曲艺

热气腾腾（相声）⋯⋯⋯⋯⋯⋯⋯⋯⋯⋯⋯朱伙僧
战鼓催春（快板剧）⋯⋯⋯⋯⋯⋯⋯⋯⋯⋯盛志强

杭州市一九七七年职工业余文艺会演节目选登
杭州人民怀念周总理（说唱）
⋯⋯⋯⋯⋯杭州针织厂业余文宣队创作　朱仲康执笔
四老汉狠批"四人帮"（群口快板）
⋯⋯⋯⋯⋯杭丝联业余文宣队集体创作　欧克执笔
杭齿工人斗"四害"（说唱）
⋯⋯⋯⋯⋯⋯杭州齿轮箱厂业余文宣队集体创作
师徒竞赛（对口快板）
⋯⋯⋯⋯杭州织锦厂业余文宣队集体创作　石晶晶执笔
砸烂"四人帮"工厂换新貌（坐唱）
⋯⋯⋯⋯⋯⋯⋯杭州武林机器厂业余文宣队创作
应朝雄　严　瑛　郑萍执笔

歌曲

万岁！伟大光荣正确的中国共产党（独唱）
⋯⋯⋯⋯⋯⋯⋯⋯⋯陈才铮词　姜小鹏曲
毛主席旗帜火样红⋯⋯⋯⋯⋯朱金元词　吴荣富曲
华主席，畲家儿女热爱您（女声二重唱）
⋯⋯⋯⋯⋯胡德航　陆加庆　张美仙词　陆加庆曲

评论

打击方向准　是非严分类
——学习陈毅同志《读时下杂文，因忆鲁迅，为长歌
志感》诗⋯⋯⋯⋯⋯⋯⋯⋯⋯⋯⋯⋯⋯⋯⋯王大同
剥下江青"旗手"的画皮
——愤怒揭批江青破坏革命文艺的滔天罪行
⋯⋯⋯⋯⋯⋯⋯⋯⋯中共建德县乾潭区委员会
谈变（杂感二则）

——"四人帮"的反革命手法剖析⋯⋯⋯⋯李继善
关于鲁迅纪念五烈士的诗
——"梦里依稀慈母泪"和"吟罢低眉无写处"试释
⋯⋯⋯⋯⋯⋯⋯⋯⋯⋯⋯⋯⋯⋯⋯⋯⋯熊　融

美术

战友（油画）⋯⋯⋯许宝中　李泽浩画　郭华配诗
大干社会主义光荣（宣传画）⋯⋯⋯⋯⋯郦纬农

简讯

粉碎"四人帮"　职工文艺百花放
——杭州市举行一九七七年职工业余文艺会演

1977 年第 8 期　刊名：《杭州文艺》

目录

纪念中国人民解放军建军五十周年

诗歌

敬礼　火红的八一军旗
——献给中国人民解放军建军五十周年⋯⋯郭　华
秋收起义——长诗选载⋯⋯⋯⋯⋯⋯⋯⋯⋯方　牧
五律二首——纪念中国人民解放军建军五十周年
⋯⋯⋯⋯⋯⋯⋯⋯⋯⋯⋯⋯⋯⋯⋯⋯⋯孙晓泉
"八一"颂⋯⋯⋯⋯⋯⋯⋯⋯⋯⋯⋯⋯⋯⋯商向前
更喜岷山千里雪（组歌）⋯⋯⋯⋯老红军　再　生
战灯闪闪（叙事诗）⋯⋯⋯驻浙海军某部　董培伦
志愿车战士诗抄（五首）⋯⋯原志愿军战士　蔡庆生
硬骨头六连的歌（三首）⋯⋯⋯⋯⋯⋯⋯⋯葛　逊
新兵之歌（三首）
——唱给向华主席报到的第一代新兵⋯⋯⋯谢鲁渤
诗自东海哨所来（五首）
⋯⋯⋯⋯任红举　田永昌　杨德祥　马绪英　叶文艺
战友聚汇⋯⋯⋯⋯⋯⋯⋯⋯⋯⋯⋯⋯⋯⋯阙维杭
带队长机⋯⋯⋯⋯⋯⋯空军某部　陈玉田　薛锡祥
关山万里（散文诗）⋯⋯⋯驻杭工程兵某部　解庆谦

小说·散文

怀念敬爱的朱德总司令（革命回忆录）
⋯⋯⋯⋯原浙江省军区副司令员、离休老红军　周长胜
苹果熟了（散文）⋯⋯⋯⋯⋯驻浙海军某部　江　民
明灯（散文）⋯⋯⋯⋯⋯⋯⋯驻浙海军某部　林炎光
点篙引船（小说）⋯⋯⋯⋯⋯⋯⋯⋯⋯⋯⋯毛　英
龙河桥（小说）⋯⋯⋯⋯⋯⋯⋯驻浙某部　阮生江

曲艺

吕梁山下颂歌传（对口快板）
⋯⋯⋯⋯⋯⋯⋯⋯⋯⋯⋯东海舰队某部　张胜利

学习"硬六连"（对口快板）
　　　　　　　　　　　　　驻浙海军某部　承仲方
练兵场上（短篇评话）　　　　　　　　　　马来法
巧遇（快板小段）　　　　　　　驻浙某部　张　宏
雨夜救车（山东快书）　　　　　驻浙某部　闫建平
杀声怒吼（天津快板剧）　　　　驻浙某部　王钦亮

歌曲
全军学习"硬六连"　　　　　　刘　安词　黄简章曲
继承革命传统　争取更大光荣　丁怀卿词　毛晓彤曲
雷锋的枪我们扛　　　　　　　刘　安词　黄进之曲
敬礼！亲爱的解放军叔叔　　　洪宇东词　丁永安曲

评论
发扬我军革命文艺的战斗传统　　　　　　　战　秋

杂文
写东海、唱东海　　　　　　　　　　　　　柳　河
红叶礼赞　　　　　　　　驻浙海军某部　陈歆耕
"宗派考"　　　　　　　　　　　　　　　　朱　临
民族解放战争的小号角
　　——漫话抗日儿歌　　　　　　　　　　蒋　风

美术·摄影
更喜岷山千里雪（油画）
　　　　　　陈宁尔　王方雄画　罗　岩配诗
传旗（水粉画）　　　　　　　　　　　　　吴自强
我在大桥望北京（油画）　　蔡永祥遗作　叶其璋画
苦练杀敌本领（摄影）　　省军区　刘时裕　杨叙生
添新花（木刻）　　　　　驻浙某部战士　韩　阳
编后

韶山红日永照伟大的祖国（歌曲）
　　　　　　　　　　　　　铮　声词　姜小鹏曲
深切怀念毛主席　实践《讲话》倍努力　　　小　琦
星星之火·可以燎原（国画）
　　　　　吴山明　吴自强　吴国亭作　罗　岩配诗
深切怀念伟大领袖和导师毛主席献诗献画会作品选刊
　　　　　　　　　　　　　　　　　　　李震坚等
文艺简讯

桐庐县创作故事选
华主席视察到俞家　　　富春江公社文化站　潘来娟
山村小店　　　　　　　　　凤川供销社　方雅娟
婆媳俩　　　　　　　　莪山公社文化站　洪　军
两个大妈（对口故事）
　　　　　　莪山公社塘联大队知识青年　程苏春
杀猪　　　　　　　　合村公社大琅大队　徐云根

小说·散文
享福（小说）　　　　　　　　　　　　　　陈旭明
燕燕学艺（小说）　　　　　　　　　　　　戚天法
花的瀑布（散文）　　　　　　　　　　　　吕志基

评论
学习鲁迅　高举和捍卫毛主席的伟大旗帜
　　——鲁迅在两条路线斗争中的光辉业绩　蒋成瑀
从金鸡纳树的移植谈起
　　——（"读点鲁迅"随笔）　　　　　冯　高
鲁迅答复《美育》主编李金发的一封信
　　——新版《鲁迅书信集》补遗　　越　善　熊　文
"推车上坡"赞（创作杂感）　　集　叙　小　乐

歌曲
大庆红旗擎在手　　　　　　胡德航词　陆加庆曲
"三老四严"顶呱呱　　　　　叶　桢词　李士珍曲

美术
情深似海（素描）　　　　浙江幻灯制版厂　郑毓敏
长夜有明灯（木刻）　　　　　　　　　　　邬继德

1977 年第 9 期　刊名:《杭州文艺》
目录

伟大领袖和导师毛主席永远活在我们心中
万片深情寄北京（散文）　　　　　　　　　峻　深
红心永向阳（坐唱）　　　　　　　　　　　陶彬章
老石匠的心愿（快板书）　　　　　范自强　蒋豫生
幸福的里程（诗）　　　　　　　　　　　　黄亚洲
写给毛主席纪念堂边的树（诗）　　　　　　王英志
永生不忘红太阳的温暖（散文）
　　　　　　　　　　　　浙江京剧团　宋宝罗
井冈山上（长诗选载）　　　　　　　　　　文　牧
战友（诗）　　　　　　　　　　　　　　　庄月江
敬读《沁园春·长沙》、《西江月·井冈山》
　　——深切怀念毛主席逝世一周年　　　　王伯敏
七律·纪念伟大领袖毛主席　　　　　　　　刘叔平

1977 年第 10 期　刊名:《杭州文艺》
目录

小说·散文
在胜利这一天（小说）　　　　　　　　　　林　海
爸爸的手提包（小说）　　　　　　　　　　万　刚
五老峰高（散文）　　　　　　　　　　　　蒋贵林
源泉（散文）　　　　　　　　　　　　　　胡德伟
一颗红五星（小说）　　　　　　　　　　　方艳芬

速写

售饭窗口 ···················· 谷　益
春茶时节 ···················· 黄亦波

诗歌

毛主席的旗帜万代红（民歌七首）········ 余长飞等
中南海的红灯永放光明 ············ 嵇亦工
北京行（外二首）·············· 吴明火
一路高歌下钱江 ··············· 何昌正
同志　你给祖国留下了什么 ········· 叶文艺
我爱祖国的蓝天 ··············· 王君亚
工地女画家 ·················· 徐如麟
江南大寨曲（二首）············· 翟博胜
太湖民歌（三首）·············· 谈　谦

戏剧·曲艺

十月佳节歌如潮（表演唱）········· 王锡才
华主席办事暖人心（歌词）········· 朱保康
政委查铺（天津快板）········· 海军某部文宣队
打草鞋（表演唱）········· 驻杭某部　阎建平
张奶奶卖蛋（山东快书）·········· 梁春佩
接场长（快板表演）············· 戴荣芳
一张车票（小话剧）····· 驻浙某部　张玉义　何保国

评论

"学习鲁迅"是假　阴谋篡党是真——评石一歌的几
篇所谓"学习鲁迅"的黑文·········· 邵伯周
九斤老太的艺术形象不容歪曲
——斥"四人帮"对鲁迅小说《风波》的践踏
··························· 蒋百灿
党挺立在历史的火车头上（随笔）····· 徐江伟

新发现的一篇鲁迅佚文
鲁迅为偕行社同人撰悼刘和珍君《祭文》
关于偕行社同人《祭文》的一点说明····· 沈家骏
关于鲁迅为偕行社同人所撰的《祭文》
···················· 谢德铣　王德林

歌曲

毛主席纪念堂颂歌·········· 叶　桢词　徐星平曲
十月的颂歌 ············ 傅　林词　丁永安曲

美术

华主席在湖南（油画）········ 黄小明画　崔汝先配诗
在你们身上寄托着中国与人类的希望
——祝贺长征胜利（油画）········· 陈逸飞
鲁迅与陈赓同志（木刻）·········· 俞启慧
知心话（木刻）··············· 顾幼庐

1977 年第 11 期　刊名:《杭州文艺》

目录

小说·散文

海的儿子——记地下儿童团员林森火···· 江　波
不落的战歌 ················· 毛　英
向阳院里的笑声 ··············· 郑开慧
目标 ····················· 陆云松

诗歌

铁手绘新图
矿的喷泉（外一首）············· 程卫东
沸腾的火车检修线（二首）········· 骆长平
采自山区工厂的花絮（二首）········ 胡永槐
崖头船厂 ··················· 欣　荣
战歌壮河山
我们是勘探战士 ··············· 黄亚洲
担土歌 ···················· 赵焕明
海涂　不再是江南的沙漠 ·········· 余　刚
寄自北疆的诗（二首）············ 柏　秋
连长带我去巡逻 ··············· 任红举

散文诗

写在浪尖上（二章）············· 周稼骏
灯·山花（二章）·············· 沈浪泳

评论

浇灌新花
《断奶》吐芬芳 ··············· 草　央
"断奶水"与"注心血"············ 赵和松
榜样 ····················· 杨明明
诗歌作投枪，直刺"四人帮"········· 吕洪年
我记忆中的鲁迅先生 ············ 俞　芳
努力掌握切实的社会科学——学习鲁迅关于学习革命
理论的论述··············· 肖　荣　陈坚

歌曲

毛主席著作贴心口·········· 陈才铮词　王次炤曲
我爱这雄伟的钢厂 ············· 施天银词曲
定要山河换新颜 ·············· 邵　锋词曲

美术

金色的十月（国画）
················ 李　觉　黄镇中作　洪宇东配诗
速写二幅 ·············· 何志生　俞启慧
智歼匪特（版画）·············· 王大保
雄鹰（国画）················· 姜宝林
启事

1977 年第 12 期　刊名:《杭州文艺》
目录

戏剧曲艺专辑
白求恩（六场话剧）——————————盛志强
黎明之前
——中篇评弹《骄杨颂》选段
　　　　　浙江曲艺队创作组　沈祖安　执笔
毛主席留下无价宝（表演唱）—————潘一鸣
抓纲治国要大上（唱词）——————潘裕法
岗位（小越剧）————杭丝联业余文宣队集体创作
刘正伦　吴绮云执笔
神火山（美术电影剧本）——————罗树范
硬骨头精神开新花（表演唱）—————龙　源
红松岭上不老松（坐唱）——————陈出新
补票（山东快书）————————蒋豫生
世世代代铭记毛主席的恩情（国画）
——————————章锦荣　李　觉
一生清贫（木刻）——————————张怀江
雨露滋润（套色木刻）————————韩　阳
一定要把科技搞上去（速写）————舒传熹

1978 年第 1 期　刊名:《杭州文艺》
目录

毛主席给陈毅同志谈诗的一封信
东风送春雨诗坛开百花
——学习《毛主席给陈毅同志谈诗的一封信》
红日永远照西湖（组诗）————谢鲁渤　陈才铮
汪　涛　徐乃华　崔汝先
幸福的怀念（散文）————————孙晓泉
双龙明珠（散文）————————徐家麟
怀念伟大领袖毛主席（诗）—————赵景深
周总理！浙江儿女怀念您（诗）————赵焕明
泪飞顿作倾盆雨（诗二首）—————孙武军
感人肺腑的诗情（评论）——————云　涛
写在迎接科学大会的日子里（诗三首）—黄亚洲
一颗明亮的星（诗）
——献给陈景润的歌——————胡丰传
爱山老师（诗二首）————————卢曙火
为了祖国的明天（散文）——————朱幼棣
梅花寄友情（散文）————————陈友雄
杨柳青（小说）—————————费爱能
大老高（快板书）————————傅国伟
送猪曲（相声）—————————石和祥
柜台姐妹（故事）——————包朝赞　吴文昶
丰收声中（小戏曲）————建德县乾潭区创作组

红杏枝头春意闹
——一九七七年《杭州文艺》短篇小说评述————钟本康
漫谈诗的意境（评论）———————徐　青
不要模仿（新诗话）————————庄月江
伟大祖国在胜利中前进（歌曲）
—————————陈才铮词　丁永安曲
丰收不忘华主席（歌曲）——陶大钊词　金　梅曲
新年到炉前（歌曲）———何昌正词　杨育民曲
硬骨头战士歌（歌曲）——李幼容词　李伯乐曲
世上无难事　只要肯登攀（国画）
—————————吴自强画　靳　谦配诗
迎春（版画）——————————董小明
渔歌十二唱（木刻）———张怀江画　海　波配诗
湖上轻舟（木刻）—————————赵宗藻

1978 年第 2 期　刊名:《杭州文艺》
目录

本刊举行短篇小说座谈会（简讯）
骨肉情（小说）—————————许胤丰
画像（小说）—————————沈师桥
童工血泪——杭州第一棉纺织厂《厂史的一章》
—————杭一棉《厂史》编写组高钫施佐才执笔
西子湖畔传独话（散文）——————汪　涛
老鞠灿若霞（散文）————————黄可磊
缅怀太行将军（诗）—————老红军　李志明
写在当年集中营（三首）——————张虹海
西湖迎春词—————————郭仲选
园丁诗页（三首）————斯志伟　金沙江　万水泉
风雨大寨旗（诗二首）———————梁　雄
夜海伏兵（诗）—————————王玉忠
哨所门前一条河（诗）———————薛锡祥
儿歌二首—————————蔡文良
高高的白杨树（小歌剧）——————陈峻祥
向科学高峰进军（群四词）—————张　宏
攻关战士（群词开篇）———————朱仲康
送猪记（故事）—————————周永祥
"百家姓"新释（单口相声）—————朱秋僧
抓纲治国好决策（歌曲）———王傅林词　小　鹏曲
灿烂前程（歌曲）———罗　岩词　全　琳　史崇义曲
大寨花种遍地播（歌曲）
——————夏其贵词　陈才铮改词　周济人曲
翻开我的课本（儿童歌曲）——钟　声词　黄进之曲
"狗性"与"帮性"（杂文）—————黄毓璜
"四人帮"的"快""慢"观（杂文）———周荣新
浅谈散文的"意"（评论）——————吕洪年
"不要放开学科，一味钻在文学里"（评论）—钟雪娟
天惊　地怪　见落笔

——漫谈潘天寿绘画的艺术风格（评论）
华主席视察唐山震区（油画）
——杭州市美术工作团绘画组集体创作　王一义配诗
人物头像速写四幅………顾生岳　吴山明　何志生
潘天寿作品选刊（四幅）
西子湖边满园春（风俗画）………………海　生
雨中白堤（木刻）…………………………赵宗藻
苏堤春晓………………………黄云松　王祖培

1978 年第 3 期　刊名:《杭州文艺》
目录

华主席部署新长征（诗十一首）
——热烈欢呼全国五届人大暨五届政协胜利召开
………………………………………王一义等
热烈庆祝全国五届人大，五届政协胜利召开（宣传画）
………………………傅昌培　朱明厦
稽山镜水的怀念（散文）
——访绍兴周总理故居………建　中　德　铣　德　林
丹心赋（散文）……………………………犁　云
捧起钱江当琴弹
——为周总理八十寿辰而作………王慧琪　王慧骏
荒原春色（散文）…………………………周而复
三宿将军镇（小说）………………………陈旭明
初考（小说）………………………………胡德伟

春潮万里
浸着汗渍的诗传单（诗四首）……………李松涛
山乡诗抄（诗二首）………………………李发模
大山的酒（外一首）………………………盛子潮
金银岗（诗）………………………………唐庆忠
车站英姿（三着）………………骆长平　潘志光
彻底批判"四人帮"的反革命政治纲领（对口词）
………………………………………王大昌
会议室在哪?（快书小段）………………章竹林
农田建设掀高潮（小锣书）………………张克强
扎红花（小演唱）………………蔡文良　欧阳荣良
一支雷管（小故事）
………………解放军驻杭五中队创作阎建平整理
银丝闪光（快板书）………东升丝厂业余文宣队创作
杭州市文工团盛志强修改
十七年是红线主导，决不是黑线专政
——回顾建国十七年杭州文艺战线所取得的成就（评
论）………………………………………小　琦

诗坛漫步
贵在有"创"的精神……………………黄亦波
诗贵藏……………………………………蒋成瑀

暗中摸索总非真…………………………王英志
相反相成…………………………………李义方
火花集（三言两语）……………………韩　非
关于鲁迅先生给我信的一些情况（鲁迅研究资料）
………………………………………黄　沅
祖国盛开大庆花（独唱）
………………祥　钧　建　隆词葛　麻曲
红船又有掌舵人（男女二重唱）
………………马　骏　建　隆词马　骏曲
难忘的接见（诗配画）…………………沈　沉配诗
山水画选刊（四幅）………………姜宝林　卓鹤君
之江帆影（木刻）………………………赵宗藻
花港观鱼………………………………黄云松

1978 年第 4 期　刊名:《杭州文艺》
目录

英雄们在汉城
——长篇小说《昨天的战争》第二部片断………孟伟哉
烧饼会议（小说）………………………钱诚尔
豆芽菜的故事（小说）…………………辛　民
剑石岛散记（散文）……………………江　民
灯光小记（散文）………………………吴流生
掌声（散文）……………………………万　刚
短篇小说《画像》是抄袭的（读者来信）………顾中美
江上夜运（诗）…………………………朱谷忠
写在火热的钢厂（诗二首）……………刘希涛
赞桥梁工（诗）
——江河寄语……………………………王　辉
高高的观察哨（外一首）………………杨德祥
山坡草舍（诗）…………………………潘裕法
开心事（方言表演唱）…………………汪静楚
护线（故事）……………………………毛焕祥
恬不知耻（相声小段）…………………解克宙
见面（绍兴平调）………………………周　策
卖猪（快板书）…………………………梅安才
送水歌（歌曲）………申屠奇　马　雪词　黄大同曲
送粮新歌（歌曲）……申屠奇　鲁　明　王恢南曲
梅坞茶乡春满元
——读陈毅同志诗《梅家坞即兴》………吕　禾
从莫怀仁禁山歌谈起（杂文）…………肖　枫
从"人不可貌相"想起（杂文）…………龙　渊
人间沧桑话西湖（"西湖丛读"之一）………申屠奇
关于鲁迅先生给我信的一些情况（鲁迅研究资料）
………………………………………黄　源
十月（诗配画）………………李以泰画　陈继光配诗
西湖新咏（诗配画）………………庞毅明诗　王昌浩摄影
六和塔畔（木刻）………………………赵宗藻

1978 年第 5 期　刊名:《杭州文艺》

目录

向延安（散文）················· 邹　园
珍珠海（散文）················· 姜　三
英雄们在汉城（续）
——长篇小说《昨天的战争》第二部片断······ 孟伟哉
契诃夫短篇小说两篇
毒······················· 汝　龙译
在河上——春季小景··········· 汝　龙译
杭州随想（诗二首）············· 谢鲁渤
百花盛开的春天（外一首）
——杭州书画社画巡礼·········· 徐家麟
艺苑春讯（诗）················· 史　莽

园丁之页
老师三题（诗）················· 赵焕明
红梅（诗）··················· 何志云
校园剪影（散文诗二章）·········· 张日铣
"二七"的怀念（诗三首）·········· 庄月江
贴在大跃进的墙头上（诗三首）······ 胡永槐
沸腾的牧场（诗二首）············ 崔汝先
歌满青山（诗二首）············· 孙中明

市群众文艺创作节目观摩演出节目选（一）
新安江儿女怀念周总理（说唱）······ 张复新
唱唱城里新事多（表演唱）···· 张克强　陈德来
串戏（小越剧）················ 罗边平
炊事新兵（对口快板）············ 汪黎明
初阳台（西湖民间故事）

我们的祖国好（歌曲）······· 石一祥词　黄简章曲
农机工人下了乡（歌曲）····· 周祥钧词　林业良曲
大庆的路胜利的路（歌曲）···· 李德麟词　吴荣实曲
相反相成　传神达意（评论）········ 余　荩

鲁迅研究资料
关于鲁迅先生给我信的一些情况（三）···· 黄　沅
对《祭文》为鲁迅佚文的质疑········ 陈漱渝
华政委在太行山上（素描）
············· 工　隆　梁　铨　大　云
《十五贯》人物素描、速写（五幅）
··············· 吴国亭　文　彬
吴山夕照（木刻）··············· 赵宗藻

1978 年第 6 期　刊名:《杭州文艺》

目录

咱跟华主席新长征（儿歌十首）······ 洪宇东等
"1"夜＝"15"年（科学幻想小说）······ 张迺生
未来的一堂天文课（科学幻想小说）····· 丁雪明
树皮军号（小说）··············· 骆　雨
试场外（散文）················· 楼飞甫
小飞机找老师（小叙事诗）·········· 徐巨焕
姐姐把眼镜说成轧拉司（诗）········· 东　栋
牛顿的故事（小叙事诗）··········· 杨晓明
冬冬的梦（诗）················· 马瑞荣
天堂处处新长征（诗）············· 郭促选
小小宣传员（说唱双簧）··········· 朱秋僧
婆媳过节（快板书）············· 何绍贤
小花猫学本领（童话歌舞剧）···· 德梅城运子弟学校
难忘的演出（朗诵诗）······ 杭州市天长小学文宣队
小冬（童话故事）··············· 童承基

西湖民间故事
明珠
臭秦桧
金牛湖
蠢货黑鳢头（寓言）············· 子　午
荷花与浮萍（寓言）············· 陆进强
华主席的光辉暖在我们心里（歌曲）
··············· 许继荣词　丁永安曲
亲爱的老师　向您致敬（歌曲）······ 雪　帆词曲
小字典（歌曲）·········· 张振芝词　王家祥曲
友谊的鲜花（歌曲）······· 张秋生词　张孝博曲
从小养成好习惯（幼儿歌曲）··· 柴翠芬词　叶　椿曲

创作谈
谈戏剧的悬念··············· 盛仲健
儿歌的摹状手法··············· 蒋　风
关于鲁迅先生给我信的一些情况（四）（鲁迅研究资料）··············· 黄　沅
爱科学（诗配画）········· 高而颐画　班会文配诗
林林和元元（组画）············· 梁平波
奔马·菊和蟹（工艺美术）
········ 青田城镇石雕厂　温州工艺美术研究所　供稿
庆祝建国三十周年联合征文启事········ 杭州市文化局《杭州日报》社　杭州人民广播站《杭州文艺》编辑组　杭州市美术展览办公室　杭州市摄影展览办公室

1978 年第 7 期　刊名:《杭州文艺》
目录

伟大导师马克思的一首诗　　　　　　薛　菲译述
新安江畔忆董老（散文）　　　　　　　战　秋
雪山之夜（散文）　　　　　　　　　　李志明
机声隆隆（小说）　　　　　　　　　　陆云松
选择（小说）　　　　　　　　　　　　俞明荣
归来（散文）　　　　　　　　　　　　张抗抗
洪流浩荡长征路（诗）　　　　　　　　黄东成
致大学生们（外一首）　　　　　　　　黄显宇
扁担书记（诗）　　　　　　　　　　　李苏卿
青春（诗）
　　——唱给老助产士　　　　　　　　张虹海
新山新水唱新歌（民歌五首）　　　　　梅其卿
写在造田工地上（诗二首）　　　　　　华友国
小鼯鼠学本领（美术电影剧本）　　　　何培新
"新星"颂（快板书）　　　　　　　　张永春
搬家记（唱词）　　　　　　　　　　　希　稼
新婚之夜（山东快书）　　　　　　　　孙庆树
没尾巴龙（民间故事）　　　　　　　　毛　英
最爱灵隐飞来孤（西湖丛谈）　　　　　申屠奇
为实现新时期的总任务而奋斗（歌曲）
　　　　　　　　　　葛　逊词　印　青曲
大干快上大竞赛（歌曲）　　柳　方词　沈铁候曲
江南风光美（歌曲）　　　　任红举词　陶思耀曲
一条打向革命老干部的黑扁担
　　——批判小资剧《扁担颂》
　　　　　　　　中共建德县委宣传部大批判组
不拘一格写评论（短论）　　　　　　　宋昌仁
应该像蜜蜂一样地工作（评论）　　　　蒋成瑀

学艺录
"桃李不言　下自成蹊"　　　　　　　龙　渊
"第一句话"　　　　　　　　　　　　胡审严
出乎意料　入乎情理（新诗话）　　　　张光昌
翠兰满山路　不数芳枝筐（随笔）　　　孙旭升

鲁迅研究资料
关于鲁迅先生给我信的一些情况（五）　黄　沅
关于偕行社同人《祭文》的再说明
　　——兼答陈漱渝同志　　　　　　　沈家骏
对《祭文》为鲁迅佚文的看法　　　　　孙席珍
曙光（国画）　　　　　　　　　　　　吴自强
先驱（油画）　　　　高而颐　梁平波　宗文龙
鸟瞰西湖（木刻）　　　　　　　　　　赵宗藻

1978 年第 8 期　刊名:《杭州文艺》
目录

传统（小说）　　　　　　　　　　　　吴育华
珍珠泉（散文）　　　　　　　　　　　郭荷松

抓纲治军捷报传
雾来了（诗）　　　　　　　　　　　　叶文艺
海疆诗情（诗二首）　　　　　　　　　文　牧
电键声声（诗）　　　　　　　　　　　王焕璋
水中格斗（诗）　　　　　　　　　　　章立品
投弹歌（诗）　　　　　　　　　　　　刘　安
写在硬骨头六连的诗传单（诗二首）　　瞿　琮
家（诗）　　　　　　　　　　　　　　薛钖祥
四明山革命斗争故事两篇　　　　　　　白　岩
红军通过大凉山（快板书）　　　　　　张胜利
歌唱火红的军旗（歌曲）　　　叶桢词　航　声曲
我们在水下日夜巡逻（歌曲）　荎培伦词　周成龙曲
师长带飞（歌曲）　　　　　　薛钖祥词　杨育民曲
沁园春　　　　　　　　　　　　　　　孙晓泉
春花争艳（小说）　　　　　　　　　　陈明达
凤燕展翅（小说）　　　　　　　　　　红　华
红心在跳荡（报告文学）
　　——记杭州市第二人民医院内科主任汪善声
　　　　　　　　　　　　　　闻　翌　为　平
"部长助理"上任记（小说）　　　　　谷　白

西湖丛谈
湖山独爱飞来峰　　　　　　　　　　　申屠奇
故乡情（散文诗）　　　　　　　　　　周岩方
小诗品　　　　　　　　　　　　　　　苏开源
约会（温州鼓词）　　　　　　　　　　汪　艇
百花公主（民间故事）　　　　　　徐　飞整理
报告文学的新生命（评论）　　王庆生　周荣新
散文要当诗一样写
　　——谈杨朔散文的意境　（评论）　钟本康

创作谈
艺术的"移植"　　　　　　　　　　　郭　超
诗中须有人在　　　　　　　　　　　　何志云

鲁迅研究资料
关于鲁迅先生给我信的一些情况（六）　黄　沅
百战新师惊贼胆（油画）
　　　　　　　　　　陈宁尔画　洪宇东配诗
不忘虎狼在前（油画）　　　邢真理画　谢鲁渤配诗
硬骨头六连木刻二幅（木刻）
　　——李敦学　徐学阶　丘忠荣　刘迨友　陆　放

孤山远眺（木刻）·····································赵宗藻

1978 年第 9 期　刊名:《杭州文艺》
目录

翱翔在数学广宇的雄鹰（报告文学）
·································钱建隆　赵　征
枫叶如丹照嫩寒
——忆内山完造（散文）·····················严麟书
温暖（小说）·····································赵和松
精神（小说）·····································王清烈
奶奶和孙孙（小说）·····························李仁晓

江山如画
潮来溅雪欲浮天（散文）·····················文　华
酒香飘万里（散文）·····························季　康
我向毛主席走近
——写在毛主席纪念堂毛主席坐像前·····刘希涛
在周总理的身边（诗二首）·················阙维杭
汇报（诗）·····································何昌正
会唱歌的马达（诗）·····························赵有根
铁路工人赞（诗）·····························许国华
结婚照的故事（诗）·····························魏德平
新民歌二首·····································谈　讦
贵客临门（故事）·····························王湄若
印花（独幕话剧）·····························严浙江
一顿饭（方言说唱）·····························孙承安
王羲之的传说·····································陈玮群整理

西湖丛谈
诗情画意冷泉亭·····························申屠奇
红花献给华主席（歌曲）·····周　威词　杨辰之曲

新发现的鲁迅书简
鲁迅一九一一年元旦致许寿裳书简（附彤印）
关于鲁迅一九一一年元旦书简的一点说明·······沈家骏
读鲁迅一九一一年元旦书简·····谢德铣　王德林
评价《西湖民间故事》·····························赵景深
"两个估计"的拙劣图解（评论）——重评长篇小说
《前夕》·····································陈文锦

鲁迅研究资料
关于鲁迅先生给我信的一些情况（七）·····黄　沅
《杭州文艺》改名《西湖》启事
喜雪（油画）·········宋贤珍　汪诚画　洪宇东配诗
上旺人（木刻）·····································赵宗藻
柳荫西山（木刻）·····························赵宗藻

1978 年第 10 期　刊名:《西湖》
目录

诗词三首·····································毛泽东
啊！领袖——唱给华主席的歌·················赵焕明
登莫干山观日台·····························斯志伟
永不凋谢的花圈·····························薛家柱
写在绍兴周总理故居·····························长　平
幽谷兰香·····································谢鲁渤
在"周恩来号"机车上·····························李志明
仙人掌（外一首）·····························艾　青
献给杭州（外一首）·····························何　达
杭州二律·····································杜　宀
早安，斯诺先生！·····························张虹海
春呵，失而复得的春天·····················曾昭弘
白发红心永向党（三首）·····蔡　堡　商向前　施有苏
生虽未相晤　青史同辉耀
——追忆郭沫若同志一九六二年在绍兴鲁迅纪念馆
·······························朱　忞　陈　雯
嵌崎此景域中孤
——记郭沫若同志游览金华双龙洞、冰壶洞···徐家麟
游冰壶洞
——和郭沫若同志·····························孙晓泉
闯将录（三首）·············金瑞华　阙维杭　郑成义
电站诗草（二首）·····················洪加祥　吴树逊
织女情（二首）·····················高　钫　福　庚
民歌一束·····································梅其卿等
春满山乡（二首）·····························崔汝先
水乡吟（四首）·····················桑民强　江鹰岩
李苏卿　王　峥
硬骨头六连的诗传单（六首）·················翟　琮
军号嘹亮（十首）·············稽亦工　堂嘉通　王玉忠
杨德祥　孙中明　胡半传　马绪英
铁篙传（叙事诗）·····························任红举
为了明天（七首）·····················何昌正　徐灿校
王一义　疾　帆　刘崇善
歌词小辑（三首）·············叶文艺　陶大钊　吴育华
校园春色（八首）·············贾丹华　张祖桐　王英志
闻　欣　汪　涛　杨达寿　白　红　蒋应武
祖国的花朵（五首）·····················圣　野　张秋生
洪宇东　钟高渊
盛装此湖山　天堂逊人间
——读朱德同志《登西湖北高峰》·················吕　禾

西湖丛谈
西泠韵溢西湖天·····························申屠奇
生活的赞歌（十七首）·············陈才铮　梁　左
樊发稼　蔡庆生　唐庆忠　胡兆铮

江山如画（八首）·············徐朔方 赵大昕
于宗仪 杨东标 凝 溪
登葛岭（外一首）·····················鲁 兵
郁达夫诗词选（二十八首）····于 听 周 期编订
歌德短诗一束（二十首）···············薛 菲译
讽刺诗二首·····················胡 晓 叶 桢
寓言诗二首·························毛 迅一
诗要用形象思维——学习《毛主席给陈毅同志谈诗的
一封信》札记（评论）···············方 牧
略谈浙南民歌的比兴（评论）···········叶大兵

诗坛漫步
夸而有节忌纵横·····················王心祺
诗缘情而绮靡·······················袁春根
一杯香茶献贵宾（歌曲）···············汤坒辉
申屠奇词 金钦夫曲
进京列车剪影··············大林摄影 许国华配诗
平湖秋月（木刻）···················张怀江
西泠印社（木刻）···················赵宗藻

1978 年第 11 期 刊名:《西湖》
目录

两人行（小说）·····················毛 英
冲猪（小说）·······················艾 英
想一想（小说）·····················袁丽娟
难忘的日子
——长篇小说《工作着是美丽的》续集选载···陈学昭
新的开端（散文）···················赵清阁
折不断的花（散文）·················胡琼玲
昭雪沉冤报天春（散文）···············叶炳南

江山如画
迎客亭随笔·························云 崖
新长征短歌（五首）·················欣 荣等
战地黄花（诗）·····················蔚 文
泰戈尔诗五首·····················宋兆霖译
小金花又生蛋了（童话）···············昭 禹
阿蛮把关（说唱）···········杨永明 任汤德
神药（民间故事）···················谭克德

西湖丛谈
六和古塔凌霄汉·····················申屠奇
心中有个总任务（歌曲）···············汤璧辉
陈才铮词 范盈庄曲
为人民服务无尚光荣（歌曲）·······邵 锋词曲
月儿是我的好朋友（低幼歌曲）
程逸汝词 张孝博曲

听盖叫天同志谈艺——创作学习笔记·······柯 灵
梦与心理描写——读鲁迅小说随笔·········楼耀芳
鲁迅小说中的细节描写例说·············薛振东

鲁迅研究资料
关于鲁迅先生给我们的一些情况（八）·······黄 沅
"真正生活的流露"（评论）·············丁 凡
关于《选择》的浅见（评论）···········孟洪才
朱自清先生二三事···················徐重庆
秋瑾（水印木刻）···················黄 裳
浙江美术学院学生习作选（速写四幅）·····焦小健等
钱江晚风（套色木刻）···············张怀江
吴山北麓（木刻）···················赵宗藻
本刊启事

1978 年第 12 期 刊名:《西湖》
目录

灯会抒情（诗）
——写在毛主席诞辰八十五周年·········赵焕明
树的怀念（诗）·····················崔汝先
登高赋（诗）·······················何昌正
双龙红花（诗）·····················张虹海
韶山行（散文）·····················浦 石
毛主席在杭州（摄影）
把脉（小说）·······················管新生
阿太师傅（小说）···················福 庚
婚礼（小说）·······················曹布拉
我的女儿（散文）···················湘 君
唱在新长征的大道上（诗七首）·········犁 云等
杂咏二首·························荒 芜
选择（诗）·························朝 昕
温暖（诗）·························骆长平
退奖记（小话剧）···········正 伦 美 成
怀 曾 绮 云
山村新事多（小驻唱）···············胡月耕
两只蛋（说唱）·····················瞿松青
一条红鲤鱼（故事）·················杜松根
报到（对口快板）···········蒋子生 鲁 东
太平军在杭州的传说···········光 路整理

西湖丛谈
翠拥螺攒锦孤山·····················申屠奇
一条毒藤上的两个黑瓜（评论）
——评林彪、"四人帮"文艺路线的极右实质
杨 群
情歌浅谈·························裴金康
无巧不成书（评论）·················埝 任

读者·作者·编者

鲁迅研究资料

关于"一阔脸就变"的注释及其他 ⋯⋯⋯⋯ 陈　江
学诗点滴 ⋯⋯⋯⋯⋯⋯⋯⋯⋯⋯⋯⋯⋯⋯⋯ 王慧祺
补正
孤山红梅（套色木刻）⋯⋯⋯⋯⋯⋯⋯⋯⋯ 张怀江
保俶积雪（木刻）⋯⋯⋯⋯⋯⋯⋯⋯⋯⋯⋯ 赵宗藻

1979 年第 1 期　刊名:《西湖》
目录

在红海洋的深处（小说）⋯⋯⋯⋯⋯⋯⋯⋯ 陈旭明
梭子嫂（小说）⋯⋯⋯⋯⋯⋯⋯⋯⋯⋯⋯⋯ 钱诚尔
可怜的运气（小说）⋯⋯⋯⋯⋯⋯⋯⋯⋯⋯ 李杭育
意外的相识（小说）
⋯⋯⋯⋯⋯⋯ [美国] 马克·吐温　宋兆霖译
小浪花（散文）⋯⋯⋯⋯⋯⋯⋯⋯⋯⋯⋯⋯ 柯　灵

江山如画
天下藏书此一家
　　——天一阁访游 ⋯⋯⋯⋯⋯⋯⋯⋯⋯⋯ 盛钟键
献给华主席的歌（诗四首）⋯⋯⋯⋯⋯⋯⋯ 张庆明
杭州清明节革命诗抄（十四首）
牛头山的故事——前沿小岛民间传说之一 ⋯ 马绪英
西湖，假如你在国外（诗）⋯⋯⋯⋯⋯⋯⋯ 罗　北
出征（诗）⋯⋯⋯⋯⋯⋯⋯⋯⋯⋯⋯⋯⋯⋯ 陈　晏
石斧（诗）⋯⋯⋯⋯⋯⋯⋯⋯⋯⋯⋯⋯⋯⋯ 刘兴诗
人们都在说（诗）⋯⋯⋯⋯⋯⋯⋯⋯⋯⋯⋯ 徐家麟
领袖的恩情暖心里（歌曲）⋯⋯⋯⋯⋯⋯⋯ 邵锋词曲
绿海银山寄深情（坐唱）⋯⋯⋯⋯⋯⋯⋯⋯ 李焕德
生活服务站办得实在好（金铃塔调）⋯⋯⋯ 周志华
粉墨青青（电影文学剧本）⋯⋯⋯⋯⋯⋯⋯ 赵清阁

西湖丛谈
湖山依旧梅花开 ⋯⋯⋯⋯⋯⋯⋯⋯⋯⋯⋯⋯ 申屠奇
绿娘（西湖民间故事）⋯⋯⋯⋯⋯⋯ 张天庆搜集整理
义士冢（钱塘江诗话）⋯⋯⋯⋯⋯⋯⋯⋯⋯ 刘杭民

随笔
周总理改诗评画的启示 ⋯⋯⋯⋯⋯⋯⋯⋯⋯ 方　梨
规范本行　剪裁浮词 ⋯⋯⋯⋯⋯⋯⋯⋯⋯⋯ 龙　渊
诗要声韵谐和 ⋯⋯⋯⋯⋯⋯⋯⋯⋯⋯⋯⋯⋯ 徐　青
鲁迅的创作经验与形象思维问题（评论）⋯ 邵伯周
歌颂与暴露（评论）⋯⋯⋯⋯⋯⋯⋯⋯⋯⋯ 朱　克
从"未成曲调先有情"说起——试谈诗歌创作的感情
问题（评论）⋯⋯⋯⋯⋯⋯⋯⋯⋯⋯⋯⋯⋯ 王英志
江河大地的春天（油画）⋯⋯⋯⋯⋯⋯⋯⋯ 靳尚谊

西湖　晨曦（套色木刻）⋯⋯⋯⋯⋯⋯⋯⋯ 张怀江
西湖即景篆刻选刊 ⋯⋯⋯⋯⋯ 刘　江　叶一苇　吕　迈
陈左夫　陈仲芳　李伏雨　茅大容　张根沅　徐银森
集体创作

1979 年第 2 期　刊名:《西湖》
目录

护花记（小说）⋯⋯⋯⋯⋯⋯⋯⋯⋯⋯⋯⋯ 谢　明
宣传科里的一天（小说）⋯⋯⋯⋯⋯⋯⋯⋯ 何志云
突围（小说）⋯⋯⋯⋯⋯⋯⋯⋯⋯⋯⋯⋯⋯ 骆　基
两脚跨过钱塘江——钱江大桥史话 ⋯⋯⋯⋯ 茅以升
东风夜放花千树——喜观"西湖灯会"⋯⋯⋯ 柳德璋

西湖丛谈
绿杨荫里的白沙堤 ⋯⋯⋯⋯⋯⋯⋯⋯⋯⋯⋯ 申屠奇
鼓劲着先鞭（散文）——记郭沫若同志参观青田石雕
工厂和石门洞 ⋯⋯⋯⋯⋯⋯⋯⋯⋯⋯⋯⋯⋯ 单泽阳
悠扬的琴声（小叙事诗）⋯⋯⋯⋯⋯⋯⋯⋯ 赵焕明
他呀他……（诗）⋯⋯⋯⋯⋯⋯⋯⋯⋯⋯⋯ 海　风
女工睡了（诗）⋯⋯⋯⋯⋯⋯⋯⋯⋯⋯⋯⋯ 高　钫
但愿你不像他 ⋯⋯⋯⋯⋯⋯⋯⋯⋯⋯⋯⋯⋯ 汪　涛
写在波峰浪谷间（散文诗）⋯⋯⋯⋯⋯⋯⋯ 方　牧
蚕桑姐（方言快板）⋯⋯⋯⋯⋯⋯⋯⋯⋯⋯ 胡文渊
一杯水（山东快书）⋯⋯⋯⋯⋯⋯⋯⋯⋯⋯ 朱松岭
粉墨青青（电影文学剧本）⋯⋯⋯⋯⋯⋯⋯ 赵清阁
钱镠唱吴歌（钱塘江诗话）⋯⋯⋯⋯⋯⋯⋯ 刘杭民
艺术的魅力在形象里 ⋯⋯⋯⋯⋯⋯⋯⋯⋯⋯ 蒋成瑀

争鸣园
正面人物形象与歌颂光明——对《婚礼》意见的不同
意见 ⋯⋯⋯⋯⋯⋯⋯⋯⋯⋯⋯⋯⋯⋯⋯⋯⋯ 高松年
为《寻太阳》正名及其他 ⋯⋯⋯⋯⋯⋯⋯⋯ 叶　舟
"捏着一团火"地收存亡友遗物——关于鲁迅先生珍
藏柔石遗物的史料 ⋯⋯⋯⋯⋯⋯⋯⋯⋯⋯⋯ 周国伟
文艺书简——评一九七八年《西湖》诗专号⋯ 谢冕等

美术作品欣赏
墨韵神情　独有领会——介绍洪世清的几幅画⋯钱小南
苏堤春晓（木刻）⋯⋯⋯⋯⋯⋯⋯⋯⋯⋯⋯ 张怀江
洪世清作品选刊（五幅）

1979 年第 3 期　刊名:《西湖》
目录

难题（小说）⋯⋯⋯⋯⋯⋯⋯⋯⋯⋯⋯⋯⋯ 黄云生
奇特的"花圈"（小说）⋯⋯⋯⋯⋯⋯⋯⋯⋯ 王连生

午夜里（小说）························吴流生
三接桩（小说）························欣　荣
一颗核桃的喜剧（散文）················巴　金
焕发了青春的诗人
——访艾青同志·············本刊记者　胡丰传
新长征中的怀念——敬献给周总理（诗）···阙维杭
尽管春天姗姗来迟（诗）················田　地
西湖吟（外一首）······················海　稜
唱给密西西比河的歌（诗）··············李广德

扬帆集

向广场······························吴　晓
当你二十三岁时……··················子　丰
剑麻································田　伟
情书································余永定
友谊关······························禾　苗
《望乡》随感························余　刚
回忆郭老访沈园······················朱　态

西湖丛谈

六桥横绝天汉上·······················申屠奇
访隋代古刹天台国清寺··················周荣初
富春谣（钱塘江诗话）·················刘杭民
征帆破雾（杭州评话）·········马来法　张永春
琵琶恨——中篇评弹《新琵琶行》第二回
··············唐小凡　蒋希均　施振眉
有眼不识泰山（杭城民间传说）···········李伟清
打狗让路（快书小段）·········顾成岱　崔海洋
"砸怪"余毒何时消
——为女子越剧说几句话···········叶炳南

创作谈

"艺术情趣"辩························张光昌
谈"写心"···························吴士余

诗坛漫步

诗中议论···························周稼骏
诗中有画···························潘颂德

鲁迅研究资料

关于鲁迅先生给我信的一些情况（九）·····黄　源
呕心沥血为人民（素描）···············董达荣
柳浪击舟（木刻）·····················张怀江
打谷场上（素描）·····················吴山明
篆刻一枚···························王运天

1979 年第 4 期　刊名:《西湖》

目录

候补公民（小说·建国三十周年征文）·····曹布拉
可怕的瘢痕（小说）···················石景麟

小小说

机声（建国三十周年征文）··············萧　容
回火（建国三十周年征文）··············朱效瑜
老队长相女婿·······················陆云松
"汽车行动，十万火急"·········李庆西　李杭育
飞飞································谢鲁渤
礼物································沈治平
短些，再短些（编稿手记）··············西　品
好学不倦的吴子明同志（革命回忆录·建国三十周年
征文）····························吴子刚
花港今日秀更添（西湖丛谈）············申屠奇

江山如画

绍兴东湖游记························谢德铣
审查小记（小品文）···················闻　之
周总理呵！我回来了（诗·建国三十周年征文）——
一个"四·五"运动战士的汇报··········黄亚洲
花·诗·歌（三首）——写在七六年四月五日的天安
门广场····························孙中明
历史将永远不会遗忘（诗）··············稽亦工
避雷针（诗）
——赞"四·五"运动中的英雄·········曹国政
新长征中的人们（诗四首）··············王辉等
西子湖畔（二首）·············圣　野　骆　平
造福万代慰前人（诗）·················商向前
爱和希望（诗·建国三十周年征文）·······高　钫
山林短句（六首）·····················蔡　涉
一枝玫瑰（坐唱）·····················美　成
大老刘公出记（快板书）·······张永春　蒋豫生
紫金滩（杭州风物传说）·······泉　声收集整理
我歌唱西湖的春天（歌曲）······方　牧词　陈华泉曲
我爱红花红似火（歌曲）·······鲜于开选词　林业良曲
字表真情，情含血泪
——读《天安门诗抄》一点启示·······钟本康

鲁迅研究资料

关于鲁迅先生给我信的一些情况（十）·····黄　源
对黄源同志《关于鲁迅先生给我信的一些情况
（七）》一点小补正··················戈宝权
西湖明如镜　钱江白如练
——郭老的几首西湖诗词···········吕　禾

争鸣园

"赶浪头"一议 ⋯⋯⋯⋯⋯⋯⋯⋯⋯⋯⋯⋯何志云

创作谈

漫谈开头 ⋯⋯⋯⋯⋯⋯⋯⋯⋯⋯⋯⋯⋯周善贤
善始更要善终 ⋯⋯⋯⋯⋯⋯⋯⋯⋯⋯⋯龙 渊
引人入胜 耐人寻味（美术作品欣赏）——读舒传曦
的画 ⋯⋯⋯⋯⋯⋯⋯⋯⋯⋯⋯⋯⋯⋯沈祖安
舒传曦作品选刊（四幅）

1979 年第 5 期　刊名:《西湖》
目录

第二次归国（小说）⋯⋯⋯⋯⋯⋯⋯⋯⋯雨 寒
美容（小说）⋯⋯⋯⋯⋯⋯⋯⋯⋯⋯⋯刘烨文
丰收声中（小说）⋯⋯⋯⋯⋯⋯⋯⋯⋯赵和松

访问记
春风里的思念
——老作家陈学昭忆周总理 ⋯本刊记者 淑 芬
柳浪闻莺（散文）⋯⋯⋯⋯⋯⋯⋯⋯⋯祝金生
红花草（散文）⋯⋯⋯⋯⋯⋯⋯⋯⋯⋯希 稼
漫话湖笔（风物志）⋯⋯⋯⋯⋯⋯⋯⋯沐定祯

回忆录
"五四"运动在杭州 ⋯⋯⋯⋯⋯⋯⋯⋯胡山源
沈尹默的新诗 ⋯⋯⋯⋯⋯⋯⋯⋯⋯⋯徐重庆
访"湖畔诗人"汪静之（访问记）⋯⋯⋯冬 雪
冯雪峰湖畔诗选（八首）

西湖丛谈
青山有幸埋忠骨 ⋯⋯⋯⋯⋯⋯⋯⋯⋯申屠奇
宋高宗与岳飞之死（钱塘江诗话）⋯⋯刘杭民
岳庙，历史的审判台（诗）⋯⋯⋯⋯⋯龙彼德
纪念杭州解放三十周年（鹊桥仙）⋯⋯郭仲选
长恨绵绵（诗）⋯⋯⋯⋯⋯⋯⋯⋯⋯⋯吴永祚
"解放"之歌（诗三首）⋯⋯⋯⋯⋯⋯⋯聂鑫森
游杭诗稿（诗八首）⋯⋯⋯⋯⋯⋯⋯⋯王 孙
唱给科学家（诗三首）⋯⋯⋯⋯⋯⋯⋯王一义
写在绿色的原野上（诗）⋯⋯⋯⋯⋯⋯徐家麟
池塘庙的变迁（诗）⋯⋯⋯⋯⋯⋯⋯⋯吴明火
丝线厂小景（诗）⋯⋯⋯⋯⋯⋯⋯⋯⋯方竟成
青春寄语（六则）⋯⋯⋯⋯⋯⋯⋯⋯⋯王慧骐
不准出生的人（七场歌剧）⋯⋯⋯薛家柱改编

随笔
纪念鲁迅随谈 ⋯⋯⋯⋯⋯⋯⋯⋯⋯⋯荒 芜
"真实"有阶级性吗? ⋯⋯⋯⋯⋯⋯⋯马成生

"大框子"与"小框子" ⋯⋯⋯⋯⋯⋯⋯杨奎章
"文已尽"和"意有余" ⋯⋯⋯⋯⋯⋯⋯季 子
"诗内"与"诗外" ⋯⋯⋯⋯⋯⋯⋯⋯⋯阿 东
鲁迅与中美文化交流 ⋯⋯⋯⋯⋯⋯⋯余凤高

争鸣园
不必穿凿附会 ⋯⋯⋯⋯⋯⋯⋯⋯⋯⋯秦 咸
为"争鸣"叫好 ⋯⋯⋯⋯⋯⋯⋯⋯⋯⋯张光昌
夏日·牛（陶瓷小品）⋯⋯⋯⋯⋯⋯⋯汤守仁
杨柳堤岸（套色木刻）⋯⋯⋯⋯⋯⋯⋯张怀江
文艺简讯
古希腊石膏雕塑恢复生产发行（美术消息）
⋯⋯⋯⋯⋯⋯⋯⋯⋯⋯⋯⋯⋯杭州美术公司

1979 年第 6 期　刊名:《西湖》
目录

孩子们的歌（十首）⋯⋯⋯⋯⋯⋯⋯刘饶民等
山鹰子（小说）⋯⋯⋯⋯⋯⋯⋯⋯⋯⋯蔡暄民
绰奇、小莉和我（科学幻想小说）⋯⋯张建生
小扁鱼游仙境（童话）⋯⋯⋯⋯⋯⋯⋯方雪花
三个娃娃三个样（儿童表演唱）⋯水永根词 丁永安曲
为儿童文学呼吁（评论）⋯⋯⋯⋯⋯⋯张光昌
白兰花（散文）⋯⋯⋯⋯⋯⋯⋯⋯⋯⋯湘 君

湖边小札
宝石山（外三则）⋯⋯⋯⋯⋯⋯⋯⋯⋯项 冰
忆《屈原》念郭老（散文）⋯⋯⋯⋯⋯炼 虹
陆游绍兴遗址杂记（散文）⋯⋯⋯⋯⋯石 在

西湖丛谈
湛湛玉泉万鳞嬉 ⋯⋯⋯⋯⋯⋯⋯⋯⋯申屠奇
西湖诗历（西湖古诗词二百首）（一）⋯史 莽
春天的诗页（诗三首）⋯⋯⋯⋯⋯⋯⋯刘祖慈
访梅家坞（诗二首）⋯⋯⋯⋯⋯⋯⋯⋯张 往
湖畔恋情（诗）⋯⋯⋯⋯⋯⋯⋯⋯⋯⋯蒋应武
词二首 ⋯⋯⋯⋯⋯⋯⋯⋯⋯⋯⋯⋯沈尹默遗作
一束腊梅花（独幕话剧）⋯⋯⋯⋯⋯⋯鞠明生
鸡笼山（杭州风物传说）⋯⋯⋯⋯⋯⋯赵和松
金钱巷的来历（杭城民间传说）⋯⋯⋯李伟清
应重视现代戏的创作和演出（评论）⋯李尧坤
鲁迅处理人物矛盾关系的艺术手段（评论）⋯古远清

随笔
杂谈文艺的娱乐作用 ⋯⋯⋯⋯⋯⋯⋯张颂南
读《伤痕》流泪想到 ⋯⋯⋯⋯⋯惠 权 惠 芳
游园的感慨 ⋯⋯⋯⋯⋯⋯⋯⋯⋯⋯⋯成 丁
时代的赞歌——喜读艾青同志的新作 ⋯孟洪才

美术作品欣赏

勤于学习，勇于求索——读童中焘的山水画····郑　朝
洪迈的"恐金病"（钱塘江诗话）············刘杭民
读者来信（三封）·······················林云志
童中焘作品选刊五幅
幽桥九曲（套色木刻）·····················张怀江

1979 年第 7 期　刊名:《西湖》
目录

伦斯中尉（小说）·······················蔚　文
"未来"，在逝去的岁月中（小说）
································李庆西　李杭育
小云（小说）·························西　更
此间曾著星星火——忆董老视察南湖革命纪念馆
··························南湖革命纪念馆　蒋琴南
在人民英雄纪念碑下（诗）················虹　海
枫（诗）····························田　伟
茅山花红（诗）·······················黄东成
在奉化大堰村（诗）——悼巴人同志···········闻竹雨
入党（诗）——记一位科学家···············阙维杭
记柔石故居（散文）····················盛钟健
诅咒·····························柔　石遗作

江山如画

南海胜境普陀山······················童炽昌
一片西湖春光（风物志）
——漫话西湖绸伞···············王庆生　周荣新

西湖丛谈

柳浪莺声啼不尽·······················申屠奇
自卫还击战诗抄（二首）·················田永昌
开放吧，春天里的爱情之花（诗）············洪加祥
墙头诗（三首）·······················朱谷忠
昨天和今天（诗）·····················方　牧
玛利亚·巴奴什诗二首（罗马尼亚）···········薛菲译
西湖诗历（二）·····················史　莽选编
痛歼"地老鼠"（杭州评话）············永　春　来　法
虎跑泉（杭州风物传说）·······郭　榕　徐 飞　徐培培
吃炖鸡（快书小段）····················孙庆树
对象（相声）················杭州市环卫处集体创作
陆游和《临安春雨初霁》（钱塘江诗话）·······刘杭民
猴子和猫（寓言）············[法国]拉封登作　陈亚男译

创作谈

细节的魅力·························艾　斐
真实是细节描写的生命··················周善贤

争鸣园

也谈形象思维问题——与邵伯周同志商榷·······包永新
站着写与坐着改（湖畔拾英）···············龙　渊

美术作品欣赏

宜烟宜雨又宜风——国画写竹欣赏············王京盙
关于辑印《西湖丛书》的答问
周总理和咱同采茶（歌曲）·······周祥钧词　车　夫曲
四个现代化定实现（歌曲）·····叶　桢词　吴一塘编曲
竹（四幅）·······胡亚光　唐　云　申石伽　陈从周
风荷迎宾（套色木刻）····················张怀江

1979 年第 8 期　刊名:《西湖》
目录

中日友好　万古长青
岐阜之行——访日日记摘抄···············毛文蓉
中日友谊翰墨香（散文）·················孙晓泉
瑞雪报春望歌舞（散文）——日本歌舞伎访华使节团
来杭散记··························严麟书
鲁迅著作在日本（鲁迅研究资料）···········戈宝权
两国相交似管弦
——中日诗歌交流一瞥············徐重庆　李敏龙
郁达夫在日本诗选（二十首）·············于听选注
龙子太郎（日本动画片剧本）
··············[日本]松谷美代子　任溶溶译
中国的盆栽和园林（小品）
··············[日本]伊藤桂一　珊　英译
杭州岐阜　友谊长青（歌曲）
·················鲜于开选词　林　宏曲
四季歌（日本民歌）·········陈成法译词　毛文蓉配歌

日本民谣

岐阜城舞曲··········田口由美　荣　林译　雨　林校
长良小调···············久由保金仙　严谷小波
日本岐阜市简介·······················千　禾
皂角树下（小说）······················华　华
蝴蝶（小说）························越丹涯

江山如画

夏游莫干山························方炳华

西湖丛谈

渺渺平湖三翠岛·····················申屠奇

英雄的赞歌

顽强的勇士························任红举
摧不垮的峰峦（诗）····················王　也

赞丁炳荣（诗）—————————————赵焕明
崇高的爱情（诗二首）——————————嵇亦工
唱给金守儿的歌（诗二道）—————————孙银标
法律呵，你应该掌握在人民手里（诗）————阙维杭
我愿意（诗）—————————————————高钫
萤火虫与太阳（寓言诗）——————————王溶岩
支书断案（故事）——————————————闻韶
"逃票"的乘客（儿童故事）—————————松岭
对象（山东快书）—————————————沈伟 凌平

杭州风物传说
西湖醋鱼—————————————————肖凡
彭祖八百岁（民间传说）—————胡月耕搜集整理
真实、细腻、烧灼人心——谈《可怕的瘢痕》的心理
描写（评议）————————————————蒋成瑀

文艺书简
关于主题思想的深化问题——————————吴山
谢翱与西台（钱塘江诗话）—————————刘杭民

美术作品欣赏
笔墨淋漓 别饶风味——读芦坤峰的画————楼百安
三潭印月（套色木刻）———————————张怀江
芦坤峰作品选刊（五幅）

1979 年第 9 期 刊名:《西湖》
目录

失恋者的爱（小说）————————————尹平
未曾交谈过的知心人（小说）————————火刀
巧会（小说）————————————————谷白
迷雾园（中篇小说连载）
—————[英]阿加莎·克里斯蒂著 简庆闵译述
四十六支鲜花（散文）———————————楼飞甫

风物志
裁剪江山成锦绣——张小泉剪刀小记————蒋成泉

湖边小札
放鹤亭（三则）——————————————项冰

西湖丛谈
石罅灵泉虎旧跑—————————————申屠奇
祖国啊，母亲！（诗）———————————赵焕明
国庆酒（诗）————————————————吴明火
写在共青团的生活簿上（三首）———————卢曙火
涛声万千（诗）——钱江观湖感怀——————崔汝先
有感（诗）————————————————姚雪垠

次韵奉和姚雪垠同志（诗）—————————姜东舒

西湖行
旅杭小记（诗二首）————————————金近
春游纪胜（诗二首）————————————胡克成
飞过西湖（诗）——————————————薛锡祥
西湖诗历（西湖古诗词二百首）[三]——史莽选编

情诗一束
听琴的姑娘————————————————桑民强
一封信贴着胸怀—————————————黄亚洲
谁说姑娘的心难以捉摸———————————骆平
月下————————————————————崔合美
心花（相声小段）—————————————希稼
明珠（动画片电影剧本）——————————戚欣改编
小林老姜（杭州风物传说）——陈德来 凌路搜集整理
徐文长的故事（四则）——————谢德铣搜集整理
熊的故事（寓言三则）———————————凝溪
听我唱支花的歌（歌曲）
——————————石海词 林业良 缪杰曲
我满怀激情站在讲台上（歌曲）
—————————————周祥钧词 马文川曲

怀念尊敬的郭老
——《郁达夫诗词钞》付梓感言————————于听
文艺与政治——再议"赶浪头"—————————何志云

争鸣园
揭露阴暗面并非"缺德"———————————林克
"睁眼"与"闭眼"—————————————余雨
报喜与招忧————————————————林云志
有病何必忌医——————————————孟驰
思想僵化更可怕—————————————高钫

读者中来
立意新，耐咀嚼的好作品——读《美容》———张仲可
有骨气的贯休和尚（钱塘江诗话）——————刘杭民
勤快而不苟（湖畔拾英）——————————龙渊
只要主义真（木刻）——党的好女儿张志新同志在狱中
———————————————于保勋作 胡沙配诗
归（新疆短歌组画之五）——————————李以泰
新疆风光（木刻）—————————————邬继德
西泠印社（套色木刻）———————————张怀江

1979 年第 10—11 期 刊名:《西湖》
目录

"我"和我的女主人公（小说·建国三十周年征文）
——————————————————李杭育 李庆西

希望之光（小说·建国三十周年征文）————徐孝鱼
胡副科长的一天（小说·建国三十周年征文）
————吴育华
在全封闭的审讯室里（小说）————周乃光
永深爷爷（小说）————谷斯范
没有心脏的人（科学幻想小说）————应文辉　陈杰军
迷雾园（中篇侦探小说连载［二］）
————［英］阿加莎·克里斯蒂著　简庆闽译述

散文之页
虎跑品茶————祝金生
四明月夜————陈　军
湖畔的怀念————陈士濂
登八咏楼————徐家麟
我是中国人（报告文学）————陈旭明　邹　勇
实现了的梦境（特写·建国三十周年征文）——记女
子五项全能运动健将叶佩素————赵　征
一堂听错了的课（速写）————汪逸芳

江山如画
雁山第一峰————项冰如
我活着，还要好好工作下去
——访萧军同志小说————雨　寒

西湖丛谈
老龙蟠井四山围————申屠奇
雷锋的眼睛（诗）————赵大昕
相思树（诗）————于宗信
时代回音壁（诗）————崔汝先　彭　龄　叶文艺
火红的生活（诗八首）————张德强　姜金城等
大海诗情（诗十五首）————方　牧　李苏卿　梁光军
何昌正　江鹰岩
献给张志新烈士（诗六首）————阙维杭　卢曙火
题秋瑾像（《南乡子》）————孙晓泉
《湖山梦忆》十咏并叙————萧　军
西湖抒情（诗九首）————谢鲁渤　潘国钧　尧山壁
炼　虹　顾永棣
西湖诗历（西湖古诗词二百首）［四］————史　莽编选
云中雪（近代历史剧）————张尤栋　楼浩之　邹身城
玉柱峰（浙江风物传说）————潜　艇搜集整理
甜水姑娘（杭城民间传说）————王恩佑　侯弋戈
熊的"友谊"和"分工"（寓言）————王立邦
从生活出发　对人民负责
——为"伤痕文学"一辩————马成生
毛英创作漫评
——读小说散文集《惜别山阴道》————蒋成瑀
姚雪垠同志《有感》诗的写作（作家书简）——鲁迅
讽刺文艺学习札记————无作家
漫论讽刺文艺的创作————古远清

鲁迅小说的服饰描写————楼耀芳
秋瑾的爱国诗歌————邹身城

随笔
模仿不成艺术————林草思
抓住一瞬间————奕　林
"入迷"方能"入门"————夏振亚
转益多师————吴士余
雷峰塔及其倒坍————大　潮
描写钱塘江上游的三首诗（钱塘江诗话）————刘杭民

美术作品欣赏
笔醋墨厉色更妍——周昌谷人物画观后————王京盦
吴山秋艳（套色木刻）————张怀江
周昌谷作品选刊（七幅）

1979 年第 12 期　刊名:《西湖》
目录

当你受委屈的时候（小说）————徐孝鱼
我们为什么不能相爱（小说）————李其容
提问（小说）————李仁晓
迷雾园（中篇侦探小说连载［三］）
————［英］阿加莎·克里斯蒂著　简庆闽译
"要热爱祖国"
——忆郑振铎先生对我的教诲————蒋琦亚

风物志
请君更进一杯酒——杭州名菜漫话————周荣新　姚振发

湖边小札
九曲桥（外三则）————夏　云

西湖丛谈
万壑争流下九溪————申屠奇
沁园春————茅　盾
在绿色的世界里（诗二首）
——育种家生活散记————王一义

西湖抒情
诗与生命（诗）——赠给西湖————（中国香港）何　达
附：给《西湖》的信
西湖小诗（四首）————（中国香港）黄河浪
啊！西子湖（外一首）————黎焕颐
西湖新游（仿《满江红》）————石珀山
写在栖霞岭上的信（诗）————石　英
西湖诗历（西湖古诗词二百首）［五］————史　莽编选
重修岳墓感怀（诗）————雷　雯

山间有一位老人（诗）————————————崔铭先
工厂歌谣（诗四首）——————————谈 谦 许国华
文坛一瞥（诗四首）————————————赵大昕

民间故事
龙泉青瓷（三则）——————————董秉弟搜集整理
龙泉宝剑——————————————徐起佳搜集整理
花迷（书帽）—————————————————袁文龙

杭州风物传说
口围的来历————————————诸葛珮搜集整理
三家村的藕粉——————————————肖成搜集整理
狐狸的"美酒"（寓言）——————————————王立邦
主题·人物·现实主义——从越剧《胭脂》谈起（随
笔）—————————————————————吴 戈

创作谈
短篇小说的思想、人物和情节——————————钟本康
创作的门槛———————————————————顾锡东
心理描写琐谈—————————————————郭 超
小戏创作的可喜收获（读者中来）——读独幕话剧
《一束腊梅花》————————————————美 成
歌谣如箭刺懦将（钱塘江诗话）————————刘杭民
请倒过来（文坛佳话）———————————————龙渊辑

文艺通讯
笔花墨雨写葱茏——记"西湖"画会成立—————治 平
西子添佳邻
——杭州"小画苑"正式对外开放——————千 禾
"西湖画会"作品选————吴山明 董国庆 孙晓泉等
"小画苑"作品选————沙孟海 孔仲起 余任天等
篆刻四方————————————————————吕 迈
断桥残雪（套色木刻）———————————————张怀江
编后记
征订石膏雕塑教具（广告）——————杭州市美术公司

1980 年第 1 期　刊名:《西湖》
目录

小说
档案的故事————————————————————于 冰
网—————————————————彭 雷 赵家耀
被毁灭了的—————————————————雨 寒
樱桃鳖————————————————————陆进强
一份辞职报告—————————————————刘广元
迷雾园（中篇侦探小说连载［四］）
　　　　　　　［英］阿·克里斯蒂著　简庆闽译述

散文
茅台酒——————————————————————李志明
乡情——————————————————————王晓棠

诗歌
西湖抒情
杭州（外一首）——————————————————田 地
词六首——————————————————————俞平伯
缅怀与遐想（九首）—————王 列 文 丙 何昌正
方竟成 高 钫等
腾飞吧，祖国!（六首）——————张德强 徐家麟等
无题———————［俄］谢·叶赛宁作 茹香雪 刘湛秋译
西湖诗历（西湖古诗词二百首）［六］————史莽编选

武林文苑
怀邵荃麟同志（文坛漫忆）——————————谢 狱
茅盾故乡
——乌镇（访问记）—————————王国柱 戈 铮
《长生殿》和它的作者洪升（作家与作品）———邹身城
断肠人写"断肠诗"（古代女诗人琐话）————刘饶民

西子艺林
略谈《西园记》的改编及其他（影剧坛）—————贝 庚

艺林人物
青春常在的余派老生
——访著名京剧演员陈大濩———————————万正模
她在美的境界中飞升——西子湖畔访赵青———任 然
歌唱家担任的报幕员——访马评—————————劳 鸥
宋代王襄玉印鉴赏（艺海钩沉）
　　　　　　　　　　　王宝华收藏　王京盦撰文

乡土风情
烟霞三洞景色幽（西湖丛谈）—————————申屠奇

湖畔拾英
诗的漫步（湖边小札）—————————————圣 野
亭联偶读（游湖一得）—————————————郑 朝
桥（风土小品）—————————————————孙旭升
雅香淡淡花簇簇（西湖花卉）——腊梅花————于 之

西湖与世界
替"友谊之门"描红涂金的人（友好往来）——访日
本《友谊之门》摄制组————————————吴 山

蔷薇园
小品文
"矮中取长"与"长中取矮"—————————陈 水
我们这个厂——————————————————云 生

漫画

英雄会师·······················谷 丰
虎跑留影·······················郁 羌

长短篇

手枪·棍棒及其他···················丘 锋
反面人物的脸相···············范廉浦 西 品

随笔

说"爱"···················刘静生 黄毓璜
漫说"标题"·····················李 伟
"辣"奇制胜·····················江 啸

创作谈

以景喻情 情景交融················艾 斐

美术家与作品

笔墨奔放诗情洋溢——谈方增先的人物画····沈润棠
方增先作品选

1980 年第 2 期 刊名:《西湖》

目录

迎春展望···········林淡秋 黄 源 陈学昭
周传瑛 莫 朴 钱韵玲 六龄童 张 茵 孙晓泉

小说

为了不再发生这类事情···············曹布拉
战友之间·······················于炳坤
光彩·························水 珠
迷雾园（中篇侦探小说连载［五］）
············［英］阿加莎·克里斯蒂著 简庆闽译述

散文

"人生总应益群众"——思念王平夷同志·····马成生

诗歌

凝思集（七首）··········王 孙 张胜利 高 钫等
火红的生活（三首）·······孙中明 周 青 梁 雄

西湖抒情

西湖情（二首）···················王一义
听《西湖之春》有感·················夏 白
情满白堤·······················朱 卫
弥陀爷爷·······················任溶溶
柳浪闻莺·······················陈 菲
游杭诗草（二首）··················朱 曦
成熟的爱情哪天收获（歌词）···········李幼蓉

除谎篇（二首）···················赵大昕
惠特曼诗三首····················薛菲译
西湖诗历（西湖古诗词二百首）［七］····史 莽编选

武林文苑

肖红印象记（文坛漫忆）··············吴似鸿

文苑采访

心热得像团火——访香港诗人何达········罗 岩
西泠盛会展新篇（文艺通讯）——西泠印社社员大会
剪影······················林 舒 任 然
谈谈戴望舒的诗（作家与作品）·········徐重庆
冰天雪地花枝俏（西湖诗话［一］）·······斯尔螽
深情动人《我侬词》（古代女诗人琐话）·····刘杭民

西子艺林

少年时代的潘天寿（艺林人物）··········潘志光
越剧为什么流行全国（影剧坛）··········大 风
赵之谦《题白驹谷》书（艺海钩沉）
··············西泠印社收藏 蒋鹏旭撰文

乡土风情

"瑶琳仙境"纪游（江山如画）···········立 里
风光旖旎玉皇山（西湖丛谈）···········申屠奇
五加皮酒（风物传说）···········肖然山搜集整理

湖畔拾英

"曲径通幽处"（游湖一得）
——游"花港观鱼"有感···········颜 吉
金玉肤肌骨节芗（西湖花卉·水仙）·······于 之
塔（风土小品）···················孙旭升
思絮（湖边小札）··················奕 林

蔷薇园
漫画

家里和街上·····················谷 丰
"热量"·······················庸 非

讽刺诗

研究研究·······················赵焕明
关于"开会"的报告··················夏 矛

长短篇

切勿逼人为"诗佣"··················王英志

随笔

给欣赏者留有余地··················陈建东
西湖佳句来不易···················肖文苑
尊重人物自己的性格逻辑··············陈国亮

敢于让英雄"蹲下" ....罗以民

争鸣园

"孤山寺"和"道场"
——《西湖诗词选》注释问题 ....陈友琴

鲁迅研究

扫除赋粉呈风骨　独托幽岩展素心
——谈鲁迅与花卉 ....蔡一平

美术

晨·花·考 ....莫大林　沈文强　潘鸿海
"庆祝西泠印社成立七十五周年"书法、绘画、金石
作品选 ....王震　周建人　赵朴初　沙孟海
程十发　钱君匋等

1980年第3期　刊名:《西湖》

目录

小说

平反以后 ....宋令俊
阿毛改稿 ....谷白
大队长拜师记 ....王毅
内疚 ....杨明明
囡囡服侍你 ....张志芬
间谍(中篇惊险小说连载[一])
　　　　　[英]杰·哈默著　宋兆霖　钱颂光译

散文

难忘的一天——记周恩来同志一九三九年三月枫桥之行
　　　　　　　　　　建中　德铣　德林

诗歌

迟送的花束(组诗)
——敬献给刘少奇同志 ......程蔚东　黄亚洲　何昌正
最宝贵的(外二首) ....纪宇
情诗一束(四首) ....卢曙火　陈军　魏德平

西湖抒情

春天的湖(外三首) ....沙鸥
西湖春早 ....赵非
西湖 ....白煤国
三潭夜泛(《唐多令》) ....杨大钧
西湖诗历(西湖古诗词二百首)[八] ....史莽编选
玫瑰花 ....庄月江

武林文苑

文坛漫忆

燕江情思——纪念董秋芳先生 ....刘金

鲁迅与陈望道 ....张又君
一看郊原浩荡春(西湖诗话[二]) ....斯尔螽
赢得诗名达九重(古代女诗人琐话) ......刘饶民
周扬同志参观绍兴鲁迅纪念馆(文艺通讯) ...朱峚

西子艺林

如烟的往事(艺林人物)——忆姚水娟同志 ...淑芬

影剧坛

绍兴"美猴王"——访著名绍剧演员六龄童 ...阿凡
莎士比亚在中国 ....吕兆康
商小伶死演"杜丽娘"(古代艺伶轶事) ....肖凡
劫后幸存的《湘夫人》(艺海钩沉)
　　　　　　　　　张炳奎收藏　高松年撰文
浅谈浙东吹打(音乐小品) ....朱良楷

乡土风情

水乡南浔(江山如画) ....陈从周
陈硕真的传说(风物传说) ......李韩林　戴荣芳整理
寻踪访古南屏麓(西湖丛谈) ....申屠奇
西湖楹联漫话(湖边漫笔) ....池边

湖畔拾英

沁兰香可嚼(西湖花卉·兰花) ....于之

西湖与世界

瓦尔特在西子湖畔(友好往来) ....方舟

蔷薇园

小品文

功到自然成 ....冠丹
无题絮语 ....范民强
外国幽默(二则) ....金文

漫画

一椅横陈 ....庸非
行路难 ....徐铉德

评论

略谈厉鹗在西湖写的各体诗及其他 ....陈友琴

新作品评

评《"我"和我的女主人公》——读者来稿摘编
　　　　　肖翔　蔡振兴　铁群　白修文　肖复兴
繁复中见单纯——谈小说《当你受委曲的时候》的艺
术结构 ....王文斌

随笔

练于熔裁而晓简略 ....龙渊

剪裁妙处非刀尺 ································· 周善贤

美术家与作品

淡妆深抹总相宜

——谈徐启雄作品选刊 ······· 朱春涛　吕人俊　孙伟权

1980 年第 4 期　刊名：《西湖》
目录

小说

思维王国探险记（科学幻想小说）·············· 张祖荣

大洋两岸的恋人 ······························· 方宇涵

炉中煤 ································· 夏　真　王　毅

老子儿子和路子 ····························· 杨伟民

间谍（中篇惊险小说连载［二］）

············· ［英］杰·哈默著　宋兆霖　钱颂光译

散文

四月的纪念 ································· 周传瑛

诗歌

献给刘少奇同志（组诗）···· 赵焕明　高　钫　袁伯霖

凝思春光下（十一首）

··············· 岑　琦　魏绍恒　叶　祯　张新等

大海浪花（五首）

··············· 田永昌　马绪英　丁子兵　董培伦

癸卯春游杂诗（二首）················· 丰子恺遗作

昨天

"脚"的印记 ······························· 吴明火

历史的底稿 ································· 崔汝先

武林文苑

湖畔同窗学画时（文坛漫忆）——忆丰子恺··· 沈本千

李清照的绝妙好词（作家与作品）··········· 邹身城

湖上春来似画图（西湖诗话）············· 斯尔螽

西湖游记（七律五首一韵）············· 赵清阁

爱国宫女王清惠（古代女诗人琐话）········· 刘饶民

西子艺林
影剧坛

竹子·竹花·竹乡——《如梦的年月》在安吉拍摄散记

··································· 木　风　方　岩

惜别 ································· 陈少春

筱丹桂之死（越剧史话）················· 袁斯洪

《除夜小唱》和刘天华（艺林人物）········· 罗传开

笔精墨妙寿湖山（艺海钩沉）——《西湖长春图》及

其题咏简介············· 沈本千自存　王京盙撰文

乡土风情

稽山鉴水吊英灵（乡土情思）············· 石　在

雷峰遗址映夕阳（西湖丛谈）············· 申屠奇

雁荡山夫妻峰（风物传说）················· 谢　军整理

风物志

径山毛峰茶 ································· 陈德来

纤巧天竺筷 ································· 徐清祥

湖畔拾英

从半闲堂说起（湖边漫笔）················· 谢伏琛

枝头灼灼春意闹（西湖花卉·桃花）········· 于　之

随感录（湖边小礼）····· 王慧琪　王慧骏　赵冰波

西湖与世界
友好往来

影星与画家——中日艺术家的友好交往········· 崔　芳

西子湖边春意早　樱花已伴腊梅开——我所结识的稻

畑耕一郎先生 ································· 蔡义江

世界文学之最（国外文讯）················· 金　文

蔷薇园
漫画

如此快转 ································· 姜启才

层层加码 ································· 陈景国

新鞋刚买来的时候（幽默画）············· 庸　非

闪光灯（八则）····························· 马君伟

长短篇

敏感·勇气·社会效果····················· 钟本康

学习札记

鲁迅的让路与开路精神····················· 邓啸林

随笔

要善于"杂学旁收" ······················· 刘自球

浅说"情文并茂" ················· 赵兴宽　李建平

新文学史料

《秋风从西方来了》补遗··················· 朱金顺

郁达夫的《重印〈袁中郎全集〉序》之写作···唐鸿棣

美术·摄影

西湖长春图（国画）····················· 沈本千

栗原小卷近影（摄影）

1980 年第 5 期　刊名:《西湖》
目录

小说
旧地重返 ································· 火　刀
妻子 ······························· 包朝赞
无价之宝 ··························· 王秋杭
朱洪武执法（历史小说）················· 沈　湜
间谍（中篇惊险小说连载［三］）
············ ［英］杰·哈默著　宋江兆霖　钱颂光译

寓言
蚯蚓和蝉 ··························· 从　青

诗歌
步履·白发及其他（五首）··············· 晓　钢
北仑港情思（四首）··················· 管思耿
歌 ······························· 骆长平

江南曲
采蛎谣（二首）··············· 欣　荣　杨东标
三月的春雨（散文诗）················· 王连生
送毛竹出山 ························· 龙彼德
小镇一条街 ························· 张延权
海边的歌（二首）··················· 黎焕颐
帐篷 ····························· 钱锦方
我要拔尖，我要冒顶——冬青的祈求 ······· 姜琍敏
沙型 ····························· 刘希涛

武林文苑
文坛漫忆
怀念南国社导师田汉［一］············· 吴似鸿
重话诗人徐志摩 ····················· 陈从周
忆吴恩裕教授杭州之行 ················· 刘操南
陌上花开缓缓归（西湖诗话）············· 斯尔螽
《阳春白雪》出苔溪（古代女诗人琐话）······ 刘饶民
西子湖畔春意浓——记十四个城市文艺期刊座谈会
（文艺通读）················· 索峰光　易原符

西子艺林
墨香飘海内（艺林人物）
——记著名书法家沙孟海 ··············· 蔡暄民
技艺精湛　风格宛如——徐玉兰同志舞台今昔（越剧
史话）····························· 袁斯洪
西湖与戏曲（影剧坛）················· 莫　高
黄宾虹见贻山水立轴后记（艺海钩沉）······· 吕　剑

乡土风情
一径万竿绿参天（西湖丛谈）············· 申屠奇
天目千重秀（江山如画）··············· 延　松
洗眼池（风物传说）············· 蔡　涉　胡月耕整理

湖畔拾英
芳姿丽质花中王（西湖花卉·牡丹）········· 于　之
柳（外二章）（湖边小札）············· 德　咏

音乐厅
民族轻音乐——江南丝竹（音乐论坛）······· 周大风

国外电影之窗
七十年代国外电影一瞥（一、美国）········· 朱　玛

蔷薇园
余兴未尽（漫画）··················· 郁　羌
钓鱼得蟹（幽默画）············· 庸　非　袁　进
生灵篇（四则）（小品文）··············· 韩　飞

评论
要重视典型环境的描写 ················· 朱　克

创作谈
创作，提炼的艺术 ··················· 蒋成瑀

随笔
自然与含蓄——读陶渊明诗小记 ··········· 张效清
诗情·构思·魅力 ····················· 吴士余

学习札记
鲁迅论中国画 ······················· 关以洁

美术家与作品
周轻鼎的动物雕塑 ··················· 梅　萍
周轻鼎作品选

1980 年第 6 期　刊名:《西湖》
目录

小说
悲喜剧 ····························· 周乃光
姨婆 ······························· 吴光耀
尤霞 ······························· 宋令俊
最后一个"秘密"····················· 张　微
间谍（中篇惊险小说连载［四］）
············ ［英］杰·哈默著　宋兆霖　钱颂光译

童话

红脸公鸡种玉米 ················· 方雪花

寓言

打抱不平的猫（外一则）············· 陈乃祥

诗歌

园丁赞

喜雨声声 ····················· 贾吉庆

老师的眼睛 ··················· 洪宇东

课堂素描（二首）··············· 叶廷玉

献给孩子们的礼物

船长（外一首）················· 刘崇善

大海妈妈 ····················· 方　牧

给小树的诗（二首）············· 田　地

"小科迷"问自己 ··············· 卢曙火

从此不叫穷山坞 ··············· 沈良意

西湖抒情

湖畔 ······················· 薛锡祥

岳飞墓前的悼念 ··············· 贺东久

西湖晚照 ··················· 冯新民

西湖春恋 ··················· 陈戈华

生活之歌（六首）····· 刘晓伟　曹国政　杨里昂

武林文苑

人有尽时曲未终（文坛漫忆）

——记诗人李季 ··············· 李德润

怀念南国社导师田汉［二］（文坛漫忆）··· 吴似鸿

顾达夫和"风雨茅庐" ··········· 丁言昭

孩子们热爱的诗人（文苑采访）

——柯岩访问记 ··············· 张光昌

恋着销金锅子暖（西湖诗话）········· 斯尔螽

若得山花插满头（古代女诗人琐话）····· 刘饶民

西子艺林

滑稽戏的发源地

——杭州（影剧坛）············· 杨华生

火边残存的赵孟頫真迹（艺海钩沉）

·············· 姜东舒收藏　蔡暄民撰文

笙（音乐小品）················· 聂平凡

乡土风情

绣花娘和葡萄郎（萧山花边传说）···小　夫搜集整理

吴山旧貌换新颜（西湖丛谈）········· 申屠奇

湖畔拾英

秋瑾的另一面（湖边漫笔）········· 伏　琛

睡莲出水丽人姿（西湖花卉）········· 于　之

西湖与世界

杭州——"国香楼"（友好往来）

·············· ［美］安娜·路易斯·斯特朗　周　夯节译

蔷薇园

动物篇 ····················· 邹吉庆

扇痿人盂（幽默画）············· 陆秒坤

长短篇

杜甫李白的"对台戏"及联想 ········· 马成生

要"放"，还要"争" ··········· 孔　方

诗艺谈

精巧·隽永·亲切·朴素——浅谈哲理诗 ··· 王英志

谈诗的"绘声" ··············· 古远清

新文学史料

郭沫若和少年儿童 ············· 钟　山

创作谈

童话构思贵奇巧 ··············· 刘东远

美术家与作品

法国、意大利的室外雕塑 ········· 王卓予

法国、意大利室外雕塑选刊

把美献给孩子们（美术作品介绍）——谈王晓明的儿

童画册 ····················· 任　然

王晓明儿童画选

赶 ······················· 韩美林

1980 年第 7 期　刊名:《西湖》

目录

小说

苦恼 ······················· 徐孝鱼

散文

碑 ························· 刘大中

基本上先生传略（讽刺小说）········· 楚　人

三个戴眼镜的人（速写）··········· 欣　荣

吴山情（散文）················· 吴明火

间谍（中篇惊险小说连载［五］）

·············· ［英］杰·哈默译　宋兆霖　钱颂光著

诗歌

祭（外一首）················· 张德强

风帆（外一首）——唱给一本书的歌 ⋯⋯⋯⋯ 吴 晓
诗二首 ⋯⋯⋯⋯⋯⋯⋯⋯⋯⋯⋯⋯⋯⋯⋯ 邵式平遗作
春天的力量 ⋯⋯⋯⋯⋯⋯⋯⋯⋯⋯⋯⋯⋯⋯ 方竟成
爱的琴弦
新月小札（五首）⋯⋯⋯⋯⋯⋯⋯⋯⋯⋯⋯ 徐 刚
给妻子（二首）⋯⋯⋯⋯⋯⋯⋯⋯⋯⋯⋯⋯ 蒲祖煦
爱曲（外一首）⋯⋯⋯⋯⋯⋯⋯⋯⋯⋯⋯⋯ 长 平
但愿⋯⋯ ⋯⋯⋯⋯⋯⋯⋯⋯⋯⋯⋯⋯⋯⋯⋯ 孙中明

青春短笛
从校园寄给妈妈 ⋯⋯⋯⋯⋯⋯⋯⋯⋯⋯⋯ 盛子潮
小火花 ⋯⋯⋯⋯⋯⋯⋯⋯⋯⋯⋯⋯⋯⋯⋯⋯ 张德龙
情思（二首）⋯⋯⋯⋯⋯⋯⋯⋯⋯⋯⋯⋯⋯ 楼 冰
春雨中的西湖（四首）⋯⋯⋯⋯⋯⋯⋯⋯⋯ 刘晓伟

武林文苑
文坛漫忆
西子湖畔待天明
——回忆《中国儿童时报》在杭州 ⋯⋯⋯⋯ 圣 野
怀念南国社导师田汉［三］⋯⋯⋯⋯⋯⋯⋯ 吴似鸿
春衣当酒在谁家（西湖诗话）⋯⋯⋯⋯⋯⋯ 斯尔螽
选词能唱望夫歌（古代女诗人琐话）⋯⋯⋯ 刘饶民

西子艺林
怀念爷爷盖叫天（影剧坛）⋯⋯⋯⋯⋯⋯⋯ 张善林
性格演员王文娟（越剧史话）⋯⋯⋯⋯⋯⋯ 袁斯洪
马一浮的手书《赠友》（艺海钩沉）
⋯⋯⋯⋯⋯⋯⋯⋯⋯⋯⋯⋯⋯ 蒋鹏旭撰文并收藏
圆舞曲·维也纳圆舞曲（音乐厅）⋯⋯⋯⋯ 兆 邦

乡土风情
三折瀑记（江山如画）⋯⋯⋯⋯⋯⋯⋯⋯⋯ 于 冰
林深壑幽赞栖霞（西湖丛谈）⋯⋯⋯⋯⋯⋯ 申屠奇
石（风土小品）⋯⋯⋯⋯⋯⋯⋯⋯⋯⋯⋯⋯ 孙旭升

湖畔拾英
波光集（湖边小札）⋯⋯⋯⋯⋯⋯⋯⋯⋯⋯ 陈继光
荷花吐艳冉冉香（西湖花卉）⋯⋯⋯⋯⋯⋯ 于 之
点滴集 ⋯⋯⋯⋯⋯⋯⋯⋯⋯⋯⋯⋯⋯⋯⋯⋯ 朱国良

蔷薇园
讽刺诗（四首）⋯⋯⋯⋯⋯⋯⋯⋯⋯⋯⋯⋯ 陈金章
上行下效（漫画）⋯⋯⋯⋯⋯⋯⋯⋯⋯⋯⋯ 徐铉德
自食其果（漫画）⋯⋯⋯⋯⋯⋯⋯⋯⋯⋯⋯ 谷 丰

长短篇
领导作风与文艺繁荣 ⋯⋯⋯⋯⋯⋯⋯⋯⋯⋯ 吴 戈
从"懂"做起——戏曲琐谈 ⋯⋯⋯⋯⋯⋯⋯ 吴士余
趋时与创新 ⋯⋯⋯⋯⋯⋯⋯⋯⋯⋯⋯⋯⋯⋯ 林草思

新作品评
可喜的收获——谈曹布拉的几个短篇小说 ⋯⋯⋯⋯ 谷斯范

鲁迅研究
鲁迅小说的人物语言 ⋯⋯⋯⋯⋯⋯⋯⋯⋯⋯⋯⋯ 楼耀芳

美术
关良京剧水墨画选（五幅）
真切、纯朴、传神之美
——谈关良的京剧水墨画 ⋯⋯⋯⋯⋯⋯⋯⋯ 高松年

1980 年第 8 期 　刊名：《西湖》
目录

小说
女儿的生日 ⋯⋯⋯⋯⋯⋯⋯⋯⋯⋯⋯⋯⋯⋯ 徐韵发
黑宝石 ⋯⋯⋯⋯⋯⋯⋯⋯⋯⋯⋯⋯⋯⋯⋯⋯ 朱效瑜
祸不单行 ⋯⋯⋯⋯⋯⋯⋯⋯⋯⋯⋯⋯⋯⋯⋯ 董炳新
棋友 ⋯⋯⋯⋯⋯⋯⋯⋯⋯⋯⋯ 时永刚　刘巽达
猎手的趣事 ⋯⋯⋯⋯⋯⋯⋯⋯⋯⋯⋯⋯⋯⋯ 贾本福
马可波罗过天城 ⋯⋯⋯⋯⋯⋯⋯⋯⋯⋯⋯⋯ 王文锦
间谍（中篇惊险小说连载［六］）
⋯⋯⋯⋯⋯［英］杰·哈默著　宋兆霖　钱颂光译

寓言
乌龟与神仙（三则）⋯⋯⋯⋯⋯⋯⋯⋯⋯⋯ 肖 河

诗歌
战士情（四首）⋯⋯⋯⋯ 贾吉庆　嵇亦工　王玉忠
《狂人日记》的续篇 ⋯⋯⋯⋯⋯⋯⋯⋯⋯⋯ 顾 工
走出去吧，中国 ⋯⋯⋯⋯⋯⋯⋯⋯⋯⋯⋯⋯ 黄东成
生活的海（十首）
⋯⋯⋯⋯⋯⋯ 梁 雄　崔汝先　谢鲁渤　刘世良
鲜花一束（九首）⋯⋯⋯⋯⋯⋯⋯⋯⋯⋯⋯ 应化雨
词二首 ⋯⋯⋯⋯⋯⋯⋯⋯⋯⋯⋯⋯⋯⋯⋯⋯ 杜忠庭
太阳·启明星（二首）⋯⋯⋯⋯⋯⋯⋯⋯⋯ 叶曙光
浪与其他（四首）⋯⋯⋯⋯⋯⋯⋯⋯⋯⋯⋯ 曹国政
看潘天寿画展 ⋯⋯⋯⋯⋯⋯⋯⋯⋯⋯⋯⋯⋯ 吕洪年

武林文苑
怀念南国社导师田汉［四］（文坛漫忆）⋯⋯ 吴似鸿
钱塘江头不平吼（作家与作品）——文徵明的《满江
红》及其他 ⋯⋯⋯⋯⋯⋯⋯⋯⋯⋯⋯⋯⋯⋯ 邹身城
湖山美景胜画图（西湖诗话）⋯⋯⋯⋯⋯⋯ 斯尔螽
"满庭芳"与"满江红"（古代女诗人琐话）⋯⋯ 刘饶民

西子艺林
叶浅予在富春江作画（艺林人物）⋯⋯⋯⋯ 王恭甫

教之有方，学之得法（影剧坛）·······吴兆千　潘国钧
笔迹苍老墨清妍——历劫未泯的程嘉燧书画扇（艺海
钩沉）························王京盫收藏并撰文

乡土风情
盐官纪胜（江山如画）·················陆　宋
六朝韵事著西泠（西湖丛谈）·············申屠奇
苏爱坡在杭德政拾零（轶闻轶事）
··················徐清祥　顾志兴　章楚藩
黄巢与新安江（风物传说）·······李韩林搜集整理

西湖与世界
访巴尔扎克故居（友好往来）·············潘文煊

湖畔拾英
占尽人间扑鼻香（西湖花卉·茉莉花）········于　之

鲁迅研究
"因为真实，所以也有力"——论鲁迅"写真实"的
文学观·······················艾　斐

新作品评
坚实的起步——读徐孝鱼的几篇小说·········水　草

长短篇
落笔点·······················林云志

谈诗
因情造文——谈诗意的"明"与"隐"
　　　　　　　　　　　　　　　　周溶泉　徐应佩
想象就是创造···················朱汝瞳

美术
陶（木刻）·····················朱维明
罱泥（木刻）····················陆　放
修船（木刻）····················王公懿

1980 年第 9 期　刊名:《西湖》
目录

小说
妈妈·······················胡　正
归·························石景麟
山里姑娘······················池沙鸿
蒙溪笔冢······················寇丹
沙文之死············[法]阿尔封斯·都德著
　　　方光明译　雨　林校

散文
参加省文代会以后········曹布拉　谢鲁渤　袁丽娟
山洞························楼飞甫
全国市办文学期刊小说编辑工作座谈会召开（文
艺简讯）

诗辑
名山·秀水·洞天
西湖天下景（十七首）·····吴明火　张志鹏　龙彼德
金马　张力生　夏阳　辛笛　周之平
钱江杂诗（三首）···············吕　剑
瑶琳仙境（二首）···············何昌正
雁荡山纪行（六首）
··········丁　芒　于　之　张　禹　谢　军
绍兴行吟················雨　石　朱金晨
莫干山短句（八首）··········王一义　方竟成
金华双龙洞抒情（二首）············徐家麟
天柱峰之歌···················董培伦

武林文苑
田汉的《浙杭诗抄》（作家与作品）········黎之彦
怀念南国社导师田汉[五]（文坛漫忆）······吴似鸿
深秋风物似春光（西湖诗话）··········斯尔螽
两阕相思曲　千古亡国恨（古代女诗人琐话）
··························刘饶民

西子艺林
戚雅仙在故乡（越剧史话）············费　扬
胭脂来了（影剧坛）··········左　焚　戴伟偌
一方珍贵的古砚（艺海钩沉）
············梦　蟾收藏　暄　民撰文
漫话浙派古琴（音乐小品）············徐匡华

乡土风情
映日荷花别样红（西湖丛谈）··········申屠奇
惠民巷的故事（风物传说）············徐清祥

湖畔拾英
飞来峰弥勒佛的笑（游湖一得）··········郑　朝
一年长占四时春（西湖花卉·月季花）·······于　之

西湖与世界
怀念我的老师
——印度诗人泰戈尔·············魏风江

蔷薇园
鱼虾篇（闪光灯）·················彭文祥
按"职"论价（漫画）···············姜启才

长短篇
塑造形象与反映问题 ················ 黄世瑜
红杏出墙满园春 ···················· 魏 桥

新作品评
真实·写实·朴实 ···················· 美 成

创作谈
去掉平庸 提倡独创性 ·············· 郑祖杰

美术
闵庚灿作品选（五幅）
泼将水墨见精神
——画苑新秀闵庚灿及部分作品简介 ···· 方 竹

1980 年第 10 期 刊名:《西湖》
目录

报告文学
云与火——优秀共产党员范熊熊赞 ··· 吴启庠 姚志明

小说
终笺 ······························ 范熊熊遗作
十八年间 ·························· 阿 燿
我该清醒了 ························ 张晓明
车到湖滨 ·························· 辰 玉
上帝知道真情 ······· ［俄］列·托尔斯泰著 林楚平译

散文
标点赞 ···························· 孙惠棠

诗歌
范熊熊遗诗（四首）
每当我走过高层楼房 ················ 刘湛秋
寄自兴安岭的诗笺（二首）··········· 白煤国
普陀山诗页（二首）················ 东方涛
生活的海（十二首）······· 蔡 涉 阙维杭 管用和
吴永祚 潘 勃 金玉琪

武林文苑
文坛漫忆
李叔同先生的音乐生活
——纪念李叔同诞生 100 周年 ······· 丰一吟
怀念南国社导师田汉［六］·········· 吴似鸿
夏衍二姐谈夏衍童年 ·············· 陈 坚
散曲与西湖（西湖诗话）············ 于 彤
张玉娘与《双燕雏》（古代女诗人琐话）······ 刘饶民

西子艺林
和仲星火在一起的日子里（艺林人物）······ 姜东舒
急公好义的金少山（影剧坛）········ 鲁 连
八家心印一灯传——韩登安王面印欣赏（艺海钩沉）
··············· 钟久安藏用 王京盡撰文

乡土风情
杭绍行脚（江山如画）·············· 陈从周

风物传说
红头巾 ···························· 楼费林
新宫桥 ····················· 莫 高搜集整理
寻幽揽胜上韬光（西湖丛谈）········ 申屠奇

湖畔拾英
西子和浣纱（湖边漫笔）············ 盛 英
江南名石"绉云峰"（风土小品）······ 褚谨翔

长短篇
理想——文艺的火光 ················ 钟本康

随笔
此时无声胜有声 ···················· 龙 渊
精微地观察生活 ···················· 肖元生

美术家与作品
余任天山水画选（三幅）
试谈余任天的山水画（美术家与美术作品）···· 先 鸣
绿杨萌里白沙堤（国画）············ 包辰初
暗香浮动月黄昏（国画）············ 包辰初

1980 年第 11 期 刊名:《西湖》
目录

报告文学
替西子梳妆的人 ···················· 沈治平

小说
悄悄话 ···························· 俞岳良
天鹅之歌 ····················· 夏 真 王 毅
晚风吹来的故事 ···················· 仇学宝
践约 ······························ 韩华荣

诗歌
奔流集（十首）···················· 朱 讯遗作
富春江上（外一首）················ 陈 晏
渔港情（三首）··············· 李振华 毕 铭
天目山拾翠（二首）················ 黎焕颐

绣女 ······················· 丁 芒
请别讥笑"无稽之谈" ················· 汪 涛
揭谜底 ······················· 于 沙

武林文苑
她对我说……
——黄宗英同志访问记（文苑采访）······ 朱建苏
数学家苏步青的诗 ················· 李德铭
怀念南国社导师田汉［七］（文坛漫忆）···· 吴似鸿
粉妆玉琢银湖艳（西湖诗话）··········· 斯尔螽
二女同成《再生缘》（古代女诗人琐话）······ 刘饶民

西子艺林
著名越剧小生毕春芳（越剧史话）········· 费 扬
作家轶事（艺林人物）····· 唐鸿棣 杨东标 杨 楠
交响乐队点滴（音乐小品）············ 韩春木

乡土风情
一行到此水西流——访天台山一行禅师古迹（江山如
画）····················· 周荣初
瑶台仙境称葛岭（西湖丛谈）··········· 申屠奇
畚箕山（瓯江风物传说）········· 唐宗龙搜集整理
亭（风土小品）·················· 孙旭升

湖畔拾英
灵隐别感（湖边漫笔）·············· 郑万泽
犹看黄花分外香（西湖花卉·菊花）········ 于 之
人生的思索（湖边小札）············· 肖 卓

蔷薇园
吹笛图（漫画）············· 余叔明 潘明祺
日用小商品座谈会（小品文）··········· 袁炳杰
谁是作者（讽刺小品）·············· 霄 宏

新作品评
在探索与勤奋中成长
——评李杭育的短篇小说 ············ 肖 荣
《悄悄话》有特色 ················ 陈文锦

长短篇
评论不要脱离作品实际 ·············· 梅 朵
为什么不能称家 ················· 周荣新
未生的女儿有婆家 ················ 沈志冲

创作谈
要写人的灵魂 ·················· 张成珊

随笔
懂些科学的 ABC ················· 周善贤

美术
木刻
潮 ······················· 李以泰
丰收曲 ······················ 袁振璜
虚心竹石（摄影）················· 王春明
天台国清寺迎宾塔（摄影）············ 林木森
西湖胜迹篆刻（十五方）············· 陈穆之

1980 年第 12 期　刊名：《西湖》
目录

小说
两对新婚夫妻 ··················· 曹布拉
人之将死 ····················· 杨 成
傻 ······················· 钱玉祥
太阳还在头顶上 ················· 李杭育
满天星 ······················ 梁之骏
忘却身世的孤儿 ········· ［澳］T.A.G.亨格福特著
朱炯强　徐人望译

诗歌
工程师的钥匙 ··················· 郑成义
夜歌 ······················· 唐 湜

凝思小集
追求 ······················· 徐灿校
墙角下的小花 ··················· 张延权
霞（外一首）··················· 李根红
九峰山下 ····················· 蔡庆生
荷塘短笛（二首）················· 张 新
柿子熟了的时候 ················· 红 石
湖畔诗页（九首）
··········· 任彦芳 郑德明 马晋乾 方 牧 贾长厚

武林文苑
我只是发出内心的声音
——记艾青近况（文苑采访）·········· 叶 锦
琐忆湖畔诗人潘漠华（文坛漫忆）········· 江天蔚
古代女诗人琐话（二则）············· 刘饶民
朱自清留下的脚印（作家与西湖）···· 余凤高 严麟书

西子艺林
麒艺宗师——忆岳父周信芳 ··········· 张中原
吴昌硕在家乡 ·············· 匡 子 吴 昊
但做人间识字农
——纪念大戏剧家李渔逝世三百周年 ······· 江 汛

乡土风情

湖山胜概宝石山（西湖丛谈）·············申屠奇

培红菜（风物传说）···········高金铸　李韩林搜集整理

红虾跳龙门（民间传说）·············管文祖整理

蔷薇园

鸡迷（讽刺小品）·················芒　子

不劳而获（幽默画）···········袁惠民　王振勇

抢救（幽默画）··················陆秒坤

评论

主题·性格·方法——读《西湖》1980年部分小说札记

······················蒋成瑀

短评二则··············张仲可　林云志

鲁迅研究

鲁迅与民间文学·················沈　欣

鲁迅为何两次录钱起《归雁》诗··········周国伟

美术

吴伟山作品选刊（五幅）

画花能传神画鸟枝上鸣

——青年国画家吴伟山简介············王伯敏

补白四则

1981年第1期　刊名:《西湖》
目录

从庐山到北京——文艺问题随想三则·········杨桂欣

小说

谁该检查···················陈明达

嫦娥······················尹　平

难以捉摸的人·················王东林

海呵！海···················陈　洁

"氟元素"与"惰性气体"·············张志豪

多云的早晨··················左亚琳

惜分飞····················张晓明

散文

新春抒怀···················李云良

更岁琐记···················骆　雨

诗歌

走向明天的歌（六首）··············孙昌建

我不是诗人（外一首）··············陆法新

赠夕阳····················嵇亦工

水兵进行曲（三首）···············田永昌

观吴茀之先生书画遗作展览（诗）·········王翼奇

文苑艺林

写在金菊开放的时候——怀念叔祖吴茀之······吴战垒

曹禺在杭州···················汤　洄

回忆田汉···················吴修鸿

南国社的野姑娘——记吴修鸿··········费淑芬

描绘春天的画家——访潘鸿海··········梅　萍

宋云彬与鲁迅·······熊　融　徐重庆　董校昌

湖光山色

绿色的大厦——凤阳山自然保护区见闻·······沈惠国

断桥·荷·长椅（湖边小札）···········高　钫

方腊洞的来历（风物佳说）·········刘志华搜集整理

新作品评

热切的期待——读《走向明天的歌》········丰　传

母爱的颂歌——读《妈妈》············沙　平

随笔

"说一人，肖一人"···············张德林

"夜梦日思"闲笔················牧　知

美术

潘鸿海作品（两幅）

雁来西湖（木刻）················赵宗藻

水乡姑娘（习作）················李忠良

封面设计····················莫大林

回顾与展望（文艺简讯）·············邓星荣

本刊优秀短篇小说评奖之作开始

1981年第2期　刊名:《西湖》
目录

小说

严肃的玩笑··················张晓明

感情的追溯··················宋令俊

看络麻····················沈建国

愧······················韦　加

清醒着是痛苦的···········光　仁　高　低

淘金女郎自述·······[法]让·路易·拉普拉斯著

邱公南译

诗歌

诗坛新秀

我的生活片断（五首）··············谢鲁渤

青春的诗和诗的青春——谢鲁渤和他的诗·······高 钫
南国情思（三首）·······何昌正
春之曲（三首）·······陈永昌
游思篇（三首）·······毛 锜
蚯蚓（外一首）·······谢其规
闲思集·······凝 溪

文苑艺林
回忆田汉（连载之二）·······吴似鸿
细缀轻垂颓如醉（西泠人物）
——温谈马一浮先生·······孙晓泉
苏东坡和他的西湖诗（西湖诗话）·······池 边
一代师表——忆前辈音乐家顾西林先生·······周大风
白莲和海燕·······赵家耀

湖光山色
柏桧遐想（湖边漫笔）·······舒心人
坐轮椅的老人（湖边漫笔）·······宋金亮
双龙洞的传说·······陈茂庆等整理
美女照镜（仙都一瞥）·······赵 征
佛学思想对柔石的影响·······盛钟健
柔石与儿童文学·······郑 赤
向前去欢迎明晨的百灵
——纪念殷夫殉难五十周年·······龙 渊
殷夫，暴风雨前的海燕·······徐忠杰

新作品评
"碑"的妙用——谈《碑》的构思·······周善贤
讲点章法（诗艺谈）·······吴士余

美术
生活·读书·新知（三联画）·······盛二龙
超山梅（指墨画）·······白 凡
苍劲、古厚 别具韵味——白凡指墨画简介·······高松年
节日断桥（木刻）·······赵宗藻

本刊从 1981 年起设立《西湖》文学奖启事

1981 年第 3 期　刊名:《西湖》
目录

小说
越女天下白·······阿 耀
还魂带·······许根贤 阿 房
春兰·······宋令俊
鸭队长升官·······夏鸿根
恶人与善良者·······[日]星新一著 陈 浩译

诗歌
云絮集（六首）·······陈继光
探索者真实的脚印——读陈继光的诗·······蔡良骥
春天的诗页（九首）·······方竟成 圣 野 李富祺
沙 金 梅其卿 李 文

文苑艺林
写将浑厚华滋意
——漫写画家黄宾虹（西泠人物）·······孙晓泉
雷与虹——徐志摩的爱情生活·······顾永棣
画家陶元庆青少年时代的故事···陆进强 陈翰章整理
可怖而可爱——《跳无常》及其人情味·······金 钟
笔中缘（广播剧）·······蒋 迅 施圣扬

湖光山色
天童寺散记·······林炎光
会稽山麓的传说·······绣 野收集整理
杭州的年画·······周铁梅

争鸣园
提倡创作方法的多样化·······朱汝瞳
漫话散文诗（诗艺谈）·······古远清
主题的"得"来（创作谈）·······艾 斐
鲁迅与夏曾佑（鲁迅研究）·······邓啸林

美术
夜泛图（国画）·······唐 云
吴昌硕探梅图（国画）·······顾建生
孤山凭眺（木刻）·······赵宗藻

1981 年第 4 期　刊名:《西湖》
目录

小说专号
似真似假·······叶 龙 叶 林
因何免不了上当
——推荐《似真似假》·······毛 英
落蒂的西瓜·······刘正新
阿弥陀佛外婆·······王焕均
找呀找……·······吴其南
在二十四个平方米里·······蒋启倩
邂逅·······潘志豪
来自校园的信·······徐晓谷
第一次选举·······王仲明
雨·······时永刚 刘巽达
"冬瓜"小传·······周乃光
蒲公英，你在哪里?·······赵丹涯
时髦·······金光中

媒人 ————————————————— 朱效瑜
病人的画————[美]卢比·歌尔波格著 杨 楠译
王个簃书画艺术管窥 ——————— 蒋北耿
电影宣传画选（四幅）———————— 季 阳
西泠凭眺（国画）———————————— 陈冰心
春风初阳（木刻）———————————— 赵宗藻

1981 年第 5 期 刊名:《西湖》
目录

小说
小冤家 ——————————————— 张宇清
吃救济粮的人 ————————————— 蒋启倩
雨夜 ————————————————— 夏 真
末班车上 —————————————— 洪 治
谈迁和《国榷》———————————— 龚天士
分粮小景 —————————————— 辰 玉
奖状 ————————————————— 毛志成
月色如水 —————————————— 李永汉

散文
野草萋萋
——怀念陈向平同志 ——— 曹湘渠 谢 狱 林芷茵

诗歌
新绿集（五首）———————————— 赵焕明
摘自水乡的新绿——读赵焕明的《新绿集》—高松年
西湖抒情（三首）——— 贺羡泉 李根红 贾 勋
舟山行（五首）——— 洪 迪 梁 雄 张 新 王玉忠
露珠集 ——————————————— 管用和
英烈篇（外一首）——————————— 何 鹰
小火花·电缆（五首）—————— 叶 坪 许国华

文苑艺林
"滴尽了油的板鸭"——回忆魏金枝同志 —— 徐开垒
亮端蕴秀写春风——观赏赖少其书画随笔（西泠人物）
—————————————————— 孙晓泉
金农和他的梅作 ————————————— 李万才
浙东抗日根据地的越剧改革 ——————— 袁斯洪

湖光山色
绍兴青藤书屋散记
——访徐文长故居 —————————— 谢德铣
春节前夜——记宁波之旅
—————— [日]稻畑耕一郎作 李 荫 朱锡三译
杭州立夏遗风 —————————— 陈德来搜集整理
疯僧扫秦（民间故事）—————— 杨彦衡 柏金星整理
寓言（三则）—————————— 桂国强 肖 河

评论
争鸣园
什么母爱值得歌颂
——对《母爱的颂歌》的异议 —————— 钟本康
这样的母爱也值得赞美 ———————— 蒋成瑀
漫话"曲"笔（创作谈）————————— 吴士余
写好人是第一位的（创作谈）——— 丘 峰 沈文元
"有点好讲声调"——鲁迅写作经验札记 —— 邓啸林

美术
女电焊工（油画）——————————— 黎冰鸿
西子柳雾（木刻）——————————— 赵宗藻
晨过西湖 —————————————— 郭化若
篆刻四方 —————————————— 郁重今

1981 年第 6 期 刊名:《西湖》
目录

小说
十环 ————————————————— 朱 苇
觅 —————————————————— 蔚 青
赵大牛告状 ————————————— 尹文欣 周乃光
二卖杨梅 —————————————— 倪国萍
窝 —————————————————— 刘晓伟
星的歌 —————————————————— 陈寿欣
一个红皮球 ————————————— 楼飞甫

散文
孩子们的眼睛在看着……（散文）———— 张小玲

诗歌
儿童诗三首 ————————————— 田 地
春天的诗诗的春天 —————————— 圣 野
爱的琴弦（十首）——————————— 金 江等
湖边小唱（四首）——————————— 何 达
灯边词（五阕）——————————— 慕容真

文苑艺林
访张老 话三毛 ——————————— 万正模
这份礼物比什珍贵——诗人袁鹰谈儿童诗 —— 蒋 风
兰亭新姿 —————————————— 万 渊
"梁祝"的土洋之间 ————————— 何占豪

评话选载
蒋介石摔碗骂娘 沈颂治吐血归天 ————— 戚天法

湖光山色
茫茫烟水著浮身

——苏曼殊和曼珠塔（西湖文人漫忆）·········· 肖　凡
普陀山小记·································· 丁新民
龙泉的传说·············· 袁春根　连素娥搜集整理
漫话台湾西湖······························ 丛培香

评论

正确理解文艺作品的社会效果·············· 高　映
寓意则灵
——读 1980 年《西湖》部分西湖山水诗········ 王英志
篇幅小，刻划深——《鸭队长升官》读后······ 吴流生
"打"中出性格（随笔）···················· 赵　捷

美术

庆"六一"（国画）························ 张乐平
华山苍龙岭一角（国画）·················· 申石伽
峰腾云海作舟浮
——国画家申石伽及其作品简介·············· 王京盍
泛舟湖上（木刻）························ 赵宗藻
西藏写生（油画）························ 汪诚仪
木刻小品（三幅）························ 袁惠民

1981 年第 7 期　刊名:《西湖》
目录

小说

乜老大翻身······························ 孙占山
相见不恨晚······························ 赵天行
禅房花木深······························ 毛道深
青年女作者之页
不会唱歌的蛙···························· 谢　华
阿明和我································ 倪国萍
我的两个弟弟···························· 谢芬芬
白杨河·································· 王源源

散文

葵花阿发································ 韩晓鹰

诗歌

南湖短歌（二首）·········· 阚维杭　董培伦
你还是你，我的理想······················ 张虹海
放蜂时节（二首）························ 崔汝先
关于海的诗（三首）······················ 刘祖慈
油港的夜································ 刘辉考
啊，两个绿色的邮筒——赠诗友············ 白煤国
大堰河·································· 雨　石
啊，早晨································ 左一兵
短诗一束（六首）·········· 于宗信　许国华

文苑艺林

生活给了他一支笔——访作家王西彦········ 吴纪椿
日照满山明　红旗色更新——记父亲丰子恺在江西所
作的诗································ 丰华瞻
"文学大使"——侧记冯亦代·············· 梁　亮
盛佩玉谈邵洵美（文坛漫忆）·············· 费在山
女子越剧的祖师爷（越剧史话）············ 张继舜
鲁迅与社戏（艺术性纪录片）·········· 严新民　金钟

湖光山色

石公馆（革命遗址回忆录）·············· 唐武声整理
五泄纪游································ 吕以春
饭蒸岩·································· 潜　艇整理

评论

"小说专号"评论专页
生活的剪影时代的火花
——漫评《西湖》小说专号·················· 吴　戈
回到主人的地拉——评《第一次选举》······ 钟本康
天涯芳草——读《邂逅》·················· 洪　治
作家与批评家···························· 林草思
在自己身上找到自己（随笔）·············· 蔡良骥
《妈妈》，揭示了社会本质——与钟本康同志商榷
（争鸣园）······························ 毛　钊

美术

西湖晨曦（摄影）························ 张克庆
群鸡图（图画）·························· 程十发
紫藤八哥（国画）························ 诸乐三
孤山秋艳（图画）························ 童中焘

1981 年第 8 期　刊名:《西湖》
目录

小说

雪花，雪花·················· 顾戎耕　亢培琳
美（《雪花，雪花》编后）················ 英　平
拣来的爱人······························ 翁树杰
天生我材································ 尹　平
看外孙·································· 金健人
在公用厨房里···························· 郎文光
织女···································· 龚泽华

散文

一个日本姑娘的感慨······················ 闻纯正
戈壁春深································ 胡士弘
黄鼠狼改过自新（寓言）·················· 何长兴

诗歌

在科学天地拾到的诗（五首）·············· 王一义
诗·科学·哲理——评王一义的科学诗·········· 叶永烈
浙南行（十一首）········ 赵焕明 赵有根 张德强
求帷慧 阎受鹏 崔汝先 李苏卿 闻 欣 孙武军
董培伦 姜东舒
一路诗情浙南行（随笔）·················· 张 往
东海短笛（四首）······················ 杨德祥
短诗一束（六首）·········· 江鹰岩 严邦善 过香臣

文苑艺林

"古槐书屋"变迁记······················ 乐 齐
诗魂缕缕依故土——徐志摩与硖石·········· 顾永棣
"金鸡奖"、"百花奖"剪影
人间有温暖——叶楠谈《巴山夜雨》·········· 哈 米
达式常和他朗诵的诗···················· 笑 富
"我当然仍要学习"——版画家张怀江········ 姜东舒
戏画相长——宋宝罗的绘画与治印·········· 蒋鹏旭
翰墨缘 千秋情
——日本缘刻家长尾甲的剪影············ 蒋北耿

湖光山色

陈硕真的传说·········· 戴荣芳 李韩林搜集整理
杭州的城门·························· 佳 明

评论

发掘新人形象的道德美·················· 朱汝瞳
对当代青年心灵的开掘——漫评《西湖》今年以来部
分青年题材的小说···················· 何志云
小说的含蓄——读《西湖》四篇小说有感······ 蒋成瑀
更名的断想·························· 龙 渊

美术

西泠远眺（摄影）······················ 马立群
报春（国画）························ 陈贯时
白桦林（油画）······················ 全山石
松鼠（国画）························ 舒传曦

1981年第9期　刊名:《西湖》
目录

纪念鲁迅诞辰一百周年

学习与纪念·························· 黄 源
鲁迅——党的亲密战友（《鲁迅的最后一年》的一章）
································ 史 莽
深情忆念鲁迅师······················ 倪文宙
从送给鲁迅的一本书谈起················ 戈宝权
鲁迅在厦门二三事···················· 陈梦韶
鲁迅的家世及其对他的影响·············· 裘士雄
鲁迅故乡抚今怀昔···················· 杨幼生
彻底否定吃人的旧社会
——鲁迅几篇小说的结局漫议············ 钟本康
"与其防破绽 不如忘破绽"
——鲁迅创作经验管窥················ 吴战垒
关于《何典》
——鲁迅序跋书录·················· 唐 弢
木刻与鲁迅小说的艺术风格·············· 胡尹强
培植花朵 甘做腐草
——读鲁迅校订的一部译稿有感·········· 朱 忞
台灯，历史的一个见证·················· 邓啸林
鲁迅先生诞辰一百周年纪念·············· 郭仲选
鲁迅七绝无题（篆刻印稿）·············· 王京盦

小说

会眨眼的星星······················ 陈国屏
三重奏···························· 谢鲁渤
屠夫恋···························· 康 戎
"疠"外生枝························ 马君伟
永恒······························ 詹成火
神农架传奇（科幻小说）················ 张祖荣
"尖爹"摘帽························ 陈道阔
当婴儿出世的时候···················· 马雪枫

诗歌

新牙小集（五首）············ 魏杭蓓 海 婷
西湖与各地风光（十一首）········ 张斤夫 郭 廊
金 谷 朱光天 彭 龄 倩 晴

文艺苑林

刘晓庆的探求······················ 陈利星
青山为屋水为邻
——俞樾和俞楼（西湖文人漫忆）·········· 莫 高
"五月花"于西子湖畔·················· 刘晓伟

美术

浙江潮图（国画）···················· 孔仲起
潭影（摄影）························ 张克庆
鲁迅刻像（木刻）···················· 张怀江
鲁迅小说插图选（木刻四幅）············ 顾炳鑫

1981年第10期　刊名:《西湖》
目录

小说

不能见报的新闻······················ 陈道阔
嘘……小声点························ 蒋海平

老姑娘，你在等什么—————————袁丽娟
呵，生活……—————————————林苗苗
郝大任断案—————————————钱积德
玛斯顿庄园的鬼魂————[英]阿加莎·克里斯蒂著
简庆闽译述

报告文学
心灵之歌——读《西湖》四篇小说有感————薛家柱

诗歌
郁达夫早期诗十五首—————陈子善　王自立辑录
青年诗页（十一首）———方竟成　刘晓滨　姜文岩等
鲜花一束（七首）———————————应化雨
莫干山的雨（四首）—————————吴明火
海边断想（六首）——————————毕　林

文苑艺林
杨沫印象记————————————赵大昕
故乡犹闻"呐喊"声——————维　忠　陶　谦
作家书简—————————————王西彦

湖光山色
风雨亭前话风雨——————————金　钟
秋瑾和西湖————————————陆　加
光复杭州的传说————江　萍　张继舜搜集整理
刘庄话旧（外二则）————————陈觉民
山————————————————孙旭升

评论
感情·形象·倾向——————————朱汝瞳
求真与求奇————————————区　英
"灵魂的炼狱"———————————龙　渊

随笔
"加一倍写法"———————————贺光鑫
有感于果戈理焚稿—————————王慧骐

美术
西湖瀛洲（摄影）—————————张克庆
孙中山先生像（油画）———陈宁尔作　沙孟海题字
引路（国画）———————————李震坚
志在千里（油画）—————————王庆裕
沧江少女（国画）—————————吴山明

1981 年第 11 期　　刊名:《西湖》

目录

报告文学
金子，在他们心中
——一部未搬上银幕的纪录片————陈旭明　朱　海

小说
不是童话的童话—————————张晓明
在伤心理发馆里——————————尹　平
让我们手挽着手——————————胡　正
牛和尚接亲————————————吴清汀
砖呵，价廉物美的砖……——————陆云松
玛斯顿庄园的鬼魂（续完）
——————[英]阿加莎·克里斯蒂著　简庆闽译述

诗歌
彩色的诗笺（五首）————————龙彼德
红霞初露——谈龙彼德的诗（文艺书简）———沙　鸥
短诗小辑（十六首）———————张　新　商子秦等
因为你年轻（外一首）
——写给我残废了的恋人————————史　岷

文苑艺林
早凋的文苑蓓蕾——悼阿雪————楼飞甫
春早（传记文学连载之一）
——山口百惠自传———[日]山口百惠著　白　浩译
"成如容易却艰辛"
——忆王维克译《神曲》—————石　楠　伏　虹
文艺简讯（一则）

湖光山色
镜湖的传说————————————阿　冰搜集整理
汤显祖遂昌遗迹寻觅记—————袁春根　吴　真
阿育王寺拾趣——————————丁新民

评论
不筑粉墙让人看（长短篇）————应国靖
"目中无人"与"心中有人"（随笔）——王威宣
肖像描写的"动"与"静"（创作谈）———丘　峰

美术
平湖秋月（摄影）—————————马立群
高山青松图（国画）————————虞开锡遗作
老画家虞开锡—————————王京盠　吴静初
梅花山茶（画画）—————————何水法
水乡（国画）———————————张石培

1981 年第 12 期　刊名:《西湖》
目录

小说

别有蹊径 …………………………… 时永刚　刘巽达
勃艾 ……………………………………………… 李光仁
路，从这里开始 ………………………………… 黄　华
磨心 ……………………………………………… 樵　楼
秃师傅送丧礼 …………………………………… 言　午
麦秤女人（中篇连载之一）
　………………… ［法］凯瑟林·阿雷著　一　风译

诗歌

多彩的山野（外二首） ………………………… 梁京生
西湖抒情（三首） ………………… 洪　迪　巴彦布
新月（外一首） ………………………………… 江　健
你睡了——写给儿子 …………………………… 季振邦
姑苏二题 ………………………………………… 孙友田
花心豆情唱香魂（二首） ……………………… 蒲祖煦
绿（散文诗二章） ……………………………… 顾永棣

特写

美的波浪 ………………………………………… 洪为民

文苑艺林

水色山光足彷徉——叶圣陶和朱自清在浙江第一师范
（文坛漫忆） …………………………………… 张香还
忆吴晗 …………………………………………… 吴　达
"一个西湖一才子"——漫忆清代诗人袁枚（西湖文
人漫忆） ………………………………………… 王英志
春旱（传记文学连载之二）
　——山口百惠自传……… ［日］山口百惠著　陈　浩译
肖红中学时代拾零 ……………………………… 丁言昭

湖光山色

温州风情（五章）
　……………… 唐　湜　林炎光　叶大兵　叶兆雄
凉龙壁（畲族风物传说） …………………… 唐宗龙整理

评论

在好作品的背后 ………………………………… 钟本康
职业特征与典型心理漫笔（创作谈） ………… 张德林
要重视对人物关系的设计（创作谈） ………… 吴士余
由乜老大的纸片想到的（随笔） ……………… 牧　知
竹林诗话（三则） ……………………………… 方竟成
读者中来（一则） ……………………………… 杨东赴

美术

冬（摄影） ……………………………………… 张克庆
葡萄图（国画） ………………………………… 谭建丞
介绍湖州老画家谭建丞 ………………………… 徐重庆
枇杷图（国画） ………………………………… 柳　村
《枇杷图》简介 ………………………………… 蒋北耿
雨后长江（国画） ……………………………… 朱屺瞻

1982 年第 1 期　刊名:《西湖》
目录

浙江籍作家近作

小家伙（小说） ………………………………… 王安忆
水乡三题（散文） ……………………………… 张抗抗
诗言诗语（评论） ……………………………… 楼适夷

西湖诗船

诗之船的远航 …………………………………… 冠　西
航海路上（三首） ……………………………… 雁　翼
有题外无题 ……………………………………… 冀　汸
界河（外二首） ………………………………… 嵇亦工
惜别（四首） …………………………………… 黎焕颐
宝石雨 …………………………………………… 王　也

小说

天花板 …………………………………………… 钱荣根
水蜜桃的清香 …………………………………… 任水春

小小说

晚霞中的枪声 …………………………………… 陈文波
我家那口子 ……………………………………… 杨清生
？ ………………………………………………… 刘广源
麦秤女人（中篇连载之二）
　………………… ［法］凯瑟琳·阿雷著　一　风译

报告文学

寻觅生活中的绿色（上）——青年女作家张抗抗的文
学创作道路 …………………………… 周荣新　胡振

传记文学

春旱（连载之三）
　——山口百惠自传……… ［日］山口百惠著　陈　浩译
李叔同二三事（武林文苑） …………………… 伏　琛

西湖文人史话

问胸中谁有西湖
　——维吾尔族诗人贯云石和西湖 …………… 莫　高
朝鲜古代诗人李齐贤在杭州 …………………… 王　骧

风物趣闻

青团子 ································· 希 稼整理
宁波草席 ····························· 胡审严
泉（乡土小品） ······················· 孙旭升

评论

关于社会主义新人形象问题 ············· 罗守让
从"暗合"中走出去（随笔） ············· 杨振喜
文艺批评是"催化剂" ················· 汤树森
《徐文长的有事》序 ··················· 赵景深
偏爱与偏废（外一则） ················· 蒲祖煦

美术·摄影

断桥瑞雪（摄影） ····················· 张克庆
竹阴鸟语（国画） ····················· 卢坤峰
素描风景写生 ························· 王志英
南宋女词人朱淑贞（国画） ············· 顾炳鑫

1982 年第 2 期　刊名:《西湖》
目录

浙江籍作家近作

魔盒（心理学幻想小说） ··············· 叶永烈

小说

铁石心肠 ····························· 周乃光
一幅挂颠倒了的画 ····················· 陈旭明
有这样一片小店 ······················· 蒋启倩
天是青的　海是蓝的 ··················· 门孔玲
麦秆女人（中篇连载之三）
··············· [法]凯瑟琳·阿雷著 一 风译

西湖诗船

三月风（外一首） ····················· 雷抒雁
人生的爱（二首） ····················· 陈继光
松花江上……（二首） ················· 刘祖慈
海滨二题 ····························· 唐 湜
甜蜜的事业（外一首）
——嫁接之歌 ······················· 崔汝先
寻觅生活中的绿色（下）
——青年女作家张抗抗的文学创作道路
··························· 周荣新 胡 振

文苑艺林

春早（连载之四）
——山口百惠自传········ [日]山口百惠著 陈 浩译
在湖畔"危楼"的日子里
——忆张眺同志 ······················· 张石邻

追求——记电影美术家韩尚义（影坛春秋）
··························· 吴龙友 东进生
郁达夫致王映霞书简 ··················· 顾家干
玫瑰（湖边小札三则） ················· 李昆纯
赤石行（外一组） ····················· 李士俊

仙都揽胜

仙都恋 ······························· 李秀泉
奇山异水别有情 ······················· 袁春根
舞兽岩 ······························· 潜 艇

评论

寻找人生的真善美
——读张抗抗的小说 ··················· 曾文渊
创作的首要一步（文学讲座） ··········· 白 毅

西湖笔谈

也谈"写熟悉的" ····················· 林草思
听来的与熟悉的 ······················· 曾维劲

美术

春风轻舟（摄影） ····················· 张克庆
扇面作品（二幅） ··············· 汪观清 贺友直
国画选刊（三幅） ······· 余任天 戴 冕 许继善
敦煌彩塑（国画） ····················· 胡连江

1982 年第 3 期　刊名:《西湖》
目录

学习与纪念

文苑的园丁　作家的诤友
——纪念茅公逝世一周年（评论） ······· 钱诚一
"静夜箫声"的联想
——读茅盾写的一篇短序（评论） ······· 草 云
柳亚子诗中评茅盾（评论） ············· 陈福康
怀念茅盾同志（散文） ················· 徐重庆
亲切的教诲（散文） ··················· 杨 郁
记一次追忆"孤岛"文学的会见
——怀念林淡秋同志 ············· 陈梦熊 杨幼生
林淡秋与杂文 ························· 魏 桥
家乡的秋林
——怀念林淡秋同志（诗） ············· 薛家柱

浙江籍作家近作

爸爸教我读古文
——童年散记 ························· 任大星

小说
游子情························董炳新
马儿逃逃的行················李贯通

青年女作家专页
保姆························方艳芬
大兵和女学生的故事··········骆　丹
杂志架边的姑娘··············谢芬芬
麦秆女人（中篇连载之四）
············[法]凯瑟琳·阿雷著　一风译
《西湖》文学奖1981年度短篇小说获奖名次揭晓

西湖诗船
田野························傅天琳
长江诗笺（五首）············珺　琦
我的心（二首）··············奕　林
让风狠命地吹（外一首）······姜文岩
心的歌（二首）··············林　子
绿色的草叶（诗二首）········陆法新
莫干山素描（诗二首）········赵大昕

传记文学
春早（连载之五）
——山口百惠自传·······[日]山口百惠著　陈　浩译
杭州揽胜三日（湖光山色）····杜宝萍
雁荡箸竹（特产趣闻）········谢　军
半山姑娘的故事（杭州地名传说）···陈德来搜集整理
读"刘庄话旧"所想到的·······王　悦
堤（风土小品）··············孙旭升
柳絮飞来片片红··············蒋北耿

评论
深刻反映农民社会关系的新变化····钟本康

美术·摄影
茅盾刻像····················张怀江
纪念茅盾（书法、篆刻）····王京篆　李　明　袁道厚
黄龙胜境（摄影）············吴光烈
青山叠翠图（国画）··········（中国台湾）张大千

1982年第4期　刊名：《西湖》
目录

小说专辑
一对忘年交的遭遇············叶九如
向作父母者呼呼
——孤独者日记选············云　阳
四月初夏····················王瑞金

另一位小伙子················曹布拉
丁大夫和他的病人············木　子
夜，真美····················朱荣康
小小说两篇··················倪国萍
归来························王源源
车上的小男孩················刘广源
晋级················[日]星新一著　陈浩译
麦秆女人（中篇连载之五）
············[法]凯瑟琳·阿雷著　一　风译
生活河流中的爱情浪花
——漫评《西湖》1981年11期的三篇爱情小说
··························何志云
纪念"湖畔诗社"成立六十周年
湖畔诗人诗辑（十一首）
··········应修人　汪静之　潘漠华　冯雪峰
"湖畔诗社"始末··············晓　冬
玫瑰（外二则）··············李昆纯
希望在哪里
——《磨心》读后（读者中来）····白　云
乐开生是个好干部
——也谈《磨心》··············孙明仁
灿若晚霞的可贵之心
——读《晚霞中的枪声》········美　成
语不惊人死不休
——漫谈艺术构思（文学讲座）····白　毅

美术·摄影
瀛洲春色（摄影）············辰　星
杭州逸仙书画社五青年作品选
··········陈士良　白　云　马福昌　周胜龙　杨光宇
白蛇传（国画）··············戴敦邦

1982年第5期　刊名：《西湖》
目录

小说
另一个世界··················谢鲁渤
雨夜，在县城的小巷··········夏　真
偷听来的话··················夏　康
楼外楼······················邵钧林
夜深遇"鬼"··················童承基
座位························赵和松
一张偷拍的照片··············张永春
结婚························田　田
菲利斯的婚姻（翻译小说）
············[美]托马斯·哈代著　朱炯强　徐人望译

西湖诗船

人生需要一个西湖 .... 杨　牧
生命的欢乐（二首）............... 刘湛秋
西汉铜镜（外一首）............... 流沙河
柴根雕（外二首）............... 梁　雄
水乡（三首）............... 宁　宇
短诗一束（六首）......... 曹国政　再　耕
叶　笛　金明生　戎国强
斯琴高娃在银幕之外（报告文学）...聂中林　王宗仁

浙江籍作家近作

乌舢船——故乡纪行之一（散文）..... 汪浙成
榕荫深处访何为（文苑采访）....... 严麟书

春江小景

春江一曲 .... 犁　云
钓台怀古 .... 刘　润
梅城寻踪 .... 朱睦卿
新安江雾 .... 乌鹏廷
西子湖头有我师（文化之邦纵横谈）..... 苏振元

浙江籍作家介绍

艾青与家乡 .... 蒋海涛
艾青的少年 .... 蒋鹏旭
艾青的笔名 .... 叶　锦
老画家与卖浆者（文苑轶事）....... 聂征夫

文坛漫忆

欧阳予倩与金素琴 .... 江上行
寓言两则 .... 黄文桐
小林多喜二的笔记本 .... 石莹华

评论

学习《讲话》的断想 .... 钱诚一
文艺源于生活，又高于生活 .... 朱汝曈
"源""流"浅议 .... 徐正纶

新作品评

追求与探索
——谈《另一个世界》............... 顾志兴
鲁迅与诗（鲁迅研究）............... 艾　斐

美术

西湖牡丹亭（摄影）............... 吴光烈
西湖烟雨（国画）............... 闵学林
鸟归花影动（国画）............... 张　城
屈原（国画）............... 刘旦宅

1982 年第 6 期　刊名：《西湖》

目录

小说
女作者习作

她和她的丈夫之间 .... 方凌燕
车，在大道上迅跑 .... 朱文英
桐叶飘落的时候 .... 戴　静
请调报告 .... 张老三
粉红色的加长围巾 .... 赵锐勇
海水蓝呀蓝 .... 张晓明
逃亡（中篇连载之一）
.... ［日］田中光二著　陈　浩译

西湖诗船

西双版纳抒情（二首）............... 纪　鹏
心的广场（外一首）............... 林　希
春思（外一首）............... 马绪英
儿童诗三首 .... 田　地
童年在乡村（三首）............... 何昌正
孩子的诗（五首）......... 孙　竞　姚萍萍等
读《郁达夫诗词抄》（诗一首）....... 龚慈受

浙江籍作家近作

蝴蝶泉边风流草（童话）............... 鲁　克
童话随想（评论）............... 洪汛涛
柯灵（浙江籍作家笔名探源）
.... 国　成　于　胜　丛　扬
画家的摇篮（访青田少年儿童小画队）... 董秉涕
贝贝，我永远不离开你（散文）....... 叶　音

西湖文苑

湖滨残梦（文坛忆旧）............... 秦瘦鸥
湖畔漫笔 .... 伏　琛
丰子恺与马一浮 .... 丰华瞻
望断水穷云去处 .... 张香还

湖畔小品

杭州与航州（杭州地名传说）....... 徐清祥
寺（西湖风土小品）............... 孙旭升
严子陵与"汉三老石"（风物掌故）..... 章祝巨
闲章偶举 .... 刘　弃

溪口拾零

武岭月色 .... 盛仲健
毛氏之死 .... 王月曦
蒋氏旧居的小楼梯 .... 王月曦
这头一步跨得好（新作品评）............ 盛海耕

细节·心理特点⋯⋯⋯⋯⋯⋯⋯奚小珉

长短篇
当希望幻灭以后⋯⋯⋯⋯⋯⋯⋯龙　渊
改诗·焚稿及其他⋯⋯⋯⋯⋯⋯谢广田
无巧不成书（文学讲座）⋯⋯⋯白　毅
竹林诗话（四则）⋯⋯⋯⋯⋯⋯方竟成
"艾青研究学术报告会"在杭举行⋯⋯西　品

美术
虎跑泉（摄影）⋯⋯⋯⋯⋯⋯⋯吴光烈
青田"画童队"作品选（国画）
人物（国画）⋯⋯⋯⋯⋯⋯⋯⋯舒传熹

1982 年第 7 期　刊名:《西湖》
目录

小说
父亲和母亲的故事⋯⋯⋯⋯⋯⋯王旭烽
晨露⋯⋯⋯⋯⋯⋯⋯⋯⋯⋯⋯⋯张宇清
"硬汉小生"⋯⋯⋯⋯⋯⋯⋯⋯⋯李杭育
天公不作美⋯⋯⋯⋯⋯⋯⋯⋯⋯陈焕新
我这才认识他⋯⋯⋯⋯⋯⋯⋯⋯王东林
逃亡（中篇连载之二）
⋯⋯⋯⋯⋯⋯[日]田中光二著　陈　浩译

西湖诗船
请印一张他的像⋯⋯⋯⋯⋯⋯⋯蒋荫炎
生命之歌（三首）⋯⋯⋯⋯⋯⋯白煤国
黎明（外二首）⋯⋯⋯⋯⋯⋯⋯黄亚洲
光明随想录（二首）⋯⋯⋯⋯⋯叶延滨
琴声（外一首）⋯⋯⋯⋯⋯⋯⋯龙彼德
凝思二题⋯⋯⋯⋯⋯⋯⋯⋯⋯⋯董培伦
高风亮节励后人⋯⋯⋯⋯⋯⋯⋯王建国

浙江籍作家近作
湖滨寄语⋯⋯⋯⋯⋯⋯⋯⋯⋯⋯圣　野
怀念我的爸爸巴人⋯⋯⋯⋯⋯⋯王克平
游杭诗二首⋯⋯⋯⋯⋯⋯⋯⋯王任叔遗作
当记湖山胜地　曾留烈士血痕
——读王任叔同志《游杭诗》⋯⋯王欣荣
金萧风雨——游击日记摘抄⋯⋯鲁　兵
五磊山泉⋯⋯⋯⋯⋯⋯⋯⋯⋯⋯坚　军

武林文苑
戴望舒与杭州⋯⋯⋯⋯⋯郑择魁　王文彬
随陈伯衡先生访黄宾虹大师⋯⋯周素子
根深叶茂花不败⋯⋯⋯⋯⋯⋯⋯立　里

陈学昭（浙江籍作家笔名探源）
⋯⋯⋯⋯⋯⋯国　成　于　胜　丛　扬

湖光山色
舍利宝塔⋯⋯⋯⋯⋯⋯⋯⋯⋯⋯汪卫兴
李白写浙江的诗（文化之邦纵横谈）⋯蒋有为
中野遵的书法和篆刻艺术⋯⋯⋯刘　江

新作品评
"人们，我爱你们"
——谢鲁渤小说漫评⋯⋯⋯⋯⋯高　钫
文艺批评与百家争鸣⋯⋯⋯⋯⋯何孔周
从陈毅愿当"中间派"说起⋯⋯⋯梁东方

随笔
揽镜记明⋯⋯⋯⋯⋯⋯⋯⋯⋯⋯沈祖安
艺术创作中的"重复"⋯⋯⋯⋯⋯赵振汉
列夫·托尔斯泰文艺书简（一则）⋯薛　菲译

美术
晨荷（摄影）⋯⋯⋯⋯⋯⋯⋯⋯张克庆
牧归（国画）⋯⋯⋯⋯⋯⋯⋯⋯方增先
山阴老农（国画）⋯⋯⋯⋯⋯⋯冯　远
朗朗书声月明中（国画）⋯⋯⋯顾建生

1982 年第 8 期　刊名:《西湖》
目录

小说
叶青青⋯⋯⋯⋯⋯⋯⋯⋯⋯⋯⋯陈　洁
我和月亮手拉手⋯⋯⋯⋯⋯⋯⋯门孔玲
兄妹⋯⋯⋯⋯⋯⋯⋯⋯⋯⋯⋯⋯雨　青
过去了的洞房花烛夜⋯⋯⋯⋯⋯周鹏宽
男子汉⋯⋯⋯⋯⋯⋯⋯⋯⋯⋯⋯徐力伟
太阳月亮和群星⋯⋯⋯⋯⋯刘巽达　时永刚
逃亡（中篇连载之三）
⋯⋯⋯⋯⋯⋯[日]田中光二著　陈　浩译

西湖诗船
遥寄西湖（两首）⋯⋯⋯⋯⋯⋯徐　刚
初夏夜空塘栖⋯⋯⋯⋯⋯⋯⋯⋯向　青
嫩玉米的歌（外一首）⋯⋯⋯⋯赵焕明
夏夜⋯⋯⋯⋯⋯⋯⋯⋯⋯⋯⋯⋯李根红
晴空下的甲板（外一首）⋯⋯⋯田永昌
眼睛⋯⋯⋯⋯⋯⋯⋯⋯⋯⋯⋯⋯赵　恺

武林文苑
记许地山先生（文坛忆旧）⋯⋯吴似鸿

溪水，你流呀流（散文）················ 高 卧
西湖的朦胧美（俞平伯笔下的杭州）····· 余凤高
在罗马会见艾丝美拉达（友好往来）····· 亦 河
我与美术（西子艺林）················· 汪日章
老作家骆宾基（文苑采访）············· 刘慧心

避暑胜地
莫干山小居·························· 顾永棣
沙滩上的潮声（记普陀千步沙）········· 任一舟
学士街与学字界（杭州地名传说）······· 徐清祥

湖光潋滟
最忆是杭州························· 赵 逊
荷院晨景·························· 余 苠
秋水无痕玉镜清····················· 石 在
岛（风土小品）····················· 孙旭升
香菇——荸荠——香肚（特产趣闻）····· 徐起佳等

新作品评
赤橙黄绿青蓝紫
——谈本期《西湖》的几篇小说·········· 钟本康
掘见心灵的真金
——读短篇小说《马儿达达的行》········ 朱效文
以一目尽传精神（文学讲座）
——人物创造漫谈···················· 白 毅
诗味·诗趣·诗理
——读《复活的翅膀》随感············· 方 牧

随笔
抓住稍纵即逝的感受················· 桑可讯
绝处逢生·························· 贺光鑫
生命·艺术·历史
——读汪大伟同志敦煌临摹画稿········· 邓云乡

美术
三潭风采（摄影）··················· 张克庆
牧归（国画）······················ 汪观清

1982 年第 9 期 刊名:《西湖》
目录

魔方····························· 邓 洁
两小无猜·························· 刘广原
业余剧作家的妻子··················· 蒋启倩
小河清幽幽························· 罗欣荣

微型小说
梦······························ 张浙东

检讨····························· 王仲明
婚事两篇·························· 杨清生
美的旋律·························· 刘烨文
逃亡（中篇连载之四）
················· ［日］田中光二著 陈 浩译

文苑艺林
浪迹文坛艺海间··········· 吴似鸿 费淑芬整理
艾青在杭州（文苑采访）············· 蒋鹏旭
黄山梦痕（记刘海粟大师）··········· 柯文辉
宪兵队长与书记官（浙江籍作家近作）
——少年时代生活杂记··············· 王西彦
哦，大草原……（散文）············· 陆法新

西湖诗船
西湖天下景（四首）················· 方 牧
你轻轻地走到我的面前··············· 姜东舒
斑鸠声里·························· 肖 岗
珍珠姑娘（外一首）················· 李苏卿
蜻蜓····························· 高 钫
绿色的诗（二首）··················· 金 波
别（外一首）······················ 韩作荣
我愿是一枚莹石（散文诗四章）········· 方竟成

工艺珍品
越瓷散记·························· 应梅堂
青田石雕·························· 董秉弟
相国井畔天香楼（今日杭州）··········· 汪赞源
《西湖古今谈》序··················· 陈从周
塔（风土小品）····················· 孙旭升

争鸣园
关于短篇小说《一对忘年交的遭遇》的讨论
··················· 龙 渊 金 水等
"极有益的学习法"（文艺随笔）········· 草 云

鲁迅研究资料
鲁迅先生二三事···················· 陈觉民
"阿 Q"其名新探··················· 徐重庆

美术
平湖秋月（摄影）··················· 张克庆
友谊常青（国画）··················· 李震坚
钱塘书画社作品选
"钱塘书画研究社"简介··············· 江天蔚

1982 年第 10 期 刊名:《西湖》
目录

小说

天国基石 ······················徐 程
江北小妞 ······················顾金生
月台，紧挨着钢轨 ················胡 振
鳏夫的爱情 ····················倪国萍
情探 ·························陈际梁
不是冤家不聚头 ·················俞 一
逃亡（中篇连载之五）
··················〔日〕田中光二著 陈 浩泽

散文

一面特制的国旗 ·················顾志坤
在豪华的背后
——记巴黎"跳蚤市场" ············何振淦
怀春曲（报告文学） ···············李康贤

西湖诗船

我和祖国一起行进 ················丹 戈
我们走向秋天 ···················阙维杭
新安江 ·······················郑成义
我的挂历 ······················章德益
写在织锦车间 ···················张力生
记忆 ·························李发模
航海的路上（诗三首） ·············雁 翼
采自乡野的花束（诗六首） ·····沈仁康 吴明火
洪加祥 骆长平 梅其卿 杨 光

文苑艺林

浪迹文坛艺海间（选载之二）
··················吴似鸿 费淑芬整理
林风眠与西湖艺术院 ··············张石邻
快乐的春莺
——歌唱家朱逢博近事 ············美 成
天童千佛阁与日僧荣西（友好往来）
··················朱惠民 陈存仁
湖州铁佛寺（古迹揽胜） ···········马红云
来函照登 ······················陈学昭

风土小品

船 ·························孙旭升
西湖和西子（杭州地名传说） ········徐清祥

争鸣园

关于短篇小说《一对忘年交的遭遇》的讨论（二）
历史的沉滓在毁损着美 ············盛海耕

别有深意正在平谈寻常处 ···········罗守让
座谈发言摘要 ·······孔 方 潘国钧 马成生
"灵魂的深处并不平安"
——漫谈人物的心理描写（文学讲座） ···白 毅
从六家书法作品谈起 ··············姜东舒

美术

书法作品选辑（六幅） ·····沙孟海 刘 江 郭仲选
朱关田 余 明 沈定庵
石林千湖图（国画） ··············寿崇德
西湖夜景（摄影） ················张克庆

1982 年第 11 期 刊名:《西湖》
目录

中篇小说

瓦楞草 ·······················沈治平
逃亡（中篇连载之六）
··················〔日〕田中光二著 陈 浩译

西湖诗船

街角，有一个年轻的鞋匠 ···········赵有根
远去的小舟 ····················蔚 文
游子隔膜（二首） ················赵丽宏
致友人（二首） ··················谢鲁渤
迟到的爱（二首） ················赵大昕
我站在车门前 ···················许国华
少女的诗（六首）
··············江晓霞 张 斌 陈 亮 魏杭蓓
渔港诗笺（五首） ·······叶文艺 江 深 周 民
望月（外一首） ··················阮忠良

文苑艺林

布宜诺斯艾利斯观剧记 ·············柯 灵
浪迹文坛艺海问 ·······吴似鸿 费淑芬整理
我和申报《自由谈》的一段因缘 ·······江天蔚
杨维桢与西湖竹枝词（西湖诗话） ······孙小昭
沈尹默与陈独秀 ··················沈 邱

散文

悠悠运河水 ·····················吴明火
杏花林边 ······················高 锋

湖光山色

龚自珍逸事（浙江文人史话） ·········施若霖
俞樾日记中的西湖（湖畔漫笔） ········谢 防
相官为官清如水（杭州地名传说） ······何德铭
石门洞纪游（湖光潋滟） ···········雪 梅

浓沾西湖两袖雨（西湖文人漫忆）·············莫 高
风樯齐集明州港（友好史话）·····朱惠民 陈学仁
竹（乡土小品）·······················孙旭升
美的感召——记浙江美术学院四位留学生（友好往来）
··································杨芳菲

评论
现实主义与必然性
——从电影《小街》的结尾谈起···········林草思
从行动中写人（艺术探微）··············张德林
无声胜有声（艺术探微）················古远清
激情——诗的思想（新作品评）···········何忠云
文章非天成 勤奋始得之（外一则）·········刘饶民

美术
狐狸（国画）·······················韩和平
岳湖夕照（摄影）····················张克庆
外国留学生书画作品选
············李愿玲 董昭安 中野遵 萨梅恩

1982 年第 12 期　刊名:《西湖》
目录

小说
姐妹俩的梦·······················程小莹
我的罗曼蒂克史·····················刘德进
在 20 路公共汽车上···················叶剑凌
大学生裴一鸣投稿记··················滕建民
银幕外的故事······················吴清汀
逃亡（中篇连载之七）
····················[日]田中光二著 陈 浩译

散文
古风重飞·······················陈忠来
反光镜掠影·······················陈足智
前哨的先进——忆中国新兴木刻运动的前驱者之一林
夫烈士·························李士俊

学习与怀念
林淡秋致王任叔书简 附:燕子和啄木鸟··········王任叔
怀念林淡秋伯伯····················王克平
浪迹文坛艺海间（传记文学）
····················吴似鸿 费淑芬整理
访老作家胡山源（文苑采访）·········振 鹏 舒 屏

浙江作家
亘古男儿一放翁····················李 续
朱自清在温州·····················叶征洛

西湖诗船
西湖的夜（孙中明） 写在秋瑾墓前（张德强） 船
坞（孙友田） 消逝（桂兴华） 致电视大学的学友
（吴育华） 捉住一只水鸟（顾工） 海水和阳光
（瞿琮） 盐（蔡庆生） 别情（白榕）
短诗小辑·················张 新 蔡秋声等

艺术探微
重视文学形象的逻辑性·················朱汝瞳
要酿"最好的蜜"····················胡德培
立意·形象·标题艺术
——读《西湖》八月号散文小札············方 犁
"语言的痛苦"（文学讲座）··············白 毅
鲁迅与许钦文（鲁迅研究）··············马蹄疾
来函照登·······················沈祖安

美术
鱼（国画）·······················田 桓
故乡曲（国画）····················李震坚
灵隐（摄影）······················张克庆

1983 年第 1 期　刊名:《西湖》
目录

小说
第一宿舍·······················余 华
二亩坟田·······················周天步
男监五号·······················桂雨清
让我们仍象从前····················张晓明
逃亡（中篇连载之八）
····················[日]田中光二著 陈 浩译

西湖诗船
一支相思曲·······················子 页
日出··························洪 迪
启航··························曹富强
峭岩虬松·······················黄东成
黄昏,我在哨卡····················李松涛
红豆小集（诗八首）··················王在平等

西子艺林
忍抛白首盟山约
——王映霞五十年心声的倾吐············冰 夫
万劫难忘的回忆····················王映霞
一个被遗忘的人
——访爱新觉罗·溥儇················占文元
浪迹文坛艺海间（传记文学）
····················吴似鸿 费淑芬整理

王西彦·································国 成 丛 扬 于 胜　　蔡东藩与《中国历朝通俗演义》·············夏竞人

散文　　　　　　　　　　　　　　　　　　　　　**乡土风情**
厚朴·······································赵丽宏　　天目睛（散文）·····························石　在
我和我的名字·······························姜文岩　　南溪温泉游（散文）·······················盛钟健
　　　　　　　　　　　　　　　　　　　　　　　　浙江第一师范旧址·······················杭地文
乡土小品　　　　　　　　　　　　　　　　　　　西湖风景六吊桥·························徐清祥
雪窦山的水·································王月曦　　柳亚子观灯会···························金　梅
碑···孙旭升　　车，驶向江南（湖畔小札）···············李昆纯
花乡纪行···································应志良

　　　　　　　　　　　　　　　　　　　　　　　　西湖诗船
评论　　　　　　　　　　　　　　　　　　　　　西湖的雷雨···························高伐林
文学创作中的哲理追求·······················区　英　　爱情·······························田　地
从"泥巴里拱出来的"说起·····················陆建华　　翡翠色的憧憬·······················贾丹华
有感于叶圣陶直言···························谢广田　　绍兴行吟···························金　谷
大墙背后有阳光·····························王　菁　　冬天里的春天·······················吕人俊
方寸之间　百态争艳·························高松年　　凤阳山风情·························闻　欣
漫说文学中的发誓···························王明居　　青春诗页（组诗）···········胡志东　楼　冰　江　健
"愁"的诗化································方　牧
海涅与《堂·吉诃德》·······················万莹华　　**新作品评**
苏曼殊译《悲惨世界》·······················徐重庆　　一个富有时代色彩的新人形象···············肖　前
茅盾《寿瑜清表弟》诗注析···················怀　安　　爱，是挖掘人的价值的金锄···············美　成
　　　　　　　　　　　　　　　　　　　　　　　　性格美断想·························钟本康
美术　　　　　　　　　　　　　　　　　　　　　情深而文明（文海一勺）···············丘　峰
喜雏图（国画）·····························刘国辉　　回环往复　语浅情浓
湖上轻舟（摄影）···························郑从元　　——读李商隐《夜雨寄北》···············吴战垒
百寿图（篆刻）···········王京盘　王运天　王一天　合作　　"白雪红梅"解（湖畔谭红）···············邓云乡
　　　　　　　　　　　　　　　　　　　　　　　　白采和《羸疾者的爱》···················徐重庆

1983 年第 2 期　刊名:《西湖》　　　　　　　　　**新文学史料**
目录　　　　　　　　　　　　　　　　　　　　　《七封书信的自传》序···················冯雪峰
　　　　　　　　　　　　　　　　　　　　　　　　关于冯雪峰的一篇序···············魏德平　杨敏生

小说　　　　　　　　　　　　　　　　　　　　　**美术**
长睫毛与单眼皮·····························杨顺安　　小瀛洲之春（摄影）···················谭铁民
晕针·······································陌　遇　　故乡情（油画）·····················潘鸿海
江南拳乡铁事·······························刘　明　　晨妆（国画）·······················黄镇中
温暖的哨位·································沈建伟　　国画作品选·······陈冰心　寿崇德　夏　明　林　斡
绣有红字的新工作衣·························陆云松
逃亡（中篇连载之九）···[日]田中光二著　陈　浩译

武林文苑　　　　　　　　　　　　　　　　　　　**1983 年第 3 期　刊名:《西湖》**
她像山溪一样清澈透明　　　　　　　　　　　　　　　**目录**
——王安忆印象记（作家专访）···············袁　敏
浪迹文坛艺海间（传记文学）···吴似鸿　费淑芬整理　　**小说**
白马湖之春（文苑觅踪）·····················张　科　　想当元帅的士兵·······················王旭峰
　　　　　　　　　　　　　　　　　　　　　　　　凤愿·······························骆　丹
西子艺林　　　　　　　　　　　　　　　　　　　女大学生临别一席话···················门孔玲
我最珍惜的遗产　　　　　　　　　　　　　　　　　　拳拳的心···························夏　真
——怀念陈伯衡先生·······················周素子　　请柬·······························蒋启倩

逃亡（中篇连载之十）
————————[日]田中光二著　陈　浩译
1982 年《西湖》文学奖揭晓

文坛漫忆
《清明前后》的前后————————林朴晔
一丝不苟严要求————————炼　虹
缅怀沈雁冰表哥————————陈瑜清

西湖诗船
江南草（二首）————————黎焕颐
谒岳庙新得————————福　庚
西湖抒情（五首）
————————（朝鲜族）任晓远作　紫　荆译
西湖泛舟————————钱英球
湖山心影（二首）————————何香久

散文
窗口·灯光·人影————————吴泽夫
雾————————毛　英

武林文苑
风雨忆事
——记与许广平的几次见面——罗　迦　藏道铄
浪迹文坛艺海间（传记文学）——吴似鸿　费淑芬整理
玉皇山巅的友谊
——怀念书画家张正宇————————董葆萝
徐志摩笔名考析————————顾永棣

乡土风情
春雨的情思————————邓云乡
绍兴写生（越都风光）————————朱伟敏
三游西子湖（西子掠影）————————刘慧心

诗歌
溪口行（组诗）————————叶文艺
我属于一支雄壮的歌（二首）————————毛建一
桂枝香————————吴　军
春————————梁京生

评论
真和美的探索
——读 1982 年《西湖》小说札记————盛钟健
驶向心灵的海洋
——读 1982 年《西湖诗船》漫评——骆寒超　刘　卫
对程式化的超越
——读《想当元帅的士兵》（新作品评）——余凤高
学习民歌铸新词————————方　牧

读稿手记一则
马卡·牛虻·阿 Q 及其他————————杨小林
朱湘和他的诗（文学家缀录）————————徐重庆

美术
六和塔（摄影）————————谭铁民
水彩画（二）————————柳新生
心愿（油画）————————方思聪

1983 年第 4 期　刊名:《西湖》
目录

小说
她在半空中
——现代工厂人情初探（中篇小说）————沈善增
对真善美的人情之花的呼唤
——读中篇小说《她在半空中》（新作品评）——盛海耕
维纳斯过敏症————————向　平
煮不熟的晚饭————————周乃光
西施舌————————王瑞金
恶劣遗产析————————杨　惕
逃亡（中篇连载之十一）
————————[日]田中光二著　陈　浩译

微型小说
白发与黑发（致 A 编辑）————————秦　菲
醒着的梦————————何建明
酒的故事————————林衡夫
湖边————————高　钫
黑大姑————————韩导勤

散文
美哉西湖夜（西子掠影）————————孙月沐
西湖的妙喻（西湖文迹）————————戴　盟
凤凰寺（杭州地名志）————————杭地文

诗歌
倔强地摇响驼铃————————韦　苇
期待————————孙家祥
记住，那个雨夜————————毕　林
春（外一首）————————李凤海
致大学生————————李志明
春和秋————————梁光军
小鸟，停在电线上————————祝金生

评论
从一粒沙看出整个世界————————钟本康
不可忽视理论的修养

——学习茅盾小说一得·············朱汝瞳
要重视创作规律的研究（创作规律管窥）······肖　荣
宝玉的辫子（湖畔谭红）···········邓云乡
因爱成恨，以景托情（诗文拾萃）·······方　牧
作家、建筑师林徽音（文学家缀录）······徐重庆
艺苑新花
——王志英的素描风景画··········松　林
读者来函摘要（三则）

美术
植物园春色（摄影）·············谭铁民
雪景山水（国画）·············包辰初
素描风景选···············王志英
晨（国画）···············来玧珊

1983 年第 5 期　刊名：《西湖》
目录

小说
第三个不准···············姜钟松
附：读稿手记··············方　石
三同院················俞　夏
一本正经的人··············俞恒康
南瓜缘················朱振国
西餐馆里···············毛志成
昨天的梦···············倪树根
十五名凶手的奇才······[美]本·黑提著　夏嘉杰译

报告文学
飞旋的彩碟···············哈　米

武林文苑
浸谈郁达夫与王映霞的婚变········孙百刚
一个未被遗忘的作家
——施蛰存的意象抒情诗和心理小说····张又君
"一梦西湖一见君"
——纪念诗人黄仲逝世二百周年······黄葆树

西子艺林
塑造武松的艺术大师···········王筱堂
影片《五卅沪潮》与杭州·········汤笔花

西湖诗船
我不再年轻···············陆　野
苏醒·················冯增荣
西湖的美···············苗得雨
断桥情愫（外一首）···········吴明火
晚风在吹（外一首）···········方竟成

苏堤·················赵晓义

青春诗页
小星照着我（外一首）··········歆　菊
我的塑像···············盛子潮
生活不是迪斯科（外一首）········周　导

乡土风情
风筝（散文）··············林炎光
诗人笔下的古西湖············戴　盟
港（风土小品）·············孙旭升
旗枪茶的来历（风物传说）········朱晓晔
奉化惠政大桥··············阮建国

关于进一步提高短篇小说质量的讨论
当前短篇小说创作问题管窥········张德林
短篇小说为何锐势减缓··········艾　斐
为何出现相对滞留·········尤　渊　致　盛
思想光采与社会反响···········区　英

美术
小瀛洲（摄影）·············谭铁民
天葩奇芬（国画）·······洪世清画　沙孟海题
诗人黄仲则生物遗像······石迅生绘　陈从周题
《城南旧事》小演员沈洁·········沈治昌摄

1983 年第 6 期　刊名：《西湖》
目录

小说
二娘啊、二娘··············张　丹
豆腐西施和我··············丁晓禾
小油条与真由美············罗欣荣
鹧鸪溪················谢鲁渤
初次见面···············孙观懋
灯盏·················潘庆平
骑士·················史益华

传记文学
"大堰河"的儿子·········杨匡汉　杨匡满

武林文苑
老画家胡亚光（艺林人物）········小　菊
苏曼殊二三事（西湖文人）········伏　琛
谁说"西湖女儿乡"（西湖文迹）······戴　盟
"南社"与"西湖"···········郑逸梅
发生在艾青母校的一段往事········魏　桥
夏风和《孩子们》············晓　田

柯灵助人（文坛轶事）⋯⋯⋯⋯⋯⋯⋯⋯陈家骅

散文诗专页
天鹅（外一章）⋯⋯⋯⋯⋯⋯⋯⋯⋯⋯薛　菲
鲜花和苔藓⋯⋯⋯⋯⋯⋯⋯⋯⋯⋯⋯⋯管用和
心的坦露（外一章）⋯⋯⋯⋯⋯⋯⋯⋯王敦贤
山村的笑容（两章）⋯⋯⋯卢曙火　卢世芳
岛⋯⋯⋯⋯⋯⋯⋯⋯⋯⋯⋯⋯⋯⋯⋯⋯阎受鹏
梦江南（两章）⋯⋯⋯⋯⋯⋯⋯⋯⋯⋯徐明旭
除夕（外一章）⋯⋯⋯⋯⋯⋯⋯⋯⋯⋯旭　宇
红豆小集（四首）⋯⋯蒲祖煦　埔萍　赵伟平
隋梅⋯⋯⋯⋯⋯⋯⋯⋯⋯⋯⋯⋯⋯⋯⋯许　杰
锦言六则⋯⋯⋯⋯⋯⋯⋯⋯⋯⋯⋯⋯⋯王曙光

乡土风情
散文
葱姜伯⋯⋯⋯⋯⋯⋯⋯⋯⋯⋯⋯⋯⋯⋯乐维华
青藤⋯⋯⋯⋯⋯⋯⋯⋯⋯⋯⋯⋯⋯⋯⋯应梅堂
奇峰拔地起方岩⋯⋯⋯⋯⋯⋯⋯⋯⋯⋯乌鹏廷
"红顶商人"胡雪岩⋯⋯⋯⋯⋯⋯⋯⋯戴荣芳

风物传说
南海观音与东海水蛇⋯⋯⋯⋯⋯⋯⋯⋯叶文艺
"曹娥碑"的故事⋯⋯⋯⋯⋯⋯⋯⋯⋯蒋百灿
褴褛者的塑像（友好往来）⋯⋯⋯⋯⋯何振淦

关于进一步提高短篇小说质量的讨论
磨出自己的"镜片"⋯⋯⋯⋯⋯⋯⋯⋯叶文玲
时代与永恒⋯⋯⋯⋯⋯⋯⋯⋯⋯⋯⋯⋯谢望新
深些，再深些⋯⋯⋯⋯⋯⋯⋯⋯⋯⋯⋯周善贤
严冬过尽绽春蕾
　　——读诗集《泪水孕育的歌》⋯⋯余　蒉
尤三姐的锋芒（湖畔潭红）⋯⋯⋯⋯⋯邓云乡
炼词更需炼意（诗文拾萃）⋯⋯⋯⋯⋯方　牧
罗洪及其《春王正月》⋯⋯⋯⋯⋯⋯⋯朱汝曈
民族戏　民族画⋯⋯⋯⋯⋯⋯⋯⋯⋯⋯王运天

美术
岳湖轻舟⋯⋯⋯⋯⋯⋯⋯⋯⋯⋯⋯⋯⋯沈治昌
胡亚光作品选
曲章富戏曲人物画选

1983 年第 7 期　刊名:《西湖》
目录

小说
侏儒和将军的故事（中篇小说）⋯⋯⋯张廷竹
读时似伪　思则存真（新作短评）⋯⋯沈　坚

唉，芙蓉鸟⋯⋯⋯⋯⋯⋯⋯⋯⋯⋯⋯⋯周　策
踏越荆棘⋯⋯⋯⋯⋯⋯⋯⋯⋯⋯⋯⋯⋯谢芬芬
萤火虫花⋯⋯⋯⋯⋯⋯⋯⋯毛履均　周海彦

野玫瑰
奇怪的职业病人⋯⋯⋯⋯⋯⋯⋯⋯⋯⋯赵　践
看戏⋯⋯⋯⋯⋯⋯⋯⋯⋯⋯⋯⋯⋯⋯⋯应世军

小小说
饭间十分钟⋯⋯⋯⋯⋯⋯⋯⋯⋯⋯⋯⋯敏　声
礼物⋯⋯⋯⋯⋯⋯⋯⋯⋯⋯⋯⋯⋯⋯⋯倪国萍

诗歌
远方，飞来了洁白的天鹅（外一首）⋯徐家麟
森林幼儿园（外一首）⋯⋯⋯⋯⋯⋯⋯崔汝先
远山和晨雾（外一首）⋯⋯⋯⋯⋯⋯⋯白煤国
我的外婆——秋瑾烈士⋯⋯⋯⋯⋯⋯⋯王焱华
秋瑾后裔画秋瑾（美术家与美术作品）
　　　　　　　　　　　　姚全心　王运天
映日荷花别样红（西湖文迹）⋯⋯⋯⋯戴　盟

关于进一步提高短篇小说质量的讨论
从"伤痕"走向"神奇的土地"⋯⋯⋯何志云
紧跟生活的脚步⋯⋯⋯⋯⋯⋯⋯⋯⋯⋯林草思
儿童文学需要幻想⋯⋯⋯⋯⋯⋯⋯⋯⋯刘崇善
长期积累　偶然得之（创作规律管窥）⋯沈文元
体情入微　厘毫毕现（诗文拾翠）⋯⋯方　牧

美术
西山初夏（摄影）⋯⋯⋯⋯⋯⋯⋯⋯⋯叶国兴
牧牛图（国画）⋯⋯⋯⋯⋯⋯⋯⋯⋯⋯张　广
渔姑（指画）⋯⋯⋯⋯⋯⋯⋯⋯⋯⋯⋯叶尚青
许德水彩画选（四幅）

1983 年第 8 期　刊名:《西湖》
目录

小说
"威尼斯"牙齿店⋯⋯⋯⋯⋯⋯⋯⋯⋯余　华
自己的季节⋯⋯⋯⋯⋯⋯⋯⋯⋯⋯⋯⋯谢鲁渤
跑道⋯⋯⋯⋯⋯⋯⋯⋯⋯⋯⋯⋯⋯⋯⋯贺益明
和谐的春曲⋯⋯⋯⋯⋯⋯⋯⋯⋯⋯⋯⋯应桂香
小巷拐角的地方⋯⋯⋯⋯⋯⋯⋯⋯⋯⋯克　歧
婆婆和妈妈⋯⋯⋯⋯⋯⋯⋯⋯⋯⋯⋯⋯邹小勾

微型小说
疏忽⋯⋯⋯⋯⋯⋯⋯⋯⋯⋯⋯⋯⋯⋯⋯潘敦年
打针记⋯⋯⋯⋯⋯⋯⋯⋯⋯⋯⋯⋯⋯⋯周建平

报告文学

有这样一位厂长⋯⋯⋯⋯⋯⋯⋯⋯汪逸芳

武林文苑

丁玲在雪峰故乡⋯⋯⋯⋯⋯⋯⋯项冰如
陈建功印象记（作家访问）⋯⋯⋯何志云
日记拾遗（文坛漫忆）⋯⋯⋯⋯赵清阁
徐志摩与陆小曼⋯⋯⋯⋯⋯⋯⋯高建行
高楼疏雨话当年（散文）⋯⋯⋯徐中玉
章克标谈时代公司（文坛轶事）⋯蒋启韶

诗歌

诗不是魔术⋯⋯⋯⋯⋯⋯⋯⋯⋯汪静之
湖畔对话（外一首）⋯⋯⋯⋯⋯田　间
战争年代（二首）⋯⋯⋯⋯⋯⋯高　钫
沉吟小集（四首）
　　　⋯⋯赵午生　蔡秋声　陈秀庭　樊发稼
丘特切夫爱情诗束（六首）⋯⋯飞　白译
诗国的一束紫罗兰⋯⋯⋯⋯⋯⋯飞　白

乡土风情

塔山与怪石角⋯⋯⋯⋯⋯钟伟今搜集整理
佛（乡土小品）⋯⋯⋯⋯⋯⋯⋯孙旭升

关于进一步提高短篇小说质量的讨论

要有"开拓者"的精神⋯⋯⋯⋯曾文渊
林中诗思
　　——与青年诗友谈诗集《密密的小树林》⋯高　钫
千峰拔地玉嶙峋
　　——《武夷山天游胜迹图》欣赏⋯王京盨
林妹妹"粥泡汤"
　　——高鹗琐谈之一⋯⋯⋯⋯邓云乡
读者中来（三则）⋯⋯沙　平　杨曙林　金明辉

美术

岳湖俯瞰（摄影）⋯⋯⋯⋯⋯⋯叶国兴
为贤者寿（国画）⋯⋯⋯⋯⋯⋯叶浅予
纪念冯雪峰同志书画作品选
武夷山天游胜迹图（国画）⋯⋯陆元鼎

1983 年第 9 期　刊名:《西湖》
目录

小说

老人与书⋯⋯⋯⋯⋯⋯⋯⋯⋯⋯陈旭明
梦兮归来⋯⋯⋯⋯⋯⋯⋯⋯⋯⋯田　薇
生活的真谛⋯⋯⋯⋯⋯⋯⋯⋯⋯杜丽蓉
大扫帚扬起烟尘⋯⋯⋯⋯⋯⋯⋯梁之骏

清清的小溪水⋯⋯⋯⋯⋯⋯⋯⋯邵诚民
在鹿场⋯⋯⋯⋯⋯⋯⋯⋯⋯⋯⋯祝金生

野玫瑰

"文豪"著书记⋯⋯⋯⋯⋯⋯⋯俞欢欢
垫床脚的乌龟⋯⋯⋯⋯⋯⋯⋯⋯任一舟
弄潮女⋯⋯⋯⋯⋯⋯⋯⋯⋯⋯⋯江　南

诗歌

诗从远方来
南国小夜曲（二首）⋯⋯⋯⋯⋯柯　原
吐鲁番之夏⋯⋯⋯⋯⋯⋯⋯⋯⋯胡　笳
夜半钟声⋯⋯⋯⋯⋯⋯⋯⋯⋯⋯董培伦
对生树⋯⋯⋯⋯⋯⋯⋯⋯⋯⋯⋯陈达光
高楼，崛起的雕像⋯⋯⋯⋯⋯⋯洪加祥
战士的恋曲（二首）⋯⋯⋯嵇亦工　田永昌
夏夜的风（外一首）⋯⋯⋯⋯⋯武兆强
莫干山杂咏（三首）⋯⋯⋯⋯⋯孔　柔
白蝴蝶（外一首）⋯⋯⋯⋯⋯⋯奕　林

武林文苑

日记拾遗（二）⋯⋯⋯⋯⋯⋯⋯赵清阁
丰子恺与朱自清⋯⋯⋯⋯⋯⋯⋯丰华瞻
史量才被暗杀实录⋯⋯⋯⋯⋯⋯施若霖
西湖风月好（李叔同与西湖）⋯余凤高

传记文学

蒋介石在大陆的最后日子⋯⋯泰　栋　李　政

乡土风情

秀湖心影（湖畔搭英）⋯⋯⋯⋯陈　肃
清清春江水（散文）⋯⋯⋯⋯⋯郑荣华
万字扇（西子艺坛）⋯⋯⋯⋯⋯朱国才
岳飞的诗和砚铭⋯⋯⋯⋯⋯⋯⋯戴　盟
和合二仙（风物传说）⋯⋯⋯⋯周荣初

关于进一步提高短篇小说质量的讨论

也议短篇小说⋯⋯⋯⋯⋯⋯⋯⋯张　炯
平庸与精品⋯⋯⋯⋯⋯⋯⋯⋯⋯丹　晨
谈艺术直觉（艺术规律管窥）⋯王元骧
诗人刘延陵⋯⋯⋯⋯⋯⋯⋯⋯⋯徐重庆

鲁迅研究

寻常事中见衷肠⋯⋯⋯⋯⋯⋯⋯孙　勃
探索《药》的生活与艺术启因⋯艾　斐

美术

平湖秋月（摄影）⋯⋯⋯⋯⋯⋯张克庆
沧江暑夜图（国画）⋯⋯⋯⋯⋯吴山明

域外传经仰使君 .... 杨芳菲
（春）（国画） .... 方思聪

1983 年第 10 期　刊名:《西湖》
目录

小说
大象出没的山野 .... 吴慧泉

女作者小辑
危险，还没有过去 .... 钱国丹
附：读稿手记 .... 乔　水
天高任鸟飞 .... 盛　林
附：读稿手记 .... 姜青青
童心 .... 艾　茵
新嫂嫂的眼泪 .... 张廷竹
"刘军师"失算 .... 徐振武

诗歌
采风录
致黄山挑夫（外一首） .... 赵焕明
黄山 .... 崔汝先
微笑的灵芝（外一首） .... 张　新
黄山雾 .... 吴明火
买毛峰的小丫 .... 吴育华
写在天都峰石级上 .... 蒋荫炎
呵！清幽幽的小竹房 .... 阙维杭
排岭（外一首） .... 倪集叙
千岛湖 .... 高　钫
今天是我的生日 .... 左亚琳

武林文苑
日记拾遗（连载之三） .... 赵清阁

传记文学
蒋介石在大陆的最后日子（连载之二）
.... 泰　栋　李　政

评论
大胆运用巧合 .... 钟本康
"曲高和众"
——丰子恺散文管见 .... 陈　星

文海一勺
"让一步法"之妙 .... 贺光鑫
说"心记" .... 姚兆义
"诗有别趣"说 .... 王英志
罗裙芳草的联想（诗文拾萃） .... 方　牧

雨尼和他的《白夜》（文学家缀录）
.... 徐蔚蔚　洪　流
查抄宁国府
——高鹗琐谈之二（湖畔谭红） .... 邓云乡
落花无言　人淡如菊
——谈顾炳鑫的《李清照造象》 .... 王京甫

美术
岳坟（摄影） .... 沈治昌
金果满水乡（国画） .... 李震坚
待（国画） .... 刘国辉
李清照造象（国画） .... 顾炳鑫

1983 年第 11 期　刊名:《西湖》
目录

小说
也是一个中年 .... 叶九如
爱的羁绊 .... 钱国丹
升天前夕 .... 朱华山
骑大狗的女孩 .... 张　蓡
飞来的彩电 .... 章　轲　章伟文

野玫瑰
"新秀" .... 姚易非
拧 .... 陈昕云

诗歌
深巷（长诗） .... 林　希
节日，走向大街 .... 何昌正
我是船 .... 徐　刚
山城新街 .... 叶兆雄
我是中国 .... 龚应恬
我自豪，我制造婴儿车 .... 李启标
唱给女儿的歌 .... 陈　军

武林文苑
灵隐寻胜（记陈学昭同志） .... 丹　晨
日记拾遗（连载之四） .... 赵清阁

散文
木屐梦 .... 史济豪　何悦人
一幅照片引起的谈话 .... 丘　山
西传皋羽伤心处 .... 项冰如

西子艺林
谒王羲之墓 .... 刘　润
李可染苦学于西湖艺专 .... 张石邻

传记文学
蒋介石在大陆的最后日子（连载之三）
——————————泰 栋 李 政

乡土风情
西湖佳趣满吴洲——————————莫 高
西冷桥畔落花深——————————戴 盟
"飞"起来的石梁——————————李秀泉
多桥之城——————————————丁新民

关于进一步提高短篇小说质量的讨论
多一点时代精神吧————————刘锡诚
茅盾的一首《一剪梅》词—————怀 安
《阿Q正传》的催生者
——孙伏园—————————王德林 裴士雄
作家的雅量与作品的艺术生命———谢广田
"意象"谈片（文海一勺）————陈世明
细节与艺术概括（诗文拾萃）———方 牧
郁达夫与王映霞的两方印章———徐重庆 董惠祥

美术
湖滨金枫（摄影）————————叶国兴
归牧————————————————陈野林
威震大千（国画）————————彭友善
王映霞印章释文题记———————钱君匋

1983 年第 12 期　刊名:《西湖》
目录

小说
华表————————————————黄仁柯
节外生枝————————————————钱国丹
附：读稿手记——————————乔 水
老人与轻骑————————————陈玉田
井台记事————————————————蔚 然
无情胜有情————————————周天步
温暖的灯光————————————青 禾
晶亮晶亮的小星星———[法]都 德著 唐若水译

散文
崂山书简————————————冠 西
附《记者日记》后记
路（乡土小品）————————孙旭升

报告文学
自古英雄出少年—————————金 烽

传记文学
蒋介石在大陆的最后日子（连载四）
——————————泰 栋 李 政

西湖诗船
补帆的母亲————————————吴 晓
石林的启迪————————————谢其规
大海风采（二首）————————方 牧
迷路的朝圣者———————————张德强
应修人烈士赞———————————汪静之
诗的花絮————————————————许国华等

评论
不可推诿的职责（文艺短论）———鲁 平
时代·性格·命运—————————钟本康
《大象出没的山野》的某种启示——李庆西
艺术的材质是情感（创作规律管窥）—林建法
何谓"虾须镯"（湖畔谭红）———邓云乡
游戏笔墨寓讽刺（诗文拾萃）———方 牧

美术
宝俶雪霁（摄影）————————郑从礼
宣大庆国画作品选
郁达夫的杭州故居
——风雨茅庐——————————徐涌星
玻璃画五幅————————————唐雪根

1984 年第 1 期　刊名:《西湖》
目录

小说
冲出螺旋————————————杨建成
乔迁之忧————————————王 毅
透明的月色————————————胡尹强
绿的笑————————————————任大霖
好一条北方大汉—————————毛志成
一个扮演男孩的女演员
——————[苏]尤里·雅可列夫著 邱国倩译

报告文学
画魂————————————————杨芳菲

诗歌
杭州抒情（二首）————————黄河浪
诗五首—黄亚洲 嵇亦工 张德强 魏德平 崔汝先

散文
今昔沧桑话定海—————————方 牧

武林文苑

"工作着是美丽的"

——陈学昭文学生涯六十年————费淑芬

郭沫若的《西湖纪游》诗————乐 齐

明清两代的西湖诗社————顾志兴

西湖阮公墩垂钓记趣（湖光山色）————汪赞源

西子艺林

"次人言贝"（丰子恺轶事）————瑜 苏

曼殊的画————伏 琛

读书与创作的辩证法（创作余墨）————白晖华

新作评析

在生活的"螺旋"中塑造新人————龙 渊

天涯何处无芳草————盛海耕

小憩（油画）————潘鸿海

山水（国画）————郑午昌

渔火·青雨与金桂

——施蛰存与西湖————余凤高

想起萧也牧（文坛漫忆）————周艾文

锦山乡水

半石浮鼋波影白

——澄江亭小记————项冰如

评论

开创文艺评论的新局面————丘 岳

立意好更须开掘深（新作评析）

——读《逝去的，现在的与将来的》————陈文锦

文海一勺

"神"何以"传"之?————赵振汉

文学中的哭和笑————周善贤

美术

喜雪（油画）————潘鸿海

春江之晨（油画）————肖 峰

1984 年第 2 期 　刊名:《西湖》
目录

小说

逝去的，现在的与将来的————胡尹强

答辩————杨顺安

广告楼轶事————汪逸芳

荷湖庄的"爆炸性"新闻————吴幼放

秋水流过清和桥————许胤丰

微型小说

照片————张尔和

十二根火柴梗————龚泽华

诗歌

在西湖不远的地方————木 斧

生命在绿涛中涌动（外一首）————子 页

炮弹壳，插着血红的玫瑰————薛锡祥

小站牌楼————何龙达

病中————李肖波

西湖之春————圣 野

行进在环城线————许国华

压路机（外一首）————集 叙

散文

故乡行————崔汝先

武林文苑

魏金枝与杭州————魏德平 杨敏生

1984 年第 3 期 　刊名:《西湖》
目录

传记文学

姚水娟

——著名越剧表演家姚水娟的艺术生涯

————公 羊 友 成 穆子玉

特写

硝烟中的爱————络 基

小说

闯漩涡————龚泽华

发生在桥镇的故事————周岩方

她一夜间衰老了十岁————董炳新

"堂从囡"相亲————赵和松

若有所失————张盛粟

汉德逊布朗的假日

————[美]厄斯金·考德威尔著 文 思译

女作者专页

女作者诗页————冷绿 奕 林 卢杭平

郁 蕾 雪里青 潘云华 白 虹

第三杯酒————杜丽蓉

鸟忆高飞意不同————方凌燕

献给三月八日的歌（诗四首）

————宫 辉 何昌正 管思耿

武林文苑
茅盾与《笔谈》 ················· 钟桂松
一位民族战争中的殉难者
——陆蠡和他的作品 ················· 熊　融

散文
灵隐寻灵记 ················· 孙月沐

锦山绣水
"流丹谷觅胜" ················· 赵振汉
西湖的涧 ················· 孙旭升
珠帘横飞春江雨（锦山绣水） ················· 犁　云
张大千与黄元秀（西子艺林） ················· 顾仰之

评论
从性格内涵的开掘中反映社会变革 ················· 钟本康
某些写"婚外恋"的作品的失误 ················· 汝　瞳
关于诗的形式（创作余墨） ················· 雁　翼
"真作品"与"假铜臭" ················· 艾友弼

美术
恬静（油画） ················· 潘鸿梅
钓台春浓（国画） ················· 包辰初
普陀秋涛（国画） ················· 孔仲起

1984 年第 4 期　刊名:《西湖》
目录

中篇小说
他不再回过头去 ················· 苏　雷

人物特写
施鸿鄂和他的保加利亚老师 ················· 江跃春

传记文学
姚水娟
——著名越剧表演家姚水娟的艺术生涯
　　　　　公　羊　友　成　穆子玉

短篇小说
记者，请听我说 ················· 徐海滨
兰兰啊 ················· 王洪震　周沛生
在"116—121"病房里 ················· 朱振国
坡 ················· 叶赛英
金黄的谷子 ················· 倪国萍

小小说
门 ················· 蒲祖煦

晕船 ················· 蔡未名
砝码　砝码 ················· 曹志天

诗歌
蓝色的周末（外一首） ················· 柯　平
波光集 ················· 江鹰岩　赵大昕　高洪波
吴浙亚　毛建一　袁永庆

散文
杭州，一张快乐的脸 ················· 张小玲

湖光山色
西子湖上的浆声柔 ················· 邓云乡
南北湖之行 ················· 陈洁行
水送山迎入富春（锦山绣水） ················· 项冰如

文艺武林
艺术·神交·知音
——俞平伯与丰子恺 ················· 陈　星

评论
还是要自觉改造世界观 ················· 林草思
跳出"自我的牢笼" ················· 谢广田
藏山阁的联想（西湖拾美） ················· 沈文元
"华表"巍峨矗心田（新作评析） ················· 林为进

美术
春茶（油画） ················· 潘鸿海
钓台秋涛（国画） ················· 包辰初
普陀秋涛（国画） ················· 孔仲起
清人黄小仲的书法 ················· 柳曾符
在"祖国的土地上"征文启事

1984 年第 5 期　刊名:《西湖》
目录

小说
飞的前夜 ················· 宫世经
天生副职 ················· 沈　浩
庭院里的欢乐 ················· 张建洲
赛马场上的冷美人 ················· 陆　野
标新立异 ················· 黄仁柯

报告文学
音乐轻骑队 ················· 李瑶音

传记文学
姚水娟

——著名越剧表演家姚水娟的艺术生涯

　　　　　　　　　　公　羊　友　成　穆子玉

诗歌

护士日记（组诗）………………………王定珠
创业者诗页（六首）………金佩鸣　施　翔　钟光明
黄亚洲　徐家麟　肖　波　王　辉

文艺苑林

西子湖畔一红梅
——访老作家陈学昭…………………严麟书
黄源扶植文学新人………………………陈家骅

散文

抚今钓遗涛声中
——浙东著名渔港石浦散记……………张　潇
应云卫与杜冶秋（西子艺林）…………秦瘦鸥

锦山绣水

清风千古传诗话…………………………冰　如
丰子恺台湾之行略记……………………陈　星
井（风土小说）…………………………孙旭升
对《茅盾与〈笔谈〉》的一点辩正………善　文

评论

文化教养与人物个性……………………唐再兴
提倡"真切的批评"………………………黄毓璜

新作评析

写出有个性的共产党员形象
——读短篇小说《天生副职》…………高松年
心底的诗　心底的歌……………………华　文
愿人人都是拓荒者（读稿手记）………方　竹

美术

晨露（油画）……………………………潘鸿海
初春时节（国画）………………………吴永良
塘南五月树树金（国画）………………柳　村
黄山速写（三幅）………………………黄　峰

1984 年第 6 期　刊名:《西湖》

目录

献给"六一"儿童节
散文诗

东方儿童的梦（三章）…………………班　马
天真的追忆（三章）……………………崔汝先

散文

远去的小鸟………………………………梁庆通

小说

海边………………………………………胡　正
四个孩子和一个孩子……………………绍　六

童话

老鼠变猫的故事…………………………倪树根

诗歌

唱给孩子的歌（五首）
　　　　冯幽君　蒋应武　楼飞甫　张向阳
湖边的小花（八首）………江　南　潘　晴　何　溶

评论

儿童与幻想………………………………刘东远

中篇小说

兰洞………………………………………毛志成

短篇小说

沉吟的码头………………………………谢鲁渤
蕾…………………………………………何志云
她希望他能追来…………………………樊禹雄
老子·儿子与咖啡的故事………………王意如
哑巴刀王…………………………………张国南

西子艺林

"善福庵"小记……………………………张石邻

传记文学

姚水娟
——著名越剧表演家姚水娟的艺术生涯
　　　　　　　　　公　羊　友　成　穆子玉

评论

他正在走向成熟
——评陈旭明的报告文学创作……………狄　海
从生活出发，揭示新的矛盾
——读中篇小说《兰洞》…………………沈文元
从鲁迅创作中的两件憾事谈起…………丘　峰
"多口人"的启示…………………………贺光鑫
彩绘的诗抒情的歌
——读包新生的水彩画（美术家与美术作品）
　　　　　　　　　　　　　　　　黄　可

美术

吴永良描墨人物画

水彩两幅 ································ 包新生
花与诗（油画） ······················ 潘鸿海
墨竹（两幅） ················· 张岳健　张亚冰

1984 年第 7 期　刊名：《西湖》
目录

在祖国的土地上征文选刊
扇子王国刮起的旋风（杭州特写） ········ 桑如海
西湖作家之页
姐妹树 ······························ 李杭育
漫话"葛川江"（创作余墨） ············ 李杭育
他找到了自己的文学位置
——读李杭育有关"葛川江"的小说 ····· 钟本康

小说
流水账 ····························· 雨　来
茶亭 ······················· 王金洲　张永德
婚礼（畲族风情小说） ················ 贾　剑
他没有爽约 ························· 陈炳熙
晚来的风 ··························· 夏　真

散文
静静的五云山 ······················· 刘钦明
孤岛猿影 ··························· 刘先平

传记文学
音乐之路
——丁善德的音乐生活 ········· 茅于润　卢　红

诗歌
人生之旅（五首） ········· 武兆强　叶延滨　唐　湜
吴明火　陆小芹
悠远的情思（五首） ······· 陈广斌　孙建明　李昆纯
李曙白　龙彼德　丁　芒

武林文苑
郁达夫与杭州作者协会 ················ 岑　萍
忆诗人王亚平与方殷 ················· 炼　虹

文人与杭州
郑板桥与杭州二三事 ················· 戴　盟

文苑拾零
龚自珍侠词一首 ····················· 李华英

新作评析
闯出漩涡的人——评短篇小说《闯漩涡》 ····· 念　依

文海一勺
白描和艺术的"蓄势" ················ 赵振汉

美术
绣春（油画） ······················ 潘鸿海
白凡指墨画（选自四明山花）
版画二幅 ··················· 延　军　华逸龙
雄秀苍郁（国画） ··················· 夏　峰

1984 年第 8 期　刊名：《西湖》
目录

建国三十五周年征文
万向节厂五日记（杭州特写） ········ 魏德平　冯　杨

小说
最后的一夜 ························· 丁晓禾
绛紫色的羽绒衫 ····················· 丁汝芹

传记文学
音乐之路
——丁善德的音乐生活 ········· 茅于润　卢　红
碧红香凉
——扩建中的"曲院风荷"（西湖新景） ······ 乌鹏廷

小说
永远的微笑 ························· 乐渭琦
流水账 ····························· 雨　来
诱人的"EPT" ····················· 叶九如
会见诗人 ··························· 澧　思

作家剪影
他，三次获奖
——访鄂温克族青年作家乌热尔图 ········ 王肇岐
闪光的足迹
——葛琴同志在龙泉 ··········· 管日高　李　中

报告文学
他沉浸在力的艺术中
——记版画家赵宗藻 ··········· 吴刚戟　江山娇

诗歌
兵的宣言（四首） ········· 稽亦工　宫　辉　张　宏
四明山风情（六首） ······· 张　新　王定珠　赵焕明
楼　冰　崔汝先　高　钫

评论
人物的性格逻辑与作家的审美评价 ········· 张德林

新作评析
耐人寻味的问题
——读《最后的一夜》································伊建新
美在她心中闪光
——读《绛紫色的羽绒衫》··················胡　晶
唤回失落的纯真
——读《兰兰啊……》··························田秉锷

美术
毕竟西湖六月中（油画）····················潘鸿海
赵宗藻木刻作品选（四幅）

1984 年第 9 期　刊名：《西湖》
目录

中篇小说
扑朔迷离的画································应梅堂

报告文学
半山的陆文婷································重炳新

传记文学
音乐之路
——丁善德的音乐生活···茅于润　家　圭　卢　红

小说
生活的灵感································万　刚
大幕拉不开的时刻···························汪卫兴
问候································吴广宏

诗歌
群岛（四首）································孙武军
无轨电车上的小插曲···························楼　冰
我属于脚下这片土地···························左亚琳
古运河畔（散文诗）···························叶　坪
池塘································潘志光

西子之林
患难夫妻——老舍与胡絜青···················张又君
熊猫画家································刘　润
周沧米的山水画···························方　非

中日友好之页
日本青年的节日···························逸　平
香山乐府的吾师
——中日文化交流佳话···················戴　盟

文史点滴
丰子恺谈《漫画〈阿 Q 正传〉》创作细节的一封信
································陈梦熊

评论
文学创作中的爱国主义旋律····················唐再兴
素材的获得与生活的积累（创作余墨）
——从《侏儒和将军的故事》谈起············张廷竹
青青小草（新作评析）
——读报告文学《半山的陆文婷》············任鲁江

美术
梅花香自苦寒来
——读张锦标熊猫图有感···················钱君匋
大姥之巅（国画）···························周沧米
湖心相应（油画）···························潘鸿海
回忆（摄影）································大　灵

1984 年第 10 期　刊名：《西湖》
目录

西湖作家之页
在祖国的土地上
蛇医（中篇小说）···························徐孝鱼
徐考鱼小说创作初论（评论）··················李庆西
工程师与盗墓人（创作余墨）··················徐孝鱼
徐孝鱼简介································西　品

传奇连载
海上行动
——原国民党伞兵三团起义记实
································泰　栋　阿　伦　周　承

传记文学
音乐之路
——丁善德的音乐生活···茅于润　家　圭　卢　红

散文
西湖春更浓································乌鹏廷

诗歌
林海花束································柴德森
带着声响的立体新闻···························程蔚东

短篇小说
杏花村的姑娘们···························李中萱
北仑港小夜曲（诗体小说）··················蒲祖煦

翻译小说

犬笛……………………[日]西村寿行著　陈　浩译
祝贺《西湖》创刊十周年
　　……………………陈学昭　雁　翼　张抗抗等

散文

旅杭话今昔………………………………赵清阁
餐桌上的美工师……………叶文艺　沈胜良
桂行速写…………………………………蒋　风
漫步西湖（诗三首）………辛　笛　海　港　张　新

外国诗人写西湖

杭州，湖边的小天堂
　　………………[扎伊尔]艾莱贝·黎桑贝　金志平译

速写

默默的起飞——访萧山无线电厂………荔　梨

美术

祝贺《西湖》创刊十周年（书画选刊）
　　………………………………茅以升　铁　瑛等
金秋（油画）……………………………潘鸿海

1984 年第 11 期　刊名：《西湖》
目录

中篇小说

铁腕……………………………………张　定

短篇小说

凯旋……………………………………王　毅
三条光棍汉子………………王洪震　周沛生
病房窗前的美人蕉……………………赵大昕
浪里白条………………………………严浙生
西湖佳话………………………………郑秉谦

翻译小说

犬笛……………………[日]西村寿行著　陈　浩译

报告文学

啊！男子汉
　　——记体操运动员楼云………蒋小隆　陈明磊

传奇连载

海上行动
　　——原国民党伞兵三团起义记实
　　………………………………泰　栋　阿　伦　周　承

散文

珠海特区散记…………………………白晖华

诗歌

年轻的庄稼汉（三首）…………………伊　甸
枣雨……………………………………方竟成
伞………………………………………韦　苇
今夜，堤上又亮着灯…………………高　钫

李杭育小说评论小辑（一）

李杭育给我们带来了什么
　　——论"葛川江小说"中的当代意识
"最后一个"的现实意义………………叶金龙
人物处境与个性特征…………………区　英

美术

祝贺《西湖》创刊十周年（书画选刊）
　　………………………唐　云　顾炳鑫　张怀江等
水上人家（姑苏风情组画之一）………潘鸿海

1984 年第 12 期　刊名：《西湖》
目录

小说

六千元……………………………………丰子恺遗著
珍贵的《六千元》遗产…………………丰一吟
渔人之子………………………………张廷竹
春雨……………………………………沈贻炜
乡下女人………………………………赵锐勇

翻译小说

犬笛……………………[日]西村寿行著　陈　浩译

传奇连载

海上行动——原国民党伞兵三团起义记实
　　………………………………泰　栋　阿　伦　周　承

报告文学

花刀变奏曲……………………胡国钧　周岩方

在祖国的土地上

诗歌

赞蛇口…………………………………纪　鹏
葡萄沟…………………………………何昌正
"桃花源"别感…………………………石　英
石林……………………………………石太瑞
白雪……………………………………李苏卿
香妃墓…………………………………洋　雨
桅杆与天线……………………………阙维杭

隔海重来荡小舟 ⋯⋯⋯⋯⋯⋯⋯⋯⋯⋯⋯⋯ 陆　熙
悠悠西湖水　依依西湖情
——《西湖》笔会侧记 ⋯⋯⋯⋯⋯⋯⋯⋯ 立　里
努力繁荣改革时期的小说创作
——《西湖》笔会创作座谈会发言摘要

西湖新景
古刹虎跑泉趣新 ⋯⋯⋯⋯⋯⋯⋯⋯⋯⋯⋯ 陈洁行

李杭育小说评论小辑（二）
历史印记与时代波澜的交织
——略谈李杭育小说的艺术构思 ⋯⋯⋯ 龙　渊
"葛川江"小说的语言特色 ⋯⋯⋯⋯⋯⋯ 美　成

美术
姑苏风情组画之一（油画） ⋯⋯⋯⋯⋯ 潘鸿海
开拓者之歌（诗配画） ⋯⋯⋯ 施怀谷画　董培伦诗
《家》木刻插图选刊（四幅） ⋯⋯⋯⋯⋯ 安　滨

1985 年第 1 期　刊名:《西湖》

目录

电视小说
霍东觉出山（《霍东觉传奇》之一） ⋯⋯ 石　牛

短篇小说
薄技 ⋯⋯⋯⋯⋯⋯⋯⋯⋯⋯⋯⋯⋯⋯⋯ 龚泽华
错位 ⋯⋯⋯⋯⋯⋯⋯⋯⋯⋯⋯ 张　洪　陈　村
两个小保姆 ⋯⋯⋯⋯⋯⋯⋯⋯⋯⋯⋯⋯ 陈焕新

花港新蕾
神枪三爹 ⋯⋯⋯⋯⋯⋯⋯⋯⋯⋯⋯⋯⋯ 刘　明
清新·质朴·浑厚——读《神枪三爹》 ⋯⋯ 吴　山

传奇小说
警卫的觉醒 ⋯⋯⋯⋯⋯⋯⋯⋯⋯ 薛家柱　文　新

连载之页
翻译小说
犬笛 ⋯⋯⋯⋯⋯⋯⋯ ［日］西村寿行著　陈　浩译

传奇连载
海上行动——原国民党伞兵三团起义记实
　　　　　　　　　　泰　栋　阿　伦　周　承

散文
高风亮节天地鉴 ⋯⋯⋯⋯⋯⋯⋯⋯⋯⋯ 赵清阁
花匠（外一篇） ⋯⋯⋯⋯⋯⋯⋯⋯⋯⋯ 王安忆
西湖月（湖光山色） ⋯⋯⋯⋯⋯⋯⋯⋯ 项冰如

伤逝（文坛漫忆）——忆孙用同志 ⋯⋯⋯ 公　盾

诗歌
沿着共和国的轨道（二首） ⋯⋯⋯⋯⋯⋯ 王　辉
海峡抒情曲（二首） ⋯⋯⋯⋯⋯⋯⋯⋯ 于宗信

西湖诗船
苏堤鸟语 ⋯⋯⋯⋯⋯⋯⋯⋯⋯⋯⋯⋯⋯ 子　页
杭州忆游 ⋯⋯⋯⋯⋯⋯⋯⋯⋯⋯⋯⋯⋯ 刘　珉

评论
关于文学欣赏观念（文艺书简） ⋯⋯⋯⋯ 梁晓声

美术
少女像（油画名著） ⋯⋯⋯ ［法］格罗兹画　沈润棠释
葛岭素装（诗情画意） ⋯⋯⋯ 陆放水印木刻　任骁勇诗
远方来客（没画） ⋯⋯⋯⋯⋯⋯⋯⋯⋯ 王德威

1985 年第 2 期　刊名:《西湖》

目录

读几个短篇的联想（评论） ⋯⋯⋯⋯⋯⋯ 唐　挚
中国作家协会文学讲习所短篇小说专辑之一
"山大王"记趣 ⋯⋯⋯⋯⋯⋯⋯⋯⋯⋯⋯ 魏继新
男子汉——一粒子奏鸣曲之二 ⋯⋯⋯⋯⋯ 叶之蓁
一日三餐 ⋯⋯⋯⋯⋯⋯⋯⋯⋯⋯⋯⋯⋯ 简　嘉
火 ⋯⋯⋯⋯⋯⋯⋯⋯⋯⋯⋯⋯⋯⋯⋯ 赵宇共
墨玉手镯 ⋯⋯⋯⋯⋯⋯⋯⋯⋯⋯⋯⋯⋯ 聂振宁
畅销书之谜 ⋯⋯⋯⋯⋯⋯⋯⋯⋯⋯⋯⋯ 蔡测海
紫莲缀成的花篮 ⋯⋯⋯⋯⋯⋯⋯⋯⋯⋯ 陈源斌
湖水是蓝的 ⋯⋯⋯⋯⋯⋯⋯⋯⋯⋯⋯⋯ 黄　尧

连载之页
重振精武会
——《霍东觉传奇》之二（电视小说） ⋯⋯ 石　牛

翻译小说
犬笛 ⋯⋯⋯⋯⋯⋯⋯ ［日］西村寿行著　陈　浩译

传奇连载
海上行动——原国民党伞兵三团起义记实
　　　　　　　　　　泰　栋　阿　伦　周　承

散文
水仙拾趣 ⋯⋯⋯⋯⋯⋯⋯⋯⋯⋯⋯⋯⋯ 张爱平

文艺信息
青年作家与青年评论家探讨文学新课题 ⋯⋯ 周介人

徐孝鱼作品讨论会纪要 ································· 龙 渊

美术

杭州太守（油画）····························· 吴建平
在苏堤，我寻觅……（配诗）················· 沙 南
击角歌商图（国画）····························· 汪观清
《击角歌商图》记······························· 王运天
思（油画）················ 罗马"意大利现代美术馆"藏

1985 年第 3 期　刊名:《西湖》
目录

传记文学

阮玲玉 ·································· 刘幗君

短篇小说

五味子 ································· 夏 真
烟·云 ································· 陆星儿
年轻的爸爸来相会 ····················· 胡 键
在岸上，在江上 ······················· 王旭烽
涡河纤夫 ····························· 缪 士

诗歌

三月风（二首）························· 华 姿
护士日记（二首）······················· 王定珠
蜂蜜 ································· 马瑛瑛
秋游断想（二首）······················· 夏晓茵
英国儿童诗（三首）····················· 小凤译

评论

陈村，走通一条河 ····················· 王安忆

文坛漫忆

三十年代的一位女作家 ················· 徐 逸
殷夫与西寺及其罗曼史 ················· 张 潇

连载之页

犬笛 ················ [日]西村寿行著　陈 浩译

美术

逗引（油画）············ [法]布格罗画　沉 浮译
蚕宝宝（油画）························· 宋贤珍
养蚕女的梦（配诗）····················· 奕 林
三九天（油画）························· 任 敏

1985 年第 4 期　刊名:《西湖》
目录

中国作家协会文学讲习所第八期学员
短篇小说专辑之二

虎骨酒 ································· 聂鑫森
我和他 ································· 张石山
远去的列车 ··························· 姜天民
燃烧 ································· 傅 星
在公园 ································· 储福金
路边的小草 ··························· 尹俊卿
春曲 ································· 薛尔康
掘向相似而色泽斑斓（评论）
——读文讲所部分学员短篇小说专辑········· 华 铭

连载之页

阮玲玉（传记文学）····················· 刘幗君
鸳鸯刀（武侠小说）····················· 金 庸

诗歌

我拧紧表的发条 ······················· 孙跃庆
谷种的梦 ····························· 魏德平

美术

花神（油画）··························· 黄冠余
秋瑾塑像（水印木刻）··················· 陆 放
在秋瑾塑像前（配诗）··················· 子 页
竞赛者（油画）························· 张倍力

1985 年第 5 期　刊名:《西湖》
目录

西湖作家之页

天空和云（短篇一组）··················· 谢鲁渤
雀山风景·形形色色的电话·闹事·我是你的童年
短篇乱谈（创作余墨）··················· 谢鲁渤
谢鲁渤的小说与创作心理（评论）··········· 魏德平
谢鲁渤简介（作家小传）················· 蒲 扬

短篇小说

守车里的决斗 ························· 闻 波
无意插柳 ····························· 倪慧玲
云来山更佳（柳浪雏莺）················· 晓 帆

散文

识黄源 ································· 毛 英
两强相遇（特写）······················· 杨树荫

丰子恺在"一师"（文人与杭州）·············李康贤
郁达夫与赵莲仙（文坛漫忆）·············许凤才

风土小品
吴承恩与杭州玄妙观·············许虔东
鸟·············孙旭升

诗歌
什么是重要的·············柯 平
工地吟（四首）·············集 叙 毛建一
橄榄树·············嵇亦工
普陀山行·············崔汝先
四明湖·············赵焕明

西湖诗船
春天，最先想起的是故乡的西湖·············白煤国
西湖重逢·············赵荷仙

连载之页
阮玲玉（传记文学）·············刘帼君
鸳鸯刀（中篇武侠小说）·············金 庸

美术
装饰画·············浙江人美社供稿
姑苏船谣（小印木刻）·············李学勤
江南春情（配诗）·············张德强
玛丽·波多琴（腊笔画）
·············[法国]雷东画 沈润棠翻译

1985 年第 6 期　刊名:《西湖》
目录

短篇小说
气质·············毛志成
最后一招·············龚泽华
24 小时交响曲·············沈 锋
九龙溪边（柳浪雏莺）·············华 明

中篇小说
平安坊十七号·············赵长天

散文
西湖之夜·············李玲芝
鲁光素描·············徐海滨
"原始人"的情趣·············亨 星

文坛漫忆
"射虎者"子孙的往事·············张石邻

《长城谣》的作曲者刘雪庵·············潘子农

诗歌
爱的光波（八首）·············顾 工 黄东成 沈 健
董培伦 黄淮 陈灿 程蔚东
绿色的篮子和金色的篮子（五首）
·············高洪波 李富祺 李肖波 李曙白 林倩倩

连载之页
阮玲玉（传记文学）·············刘帼君

杂文与随笔
作家与"坐家"·············林草思
闲话"牢骚"·············轶 戈
杜绝"奴才式的破坏"·············谢广田

美术
装饰画·············浙江人美社供稿
姑苏船谣（水印木刻）·············李学勤
江南春情（配诗）·············张德强
玛丽·波多琴（腊笔画）
·············[法国]霍东画 沈润棠释

1985 年第 7 期　刊名:《西湖》
目录

报告文学
公仆·············沈治平
正义奏鸣曲·············何如旦
他借助了一种力量·············陆云松

短篇小说
杀遍西门一条街·············钱玉亮
茶客·············沈老虎
柳阴轶事·············南 翔 严丽霞
幸存者·············孙 颙
南高峰下水乐洞（花港新蕾）·············杜丽蓉
杏河淌水不（柳浪雏莺）·············王 平

诗歌
江南，绿色的旋律
江南（二首）·············李小雨
我在南国听雨·············武兆强
编竹器的老人·············李苏卿
不挂帆的桅杆·············龙彼德

西湖诗船
早春会西子（外一首）·············新 桥

走向湖滨························宫 辉
湖心亭························赵有根
我和你························方竟成
梅雨呵我家乡的雨················朱金晨
云雪集（三首）··················吴明火

散文
锦绣山水
侍王府壁画····················项冰如
葫芦石，色彩斑斓················徐家麟
蜜山石级——千岛湖散记··········郑成义

文坛漫忆
王映霞谈鲁迅给她的诗············丁言昭
难忘的友谊
——丰子恺与内山完造············陈 星

评论
现代小说中的人生感··············郑万隆
游记的文学性··················刘东远
读陈向迅的《家家唱晚》··········成 石

通讯
杭州市文协举行第二次代表大会······西 品

美术
帕尔塞福涅（油画）··············罗赛蒂
啊！南极（诗情画意）····查 立油画 武 林配诗
家家唱晚（国画）················陈向迅

文坛漫忆
徐悲鸿二三事··················潘子农
赤子常怀报国心
——冯雪峰在青少年时期··········叶经韬
智慧果（杭州特写）··············江 舟

诗歌
萦回在机场的思绪（四首）········许国华
墓志铭（外三首）················赵勇鹏
泉边························李发模
仙人椅（外一首）·初夏的印象·····欣 原 吴浙亚

散文诗一束
春天的日历····················李 耕
呼吸························莫 洛
情思缕缕（二章）················顾永棣
旭日下的征帆··················吕人俊

评论
对改革者精神气质的探寻
——读短篇小说《气质》随感········高松年
作协浙江分会召开第三次会员代表大会（通讯）
··························路 建

美术
赛·路波密路斯基王子像（油画）·······[法]格罗兹
西湖明珠（雕塑）··············韦大瑜 龙 翔
飞往樱花国度的"西子姑娘"········杨芳菲
富士山（摄影并诗）··············冠 西

1985 年第 8 期　刊名:《西湖》
目录

浙江中青年作家小说专辑之一
野骆驼························沈贻炜
怪诊························李杭育
平原的风······················曹布拉
庭中一株枣····················沈治平
散血草························谢鲁渤
六小时四十分··················陈旭明
星空························王旭烽
小泥鳅························袁 敏
唉，青年人，青年人，青年人········黄亚洲

散文
在龙井的石级上
——深切怀念李伯钊同志··········陈学昭
碧瑶纪游·················[菲律宾]黄春安

1985 年第 9 期　刊名:《西湖》
目录

浙江中青年作家小说专辑之二
残碑························徐孝鱼
醉汉们的湖泊··················高 锋
梅龙镇三张····················刘烨文
久别重逢······················毛小榕
我们下海去····················陈 锟
两对夫妇······················陈 峻
这里不跳慢华尔兹················张晓明

报告文学
动物雕塑两代情················徐洁人

微型报告文学
"双牛"奔腾兰江畔················肖 月
"千万富翁"的足迹················陆云松

纪念郁达夫逝世四十周年

文坛漫忆

郁达夫悲壮诗史的最后一页 ································ 于　听
忆达夫 ································ 孙席珍
钱潮和郁达夫 ································ 盛巽昌

诗歌

西湖诗船

西湖柳（外一首） ································ 未　来
雨呵，你不要停 ································ 王建新
杭州两题 ································ 金　山
短诗一组 ················ 任　洲　方逢时　顾　艳
湖畔意象（诗情画意） ································ 李曙白

评论

生活与小说（西湖文学讲台） ················ 王安忆

美术

父的归还（油画） ································ 乌·赫玛
柳鹭晨风（国画） ································ 张岳健
新四军卫岗战斗（木刻） ································ 张怀江

1985 年第 10 期　刊名:《西湖》
目录

小说

纯金菩萨 ································ 石　言
相亲 ································ 李玲修
我的大学生妹妹 ································ 刘巽达
从极地上来 ································ 泓　均
绿色的梦?（花港新蕾） ································ 邹小勾
在长眠的尽头（外国小说） ················ 陈浩译

报告文学

满园春色关不住 ································ 汪　涛

散文

曹聚仁与西湖（文坛漫忆） ················ 严麟书
一位身穿洗白了的军装的人
创作的青春在未来
——访女作家李玲修（作家专访） ········ 周延军
云龙镇散记 ················ 蔡尚书　陆文华

诗歌

诗华杭州造福人民

——中东河工地采访小辑
·········· 许国华　张　新　崔汝先　集　叙　吴明火
青年农民进行曲（二首） ················ 赵焕明
题严子陵祠 ································ 黎焕颐
欣赏杂技表演的感应（二首） ················ 田　地

文艺信息

文学期刊版权保护工作座谈会纪要

美术

花房子（油画） ································ 金　冶
巾帼英姿（诗情画意）
············ 董恩红　申正亮摄影　胡丰传配诗
母与子（石版画两幅） ················ 宋雁鸣

1985 年第 11 期　刊名:《西湖》
目录

浙江中青年作家小说专题之三

阴差阳错 ································ 董炳新
海火 ································ 任一舟
"太空服"、旅游鞋 ································ 叶九如
我们彼此不陌生 ································ 蒋焕孙
魂系蕲蛇岭 ································ 龚泽华
青山作碑 ································ 朱振国

散文

江南好，最忆是西湖 ································ 洛　汀
哦，大树（文坛漫忆） ································ 张　潇
香飘满觉陇（湖光山色） ················ 陈国安
天台山拾趣 ································ 丁新民

诗歌
西湖诗船

秋瑾墓前 ································ 陈纪钦
山里人的西湖 ································ 潘志光
飞来峰（外一首） ································ 柯　原

诗海采珠

采购员 ································ 杨宝根
花树下的追忆 ································ 刘希涛
姑娘树 ································ 陈其云
水乡流韵（二首） ································ 阙维杭

连载之页

雷电行动（上） ································ 华力诚
江南魂（一） ················ 徐赋葆　周稼骏

评论

报告文学的若干信息（西湖文学讲台）·········周荣新
人生·时代·心灵——读《末代大学生》·······魏　丁

美术

秋天之落叶（油画）·········弥莱斯作　润　棠译
春江小景（摄影）·······················郑从礼
春江评论（诗）·······················徐冬冬
云雾茶山（国画）·······················李　吉

1985 年第 12 期　刊名:《西湖》

目录

浙江中青年作家小说专辑之四

金色蜻蜓·····················毛履均　周海彦
我们宁溪山区···························郑九蝉
车站·································余　华
阿其·································吕新景

散文

诗人、男人和军人·······················张廷竹
作家，战士，伟大的爱国者
——纪念郁达夫烈士·····················楼适夷

文坛漫忆

丰子恺生前最后一次游小瀛洲···············孙兴初
榴红藤绿映书屋
——方徐渭的青藤书屋···················赵　征
访金庸的故乡···························顾永棣

诗歌

魂系海峡·····························贾丹华
守在你梦的门口——赠友···················陈海婷
喇叭花·····················吴育华　刘　斌
湖之别·······················孙中明
无题·································肖　波
夜光螺，一支不死的歌···················毕　林

连载之页

江南魂（二）·················徐赋葆　周稼骏
雷电行动（下）·······················华力诚

评论

漫话王安忆·····························陈　村
红楼偶语·····························柯　灵

美术

玛利亚（油画）·················[西班牙]苏巴朗

《河北文艺》
（《河北文学》）

【简　介】

　　综合性文学月刊。河北省文学艺术届联合会主办。1976 年 1 月复刊。1981 年由《河北文艺》更名为《河北文学》。其主要刊发小说、诗歌、散文、文学评论等。1979 年第 6 期刊发的《歌德与缺德》，引起文坛对于"歌颂"与"暴露"问题的关注和争议。

期刊号:1976 年第 1 期—1989 年第 12 期

1976 年第 1 期　刊名:《河北文艺》

目录

词二首·······························毛泽东
水调歌头·重上井冈山一九六五年五月
念奴娇·鸟儿问答一九六五年秋

评论

为社会主义新生事物高唱赞歌···············本刊评论员
文艺创作要赶上亿万工农战斗的步伐···········刘永典
虚伪的灵光　投降的哲学
——孔孟之谜与《水浒》···················曾国祥
"潜伏爪牙"与"韬晦"之计···········冯立三　左　宏

小评论

所谓"哥们义气" ⋯⋯⋯⋯⋯⋯⋯⋯⋯⋯ 郑英回

要写反映青少年反腐蚀斗争生活的作品 ⋯⋯ 英凤岐

从"悔恨交加"所想到的

——《杜鹃山》观后 ⋯⋯⋯⋯⋯⋯⋯⋯ 李鲜林

惊雷滚滚 革命向前

——读长篇小说《惊雷》 ⋯⋯⋯⋯⋯⋯ 顾鹤龄

一篇新颖活泼的作品

——评短篇小说《老导演》 ⋯⋯⋯⋯⋯ 赵顺吉

县社工业要为农业服务

——评独幕话剧《我们的责任》

⋯⋯⋯⋯⋯⋯ 枣强县肖张公社贫下中农文艺评论组

诗歌

新生事物赞

课堂 ⋯⋯⋯⋯⋯⋯⋯⋯⋯⋯⋯⋯⋯⋯ 张雨田

社来社去就是好 ⋯⋯⋯⋯⋯⋯⋯⋯⋯⋯ 蔡维才

还是当年红卫兵 ⋯⋯⋯⋯⋯⋯⋯⋯⋯⋯ 刘戎声

草原新牧民 ⋯⋯⋯⋯⋯⋯⋯⋯⋯⋯⋯⋯ 纪 鹏

"鸡司令" ⋯⋯⋯⋯⋯⋯⋯⋯⋯⋯⋯⋯ 柴德森

新民歌（十五首） ⋯⋯⋯ 张书玉 刘戎声等

县委门前的路 ⋯⋯⋯⋯⋯⋯⋯⋯⋯⋯⋯ 彭辛卯

送肥 ⋯⋯⋯⋯⋯⋯⋯⋯⋯⋯⋯⋯⋯⋯⋯ 侯志宏

锤声 ⋯⋯⋯⋯⋯⋯⋯⋯⋯⋯⋯⋯⋯⋯⋯ 贺 莉

"巡诊" ⋯⋯⋯⋯⋯⋯⋯⋯⋯⋯⋯⋯⋯ 孙桂珍

高山新路 ⋯⋯⋯⋯⋯⋯⋯⋯⋯⋯⋯⋯⋯ 张书玉

拖拉机厂短歌（二首） ⋯⋯⋯⋯⋯⋯⋯ 村 野

昔阳永远争上游（歌词） ⋯⋯⋯⋯⋯⋯ 杜志民

小说·散文

滹沱河畔红烂漫

宏伟的心愿（散文） ⋯⋯⋯⋯ 维 新 作 农

崭新的篇章（散文） ⋯⋯⋯⋯ 龚小元 张路棠

嘹亮的战歌（散文） ⋯⋯⋯⋯⋯⋯⋯⋯ 杨久春

闪闪的征程（散文） ⋯⋯⋯⋯⋯⋯⋯⋯ 韩振堂

跃进图（小说） ⋯⋯⋯⋯⋯⋯⋯⋯⋯⋯ 郭 华

为了未来（小说） ⋯⋯⋯⋯⋯⋯⋯⋯⋯ 张绍良

青梅（小说） ⋯⋯⋯⋯⋯⋯⋯⋯⋯⋯⋯ 碧 波

新苗

本份（小说） ⋯⋯⋯⋯⋯⋯⋯⋯⋯⋯⋯ 李同振

深山枫红（小说） ⋯⋯⋯⋯⋯⋯⋯⋯⋯ 李金刚

攀登高峰举红旗（歌曲）

⋯⋯⋯⋯⋯⋯⋯⋯ 石家庄市革命歌曲创作学习班

美术·摄影

万物生长靠太阳（年画） ⋯⋯⋯ 谢志高 胡振宇

首首新歌献给党（年画） ⋯⋯⋯⋯⋯⋯ 韩喜增

心红苗硬（摄影） ⋯⋯⋯⋯⋯⋯⋯⋯⋯ 赵 征

水利工地鏖战急（速写·二幅） ⋯⋯⋯ 郑今东

咱队又添新"铁牛"（剪纸） ⋯⋯⋯⋯⋯ 李传源

1976 年第 2 期　刊名:《河北文艺》

目录

小说·散文

请炮手（小说） ⋯⋯⋯⋯⋯⋯⋯⋯⋯⋯ 群 力

刺破青天（小说） ⋯⋯⋯⋯⋯ 沈 英 左 洁

过"江"之后（小说） ⋯⋯⋯⋯⋯⋯⋯⋯ 孙 耀

大学生的推子（特写） ⋯⋯⋯⋯⋯⋯⋯ 张惠生

冲锋在前（特写） ⋯⋯⋯⋯⋯⋯⋯⋯⋯ 王中和

钢城春雷（散文） ⋯⋯⋯⋯⋯ 王树学 王树义

一张高山心电图

——珠穆朗玛科学考察散记之二 ⋯⋯⋯ 光 群

评论

排击旧事物 扶植新事物

——学习鲁迅关于破旧立新的论述 ⋯⋯⋯⋯ 赵子平

革命样板戏是文艺革命的胜利成果 ⋯⋯⋯ 樊鸣武

踏平万重险 勇攀新高峰

——学习毛主席词《水调歌头·重上井冈山》

⋯⋯⋯⋯⋯⋯⋯⋯⋯⋯⋯⋯⋯⋯⋯⋯ 朱友名

诗中要有风雷声

——学习毛主席词二首 ⋯⋯⋯⋯⋯⋯ 刘 章

响彻云霄的反修战歌

——学习毛主席词《念奴娇·鸟儿问答》⋯⋯ 李培育

无产阶级的凌云壮志

——学习毛主席词《水调歌头·重上井冈山》

⋯⋯⋯⋯⋯⋯⋯⋯⋯⋯⋯⋯ 韩成武 许来渠

坚持业余创作的"星期六义务劳动"

——学习鲁迅为革命写作的斗争精神

⋯⋯⋯⋯⋯⋯⋯⋯⋯⋯⋯⋯ 周溶泉 陈白子

诗歌应是革命的战鼓 ⋯⋯⋯⋯⋯⋯⋯⋯ 王 黎

做工农兵的代言人 ⋯⋯⋯⋯⋯⋯⋯⋯ 伍祖平等

评宋江"放"晁盖 ⋯⋯⋯⋯ 保定第二机床厂工人评论组

学习毛主席的光辉诗篇 为繁荣无产阶级文艺创作攀高峰

——省会召开工农兵诗歌作者学习座谈会（消息）

诗歌

踏遍青山步新图 ⋯⋯⋯⋯⋯⋯⋯⋯⋯⋯ 刘 章

新生事物赞

教育革命谱新章 ⋯⋯⋯⋯⋯⋯⋯⋯⋯⋯ 冯福和

大学毕业又归来 ⋯⋯⋯⋯⋯⋯⋯⋯⋯⋯ 陈德生

为轧路者题照 ⋯⋯⋯⋯⋯⋯⋯⋯⋯⋯⋯ 韩成武

看闺女 ⋯⋯⋯⋯⋯⋯⋯⋯⋯⋯⋯⋯⋯⋯ 申 身

赤脚医生 .... 王新弟
理论辅导员 .... 王奎申
火热的船台（外一首） .... 韦 野
哨所春早（三首） .... 雷抒雁
"穷棒子号"颂 .... 傅志永
殷切的嘱托 .... 郁 葱
普及大寨县诗传单（四首） .... 肖振荣
新民歌（十一首） .... 大 民 宋德生等
春牛图（一诗一画） .... 曹润海 仉凤皋

剧本 演唱
扁担精神代代传（天津时调） .... 王 济
赤脚医生赞歌（歌曲） .... 苏伟光 于 恒

美术
群策群力（年画）
.... 工人周小筠 施大畏 韩 硕 王纯言
接过前辈套马杆（年画） .... 刘永义
夜校新歌（年画） .... 李泽民
山区医院（水粉画） .... 铁 扬
抽空就学（剪纸） .... 磁县文化馆供稿

1976 年第 3 期 刊名:《河北文艺》
目录

坚持文艺革命，反击右倾翻案风 .... 初 澜
资产阶级在哪里进攻，无产阶级就在哪里战斗
——首都革命文艺工作者反击文艺界的右倾翻案风

评论
在激流中勇进
——彩色故事影片《决裂》观后札记 ...... 刘福元
为教育革命唱赞歌
——读一九七五年《河北文艺》的几篇小说
.... 棉 三 师 大
历史的见证 人民的战歌
——读义和团歌谣 .... 潮 晨
钢水稻花谱新歌
——谈新民歌中革命现实主义和革命浪漫主义相结合
的运用 .... 吴士余
短诗也能塑造人物形象
——读《清道工的女儿》 .... 水泵厂 师 大
为革命改好作品 .... 黄占江
文艺创作的重大课题
——由全党动员大办农业所想起的 .... 马竞歌
到火热的战地上采摘诗果 .... 李中贤
石家庄市举行工农兵迎春诗会（简讯） ...... 王 青

诗歌
女作者诗页
风雪激战 .... 田桂芳
女瓦工的话 .... 王 辉
女主任 .... 韩曼茹
水平仪 .... 杨林勃
一个崭新的犁头 .... 孙桂珍
新苗苗壮 .... 姜 敏
边寨与哨所 .... 贺 莉
反击右倾翻案风（五首） .... 肖 军 侯志宏等
开滦歌谣（七首） .... 刘志宏 崔连生等
新民歌（十一首） .... 苟艺元 田占存等
深挖洞进行曲（三首） .... 刘小放 王山槐
山 .... 苗得雨
歌唱沙石峪 .... 洪 源
妇女抗旱队（一诗一画） .... 孙纪才 王学明

小说·散文
师长的女儿（小说） .... 刘新壮
锁龙人（小说） .... 张逢春
革命故事
三八购销站 .... 曹治淮
养猪场上 .... 仝正年
机器迷 .... 刘庆昌
友谊花红（散文） .... 张光喜
雪涛滚滚（散文） .... 力 桦

剧本 演唱
海带搬家（对口快板） .... 许 多

美术
出征（年画） .... 王 镡
上场（年画） .... 南运生 万桂香
夜校喜添理论书（年画） .... 杨作文
支农路上（年画） .... 刘晓鸣
迎春（剪纸） .... 戴锦程

1976 年第 4 期 刊名:《河北文艺》
目录

中共中央关于华国锋同志任中共中央第一副主席、国务院总理的决议
中共中央关于撤销邓小平党内外一切职务的决议
吴德同志在天安门广场广播讲话
天安门广场的反革命政治事件
热烈欢呼毛主席革命路线的伟大胜利（诗二首·速写三幅）
.... 孟 阳 施胜展等

评论

"极左"论者的极右实质·············张 峻
阶级斗争是文艺创作的纲
——批判邓小平生活中没有阶级斗争的谬论··纪 源
"一花独放"论者的用心············曾国祥
贫下中农热爱革命样板戏······刘灭资 何众仁
百花园里花盛开·······宋启明 宋 珩 宋喜良
一花引来万花开·············赵国臣
坚持塑造无产阶级英雄典型 写好主要英雄人物
·················赖应棠
为革命的新文艺抗争
——鲁迅战斗的文学理论和批评实践学习札记
·················金 盾
秤铊的启示··················姬建民
从水昌伯扎针谈起··············宋国德
破除"艺术私有"观念·············王绍瑛
读者来信和意见摘抄
致工农兵读者

诗歌

反击右倾翻案风（八首）·······田 间 刘龙生等
新生事物赞（五首）·······韩静霆 李枕海等
新民歌（十二首）·······张国江 朱中路等
油海浪花（二首）············胡 笳

一诗一画

公社新机手··········丁文河 谷爱萍
三江为我送水来········杨鸿恩 肖 一
把反击右倾翻案风的斗争进行到底（歌曲）
··············韩桐芳 高鲁生

小说·散文

风疾松青（小说）············群 力
岩梅（小说）··············艾 东
红小兵队长（小说）···········张志勇
镰刀歌（小说）·············宁水林
一张答卷（散文）············白光华
方向盘（速写）·············郝 尊
莺歌燕舞又一春（散文）·········韩思俊

美术

隆隆机声谱新曲（年画）·········程谷青
场长，我回来了（年画）·········李红才
渤海之春（国画）··········贾克里 吴守明
深山办电（水彩画）···········郝 华
今天的学校好（剪纸）··········宋 欣

1976 年第 5 期　刊名:《河北文艺》

目录

诗歌

认真学习毛主席《在延安文艺座谈会上的讲话》
歌颂"文化大革命"　反击右倾翻案风
无产阶级"文化大革命"胜利万岁（歌词）···傅新友
五月十六日的早晨············郁 葱
战笔···················赵崇慧
红卫兵赞·················杨恩华
闸····················柴德森
管校代表·················张国江
气象员··················李震川
故事员··················张 诚
赞革命样板戏···············刘学三
红战报··················赵 翔
开门搞科研就是好·············大 民
进攻，战斗的无产阶级
——写在反击右倾翻案风的阵地前沿·····黄东成
新民歌（六首）········傅志永 马秀荣等
"穷棒子"山歌···············田 间
汽笛颂（三首）··············吴长城
无产阶级"文化大革命"颂歌（歌曲）
················石 祥 生 茂

一诗一画

水上书店·············叶晓山 郭明志
钢姑娘··············胡运增 宋丕胜

小说·散文

东风凯歌（小说）·············弓 伟
鹰击长空（小说）·············裴安遥
进军号（小说）··············潘福海
朝霞满天（小说）·············何 中
炮声隆隆（散文）·············洪景森

评论

深刻反映社会主义时期的阶级斗争
——谈短片小说集《风雨战旗红》·······王 凌
努力塑造同走资派斗争的无产阶级英雄形象···咏 新
"文化大革命"的赞歌——读《河北文艺》反映"文
化大革命"的小说·········棉 三 师 大
发誓与翻案················朱荣武
作者谈创作体会（四篇）··········弓 伟等
读者来信

美术

心花怒放（年画）····工人邓开圯 工人林让玉 张 胜

畅评世界风云（年画）················李重新　康纪生
执勤（水粉画）·····························费　正
自力更生奏凯歌（国画）····················尹德丰
女炉长（剪纸）·····························邳秀良

1976 年第 6 期　刊名:《河北文艺》
目录

"文化大革命"永放光芒
——纪念中共中央一九六六年五月十六日（通知）十周年
·······《人民日报》、《红旗》杂志、《解放军报》编辑部

小说·散文
进击者（小说）·····························东　燕
叱诧风云（小说）···························王大华
争夺（小说）·······························张大民
百里煤海卷巨澜（散文）····················郭忠武
钢铁的洪流（散文）·························程建平
"穷棒子"之乡风雷激（散文）······陆占山　赵宗金
大海怒涛（散文）··················刘殿阁　何香久
油厂新貌（散文）···························赵金泉

诗歌
讲坛——革命大批判礼赞····················肖振荣

"文化大革命"赞歌
赞《炮打司令部》··························赵建华
大字报·····································侯志宏
读"文化大革命"的日记······················田桂芳
革委会的牌子·····························王中和
春苗迎着风雨长
六·二六指示放光辉························王奎申
春花迎着风雨绽···························温兰双
山村新盛·································任宝常
春苗要长成大树林·························常　安
儿歌一束（九首）···············巨　浪　张茂叶等
机电手（一诗一画）···············高夫集　尹德年
我爱红袖章（一诗一画）·········王行卿　郑占雄
谁搞复辟打倒谁（歌曲）···········常　志　江玉亭

评论
谣言惑众与复辟狂自戕
——从马之悦造谣说起··················秦航文
学春苗迎着风雨长·························田　宏
"儿童团"斗败了"还乡团"
——看电影《闪闪的红星》有感············马胜平
两坨泥巴打倒了凯洛夫··········王建会　孙琥华
儿童文学的新花

——谈张荣珍的几篇儿童小说··············任玉福
朝霞似锦映新人
——读《朝霞似锦》等几篇小小说··········江向东

小评论
赞扬革命青年的"棱角"
——读《河北文艺》一九七六年第一期三篇小说有感
··················枣强县肖张公社文艺评论组
一个重要的问题
——读短篇小说《最新最美的画》有感·······亚　平
从"风风火火"谈起
——读《新英》有感·····················孙富亮
这才是真正的"点"
——读短篇小说《书记的点》···············裴　焕
喜看莺歌燕舞
——读散文集《情满深山》·······开滦工人文艺评论组
要多为孩子们写些好儿歌
——读《矿山儿歌》·····················许来渠
石家庄隆重举行群众歌咏大会（文讯）

美术·摄影
大风浪里炼红心（年画）·················高而颐
宗文龙　董小明　梁平波
农忙托儿所（年画）·············梁凤端　张素玉
"小铁梅"（摄影）·······················殷占堂
儿歌向着北京唱（年画）·················谷爱萍
新苗（剪纸）·············深泽县美术创作组供稿

1976 年第 7 期　刊名:《河北文艺》
目录

在斗争中建设党
·······《人民日报》、《红旗》杂志、《解放军报》社论

颂歌集
警钟篇·····································逢　阳
心中的红太阳永不落·······················文　兵
西柏坡颂（二首）·························尧山壁
高路入云端·······························江　明
把钢枪握得更紧···························黄桂元
井冈山颂（二首）·························王石祥
草原新歌·······························拉希扎木索
击浪歌·····································岩　岚

风雷篇
暴风雨颂·································刘小放
"文化大革命"烈火红·······················浩　歌
幸福的时刻·······························姜　敏

会场上的暴风 田桂芳
校园路 许来渠
革命派的支柱 王奎申
革命联合学习班 阎宝祥
站岗 邢富山
金葵花（小叙事诗） 彭辛卯
红石风暴（叙事诗） 孙 一

春苗赞
理论大军战犹酣 申 身
战友 郭 俊
飞车送春 王永梓
志花 张苗荣
我的徒弟 孙桂珍
数学系的卷尺 温王林
医疗站的顾问 韩振常
走一辈子"五·七"道 刘其印
赞山区宣传队 李秀林

新民歌
石家庄地区民歌选（十首）
邢台地区民歌选（九首）
沧州地区民歌选（九首）
张家口地区民歌选（八首）
邯郸地区民歌选（十首）
承德地区民歌选（十一首）
保定地区民歌选（九首）
唐山地区民歌选（九首）
廊坊地区民歌选（八首）
衡水地区民歌选（八首）

汽笛声声
油海诗讯（二首） 王洪涛
车间战报 安连城
火红的炉口 杨 畅 刘明堂
哨卡 张春海
加油 王玉芝
非洲归来 杨国满
回采工（一诗一画） 杨青山 郭明志

春满公社
记工册 王玉民
路标 雪 杉
拖拉机赞 殷 飞
修通长衢——跃峰渠工地速写 村 野
石头沟 李震川
苔山姑娘 何 理
送菜歌 韩 放
跟着毛主席去冲锋（一诗一画） 夏全志 宋丕胜

军号长鸣
不灭的灯火 曹增书
巡逻在天安门广场 武兆强
写在炮位上（二首） 侯志宏
雄鹰展翅 周 鹤
边关风雨夜 夏 青
军民合练收放线 田福卿
时刻准备着 王新弟
首都民兵赞（一诗一画） 刘立木 牛 民

歌词小辑
三结合领导班子就是好 高 宏
天安门广场表更雄伟 尤 熹
"文化大革命"就是好 禾 青
纺织工人齐战斗 贾领铎等
太行儿女学大寨 董浩善

葵花向阳
儿歌十二首
公社的后代（三首） 聪 聪
登柏坡岭（水调歌头）） 董良翮
登山海关 李盘文
放声歌唱伟大的党（歌曲） 晨 枫 张俊廷
油田的孩子（二首） 任彦芳 月 朋
写在生产队的墙壁上（散文诗） 张从海
防修篇 刘庆山
鲁迅还在 王俭庭

评论
无产阶级的进军号
——学习毛主席词二首 田 间
暗箭·野草·解剖刀
——学习鲁迅诗论札记 杨志杰
言书革命战歌 粉碎反革命的狂吠 秦航文
战斗不止 歌声不息
——记农民歌手孙景林 贾光奇
新诗的内容和形式要统一
——答读者来信 村 野
新诗话（二则） 刘 章等
关于小叙事诗的创作 魏久环
谈是怎样学习写诗的 董浩善
诗讯（四则）
编后

美术·摄影
要把无产阶级"文化大革命"进行到底（油画）
黄金声 张文新
韶山松柏（年画） 王 信
来到毛主席身边（油画） 胡振宇

广阔天地新诗多（摄影）
能文能武（剪纸）————————————李传源

车轮飞奔————————————李振华　郭明志

演唱

赞春苗（京东大鼓）————————陈小平执笔
英雄红卫兵战旗（歌曲）————清　涌　王　杰

美术

幸福的时刻（油画）——————战士　陈国力　白仁海
社会主义新生事物象绚丽的鲜花开遍祖国大地（宣传
画）————————————费　正　苑诚心
指挥台上新一代（年画）————————苑诚心
一颗枣儿一颗心（年画）————————邵黎阳
阵地（剪纸）——————————战士张光辉

1976 年第 8 期　刊名：《河北文艺》

目录

小说·散文

激流滚滚（小说）————————————魏秋星
铁蒺藜（小说）————————————张锁林
小根的故事（小说）——————————安钟和
鲜红的袖章（小说）——————————赵永霞
新松翠绿（散文）——————————邱士刚等
海燕（散文）————————————刘殿阁
高路入云端（散文）——————————吕振侠

评论

重大课题——————————《迎风击浪》编辑组
塑造敢于反潮流的无产阶级英雄典型————朱友名
英雄人物是在群众斗争中产生的——————刘国栋
翻案不得人心
——读鲁迅小说《风波》有感——————陈　慧
打掉复辟派的"金字招牌"——————程汉杰
阶级斗争永牢记　常备不懈全无敌
——革命现代京剧《审椅子》观后——————申　江
读者来信
我们爱读这样的小说——————————肖广林
工农兵评论文艺刊物好——————————舒　兵
我省举办农业学大寨题材专题文艺调演
积极办好革命故事创作学习班（简讯）

诗歌

灯塔颂
——北戴河抒怀——————刘兰松　孟　阳
公仆赞
——给书记记工（外一篇）——————张从海
厂角草屋————————————高　雨
"不锈钢"—————————————郭　廓
军号长鸣
——高原机场————————————宫　玺
守卫在线路上————————————陈咏慷
护桥民兵————————————阎宝祥
试鞋————————————————刘晓滨
望群山—————————————李　钧
筑粮仓————————————杜志民
新民歌（十首）——————张巧苓　张小田等

一诗一画

亚非叔叔进果园——————宋作人　祝　明

1976 年第 9 期　刊名：《河北文艺》

目录

深入批邓　抗震救灾——————《人民日报》社论

抗震救灾特辑

英雄万千谱新篇
热情歌颂抗震救灾斗争中的英雄人物————本刊评论员
震不垮的革命人（15 篇）
越是艰险越向前（14 篇）
解放军个个像雷锋（14 篇）
赤胆忠心为人民（11 篇）
阶级情谊似海深（11 篇）
颗颗红心向灾区（15 篇）
文学家们要去找他们
——由抗震救灾通讯报道所想到的————金　盾
不倒的红旗（诗报告）——————————尧山壁
唐山在前进——————————————韦　野
帐篷医院————————————阎宝祥
写封信儿寄开滦（外一首）——————刘　章
为灾区群众搭帐篷（外一首）—————申　身
闪光的脚印——————————————禾　青
愿做一支固定架——————————初　萌
寄语胜震——————————————彭　龄
老大娘的心声——————————肖振荣
震区批判栏——————————胡国良　郭　俊
新民歌（九首）——————————李如会　霍光祥

"文化大革命"赞歌

信—————————————————董浩善
春风吹进柳林寨—————————彭辛卯
长征歌——————————————傅志峰
车间理论小组————————————贾光奇
柳树下——————————————李枕海

燕岭风云（长篇小说选载）————————单学鹏
值班主任（小说）————————————张祝丰
鲁迅先生对文艺嫩苗的爱护与培育
——《鲁迅先生与未名社》之一————李霁野
"朝农"红花处处开（歌曲）——郝金堂 丁梦曾等
秦皇岛外输油忙（年画）————————广廷渤
新花（摄影）————————————————李 辉
团结战斗 人定胜天（宣传画）
————————————河北人民出版社供稿
扎根树下又相逢（套色木刻）————————丁永茂
深入批邓 恢复生产（剪纸）————————李寿峰

1976 年第 10 期 刊名:《河北文艺》
目录

中国共产党中央委员会 中华人民共和国全国人民代
表大会常务委员会
中华人民共和国国务院 中国共产党中央军事委员会
关于建立伟大的领袖和导师毛泽东主席纪念堂的决定
中共中央关于出版《毛泽东选集》和筹备出版《毛泽东
全集》的决定
亿万人民的心愿
———————《人民日报》、《红旗》杂志、《解放军报》社论
继承毛主席的遗志 把无产阶级革命事业进行到底
西柏坡人民永远怀念毛主席————————阎润身
"穷棒子"怀念毛主席————张连瑞 张汝林
红太阳光辉照万代——————李 清 吕振侠
挥泪化宏图————————————————艾 东
毛主席永远活在咱心中————————郅顺义
瞻仰西柏坡（二首）————————————韦 一
站在井冈翠竹下————————————宋家玲
晨读————————————————————张建文
一辈子做毛主席的文艺战士————————张 峻
永远捍卫毛主席的革命文艺路线————肖振荣

纪念鲁迅·学习鲁迅
"他们以自己的沉淀，证明着革命的前行"——黎 文
文学和路线————————————————刘玉凯

散文
气壮山河回天图
——开滦复矿夺煤见闻————————张 峻
志气歌
——来自唐钢的报告——————————孟 敏
电流源源通四方
——唐山发电厂抗震救灾纪事————吕振侠

诗歌
人定胜天
——抗震救灾豪言壮语选
抗震救灾诗传单（四首）————————田 间
火红的开滦（五首）————————————旭 宇
钢铁的回击（五首）————————————肖振荣
烟囱·高炉（二首）————————————王新弟
写在胜震庄的墙壁上（二首）————————王洪涛
春正深————————————————————周凤阶
毛主席著作社员读————————————贾岐峰
红星、葵花和苹果————————————聪 聪

一诗一画
爱民理发店————————张英杰 张 杰
新房盖在咱心坎上————罗庚华 黄耿卓

美术
凯歌壮丽颂英雄（速写六幅）
——唐山抗震前线见闻————————本刊记者
久有凌云志（油画）——董福章 北京师范学院文艺系
莺歌燕舞（年画）——费 正 河北人民出版社图片组
人定胜天（宣传画）——————胡振宇 谢志高
把毛主席开创的无产阶级革命事业进行到底
————————————河北人民出版社供稿
红色江山我们守卫（剪纸）————————赵金鸽

1976 年第 11 期 刊名:《河北文艺》
目录

伟大的领袖和导师毛泽东主席像
华国锋主席像
热烈庆祝华国锋同志任中共中央主席中央军委主席
热烈庆祝粉碎"四人帮"篡党夺权阴谋的伟大胜利
吴德同志在首都庆祝大会上的讲话
伟大的历史性胜利
———————《人民日报》、《红旗》杂志、《解放军报》社论
华国锋同志是我们党当之无愧的领袖
————————————《解放军报》编辑部
欢呼的声浪（诗十七首）————韦 森 周凤阶等
举国上下齐欢腾（速写·三幅）————钟志宏等
普天同庆（散文）————————————陈淀国
万里红旗舞（散文）————————————玉 东
欢呼粉碎"四人帮"（对口词）————————陈子玉

诗歌
红日照海河（三首）————王玉民 村 野等
柏坡明灯照征途（三首）————杨玉辰 田 真等
新民歌（七首）——————————杨 畅 于占民等

誓师会（外一首）························韩振堂
抗震水泥赞····························韦　一
人定胜天····························彭辛卯
长虹赋······························刘　章
歌词二首····························梁上泉
下乡知识青年的歌（四首）·····张占元　张　力等
贫下中农的板凳······················苗得雨
主任的手····························田桂芳
车间党支部··························桑　原

评论

清算"狄克"　扫除"蛀虫"·········崔道怡　吴泰昌
"中国究竟也不是他们的"
——读鲁迅《三月的租界》有感········蔡子谔
"人面东西"现原形
——从鲁迅"三月的租界"谈起········周申明
鲁迅的笔··························朱　墨
革命人民爱唱革命歌···········侯二怀　马文藻
文艺简讯（二则）

散文

这不是泪··························袁厚春
人间奇迹十五夜······················李满天
写在战斗的机场······················张光喜
英雄本色
——丰南县人民抗震记··············张熹贤

小说

渔汛时节··························徐东明
三查轴承··························亚　平

美术·音乐

三首革命歌曲
马克思主义是最明快的哲学（木刻）·······李以泰
大庆原油进榆关（年画）·········贾克里　吴健中
认真读书（摄影）····················李　力
旱区新路（年画）····················田茂怀
根治海河起宏图（剪纸）··············彭爱民

1976年第12期　刊名:《河北文艺》

目录

在伟大的领袖和导师毛泽东主席纪念堂奠基仪式上
华国锋主席的重要讲话
毛主席遗愿化宏图　红心向着华主席
天南海北奏凯歌（新民歌·十三首）
································冯　兴　支俊杰等
永远在毛主席的身边（散文）··········龚柏才

永记毛主席教导（诗）················田　间
岗南湖波（诗）······················田　真
金色的南瓜子（诗）··················韩成武
纪念堂（诗）························张志明
读《毛泽东选集》（诗）··············张振东
紧跟华主席　夺取新胜利··········本刊编辑部

散文

矿山十月··························长　正
大寨红花
为了幸福的明天······················吕振侠
深山脚步声··························韩振堂
战鼓冬冬··························康传熹
油田战歌（大庆之路）················韩思俊

评论

用战斗迎接社会主义文艺的灿烂春天
——学习毛主席关于《创业》的光辉批示······雷业洪
《园丁之歌》是扼杀不了的············成志伟
"四人帮"扼杀《创业》罪责难逃········张辰来
坚决捍卫毛主席开创的革命大业
··················枣强县肖张公社文艺评论组
扼杀《创业》意在复辟················顾鹤龄
江青是扼杀革命文艺的刽子手········赵剑灵　王希文
谁人的"学生"与"战友"？·········刘汉忠　刘海滨
文讯二则·············肃宁文化馆创作组　王　青

诗歌

欢呼吧，祖国！······················旭　宇
塞上喜讯··························郁　葱
夜校新课··························张健文
工地小屋·····················王北荣　王北茂
跃峰渠之歌（三首）··················王玉民
连续作战··························王忠范
战地指挥部··························扈双龙
女锤将····························赵贵忠
荒山涌笑颜··························刘玉和
请看咱的胸怀························郭　颂
明灯······························文　苑
柯棣华大夫··························张庆田
新民歌（三首）······················李　锁等

小说

老兵新歌··························李义春
红丫·····················小　萌　高　山

小小说

火车头····························吴玉华
矿灯······························陈京松
创业斧····························刘晓钟

桥头哨兵…………………………………………冬　原
党课……………………………………………宁水林
闪光的桥标（革命故事）………………………王景林

美术

支农列车到山村（年画）………………………贺　成
彩霞映红花（年画）……………………………董健民
海燕（年画）……………………………………张恩杰
英雄的人民不可战胜（速写·三幅）…………梁　岩
训练间隙（剪纸）………………………………刘振汉

1977 年第 1 期　刊名:《河北文艺》
目录

敬爱的华主席亲临唐山抗震救灾第一线……刘绍宣摄影
乘胜前进……………………………………《人民日报》、
《红旗》杂志、《解放军报》一九七七年元旦社论
热情歌颂华主席　愤怒声讨"四人帮"
颂歌献给华主席（新民歌·十首）
………………………………………刘　放　欣　之等
华主席，唐山人民向您致敬（散文）…………袁厚春
战士心向华主席（散文）……………刘思起　王汉清
华主席登上天安门（诗）………………………聪　聪
华主席的第一锹土（诗）………………………杨玉辰
高原深情（诗）…………………………………张振东
光辉的榜样（诗）………………………………曹增书
土台颂（诗）……………………………………韦　一
铁牛献给华主席（诗）………………江　明　高　宏
华主席挥手百花开（歌词）……………………王　野
矿工信任华主席（歌词）………………………韩长绵
华主席领导着我们党（歌曲）………高　雨　邓保信
反修，还是反党
——评毒草影片《反击》………………………杨志杰

匕首和投枪

打"落水狗"不能心软………………史　航　晓　钟
"水浒气"的投降派形象…………………………斐　音
"连锁反应"透视………………………………何香久
跳梁小丑的嘴脸…………………………………谢卓君
析野心家之"感"………………………………李　剑
江青为何要"充分肯定"宋江?…………………刘福元
词二首……………………………………………陈大远
斥"四人帮"以文窃国的罪行（满江红）
斥江青反动黑诗（蝶恋花）
渔村怒涛（乐亭大鼓）…………………………张建国
除掉"四害"人心大快（对口词）……………田　申

文讯一则

敬爱的周总理，河北人民怀念您

敬爱的周总理，河北人民怀念您（散文）
……………………………………曹继铎　张光喜等
岗南碧水映深情
新春佳节倍思亲
春风暖人心
周总理和"穷棒子"心连心
周总理关怀沙石峪
怀念敬爱的周总理（词·沁园春）……………黄　桦
深深的怀念（诗）………………………………张汝林
望见青松想念您（诗）…………………………景　胜
怀念周总理
——纪念周总理逝世一周年………………………李盘文
周总理，河北人民怀念你（歌曲）…张庆田　赵舜才
一盏油灯（诗）…………………………………魏茂林
歌颂农业学大寨　深揭狠批"四人帮"……本刊评论员
山庄纪事（小说）………………………………康传熹
炉火（小说）……………………………………贾大山
路（小说）………………………………………郭峻岭
姐姐养猪（小说）………………………………刘石刚

大寨红花

麦苗绿透杨家注
——丰南通讯……………………………………刘维仲
寄自肃宁县的一封信……………………………新　学
太行新歌（诗·二首）…………………………浪　波
新路歌（诗）………………………………郭小川遗作
沸腾的春夜（套色木刻）………………………张　庚
唱唱祖国新面貌（剪纸）……………仇凤皋　罗　枫

1977 年第 2 期　刊名:《河北文艺》
目录

敬爱的周总理给石家庄市丝弦剧团的题词

散文·小说

领袖给咱回天力，百里煤海谱新篇（散文）…戈　红
大寨红花
滹沱两岸春潮涌
——正定通讯……………………………………周哲民
大寨红花开满园……………………………………王艳英
川角在前进
——保定通讯……………………………………曹治淮
风展红旗如画
——井陉县水利工地散记………………………志　文
情深如海
——记兄弟省市人民治疗唐山震区伤员的事迹
…………………………………………………纪　文
新春佳节叙深情……………………………………王汉清

龙港新图（小说）——————————————苗迎吉
开工之前（小说）——————————————边玉昆
沸腾的大清河（小说）————————刘洪章 秦天寿
小勇的耳朵（革命故事）————————————新 学

诗歌
各族战士歌颂华主席（六首）————————达旦桑珠等
新民歌（十七首）—————————孟 阳 陈广海等
春光曲—————————————————刘 章
激战前夜———————————————王中和
沸腾的"一窝龙"—————————————彭辛卯
这村的喇叭音真大—————————————李震川
妯娌俩谈客———————————————田 真
工地支委会———————————————郑世芳
铁锤赞——————————————准 星 景 林
我为铁牛染红装—————————————江 明 高 宏
沸腾的钢厂（三首）————————————肖振荣
大庆红旗飘炉台—————————————郭 俊
油海侦察（外一首）————————————周 鹤
三棵幼松————————————————李金明

评论
学习鲁迅，衷心爱戴党的领袖————————杜元明
"四人帮"及其亲信扼杀丝弦戏《打铁》的罪行必须
清算—————————————————陈英杰
旗手·扒手·刽子手———————束方群 江凫生
剥下江青"半个红学家"的画皮
———————————冯其庸 周 雷 胡文彬
文讯一则

美术
抓革命 促生产 把"四人帮"干扰破坏造成的损失
夺回来（宣传画）—————————————胡振宇
大批促大干（剪纸）————————————李传源

1977 年第 3 期　刊名:《河北文艺》
目录

毛主席、华主席、周总理、叶副主席、朱委员长关于
向雷锋同志学习的题词
向雷锋同志学习（《人民日报》、《红旗》杂志、《解
放军报》社论）
八一风暴（革命现代京剧）——————张家口市文化局
创办室 张家口市京剧团《八一风暴》编导组

散文·小说
在华主席到过的地方（散文）————————骆荣顺
清泉映彩（报告文学）——————————薛庚环

铁花（散文）——————————————洪景森
巧手描春（散文）——————————吕桐林 高吉来
社花（小说）——————————————东 燕
新媳妇的"新戏"（小说）—————————张荣珍
杨岭新歌（小说）—————————————张绍良

新苗
火春儿（小说）——————————————铁 凝

评论
为工业学大庆擂鼓助战————————————本刊评论员
八一红旗万代扬
——彻底清算"四人帮"扼杀革命现代京剧《八一风
暴》的罪行————————————张家口市文化局批判组
彻底批判"四人帮"扼杀电影《战洪图》的罪行
—————————————————邸惠连

江青是扼杀革命文艺的刽子手
——无极县部分文艺工作者愤怒声讨"四人帮"

匕首和投枪
"银桃子"和"金棍子"————————————刘玉凯
种瓜得瓜 种豆得豆————————————安 凡
绝妙的自我写照——————————————吴 城
文讯一则

诗歌
董必武诗抄（四首）
雷锋精神永放光芒（四首）—————魏茂林 吴振习等

女作者诗页
车声隆隆————————————————孙桂珍
咱给丰收插上铁翅膀————————————姜 敏
流水线之歌———————————————魏佩娟
山寨步伐————————————————张俊芳
马达在歌唱———————————————田桂芳
选种——————————————————杨林勃
新民歌（七首）—————————陈有才 胡运增等

美术·歌曲
绿遍深山（套色木刻）———————————胡大鹏
又多了仨姐姐（剪纸）———————————宋 欣
大干社会主义最光彩（歌曲）————张晓苍 张保生

1977 年第 4 期　刊名:《河北文艺》
目录

诗歌

手捧五卷唱赞歌（十五首）············ 赵木身　刘　放等
开滦矿工心向华主席
华主席和矿工在一起（三首）················· 刘晓滨
天轮飞转（外二首）························· 蔡　华
壮志歌（三首）··························· 章　云
闪光的道钉（外一首）····················· 董浩善
抢险记（外一首）························· 安连成
春雨（外一首）························· 张志鹏
华北油田抒怀
华北油田抒怀（外二首）··················· 张振东
家（外二首）··························· 周凤阶
井队书记的小闹表（外一首）··············· 韩静霆
油田的篝火··························· 陆士华
新民歌（八首）···················· 李　锁　黄　岩等
王师傅（小叙事诗）····················· 张　诚
红石山新歌··························· 尹世霖

散文·小说

矿山战鼓（报告文学）····················· 洪景森
油城战歌（特写）························· 赵金泉
煤海新曲（特写）························· 郭忠武
仰山的美（散文）························· 苗迎吉
春到沙石峪（散文）············ 李凤芹　岳树林　张汝林
闪亮的火花（散文·五篇）
——记唐山震区伤员在重建家园中的事迹
································ 崔　光　寒　青等
取经（小说）··························· 贾大山
大地回春（小说）························· 李克灵
解放（小说）··························· 潘福海
姐妹车马店（革命故事）··················· 曹治淮

新苗

女铸工（小说）························· 孔祥春

评论

不许"四人帮"歪曲和攻击鲁迅······· 苏庆昌　王惠云
"双百"方针是党的坚定文艺政策······· 劳　洪　吕薇芬
彻底批判所谓"真人真事论"················· 边平枢
砸烂"四人帮"修正主义文艺黑框框··········· 周哲民
这样的相声好（读者来信）············ 丁　镜　先联
彻底批判"帮八股"　认真改进文风（四篇）
································ 肖　杰　栾振卿等

文讯一则

美术·歌曲

引来矿井水　灌溉万顷田（木刻）············· 郭绍敏
油田新兵（剪纸）···················· 磁县文化馆供稿
掀起工业学大庆新高潮（歌曲）·········· 万卯义　王　杰

1977 年第 5 期　刊名:《河北文艺》
目录

伟大的领袖和导师毛泽东主席像
华主席四月二十日给大庆油田的亲笔题词
中共中央关于学习《毛泽东选集》第五卷的决定（一
九七七年四月七日）
毛主席《关于红楼梦研究问题的信》手迹（一九五四
年十月十六日）
掀起学习毛主席著作的新高潮
——热烈欢呼《毛泽东选集》第五卷出版（《人民日
报》、《红旗》杂志、《解放军报》社论）
热烈欢呼《毛泽东选集》第五卷出版
红色宝书照征程（诗·九首）········· 耿长锁　王志琪
杨珴瑛　徐恒禄　董良翮　阎民生　朱志惠　郭爱妮
春到保定
——省印刷厂赶印《毛泽东选集》第五卷侧记
································· 曹治淮
阳光·雨露·源泉
——写于《毛泽东选集》第五卷发行的日子里
··································· 艾　东
阳光雨露育青苗
——喜读毛主席光辉著作《共青团的工作要照顾青年
的特点》······························· 柏玉兰
迎接社会主义文艺百花盛开的春天
——学习毛主席关于"百花齐放，百家争鸣"的论述
··································· 文　萍
高举宝书唱战歌（诗）····················· 戴砚田
欢呼毛选第五卷出版发行（速写·四幅）
································· 钟志宏　宋　欣
喜迎《毛泽东选集》第五卷纸型到达我省（摄影）
··································· 众　欢
纪念毛主席《在延安文艺座谈会上的讲话》发表三十
五周年
高举毛主席文艺革命的旗帜前进················· 向　中
永恒的怀念··························· 胡　苏
万水溯源··························· 李满天
坚定走与工农兵相结合的道路················· 张　峻
向党说说心里话························· 刘　章
业余排练（剪纸）························· 段吉庆
大庆红旗更壮美
正点列车（小说）························· 弓　伟
钢铁长虹（小说）························· 李　煦

英雄阵地花最红
——献给为发展祖国石油工业呕心沥血的人们
.... 孟晓云
大庆花红香万里（诗·七首）......刘明堂　桑　原等
大庆红旗更壮美（新民歌·八首）
.... 李振兴　魏　鹏等
雷锋精神永放光芒（散文·三篇）
.... 张光喜　马贵民　洪　波等
激奋——水乡速写 .... 韩映山

新芽
伙伴（小说）.................................... 刘士龙
干校诗笺（诗·三首）
.... 禾　青　展新颜　张　烁　崔汝先
春风浩瀚（诗·外一首）.................... 尧山壁
关于表现无产阶级对走资派的斗争........ 冯健男
彻底批判"帮八股"认真改进文风（三篇）
.... 许凤秋等

文讯一则

1977 年第 6 期　刊名:《河北文艺》
目录

更高地举起毛主席革命文艺路线的伟大旗帜
——纪念《在延安文艺座谈会上的讲话》
发表三十五周年（《人民日报》社论）
高举毛主席伟大旗帜　繁荣社会主义文艺创作
——河北省文艺创作座谈会在省会石家庄举行

诗歌
新民歌（十六首）..................... 石迈新　李　伯等

进军的战鼓
新开河（外一首）........................... 逄　阳
词典（外一首）............................. 刘戎声
大嗓门（外一首）........................... 刘静远
金光大路（外一首）........................ 赵金荣

评论
一个唯心主义形而上学的反革命"创作原则"
——评"三突出"............................ 倪崇豪

匕首和投枪
"四人帮"的"护官符"..........刘汉中　周方钦
"四人帮"的"试"............................. 左　红
"四人帮"是革命美术的死敌............. 施弦庚
广阔天地育新人
——读中篇小说《霞满龙湾》............. 刘国栋

彻底批判"帮八股"　认真改进文风
——枣强县肖张公社文艺评论组座谈纪要

儿童文学特辑
风云渡（长篇小说《战火纷飞的年代》片断）
.... 张庆田

新苗
小浪花（小说）............................. 刘克玲
红花向阳开（散文）........................ 曹云华
儿歌一束（十九首）........... 李同振　刘淑轩等
小蝌蚪学艺（童话诗）..................... 田　真

一诗一画
金花开千家........................ 王　青　陆　延
看瓜............................ 崔永生　张泽芯
喇叭花............................ 奎　申　李福元
姐姐下乡学放鸭.................. 孙致惠　王学明
让儿童文学之花灿烂开放
——批判"四人帮"破坏儿童文学创作的罪行
.... 江向东

散文·小说
幸福的四月二十六日（散文）............. 长　正
在普及大庆式企业的日子里（散文）..... 李桂芬
只要肯登攀（散文）.............. 德　祥　沈　英
图海绘春图（散文）.............. 陈立颖　陈建国
瑞雪纷纷（小说）........................... 碧　波
夏夜（小说）............................... 王锡峰
送宝（小小说）............................. 陈京松

美术
选送我们的大学生（木刻）................ 李乃宙
又是一个大丰收（剪纸）................... 张学仲

1977 年第 7 期　刊名:《河北文艺》
目录

华主席、叶副主席关于向"硬骨头六连"学习的题词

诗歌
伟大的建筑................................... 张从海
西柏坡颂（十一首）.............. 逄　阳　宇　星等
颂歌献给华主席（五首）......... 常　安　晓　光等
朱德诗选（五首）
新民歌（八首）.................. 董浩善　韩长绵等

一诗一画

渔家孩子爱宝书……………………………吴　城　陆新森
龙门吊…………………………山海关桥梁厂小学刘汝阳

评论

高举和捍卫毛主席文艺思想的伟大旗帜
繁荣社会主义的文艺创作
——崔哲同志在省文艺创作座谈会上的发言（一九七七年五月十四日）
坚持为工农兵服务的方向　繁荣文艺创作
——揭发批判"四人帮"在文艺界散布的反动谬论
………………………………………省革委文艺组
一个真正共产党人的遗产
——读《陈毅诗词选集》……………………金　盾
只有社会主义能够救中国
——《燕岭风云》读后…………周申明　许桂良
群众文艺创作的新收获
——读长篇叙事诗《红菱传》…………………严　新

匕首和投枪

"奉命文学"辨……………………………朱荣武
"闲章"上的"向秦"梦……………………闻　音

散文·小说

难忘的日子
——保定通讯………………………………曹治淮
顶风高攀大庆旗（散文）…………………靳伯涛
高峡出平湖（散文）………………………冯仲生
渔乡新曲（速写）…………………………杨海光
忆增田涉先生（散文）……………………江　山
"革命党"续志（小说）……………………张　峻
岗位（小说）………………………………魏秋星
老牛筋（小说）……………………………赵　新

新苗

补点（小说）………………………………孙　雷
初试锋芒（长篇小说《虹河弯》片断）………魏淙江

歌曲·摄影·剪纸

高举毛主席的伟大旗帜奋勇向前（歌曲）
…………………………………龚爱书　李玉琦
句句都是贴心话
——五公大队"老四户"喜读毛选第五卷（摄影）
………………………………………………袁　浩
学大庆　比贡献（剪纸）………………工人赵杰彬

目录

伟大领袖和导师毛主席《给江西共产主义劳动大学的一封信》
中国共产党第十届中央委员会第三次全体会议公报（一九七七年七月二十一日通过）
热烈庆祝党的十届三中全会的胜利召开（诗·画）
叶剑英副主席手书《八十书怀》
纪念中国人民解放军建军五十周年
回忆朱总司令………………………………何其芳
火把颂（散文）…………………张光喜　李清海
南昌礼赞（诗·五首）……………李　兵　刘立云
诗三首………………………………………朱梦苇
井冈山颂（诗·三首）……………曹增书　王石祥
长长的山泉水（散文）……………………郭建英
誓做革命的硬骨头（诗·四首）……胡邦明　张　烁等

中长篇小说选载

解放石家庄……………………………………李丰祝
将军河人………………………………………管　桦
夜渡黄河………………………………………蔡维才
读《解放石家庄》（评论）……………………金　盾
打靶归来（版画）……………………………袁庆禄
劳武结合好（剪纸）……………………磁县文化馆供稿

一诗一画

今日雷锋在眼前…………………苑新江　郑山禄
芦苇荡……………………………张泉禄　李光启
山沟来了勘测队…………………陈官煊　张　讴
新民歌（八首）…………………靳傅永　王汉西等
汗水装点新河山（诗·画）………田　间　李德声等
闪光的记事板（散文）………………………董泽民

评论

幌子背后露狰狞——批判"四人帮"及其御用班子篡改文艺方向的罪行……………………………陈景春
撼我长城谈何易
——批判反党乱军大毒草《千秋业》
………………………………………齐　赳　彪生

小评论

《取经》里面有经取……………………………王子硕
文艺刊物应有自己的特色……………………朱友名
生活是丰富多彩的（作者谈创作）…………韩映山
文讯一则

1977 年第 9 期 刊名:《河北文艺》
目录

英明领袖华主席像
中国共产党第十一次全国代表大会新闻公报
中国共产党第十一届中央委员会第一次全体会议新闻公报
热烈欢呼党的十一大胜利召开（诗·画）
....聪 聪 李向明等
重读论持久战..............................叶剑英
纪念伟大领袖和导师毛主席逝世一周年
重托......................................邓宗德
日月同辉 光照人间........................张庆田
领袖和人民心相连..........................赵 春
亲切的教诲 难忘的里程....................冯仲生
幸福的日子....................赵 新 徐兆荣
幸福的回忆....................张炳清 曹治淮
红太阳永远照棉乡..........................池保林
"穷棒子"的怀念..........................王国藩
红花永远朝阳开................耿桂芝 马 春
曲阳玉工歌....................苗雨时 武振东
城南庄（三首）............................刘小放
光辉批示铭心头（七首）........田 真 斧 锐等
红五卷....................................田 间
怀念伟大领袖和导师毛主席..................邢 野
新民歌（十四首）..............王兆香 段科来等
七律二首..................................朱梦苇
永远沿着毛主席的革命路线奋勇前进（宣传画）
....费 正
雨露滋润禾苗壮（剪纸）....................董云华

小说
表态......................................李 煦
公社农机站里..............................冬 原
蕊子的队伍................................铁 凝

评论
批判"四人帮"扼杀《节振国》的罪行........邸惠连
中国文化应有自己的形式
——学习"双百"方针，揭批"四人帮"及其亲信扼杀地方剧种的罪行
....邯 平
六条标准不容诋毁............河北师范大学批判组
鱼目岂能混珠
——驳"四人帮"所谓"三突出"是"两结合"的体现论
....吴功正
关于创造典型..............................冯健男

1977 年第 10 期 刊名:《河北文艺》
目录

攻关......................................叶剑英
读《攻关》................................方 毅
无险不可攀
——读叶帅《攻关》原韵奉和................张爱萍

散文·小说
踏着铁人的脚步走
——华北石油会战记实....................思 俊
放歌凤凰山................................刘志宏
矿山盛开大庆花............................洪景森
新风赞
——石家庄市工业学大庆见闻....周凤阶 张欣之
海滩大寨花....................田松林 何香久

小小说
香菊嫂....................................贾大山
阵地......................................魏玉楼
老严头....................................陈京松
对手......................................吴俊泉
标准定在哪里..............................宁水林
红山丹（小说）............................宫克一
"革新迷"的故事（小说）..................郝照远

新苗
赵铁腿新传（革命故事）....................武秋海

诗歌
毛主席的旗帜飘万代........................谭 楷
毛主席纪念堂的灯光（散文诗）..............吴 城
新民歌（十四首）..............郁 葱 李永勤等
新唐山之歌（外一首）......................周兴俊
矿工一支歌................................武兆强
百里矿山一匹马............................张志明
井下支柱..................................刘景耀
矿山电铲..................................刘立来
试车（外一首）............................郭玉洲
千分卡赞..................................李金龙
飞转的砂轮................................草 晖
新来的战友................................斧 锐
震区秋色..................................董桂苓
海潮发电站................................张志鹏
太行的炮声................................李震川
采撷集（三首）............................吴长城

一诗一画

运粮歌 ······················· 孟　阳　何震强
飞马扬鞭唱起来 ··············· 李秀林　张　庚

评论

彻底批判阴谋文艺
——从大毒草《欢腾的小凉河》谈起
··························· 云　千　郅　捷
心朝北斗唱浩歌
——读鲁迅歌颂毛主席和工农红军的诗 ······ 杜元明
谈《红菱传》的艺术特色及其他 ····· 苏庆昌　王惠云
一个崇高可爱的抗日民族小英雄
——传记文学《王璞》读后 ··············· 朱友名

美术

红小兵热爱华主席（剪纸）
··············· 秦皇岛新闻影院校外儿童辅导站
欢庆胜利（剪纸）····················· 李传源

1977 年第 11 期　刊名:《河北文艺》
目录

小说·散文

炉火纯青（小说）····················· 李满天
特种钢（小说）······················· 潘福海
验收（小说）························· 刘宝池
竞赛（小小说）······················· 辛曙光

新苗

欢乐的歌声（童话）··················· 李清山
老树新花（特写）····················· 余炳年
炮声隆隆（散文）····················· 陈大斌
碑（散文）························· 韩映山
碣石新篇（散文）··············· 梁建华　东　燕
踏遍青山（报告文学）············· 叶永辉　张　卫

诗歌

研究室抒情（二首）··················· 韦　一
科技书店的复活 ····················· 袁　湘
红旗飘上关 ······················· 李盘文
海河新歌（三首）········· 禾　青　王玉民　郭　俊
新民歌（七首）············· 张春海　郁　葱等
太行春秋（二首）····················· 浪　波
写给草原防风林 ····················· 桑　原
"亮翅会" ························· 何香久
工具房夜话 ······················· 孙殿武
茧花赞 ·························· 王家钧
太行深山里（外二首）················· 叶文福

三一井（外一首）····················· 刘国良
宏伟的蓝图（外一首）················· 蔡　华
南国行（二首）······················· 刘　章
霞·雾·雪（散文诗）················· 刘静远
干部群众心相连（外一首）············· 李庆番
劳模会（一诗一画）··········· 贾岐峰　谷照恩
向科学技术现代化进军（歌曲）····· 吴　城　邓保信

评论

王张江姚是当代的宋江派
——戳穿"四人帮"利用评论《水浒》搞篡党夺权的
阴谋 ··············· 吴庚舜　陆永品　胡念贻
题材相近　各有创新
——略谈长篇小说《擒龙图》和《龙滩春色》
··························· 文　萍
我和鲁迅先生最后一次会晤
——《鲁迅先生和未名社》之一节 ········· 李霁野
谈谈习作《小铁头夺马记》（作者谈创作）····· 蔡维才

美术

跃峰渠畔运粮忙（国画）········· 徐华峰　刘保春
机声隆隆唱新歌（剪纸）··············· 张学仲

1977 年第 12 期　刊名:《河北文艺》
目录

英明领袖华主席于一九七七年十月二十三日为西柏坡
革命纪念馆亲笔题字
胜利在前
——毛主席在西柏坡（油画·年历）
··························· 齐　捷　费　正

评论

愤怒控诉和批判"文艺黑线专政"论
——参加省五届人大和省四届政协第一次会议的文艺
界部分代表座谈纪要
阴谋文艺的急先锋
——批判"初澜"鼓吹"写走资派"的罪行 ····· 晓　牛
学习鲁迅严肃的战斗的科学态度
——读鲁迅《中国小说史略》········· 李玉昆　韩进廉

匕首和投枪

放出眼光　拿出见地 ········· 蔡子谔　李文治
"鉴"者，镜子也 ····················· 安　凡
文风小议 ························· 博　野
由《关公战秦琼》想起 ················· 范　真
本刊举行短篇小说创作座谈会（文讯）····· 本刊记者
读者·作者·编者（四篇）

诗歌

忆周总理（五首）—————————田　间
光辉的路标
——欢呼华主席为西柏坡革命纪念馆题字　王洪涛
教研室的灯光（外一首）—————肖平安
假期———————————————傅志永
打字机旁—————————————韩成武
难题面前—————————————苑新江
捷报频传（三首）————————肖振荣
科学技术展览长廊（外一首）———郁　葱
写给一位工人技术员———————大　民
新民歌（七首）————陈京松　张喜明等
一代铁人（二首）————————姚焕吉
伟大祖国在出钢—————————戴砚田
诗传单（五首）—————————赵　良
收获季节（外一首）———————丁庆友
谒烈士陵园二首—————————高燃天

散文·小说

幸福的时刻（散文）———————潘芷汀
犁（散文）———————————孟庆龙
沼气（散文）——————————曹继铎

中长篇小说选载

九月九日
——《苍茫大地》中的一章———苗迎吉等
莲蓬荡—————————————韩映山
扁担之歌—————————————陈映实
抗震曲——————————————单学鹏
绣河图——————————————耿江国
五月的平原————————————张　朴
战争奇观—————————————柳　杞

美术·摄影

言传身教（摄影）————————李　力
丰收（剪纸）———————磁县文化馆供稿
速写二幅———————————张　步　李德声

1978 年第 1 期　刊名：《河北文艺》
目录

毛主席给陈毅同志谈诗的一封信（手书）
毛主席给陈毅同志谈诗的一封信

短篇小说特辑

代表——————————————张庆田
矿灯——————————————长　正
北园春潮————————————宫克一

雌燕——————————————戈　红
真正的权力————————————群　力
韩老倔—————————————张逢春
大海探宝—————————————杨海光
棉乡新曲—————————————张存杰
二龙堂看"戏"———————殷占堂　徐光耀
小星星的故事（童话）——————严　蒙

评论

彻底批判"文学黑线专政"论
历史之镜—————————————田　间
革命歌曲的成就不容抹杀—————王玉西
十七年是我们的—————————张仲朋
说说心里话————————————费　正
要有"力量"———————————李满天
情节与人物————————————任文祥
作者谈创作
写作《取经》的体会———————贾大山
短篇小说为什么写不短——————李大振
深入揭批"四人帮"　文艺舞台百花放
——我省举行文艺会演（文讯）

美术

华主席和开滦矿工心连心（素描）——刘志膺
周总理鼓励我们学大寨（水粉画）——赵贵德
培育良种（剪纸）————————李寿峰

1978 年第 2 期　刊名：《河北文艺》
目录

英明领袖华主席为《人民文学》题词
英明领袖华主席给开滦煤矿题词

评论

砸碎"文艺黑线专政"论的精神枷锁———刘　哲
门外谈诗
——略谈继承民歌的传统—————张庆田
关于诗歌的"比兴"———————山　志
学诗浅话—————————————村　野
毛主席旗帜飘万代　群众诗歌放光彩——耿文良
绝知此事要躬行—————————刘　章
夺回战笔　大干快上（东风诗话）——孙　华
缺少文艺作品的根源何在?————成志伟
文讯二则

散文·小说

华主席新年在唐山（散文）————冯　爱
斯诺一家同中国（散文）—————江　山

迎春图（散文）————————————吕振侠
暴雨催残处　百花依然红（散文）————冯仲生
寒流急（小说）————————————张　朴
山大王（小说）————————————张　峻
值班（小说）————————————赵沫英

新苗
白了少年头（小小说）————————范永录

诗歌·剧本
唐山喜讯（新民歌·七首）————郁　葱　李中义等
诗二首————————————————老　舍

诗情画意
报春燕————————————胡运增　宋雅丽
盖新房————————————娄庆昆　王治华
飞水滩（五场话剧）
————河北省承德地区话剧团集体创作　孙德民执笔

美术
风雪夜（国画）————————————梁　岩
蒸蒸日上（国画）————————————张　步
大干大变（剪纸）————————————张学仲

1978 年第 3 期　刊名:《河北文艺》
目录

中华人民共和国国歌
热烈欢呼五届人大胜利召开（诗·画）
周总理诗抄（十七首）

小说·散文
正气歌（小说）————————————贾大山
属龙，属虎?（小说）————————————苗迎吉

新苗
"一"的力量（小说）————————————刘文凤
攻克七万大关的人们（报告文学）————长　正
"小联合"插上了翅膀（特写）————赵金山
土气篇（散文）————————————柏　昌
春歌（电影文学剧本）————李克灵　张绍良

诗歌
新民歌（六十五首）————刘兰松　郁　葱等
钢花集（八首）————————————孙桂贞
朱庄干渠剪影（三首）————————丛　海
支委会的决定（外一首）————————逄　阳
竞赛（外一首）————————————刘元章

料石颂————————————————孟庆菲
车间花开————————————————凡　丁
词二首————————————————雷文治

评论
努力反映党的十一次路线斗争
——看话剧《飞水滩》、《煤海怒潮》、《古城十月》
————————————————周申明
题材·形式·风格————————————杜元明

东风诗话
铁————————————————————田　间
形象思维小议————————————王子硕
依靠人民群众　创造新体诗歌————青　野
民歌和新体诗歌————————————刘绍木
文讯

美术
篆刻（叶副主席诗《攻关》）————————李骆公
书法（三帧）————黄　绮　肖　一　韩　羽
钢花飞午（剪纸）————————————阎春发

1978 年第 4 期　刊名:《河北文艺》
目录

散文·小说
人民代表宋欣茹（特写）————————李　清
科技之花
散记（四则）————————————艾　东
山刺玫（散文）————————————刘　真
玉兰花开（小说）————————————田　涛
力巴头和能棍棍的故事（小说）————华正茂
春歌（电影文学剧本）————李克灵　张绍良

剧本·诗歌
难忘的时刻（韵白剧）————————靳志彬
新歌台
诗洋画海涌新潮（束鹿民歌十六首）
————————————马继敏　傅志峰等
诗歌化作红喜报（昌黎民歌十五首）
————————————王　凡　宋作人等
春之歌（三首）————————————赵伯华
咱把春天挑上山（外一首）————————郭沫勤
科学高峰展红旗————————————李庆番
深山创业（二首）————————————李松涛
塞上新曲————————————————孟　阳
信————————————————————吴长城
兰天，我们的操场（外一首）————————王新弟

瑞雪赞（二首）……………………………………贺　明

评论
"要用形象思维方法"
——学习札记………………………………………刘　哲
应当理直气壮地描写成长中的英雄……………艾　斐
说比兴
——重读《王贵与李香香》、《漳河水》有感……杨子敏

匕首和投枪
"今天的眼光"考……………………………………曹雪清
深得"心"传的"主题先行"论………………………黎　闻

美术
誓将山河重安排（速写二幅）……………………郑今东
农机科学实验站（木刻）…………………………陆　延
军民同学习（剪纸）………………………………李传源

1978 年第 5 期　刊名:《河北文艺》
目录

散文·小说
登攀者
——马万水工程队攀登二十次高峰记实………洪景森
上任头一天（小说）………………………………可　华
井架工的爱情（小说）……………………………万国儒
亲家（小说）………………………………………赵　新
五峰长翠
——写给李大钊同志……………………梁建华　东　雁
海底的路（散文）…………………………………侯锡奎
抄汉屯（义和团故事）……………………………张士杰

诗歌·演唱
歌颂新宪法（对口词）……………………………刘　放
社会主义宪法咱最爱（歌曲）……………刘　征　梁　群
勘探队之歌（四首）………………………………纪　才
校园新曲（四首）………………………王延英　朱梦苇
　　　　　　　　　　　　　　　　　焦中浩　尹世霖
卫星上的诗页（四首）……………………………韦　一
春化曲（小叙事诗）………………………………张　诚
新民歌（八首）…………………………周庆平　张冰冰等
广阔天地（三首）…………………………………王兴华
连队战士之歌（三首）……………范建军　常　安　邱继臣
商业的春天（四首）………………………………刘晓滨
流动的售货车………………………………………大　民
厂区新歌（二首）…………………………………张雪杉

诗情画意
送信阿姨到我家…………………………王忠范　张泽蕊

送行………………………………………贾岐峰　陆　延

评论
拿来·挑选·开创
——读鲁迅小说随笔………………李玉昆　韩进康
日出江花红胜火
——谈《河北文艺》一九七七年的散文作品……谢景林
肩挑五岳　胸罗百川
——谈李自成谷城之行……………………朱　兵　国　贞

小评论
性格突出　形象鲜明
——谈谈香菊嫂形象的塑造………………………予　里
小说要讲究故事情节
——读《蕊子的队伍》有感………………………苗　壮
生活是源泉
——我是怎样学习创作的…………………………张庆田
文讯一则

美术
努力攀登现代科学技术高峰（宣传画）…………靳合德
把青春献给祖国　把知识献给人民（宣传画）
　　　　　　　　　　　　　　　　　　　　……韩喜增
兄妹开荒（剪纸）…………………………………赵玉亮

1978 年第 6 期　刊名:《河北文艺》
目录

大张旗鼓地宣传新时期的总任务
宣传总任务　完成新任务
——致作者的一封信……………………………本刊编辑部
新长征中立新功（诗）……………………………李盘文
夜读（诗）…………………………………………李富生
为实现新时期的总任务而奋斗（传单诗）………王　青
金灿灿的新时期（诗）……………………………曹增书
岗位（散文）………………………………………孟　敏
心里话（山东快书）………………………………孟　俊
英明领袖挥巨手　新的长征跨大步（幻灯片）
　　　　　　　　　　　　　　　……束鹿县文化馆供稿
歌唱新时期总任务（歌曲）………昌黎民歌　郭兴权填词

儿童文学小辑
儿歌一束（九首·张玉良插图）………刘德柱　聪　聪等
党的好孩子
——记"身残志更坚的优秀红卫兵"
　　　　　　　　　　……刘　强　赵贵德插图　方成田
彩色的翅膀（小说·谢志高插图）………………飞　雁
春色满园

——石家庄育红学校短歌（三首）·············肖振荣

新苗

戴眼镜的老师（小说·赫福路插图）·········李巨发
练笔集（诗歌·四首）·····················曹苗苗
书包里的晚会（童话·陆新森插图）·········陈京松
池塘边（诗歌·赵炳元插图）···············苑新江

散文·小说

关怀（散文）···························李英志
席（散文）·····························范纪久

新苗

称呼问题（小说·赵贵德插图）·············肖　波
宝珠一定会回来（小说·胡振宇插图）·······孙瑞莲

诗歌

新歌台

廊坊地区民歌选（九首）·······张德侠　崔永生等
山水新歌（八首）·············刘戎声　斧　锐等
纺车赞·································叶晓山
太行山上勘探队（三首）·················赵　舍
流彩的河（外一首）·····················郭　俊
矿山的呼吸（外一首）···················张志明
图书室（外一首）·······················傅志峰
大见成效的捷报（外一首）···············董浩善

评论

评"文艺黑线专政"论的反动实质·····田　雨　李　松
从《西沙儿女》看到了什么？·············王　玲
比兴·神思·意境
——略谈我国古代文论关于形象思维的认识···陈　慧
笔谈散文（三篇）·······田　间　江　山　洪景森
《紫莘集》小引·························孙　华

美术

漠上（国画）···························吴作人
戏画（十五贯·打焦赞）·······韩羽作画　臧克家题句
炼钢厂（版画）·························彦　涵
新花（剪纸）···························仇凤皋
书是我的好朋友·························贾启森

1978 年第 7 期　刊名:《河北文艺》

目录

文联第三届全委会第三次扩大会议决议（一九七八年
六月五日）

散文·小说

关山春晖（散文）·······················刘蜀永
谒西柏坡革命纪念馆（散文）·············艾　东
西柏坡革命故事
不熄的灯光·····························阎　涛
汤汤水电站·····························山　壁
火光（长篇小说连载）···················魏　巍
长辈（小说）···························康传熹
梨花峪（小说）·························贾雪芹
第一百次飞行之前（小说）···············刘战英

新苗

三颗螺丝钉（小小说）···················尹　川
海棠花开（散文）·······················武　华
春到凤凰山（散文）·····················李永文
窗花（散文）···························张淮源

诗歌

天桥颂·································刘兰松
陡河颂歌·······························罗庚华
华主席握住大寨人的手（外一首）·········董耀章
西柏坡诗草（五首）·····················张又君
写在柏坡岭上（四首）···················韦　野
红匾（外二首）·························刘小放
战士来到西柏坡（外二首）···············杨玉辰
永远为你站好岗（外一首）···············纪　才
悼郭老·································田　间
悼念郭老·······························李盘文

新歌台

怀来民歌选（八首）···········姜桂明　刘华泉等
坝上行（三首）·························韩作荣
短诗三首·······························石运兴
焊花一束（六首）·······················曹增书
窗口·······················杨俊青　阵　荣
车间诗传单（三首）·····················凡　丁
核算板·································周凤阶
古莲池吟·······························田　真

评论

怒放吧，红蕾！
——读描写地质斗争生活的长篇小说《朱蕾》
······································李　剑
否定过去和独霸现在
——文化专制主义的反动实质···············刘　哲

匕首和投枪

"喝凉水"和"渣滓洞"···················刘大枫
略谈文章的"尾巴"·····················方　犁

流氓嘴脸（外一篇）————————————李炳莹

作者谈创作
拾"宝"琐谈————————————————张　峻

美术
心连心（摄影）——————————————白彦的
西柏坡革命纪念馆（水彩画）——————郝　华
紧跟华主席（剪纸）————————————申沛农
深入人心（木刻）—————————————姜中雄

1978 年第 8 期　刊名:《河北文艺》
目录

纪念人民公社成立二十周年
人民公社好
——公社的春天—————————————周兴俊
公社姑娘—————————————————韩振堂
沙石峪短歌（三首）————————————刘　章
县委书记庄稼汉——————————————贾岐峰
公社人物（四首）—————————————孟庆菲
女裁缝——————————————————刘兰松
过磅歌——————————————————王玉民
夏收———————————————————郑景泰
硬汉子王长锁（散文）———————————徐兆荣
路（散文）————————————————苗迎吉
一代风流（散文）—————————————耿桂芝
沙窝大寨花（散文）————————————学　昭
公社自有回天力（散文）———冯仲生　戴晓彤

诗歌
部队短歌（十一首）
————————周　鹤　郁　葱　侯志宏　杜志民
沸腾的铁道线（三首）———————————郭振民
校园的春天（三首）————————————郭沫勤
诗二首——————————————————陈允豪

新歌台
晋县民歌选（九首）——————焦玉峰　张增慈等
春雨及其他（散文诗三首）—————————刘静远

小说·散文
火光（长篇小说连载）———————————魏　巍
梨（小说）————————————————戈　基
被删去的名字（小说）———————————董　海
影响问题（小说）—————————————肖　波
板仓行（散文）——————————————胡世铎

评论
努力反映伟大的革命战争
——澄清在革命战争题材的创作问题上被江青搞乱了
的路线是非—————————————江啸　振远
生活·激情·创造性————————————陈丹晨
"必须寻找出自己来"———————————郭　超
"诗在山程水驿中"————————————高蓬洲
让人"思而得之"—————————————禾　青
冲破爱情禁区———————————————周哲民
繁荣新民歌创作的良好开端
——河北省民歌座谈会综合述评———————吴　城

作者谈创作
谈《解放石家庄》的创作——————————李丰祝

美术
延长水流（国画）—————————————冯向杰
峭壁长廊（国画）—————————————钟长生
拥军（剪纸）——————————————靳鹤年

1978 年第 9 期　刊名:《河北文艺》
目录

散文·小说
生命的光华（报告文学）——————————孟　敏
小姑的亲事（小说）————————————张荣珍
姜牛小传（小说）—————————————张宏志
女排 8 号（小说）—————————————刘永年
火光（长篇小说连载）———————————魏　巍
新"观刘麦"歌（散文）——————————梦　鸣
桃花雨（速写）——————————————周　渺
百宝山（民间故事）——————焦彦龙搜集整理

诗歌·演唱
燕赵明星—————————————————李震川
绿色的生命（外一首）———————————江　明
伟大的进军————————————————王集家
新民歌（八首）——————————崔永生　赵金荣等
沸腾的矿山（二首）————————————蔡　华
太行画笔（四首）—————————————浪　波
西上太行（外一首）————————————刘同聚
北戴河（二首）——————————————陈广斌
风云颂
——写给风云激荡的巴勒斯坦（二首）———彭　龄
人民公社好风光（鼓词）——————卢　彬　雷文治

评论
郭老

——我国新诗的伟大奠基者⋯⋯⋯⋯⋯杜元明
关于写英雄
——驳"高、大、全"⋯⋯⋯⋯⋯⋯冯健男
来信和复信
——关于《淀上新章》⋯⋯⋯洪景森 田 间
个性——艺术形象的生命⋯⋯⋯⋯⋯陈景春
艺术概括的功力⋯⋯⋯⋯⋯⋯⋯⋯吴庚振
作者谈创作
他们是朱蕾，是香花⋯⋯⋯⋯⋯⋯奚 青

美术

新羔（邯郸瓷塑）
漠上巡医（邯郸瓷塑）
国画写生（二幅）⋯⋯⋯⋯⋯⋯⋯孙克纲
选种（剪纸）⋯⋯⋯⋯⋯⋯⋯⋯⋯贾堂锁
部队生活速写（二幅）⋯⋯⋯⋯⋯姜中雄
人人献策（速写）⋯⋯⋯⋯⋯⋯⋯李春富

1978 年第 10 期　刊名:《河北文艺》
目录

诗歌

《红旗歌谣》选（二十一首）
沸腾的唐山（三首）⋯⋯⋯⋯⋯⋯安连城
铁山歌（三首）⋯⋯⋯⋯⋯⋯⋯⋯周 劭
红荆赞⋯⋯⋯⋯⋯⋯⋯⋯⋯⋯⋯铁 牛
拥抱这科学的春天吧!⋯⋯⋯⋯⋯韩嗣仪
生命的长度⋯⋯⋯⋯⋯⋯⋯⋯⋯村 野
爸爸、妈妈和我的故事⋯⋯⋯⋯⋯任彦芳
书架（外一首）⋯⋯⋯⋯⋯⋯⋯⋯李金龙
淀景剪辑（三首）⋯⋯⋯⋯⋯⋯⋯申 身
水乡曲（二首）⋯⋯⋯⋯⋯王凤梨 张文波
听蛙歌⋯⋯⋯⋯⋯⋯⋯⋯⋯⋯⋯冯静辉
育马人⋯⋯⋯⋯⋯⋯⋯⋯⋯⋯⋯戴砚田
献给园丁的歌（二首）⋯⋯⋯杨鸿恩 宛 青
熊的"爱情"（诗·画）⋯⋯⋯周兴俊 刘 端
打好农田基本建设这一仗（歌曲）韩桐芳 王 杰

散文·小说

毛主席的关怀（西柏坡革命故事）⋯姬素申
古莲传新谊（散文）⋯⋯⋯⋯⋯⋯江 山
会飞的山（散文）⋯⋯⋯⋯⋯⋯⋯景 森
顾妈妈（小说）⋯⋯⋯⋯⋯⋯⋯⋯张 峻
庄稼队长传（小说）⋯⋯⋯⋯⋯⋯碧 波
"表不准"（小说）⋯⋯⋯⋯⋯⋯⋯董国和
"可沟响"（小说）⋯⋯⋯⋯⋯⋯⋯温志勇

新苗

平原上（小说）⋯⋯⋯⋯⋯⋯⋯⋯王安忆
喜莲（小说）⋯⋯⋯⋯⋯⋯⋯⋯⋯郭鸿嘉
林海之歌（散文）⋯⋯⋯⋯⋯⋯⋯戈 红
治虫记（散文）⋯⋯⋯⋯⋯⋯曹治淮 王凤梨
在五号车厢里（散文）⋯⋯⋯⋯⋯华正茂
台湾老水手（散文）⋯⋯⋯⋯⋯⋯韩挺立
望海山的灯光（散文）⋯⋯⋯⋯⋯李金明

评论

重发《红旗歌谣》记⋯⋯⋯⋯⋯⋯田 间
要坚定不移地贯彻"百花齐放、百家争鸣"方针
⋯⋯⋯⋯⋯⋯⋯⋯⋯⋯⋯⋯⋯石剑芳
"放"和"斗"
——学习百花齐放、百家争鸣方针札记⋯刘 哲
关于业余作者的政策也应认真落实
——中共束鹿县委为业余作者郭鸿嘉平反
读铁凝的《夜路》以后⋯⋯⋯⋯⋯茹志鹃
"称呼""影响"及其他⋯⋯⋯⋯⋯张庆田
为农业机械化谱写跃进歌
——读电影文学剧本《春歌》⋯⋯⋯周申明

美术

欢乐的节日（年画）⋯⋯⋯⋯赵思温 高鸿源
工艺美术开新花（年画）⋯⋯⋯⋯雷金池
园丁赞（剪纸）⋯⋯⋯⋯⋯⋯⋯⋯董云华

1978 年第 11 期　刊名:《河北文艺》
目录

纪念毛主席"一定要根治海河"题词十五周年

梅花寨（小说）⋯⋯⋯⋯⋯⋯⋯⋯韩映山
千里海河唱新歌（诗·四首）
⋯⋯⋯⋯⋯⋯刘晓滨 王贵声 王玉民
冬天里的春天（诗·三首）⋯⋯⋯⋯田 真
大洼行（散文）⋯⋯⋯⋯⋯⋯⋯⋯王会勤
掀起农田基本建设大竞赛（歌词）⋯尤 熹
改天换地创新业（摄影）⋯⋯⋯⋯李 力

小说·散文

华主席战斗在交城的故事（三篇）
夏收小记（小说）⋯⋯⋯⋯⋯⋯⋯谷 峪
一面之交（小说）⋯⋯⋯⋯⋯⋯⋯叶式生
说亲（小说）⋯⋯⋯⋯⋯⋯⋯⋯⋯赵国兴
下乡（小小说）⋯⋯⋯⋯⋯⋯⋯⋯康青山
旅伴（小小说）⋯⋯⋯⋯⋯⋯李儒林 王立胜
出海（散文）⋯⋯⋯⋯⋯⋯⋯⋯⋯李 子
黄河太行留诗情

——忆郭小川同志 …………………… 阎豫昌
仲夏夜情思（散文）………………… 张守仁

诗歌
白杨
——忆远千里同志 ………………… 田　间
成熟了的山川（三首）……………… 董桂苓
空军诗页（三首）…………………… 宫　玺
记事牌 ……………………………… 刘戎声
斗风沙 ……………………………… 彭辛卯
校园短歌（六首）
　　　　　　石运兴　大　洋　马兵宿　翟孟岐
园丁赞 ……………………………… 李庆番
写在太行山上（二首）……………… 刘国良
风雪千里（长诗选载）……………… 魏茂林
新民歌（七首）………… 刘德柱　曹垲滨等
社员心中有条江（歌词）…………… 王　野
我是山区售货员（歌词）…………… 杨　畅

评论
《南国行》序 ……………………… 臧克家
反动的面目　荒谬的逻辑——批判"四人帮"对《三
上桃峰》、《红旗谱》的诬陷 ……… 王　凌
思想·胆识·独创
——鲁迅小说创作漫谈之一 ……… 田本相
花从诗人心上开
——喜田间同志诗集《清明》问世 … 刘　章
大寨精神的赞歌
——读《渡江曲》…………………… 常敬宇
《自嘲》诗辨析 …………………… 高蓬洲
文讯

美术
育牛图（装饰画）…………………… 慈　旭
将相和（剪纸）……………………… 徐飞鸿

1978 年第 12 期　刊名:《河北文艺》

目录

毛主席呵，还在给我们讲（诗）…… 郭宝臣
西柏坡呵，胜利的旗（诗）………… 张从海
梨树下的怀念（诗）………………… 段　飞
马背上的歌（诗）…………………… 马晋乾
毛主席在城南庄的故事（散文）…… 赵　新
挥笔扫顽敌（散文）………………… 阎　涛
毛主席给她力量（散文）…………… 阿　庚
毛主席的恩情唱不尽（歌曲）… 姚淑芬　王玉西
蝶恋花（剧照·二幅）…… 河北省河北梆子二团演出

河北省文联召开三届三次扩大会议　宣布省文联及所
属八个协会恢复活动（报道）
开幕词
——在河北省文联第三届委员会第三次扩大会议上
（一九七八年十月八日）……………… 田　间
在河北省文联第三届委员会第三次扩大会议上的讲话
（一九七八年十月九日）……………… 尹　哲
坚持毛主席革命文艺路线　努力繁荣文学艺术创作
——在河北省文联第三届委员会第三次扩大会议上的
讲话（一九七八年十月九日）………… 齐　斌
闭幕词
——在河北省文联第三届委员会第三次扩大会议上
（一九七八年十月十二日）…………… 李满天
登攀曲（诗·外一首）………………… 韦　一
刀之歌（诗·外一首）………………… 凡　丁
新民歌（七首）…………… 张长岭　涌　泉等
绿色的沙漠
——寄自边疆农场的歌（三首）……… 旭　宇
风雪黎明（诗·外一首）……………… 张雪杉
白杨树（诗）…………………………… 宋蕴琦
闹新春（诗）…………………………… 姜　敏
机井组（诗·外一首）………………… 王中和
试新机（诗）…………………………… 赵英华
机场，我们心中的河（诗·外一首）… 王新弟
边防夜（诗）…………………………… 姜国强
收获（诗·外一首）…………………… 郑景泰
秋外秋（诗）…………………………… 孟　阳
公社修配厂（诗·外一首）…………… 禾　青
书记有伙好参谋（歌词）……… 邵　强　肖世军
我的质量数第一（歌词）……………… 孙锦霞
沁园春·禾苗壮（词）………………… 李庆番
词三首 ………………………………… 郭汉城
探亲记（小说）………………………… 田　涛
老走传（小说）………………………… 李志义
桃花开的时候（小说）………………… 殷　瑛
白云乡（散文）………… 马　逵　拉希扎木索
山村散记（散文）……………………… 孙　芳
寓言二则 ……………………………… 旭　黎
瓜园曲（小说）………………… 李克灵　张绍良
小海马奇遇记（童话）………… 田松林　何香久
两个要舀干海水的朋友（柬埔寨民间故事）
　　　　　　　　　　　　　　　　　　田文怀编译
多采（国画·年历）…………………… 肖淑芳
宝莲灯（剧照·二幅）
　　　　　　　河北省河北梆子一、二团演出
鹅肥蛋多（剪纸）……………………… 王玉清

1979 年第 1 期　刊名：《河北文艺》
目录

华主席为《天安门诗抄》题写书名手迹
天安门诗词选（十五首）
向《天安门诗抄》学习什么?（问题讨论·四篇）
　　　　　　　　　　　　　韦　野　韦　一等
一世英名垂千古
　——瞻仰周总理故居　　　　　　阎豫昌
俊鹰翔宇
　——周恩来同志青年时期革命活动（组诗）……石　英
惊涛（小说）　　　　　　　　　　邢　卓
读吴恩裕近作《曹雪芹佚著及其他》（七律·手迹）
　　　　　　　　　　　　　　　　茅　盾
不老松（诗）　　　　　　　　　　曼　晴
今年北戴河（诗·二首）……　[新西兰]路易·艾黎
志感（七律）　　　　　　　　　　康　濯
"海燕"（讽刺诗）　　　　　　　　朱述新
热腾腾的土地（诗·三首）　　　　逢　阳
雁翎春潮（诗·二首）　　　　　　李小雨
灯光捕鱼（诗·外二首）　　　　　丰树森
遗赠诗二首　　　　　　　　　　　叶　蓬
上水石（散文）　　　　　　　　　赵维元
在人生的跑道上（小说）　　　　　肖　波
友谊（小说）　　　　　　　　　　王　丰
麦花芬芳（小说）　　　　　　　　李义春
灿烂的朝霞（小说）　　　　　　　李晓岚
小哥俩送粮（童话）　　　　　　　肖　男
平原的觉醒（革命艺术史话）　　　孙　犁
磐石的性格（散文）　　　　　　　常庚西
春蚶肥（散文）　　　　　　　　　清　泉
妖风睹怪（讽刺笔记三则）　　　　张建国
从清扫"奥吉亚斯的牛圈"说起（杂文）……陈辛火
致读者　　　　　　　　　　　　　本刊编辑部
冯牧同志谈当前文艺问题　　　　　本刊记者
推倒"四人帮"对《红旗谱》的诬蔑……石剑芳

一得之见

推倒"四人帮"文字狱　　　　　　青　野
要让大家敢于讲真话　　　　　　　冯健男
有些作品群众为什么不爱看　　　　张仲朋
漫谈诗歌写作
　——与工人业余作者座谈时的发言摘要……李霁野
文讯（五则）
光华照神州（油画）　　　　　　　胡振宇
青松（雕塑）　　　　　　　　　　郭宝寨
迎春（国画）　　　　　　　　　　田辛甫
迎新图（剪纸）　　　　　　　　　李传源

1979 年第 2 期　刊名：《河北文艺》
目录

为四化高歌　向四化进军
海上新长征（诗·三首）　　　　　韦　野
脚手架上的春天（诗·三首）　　　肖振荣
我失眠了……（诗）　　　　　　　安忠和
大寨的算盘（诗）　　　　　　　　周凤阶
飞吧，金色的矿山（报告文学）　　孟　敏

油田春光
春光
　——华北油田诗抄（七首）　　　田　间
好年胜景（诗·五首）　　　　　　曼　晴
夺油图（诗·二首）　　　　　　　戴砚田
浪花一束（诗·六首）　　　郁　葱　江　明　曹增书
诗词四首　　　　　　　　　　　　陈大远
燕都杂咏（七律·五首）　　　　　杨金亭
柴达木诗笺（五首）　　　梁上泉　石太瑞　孙纪才
新民歌（七首）　　　　　　肖世军　陈有才等
山村奇观（诗）　　　　　　　　　贾光奇
丧事（小说）　　　　　　　　　　铁　凝
嘴上叼着弹壳的人（小说）　　　　单学鹏
荷灯记（小说）　　　　　　　　　李克明
中流（小说）　　　　　　　　　　赵立山
黄河啊，母亲（散文）　　　　　　张庆田
珍珠（散文）　　　　　　　　　　邢爱梅

向《天安门诗抄》学习什么?
胆与识　　　　　　　　　　　　　丁国成
"同心同调复同时"　　　　　　　　吴庚振
有"志"者　"诗"竟成　　　　　　申　身
夜读有感
　——创作杂谈之一　　　　　　　邢　野
思想解放与文艺繁荣　　　　　　　郑士存
从说书吸取民族艺术营养——谈《烈火金刚》在继承
民族传统上的成就　　　　　　　　黎　闻
实事求是地看待文艺作品
　——重读评价《"老坚决"外传》等短篇小说
　　　　　　　　　　　　　　　　王　凌
我省文艺参观学习团在华北油田和保定农村（摄影·
四幅）　　　　　　　　　　　　　可　华
矿山铁汉（雕塑）　　　　　　　　王树生
铁姑娘（雕塑）　　　　　　　　　郭宝寨
太行老农（素描）　　　　　　　　郑今东
小红红（国画写生）　　　　　　　梁　岩
葫芦（国画）　　　　　　　　　　田辛甫
渔歌（剪纸）　　　　　　　　　　张学仲

1979 年第 3 期　刊名:《河北文艺》
目录

"老坚决"新传（小说）……………………张庆田
绿叶（小说）………………………………玉　湖
金色的滏河滩（小说）……………………孙　耀
权力（小说）………………………………宁连生
浑河三变（民间故事）…………………张士杰遗作
他永远是出征的战士
　——怀念我的父亲马本斋烈士……………马国超
浪花赞
　无云雨（速写）………………………………新　学
　钢筋工（散文）………………………………赵金泉
　瑞雪纷飞（散文）……………………晓　春　清　江
　大山之歌（散文·外二章）………………桑　原
　补鞋小唱（散文）…………………………袁厚春
天文工作者手记（诗·二首）……………王淑臣
天文望远镜（诗）…………………………李金明
太行抒怀（诗）……………………………孙友田
在太行山上（诗·三首）…………………浪　波
渤海春汛（诗·二首）……………田松林　何香久
溪水潺潺（诗·外二首）…………………周兴俊
淀上荷花（诗）……………………………韩成武
套马比赛（诗）……………………………何　理
友谊桥
　——祝贺邓副总理访美圆满成功…………李盘文
新民歌（七首）…………………初　萌　陈习玲等
铁道线的联想（诗·外一首）……………张振东
信号灯（诗）………………………………张春海
哨所牧歌（诗·外一首）…………………时家翎
战士和花（诗）……………………………姜国强
爬山（童话诗）……………………………申　明
略谈田间诗歌风格形式的演变……………郭　超
新人新作新意——谈贾大山的短篇创作…冯健男
文艺批评要坚持两点论……………………方　犁
"饮酒作乐"吗?
　——与高蓬洲同志商榷…………………谈元彪
关于"草上飞"………………………………吴雪涛

东风诗话
　"网"的联想（外二篇）…………………李苏卿
　"妙"在何处?………………………………高道生

摄影作品选载
　渠水长流…………………………………杨国汉
　攻关………………………………………李　力
　壮心不已…………………………………范道远
　育林………………………………………袁　浩

葡萄（国画）………………………………田辛甫
乌兰牧骑在草原（剪纸）…………………闪威电

1979 年第 4 期　刊名:《河北文艺》
目录

爱情，并没有在人们心灵中消亡（小说）……瑞　晴
松塔（小说）………………………………邹尚庸
婚期（小说）………………………………宫克一
没有想到的爱情（小说）…………………张锁林
战士与"花"（特写）………………………东　燕
历史一瞥
　——天安门广场丙辰清明之夜速写………张守仁
清明信笺（散文）…………………………晨　光
工作（西柏坡革命故事）…………………阎　涛

"四五"精神永放光芒
纪念碑颂（诗）……………………………田　真
丙辰清明有花发（诗）……………………孙桂贞
去吧，孩子他爸（诗·外一首）…………邢　卓
故乡情（诗·三首）………………………刘　章
金翅歌（诗·二首）………………………尧山壁
新民歌（九首）………………王　坤　张建明等
蓝晶晶的雨（诗·外一首）………………郭沫勤
飞旋吧，矿山磁选机（诗）………………赵英华
订婚（诗）…………………………………胡长槐
他和她（诗）………………………………张新果
秤（诗）……………………………………崔永生
高举艺术民主的旗帜
　——学习周恩来同志《在文艺工作座谈会和故事片创
　作会议上的讲话》…………………………朴元明
发扬艺术民主　按艺术规律办事
　——河北省文联工作座谈会座谈周总理讲话
谈刊物的风格………………………………远千里
远千里同志平反昭雪追悼会在石家庄举行（消息）
文学创作要为四个现代化建设服务
　——河北省文联召开文学创作座谈会………本刊记者

问题讨论
儿歌创作的启示……………………………吴　城
诗，该这样写!
　——读《天安门诗抄》……………………韩振堂
从一份《纪要》的命运谈起
　——谈文艺创作容不得"长官意志"………刘永典
文讯二则
卖给谁（小戏曲）…………………………孙锦霞
一九七六年清明节天安门事件纪实（摄影·二幅）
　……………………………新华社稿　鲍乃镛摄

《天安门诗抄》选录（书法·篆刻）
　　　　　　　　　　黄绮 肖一 刘铁峰
怒讨鬼城祭忠魂（油画）····················齐梦慧
菊花（国画）····························谢志高

1979 年第 5 期　刊名：《河北文艺》
目录

纪念"五四"运动六十周年
游里加湖（诗·二十二首·墨迹）··········郭沫若
迎接"五四"六十周年··················巴　金
流落安庆一年琐记····················李霁野
历史教员（诗）······················岩　岚
像他那样渡过青春（诗·三首）··········柴德荣
李大钊同志（诗·三首）················蔡　华
绞刑架前的缅怀（诗）············杨俊青 阵　容
寄自南方边境（散文）················敏　歧
徒弟（小说）························浦永稳
春之曲（小说）······················岳　南
埋在心底的爱情（小说）··············马秀华
笛（小说）··························飞　雁
理想（小说）························刘永年
寓言三则··························蔡维才等
人格和风格（散文）··················韩映山
矿山春（散文）······················景　森
画（散文）··························赵维元
淀上炮声（散文）····················韩思俊
斧头战（革命回忆录）················储国恩
穷人和法官（英国民间故事）··········田文怀译
新民歌（八首）············耿风春 赵贵辰等
冀东田野上的歌（诗·七首）
　　　　　　　阎景新 刘晓滨 董桂苓
又一度十年寒窗（诗）················叶　蓬
典型发言（讽刺诗）··················宛　青
彼希卡看了《真理报》（讽刺诗·外一首）··朱述新
"源泉"（讽刺诗）····················王中和
为青年一代塑像
——谈近期短篇小说中的青年形象的塑造
　　　　　　　　　　　朱　兵 丁振海
恢复"真实性"的权威吧（文艺短论）······陈映实
为保定小说平反
——《河北文艺》编辑部邀请部分参加过保定小说会
的同志座谈····················本刊记者

读者中来
我的一点想法························谢顺章
百花争艳迎新春
——河北省群众业余文艺会演述评········吴　城

文讯
郭老一九五八年在花园乡引水浇地（摄影）
国画山水写生
江山秀丽··························张　步
三峡······························赵文发
踏遍青山··························应洪声
水胡同水库························钟长生
银龙穿透太行山····················吴守明
荷花（国画）······················胡　光

1979 年第 6 期　刊名：《河北文艺》
目录

新长征号角
歌颂与暴露（文艺短论）··············淀　清
"歌德"与"缺德"（文艺短论）··········李　剑
生活与创作························戬　雯
《红柳诗话》后记··················田　间
车间新镜头（诗·五首）··············石运兴
写在办公室的墙壁上（诗·四首）······秦天寿
生活的诗（三首）··················沈长久
乡风（小说）························贾大山
我们要战斗（小说）················林　呐
莹子（小说）························张应吾
心窗（小说）························晓　明
怀念金镜同志（散文）··············闻　山
泉水（报告文学）··················刘德鑫
火炬
——儿童生活记事··················陈　丽
药园小记（散文）··················红　舒
老孙和小孙（科学幻想小说）········李　琦
小荣荣参观记（科学幻想游记）······张欣之
喷火的山水（诗·三首）············杜志民
淀上行（诗·三首）················申　身
儿歌四首············李同振 王青 刘景林
寄给台湾小朋友（诗·二首）········吴　城
新民歌（七首）··········石德庆 李云冲等
在昨天的记忆里（诗·四首）········贾兆勋
新婚夜话（诗·外一首）············村　野
拿浆糊瓶的小男孩（诗）············魏茂林
手上的茧（诗）····················刘国良
二丫的奖品（诗·外一首）··········许向诚
带刺的花（讽刺诗·三首）··········刘静远
"铁道医生"（诗）··················郭振民
团结起来向前看（歌曲）········尤　熹 舜才
我在抗日战争时期的写作经历（革命文艺史话）
　　　　　　　　　　　　　　　　李英儒
略论《将军河》的艺术特色··········行　人

一本有真情实感的诗

——读《北国春讯》……………………王惠云　苏庆昌

文讯一则

我们爱大海（国画）……………………………周思聪

小八路·瞭望哨（剪纸二幅）…………………徐飞鸿

三加二等于几·快快长大（儿童画二幅）

……………………………………刘小芳　王国委

牡丹（国画）……………………………………马志丰

1979 年第 7 期　刊名:《河北文艺》
目录

新长征号角

谈"飞"（外一篇·文艺短论）………………一　鸣

题材和四化（文艺短论）………………………海　深

诗传单（三首）…………………………………曲有源

人梯

——献给老一代科学家…………………………黄　岩

在詹天佑铜像前…………………………………苗雨时

时间………………………………………………张学梦

天上人间（三首）………………………………桑恒昌

新民歌（九首）…………………金　灿　秦天寿等

党费………………………………………………徐城北

答恶枝（讽刺诗·三首）………………………清　泉

知了和树（外一首）……………………………齐大健

喇叭花（外一首）………………………………徐　贤

沙原春歌（二首）………………………………师日新

献给第一个植树节………………………………姚振函

誓师会……………………………………………赵海士

石油散歌…………………………………………方　殷

油花汛（二首）…………………………………丛　海

情歌二首………………………耿西章　徐彦民

青山夕照（小说）………………………………康传熹

菜碟儿（小说）…………………………………李学通

风波（小说）……………………………………刘艺亭

甜蜜的圣诞节之夜（小说）……[巴拿马]阿乌古斯多

马本斋传略……………玉　良　沈　英　树　强

豆腐炮楼

——节振国的故事………………………………杨书坤

这里也是前线（小说）…………………………晓　寒

问天"师兄"今何在?

——哭张士杰…………………………………长　正

播种的歌（散文）………………………………张建军

风土志

关山春秋…………………………………………马　嘶

"影调"之乡（革命文艺史话）………………张建国

讽刺小品（二则）………………步九江　陈　新

滥竽充数（美术电影文学剧本）………………熊耕发

社会主义新农村的生动写照

——喜读短篇小说集《代表》…………………冯健男

关于发展新诗的问题……………………………苗得雨

爱情描写的作用和意义

——从长篇小说《东方》中的爱情描写谈起…胡德培

读者中来

还我们民歌………………………………………王晓奎

繁荣曲艺，丰富群众文化生活

——农村曲艺活动调查…………………………石　光

文讯五则

永远的纪念（油画）……………………………费　正

谒白求恩墓（水彩画）…………………………郝　华

深山小站（木刻）………………………………孙廷卓

太行之晨（木刻）………………………………姜　旗

丁香花（水粉画）………………………………铁　扬

1979 年第 8 期　刊名:《河北文艺》
目录

勇往直前（报告文学）…………………………李满天

"沙盘"纪事（特写）…………………………田　涛

自卫还击　保卫边疆（速写·四篇）…………武群英

英雄的画像（诗·四首）………………………浪　波

你们还在（诗）…………………………………侯志宏

新长征号角

"放"和"三不"（文艺短论）………………河　阔

"花"和"风"（文艺短论）…………………亚　芸

"教"和"乐"（文艺短论）…………………郑铁生

尊重"一家之言"（文艺短论）………………苏连硕

诗三首……………………………………………邢　野

农机欢唱（诗·三首）…………………………王奎申

选干部（诗）……………………………………王恩桥

家乡啊，赞美你（散文）………………………孟　敏

山乡短歌（诗·二首）…………………………张雪杉

水库（诗·外一首）……………………………孙殿武

田野上（诗·二首）……………………………王中和

故乡情（诗·三首）……………………………任彦芳

雨（诗）…………………………………………郭沫勤

社员出勤表（诗）………………………………李枕海

一架柁（小说）…………………………………毛志成

"中"与"不中"（小说）……………………曹曾林

采药季节（小说）………………………………潮　清

神炮手的"光头"（小说）……………………刘战英

哨兵（小说）……………………………………余　生

枣儿（小说）……………………………………郑振杰

死的喜剧（小说）——————[埃及]马赫穆德·台木尔
新民歌（八首）——————冯真华 杨 畅等
测（诗）——————刘兰松
播种春天（诗）——————周 鹤
蓝天红花（诗）——————王新弟
水底潜伏（诗·外一首）——————郁 葱
松（诗）——————边国政
白杨及其他（诗·四首）——————杨玉辰
生活（诗·四首）——————沈长久
南国行（词·四首）——————吴长城
笔酣墨饱 情真意切
——读刘真的几篇散文——————景 森

读者中来

关于歌颂领袖的问题——————陈良运
也谈"歌德"与"缺德"——————李远杰
谈"草上飞"
——兼与吴雪涛同志商榷——————李怀埙
"长""短"及其他（读稿杂谈）——————洛 康
文讯二则
峨嵋盛景（国画写生）——————孙克纲
丰收季节·让我想一想（国画写生）——————王宇文
江峡暮色·渔村归舟（国画写生）——————刘汝阳
菊花（水粉画）——————铁 扬

1979 年第 9 期　刊名:《河北文艺》
目录

排除阻力 团结向前
——评《"歌德"与"缺德"》——————冯健男
从通风谈起——————张仲朋
歌颂·暴露·批判·干预——————剧 璞 辛振兴
我对歌颂与暴露的理解——————张志清
学习张志新
真正的人（诗）——————曼 晴
光辉的一页（诗）——————刘 章
审判（诗）——————周凤阶
呵，赵州桥（诗）——————丁 锋
承德二首（诗）——————果瑞卿
热河泉（诗）——————湘 霖
再见吧，我的家具、楼阁（诗）——————孙志民
新民歌（七首）——————郑世芳 张绍臣等
春天，有一位播种者（诗）——————张 廓
五月的村庄（诗·外一首）——————青 勃
春回曲（诗·二首）——————江 敏
秋色浓抹太行山（诗）——————温王林
木耳歌（诗）——————孟 阳
钢花集（诗·五首）——————孙桂贞

搬家乐（诗·三首）——————张新果
煤海灯塔（诗·外一首）——————郭 俊
秀英的心病（小说）——————刘兰朝
戏台上下（小说）——————赵 新
俺家那个傻子（小说）——————苗迎吉
荣誉（小说）——————王竹平
杨柳桥之夜
——访日随笔——————梁 斌
迢迢万里念亲人（散文）——————檀 可
南盘江畔
——旅途散记——————韦 野
野菊花（散文）——————赵金泉
金质奖章（报告文学）——————马秀华
要人物多样化 不要"唯英雄"化——————杨曾宪
发展科学的文艺批评——————杉 木
花香飘满社员家（歌曲）——————洪 源 王 杰
紫鸢（国画）——————王晋元
山村·钢铁厂（油画写生）——————林日雄
太行美如画（木刻）——————李永太
矢车菊（水粉画）——————铁 扬

1979 年第 10 期　刊名:《河北文艺》
目录

社会主义，你……（诗）——————李祥生
与共和国同履历（诗）——————姚振函
清晨，姑娘照着镜子（诗）——————赵贵辰
酿造（诗·外一首）——————刘戎声
瞧娘（诗）——————王书元
请（诗）——————李 钧
摘萤（诗·外一首）——————杨鸿恩
盼归（诗）——————靳亚利
承德纪行（诗·十首）——————刘 章
新民歌（六首）——————侯立身 秦俊亭等
海上剪影（诗·二首）——————刘小放
渤海抒情（诗·二首）——————铁 牛
凤尾岛（诗）——————徐如麒
世上另有一个地下天空（诗）——————韩英珊
科学诗五首——————范建国 鲁 行
机智的小山羊（童话诗）——————田 真
丰碑寄深情
——保定二师抒怀——————王凤梨
"五月雪"（散文）——————吕振侠
值夜（散文）——————路 深
月儿圆（散文）——————周 渺
蘑菇香（散文）——————苑纪久
割苇（散文）——————曹彦军
避暑山庄一瞥（散文）——————李国梁

小小说

春晖 ································ 关汝松
静静的寒夜 ······················ 刘宝池
肋膪理事 ························· 小 溪
"傻"场长 ························ 清 泉
赶集 ····························· 袁 然
柳玉翠 ·························· 张树春
金不换 ··························· 新 学
卖杏 ···························· 赵孟肖
两个小水珠 ······················ 陈秉厚
胖牛哭了 ························ 张喜聚
读本期的几篇小小说 ·············· 张庆田
让自己的影子吃饭的人（小说）

　　　　　　　　　[阿根廷]莱·巴乌莱塔

解放思想　打破禁锢 ············· 本刊编辑部
端正思想路线　繁荣文艺创作
——河北省文联四单位联合召开文艺理论座谈会

　　　　　　　　　　　　　　　　　本刊记者
论暴露在社会主义文学中的地位　邢小群　丁 东
谈晋察冀边区的短篇小说 ··········· 纪桂平
胜利的旗帜（木刻） ··············· 邵黎阳
华主席和我们心贴心（水粉画） ······· 刘海志
贺龙
——在行军途中（木刻） ··········· 肖 林
菊花（水彩画） ··················· 王 信
开滦速写（二幅） ················· 李丰田
丰收曲（木刻） ··················· 王 敢

1979 年第 11 期　刊名:《河北文艺》
目录

反正小传（小说） ················· 张建国
大师妹（小说） ··················· 郑 力
不用装扮的朋友（小说） ············· 铁 凝
春（小说） ······················ 赵沐英
豪情忆旧事　抱病语后生
——忆崔嵬同志（散文） ··········· 周进祥
故乡行（散文） ··················· 阎豫昌
古瓷新彩（特写） ················· 戴晓彤
迁安造纸史话 ············· 李健民　马咏春
被清出的档案材料（诗·二首） ······· 蔡 华
酒与油（诗·外一首） ·············· 丰树森
真理（诗） ······················ 村 野
诺尔曼·白求恩（诗） ·············· 张又君
写在白求恩纪念馆（诗·二首） ······· 侯志宏
在深深的矿井里（诗）

　　　　　　　　[加拿大]乔 治　杨 桦译
布雷顿角矿工（诗）····[加拿大]霍 兰　杨 桦译

办公室（诗） ····················· 王洪涛
田野上的呼声（诗·三首） ··········· 葛 玄
田野短笛（诗·三首） ·············· 孔 林
山音（诗·外一首） ················ 向 东
校园短歌（诗·二首） ·············· 曹苗苗
新民歌（九首） ·········· 王文奇　曹增书等
唾沫与鲜血（诗·二首） ············· 章德益
露珠集（诗·五首） ················ 戴砚田
"规矩"和"主义"（寓言诗） ········· 刘龙生
核桃树（诗） ····················· 旭 宇
《纪要》不批透　百花难齐放 ········· 周哲民
《大山歌》序 ····················· 张庆田
诗贵探索
——读诗集《南国行》 ············· 陈映实
喊出人民的声音（读者中来） ········· 青 野
谈晋察冀边区的短篇小说（续） ······· 纪桂平
我省召开文艺创作座谈会（文讯）
西蕃莲（水彩画） ················· 王 信
蒲松龄造象（国画） ················ 韩 羽
花卉四幅（国画）

　　　　　　尤宝峰　杜宇舟　李绍君　刘 炎

1979 年第 12 期　刊名:《河北文艺》
目录

在中国文学艺术工作者第四次代表大会上的祝辞（一
九七九年十月三十日） ············· 邓小平
挂甲屯
——怀念彭德怀同志（诗） ··········· 顾绍康
力量的颂歌（诗） ················· 云 海
春天的气息（诗） ················· 张学梦
我们的青春（诗·外一首） ··········· 孙志民
信访处门前（诗） ················· 尧山壁
志言篇（诗·四首） ················ 苗得雨
一束银针（诗·六首） ······· 阎 炎　韦 一等
情书一札（诗） ··················· 温德友
邯郸风情（诗·三首） ·············· 郭沫勤
油田诗草（诗） ··················· 大 民
绿化者之歌（诗·二首） ············· 郑 南
新民歌（九首） ·········· 刘志深　王 坤等
写在公社科研组（诗·三首） ········· 张新果
老油条（诗） ····················· 刘益善
招工（诗·外一首） ················ 李启云
握手（小说） ····················· 孙 一
"小意思书记"（小说） ·············· 常庚西
浴池里的新闻（小说） ·············· 肖 波
秘密在哪里（小说） ················ 刘彦林
"待处"卷宗里的一个问题（小说） ····· 杨海光

火（小说）————————————————杜龙水
黄河的怀念（散文）————————————江　山
未来向有志者招手（特写）————————玉　湖
晶莹的盐花（散文）—————————————马　威
秋水一湖歌一曲（散文）——————————孙　耀
巡逻·传说·假日（散文）—————————徐淙泉
苍岩播翠（散文）—————————————刘天琴
斗争生活的篇章
——《肖也牧作品选》序————————康　濯
说唐僧——兼谈歌颂与暴露————————张仲朋
"学拉琴的……"（杂谈）—————————陶　然
历史的一面镜子
——重评《阿Q正传》———————————李屏锦
师承与独创————————————————吴庚振
文讯（五则）
花常好（国画·年历）————吴作人题字　肖淑芳作画
小熊猫（国画）——————————————李　涵
串红（水彩画）——————————————王　信
漓江倒影（国画）—————————————李明久
秋日的山岗（国画）————————————吕云所

1980 年第 1 期　刊名:《河北文艺》
目录

冤魂（报告文学）——————孟翔聚　张宗仁　石永刚
天职（报告文学）————————————————孟　敏
中秋节（小说·刘海志插图）———————————贾大山
岸柳下的长椅（小说·赵贵德插图）————————化　十
台风警报（小说）—————————————————单学鹏
英雄的乐章
——献给十月（小说）——————————————刘　真
学步集（诗·四首）————————————————王树壮
海河捞金曲（诗·外一首）————————————许向诚
月下桨声（诗·外一首）—————————————丁庆友
声学捕鱼（诗·外一首）—————————————何香久
千吨井的联想（诗·外一首）———————————马恒祥
梦（诗）—————————————————————石运兴
陶瓷车间（诗）——————————————————苏跃龙
乡情集（诗·三首）————————————————严　阵
心底的歌（诗·五首）—————————善　飞　阎　炎等
权力的庙堂（诗）—————————————————肖振荣
生活的启示（诗·十六首）——————田　真　徐孟山等
新民歌（八首）———————————磊　石　李炳莹等
智慧海（诗）———————————————————陈广斌
写在詹天佑铜像前（诗）—————————韩成武　斧　锐
拜菩萨（诗）———————————————————文　丙
不问收获　但问耕耘
——评贾大山同志的创作—————————————朱　兵

我们的力量就在于说真话
——读《乡风》———————————————周哲民
《诗苑折枝》序——————————————————田　间
访作家孙犁————————————————————袁振声
"不负东风是此花"
——赏铁扬的画——————————————————韩　羽
编辑的喜悦————————————————————施弦庚
游燕塞湖————————吴作人诗并书　刘铁峰篆刻
《刘志丹》木刻插图二幅——————————————彦　涵
墨竹（作家书画）—————————————————管　桦
《丝路花雨》剪纸四幅———————————————贾堂锁

1980 年第 2 期　刊名:《河北文艺》
目录

延水谣（小说·赵贵德插图）———————————张庆田
猎狐记（小说·刘端插图）————————————可　华
雨过天晴（小说·刘海志插图）———————————赵　新
改门换代（小说·尹庆芳插图）———————————张从海

浪花赞

奔马图——————————————————————张淮源
幻想之歌—————————————————————王佩元
果园情思—————————————————————马　嘶
笑声———————————————————————李新建

怀念王昭同志————李芳林　齐　斌　张学新　杨润身
为什么只有一顶"青纱帐"
——悼念刘星火同志————————————————殷　白
我之歌（诗）———————————————————王俭庭
贴在伤口上的诗（十八首）——————葛　玄　刘洪章等
药瓶（诗）————————————————————石　湾
春歌（诗）————————————————————黄东成
花满长征路（诗·七首）—————————逢　阳　刘晓滨等
海员和妻子（诗·二首）—————————————白　渔
新民歌（七首）———————————杜立宪　叶曙光等
鼓风机（散文诗·外一章）————————————吴　城
淖尔（诗）————————————————————魏茂林
注意塑造新时期的社会主义新人形象————————陈景春
大胆地看取人生　真实地反映现实
——也谈歌颂与暴露————————————————奚　海

文苑拾零

一以当十—————————————————————梦　阳
"画出自己的心和梦"———————————————沈怀骥

一支迟到而又冲上来了的梯队
——我省诗坛新人漫评———————————————尧山壁

文讯（三则）
黄山喜遇（素描）···袁庆禄
梅为百花魁（作家书画）·································梁　斌
洛神图（国画）···任率英

1980 年第 3 期　刊名:《河北文艺》
目录

小八橹子（小说·张玉良插图）·················远千里遗作
三伏天的喜风（小说·张辛国插图）···············张荣珍
启蒙与愚弄（小说）···薛　勇
金鱼的葬礼（小说·题画：鲍潮鸣）···············李　澈
雅梅（小说·刘明义插图）·······························郑振杰
我不是乞丐（小说）
·······················[叙利亚]纳斯·阿·金·巴赫拉
千里征途　使人怀念（散文）·························张　朴
红叶（散文·题画：程云志）···························祁淑英
山桃正结蕾（散文·题画：赵炳元）···············王默泅
地层的"眼睛"（散文）···································薛庚环
关于生产力的歌（诗）·····································张学梦
激流浪花（诗·二首）·····································左建协
萤火集（诗·十一首）···········浪波　林莽　曹增书
贝壳集（诗·四首）···沙　鸥
油田秋歌（诗·六首）·····································沙　白
出土的诗稿（诗·四首）·································旭　宇
邯郸风物（诗·三首）·····································叶　蓬
新民歌（七首）·······················陈有才　赵贵辰等
水乡风采（诗·二首）·····································管用和
晨（诗）···田　真
写在商店的意见薄上（诗）·····························肖复兴
革命现实主义所向披靡·····································王　红
植根于泥土之中
——张荣珍和她的小说·································长　正
生活·知识·构思
——读《大师妹》所想起的·························李玉昆
以少胜多···吴功正
老酒一瓶与清酒百壶·····································吴雪涛
秀才娘子的一瞥···任重远
虬龙迎春舞（作家书画）·································峻　青
夏日·雨后（水粉画）·····································韩　羽
傣族姑娘（国画）···梁　岩

1980 年第 4 期　刊名:《河北文艺》
目录

在省文联、省文化局联合召开的省会文艺界迎春晚会
上的讲话···李尔重

献给少奇同志的歌（诗·二首）
·······························王燕生　拉希扎木索
平安的人（小说）···瑞　晴
嘴（小说·赵贵德插图）·································刘大海
复苏的心（小说·王宇文插图）·····················张　林
张衡相河间（历史小说·牛双印插图）···········刘水远
望海（电视剧）···雷石榆
忆张矩（散文）···芷　汀
痴呆赞（散文）···韩　羽
苍岩奇秀（河北风光·散文）···························康传熹
锉刀赞（散文）·······················增　山　运　平
一秒歌（诗）···张志民
警惕啊，人们!（诗）·····································姚振函
花满长征路（诗·九首）
·······················陈秀庭　何理　斧锐　赵登垒
短歌集（诗·二十五首）
·······················李树新　凡丁　梁谢成　熊火等
清泉（诗·外一首）···石　英
生活散诗（三首）···任彦芳
新民歌（七首）·······················殷学勤　肖世军等
诗二首···蔡天心
白杨（诗）···甄崇德
油之妙用（讽刺诗·王健插图）·····················郝继波
画家与社员（诗）···铁　牛
球的歌（散文诗·三首）·································邢　卓
现实主义与自然主义·····································臻　海
高高挂起的红灯
——读申跃中的《挂红灯》·························徐光耀
谈"诗兴"···李壮鹰
以情感人···王　黎
洛阳龙门口（作家书画）·································阮章竞
女护士·港口傍晚（油画）·····························费　正
山村（速写）···郑今东

1980 年第 5 期　刊名:《河北文艺》
目录

地窖里的重逢（小说·谢志高插图）···············峭　石
盖楼房的人（小说）···汾　飞
双喜临门（小说）···安耀光
圆圆的月亮（小说）···盖祝国
感情（小说·题画：史惠芳）···························王家惠
悼李季（散文）···田　间
怀念李季同志（散文）·····································张庆田
闪光的算珠（报告文学·题画：刘海志）
·······························杨海光　咏　珠
象牙瓷杂忆（散文）···韦　野
梦绕魂飞念农乡

——访老作家丁玲……………………………………阎豫昌
少奇同志携春归（诗）……………………………边国政
风雨征途（诗·二首）……………………………敏 岐
邯郸抒怀（诗·四首）……………………………雁 翼
漳南渠（诗·外一首）……………………………牛连雪
花满长征路（诗·十一首）
　　　葛 玄 申 身 王中和 王玉民 刘希涛
新民歌（十四首）………………徐孟山 王奎申等
丽调吟（诗）………………………………………杨金亭
填写入党志愿书（诗）……………………………周凤阶
我的一个青年战友（诗）…………………………柳 荫
希望（诗）…………………………………………黄 淮
沧州纪行（诗·外一首）…………………………曼 晴
鲁迅和民歌…………………………………………楼沪光
生活·思考·艺术
——读肖波短篇小说的感想……………………刘 哲
《挂红灯》的写作经过……………………………申跃中
文艺创作的新收获
——《挂红灯》座谈会发言摘要………………本刊记者
写作与光阴（短论两篇）…………………………苗得雨
文艺与政治的关系问题（讨论纪要）
江上（作家书画）…………………………………冯骥才
普陀宗乘庙一角·北海公园荷塘（水彩画）
　　　　　　　　　　　　　　　王 信 郝 华
在震中的土地上（雕塑）…………………………王树生

1980 年第 6 期　刊名:《河北文艺》
目录

在河北省文学艺术工作者第四次代表大会上的讲话
……………………………………………………李尔重
河北省文学艺术工作者第四次代表大会开幕词
……………………………………………………田 间
解放思想　加强团结　为繁荣社会主义新时期的文艺
而奋斗——在河北省文学艺术工作者第四次代表大会
上的报告（摘要）………………………………路 一
河北省文学艺术工作者第四次代表大会闭幕词
……………………………………………………梁 斌
省文联四届委员会名誉主席、主席、副主席、委员及
各协会领导成员名单
诗二首………………………………………………李尔重

小叙事诗
琴弦…………………………………………………张 诚
这是真的……………………………………………沙 丛
选队长………………………………………………张安生
成长在社会主义阳光下
——石家庄育红学校写生（诗·二首）………肖振荣

谎言和真理（诗）…………………………………杨 畅
兵兵的一次旅行（诗）……………………………张泉渌
蜜蜂与蜻蜓（童话诗）……………………………华 岱
皇冠上的珍珠（小说·题画：赵贵德）…………刘国良
金菊菊的前半生（小说）…………………………赵沫英
发生在公共汽车上的故事（小说·题画：刘海志）
……………………………………………………李庆番
三颗种子（小说·题画：刘端）…………………张绍良
陈毅同志在工人中（散文）………………………孟 敏
二月兰（散文）……………………………………刘 章
金凤展翅（散文）…………………………………李永文
燕山深处（散文）…………………………………韩思俊
关于落实作品政策的公告………………………本刊编辑部
一幅言志的好画……………………………………刘振声
白猫黑猫（作家书画）……………………………秦兆阳
荷香十里·丝瓜（国画）……………张永太 蔚 琛
播种（剪纸）………………………………………徐飞鸿
省四次文代会摄影六幅……………王进友 田涌泉

1980 年第 7 期　刊名:《河北文艺》
目录

小说
人不是含羞草（张玉良插图）……………………甘铁生
好心的老姨妈（赵贵德插图）……………………刘 真
春望（刘海志插图）………………………………陆扬烈
十步香草……………………………………………刘绍棠
田珍小传……………………………………………韩映山
大杨下乡……………………………………………张 峻
燕赵奇花（传记小说）……………李英儒 李晓龙

评论
孙犁——一位有风格的作家………………………鲍 昌

美术
俯首甘为孺子牛（国画）…………………………黄 胄
黄山观日出·狼牙山（国画·二幅）……………钟长生

1980 年第 8 期　刊名:《河北文艺》
目录

小说
我的朋友们（尹庆芳插图）………………………秦万里
突袭（长篇历史小说选载·牛双印插图）………蒋和森

新人新作
立春…………………………………………………潘嘉璋

集中凝炼　以情动人
——读新人新作《立春》…………………………寒　雪

散文

湄南河上——访泰散记………………………………陈大远
三访梁斌………………………………………………黄　伊
从"小鬼"到作家
——忆冯志同志……………………………………苑　莎
哀兰谷
——关于公的随想录………………………………李屏锦
在炮火纷飞的日子里
——回忆"新世纪剧社"（敌后文艺史话）………梁　斌
时代又一次在召唤（敌后文艺史话）………………粟　生

诗歌

青年之友（十七首）
采撷于生活（五首）…………………………………张学梦
星星草（三首）………………………………………靳文章
鸟窠（外一首）………………………………………李树新
煤油灯·刮脸…………………………………………黄安生
阴影·天平……………………………………………叶　卉
诗二首…………………………………………………姜强国
我是飞蛾………………………………………………程赞国
故乡抒情诗（二首）…………………………………徐　刚
战士的爱（二首）……………………………………杨玉辰
在祖国地图面前………………………………………常　安
永年县民歌选（八首）………………武存直　武存富等

评论

"双百"方针与认识论………………………………郑士存
破晓的彩霞
——刘绍棠早期中篇小说集《运河的桨声》序
……………………………………………………康　濯
后记……………………………………………………刘绍棠
读罢《金鸡宴》………………………………………克　明

创作要怎样才会好

"听来的……"小议…………………………………洱　泠
"诗贵不经人道语"…………………………………屈　崛
文讯（三则）

美术

水乡（国画）…………………………………………吴冠中
野趣图（国画）………………………………………王晋元

1980 年第 9 期　刊名:《河北文艺》

目录

小说

走出屋外看云去（王怀骐插图）……………………刘树华
在第七号车厢里（王桂保插图）……………………肖　波
雪夜……………………………………………………克　明
舞台……………………………………………………白景晟
菊菊和巧巧………………………………曾长清　武　正
石旺（刘海志插图）…………………………………常庚西

散文

千古文章未尽才
——怀念亡友远千里（敌后文艺史话）…………常　征
"我要了解中国"……………………………………孟庆华
奔腾…………………………………………………李宝柱
老人赋…………………………………………………村　野

诗歌

诗五首…………………………………………………叶文福
封条的遗迹……………………………………………顾　工
夹在记忆中的草叶（四首）…………………………杨大矛

新人新作

符号中的记忆
——十年文字狱（外一首）………………………杨松霖
读杨松霖的诗…………………………………………余　三
爱情诗（五首）………………………陈琼公 李　白德成
醒来的山野（二首）…………………………………姚　莹
车马大店………………………………………………王清秀
夜半机声………………………………………………朱谷忠
短诗小辑（九首）……………………………赵氏英　赵英华
李震川　李春林　杨兆祥
我歌唱数和数的家族…………………………………边国政
搬山——写在挖掘机上………………………………白　金
樱花——柳枝…………………………………………朱述新

评论

"一支唱不完的歌"
——读《乡情》和《花与山泉》………周申明　邢怀鹏

作品短评

生活啊生活
——谈贾大山的短篇小说《中秋节》……………夏　昊
柳莹是一个"典型"…………………………………张庆田
霜重色更浓
——报告文学《冤魂》读后………………………周哲民

创作要怎样才会好

评批评⋯⋯⋯⋯⋯⋯⋯⋯⋯⋯⋯⋯⋯⋯李壮鹰
小金鱼的启示⋯⋯⋯⋯⋯⋯⋯⋯⋯⋯⋯⋯刘 琦
读诗有感⋯⋯⋯⋯⋯⋯⋯⋯⋯⋯⋯⋯⋯⋯陈习玲
古代神话（文学知识）⋯⋯⋯⋯⋯⋯⋯⋯玄 予
来信一则⋯⋯⋯⋯⋯⋯⋯⋯⋯⋯⋯⋯⋯⋯徐 岭

美术

巫峡月夜（国画）⋯⋯⋯⋯⋯⋯⋯⋯⋯⋯孙克纲
山水写生（国画·三幅）⋯王玉池 杨 孜 尹德年

1980 年第 10 期 刊名:《河北文艺》
目录

小说

写在前面⋯⋯⋯⋯⋯⋯⋯⋯中国作家协会河北分会
小路伸向果园（铁扬插图）⋯⋯⋯⋯⋯⋯铁 凝
"先进人儿"（辛鹤江插图）⋯⋯⋯⋯⋯⋯赵 新
借车（阿菊插图）⋯⋯⋯⋯⋯⋯⋯⋯⋯⋯田 垒
呼唤（薛树森插图）⋯⋯⋯⋯⋯⋯⋯⋯⋯马秀华
彩云⋯⋯⋯⋯⋯⋯⋯⋯⋯⋯⋯⋯⋯⋯⋯孟云魁

新人新作

绿叶成丝⋯⋯⋯⋯⋯⋯⋯⋯⋯⋯⋯⋯⋯解俊山
一颗美好的心——读《绿叶成丝》⋯⋯⋯张庆田

诗歌

我们，送穷的一代（四首）⋯⋯⋯⋯⋯⋯张新果
田园新绿（三首·谷中良插图）⋯⋯⋯⋯陈显荣
朱总的斗笠⋯⋯⋯⋯⋯⋯⋯⋯⋯⋯⋯⋯莫文征
花满长征路（六首）
大河传情⋯⋯⋯⋯⋯⋯⋯⋯⋯⋯⋯⋯⋯姚焕吉
山的遐想⋯⋯⋯⋯⋯⋯⋯⋯⋯⋯⋯⋯⋯武兆强
传统篇⋯⋯⋯⋯⋯⋯⋯⋯⋯⋯⋯⋯⋯⋯师日新
幸福的收获⋯⋯⋯⋯⋯⋯⋯⋯⋯⋯⋯⋯王 野
短歌集（十七首）
夜来香及其他⋯⋯⋯⋯⋯⋯⋯⋯⋯⋯⋯田 真
写在墙上的短歌⋯⋯⋯⋯⋯⋯⋯⋯⋯⋯曹 凯
安全岛（外一首）⋯⋯⋯⋯⋯⋯⋯⋯⋯王树壮
夏天的湖⋯⋯⋯⋯⋯⋯⋯⋯⋯⋯⋯⋯⋯方 晴
地秤⋯⋯⋯⋯⋯⋯⋯⋯⋯⋯⋯⋯⋯⋯⋯红霜叶
估雨（外二首）⋯⋯⋯⋯⋯⋯⋯⋯⋯⋯邢 凯
绿⋯⋯⋯⋯⋯⋯⋯⋯⋯⋯⋯⋯⋯⋯⋯⋯李兴华
海鸟之歌⋯⋯⋯⋯⋯⋯⋯⋯⋯⋯⋯⋯⋯申晓义
骄傲的金鱼⋯⋯⋯⋯⋯⋯⋯⋯⋯⋯⋯⋯左武琮

散文

火线剧社漫忆（敌后文艺史话）⋯⋯⋯⋯陈 乔

乌来飞瀑
——家乡偶拾之一⋯⋯⋯⋯⋯⋯⋯⋯⋯周 青
英雄的画像⋯⋯⋯⋯⋯⋯⋯⋯⋯⋯⋯⋯苑纪久
瓜棚记⋯⋯⋯⋯⋯⋯⋯⋯⋯⋯⋯⋯⋯⋯王默沨
牡丹园小记⋯⋯⋯⋯⋯⋯⋯⋯⋯⋯⋯⋯张守仁

评论

引人注目的崛起
——读张学梦的诗⋯⋯⋯⋯⋯⋯⋯⋯⋯山 川
新的生活题材 难忘的艺术形象
——喜读《人不是含羞草》⋯⋯⋯⋯⋯寒 雪
我是怎样开始写作的⋯⋯⋯⋯⋯⋯⋯⋯韩映山
诗经（文学知识）⋯⋯⋯⋯⋯⋯⋯⋯⋯秦 嘉
国外艺术流派简介（一则）

美术

鼓声摇动天山春（国画）⋯⋯⋯⋯⋯⋯张德育
兰花（国画）⋯⋯⋯⋯⋯⋯⋯⋯⋯⋯⋯王怀骐
农村小景（二幅）⋯⋯⋯⋯⋯⋯李丰田 王培昌

1980 年第 11 期 刊名:《河北文艺》
目录

小说

雷击木（赵贵德插图）⋯⋯⋯⋯⋯⋯⋯⋯晓 剑

新人新作

我的来访者（尹庆芳插图）⋯⋯⋯⋯⋯⋯张凤洪
环境与个性
——读《我的来访者》⋯⋯⋯⋯⋯⋯⋯沙 丛
界线的那一边⋯⋯⋯⋯⋯⋯⋯⋯黄亚洲 陈建军
麦熟杏⋯⋯⋯⋯⋯⋯⋯⋯⋯⋯⋯⋯⋯⋯王 扶
"刘古董"外传（秀夫插图）⋯⋯⋯⋯⋯万国儒

散文

追怀许世平同志⋯⋯⋯⋯⋯⋯⋯⋯⋯⋯康 濯
贺师长到冀中来了⋯⋯⋯⋯⋯⋯⋯⋯⋯彭法苏
怀念李季同志⋯⋯⋯⋯⋯⋯⋯⋯⋯⋯⋯田 涛
地毯草⋯⋯⋯⋯⋯⋯⋯⋯⋯⋯⋯⋯⋯⋯孔令礼
漠河白夜情⋯⋯⋯⋯⋯⋯⋯⋯⋯⋯⋯⋯门瑞瑜
五台山杂记⋯⋯⋯⋯⋯⋯⋯⋯⋯⋯⋯⋯韩 羽

诗歌

路（三首）⋯⋯⋯⋯⋯⋯⋯⋯⋯⋯⋯⋯蔡 华
煤和诗（外一首）⋯⋯⋯⋯⋯⋯⋯⋯⋯任彦芳
田园诗草（三首）⋯⋯⋯⋯⋯⋯⋯⋯⋯葛 玄
新人小辑（十六首）
诗二首⋯⋯⋯⋯⋯⋯⋯⋯⋯⋯⋯⋯⋯⋯叶 卉

工厂剪影 ················· 凡 丁
一束碎语 ················· 幽 兰
海滨随想录 ··············· 阎景新
日出（外一首） ············ 宋国庆
笛（外一首） ·············· 靳亚利
新民歌（八首）
沉思与独白（二首） ·········· 浪 波
诗四首 ······ 雷石榆 黄 绮 李锡寿 魏际昌
苦思篇 ················· 刘本章

评论
创作要怎样才会好
蹈袭与创新 ··············· 李壮鹰
批评家要有自己的批评风格 ········ 海 平

我是怎样开始写作的
一个作者的自述 ············· 谷 峪
魔幻现实主义（国外艺术流派简介） ··· 陈光孚
先秦散文（文学知识） ·········· 周 舆
文讯

美术
风景写生（油画·水粉画四幅）
········· 刘海志 阿 菊 宋雅丽 丁伯奎

1980 年第 12 期　刊名:《河北文艺》
目录

小说
赶春会（李丰田插图） ·········· 赵景江
日全食（鲍潮鸣插图） ·········· 李克灵

新人新作
妈妈（董庆科插图） ··········· 香 玲
平凡而伟大
——读《妈妈》 ············· 王 苓
两个年轻人和窃贼（赵东瑞插图） ···· 杨 啸
月光洒向大地 ·············· 南 秀

诗歌
年轮 ·················· 流沙河
抒情与思考（十三首）
抒情与思考 ··············· 刘湛秋
大海的传说 ··············· 夏 昊
我心中滚动着回声 ············ 姚振函
狗尾草（外一首） ············ 石 湾
思絮的燃烧 ··············· 旭 宇
咏物篇 ················· 莫西芬

松云峡御道 ··············· 倩 晴
诗传单
——撒在向四化进军的途中 ······· 郭宝臣
新人小辑（十二首·庚子插图）
春天的歌 ················ 王树壮
落叶 ·················· 郑士芳
画像集 ················· 杨松霖
学自行车 ················ 周晓明
海边沉思 ················ 郁 葱
散文诗一束（六首） ····· 孔 林 魏久环 桑恒昌
亢慕义斋词选（二首） ·········· 罗章龙
雨，在中国的土地上大步行走（外二首·刘明义插图）
··················· 刘晓滨
碑（钟志宏插图） ············ 韩成武
满庭芳（登燕山咏怀） ······ 蒋士枚 王建国

散文
科学之谜（报告文学） ·········· 孟 敏
重回延安纪事（李德声插图） ······· 蔡天心
海边情思 ················ 李志寅

评论
生活丑与艺术美 ············· 陈景春

我是怎样开始写作的
我是怎样写起诗来的 ··········· 刘 章
不要放逐革命浪漫主义（读者中来） ··· 竹可羽
屈原和楚辞（文学知识） ········· 任 望
新现实主义（国外艺术流派简介） ···· 吴正义
关于"荷花淀派"的讨论 ········· 白海珍
文讯 ·················· 宋木林

美术
蜘蛛猴（国画） ············· 李 涵
梅·竹（国画） ·········· 孙 宇 徐华峰

1981 年第 1 期　刊名:《河北文学》
目录

评论
问题讨论
编辑部的话
今后的路子怎么走?
——一个作者的苦恼 ··········· 单学鹏
创作三题（创作要怎样才会好） ······ 李满天
犹如一首抒情诗
——读《小路伸向果园》 ········· 传 菁
新小说派（国外艺术流派简介） ······ 昌 黎

小说

我呼吁同情和宽容（谢志高插图）············甘铁生
良知未泯··魏新民
一篇草稿··瞿　航
闪现异光的眼睛（张文学插图）·············陈羽彤
鼾声··贾大山
并非轻松的选择（牛双印插图）·············肖　波
道路重新走（王怀骐插图）······················刘树华
"傻人"的希望·······································石铁生
带蓝色小星星的睡袍（刘海志插图）·······徐　晓
放心吧，妈妈··刘喜立
冰雪在融化··王默沨

诗歌

新人小辑（十四首·郭明志插图）············郑　红
柯　岚　靳文章　姜宇清　鹤　菁　田寿明　纪晓武
于　谦　孙志杰　余守春
青年之友（六首）···········徐敬亚　徐晓鹤　孙武军
王俭庭　姜文岩　杨冬蕲

爱情诗

水仙花下··孙桂贞
山桃花（二首）······································晓　蕾
"渔眼"的眼睛哟（外一首）·····················何香久
徘徊的路（外一首）·······························姜强国
你爱我吗?··李明瑞
农家（外一首）······································陈所巨
静静的村夜···刘英民
塞上吟（三首）······································肖　川

美术

诗一首（作家书画）·······························臧克家
北方农舍（木刻）···································姜　旗

1981 年第 2 期　刊名:《河北文学》
目录

小说

"女光棍"轶事（张玉良插图）···················汤吉夫
人才和奴才··李满天
竞折腰（赵贵德插图）····························李　剑
清明雨（潘真插图）·······························长　正
莹洁，你在哪里……······························未　泯

散文

海夜·日出·夕阳
——北戴河散记··································韦　野
玫瑰花开的时候·····································李明瑞

忘却了的散文··晓　雁
盘根水··周　渺
蜂恋花··张怀远

诗歌

抬轿谣（外一首·刘端插图）····················苗得雨
左家庄歌谣（四首·刘端插图）·················尧山壁
山野拾零（四首）···································张雪杉
含羞草的歌···时永福
山石··柴德森
落叶··溪　流
涧底松（外一首）···································吴　电
山村炊烟（外一首）·······························何　理
足迹··刘静远
故宫遐思（三首）···································孙友田
看望第二故乡··唐仁均

评论

谈汤吉夫的几篇小说·······························张东焱

问题讨论

莫如探索新境
——致单学鹏同志································孙　耀
李清照体验生活·····································肖文苑
文讯一则

美术

国画山水四幅·······杨鉴民　江　枫　应洪声　李东旭
钻前（木刻）··李连柯

1981 年第 3 期　刊名:《河北文学》
目录

小说

"修补"（张进军插图）···························陈　冲
渐渐归去（王书朋插图）··························铁　凝
郑老头"守寡"记（王怀骐插图）···············赵　新
蝼蚁之患··王东满

新人新作

长河落日圆··钟恪民

诗歌

田野的笑容（八首·宋丕胜插图）
换标语·年味··肖振荣
夜·梨园情深·······································张常信
牛·包··马绪英
秋叶·大地··之　泯

致地宫的问候（外一首）⋯⋯⋯⋯⋯⋯田　间
山海情思（十三首·高同宝插图）
忆侨乡⋯⋯⋯⋯⋯⋯⋯⋯⋯⋯⋯⋯⋯陈　犀
大海晨曲⋯⋯⋯⋯⋯⋯⋯⋯⋯⋯⋯⋯龙彼德
海滨短吟⋯⋯⋯⋯⋯⋯⋯⋯⋯⋯⋯⋯陈茂欣
太行山的云彩⋯⋯⋯⋯⋯⋯⋯⋯⋯⋯李学鳌
大学生诗页（十二首）⋯⋯⋯张　星　李广宇等

散文
迷恋（彭爱民插图）⋯⋯⋯⋯⋯⋯⋯陈映实
星的光辉（赵炳元插图）⋯⋯⋯⋯⋯晓　春
山高水长⋯⋯⋯⋯⋯⋯⋯⋯⋯⋯⋯⋯王学昭
潮声⋯⋯⋯⋯⋯⋯⋯⋯⋯⋯⋯⋯⋯⋯马　嘶
领略——黄山排云亭游记⋯⋯⋯⋯⋯奚　青

评论
诗集《醒来的歌声》序⋯⋯⋯⋯⋯⋯张志民
中国文坛上需要这个流派
——在《河北文学》编辑部关于"荷花淀"流派座谈
会上的发言⋯⋯⋯⋯⋯⋯⋯⋯⋯⋯鲍　昌
大决战前夕的农村斗争画卷
——评肖驰的长篇小说《决战之前》
⋯⋯⋯⋯⋯⋯⋯⋯⋯刘振声　白海珍
挖掘生活中的金矿
——评《雷击木》⋯⋯⋯⋯⋯⋯⋯舒　升

问题讨论
一个作家悲剧的启示⋯⋯⋯⋯⋯⋯⋯金　盾
请换一种苦恼
——读单学鹏文章的断想⋯⋯⋯⋯刘　沙
迷惘的一代（国外艺术流派简介）⋯董衡巽
关于刊物的散记（读者中来）⋯⋯⋯景　森

作家笔名探源
梁斌⋯⋯⋯⋯⋯⋯⋯⋯⋯⋯⋯⋯⋯于　胜等

美术
国画花鸟四幅⋯⋯⋯谭宝泉　张永太　徐文山　耿风格
荷花舞（木刻）⋯⋯⋯⋯⋯⋯⋯陆　延　士　英

1981 年第 4 期　刊名：《河北文学》
目录

小说

目光之交流（全祝明插图）⋯⋯⋯⋯解俊山
"复辟"（尹庆芳插图）⋯⋯⋯⋯⋯张庆田
夜雾⋯⋯⋯⋯⋯⋯⋯⋯⋯⋯⋯⋯⋯薛　勇
没有打开的行李卷⋯⋯⋯⋯⋯⋯⋯青　林

处女作
维纳斯的心⋯⋯⋯⋯⋯⋯⋯⋯⋯⋯墨　微

新芽
投身生活⋯⋯⋯⋯⋯⋯⋯⋯⋯⋯⋯李宗敏
戒忧伤　急奋起
——读短篇小说《投身生活》⋯⋯洋　广

散文
弹奏起生活的新曲⋯⋯⋯⋯⋯⋯⋯刘品青
窗花⋯⋯⋯⋯⋯⋯⋯⋯⋯⋯⋯⋯⋯宋俊然
宝塔山上远眺
——延安纪行⋯⋯⋯⋯⋯⋯⋯⋯诸　辛
桥⋯⋯⋯⋯⋯⋯⋯⋯⋯⋯⋯⋯⋯⋯阎豫昌
竹及其他⋯⋯⋯⋯⋯⋯⋯⋯⋯⋯⋯张丽华

诗歌
写在新长征的路上（十一首）⋯⋯申　身　房泽田等
新民歌（八首）⋯⋯⋯⋯崔永生　磊　石等
中年作者诗页（八首）⋯⋯刘　章　药　汀等
新人小辑（十六首）⋯⋯边国政　张保钢等
高原行吟（二首）⋯⋯⋯⋯⋯⋯⋯李发模
沙城⋯⋯⋯⋯⋯⋯⋯⋯⋯⋯⋯⋯⋯雷　霆
泥蝉的表演⋯⋯⋯⋯⋯⋯⋯⋯⋯⋯顾　城
楠楠和茵茵（散文诗·三首）⋯⋯⋯韩作荣
易水河畔沉思（二首）⋯⋯⋯⋯⋯倩　晴
唱给广告的歌⋯⋯⋯⋯⋯⋯⋯⋯⋯马恒祥
森林抒情诗（二首）⋯⋯⋯⋯⋯⋯宫　玺
当我获罪的时候
——赠挚友⋯⋯⋯⋯⋯⋯⋯⋯⋯邢　卓

评论
作品讨论
一篇格调不高的小说⋯⋯⋯⋯⋯⋯张东艳
寓严肃于荒唐的佳作
——《日全食》初探⋯⋯⋯⋯⋯英　辉
漫谈"白洋淀"派
——在《河北文学》关于"荷花淀"流派座谈会上的
发言⋯⋯⋯⋯⋯⋯⋯⋯⋯⋯⋯⋯冯健男

创作要怎样才会好
要惜墨如金⋯⋯⋯⋯⋯⋯⋯⋯⋯⋯张守仁
要注意对生活"保鲜"⋯⋯⋯⋯⋯范咏戈
真·美·短（东风诗话）⋯⋯⋯⋯旭　宇

作家笔名探源
杨沫·王昌定⋯⋯⋯⋯⋯⋯⋯⋯于　胜等
荒诞派戏剧（国外艺术流派简介）⋯昌　黎

美术

凤凰树下（国画）————————张 步
樱花沟（国画）—————————何镇强
村姑（国画）—————————梁 岩
傍晚（水粉画）————————费 正

1981 年第 5 期　刊名:《河北文学》
目录

小说
处女作
芳邻（赵贵德插图）—————周伟思
祭灶（宋不胜插图）—————宋振东
冬末春初——————————李国馥
空屋主（费正插图）—————李树喜
烛光————————————魏 军

新芽
明月————————————金 海
鼓舞人前进
——读短篇小说《明月》———江 湛

散文
日出
——写给一位老同志————晓 雁
鹿场霜晨（彭爱民插图）———韩静霆
燕子矶秋吊————————谢大光
深秋捉蟹（尹庆芳插图）———魏茂林
光斑集—————————王中才
猫头鹰（庚子插图）————董茂棠

诗歌
热风，自车间吹来（四首·钟志宏插图）
　　　　　　　　聂鑫森　冀彤军
新人小辑（十三首·寇锦　赫福路插图）
　　　　　　阎景新　毛剑宾等
绿野集（九首·庚子插图）——林 希　孟庆菲等
海边的风（五首）—————任彦芳
请不要这样————————何火任
海滨速写（二首）————郭沫勤
"干校"诗抄（三首）————丁 力
旅日短诗（二首）————韩 羽
友爱篇（外一首）————田 歌

评论
孙犁的艺术
——在《河北文学》关于"荷花淀"流派座谈会上的
发言—————————阎 纲

文艺要为提高人民的精神境界而努力————潘开华
论张庆田的短篇小说创作————王惠云　苏庆昌

问题讨论
要从主观上找原因—————李 健　李兴春
农村题材杂谈
——几个农民读者的意见———勤 耕
超现实主义（国外艺术流派简介）———施康强

作家笔名探源
蓝曼——————————国 成等

美术
老农·江边（速写）————郑今东
秦香莲·火烧草料场（戏画）——林 涛

1981 年第 6 期　刊名:《河北文学》
目录

小说
沈雁冰
——中国现代文学巨匠（摄影·四幅）——新华社稿
痛悔的悼念————————李满天
水到渠成（李丰田插图）———赵 新
一个名声欠佳的人————母国政
党代表（张玉良插图）———葛 文
莲珍——————————王宪伶
石头人儿（李德生插图）——常庚西
雨儿——————————克 明

处女作
追——————————刘抱峰

散文
并非名人的传记—————石 英
栗花香————————孟翔聚
第二八达岭纪游—————陈建辉
老龙头观日出——————张志军

诗歌
儿童诗一束（七首·宋不胜插图）——金 近　刘静远
姚振函　苑新江　聪 聪
田野上的笑声（十四首·庚子插图）——刘晓滨
汪 抗　李枕海　刘戎声　韩 杰　王玉民　桑 原
新民歌（七首）—————刘松林　柴树春等
思絮的火花（七首）———郑 珺　李 钧
李爱工　白鹤龄
播在田野的诗行（二首）——王新弟

齿轮（外一首）·································张学梦

评论
"立地"与"顶天"·····························陈 炳
谈孙犁作品的语言美·························袁振声

作品讨论
创作之路
——从《日全食》所想到的·················张庆田
不要忘了文学的美学原则
——谈小说《日全食》的思想倾向···········周荫曾
荒诞的梦幻 严酷的现实
——谈李克灵的《日全食》·········肖立军 蔡志翔
关于短篇小说《日全食》的讨论（座谈纪要）
·······································龚福忠

作家笔名探源
吴强·······································从 扬等
日本推理小说（国外艺术流派简介）·········艾 莲
本刊举办一九八一年优秀短篇小说评奖启事

美术
严师（木刻）·······························李德生
驼铃声声（木刻）···························王汉科
势如蟠龙（摄影）···························李 椷
晶莹（摄影）·······························力 春

1981 年第 7 期　刊名:《河北文学》
目录

诗歌
七一诗页（七首）
·············尧山壁 张承信 李震川 陈达光等
山峰（小叙事诗）···························肖 驰
寄自地质队的诗（二首）·····················师日新
田野色彩（十三首）·················李根红 王清秀等
新民歌（四首）·············曹垲滨 张根林 单晓华
海棠花·····································王亚平

小说
新阶段·····································申跃中
忌烟（张文学插图）·························汤吉夫
灯（赵贵德插图）···························远山眉
虹（辛鹤江插图）···························韩映山
朋友，祝福你·······························杨润晔
清宫血泪·································穆书法

散文
庄稼书记（高同宝插图）·····················张喜聚
赞美你，朴实无华的农家屋
——访"柔石故居"·························楼沪光
秋游盘山（王永扬插图）·····················柳 溪
钱大哥·····································张娟娟
晨露野花集·································魏久环

评论
培植文学新人成长的伟大园丁
——读《茅盾文艺评论集》部分文章札记·······范 凡
战火中的孙犁·······················刘绳 刘波

东风诗话
假如一个人的理想是光体·····················阿 红
诗问漫议·································徐振辉

创作要怎样才会好
看···吴 汀
天才与勤奋·································孙振华
一个教育战线上的新人形象
——读短篇小说《"女光棍"轶事》···········白海珍

作家笔名探源
肖殷·任溶溶·······························于 胜等

美术
鸡···韩美林
一路平安（油画）···························陈承齐
峡谷笛鸣（水印木刻）·······················滏 源
《远千里诗文选》插图（木刻·二幅）·········吴 燃
梨树湾（木刻）·····························姜 旗
羊市（木刻）·······························介 夫
篆刻两方·································刘铁峰

1981 年第 8 期　刊名:《河北文学》
目录

小说
乡里舅家（全祝明插图）·····················贾平凹
布底鞋（张玉良插图）·······················黎 之
地暖（刘端插图）···························王会勤
金秋银棉咧嘴笑·····························张记书

处女作
质量厂长·································徐 波
逆女·······································单学鹏
阳台上的花盆（刘海志插图）·················先子良

散文

三见贺龙
——一个冀中老贫农的怀念·············刘秉荣
五百二十个工作日（报告文学·董庆科插图）
·······················魏群宝
延长生命·······················王 恺
一株名花（赵东瑞插图）·············阎 涛
"劫后余灰"·····················康迈千

诗歌

我省获奖诗作四篇
现代化和我们自己
——写给和我一样对"四化"无知的人们······张学梦
对一座大山的询问·················边国政
北山恋——乡情集·················刘 章
回乡纪事（组诗）·················肖振荣
八月海滨（十首·李丰田插图）···毛 锜 梁谢成等
我的根，扎在渤海滩上（三首）·········刘小放
闪光的星（二首）·················纪 学
树···························王俭庭
新民歌（七首）···········武存富 孙 琳等
给诗人（五首）·········吕世豪 村 野 岩 溪
诗二首·······················许 行
我坚信……·····················郭 廓
写在故宫（二首）·················叶廷滨

评论

祝贺和期望
——喜读河北省四位诗人的获奖新作·······刘 哲
关于《人才与奴才》的通信···········应从瑛
一个堪称典型的人物形象
——读赵新的短篇小说《先进人儿》·······夏 昊
尾的匠心（创作要怎样才会好）·········雅 谷

作品讨论

创作的正路在哪里·················赵英麟
谷峪（作家笔名探源）···········于 胜等
文讯三则

美术

三战吕布·······················韩 羽
节日的公园·江峡暮色（水彩画）···郝 华 冯向杰
来个新花样·娃子出息了（木刻）···彭爱民 邵力扬
朱总司令（木刻）·················胡大鹏

1981 年第 9 期　刊名:《河北文学》

目录

小说

说书人（赵贵德插图）···············刘绍棠
希望·························汤吉夫
荧荧（张文学插图）···············秦燕子
栓栓和巧巧·····················李 清
一株未凋尽的野花（鲍潮鸣插图）·········吴雄伟
寒江灯赋·······················文 寸

散文

小园青青·······················飞 雁
良心果·························安 雅
火热的心·······················路 深
吊兰飞翠·······················李永文
啊，春蚕——怀念人民作家赵树理·········赵树标
枣乡秋影·······················郁 葱
可爱的鹅（外一章）···············娄熙元

诗歌

工矿诗页（十首）···········郭 俊 张宝申等
重回滏阳河（外一首）···············韦 野
我设计……（外二首）···············刘晓滨
诗词二首·······················王昆仑
诗二首·······················赵朴初
诗二首·······················方 冰
树的独白（外一首）···············浪 波
三叔的歌（三首）·················张从海
南风，从麦梢头吹过（外一首）·········姚振函
爱的花瓣（九首）·····寇宗鄂 申爱萍 桑恒昌
新人小辑（九首）···········郑 红 师学军等
燕赵风情（六首）···········曼 晴 何 鹰等

评论

若无新变　不能代雄···············绍 先

创作要怎样才会好

诗贵精炼·······················少 松
读书与写作·····················孙振华
一诗独唱·······················肖文苑
努力开掘人物性格的复杂性
——读中篇小说《阴阳错》·············周哲民
努力创造"这一个"
——评中篇小说《在乱崖上》···········刘振声

美术

山柿（摄影）·····················李 力

李清照·李白（国画）　　　　　　　　　　　　季西辰
晨曲·梅（国画）　　　　　　　　　　许鸿宾　徐华峰

美术
霜降过后·金色的小树（水粉画）　　　　　　　　张　庚
画中游·秋湖（摄影）　　　　　　　　　　宋克章　夏一平
同心曲（摄影）　　　　　　　　　　　　　　　　王秋喜

1981 年第 10 期　刊名:《河北文学》
目录

小说
姑娘的心（赵贵德插图）　　　　　　　　　　　　新　学
我和大哥（王怀骐插图）　　　　　　　　　　　　杜曙波
绿岩坪　　　　　　　　　　　　　　　　　　　　王大华

新芽小辑
桂花蜜（谢志高插图）　　　　　　　　　　　　　石玉增
第九十九台缸体（尹庆芳插图）　　　　　　　　　王文建
除夕　　　　　　　　　　　　　　　　　　　　　张新建
朱寡妇　　　　　　　　　　　　　　　　　　　　志　英

散文
痴情（刘海志插图）　　　　　　　　　　　　　　李　清
沧海桑田访小屯
　　——殷墟纪行（张文学插图）　　　　　　　　宋木林
女儿情（阿菊插图）　　　　　　　　　　　　　　张丽华
燕塞湖纪游　　　　　　　　　　　　　　　　　　吕振侠

诗歌
献给祖国的歌（十六首·赫福路插图）
　　　　　　　　　　　　　　　　　　王洪涛　郭宝臣
李树新　王　也　陈　犀　张明梧　王玉民　张志鹏
蓝眼睛的摄影者——街头小记　　　　　　　　　　黄东成
词二首　　　　　　　　　　　　　　　　　　　　吴长城
新人小辑（十首·郭明志插图）　　　　　　李佐友　张国江
靳亚利　房泽田　宋国庆　王奎申　石运兴
工矿诗页（五首）　　　　　　　　　　　溪　流　黄安生等
我追求天上的星星　　　　　　　　　　　　　　　纪诗隽

评论
文艺工作者的思想改造与思想解放　　　　　　　　成志伟
选材要严　开掘要深
　　——鲁迅小记创作漫谈　　　　　　　　　　　田本相
思想——艺术作品的灵魂　　　　　　　　　　　　陈景春

创作要怎样才会好
断臂的联想
　　——小谈艺术的内容和形式　　　　　　　　　黄　毅
作家的本分在于观察　　　　　　　　　　　　　　王之望
金鸡报晓　鹰击云天
　　——读旭宇诗集《醒来的歌声》　　　　　　　叶　蓬

1981 年第 11 期　刊名:《河北文学》
目录

小说
花市（插图王怀骐）　　　　　　　　　　　　　　贾大山
清醒（插图赵贵德）　　　　　　　　　　　　　　陈映实
胸怀（插图刘明义）　　　　　　　　　　　　　　李兴桥
五亩责任田（插图李丰田）　　　　　　　　　　　张逢春
"美味斋"的不速之客（插图鲍潮鸣）　　　　　　　韩静霆
关键一票　　　　　　　　　　　　　　　　　　　俞　悦

散文
北国姑娘（插图阿菊）　　　　　　　　　　　　　柳闻莺
愿你听到这支歌（特写）　　　　　　　　　　　　王佩元

秋色赋
红枣情思（插图谷照恩）　　　　　　　　　　　　王凤梨
梨乡行　　　　　　　　　　　　　　　　　　　　丽　辉
砂打旺花　　　　　　　　　　　　　　　　　　　李宝柱

诗歌
新人小辑（八首·插图张秋菊）　　　　　　张新果　苏　敏等
滴水集
　　——短诗一束（插图寇锦）　　　　　　斧　锐　白　铧等
新民歌（七首）　　　　　　　　　　　　刘松林　王　青等
绿野诗笺（十一首·插图劲草）　　　　　　申　身　唐大同等
纽约剪影（三首）　　　　　　　　　　　　　　　杨　桦
风雨花　　　　　　　　　　　　　　　　　　　　敏　歧
国境线上　　　　　　　　　　　　　　　　　　　程步涛

评论
文艺批评三题　　　　　　　　　　　　　　　　　郭　超
作品的面貌与作家的情操　　　　　　　　　　　　宋木林
突破和不足
　　——评赵新的短篇小说　　　　　　　　　　　刘　哲
饶有趣味的性格开掘
　　——评短篇小说《新阶段》　　　　　　　　　罗守让
鲁迅与斯诺、韦尔斯友谊补略
　　——《斯诺致许广平》及其他　　　　　　　　姚锡佩

美术
老矿工（速写）　　　　　　　　　　　　　　　　周思聪
怀素书焦图（国画）　　　　　　　　　　　　　　卢　沉

思（国画）————————————谢志高
傣族姑娘（国画）——————————姚有多
雨（水印木刻）————————————杨明义

美术
中国版画艺术的倡导者（木刻）—————靳合德
我以我血荐轩辕（木刻）———————马玉生
铁扬水粉画选登
冬（木刻）—————————————杨忠义

1981 年 12 期　刊名:《河北文学》
目录

小说
夜市（插图王怀骐）————————墨　微
同是母亲膝下的儿女（插图阿菊）———李宗敏
班车上的动静（插图全祝明）—————解俊山
张二瞎子唱曲儿（插图赵贵德）————赵沫英
应该埋葬的—————————————刘战英
发理————————————————肖　波
发水老汉—————————————葛金平
芝麻开花—————————————孟　阳
晒麦————————————————张宏志

诗歌
夏日山村—————————————阮章竞
蔚蓝色的大海———————————雁　翼
辣味诗谣—————————————苗得雨
北戴河海滨杂咏——————————黄　绮
中年作者诗页（十三首·插图庚子）
—————————刘　章　肖振荣　张雪杉
青年作者诗页（十一首·插图陆新森）
—————张学梦　边国政　郁　葱　王月朋
诗二首——————————————戴砚田
拖拉机手—————————————苏文河
燕山行——————————————孙　振

散文
家乡来客（插图张文学）——————梁　斌
农贸市场拾零（插图宋丕胜）————袁厚春
我赞美和谐————————————张守仁
暖湖————————————————耿林莽
草原印象（题图鲍潮鸣）——————孟　敏

评论
向生活呼唤"新人"—————————艾　斐
从贾大山的小说谈农村题材创作问题
——在贾大山创作讨论会上的发言——周哲民
她们都有一颗美好的心
——读小说《夜市》和《同是母亲膝下的儿女》
—————————————————余　之
脚踏着坚实的大地——门外谈诗———草　云
鲁迅前期创作散论—————————张　杰
文讯二则

1982 年第 1 期　刊名:《河北文学》
目录

小说
使命（题图插图王怀骐）——————陈　冲
不是冤家不聚头（插图赵贵德）———盛祖宏
老浑河的女儿（插图谢志高）————张中吉
"侏儒人"轶事（插图尹庆芳）————刘喜立
美的价值—————————————于冬桂

散文
刘公岛走笔（插图牛双印）—————沈仁康
船长————————————————谷　峪
故乡之夏（插图阿菊）———————丁　聪
煮石人——————————————郭登科
基石————————————————南　秀
鹦鹉情——————————————杨大邦

评论
关于《这里通向世界》的通信———孟伟哉　单学鹏
问题在哪里————————————刘　哲
关于田间的《赶车传》
——记于捷克译本之后———捷克　普实克　庄毅译
真实性与倾向性——————————王　畅
感情·含蓄——读王树壮的诗————余　三
文讯

诗歌
诗的乡恋（十五首　题图　寇锦）
—————————————星　宫　闵　人等
雄关赋（外一首）—————————李野光
同志————————————————孔　林
西陵行（三首）——————————韩　羽
新唐山见闻（二首）————————董桂芩
黎明，来到城市（题图钟志宏）———旭　宇
田野的笑声（七首题图阎春发）——董耀章　王登科等
丰收即景（外一首）————————杨江敏
雁————————————————赵金荣
听鸡啼（外一首）—————————莫西芬

美术
版纳春深（国画）—————————郭怡琮

1455

夏营地的傍晚（水彩）————————————王　信
阿月（油画）————————————————刘存朴
红军的老房东（国画）————————————唐勇力
撒尼族姑娘（油画）————————————罗尔纯
女民兵（油画）——————————————任梦璋

1982 年第 2 期　刊名:《河北文学》
目录

小说
微笑（插图王怀骐）————————————徐光耀

新人新作
谁要是寻找（插图赵贵德）————————姜肖军
"孙二娘"闹分田（插图张文学）————————王　静
春恋（插图张玉良）————————————王　颖
一个工厂的角落——————————————业　青
妈妈，美和爱没有死————————————毕冰宾
暑热未尽————————————————秦　溱

散文
不竭的水泉（报告文学　插图阿菊）——————马　嘶
枣花儿（题图张秋菊）——————张志军　毛剑宾
白洋淀素描————————————————赵国青
汗珠赋——————————————————张德恩
霜叶红于二月花（插图刘海志）————————高　扬
希望的火花————————————————武依群

评论
党的文学与"自由的文学"—————————陆荣椿
塑造改革者形象——————————————刘京清
她有一颗纯真的心
——读铁凝的三篇近作————————于　建
战士的英姿　雄伟的山峰————————尹世明
细节描写杂议——————————————汪远平
梁斌挥泪写书
——访梁斌和简介《烽烟图》——————马　杰

诗歌
钢铁交响曲（题图陆新森）————————浪　波
写于秋天，收获的季节————————————姚振函
串亲——————————————————姜建国
海潮与诗思（题图劲草）——————杨　牧　吴长城等
工地夜色————————————————曹增书
啊，美丽的车间——————————————江　明
绿色的音符（题图庚子）——————姜金城　蓝　幽
山泉边的月亮——————————————田　真
登望京楼（外一首）————————————何　理

胃口——————————————————行　速
新民歌（题图陶佛锡）——————赵建昌　李树宇等
情歌集————————————————沙　鸥

美术
渔家（油画）——————————————张重庆
芭蕉树下（油画）————————————费　正
山雨欲来（国画）————————————赵信芳
群峰壁立太行头（国画）——————————应洪声
娲皇宫图（国画）————————————钟长生
赤岸村（国画）—————————————江　枫

1982 年第 3 期　刊名:《河北文学》
目录

小说
墙（插图王怀骐）————————————刘　真
吴大荣的残疾（插图赵信芳）————————李学通
伙计，听我跟你说（插图魏奎仲）————————郭俊岭
进行曲在风雪中飘旋（插图赵贵德）—————刘永年
荷花出嫁————————————————常　安
老党、大牛和小蛋（新人新作）————————李毅平

散文
记一位友人（题图林涛）—————————王默沨
月亮湾游记（题图刘端）—————————刘　芳
乡思缕缕————————————————吴长城
兰嫂——————————————————霍道贤
我们亲切地叫他"老支书"—————————李　子
喇叭碗儿————————————————阎豫昌
雨丝（题图张进军）————————————郑世芳

评论
细节漫议————————————————陈玉通
文贵创新————————————————陈少松
感于"一字之师"—————————————李　帆
"坟"的启示——————————————斯　闻
情深·意浓·旨远
——读韦野的《春影集》————————谢景林
"意境"小议——————————————陈　略
真实·亲切·质朴
——读短篇小说《张二瞎子唱曲儿》————冯建勋
陈与新——————————————杨茂林　李文田

诗歌
女青年诗辑（题图郭明志）——————孙桂贞　郑　红
李爱工　武　华　芦品贤　陈运慧
我走进市委书记的窑洞

——延安记感……………………………………李学鳌
抒情诗一束……………曼　晴　李春林　郭　俊
逢　阳　任彦芳
乡土之歌（题图庚子）………………孙友田　朱谷忠
左建协　严成志　王忠范
永年民歌选……………………武存直　张长岭等

美术

杨（丙烯画）……………………………………费　正
农家女（国画）…………………………………梁　岩
沉思（油画）……………………………………王怀庆
中学生（油画）…………………………………刘海志
渔港（油画）……………………………………林日雄
小院（水粉）……………………………………阿　菊

1982 年第 4 期　刊名：《河北文学》
目录

本刊 1981 年优秀短篇小说评奖揭晓

小说

热流……………………………………………薛　勇
鲤鱼闹莲………………………………………张庆田
沙田蜜…………………………………………克　明
一“汪”水……………………………………王文建
古镇年集………………………………………宋振东
新路……………………………………………杨　啸
于祥祥帮工……………………………………康传熹

评论

从《希望》谈希望……………………………张东焱
病榻絮语
——读《花市》有感……………………从维熙
花娇心更美
——浅评《花市》中蒋小玉形象的塑造……王健儒
艺术个性特色和追求…………………………罗守让
评《竞折腰》…………………………………刘振声
读孙犁的《耕堂杂录》………………………顾传菁
“老树着花无丑枝”
——曼晴诗风初探………………………安栋梁

散文

“踩平山”败阵记……………………………曹世钦
“死不了”……………………………………郭淑敏
春雨桃乡………………………李大振　田　人
悠悠情思有尽期
——寄给台湾亲人的书简………………宝　铭
梦西沙…………………………………………王中才

“斗活龙”小记………………………………胡士平

诗歌

新人小辑………………………磊　石　张　讴等
新民歌…………………………孙树良　曹润海等
建筑工地上（外二首）………………………熊远柱
乡情集…………………………韩振堂　鄂家发等
水蚀……………………………………………韦晓吟
海疆上，燃起一支火炬………………………顾绍康

美术

烟雨楼（水粉）………………………………铁　扬
庆丰年（国画）………………………………谢志高
青纱帐赞（国画）……………………………田辛甫
乐趣（国画）…………………………………曹今奇
承德速写（国画）……………………………杨兆三

1982 年第 5 期　刊名：《河北文学》
目录

小说

眼镜王…………………………………………汤吉夫
那不是眉豆花…………………………………铁　凝
斗价……………………………………………陈　新
公公、儿媳和孙子……………………………单学鹏
果林蜜语………………………………………李　清

散文

怀念丁浩川老师………………………………梁　斌
司马河畔………………………………………张克俭
陡水谣…………………………………………长　正
大姐……………………………………………孙柏昌
海的情思………………………………………王学昭
泥土……………………………………………阎　涛

评论

和新的群众结合　反映新的时代……………成志伟
说梦……………………………………………张庆田
鹰呵，飞吧……………………………………田　间
到生活中去……………………………………贾大山
“真”来自何处………………………………刘　真
漫话散文“情”………………………………王惠廷
浅谈抒情诗的艺术形象………………………韩成武
新和美是散文的灵魂…………………………常庚西

诗歌

诗四首…………………………………………邢　野
墓像前的沉思…………………………………夏　阳

岁晚的黄昏 ····· 流沙河
火炭般的肝肠（外一首） ····· 叶蓬
弯弯的桃河水 ····· 倩晴
寄自地质队的诗 ····· 师日新
塞上短句（四首） ····· 肖川
新人小辑 ····· 王建旗 于同义等
新民歌 ····· 武存直 王钦等

美术

海（油画） ····· 张重庆
赛马（国画） ····· 赵贵德
白蔷薇（油画） ····· 张锦秀
静物（水粉） ····· 何景明
秋色秋声（国画） ····· 许鸿宾
花鸟（国画） ····· 唐新一

1982 年第 6 期　刊名:《河北文学》
目录

小说

招风耳，招风耳！ ····· 蒋子龙
人精卖草 ····· 宫克一
平反 ····· 赵新
老迷糊 ····· 魏军
会转动眼睛的洋娃娃 ····· 宁漪
乌鸦呱呱叫（童话） ····· 李义兴

散文

山石竹花 ····· 马嘶
幽岭香菇 ····· 庞镇
脏污了的生活画图 ····· 韩羽
登攀十八盘
——泰山散记 ····· 诸辛
"拒马长虹"与"双塔晴烟" ····· 王畅
我的年轻的朋友（三题） ····· 耿林莽
白檀赋 ····· 袁学骏

评论

总结经验、振奋精神　促进我省文艺创作更大繁荣
····· 刘春风
愿"希望之花"开得更新更美 ····· 周申明 赵子平
服人以理　动人以情 ····· 龚富忠
"文学创作问题问事处"（二题） ····· 张庆田 张朴
《河北文学》举行 1981 年优秀短篇小说获奖作品发
奖大会
文讯

诗歌

中年诗会 ····· 刘章 申身
奇观 ····· 田间
新人小辑 ····· 熊火 杨宗杰 金占亭 宇之
新民歌 ····· 邢顺兴
写给小朋友的歌 ···安栋梁 刘松林 范江 郑世芳
愿望 ····· 韩凤岐
啊，流云（外一首） ····· 纪才
小燕子（散文诗·外一章） ····· 吴城

美术

林边（油画） ····· 赵友萍
淀上行（水彩） ····· 钟志宏
天都峰（国画） ····· 李明久
桥殿飞虹（国画） ····· 于金才
农村速写 ····· 谷爱萍

1982 年第 7 期　刊名:《河北文学》
目录

小说

普通人（题图插图赵贵德） ····· 薛勇
进山（插图谷照恩） ····· 张中吉
杨柳巷的故事（插图宁大明） ····· 韩冬
柳絮飘飞的季节（插图阿菊） ····· 宋蕴卿
小溪（题图刘端） ····· 解俊山
雨夜，有人敲门（插图鲍潮鸣） ····· 李国馥
路，通向军营……（题图钟志宏） ····· 王颖
生活的陀螺（插图唐勇力） ····· 刘宝池
夜的奇遇（题图李丰田） ····· 李宗敏
鱼宴（题图辛鹤江） ····· 王文建
海蓝色的远方（插图刘海志） ····· 庭竹
寿宴开始之前（题图刘进安） ····· 韩微
月光里（题图高同宝） ····· 秦天寿

评论

匠心发掘新意出 ····· 王健儒
汤吉夫和他的小说创作 ····· 苗雨时
（中外著名文学家）屈原 ····· 敏求
（文学创作问事处）（一则） ····· 刘真

美术

九寨沟·长海（油画） ····· 李天祥
小提琴手（油画） ····· 胡振宇
纺纱女（雕塑） ····· 郭宝寨
青春（套色木刻） ····· 杨忠义
雨后（水印木刻） ····· 李彦鹏

1982 年第 8 期　刊名:《河北文学》
目录

小说

村戏 ⋯⋯⋯⋯⋯⋯⋯⋯⋯⋯⋯⋯⋯⋯⋯ 贾大山
落点 ⋯⋯⋯⋯⋯⋯⋯⋯⋯⋯⋯⋯⋯⋯⋯ 李玉林
山乡草医 ⋯⋯⋯⋯⋯⋯⋯⋯⋯⋯⋯⋯⋯ 景　宜
槐花飘香 ⋯⋯⋯⋯⋯⋯⋯⋯⋯⋯⋯⋯⋯ 方　炜
欢跳的火焰 ⋯⋯⋯⋯⋯⋯⋯⋯⋯⋯⋯⋯ 南　秀

新人新作

色彩的报告 ⋯⋯⋯⋯⋯⋯⋯⋯⋯⋯⋯⋯ 方　明
陈三老汉 ⋯⋯⋯⋯⋯⋯⋯⋯⋯⋯⋯⋯⋯ 白　英

散文

十字路口 ⋯⋯⋯⋯⋯⋯⋯⋯⋯⋯⋯⋯⋯ 陈洁民
辘轳井 ⋯⋯⋯⋯⋯⋯⋯⋯⋯⋯⋯⋯⋯⋯ 张志军
人间第一香 ⋯⋯⋯⋯⋯⋯⋯⋯⋯⋯⋯⋯ 李健君
青杏 ⋯⋯⋯⋯⋯⋯⋯⋯⋯⋯⋯⋯⋯⋯⋯ 赵沫英
昭君故里风光美 ⋯⋯⋯⋯⋯⋯⋯⋯⋯⋯ 饶竹纯
春满沛乡歌大风 ⋯⋯⋯⋯⋯⋯⋯⋯⋯⋯ 霍道贤

评论

从苦闷到警醒
　——读单学鹏的《这里通向世界》随想 ⋯ 雷　达
《春的儿女》序 ⋯⋯⋯⋯⋯⋯⋯⋯⋯⋯ 张志民
农村题材创作问题小议 ⋯⋯⋯⋯⋯⋯⋯ 周哲民
"精研物理,细心如发"
　——观察生活小议 ⋯⋯⋯⋯⋯⋯⋯⋯ 草　云
"想象"赞 ⋯⋯⋯⋯⋯⋯⋯⋯⋯⋯⋯⋯ 韩　羽
文学创作问事处
应该怎样处理爱情描写问题? ⋯⋯⋯⋯⋯ 李满天
怎样对待退稿? ⋯⋯⋯⋯⋯⋯⋯⋯⋯⋯ 王　凌

中外著名文学家

歌德 ⋯⋯⋯⋯⋯⋯⋯⋯⋯⋯⋯⋯⋯⋯⋯ 陈恕林
司马迁 ⋯⋯⋯⋯⋯⋯⋯⋯⋯⋯⋯⋯⋯⋯ 敏　求

诗歌

青年林 ⋯⋯⋯⋯⋯⋯⋯⋯⋯ 何香久　熊　火等

中年诗会

太行颂 ⋯⋯⋯⋯⋯⋯⋯⋯⋯⋯⋯⋯⋯⋯ 浪　波
海边漫吟 ⋯⋯⋯⋯⋯⋯⋯⋯⋯⋯⋯⋯⋯ 村　野
彩色的画廊 ⋯⋯⋯ 牛明通　伊　萍　韩成武　丁　芒
黎明,我们起航 ⋯⋯⋯⋯⋯⋯⋯⋯⋯⋯⋯ 王知十
自勉 ⋯⋯⋯⋯⋯⋯⋯⋯⋯⋯⋯⋯⋯⋯⋯ 何火任

美术

天山深处(油画) ⋯⋯⋯⋯⋯⋯⋯⋯⋯⋯ 胡振宇
竹林晨曲(国画) ⋯⋯⋯⋯⋯⋯⋯⋯⋯⋯ 杜之遽
夏日(油画) ⋯⋯⋯⋯⋯⋯⋯⋯⋯⋯⋯⋯ 魏奎仲
海(油画) ⋯⋯⋯⋯⋯⋯⋯⋯⋯⋯⋯⋯⋯ 张义春
枇杷小鸟(国画) ⋯⋯⋯⋯⋯⋯ 良　生　袁　飞
鸡冠花(国画) ⋯⋯⋯⋯⋯⋯⋯⋯⋯⋯⋯ 罗尔纯
军民同建文明站(木刻)⋯⋯邵黎阳　王福祥　陈张平
鱼水情(剪纸)

1982 年第 9 期　刊名:《河北文学》
目录

小说

宋村有个老八路 ⋯⋯⋯⋯⋯⋯⋯⋯⋯⋯ 张石山
天边有颗星 ⋯⋯⋯⋯⋯⋯⋯⋯⋯⋯⋯⋯ 陆　舟
中年之恋 ⋯⋯⋯⋯⋯⋯⋯⋯⋯⋯⋯⋯⋯ 赵北望
道口 ⋯⋯⋯⋯⋯⋯⋯⋯⋯⋯⋯⋯⋯⋯⋯ 张　峻
泪,为什么流(三篇) ⋯⋯⋯⋯⋯⋯⋯⋯ 张新建
桥 ⋯⋯⋯⋯⋯⋯⋯⋯⋯⋯⋯⋯⋯⋯⋯⋯ 孟庆志

散文

油矿一夜 ⋯⋯⋯⋯⋯⋯⋯⋯⋯⋯⋯⋯⋯ 和　谷
梨乡之念 ⋯⋯⋯⋯⋯⋯⋯⋯⋯⋯⋯⋯⋯ 刘品青
京华驰笔(二章) ⋯⋯⋯⋯⋯⋯⋯⋯⋯⋯ 李永文
纪念 ⋯⋯⋯⋯⋯⋯⋯⋯⋯⋯⋯⋯⋯⋯⋯ 刘贵贤
尝酒 ⋯⋯⋯⋯⋯⋯⋯⋯⋯⋯⋯⋯⋯⋯⋯ 周志鸿
寻找 ⋯⋯⋯⋯⋯⋯⋯⋯⋯⋯⋯⋯⋯⋯⋯ 焦　述

理论

创新絮语 ⋯⋯⋯⋯⋯⋯⋯⋯⋯⋯⋯⋯⋯ 汤吉夫
从"市场"到"诗坛"(文学创作问事处) ⋯ 张志民
试论刘章诗歌的艺术特色 ⋯⋯⋯⋯⋯⋯⋯ 刘　毅
七月小说专号作品选评 ⋯⋯⋯⋯⋯ 张树坡　常庚西
李玉昆　曹桂方　赵沫英

中外著名文学家

文艺复兴时期的巨人
　——莎士比亚 ⋯⋯⋯⋯⋯⋯⋯⋯⋯⋯ 钱满素
"三曹" ⋯⋯⋯⋯⋯⋯⋯⋯⋯⋯⋯⋯⋯⋯ 敏　求
文讯

诗歌

中年诗会

当代青年 ⋯⋯⋯⋯⋯⋯⋯⋯⋯⋯⋯⋯⋯ 张学梦
中南海抒情 ⋯⋯⋯⋯⋯⋯⋯⋯⋯⋯⋯⋯ 边国政
希望 ⋯⋯⋯⋯⋯⋯⋯⋯⋯⋯⋯⋯⋯⋯⋯ 姚振函
新人小辑 ⋯⋯⋯⋯⋯⋯⋯⋯⋯⋯ 冀彤军　汪寒冰
城市抒情 ⋯⋯⋯⋯⋯⋯⋯⋯ 石　英　石　湾　赵日升
走向彩色的生活 ⋯⋯⋯⋯⋯⋯⋯⋯⋯⋯ 田　歌

新民歌 ················ 文 耕 刘德柱 肖 戈
王志祥 王 朴 梁光军
登庐山 ····························· 李盘文

美术
晨曦（油画）························· 宋 韧
竹林晨曲（国画）···················· 杜之逵
太行山（国画）····················· 吴守明
歌乐山（国画）·········· 玉 池 锡 超 人 介
芦荡轻舟（塑料版刻）················ 莫 测
秋到山庄（木刻）···················· 董健生
秋溪（木刻）························· 董健生

1982 年第 10 期　刊名:《河北文学》
目录

散文特辑
长江与流泉
——三峡见闻录 ····················· 徐 刚
名城，在我心中 ···················· 石 英
孔雀篇 ····························· 张守仁
林中半日 ··························· 韩静霆
椰子树
——海南偶拾 ······················· 谢大光
旅途拾翠 ··························· 纪 鹏
战士·书生 ························· 姜德明
霞，我赞美你 ······················ 张凤洪
太阳路 ····························· 贾平凹
舅舅的礼品 ························· 韦 野
早春的歌 ··························· 李乃志
露珠 ······························· 张立勤

小说
他的自画像 ························· 解俊山
第一万个黎明 ······················ 墨 微
柳婶 ······························· 关汝松
元宵夜 ····························· 井绍云
村南有盏明灯 ······················ 张存杰

新人新作
可怜天下母亲心 ···················· 高 云
新的生活 ··························· 王全胜

评论
深入生活漫议 ······················ 任孚先
生活提高作家 ······················ 李健民
坎坷的路 ··························· 张孟良
［文学创作问事处］（一则）·········· 张 峻

中外著名文学家
塞万提斯和《堂·吉诃德》············· 文美惠
李白 ······························· 敏 求
文讯

诗歌
中年诗会
心声 ······························· 任彦芳
燕山新人 ··························· 戴砚田
歌从乡野来 ························· 肖振荣
新人小辑 ············ 邢 凯 宋丽娟 张运文
生活的呼唤
——病中抒怀兼致友人 ················· 宗 鄂
短歌一束 ······· 郭宝臣 张志鹏 岩 溪 魏久环
浮想录 ····························· 建 枚

美术
秋（油画）························· 张重庆
村道（油画）······················· 罗尔纯
牧（水粉）························· 邓邦镇
山村（水粉）······················· 阿 菊
芙蓉雉鸡（国画）···················· 耿凤阁
石榴（国画）······················· 徐华峰

1982 年第 11 期　刊名:《河北文学》
目录

小说
转折
——《希望》之二 ···················· 汤吉夫
追求 ······························· 陈 冲
王三头回队 ························· 李满天
夫人 ······························· 赵 新

散文
石洞的怀念 ························· 陈桂棣
没有声音的歌——青年时代的回忆 ······ 雁 翼
峨眉山遇猴记 ······················ 王大华
情在三峡山水间 ···················· 曹世钦
沿着崎岖的山路 ···················· 张丽华
竹笋图 ····························· 武 华
伞（外二章）······················· 耿林莽
人生之路（新人新作）················ 娄 艳

评论
不在颜色在情怀
——读《开在思考中的花》············· 余 畅
与读者共同创造 ···················· 李玉昆

形象贵有诱导性⋯⋯⋯⋯⋯⋯⋯⋯⋯⋯詹福瑞
花环·产钳·作家的责任⋯⋯⋯⋯⋯⋯崔志远
避开方圆说方圆⋯⋯⋯⋯⋯⋯⋯⋯⋯⋯钟　法
到深水中去摸鱼
——致友人书⋯⋯⋯⋯⋯⋯⋯⋯⋯⋯韩映山
文学创作问事处
如何使作品写得不干巴⋯⋯⋯⋯⋯⋯⋯刘　真
创作需要生活⋯⋯⋯⋯⋯⋯⋯⋯⋯⋯⋯白　邨

评论
中外著名文学家
伟大的批判现实主义作家
——列夫·托尔斯泰⋯⋯⋯⋯⋯⋯⋯秦　溪
杜甫⋯⋯⋯⋯⋯⋯⋯⋯⋯⋯⋯⋯⋯⋯敏　求
文讯

诗歌
中年诗会
家庭诗苑（三首）⋯⋯⋯⋯⋯⋯⋯⋯⋯韦　野
花与果⋯⋯⋯⋯⋯⋯⋯⋯⋯⋯⋯⋯⋯何　理
新人小辑⋯⋯⋯⋯张　网　刘春美　斯　平
明天⋯⋯⋯⋯⋯⋯⋯⋯⋯⋯⋯⋯⋯⋯曹增书
田园新诗⋯⋯⋯⋯时永福　张常信　林　染　宋　歌
大海的颂歌⋯⋯⋯⋯⋯⋯⋯⋯⋯⋯⋯张雪杉
树之歌（外三首）⋯⋯⋯⋯⋯⋯⋯⋯⋯王　野
北戴河杂兴六首⋯⋯⋯⋯⋯⋯⋯⋯⋯⋯黄　绮
春风知道⋯⋯⋯⋯⋯⋯⋯⋯⋯⋯⋯⋯刘育贤
唱⋯⋯⋯⋯⋯⋯⋯⋯⋯⋯⋯⋯⋯⋯⋯樊发稼

美术
苍山秋景（油画）⋯⋯⋯⋯⋯⋯⋯⋯⋯齐梦慧
山乡秋色（油画）⋯⋯⋯⋯⋯⋯⋯⋯⋯贡振宝
艰苦岁月（油画）⋯⋯⋯⋯⋯⋯白　刚　王　琳
丫丫（陶雕）⋯⋯⋯⋯⋯⋯⋯⋯⋯⋯卢　波
女孩（木雕）⋯⋯⋯⋯⋯⋯⋯⋯⋯⋯卢　波
夏日山村速写（油棒画）⋯⋯⋯⋯⋯⋯阮章竞

1982 年第 12 期　刊名:《河北文学》
目录

前浪后浪⋯⋯⋯⋯⋯⋯⋯⋯⋯⋯⋯⋯李满天
开创新局面的歌唱⋯⋯⋯杨　荣　龚树河　赵英华

小说
生死"恋"⋯⋯⋯⋯⋯⋯⋯⋯⋯⋯⋯⋯申跃中
消失在长街上的身影⋯⋯⋯⋯⋯⋯⋯⋯蔡志翔
足迹⋯⋯⋯⋯⋯⋯⋯⋯⋯⋯⋯⋯⋯⋯青　林
乡戏⋯⋯⋯⋯⋯⋯⋯⋯⋯⋯⋯⋯⋯⋯飞　雁

结交"第三世界"的人（新人新作）⋯⋯黎　星

散文
爸爸没有死⋯⋯⋯⋯⋯⋯⋯⋯⋯⋯⋯关志萍
我挖掘（外一章）⋯⋯⋯⋯⋯⋯⋯⋯⋯徐淙泉
北戴河散章⋯⋯⋯⋯⋯⋯⋯⋯⋯⋯⋯戴砚田
青田石⋯⋯⋯⋯⋯⋯⋯⋯⋯⋯⋯⋯⋯高　华
金丝面⋯⋯⋯⋯⋯⋯⋯⋯⋯⋯⋯⋯⋯刘铁柯

评论
人生哲理的追求⋯⋯⋯⋯⋯⋯⋯⋯⋯区　英
从"写真实"向"真实性"的飞跃⋯⋯⋯艾　斐
恃才傲物宜相戒
——诗坛趣闻⋯⋯⋯⋯⋯⋯⋯⋯⋯丁国成
凡人小事深处的新的思想闪光
——读《村戏》⋯⋯⋯⋯⋯⋯⋯⋯罗守让
秀出于林
——简评姚振函的诗⋯⋯⋯杨振喜　封秋昌
生活素材形不成作品怎么办?（文学创作问事处）
⋯⋯⋯⋯⋯⋯⋯⋯⋯⋯⋯⋯⋯⋯⋯赵　新
海涅（中外著名文学家）⋯⋯⋯⋯⋯⋯李　榕

诗歌
中年诗会
理想，绝不待业
——献给开创新局面的青年们⋯⋯⋯尧山壁
旅途诗草⋯⋯⋯⋯⋯⋯⋯⋯⋯⋯⋯⋯王洪涛
渤海的早晨（外一首）⋯⋯⋯⋯⋯⋯⋯陈佩云
海滨纪事（二首）⋯⋯⋯⋯⋯⋯⋯⋯⋯聪　聪
狂风里，落下三只小鸟
——一个渔民的见闻⋯⋯⋯⋯⋯⋯陈秀庭
假如我是大海的一滴（外二首）⋯⋯⋯甘　文
乡情⋯⋯⋯⋯⋯⋯⋯⋯⋯⋯⋯⋯⋯⋯陈　犀
离宫杂咏（四首）⋯⋯⋯⋯⋯⋯⋯⋯⋯谢大光

美术
冬（油画）⋯⋯⋯⋯⋯⋯⋯⋯⋯⋯⋯颜文梁
林荫塘畔（国画）⋯⋯⋯⋯⋯⋯⋯⋯⋯张文瑞
《柯棣华》插图选登⋯⋯⋯⋯⋯⋯⋯⋯靳合德
子弟兵的母亲（木刻）⋯⋯⋯⋯⋯⋯⋯彭爱民
版画选登
⋯⋯⋯⋯任继学　贾忠合　南洪申　李连柯　杨金祥

1987 年第 1 期　刊名:《河北文学》
目录

三点希望——代发刊词⋯⋯⋯⋯⋯⋯⋯李文珊

小说
长河落日篇（商杰插图）⋯⋯⋯⋯⋯铁　凝
村宴（大伟插图）⋯⋯⋯⋯⋯⋯⋯张石山
坏手⋯⋯⋯⋯⋯⋯⋯⋯⋯⋯⋯⋯刘宏伟
大鸟（梁占岩插图）⋯⋯⋯⋯⋯⋯闻　章
谜⋯⋯⋯⋯⋯⋯⋯⋯⋯⋯⋯⋯⋯奚　青

文学新人
腊月天（小说）⋯⋯⋯⋯⋯⋯⋯⋯董玉领
小楼斜月（小说）⋯⋯⋯⋯⋯⋯⋯傅新民
青年林（诗辑）⋯⋯⋯⋯席晓静　徐国强　黄井子
毛子轩　刘玉河　西　雨

诗歌
普通一天的备忘录（组诗）⋯⋯⋯⋯张学梦
罗曼司（组诗）⋯⋯⋯⋯⋯⋯⋯⋯孙桂贞

散文
鹰之死⋯⋯⋯⋯⋯⋯⋯⋯⋯⋯⋯赵丽宏
呵，你这无畏的花⋯⋯⋯⋯⋯⋯⋯刘增山
海滨梦幻曲⋯⋯⋯⋯⋯⋯⋯⋯⋯马　嘶

评论
文化与"人"化——谈一个创作问题　雷　达
具体可感　以实求虚⋯⋯⋯⋯⋯⋯李　伟

美术
起舞（中国画）⋯⋯⋯⋯⋯⋯⋯⋯罗尔纯

1987 年第 2 期　刊名:《河北文学》
目录

小说
我还年轻（王怀骐插图）⋯⋯⋯⋯⋯宋学武
幻觉（楚奕插图）⋯⋯⋯⋯⋯⋯⋯冯敬兰
我的初恋⋯⋯⋯⋯⋯⋯⋯⋯⋯⋯王海鸰
悠悠岁月（中篇·李丰田插图）⋯⋯李景田

文学新人
旱天雷（小说）⋯⋯⋯⋯⋯⋯⋯⋯辛振兴
抒情诗三首⋯⋯⋯⋯⋯⋯⋯⋯⋯杨如雪
拾海（散文）⋯⋯⋯⋯⋯⋯⋯⋯⋯谢　虹

诗歌
山川写意（组诗）⋯⋯⋯⋯⋯⋯⋯申　身
草民（组诗）⋯⋯⋯⋯⋯⋯⋯⋯⋯刘小放
素馨花（三首）⋯⋯⋯⋯⋯⋯⋯⋯张雪杉
耕读篇（十首）⋯⋯⋯⋯⋯⋯⋯⋯郑熙亭

散文
小城飘来一件红风衣⋯⋯⋯⋯⋯⋯张立勤
祖山石⋯⋯⋯⋯⋯⋯⋯⋯⋯⋯⋯翟向东
雨雾迷雾过三峡⋯⋯⋯⋯⋯⋯⋯朱　兵
猪曲乱弹⋯⋯⋯⋯⋯⋯⋯卫　华　新　茂

评论
弥补缺憾中的追求
——读铁凝的《长河落日篇》⋯⋯封秋昌
青年诗人群落简评⋯⋯⋯⋯⋯⋯⋯陈　超

美术
苍岩山（中国画）⋯⋯⋯⋯⋯⋯⋯钟长生
葡萄图（中国画）⋯⋯⋯⋯⋯⋯⋯谭宝泉

1987 年第 3 期　刊名:《河北文学》
目录

小说
文学新人
菊子（大伟插图）⋯⋯⋯⋯⋯⋯⋯唐　禾
县太爷一家⋯⋯⋯⋯⋯⋯⋯⋯⋯谷办华
她，我，还有她……⋯⋯⋯⋯⋯⋯杨秀云
醉翁奇谈录（赵贵德插图）⋯⋯⋯佳　峻
寂静的田野（全祝明插图）⋯⋯⋯韩希钧
那一片洁白的云⋯⋯⋯⋯⋯⋯⋯周　渺
屋后一条河⋯⋯⋯⋯⋯⋯⋯⋯⋯薛　勇
野浴⋯⋯⋯⋯⋯⋯⋯⋯⋯⋯⋯⋯徐　军

评论
读铁凝的《晚钟》和《色变》⋯⋯曾镇南
陈冲改革题材小说漫笔⋯⋯⋯⋯⋯孙达佑

散文
听叶⋯⋯⋯⋯⋯⋯⋯⋯⋯⋯⋯⋯郭建英
驿店⋯⋯⋯⋯⋯⋯⋯⋯⋯⋯⋯⋯和　谷
桑干访古记⋯⋯⋯⋯⋯⋯⋯⋯⋯韦　野
"风险厂长"（报告文学）⋯⋯⋯⋯韩振堂

诗歌
平原态势（组诗）⋯⋯⋯⋯⋯⋯⋯姚振函
生活的乐章⋯⋯⋯⋯葛　玄　刘向东　王玉民

谢玉久　董桂苓　曹振友　李　南

美术

避暑山庄金山亭（中国画）——————钟长生
日头落山了（版画）—————————董健生

1987 年第 4 期　刊名:《河北文学》
目录

小说

小诊所（梁占岩题图插图）——————周大新
窑主———————————————熊正良
火祭（楚奕插图）—————————张宝全
海滩上（文学新人）————————高　越
震荡后的震荡（中篇·宫六朝插图）——玉　湖

散文

阴晴岁月（报告文学）———————张　朴
"小小"走向大世界（报告文学）———曹振友
燕雀志（报告文学）————晋立魁　木　仁
南疆行—————————————阮章竞
兴隆春歌————————————刘　章
商女——————————————李丰祝

诗歌

造船者的年代———————————何香久
城市之光————左建协　刘晓滨　曹增书　董茂棠

评论

心灵主体对题材客体的同化和征服————罗守让
"荷风送香气，竹露滴清响"
——谈何玉茹的中篇小说《绿》———宋木林

美术

丛台月色（中国画）————————钟长生
秋趣三幅（中国画）————————李　智

1987 年第 5 期　刊名:《河北文学》
目录

小说

大雨滂沱（王闻声图）
——《城市交响曲》之二—————陈　冲
大师兄福寿
——《H 县城名人》之十二————汤吉夫
远山近水————————————荆淑英
人生小插曲————————————马　丁

戈壁狼踪————————————周克兢
小小说五篇——————王旭营　杨　博　薛　原　央　泽
根（中篇·商杰插图）———————毛志成

散文·诗歌

酸葡萄　甜葡萄——————————徐淙泉
七色花（诗辑）——————赵万里　戴宏杰
张　强　姚　勇　高潮鸣　王乃飞　龚　昕

蓓蕾与园丁

监考——————————————张美青
这样的生活素描，不错
——从《监考》谈散文写作的第一步——曾镇南
鹿野新蕾—————杨素梅　陈建明　陈启才
韩宝惠　刘定杰
鹿野诗话————————————冯健男

评论

基本的问题依然是为群众的问题
——纪念《在延安文艺座谈会上的讲话》发表四十五
周年—————————————白海珍
坚持走自己的路——余畅诗作漫笔———华　岱
读者来信摘登

美术

长城脚下山海关（中国画）—————李明久
童年雅兴（中国画）————————韩　羽
月夜（版画）———————————李彦鹏

1987 年第 6 期　刊名:《河北文学》
目录

小说

岸的影（王怀骐插图）
——颍河的回声之四————————墨　白
在这"一亩三分地"里
——《大漠孤烟篇》之一——————张庆田
五彩缤纷的朱记军火工厂（月天插图）——正　言
爱的嬗变————————————周喜俊
零乱的黄昏（文学新人）——————芦品贤
你家有凉台吗———————————于家臻

散文

不肯凋零的无花果（报告文学）———刘玉林　仝正年
一条"龙"这样腾起（报告文学）
——记还童茶的研制者胡忠义——师桂英　苗迎吉
补孙犁《善闇室纪年摘抄》—————路　一
立增大叔——孙犁故乡散记—————克　明

山村，那一抹红霞 ················ 翟建文
阿虎 ····································· 木 林

诗歌

年轻的河 ············ 林 珂 杨松霖 马长岭
宇 之 张文波 牛 波 谢明洲
陵园 ································· 兰小宁
绚丽的情思 ······· 陈所巨 晓 晴 郭 俊 李光云

评论

读小说杂记 ························ 曾镇南
论近年文学创作中的"返归"倾向 ······· 邹忠民

美术

狼牙山（中国画） ················ 李明久
蓝色的记忆（油画） ·············· 王忠仁

1987 年第 7 期 刊名:《河北文学》
目录

小说

古训（大伟插图） ················ 黄跃华
祖墓（月天插图） ················ 李克定
相见愁 相见欢 ················· 聂鑫森
无名鸟 ····························· 常庚西
相面——故乡人物之三 ············· 赵 新
小镇二题 ························· 田松林
力（中篇·纪京宁插图） ············· 何玉茹
暗河（文学新人） ·················· 孟 黎

评论

当代青年知识分子形象系列中的一个重要缺憾
································· 李新宇
晴碧远连云
——读刘章的诗集《北山恋》随想 ······· 陈 超

散文

纤夫曲（报告文学） ········· 刘洪恩 晋立魁
海之梦 ··························· 张 岐
深山来客 ························· 尧山壁

诗歌

爱的呼唤 ························· 白 金
金色的土地 ············· 房泽田 莫少云 赵英华
冯静辉 张凡修 杨绽英 亚 人
小城·雕像·钥匙·红豆 ········· 王中和 曹继强
张洪波 相金科 陈茂欣 梁谢成 罗 箫
第二届河北省文艺振兴奖文学作品、文学评论获

奖名单

美术

太行山居（中国画） ················ 江 枫

1987 年第 8 期 刊名:《河北文学》
目录

小说

月晕（楚奕插图） ················· 李 镜
空落 ····························· 魏润身
母怀 ····························· 黄佳星
老街（文学新人） ················· 高 晶
梦鱼 ····························· 杜宝华
火墙（彭国昌插图） ················ 安 宇
看电影 ··························· 李志川
麻面阿婆 ························· 杨继仁
透明的诱惑 ······················· 陈 瑜
郝瘸子和他的棋摊 ················· 杨永泉

散文

上路 ····························· 葛 文
秋之吟（文学新人） ················ 陈 静

诗歌

老山前线诗草 ············ 王云池 谌 璐 王延林
张国明 贾 进 孟有荣 冯 强 朱增泉等
钢 ······························· 王树壮
望穿秋水 ························· 叶 蓬
爱之河 ··························· 田 歌
雕石狮的老人 ····················· 王俭庭
开在故乡的花 ····················· 师日新
偶得集 ··························· 朱谷忠

评论

语言意象——诗的基本艺术符号 ········· 苗雨时
读者的情趣与作家的社会责任 ·········· 郑士存

美术

苍山秋色（中国画） ················ 李明久
溪（水印木刻） ···················· 刘 泳

1987 年第 9 期 刊名:《河北文学》
目录

小说

爨儿窑好汉（文学新人·大伟题图插图） ······ 江 敏

麻佬 …………………………………… 何　旭
撩起衣裳蹚过河（商杰题图插图）…… 常　新
四先生写对子
——老家新闻之一 ………………… 陈　新
木已成舟 …………………………… 尚　志
槐花墙（文学新人）………………… 更　华
青石板（中篇·李丰田题图插图）…… 邢　卓

散文

跛子之路（报告文学）
——农民漫画家陈跛子的故事 …… 吕振侠
旅途随笔 …………………………… 张守仁
哦，河边那棵紫丁香 ……………… 郭保林

诗歌

太行魂（诗组）……………………… 浪　波
青春畅想曲 …………… 芦品贤　郑　红　余　畅
赵云江　林　辰　齐　霁　管剑刚　李俊英
天南地北 ……………… 胡　笳　柯　平　陈仲义
孙友田　莫西芬　回光时　王中朝　郭　廓

评论

在现代文明的坐标上选择生活
——评玉湖的中篇小说《震荡后的震荡》…… 马　嘶
坚实的步伐
——读薛勇的小说新作 …………… 刘　哲

美术

西陵印象（中国画）………………… 李明久
叶落归根（中国画）………………… 张广俊

1987 年第 10 期　刊名：《河北文学》
目录

小说

文学新人·文学新作·文学新人
捞河（慈向群题图插图）…………… 刘景乔
大原（大伟插图）…………………… 刘继忠
镇山石 ……………………………… 刘继忠
评论：寻找生命
——读刘景乔、刘继忠短篇小说有感 …… 铁　凝
雾夜铃声 …………………………… 江　敏
评论：铃声中的随想 ……………… 陈　冲
重力场 ……………………………… 刘　光
评论：错位的困惑 ………………… 鲁守平
六月雪 ……………………………… 樊殿武
评论：在新的选择面前 …………… 封秋昌
梁小青（阿菊插图）………………… 贾大山

黑板报 ……………………………… 贾大山
扑朔迷离 …………………………… 陈　冲
他的病 ……………………………… 汤吉夫
家庭琐事录（三篇）………………… 冯敬兰

评论

城市经济改革的深化和作家探索意识的加强
——读陈冲的《大雨滂沱》记感 …… 蒋守谦

美术

山庄秋意（中国画）………………… 李明久
睡猫（中国画）……………………… 韩　羽
上市（木刻小品）…………………… 习凤山

1987 年第 11 期　刊名：《河北文学》
目录

小说

鲈子精（月天插图）………………… 杨显惠
等待日出 …………………………… 黑　孩
敏子 ………………………………… 唐　禾
太阳泪 ……………………………… 阎明国
碾道（文学新人）…………………… 峻　高
连环梦（文学新人）………………… 安英芬
空的满 ……………………………… 晨　灵

散文

敢上九天揽月的人（报告文学）…… 王　炜　燕振科
绿色的梦（报告文学）……………… 周喜俊
为了那遥远的山巅 ………………… 张立勤
编织不尽的长江之梦 ……………… 周嘉华
散文一束 ……………… 梅　洁　聂瑞平　孙凤河
学　昭　郭秋良　刘　芳　陈晓兵

诗歌

黄金海岸（组诗）…………………… 旭　宇
桥歌 ………………………………… 刘　章
情迹（组诗）………………………… 颜廷奎
城市风景（组诗）…………………… 靳亚利
吊 …………………………………… 阿古拉泰
杂诗八首 …………………………… 杨金亭

评论

冲出云围的日出——读《等待日出》…… 曾镇南

美术

南飞雁（中国画）…………………… 张国兴
腾马图（宝石嵌银画）……………… 高永正

田园小诗（木刻组画）·······王天任
碎石（油画）·············吴　平

1987 年第 12 期　刊名：《河北文学》
目录

小说
逆子（楚奕题图插图）········张西庭
祖业——《老梆子奏鸣曲》之一···李　伟
碗里的日子（月天插图）······康传熹
灯·烛·月光············申跃中
沉静的北方湖（文学新人）·····李　崎

散文
孙犁与友人·············韩映山
二月花···············长　正
大佛寺的黄昏············李永文

诗歌
年轻的阿波罗·······陈　超　马长岭　晓　峰
王建旗　高新昌　孟　婕　王育新　张之伯　赵贵辰
诗的花坞·········边国政　刘秋群　申爱萍
于宗信　史晓京　徐淙泉　王中和　岩　溪　谢先云
周　导　子　页　简　宁　何首乌　庞壮国
短诗四十家··········许久东　啸　马等

评论
在自审中走向成熟
——新时期创新文艺发展二题···陈　晋
别具一格写大师
——读《齐白石轶事》漫笔·····华　岱

美术
漳河人家（中国画）·········李明久
武士·人体（木刻）·········董克俊
自有天地在人间·路（中国画）···李桂决

1988 年第 1 期　刊名：《河北文学》
目录

小说
凤呑渔民的老婆（中篇）
——海岛纪事之二·········潮　清
小镇搬来了大学校··········李健飞
琴师王嗣弦（文学新人）······杨　博
狮子（文学新人）··········周长青
忧郁的大河滩············何亚京

在同一间病房············安耀光
渔鼓···············梁　辉

散文
天香···············赵丽宏
故乡之光·············刘艺亭
马蹄莲和十公主···········何　理

诗歌
中青年诗会
感觉的平原（组诗）·········姚振函
娘娘河（组诗）···········刘小放
天鹅飞向坠落（外二首）······阿　红
写给母亲（外一首）·········桑恒昌
远航，中国船队（二首）······顾绍康
战争里的音符（二首）·······汪　燕
爱与生的歌（二首）·········席晓静
香港之行·············熊　火

评论
论情感的效应与释放
——文学创作心理研究之三····张东焱
原始心态与现代文明的抵牾
——《狮子》漫议········陈福民

美术
北国冬趣（中国画）·········张国兴
残荷（中国画）···········郝荣国
幽谷（油画）············齐梦慧
巴尔扎克像（雕塑）·······[法]罗　丹

1988 年第 2 期　刊名：《河北文学》
目录

小说
家族（中篇）············周大新
贤人图···············聂鑫森
蓝色回旋曲·············张卫明
受戒·明亮的窗···········盖祝国
恍惚···············关汝松
醉书（文学新人）··········傅新民
父子···············谭英凯

诗歌
中青年诗会
没有誓言的日子···········伊　蕾
新风景···············余　畅
美丽的世界······王玉民　张雪杉　黄井子

晏　明　高洪波　董茂棠

散文

目光，越过大西洋彼岸（"中国潮"报告文学征文）
　　————————————————————陈映实
不知道这是什么地方————————————郭建英
无路的荒原（散文诗·外二章）——————谢明洲
海与船（散文诗·外二章）——————————耿林莽
小街人稠豆沫香——————————————高　扬

评论

改革文学历史感的多重视角——————王万举
心灵的歌吟——读张立勤的散文—————苗雨时
周大新作品讨论会纪要——————————黎　明

美术

读书图（中国画）—————————————梁占岩
中国画作品三幅——————————————赵准旺
油画作品二幅——————————————徐　可
野山（水粉画）—————————————铁　扬

1988 年第 3 期　刊名:《河北文学》
目录

小说
文学新人

金色的雨————————————————李清民
淖儿边村，淖儿边路————————————玫　华
金像章——————————————————佟德凯
红巷————————————————————谢　虹
凹凸————————————————————张荣珍
黑痣————————————————————王旭营
小霁————————————————————张中吉
多晴的未知数——————————————宗建梅

散文

背水之役（"中国潮"报告文学征文）
　　————————————————王　炜　张　熠
相信春天（"中国潮"报告文学征文）————张雨贵
九百支火炬————————————————峻　青
这里，有片纯真的世界——————————杨林勃
无名花——————————————————詹　尼

诗歌
中青年诗会

逆光————————————————————郁　葱
多情的日子————————————————徐国强
赤橙黄绿青蓝紫——————————刘　章　黄东成

張国明　郑俊民　缪国庆　王砚梅

评论

观念的进步与艺术的成熟
　　——关于当前文学的札记之二—————李书磊
韩冬和他的小说世界————————————杨振喜

美术

北国乡趣（中国画）————————————张国兴
连环画选页————————————————王怀骐
现代德国插图选——————————[德]君特·里希特尔等
融（丙烯画）——————————————慈向群

1988 年第 4 期　刊名:《河北文学》
目录

小说

小小说三题————————————————王　炬
雨·臭棋—————————————————韩　冬
雁魂————————————————————秦天寿
蓝本子——————————————————宁连生
樊小琴的世界——————————————王东升
白桦树长在山岩上————————————铁　璩
龙潭————————————————————张天平
哦……——————————————————秋　英

文学新人

夏日海滩————————————————萧　犁
绿野————————————————————吴志达
苦妈妈子—————————————————石新茂
小城的小故事——————————————朱　特

散文

面对苍天的赐予（"中国潮"报告文学征文）
　　——记板栗大师王金章——————————冯思德
祖树赋——————————————————贾宝泉
悬阳洞拾趣————————————————冯建勋
中南海情思————————————————吴宗蕙

评论

现代故事的崛起与小说本体的返归—————方克强
诗情·诗意·诗美
　　——读戴砚田的散文集《爱的期待》————吴开晋

诗歌
中青年诗会

在滇缅边境（组诗）————————————叶延滨
平原十二行诗（组诗）——————————葛　玄

生活乐章·····················梅绍静　梁谢成　曲　直
嵇亦工　凌　川
洞房哭了（小叙事诗）·····················韩振堂
悼薛理·····················白鹤龄

美术
秦皇岛外打渔船（中国画）·····················张国兴
月夜（水粉画）·····················宫六朝
三里五乡（油画）·····················孙　纲

1988 年第 5 期　刊名:《河北文学》
目录

小说
萃华街记事·····················鲍　昌
故里风·····················郭　村
生路·····················窦卫华
怪梦三题·····················吴若增
金鸡石·····················孙柏昌
留在脑门上的伤疤·····················苗迎吉　师桂英
老人秋（文学新人）·····················胡玉宴

散文
英雄总是布衣多（“中国潮”报告文学征文）
·····················李立君
都市随笔二题·····················和　谷
夜宿碣石顶·····················金　辉
母亲·····················梅　洁
三峡风（文学新人）·····················安荣卿

诗歌
中青年诗会
心灵回音壁·····················申　身
诗六首·····················林　莽
青年林·····················郑保章　胡　玥　冀　原
醉　舟　黑　岛　安小宇　子　夜　陈太顺　苗　苗
黄　健　谭清秀　罗　箫

评论
小盆地里的道德困惑
——谈周大新的《豫西南有个小盆地》系列···牛玉秋
生活的支点和艺术的支点
——谈周大新的小说创作·····················何西来

美术
恒古的太阳（中国画）·····················梁占岩
没有风的天（版画）·····················朱　平
土地·月光（油画）·····················王　琪

1988 年第 6 期　刊名:《河北文学》
目录

小说
瞬间三题·····················陈　新
听房·····················刘　真
天上人间·····················宋学武
时代流行人·····················解俊山
毫境·····················李学通
市场的蓝天·····················邹海岗
六指·····················倪蓉棣
蜗牛居闲笔二题·····················张记书
绿裙子（文学新人）·····················茂　英

散文
未沉积的断层（“中国潮”报告文学征文）
·····················邢平权　王春才　王福明
张立勤散文三篇·····················张立勤

评论
评论的“角度”与“空间”
——读周申明评论集《双花赏评》·····················湘　墨
旨趣丰沛　姿采纷葩
——读《河北文学》1987 年的散文作品·····················谢景林
风景线：扇面形展开
——1987 年《河北文学》诗歌评述·····················苗雨时

诗歌
中青年诗会
人生体验·····················张学梦
诗六首·····················于　坚
天南地北·····················朱增泉　顾　工　潘万提
白　金　姜建国　魏权汾　康　平　卓松盛
儿童诗三首·····················郑世芳

美术
听涛（中国画）·····················张国兴

1988 年第 7 期　刊名:《河北文学》
目录

小说
故里闻见录·····················汤吉夫
“刘巧儿”·····················董炳新
嗬，也是旅游·····················李志川
后坡·····················沙　封
小巷弯弯曲曲·····················新　学

白涧滩 ································· 刘　勇
雷公·第二美食家（小小说二题）····· 李二跃

文学新人
金子·烟鬼马大山（小说二题）······· 龚瑞杰
街头 ······························· 葛金平
小店开张 ··························· 魏新民
位置 ······························· 石　芳

散文
娃娃厂长和他的"娃娃工人"（"中国潮"报告文学
征文） ················· 范香果　黄　原
猫耳洞掠影 ······················· 王小京
蚕姑娘与苍蝇 ····················· 赵晋贤
第一次 ··························· 李永芹
赵金钟 ··························· 杨　烈

评论
一个飘荡的幽灵：西方现代派文学在新时期文学发展
史中的奇特命运 ················· 魏　威
含而不露 ························· 张庆田

诗歌
中青年诗会
山民 ····························· 刘向东
日子 ····························· 房泽田
太阳下的音符 ········· 戴砚田　麦　琪　晓　晴
魏茂林　王育新　兮　之　朱东利　冷连顺　马培基

美术
峡谷（油画） ····················· 吴　平

1988年第8期　刊名：《河北文学》
目录

报告文学
不出经验的城市（"中国潮"报告文学征文）···陈　冲

小说
家族人物三题 ············· 于冬桂　于雪泥
栗凿 ····························· 于家臻
山口酒店 ························· 常庚西
旧魂 ····························· 南虎员
步步高升（文学新人） ············· 乐　子

诗歌
中青年诗会
集外集（组诗） ··················· 浪　波

夏季葡萄园（组诗） ··············· 徐淙泉
大学生自选诗
——河北大学文学班诗辑········ 薛泽通　王连杰
孟　婕　代宏杰　郑桂兰　张　冰　刘全红　席满华
海哥儿　阿　强　谢　虹　王金平　郝　瑞　谢　师

美术
木刻两幅 ························· 杨君立

1988年第9期　刊名：《河北文学》
目录

小说
三人同行 ························· 赵　新
村干部速写 ······················· 刘彬彬
沧桑 ····························· 刘继忠
罗汉轶事 ························· 叶大春
雪落小院静悄悄 ··················· 峻　高
B老师 ····························· 管　蠡
夏云 ····························· 韩希均
千年大路走成河 ··················· 阎国瑞
树里的月亮 ······················· 曹德全
碰锁（文学新人） ················· 翟爱文
我们家的故事（文学新人） ········· 马秋亮

散文
散文二题 ························· 郭　风
月亮的窗口 ······················· 张　岐
夏日香山 ························· 张俊锐

诗歌
中青年诗会
都市，多色的潜流 ················· 靳亚利
老山之恋 ························· 谢玉久
绚丽的情思 ············· 曲有源　汤茂林　李光云
海　扶　冼保宁　赵　宇　傅军荣　刘　江　雨　泉

评论
中西小说时间意识的比较 ··········· 海　岩
深邃的感觉
——读姚振函的组诗《感觉的平原》 ···张学梦

美术
太行秋韵图 ······················· 王继平
静物 ····························· 舒均欢
秋 ······························· 贾忠合

1988 年第 10 期　刊名:《河北文学》
目录

纪实文学

跨世纪忧虑（中篇）——————————————贾　永　林　凌

小说

半个阶级—————————————————————张廷竹
蓝旋风—————————————————————————安　宇
祖传绝技————————————————————————季　宇
扯乱的红线团———————————————————宫克一
风筝（文学新人）——————————————————杨延伟
大地的颤抖————————————————————金少凡
拧麻花——————————————————————————范建军

散文

访朱丽叶之家————————————————————李文珊
太阳的学说————————————————————刘增山
与大海对坐————————————————————————咏　生

诗歌
中青年诗会

人狮斗——————————————————————————刘晓滨
日常印象卡————————————————————董桂苓
黑灵魂———————————————丁庆友　张志刚　子　页
韩新东　张　冲　吴奔星　陆　地　王　琦

评论

"我们不再眩晕"——当代文学的两种气度———刘友宾
秋天的寻求——冯敬兰小说论—————————————李　龙

美术

苏联文学插图选——————————————M.麦欧菲斯等

1988 年第 11 期　刊名:《河北文学》
目录

小说

酒和男人　女人和上帝的浪漫（文学新人）———剑　华
乡戏———————————————————————————————李　子
凤凤妗子————————————————————————康传熹
绝活儿——————————————————————————闻　章
天火———————————————————————————————李　伟
忧思——————————————————————————————韩映山
进入角色（文学新人）——————————————————野　火
明天，新的太阳（文学新人）——————————————张　微
燕儿滩（文学新人）——————————————————康志刚

牌仙———————————————————————————————易孟林

散文

鸽子，在界碑上放飞（"中国潮"报告文学征文）
—————————————————————————夏　子　郭高民
空中，有只自由的小鹰———————————————杨林勃
冬夜的梦————————————————————————————陈　霆
火焰山观绿———————————————————————刘　芳
影集絮语————————————————————————阎豫昌

评论

贫血与缺钙
——关于当前文学病态的断想————————————李新宇
平常故事非常理　不薄古人薄今人————————方克定
在生活的荡涤面前——《进入角色》的启示————张辉利

诗歌
中青年诗会

抒情诗六首（组诗）———————————————————刘湛秋
涅瓦之声（组诗）——————————————————尧山壁
八面来风———————————刘秋群　陆　健　赵健雄
张林婴　郑俊民　鹏　鸣　珍　尔　王　彬　郭卿海
王忠国　杜晶雪　李考校

美术

水墨肖像（二幅）——————————————————王晓辉
油画作品（二幅）——————————————————吴书平

1988 年第 12 期　刊名:《河北文学》
目录

小说

方士（中篇）————————————————————————林　深
京华小景————————————————————————张志春
平原风—————————————————————————————南　秀
古桥————————————————————————范香果　黄　原
花姐————————————————————————————范雪明
老枪———————————————————————————————马　丁
二爷（文学新人）——————————————————韩云飞
春雨飘在你的发梢（文学新人）——————————王亚萍
墨色的风（文学新人）——————————————从维宪

评论

"纪实文学"断想————————————吕振侠　徐亚平
诗，就是诗——《诗，就是诗》自序—————————周良沛

诗歌
中青年诗会

落潮集（组诗）——————————————————————萧振荣

南方丛林（组诗）—————————————————朱增泉

飞扬的情绪——————————李发模　王恩宇　马砚田

孔　林　岩　溪　薛晓雷

短诗十七家——————————韩学雷　王建凯　白　墨

李占学　王大民　郑保章　曹　骥　陈　航　穆　涛

牛鱼龙　贾志英　张劲鹰　商清汉　赵英河　椰　岛

渭　水　张　芦

散文

无题——————————————————————郭建英

生命之曲————————————————————张　重

那一片林场————————————————————张贺明

那黄昏，那晚霞——————————————————罗九平

美术

蓝色幻想曲（油画）—————————————————商　杰

中国画作品二幅———————————————————贺远征

1989 年第 1 期　刊名:《河北文学》
目录

小说

我们杂货店————————————————————孙小林

遗嘱—————————————————————————郭　树

五月阳光—————————————————————王　炬

沉寂—————————————————————————韩　冬

铁头儿————————————————————————谢　军

蝴蝶冤————————————————————————西　风

父亲·女儿·母亲——————————————————沈　亦

软席车厢—————————————————————叶　舟

"不安分"的少年——————————————————路　一

作家与新人

银镯—————————————————————————邹志英

陌生了的情真意切—————————————————铁　凝

处女地

老虎奶奶—————————————————————李耕路

逆子—————————————————————————王庆堂

诗歌
中青年诗会

南行诗草（组诗）—————————————————王洪涛

惶惑（组诗）———————————————————王俭庭

多色的河流——————————宫　玺　杨　牧　伊　甸

赵万里　赵英华　王忠范

散文

秋在皇村—————————————————————张守仁

闹春—————————————————————————廖静仁

树——————————————————————————贾瑞增

评论

1988 年批评现象述评————————————————吴　炫

文坛是不足悲观的——就 1988 年文坛现状走访批评

家曾镇南———————————————————晓　鸣整理

美术

清凉世界（中国画）————————————————张广俊

1989 年第 2 期　刊名:《河北文学》
目录

小说

遗失—————————————————————————汤吉夫

游魂—————————————————————————聂鑫森

苦涩的记忆————————————————————丁　茂

小城碎语—————————————————————薛　勇

青天日日闲————————————————————毛志成

鱼趣—————————————————————————克　明

那时候……—————————————————————延　青

怪蛋—————————————————————————碣　石

小小说五题———————赵　春　王勋涛　许　榕　赵成虎

文学新人

正宫—————————————————————————贾同岭

还做烙饼丸子汤——————————————————马有才

评论

小说家的人格力量—————————————————周政保

朴素通向永恒

——读茨威格《世间最美的坟墓》——————————韩少华

散文

希望，从这里升起（"中国潮"征文）

————————————————————王会勤　陈福生

致黄河————————————————————————赵丽宏

嶂石岩记—————————————————————赵吉琴

我站在哈哈镜前——————————————————李永文

诗歌
中青年诗会

感情备忘（组诗）—————————————————张洪波

城市与人（组诗）—————————————————曹增书

组诗集锦———————————姚振函　闻　频　刘恒杰

芦品贤　薛春健

美术
水粉画二幅 ················ 杨天佑
木刻二幅 ················ 莫　测
渔家乐（中国画） ············ 慈　旭

1989 年第 3 期　刊名:《河北文学》
目录

小说
无忧之梦 ················ 铁　凝
捕蝉图记 ················ 刘继安
该死的太阳黑子 ············ 关汝松
各人头上一块天 ············ 谷办华
老冤的冤腿儿 ············· 党凤田
亮在心里的小星星 ··········· 刘枫晓
女画家（纪实小说） ·········· 赵秀云
同事 ·················· 刘烨文
心隙 ·················· 罗华群

文学新人
雨唱 ·················· 郭振荣
愿上帝保佑你 ·············· 马文浩

"中国潮"报告文学征文
灰色的太阳 ··········· 宋　洁　张　帆
他，在现实与梦幻之间 ·········· 柳　石
受命于危难之际 ············· 谷守军

评论
宣泄：文学的重要功能 ·········· 刘大枫
新使命：关于第三代诗人 ········· 刘晓峰

诗歌
中青年诗会
人间烟火 ················ 刘　章
梦的启示录 ··············· 张雪杉
流彩风笛 ········· 陈茂欣　韩新东　相金科
李　南　陈所巨　吴树国　许久东

散文
冷暖之间 ················ 贾宝泉
生日快乐 ················ 李俊芬
春的风景线 ··············· 董茂棠
煤雕 ·················· 马培基

美术
油画作品（二幅） ············ 明　镜

油画作品（二幅） ············ 马洪彦
风雪黄昏（版画） ············ 李彦鹏

1989 年第 4 期　刊名:《河北文学》
目录

小说
香椿 ·················· 王　炬
梅红色的火焰 ·············· 江　敏
先河 ·················· 老　乔
一个文化馆馆员的自画像 ········· 尚　志
渔人梦 ················· 李景田
打杀 ·················· 刘景乔
在海口 ················· 夏　令
满月 ·················· 寇建斌

处女地
爱屋及乌 ················ 张亚西
位置 ·················· 郝贵辰

诗歌
南辕北辙（中青年诗会） ········· 王燕生
生活的乐章 ······· 张新泉　梁谢成　陈业鹏
西　川　宋国庆　陈　辉　马金虎　于　力　冀　原
林　辰　晓　晴

"中国潮"报告文学征文
葛春茂和他的橡胶厂 ··········· 舒　新
"含笑"花开 ·············· 岱　烨

散文
谒石评梅墓 ··············· 庐　野
悠悠翰墨情 ··············· 柳闻莺
绿 ··················· 王玉枝
夜登第一关 ··············· 刘学勇

评论
改革文学大潮中的个性轨迹
——陈冲小说剖析之二 ·········· 范国华
生活的足印和花朵
——谈李文珊的散文 ··········· 冯健男
一支耕耘的歌
——读刘增山的散文集《生命风景线》 ····· 韦　野

美术
油画作品（二幅） ············ 恰　特
阿妹子（油画） ············· 贾向国

1989 年第 5 期　刊名:《河北文学》
目录

不该出生的"黑孩子"们……………………范香果　黄　原
铁栏中的野女人………………………………………夏　庄
中外大通婚……………………………………………王　健

1989 年第 6 期　刊名:《河北文学》
目录

小说
麻事……………………………………………………李平易
大山深处………………………………………………杨　子
大青裤子………………………………………………刘　章
巨瓜……………………………………………………张志军

处女地
滑冰……………………………………………………吴慧生
流行病的预防与治疗…………………………………安颖欣

"中国潮"报告文学征文
大瘟疫
——关于假冒伪劣商品的超经济思考………………师学军
交际家…………………………………………………苏文勋
刀具大王王新年………………………………………辰　阳
坎坷人生……………………………………曼　茹　穆　山
背水两战……………………………………………赵吉琴等

诗歌
寻找我的眼睛（中青年诗会）………………………叶福文
天南地北……………………………叶延滨　林　莽　阿　红
于宗信　谢明洲　朱文平　耿　翔　谭清友　高旭旺
许耀林　曾　嵘

评论
君若爱之须纵情
——散文创新漫谈……………………………………孙达佑
文化的现实与生命的选择
——《红囍》解读……………………………………王力平

美术
银色大地（版画）……………………………………杨君立
回声（版画）………………………………张永清　刘学民

1989 年第 7 期　刊名:《河北文学》
目录

小说
28号（中篇）…………………………………………赵　玫
蛊………………………………………………………牛伯成
爷爷·舅爷……………………………………………杨　友
男子魂………………………………………………关仁山
疯女……………………………………………………王俭庭
白渔鹰子，白渔鹰子（文学新人）…………………刘东昌

"中国潮"报告文学征文
踏遍青山……………………………孟　敏　志　利　建　益
创业之路……………………………………宋锡九　赵　春

散文
二月，我在三亚………………………………………曹世钦
渴望暮年………………………………………………王英琦

评论
题材与角度
——当前报告文学创作的理论对话………周政保　韩子勇
《履痕》读后…………………………………………靳亚利
谈诗的不同色调
——读诗杂记…………………………………………张辉利

诗歌
履痕……………………………………………………郭　虹
散花集………高　粱　杨丽辉　西　雨　杜　木　薄　燕

美术
玉米地（版画）………………………………………刘　泳

1989 年第 8 期　刊名:《河北文学》
目录

小说
南北楼笔记小说三题…………………………………马　平
偷宿……………………………………………………赵　新
俊妞……………………………………………………浩　然
瘟鸡…………………………………………………陈映实
生之光…………………………………………………林　深
遥远的雪野……………………………………………邹海岗
清清巩昌河……………………………………………周克兢
叹晚……………………………………………………宋安莉
原野风情………………………………………………刘书文
密招……………………………………………………刘　儒

梦游（文学新人）————————阿　宁

"中国潮"报告文学征文
化工新星————————————晶　石
怪杰苏志英——————————戈　红

散文
风也清清　月也清清——————郭保林
爱，在寻觅中萌生——————卜　卡
呼唤————————————武　华
思念————————————时　月

诗歌
还是那方热土（中青年诗会）——桑恒昌
行云流水——————赵贵辰　杨松霖　刘福君
段　飞　芦　燕　宋继玲　顾彦欣　康建兵　王　雪
二　解　孙海生　流　逸　周　熠　贾永生　瑞　成

美术
山韵图————————————王继平

1989 年第 9 期　刊名:《河北文学》
目录

小说
青年笔会小辑
走京猪————————————江　敏
春日————————————刘继忠
脚手架————————————刘景乔
傻祥————————————韩云飞
丁某其人—————————葛　玄
窝头的滋味————————秋　英
幽会————————————张慧文

文学新人
小小说二题————————奎　芳
王佩兰————————郝德华　李绵星
大院僻静处————————李景臣

"中国潮"报告文学征文
白洋淀纪实————安　宇　周　渺　李景田
洋河岸边一颗星——————连　磊

散文
拼贴的情愫————————张立勤
听雨————————————刘戎声
"缢屋"—————————赵彦昌
渴望成仙————————杨　菁

楼下那小院————————高　扬

诗歌
青春诗会——————穆　涛　许久东　席晓静
郑保章　罗　箫　海　津　晓　峰　冀　原　王　琦
刘天琴　张国明　李　楠　霜　叶　刘向东　徐国强
曹增书　张洪波　刘晓滨
梦的暗示————————桑　木

评论
陌生化: 形式化了的现代小说审美特性————罗守让

1989 年第 10 期　刊名:《河北文学》
目录

小说
成熟————————————张　宇
两个人的历史————————余　华
遗言————————————汤吉夫
影子————————————李克定
小夜曲——————————澄　清
文凭与鲜花————————张庆田
春之惑——————————峻　高
游戏————————————老　城
我们的故事————————荆淑英
那时我十四岁半————————张　擎
病（处女地）————————滕功新

散文
张自新轶事（报告文学）——韩　冬　高慧聪　田志友
雪花飘飘的夜晚————————廉正祥
苇塘婚礼————————吴　希

诗歌
金色的土地——————北　野　房泽田　陈德胜
向鑫业　丰树森　代宏杰　杨雪强　马秀峰　王　冽
野　鹿　高会清
九州方圆——————梁志宏　黄东成　经　纬
曲　近　黄　淮　宇　之

评论
小说的诗情与意蕴
——陈新《瞬间三题》读后————王　畅
钟情于他心中的"邮票"
——张中吉小说读后————张东焱

美术
油画作品选————————铁　扬

1989 年第 11 期　刊名:《河北文学》
目录

纪念创刊 40 周年

题词————李文珊　刘荣惠　王祖武　陈大远
阮章竞　康　濯　徐光耀　周申明　李满天

路——《河北文艺》创刊 40 周年感言————刘艺亭

华年的回忆

——《河北文艺》初创阶段的往事————柳　溪

四十年中有我六个月————刘绍棠

小说

黑浪头（中篇）————肖亦农
古道————倪蓉棣
血饷————康传熹
夫妻（文学新人）————赵春良

青年笔会小辑

腊月·天蓝蓝————陈　静
甲鱼的幽默————舒　翎
斯人独憔悴————胡玉宴

诗歌

诗七首————张学梦
朝鲜纪行（组诗）————浪　波
抗战情歌（组诗）————邹荻帆

报告文学

三口之家————孟　可
清廉者之歌————王新来
神奇的事业————刘　如
一位党支部书记的故事————刘家林　王树文　田志友

散文

茅公与李南桌————郭　风
雪地里，那朵红色的云————刘增山
石林随笔————刘　芳
陌生的姐妹————杨林勃
英雄树————申文钟
春风拂绿珍珠滩————（蒙古族）拉希扎木索
夏之惘————朱谷忠

1989 年第 12 期　刊名:《河北文学》
目录

小说

夜雨————窦卫华
浪漫冬夜————李本深
两姊妹————韩映山
门锁之谜————珍　尔
四叔————王矿清
老年斑（文学新人）————苗　艺

评论

散文创作二题————傅德岷

诗歌

赤橙黄绿青蓝紫————刘天琴　大　解　王　琦
郑俊民　赵瑞恩　王连杰　王建旗　熊　火　王玉民
阿拉坦托娅　李津生　赵丽华　何火任　贾志英
高　昌
短诗 32 家————邓万鹏　于　卓等

改革之声

红十字变奏曲————关仁山　钟　环　绍　勇
山乡交响乐————葛金平
山魂————张志清
冀东南的明星————董江竹　艾秀廷

散文

衷心的祝愿————克　明
我与音乐————栀　亭
我的老师————吕振侠
永远的图腾————陈　霆
悠悠滏河水————党兴文
王韬家乡行————张志春
飘逝的云————梁立杰

美术

速写（三幅）————高月冬
月夜（油画）————齐梦慧

《河南文艺》
（《奔流》）

【简　介】

综合性文学月刊。河南省文学艺术界联合会主办。1974 年复刊，更名为《河南文艺》。1979 年第 1 期由《河南文艺》更名为《奔流》。其主要刊发小说、诗歌、评论、纪实文学、传记文学等，内容多亲切平实，贴近生活。推动了河南地区文学的发展。

期刊号：1976 年第 1 期—1989 年第 12 期

1976 年第 1 期　刊名：《河南文艺》
目录

词二首 …………………………………… 毛泽东
水调歌头·重上井冈山
念奴娇·鸟儿问答
世上无难事　只要肯攀登…………《人民日报》、
《红旗》杂志、《解放军报》一九七六年元旦社论
鼓舞我们战斗的宏伟诗篇
——学习毛主席词二首………………… 袁水拍
重上井冈山　攀登最高峰
——学习毛主席词二首的体会………… 梁钟闻

诗歌

社会主义新生事物赞（七首）………… 李继槐等
愚公家乡大寨歌（十五首·段文斌插图）… 赵小花等

战鼓咚咚催人急（十一首）………………… 张大风等

小说·散文

硬骨头队长（小说·李伯安插图）………… 金　雨
青柏向阳（小说·林图光插图）…………… 周　欣
青年突击队（小说·章耀达插图）………… 陈大斌
春水新歌（小说）…………………………… 傅纯粼
一次考试（儿童文学）………… 刘秀森　宋孝先
牛头岭的新传说（散文）…………………… 王怀谨
"铁腿"书记（散文）……………………… 李章义

曲艺

山乡新貌（数来宝）………………………… 闻天民
炉火通红（唱词）…………………………… 周同宾

评论

为社会主义新生事物鸣锣开道（短论）……… 贺　文
从"屏晃"看《水浒》的投降实质…………… 张　旭
努力反映农业学大寨运动（短论）… 沈　瑛　肖　林
壮志敢教河移（书评）……………………… 安国梁

美术·歌曲

万物生长靠太阳（年画）………… 谢志高　胡振宇
新生事物花满园
——《全国摄影艺术展览》作品选………… 张　岩等
工地献策会（年画）……… 工人蔡国振　社员吕生伏
为加速农业机械化献力（速写）………… 岳西岩等
学习无产阶级专政理论（剪纸）………… 笑　白
毛主席指路咱们走（歌曲）
……………… 郸城县周楼大队词　王昌芝曲

1976 年第 2 期　刊名：《河南文艺》
目录

诗歌

光辉的诗篇　战斗的退路（五首）
——学习毛主席词二首………… 郑棉一厂工人创作组等
教育革命洪流滚（七首·丁中一插图）…… 戴玲珠等
路之歌（散文诗）…………………………… 单占生

小说·散文

大学校园起风雷（散文）…………………… 翟葆艺
两代人（小说·刘插图）…………………… 石振声
茧花赋（小说·吴懋祥插图）……………… 王不天
把底的人（小说·李国庆插图）…………… 金　燕
两张蓝图（小说·李宝欣插图）…………… 郑松青

评论

反修防修的战斗诗篇

——洛阳东方红拖拉机厂工人业余作者学习毛主席词二首座谈纪要

革命现实主义和革命浪漫主义相结合的艺术形象

....周溶泉　徐应佩

一曲"文化大革命"的动人颂歌

——赞彩色故事影片《春苗》.................................王　毓

风雷激荡旌旗奋

——看电影《决裂》随感.....................................伍　歌

让诗歌插上翅膀...王怀让

美术·摄影

旧貌变新颜（套色木刻）.......................................牛济普

河南省农业学大寨摄影展览作品选登（二幅）

....魏德忠　甘白平

速写（四幅）...白春堂等

源源不断（套色木刻）...王天佑

1976 年第 3 期　刊名:《河南文艺》
目录

中共中央关于华国锋同志任中共中央第一副主席、国务院总理的决议

中共中央关于撤销邓小平党内外一切职务的决议

坚持无产阶级对资产阶级的斗争

——学习《在延安文艺座谈会上的讲话》.................俞　彤

诗歌

海啸·雷鸣（诗画配）.................晓　申诗　吴慈祥画

坚决反击右倾翻案风

大声发言...王守安

砸断黑手...雍玉中

红卫兵的心声...杨玉荣

我们战斗的工厂.........................陈爱云　雷　云

继续冲锋在前哨...张金培

文艺新兵赞...戴玲珠

风雷颂（组诗·征文选载）

——描绘无产阶级"文化大革命"....王天奇　王庆运

杨黑汉　刘桂棠　白西麒　明济华

新的阵地（叙事诗·杨志插图）.........张九来　薛　昌

小说·散文

风笛高歌（散文·左国颜插图）.........郑　石

广阔天地风雷动（特写）...............本刊记者

校园钟声（散文·征文选载·林国光插图）...周同宾

雨猛松挺（小说·征文选载·李宝欣插图）...陈步超

雏鹰（小说·李伯安插图）.................肖运昌

东风劲吹（小说·靳福顺插图）.................张文清

评论

为实现社会主义文艺的根本任务而斗争.........焦宣文

文艺创作要努力反映无产阶级同走资派的斗争

....郑彤文

新人新作新苗壮

——评《河南文艺》"努力反映无产阶级'文化大革命'伟大斗争"短文

.................................第二砂轮厂工人文艺评论组

郑州大学中文系 73 级评论组

《磐石湾》三题...郑大钟

孔老二·宋江和走资派.....................................刘国春

焦作市工人《水浒》评论组

美术

要把无产阶级"文化大革命"进行到底（油画）

.................................侯一民　邓　澍　靳尚谊

詹建俊　罗工柳　袁　浩　杨林桂

坚持文艺革命　反击右倾索风（宣传画）.........方照桦

把反击右倾翻案风的斗争推向新高潮（速写）

....徐小虎等

《尽情歌唱"文化大革命"》征文启事

1976 年第 4 期　刊名:《河南文艺》
目录

在斗争中建设党.........《人民日报》、《红旗》杂志、《解放军报》社论

诗歌

红船颂

——献给党的五十五周年.................................刘福智

战歌歌声声庆胜利（王天佑插图）

我们的队伍向太阳...艾　云

写在火光里的赞歌...王峰山

向天安门致敬.........................张绍成　刘世平

社会主义新生事物赞（诗六首·段文斌插图）

....田万宪等

大道上的歌...闫豫昌

小说·散文

潮汛（小说·征文选载·李宝欣插图）.........杨东明

永不停息的战斗（小说·征文选载·杨茹辛插图）

....刘向阳

顶风破浪（小说·张兆民插图）.................贾爱萍

瓜园小哨兵（儿童文学·李智插图）.........张长安

奔腾的红旗渠（特写）.....................................林　风

火线歌手（散文·征文选裁）————————————肖正义
无分答卷（散文·潘海插图）————————————王汝海

评论
努力塑造同走资派斗争的无产阶级的英雄典型　开封
市工人文艺评论组　开封师院中文系74级评论组
主题·形象·冲突
——学习革命样板戏札记————————————吴功正
革命样板戏永远鼓舞我们前进——解放军某移防化连
工人阶级占领上层建筑领域的硕果
——读焦作市工人《评〈红楼梦〉》
————————靖　军　马新潮　薛　毅
老调子不得人心
——读鲁迅《老调子已经唱完》————————丰华茂
驳"相对依靠"论————————————————康　群

美术
殷切的期望（油画）————开封市业余油画调创作组
红心飞向北京城（木刻）——————————梁　燕
郑州市版画创作学习班作品选登（二幅）
————————————————赵增绪　张松正
洛阳地区六县剪纸作品选登（八幅）————周保副等
斗争并没有结束（剪纸）——————————丁佑明

1976年第5期　刊名:《河南文艺》
目录

伟大的领袖和导师毛泽东主席永垂不朽
中国共产党中央委员会　中华人民共和国全国人民代
表大会常务委员会　中华人民共和国国务院　中国共
产党中央军事委员会告全党全军全国各族人民书
在伟大的领袖和导师毛泽东主席追悼大会上中国共产
党中央委员会第一副主席、国务院总理华国锋同志致
悼词
中国共产党中央委员会　中华人民共和国全国人民代
表大会常务委员会　中华人民共和国国务院　中国共
产党中央军事委员会关于建立伟大的领袖和导师毛主
席纪念堂的决定
中共中央关于出版《毛泽东选集》和筹备出版《毛泽东
全集》的决定
亿万人民的共同心愿————————《人民日报》、
《红旗》杂志、《解放军报》社论

敬爱的毛主席　我们永远怀念您
红日照金流（报告文学）————————郑克西　卞　卡
高举红旗绘新图（报告文学）————应举大队党支部
毛主席的批示永远指引我们前进（诗五首）
————————————————张永河　路　铁等

毛主席啊，南崔庄人永远怀念您（诗歌）————张庆明
红卫兵想念毛主席（诗歌）——————————王鸿生

向英勇抗震救灾的军民学习致敬
矿工的心愿（特写）————————金　雨　薛　毅
革命的巨轮（散文）————————叶文玲　时冬梅

小说
砥柱中流（征文选载·吴懋祥插图）——————祝育春
闪亮的铁锤————————————————孙炳鑫

评论
用斗争创造"光辉的将来"
——读鲁迅杂文、书信的札记————————赖纯红

1976年第6期　刊名:《河南文艺》
目录

论十大关系————————————————毛泽东
在伟大的领袖和导师毛泽东主席纪念堂奠基仪式上华
国锋主席的重要讲话
中国共产党中央委员会主席华国锋同志在第二次全国
农业学大寨会议上的讲话
彻底批判"四人帮"掀起普及大寨县运动的新高潮
————————————————————陈永贵

诗歌·散文
华主席登上天安门（诗十二首）————————关劲潮等
在欢庆胜利的日子里（散文）————翟葆艺　雍玉中
火热的国棉二厂（散文）——————————曹　地

评论
最紧密地团结在以华主席为首的党中央周围彻底揭批
"四人帮"利用文艺反党的罪行————————本刊编辑部
卑鄙的伎俩　险恶的用心——愤怒声讨江青扼杀豫剧
《朝阳沟》的罪行————————————本刊编辑部
要害在于篡党夺权
——评反党影片《反击》————思　谦　光　宇
一场惊心动魄的斗争————————————闻　屏
"四人帮"鼓吹层层夺权的黑标本
——评反动豫剧《新松赞》————省文化局大批判组
铲除大文霸　踢开绊脚石——————————李清联
文苑蛀虫灭　百花迎春开——————————王绥青
捣鬼浅析
——读鲁迅《捣鬼心传》————焦作市工人文艺评论组
学习鲁迅、痛击"假革命的反革命者"————王　毓
画笔作武器　狠批"四人帮"
————————汝南县王桥公社农民业余美术创作组

歌曲

绣金匾（陕北民歌）

洪湖水　浪打浪（歌剧《洪湖赤卫队》选曲）

美术

最紧密地团结在华主席为首的党中央周围（宣传画）
　　　　　　　　　　　　　　　　　　　　　曹新林

韶山的种子（套色木刻）　　　　　　　　　　方照桦

电站石姑娘（木刻）　　　　　　　　　　　　邓邦镇

剪纸（组画《阳光雨露育新苗》选登）　　　　李笑白

狠批"四人帮"生产要大上（速写）　　　　　张　炎

马克思主义是最明快的哲学（木刻）　　　　　李以泰

1977 年第 1 期　刊名:《河南文艺》
目录

乘胜前进　　　　　　　　　《人民日报》、《红旗》杂志、
《解放军报》元旦社论

毛主席永远活在我们心中

七里营的九月和十月（散文）　　　南　丁　徐　慎

红太阳照烟乡（散文）　　　　　　雪　生　德　记

深切怀念敬爱的周总理

痛悼敬爱的周总理（诗歌）　　　　　　　　　郭小川

是时候了！（诗歌）　　　　　　　　　　　　王怀让

周总理在三门峡（报告文学）　　　　　　　　顾丰年

大营人民怀念周总理（报告文学）　　　　　　张复兴

伟大的公仆——周总理在河南小故事五则　　　马凤超

缅怀敬爱的周总理（诗四首）　　　　　　　王中朝等

我们的好总理（素描）　　金小胶　方照桦　宋志国

歌唱敬爱的周总理（歌曲）　王晓岭词　晓藕　魏群曲

演唱·小说

普天同庆（演唱）　　　　　河南省豫剧一团创作组

列车飞奔（演唱）　　　　　河南省豫剧二团创作组

送代表（演唱）　　　　　　河南省豫剧一团创作组

红石青松（小说）　　　　　　　　　　　　　夏　扬

评论

愤怒批判"四人帮"反对周总理的滔天罪行
　　　　　　　　　　　　焦作市工人文艺评论组

凄厉的叫卖声——评一九七六年七月的文艺创作黑会
　　　　　　　　　　　　　　省文化局大批判组

"四人帮"篡党夺权的"英雄"
——剖析反党电影《反击》中的一号人物江涛
　　　　　　　　　　　郑州纺织机械厂大批判组

卑鄙的手段　恶毒的用心——斥反动豫剧《新松赞》

　　　　　　　　　　　辉县上八里公社贫下中农大批判组

"三突出"原则的要害是扼杀无产阶级革命文艺
——兼评《抒情短诗如何运用"三突出"的创作原则》
　　　　　　　　　　　黄映坤　郭　云　马和平

摄影

纵情歌颂华主席　愤怒声讨"四人帮"（文艺演出剧
照）　　　　　　　　　　　　　　　　　新华社稿

1977 年第 2 期　刊名:《河南文艺》
目录

毛主席和华主席（彩色照片）

毛主席、华主席、周总理、叶副主席、朱委员长关于
向雷锋同志学习的题词

诗歌

向雷锋同志学习　　　　　　　　黄同甫　王亚东

红太阳的光辉永暖人间　　　　　　　　　　李洪程

迎春歌献给华主席　　　　　　　　　　　　王绥青

华主席带领咱们学大寨　　　　　　　　　　贾国忠

写封书信寄大寨　　　　　　　　　　　　　李清联

架起工农连心桥　　　　　　　　　　　　　张希海

戏剧

朝阳沟（九场豫剧）　　　　　　　　　　　杨兰春

《朝阳沟》唱腔选段（主旋律乐谱）
　　　　　　　王基笑　梁思辉　姜家轩等编委

走一遍岭翻过一座山

为改变穷山沟咱各显本领

我坚决在农村干它一百年

人也留来地也留

新一代要继壮志汗洒高山

朝阳沟就是咱们的家

《朝阳沟》剧照选登
　　　　　　　陆　轲　樊铭滔　朱广智　王刚法

散文

金秋十月访太行　　　　　　　　　　　　　卞　卡

春　　　　　　　　　　　　　　　　　　　周同宾

茶香擎天柱　　　　　　　　　　　　　　　涂白玉

评论

无产阶级文艺的革命任务不容篡改——批判"四人
帮"炮制的"根本任务"论　　　　　张予林　王怀通

"笔名"小议　　　　　　　　　　　　　　　吴功正

斥江青对民歌的诽谤　　　　　　　　何　萍　姿　珍

"旗手"辨　　　　　　　　　　　新郑卷烟厂大批判组

谈"我"----清丰县纸房公社杨拐大队贫下中农理论组

1977 年第 3 期　刊名:《河南文艺》
目录

毛主席《关于红楼梦研究问题的信》手迹
毛主席手书叶剑英同志《远望》诗
华主席手写民歌一首
中共中央关于学习《毛泽东选集》第五卷的决定
掀起学习毛主席著作的新高潮——热烈欢呼《毛泽东选集》第五卷出版⋯⋯⋯⋯⋯⋯《人民日报》、《红旗》杂志、《解放军报》社论

热烈欢呼《毛泽东选集》第五卷出版
毛主席的旗帜传万代（民歌十首）⋯⋯⋯王世廷等
共同的心愿（特写）
⋯⋯⋯⋯河南第一新华印刷厂工人业余理论组
公社喜迎红宝书（外一首·杨书聚插图）⋯⋯贺宝石
迎宝书（豫剧表演唱）⋯⋯⋯河南省豫剧一团创作组
华主席和我们心连心（民歌九首）⋯⋯⋯⋯任凤鸣

大庆红旗高高飘扬
工业学大庆（词·水调歌头）⋯⋯⋯⋯⋯郭沫若
华主席高举大庆旗（诗歌）
——献给全国工业学大庆会议⋯⋯⋯⋯翟葆艺
火车头（报告文学）⋯⋯⋯⋯南　丁　克　西
伟大的进军（报告文化·陈天然插图）
⋯⋯⋯⋯⋯⋯⋯⋯⋯朱可先　卞　卡
大庆路上战鼓声（诗歌）⋯⋯⋯⋯⋯李清联
工业学大庆（豫剧女声清唱）
⋯⋯⋯⋯⋯郭沫若　词　常香玉　曲
永远年轻的人（小说·王玉炳插图）⋯⋯刘向阳
农机战线"大庆人"（小说·杨以耕插图）⋯南予见
现场会上（小说）⋯⋯⋯⋯⋯⋯⋯王燕飞
乐宽叔（小说）⋯⋯⋯⋯⋯⋯⋯国　谦
阳阳和军军（儿童文学·李智插图）⋯⋯沈　凡
"根本任务"论是"四人帮"篡党夺权的重要武器（评论）⋯⋯⋯⋯⋯⋯河南省文化局大批判组

贯彻抓纲治国的战略决策努力发展社会主义文艺
——河南省文化局召开文化工作座谈会⋯⋯本刊记者
毛主席的光辉批示不容篡改（评论）
⋯⋯⋯⋯⋯⋯⋯解放军某部　吴宪尔
清算帮八股（评论）⋯⋯⋯⋯⋯⋯张　旭
木刻花卉⋯⋯⋯⋯⋯⋯⋯⋯⋯⋯刘　岘

1977 年第 4 期　刊名:《河南文艺》
目录

中国共产党第十届中央委员会第三次全体会议公报
历史性的会议⋯⋯⋯⋯⋯⋯⋯⋯《人民日报》、《红旗》杂志、《解放军报》社论
叶副主席手书七律《八十书怀》
朱德同志诗四首

热烈庆祝中国人民解放军建军五十周年
艰苦的岁月　伟大的友谊（油画）
⋯⋯⋯⋯高　泉　康　东　钱志林
敬礼!　光荣的军旗（诗歌）
——纪念中国人民解放军建军五十周年⋯⋯葛泽溥
朱总司令和战士心连心（散文）⋯⋯⋯⋯彭志海
火种（散文）⋯⋯⋯⋯⋯⋯李思清　李万民
花红果（散文）⋯⋯⋯⋯⋯⋯⋯⋯李桂林
飘散的炊烟（散文）⋯⋯⋯⋯⋯⋯⋯祝培星
严师长（小说）⋯⋯⋯⋯⋯⋯⋯⋯黄京湘
普通的战士（小说）⋯⋯⋯⋯⋯⋯⋯钮岱峰
雪映丹心（小说）⋯⋯⋯⋯⋯⋯⋯李　旻
继往开来篇（诗五首）⋯⋯⋯⋯⋯⋯刘金忠
红军传统永不忘（诗歌）⋯⋯⋯⋯⋯贺宝石
连队画展（诗歌）⋯⋯⋯⋯⋯⋯⋯李江峰
夜读（诗歌）⋯⋯⋯⋯⋯⋯⋯⋯⋯李育生
大别山革命根据地之歌（民歌九首）
⋯⋯⋯⋯⋯⋯⋯陈有才　采集整理
刘邓大军过黄河（军史画）⋯⋯⋯⋯⋯邓邦镇
红旗卷起农奴戟（诗歌）
——纪念秋收起义五十周年⋯⋯⋯⋯刘福智

学习英雄民兵营长王新安
王新安之歌（报告文学）⋯⋯⋯⋯⋯南　丁
阶梯（散文）⋯⋯⋯⋯⋯⋯⋯⋯⋯段荃法

诗歌·小说
八亿人民心向党（诗十一首）⋯⋯⋯⋯王世廷等
工地的献礼（诗歌）⋯⋯⋯⋯⋯⋯⋯真　宇
春夜（小说·林国光插图）⋯⋯⋯⋯⋯叶文玲
催阵炮响（小说·王威插图）⋯⋯⋯⋯李克定

评论
剥掉伪装　现其本相⋯⋯⋯⋯⋯⋯⋯杨旭村
姚文元是典型的反革命两面派⋯⋯朱　兵　端木国贞
以假乱真的骗局⋯⋯⋯⋯⋯⋯⋯⋯春　岩

美术
学大寨英雄谱（剪纸组画五幅）⋯⋯⋯⋯周绍凯

1977 年第 5 期 刊名:《河南文艺》
目录

毛主席的伟大旗帜万代飘扬

毛主席塑像·····································纪念堂雕塑组作
毛主席永远活在我们心中
——深情回忆毛主席视察河南·····················龚怀东
延安行（诗歌）
——缅怀伟大的领袖和导师毛主席·················王绥青
葵花朵朵向阳开（报告文学）···········朱润祥　翟和平
毛主席旗帜万代传（诗歌）·······················李洪程
力量的源泉（报告文学）
·······················杨富贵　张树棣　柳闻莺
红太阳光辉照烟乡（诗二首）·····················朱　巍
采自中南海的松叶（诗歌）·······················田万宪
毛主席是我们心中永远不落的红太阳（宣传画）
·······································谷　刚
新歌一曲颂太阳（歌曲）···········石中之　词　谢楠卿　曲
深切的怀念（木刻）·····························冯自强

小说

谁主沉浮（山思发插图）·························夏　扬
顶梁柱（徐云插图）·····························诗　勤
"万一"姑娘·································陈　造

诗歌

大治歌献给毛主席·······························王中华
十月高唱大庆歌·································关劲潮

评论

高举毛主席的伟大旗帜　捍卫毛主席的革命文艺路线
·································本刊编辑部
在写重大题材的前提下　提倡题材多样化·········伍　任
做什么与怎样做·····················焦作市工人文艺评论组
屏蔽模仿　努力创新·····························朱德民
从"不要下去"到"占领舞台"···················徐有光
剪除恶草　灌溉佳花·····························舒安娜

1977 年第 6 期 刊名:《河南文艺》
目录

小说·散文

香柏树（小说·秦云海插图）·····················涂白玉
问津渡（小说·单戈插图）·······················宝　城
送书的故事（小说）·····························张长安
大雪飘飘（小说）·······························张兴元
井岗日出（散文）·······························吉学霈

红果（散文）·································王奎山
泥（散文）·································周同宾
艄公（散文）·································湖　涌
黄河哨兵（特写）·····················邓修身　郑　平
胸怀（特写）·································陈大斌
喜逢王长命（特写·贾国辰插图）·················李　子
童话二则（章耀达插图）·························阎继明

诗歌·剧本

公社秋·································杨守智
凯歌嘹亮（五首）·····················李小梅等
游行归来·································史定合
铁马奔腾（独幕豫剧）·························伍　仞

评论

"四人帮"反革命政治纲领的产物
——批判"四人帮"的阴谋文艺·················郭有村
革命人民和"四人帮"斗争的生动写照
——评叶文玲同志最近发表的三篇小说
·······················郑州纺织机械厂业余文艺评论组
时代英雄的赞歌
——读南丁、克西的三篇报告文学···············王　毓
读者评刊（五则）

摄影

摄影艺术作品选（三帧）·························王世龙等
《河南文艺》改月刊启事
《河南文艺》一九七七年第一—六期目录

1978 年第 1 期 刊名:《河南文艺》
目录

毛主席给陈毅同志谈诗的一封信
必须彻底批判"文艺黑线专政"论···············于黑丁
砸碎精神枷锁　欢呼彻底解放（文艺消息）·······本刊记者
周总理的脚步（诗歌）·························苏金伞
这里留下过周总理的足迹（速写四幅）···········王今栋
革命的火种（诗歌）·························关劲潮
开山志（诗四首·毕士明插图）·················真　宇
江记创作法（诗画配）···············邢　可诗　刘德璋画
农科院来的庄稼汉（报告文学 RBF）·············郑克西
三秋时节（小说·毛本华插图）·················李连渠
青年建设者（小说·刘德璋插图）···············李佩甫
铁牛欢唱（小说·王玉炳插图）·················刘向阳
星期天（小说·新人新作）·····················赵冰坡
《大河奔流》创作札记（文艺学习）·············李　准
人间遍种自由花（作品评介）···········周溶泉　徐应佩

动员起来，大办科学（歌曲）
—————————尼 尼词 卢 怡曲

1978 年第 2 期　刊名:《河南文艺》
目录

英明领袖华主席为《人民文学》的题词
认真学习华主席为《人民文学》的题词（文艺消息）
亲切的教诲　巨大的鼓舞
——热烈欢呼华主席为《人民文学》的题词
—————————————————————本刊编辑部
学习毛主席谈诗的一封信——————————苏金伞
诗坛春意格外浓——————————————王绥青
谈形象思维——————————————————刘景亮
喜读《毛主席给陈毅同志谈诗的一封信》感怀二首
（诗歌）——————————————————周奇之
万水千山一个音（民歌六首）——————牛运仓采集
口唱山歌学大寨（民歌五首·章耀达插图）———王怀让
赞辉县（诗画配）——————————苗化铭诗 段文彬画
在钢铁运输线上（诗三首）—————————董遂廷
山乡喜开科技花（诗三首）—————————叶照青
踏遍太行苦攻关（报告文学）————阎予昌 李统仁
爱（小说·林国光插图）——————————段荃法
父子情（小说·李宝欣插图）————————乔典运
铁柱子爷爷的故事（小说）—————————刘俊杰
我刚参军的时候（散文·单戈插图）—————金小瑞
工地夜（小说·新人新作）—————————王亚非
《丹梅》创作琐记（文艺学习）———————叶文玲
谈鲁迅的《药》（作品评介）————————齐同德
春风送暖（中国画）——————————牛慧芳 徐志山
深谷传声（中国画）————————————宋治国

1978 年第 3 期　刊名:《河南文艺》
目录

中华人民共和国国歌——————聂 耳曲 集体填词
周总理诗十首
春日偶成（二首）
送蓬仙兄返里有感（三首）
次皞如夫子伤时事原韵
大江歌罢掉头东
雨中岚山
——日本京都
别李愚如并示述弟
生别死离
周总理在河南（组诗）—————————————张庆明
敬爱的周总理（版画）—————————————黄永玉

热烈庆祝第五届全国人民代表大会胜利召开（宣传画）
——————————————————————林国光
欢呼五届人大胜利召开（歌曲）———鸿 飞词 中阮曲

短篇小说特辑
拉车歌（李伯安插图）——————————南 丁
老科学家和他周围的人们（苗培如插图）———李长华
锁不住的歌声（鲍文忠插图）———————杨东明
真正的战士——————————————————王国全
麦花嫂（钟家骥插图）——————————孙建英
最后一班渡——————————————————朱根发
山村之夜（新人新作）——————————张胜国
一支旧钢笔（新人新作）—————————杜海英
沸腾的农田基建工地（速写）———————潘 海
园丁颂（剪纸）—————————————————周绍凯

1978 年第 4 期　刊名:《河南文艺》
目录

祝科学大会·调寄忆秦娥——————————叶剑英
车间"大寨田"（诗·外一首）———————张希海
沸腾的练兵场（诗三首）—————————邢军纪
报春花（诗画配）
——————————李长祥 李朝云诗 王 亦画
桐柏春茶绿（诗三首·李智插图）——李经竹 陈 倩
三月雨（诗·外一首）——————————王中朝
山丹丹（诗歌）—————————————————张志玉
战士的歌（诗二首）————————马剑化 王天瑞
雨来啦（诗歌）—————————————————潘万堤
歌唱咱们的新宪法（歌曲）
——————————————杨 林词 田 野曲
"后勤卫长"（小说·章耀达插图）—————张 斌
师傅（小说·吴懋祥插图）—————————封光钊
黑妮和白妮（小说·常秀真插图）—————张振永
沙岗村的来客（小说）——————————刘向阳
竹林赋（散文）—————————————————宋金丁
三岔口佳话（散文）——————————————赵中森
开春（散文）—————————————————王新民
第一次出车（小说·新人新作）——————霍国珍
往事漫忆（文艺随笔）——————————曹靖华
农民革命战争的英雄颂歌（作品评价）———李悔吾
从生活到作品（文艺学习）—————————段荃法
评"四人帮"的"鲁迅研究"（评论）—————张永江
此时无声胜有声（文艺随笔）———————高进贤
油画习作（六幅）——————————————杜 键等

1978 年第 5 期　刊名:《河南文艺》
目录

高歌赞唱总任务（民歌十三首·段文彬插图）
　　　　　　　　　　　　　　　　　阎锦木等
交城山（诗四首）　　　　　　　　　　公　刘
进军鼓（诗歌）　　　　　　　　　　　陈　韧
车间火光（诗二首）　　　　　　　　　李清联
改作业（诗画配）　　　　　禹本愚诗　潘　海画
煤海寄语（诗二首）　　　　　　　　　田万宪
管饭（小说·侯小红插图）　　　　　　华　庄
党性（小说）　　　　　　　　　　　　杨金速
在大干的年月里（小说）　　　　　　　李佩甫
"老实班长"的故事（小说）　　　　　金　雨
两个年轻人（小说）　　　　　　　　　冯有源
星期天的喜剧（小说）　　　　　　　　宋之栋
"包黑子"上任（小说·新人新作）　　张德桢
三改黑板报（儿童文学·新人新作）　　吕洪军
形象思维随谈（评论）　　　　　　　　王先需
高尔基的《母亲》（作品评介）　　　　卢永茂
读长篇小说《太行志》（新书介绍）　　丹　纯
说"比"、"兴"（文艺随笔）　　　　刘　溶
形象塑造与细节描写（评论）　　　　　张锡侯
她爱人民的实业，人民当然爱她（评论）叶之余
春色满园（填彩木刻）　　　　　　　　陈天然
图书馆里的春天（石版画）　　　　　　姚俊国
大干一日（速写组画）　　　　　　　　岳英华

1978 年第 6 期　刊名:《河南文艺》
目录

同志们，出发！
——为我国人民的新长征壮行（诗歌）　王怀让
新的长征（诗歌）　　　　　　　　　　苏金伞
为实现新时期的总任务而奋斗（宣传画）方照桦
实现总任务　团结齐向前（歌曲）
　　　　南阳浙川民歌　河南省民歌学习班填词
我们热爱华主席（中国画）　　　　　　周思聪
花千束　旗万里（儿歌九首·豁志插图）
——献给"六·一"国际儿童节　朱　巍　李　严等
提问（诗画配）　　　　　　　任　丹诗　史正学画
黎明（儿童文学·刘德璋插图）　　　　贾平凹
"要争取未来的一代"（作品评介）　　于友先
贵客（小说·秦云海插图）　　　　　　乔典运
种瓜记（小说·朱鸿年插图）　　　　　刘明远
伤（小说·毛本华插图）　　　　　　　王远明
八百八（小说）　　　　　　　　　　　段荃法

幸福（小说）　　　　　　　　　　　　刘俊杰
"老保管"的故事（小说·新人新作）　白常学
长安新咏（诗歌）　　　　　　　　　　荒　芜
批判反动豫剧《新松赞》（评论）　　　春　岩
评大歌舞《痛击右倾翻案风》（评论）　宜　冰
李贺与民歌（文艺随笔）　　　　　　　许可权
《祝福》重读札记（文艺随笔）　　　　刘彦钊

1978 年第 7 期　刊名:《河南文艺》
目录

郭沫若同志遗墨·颂三门峡水库工程（诗八首）
深切的怀念
——悼敬爱的郭沫若同志　　　　　本刊编辑部
黄水谣（散文）　　　　　　　　　　　雷　加
蜜桔金黄（散文）　　　　　　　　　　许国泰
纯粹的人（报告文学）　　　　　　　　吴　萍
辣嫂（小说·张贺门插图）　　　　　　李建君
今天真快乐（小说·王玉炳插图）　　　刘学林
千歌万曲献给党（民歌十四首·吴树华插图）
　　　　　　　　　　　　　　　　　王洪晟等
汗水润育芙蓉国（诗画配）　　朱　辉画　牛雅杰诗
金翅歌（诗二首）　　　　　　　　　　尧山壁
炉前的呼唤（诗歌）　　　　　　　　　刘　镇
果园短歌（诗二首）　　　　　　　　　青　勃
月下一条河（诗歌·外一首）　　　　　李松涛
重上大别山（诗二首）　　　　　　　　周奇之
凌霄花（诗歌）　　　　　　　　　　　杨超然
《华主席在湖南》美术作品展览作品选（四幅）
光辉的形象　伟大的榜样
——《华主席在湖南》美术作品展览观后　吴明耀
郭小川的创作道路（评论）　　　杨匡汉　匡　满
巴尔扎克的《欧也妮·葛朗台》（作品评介）
　　　　　　　　　　　　　　　　　吴功正
太行的山啊，太行的水！（套色木刻）　莫　测
工厂新貌（组画）　　　　　　　　　　苏西映

1978 年第 8 期　刊名:《河南文艺》
目录

江声（长篇小说选载·胡博综插图）　　魏　巍
人民公社赞（散文）　　　　　　罗志升　孙长礼
双八人民的脚步（散文）　　　　　　　李景亮
不废江河万古流（散文）　　　　　　　李克明
校院情思（散文）　　　　　　　　　　刘先琴
黑娃（散文）　　　　　　　　　　　　王新民
参天的白杨（散文）　　　　　　　　　庞鸿铮

黄河滩（散文）——————————田迎春
诗六首（译诗·严世俊插图）
——————————————[新西兰]路易·艾黎
八月的太行（组诗）——————————王绥青
我唱三湾河（诗歌）——————————晓　波
革命历史博物馆抒怀（诗二首）————姚欣则
鸡公山（诗歌）————————————苗化铭
军营短歌（诗六首·李智插图）———章立品等
骑练（诗画配）————汤集祥画　晓　申诗
民歌二首————————徐　虹　孙玉琴
谈《创业史》（第一部）的艺术特色（作品评介）
——————————————————艾　若
戏剧创作要为新时期总任务服务（短论）大　海
诗不能直说（文艺随笔）————————王先霈
形象化小议（文艺随笔）————————钟尚钧
歌唱民兵英雄王新安（歌曲）
————————鲁新民词　吴　歌曲
树下（水印套色木刻）————————华士清
我画叔叔练兵忙（摄影）————————赵芳书
宿鸭湖上双丰收（农民画）——张国安　袁宝华

1978 年第 9 期　刊名:《河南文艺》
目录

诗词三首——————————————毛泽东
捧读诗词动怀思
——纪念毛主席逝世二周年——————臧克家
第一流的形象思维（论文）——————夏　放
我为毛主席站岗（诗歌）————————朱　岩
阳光雨露润我心（诗歌）————————林密叶
窑洞灯火（散文）————————————胡家模
渡"江"侦察记（小说·靳福顺插图）——董传礼
公开公开（小说·张树堂插图）————陈学工
悄悄的脚步声（小说）————————叶文玲
二月二（小说）————————————王中民
这么一个夜晚……（小说）——————肖正义
春风小集（散文）————————————吕洪军
线（散文）————————————————李祥云
科研组长（诗二首）——————————管用和
我们站在天上（诗三首·潘晋拔插图）——阮　岭
小丫医（诗画配）————李经竹诗　李自强画
教师的歌（诗六首）——————————赵义章
山中路（诗歌）————————————雷子明
母女俩（诗歌）————————————时东北
郭沫若的历史剧（作品评介）—————吴功正
《管饭》读后（评论）—————————张世刚
陶塑新作《丝绸之路》（评论）————杨大年
清明花开情更深（中国画）—————于恒希

胸中自有雄兵百万（套色木刻）————王　威
丝绸之路（陶塑）——李湘生　林建辉　阎淑芬

1978 年第 10 期　刊名:《河南文艺》
目录

淮海千古赞英雄（散文）————————阎豫昌
有趣的事（小说·毛本华插图）————张有德
谢谢老师们（小说·李宝欣插图）———李佩甫
不带线的风筝（小说·吴懋祥插图）——李长华
迎春（小说）——————————————郑　张
老卫（小说）——————————————南予见
闪光的锄（诗歌）————————————曾仕让
绿海红缨（叙事组诗·章耀达插图）——陈有才
彩灯（诗画配）————关劲潮诗　杨育智画
高高的哨所（诗三首）—————————潘万提
龙爷爷（诗歌）————————————张庆明
煤海星（诗歌）————————————易殿选
漫谈情感（文艺随笔）————————鲁枢元
诗的含蓄（文艺随笔）————————郭　超
"细节的真实"（文艺随笔）—————王凤胜
劳动号子谱歌声（评论）————————吴　超
山花吐焰向阳开（评论）————————包亚东
太行秋（套色木刻）——————————方照桦
淮海大战（油画）
————魏楚予　陈　坚　赵光涛　陈　其
篆刻————————————王成晃　侯宇台
《奔流》复刊启事

1978 年第 11 期　刊名:《河南文艺》
目录

纳"新"记（小说·刘德璋插图）————刘学林
盖三省的遭遇（小说）————————郑克西
局长看戏（小说）————————————李成军
刀尖上的秘密（小说·新人新作）———丁心灵
不屈的人（报告文学 RBF）——————梁书根
韶山书简（散文）————————————陈延一

淮海篇
锦旗颂（散文）————————————张慧芳
千日红（散文）————————————丁传朴
骑兵战士（散文）———————————李景亮
故道渔歌（散文）———————————杨慧民
"五代井"纪事（散文）————曹　地　汪喜堂
金水河之歌（散文）——————————马其德
白云朵朵（散文）———————————宋金丁

红谷酒的传说（诗歌）────────────牛雅杰
创业锤声（组诗·王今栋插图）────────张振宇
写在农田基建工地（诗三首）────────王　玉
喜事（诗歌）─────────────纪建泰
给交通警（诗画配）──────席　根诗　武力征画
浇铸工的歌（诗歌）───────────李国柱
风雪行（诗歌）─────────────卞　卡
我们的农科站（诗歌）──────────邢　顺
喜上喜（唱词）─────────────王殿卿
昭雪《牧笛》冤案（评论）──────省文化局理论组
论文艺批评（评论）───────────叶　鹏
青山处处大寨花（套色木刻）───────王效池
昙花（摄影）─────────────张锡佑
波光粼粼（摄影）───────────王世龙
为《河南文艺》恢复《奔流》刊名致读者

1978 年第 12 期　刊名:《河南文艺》
目录

写在湘赣山水之间（诗二首）───────王绥青
长沙·黎明的城（诗二首）────────青　勃
就在这个房间（诗·外一首）───────李　志
湘赣一路歌（诗三首）──────────王中朝
井冈星火（诗三首）───────────葛泽溥
金色的脚印（诗歌）───────────金家瑶
井冈路（散文）─────────────胡家模
相思枣（散文）─────────────陈四长
瞻仰之前（散文）───────────张守仁
寒凝大地发春华
　　──天安门诗词选
斗走残冬绽红蕾
　　──郑州二七广场、洛阳西工花坛诗抄
革命青年的道路（评论）
　　──看话剧《于无声处》有感────钟　声
招生记（小说）─────────────郑　岩
聋爷爷（小说·曹天舒插图）──────任金义
窗花（小说）─────────────金　雨
兄弟间（小说）─────────────巨　海
喜悦（小说）─────────────朱　韵
大开刀（评书）────────────范乃仲
文艺的歌颂与暴露问题（评论）─────叶之余
文艺批评必须实事求是（评论）─────耿恭让
司马迁的《史记》（作品评介）─────何法周
岭上梅花映日红（中国画）───────戴　林
夺取全国胜利（油画）──────────尹戎生
深山公路（中国画）───────────张　橙
荷花（中国画）─────────────安敦礼

1979 年第 1 期　刊名:《奔流》
目录

旗（小说·左春插图）─────────南　丁
典型材料（小说·张辛甫插图）─────毛引端
小鸭子长大了的时候（小说·胡博综插图）─孙方友
手表·鸽子和老鼠的故事（小说）────宋之栋
难判的离婚案（小说·章耀达插图）───徐　慎
撵集（小说·郁葱插图）──────────李德昌
陈铁嘴（小说）────────────牛耕田
二把手（小说）────────────海鹏彦
不掺假的人（小说）───────────冀振东

翔宇颂（诗三首）───────────石　英
夜以继日（油画）───────────张贺门
千秋万代赞颂周总理（歌曲）
　────────力　建光　宇词　志　中曲
祖国，踏上了起跑线（诗歌）──────王怀让
大治之年春来早（新民歌选·豁志插图）──张志玉等
钢之歌（诗三首）───────────张希海
山中施工（诗三首）───────────禹本愚
大庆是石油的母亲（诗·外一首）────苏金伞
太行桐柏俱鸣鸠（诗十四首）──────朔　望
春之路（诗歌）─────────────龙彼德
洰河浪花（诗二首）───────────宋剑兴

省直文艺界召开平反昭雪大会（文艺消息）

文艺的觉醒（评论）───────────王大海

文艺随笔

肖像描写─────────────黄世瑜
细节不细─────────────郭　超
文贵于精─────────────刘彦钊
不写之写─────────────王先霈

瑞雪（套色木刻）───────────陈天然
巨大的贡献　崇高的荣誉（门画）────徐　云
篆刻（三方）─────────────王成晃
老石匠传经（木刻）───────────鲁鸿翔
编者的话

1979 年第 2 期　刊名:《奔流》
目录

三个朋友（小说·杨雨青插图）─────段荃法
李老头（小说·吴懋祥插图）─────庆遂增

修机人（小说）……………………………南予见
刘家姐妹（小说）…………………………王远明
不平静的夜（小说·新人新作）…………赵德玺
石永柱（散文）……………………………乔书明
钟声（散文）………………………………颜慧云
白鹿泉（散文）……………………………孟　敏
雨（散文）…………………………………周同宾
教研室的灯光（散文）……………………骄　峰
中原春歌（诗七首·张秀江插图）………董遂廷等
战士的歌（诗三首·叶夕插图）…………杨人猛等
早来的布谷（诗歌）………………………管用和
金牛河上（诗二首）………………………杨黑汉
公社花木四题（诗四首）…………………赵景斌
彩霞湖的夜（诗歌）………………………田迎春
天不亮（诗·外一首）……………………程光炜
树医生（诗歌）……………………………贾志坚
塔里木的家族（诗三首）…………………宋宏志
探家（诗歌）………………………………张雪杉

怎样完整地、准确地掌握和运用毛泽东文艺思想（评
论）………………………………………龚依群
我们不愿听这样的鼓声（评论）…………李怀发
三十年代旧中国农村悲惨生活的缩影（作品评介）
……………………………………周溶泉　徐应佩
花香大别山（中国画）……………………刘书民
各显神通……………………………………王效池
双鸡（中国画）……………………………庚　西
秋光（中国画）……………………………杨育智

1979 年第 3 期　刊名:《奔流》
目录

学习周总理《在文艺工作座谈会和故事片创作会议上
的讲话》
光辉的文献…………………………………苏金伞
文艺民主与写真情实感……………………任访秋
艺术民主
——必由之路………………………………青　勃
学习总理讲话　记取历史经验……………郑克西
再谈怕从何来………………………………南　丁
学习《讲话》的一点体会…………………周鸿俊

春暖（小说·贺友直插图）………………杨金龙
三百一十三个"×"（小说）……………乔典运
发生在昨天的校园里（小说）……………马其德
三请"意见包"（小说）…………………范乃安
老耿直上任（小说·宋惠民插图）………高　沛
初恋（小说）………………………………张　斌

姑娘的心事（小说·新人新作）…………赵团欣
五月人倍忙（小说·新人新作）…………刘艳霞

清明时节话牡丹（散文）…………………海　涛
枫叶如丹（散文）…………………………赖国清

报春的花束（诗四首）
　　　　　徐光华　李一波　王侠若　赵宗宪
油田标语（诗歌）…………………………彭泉翰
鹿鸣青山（诗四首）………………………李经竹

读《天安门诗抄》（评论）………………吴奔星
从狄更斯的"看着写"说起（文艺随笔）…鲁枢元
要给人愉快和休息（文艺随笔）…………范文涯

青竹小鸟（中国画）………………………黄幻吾
双鸭蒲草（中国画）………………贺志伊　叶桐轩
书法（二条）………………………武慕姚　王　澄
周总理为雷锋同志题词（篆刻四方）…哈普都·隽明

1979 年第 4 期　刊名:《奔流》
目录

好事多磨（小说·乙丙插图）……………郑克西
希望（小说·王桂保插图）………………徐光华
种子（小说）………………………………崔复生
介绍人（小说）……………………………邢　可
鞭策（小说）………………………………金　亭
垫脚石（小说）……………………………陶善耕
多余的介绍（小说·新人新作）…………李天岑

招鸟歌（小叙事诗·段文彬插图）………陈有才
广场一少年（诗歌）………………………青　勃
浪花衫（诗二首）…………………………单　奇
风云颂（诗二首）…………………………彭　龄
麦穗上的风（诗歌）………………………吕洪军
科研所散歌（诗三首）……………………张庆明
致丙辰清明诗抄的珍藏者（诗四首）……郭振亚
园丁的联想（诗歌）………………………王福和
春日抒怀（诗五首）………………………李白凤遗作
女货郎（诗歌）……………………范钦佩　李朝云

谈创新（评论）……………………………叶　鹏
莎士比亚和他的《哈姆雷特》（作品评介）…于友先
阳光·空气·四化（杂文）………………董应周
甘蔗的启示（杂文）………………………叶景贤

梨花（水粉静物写生）……………………朱馨欣

孜孜不倦（木刻）——————————————刘 虹
《天安门诗抄》书法、篆刻

1979 年第 5 期　刊名：《奔流》
目录

省文联常委扩大会议胜利举行——————本刊记者

你在想什么（小说·刘德璋插图）————孙建英
归来（小说·山思发插图）——————————王五魁
赶会（小说）————————————————王亚非
路（小说·新人新作）——————————————张 平

南疆山茶红（报告文学）——————————徐 慎
青山不老（特写）—————————————王献林
军大衣的温暖（革命回忆录）—————————张 彪

前线诗笺（诗歌）
炮火与鲜花（三首）—————————————王怀让
英雄的匕首————————————————李育生
大炮上飘着红领巾—————————————赵爱民
劳动者的权利（诗歌）——————————李清联
矿山的彩云（组诗）
——————禹本愚 席 根 时宇枢 葛泽溥 叶景贤
技术比武小景（诗歌）——————————李国柱
建设者的春天（诗二首）——————————王中朝
绣春手（诗歌·张纪元插图）　李长祥 李朝云
石子儿（诗歌）——————————————许天柏
岗上晨话（诗歌）—————————————范钦佩

文学革命的光荣传统
——纪念五四运动六十周年—————本刊评论员
读郭老的诗论（评论）——————————杨匡汉
使人惊醒和感奋的文学（评论）——————施建伟

湖边（油画写生）—————————————湛北新
晨（雕塑）————————————————景新生
鲁迅（木刻）———————————————汤君超

1979 年第 6 期　刊名：《奔流》
目录

给小读者
雨（儿童故事）——————————————陈 丽
找亲娘（儿童故事）————————————王丁一
水蜜桃（儿童故事）————————————刘秀森
走"捷径"的牵牛花（童话·李智插图）———胡广廷

小蜻蜓采访记（童话·李智插图）—————陈秋凌
寓言三题（新人新作·李智插图）—————李茗公
张开理想的翅膀（儿童诗）————————申爱萍
萤火虫（儿歌）——————————————崔海官
夏（儿童生活剪纸）——————曹 旭 常定国

弯路（小说）———————————————贾大山
第一次党委会（小说·李伯安插图）————赵金九
重开惠民河（历史小说·刘德璋插图）———蒋星煜
滇南行（散文）——————————————叶文玲
雪山火炬（散文）—————————————李 子
垂柳赋（散文）——————————————刘贵贤

大别山吟唱（诗三首）——————————牛雅杰
明山丽水（诗歌）—————————————钟庭润
大河放歌（诗歌）—————————————杨子固
独生女和镢头（外一首·刘德璋插图）———李长华
喜讯（诗歌）———————————————刘汉城
春雨（诗歌·卢德林插图）————————马德华

时代需要治疗"创伤"的良医（评论）———周鸿俊

文艺短论
评论的评论———————————————李存让
短些、更短些——————————————莫 愁
从"不让哭"说起—————————————王远钧
值得提倡的"多才多艺"—————————苗得雨
沙皇专制社会的艺术缩影
——读契诃夫的《第六病室》（作品评介）——刘思谦

荷包牡丹（摄影）—————————————王世龙
小结（中国画）——————————————马国强
渠水清凉（雕塑）—————————————卢 波
同学（剪纸）———————————————林载华
学科学节目（速写）————————————段流淙

1979 年第 7 期　刊名：《奔流》
目录

省文联召开文艺工作者座谈会贯彻落实五届人大二次
会议精神————————————————本刊记者

平常不平常（小说·史正学插图）—————乔典运
"打磨锅"、"千里眼"与"窃听器"（小说·毛本华
插图）———————————————孙方友
带血的字纸（小说·梁丙卓插图）—————肖正义
夜悄悄（小说）——————————————李克定
风雨主机楼（小说）————————————杨金速

卖茶刘大妈（小说·新人新作）·············· 王根林
先锋的"锋刃"（报告文学RBF）·············· 马青云
南去的元江（散文）························ 吴家凯
桃子的联想（散文）························ 卞　卡
严冬过尽绽春蕾
　——访作家魏巍···················· 张惠芳
　"要是老冯还活着！……"
　——怀念冯纪汉同志·············· 大　海　丁　琳

题张志新烈士遗像（诗歌）·············· 苏金伞
白玉的赞歌（诗歌）
　——致党的好女儿张志新·············· 陈智勇
喷玉的海湾（组诗）························ 田万宪
大别山笑了（组诗）························ 潘万提
油田后勤兵（诗二首）···················· 姚欣则
"飞毯"（诗歌）·························· 刘　镇
蚕乡吟（诗四首）························ 李经竹
黎明对话（诗歌）························ 韩海山
盼（诗歌）······························ 王福和

关于典型的共性、个性与阶级性（评论）····· 潘以骥
中国小说的准备时期（文学知识）··········· 李悔吾
关于英国作家、诗人的故事··············· 刘炳善译

银线横穿桐花村（中国画）·············· 张　步
库尔班吐鲁木老人（中国画）·············· 丁中一
雪梅（中国画）························ 郑　冰
春夜（木刻）···························· 李国富
关于举办第二次全国少年儿童文艺创作评奖的公告

1979年第8期　刊名:《奔流》
目录

灯苗苗儿（小说·王玉炳插图）·············· 翟俊杰
楼长（小说·豁志插图）·················· 严歌平
警惕（小说·宋治国插图）·············· 何　炎
艺术家的良心（小说·苗培如插图）········· 傅纯烁
老卡会计（小说）························ 王西兰
卖肉师傅（小说）························ 侯钰鑫
阿宝和他的爷爷（小说）·················· 佳　举
最后一个标号（小说·新人新作）··········· 叶建民
飒爽英姿（报告文学RBF）·············· 梁书根
丹水恨（散文）·························· 刘先琴

琳琅山抒怀（组诗）······················ 贾勇虎
关于悲剧（诗歌）························ 南　丁
战士诗页（诗三首）········ 吕华青　白　虹　节延华
矿山新闻（诗歌·常胜插图）·············· 黄东成

月影集（诗二首·张秀江插图）·············· 真　宇
等待（外一首）·························· 吴奔星
孩子从梦中惊醒（诗歌）·················· 阎豫昌
写在地头上（诗二首）···················· 苏中聚
老师赞（诗歌）························ 赵义章
茶（诗歌）···························· 王俊义
越唱越开怀（歌谣）
民歌·························· 刘东山　武振江

深批极左路线　活跃文艺评论（座谈纪要）

解放思想　开展争鸣
补上这一课（评论）······················ 杨　飏
文学要忠实于生活（评论）·············· 王　朴
要努力塑造无产阶级英雄形象（评论）········· 张兴元
夏日谈冰录（评论）······················ 怀　南

井冈山方竹（中国画）···················· 谢瑞阶
正气歌（雕塑）························ 俞　崧
深夜奇袭（套色木刻）···················· 马聚刚

中国民间文艺研究会河南分会筹备组征集民间文学作品启事

1979年第9期　刊名:《奔流》
目录

碑记（王威插图）························ 张有德
叶兰（章耀达插图）······················ 田师善
水（林国光插图）························ 张　斌
汽球（丁中一插图）······················ 乔典运
家长（方照桦插图）······················ 叶文玲
省悟·································· 曹　地
琴声（王桂保插图）·············· 贾平凹　张　敏
队里的风波（王玉炳插图）·············· 白由喜
火树银花···························· 尚兰芳
马王爷进庙···························· 周西海
省文联召开文艺座谈会批判江青勾结林彪炮制的《纪要》（文艺消息）
十二省市文艺期刊座谈会在长春举行（文艺消息）

解放思想　开展争鸣
典型化和索隐法·························· 春　岩
歌颂和暴露···························· 翟葆艺
文艺创作必须从生活出发·················· 耿恭让
形象塑造别议···················· 力　建　光　宇
霜重色愈浓（中国画）···················· 吴　山
雪玲蓝湖（套色木刻）···················· 莫　测

清香（中国画）——————————张明德
消夏（中国画）——————————李自强

1979 年第 10 期　刊名:《奔流》
目录

献给祖国的诗（诗八首）——————青　勃
星·太阳（诗二首）——————————谢　虹
巍峨的山峰（诗三首）————————王绥青
勇敢的开端（诗·外一首）—————王侠若
生活的浪花（诗六首·彭德甫插图）
　　　　　李福祥　刘育贤　戈　缨　程光炜
英烈颂（诗三首）——————————李　蔚
责任（小说·毛本华插图）—————方　洲
"赵公元帅"（小说）————————彤　卫
失却的爱（小说·马国强插图）——梅子涵
春兰与芒种（小说）————————侯钰鑫
处世（小说·严文俊插图）—————王国全
三妯娌（小说）——————————马本德

新人新作
吃喜面（小说）——————————梁树林
对酒令（小说）——————————苗纪道
王老师和军军（儿童故事）————张复兴
鲁迅·王正朔·南阳汉画像石（文艺史话）——姜德明
鲁迅最早从事文艺活动的阵地
——《河南》（文艺史话）——————刘增杰
游雨花台漫忆（散文）———————谭　谊
菊花的故乡（散文）————————丁淯清
黄花赋（散文）——————————纪建泰
阳光·阴霾·雷电相识的道路（评论）——穆　木
谈《河南三十年短篇小说选》（评论）
　　　　　　　　　　　　刘彦钊　顾仕鹏
中国小说的童年（文学知识）———李悔吾

解放思想　开展争鸣
生活真实是客观存在————————刘思谦
文学家的胆略——————————鲁枢元
时代需要繁荣创作————————吕有宽
文艺应该为谁服务————————齐树德
本刊编辑部召开诗歌创作座谈会（文讯）
祖国"四化"处处春（年画）————王克印
哥德巴赫猜想（泥塑）——————吴树华
啊，明天（宣传画）————————曹增军

1979 年第 11 期　刊名:《奔流》
目录

信访组里的故事（小说·殷敏之插图）
　　　　　　　　　　翟和平　王安岐
选主任（小说·李伯安插图）————于　进
梅子黄时（小说·曾竹插图）———郑克西
红松林中的葬礼（小说）—————刘贵贤
人勤蜂多（小说）—————————刘占科
风雪催春（小说）—————————程玉惠
分不开的锅（小说）————————刘士俊
梧桐赞（散文）——————————朱本卓
珍珠泉（散文）——————————张黑呑
征途散歌（散文）—————————逝　水
焊花（散文）———————————范明申
坦坦大道（诗二首）————————叶晓山
中岳纪行（诗三首）————————陈有才
深奥的书（诗·外一首）——郭振亚　刘伯涛
快快死去吧，老茧（诗歌）————马剑化
祖国的明珠（诗歌）————————马德华
生产竞赛栏（诗歌）————————陈　韧
彩云深处（诗二首）————————崔合美
柳笛（诗五首）——————————杨超然
年轻的工厂（诗三首）———————桂汉标
不眠（诗歌）———————————徐鸿喜
短篇小说艺术琐谈（评论）————陈　辽
新的探索，新的收获（评论）———王先需
耐读的碑文（评论）————————黄培需
一个偏执狂的"眼力"（评论）———孙传恒
浅谈个性化与艺术典型（评论）——郭　超
中国小说的正式形成（文学知识）——李悔吾
山高水长（水印套色木刻）————黄丕谟
张正宇·李白凤篆书
大地苏醒（中国画）————————张　征
绣金匾（剪纸）——————————耿炳伦
幽谷新湖（中国画）————————张万钧
竞放（摄影）———————————尤忠效

1979 年第 12 期　刊名:《奔流》
目录

把春色抹得更浓一些
——热烈欢呼全国第四次文代会圆满成功
　　　　　　　　　　　　　　本刊评论员
春鸟——短诗五十首（章桂征·章耀达插图）
——张希海　张庆明　长　风　田　野　陈　龄
陈明弼　孔　林　吕　艾　柯　原　李金安　卞　卡

王志学　邢　可　李　志　王怀让　石太瑞　文　丙
刘　浏　刘益善　翟柏华　李木生　高　平　叶景贤
故乡（组诗）····························沙　鸥
农村新歌（四首）····················苏金伞
庐山谣（二首·保彬插图）············青　勃
骨灰盒上的阴风（外一首）············公　刘
中原大地（十四首·李智插图）
·······················叶照青　王中朝　姚欣则
阎豫昌　王　迪　时宇枢
回来吧，焦裕禄····················桑恒昌
祖国啊，今天请容我说（外一首）····刘　镇
山刺玫（十三首·何宁插图）····程文华　张志玉
焦占元　启　后　王满夷　刘舰平　潘万提
新民歌选（十七首·单戈插图）····张宜举　韩龙宪
陈彦敏　柳玉柱　亢明阳　田　夫　叶修玲　范钦佩
三个蚕乡女（叙事组诗·王道珍插图）····李长华
飞马峰的传说（叙事诗·陈亦逊插图）····牛雅杰
彩色的童年（何韵兰插图）
彩色的童年（组诗）················钟庭润
费费的铅笔头····················乔台山
小树下··························韩　英
诗二首··························吕　剑
满庭芳（二首）····················鲁　歌
长安新咏（二首）··················荒　芜
访洛阳（二首）····················冯白平
莫愁赋··························李洪程
开拓未来，我愿做时代的铁牛········李清联
禁区与"犯禁"····················董应周
爱情·生活（何韵兰插图）
爱情·生活（三首）················石　英
梨花河边························彭泉瀚
为了新的生命（三首）··············高伐林
散文诗三题····················张华中　杨石麟
以议论为诗与以议论入诗（评论）····李元洛
漫话用抒情诗反映人民内部矛盾（评论）····阿　红
诗中自有"我"（评论）··············杨匡汉
编后记
《叙事诗丛刊》出版（诗讯）········文　一
屈子（中国画）····················刘旦宅
黄河之水天所开（书法）············林散之
莫干雪（中国画）··················华士清

1980 年第 1 期　刊名:《奔流》
目录

小说
春秋配··························乔典运
丈夫回家的时候··················古东晶

他们两个短促一生的编年史··········南　丁
编辑部来客······················鲁　沂
歧路灯（长篇选载）············（清）李绿园

散文·特写
手术刀下的诗情··········李　晴　刘　思　李怀发
把死者埋在活人的心中··············李　蕤

诗歌
乞者之歌························王绶青
新花初绽蕾······················真　宇等
风花雪月及其他··················孟　晔
山乡····························苗得雨
一串悄悄话······················李群祥
和吉川幸次郎教授················华钟彦
拉车····························谢　虹

评论
解放思想　繁荣创作··············于黑丁
文艺和政治······················苏金伞
文艺家的眼睛····················孙　荪
汴京梦华························李　松

杂文·寓言
天鹅和仙鹤的争论················韶　华
听诗解··························引车卖
封建考··························康　群

美术
凤凰礼赞（壁画稿）··············汤君超
春意（中国画）····················肖诗寒
清明上河图（局部）··········（宋）张择端
迎春（中国画）····················潘继周
鲁迅诗篆刻······················王成晃
读者·作者·编者··················编后记
幽默····························艺林轶闻

1980 年第 2 期　刊名:《奔流》
目录

小说
立春····························李德复
白纱巾·红纱巾··················杨稼生
我们的爱情是这样的··············郑克西
鬼魂····························张秀生
没有意思的故事··············朱润祥　刘福中

散文

赤城⋯⋯⋯⋯⋯⋯⋯⋯陈梓干口述　涂白玉整理
忆慕尧⋯⋯⋯⋯⋯⋯盛尽媛口述　树　林整理
悼苏鹰⋯⋯⋯⋯⋯⋯⋯⋯⋯⋯⋯⋯⋯吉学沛
生命的续篇及其他⋯⋯⋯⋯⋯⋯⋯⋯⋯刘　思

诗歌

风从伏牛山来⋯⋯⋯⋯⋯⋯⋯⋯⋯⋯⋯禹本愚
种子⋯⋯⋯⋯⋯⋯⋯⋯⋯⋯⋯⋯⋯⋯⋯侠　若
裹蜜的盐⋯⋯⋯⋯⋯⋯⋯⋯⋯⋯⋯⋯⋯赵中森
我们的心飞上了月亮⋯⋯⋯⋯⋯⋯⋯⋯阮　岭
逆耳篇⋯⋯⋯⋯⋯⋯⋯⋯⋯⋯⋯⋯⋯⋯席　根
絮语⋯⋯⋯⋯⋯⋯⋯⋯⋯⋯⋯⋯⋯⋯⋯韩海山
黄洋界抒怀⋯⋯⋯⋯⋯⋯⋯⋯⋯⋯⋯⋯苏文河
螺灯⋯⋯⋯⋯⋯⋯⋯⋯⋯⋯⋯⋯⋯⋯⋯韩作荣
井⋯⋯⋯⋯⋯⋯⋯⋯⋯⋯⋯⋯⋯⋯⋯⋯尧山壁

评论

现实主义文学潮流不可逆转⋯⋯⋯⋯⋯王大海
赞"瓷器店里捉老鼠"⋯⋯⋯⋯周鸿俊　石发亮
席里柯的《梅杜萨之筏》⋯⋯⋯⋯⋯⋯奚传绩

通讯

未来在向我们召唤⋯⋯⋯⋯⋯⋯⋯⋯本刊记者
努力探索，让农村题材小说之花更加绚丽多彩
⋯⋯⋯⋯⋯⋯⋯⋯⋯⋯⋯⋯⋯晓杰·秀芳

杂文·小品

杂文二题⋯⋯⋯⋯⋯⋯⋯⋯⋯⋯⋯⋯⋯于友先
东南西北⋯⋯⋯⋯⋯⋯⋯⋯⋯⋯⋯⋯⋯乔明柱
男女都一样⋯⋯⋯⋯⋯⋯⋯⋯⋯⋯⋯⋯李天岑
如此经理⋯⋯⋯⋯⋯⋯⋯⋯⋯⋯⋯⋯⋯牛耕田

美术

小景（彩墨画）⋯⋯⋯⋯⋯⋯⋯⋯⋯⋯吴冠中
祖国啊，母亲（油画）⋯⋯⋯⋯⋯⋯⋯方照桦
梅杜萨之筏（油画）⋯⋯⋯⋯⋯［法］席里柯
花鸟（中国画）⋯⋯⋯⋯⋯⋯⋯⋯⋯⋯王少卿
编后记

1980 年第 3 期　刊名:《奔流》
目录

小说

看看谁家有福⋯⋯⋯⋯⋯⋯⋯⋯⋯⋯⋯刘庆邦
镜中缘⋯⋯⋯⋯⋯⋯⋯⋯⋯⋯⋯⋯⋯⋯刘学林
流星追月⋯⋯⋯⋯⋯⋯⋯⋯⋯⋯⋯⋯⋯飞　雁
枫林寨⋯⋯⋯⋯⋯⋯⋯⋯⋯⋯⋯⋯⋯⋯王远明

歧路灯（长篇选载）⋯⋯⋯⋯⋯⋯（清）李绿园

散文·特写

淘金者⋯⋯⋯⋯⋯⋯田　芬　王际春　蔡　乾
散文三题⋯⋯⋯⋯⋯⋯⋯⋯⋯⋯⋯⋯⋯夏启良
茅屋为洪水所破文⋯⋯⋯⋯⋯⋯⋯⋯⋯阎豫昌
校园情思⋯⋯⋯⋯⋯⋯⋯⋯⋯⋯⋯⋯⋯吕洪军

诗歌

花月楼抒怀（二首）⋯⋯⋯⋯⋯⋯⋯⋯曾仕让
女作者五人集⋯⋯⋯⋯⋯⋯⋯⋯刘先琴　郭红林
　　申爱萍　李小梅　谢　虹
欢乐的田野⋯⋯⋯⋯王天瑞　曾仕让　郭　俊　程光炜
大山睁开了眼睛⋯⋯⋯⋯⋯⋯⋯⋯⋯⋯阎振甲
军号嘹亮⋯⋯⋯⋯⋯吕华青　杨承尧　张建学　尹家民
村景（四首）⋯⋯⋯⋯⋯⋯⋯⋯⋯⋯⋯贺　平

评论

为培养文学新人呼喊⋯⋯⋯⋯⋯⋯⋯⋯丁　琳
漫谈文艺工作领导者的责任⋯⋯⋯⋯⋯耿恭让
时代的声音⋯⋯⋯⋯⋯⋯⋯⋯⋯⋯⋯⋯宋　垒
文艺欣赏和"共同美"⋯⋯⋯⋯⋯⋯⋯夏　放
识"真"辨"假"⋯⋯⋯⋯⋯⋯刘静生　黄毓璜
豪放爽朗的女性形象⋯⋯⋯⋯⋯⋯⋯⋯陈允鹤

杂文·寓言

寓言二则⋯⋯⋯⋯⋯⋯⋯⋯⋯⋯⋯⋯⋯韶　华
谈"自动对号入座"⋯⋯⋯⋯⋯⋯⋯⋯周健平
何必改名"雪山泪"⋯⋯⋯⋯⋯⋯⋯⋯李庚辰
关怀（幽默）⋯⋯⋯⋯⋯⋯⋯⋯⋯⋯⋯郭文杰

美术

美人蕉（中国画）⋯⋯⋯⋯⋯⋯⋯⋯⋯王邦彦
雨后峨嵋（中国画）⋯⋯⋯⋯⋯⋯⋯⋯丁中一
吉卜赛之女（名画欣赏）⋯⋯⋯［荷兰］哈尔斯
村口小景（中国画）⋯⋯⋯⋯⋯⋯⋯⋯苏西映

1980 年第 4 期　刊名:《奔流》
目录

小说·散文

初夏⋯⋯⋯⋯⋯⋯⋯⋯⋯⋯⋯⋯⋯⋯⋯王昌定
潜力⋯⋯⋯⋯⋯⋯⋯⋯⋯⋯⋯⋯⋯⋯⋯刘向阳
强项令⋯⋯⋯⋯⋯⋯⋯⋯⋯⋯⋯⋯⋯⋯王吉星
除夕之夜⋯⋯⋯⋯⋯⋯⋯⋯⋯⋯⋯⋯⋯张　斌
诗人徐玉诺（故乡·故人·故事）⋯⋯王予民　谢照明
草·乳·血⋯⋯⋯⋯⋯⋯⋯⋯⋯⋯⋯⋯陈耀华

诗歌

中州纪游（四首）……………………………………丁　力
沧海日出（外一首）…………………………………徐　刚
云海求真………………………………………………柴德森
悼纪汉…………………………………………………郭汉城
悼念冯纪汉同志………………………………………关　江
短歌……………………………………鲁　行　范建国
彩云（外一首）………………………………………于宗信
猴子烤栗（外一首）…………………………………小　雨

评论

人民是文艺工作者的母亲……………………………杨　飂
李绿园及其《歧路灯》………………………………栾　星
讽刺诗杂说录…………………………………………马敏学
从鲁迅对待胡适的态度所想到的……………………郝胜道
《夜警》和荷兰画家伦勃朗（名画欣赏）…………平　野

美术

少女与花（油画）……………………………………李　昂
速写（四幅）…………………………吴　棣　王今栋
夜警（油画）………………………………〔荷兰〕伦勃朗
采石场（油画）………………………………………秦寒光

1980 年第 5 期　刊名:《奔流》
目录

小说·散文

年头岁尾………………………………………………贾大山
雁归来…………………………………………………徐　慎
小镇，我的故乡………………………………………田迎春
开在心中的石榴花……………………郭文杰　毛引端
诗人徐玉诺（续）……………………王予民　谢照明

诗歌

包拯三唱………………………………………………李　俊
战友啊，谁能忘记……………………………………顾　工
风声……………………………………………………邬显荣
青春中国………………………………………………田　间
弧光闪闪………………………………张希海　孙友田
李声明　刘汉城　朱奇　郑纯方
望夫石…………………………………………………刘不朽
悼李季同志……………………………………………齐　鸣
亲………………………………………………………张从海
天问楼杂诗……………………………………………舒　芜
星海……………………………师日新　张华中　朱冀濮
赵守先　李木生　张赞昆　伯　禽

评论

深刻的教训……………………………………………凡　尼
边笑边按录……………………………………………引车卖
发掘美，表现美………………………………………朱德民
相煎何太急……………………………………………刘思谦
多情善感　心领神会…………………………………孙　荪
从苏金伞同志天天写谈起……………………………叶景贤
顾闳中《韩熙载夜宴图》（名画欣赏）……………林树中

美术

女教师（油画）………………………………………曹新林
香港海鸥摄影学会作品展览作品选刊
韩熙载夜宴图（中国画）………………（五代）顾闳中
青松（中国画）………………………………………高云霄
南阳油田速写（二幅）………………………………高凤舞

1980 年第 6 期　刊名:《奔流》
目录

小说·散文

苦衷……………………………………………………吴庆安
道歉……………………………………………………于　彬
榜样……………………………………………………琚同寅
杨梅……………………………………………………徐百顺
爱荣姐…………………………………………………郭从珍
难忘诗人一片情（散文）……………………………杨世铎
山河壮歌行（散文）…………………………………卞　卡
茶乡的歌声（散文）…………………………………祝　凯
故乡情（散文）………………………………………甘广朴
绿色短笛（散文）……………………………………孔　林

诗歌

石油和诗………………………………………………任彦芳
民校新曲………………………………………………王　烨
星海……………………………王中朝　王汝海　刁心升
毕长龙　陈三光　谭涛初　海鹏彦
绿叶集…………………………………………………青　勃
归来呵，绿荫的歌者…………………………………管用和
清晨……………………………………………………苏中聚
五月的情思……………………………………………刘　镇
过巫峡…………………………………………………牛庸懋
不育花苗哪来香………………………………………柳玉柱

评论

深刻的教训（续）……………………………………凡　尼
鲁迅笔下的河南作家…………………………………刘增杰
带着生活泥土芬芳的图画……………………………马　克
介绍《在阳台上》（名画欣赏）……………………舒　君

美术

在阳台上（油画）——————————[法]雷诺阿
献给少奇同志（石版画）——————————姚俊国
训猫（木刻）——————————————沙清泉

1980 年第 7 期　刊名:《奔流》
目录

小说·散文

并蒂莲———————————————张　敏
在病房里—————————————陌　遇
两次"盟约"————————————黄国玉
药—————————————————李焕振
旱岭奇观（散文）——————————辛　雨
大娘帮我推车（散文）————————杨稼生

诗歌

散歌三章（散文诗）—————————易殿选
绿色的大别山（组诗）————————潘万提
星海（短诗一组）——————袁伯霖　梁　固
田迎春　唐建勋　卫家齐　李国柱
开煤车的小伙（外一首）———————晓　蕾
一条流蜜的河————————————张志玉

评论·文讯

文苑春浓
——记省文学艺术工作者第二次代表大会———本刊记者
动态二则
现代绘画之父
——塞尚（名画欣赏）—————————平　野

美术

嗓鹏（中国画）——————————李自强
谱春（木刻）———————————卢少尹
塞尚的画（二幅）
编者的话

1980 年第 8 期　刊名:《奔流》
目录

小说·散文

青山岙纪事（小说）—————————金学种
幻想曲（小说）———————————赵富海
"菜话篓"外传（小说）———————白常学
腾云驾雾（小说）——————————肖　冬
我望着老英雄（散文）————————曹　地
妈祖庙里寄深情（散文）———————解　波

少林寺游记（散文）—————————汪喜堂

诗歌

来自边山的诗笺（组诗）———————李民卿
金色的麦粒（二首）—————————陈峻峰
绿色的疆土————————————王耀东
三月三，壮家歌墟（六首）——————阿　红
中州诗抄（三首）——————————王昌定
星海——————李清联　郭红林　姚欣则
韩　英　柳玉柱　刘德亮　范钦佩
云中城（四首）——————李经竹　吕建荣
绿圃集（四首）———————————赵景斌

评论·报道

刻苦实践　不断探索—————————朱　兵
漫话提炼及其他（文艺书简）—————南　丁
工业题材短篇小说创作座谈会纪实（报道）———杨晓杰

新作短评

触目惊心的历史画面—————————劲　草
一篇有严重缺陷的作品————————张锡侯
"我是一个例外"——————————柳　前
诚心·交心·同心——————————王　雨
八大山人和他的艺术风格（名画欣赏）———刘铁华

美术

晴意（水彩画）——————————李剑晨
海鹰（油画）———————兰毓衡　田克盛
八大山人的写意画（二幅）
两岸风光好————————————赵若浩
篆刻二方—————————————王乃容
编者的话

1980 年第 9 期　刊名:《奔流》
目录

小说·散文

我们姊妹三人（小说）————————梅子涵
灯影婆娑（小说）——————————峭　石
评……（小说）———————————赵　新
悼念秋远（散文）——————————李　蕤
万碧寄深情（散文）—————————张诗勤
鸡公山风光（游记）—————————林克昌

诗歌

红豆恋—————————————黄　淮
山间的诗（三首）——————————姜琍敏
啊，"太阳石"（三首）————————田万宪

不能忘却（四首）——————————沙 鸥
在孟姜女河上——————————李洪程
电风扇颂——————————————辛 笛
一束庄稼花（四首）——————————翟柏华
汉柏吟——————————————董应周
星海————————王怀让 张华中 李金安
戈 缨 刘秀森 宏 波 郭振亚
给某驻队干部——————————————河 青

评论

在生活的激流中——————————刘锡诚
"文章憎命达"断想——————————刘 畅
梵高和他的《自画像》（名画欣赏）——迟 轲
"黄河在咆哮"——————————苏金伞
读者来信摘编

美术

黄河壶口（中国画）——————————谢瑞阶
水墨山水画（二幅）——————————李明久
梵高作品（二幅）

1980 年第 10 期 刊名:《奔流》
目录

小说·散文

太平村里（小说）——————————胡 帆
怪客（小说）——————————张兴元
另一个世界（小说）——————————张 斌
黎莎（小说）——————————孙幼才
一首歌的故事（散文）——————————王 岳
劲骨刚心 天姿国色——————————张若愚

诗歌

呵，碧绿的竹林（诗）——————————崔合美
记忆上的小花（诗·四首）——————程光炜
诗人们哪（诗）——————————李长华
夜行集（诗·三首）——————————杨 山
农家姑娘（外一首）——————————杨承尧
小河从军营流过（诗）——————————曹勇骅
悼念日本吉川幸次郎教授（旧体诗）——华钟彦
民歌三首——————————————张宜举
星海（诗·十一首）——————李发模 董遂廷
李庆森 刘崇文 雷衡山 叶照青 彭双和

评论·随笔

关于敏感及"放"与"争"的思考——易 准 谢望新
"手浇桃李"与"爱才如渴"（随笔）——郭 超
老子·儿子·棍子（随笔）——————肖文苑

德加笔下的舞女（名画欣赏）——————单 戈

美术

春讯（木刻）——————————张学琨
竹（摄影）——————（中国香港）陈复礼
工笔花鸟画（二幅）——————吴玉兰 柏 翠
舞台上的舞女（粉画·局部）——————[法]德 加

1980 年第 11 期 刊名:《奔流》
目录

喜看蓓蕾初盈枝
——致读者、作者同志

小说·散文

社员的心——————————————宁 山
社员的心愿——————————————继 扬
月牙弯弯——————————————李天岑
幸运的"芦花"——————————陈梦白
雄鸡一声天下白——————————阎豫昌
桃花盛开时节——————————汤林尧
读《桃花盛开时节》——————————卞 卡
位置——————————————陈永萍
"位置"的启示——————————朱 英
王老大私访——————————路银秀
星期四——————————————李文俊
有感于《星期四》——————————冯 瑾
穷老三——————————————龚光超
一个普通知识分子的风貌——————道 恒
1—1＝3——————————————曾 平
致曾平同学——————————从维熙
一串甜甜的泪珠——————————张 宇
镜前驰思（散文）——————————廖华歌
爱情的旋律（散文）——————————吕洪军
百鸟啼鸣（散文）——————————赖国清
砖和瓦的故事（散文）——————————严杰华
水域篇（散文）——————————祖敏贤
病房情思（散文）——————————刘华珍

诗歌

九女诗笺————朱幼芳 王 华 叶圣燕
赵新华 陈 虹 周文敏 华 歌 王宏丽 李西萍
青春·阳光——————————可 夫
山乡断想（三首）——————————雷雨川
歌（二首）——————————刘文超
鹅卵石·秤星——————————苏文魁
风（外一首）——————————和洪范
俄国作家与初学写作者——————安国梁 叶芳来译

谈郭熙的山水画和他的画论（名画欣赏）——安敦礼

美术

珍惜青春　努力探索（宣传画）——薛　晖
啊，未来（摄影）——冀三荣
窠石平远图等（二幅）——郭　熙

1980 年第 12 期　刊名:《奔流》
目录

小说·散文

父女之间——孙肖平
赎罪者——吴　萍
果园里——贺抒玉
蟋蟀（"蓓蕾"专栏）——李小洪
尝鲜（"蓓蕾"专栏）——李永生
遗产（"蓓蕾"专栏）——曲范杰
思念索开（散文）——李根红
秋天的怀念（散文）——冷　文

诗歌

想离开摇篮（外一首）——阮　岭
蓓蕾——李　玲
卖瓜人——赵景斌
草原情（二首）——王绥青
乡恋（三首）——文　丙
秋风飘着苇絮——闻　频
我的诗是可以吃的——陈有才
猪和水——许天柏
草芥集（组诗）——桑恒昌
星海——徐光华　丁　红　柳玉柱
曾　雷　刘新安　张志鹏　李　俊

评论·杂文

从冬天的树到春风里的绿叶——鲁枢元
这儿，首先看重的是事实——朱德民
"两个标准"排除真实性吗——赵运通
也论文艺批评标准——贾锡海
应把"真善美"作为文艺批评标准——刘善军　焦道芹
书苑折枝（杂文）——李庚辰
绰约风姿何寂寞（名画欣赏）——云　鹤

美术

多思的年代（木刻）——朱维明
神农架下（中国画）——张　步
黑白版画（二幅）——陈天然　莫　测
无名的少妇（油画）——[俄]克拉姆斯柯依
潺潺流水（中国画）——郝石林

四化赞（剪纸）——岳英华
编后记

1981 年第 1 期　刊名:《奔流》
目录

小说·散文

秤（杨振熙插图）——峭　石
野火（胡博绿插图）——贾平凹
"政治任务"（王玉炳插图）——中　耀
头等奖（田犬军插图）——陈振唐　李德复
主人（马国强插图）——吴双林
灵魂可见——田　芬
蓓蕾专栏
抛弃——阿　强
临时代办升大使——张金海
厕所的厄运——庞景行
婆婆——范乃安
我的爱（散文）——杨稼生

诗歌

王老汉传闻（叙事诗）——牛雅杰
唱给一位死去和两位活着的歌手——高伐林
水柳树的独白——潘万提
就该这么说话——刘　镇
洗衣曲——郭顺昌
我呼唤畅通的电路——李清联

评论·杂文

震撼人心的思想艺术力量——孙武臣
《心香》与美的发现——雷　达
探索·实践·突破——黄培需
新的希望——杨　飏
遐想集（杂文）——傅建中
关于阿庚和他的《死魂灵》插图——阿　璋

美术

初雪（油画）（封面）——王怀庆
刊名题字——黄钟骏
春（油画）（封底）——曹新林
金色的年华（油画）（封二）——肖　红
果戈理小说《死魂灵》插图（封三）——[俄]阿　庚

1981 年第 2 期　刊名:《奔流》

目录

小说

心灵（盛毓安插图）⋯⋯⋯⋯⋯⋯⋯⋯⋯⋯刘　恒
岁月，岁月（金立德插图）⋯⋯⋯⋯⋯⋯⋯张　斌
留栓又来了⋯⋯⋯⋯⋯⋯⋯⋯⋯⋯⋯⋯⋯王中民
难解难分（鲍文忠插图）⋯⋯⋯⋯⋯⋯⋯刘庆邦
姐妹易嫁（吴懋祥插图）⋯⋯⋯华　庄　保群
那件事发生在八月⋯⋯⋯⋯⋯⋯⋯⋯⋯⋯孟亚辉
闪光点⋯⋯⋯⋯⋯⋯⋯⋯⋯⋯⋯⋯⋯⋯⋯刘学林

散文

【蓓蕾】专栏
心歌⋯⋯⋯⋯⋯⋯⋯⋯⋯⋯⋯⋯⋯⋯⋯⋯张　平
回家⋯⋯⋯⋯⋯⋯⋯⋯⋯⋯⋯⋯⋯⋯⋯⋯何白鸥
望远镜里（散文）⋯⋯⋯⋯⋯⋯⋯⋯⋯⋯崔合美
昙花赋（散文）⋯⋯⋯⋯⋯⋯⋯⋯⋯⋯⋯刘贵贤
磨房里的议论（寓言）⋯⋯⋯⋯⋯⋯⋯⋯杜　梨

诗歌

路，就该这样走（组诗）⋯⋯⋯⋯⋯⋯⋯张庆明
昭陵六骏⋯⋯⋯⋯⋯⋯⋯⋯⋯⋯⋯⋯⋯⋯峭　石
在阴影里（四首）⋯⋯⋯⋯⋯⋯⋯⋯⋯⋯刘德亮
子规鸟又叫了⋯⋯⋯⋯⋯⋯⋯⋯⋯⋯⋯⋯郭瑞年
正月的锣鼓⋯⋯⋯⋯⋯⋯⋯⋯⋯⋯⋯⋯⋯李建波
池畔情思⋯⋯⋯⋯⋯⋯⋯⋯⋯⋯⋯⋯⋯⋯陈明弼
看脸（外一首）⋯⋯⋯⋯⋯⋯⋯⋯⋯⋯⋯任彦芳
星海（短诗选）⋯⋯⋯⋯⋯张冠山　一　吟　程光炜
厉　风　晓　兰　真　宇　海鹏彦
鸭儿嘎嘎⋯⋯⋯⋯⋯⋯⋯⋯⋯⋯⋯⋯⋯⋯吕洪军

评论·杂文

关键是端正对知识分子的政策⋯⋯⋯若　丁　朱　可
爱情、人情及其他⋯⋯⋯⋯⋯⋯⋯⋯⋯⋯吴士余
文艺杂感二则⋯⋯⋯⋯⋯⋯⋯⋯⋯⋯⋯⋯雯　白
手姿——艺术的哑语⋯⋯⋯⋯⋯⋯⋯⋯⋯赵　捷
标题上下功夫⋯⋯⋯⋯⋯⋯⋯⋯⋯⋯⋯⋯鲁　生
俄罗斯作家论创作个性⋯⋯⋯⋯安国梁　叶芳来译

美术

花（中国画）⋯⋯⋯⋯⋯⋯⋯⋯⋯⋯⋯⋯胡永凯
少女（中国画）⋯⋯⋯⋯⋯⋯⋯⋯⋯⋯⋯张　恢
过去
——现在（木刻）⋯⋯⋯⋯⋯⋯⋯⋯⋯⋯苏正刚
小说《福尔赛世家》插图⋯⋯⋯⋯⋯[英]格罗斯
铁塔（木刻）⋯⋯⋯⋯⋯⋯⋯⋯⋯⋯⋯⋯王　威
庆丰年（剪纸）⋯⋯⋯⋯⋯⋯⋯⋯⋯⋯⋯笑　白

1981 年第 3 期　刊名:《奔流》

目录

小说·散文

男大当婚⋯⋯⋯⋯⋯⋯⋯⋯⋯⋯⋯⋯⋯⋯张　茅
朝雨（李伯安插图）⋯⋯⋯⋯⋯⋯⋯⋯⋯郑彦英
笑（文中插图）⋯⋯⋯⋯⋯⋯⋯⋯⋯⋯⋯李天岑
爸爸妈妈和妹妹（朱鸿年插图）⋯⋯⋯⋯曹　地
开心酒⋯⋯⋯⋯⋯⋯⋯⋯⋯⋯⋯⋯⋯⋯⋯段荃法
房子与魔术师⋯⋯⋯⋯⋯⋯⋯⋯⋯⋯⋯⋯白由喜
【蓓蕾】专栏
啊，这都是真的⋯⋯⋯⋯⋯⋯⋯⋯⋯⋯⋯李解放
该怎样评价他⋯⋯⋯⋯⋯⋯⋯⋯⋯⋯⋯⋯庄希鉴
江南风采（散文）⋯⋯⋯⋯⋯⋯⋯⋯⋯⋯山　谷
唱给自行车的歌（散文）⋯⋯⋯⋯⋯⋯⋯行达一
骨肉天涯（散文）⋯⋯⋯⋯⋯⋯⋯⋯⋯⋯张惠芳
石块和卵石（寓言）⋯⋯⋯⋯⋯⋯⋯⋯⋯邓广林
春天（散文）⋯⋯⋯⋯⋯⋯⋯⋯⋯⋯⋯⋯杜　梨

诗歌

秋风秋雨秋花（六首）⋯⋯⋯⋯⋯⋯⋯⋯王中朝
我来演⋯⋯⋯⋯⋯⋯⋯⋯⋯⋯⋯⋯⋯⋯⋯石　英
最小的花（散文诗）⋯⋯⋯⋯⋯⋯⋯⋯⋯赵义章
美丽的小鸟（童话诗）⋯⋯⋯⋯⋯⋯⋯⋯路　荫
星海（短诗选）⋯⋯⋯⋯⋯童　喑　毕长龙　耿占春
张传贞　刘秀森　魏路荧
森林的黎明（二首）⋯⋯⋯⋯⋯⋯⋯⋯⋯蔚　文
啊，绿色的生命⋯⋯⋯⋯⋯⋯⋯⋯⋯⋯⋯逍　茵
静静的江呵⋯⋯⋯⋯⋯⋯⋯⋯⋯⋯⋯⋯⋯厉　风

评论·杂文

为社会主义新人塑像⋯⋯⋯⋯⋯⋯⋯⋯⋯殷　车
随感录两则⋯⋯⋯⋯⋯⋯⋯⋯⋯⋯⋯⋯⋯萧　殷
做农民的贴心人、代言人
——评高晓声的短篇小说⋯⋯⋯⋯⋯⋯陆荣椿
滴水中自有大千世界
——评吉呈《空心皂角树》⋯⋯⋯⋯⋯舒晓鸣
含泪的笑
——读短篇小说《笑》⋯⋯⋯⋯⋯⋯⋯道　恒
试谈五句山歌⋯⋯⋯⋯⋯⋯⋯⋯⋯⋯⋯⋯陈有才

美术

时光（油画）⋯⋯⋯⋯⋯⋯⋯⋯⋯⋯⋯⋯邓金楠
青春舞（彩墨画）⋯⋯⋯⋯⋯⋯⋯⋯⋯⋯杨亚明
海角天涯（木刻）⋯⋯⋯⋯⋯⋯⋯⋯⋯⋯赵晓沫
英国画家庇亚兹莱插图（三幅）
猎归（木刻）⋯⋯⋯⋯⋯⋯⋯⋯⋯⋯⋯⋯李国富

1981 年第 4 期　刊名:《奔流》
目录

小说·散文

并非一见钟情的故事（高燕插图）————————李兆丰
他们在思索————————————————————林　海
女御史（马国强插图）——————————————王吉呈
温暖的雪花（李永存插图）————————————李永存
法官和扫帚————————————————————凡　丁
春姐——————————————————————宋运来
老高夫妇————————————————————刘国春
办案（毛本华插图）——————————————桑恒昌

【蓓蕾】专栏

我的忏悔————————————————————李　献
草原上——————————————————————尚　闽
柳塘渡口纪事（散文）—————————————卞　卡
春到伏牛（散文）———————————————王不天

诗歌

泰山日出歌————————————————————青　勃
乡土情（四首·刘德璋插图）——————————马合省
雨（外一首）——————————————————孔令更
水位观测员————————————————————吴烟痕
火红的茶花————————————————————姚欣则
校园短吟（六首）———————————————蔺万盈
星海（短诗选）——————郭国祥　刘益善　李　雨
艺　辛　赵中森　郭栋超　杨　磊　赵荣霞
昧春树——————————————————————彭双和

评论

光明和美的播种者———————————————怀　南
我是怎样走上文学之路的————————————徐　慎
用美的感情陶冶人的灵魂————————————安　葵
遗落在诗里的影子———————————————阿　红
漫话"发难显之情"———————————————刘　琦

美术

生活·读书·新知（油画·部分）————————盛二龙
繁忙的水乡（木刻）——————————————徐　冰
詹忠效插图（四幅）
八哥紫藤（中国画）——————————————田彦卿
篆刻——————————————————————王乃容

1981 年第 5 期　刊名:《奔流》
目录

小说·散文

伟大的革命文学家茅盾同志逝世
兰考行：兰考小记———————————————苏金伞
习文在兰考————————————————————南　丁
不是童话，胜似童话——————————————青　勃
他就是这样一个人（潘海插图）—————————田　涛
监狱与爱情（王桂保插图）——————滕树嵩　赵永茂
米安娃的喜事（曹新林插图）——————————张沼清
邮车准点到达————————————————李克因
野花自有素朴的美——————————————小　河
进取者——————————————————————赵建儒
列车上的故事（林国光插图）——————————鲁建华
心焦鞋——————————————————————翟俊伟
种钥匙的乡土（故乡·故人·故事）————————黄宗江
诀别时的思念（故乡·故人·故事）————————所云平
土布的歌（散文）———————————————王秀芳
古山里的云影子（散文）————————————刘长岭

诗歌

五月的风
北戴河三题（鲍洁插图）————————————田万宪
矿山采风（四首）———————————————时宇枢
煤城倩影（三首）———————————————禹本愚
写在工厂的春天（组诗）————————————赵中森
和元素对话（外三首）—————————————邬显荣
寄自黎明的工厂（二首）————————————丁慨然
他蹒跚着走向车间———————————————郑纯方
灯光（外一首）———————————————田　歌
星海（短诗选）——————贾志坚　赵宗宪　卫世平
郭振亚　李惟微　张书申　龙彼德　魏志远　李怀发
登龙门石窟————————————————————董应周

评论·杂文

到人民生活中汲取诗情画意————————————杨　颸
"包法利夫人就是我"—————————————冯骥才
绘时代风采　唱人民心声————————————韩　戈
无花果——————————————————————朱　冰
流浆居小札（一）———————————————引车卖
观四画家遗作展览———————————————安敦礼

美术

学生时代（油画·部分）————————————苏笑柏
再接再厉（套色石版画）————————————朱维明
英国画家 A.派克木刻插图（两幅）

黑白版画（两幅）························卜维勤　胡　名
小秋收（木刻）···························张学琨

1981 年第 6 期　刊名:《奔流》
目录

献给孩子们

绿色的小号（诗歌·鲍文忠插图）·············丁　抗
王宜振　徐焕云　陈官煊　王剑冰　刘育贤
春天阳光下（组诗·彭德甫插图）·············钟庭润
"狗也嫌"包泉（小说）·····················王　欣
云云的鹁鸽（小说）·······················古　风
求索（中国画）···························阎丁尼
春（彩墨画）·····························周　菱

小说·散文

我们曾经是同学（林国光插图）···············张　茅
乡下大伯（李伯安插图）···················吴双林
月光下的小楼（梁炳卓插图）···············顾　潇
话说共和公元年间（黄思源插图）·············姜明治
上海滩奇遇记····························陶善耕
人杰地灵（报告文学）··············马凤超　魏俊立

【蓓蕾】专栏

天鹅梦·································白光远
蓝蝴蝶·································谢　静
小山村，我的半条街呵（散文）···············禹本愚

诗歌

月之歌·································谢　虹
复活的鸽子（外二首）·····················长　凤
长白山风情（三首）·······················周必中
白云和黑云（外一首）·····················李国钧
西行吟（三首）···························黄东成
沙洲·礁岩（外一首）·····················刘祖慈
猕猴桃呵……（二首）·····················潘万提
生活情思（二首）·························苗得雨
星海（短诗选）···············王福和　宋志强　郭栋超
廖华歌　刘学信　阎锦木　苏中聚　黄天佑　陈学斌
余　时　袁　平　张庚辛
新泉的汇流·····························史恪祖

评论

"我们的文学题材无比宽阔"·················本刊记者
痴迷是追求的开始（"文学之路第一步"专栏）
··································叶文玲
作家的观察力与文学的真实性·················艾　斐
从鲁迅没写长篇小说谈起····················林草思

读者·作者·编者（四则）
·············刘成礼　秋　韧　刘锡顺　莫　惮

美术

未遭污染的水（油画）·····················杨宗军
《东海人鱼》插图（三幅）···················王弘力
工地速写（油画）·························田大军

1981 年第 7 期　刊名:《奔流》
目录

中国共产党建党六十周年纪念

颂歌（诗歌）···························青　勃
审慎·果断·坚定·远谋（革命回忆录）·········张生华
一场特殊战斗（革命回忆录）
······················马　赛口述　王省三整理
珍贵的遗愿（散文）·······················张立云
文学的党性和多样性的统一（评论）············蔡运桂
信念（油画）····························肖继东
寄深情
——上海思南路周公馆（套色木刻）············冒怀苏

小说

黄河岸上人（李伯安插图）···················王吉呈
女大当嫁（马国强插图）···················京　夫
密林深处的天空（高撼插图）···············流　华
香椿芽儿·······························贾平凹
农家乐·································张兴元

报告·特写

豫东南见闻·····························刘延良
"仙境"童心·····························吕建中

诗歌

新烈女传（叙事诗·伍必端插图）·········李　季遗作
"三凤求凰"·····························王怀让
初见大海·······························郭红林
虞美人·缅怀父亲郭晓棠·····················郭勋澜

评论

一九八〇年全国得奖短篇小说漫评···············刘锡诚
金芍药（创作谈）·························理　由
文学之路投足记（"文学之路第一步"专栏）
··································吉　呈
文艺评论工作者的盛会（文艺简讯）············本刊记者

美术

人物肖像画（二幅）················郑今东　李自强

《在摩洛哥城墙后面》插图（"文学作品插图选"专栏）……………………………[英]阿尔吉巴谢夫
春雨（石膏版画）………………………滏 源
刊名题字……………………………………费新我

1981 年第 8 期　刊名:《奔流》
目录

伫看尔辈作中坚
——关于《大学生作品专号》的话………本刊编辑部

小说
月球的另一面（张恢插图）……………刘裕耀
心的飞翔（章耀达插图）………………万兆庆
像河流一样的泪水（林琅插图）………张 平
小说二题………………………………王小平
等（盛姗姗插图）
祭（韩硕插图）
来做模特儿的女人（徐文华插图）……黄旦璇
路途（施大畏插图）……………………梁 左
周末，还不到八点（王威插图）………徐乃建
我和罗安妮（高燕插图）………………雨 寒
"小和尚"还俗（禹化兴插图）………刘学林
欠………………………………………梅 兰

诗歌·散文
夜，一个青年在海滨……………………徐敬亚

花廊
小花……………………………………俞 民
清晨的黄瓜花……………………………于耀江
记忆……………………………………罗贵昌
在城市里（二首）………………………王小妮
生命的歌………………………………岳 平
鸡雏（外一首）…………………………于二辉
啊，童年（外一首）……………………丁 红
草地——（外一首）……………………彭金山
寄故乡（二首）…………………………易殿选
送芝麻糖的父亲………………………李建波
春天的感受（二首）……………………朴康平
草绿了…………………………………杨亚杰
"野花"中的"天堂"（散文）………赵翼如

美术
绿色的道路（油画）……………………杨大全
晨（中国画）…………………………盛姗姗
大学生（油画）…………………………李新平
张守义插图作品（"文学作品插图选"专栏）

1981 年第 9 期　刊名:《奔流》
目录

纪念鲁迅诞辰一百周年
辨认文化巨人的长征足迹（评价）………秦 牧
鲁迅和《奔流》（评论）………………张 华
鲁迅《奔流·编校后记》读后（评论）………王得后
学习鲁迅反封建的革命精神（评论）………林志浩
文艺要"为现在抗争"…………………陈 炳
铁流在胸中燃起火焰（诗歌）…………枫 亚
碑（诗三首）……………………………刘德亮
鲁迅（木刻）……………………………刘 岘
鲁迅小说插图二种（"文学作品插图选"专栏）
………………………………贺友直　姚有信

小说
智慧的痛苦（章耀达插图）……………张一弓
我和秀闺（王玉炳插图）………………刘庆邦
金不换（龚东明插图）…………………王晓新
周末的夜（王效池插图）………………李九思
考核……………………………………李焕振
比克斯比太太和上校的貂皮氅（翻译小说·王桂保插图）………[英]罗阿尔德·达尔作　卢新华　杜建国译

散文
对一位正直的画家的怀念（"故乡·故人·故事"专栏）……………………………王大海
苏醒了的土地（"河南一角"专栏）………林 召
心目中的美景…………………………孙 苏
梨叶赞…………………………………杜道恒
汴梁西瓜赋……………………………屈春山

诗歌
山林抒情诗（四首）……………………宫 玺
心上的画（外一首）……………………宏 波
远洋诗抄（三首）………………………于海东
池畔思（四首）…………………………陈明弼
雪花小辑（三首）………………………柯 原
"星海"（短诗专栏）………陈 创　李克俭　赵爱民
吴正民　宋宏志　李根红　李健英　纪建泰　苏文魁
路是这样走过来的（"文学之路第一步"专栏）………峭 石

美术
海（套色木刻）…………………………刘铁华
鼓浪洞天（中国画）……………………方 昉

1981 年第 10 期　刊名:《奔流》
目录

小说·散文

父亲（梁丙卓插图）·································赵　新
矮墙两边纪事·································张诗勤
副社员（黄思源插图）·································郝丛楼
默默融化的冰雪（刘德璋插图）·································杨东明
木匠刘宝·································宁　山
雪夜·································汪求实
三春雨·································平申生
两封信·································王振洲
七婶·································牛耕田
祖国医学宝藏中的一颗珍珠（"河南一角"专栏）
·································大　海　书　根
桃花寨（散文）·································顾丰年
红叶（散文）·································杨晓杰

诗歌

啊，大地·································王绥青
绍兴雨（外二首）·································李洪程
富了棉乡（二首）·································尧山壁
黎明的窗口（组诗）·································孔院斌
哨位·································陈　犀
我回来了，黄河（外二首）·································孔令更
航空兵诗情（三首）·································周　鹤
山村见闻（三首）·································雷雨川
秋意（外一首）·································丁　芒
小妹妹爱我不说话·································张子良
星星·································蔺万盈
山村女教师剪影（三首）·································吕洪军

评论

文艺工作者的历史使命·································穆　木
鲁迅论作家艺术家的修养·································刘再复
文艺应该高于生活·································耿恭让
第一步和第二步之间（"文学之路第一步"专栏）·································叶蔚林
我走了三步（创作谈）·································刘心武
片言明百意·································马　威
谈写风月与画头发·································王振铎

美术

枣花蜜（木刻）·································李天瑛
怀念（油画）·································曹新林
人民的重托（套色石版画）·································姚俊国
基石（雕塑）·································曹俊亮

1981 年第 11 期　刊名:《奔流》
目录

小说·散文

高升一级·································李克定
他是他自己（方照桦插图）·································孙　进
老树逢春·································曲范杰
小燕子妮娜（李智插图）·································聂欣如
爷爷（常胜插图）·································蓝春荣
敲钟人（王群插图）·································徐　慎
憨哥儿（曹新林插图）·································李佩甫
五柳春（宋治国插图）·································金　雨
倔疙瘩改性（范敦聚插图）·································同　寅　心　灵
弯曲的山路（"蓓蕾"专栏）·································齐露莹
生活呀生活（"蓓蕾"专栏）·································武蒙辛
狭窄的小院（散文）·································柴德森

诗歌

乡土情（二首）·································马合省
三门峡之歌·································王洪涛
从太行采撷的山花（三首）·································张庆明
啊，故乡（二首）·································曹勇骅
太阳的联想（三首）·································邬显荣
大别山的吟唱（二首）·································牛雅杰
聚会·································顾　工
卖辣椒·································任黎辉
喜相会，干一杯·································刘　镇
山中·································杨　山
"星海"（短诗选）·································王愈明　程光炜　傅建中
马德华　姚欣则　袁学忠　赵宗宪　袁　平　陈有才

评论

漫谈"寓教于乐"·································罗源文　廖启良
重提文艺大众化·································杨志杰
当高尔基写《母亲》的时候·································艾　斐
作家的审美理想·································叶　鹏
眷眷乡土情　拳拳战士心·································高洪波
努力塑造具有新时代特点的新人形象·································王慧敏

美术

建设的旋律（套色木刻）·································董　旭
大地春色（中国画）·································尚水法
纪念刘和珍君（木刻组画）·································赵扶伟
中国画写生（二幅）·································华士清　李明久
黄山百丈泉（中国画）·································周中孚

1981 年第 12 期　刊名:《奔流》

目录

小说·散文

魏老汉求情（毛本华插图）·································文　兰
结婚宴会···王银亮
地热（潘海插图）·····································张有德
婚姻介绍所旁（李伯安插图）·····························邹　平
敬师酒（高撼插图）···································绍　六
东游记（王玉炳插图）·································石振声
竹儿青青翠···戴志武
底色（"河南一角"专栏）·······························赵富海
三千里路云和月（报告文学 RBF）·······················吴　萍
柿子崖纪略（散文）·····································卞　卡
梨花院（散文）···周同宾
柿花梦（散文）···郝子奇

诗歌

选择···林　希
采椹···关劲潮
春天，从这里开始……·································申爱萍
梳篦的家乡···陈茂欣
心中的歌···刘正祥
在那飘香流蜜的地方（三首）·····························席　根
卧龙诗草（二首）·····································金宪文
风雪路上···丁高潮
"星海"（短诗选）···············郑　红　袁伯霖　倩　晴
郭　俊　罗贵昌

评论

回顾与展望···本刊编辑部
向文艺提个问题···林草思
要莎士比亚化，不要席勒式·······························沉　默
既有诗，随着就有诗评论·································阿　红
漫说想象的依据和条件·································汪远平
艺术的对比漫笔···郭　超
关于"愤怒出诗人"·····································古远清
千树万树梨花开···安敦礼

美术

瑞雪（套色木刻）·····································盛和惇
家园（套色木刻）·····································王效池
晚翠（中国画）···赵若浩
山村即景（木刻组画）·································曹学会

1982 年第 1 期　刊名:《奔流》

目录

小说

趁我们还年轻···雨　寒
火山石（章耀达插图）·································叶文玲
征服（常宗贤插图）·································陈忠实
天使的心灵（林国光插图）·······························张　斌
温暖（吴懋祥插图）·································郑克西
分家···贺景文
中国人···张　茅
邂逅之际（高撼插图）·································王小鹰
最后一次约会（侯小红插图）·····························张　宇
可怜的托湟塔（翻译小说·王桂保插图）
··················[德]亨利希·曼作　刘　浩译　钱鸿嘉校

散文·特写

琢（特写）···马其德
何迟怀郑州·································任　聘　李　蔚
游君山·································陌　遇
帆···周迪君

诗歌

在山野（组诗）···潘万提
收获吧……（四首）·································李洪程
我的爱（外一首）·····································王中朝
过花园口···阮章竞
小河边···何小河
"星海"（短诗选）···············宋志强　沈良意
倩　晴　李　俊
春雨···赵义章

评论

文学艺术的新阶段（"奔流论坛"）·······················阎　纲
我与新诗（"文学新书序跋选"）·······················苏金伞
蓝色的梦（"文学之路"）·································理　由

美术

婚事新办（油画）·····································周豹健
阿苏山垂玉温泉（中国画）·······························魏紫熙
油画写生（二幅）·································秦寒光　曹新林
喜盈门（电影宣传画）·································赵德修

1982 年第 2 期　刊名:《奔流》
目录

小说·散文

母亲（报告文学·"河南一角"）
　　　　　　　好　贤　引　端　文　杰
人非草木（刘昌华插图）　　　　　　　京　夫
多犁了一沟儿田（郑征泉插图）　　　　李佩甫
那颗星会知道（胡博综插图）　　　　　王小平
铁脖项拜寿（张明超插图）　　　　　　王吉呈
赵书记的假日　　　　　　　　　　　　张兴元
还玉镯（倪宝诚插图）　　　　　　　　周思民
儿媳妇　　　　　　　　　　　　　　　段荃法
等待（翻译小说·王桂保插图）
　　　　［英］斯坦·巴斯托作　武景全译
醉花荫（散文）　　　　　　　　　　　周同宾
折粮石（散文）　　　　　　　　　　　范若丁
让（外一章·散文）　　　　　　　　　杨稼生

诗歌

黄河渔歌　　　　　　　　　　　　　　王绥青
呵，我绿色的竹乡　　　　　　　　　　雷雨川
五平方，我广阔的天地　　　　　　　　孔令更
新声　　　　　　　　　　　　　　　　孙友田
山中旅程　　　　　　　　　　　　　　张真宇
海边断想　　　　　　　　　　　　　　毕　林
春天的旋律　　　　　　　　　　　　　魏志远
夜海情　　　　　　　　　　　　　　　聪　聪
"星海"（短诗选）　　　　赵景斌　朱岐昌　陈晓玲
杨守智　张志玉

评论

写农村，写农民，发展乡土文学（"《奔流》论坛"）
　　　　　　　　　　　　　　　　　　龚依群
勿自弃　勿自封（"文学之路"）　　　京　夫
《在田野上，前进!》再版题辞（"文学新书序跋选"）
　　　　　　　　　　　　　　　　　　秦兆阳
关键在于"深入"二字　　　　　　　　陈　炳
变生活过程为戏剧场景　　　　　　　　安国梁
话说量体裁衣　　　　　　　　　　　　孙　苏
画头发的艺术　　　　　　　　　　　　黄培需
读者·作者·编者

美术

春涧（中国画）　　　　　　　　　　　郭政综
金秋（套色木刻）　　　　　　　　　　孙银生
希望（版画）　　　　　　　　　　　　黄　玲
春（中国画）　　　　　　　　　　　　鲍　洁

山里人家（版画）　　　　　　　　　　董　旭

1982 年第 3 期　刊名:《奔流》
目录

小说·散文

丛莽深处的诗（报告文学·"河南一角"）　夏　杨
珍重吧，青春（张定华插图）　　　　　韦　娄
地层下的笑声（金小胶插图）　　　　　刘庆邦
典礼，静悄悄（毕士明插图）　　　　　赵　新
雪谷（李伯安插图）　　　　　　　　　孙建英
人心难买　　　　　　　　　　　　　　邹志安
柳枝（王今栋插图）　　　　　　　　　储福金
清晨，当我醒来的时候（马国强插图）　施永杰
写在椰叶上的日记（散文）　　　　　　叶文玲
雨恋（散文）　　　　　　　　　　　　休　休

诗歌

我家的树（组诗）　　　　　　　　　　张希海
一个晴朗的早晨（外一首）　　　　　　孔院斌
西亚风情（组诗）　　　　　　　　　　彭　龄
传奇式的重逢　　　　　　　　　　　　胡　笛
春城点描（组诗）　　　　　　　　　　田万宪
呵，一片绿色的土地　　　　　　　　　苏文河
夜的矿山（二首）　　　　　　　　　　华　卓
花园口（外一首）　　　　　　　　　　樊发稼
回来吧，妈妈（外一首）　　　　　　　朱自强
山野的冬天（散文诗五章）　　　　　　李　耕
采茶女　　　　　　　　　　　　　　　杨贵才
龙门，雨停了……　　　　　　　　　　张小川

评论

塑造多种多样的社会主义新人形象（"奔流论坛"）
　　　　　　　　　　　　钱光培　彭华生
《乡音》序（"文学新书序跋选"）　　南　丁
泥土味及其他
——《乡音》后记　　　　　　　　　　段荃法
文学的第一步之前（"文学之路"）　　韩石山
关于恩格斯的未来戏剧理想（理论）　　东方牧
值得重视的诗篇（作品评介）　　　　　张器友
短篇小说的魅力（随笔）　　　　　　　王先霈

美术

飞翔中的丹顶鹤（摄影）　　　张长江　孙树清
纺织姑娘（木刻）　　　　　　　　　　顾　雄
石刻花卉（三幅）　　　　　　　　　　孙　煌
湖畔（油画）　　　　　　　　　　　　鲍　加

1982 年第 4 期　刊名:《奔流》

目录

小说·散文

女教师日记（刘德璋插图）……………………马本德
月夜……………………………………………刘震云
车上人（倪小莉插图）………………………王兆军
二八月，云飘飘（董钺插图）………………郑彦英
你闻菊多香……………………………………汤林尧
心灵的轨迹（严文俊插图）…………………路纪予
野姑娘（彭德甫插图）………………………刘文新
三请婆母（潘海插图）………………………殷德杰
数学王国的千里马（报告文学·"河南一角"）
………………………………………………高天星
访有恒先生（散文）…………………………顾　潇
萧萧紫竹声（散文）…………………………王文德

诗歌

牡丹园…………………………………………青　勃
小鹿，站在高高的山上（外一首）…………李经竹
祖国啊…………………………………………赵新华
播种（外二首）………………………………莫西芬
写在受灾后的田野（二首）…………………李民卿
洞庭掠影………………………………………崔合美
我们"干"……………………………………贾长厚
白雪，我的襁褓………………………………祁　放
赶鸭女…………………………………………高旭旺
晚归……………………………………………吴建中

评论

向生活的深处开掘（"奔流论坛"）………穆　木
有一株绿树（"文学之路"）………………成　一
含蓄美初探（理论）…………………………曾小逸
农村一代新人的艺术形象（新作短评）……牛青坡
寓新意于平淡之中（新作短评）……………春　岩
庄稼人的襟怀（新作短评）…………………许桂声
当代青年的真实形象（新作短评）…………罗中顺
谈爱情描写（评论）…………………………郭太平

美术

春江放筏（中国画）…………………………朱晓云
双鹿（中国画）………………………………陈雄立
苗（摄影）……………………………………邹北林
逢春（木刻）…………………………………程兆星
丰收（木刻）…………………………………宁积贤

1982 年第 5 期　刊名:《奔流》

目录

小说·散文

江轮之夜（单戈插图）………………………杨　惕
隔墙邻居（李学峰插图）……………………石金文
堵鱼（林国光插图）…………………………刘庆邦
从母系氏族到父系氏族（常秀真插图）……赵安基
在灿灿晨光里（王儒伯插图）………………赵云鹤
小镇春秋（端倪插图）………………………刘　连
又一次冲锋……………………………………肖云星
失物招领处……………………………………葛　宏
宋五八小传（朱鸿年插图）……雷瑞五　刘大顺
中秋夜…………………………………………杨志广
高凌山（特写）………………………………吕建中
眷恋（散文）…………………………………刘先琴
月色融融夜（散文）…………………………禹本愚
岸柳情（散文）………………………………牛耕田

诗歌

"神马"的传说（小叙事诗）………………牛雅杰
在空中采宝……………………………………翟柏华
山中（二首）…………………………………刘益善
今夜，屋里亮着灯……………………………邬显荣
海滩……………………………………………尹一之
雨………………………………………………宋志强
奶奶，你告诉我………………………………齐　放
嫩芽……………………………………………王　岳
我找到了柳笛…………………………………曹汉俊
小城小憩………………………………………郭红林
和秦兵马俑合影………………………………熊光炯
秋日，转动的延边村夜………………………张洪波

评论

充分发挥社会主义文艺的能动作用…………宋玉玺
回忆与思念……………………………………于黑丁
《在延安文艺座谈会上的讲话》的历史命运……顾　骧
在《在延安文艺座谈会上的讲话》指引下前进
………………………………南　丁　青　勃
张有德　叶文玲　段荃法　张　宇

美术

………………………………………………李苦禅
花常好（中国画）……………………………盛毓安
莫干观日出（中国画）………………………杨　波
纺织姐妹（油画）………………………周昌汤文
南阳汉画像石刻

1982 年第 6 期　刊名:《奔流》
目录

小说

"乐器皇后"之恋（张定华插图）……………寇云峰
静静的南柳村（姚俊国插图）……………李　锐
盲嫂……………梅淑贞
棉花姑娘……………徐　慎
宝宝该像谁（"蓓蕾"专栏）……………成居慧

小小说特辑

蜕皮（张黎插图）……………何喜庆
山中速写二题（鲍洁插图）……………南　丁
买瓜……………刘春来
甲鱼的故事（毛本华插图）……………吴双林
喝酒（曹新林插图）……………贾平凹
烟盒（章耀达插图）……………汪求实
假如生活……………邹　平
第三者（刘建友插图）……………吴　萍
忏悔……………顾丰年
一个妻子的二十四小时……………邢　可
穿绛红色雨衣的人（章耀达插图）……………刘　思
醒悟……………卢晓更
豁子口上把关人……………马凤超

诗歌

我来自遥远的山坳（外一首）……………刘文娟
春天的画卷（组诗）……………甘景龙
工厂的旋律（二首）……………王恩宇
京华拾翠（三首）……………袁学忠
上工（外一首）……………赵景斌
云朵……………孙华文
露珠"诗人"……………邓茹谐
摇落的果实（散文诗）……………桑恒昌
泰山歌（二首）……………董应周

评论

漫话小小说……………姜希祁
长篇小说《风满潇湘》后记（"文学新书序跋选"专栏）……………柯蓝　文秋
艺术魅力是从哪里来的……………夏　放
漫谈艺术的虚构……………郭　超

美术

小樱桃（彩墨画）……………周　菱
桃花江畔（中国画）……………张　凭
太湖（水粉画）……………张　森
南阳汉画像石刻（二）……………山　村文

1982 年第 7 期　刊名:《奔流》
目录

小说·散文

芳邻（王儒伯插图）……………刘连群
落叶似金……………韦　娄
北方来信了（刘万林插图）……………梁　左
煤精尺（马国强插图）……………梁晓声
大羊山有个骆新安……………克　岩
飞鸟的动力（乙丙插图）……………郑　宪
山水依依（金小胶插图）……………孙建英
细听黄牛嚼草声……………峭　石
妻子（毕士明插图）……………劢延庆
小园情（朱馨欣插图）……………万兆庆
洛阳观牡丹记（散文）……………孙　荪
缅怀郑州（散文）……………田　涛
山的思恋（散文）……………和　谷

诗歌

春耦斋前的石坪……………黄东成
岱顶远眺……………苏文河
小村轶事（二首）……………张庆明
飞翔（外三首）……………金　波
雨点……………周　鹤
深山猎户……………文　丙
阳光·青春（诗画配）……………王小木图　孔令更诗
黄楝树……………吕　亮
小小餐厅……………晓　钢
我的诗……………丁　红
他笑了……………傅　鹏
小船的梦……………吕　艾

评论

中岳留念，诗意无穷……………曾文渊
思绪萦绕着山花……………阿　红
风情之美……………张平治
《故乡事》后记……………何士光

美术

荫（中国画）……………张　凭
山里红（木刻）……………吕　燕
江边（木刻）……………王明月
弦乐四重奏（木刻）……………沈尧伊
南阳汉画像石刻（三）……………山　村文

1982 年第 8 期　刊名:《奔流》
目录

小说·散文

第四等父亲（方照华插图）················周大新
大年五更是初一（王桂保插图）···········张有德
拉沙（高撼插图）························宁　山
悲欢离合（李伯安插图）··················毛志成
冒失外传（马国强插图）··················峻　立
在岔道上，在走廊上·············时永刚　刘巽达
原上草································钱世明
赶会································侯钰鑫
教练和他的队员（报告文学·"河南一角"）
··································王中山
绿染黄沙（特写）························卞　卡
好个艳阳秋（散文）······················王秀芳
茶乡客（散文）··························甘其勋

诗歌

从平原到海边（组诗）····················李怀发
战士与家乡（组诗）······················贾勇虎
耙地································何忠斌
罗喉岭诗草（二首）······················倩　晴
大理石································张志鹏
我耕耘去了（外一首）····················岳　平
啊，太阳································张雪杉
水乡流彩（组诗）························张志玉
满足································姚　莹

评论

由戈悟觉的作品而想到的（文学新书序跋选）
··································骆宾基
作家的感情与人物的活动··················艾　斐
《复活》创作历程的启示··················沉　默

美术

牧归（油画）··························王宏建
天之骄子（水粉画）······················孙　浩
南阳汉画像石刻（四）····················沙仁文

1982 年第 9 期　刊名:《奔流》
目录

小说·散文

寻找（报告文学·"河南一角"）············袁　漪
我们锻工班（毛本华插图）················李佩甫
小猫不知人间事（马国强插图）············乔典运

赔情酒（吴懋祥插图）····················李克定
陶娜在哪里（高撼插图）··················张　茅
他今年五十八（林国光插图）··············赵　新
薤露歌（王群插图）······················郭才明
晨雾································石振声
彭总在图圈中二三事（散文）··············郭云梦
对陈毅司令员的一次"采访"（散文）········王大海
我们是首届（散文·李学锋插图）··········赵翼如

诗歌

牧羊女（外二首）························野　草
乡情集（三首）··························管用和
荷塘，岁月的画廊（组诗）················申爱萍
爱的旋律（四首）························易殿选
清澈的鹅卵石河哟························潘万提
窗口（外一首）··························王怀让
山乡随笔（二首）························文武斌

评论

艺术实践的"双边活动"··················杨匡汉
留在身后的脚印（文学之路）··············段荃法
从生活原型到文学典型····················施建伟
"隔"的艺术——夏瑜的塑造········刘静生　黄毓璜

美术

枇杷熟了（国画）························王明明
繁星满天（油画）························赵雁潮
踏着晨光（木刻）························董　叙
南阳汉画像石刻（五）····················沙仁文

1982 年第 10 期　刊名:《奔流》
目录

小说·散文

绿色的夏天（方照华插图）················彼　岸
柳青青（潘海插图）······················郑彦英
鱼迷与孩子（杨杰插图）··················刘向阳
开山的女人（李伯安插图）················殷德杰
热风（乙丙题图）························黄蓓佳
伴生树·····················柏鸿鹄　杨昭
一个"候补局长"的压台戏················李金宝
月光曲································雨　寒
静静的病房（小小说）····················周　桦
美的回声（小小说）······················吴　萍
说穷道富（小小说）······················乔明柱
羊肠坂路（散文）························柴德森
神曲（散文）··························周同宾

诗歌

十月的城 ⋯⋯⋯⋯⋯⋯⋯⋯⋯⋯⋯⋯⋯⋯ 白　岭
拼搏 ⋯⋯⋯⋯⋯⋯⋯⋯⋯⋯⋯⋯⋯⋯⋯⋯ 青　勃
北海静心斋 ⋯⋯⋯⋯⋯⋯⋯⋯⋯⋯⋯⋯⋯ 查　干
林荫下的孩子 ⋯⋯⋯⋯⋯⋯⋯⋯⋯⋯⋯⋯ 岑　宇
我走在大街上 ⋯⋯⋯⋯⋯⋯⋯⋯⋯⋯⋯⋯ 陆　健
写在穿衣镜的右上角 ⋯⋯⋯⋯⋯⋯⋯⋯ 李庆杰
盛夏，飘落一片枯叶 ⋯⋯⋯⋯⋯⋯⋯⋯ 亚　龙
钧瓷之歌（二首）⋯⋯⋯⋯⋯⋯⋯⋯⋯⋯ 张国领
海岸·渔光新曲（二首）⋯⋯⋯⋯⋯⋯⋯ 韩忆萍
旷野 ⋯⋯⋯⋯⋯⋯⋯⋯⋯⋯⋯⋯⋯⋯⋯⋯ 张中海
西南边陲诗页（二首）⋯⋯⋯⋯⋯⋯⋯⋯ 石太瑞
让我走进你的心灵（二首）⋯⋯⋯⋯⋯⋯ 马恒祥

评论

在十二大旗帜下前进 ⋯⋯⋯⋯⋯ 本刊评论员
呼唤大手笔 ⋯⋯⋯⋯⋯⋯⋯⋯⋯⋯⋯⋯ 孙　苏
《韩少华散文选》小序（文学新书序跋选）⋯ 袁　鹰
读《奔流》小小说特辑札记 ⋯⋯⋯⋯⋯ 希　映

美术

山花（国画）⋯⋯⋯⋯⋯⋯⋯⋯⋯⋯⋯⋯ 王有政
晨（水粉画）⋯⋯⋯⋯⋯⋯⋯⋯⋯⋯⋯⋯ 张福乘
春风（木刻）⋯⋯⋯⋯⋯⋯⋯⋯⋯⋯⋯⋯ 李建忠
回娘家（木刻）⋯⋯⋯⋯⋯⋯⋯⋯⋯⋯⋯ 张学琨
春到牛场（油画）⋯⋯⋯⋯⋯⋯⋯⋯⋯⋯ 李云生
望海亭（石刻）⋯⋯⋯⋯⋯⋯⋯⋯⋯⋯⋯ 孙　煌

1982 年第 11 期　刊名:《奔流》
目录

小说·散文

窗户（梁丙卓插图）⋯⋯⋯⋯⋯⋯⋯⋯⋯ 王兆军
老婆、奶奶和丈母娘（王桂保插图）⋯⋯ 蒋法武
"立正——"⋯⋯⋯⋯⋯⋯⋯⋯⋯⋯⋯⋯ 杨东明
朱师家事 ⋯⋯⋯⋯⋯⋯⋯⋯⋯⋯⋯⋯⋯⋯ 赵　熙
我心中的莲花河（杨杰插图）⋯⋯⋯⋯⋯ 路纪予
石头的故事 ⋯⋯⋯⋯⋯⋯⋯⋯⋯⋯⋯⋯⋯ 王吉呈
管理员的烦恼 ⋯⋯⋯⋯⋯⋯⋯⋯⋯⋯⋯⋯ 张　宇
情操（报告文学·河南一角）⋯⋯ 李　苏　张　斌
故乡交响曲（散文）⋯⋯⋯⋯⋯⋯⋯⋯⋯ 陈大斌
喜看黄河涌金流（散文）⋯⋯⋯⋯⋯⋯⋯ 屈春山
逆水行舟赋（散文）⋯⋯⋯⋯⋯⋯⋯⋯⋯ 高自双
爬山诗趣（散文）⋯⋯⋯⋯⋯⋯⋯⋯⋯⋯ 金　马

诗歌

在昨天和明天之间 ⋯⋯⋯⋯⋯⋯⋯⋯⋯ 王怀让
我们画圆 ⋯⋯⋯⋯⋯⋯⋯⋯⋯⋯⋯⋯⋯⋯ 李洪程

村风（二首）⋯⋯⋯⋯⋯⋯⋯⋯⋯⋯⋯⋯ 尧山壁
出钢钟鸣（二首）⋯⋯⋯⋯⋯⋯⋯⋯⋯⋯ 李清联
飘香的云朵（二首）⋯⋯⋯⋯⋯⋯⋯⋯⋯ 关劲潮
车窗外的杨柳 ⋯⋯⋯⋯⋯⋯⋯⋯⋯⋯⋯⋯ 陈茂欣
山中即景（二首）⋯⋯⋯⋯⋯⋯⋯⋯⋯⋯ 刘　章

评论

新的天地　新的高度 ⋯⋯⋯⋯⋯⋯⋯⋯ 肖云儒
敏锐地反映现实生活 ⋯⋯⋯⋯⋯⋯⋯⋯ 杨　飏
展现五彩缤纷的时代画卷 ⋯⋯⋯⋯⋯⋯ 孙武臣
外枯中膏　似淡实美 ⋯⋯⋯⋯⋯⋯⋯⋯ 朱德民

美术

湖畔（中国画）⋯⋯⋯⋯⋯⋯⋯⋯⋯⋯⋯ 王维宝
漱玉图（中国画）⋯⋯⋯⋯⋯⋯⋯⋯⋯⋯ 程十发
暖暖的黄昏（雕塑）⋯⋯⋯⋯⋯⋯⋯⋯⋯ 朱祖德
护士（雕塑）⋯⋯⋯⋯⋯⋯⋯⋯⋯⋯⋯⋯ 郭德茂
塘边（中国画）⋯⋯⋯⋯⋯⋯⋯⋯⋯⋯⋯ 李自强
牡丹（中国画）⋯⋯⋯⋯⋯⋯⋯⋯⋯⋯⋯ 丁云青
木棉花（石刻）⋯⋯⋯⋯⋯⋯⋯⋯⋯⋯⋯ 孙　煌

1982 年第 12 期　刊名:《奔流》
目录

小说·散文

丁字路口（刘建中插图）⋯⋯⋯⋯⋯⋯⋯ 陈忠实
啊！青橄榄（李学锋插图）⋯⋯⋯⋯⋯⋯ 费正兴
在城市（高撼插图）⋯⋯⋯⋯⋯⋯⋯⋯⋯ 梁晓声
十辈陈轶事（胥昌群插图）⋯⋯⋯⋯⋯⋯ 李佩甫
大黑（王继伟插图）⋯⋯⋯⋯⋯⋯⋯⋯⋯ 京　夫
二婶（毛本华插图）⋯⋯⋯⋯⋯⋯⋯⋯⋯ 侯钰鑫
莲子河边的笑声（方照华插图）⋯⋯⋯⋯ 梅淑贞
老树（"蓓蕾"专栏）⋯⋯⋯⋯⋯⋯⋯⋯ 洋　洋
劝煤（"蓓蕾"专栏）⋯⋯⋯⋯⋯⋯⋯⋯ 乔慕侠
外婆村边有口塘（散文）⋯⋯⋯⋯⋯⋯⋯ 董晓宇
一捧鲜胡豆（散文）⋯⋯⋯⋯⋯⋯⋯⋯⋯ 董　墨
紫燕归（散文）⋯⋯⋯⋯⋯⋯⋯⋯⋯⋯⋯ 郭文杰

诗歌

彩色的花信风（二首）⋯⋯⋯⋯⋯⋯⋯⋯ 何香久
路啊，我脚下的路 ⋯⋯⋯⋯⋯⋯⋯⋯⋯ 范　源
一把缀补丁的布伞 ⋯⋯⋯⋯⋯⋯⋯⋯⋯ 胡　平
写在益鸟招引区（二首）⋯⋯⋯⋯⋯⋯⋯ 陈有才
寄自戈壁地质队的诗（二首）⋯⋯⋯⋯⋯ 师日新
铁塔 ⋯⋯⋯⋯⋯⋯⋯⋯⋯⋯⋯⋯⋯⋯⋯⋯ 刘岚山
城市印象（二首）⋯⋯⋯⋯⋯⋯⋯⋯⋯⋯ 余以建
葛洲坝诗草（二首）⋯⋯⋯⋯⋯⋯⋯⋯⋯ 陈明弼

评论

做好"同时代人们的秘书" ———————— 草 云
高高扬起你的风帆 ———————— 鲁枢元
革命军人的特殊禀赋 ———————— 艾 云
需要研究小说写作技巧 ———————— 王先霈
作家的色彩感 ———————— 武国华

美术

知心话（中国画） ———————— 伍启中
鸢尾花（中国画） ———————— 赵秀焕
河畔（木刻） ———————— 戈 夫
深秋（木刻） ———————— 鲁鸿翔
高山之巅（中国画） ———————— 宋治国
山涧（中国画） ———————— 民 安
春花（石刻） ———————— 孙 煌

1983 年第 1 期　刊名:《奔流》

目录

秋雨绵绵时（李伯安插图） ———————— 郑 宪
星光奏鸣曲（方照华插图） ———————— 张 维
甜妮（林国光插图） ———————— 宁 山
一枚小银币（杨杰插图） ———————— 雨 寒
儿子与老子（杨杰插图） ———————— 彼 岸
同姓邻居 ———————— 石金文
路（杨煤海插图） ———————— 莫 伸
工会主席（梁丙卓插图） ———————— 禾 呈
竹之忆（散文） ———————— 周同宾
慈母手中线（散文） ———————— 周迪君
桂林的云（散文） ———————— 曹增渝

诗歌

我是青年（晨曲短诗集） ———————— 刘晓峰等
青春的足音（组诗） ———————— 孔令更
写在故乡的土地上（二首） ———————— 李武兵
黄河春光 ———————— 王中朝
车过中原（组诗） ———————— 石 英
抖不尽的情丝 ———————— 顾联第
关于"说明单"（讽刺诗） ———————— 黄海碧
含笑的花 ———————— 王希玲

评论

深刻的变化　热情的赞歌 ———————— 邢庆祥
艺术辩证法二题 ———————— 杨茂林　李文田
他真诚地忠于"这块土壤" ———————— 艾 斐
短篇小说技巧谈 ———————— 王 先

美术

花丛（油画） ———————— 王 路
黄河新村（木刻） ———————— 宁积贤
牧歌（木刻） ———————— 陈天然
驯牛（木刻） ———————— 徐小龙
水仙（石刻） ———————— 孙 煌

1983 年第 2 期　刊名:《奔流》

目录

小说·散文

五彩缤纷的早晨（杨杰插图） ———————— 赏蓓佳
我们 3—333（杨煤海插图） ———————— 陈 垦
那座高高的楼房（小小说·倪小莉插图） ———————— 匡文立
着魔（小小说·左国顺插图） ———————— 赵金九
十一岁的哥哥（小小说·吴懋祥插图） ———————— 张石山
料场 ———————— 朱 翎
芳芳（马国强插图） ———————— 张 茅
内疚 ———————— 李兴桥
皂角树下三家人（胥昌群插图） ———————— 郑彦英
深山养路工（吴磊插图） ———————— 杜光辉　韩玉霞
沙枣幽香处（散文） ———————— 李忠效
化作春泥更护花（散文） ———————— 彭 龄
啊，桃花村（散文） ———————— 张秀生

诗歌

黄河，一把嘹亮的号角 ———————— 关劲潮
回声集（五首） ———————— 浪 波
孩子的疑问（晨曲短诗集） ———————— 陆 健　唐云峰等
回乡纪事（四首） ———————— 萧振荣
竹海颂（散文诗） ———————— 舟挥帆
雨中的蜻蜓 ———————— 王剑冰
雪 ———————— 贝 津
畅想曲 ———————— 朱根亮

评论

在现实的发展中反映现实 ———————— 刘思谦
老生常谈话"一"字 ———————— 陈 炳
文学青年要在挫折中崛起 ———————— 任文锁
寻幽探胜曲折美 ———————— 刘彦钊
"什么"与"怎样" ———————— 李壮鹰
李绿园的小说观 ———————— 冯 鸣

美术

葡萄丰收图（装饰画） ———————— 金捷中
"乌金"（油画） ———————— 吴云华
小雪花（雕塑） ———————— 陈淑光
山村吟（油画组画） ———————— 张红年

晚归（木刻）—————————————————李庆民
舞蹈课（油画）—————————————[法]德加

炊（木刻）—————————————————刘建友

1983 年第 3 期　刊名:《奔流》
目录

小说·散文

幻灭（张森插图）—————————————郭才明
初入营门（黄思源插图）—————————周大新
董其理和他的金毛犬（毛本华插图）———王小片
没有回声的歌（高撼插图）———————徐乃建
悠悠梦里无寻处（李学锋插图）—————顾　潇
"瓶盖儿"（马国强插图）————————王意如
废纸篓里的世界—————————————王兆军
银色的光————————————————南　秀
没有上场的人—————————————马其德
雪品（散文）—————————————贾平凹
黄河吟（散文）————————————洋　洋
帆（散文）——————————————刘　思

诗歌

女作者小辑
西子问———————————————刘先琴
风等着你来（外一首）————————晓　钢
跋涉（外一首）———————————苏　敏
镶花的钮扣—————————————陆　萍
山溪（外一首）———————————廖华歌
寄—————————————————郭红林
忆—————————————————晨　梅
变化着的风气（小叙事诗）——————牛雅杰
村边，有一座小桥——————————王忠民
瑶池吟———————————————李　蔚
寻找————————————————辛　艺

评论

土地的诗情与思考——————————张同吾
我是一条小溪流（文学之路）—————青　勃
奇光异彩的情书———————————张平治
《老树》的艺术特点——————————王　毅
郑板桥和竹—————————————洪　欣
评论与生活—————————————林草思

美术

风筝（装饰画）———————————李忠良
莫娜丽莎（油画）—————————[意大利]芬　奇
剪新衣（油画）———————————曹新林
香包包（国画）———————————吴　磊
农乐图（国画）———————————常　胜

1983 年第 4 期　刊名:《奔流》
目录

小说·散文

回浊转清（李伯安插图）————————王兆军
宝贝儿（柏华插图）——————————樊敏捷
引爆（范迎植插图）——————————李枝龙
天使不再哭泣（杨杰插图）———————雨　寒
似曾相识的地方（杨煤海插图）—————毛志成
湖阳公主（历史小说·王今栋插图）———钱世明
水中月————————————————刘文新
情—————————————————沙　石
她闭着眼睛说—————————————杨秀实
石头，在这里呼吸（散文）———————赵翼如
短笛轻吹（散文）——————————王俊义
池塘絮语（散文）——————————杜道恒

诗歌

西藏风情（三首）——————————郭蔚球
中国，有这样一个小山村（二首）———张庆明
么婶————————————————魏志远
中原油田诗情（二首）————————蔡国正
蘑菇房———————————————弘　征
在山野（二首）———————————潘万提
赶海————————————————贾长厚
瀑布————————————————李照明

评论

乡土——国土——乡土————————孙　苏
漫长的学步（文学之路）———————郑克西
坚持文学的创新之路—————————赵　欣
不必要的忧虑————————————陈　辽

美术

白桦（油画）————————————王　路
瑞恩·列菲贝荷及马尔戈（油画）———[美]卡莎特
虎娃子（木刻）———————————徐小龙
小伙伴（油画）———————————秦寒光
收获（油画）————————————蒋海燕
春回大地（木刻）——————————戈　夫

1983 年第 5 期 刊名：《奔流》
目录

小说·散文

前面，只是小小的序·······················梅子涵
蓦然回首（王炳插图）·····················原　非
跟我去看海（王桂保插图）···············莫　非
梧桐井（刘建中插图）·····················徐顺才
此情若是久长时（潘海插图）···········韩石山
心中的小溪曲曲弯弯·······················董文建
她匆匆离去（王继伟插图）···············陈玉明
清清的柳叶河·······························卢晓更
他是一棵柿树（散文）·····················翟　墨

诗歌

人生的旅途（二首）·······················叶延滨
南风吹来了（组诗）·······················张雪杉
流浆居旧体诗抄（四首）·················栾　星
亮了，山上的星星（二首）···············申爱萍
春之歌（晨曲短诗集）·······吴伟余　陈峻峰
王维洲　方竟成　郭　俊　蔡德龙
地铁···聂鑫森
给她们·······································陈健民
我愿···岩　石

评论

发展"运动着的美学"·····················杨匡汉
路要自己去开创（文学之路）···········苏金伞
与作家高晓声座谈记（文学之路）·····金　平
《青春插曲》自序···························张　斌
不要那么高·································高进贤

美术

晨（油画）·································乙　丙
月夜（油画）···············〔俄〕克拉姆斯柯依
矿工之歌（木刻）··························刘亚平
绣（国画）·································韦　娜
校园之晨（油画）··························王儒伯
林间（木刻）·······························江　雪

1983 年第 6 期 刊名：《奔流》
目录

小说·散文

迷乱的街市（李伯安插图）···············成　一
痴（李运江插图）···························沈果孙
理想和命运的交响曲（报告文学·河南一角）···章　力

柳色依稀（小小说·张铁军插图）·······吴双林
长长的枕木（小小说·杨煤海插图）···匡文立
银鸽（小小说·胥昌群插图）···········郑　蔚
第九十九棵是刺槐（方照华插图）·····南　丁
今天这雨·································成忠广
"电影导演"罗君风（刘德璋插图）·····郗　林
古老的黄河提旁（毕士明插图）·······宁　山
《红楼梦》新补第七十八回（黄思源插图）···张　之
雨丝（散文）·······························周同宾
莫道浮云终蔽日（散文）·················彭　龄

诗歌

洛阳（外二首）·····························流沙河
迟开的花·································青　勃
火辣辣的骄阳下（外二首）···············李洪程
中原二首·································蔡其矫
提壶鸟·····································林　希
牡丹礼赞·································杨晓杰
晨曲短诗集············吕洪军　阎振甲　张拴国
柳　静　杨泽远　陈　静
我不能再失掉·······························刘允嘉

评论

小说结构形态探蹊·························艾　斐
《福相女》后记（文学新书序跋选）·····毛志成
书后独语（文学新书序跋选）···········王安忆
叶君健和他的《山村》·····················张家新
一首被失落的诗···························吴奔星

美术

凝思（油画）·······························曹新林
阿拉伯少女（油画）
　　　　　　〔印度尼西亚〕巴苏基·阿卜杜拉
叶圣陶（木刻）·····························刘　岘
春天里的歌（国画）·······················吴　平
晨曲（木刻）·······························李庆民

1983 年第 7 期 刊名：《奔流》
目录

小说·散文

解脱（毛本华插图）·······················梁晓声
青春的螺旋线（中篇·杨杰插图）·······李佩甫
境界（杨煤海插图）·······················张　宇
净坛使者·································韦　娄
两个瘦脸男人（冯淼插图）···············贾平凹
星光（高撼插图）···························陈树标
丁香（李学锋插图）·······················徐　卫

记诗与牡丹的会见（散文）⸻⸻⸻⸻ 王怀让
压岁钱（散文）⸻⸻⸻⸻⸻⸻ 董晓宇
闪亮的蛛丝（散文）⸻⸻⸻⸻⸻ 周 熠
山泉（散文·外二章）⸻⸻⸻⸻ 高继恒

诗歌

乡村风景（组诗）⸻⸻⸻⸻⸻ 易殿选
刑徒砖⸻⸻⸻⸻⸻⸻⸻⸻ 公 刘
北方的山峦（二首）⸻⸻⸻⸻⸻ 倩 晴
重逢（外一首）⸻⸻⸻⸻⸻⸻ 王中朝
给绿牡丹⸻⸻⸻⸻⸻⸻⸻⸻ 王秀芳
我是中年，我需要时间⸻⸻⸻⸻ 张光霞
晨曲短诗集（五首）⸻⸻⸻ 亚 群 野 草
彭双和 李思平 王虹昭
夜（外一首）⸻⸻⸻⸻⸻⸻⸻ 李跃岷

评论

性格漫论⸻⸻⸻⸻⸻⸻⸻⸻ 钟本康
需要坚定的明白的批评家⸻⸻⸻ 耿恭让
路边的话（文学之路）⸻⸻⸻⸻ 乔典运
这里有动人的音节⸻⸻⸻⸻⸻ 孙 苏
配角在他的地位上是主角⸻⸻⸻ 孙大卫
说"斧正"⸻⸻⸻⸻⸻⸻⸻⸻ 李庚辰
"一点"之美⸻⸻⸻⸻⸻⸻⸻ 张平治

美术

少女（油画）⸻⸻⸻⸻⸻⸻⸻ 靳尚谊
但丁和比亚德里丝（油画）⸻ [英]霍里迪
夜航（木刻二幅）⸻⸻⸻⸻⸻ 莫 测
晨曦（油画）⸻⸻⸻⸻⸻⸻⸻ 张文新

1983 年第 8 期　刊名:《奔流》
目录

小说·散文

偷窃声音的小伙儿（肖仿插图）⸻ 张一弓
土老坎闹洋婚宴（杨杰插图）⸻⸻ 何 平
父亲的婚事（林国光插图）⸻⸻⸻ 张锡宸
地上的芳香（常宗贤插图）⸻⸻⸻ 赵致真
纹纹的故事（高撼插图）⸻⸻⸻⸻ 梁 左
落叶飘飘的时候（宋治国插图）⸻ 吴 萍
地铁运行前方（李运江插图）⸻⸻ 金 平
《红楼梦》新补第一百三回（王今栋插图）⸻ 张 之
白少傅墓前的哀思（散文）⸻⸻⸻ 张斤夫
夜访白帝城（散文）⸻⸻⸻⸻⸻ 李长华
铃声，飞出霞光（散文）⸻⸻⸻⸻ 李连泰
乡竹（散文）⸻⸻⸻⸻⸻⸻⸻ 张克峰

诗歌

法卡山诗草（组诗）⸻⸻⸻⸻⸻ 夏 雨
母亲⸻⸻⸻⸻⸻⸻⸻⸻⸻ 刘德亮
中原散佚诗抄（十一首）⸻⸻ 徐玉诺 王品青
苏金伞 陈雨门 栾 墨
金菜花⸻⸻⸻⸻⸻⸻⸻⸻⸻ 刘跟社
清晨，行驶在绿色的田野⸻⸻⸻ 赵 汶
有这样一个老兵⸻⸻⸻⸻⸻⸻ 潘一沅
河边，采野花的女孩⸻⸻⸻⸻⸻ 王红敏
秋天，一本沉甸甸的杂志⸻⸻⸻ 刘育贤

评论

我读中国古典文学名著⸻⸻⸻⸻ 张石山
向着诗艺之海⸻⸻⸻⸻⸻⸻⸻ 阿 红
不会被遗忘的诗⸻⸻⸻⸻⸻⸻ 阎豫昌
金子自有闪光日（新作短评）⸻⸻ 黄金义
读《五彩缤纷的早晨》（新作短评）⸻ 周健平
当代青年农民形象的新开掘（新作短评）⸻ 黎 辉
简谈《着魔》的艺术特色（新作短评）⸻ 陈醒民

美术

牧场姐妹（油画）⸻⸻⸻⸻⸻⸻ 靳尚谊
雷卡米埃夫人像（油画）⸻⸻ [法]达维德
雏（木刻）⸻⸻⸻⸻⸻⸻⸻⸻ 王 威
闽西红军桥（国画）⸻⸻⸻⸻⸻ 邱祥锐

1983 年第 9 期　刊名:《奔流》
目录

小说·散文

人生渐近（李伯安插图）⸻⸻⸻⸻ 郭才明
买桌记（黄思源插图）⸻⸻⸻⸻⸻ 陈 飞
假如每村有个……（报告文学·河南一角）
⸻⸻⸻⸻⸻⸻⸻⸻ 周自生 郭作威
第一幅肖像（李学锋插图）⸻⸻⸻ 胡海民
没有想到（吴懋祥插图）⸻⸻⸻⸻ 段荃法
"天不亮"（胥昌群插图）⸻⸻⸻⸻ 汪求实
拜访（小小说·杨煤海插图）⸻⸻⸻ 刘文新
一个女人的内心独白（小小说）⸻⸻ 杨守林
愧（小小说·陈健插图）⸻⸻⸻⸻ 郑宝叶
中午，他从梦中醒来（李学锋插图）⸻ 成忠广
白云深处⸻⸻⸻⸻⸻⸻⸻⸻⸻ 陈 创
无名花（散文）⸻⸻⸻⸻⸻⸻⸻ 程 海
枸杞（散文）⸻⸻⸻⸻⸻⸻⸻⸻ 吴长城
柳笛（散文）⸻⸻⸻⸻⸻⸻⸻⸻ 李忠效

诗歌

城乡抒情（组诗）⸻⸻⸻⸻⸻⸻ 时永福

心的战栗 —————————————— 曾　卓
晨曲短诗集（七首）—————— 魏路荧　崔　柯　王　迪
黄东成　曾　平　子　页　茅云祖
中原散佚诗抄（十三首）————— 于赓虞　周仿溪
康　定　商展思　孙艺秋　青　勃
建筑工 —————————————— 王志学

评论

论"真实就是发展" ——————— 艾　斐
老枝仍着花（文学新书序跋选）—— 田　间
"文如其人"种种 —————————— 王　毅
对比手法与错觉心理 —————— 张冠华

美术

林中（油画）—————————— 王　路
在校门旁（油画）—————— [俄]尼·波格丹诺夫
郭沫若（木刻）————————— 刘　岘
护（木刻）—————————— 沙清泉

1983 年第 10 期　刊名：《奔流》
目录

小说·散文

落霞与孤鹜齐飞（中篇·高撼插图）— 谭　力
走向绿草地（李伯安插图）———— 李亚南
孟书记的难题（李伯安插图）———— 李克定
海·沙滩 —————————————— 蒉坚亮
一个普通的夜晚（潘海插图）——— 吴双林
山寨之夜（刘建中插图）————— 王小片
改造 ——————————————— 周　矢
名声 ——————————————— 康　健
龙泉剑（散文）————————— 阎豫昌
中州风情（散文）————————— 高继恒
群雕（散文）—————————— 和　谷
菊城赋（散文）————————— 屈春山

诗歌

中国农民，来到汽车厂 —————— 文　丙
海的女儿 —————————————— 申爱萍
春访（外一首）————————— 肖　川
快乐的诗（儿童诗）——————— 管用和
孩子的世界 ————————————— 王剑冰
晨曲短诗集（七首）—————— 张克峰　王　庆
雷雨川　周继伟　周文顺　丁学兰

评论

学习《邓小平文选》笔记 ————— 南　丁
掌握好批评的武器 ——————— 耿恭让

创作冲动与作家的控制力 ————— 鲁枢元
与君高歌正气曲（新作短评）——— 乐　平
莫把历史人物现代化（新作短评）— 田　耘

美术

啊，黄河……（油画·局部）——— 张红年
少女像（油画）—————————— [法]雷诺阿
大道之春（木刻）————————— 张松正
麦讯（木刻）—————————— 肖宏德
大江奔流（国画）————————— 张仲康

1983 年第 11 期　刊名：《奔流》
目录

小说·散文

脱胚场上（乙丙插图）—————— 王啸文
那牛群，那草庵（马国强插图）——— 张　宇
地平线（张森插图）——————— 陈源斌
轻盈的脚步（高撼插图）————— 韩石山
古城之光（王群插图）—————— 钱世明
因为她不爱甜食（王继伟插图）——— 汪　洋
插把子亲戚 ————————————— 王吉呈
村曲 ——————————————— 张荣珍
春之晨（段文彬插图）————— 段慧芳　楼耀福
乡间小路上（散文）——————— 周同宾
百鸟闹枝（散文）————————— 柴德森
山野散曲（散文）————————— 李　炜

诗歌

公仆（七首）—————————— 田　间
原始森林写意 ————————————— 王绥青
青春奏鸣曲（二首）——————— 关劲潮
哦，大别山（组诗）——————— 李根红
茂竹 ——————————————— 朴康平
晨曲短诗集（八首）—————— 蔡椿芳　王希玲
艺　辛　吴　芜　涂　彪　贾良玉
山（散文诗）—————————— 吴奔星
盆景（散文诗）————————— 赵爱民

评论

论新时期的文学思潮 —————— 陈　辽
"新"与"深" —————————— 林草思
鸟兽篇 —————————————— 李壮鹰
"诗中有画"和欣赏的色彩联想——— 盛子潮
独特的诗意　独特的美 ————— 湖　波

美术

泉（油画·局部）————————— 曹达立

在奥卡河上（油画）——————————［俄］阿尔希波夫
茅盾（木刻）—————————————————刘 岘
翠岗（套色石刻）———————————————陈雷凡
农家（套色木刻）———————————————王效池
凯勒·海伦（油画）——————————［英］米莱司

1983 年第 12 期　刊名:《奔流》
目录

高举社会主义文艺旗帜，清除精神污染————本刊评论员
开创文艺工作新局面的保证—————————本刊记者

纪念毛泽东同志诞辰 90 周年
表现新的人物和新的世界（论文）——————叶 鹏
雄关赋（散文）————————————————李 前
伟大的战略决策（油画）———安明阳 车永仁 张永典
叶坪，有一幢土坯瓦房（诗歌）———————郭蔚球
清泉（诗歌）—————————————————刘立云
八角楼的思念（诗歌）————————————徐万明

小说·散文
归回（中篇·方照华插图）—————————程乃珊
家庭琐事（柏华插图）————————————马 力
四四方方的月亮（毛木华插图）——————孙观懋
变（潘海插图）————————————————郑克西
哗啦啦的小白杨（李运江插图）——————王苏红
相望————————————————————王 钢
位置（李运江插图）—————————————梅子涵
老人的心———————————————————张兴元
这是你观察事物的方法
　　　　　　［英］安德鲁·苏塔著 水 丁译
荷花吟（散文）————————————————杜卫东

诗歌
诗与人民———————————————————王怀让
中州咏炭调（二首）—————————————孙友田
呼唤（外二首）————————————————真 宇
晨曲短诗集（七首）—————————袁学忠 阮 岭
徐槐荫 岩 石 刘小龙 牛文州
水乡春————————————————————翟柏华
啊，岛上的小路———————————————周 鹤
中岳行吟（四首）——————————————李铁城

评论
从生活中开掘新的主题————————————杨 飏
奋斗者的胸襟与情怀—————————————姜希祝
渺茫的理想与徒劳的追求——————————黄 肃
向生活索取灵感———————————————袁文龙

美术
少年提琴手（油画）—————————————张文新
喂食（油画）—————————————————［法］米勒
春风（水印木刻）———————————————张万聚

1984 年第 1 期　刊名:《奔流》
目录

岁首致读者作者———————————————本刊编辑部

小说
在他瞑目之后————————————————沈庆云
09 号矿灯——————————————————刘庆邦
更能消儿番风雨———————————————周 渺
月照征人———————————————————陈 枫
眷恋————————————————————沙发来
在希望的田野上———————————————马本德
又来一个大学生（蓓蕾）——————————陈丽萍

报告文学·散文
王厂长的 ABCDE———————————————王怀让
爱的诗篇———————————————————卞 卡
旧事————————————————————赵红梅

诗歌
洪河夜灯———————————————————阮章竞
高高的梧桐树————————————————闻 耀
矿山诗页（二首）———————————————田万宪
去少林寺的路————————————————严 辰
青春的乐章（三首）—————————————闻 频
中国·正哗哗地搬家—————————————周同馨
小河，你的梦呢———————————————吕洪军

芳菲短诗集
黄河之恋———————————————————李彤河
石板街————————————————————李运贵
雕刻家————————————————————方竟成
妈妈的竹篮和苦菜花—————————————王忠民
夕阳下，插秧的农妇—————————————郭良原
父亲————————————————————梁 辛

评论
尊重艺术规律 繁荣文艺创作————————夏 放
表现时代 表现人民—————————————张赞昆
写正气发真情出新意—————————————阎豫昌
曹靖华同志谈游记创作————————————萧 枫
朔原上掘火者的歌——————————————王 毅
平凡事写出新意来——————————————艾 云

美术

水乡姐妹（装饰画）...........................李忠良
李白与晁衡（国画）...........................王子武
晨妆（木刻）.................................于　天
迎春（套色木刻）.............................陈天然
闹新房（木刻）...............................程兆星

1984 年第 2 期　刊名:《奔流》
目录

小说

幽幽莲塘水（中篇）...........................王兆军
品不尽的滋味.................................韩锦超
戏乡闲话.....................................孙方友
短篇三章.....................................张　宇
祖母的故事（小小说）.........................张石山
报灾（小小说）...............................刘　刚
将军（小小说）...............................阎连科
在三月微寒的晚上.............................耿　法
西河那孔小石桥（蓓蕾）.......................何有才

散文

小玫瑰.......................................程　海
小树下的梦（外一章）.........................杨稼生
鱼篷夜话.....................................蔚　文

诗歌

周柏...青　勃
豆铃，摇响一支甜甜的歌（外二首）.............崔　柯
我的歌，唱给故乡的牡丹（二首）...............王恩宇
芳菲短诗集
今夜我站最后一班岗...........................董光晖
大海（外一首）...............................王　野
笑涡...张光霞
雨（外一首）.................................李爱民
拽住太阳.....................................吕　艾
黄昏的公园...................................张华中

评论

文艺与政治的关系的辩证.......................艾　斐
答客问.......................................田　间
从一滴水看大千世界...........................孙　苏
论诗的矛盾美.................................陈世明
一朵生活的浪花...............................潇　雨

美术

上学去（油画）...............................张红年
泥咕咕（年画）...............................董　鸣

融雪（油画）.................................左国顺
东坡旧居（水粉画）...........................宋惠民
华岳雄姿（国画）.............................郭　勇
嵩岳塔影（国画）.............................史广敬

1984 年第 3 期　刊名:《奔流》
目录

小说

淇河之鲫.....................................路纪予
古道旁的小楼.................................段荃法
九道山梁九条沟（中篇）.......................侯钰鑫
鱼...张兴元
戒酒（小小说）...............................邓开善
神气儿（小小说）.............................白　兰

报告文学·散文

"瓶颈"里的挣扎（河南一角）...................郑夫瑞
欧洲欢迎你，中国古典文论的使者...............赵致真
柏·碑·草...................................周同宾
华山险道上...................................杨羽仪

诗歌

啊，黄河.....................................杨晓杰
在山野（二首）...............................潘万提
一行白鹭（组诗）.............................申爱萍
西行诗笺（二首）.............................李　蔚
啊，姑娘.....................................梁　彧

芳菲集

山道上（外一首）.............................王震西
堆沙的娃娃...................................傅　强
太行夕晖.....................................郭　俊
拱桥...蔚　文
晨（外一首）.................................贾长厚
煤山印象.....................................海鹏彦

评论

走向明天.....................................曾　凡
处于变革时代的新型农民形象...................庄　众
临去秋波的那一转.............................张平治
视觉特征.....................................黄毓璜

美术

午蹈演员（油画）.............................靳尚谊
扬青稞（油画）...............................朱乃正
秋韵（套色木刻）.............................于　天
刘岘木刻作品选

1984 年第 4 期　刊名:《奔流》

目录

小说

"大门"被拉开一道缝隙（中篇） ······ 周大新
夏天，桥堡来了个"田老板" ······ 徐朝天
今天桃李芬芳，明天 ······ 邹　平
大庙上的风铃 ······ 刘震云
夜苍茫 ······ 李克定
题解 ······ 绍　六
典型 ······ 赵　新
候 ······ 杨稼生
院内，那棵银桂树 ······ 何立伟

报告文学·散文

猎人身后，那串神奇的足迹（河南一角） ······ 李长华
乡桥志 ······ 周同宾

诗歌

国魂集 ······ 浪　波
深山小镇深几许（外一首） ······ 李清联
平原，我心中的平原（二首） ······ 张万舒

芳菲集

忆 ······ 晨　梅
在果林里 ······ 王志学
写在椿树上的鸟巢里 ······ 姚学礼
琴声 ······ 张亚平
采桑姑 ······ 田杨林
同志 ······ 康　定
卖西瓜的青年 ······ 齐　放
合欢树下 ······ 李熙玉

评论

艺术描写的真与实 ······ 沐　杉
从单声道到双声道谈起 ······ 陈有才
爱情·事业·理解 ······ 田　耘

美术

太阳的旋律（油画） ······ 雷　双
夜阑行（水印木刻） ······ 肖　红
巴金像（木刻） ······ 刘　岘
怒放（木刻） ······ 刘　岘
山峦叠翠（国画） ······ 张　懋

1984 年第 5、6 期　刊名:《奔流》

目录

荫（中篇小说） ······ 齐岸青
附　齐岸青:《荫》的"注解"
艾云:齐岸青作品印象
喜鹊岭（小说） ······ 侯钰鑫
品茶（小说） ······ 刘学林
附　苗笛:《品茶》的幽默
青青的苞米（小说） ······ 何　平
附　何平:虽不能至，心向往之
人生长恨水长东（小说） ······ 张　斌
母子情（小说） ······ 乔典运
着魔（小说） ······ 张　宇
附　张宇:关于《着魔》
森林（小说） ······ 李佩甫
附　李佩甫:这里会出现森林
长在屋子里的桐树（小说） ······ 黄　飞
附　大智:是树，就不能长在屋子里
美丽的"圣诞树"（小说） ······ 王不天
弯弯的燕子河（小说） ······ 马凤超
乱红飞过秋千去（小说） ······ 王　钢
附　王钢:变幻着的土地
火焰的旋律（小说） ······ 郑彦英
附　郑彦英:写在《火焰的旋律》后边
何彧:从小秦川走向大世界
午后，那小镇（小说） ······ 刘向阳
灯光（小小说） ······ 谷宝山
来客（小小说） ······ 马其德
位卑者（小小说） ······ 任立刚
门前一座新楼（小说） ······ 张　婕
附　黄澄:用谅解构筑起新楼
贞节碑（小说） ······ 殷德杰
蓝色的梦（报告文学） ······ 李有刚
马蹄塘纪事（散文） ······ 周同宾
附　阎豫昌:登攀者的脚印
散文短章 ······ 卞　卡　王俊义　董晓宇
祝　凯　顾丰年
城市抒情诗（10 首） ······ 王绥青　胡兰兰
关劲潮　冷　焰　王剑冰　王　京
山乡风景线（诗 12 首） ······ 张庆明　牛雅杰
张志玉　落　红　易殿轩　王亚东　王　杰　王希玲
芳菲集（诗 8 首） ······ 陆　健　王中朝
文　懋　张　毅　岳竹玉
致申爱萍（作家书简） ······ 张志民
让艺术的精灵腾飞（评论） ······ 孙　苏
情絮（油画） ······ 张世椿
山雨（水彩画） ······ 尚水法

林墉插画选
黎明（木刻） ————————————— 宋治国
远方的雷声（油画） ————— ［英］安德鲁·怀斯

1984 年第 7 期　刊名:《奔流》
目录

小说

博格达山右边的小车站（中篇）———— 杨志广　王　瑾
附　曾凡：辉煌的瞬间
七彩光 ————————————————— 武蒙辛
附　武蒙辛：胸中当有一个七彩的世界
王二牛进厂 ———————————————— 翁树杰
猎人魂 ————————————————————— 王　强
隆裕皇后 ———————————————————— 叶光芩
高楼下的围墙 ———————————————— 张兴元

报告文学·散文

强弓和利箭的新传说（河南一角）———— 李九思
枫叶如丹 ———————————————————— 鞠鹏高

诗歌

儿童诗五首 —————————————————— 刘育贤
乡土，褐色的画图（组诗）—————————— 刘高贵
黄河（外一首）———————————————— 张雪杉
美的流韵（三首）———————————————— 晓　晴
百合花 ————————————————————— 陈有才
山乡（二首）————————————————— 左一兵

芳菲集

毛毛雨 ————————————————————— 肖定丽
彩贝（外一首）———————————————— 徐铁牛
乡村 ——————————————————————— 羽　飞
海峡抒情曲（二首）—————————————— 于宗信

评论

执着的现实主义追求（河南作家研究）———— 杜田材
把握时代精神　反映农村变革 ————— 杨晓杰
《天涯采英》后记 ——————————————— 王绥青
对《辩正》的"质疑和争论"（讨论与争鸣）
　————————————————————————— 王振铎
感情和诗意的花环（新作短评）—————— 朱毅刚

美术

时间和空间（油画）—————————————— 关则驹
山雨过后（水彩）——————————————— 尚水法
插图作品选（四幅）—————————————— 林　墉
天鹅湖（木刻）———————————————— 安　琳

1984 年第 8 期　刊名:《奔流》
目录

青年题材小说特辑

这里是四路通 ———————————————— 肖复兴
陈麻子与爱神维纳斯 ————————————— 史韶山
我们正年轻 —————————————————— 马　力
你的天上有没有月亮 ————————————— 何香久
西班牙式吉他 ————————————————— 寇云峰
金蘑菇 ————————————————————— 雨　寒
相逢在田野 —————————————————— 谢玉好
村魂（小说）————————————————— 乔典运
盼（小说）——————————————————— 刘庆邦
怪味豆（小说）———————————————— 尚兰芳
观察灵魂（微型小说）————————————— 赵德明
属于时代的作家（河南作家研究）———— 刘凤艳
新人形象与艺术表现（文艺随笔）———— 胡宗健
多一点细致、具体的艺术分析（文艺随笔）— 沈　默
金色的梦（油画）——————————————— 安跃华
傲雪（木刻）————————————————— 晁　楣
松鼠和狼（木刻）——————————————— 沙清泉

1984 年第 9 期　刊名:《奔流》
目录

小说

三角架墓碑 —————————————————— 周大新
哈麻子鞋铺（中篇）—————————————— 贺景文
附　张冠生：纵览时代大潮的舷窗
唉，水仙花 —————————————————— 翁树杰
我的时代 ———————————————————— 赵安基
评论家滑大嫂 ————————————————— 峭　石
追寻红絮的人 ————————————————— 李　剑
刘双喜奇遇记 ————————————————— 王燕飞
橘子（小小说）———————————————— 木　公
种属概念之间（小小说二题）————————— 沈善增
复苏（小小说）———————————————— 郭　萍

杂文

夏日漫笔 ———————————————————— 王大海
"闲言碎语"和"无言之辩" ————————— 晓　阳

诗歌

对山的献歌 —————————————————— 牛　汉
搓呀搓呀，姐妹们（外一首）————————— 陈晓玲
哦，金山 ———————————————————— 潘万提
整顿交通和市容的日子————————————— 石　英

鸡公山（外一首）·································阎豫昌

芳菲集
身影···陈明弼
我是车轮···赵启顺
啊，石林···王天杰
讲台上···田 艾
母爱的浪花（二首）·······························涂 彪
给晨读的小姑娘···································彭双和
盲翁···陈晓岚
玫瑰···刘小龙

评论
改革与文学漫议···································杨志杰
揭示社会人生的追求（河南作家研究）·············王浮星
哲理诗稿二十病及其他·····························阿 红
闲话《短篇三章》（新作短评）·····················王学海
一曲生命的赞歌（新作短评）·······················谢祖宪
读河南业余作家作品专号小感（读者中来）
·······································宋号召 谷 风

美术
少女（国画）·····································林 埔
外国文学作品插图选登·················[法]古斯达夫多雷
林间（木刻）·····································力 群
贤明带来和平与丰收（油画）···········[法]西蒙·武埃

1984 年第 10 期　刊名：《奔流》
目录

与共和国共同着命运的文学·························南 丁

小说
陷车纪事···李康美
绿叶···孙观懋
　附　孙观懋：《绿叶》附记
夜宿"蛤蟆通"···································梁晓声
差异···金 备
　附　范炯：没有理解，就没有爱
淮河边的奇迹·····································寒 风
鹰王···韩瑛珊
天上人间···蒋丽萍
弯月···吴 萍
这里发生过龙卷风·································程 海
　附　程海：飓风起后的沉思
白雄马·················[捷]简·科扎克著 武景全译
　附　翔华：惊心动魄的一幕

散文
崂山雨···周同宾
播种者···王俊义
淮北桔子红·······································湖 涌

诗歌
献给十月的歌
黄河长江二重唱···································时永福
心灵的起飞·······································张万舒
城市·乡村·森林（三首）·························陆 健
我把这里叫做祖国·································易殿选

芳菲集
生活变奏曲（二首）·······························王志学
走出半坡博物馆（外一首）·························李继槐
八点···陈健民
三月，我的生日···································许建平
车过油田即景·····································王 迪

评论
李佩甫小说漫谈（河南作家研究）·················乐 平
一篇有警策意义的佳作（新作短评）·················林为进

美术
迎春（粉画）·····································晁德仁
我可是付出了代价的（木刻）·······················杨讷维
不期而至（油画）·····························[俄]列 宾

1984 年第 11 期　刊名：《奔流》
目录

小说
典型人物···段荃法
　附　段荃法：《典型人物》余言
鸽战···乔 瑜
今夜，今夜·······································程 玮
　附　程玮：人与社会群体
　　　王鸿生：爱情微澜中的历史意味
花花世界（中篇）·································毛志成
进退···郑 宪
金菱艳···徐 慎
家庭宪章···梁 左
在深深的黄土里···································杨东明
不惑···何 炎
我要告诉你（"明天你将成为作家"专栏）···熊家余
　附　熊家余：心之驰而神往之

散文

我崇拜他们·············王俊义
灯，告诉我·············李连泰
海峡的风及其他（散文诗）·······于宗信
寓言五则··············李继槐

诗歌

来自都市的个体户（组诗）·······高旭旺
山歌（二首）············青　勃
小街，一道太阳河（二首）·······王剑冰
孩子你听（二首）··········王中朝
南湾情思··············梁如云

芳菲集

彩照，在一家种植园摄下········梁　辛
送行·················田　艾
鹿苑·················白　汀
桂花城，我的故乡··········丁大蔚
我是常青树（外一首）········周慧超
喇叭，在大桥上响彻·········怀　白
捕鱼·················龚　坚

评论

文学语言特性的心理学分析·······鲁枢元
故道风情画　农村变革图（河南作家研究）···周健平

美术

流（油画）·············蔡　容
初到世间（木刻）··········邓泽纯
绿荫（油画）············〔日〕东乡青儿

1984 年第 12 期　刊名：《奔流》
目录

小说

送给你，一抹心上的绿（中篇）·····朱克岩
上升的太阳·············马　力
天麻益寿酒·············野　莽
老水手和白鹦鹉···········谭诚健
隔膜·················南予见
雨后，阳光格外灿烂·········王　蓬
生命·················柳闻莺
细雨纷纷··············张玉良
幸福的志妞（"明天你将成为作家"专栏）···靖　剑
附　伊村：她从梦中醒来

杂文

论红眼、白眼与睁眼·········引车卖

必也正名乎·············晓　阳

诗歌

诗八首················韩劲草
滇西路（组诗）···········峭　石
春天，您栽下了一棵小树·······郭日芳
教室，荡起绿波（外一首）······袁学忠
乡童的梦（外一首）·········金聚泰
祖国胸脯上的项链（外一首）·····吕　艾
悠悠乡情··············李根红
带海韵的诗（散文诗）········顾　文
郑州：二十一点以后（散文诗）····桂兴华

评论

抒写生活的真情（河南作家研究）···许桂声
突破，走向文学的殿堂········刘敏言
散文诗散论·············王幅明
取精用宏　小题大做·········王嘉良

美术

小憩（油画）············潘鸿海
夜（木刻）·············杜鸿年
漂亮的帽子（油画）·········〔日〕东乡青儿
《奔流》一九八四年第一至十二期总目录

1985 年第 1 期　刊名：《奔流》
目录

纪念《奔流》创刊 35 周年

题词········曹靖华　侯志英　韩劲草　姚雪垠
于黑丁　师　陀　魏　巍　葛　洛　苏金伞　李　蕤
丰　村　吉学沛
绿叶的事业·············本刊编辑部
一个文艺老兵的祝愿·········李　蕤
在开拓中前进············苏金伞
《奔流》和我············南　丁
寄故乡················吉学沛

小说

风雨夜，在 141K···········姜锋青
打围·················刘庆邦
解散命令下达之后··········齐岸青
微孔（小小说）···········肖克凡
晚了（小小说）···········孙少山
一杯水（小小说）··········许建平

爱情、婚姻、道德题材小辑

街角，墨绿色的邮电所········何　平

刻在地平线上的爱 …………………… 郭才明
我住长江头,君住长江尾 …………… 姚忠瑞
人情 ……………………………………… 王守义

传奇文学
巧工匠千古长恨 ………………………… 蔚 春

诗歌
田园交响乐(组诗) …………………… 李洪程
写在醒来的土地上(二首) …………… 范 源
我的名字叫黄河(组诗) ……………… 关劲潮
青春诗页 …………… 张亚平 李占学 肖俊涛
杨海帆 段海峰

评论
文艺批评家的积学和酌理 ……………… 任继文
文海采珠

美术
可可园中的归侨姑娘(油画) ………… 关则驹
全神贯注(连环画) …………………… 林凤宝
在平台上(油画) …… [英]爱德华·约翰·波依特

1985 年第 2 期　刊名:《奔流》
目录

报告文学
胡耀邦和一个农民 …………… 马凤超 李长华

小说
第一场冬雪(中篇) …………………… 刘树德
附 张冠华:嗜好酿成的悲剧
无形的花环 ……………………………… 史韶山
"秀才造反"记 ………………………… 姜珂敏
还是这条小巷 …………………………… 王 璞
附 王惠:穿过小巷,走向成熟
编辑部一日 ……………………………… 叶广芩
我们…… ………………………………… 曾 平
为了那失去了的("明天你将成为作家"专栏)
………………………………………… 薛筱战
附 何彧:关于第一步的说长道短

散文
校园往事 ………………………………… 左步青
过栎树岭 ………………………………… 禹本愚

诗歌
黄河抒情诗 ……………………………… 徐 刚

故乡二题 ………………………………… 闻 耀
生活和我(四首) ……………………… 张雪杉
乡村抒情(组诗) ……………… 郭 俊 罗 箫
平原上的树(外一首) ………………… 郭良原
平原抒情诗 ……………………………… 冯 杰
掩窗的葡萄藤(外一首) ……………… 野 草
创业者的梦 ……………………………… 石 马
乡景 ……………………………………… 李宝振
大山情思(散文诗) …………………… 王幅明
邀天安门入席(散文诗) ……………… 桂兴华

评论
新时期农村婚姻道德观念的变异 ……… 魏 威
在新时期文学的格局中(河南作家研究)
………………………………… 王 冉 王小林
文海采珠

美术
芳菲季节(油画) ……………………… 刘秉江
小鸟(木刻) …………………………… 蒋谷峰
逗引(油画) …………………………… [法]布格罗

1985 年第 3 期　刊名:《奔流》
目录

黄金时代 ………………………………… 南 丁

小说
满票 ……………………………………… 乔典运
附 张宇:读《满票》随想
丢儿 ……………………………………… 叶明山
牵牛花织成的梦 ………………………… 武蒙辛
附 秋爽:与昨日的梦愉快告别
从兹一别天涯路 ………………………… 许 淇
附 善骑:何时再相逢
传染病区由此往前 ……………………… 张 婕
宁静的山村 ……………………………… 李海音
悠悠桃花水("明天你将成为作家"专栏)… 商金山
附 剑冰:洪波涌动,细流涓涓

报告文学
钟声,宣告明天…… …………………… 张若愚

传奇文学
芸香剑影 ………………………………… 钱世明

散文
北京的乌鸦 ……………………………… 徐安石

绿汪汪的生命 ———————— 曹　菁
街的漫想 ———————————— 何　彧
戈壁葡萄叶 ———————————— 叶丽君

诗歌

格孜库里湖 ———————————— 李清联
乐为他人做嫁衣（二首）———— 刘　章
北方，绿色日记（组诗）———— 申爱萍
两束玫瑰花（外二首）———— 陈晓玲
紫罗兰（外二首）—————— 晨　梅
太阳画家（外一首）—————— 肖定丽
等待 ————————————————— 李秀华
南方的梦想 ———————————— 李燕丽

评论

小说的空灵之美 ——————— 樊家信
小说的叙述基调 ——————— 刘安海

美术

阿依古丽（油画）—————— 官其格
不穿鞋上楼（钢笔插画）
　　　　　［美］查尔斯·丹纳·吉布森
缠纱线（油画）——————— ［英］莱　顿

1985 年第 4 期　刊名:《奔流》
目录

首届（1984 年）"《奔流》佳作奖"获奖作品篇目

小说

雪纷飞 ————————————————— 李亚南
明天进入夏季 ——————————— 周大新
这一户人家 ————————————— 王奎山
初夏夜 ————————————————— 韩石山
苎曲 ———————————————————— 青　禾
附大智:《苎曲》小析
春风乍到 ————————————— 张应之

报告文学

鸿羽，飞吧，飞向世界 ——— 王德清

传奇文学

长相思 ————————————————— 章　印

散文

故乡三镇 ————————————— 周同宾
雕像 ———————————————————— 何敬君

杂文

春日漫笔 ————————————— 王大海
新"疑人窃铁"说 ——————— 路　程

诗歌

四月，在山城（组诗）———— 雁　翼
太行山，布谷声声（组诗）—— 张庆明
女儿、秘书、诗人 ————— 姚欣则
取名 ———————————————————— 丛小桦
春歌 ———————————————————— 李允久
啊，渔姑 ————————————— 真　宇
唱给他的歌 ————————————— 杨　丽

评论

黄山"三绝"观感 ——————— 郑克西
《海河边的小屋》后记 ——— 肖复兴
《张宇小说选》后记 ————— 张　宇
"花椒还是小的辣" —————— 陈　炳
文海采珠

美术

少女（油画）——————————— 汲　成
张德育插图选
春（油画）—————————— ［意］波提切利

1985 年第 5 期　刊名:《奔流》
目录

编辑作品专辑

老布（小说）——————————— 兰小宁
新任市长
——送牛奶的马车夫（小说）— 李小萍
虎皮石（小说）——————————— 刘学林
鬼谷（小说）——————————— 杨志广
男人身后的女人（小说）——— 曾果伟
立秋（小说）——————————— 刘元举
沉冤（小说）——————————— 赵团欣
与冯话杨（散文）—————— 林　呐
在长城上（散文）—————— 聂鑫森
花环（散文诗）——————————— 韩作荣
海思（散文诗）——————————— 李　耕
中南海小唱（组诗）———— 晓　晴
诗人与专业户（外一首）——— 潘万提
西部中国（二首）—————— 晓　蕾
铜奔马（外一首）—————— 王中朝
金秋小吟（组诗）—————— 莫少云
黄河情（二首）——————————— 闻　频

小说

天上，一弯新月 .... 翁树杰
樟树下，石凳光溜溜 .... 林永庆

诗歌

窑变（外一首） .... 青　勃
祖国·前途·人生 .... （蒙古族）阿拉坦托娅

评论

取法乎上 .... 孙　苏
突破你自己 .... 曾　凡
好奇心与文学 .... 吴　亮

美术

黄帝的子孙（油画） .... 陈伟德
多人管理（漫画） .... 郑凤岐

1985 年第 6 期　刊名:《奔流》
目录

小说

走自己该走的路 .... 邵振国
苦闷 .... 李宽定
"SW—Ⅲ型"轶事 .... 周家龙
老了的男子汉 .... 张　勤
桑塔·露琪亚 .... 郭　萍
沙滩上 .... 张　斌
追索 .... 孔宪礼
怜（小小说） .... 杨稼生
路（小小说） .... 朱　圭
真主的旨意（翻译小说）
　　　　[尼日利亚]戴维·奥·奥沃耶勒　孟曙文译
福财联合公司（"明天你将成为作家"专栏）
　　　　... 奉祥明

附　吴泽永：门外杂谈《福财联合公司》

散文

西行交响曲 .... 李　锐
湘西行 .... 祝　凯
香溪石 .... 董宏猷
有这样一副扑克牌 .... 桂兴华

诗歌

母亲 .... 陆　健
王老头儿（小叙事诗） .... 牛雅杰
高原之虹（二首） .... 叶延滨
献给我们的城市 .... 杨晓杰
随感录（外二首） .... 易殿选

诗与人（外二首） .... 苏　敏
春雪 .... 刘　峰

评论

章法宜活，格局宜巧 .... 张俊山
漫说"怀人之什" .... 周冠群
散文中的细节描写 .... 叶公觉
"人的本质"与"这个" .... 张　凌
曲线的魅力 .... 张平治

美术

雏翔（油画） .... 彭德溥　赵　芳
雨后（木刻） .... 杜鸿年
洗澡（油画） .... [美]卡萨特

1985 年第 7 期　刊名:《奔流》
目录

小说

梦，另一个世界 .... 周英敏
厂长，女人…… .... 李　泗
圣女 .... 蓝　兮
大海，它知道一个故事 .... 赵云鹤
山野的风 .... 黄　堃
梦里寻她千百度 .... 卢一基
棕色，将在离去后再现 .... 刘观德
决定终身的散步（翻译小说）
　　　　[美]小柯特·冯纳古特　武景全译

散文

苦岭三月 .... 蔚　文
淡淡的茶香 .... 顾志坤
大海的儿子（散文诗·外四章） .... 孔　林
山地三章（散文诗） .... 谢春池

诗歌

田野，春的花瓣（四首） .... 陈峻峰
唉，这个年龄（外一首） .... 张华中
煤山的儿子 .... 海鹏彦
你能喝酒吗 .... 刘　镇
我喜欢拔河 .... 杨海帆
致女友 .... 陈健民
酒量 .... 程　新
旅伴 .... 萍　子
室内抒情诗（二首） .... 唐宋元
园林小路（外一首） .... 连风玲

评论

当代小说中的自然意识 ················· 蔡 翔
文学大树上的一片绿叶 ················· 刘敏言
文学创作的发展与文学观念的变革 ······· 黄培需
批评家的角色 ······················· 周始元
文海采珠

美术

月夜（水影）······················· 柳新生
仲夏（木刻）······················· 李亿平
淮德拉（油画）····················· ［法］卡巴纳尔

1985 年第 8 期　刊名:《奔流》
目录

小说

花开花落 ··························· 赵 践
秋水 ······························ 莫 言
又见安娜 ····················· 徐 耿　程 玮
土山 ······························ 钱玉亮
夕照吟 ···························· 荆 羔
吻 ························· 徐增兰　赵栓固
后台 ······························ 赵 新
茧 ································ 王苏红
妞儿和桂儿 ························· 王海玲
指（小小说）······················· 杜道恒
大 D（小小说）····················· 史家轩
讨帐（小小说）····················· 吴庆安

散文

现实中的童话世界 ··················· 涂 平
黄山二章 ··························· 柴德森
蝈蝈儿 ···························· 周翼南
大山的情操（散文诗·外一章）········· 张丙生
多棱镜（散文诗三章）················· 张克峰

诗歌

热血男儿（二首）··················· 袁学忠
紫禁城下，一条护城河（外一首）······· 洪 源
还记得那只白兔吗（外一首）··········· 张新泉
塞上三吟 ··························· 宋宏志
爱的遐想和忏悔录 ··················· 宗 鄂
城乡交响曲（二首）················· 陈有才
中原二题 ··························· 吴淮生
泰山歌（二首）····················· 董应周
箫的传人 ··························· 田 艾
今夜南风 ··························· 王斯平

评论

相信自己　确定自己　发展自己········· 朱德民
感情脉流里的历史音量 ··············· 周 南
民族土壤盛开的花 ··················· 李霁野
多造出几位新的战士 ················· 高 信

美术

白桦之梦（水彩）··················· 柳新生
炎夏乐章（水印木刻）··········· 丁立松　陆蕴辉
情人（油画）·············· ［匈］帕尔·辛耶·默尔塞

1985 年第 9 期　刊名:《奔流》
目录

纪念抗日战争和世界反法西斯战争胜利 40 周年

我参加百团大战 ··············· 赵云峰　路国兵
　　徐承勋　张树芝　黄耀华　关仕恭　赵玉峰
七月半（小说）····················· 郭才明
《家园集》序 ······················· 魏 巍
杨靖宇将军（油画）············· 胡悌林　贾涤非

小说

三匹马 ···························· 莫 言
　附　夏厦：深入人的心灵
小偷和书记 ························· 张 宇
打猎 ······························ 徐广泽
小巷尽头 ··························· 范小青
蕨、硫铁矿石和君子兰 ··············· 梁 青
王大墩造桥之谜 ····················· 李天岑
在螺旋形楼道下 ··············· 雨 时　如 月
没奔古的人 ··················· 齐铁民　鞠显友
小小说二题 ························· 南予见
遗失（小小说）····················· 唐 镇

散文

故里三丑 ··························· 周同宾

诗歌

"让子孙万代记住我的名字"（外一首）····· 范 源
童心集（散文诗三章）················· 王宜振
呼唤 ······························ 黄东成
不是牧歌 ··························· 何传军
一棵老树 ··························· 冯 杰
这里站着年轻的我 ··················· 向 愚
山野之情（三首）··············· （苗族）石太瑞
今夜，我们去远方 ··················· 吴 霖

评论

艺术信息的基本品质 ———————— 王舟皮
叶公魂魄今犹在 ———————— 包亚东

美术

黄昏（水影）———————— 柳新生
莎乐美（油画）———————— ［法］勒格瑙

1985 年第 10 期　刊名:《奔流》
目录

河南作家小说专号

中篇小说

春天的喜剧 ———————— 叶文玲
小小吉兆村 ———————— 李佩甫

短篇小说

死吻 ———————— 张一弓
山这边 ———————— 田中禾
六月六 ———————— 郑彦英
银箱儿 ———————— 杨东明
奇传四则 ———————— 孙方友
蓝色的太阳 ———————— 齐岸青

美术

宾（油画）———————— ［日］宫永岳彦

1985 年第 11 期　刊名:《奔流》
目录

小说

无名站纪事 ———————— 相南翔
患癌症的女人 ———————— 陈卓乾
街坊有个小伙儿李大章 ———————— 梁　左
流凌的季节 ———————— 权文学
葵花籽和红楼梦挂历 ———————— 肖复兴
湖豹 ———————— 韩瑛珊
五月的摩擦 ———————— 罗阿波
朋友 ———————— 刘向阳
紫丁香掩映的窗口 ———————— 杨　帆
你缺少什么 ———————— 郑亚龙

诗歌

青春·热血·少女（组诗）———————— 王剑冰
路灯（外一首）———————— 张亚平
爱情三题 ———————— 时永福

街旁的树根 ———————— 王忠民
今年，我又来 ———————— 董建文
乡情（二首）———————— 刘德亮
城市的眼睛 ———————— 渭　水

杂文

秋日漫笔 ———————— 王大海
写给自己的备忘录 ———————— 叶延滨

散文

在世界最南端的城市里 ———————— 朱幼棣

评论

赠予者的贫困 ———————— 李书磊
在"发散"与"收敛"之间 ———————— 杨匡汉
作家要有敏锐的信息意识 ———————— 陈　辽

美术

封面插图画 ———————— 曹新林　李伯安
早春（版画）———————— 苑　斌
秋（版画）———————— 滏　源

1985 年第 12 期　刊名:《奔流》
目录

小说

远古的鳞片 ———————— 罗石贤
那一年我十七岁 ———————— 老　三
老鸹接枝 ———————— 何香久
月光下的小窗 ———————— 钟宽洪
小镇故人 ———————— 孙步康
生者与死者 ———————— 竹　子
命的船 ———————— 墨　白
老人与狍子 ———————— 梁国伟
走向生活的时刻 ———————— 许建平
看不见的世界（"明天你将成为作家"专栏）———— 王少华
附　叶文玲：寄语《天籁》

报告文学

一个自信者的足迹 ———————— 田杨林　刘松丽

诗歌

他们这样走向世界（组诗）———————— 黄蒲生
生活里的思索 ———————— 苗得雨
太阳和鲜花（二首）———————— 王怀让
黄河渡口（二首）———————— 晏　明
我的自豪 ———————— 金聚泰

散文

魂归山东·····································刘锡安
商州扁担·····································孙见喜
航（散文诗组曲）·····························何敬君
黄鹂湾（散文诗·外二章）·····················刘益善

评论

黄河文学展望（首届黄河笔会纪要）
漫话文学的丰富与发展························曾　凡
有感于不该虚构的虚构························郑克西

美术

封面插图画····················王宏剑　王继伟
冰花（版画）·································张绍宇
晨（版画）···································张松正
在阳台上（油画）···············[法]欧也妮·德·巴拉

1986 年第 1 期　刊名:《奔流》
目录

新春试笔

春天的话题···································南　丁
在迷人的海里·································孙　荪
虎年说文·····································鲁枢元
心泉涓滴·····································叶文玲
从头学·······································乔典运
不要老死在庙中·······························张　宇
不知疲倦地吸收·······························郑彦英
我的而立之年·································齐岸青
作家的尊严···································田中禾

小说

酒徒···吕敏尔
远别···涂吉安
沉重的时刻···································于爱香
繁星闪烁着眼睛·······························尼　尼
爱德华八世···································符文洋

翻译小说

流泪的夜晚···············[日]藤原审尔著　薛维铭译

报告文学

最宝贵与最易忘却的·····················雨田　怀发

散文

访君山·······································罗源文
在呼伦贝尔草原上（散文诗三章）···············唐大同
远山（散文诗三章）···························朴康平

我的小泥屋（散文诗）···························李　耕
老人舞会（散文诗）···························桂兴华
寓言三则·····································李继槐

诗歌

母亲，你不是女神·······························申爱萍
卖雨花石的少女（外二首）·····················高旭旺
推轮椅的姑娘（外一首）·······················马新朝
流萤小集（四首）·····························鲍江逊
海之歌（二首）·······························郝河洲
新娘子·······································冯团彬
人（外一首）·································白书庄
知道···施肃中

评论

智慧的成长···································王鸿生
由《死吻》所想到的······················肖　德　李墨

美术

天池仙女（壁画局部）
外国文学名著插图选
黄河边（油画）·······························方照华
太阳的儿女（油画）···························张怀庆
海贝（油画）···············[英]摩尔·艾伯特·约瑟夫

1986 年第 2 期　刊名:《奔流》
目录

小说

喜欢红颜色的尤露佳···························郑树宗
钥匙···王英琦
折旧···何　侃
哆咪咪（中篇）·······························刘　佳
天上有颗星···································郭云梦
写给主任爸爸的辞别书··························郑　人
墨绿色的影子，在窗玻璃上徘徊·················王俊义

蓓蕾

无名洲上的轶事·······························魏晓明

散文

南岳松·······································张若愚
原色（散文诗·外二章）·······················孙建英
黄河的儿子（散文诗·外一章）·················刘德亮
春天的恋情（散文诗四章）·····················潘万提

诗歌

青春湖（外一首）·····························张华中

大海的寓言（组诗）……………………………细 雨
故乡，故乡……（组诗）………………………李光云
小城九行抒情诗（六首）………………………郭 俊
太阳雨（外一首）………………………………无 影
感情的符号（四首）……………………………涂 彪
爷爷的手（外一首）……………………………张 勇
卖鲜鱼的少女（外一首）………………………崔 柯
枣树……………………………………………桑恒昌

评论

做作家和读者的真诚朋友………………………孙 苏
由突破带来的艺术活力…………………………梅慧兰
活鬼、执火者与寻找轨迹的星…………………李书磊

美术

天池仙女（壁画局部）
韩美林的装饰小品
漫画选
扶着竖琴的夫人（油画）………………[美]托马斯·苏利

1986 年第 3 期　刊名：《奔流》
目录

小说

春日……………………………………………田中禾
差额选举………………………………………程多富
小凉亭…………………………………………朱秀海
忍冬……………………………………………刘向阳
豆腐坊三婶……………………………………王梓夫
我不是那片叶子………………………………费 力
该怎么想象（小小说·外二篇）………………峭 石
他在黎明前出走………………………………金 速

散文

旅途随录………………………………………杨稼生
蚕庵纪事………………………………………禹本愚
白罂粟（散文诗·外二首）……………………李松樟
海滩（散文诗·组曲）…………………………刘增山
妈妈的诗（散文诗三章）………………………姜 华

诗歌

深情（组诗）…………………………………陆 健
中原大地（二首）……………………………刘高贵
青年，都市的青年（外一首）………………张雪杉
瀑布——大山飘出的童话（外一首）…………林 幽
寄自大洋彼岸的诗（三首）……………………林建慧
无题（外一首）………………………………萍 子
荒原落日………………………………………陈佩云

珍珠梅………………………………………晨 梅
夏天，是个永恒的季节……………………王亚平

评论

在艺术与人的地层中………………………鲁枢元
春来江水绿如蓝……………………………宋协周
江南江北入梦来……………………………刘 思

美术

天池仙女（壁画局部）
李克瑜舞台速写
山水花鸟画新作…李自强　牛济普　马瑞增　何家安

1986 年第 4 期　刊名：《奔流》
目录

第二届（一九八五年）《奔流》佳作奖获奖作品篇目

小说

乡醉…………………………………………乔典运
两点之间，直线距离最短……………………兰小宁
又是秋风落叶时………………………………严亭亭
半辈子………………………………………罗辰生
苍郁的大树…………………………………金 备

探求篇

雪白的报复…………………………………晓 剑
人与雕塑……………………………………陈立风

蓓蕾

什么也没有发生……………………………郭建平

报告文学

七品知县……………………………………张 宇

散文

故乡人物记…………………………………周同宾
山……………………………………………廖华歌

诗歌

访丰收胡同二十一号…………………………晓 晴
在我与孩子之间………………………………易殿选
淘金小集（二首）……………………………李亚群
麻雀篇（二首）………………………………吴奔星
历史镜头……………………………………田 艾
玻璃球………………………………………陈健民
鸟市漫步（三首）……………………………任耀庭
彩色的童心（二首）…………………………王学忠

评论

一九八五：创作潮流的共存、竞赛和渗透 ················· 陈　辽
日渐强化的主体意识 ················· 黎　辉
田中禾新作《春日》讨论纪要 ················· 艾　云

美术

天池仙女（壁画局部）
版画选 ················· 张万一　程兆星
四月之爱（油画） ················· ［英］阿瑟·休斯

1986 年第 5 期　刊名:《奔流》
目录

小说

生命在石头里 ················· 李斌奎
游云·云游 ················· 郑彦英
荔枝熟了 ················· 翁树杰
幽婉的乐章 ················· 南予见
老屋 ················· 熊召政
暖冬 ················· 曾　平

翻译小说

情书 ········ ［日］连城三纪彦著　张建明　杜　勤译

蓓蕾

小雨 ················· 张丽君
关于我自杀身死的前前后后 ················· 赵国栋
瓜子 ················· 张小虎

散文

在一条消失的河流源头 ················· 阎豫昌
柿乡的怀念 ················· 张炳如

诗歌

黄与黑（二首） ················· 青　勃
心迹（三首） ················· 张新泉
香港趣闻（四首） ················· 莫少云
谁说，周恩来已经长眠不醒 ················· 杨晓杰
何必追悔 ················· 樊发稼
思者（二首） ················· 郑亚龙
不死的夸父 ················· 梁　辛

评论

关于人的生态、心态及其他 ················· 於可训
通向人物心灵深处的路 ················· 王大海
为纷繁的生活而创造 ················· 魏　威

美术

天池仙女（壁画局部）
董克俊语言插图
麦子熟了　斜阳（版画） ················· 李小然
秋叶（油画） ················· ［英］约翰·弥莱
千年虬龙（版画） ················· 沙清泉

1986 年第 6 期　刊名:《奔流》
目录

洛阳作品小辑

饭友（小说） ················· 张　宇
小说二题 ················· 黄　飞
戏出儿（小说） ················· 赵团欣
秋天的云（小说） ················· 陈　韧
黄虎（小说） ················· 韩　黎

小说

遥远的夏夜 ················· 张锐锋
离去 ················· 丁临一
鼠王（中篇） ················· 刘　思
迷津 ················· 邓　贤

散文

珞珈山笔记之三 ················· 王英琦
六月（散文诗·外一章） ················· 刘茂胜
银杏树（散文诗·外一章） ················· 佳　白
国画·孔雀（散文诗·外一章） ················· 李金安
爱的经纬线（散文诗） ················· 张克峰
李子树（散文诗·外二章） ················· 胡万俊

诗歌

南海（组诗） ················· 郭蔚球
悲壮的葬礼（外一首） ················· 陈有才
华山梦（外一首） ················· 王中朝
摇篮 ················· 吴　芜
雕石者（外一首） ················· 艺　辛
四月 ················· 刘芳名
爸爸的书 ················· 王希玲

评论

西方现代主义正走向哪里 ················· 周始元
伸手抓住两个世界 ················· 许建平
默默地耕耘在这块土地 ················· 张俊山
这里，洋溢着中原情调 ················· 朱子南

美术

天池仙女（壁画局部）

中国藏书票选刊

侗家女（木刻）—————————董克俊

母与子（油画）—————————[美]卡萨特

1986 年第 7 期　刊名:《奔流》
目录

南阳地区作品小辑

怪梦（小说）—————————乔典运

椿谷谷（小说）—————————田中禾

在那遥远的小山村（小说）————马本德

人魔（小说）—————————李克定

"哲学家"的危机（小说）————周熠

高台曲（散文）————————周同宾

小说

客从远方来—————————王维铭

骨头———————————赵富海

翻译小说

不幸的赢者————[美]马科斯·沙尔曼著　龙吟夏译

报告文学

跋涉————————————徐春亭

散文

路，是哲理教师————————张惠芳

童稚集（散文诗二章）—————王杰

淡淡的相思花（散文诗二章）———于宗信

江歌（散文诗）————————江蓝

诗歌

人物志（三首）————————冷焰

大河（外一首）————————浪波

回忆，在母校的橡树上（外一首）——王忠民

川江吟（二首）————————关劲潮

楼群（外一首）————————聂安全

结子木上的七月————————林雪

甜甜的回忆（外一首）—————王红敏

评论

这种生命存在方式———————齐岸青

情发襟中　笔落天外————李宗林　夏启良

"远村"与现世————————赵国栋

美术

泉（油画）—————————黄智根

水彩画————————朱欣馨　宋惠民

1986 年第 8 期　刊名:《奔流》
目录

小说

辞官————————————李利克

棉火（记实小说）———————张兴元

小楼昨夜又东风————————刘向阳

过失————————————顾潇

白鹤西去了—————————楚良

发财————————————赵新

学院六人图—————————姚霏

闪光的鹅卵石————————青禾

实不得已（微型小说）—————许世杰

翻译小说

一个误入劳动者天堂的人

————[印度]罗宾德拉那特·泰戈尔著　晶晶译

附　梁工:一件玲珑剔透的艺术精品

新蕾

男宿舍奏鸣曲————————马强

报告文学

骏马行—————————许鸿科

散文

魂系太行—————————南丁

老九和老四—————————林呐

旷野上，那棵小树（散文诗）———吴芜

这地方……（散文诗·外一章）——陈健民

诗歌

词二首—————————熊复

古城墙·墓群·河（组诗）————王剑冰

献给父亲（外二首）——————袁学忠

锚（外一首）————————杨海帆

朋友，当你忧愁的时候（外一首）——王文超

妻子的身影—————————王天杰

一位医生和法官———————董心奎

美术

月亮的女儿（雕塑）——————朱成

晴川历历（国画）———————宋治国

西施（国画）————————李国庆

山水（国画）————————傅志明

版画——————山鸿跃　程兆星　马亚非

1986 年第 9 期　刊名:《奔流》
目录

弈趣（短篇小说）——————————————王青槐
色彩朦胧的布衣裳（短篇小说）——————武蒙辛
莽草（中篇小说）——————————————黎　婴
乌衣巷夕照（短篇小说）——————————贺景文
生死批判（短篇小说）——————————程　海
星夜（短篇小说）—————————————厉　风
失去的翅膀（童话）————————————肖定丽
鹰，古老而又年轻（报告文学）——————邬峭峰
四季随笔（散文）—————————————王大海
平原边上的小山庄（散文）————————周保成
夜月（散文诗·外二首）——————————夏　寒
忧伤树（诗·外二首）———————————陈峻峰
仙人掌（诗·外五首）———————————范　源
等待（诗）————————————————董建文
红玫瑰（诗·二首）————————————阎豫昌
傻子的情歌（诗·三首）——————————杨东明
耳垂（诗·外一首）————————————冷慰怀
小村与"丽丽"牌（诗·外一首）——————王斯平
山野，浓绿浓绿的夏（诗·二首）—————颜延奎
杨柳曲（诗）———————————————沙　驼
这是农民管乐队吗（诗）——————————吕　艾
序《现代抒情诗选读》（评论）——————苏金伞
后生可畏（评论）—————————————杨　飓
男人们，中原的男人们哦（评论）————何　彧
文坛觅踪——————————————————梁一峰
希望之光（雕塑）—————————————冯宜贵
人体速写———————————————林　埔　陈衍宁
拓彩版画—————————————————彭德溥

1986 年第 10 期　刊名:《奔流》
目录

魔影（短篇小说）—————————————齐岸青
归途（短篇小说）—————————————龚绍东
山中，那条小路（短篇小说·处女作）———傅均华
就像一张破碎的脸（短篇小说·处女作）——夏　令
晚晴（短篇小说·处女作）—————————吴宇秀
义务劳动（短篇小说）———————————梁　左
惊蛰（短篇小说）—————————————韩瑛珊
雕塑女人（短篇小说）———————————墨　桅
张老汉和手电筒（短篇小说）———————胡　鹏
那一树红梅（报告文学）——————徐永青　梁　岳
北国之春的序曲（散文）——————————尚贵荣
大都市小品（散文诗·五章）———————叶延滨

草原三题（散文）—————————————铁　璀
雪的梦（散文）——————————————无　影
致总书记（诗）——————————————王怀让
火光（诗·外一首）————————————吴烟痕
渔村公主（诗·外一首）——————————唐长林
肃立在岳飞坟前（诗）———————————长　风
鸡公山的云笺（诗·三首）—————————王　迪
我二十一岁（诗）—————————————兰　束
新时期文学发展趋势探胜（评论）————林为进
可贵的文学眼光（评论）——————————黎　辉
世俗·炼狱·艺术（评论）—————————陈弋光
憧憬（油画）———————————————裴常青
高燕插图选
国画二幅——————————————刘书民　郭逢亭
油画——————————————————[日]东乡青儿

1986 年第 11 期　刊名:《奔流》
目录

人之将死（短篇小说）———————————刘学林
教育委员（短篇小说）———————————赵　新
三月雪（短篇小说）————————————延　青
王进举"进举"（短篇小说）———————尹洪波
醉狗（短篇小说）—————————————徐　慎
蓝鸟（短篇小说）—————————————徐钰鑫
一个副市长的内心独白（短篇小说）———李康美
但愿人长久（短篇小说·新蕾）——————李乃庆
海滨行吟（散文诗·组曲）—————————刘增山
沙海短章（散文诗·四章）—————————翼　华
海恋三章（散文诗）————————————田　琳
绿色的恋情（散文诗·三章）————————王忠范
写在"音乐茶座"（散文诗）————————桂兴华
河湾（散文诗）——————————————谷　裕
名片（散文诗）——————————————刘德亮
迷途（散文诗）——————————————秋　心
站在同一条田埂上（诗·外一首）—————李洪程
赠友二题（诗）——————————————刘　镇
远离故乡的思念（诗·二首）————————闻　频
时代的镜子（讽刺诗）———————————尼　尼
人生·舞台（诗）—————————————任泉清
竹林（诗·外一首）————————————子　页
泰山六朝松（诗）—————————————李　蔚
古寺的传说（诗）—————————————石　人
含羞草（诗）———————————————丁济民
坦诚·澹泊·童心未泯（评论）——————栾　星
追求境界（评论）—————————————曾　凡
献给黄土高原的热烈恋歌（评论）————雷　达
爱情·友情·人情（评论）—————————吴　芜

长空（雕塑）——————————————————谢　翔
连环画选页——————————————————王怀骐
春（套色木刻）——————————————张绍禹
夏夜（油画）——————————[英]阿尔伯特·摩尔

1986 年第 12 期　刊名:《奔流》
目录

野情（短篇小说）——————————————何继青
唐古拉之谜（短篇小说）——————————朱家兵
头奖（短篇小说）——————————————刘向阳
幻觉（短篇小说）——————————————毛志成
小白河夕景（短篇小说）——————————陈焕新
夏天（短篇小说）——————————————姜锋青
令人烦恼的问题（短篇小说）————————李海波
夕阳，在蝉翼上……（短篇小说·新蕾）——范如娟
太子还乡（传记文学）——————————吴　铭
赊店老酒与马书智（报告文学）——————力　丁
绿皮护照（散文）——————————————赵丽宏
黄河童话（组诗）——————————————潘万提
北风歌（诗）————————————————时永福
老果园（诗·外二首）————————————张亚平
影子（诗·外一首）————————————陈所巨
弯弯的竖琴（诗·二首）——————————王志学
黄河魂（诗）————————————————吴元成
黄河的沉思城市的"石头化"与文学的天职（城市文
学笔谈）—————————————————王舟波
城市·时装模特儿·文学（城市文学笔谈）——刘　思
文学的乡土性、哲理性、世界性思考（城市文学笔谈）
—————————————————————田中禾
牵人一缕愁思（评论）——————————于　宏
初夏（油画）————————————————朱乃正
水彩、水粉画选——————孙　黎　洪兰航　白　荻
水彩、水粉画选——————李　若　苏　正　李运江
莎乐美（油画）——————————————[德]斯托克

1987 年第 1 期　刊名:《奔流》
目录

纪实文学
如果春天没有花—————————————张兴元

同题小说
隐私————————————————————齐岸青
隐私————————————————————胡　涂
隐私————————————————————杨东明

小说
胭脂河三章————————————————叶大春
适情雅趣—————————————————寇云峰

处女地
剧院轶事—————————————————谷　鸣
附　曾凡:《剧院轶事》读后

翻译小说
百合（外一篇）————————[日]川端康成著　翟　君译

报告文学
叶巴通险————————朱玉萍　张　扬　黄动生
幻方狂想曲————————————————花天文
酒乡酒人—————————————————李清海

野玫瑰
乱谈小集—————————————————帅　克
代拟《驳"建立'文革'博物馆"说》小记——曹　河
广建"落选沙龙"—————————————朱健国

散文
移厕记——————————————————韶　华
东山色石—————————————————万国智
槲树，生命力之树—————————————赵　敏

探索诗
沉陷的大地————————————————冷　焰
随意性——————————————————尤　嘉
大海和路（外一首）————————————马新朝
身不由己的折扇——————————————梁　辛
位置（外一首）——————————————邓万鹏

散文诗
伏尔加纤夫（外二章）——————————王幅明

评论
被删掉了的……——————————————孙　苏
一个文学批评者的自我反省————————李书磊

美术
金色的秋天（油画）————————————李忠良
连环画《黑骏马》选页——————————魏小明

1987 年第 2 期　刊名:《奔流》
目录

小说

赢了这场官司 ⋯⋯⋯⋯⋯⋯⋯⋯⋯⋯⋯⋯ 赵　新
千里共婵娟 ⋯⋯⋯⋯⋯⋯⋯⋯⋯⋯⋯⋯⋯ 毛志成
关铁嘴 ⋯⋯⋯⋯⋯⋯⋯⋯⋯⋯⋯⋯⋯⋯⋯ 薛　冰
机关拾零二题 ⋯⋯⋯⋯⋯⋯⋯⋯⋯⋯⋯⋯ 赵胜利
大院 ⋯⋯⋯⋯⋯⋯⋯⋯⋯⋯⋯⋯⋯⋯⋯⋯ 李克定
没头没尾的故事 ⋯⋯⋯⋯⋯⋯⋯⋯⋯⋯⋯ 竹　子

小小说

笑 ⋯⋯⋯⋯⋯⋯⋯⋯⋯⋯⋯⋯⋯⋯⋯⋯⋯ 尚　洁
距离 ⋯⋯⋯⋯⋯⋯⋯⋯⋯⋯⋯⋯⋯⋯⋯⋯ 焦　华
相错一瞬间 ⋯⋯⋯⋯⋯⋯⋯⋯⋯⋯⋯⋯⋯ 仝云霞

报告文学

长江漂流启示录 ⋯⋯⋯⋯⋯⋯⋯⋯⋯⋯⋯ 思　欣

传记文学

胡适与他的妻子 ⋯⋯⋯⋯⋯⋯⋯⋯⋯⋯⋯ 吴　铭

野玫瑰

"出名"三诀 ⋯⋯⋯⋯⋯⋯⋯⋯⋯⋯⋯⋯⋯ 晓　阳
贿捧和捧贿 ⋯⋯⋯⋯⋯⋯⋯⋯⋯⋯⋯⋯⋯ 李铁成
舞会 ⋯⋯⋯⋯⋯⋯⋯⋯⋯⋯⋯⋯⋯⋯⋯⋯ 余　非

大学生之页

渴望（诗·外二首）⋯⋯⋯⋯⋯⋯⋯⋯⋯⋯ 徐　喆
背景（诗·外一首）⋯⋯⋯⋯⋯⋯⋯⋯⋯⋯ 王春生
小狗和我（诗）⋯⋯⋯⋯⋯⋯⋯⋯⋯⋯⋯⋯ 邹英红
童年·欢笑·风筝（诗）⋯⋯⋯⋯⋯⋯⋯⋯ 李　莹
赠诗友 ⋯⋯⋯⋯⋯⋯⋯⋯⋯⋯⋯⋯⋯⋯⋯ 刘海潮

诗歌

给小儿（外二首）⋯⋯⋯⋯⋯⋯⋯⋯⋯⋯⋯ 易殿选
生活的馈赠（三首）⋯⋯⋯⋯⋯⋯⋯⋯⋯⋯ 陆　健
锡林郭勒草原短歌（四首）⋯⋯⋯⋯⋯⋯⋯ 申　身
天坛访古（三首）⋯⋯⋯⋯⋯⋯⋯⋯⋯⋯⋯ 刘明达
青春奏鸣曲（三首）⋯⋯⋯⋯⋯⋯⋯⋯⋯⋯ 王　京
黎明，倒下了一名战士（外一首）⋯⋯⋯⋯ 张永权

散文

乡野诗魂 ⋯⋯⋯⋯⋯⋯⋯⋯⋯⋯⋯⋯⋯⋯ 禹本愚
夔州诗踪 ⋯⋯⋯⋯⋯⋯⋯⋯⋯⋯⋯⋯⋯⋯ 阎豫昌
雨的调侃 ⋯⋯⋯⋯⋯⋯⋯⋯⋯⋯⋯⋯⋯⋯ 李佩芝
老人与彩屋 ⋯⋯⋯⋯⋯⋯⋯⋯⋯⋯⋯⋯⋯ 夏　影

评论

情思漫漫 ⋯⋯⋯⋯⋯⋯⋯⋯⋯⋯⋯⋯⋯⋯ 杨　飏
尖锐，但是用喜剧 ⋯⋯⋯⋯⋯⋯⋯⋯⋯⋯ 阎　纲

美术

泼水节（木雕）⋯⋯⋯⋯⋯⋯⋯⋯⋯⋯⋯⋯ 冯宜贵
黑白装饰画 ⋯⋯⋯⋯⋯⋯⋯⋯⋯⋯⋯⋯⋯ 胡永凯
栖（版画）⋯⋯⋯⋯⋯⋯⋯⋯⋯⋯⋯⋯⋯⋯ 黎增辉
油画 ⋯⋯⋯⋯⋯⋯⋯⋯⋯⋯⋯⋯⋯⋯ ［日］东山青儿

1987 年第 3 期　刊名:《奔流》
目录

小说

人妻 ⋯⋯⋯⋯⋯⋯⋯⋯⋯⋯⋯⋯⋯⋯⋯⋯ 杨志广
天棚趣话录 ⋯⋯⋯⋯⋯⋯⋯⋯⋯⋯⋯⋯⋯ 段荃法
他的将来　我的过去 ⋯⋯⋯⋯⋯⋯⋯⋯⋯ 刁　斗
白光 ⋯⋯⋯⋯⋯⋯⋯⋯⋯⋯⋯⋯⋯⋯⋯⋯ 高青坡
足迹 ⋯⋯⋯⋯⋯⋯⋯⋯⋯⋯⋯⋯⋯⋯⋯⋯ 黎　可
神枪刘 ⋯⋯⋯⋯⋯⋯⋯⋯⋯⋯⋯⋯⋯⋯⋯ 孙方友
远山 ⋯⋯⋯⋯⋯⋯⋯⋯⋯⋯⋯⋯⋯⋯⋯⋯ 孙建英

纪实文学

按姓氏笔划为序 ⋯⋯⋯⋯⋯⋯⋯⋯⋯⋯⋯ 翁树杰

翻译小说

萍水相逢 ⋯⋯⋯［日］菊村到著　杜　勤译　曹伟琴校

大学生之页

匆匆人事（小说）⋯⋯⋯⋯⋯⋯⋯⋯⋯⋯⋯ 秋　了

女诗人风采录

阎妮的诗（五首）⋯⋯⋯⋯⋯⋯⋯⋯⋯⋯⋯ 阎　妮
白宇宙（外二首）⋯⋯⋯⋯⋯⋯⋯⋯⋯⋯⋯ 申爱萍
山楂树（外一首）⋯⋯⋯⋯⋯⋯⋯⋯⋯⋯⋯ 何　扬
并非情诗 ⋯⋯⋯⋯⋯⋯⋯⋯⋯⋯⋯⋯⋯⋯ 萍　子
给我的女儿 ⋯⋯⋯⋯⋯⋯⋯⋯⋯⋯⋯⋯⋯ 康　洁
有个疯子渴慕海 ⋯⋯⋯⋯⋯⋯⋯⋯⋯⋯⋯ 朱燕玲
致你 ⋯⋯⋯⋯⋯⋯⋯⋯⋯⋯⋯⋯⋯⋯⋯⋯ 子　蓝
给—— ⋯⋯⋯⋯⋯⋯⋯⋯⋯⋯⋯⋯⋯⋯⋯ 仝云霞
四月（外一首）⋯⋯⋯⋯⋯⋯⋯⋯⋯⋯⋯⋯ 胡震华

野玫瑰

宝葫芦，冬天的神话 ⋯⋯⋯⋯⋯⋯⋯⋯⋯ 徐安石

散文

乡居散记 ⋯⋯⋯⋯⋯⋯⋯⋯⋯⋯⋯⋯⋯⋯ 周同宾
妻子 ⋯⋯⋯⋯⋯⋯⋯⋯⋯⋯⋯⋯⋯⋯⋯⋯ 时宇枢

边陲访师 —————————— 牛雅杰

评论
生活的沉思　深情的行吟 —————— 刘彦钊

美术
舞（雕塑）—————— 文慧中作　赵　力　王书灵摄影
连环画《法尼娜·法尼尼》 ———————— 尤劲东
花园长凳上（油画）—————— ［英］提索特

1987 年第 4 期　刊名:《奔流》
目录

《奔流》出刊二百期纪念
题词 ———————————————— 张树德
题词 ———————————————— 韩劲草
纪念《奔流》200 期 ——————————— 南　丁
前进，再前进 —————————————— 于黑丁
《奔流》出刊二百期祝词 ———————— 苏金伞
祝诗 ———————————————— 郑克西
我们就是你的书 ————————————— 段荃法
笑脸常开 —————————————— 乔典运

小说
那比 a＋b＝c 更深刻的 ———————— 冯小双
水水 ———————————————— 李光南
早春 ———————————————— 郭　萍
人分男女 —————————————— 祝兴义
乌凤垭的雷雨 ————————————— 张法德
异类 ———————————————— 于德才
风雪海豹湾 —————————————— 朱幼棣

大学生之页
春夏秋冬（小说）———————————— 吴　瑛

诗歌
花与刺（四首）————————————— 青　勃
致大地（组诗）————————————— 关劲潮
枣趣（小叙事诗）———————————— 细　雨
山行（四首）————————————— 黄同甫
签语（外一首）————————————— 陈茂欣
问黄河 —————————————— 金聚泰
无题（外一首）————————————— 关　雎
江南雪 —————————————— 潘大华
送你远行，朋友 ———————————— 吴元成
小屋 ———————————————— 李霜叶

散文
姑娘追、叼羊 ————————————— 阮章竞
汴京三咏 —————————————— 石　英
寂寞他乡遇故邻 ————————————— 杨稼生
北窗断想 —————————————— 张黑吞

散文诗
哦，我的神女峰哟（八章）——————— 艺　辛
海上落日（三章）———————————— 李　耕

评论
创新：宽阔而狭窄的路 ————————— 杜田材
文学评论与"情" ———————————— 上官玉

美术
春（雕塑）—————— 杨淑卿作　赵　力　王书灵摄
瓶花　东方一条江（版画）——————— 黄雅峰
情切切（油画）—————— ［英］布莱尔·莱顿

1987 年第 5 期　刊名:《奔流》
目录

小说
河洛人 —————————————— 张　宇
翠桃儿 —————————————— 何香久
红猎 ———————————————— 张宇光
失去的灵光 —————————————— 金　备
贞节男人 —————————————— 薛筱战
新秀之梦 —————————————— 沈燕飞
黄土 ———————————————— 黄惟群

处女地
暑热（小说）————————————— 冷　华
槐花不该凋谢（小说）—————————— 冯建华

报告文学
企业家的风风雨雨 ———————————— 陈立风

诗歌
紫金山天文台 ————————————— 王绥青
大西北诗草（二首）——————————— 高旭旺
将军愿 —————————————— 纪　学
屈原沱（外一首）———————————— 崔　柯
星夜断想（四首）———————————— 张雪杉
黄河行吟（二首）———————————— 胡　笳
女人与军歌 —————————————— 时红军
冬至 ———————————————— 王欣敏
自嘲 ———————————————— 董　林

散文

访日杂记二则 ————————————— 叶广芩
小院情深深 —————————————— 郭保林
长城，色彩的随想 ————————————— 春 秋

散文诗

少女 ————————————————— 丁 一
蜗 ————————————————— 绿 藜
退潮 ————————————————— 林 敏
我的传说 —————————————— 黑 妮

评论

文学的司芬克斯之谜 ———————————— 孙 荪

美术

电讯之光（雕塑） —————————————— 史美英
赵若浩的山水画二帧
版画二幅 ————————————— 黎增辉 宁积贤
克罗依（油画） ——————————— ［英］波因特

1987 年第 6 期 刊名:《奔流》
目录

小说

红色影子 ———————————————— 何继青
娃娃川 —————————————————— 田中禾
净土 ——————————————————— 刘向阳
返祖 ——————————————————— 刘醒龙
船 ———————————————————— 谢鲁渤
龙 ———————————————————— 陈 创
蝙蝠沟的小煤窑 ———————————————— 卢晓更
空房 ——————————————————— 周百义

传记文学

战地心曲 ——————————————— 吴 萍

报告文学

不安分的雕刀 ———————————————— 赵 敏

诗歌

关于人的思索 ———————————————— 梁谢成
那一阵炮弹雨（外一首） ——————————— 张华中
等待一个人（外一首） ——————————— 陈峻峰
祈求（外三首） ————————————— 王学忠
浅绿色的书签（小叙事诗） —————————— 樊发稼
太阳（外一首） ————————————— 朱小葵
心的河流（组诗） ————————————— 王宜振

散文

瑶池梦 —————————————————— 张惠芳
思想的潮汐 ———————————————— 王俊义
望江楼记 ————————————————— 范文章

散文诗

溜冰场 ————————————————— 叶庆瑞

评论

对弱者灵魂的关注和透视 ————————— 曹增渝
彷徨于恐惧和希望之间 ————————— 赵福生

美术

未来（石雕） ————————————————— 程亚男
版画小品 ————————— 李 仲 蒋谷峰 戈 沙 晋 容
伏牛山下（国画） ————————————— 郭 勇

1987 年第 7 期 刊名:《奔流》
目录

乔典运小说小辑

冷惊
女儿血
山妖

小说

打字机嗒嗒响 ———————————————— 陈忠实
天宝寺传奇 ———————————————— 戴战军
诗人与小商贩 ———————————————— 胡 鹏

报告文学

猕猴桃之恋 ———————————————— 廖华歌
沉浮 ——————————————————— 陈立风
牡丹花王传闻 ————————————— 许道信 赵 路

诗歌

我遗憾 我画不出你 ——————————— 杨海帆
林山上的红枣树（叙事诗） ————————— 董建文
钥匙（外一首） ————————————— 杨建民
三月二十日 ——————————————— 斯 土
北京词（二首） ————————————— 董应周
给弟弟 ————————————————— 李彤河
忆童年（组诗） ————————————— 李允久
秋天 ——————————————————— 齐遂林
枫（外二首） ——————————————— 龙彼德
花信 ——————————————————— 赵跟喜
你和我 ————————————————— 李 钧
换亲 ——————————————————— 蔡若秋

散文

黄河泛舟 ⋯⋯⋯⋯⋯⋯⋯⋯⋯ 峭　石

邙山樱桃红 ⋯⋯⋯⋯⋯⋯⋯ 李玉朝

古道之思 ⋯⋯⋯⋯⋯⋯⋯⋯ 赵西岳

散文诗

海峡的乐章（三章） ⋯⋯⋯⋯ 于宗信

评论

短篇小说创作七人谈 ⋯⋯⋯⋯ 陈　辽

乔典运新时期创作略论 ⋯⋯⋯ 黎　辉

美术

新娘（油画） ⋯⋯⋯⋯⋯⋯⋯ 祖天丽

唐三彩壁画小品 ⋯⋯⋯ 洛阳美术公司设计室

妻子（水粉画） ⋯⋯⋯⋯⋯⋯ 李连文

1987 年第 8 期　刊名:《奔流》
目录

小说

独榆树 ⋯⋯⋯⋯⋯⋯⋯⋯⋯⋯ 郑彦英

超级罗曼史 ⋯⋯⋯⋯⋯⋯⋯⋯ 陈金堂

瞑目 ⋯⋯⋯⋯⋯⋯⋯⋯⋯⋯⋯ 郑　因

孩子的话题 ⋯⋯⋯⋯⋯⋯⋯⋯ 孙春平

夜酒吧 ⋯⋯⋯⋯⋯⋯⋯⋯⋯⋯ 王宪伶

苇子园 ⋯⋯⋯⋯⋯⋯⋯⋯⋯⋯ 刘庆邦

听说

——永远没有错 ⋯⋯⋯⋯⋯⋯ 黄凤祝

深夜 ⋯⋯⋯⋯⋯⋯⋯⋯⋯⋯⋯ 尹保云

小小说

心迹 ⋯⋯⋯⋯⋯⋯⋯⋯⋯⋯⋯ 张玉良

桥 ⋯⋯⋯⋯⋯⋯⋯⋯⋯⋯⋯⋯ 李凤姿

秋雨迷蒙 ⋯⋯⋯⋯⋯⋯⋯⋯⋯ 张　遐

报告文学

小岛对面是澳门 ⋯⋯⋯⋯⋯⋯ 岳恒寿

一个笑话、一个教训和一个产品 ⋯⋯ 赵中辰

诗歌

栋梁赋 ⋯⋯⋯⋯⋯⋯⋯⋯⋯⋯ 李若素

东去的水声（组诗） ⋯⋯⋯⋯ 刘高贵

过横涧乡 ⋯⋯⋯⋯⋯⋯⋯⋯⋯ 周启祥

他的故事（外一首） ⋯⋯⋯⋯ 王剑冰

蓝天里的路 ⋯⋯⋯⋯⋯⋯⋯⋯ 王文超

咏梅（外二首） ⋯⋯⋯⋯⋯⋯ 鲁　萍

不，我不是⋯⋯（外一首） ⋯⋯ 余尚清

甜蜜的梦 ⋯⋯⋯⋯⋯⋯⋯⋯⋯ 殷江林

水中的小白鲢（外一首） ⋯⋯ 林　杉

散文

星斗正阑干 ⋯⋯⋯⋯⋯⋯⋯⋯ 苏金伞

大河落日别样情 ⋯⋯⋯⋯⋯⋯ 吴功勋

石仙 ⋯⋯⋯⋯⋯⋯⋯⋯⋯⋯⋯ 万国智

评论

关于当前文艺问题的思考 ⋯⋯ 耿恭让

我的困惑与选择 ⋯⋯⋯⋯⋯⋯ 刘思谦

喧闹之后的沉静 ⋯⋯⋯⋯⋯⋯ 青　人

且说"杂文"、"随笔" ⋯⋯⋯⋯ 陈　炳

美术

秋天（油画） ⋯⋯⋯⋯⋯⋯ [苏]考克仑

藏书票选刊

北方四月（油画） ⋯⋯⋯⋯⋯ 宋惠民

1987 年第 9 期　刊名:《奔流》
目录

小说

红果儿 ⋯⋯⋯⋯⋯⋯⋯⋯⋯⋯ 刘玉堂

两个老三和一块石头 ⋯⋯⋯⋯ 邓建楚

影子 ⋯⋯⋯⋯⋯⋯⋯⋯⋯⋯⋯ 许　淇

秋水伊人 ⋯⋯⋯⋯⋯⋯⋯⋯⋯ 杨东明

遗憾 ⋯⋯⋯⋯⋯⋯⋯⋯⋯⋯⋯ 张　旻

妮妮 ⋯⋯⋯⋯⋯⋯⋯⋯⋯⋯⋯ 王苏红

鹅乳石 ⋯⋯⋯⋯⋯⋯⋯⋯⋯⋯ 孙红光

还愿 ⋯⋯⋯⋯⋯⋯⋯⋯⋯⋯⋯ 祝培星

纪实文学

芳嫂 ⋯⋯⋯⋯⋯⋯⋯⋯⋯⋯⋯ 时和昌

报告文学

弦上的歌 ⋯⋯⋯⋯⋯⋯⋯⋯⋯ 陈先法

厦石 ⋯⋯⋯⋯⋯⋯⋯⋯⋯⋯⋯ 辛向东

诗歌

舔 ⋯⋯⋯⋯⋯⋯⋯⋯⋯⋯⋯⋯ 长　风

黄河之荷 ⋯⋯⋯⋯⋯⋯⋯⋯⋯ 冯　杰

历史，在山村的肩膀上思索（二首） ⋯⋯ 刘育贤

白雪（外二首） ⋯⋯⋯⋯⋯⋯ 袁学忠

散文

思想的落叶及其他 ⋯⋯⋯⋯⋯ 王大海

爱猫的女儿 ⋯⋯⋯⋯⋯⋯⋯⋯ 李　下

散文诗

鄂尔多斯之情（三章）—————————姚欣则
夜行（外一章）—————————————王 平
倾斜的槐树（外一章）————————陈健民
滴露的希望（二章）—————————谢明洲
猫头鹰（外一章）——————————王幅明

评论

论新诗"非加和性"的整体胜利—————陈世明
龙腾虎跃 波谲云诡——————————冯其庸
从神化到人化—————————————韶 华

美术

最后的树叶（油画）—————————［英］考克仑
小版画

1987 年第 10 期　刊名:《奔流》
目录

新人新作小辑

血缘—————————————————孙希彬
假如我告别……（小说）———————辛 华
村尾飘响的曲子（小说）———————卢 耘
白雨（小说）—————————————赵 耀

大学生之页

痛饮阳光（小说）——————————孙功兵

处女地

红苹果（小说）———————————岳学法

小说

搬家—————————————————刘向阳
"皇冠"行——————————————兰小宁

报告文学

灵魂升天的地方———————————鲁 北
虞城，有这样一位书记————————北 湖

纪实文学

"妈妈楼"纪事————————————孟祥琴
徐志摩与泰戈尔———————展家骐 张方晦

诗歌

生命的光环（组诗）—————————冷慰怀
爱之园（二首）———————————郭宝臣
马樱花（外一首）——————————朱根亮

鸟巢中有一枚化石—————————李长华
等待—————————————————流 逸
旧作三题———————————————顾丰年
石匠的儿子—————————————邓 澍
纪念碑广场—————————————田 桑
听话，回去吧————————————龚长城
石巷—————————————————黄伯益
四月的蔷薇—————————————魏其梅
喂牛的老人（外一首）————————钱海山

散文

邻居—————————————————廖静仁
女子树————————————————吴丽嫦
温馨的忆念—————————————郭瑞三
郑王墓地草萋萋———————————辛向东

散文诗

油菜花————————————————张 毅
流光集————————————————徐慎贵
育儿随想录（二章）—————————姜 华

评论

析我国基本文艺消费层及其欣赏要求———胡山林

美术

三月的森林（油画）—————————［苏］尤 金
舞台速写———————————————雷 双
展翅欲飞（摄影）——————————朱 可

1987 年第 11 期　刊名:《奔流》
目录

小说

乐园—————————————————凌耀忠
下扬州————————————————姬朝晖
狂犬—————————————————路 远
小县群芳谱—————————————刘 思
黑蝴蝶————————————————韩瑛珊
遥望河滩———————————————苏 童
皇帝的椅子（外一篇）————————王俊义
易氏三人———————————————相南翔

小小说

蓝科长————————————————丁心灵
忠心保国———————————————华 庄

报告文学

车王 ································· 高廷敏
狼沟，苦涩、温馨的梦 ········· 周昭濂　徐爱华

诗歌

行吟中原（组诗）·················· 叶延滨
夜静思（组诗）···················· 李清联
篱笆·孩子与啤酒瓶（外一首）······ 李　云
棋道（外一首）···················· 夏　雨
乡村饭场（外一首）················ 尹清轶
一生 ····························· 罗　羽
记得你康复出院的时候 ············ 郭良原
岩石 ····························· 乔仁卯

散文

从化的思念 ······················ 苏　晨
浪井听浪 ························· 贾宝泉

评论

关于一个文学问题的思考 ·········· 刘清惠
"我们"的公案 ···················· 孔祥科

美术

春临（油画）····················· 陈衍宇
《奔流》文学新人创作座谈会花絮 ····· 彭德溥摄
情趣盎然的尚涛国画
晨曲（木刻）····················· 杨　云
秋菊（剪纸四幅）················· 崔鹏森

1987 年第 12 期　刊名:《奔流》
目录

河南青年小说专号

福禄树 ··························· 郭云梦
天意 ····························· 李克定
下里面铺 ························· 孙方友
听我悄悄说…… ···················· 黄　飞
新楼一夜 ························· 周　熠
面纱 ····························· 南予见
重视 ····························· 郑纯方
新人新作
星星和星星的距离 ················ 许建平
头发病（处女作）················· 孙　建
古风 ····························· 安　琪
死谜 ····························· 简　宏
老河魂 ··························· 高青坡
风言 ····························· 马继军
绝技 ····························· 张心善

女作者之页

太阳从背后升起 ·················· 武蒙辛
最初记忆 ························· 董晓宇
人生变奏曲（报告文学）·········· 戴不倦
绿韵（丙烯画）···················· 彭德溥
版画二帧 ························· 郑　爽
猫鼠默契（木刻）········· 周思民文　沙清泉刻

1988 年第 1 期　刊名:《奔流》
目录

小说

天棚趣话录 ······················ 段荃法
在流水的那一头 ·················· 何继青
板儿沟春秋 ······················ 李　禾
黄梦 ····························· 王明义
旋风 ······················· 海万里　肖宪云
常青树 ··························· 高拾成
达玛斯武斯之床 ·················· 丁宏昌
叶落黄昏 ························· 冯　鸣

小小说

标准答案 ························· 施晓宇
缠绕 ····························· 赵雅丽

报告文学

不绝的琴声 ················· 崔炳文　张　弘

诗歌

瓦岗寨人（外二首）················ 丁济民
爱的流行色（组诗）················ 潘万提
村民们和村长家的猫（小叙事诗）···· 范　源
忆中州（二首）···················· 马畏安
情绪 ····························· 王中朝
冬夜，我和妈妈梳头（外一首）······ 晓　雷
知道你…… ························· 晓　华
少女 ····························· 涂　彪
无题 ····························· 杨晓杰
五色花束（五首）················· 李守仁

散文

品画二题 ························· 赵丽宏
错别字（外一篇）················· 曹明华
郑州一夜 ························· 罗　丹
轩辕庙内读祭文 ·················· 郭先芳

美术

阳春（国画）····················· 周彦生

青铜时代（壁画局部）·····················侯晓红

1988 年第 2 期　刊名：《奔流》
目录

小说

苍白·····························毛志成
热风·····························湛　锋
不是费洛伊德的太阳·················木　公
贼三·····························哲　夫
别样生存·························辛　华
酸甜苦涩·························荆　舟
曾为你的谁·······················夏　令

报告文学

天地有正气·······················赵　敏
无名之辈·························肖　苏

诗歌

在南方（三首）····················莫文征
瘦驼（外二首）····················杨建民
蛰庐（组诗）······················陆　健
人生（外二首）····················田　艾
中秋月（外一首）··················北　方
做错的事（外一首）················王志学
幻·······························魏　喆
也许·····························王　战

散文

乡居日记·························周同宾
海游短章·························孙　苏
插图信天游·······················乙　丙
故地·故交·故事····················一　丁
柳暗花明又一年····················黄培需
文学民族性与《奔流》的流向··········舒安娜

美术

回忆（油画）···········[苏]彼德·彼德洛夫
插图二帧·························王怀庆
黑纱女（版画）··············[日]加山又造
归（油画）·······················曹新林

1988 年第 3 期　刊名：《奔流》
目录

小说

心河·····························丁　茂

彩云追月·························侯钰鑫
彼岸·····························刘锡安
爱的旋转体·······················李炳镇
望断天涯路·······················陈立风
逃犯·····························贾永志

文学社团

黄色的雪（小说）··················盛丹隽

园地

情系天阙（散文）··················陈燕侠
诺言（诗）·······················李正伦
我······（诗）····················白　娜
十六岁（诗）······················曹世平

传记文学

徐志摩的初恋·············展家骐　张方晦

散文丛辑

"热点"黎巴嫩·····················苏　晨
夸子的悲哀·······················夏　影
再到墓地·························朱　鸿
无形的塑像·······················涂白玉
从西湖到东海······················阎豫昌
雪路·····························卞　卡
皂荚树·························韩　黎
小屋·····························苏文田

女诗人

春天啊（外一首）··················胡兰兰

小辑

山地女人·························孙　悦
如果，如果（外二首）···············申爱萍
致燕子·························晨　梅
梅雨·····························赵李红
孩子（外一首）····················苏　敏
致雨中的小侄儿····················马素芬
鸟岛·····························王新兰
看夕阳（散文诗）··················姜　华
咏黄河游览区·····················李贞洁

报告文学

年轻人啊，希望的化身···············巴　易

评论

"改革文学"漫话··················黎　辉

美术

克里米亚之秋（油画）·············[苏]瓦列里·克库林

少女　小院··········舒均欢　肖 红　彭景荣

插图选··································[苏]科兹明

十月（油画）····························李自建

挽澜之手·····················傅治安　张德桢

山灵（油画）····························王 辉

美术

美国现代插图选

杨士林水粉画三帧

1988 年第 4 期　刊名:《奔流》
目录

小说

黑土····································郭云梦

边地黄昏······························何继青

牛二老人（处女作）····················尹清泉

甜妮··································叶大春

第四条边······························祖光益

女把头································张茜羮

铁枕头································毕四海

大溶洞································陈应松

那瘦老头······························王士敏

诗歌

红鲢··································青 勃

倾听时间（外一首）····················邓万鹏

抒情诗二首····························魏志远

宣告（组诗）····························易殿选

重逢情（外一首）························王丕来

散文

春日··································杨稼生

情忆穆棱河····························陈明燕

在江边································廖华歌

凡胎··································赵 红

文学社团

去晒太阳（散文）························张淑萍

园地

凝固的相思（诗）························刘 旭

南方来的少女（诗）····················彭冬林

十八岁（诗）····························高 琦

评论

文化符号的体验························鲁枢元

报告文学新走向························庄 众

最后一个祭司··························耿占春

报告文学

黑蝴蝶································花天文

1988 年第 5 期　刊名:《奔流》
目录

小说

蜕··································孙希彬

一堵土墙······························来 其

丑孩··································赵小柯

再给杰克一次机会

　　　　[美]艾尔内·雷蒙德著　刘 蔚译

昔日同窗······························胡智斌

会务英豪······························郑启五

不要成熟······························萧 徵

路上有两个行人························查 岭

洋牛进了山窟窿························池如镜

文学社团

商鼎（诗）······························聂安全

园地

自白　等待（诗）················高鹏举　杨 玮

赠别（散文诗）··························丁先昌

光（小说）····························朱新魁

诗歌

多情的季节（组诗）····················高旭旺

启母石································卢祖品

大西北（二首）························马新朝

落果（外一首）························梁如云

散文一束

鲤鱼溪的构想··························万国智

迷人的夜色····························王 立

怎一个愁字了得························陈志红

从五月到五月··························何敬君

四方池································朱 汀

眼镜··································朱根发

为男人而活的女人······················朱一鸣

报告文学

土地的呼唤（"中国潮"征文）·······黄浦生　顾丰年

评论

段荃法《天棚趣话录》座谈纪要-------------艾 云
当代小说艺术简化与拓展容量-------------张毓书

美术

树魂（油画）-------------刘 云
秋月（水印木刻）-------------林 驹
夏晨（水印木刻）-------------崔 海
年轮 月下（水粉画）-------------肖 红 彭景荣
新买来的女奴（油画）-------------［法］吉乌利奥·罗赛特

1988 年第 6 期 刊名:《奔流》
目录

河南短小说特辑

换病-------------乔典运
换笑-------------乔典运
挂历-------------郭忠信
恭候你，蓝星（处女作）-------------李化冰
圆圆的苦恼（处女作）-------------邢宪生
鱼的喜剧（处女作）-------------杨玉德
何太理小传（处女作）-------------魏振央
两个小保姆-------------张银洲
笑一个，唱一个-------------刘向阳
枣园庄-------------董应周
埋葬-------------墨 白
遗憾-------------陈立风
骚动-------------韩 黎
沉甸甸的生活-------------程习武
一个人的山岗-------------马 强
空间（处女作）-------------杨长春
爷爷和他的鸽群-------------王燕飞
死趣-------------孙建英
还愿-------------祝 凯

文学社团园地

月上黄昏（散文）-------------谢不周
中国人与圆（杂文）-------------崔 同
霜（散文诗）-------------陶玉明
郑板桥写意（诗）-------------单子杰
我们这个世界（诗三首）---余 平 唐 方 丹 青
半室小记（诗）-------------郁 斌
金蔷薇（诗）-------------潘红莉

报告文学

安泰与大地（"中国潮"征文）-------------张惠芳

美术

绿色的五月（油画）-------------瓦列里·克库林
版画-------------陈 邑 陈 琦 万强麟
来稿选登-------------李 杏 王启民 陈 邑
太阳（雕塑）-------------冯宜贵

1988 年第 7 期 刊名:《奔流》
目录

小说

你离不开这块土地-------------郭云梦
情歌二重奏-------------邢 卓
绳索-------------孙方友
青出于蓝-------------翁树杰
画梦-------------关汝松
院落-------------罗 锐
骨肉同胞-------------王吉呈
眼睛-------------张立波
大墙下-------------戴文杰

文学社团园地

许诺（外二首）-------------程 砚
花开时节（诗）-------------游 舸
迷惘（小说）-------------冀 人
秋桐雨（散文）-------------孙骏毅

诗歌

霜晨之号-------------艺 辛
在黄河边（外一首）-------------刘小龙
穿红裙子的少女（外一首）-------------霜 叶
秋天的色调-------------徐 磊
大山雨信（外一首）-------------陈有才
太阳岛（三首）-------------靳亚利
白天鹅-------------郑永勤
水仙-------------胡宜峰
心中的领地-------------兰 束
在小城-------------董 林

散文

山径·心径-------------贾宝泉
我住过那片山-------------杨稼生
"五一"鲜花队员的遗憾-------------陈发仁

报告文学

鬼山神火-------------柏剑泰

评论

拽上科学说文学-------------冠 生

文学之社会位置 ┈┈┈┈┈┈ 宗树洁
永远去追求生活、思想、创作的真诚 ┈┈┈┈┈ 鲍　昌
陌生的感觉 ┈┈┈┈┈┈┈┈┈ 张　宇

美术

一条绿带淌在湖中 ┈┈┈┈┈┈┈ 刘　云
版画二幅 ┈┈┈┈┈┈┈ ［日］斋藤清
枯叶（日本画）┈┈┈┈┈ ［日］冈田守钜

1988 年第 8 期　刊名:《奔流》
目录

小说

名声 ┈┈┈┈┈┈┈┈┈┈┈ 赵　新
怪梦录 ┈┈┈┈┈┈┈┈┈ 吴若增
宁可信其无 ┈┈┈┈┈┈┈┈ 刘　思
"梯队"队员前奏曲 ┈┈┈┈┈ 那家伦
怜悯的代价 ┈┈┈┈┈┈┈┈ 绍　六
书桌 ┈┈┈┈┈┈┈┈┈ 蒋丽华
四姐 ┈┈┈┈┈┈┈┈┈ 吴振华
古城墙 ┈┈┈┈┈┈┈┈┈ 孙立宪
像 ┈┈┈┈┈┈┈┈┈┈┈ 文千之
理发 ┈┈┈┈┈┈┈┈┈┈ 叶　坪
机遇 ┈┈┈┈┈┈┈┈┈ 马福水

文学社团园地

魂系军校（诗）┈┈┈┈┈┈ 舒家鑫
假如（诗）┈┈┈┈┈┈┈┈ 徐丽涛
致友人（诗）┈┈┈┈┈┈┈ 王文平
爱的驿站（诗）┈┈┈┈┈┈ 流　逸
夜幕，垂落在苏堤上（散文诗）┈ 王知十
家庭琐事（小说）┈┈┈┈┈ 谢　莹

诗歌

龙之咏 ┈┈┈┈┈┈┈┈┈ 李洪程
心灵之虹（组诗）┈┈┈┈┈ 冷　焰
流行曲（二首）┈┈┈┈┈┈ 张雪杉
寻找 ┈┈┈┈┈┈┈┈┈ 杜鸿才
死亡 ┈┈┈┈┈┈┈┈┈ 萍　子
林间 ┈┈┈┈┈┈┈┈┈ 瘦　谷
思（外一首）┈┈┈┈┈┈┈ 蓝　朔
变异 ┈┈┈┈┈┈┈┈┈ 宋玉杰
飘落在爱河的花瓣（散文诗）┈ 王幅明

散文

好人啊 ┈┈┈┈┈┈┈┈┈ 石　英
河南省少管所记行 ┈┈┈┈┈ 隋　拾

纪实文学

车到山前 ┈┈┈┈┈┈┈┈┈ 张兴元

评论

不要问我从哪里来 ┈┈┈┈┈ 曾　凡
殊荣当属直面人生者 ┈┈┈┈ 丘　克

美术

食（油画）┈┈┈┈┈┈┈┈ 广延渤
丝绸布贴装饰画 ┈┈┈┈┈┈ 李晓鲁

1988 年第 9 期　刊名:《奔流》
目录

小说

乏味的故事 ┈┈┈┈┈┈┈┈ 陈　峻
黑蛋之祭 ┈┈┈┈┈┈┈┈ 席建蜀
猫祸 ┈┈┈┈┈┈┈┈┈ 陈　枫
悄然而去 ┈┈┈┈┈┈ 段慧芬　楼耀福
蛇地 ┈┈┈┈┈┈┈┈┈ 李德禄
河魂 ┈┈┈┈┈┈┈┈┈ 熊福根
憨子 ┈┈┈┈┈┈┈┈┈ 冯建军

文学社团园地

闲话时髦（散文诗）┈┈┈┈┈ 李　萌
大江断章（散文）┈┈┈┈┈┈ 陈　锋
献给母校的情书（诗）┈┈┈┈ 陈　勇
红土地（诗）┈┈┈┈┈┈┈ 胡晓靖
秋之趣（诗）┈┈┈┈┈┈┈ 陈永昌
爱的心迹（诗）┈┈┈┈┈┈ 韩洪洲

诗歌

走笔写浙西（组诗）┈┈┈┈┈ 王绶青
低述的钢琴 ┈┈┈┈┈┈┈ 刘　原
生命的光环（组诗）┈┈┈┈┈ 冷慰怀
绿 ┈┈┈┈┈┈┈┈┈┈┈ 王　京
关于男人 ┈┈┈┈┈┈┈┈ 郭英英
如果你不朝我点头 ┈┈┈┈┈ 张　勇
收获的季节 ┈┈┈┈┈┈┈ 任流潮
走过秋天（散文诗）┈┈┈┈┈ 戴英姿
枫叶集（散文诗）┈┈┈┈┈┈ 白　帆

散文

祭幺姊文 ┈┈┈┈┈┈┈┈ 周同宾
湄南掠影 ┈┈┈┈┈┈┈┈ 郑秉谦
瑞典，维纳恩湖畔的小帐篷 ┈┈ 阎纯德
山野之春 ┈┈┈┈┈┈┈┈ 马晋乾

评论

"错误"中的创造 ································· 孙　苏
小说的痛苦与孤独 ····························· 李炳银

美术

秋声（油画） ································· 黄冠余
嵩岳　黄河（雕塑） ····························· 曹长安
眠（油画） ···························· ［日］森木草芥

1988 年第 10 期　刊名:《奔流》
目录

小说

隐惧 ···································· 毛志成
失调 ···································· 程多富
神经兮兮 ································· 何玉茹
三十岁的故事 ······························ 王俊义
电热杯·电热毯 ····························· 王奎山
不打了 ···································· 原　非
最凝重的是血 ······························ 邹小童
斯文 ···································· 章　印
应该结婚 ································· 魏振央
秋香 ···································· 张万青

文学社团园地

听国歌（诗·外一首） ····························· 房　华
倾诉（诗） ································· 周建新
今夜无雨（散文诗） ····························· 谢明洲
蜀道难（小说） ····························· 陈敏莉

散文

小世界里的苦与乐 ····························· 戴厚英

诗歌

白鹭篇 ···································· 苏金伞
洪水 ···································· 峭　石
黄土（外二首） ····························· 莫文征
金陵诗说（二首） ····························· 刘明达
爱的表白（外二首） ····························· 张华中

评论

中国文论大观 ······························ 王振铎
略论《诱惑》的死亡意识 ····························· 周百义

报告文学

盛世惊雷 ································· 李彬凯
勇于攀登的人 ······························ 焦金坤

美术

霜晨（油画） ································· 广廷渤
少数民族风情组画选 ····························· 陈映华
晨（木刻） ································· 陈　邕

1988 年第 11 期　刊名:《奔流》
目录

报告文学

今日万元户（"中国潮"征文） ·········张世黎　布　衣

散文诗

沧桑与轮回 ································· 刘再复

杂文特辑

读《胡适的日记》二题 ····························· 牧　惠
找岔子和空架子 ····························· 舒　展
"啃西瓜皮的"······ 蓝　翎
珍珠、泥土之类 ····························· 李　晴
今年是龙年 ································· 石　英
"侃大山"探源 ····························· 刘　思
爱猫说 ···································· 黎　可
"倒挂"随想录 ····························· 王大海

小说

但愿人长久 ································· 江多晨
有人走向你 ································· 孙占森
斗牛蝶 ···································· 西　风
信 ···································· 魏心宏

文学社团园地

读地图（诗） ································· 孙道荣
关闭（诗） ································· 林　敏
绝唱（诗） ································· 施恋林
田嫂（散文） ································· 廖静仁
断层（小说） ································· 李学静

诗歌

滇西·滇西（组诗） ····························· 叶延滨
月亮的笑声（外一首） ····························· 关劲潮
告诉父亲 ································· 刘高贵
少女与相思树（二首） ····························· 郭　廓
梨花开放（外一首） ····························· 林乐山
死了，又活了 ······························ 梁　桑
杏花妹子 ································· 丁建华
昨天 ···································· 常　平
蚕 ···································· 文　懋
多情的土地（散文诗） ····························· 杨贵才

青濛濛的影子（散文诗）—————————刘剑梅

评论
世纪末的沉沦————————————殷双喜

企业家风采
他着眼于未来————————————陈立风

美术
秋韵（油画）—————————————邓邦镇
香港行（速写）————————————彭德溥
中国画三帧——————李自强　杨　豹　理勤功

1988 年第 12 期　刊名：《奔流》
目录

河南作家小说特辑
红炕席——————————————李佩甫
天虫——————————————李克定
猫·人——————————————肖　苏
二马——————————————刘向阳
类人猿—————————————侯玉鑫
小说二题————————————孙红光
荒月——————————————卢晓更
刀削面—————————————陈　创
这眼，这酒……————————————孙宪礼
办公室轶事————————————张　晔
灰磨坊（外一篇）————————————司玉笙

文学社团园地
磁场（诗·外一首）————————————吴才华
雨中（诗）—————————————黄祖民
早雪（诗）—————————————丁惠敏
少女的选择（诗）————————————尹从树
远方的来信（诗·外一首）————————赵　婧
小铃铛（诗）————————————朱鸿宾
傍晚（散文诗）————————————刘高贵
有信（散文诗）————————————刘永红

评论
一半是黄金一半是血泪————————杨匡汉

企业家风采
像水晶一样透明的人—————景　风　易　难
李金玉的坎坷路————————————戴不倦
爱抚经济学效应————————————胡丹阳

美术
落叶时节（油画）————————————[苏]列文
马国强人物画新作
外国插图选———————————[英]约翰·奥斯汀

1989 年第 1 期　刊名：《奔流》
目录

小说
搭错了车—————————————张　宇
剪金纸的人————————————郭云梦
回眸一笑—————————————张　旻
绿色的太阳————————————郝　军
橄榄色的迷离————————————王长胜
位置——————————————刘成思
陵园——————————————孙柏昌
辉煌的萨特（处女作）————————蒋友亮
函谷鸡—————————————顾丰年
村戏——————————————赵　新
金壳手表—————————————阎英明

文学社团园地
在相思的日子里（诗）————————乔仁卯
除夕（诗）—————————————赵跟喜
赠别（诗）—————————————李晓茹
末班车（诗）————————————李玉真
空影（小说）————————————田　林
傍晚有没有晚霞（散文）————————吴黛娜
文学社团巡礼（散文诗）————————苗　笛

爱情诗小辑
最初的尝试（外一首）————————高　勤
爱恋时光（组诗）————————————潘万提
雾秋（三首）————————————陈茂欣
失恋的少女————————————申爱萍
现代感情和歌剧（外一首）————————陈峻峰
雨——————————————刘跟社
给昔日的友人————————————王新玲

评论
作家，请勿进入误区————————陈　辽
国民素质与审美情态————————黎　辉

传记文学
爱的纪念—————————————诗　新

企业家风采
李豫生闯南京————————刘　雷　聂树杰

美术

古风（油画）···葛鹏仁
雕塑新作·········谢 翔 沈 珂 郭景涵 卜瑞志
人体摄影

散文专号

荒野地···贾平凹
雨后徜徉录·······································廖华歌
逝川吟···贾宝泉
四月有雨···胡兰兰
鸟谜···赵丽宏
感悟···李佩芝
荒漠与人···竹 子
野柿树···董晓宇
无人谷寄情·······································柴德森
久违了，篝火！···································张宝树
涧洲岛···王维洲
我歌唱平原·······································郭保林
白檀树···王青槐
秃的红毛丹树·······································李 龙

人物篇

镜子···罗维扬
阉牛人记···周同宾
萧萧白发娘···夏 影
傻人写真···卜 卡

家庭篇

找保姆···王英琦
家中又一员·······································刘成章

游记篇

石人山二日·······································杨稼生
佛光···万国智
山寺·山趣·山情·································郑夫瑞
访日见闻···张 敏
孤山···陈 创
琵琶峰上的历史回声·····························吴功勋
旅途之憾···周 熠

传记篇

拿破仑的波兰情妇·································张平治
毕加索的灵魂···天 俊

人生篇

好花好酒好朋友·································王中朝
灵魂，在小街上死去·····························高廷敏
猪大肠及其他···哲 夫

蓓蕾篇

晨（外一篇）·······································刘少先
忆事···陈素英
昭示（外一篇）·································侯静萍

散文诗

哥哥的臂弯···一 丁
漠上吟···忆 敏

企业家风采

绿色的歌·····················玉 德 和 平 远 赋

美术

浓荫（油画）·······································张颂南
玫瑰·······································费·科尔科斯
木刻选·······································王子荣 江 雪
人体摄影

小说

护耳···刘向阳
后人···李克定
亲家·······································邓德森 叶 梅
鼓胀···阎连科
疼痛的村庄·······································韩向阳
绿的门···辛 华
古道···曾 平
书趣···肖 苏
蓝蜻蜓···刘元举
兽性···龚绍东
童子沟···苏松华

文学社团园地

人生情绪（散文诗二章）·························淡 墨
南方之旅（散文诗二章）·························任志玺
信（诗）···纪 元
朝觐（诗）·······································宋文京
黄昏的河（诗）·································钟文伟
关于你自己（诗）·································阿 敏
林散之还乡（散文）·····························陆 华

诗歌

走出镜框的肖像（外三首）——————伊 �
写给盲孩子（外一首）——————阎 妮
鸡公山（外一首）——————邵燕祥
小诗六首——————桑恒昌
霹雳舞（外一首）——————胡宜峰
山鹰（外一首）——————周豫琳
碰撞——————斯 土
走钢丝（外二首）——————郝河洲
蝴蝶树（外一首）——————曹 骥
草色青青（二首）——————李正伦
多梦的诗人——————张小岩
沙滩——————康永钦
无味儿往事——————李 云
冬思——————郑福刚
童年——————张建华
心灵的花朵——————孔繁星
发愁的上帝（寓言诗）——————唐小峰
心灵深处的低吟（散文诗四章）——————晨 梅

评论

创作心境与艺术选择——————陈继会
人的力量　心的灵视——————单占生
刘向阳作品讨论会纪要——————刘学林

报告文学

烈马·烈马——————少 古

企业家风采

乌龙，舞龙人——————戴群德
追货——————张瑜良　王光新

美术

恋人（油画）——————王怀庆
德国近代版画选
德国近代版画选
外国摄影

1989 年第 4 期　刊名:《奔流》
目录

纪实文学

75·8中原浩劫——————余为民
太阳与黑子
——中国青少年犯罪原因透视——————余英茂　张 力
银色的发辫——————禹本愚
乩字廊和它的主人们——————喜 民

报告文学

发光的宝珠——————葛红欣　张长安
雪松挺且直——————少 古　国 安
太行脊梁——————马道洲　蔡诗华
仓人——————吴 芜　郑继良　高乐义

评论

尴尬和潇洒——————宗树洁
人类学与美学——————潘知常

美术

晨光（水彩）——————[苏]列涅尔
雷双即兴
装饰画——————[日]花树征臣

1989 年第 5 期　刊名:《奔流》
目录

小说

呼噜——————赵 新
白云苍驹——————二月河
欢喜岭野营记忆——————黄献国
白色的季节——————志 鹏
绿眼睛——————哲 夫
那个年代的兵——————邹山虎

文学社团园地

寄往远方的情书（散文诗）——————邓妙蓉
十八岁的弹花匠（散文诗）——————邓 杰
那日子（散文诗）——————浮 石
暮炊（散文诗）——————潍 河
偶然（诗）——————倪 嘉
诗人的妻子（诗）——————冰 峻
江叉（诗）——————衣晓峰

大学生诗萃

校园诗人（外一首）——————张卫芳
预言和诺言——————祝慧玲
雷锋——————翁 凯
凡人自语——————江 岸
忧郁的校园诗（二首）——————丁强华
给她（外一首）——————阿 杰
残酷的安排——————霜 叶
要下雨（外一首）——————李吉兵
无约之秋——————阿 岚
写给装卸队的弟兄——————丁济民
在以后的日子——————朱小葵
情感地带——————郜向红

今夜 ………………………………………… 王士华
故乡行 ……………………………………… 兴 宏
痛悔 ………………………………………… 陈 巍
生命在深情地召唤（散文诗） ………… 胡宜峰
半红半绿的枫叶（散文诗） …………… 杨 枫
花儿不开是希望（散文诗） …………… 赵跟喜

诗歌

大自然的原色（二首） ………………… 林 杉
别这样（外一首） ……………………… 张同道
当葡萄酒的波涛…… …………………… 萍 子

散文

我和你的故事 …………………………… 廖静仁
少女河 …………………………………… 符文洋

报告文学

中国特异功能狂潮 ……………………… 祁有红
飞进的一簇浪花 ………………………… 巴 易
太行，升起一颗科技明星 ……………… 蔡诗华
为伊消得人憔悴 ………… 野 夫 犁 岭 长 工

评论

一个，两个……一共五个 ……………… 艾 云
对河南报告文学现状的思考 …………… 杨 飏

美术

秋实（现代重彩画） …………………… 黄冠余
张复乘插画选
刘建友作品三帧

1989 年第 6 期　刊名:《奔流》
目录

小说

不速之客 ………………………………… 张 旻
怪味菜 …………………………………… 刘学林
城市感觉 ………………………………… 戴雁军
书记死因至今不明 ……………………… 孙方友
天机 ……………………………………… 徐 慎
将为人妻 ………………………………… 张 遐

杂文特辑

戏场、官场的随想 ……………………… 刘 思
哀科学 …………………………………… 公 刘
论"半半"哲学 ………………………… 常 娟
"天下文章一大抄"辨 ………………… 王大海
读同名作者的诗 ………………………… 邵燕祥

升平志异（七则） ……………………… 李 晴
世说新补 ………………………………… 徐安石
踢 ………………………………………… 叶景贤
傲骨·反骨 ……………………………… 陈有才
"评先"杂感 …………………………… 合 群

纪实文学

珞珈有风 ………………………………… 陈立风

文学社团园地

石悟（散文诗·外二章） ……………… 孙骏毅
海上踏月（散文诗） …………………… 李 萌
春音（散文诗） ………………………… 王知十
寂寞（散文诗） ………………………… 陈 明

诗歌

无弦琴（组诗） ………………………… 张雪杉
西京吟（组诗） ………………………… 崔 柯
无题（三首） …………………………… 江 边
裸舟（三首） …………………………… 艺 辛
辉煌的日子（三首） …………………… 陆 健
湖 ………………………………………… 曹 微
竹 ………………………………………… 程习武
爷爷的烟斗（散文诗） ………………… 李 蠹
绿荫道（外一首） ……………………… 李 靖
坦白地说（外一首） …………………… 赵玉敏
苦味 ……………………………………… 雨 仙
梦之谷（散文诗） ……………………… 芦雅萍

评论

"天人合一"继续谈 …………………… 李传申
执拗的文学追求 ………………………… 李国文
春天的呼唤与审美的诱惑 ……………… 予 峰
诗廊漫步 ………………………………… 任 蒙

报告文学

太行魂 …………………………………… 尚思校等
海涛与现代化浪潮 ……………………… 王能枝
贡酒梦 …………………………………… 杜鸣钟

美术

花中花（现代重彩画） ………………… 黄冠余
外国肖像漫画
达娜亚 ……………………………… ［法］吉罗代
儿童的速写 ……………………………… 郭 林

1989 年第 7 期　刊名:《奔流》
目录

纪实文学
皇天后土 ———————————— 周同宾
中南海纪实 —————— 喜　民　耿　人
阴阳混沌世界 ———————————— 康　健
中国——呼唤凝聚力（"中国潮"征文）—— 何继青
1988——"火炉"中的南京人 ————— 黄铁男
窃"密"者自白 ———————————— 蔡诗华
一〇七国道进行曲 ————————— 师咸卿
大鹏展翅 ————————————— 廖新中

评论
咱们中国人 ————————————— 曾　凡

美术
火红的六月（油画）——————— ［英］莱　顿
国外人物造型 ———————————— 埃里斯库
来稿选登 —————— 段流淙　晏　霁
枫丹白露（油画）—————— ［法］卡吕斯·迪兰
田园曲（木刻）——————————— 戈　夫

1989 年第 8 期　刊名:《奔流》
目录

河南省文联主席团召开扩大会议进一步学习邓小平同志重要讲话

小说
M 市发现艾滋病患者 ———————— 来　其
夏夜 —————————————— 铁　璀
姑姑戏 —————————————— 孙来彬
不是故事 ————————————— 陈　枫
女巫 —————————————— 杨东明
血地 —————————————— 鲁　森
上等兵牛巴达的故事 ————————— 顾　平
事已过三 ————————————— 子　干
牙的官司 ————————————— 李克定
披灰大衣的朋友 ———————————— 蔡　康
奇音 —————————————— 雁　舒

文学社团园地
中年叹（散文）———————————— 孙　琪
少男（散文）————————————— 丁　一
你也快乐　我也快乐（诗）—————— 王宜振
没长大的女孩子（散文诗）—————— 吴　燕

独上高楼（诗）———————————— 龚　毅
无题（诗）————————————— 闲　梦

散文
洹河，谜一样的河 ————————— 张若愚
访日三题 ————————————— 耿恭让
艺术大师的情人 ———————————— 张平治
凉亭 —————————————— 朱玉君

诗歌
世界末风情 ————————————— 易殿选
爱情诗三首 ————————————— 李铁诚
过一座桥（外一首）—————————— 马新朝
某个朝代的文人（外一首）—————— 阳　飓
堆砌 —————————————— 黄东成
宽容的爱（外二首）—————————— 张建霞
父亲，你远行了 ———————————— 黄　土
黄河的追忆（散文诗二章）—————— 高旭旺

报告文学
天使和恶魔 ——————— 梁　辛　王天瑞
刘圈和他的"七一"计划 ————————— 紫　梦
时代赋予他的 ————— 张瑜良　郭振洪　周　静

美术
琴声（现代重彩画）—————————— 黄冠余
现代书法 ————————— 古　千　王乃壮
张旭光　高　乐　郭振华　陈虹飞　法乃光
拉莉（油画）——————————— ［英］迪克西

1989 年第 9 期　刊名:《奔流》
目录

小说
入戏 —————————————— 毛志成
笑里沉沦 ————————————— 王方晨
小县群芳谱 ————————————— 刘　思
绿湖 —————————————— 董晓宇

处女作小辑
酱太阳 —————————————— 刘彦欣
宁宁和香香 ————————————— 周　桦
日子 —————————————— 黄立明
羡慕你 —————————————— 张　男

文学社团园地
伦巴（诗）————————————— 黄　橙
失恋（诗）——————— 张天春　张天红

初春（诗）·································蔡少铭
残冬（诗）·································刘　浇
独处一得（散文）·························孙喜玲
大山不曾给我许诺（散文诗）···············吴守江
诗词三首·································王国钦

散文
花落知多少·······························阎豫昌
为我先生画像·····························陈永萍
走出那片心灵的沼泽·······················邓　杰
你不该这样离去··························沈付国

诗歌
声色之月（二首）·························关劲潮
我想去看海·······························杨海帆
湖海拾零（组诗）·························邢　昊
谒汤阴岳庙·······························王恩宇
小诗五首·································樊发稼
二月雨丝·································胡树仁
我的星座·································小　毛
秋天的情绪（二首）·······················李占学
存在与孤独·······························雪　生
寄乡亲·································何火任
小城·································王志学
我爱……·································王　瑞
火色雨·································笑　依
胎之蕴·································陈明弸

报告文学
"文放"现象············刘占锋　蔡秀词　马建华
太阳鸟·································一　丁
桔黄色的梦·······················樊玉生　王留健
拾来的厂长·······················郝洪泽　冰上梅
散文和我　我和散文······················杨稼生
力求历史与艺术的溶合·······················王忠瑜
秋天的歌

美术
舞·································雷　双
指画·································虞小风　钱光滢

魂归·································翁树杰
好好爱我·································北　北
娘娘·································刘锡安
童恋·································郝　军　张　为

小小说一束
回归·································程习武
背景（外一篇）·························于伯生
小赵·································吕庆阳
老爷子·································兰小宁
三友·································聿　玉
深圳　没有冬日（诗）·······················陈韶红

文学社团园地
星月夜独白（诗）·························陶　娟
江南小景（诗）·························王向明
琴声（诗）·································郁　舟
父亲（诗）·································韩德坤
双龙玉杯（诗）·························陈　与
书海人生（散文）·························陈剑文
断想（散文诗·外一章）···················肖正民

诗歌
共和国的土地·······························范　源
当国旗升起……·························申爱萍
祖国啊，祖国·······························冷　焰
致门德尔松三首·························鲁　萍
鹤的故乡（外一首）·······················任流潮
认识你自己（外一首）·······················李洪程
爱（外一首）·······························蓝　朔
山地诗人·································冯　杰

散文
春雪·································廖华歌
还乡记·································田　涛
红枣赋·································胡家模

革命回忆录
严峻的时刻·······························屈德骞

报告文学
黑色幽灵·································商金山
光明的探索者··········蔡诗华　李森　杜井军　尚思校
凤飞···················尹志明　郑国强　王凤帅
春蚕···························戴文杰　许文超

评论
冲刺前的静谧与躁动·······················顾丰年

1989 年第 10 期　刊名：《奔流》

目录

回顾与沉思·······························于黑丁

小说
县委书记的烦恼·························傅治安

美术

节日（油画）·······················周　卫
小版画·····························陈　邕
来搞刊选···············马瑞增　肖尚勋　李　丽
难忘的歌（油画）····················方照华

1989 年第 11 期　刊名:《奔流》
目录

社会主义文学与作家社会责任感··········刘清惠

小说

病变······························孙红光
招魂······························徐万明
冬夜······························张栓固
面壁······························陈　创
酒后······························陈辉欣
羁绊······························贾永志

处女作小辑

也来猜谜··························身　贱
最后的早晨························梦　华
柴娘······························香　雪
虬龙坳····························孔少青

文学社团园地

晚秋寄叶（散文诗·外二章）··········叶　蕊
永远的默契（散文）·················花清香
寻找太阳的季节（散文诗）···········方海云
书房里的感觉（诗）·················汪　威
都市牧歌（诗）·····················程　斌
公牛（诗）·························艾　吉
知（诗）···························林　扬
忧伤之美（诗）·····················晓　梅

诗歌

遥远的栀子花（外二首）·············莫文征
温馨的流云（组诗）·················叶延滨
人生在世（组诗）···················梁谢成
眼神（外三首）·····················李根红
东去的水声（外一首）···············刘高贵
生命的太阳························兰　束
炊烟，炊烟（外一首）···············涂　彪

散文

卢浮宫探美························纪　学
柿乡情····························宋子牛
梅豆篇····························逝　水

观瀑（散文诗·外一章）·············朱谷忠
寻梦（散文诗）·····················徐　泽
帆之恋（散文诗）···················饶继斌

报告文学

骚动——洛阳倒车案曝光·············时和昌
鹰——记女强人贾志英···············李彬凯

评论

为现实主义张目····················隅　人

美术

国外插图精选
孩提时代（组画）···········肖　红　彭景荣
版画新作··························王子荣
莎菲小姐（油画）···········〔英〕温特纳

1989 年第 12 期　刊名:《奔流》
目录

小说

在办公室里························丁　茂
干旱······························李克定
魔钥······························毕四海
鱼过······························曾　平
时运······························赵辛予
懦汉······························张　眉

短小说一束

虚幻黄昏··························张立波
葳蕤······························刘烨文
两盒红"中华"·····················章立品
复归······························许建平
乡心······························韩清君

文学社团园地

中秋月（诗）·······················王耀宗
记住大山（诗）·····················江　滨
少女（诗）·························王子龙
我愿（诗）·························张红缨
秋叶（诗）·························阿　西
分别（诗）·························陈梅玲
夜的西湖（散文）···················李希文
瞬间（散文）·······················梅　子

河南青年诗人十五家
诗歌

父亲的勋章（二首）·················王中朝

绿色的行吟（外一首）------------峻 峰
如梦人生（外一首）--------------肖 宁
夜写的相思（外二首）------------宋战利
白莲花（外二首）----------------张亚平
送你赴金陵（外一首）------------王剑冰
爱的回忆录（二首）--------------北 方
金色的童年（二首）--------------王学忠
红高粱--------------------------王欣敏
九寨沟--------------------------乔仁卯
出远门的时候（外一首）----------汪 漫
太阳·黑子----------------------姜兴宏
处女航--------------------------潘景义
孕育----------------------------冷慰怀
迷宫（散文诗·外三章）----------王幅明

散文
五龙口纪游----------------------北 岸

报告文学
荒滩绿梦--------------------冰上梅 肖长科

评论
文学创作动机的发生--------------刘安海
感悟与创造----------------------段崇轩

美术
魂（油画）----------------------史绍辰
陶艺作品------------------------姜 波
布贴画--------------------------赵金恒
喂鹅（油画）------------------[法]迪普勒

《黑龙江文艺》
（《北方文学》）

【简 介】

综合性文学月刊。黑龙江省作家协会主办。创刊于1950年,1973年复刊。1978年7月由《黑龙江文艺》更名为《北方文学》。复刊以来,其培养了如梁晓声、张抗抗、肖复兴等知青作家。迟子建的处女作《沉睡的大固其固》亦在此发表。

期刊号:1976 年第 1 期—1989 年第 12 期

1976 年第 1 期　刊名:《黑龙江文艺》

目录

词二首----------------------------毛泽东
世上无难事　只要肯登攀----------《人民日报》、
《红旗》杂志、《解放军报》一九七六年元旦社论
无产阶级革命爱的战斗情怀
——学习毛主席两首词的一点感受--------方 锷

全党动员　大办农业
为普及大寨县而奋斗
高潮序曲（报告文学）------------邵长青
治田记（故事）------------------李 荣
大寨路上（小特写）--------------朱雪燕
账里有账（小小说）--------------张郁民
崭新的里程（散文）--------------李文方

春潮奔腾（散文）——————————————北　星
红旗引路（散文）——————————————栾之千
新民歌十四首
写在大寨田上（诗·外一首）——————王云笑
铁姑娘（诗）————————————————宋　歌
豪情融化千里雪（诗）——————————雷收麦
山村办起"修理部"（诗）————————赵锡忠
新农具"样机"到山村（诗）——————张　华
农业学大寨组画（五幅）————哈尔滨市美术工作室

大庆的路（抒情长诗）——————————满　锐

不用天车用扁担（杂文）————————佟家桓
"算死账"与"算活账"（杂文）————谢万霖
打虎英雄被"虎"吃（杂文）—————李军祥
政治投机商的"本"与"利"（杂文）
————————————————荣海清　李靖国
"咱们管地、管天"
——从长胜大队赛诗会想到的———王　贵　宋立人
必须以党的基本路线指导文学创作——毕　方　钟　涛

毛主席在大生产运动中（油画）
————————————张自嶷　蔡　亮　谌北新
书记挥锹冲在前
————————黑龙江省新闻图片社供稿　辛　兵配诗
耢雪催春（木刻）————————————陈玉平
凯歌阵阵抒豪情（年画）—————赵汉举　贺　中等

小将（诗）————————————————周允中
进干校（诗）——————————————蔡文祥
月（诗）—————————————————别闽生
肩膀（诗）————————————————陈国屏
火车头（诗）——————————————潘　藩
样板戏激励着我们向前（诗）—————纪嘉圣
挂牌子（诗）——————————————宋　歌
"老实人"（小说）——————————王清学
咆哮的松花江（长篇小说选载）———林　予　谢　树
大寨红花遍地开（对口快板）————王文山
狠批投降派（对口词）————————刘子成
"文化大革命"培育了一代新人（评论）
——评几篇短篇小说对新人形象的塑造
————————张元荣　杨治经　沈祖培
革命锋芒赞（文艺随笔）——————王雅军
从树干和枝叶谈起（文艺随笔）———陈　炳
学习鲁迅反对旧习惯势力的"韧"性（评论）
————————————————————王春来

迎春（套色木刻）——————————王　兰
金色的道路————黑龙江省图片社供稿　蒋巍配诗
红心连万家（木刻）————————林百石
广阔天地谱新篇（套色木刻）———李成明

1976 年第 3 期　刊名:《黑龙江文艺》
目录

坚持文艺革命，反击右倾翻案风——————初　澜
登攀全靠党指引（杂文）—————————赵兴田
主流、支流、逆流（杂文）————————阎德喜

新生事物颂
冲锋不止（小说）————阎英奎　丁继松　杨　枫
新教师（小说）——————————————李汉平
新上任的理论辅导员（小说）——————王治家
金兰花（散文）——————————————张思儒

风华正茂
锁（诗）—————————————————世　龙
铁姑娘
——总指挥（诗）————————————孟宪钧
上阵（诗）————————————————龙彼德
女书记（诗）——————————————丛英奇
敢登攀（诗）——————————————孙金玲
铁姑娘大战"老虎崖"（诗）———高福兴　曹长清
闪光的道路（小说）—————————李　进　周忠学
我的老战友（小说）————————————余　雷
山河新貌（散文）—————————————徐双山

1976 年第 2 期　刊名:《黑龙江文艺》
目录

文艺创作要努力反映"文化大革命"（文艺短评）
————————————————————丹　川

新生事物颂
培育（小说）——————————————耿发奎
激流勇进（小说）————————潘秀通　于万金
新人英姿（小说）————————————宋玉良

到处莺歌燕舞
争光（诗）
——写在革新机床剪彩试车大会上————谢文利
咱们这双手（诗）
——记一位老工宣队员———————————岳凌云
送行曲（诗）——————————————王　野
淬钢梁（诗）——————————————车帅仁
我们的大课堂（诗）——————————胡国斌
理论的山峰（诗·二首）——————————刘福林

公社院里涨春潮（诗）——————————————阎伯谦
炉前歌声（诗）
——写给老妈妈合唱队——————————————赵锡忠
不夜的车间（诗）——————————————————李文剑
钢轨颂（诗）—————————————————————卜艳丽

大干社会主义的战歌（评论）
——读几篇农村题材的小说—————叶伯泉　郭万相
历史的必然要求还是垂死阶级的旧梦（评论）
——————————————————李庆西　蒋原伦

支农列车到咱村（年画）——————————————贺　成
踏遍林海唱赞歌·华国良摄影　孙朝成　谢文利配诗
学大寨的大课堂（剪纸·两幅）
——————————————海伦县手工业工人剪纸学习班
春之歌（套色木刻）————————————————齐继红

1976 年第 4 期　刊名:《黑龙江文艺》
目录

孔丘的"正乐"论与文艺界的右倾翻案风（评论）
——————————————————————————杨一凡
以阶级斗争为纲　努力反映"文化大革命"（评论）
——————————————————————————沈元忠

冲锋号角
冲锋号急（速写）—————————————————恒　志
风暴（速写）———————————————————马福林
汽笛怒吼（速写）—————————————————戚文武
巨轮飞转（速写）—————————————————季魁勋
动力（速写）———————————————————杜玉亭

劈风斩浪的人（小说）——————————————郭旭东
东风（小说）———————————————————舜　文
舞台主人（小说）—————————————————陆星儿

擂鼓篇
汽锤（诗）————————————————————王　野
讲课（诗）————————————————————荆庆军
战斗的报房（诗）—————————————————刘爱萍
织机发出愤怒的吼声（诗）————————————戴宁萱
"炮弹"（诗）———————————————————王瑞来
银幕上下（诗）——————————————————飞　舟
边防哨所（诗）——————————————————田玉文
铁人大学第一课（诗）——————————————曹文祥
土学校（诗）———————————————————李风清
山村女教师（诗）—————————————————郑文华
写在朝霞村的战歌（抒情诗）———————————李钧贵

厂办大学开新篇（诗配画）——————谢文利　胡立滨

杂文
岂容"辫子军"复辟————————————————江　帆小组
复辟梦与翻案风——————————————————阎德喜
"尺子"小议————————————————————何志云
毛主席和井冈山人民在一起（年画）————————邹良才
这里正在战斗
——写在大学教室里···黑龙江大学供稿　王云笑配诗
咱们自己的大学（木刻）——————————————胡建城
开门办学就是好（中国画）——————沙起彦　胡梅生

1976 年第 5 期　刊名:《黑龙江文艺》
目录

中共中央关于华国锋同志任中共中央第一副主席、国
务院总理的决议
中共中央关于撤销邓小平党内外一切职务的决议
天安门广场的反革命政治事件
——《人民日报》工农兵通讯员　《人民日报》记者
吴德同志在天安门广场广播讲话
坚持文艺领域的无产阶级专政——纪念《在延安文艺
座谈会上的讲话》发表三十四周年————————隆蔚品

擂鼓篇
回击（诗）————————————————————范以群
控诉（诗）————————————————————雨　冰
开门办学好（诗）—————————————————陈金汀
胜利的金碑（诗·外二首）—————————————王云笑
不许扭（诗）———————————————————马合省
红袖章的歌（诗·征文选载）
——献给无产阶级革命派战友们——周绍廷　戴万春
油田的步伐（诗）—————————————————范震威
珍宝岛颂（政治抒情诗）——————————————陆伟然
兰河水涨（小说·征文选载）————————————张恩儒
激流滚滚（小说·征文选载）————————————郝同宾
怒涛（小说）———————————————————路　宁
三战校门（三人故事）——————姜昆晓　峰执笔
高歌猛进（相声）—————————周琛　孙士民　刘子成
大力反映无产阶级同走资派的斗争—————————祖　培
塑造和走资派斗争的英雄形象———————————李　佳
井场在沸腾（速写）————————————————高景波
要把无产阶级"文化大革命"进行到底（油画）
——————————————————————————侯一民

邓　澍　靳尚谊　詹建俊　罗工柳　袁　浩　杨林桂
击退右倾翻案风——————————许万育摄影　甘雨泽配诗
井场也是战场（木刻）———————————————王晓东
我们见到了毛主席（油画）—————————————邓绍义

1976 年第 6 期 刊名:《黑龙江文艺》

目录

迎风斗浪（小说·征文选载）
　　　　　　　　　　阎英奎　丁继松　杨　枫
鹰击长空（小说·征文选载）　　　　　　马永杰

新生事物颂
希望（小说）　　　　　　　　　　　　　宗水龙
金灿灿的路（小说）　　　　　　　　　　朱雪燕
红花开遍了翠岭（散文）　　　　　　　　北　星
大岭小卫士（儿童文学）　　　　　　　　涂绍民

擂鼓篇
两项决议传军营（诗）　　　　　　　　　赵政权
祖国警惕的眼睛（诗）　　　　　傅郁才　王世英
致保卫天安门国旗的战士（诗）　　　　　陈国屏
天安门
——胜利的象征（诗）　　　　　　　　　车帅仁
闪光的刺刀（诗）　　　　　　　　　　　霍林宽
向英雄的首都工人民兵致敬（诗）　　　　鲍雨冰
向着北京致敬（诗）　　　　　　　　　　荆庆军

写给孩子们的歌
敬祝毛主席万寿无疆（诗·外二首）　　　夏恩训
接班要接革命班（诗·外二首）　　　　　王　野
回击右倾翻案风（诗）　　　　　　　　　刘文兴
一门"炮"（诗）　　　　　　　　　　　杨　枫
《春苗》电影刚散场（诗）　　　　　　　赵海滨
小洪炉（诗）　　　　　　　　　　　　　哈本志
永远高举革命旗（诗）　　　　　　　　　金奇苓
笔卷怒涛写英雄（评论）
——评革命现代京剧《磐石湾》中陆长海的形象塑造
　　　　　　　　　　　　　　　　　　　经百君

杂文
在白狐皮大衣的背后　　　　　　　　　　叶　康
不许为修正主义路线招魂　　　　　　　　孙金钟
从查理二世的复辟说起　　　　　解放军 811 部队评论组
写走资派，要做到邪能陪衬正（评论）　　杨治经
于无声处听惊雷（评论）
——评长篇小说《惊雷》　　　　　　　　张金书
保卫毛主席，保卫党中央（歌曲）　　王双印　词曲
向上山下乡的哥哥姐姐致敬（年画）　　　杨涤江
松花江畔的声讨会　　　李振盛摄影　王小东　配诗
新课题（木刻）　　　　　　　　　　　　杜　野
百花争妍（套色木刻）　　　　　张喜良　袁　耕

1976 年第 7 期 刊名:《黑龙江文艺》

目录

闪光的乌金（小说·征文选载）　　　　　王震武
图案（小说·征文选载）　　　　　　　　黄耀雄
草原红霞（小说）　　　　　　　　　　　金湛庆
战旗更红（散文）　　　　　　　　　　　周侠民
光辉的历程（诗二首）　　　　　　　　　马中兴
心中耸立天下山（诗）　　　　　　　　　宋　歌
工厂的早晨（诗）　　　　　　　　　　　潘　藩
新书记（诗）　　　　　　　　　　　　　赵圣铁

风华正茂
冲锋（诗·征文选载）　　　　　　　　　张　廓
向阳村烈火（诗·征文选载）　　　　　　李风清
闪光的标语（诗·征文选载）　　　　　　别闽生
草原红鹰（诗·征文选载）　　　　　　　王忠范
高炉的烈焰（诗·征文选载）　　　　　　张　锦
播种抒情（诗）　　　　　　　　　　　　海　啸

新生事物颂
马铃声声（诗）　　　　　　　　　　　　许　辛
深情（诗）　　　　　　　　　　　　　　刑海珍
五·七校
——延安窑（诗）　　　　　　　　　　　岳　扬
茧花会（诗）　　　　　　　　　　　　　赵贵忠
新征途（诗）　　　　　　　　　　　　　阎伯谦
篝火熊熊（诗）　　　　　　　　　　　　韩德福
赫哲新曲（相声）　　　王润生　白英杰　汪云才
腊梅正红（鼓词）　　　集 体 创 作　际　野执笔

杂文
"风"辨　　　　　　　　　　　　　　　李军祥
当代的谣言世家　　　　　　　　　　　　郑轩文
杜文杰还在走吗？　　　　　　　　　　　孙惠忠
"拉车屁股向后"析　　　　　　　　　　董延喜
学习鲁迅热情支持新生事物（评论）
　　　　　　　　黑大中文系工农兵学员评论组
在斗争的风浪中塑造无产阶级英雄形象（评论）
　　　　　　　　　　　　　　　　　　　程树榛
向走资派造反有理（木刻）　　　　　　　张树伟
浪遏飞舟（油画）　　　沈加蔚　李　斌　刘宇廉
宣誓　　　　　　　黑龙江省新闻图片社供稿
于　帆　肖　浩配诗
再加强音（木刻）　　　　　　　　　　　江敦生
当代愚公换新天（年画）　　刘　棣　刘亚民　宫照堃

1976 年第 8 期　刊名:《黑龙江文艺》
目录

战旗迎风（小说·征文选载）————————孟　尧
风云滚滚（小说·征文选载）————————杜玉亭
钢铁边防线（小说）————————————陈德惠
顶风赞（散文·征文选载）—————————松　柏

划时代的炮声（诗·征文选载）——张育瑄　丛英奇
在油印机旁（诗·征文选载）————————车帅仁
我和毛主席握了手（诗·征文选载）————戴万春
边防歌声（诗）——————————————田玉文
埋地雷（诗）——————————————蔡文祥
本色（诗·外一首）————————————冉晓光
蓝天又谱新篇章（诗）———————————范世清
战士和哨所（诗·二首）——————————李克白
北疆战歌（诗·二首）——————————刘福林
留念（诗）——————————————朱万春
小路（诗·外一首）————————————管志初
草原女军医（诗）—————————————李钧贵
晨曲（诗）———————————————晓　田

杂文
鱼水·油水·水火————————————谢万霖
大众化、革命化与特殊化—————————郑训智
努力塑造同走资派斗争的无产阶级英雄形象（评论）
—————————————吴国华　何志云
掷向投降派的匕首——读鲁迅《答徐懋庸并关于抗日
统一战线问题》札记———————————雷风行
文学创作要深刻揭示阶级斗争规律（评论）
——读短篇小说《金钟长鸣》———————张葆成

天安门广场的早晨（套色木刻）——————韩承霖
铁壁铜墙————黑龙江新闻图片社熊　笃　供稿配诗
黑龙江省农业学大寨专题文艺调演剧照选登
————黑龙江省农业学大寨专题文艺调演大会　供稿
火红的战旗（套色木刻）
————————程铁南　杨涤江　勾玉斌

1976 年第 9 期　刊名:《黑龙江文艺》
目录

青春凯歌（报告文学）——————————本刊记者
捕鹤风波（小说）—————————————杨更新

风华正茂
英雄战歌（诗）——————————————王绍德

闪光的脚印（组诗选载）——————————晓　田
写在峥嵘岁月里（诗）———————————曲有源
红卫兵日记（诗）—————————————宋　歌
小将的赞歌（诗）—————————————李同都
夺钢曲（诗）———————————————翁景贵
新井歌（诗）———————————————孟　浩

让革命的烈火烧得更旺（短论）———阎德喜　叶伯泉

杂文
"决不能动摇我们的信仰"—————————杨一凡
一份光辉的思想汇报———————————阮恩光
邓小平的诱饵——————————————于俊英
"0.01"的视力看到了什么?—————————田永源
"决不休战"（评论）———————————郑　谷

苏修文学批判
老沙皇的幽灵，新沙皇的迷梦（评论）———甘雨泽
附:《阿穆尔河的里程》内容梗概

田头阵地（水粉画）———————————刘振涛
出征————————黑龙江新闻图片社供稿　田玉文配诗
开门办学的洪流不可阻挡（木刻）——石铁民　郑小鹏
战地黄花（套色木刻）——————————王合群

1976 年第 10 期　刊名:《黑龙江文艺》
目录

伟大的历史性胜利
华国锋同志是我们党当之无愧的领袖
在首都庆祝大会上吴德同志的讲话

黑龙江省既哈尔滨市党政军民庆祝华国锋同志任中共
中央主席中央军委主席，庆祝粉碎"四人帮"篡党夺
权阴谋的伟大胜利大会
致中共中央电
一个地地道道的老投降派————————任　平
三月的租界——————————————鲁　迅

杂文
在屏风的后面——————————————叶　康
捣鬼必败———————————————江　帆

诗歌
坚决拥护以华国锋主席为首的党中央————王　野
边防哨所的欢呼—————————————霍林宽
亿万人民心中的最强音——————————王云笑

人民的心声 ——————————— 张　华
党中央说出咱心里话 ——————— 高歌新
时代巨轮破浪前进 ——————— 冯国良
嵌进历史巨册的真理 ——————— 李文剑
永远跟着伟大的党 ——————— 车帅仁
写在欢度游行的队伍里 ————— 李长荣
愤怒的车间 ————————— 张玉滨
会场 ————————————— 陈国屏

新民歌（三十四首）
鲁迅永远同我们一起战斗 ——— 曹长青　谢文利
永远进击 ————————— 奚尚仁　苏树林
在鲁迅纪念馆里 ——————— 范震威

曲艺
举国欢庆（对口词）—————— 王朝阳
八亿神洲展红旗（对口词）——— 李惠仁

评论
学习鲁迅永远捍卫毛主席革命路线 ——— 叶伯泉
努力学习发扬鲁迅的革命精神 ——— 隆蔚品
继续革命的光辉榜样 ——————— 佟家桓
无产阶级的革命气节 ————— 周溶泉　徐应佩

1976 年第 11—12 期　刊名：《黑龙江文艺》
目录

光辉的历史文件 ——————————— 任　平
围绕电影《创业》展开的一场严重斗争
　　　　————— 杜书瀛　杨志杰　朱　兵
"四人帮"是破坏文艺革命的罪魁祸首 ——— 安一民
粉碎"四人帮"在文艺战线上的资产阶级专政
　　　　——————— 黑龙江省文化局大批判组
楼卫华同志就电影《创业》给文化部的信

散文
寄自利刃峰的报告 ——————— 陈德惠
工人阶级的心声 ——————— 马福林
挂华主席像的那一天 ——— 李铁民　杨春山
欢乐的海洋 ————————— 李汉平

诗歌
胜利的欢笑 ————————— 王　毅
金色的航线 ————————— 刘亚彬
西柏坡颂 —————————— 尧山壁
各族人民心向华主席 ————— 许　辛
防修坝 ——————————— 王立宪
所向无敌 ————————— 王雪峰

杂文
人民胜利了 ————————— 祁福林
在"学生、战友"背后 ————— 赵乃才
"反对经验主义"析 ————— 吴国华
一场惊心动魄的大搏斗 ——— 谢万霖
揭"帽子工厂" ——————— 曾庆汉

剧本
先锋战士 ——————— 丛　深　盛学仁等　编剧

评论
革命不畏千般苦　创业何惧万重难
——略谈话剧《先锋战士》中战永生英雄形象的塑造
　　　　————————————————— 张贵忠

歌曲
愤怒声讨"四人帮" ——— 彭际野　词　王双印　曲

美术
最紧密地团结在华主席为首的党中央周围把毛主席开
创的革命事业进行到底！———— （宣传画）潘蘅生

1977 年第 1—2 期　刊名：《黑龙江文艺》
目录

在华主席的统帅下奋勇前进 ————— 本刊编辑部

毛泽东思想的光辉永远照耀着我们前进的道路
铭记毛主席教导，坚持继续革命 ————— 胡敏珍
毛主席，我们永远怀念您 ——————— 佟小平
红日照万代，红旗扛到底 ——————— 潘秀通
推动伟大的时代前进（诗）—————— 何　宏
炉台旁的怀念（诗）————————— 赵锡忠
锹头银光闪耀（诗）————————— 姜　军
毛主席握过的手（诗）———————— 杨岳亭
在太阳身边（诗）—————————— 王世民

敬爱的周总理，我们永远怀念您
周总理永远活在工人阶级心中 ————— 傅维章
周总理，我们想念您！ ————— 张明久　王　令
怀念您呵，敬爱的周总理（长诗节选）——— 谢文利
油树长青慰英灵（诗）———————— 杜显斌
闪烁的红星（诗）—————————— 王　珏
深切怀念敬爱的周总理（快板书）
　　　　—————— 任　生　英　杰　传　松

赞歌献给华主席
煤海沸腾（散文）—————————— 毕　方

党心向着华主席（诗）⋯⋯⋯⋯⋯⋯管志初
献给伟大的工地（诗）⋯⋯⋯⋯⋯⋯苗　欣
华主席来到咱连队（诗）⋯⋯⋯⋯刘中平

彻底批判"四人帮"掀起普及大寨县运动的新高潮
伟大的进军（报告文学）⋯⋯⋯⋯李文方
排云拨雾（报告文学）⋯⋯⋯⋯⋯李翔云
画山绣水（报告文学）⋯⋯⋯⋯⋯华　兵
奔腾的洪流（散文）⋯⋯⋯⋯⋯⋯张洪舜
跃进的春潮（散文）⋯⋯⋯谢中天　张左锋
大干快上的步伐（散文）⋯⋯⋯⋯王庆斌
光明之夜（小小说）⋯⋯⋯⋯⋯⋯朱　玉
稻花飘香（单出头）⋯⋯⋯⋯⋯⋯奚青汶
争分夺秒（山东快书）⋯⋯⋯⋯⋯王润生
改土记（快板书）⋯⋯⋯⋯⋯⋯⋯孙士民
老茧颂（诗）⋯⋯⋯⋯⋯⋯⋯⋯⋯孙　奇
农建团长（诗）⋯⋯⋯⋯⋯⋯⋯⋯朱宏轩
"火线"整风会（诗）⋯⋯⋯⋯⋯⋯崔喜林
老铁匠（诗）⋯⋯⋯⋯⋯⋯⋯⋯⋯鄂明尔

评论
马克思主义关于典型化的创作原则不容篡改
⋯⋯⋯⋯⋯⋯⋯⋯⋯阮恩光　沈祖培
人民领袖爱人民⋯⋯⋯⋯⋯⋯⋯⋯李振滨
扼杀"双百"方针的刽子手⋯⋯傅涤飞　甄斌

杂文
"阴谋学校"及其他⋯⋯⋯⋯⋯⋯周春苓
阴谋家的卑鄙伎俩⋯⋯⋯⋯⋯⋯⋯梁　东
江青的摄影艺术⋯⋯⋯⋯⋯⋯⋯⋯申安庆
追着时代的步伐前进⋯⋯⋯⋯⋯⋯李守信

诗歌
闹秧歌⋯⋯⋯⋯⋯⋯⋯⋯⋯⋯⋯⋯宋　歌
过除夕⋯⋯⋯⋯⋯⋯⋯⋯⋯⋯⋯⋯龙彼德
除"四害"歌（讽刺诗）⋯⋯⋯⋯张　颖

美术
农业学大寨速写⋯⋯⋯⋯⋯张子麟　周卫国
无限信任（素描）⋯⋯⋯⋯⋯⋯⋯祝林恩

1977年第3期　刊名:《黑龙江文艺》
目录

周总理在大庆⋯⋯⋯⋯⋯⋯⋯⋯⋯战采景
欢笑的山林（散文）⋯⋯⋯⋯阎英奎　丁继松
新苗（中篇小说选载）⋯⋯⋯⋯⋯刘柏生

散文
渡江兵团做记⋯⋯⋯⋯⋯⋯⋯⋯⋯马方德
迎新⋯⋯⋯⋯⋯⋯⋯⋯⋯⋯⋯⋯⋯张抗抗
夯声⋯⋯⋯⋯⋯⋯⋯⋯⋯⋯⋯⋯⋯飞　舟
途中⋯⋯⋯⋯⋯⋯⋯⋯⋯⋯⋯⋯⋯雷　震
杨师傅⋯⋯⋯⋯⋯⋯⋯⋯⋯姜胜群　郭笑雨

诗歌
足迹⋯⋯⋯⋯⋯⋯⋯⋯⋯⋯许国泰　王晓廉
给山区送《创业》⋯⋯⋯⋯⋯⋯⋯常　安
虎头山颂⋯⋯⋯⋯⋯⋯⋯⋯⋯⋯⋯丁志扬
清晨，好大的雾（外一首）⋯⋯⋯韩作荣
沸腾的早晨⋯⋯⋯⋯⋯⋯⋯⋯⋯⋯曹长青
为农业插上金翅膀（二首）⋯⋯⋯陈国屏
降龙手⋯⋯⋯⋯⋯⋯⋯⋯⋯⋯⋯⋯李风清
战士的脚印（外一首）⋯⋯⋯⋯⋯肖英俊
编外"队长"⋯⋯⋯⋯⋯⋯⋯⋯⋯朱宏轩
宏伟的乐章，辉煌的画卷⋯⋯⋯⋯于　波
钢城飞跃写颂歌（外一首）⋯⋯⋯戈　缨

新民歌
毛泽东思想是光源·棵棵长成擎天柱·唱不完的歌·八亿人民心更红·炼钢工人看《创业》·心上修座纪念堂·想起毛主席身有劲·早霞也知书记意·铁流滚滚步伐阔·大干迎来满天红·跃进春潮滚滚来·华主席是咱好舵手·紧跟主席华国锋·统帅挥手我战斗·华主席是咱贴心人·献给领袖华国锋·革命又有新舵手·船员的歌·华主席给咱斗天胆

戏曲
红果树下（对口剧）⋯⋯⋯⋯⋯⋯张继翔
大战卧龙泉（单出头）⋯⋯⋯王文山　高凤阁

评论
双百方针永放光芒⋯⋯⋯松军　杨治经　支援

杂文
一接一送见风格⋯⋯⋯⋯⋯⋯⋯⋯江　帆
今日之"智识过剩"及铲除⋯⋯⋯张镇波
"跳加官"的末路⋯⋯⋯⋯⋯⋯⋯何志云
江清为什么唱
——"我好比笼中鸟⋯⋯"?⋯⋯赵祖铸
再擂跃进的战鼓⋯⋯⋯⋯⋯⋯⋯⋯祁福林

美术
颂歌飞向北京去　红心永向华主席（木刻）
⋯⋯⋯⋯⋯⋯⋯⋯⋯绥棱林业局机关工会
迎春（套色木刻）⋯⋯⋯⋯⋯⋯⋯韩承霖

1977 年第 4 期　刊名:《黑龙江文艺》
目录

热烈欢呼《毛泽东选集》第五卷出版（新民歌十六首）
————————————————李同都等

工业学大庆
艰苦创业的赞歌
——赞大型艺术性纪录片《大庆战歌》———阚　峰
大庆的老干部（小说）——————————杨利民
钻机声中（散文）————————————谢又芳
不寻常的礼物（散文）——————————尚绍华
坚守岗位的人（散文）——————————澎　海
林区的早晨（诗）————————————李广义
列车飞奔（诗）—————————————于　帆
在大路上（诗·两首）——————————范震威
炉前激战（诗）—————————————岳凌云
喷油的时候（诗）————————————刘传芳
绿色的战船（诗）————————————胡国斌
学习铁人王进喜（数来宝）————————王润生
老闯将（山东快书）———————————张传辉
大庆速写（四幅）————————————刘宇廉等

小说
罕达犴的足迹（中篇小说选载）——邹尚惠　朱美伦

散文
这是什么时候—————————————潘　青
山路红灯——————————————韩梦杰

诗歌
诗词三首————————————————赵朴初
山村有个雷达操纵员（外一首）—————韩静霆
珍贵的留影——————————————刘福仁

评论
一个篡党夺权的野心家
——谈反动影片《反击》中江涛形象的塑造———黄国柱

杂文
徒步与"骑马"
——读报偶感——————————————阮恩光
由姚文元谈蟹说开去
——评姚文元《蟹的杂感》———————祁福林
"磨"术种种——————————————潘秀通
"半个红学家"的无耻嘴脸————————李一凡
江青的"且战且走"析———牡丹江军分区大批判组
"83"到"0"———————哈铁客运段大批判组

文艺随笔
"拼凑"解————————周溶泉　徐应佩

1977 年第 5 期　刊名:《黑龙江文艺》
目录

热烈庆祝《毛泽东选集》第五卷出版发行,掀起学习毛主席著作的新高潮!
毛主席的旗帜飘万代（诗）————————谢文利
华主席送来红宝书（诗）—————————李　彤
油田传喜讯（诗）————————————范震威
喜讯飞进车间（诗）———————————宋　采
十里山村流彩河（诗）——————————刘文兴
欢腾的哨所（诗）————————————刘杰峰
牧民喜迎红宝书（诗）————马有信　张春山
速写（六幅）————————陈　伟　孙达民

纪念毛主席《在延安文艺座谈会上的讲话》发表三十五周年
文艺革命的灯塔,繁荣创作的指针（专论）
——纪念《在延安文艺座谈会上的讲话》发表三十五周年————————————————张松泉
送戏路上学《讲话》（诗）————————晓　达

工业学大庆
新的光辉（报告文学）————宋学孟　李文方
起步（散文）——————————————孟　尧
煤海洪流（诗）—————————————戈　缨
大庆井队颂（诗）————————————王　毅
打开油海的闸门（诗）——————————刘传芳
夺钢曲（诗）——————————————李　义

诗歌
雷锋之歌（片断）———————————贺敬之
雷锋——火红的旗帜———————————霍林宽
干校夜晚（外两首）———————————侯景云

小说
大张旗鼓——————————————车广路
草原小歌手——————————————王常君

曲艺
英明领袖华主席（鼓词）—————————熊　笃
砸螃蟹（山东快书）———————————黄　枫

评论
斥"四人帮"鼓吹写"走资派"————————赵成禄
驾驭时代洪流的人们

——评长篇小说《咆哮的松花江》……………李庆西
"真人真事"小议……………张桂英　徐国治　张有声

美术

《毛泽东选集》第五卷到边疆（国画）……………阴衍江

1977 年第 6 期　刊名:《黑龙江文艺》
目录

小说·散文

春满人间……………丁继松　阎英奎
基础……………罗曾士
叫真的车长……………孟久成
岗位……………王世俊
脚踏实地……………郁　民
"吉普"司机……………罗建安
闪光的脚印……………翟广杰

诗歌

写给孩子们的歌
满脸红光满屋霞……………郑文华
报喜……………邓元杰
牵牛花（外一首）……………聪　聪
从小学习解放军……………王　野
咱队也有小雷锋（外一首）……………王忠范
不小的队伍……………朱宏轩
小军学画……………周清源
放军马……………黄健民
起点（外一首）……………蒋　巍
短诗三首……………费忠元

风华正茂

第一步……………王雪峰
嫩江渡口……………宋　歌
特别的战斗……………王立宪
赤脚医生的脚印……………鲁　丁

曲艺

公字桥（二人转）……………张宪彬
竞赛歌（二人转）……………王　尧

评论

拔掉"四人帮"在文艺理论上的一面黑旗
——批判"根本任务"论……………彭　放
谈谈《惊雷》的创作……………王忠瑜

杂文

"干儿子"略考……………赵兴田　王忠和

"瞒天过海"术的破产……………田广茂
"四人帮"与孔丘其人……………王秋德

美术

会战前线一角（速写）……………高景波
探亲归来（套色水印木刻）……………刘　宝

1977 年第 7 期　刊名:《黑龙江文艺》
目录

华主席视察黑龙江

华主席和大庆人心连心……………庆　新
华主席视察大庆诗抄
华主席视察咱油田……………曹文祥
大庆红旗永高擎……………马文福　安德祥
华主席健步登钻台……………张海陆
轮花闪闪寄深情……………杜显滨
华主席　挥巨手……………王月甫
喜迎华主席来大庆……………夏全志
采油女工向华主席致敬……………周哲　扬柳
华主席来到咱油田……………继　尊　永　赤
伟大的历史足迹（散文）……………潘　青
幸福的时刻（山东快书）……………黄　枫

小说·散文

麦子黄了的时候……………谢中天
有主意的老站长……………王正元
瓷花盛开……………黄耀雄
开江浪……………王国勋
桃李赋……………谢文利
祖国处处　闽西山路散记……………逯　斐

诗歌

关于时代　关于我们伟大的党……………陆伟然
夜校亮如昼……………潘　藩
宏大的乐曲……………鲍雨冰　张育瑄
好消息跑来一阵风……………李冰牧
工厂画廊……………李同都

曲艺

灯光曲（山东快书）……………由兴启

评论

文风漫谈……………艾　若

杂文

新华社的一条消息……………佟家桓
艰苦奋斗传家宝……………谢万霖

赞"就是要听党的话"…………………胡永球
葵花赞…………………………………卢云文
开头的描写艺术（文艺随笔）…………陈 炳

美术
在省农业学大寨会议上（套色木刻）………陈宜明

1977 年第 8 期　刊名:《黑龙江文艺》
目录

庆祝中国人民解放军建军五十周年
重游延安…………………………………叶剑英
次韵和叶副主席《重游延安》诗三首………赵朴初

明珠岛战歌（散文）……………………支绍曾
战斗的放映组（散文）…………………李智发
鹰击长空（长篇选载）…………………王忠瑜
喜鹊窝里的"蛋"（儿童文学）…………朱 奎
怀念战友（革命回忆录）
　　……韦绍坤口述　赵庆翔　吴明远　记录整理

三湾红枫（诗）…………………………严 辰
致亲人（诗）……………………………满 锐
雨夜巡逻（诗·外一首）………………王鸣久
列车，你好!（诗·外一首）……………田玉文
通讯录（诗·外一首）…………………侯志学
北疆"春城"（诗·外一首）……………李武兵
边防战士爱边防（诗）…………………刘同聚
军号（散文诗·外两篇）………………何志云
草原晨歌…………………………………冉晓光

练为战（快板书）………………………解 良
破浪前进（双人故事）…………周 琛　孙士民
祖国处处　花坪纪事……………………杨振文

评论
窒息革命文艺创作的黑理论
——评所谓"三突出"的创作原则…………艾 若
虎视眈眈　贼心不死
——评苏修的一组反华诗歌………………甘雨泽

文艺随笔
大抒无产阶级革命激情
——从《团泊洼的秋天》谈起……………张景超

美术
守卫祖国北大门（套色水木刻）
　　……吴哲辉　刘传明　王 瑞　刘元吉

1977 年第 9 期　刊名:《黑龙江文艺》
目录

深切怀念我们伟大的领袖和导师毛主席
在毛主席身边成长（革命回忆录）………李五泉
在毛主席的关怀下（革命回忆录）………裴悦辉
向着新社会，前进（革命回忆录）
　　……赵钊口述　陈之静　祖希宁记录整理

毛主席啊，我又看到您（诗）…………王晓廉
"纪念堂"放射着金色的光芒（诗）………秦 风
毛主席的旗，胜利的旗（诗）…………王云笑
俺代表赫哲族进京把恩人瞧（诗）………笑 予
按语照亮金光道（诗）…………………房克学
老歌手的怀念（诗）……………………晓 达
诗二首……………………………………曲有源
毛主席活在咱心里（诗·外一首）………韩瑞林
重逢在纪念堂工地（诗剧）……………董康定
云开雾散（小说）………………………张恩儒
进军第一步（报告文学）………王福奇　翟广杰
祖国处处　凉城笔记……………………许 淇

严峻的历程（电影文学剧本）
　　………………张笑天　侍继余　里 洁

要到工农兵群众中去找朋友
——学习毛主席关于文艺工作者要深入工农兵的论述
　　……………………………………阮恩光
老反革命分子的自供状
——评张春桥三十年代丑化农民的一组创作…碧 池
文艺随笔诗意·深度·鼓点………………吴士余
边陲雷达站（套色木刻）………………王纯信

1977 年第 10 期　刊名:《黑龙江文艺》
目录

热烈庆祝中华人民共和国成立二十八周年
攻关………………………………………叶剑英
无险不可攀
——读叶帅《攻关》奉和…………………张爱萍
读《攻关》………………………………方 毅
幸福颂（诗）……………………………陈国屏
深山里的节日（诗二首）………奚尚仁　刘德才
早潮（诗）………………………………高继恒
打草歌（诗）……………………………康思明
唱在塞外的秋歌（诗）…………………李风清
难忘的岁月（小说）……………………聂德伟

柳湾河的春天（小说）——————————薛凤宝
金泉河畔（小说）——————————邢 军

酷热的夏天（电影文学剧本）——————李英杰
驳姚文元对鲁迅小说的无耻攻击（评论）
——评《鲁迅——中国文化革命的巨人》——吴功正
起看星斗正阑干（评论）
——学习鲁迅诗歌札记——————————阎德喜
也谈"愤怒出诗人"（文艺随笔）—————周 蒙

指挥员在第一线（木刻）—————于美成 徐 希

1977 年第 11 期　刊名:《黑龙江文艺》
目录

期望（小说）——————————程树榛
大步长征（小说）——————————谭贵宾
在粮店里（小说）——————————杨世隆
永不下岗的哨兵（散文）——————袁国良

时代的列车永不停（诗）——————姜在心
桥工的怀念（诗）——————————东 成
场外场（诗）——————————王贵章
大寨花献给毛主席（诗）——————王立宪
听哑妹歌唱（诗）——————————常 安
奇怪的手表（儿童诗）——————陈凤春
我的诗没有序言（诗·外二首）————韩志晨
唱歌吧，边疆（诗）——————————贾志坚
夜的山口（诗）——————————荆庆军
激战（诗）——————————潘 藩
林海银珠（诗）——————————姜郁苍
列车行（诗）——————————王 毅
沸腾的田野涨大潮（诗）——————许柏祥
诗传单二则（诗）——————————海 笑

酷热的夏天（电影文学剧本）——————李英杰

几个审议和故事的启示（评论）—————程汉杰

文艺随笔
细节描写与塑造典型——————————叶伯泉
打虎见高与打鼠拔高—————周溶泉 徐应佩
火热的生活　战斗的篇章——《淬火集》代序
——————黑龙江省文化局创作评论办公室

穿过万丛林（套色木刻）——————杜鸿年

1977 年第 12 期　刊名:《黑龙江文艺》
目录

紧密联系文艺战线的实际，彻底批判"四人帮"反革
命政治纲领——————————省文化局大批判组
彻底批判"文艺黑线专政"论——————延泽民

翻身记事（长篇小说选载）——————梁 斌
上任（小说）——————————金福骥
演出前后（小说）——————————崔金生
风景这边独好（散文）——————王 钊
路（散文）——————————李利群
汇报（小说）——————————耿 直

祖国处处
天安门的红灯——————————谭 谊
韶山路颂（诗）——————————李幼容
虎头山下情似海（诗）——————王晓廉
科研站短歌（诗·二首）——————曲国栋
透过"干打垒"的窗口（诗）—————刘传芳
攀登（诗）——————————王贵章
出征曲（诗）——————————朱宏轩
小加丽亚（诗）——————————何 宏
恶鲨丑行（政治讽刺诗）——————夏恩训

松涛曲（四幕话剧）——————————关守中
传统（独幕话剧）——————————刘 焘
巧理千家事（相声）——————————关向东
带路（二人转）——————————王 尧

杂文
由一张照片想到的——————————王 彦
要比贡献不比享受——————————陈 炳
一切反动派都是纸老虎（新书评价）
——长篇小说《鹰击长空》读后感————韩德彩
雪霁山城（国画）——————————李维康

1978 年第 1 期　刊名:《黑龙江文艺》
目录

黑龙江文艺
毛主席给陈毅同志谈诗的一封信
使命（报告文学）——————————韩梦杰
迎着风雨飞（小说）——————————王正元
生活的一页（小小说）——————王治新
火热的心（小小说）——————————杨更新
林海短歌（散文·外一篇）—————刘继英 沈耀华

红山村纪事（散文）⋯⋯⋯⋯⋯⋯⋯⋯田　野
红柳颂（散文）⋯⋯⋯⋯⋯⋯⋯⋯⋯陈谷音
珍宝岛啊，英雄的岛（散文）⋯⋯丁继松　阎英奎

祖国处处
淮安赋⋯⋯⋯⋯⋯⋯⋯⋯⋯⋯⋯⋯庞瑞垠
周爷爷望着我们笑（诗）⋯⋯⋯⋯任彦芳
金黄的稻穗（叙事诗）⋯⋯⋯⋯⋯宋　歌
筑路歌（诗）⋯⋯⋯⋯⋯⋯⋯⋯⋯何玉锁
北大仓小诗（二首）⋯⋯⋯⋯⋯⋯赤　叶
珠城春歌（诗）⋯⋯⋯⋯⋯⋯⋯⋯李文剑

"女皇登基"的一杆黑旗
——批判"文艺黑线专政"论的反动实质⋯⋯潘泽宏

《暴风骤雨》的创作⋯⋯⋯⋯⋯⋯周立波
重读长篇小说《暴风骤雨》⋯⋯⋯弘　弢
谈谈文学的形象性（创作漫谈）⋯汤学智
诗贵有意境⋯⋯⋯⋯⋯⋯⋯⋯⋯鲁　戈
散文的散⋯⋯⋯⋯⋯⋯⋯⋯⋯⋯王雅军
稿约⋯⋯⋯⋯⋯⋯⋯⋯⋯⋯⋯本刊编辑部

革命先烈永垂不朽（油画）
——敬爱的周总理一九五三年一月一日参观东北烈士
纪念馆并题词⋯⋯⋯⋯⋯⋯⋯⋯孙增华
雄鸡报晓（国画）⋯⋯⋯⋯⋯⋯⋯胡梅生
起点（套色木刻）⋯⋯⋯⋯⋯⋯⋯宇　明

1978 年第 2 期　刊名:《黑龙江文艺》
目录

认真学习　努力探索（座谈会纪要）⋯谢文利

熊熊的火焰（小说）⋯⋯⋯⋯⋯⋯孟久成
常二婶（小说）⋯⋯⋯⋯⋯⋯⋯⋯李　荣
机声隆隆（小说）⋯⋯⋯⋯⋯⋯⋯耿　直
摆渡人（散文）⋯⋯⋯⋯⋯⋯⋯⋯孙晓中
卧牛山口（散文）⋯⋯⋯⋯⋯⋯⋯王国勋
山雀的故事（儿童文学）⋯⋯朱海春　王　英

诗四首（诗）⋯⋯⋯⋯⋯⋯⋯⋯⋯李云迪
吕梁诗草（诗·二首）⋯⋯⋯⋯⋯王继刚
年夜比手（诗）⋯⋯⋯⋯⋯⋯⋯⋯戈　缨
掌声（诗·外一首）⋯⋯⋯⋯⋯⋯李宝岑
攻关能手的歌（诗）⋯⋯⋯⋯⋯⋯钟　林
第一线的赞歌（诗）⋯⋯⋯⋯⋯⋯李同都
歌一山，笑一山（诗·二首）⋯⋯佟树林
白雪红媒（诗）⋯⋯⋯⋯⋯⋯⋯⋯李凤清

透明的哨所（诗）⋯⋯⋯⋯⋯⋯⋯田　丰
伞（咏物诗·外二首）⋯⋯⋯⋯⋯于希敏

两顿饭（数来宝）⋯⋯⋯⋯⋯⋯⋯李清林
育花人（对口剧）⋯⋯⋯⋯⋯李立中　熊　笃
伐木曲（单出头）⋯⋯⋯⋯⋯⋯⋯高　富
漫谈《严峻的历程》的艺术特色⋯杨治经
"欲穷千里目，更上一层楼"（古典文学欣赏）
——读王之涣的《登鹳鹊楼》、《凉州词》⋯⋯李　波

文艺随笔
长期积累　偶然得之⋯⋯⋯⋯⋯佟家桓
劳动的歌　爱情的歌⋯⋯⋯⋯⋯邹长照
笑声⋯⋯⋯⋯⋯⋯⋯⋯⋯⋯⋯⋯丹　赤

剿匪英雄杨子荣（油画）⋯⋯杨涤江　李　明
英雄谱（人物形象选刊）⋯⋯⋯杨　沙等
工地早晨（套色木刻）⋯⋯⋯⋯⋯程铁男

1978 年第 3 期　刊名:《黑龙江文艺》
目录

热烈庆祝全国五届人大五届政协胜利召开

迎春放歌（诗）⋯⋯⋯⋯⋯⋯⋯⋯王庆斌
战士的心（诗）⋯⋯⋯⋯⋯⋯⋯⋯张景华
灿烂的星坐（诗）⋯⋯⋯⋯⋯⋯⋯王晓廉
幸福之歌（诗）⋯⋯⋯⋯⋯⋯⋯⋯刘文正
亿万颗心飞向北京（诗）⋯⋯⋯⋯李同都
向着北京歌唱（诗）⋯⋯⋯⋯⋯⋯许　辛
矿工的喜悦（诗）⋯⋯⋯⋯⋯⋯⋯蔡文祥
欢腾的林海（诗）⋯⋯⋯⋯⋯⋯⋯鲍雨冰
喜讯传到运输线（诗）⋯⋯⋯⋯⋯于　帆
庆祝五届人大胜利召开（速写四幅）⋯蒋　明

纪念敬爱的周总理诞辰八十周年

啊，您在注视（诗）⋯⋯⋯⋯⋯⋯满　锐
周总理又笑了（诗）⋯⋯⋯⋯⋯⋯蒋　巍
我的心啊，卷起如海的波涛（诗）⋯范震威
耸立在大庆人心头的丰碑（散文）⋯杨利民
周总理的一杯茶（鼓词）⋯⋯⋯⋯刘　适
纪念周总理诞辰（画二幅）⋯⋯⋯张子麟

光明颂（报告文学）⋯⋯⋯⋯⋯⋯鲁秀珍
新界（小说）⋯⋯⋯⋯⋯⋯⋯⋯⋯车广路
巧云乘车（小说）⋯⋯⋯⋯⋯⋯⋯姜万华
春之歌（散文）⋯⋯⋯⋯⋯⋯⋯⋯张　克
风雨之夜（散文）⋯⋯⋯⋯⋯⋯⋯宝　林
新来的支部书记（小小说）⋯⋯⋯张　颖

心事（小小说）———————— 于伯涛　王明照
小米粒的故事（儿童文学）——————— 周　宙
斗黑熊（童话诗）————————————— 聪　聪
诗三首（诗）孙金玲　遗作
北疆筑路歌（诗·五首）——————— 李武兵
"小保管"外传（诗·外一首）—————— 谢文利
在"科研楼"院里（诗·二首）————— 赵圣铁
西瓜花（诗）—————————————— 陆春平
青春（诗）——————————————— 鲁　丁
写在比赛场上（诗·三首）————— 李香民

冰封北国春意浓

严冬春早（诗）———————————— 庞壮国
石匠的梦（诗）———————————— 刘福林
十冬腊月刮春风（诗）—————— 许柏祥
石岭锤声（诗）———————————— 王立宪
方田咏（诗）————————————— 费忠元
水库工地抒情（诗）———————— 王　斌
天上多片大寨田（诗·外二首）—— 杨　枫
拉着大河上山来（诗）—————— 张亚军

"双抢"时节（故事）——————— 石太原

"形象思维第一流"（评论）———— 周　蒙
诗要用形象思维（评论）—— 周溶泉　徐应佩
老一辈无产阶级革命家的心声
——喜读《朱德诗选集》（评论）—— 谢万霖
白居易的《秦中吟：买花》及其他（古典文学欣赏）
——————————————————— 郭　超
文学书简——————[苏]高尔基　甘雨泽译

满目青山夕照明（中国画）———— 由甲申
战斗的青春（油画）———————— 杨世昌
攻关（套色木刻）————————— 宇　明

1978 年第 4 期　刊名:《黑龙江文艺》
目录

姐妹之间（小说）————————— 李守信
肖像画（小说）————————————— 薛凤宝
最后一刀（小说）————————— 程树榛
看车人（小说）————————————— 季魁勋
红果（散文）————————————— 平　青
小嘎师傅（小小说）——————— 吴学运
心意（小小说）————————————— 曲嘉军
橱窗迎采霞（长篇小说选载）—— 曹建章

缅怀篇

油灯（诗）——————————————— 侯学志
灯火（诗）——————————————— 陈宝源
纺车声声（诗）———————————— 钟　威
露絮的棉袄（诗）——————————— 朱　坚

想起那激动人心的时光（诗）——— 陆伟然
一幅闪光的油画（诗）——————— 郑文科
怀念（诗）——————————————— 管志初
"又回来啦，春天！"（诗）————— 车帅仁
北疆雷达兵（诗·二首）—————— 韩静霆
闹春图（诗·外一首）——————— 翁景贵
铁牛会（诗）————————————— 王贵章
布谷声声（诗）———————————— 赵贵忠
啊！2000 年在看着我们（诗）——— 鲍雨冰
包装站（诗）————————————— 林矶培

围绕《三战校门》的一场斗争（评论）— 李振滨
浅谈形象思维（评论）——————— 李秀斌
略谈艺术虚构（创作漫谈）———— 张国民

正点（中国画）———————————— 杨　沙
百花齐放（中国画）———————— 卢梦祥
春雷（套色木刻）——————————— 宇　明

1978 年第 5 期　刊名:《黑龙江文艺》
目录

杨木林和他的三儿子（小说）——— 王　汪
巧手小传（小说）——————————— 王正元
珍珠的光采（小说）———————— 李翔云
重新上任（小说）——————————— 王育才
豪迈事业（小说）——————————— 戈　基
油田抒情（散文）——————————— 肖永毅

驾驶时间的人（诗）———————— 李万玉
忙开钻（诗）————————————— 刘传芳
歌词三首——————————— 李幼容　何　宏
雷雨之后（诗·外一首）—————— 李方元
跑步前进（诗）———————————— 王瑞来
养路工的家（诗）——————————— 杨子忱
纺织短曲（诗）———————————— 吕良才
闪光的留条（诗）——————————— 赵锡忠
致"安南秋娘"（诗·外一首）——— 于忠信
干部下乡来（诗）——————————— 张庆明
县委书记的扁担（诗）——————— 蔡文祥
有一只这样的跳蚤（寓言诗）——— 张贵祥
有多远（诗传单）——————————— 于迎春

摔酒壶（山东快书）……………………张宪彬
退年画（小快板）………………………王凤山
一记耳光（快书帽）……………………马国良
自食其果（快书帽）……………………赵成录

左翼文艺运动的功绩不容抹煞（评论）……张锦池
写出"各人的有特色的谈话"（创作漫谈）
——鲁迅小说的人物语言学习札记………叶伯泉

文艺随笔
"专看文学书也不好的"…………………蒋逢轩
"使用"生命的计划………………………祁福林

心贴心（中国画）………………………阎胜利
收割的报酬（油画）………[法]莱昂·莱尔米特
试飞（套色木刻）………………………宇 民

探宝（数来宝）…………………………刘子成
红霞（鼓词）……………………………冯 力

漫话诗的生活气息（评论）……………阿 红
爱的大纛 憎的丰碑
——评诗集《火红的十月》……………谢文利
鞠躬尽瘁 死而后已
——读杜甫的《蜀相》（古典文学欣赏）……衣殿臣

文艺随笔
深入生活与形象思维……………………熊道衡
虚构不虚
——从三棱镜的作用谈起………………黄连城
深切怀念我们敬爱的周总理（中国画）……由甲申
我送哥哥去参军（油画）………………张欣若
初夏（套色木刻）………………………宇 明

1978 年第 6 期 刊名：《黑龙江文艺》
目录

送给孩子们的礼物
星空小客人（童话诗剧）………………陈金汀
进军呵，中国的青少年（朗诵诗）……何 鹰
儿童诗二首（诗）………………………刘崇善
灯光（诗）………………………………高歌今
小小油娃爱唱歌（组诗）………………方半林
小松（叙事诗）…………………………刘英凯
二林和他的新同桌（故事）……………徐国盛
果园里的故事（故事）…………………姚凤阁
小白兔找珍珠的故事（童话）…………刘秉谦
小红鲤与小溪流（童话·外一篇）……李瑞新
离群的水珠（童话·外一篇）…………金小瑞
寓言二则………………………………关向东

一支歌的诞生（小说）…………………王忠瑜
丰收（小说）……………………………杨更新

铁人的诗，是钢，是铁（诗）…………苏电西
关于科学家的……（诗）………………海 笑
献身科学的一生（诗）…………………王泽义
喜重逢（诗）……………………………王战崴
长安杂咏三首（诗）……………………荒 芜
友谊林（诗）……………………………芦 萍
"熊外婆"攀亲戚（讽刺诗）……………桂汉标
汽笛高歌（诗·二首）…………………张澍贵
红灯（诗）………………………………岳凌云
机车开进山沟里（诗）…………………郑九蝉

1978 年第 7 期 刊名：《北方文学》
目录

北方文学
忿怒揭批"四人帮" 放声歌唱总任务……延泽民
战斗吧，文学……………………………关沫南
揭的什么"矛盾"树的什么"新人"
——评邦刊《朝霞》上的两篇短篇………晓 培

华主席挥手走来（散文）………………李激扬

光辉的足迹
鱼的故事（诗）…………………………孟 浩
火盆的歌（诗）…………………………谢文利
光荣的车队啊就要出发（诗）…………林 子

三个年轻人（小说）……………………苗迎吉
鉴别（小说）……………………………刘柏生
铁秤杆与小算盘（小说）………………张宪彬
疾风知劲草（革命回忆录）……李延禄讲 骆宾基记

祖国处处
寄北方…………………………………秦 牧
党的诞生地抒情………………………罗达成

北国风光
十八站纪行……………………………林 青
绿金行…………………………………屈兴岐

向北方眺望（诗）………………………满 锐
新生征抒情（诗）………………………黄益庸

普通一社员（诗）⋯⋯⋯⋯⋯⋯⋯⋯王云笑
了望塔（诗）⋯⋯⋯⋯⋯⋯⋯⋯⋯陆伟然
装配风光（诗）⋯⋯⋯⋯⋯⋯⋯⋯中　流
在原始林中（诗）⋯⋯⋯⋯⋯⋯⋯陈国屏
老饲养员的喜悦（诗）⋯⋯⋯⋯⋯赤　叶
清晨，淡淡的雾（诗）⋯⋯⋯⋯⋯刘畅园
测天女（诗）⋯⋯⋯⋯⋯⋯⋯⋯⋯宋　歌
界江的早晨（诗）⋯⋯⋯⋯⋯⋯⋯龙彼德
碰头会（诗）⋯⋯⋯⋯⋯⋯⋯⋯⋯李风清
灿烂的灯火（诗）⋯⋯⋯⋯⋯⋯⋯王　野

杂文
从火刑、门槛说起⋯⋯⋯⋯⋯⋯⋯于　晴
"不识抬举"异议⋯⋯⋯⋯⋯⋯⋯佟家桓
无赖之徒的狡辩⋯⋯⋯⋯⋯⋯⋯段继山
从"曳白"说开去⋯⋯⋯⋯⋯⋯⋯衣殿臣
读《岳阳楼记》（古典文学欣赏）
——兼谈散文不散⋯⋯⋯⋯⋯⋯李　晖
简讯三则
编后记

兰竹（中国画）⋯⋯⋯⋯⋯⋯⋯李苦禅
青松红日（中国画）⋯⋯⋯⋯杨　沙　刘　棣

1978 年第 8 期　刊名:《北方文学》

目录

夺取全国胜利（油画）
——毛主席和老师们在一起⋯⋯⋯尹戎生

省委书记王一伦同志在省文联
一届四次全委扩大会议上的重要讲话
省委书记李剑白同志在省文联
一届四次全委扩大会议上的重要指示
拨乱反正　繁荣文艺
——在黑龙江省文联一届四次全委扩大会议上的讲话
⋯⋯⋯⋯⋯⋯⋯⋯⋯⋯⋯延泽民
黑龙江省文联举行一届四次全委扩大会议
严冬过尽绽春蕾
——黑龙江省文联全委扩大会议侧记⋯⋯门瑞瑜

继续长征的老兵（小说）⋯⋯⋯⋯李　栋
金矿的雪夜（小说）⋯⋯⋯⋯⋯梁国伟
疾风知劲草（革命回忆录）⋯李延禄讲　骆宾基记
聂卫平是怎样战胜日本"九段"的?（报告文学）
⋯⋯⋯⋯⋯⋯⋯⋯⋯⋯⋯⋯程　路
兴凯守卫者（散文）⋯⋯⋯⋯⋯林柏松
不屈的土地（北国风光）⋯⋯丁继松　阎英奎

杨靖宇（诗·二首）⋯⋯⋯⋯⋯胡　昭
晨（诗·外一首）⋯⋯⋯⋯⋯⋯管志初
从蓝天寄战友（诗）⋯⋯⋯⋯⋯李克白
十双手（诗）⋯⋯⋯⋯⋯⋯⋯⋯王晋军
空军战士之歌（诗·三首）⋯⋯乔　良
钢铁边防（诗）⋯⋯⋯⋯⋯⋯⋯蔡文祥
捉熊（诗）⋯⋯⋯⋯⋯⋯⋯⋯⋯霍林宽
高山架线（诗）⋯⋯⋯⋯⋯⋯⋯高润祥
山村之夜（诗）⋯⋯⋯⋯⋯⋯⋯常　安
访北大门哨兵（诗）⋯⋯⋯⋯⋯里　百

烧向哪个阶级的"三把火"?
——评反党小说《百花川》⋯⋯经百君
主题思想浅谈（创作漫谈）⋯⋯李　佳

文艺随笔
独辟蹊径⋯⋯⋯⋯⋯⋯⋯⋯⋯李安恒
不谐调的谐调⋯⋯⋯⋯⋯⋯⋯唐逸才
"方程式"与"答案"⋯⋯⋯⋯郑训智

部队生活速写⋯⋯⋯⋯⋯⋯王天胜　于圣安
北疆之春（套色木刻）⋯⋯⋯⋯杜洪年

1978 年第 9 期　刊名:《北方文学》

目录

诗词三首⋯⋯⋯⋯⋯⋯⋯⋯⋯⋯毛泽东
贺新郎（一九二三年）
七律·吊罗荣桓同志（一九六三年十二月）
贺新郎·读史（一九六四年春）

深情的颂歌·（四首）⋯⋯⋯朱万春　赞达钦等
七绝·参观哈尔滨偶感⋯⋯⋯⋯张平化
祝愿⋯⋯⋯⋯⋯⋯⋯⋯⋯⋯⋯臧克家
饮马长江⋯⋯⋯⋯⋯⋯⋯⋯⋯沈　彦
答友人（七律三首）⋯⋯⋯⋯⋯公　木
我的歌⋯⋯⋯⋯⋯⋯⋯⋯⋯⋯方　行
悼肖红（二首）⋯⋯⋯⋯⋯⋯⋯陈　堤
江中一遇⋯⋯⋯⋯⋯⋯⋯⋯⋯满　锐
写在斯大林公园⋯⋯⋯⋯⋯⋯晓　钢
长江游泳⋯⋯⋯⋯⋯⋯⋯⋯⋯李冰牧
新民歌（二十四首）⋯⋯⋯费忠元　戈　缨等
在新长征路上（九首）（征文选登）
⋯⋯⋯⋯⋯⋯⋯⋯⋯谢文利　桑　木等
油海浪花（六首）⋯⋯⋯⋯邹荻帆　阎　纲等
尹灵芝（长诗选载）⋯⋯⋯⋯⋯公　刘
北方（二首）⋯⋯⋯⋯⋯⋯⋯⋯邵燕祥
海样的深情（二首）⋯⋯⋯⋯⋯陆伟然

开路的火焰 ————————————— 王　野
在前沿 ————————————— 秀　亮　迎　春
滚板机哟，你快些转 ————————— 胡国斌
钢轨当琴弦 ————————————— 田蕴奇
珍珠赋 —————————————— 范震威
变压器的医生 ———————————— 万　军
在候机厅里（外一首） ——————— 樊发稼
演练 ——————————————— 邵生杰
金色的秋天 ————————————— 董耀章
小淘气变"科学迷"（儿童诗·三首）—— 张秋生
愚蠢的熊（寓言诗） ——————— 刘福林
水碧松青（二首） ——————— 聂振邦

散文诗

夜战 ——————————————— 章　华
别 ———————————————— 讴　阳
钻井机（外一章） —————————— 高　砚
公社抒情（六首） ————— 许柏祥　赤　叶等
寄自兴安岭（七首） ———— 李耀先　苗　欣等
欢腾的草原（八首） ———— 黄　彦　韩作荣等
一束爱情诗（三首） ———— 李同都　赵新禄等

说"诗味"（评论） ———————— 陶尔夫
独具匠心　别开生面（评论） ———— 谢万霖
雪压霜欺香益烈（评论） —————— 赵祖铸
山红涧碧纷烂漫（古典文学欣赏） —— 姜光斗

文艺随笔

"工夫在诗外" ——————————— 段继山
从陈毅同志改诗所想到的 —————— 润　荃
诗歌语言的华与质 ————————— 吴功正
谈"新意" —————————————— 丁俊赋

毛主席视察黑龙江住址纪念馆（速写）— 惠　民
秋江归渔（套色木刻） ——————— 张祯麒

1978 年第 10 期　刊名：《北方文学》
目录

打店（小说） ———————————— 张　振
"鲤鱼"（小说）（征文选登） ———— 韩统良
金鹿的故事（赫哲族民间传说） ——— 隋书今
星光闪烁（报告文学）——— 继东　家兴　晓培
走向生活第一课（散文） —————— 陈　隄
没讲完的《最后一课》（散文） ——— 谢　树
灯赞（散文） ———————————— 曲　维

祖国处处

太阳的家乡 ————————————— 宁　宇
咏雪词诞生的地方（征文选登） ——— 李天芳
疾风知劲草（革命回忆录） —— 李延禄讲　骆宾基记

丰收了，我的祖国（诗） —————— 李松涛
战地黄花分外香（诗·四首） ———— 田永生
金色的河流（诗） ————————— 吕长河
松花江颂（诗·外一首） ————— 彩　斌遗作
新村歌（诗） ———————————— 张喜彦
采金船员的歌（诗） ———————— 高歌今
校园铺路（诗） ——————————— 刘秀泉

彻底批判鼓吹唯心史观的《虹南作战史》（评论）
————————————————— 弘　彀
"四人帮"围攻"别、车、杜"的用心何在（评论）
————————————————— 李邦媛
漫谈故事情节（创作漫谈） ——— 王敬文　杨治经
果戈理烧原稿（作家小故事）

节日江滨（速写） ————————— 潘衡生
镜泊春晖（速写） ————————— 李明久
林海新颜（国画） ————————— 廉　浦

1978 年第 11 期　刊名：《北方文学》
目录

四月（小说） ———————————— 马笑冬
播种（小说） ———————————— 支　援
界限（小说） ———————————— 王正元
"老虎尾巴"漫笔（散文） ————— 徐　刚
新征曲（散文） ——————————— 侯春翔
高山深情（散文） ————————— 谷世泰

祖国处处

红旗猎猎八角楼 ——————————— 吕云松

北国风光

大江东去 —————————————— 贾　非
疾风知劲草（革命回忆录）—— 李延禄讲　骆宾基记
"青蒜"（小故事） ————————— 吕世申

瞻仰的诗（诗·二首） ——————— 章子冈
淮安歌（诗·外一首） ——————— 沙　白
雨中（诗） ————————————— 曹长青
飞奔吧，时代的列车（诗） ———— 潘　藩
"老着急"（诗） —————————— 王贵章
新时代的春天（诗） ———————— 李云迪

会场静悄悄（讽刺诗）·····························果　重

小花朵朵
钨丝·媒·引信（诗·三首）·················李凤岐
喇叭花（诗）·································张　歌
山涧、大海及其他（诗·三首）···········李翔云
夜鹰·天鹅（诗·二首）·····················杨诗粮

文艺随笔
关于艺术的夸张·····························陈　炳
关于写景·····································赵成禄
也谈"人情味"·······························丛　星
在对比中使人物形象更加鲜明
——读《鉴别》的一点体会（新作小评）···宋德胤
生活中有他——巧手（新作小评）
——读《巧手小传》·························王　贵
杜甫捕捉形象的能力（评论）···············肖文苑
文艺简讯
猎手（国画）·······························于志学
暖冬（油画写生）·························李秀实
雾（水彩）·································奚士元

江水滔滔（叙事诗）·························宋　歌
给机车安上了眼睛（诗）·····················于　帆
特殊的图纸（诗）·························王家兴
编外工程师（诗）·························谢建华
"外形是理解人物的钥匙"
——漫谈肖像描写（创作漫谈）···········郭　超
生活与主题
——学习鲁迅文艺思想札记···············程汉杰
喜看橱窗飞彩霞
——读长篇小说《橱窗迎彩霞》···········李振滨

杂文
话说"收发室"之类·························衣殿臣
不准笑的"悲剧"与抽象的"水果"···········陈景春
也说人材·····································王雅军

数风流人物还看今朝（油画）···············靳尚宜
月（国画）·································王秀成
绿色宝库（国画）·························林　彦

1978 年第 12 期　刊名：《北方文学》

目录

高举毛主席的伟大旗帜前进
日出韶出一片红（诗）·····················黄益庸
伟大的旗帜（诗·外一首）···············王云笑
黄河渡口情思（诗）·························和　谷
锤与火（诗）·······························杨　絮
我愿意……（诗）·························李冰牧
不尽的思念（诗）·························范震威
幸福呵，阳台（诗）·························王　野

宴会在尴尬的气氛中进行（小说）···········舒　展
山桃花（小说）·····························李汉平
百万雄师过大江（长篇小说选载）···········哈　华
迎晨曲（散文）（征文选登）···············谢又芳
苇乡的春天（散文）（征文选登）···········孟　浩

祖国处处
黄山行·······································金德顺

北国风光
在祖国的"北极"·························门瑞瑜
在红旗下前进（革命回忆录）····李延禄讲　骆宾基记
三妯娌（叙事诗）（征文选登）···········李凤清
宝麻袋（叙事诗）·························朱宏轩

1979 年第 1 期　刊名：《北方文学》

目录

永远怀念周总理
翔宇颂（组诗）·····························石　英
望海潮（词）·······························章子岗
我来到周总理办公室窗前（诗）···········苏　冬
天安门诗抄

起飞（小说）·······························延泽民
志同道合（小说）···············孙占山　袁　寂
前奏（小说）（征文选登）···············杨利民
生活的目标（报告文学）（征文选登）·······王荣辉
情深意浓（散文）·························谢又芳

祖国处处
胶林啊，胶林·······························沈仁康

北国风光
红松之冠·····································石堪砺
在红旗下前进（革命回忆录）····李延禄讲　骆宾基记

伟大祖国是毛泽东的故乡（歌词）···········李幼容
宇宙漫谈（诗·外一首）···············范震威
扫帚梅（诗）·······························饶阶巴桑
风雨篇（诗·二首）·························别闽生
寄哨所（诗）·······························翁景贵
松针（诗·外一首）·························胡　昭

小花朵朵

向阳花（诗）·····································姜学民
乌亮乌亮的原油（诗）·······················秋　原
矿水高喷（诗·外二首）·······················李熏风
大寨行（诗·二首）···························马晋乾
时间篇（诗）·································刘传芳

革命诗歌的巍峨丰碑·························任　愫
现实主义与"暴露文学"及其他···············汤学智
一朵色香俱佳的鲜花
——《火焰花》读后（新书评介）···········叶伯泉
言约意足　波澜曲折
——《左传·曹刿论战》的写作艺术（古典文学欣赏）
·····································周溶泉　徐应佩

简讯一则

为农业插上金翅膀（水粉画）·················张若一
丰收的喜悦（木刻）·························常玉昌

1979 年第 2、3 期　刊名：《北方文学》
目录

他要我们振翅高飞
——学习周总理一九六一年关于文艺问题的重要讲话
·····································关沫南
妻子（小说）·······························鲁　琪
我的两个小战友（小说）·····················张　振
爱笑的姑娘（小说）·························李　放
位置（小说）·······························孙晓中
无法投递的信（小说）·······················梁　人
初春（小说）·······························肖英俊
重新上车（小说）···························岳治成
真诚的心灵（散文）·························鲁秀珍
寓言两则·································巴　波
绥江之畔话厘竹（祖国处处）···············欧庆林
"地下森林"游记（北国风光）···········云　波　树　德
在红旗下前进（革命回忆录）···李延禄讲　骆宾基记

飞翔吧，美丽富饶的三江平原
唱起时代的战歌·····························染志强
大荒歌（散文）·····························郭先红
"北大荒"春早（散文）·······················吕中山
报春花（散文）·····························门瑞瑜
在大雁的家乡（散文）·······················王忠瑜
三江寄思（散文）···························郑子禾
火光在前（散文）···························陈谷音
兴凯湖岸听涛（散文）·······················张抗抗
牛、"铁牛"和"金鹿"（童话）···············王佩家

三江行（诗·二首）·························赤　叶
我歌唱金鹿，我歌唱驾驭金鹿的人（诗）·······苗　欣
重逢老场长（诗）···························肖英俊
老渡口谱新歌（诗）·························中　流
北大荒风物（散文诗）·······················李汉平
在果园（诗）·······························里　百

词二首·································蔡天心
真理（诗）·································陆伟然
黑夜里的诗（诗·三首）·······················刘畅园
深山大街（诗·外一首）·······················陈国屏
油田诗抄（诗·三首）·························李小雨
一片红叶（诗）·····························李　琦
北大荒之夜（诗·二首）·······················侯景云
收音机之歌（诗）···························王宝珠
新民歌（二十四首）···············李　浚　黄秋实等
试谈短篇小说的特点（创作漫谈）···············于　果

文艺随笔
给人物以个性·························周劭馨　吴松亭
第一须观察·································汪海泉
以一目尽传精神·····························肖　盼
辛弃疾的《永遇乐·京口北固亭怀古》（古典文学欣赏）·····································韩觉民
简讯一则

新课（国画）·······························阴衍江
喜报催春（套色木刻）·······················晁　楣

1979 年第 4 期　刊名：《北方文学》
目录

褚大常委即褚玉芝事迹补遗（小说）···········巴　波
风浪（小说）·······························孟久成
大喝一声"不许动！"（散文）·················孙成武

北国风光
仙源笑声·································马永杰
创业者的歌·································满汝毅
在红旗下前进（革命回忆录）···李延禄讲　骆宾基记
丰碑（诗）·································弗　松
忆昔（诗）·································刘仲甫
诗·诗人（诗）·······························黄　淮
埋诗抄（诗）·······························王庆芳
腹中诗（诗）·······························刘　章

黑龙江散诗（诗·三首）·······················邵燕祥
我走向开花的大地（诗·外一首）···············刘湛秋

又一片北大荒出阁（诗）—————————李风清
清晨，汽车回来了（诗）—————————邵生杰

请来参加我们的婚礼（诗）—————————刘福林
大雪抒情（诗）—————————姜郁苍
渴（诗）—————————岳 亭
柜台内外（诗）—————————车帅仁
南岳咏怀（诗）—————————庞土铨
兴师动众（诗配画）—————谢文利诗 于 夫画
教诲永志　刻骨铭心—————————王志超
解放思想　大胆创作—————————钟 涛
试谈短篇小说情节的提炼（创作漫谈）———王铁仙
感情——艺术力量的所在——————白 石 哲 军
有感于歌德的几则诗话—————————何 新
简讯

春（速写）—————————蒋 明
渡（国画）—————————王仙圃
三江之源（国画）—————————刘振铎

1979 年第 5 期　刊名:《北方文学》
目录

告急，告急!（小说）—————————王宗汉
上路之前（小说）—————————王子文
回声（小说）—————————肖 沉
兽铜铃（民间故事）—————————何德权整理
在谢尔塔拉草原上（散文）—————————栾之千

祖国处处
太湖深处在鼋头—————————章左声
黄帝陵游记—————————刘 斌 朱树茂

北国风光
五大连池漫笔—————————庞壮国
一张报纸（革命回忆录）—————————陈 沂

为和平而战（诗）—————————王 野
偶像的破碎（诗·外一首）—————————梁 南
霹雳颂（诗）—————————孙 奇
缝补厂姐妹的歌（诗）—————————苗得雨
油田行（诗·二首）—————————芦 萍
自动线呵，彩色的河……（诗）—————————李同都
万吨水压机的颂歌（诗）—————————晓 达

瓦格那线抒情（诗）—————————李文剑
画卷（诗）—————————李海星
科研二题（诗）—————————黄秋实

"摔跤手"（诗）—————————鲍雨冰
山溪曲（诗）—————————万以诚
金翅歌（诗·二首）—————————尧山壁
新婚曲（诗）—————————岳凌云
引人注"幕"（诗配画）—————谢文利诗 于夫画
鲁迅和五四运动—————————钦 文
"五四"时期的一股"热风"—————————佟家桓
浅谈《女神》—————————李 兵 沈永宝

杂文
从电筒鱼谈到"电筒人"—————于雪非 宋立人
周近·曹操·蔡文姬—————————谢万霖

套马（国画）—————————郭广业 刘 棣
问苍茫大地谁主沉浮（国画）—————————李秀实

1979 年第 6 期　刊名:《北方文学》
目录

民族魂（小说）—————————金 九
区委书记和淘气鬼（小说）—————————张恩儒
园园的心事（小说）—————————陆康勤
入学（小说）—————————李向晨
"木头"安德烈（小说）—————————屈兴岐
病（小说）—————————张 克 王治普
树苗（小说）—————————云 波 学 利
"变色龙"新传（小说）—————————高文铎
果实（小说）—————————王荣伟

寓言三则
狐狸和兔子—————————白 浪
猫为什么受到惩罚—————————白 浪
小猫守粮—————————关向东
伞连花（散文）—————张洪舜 宗水龙

祖国处处
鸟岛行—————————蔡国瑞

献给孩子们的礼物
鹰和鸡（诗）—————————李又然
校园的早晨多美妙（诗）—————————张秋生
写给少年们的诗（诗·二首）—————————刘崇善
忘恩负义的大灰狼（诗）—————————于 帆

爸爸是炮手（诗）—————————重 源
飞呀，雪橇（诗）—————————李耀先
宣誓（诗）—————————吕久彦
抄吧，小朋友（诗）—————————韩玉兰

诚实的小猫（儿歌·外一首）—————— 李沐明
小格尺（儿歌）—————————— 黄　淮
追求（诗）——————————— 李方元
光彩夺目（诗配画）———— 谢文利诗　于夫画

紧张的故事情节　鲜明的人物性格
——看话剧《间隙与奸细》———— 郑维庆

文艺随笔
魂兮归来"人情美"——————— 潘志豪
未成曲调先有情——————— 吴士余
漫话诗的亲切感（创作漫谈）——— 阿　红
作家小故事

春风桃李（中国画）—————— 杨　沙
白菜（中国画）——————— 李墨白
李白诗一首（书法）—————— 娄正纲

1979 年第 7 期　刊名:《北方文学》

目录

生与死（小说）——————— 金湛庆
春（小说）———————— 贾平凹
亲兄弟（小说）——————— 林　青
三号单身宿舍（小说）————— 杨更新
前程似锦（小说）—————— 郑子禾

祖国处处
太行明珠———————— 孟　敏
浪花颂（散文）——————— 李贵德
丁香盛开的晚上（散文）———— 赵俞城
山花红似火（散文）—————— 尹　涵

诗二首————————— 绀　弩
南国诗草（诗·三首）————— 蔡其矫
故乡（诗·五首）—————— 沙　鸥
寿茅公八秩大庆（七律四首）—— 荒　芜
历史的回答（诗）—————— 胡世宗
雨花石（诗）——————— 叶乃滋
书记的读书证（诗）—————— 赵锡忠
"红辣椒"（诗）——————— 黄东成
泥土芬芳（诗·二首）————— 宋　歌
长江入海（诗）——————— 李冰牧
台湾爱河的歌（诗）—————— 李幼容
乡音（诗）———————— 于宗信
海燕，你快快地飞（诗）———— 陈满平
调转的"秘密"（诗配画）
——————— 于迎春　王秀亮诗　王者琦画

关于"写中间人物"（评论）———— 冯健南

新作小评
精细入微的心理描写—————— 史宝庆
鲜明生动的人物刻划—————— 赵连城
紧张曲折的情节安排—————— 王　工
芦沟桥畔的联想（文艺随笔）——— 金小瑞
漫谈艺术构思的创新（创作漫谈）—— 高维晞
"大冤未伸，寸心不死"（古典文学欣赏）—— 衣殿臣
作家小故事

万年青（国画）———— 富鹏志　王峻珠
开新路（套色木刻）——— 周胜华　徐壮元
采蘑菇（套色木刻）—————— 王合群

1979 年第 8 期　刊名:《北方文学》

目录

你永远微笑在我心中（报告文学）—— 竹　青
山岳丛林英雄歌（报告文学）——— 栗瑞华
随军散记（散文）—————— 袁厚春
八月（小说）——————— 邵长青
蕾蕾，你在哪里（小说）———— 史　方
访问失踪者（长篇选载）———— 孟伟哉

边防短歌
他在我们中间（诗）—————— 梁　南
我借机声抒壮怀（诗）————— 蔡文祥
银色的边防线（诗）—————— 冉晓光
边民证（诗）——————— 龙彼德
弹坑
——菜地（诗）——————— 李言有
历史的绞绳（诗）—————— 江　军
山榆（散文诗）——————— 屈兴岐
兴安岭的风雪（诗·二首）——— 巴莱遗作
长空探宝（诗）——————— 侯学志
大山月夜（诗）——————— 王鸣久
哨所夜话（诗）——————— 田玉文
足迹（诗）———————— 顾联第
成语故事新编（讽刺诗二首）——— 桂汉标

北疆筑路散
你好，南方的大嫂（诗·外一首）—— 李武兵
额尔古纳河晨曲（诗）————— 郭　辉
碑（诗）———————— 刘金忠

从围绕《阿 Q 正传》的一场风波谈起（评论）
—————————— 晓　培

批判"四人帮"的一个谬论（评论）·······余丁明

文艺随笔

说"白描"·······力 工
艺术的节制·······郁 云
漫谈"空白"·······赵 叶
诗情画意秀丽多姿（古典文学欣赏）·······吴功正
坚决推倒"文艺黑线专政"论为黑龙江省文联彻底平反
骆驼（中国画）·······刘 棣
镜泊飞瀑（水印木刻）·······吴哲辉
细雨（水彩）·······胡梅生

1979 年第 9 期　刊名:《北方文学》
目录

西瓜熟了（小说）·······李守信
老猎人的故事（小说）·······肖英俊
他不是目标（小说）·······李汉平
"红皮书"（小说）·······张亦峥
谈情说爱（长篇选载）·······刘亚舟
神秘果（散文）·······周良沛
我的老师（散文）·······孟庆华
北疆哨所（散文）·······杨清俊
蒲公英（寓言）·······铁 健
乞丐和知县（寓言）·······白东星

处女地（诗）·······徐 刚
伯乐与千里马（诗）·······苏赫巴鲁
冲出去，姑娘!（诗）·······李向晨
云上房屋（诗·外一首）·······叶晓山
雷（诗）·······霍林宽

学习鲁迅关于题材问题的论述（评论）·······卢 今
"因为真实，所以也有力"（评论）·······郎保东
勇敢的种子（文艺随笔）·······谧 亚

诗，应该富有生活的激情（读者·作者·编者）
·······史川仁

简讯一则

僵持（彩墨）·······惠 民
乐在边疆（木刻）·······郝伯义
春（水印木刻）·······朱纪统

1979 年第 10 期　刊名:《北方文学》
目录

国庆三十周年献词·······本刊编辑部

诗歌

听，有一个声音·············艾 青
如何能忘却（四首）·······满 锐
南行小诗（四首）·······刘畅园
银河集·······雷 雯
一条新鲜湖鲫怎样变成了一条臭鱼?·······关守中
北方风情赋（散文诗·五则）·······满汝毅

小说

上任头一件事·······邓友梅
紫花与红叶·······关沫南
怎么办?·······巴 波
烧吧，烧了好!·······吕中山

报告文学

赤子之心·······鲁秀珍

杂文

愚蠢与退化·······刘宾雁
特权和兽性·······杨 槐
从茅屋想起的·······肖英俊
社会公仆无特权·······高永捷

散文

献给幸存者的花束·······冯夏熊
铁铸的足印·······秦 牧
花事·······白 石
《风雨斋待记》（读书笔记）·······刘以焕
《呼兰河传》后记·······骆宾基
鲁迅先生书简注释及其他·······萧 军

评论

论文学的冲刺精神和战斗作用·······于 晴
写给关心《小院》命运的朋友们·······李龙云
赞话剧《有这样一个小院》·······艾 若
压迫不是批评
——姚雪垠先生两封公开信读后感·······王昌定
文学是一种特殊的社会意识形态（文艺基础知识讲座）
·······仲子翱
"借一斑略知全豹，以一目尽传精神"（短篇小说创作谈）·······蒋守谦
欲得玲珑待细雕（习作与辅导）
·······陆伟然 满 锐 英 俊 陈国屏

继续解放思想　办好文艺期刊（简讯）
编后记

美术
封面设计 ————————————————刘惠民
张路版画小品
思（雕塑） ——————————————俞　崧

贯彻"双百"方针还得斗争 ————————于文东
文学的社会作用（文艺基础知识讲座）————钟子翱
选材要严（短篇小说创作谈）——————蒋守谦

美术
张祯麒的木刻
雉（木刻） ——————————————张　路

1979 年第 11 期　刊名:《北方文学》
目录

小说
神经病 ————————————————林斤澜
雪地上的阳光 ————————————————沙　鸥
哎哟，妈妈 ——————————————孔捷生
幸福的路条 ——————————————宋学孟
有待结论的备忘录 ——————————毛四维

散文
槐树冠 ————————————————谢　树
凭栏不尽忧乐感 ——————章仲锷　张守仁
云杉 ——————————————端木蕻良
伊春三十年 —————————————郅　闻
武则天设的控鹤监（读书笔记）—————杨　槐

诗歌
献给张志新烈士
短章，献给张志新 ——————————陆伟然
不能忘却的挽歌（三首）————————梁　南
英雄赞 ————————————————章　华
英雄在思索 —————————————王云笑
断想集 ————————————————王　野
我在想 ——————————————李　琦　马合省
相思海的传说 ————————————晏　明
临清，你这运河岸上的古城 ——————臧克家
绿色的梦（三首）————————————林　子
海上情思（六首）————————————毛　琦

杂文
从一部稿子的遭遇所想到的…… ————秦　木
"朝令夕改"的辩证法 ————————柳　倩
暗算 ——————————————————耕　荒

评论
飞絮篇 ————————————————李　佳
生活的权利 —————————————蔡　田
劝君莫做过于执请把宗岱作楷模————陈　辽
《纪要》必须继续批判 ————————单　复

1979 年第 12 期　刊名:《北方文学》
目录

小说
酸棍刘刚 —————————————张有德
仍如带露折花 ————————————刘绍棠
小白马 ————————————————滕学清
收电费 ————————————————高文铎
她在等待 ——————————沈祖培　李庆西

诗歌
醒来的乡野
春天，花一样美（五首）————————田　丰
田园集（三首）————————————钱英球
春风满街巷 —————————————赖松廷
犁（外一首）————————————李发模
雾…… ————————————————宋　致
忍冬花 ————————————————王亚平
人血不是水（九首）——————————陆伟然
希望 ——————————————————邵燕祥
南行散歌（二首）————————————赤　叶
心声 ——————————————————吕　剑
游故宫 ————————————————徐　放
风雪松花江（散文诗）—————————谢文利

散文
彩蝶 ——————————————————支　援
兴安雪 ————————————————屈兴岐
灯的怀念 ——————————————林　青
回忆延安（三题）————————————宋　军
燃烧 ——————————————————田　琳
哈尔滨之冬 —————————————门瑞瑜

小品文
孩子他爸 ——————————————马铁铮
科长的"党性" ————————————李启凡
寓言两则 ——————————————白　浪

评论
在"要反映生活的本质真实"的幌子下————张景超

"赶时髦"者的"愤慨"⋯⋯⋯⋯⋯⋯⋯⋯⋯易佳言
要解剖隐藏在生活深处的病源
——评短篇小说《酸锟刘刚》⋯⋯⋯谢万霖
诗人在思考
——从满锐的一组诗谈起⋯⋯⋯⋯⋯黄益庸
新苗破土　根深叶壮
——我省地方刊物短篇小说选评⋯⋯常　葵

文艺随笔

谈重复⋯⋯⋯⋯⋯⋯⋯⋯⋯⋯⋯⋯⋯赵　捷
谈以多为少⋯⋯⋯⋯⋯⋯⋯⋯⋯⋯⋯陈根生
提炼富有时代意义的主题（短篇小说创作谈）
⋯⋯⋯⋯⋯⋯⋯⋯⋯⋯⋯⋯⋯⋯⋯蒋守谦

美术

晁楣的版画
鹿（木刻）⋯⋯⋯⋯⋯⋯⋯⋯⋯⋯⋯张　路

1980 年第 1 期　刊名:《北方文学》
目录

我们把一束鲜花献给读者⋯⋯⋯⋯⋯本刊编辑部
创作要上去，关键在领导⋯⋯⋯⋯⋯廷泽民

第四次全国文代会归来

一点教益⋯⋯⋯⋯⋯⋯⋯⋯⋯⋯⋯⋯巴　波
十年离乱又重逢⋯⋯⋯⋯⋯⋯⋯⋯⋯关沫南
我们怎么办?⋯⋯⋯⋯⋯⋯⋯⋯⋯⋯张　浪
让自由的笔生辉放彩⋯⋯⋯⋯⋯⋯⋯潘　青

小说

消失的歌声⋯⋯⋯⋯⋯⋯⋯⋯⋯⋯⋯董艳新
醉话⋯⋯⋯⋯⋯⋯⋯⋯⋯⋯⋯⋯⋯⋯津　发
小说三篇⋯⋯⋯⋯⋯⋯⋯⋯⋯⋯⋯⋯张　林
顶风⋯⋯⋯⋯⋯⋯⋯⋯⋯⋯⋯⋯⋯⋯温树林
早春⋯⋯⋯⋯⋯⋯⋯⋯⋯⋯⋯⋯⋯⋯于　详
金鱼之路⋯⋯⋯⋯⋯⋯⋯⋯⋯⋯⋯⋯孙慈忠
海⋯⋯⋯⋯⋯⋯⋯⋯⋯⋯⋯⋯⋯⋯⋯王宗汉
甜密的丧事⋯⋯⋯⋯⋯⋯⋯⋯⋯⋯⋯袁　丁
全体通过⋯⋯⋯⋯⋯⋯⋯⋯⋯⋯⋯⋯郑西海
他为失去的东西哭了⋯⋯⋯⋯⋯⋯⋯王霆钧
休学证书⋯⋯⋯⋯⋯⋯⋯⋯⋯⋯⋯⋯鸿　滨
契诃夫小说三篇⋯⋯⋯⋯⋯⋯⋯⋯⋯汝　龙译
围巾⋯⋯［苏］列奥尼德·拉李舍夫著　刘以焕译

评论

关于塑造社会主义新人形象的讨论
写新人漫议⋯⋯⋯⋯⋯⋯⋯⋯⋯⋯⋯艾　若
文学要为新人塑像⋯⋯⋯⋯⋯⋯⋯⋯杨治经
关于塑造英雄人物问题⋯⋯⋯⋯⋯⋯侯成言
立足于"短"，进行精巧、新颖的构思（短篇小说创
作谈）⋯⋯⋯⋯⋯⋯⋯⋯⋯⋯⋯⋯蒋守谦

美术

封面设计⋯⋯⋯⋯⋯⋯⋯⋯⋯⋯⋯⋯刘惠民
疾风（油画）⋯⋯⋯⋯⋯⋯⋯⋯⋯⋯李秀实
杜鸿年版画
蛙（木刻）⋯⋯⋯⋯⋯⋯⋯⋯⋯⋯⋯张　路

1980 年第 2 期　刊名:《北方文学》
目录

小说

在山中⋯⋯⋯⋯⋯⋯⋯⋯⋯⋯⋯⋯⋯高尔太
续娶记⋯⋯⋯⋯⋯⋯⋯⋯⋯⋯⋯⋯⋯王荣伟
夜幕下⋯⋯⋯⋯⋯⋯⋯⋯⋯⋯⋯⋯⋯屈兴岐
金子的嗜好者（童话）⋯⋯⋯⋯⋯⋯叶君健
高濑舟⋯⋯⋯⋯⋯⋯⋯⋯森欧外　李　芒译

散文

母亲⋯⋯⋯⋯⋯⋯⋯⋯⋯⋯⋯⋯⋯⋯曾　卓
风雨中忆萧红⋯⋯⋯⋯⋯⋯⋯⋯⋯⋯丁　玲
玛瑙⋯⋯⋯⋯⋯⋯⋯⋯⋯⋯⋯⋯⋯⋯平　青
且莫猖狂爱咏诗（读书笔记）⋯⋯⋯曾白融

寓言

豪猪找朋友⋯⋯⋯⋯⋯⋯⋯⋯⋯⋯⋯陈乃祥
叶落知秋⋯⋯⋯⋯⋯⋯⋯⋯⋯⋯⋯⋯杨　考
听讲（外一则）⋯⋯⋯⋯⋯⋯⋯⋯⋯刘占武
鲫鱼的本领⋯⋯⋯⋯⋯⋯⋯⋯⋯⋯⋯白　浪
小品文三则⋯⋯⋯⋯⋯⋯⋯⋯北　星　蓝　天
《屁颂》发微⋯⋯⋯⋯⋯⋯⋯⋯⋯⋯张　一

杂文

怪话不怪⋯⋯⋯⋯⋯⋯⋯⋯⋯⋯⋯⋯秋　耘
"风文"的文风⋯⋯⋯⋯⋯⋯⋯⋯⋯黄文锡
六十又得吐心声⋯⋯⋯⋯⋯⋯⋯⋯⋯陈泽昆

诗歌

一张湖墙的报纸⋯⋯⋯⋯⋯⋯⋯⋯⋯流沙河
呼伦贝尔草原即景（三首）⋯⋯⋯⋯瞿　琮
摘自林海的绿叶（组诗）⋯⋯⋯⋯⋯曹长青
在一个村子里（三首）⋯⋯⋯⋯⋯⋯肖英俊
前夜（组诗）⋯⋯⋯⋯⋯⋯⋯⋯⋯⋯方　晴
柞叶红了⋯⋯⋯⋯⋯⋯⋯⋯⋯⋯⋯⋯徐　讽
大森林的孩子（儿歌二首）⋯⋯⋯⋯王云笑

花瓣集 ································ 李凤峻
渡 ································· 刘岚山
台上台下（讽刺诗）·········· 易和元诗 方 成画

评论
茅盾笔下的林老板（名著欣赏）········ 雷 达

文艺随笔
从一字之差见精神谈起 ············· 石 军
鸣凤之死 ····················· 刘 琦
文学和社会生活（文艺基础知识讲座）···· 钟子翱
精心剪裁，力求情节单纯紧凑（短篇小说创作谈）
··························· 蒋守谦

美术
秋光图（国画）················· 贾平西
郝伯义版画
天鹅（木刻）··················· 张 路

1980 年第 3—4 期　刊名:《北方文学》
目录

小说
空巢 ······················· 冰 心
姑姑鸟 ······················ 刘 真
家务事 ····················· 菇志鹏
幽灵 ······················· 柳 溪
烦恼的星期日 ·················· 谌 容
温热的心 ····················· 李 纳
闯入者 ····················· 刘朝兰
海员的儿子 ··················· 黄庆云
远古的歌声 ··················· 呆向真
砸锅记 ······················ 葛 文
清清长塘水 ··················· 叶文玲
民事庭长 ····················· 潘 青
"二级半" ····················· 毕 方
白罂粟 ····················· 张抗抗

散文
关于杜晚香 ··················· 丁 玲
我与万妞 ····················· 菡 子
松花江之恋 ··················· 丁 宁
天安门情思 ··················· 韦君宜
记忆 ······················· 凤 子
初到哈尔滨 ··················· 草 明
久病思良医 ··················· 陈学昭
眼睛 ······················ 鲁秀珍
金铃响丁当（报告文学）············ 邵长青

永远年青
——至京组稿散记 ··········· 家 兴 荣 玉

诗歌
漫步与沉思 ··················· 陈敬容
种子的梦 ····················· 柯 岩
命运之歌 ···················· 刘畅园
在思索中 ····················· 林 子

评论
李白去朝十年 ·················· 安 旗
飞絮篇（二题）（文艺随笔）·········· 李 佳
《中国现代女作家》及《女作家百人作品选》介绍
编后记

美术
人民和总理（中国画）············· 周思聪
故乡（中国画）················· 郁 风
万紫千红（中国画）·············· 肖淑芳
高坎村（油画）················· 张晓非
白孔雀（中国画）··············· 胡絜青
速写二幅 ···················· 李克瑜
天光水色（中国画）·············· 杨炳湘
丁香（油画）·················· 栾玉篯

1980 年第 5 期　刊名:《北方文学》
目录

小说
老孙头听广播 ·················· 蔡 田
你方唱罢他登场 ················· 韶 华
"诗人"洪卫革 ················· 任大霖
五峰路 ··················· 云 波 学 利
开园之前 ···················· 岳治成
洗不掉的悔恨 ··················· 水 畅

散文
重踏青山路 ··················· 潘 青
风雨行 ····················· 门瑞瑜
悼念李季同志 ·················· 延泽民
难释的怀念 ···················· 齐 一
完达山话鹿 ··················· 刘亚舟
茗谈猴魁 ···················· 吴炳南

杂文
说"魔"论"怪" ··············· 胡上舟
"八戒思想法"戒 ················ 杨 孜
烟花三月下扬州（祖国处处）·········· 许 淇

诗歌

新人诗页（二十八首）——————————————张曙光
贺 平 李沐明 吕久彦 于 波 邢海珍 李 琦
张德众 马福山 孙 奇 吴黛英 侯景云 兰 竹
岳 亭 尹万一 田玉文
山野里的歌（散文诗·五章）——————————李希英

评论

文艺批评要提倡以理服人——————————————丁国成
关于塑造社会主义新人形象的讨论
赞美人民吧，英雄就在其中——————————————张海珊
新人，必须是有思想的人——————————————张景超
"浪花飞溅，隆隆有声"——————————————张葆成
短篇小说创作的可喜收获——————————————夏 虹
生活的真实和作家的职责（编者与作者）————关沫南
文学作品的形象（文艺基础知识讲座）————钟子翱
抓住主要特征，塑造人物形象（短篇小说创作谈）
—————————————————————蒋守谦

美术

兴安岭下（中国画）——————————————王仙圃
张作良版画

哥哥的信——————————————————蔡文祥
写在汽笛声中的情歌（组诗）——————————何 鹰
阿什河的思索——————————————————范震威
"人多好办事"——————易和元诗 方 成画

给孩子们的礼物

鲜花的早晨——————————————————郭 风
鲜花和纸花（外一首）——————————————刘崇善
梦是美丽的——————————————————圣 野
小巴图和"菊花青"——————————————巴彦布
写在幼儿园里——————————————————李沐明
给蒙蒙——————————————————高 瑛
野外的小花——————————————————杨广庆
森林在歌唱——————————————————吴 咸

评论

从一处删改看曹雪芹的创作态度——————————王启忠
个人创造性和个人爱好的广阔天地——————————刘湛秋

新作小评

红松岭的赞歌——————————————————郑维庆
儿童文学的绚丽鲜花——————————————于淑媛
社会主义时代北国农村的新牧歌——————————润 荃
文学作品的典型（文艺基础知识讲座）————钟子翱
创造最凝炼的艺术结构（短篇小说创作谈）————蒋守谦

美术

张凡夫遗作二幅
刘洛生版画
儿童装饰画（三幅）——————————————刘巨兴

1980 年第 6 期　刊名:《北方文学》
目录

小说

等——————————————————鲁 琪
安香之囍——————————————————里 扬
脚印——————————————————木 青
戒烟的喜剧——————————————————舒 展
她当然是个突击手——————————————林布谷
一条消息——————————————————王常君

散文

柳玉芳和孩子们（报告文学）——————————李家兴
春日展景山——————————————————碧 野
我们悄悄相爱——————————————————刘厚明
难忘的记忆——————————————————陈 锋
遗像前的沉思——————————————————张茜荑
咏梅诗丛脞（读书笔记）——————————刘以焕
三个奴隶得解放——————————————伊之美

诗歌

我追寻……（外一首）——————————————段和平
五大连池散歌（三首）——————————————陈国屏
长江发电——————————————————李冰牧
葡萄架——————————————————文 丙

1980 年第 7 期　刊名:《北方文学》
目录

小说

一个晚期癌症患者的自白——————————————刘心武
哭笑不得的故事——————————————————刘亚舟
五好丈夫的心愿——————————————————马福林
库库什卡——————[俄]伊凡·蒲宁 唐光铜 甘雨泽译

散文

热发光（报告文学）——————————————吴学运
空间——————————————————曹敏之
黄洋界漫步——————————————————周 明
西山红叶好（祖国处处）——————————————徐 刚
樱桃沟遐思——————————————————韩静霆

诗歌

人民怀念你少奇同志
历史是人民写的 ——————————————— 黄秋实
像您那样战斗和生活 ——————————————— 赵圣铁
镜泊湖的深情 ——————————————— 王 野
天涯远眺（外一首） ——————————————— 唐大同
天涯行（二首） ——————————————— 傅 仇
海望 ——————————————— 王晓廉
大海与贝壳（外一首） ——————————————— 陈佩芸
网蟹 ——————————————— 赵丽宏
寄给海员的信 ——————————————— 金瑞华
新杨（外一首） ——————————————— 蔡其矫
蒲公英（外一首） ——————————————— 牛 汉
水电站之歌 ——————————————— 李同都
海月圆（组诗） ——————————————— 柴德森
路 ——————————————— 孙 奇
工程师的习惯 ——————————————— 李克白
记一个老侨工 ——————————————— 李小雨
舞台剪影（二首） ——————————————— 润 成
守路人的小屋 ——————————————— 秋 原

评论

艺术家要面对人民 ——————————————— 陈景春
形象·生活·细节 ——————————— 郁 云 尤 廉
文艺随笔
从马生角谈起 ——————————————— 陈 炳
从托翁的作文题谈起 ——————————————— 马 成
虚与实 ——————————————— 杨治经 王敬文
文学作品的题材（文艺基础知识讲座）——————钟子翱
要有自己独特的艺术风格（短篇小说创作谈）
——————————————— 蒋守谦

美术

镜泊春雨（中国画） ——————————————— 林 彦
党给鄂家插金翅（木刻） ——————————————— 常玉昌
万代长青（木刻） ——————————————— 郎若愚
蜂声（中国画） ——————————————— 姜 录

散文

农村新曲
雪茫茫 ——————————————— 林 青
花园行 ——————————————— 王忠瑜
闪光的脚印 ——————————————— 平 青
兵与我 ——————————————— 朱春雨
八达岭遐思 ——————————————— 关荣玉

寓言

老虎头上的苍蝇 ——————————————— 白 浪
温度计与大挂钟 ——————————————— 陈乃祥
红花绿叶 ——————————— 北 星 蓝 天

诗歌

北京抒情（组诗） ——————————————— 梁 南
明天我从这里启程（外二首） ——————————— 白 原
行吟集（五首） ——————————————— 曲有源
煤海浪花（二首） ——————————————— 中 流
勘探队员 ——————————————— 周 蒙
雨 ——————————————— 宋 歌
外来的和尚（讽刺诗）——————— 天 马诗 于 夫画
红色的路标 ——————————————— 柯 原
黑龙江铁骑（二首） ——————————————— 田玉文
绿水长流 ——————————————— 姚业涌
白云——羊群 ——————————————— 薛卫民
啊——新年…… ——————————————— 何 鹰

评论

给新人以丰富的人性（关于塑造社会主义新人形象的
讨论） ——————————————— 郑铁生
生动的讽刺艺术形象（名著欣赏） ——————— 吴功正
美好的礼物 ——————————————— 丁言昭
在民族化群众化的道路上前进（短篇小说创作谈）
——————————————— 蒋守谦
文学作品的主题（文艺基础知识讲座）——————钟子翱

美术

封面设计 ——————————————— 刘惠民
蔬菜（中国画） ——————————————— 吴镇东
虎、牛、豹（中国画） ——————————————— 李宝瑞
岩（中国画） ——————————————— 李维康

1980 年第 8 期　刊名:《北方文学》
目录

小说

运煤记 ——————————————— 高尔太
哈尔滨之夜 ——————————————— 关沫南
出水荷花 ——————————————— 张斤夫
棋王和蝶泳冠军 ——————————————— 胡月伟
焚火 ——————————— [日本]大岗升平著 田 琳译

1980 年第 9 期　刊名:《北方文学》
目录

小说

坦克阿唐将发言 ——————————————— 赵 自
全息照相 ——————————————— 宋 璞

如意嫂子 ⋯⋯⋯⋯⋯⋯⋯⋯⋯⋯⋯⋯ 沈祖培
缺陷者 ⋯⋯⋯⋯⋯⋯⋯⋯⋯⋯⋯⋯⋯ 兰 竹
出路 ⋯⋯⋯⋯⋯⋯⋯⋯⋯⋯⋯⋯⋯⋯ 王国勋
明天 ⋯⋯⋯⋯⋯⋯⋯⋯⋯⋯⋯⋯⋯⋯ 刘 屏
查岗 ⋯⋯⋯⋯⋯⋯⋯⋯⋯⋯⋯⋯⋯⋯ 郑祚斌

散文
新人散文辑
甘泉 ⋯⋯⋯⋯⋯⋯⋯⋯⋯⋯⋯⋯⋯⋯ 田玉文
参园恋 ⋯⋯⋯⋯⋯⋯⋯⋯⋯ 郭建中 韩乃寅
白桦林中 ⋯⋯⋯⋯⋯⋯⋯⋯⋯⋯⋯⋯ 于 波
比赛 ⋯⋯⋯⋯⋯⋯⋯⋯⋯⋯⋯⋯⋯⋯ 李尊秀
丁香花的启示 ⋯⋯⋯⋯⋯⋯⋯⋯⋯⋯ 李方元
泰山观日 ⋯⋯⋯⋯⋯⋯⋯⋯⋯⋯⋯⋯ 谢 树
长白归来 ⋯⋯⋯⋯⋯⋯⋯⋯⋯⋯⋯⋯ 金德顺

诗歌
酒歌 ⋯⋯⋯⋯⋯⋯⋯⋯⋯⋯⋯⋯⋯⋯ 方 殷
献给哈尔滨的野蔷薇（二首） ⋯⋯⋯⋯ 田 地
露珠集 ⋯⋯⋯⋯⋯⋯⋯⋯⋯⋯⋯⋯⋯ 管用和
你，家乡的蝴蝶河⋯⋯ ⋯⋯⋯⋯⋯⋯ 李风清
松花江呵（外一首） ⋯⋯⋯⋯⋯⋯⋯ 苏金伞
银河集 ⋯⋯⋯⋯⋯⋯⋯⋯⋯⋯⋯⋯⋯ 雷 雯
短诗小辑（三十首） ⋯⋯⋯⋯ 顾 工 徐 刚等

评论
文艺随笔
漫谈自然美与艺术美 ⋯⋯⋯⋯⋯ 姜光斗 顾 启
手的魅力 ⋯⋯⋯⋯⋯⋯⋯⋯⋯⋯⋯⋯ 谷翔云
等呵，等待着什么呢? ⋯⋯⋯⋯⋯⋯⋯ 白 石
色彩缤纷的北疆风俗画 ⋯⋯⋯⋯⋯⋯ 袁殿池
文学作品的人物描写（文艺基础知识讲座）⋯钟子翱
在谈了短篇小说的特点之后（短篇小说创作谈）
⋯⋯⋯⋯⋯⋯⋯⋯⋯⋯⋯⋯⋯⋯⋯ 蒋守谦

美术
曙（油画） ⋯⋯⋯⋯⋯⋯⋯⋯⋯⋯⋯⋯ 李秀实
黄山速写（中国画·二幅） ⋯⋯⋯⋯⋯ 刘振铎
大地破晓、青空碧野（套色木刻） ⋯⋯ 王合群

1980 年第 10 期　刊名:《北方文学》
目录

小说
梦幻录 ⋯⋯⋯⋯⋯⋯⋯⋯⋯⋯⋯⋯⋯ 巴 波
还乡 ⋯⋯⋯⋯⋯⋯⋯⋯⋯⋯⋯⋯⋯⋯ 肖英俊
血 ⋯⋯⋯⋯⋯⋯⋯⋯⋯⋯⋯⋯⋯⋯⋯ 孟庆华
三色眼镜 ⋯⋯⋯⋯⋯⋯⋯⋯⋯⋯⋯⋯ 蔡 田

夜曲儿 ⋯⋯⋯⋯⋯⋯⋯⋯⋯⋯⋯⋯⋯ 刘亚舟
争分 ⋯⋯⋯⋯⋯⋯⋯⋯⋯⋯⋯⋯⋯⋯ 津 发
王景富砸锅 ⋯⋯⋯⋯⋯⋯⋯⋯ 云 波 学 利
小饭铺里 ⋯⋯⋯⋯⋯⋯⋯⋯⋯⋯⋯⋯ 沈祖培
重逢 ⋯⋯⋯⋯⋯⋯⋯⋯⋯⋯⋯⋯⋯⋯ 屈兴岐
葵花开了 ⋯⋯⋯⋯⋯⋯⋯⋯⋯⋯⋯⋯ 刘柏生
二次作客 ⋯⋯⋯⋯⋯⋯⋯⋯⋯⋯⋯⋯ 邵长青
是他，又是他! ⋯⋯⋯⋯⋯⋯⋯⋯⋯⋯ 李 荣
从明天开始 ⋯⋯⋯⋯⋯⋯⋯⋯⋯⋯⋯ 马福林
弄巧成拙 ⋯⋯⋯⋯⋯⋯⋯⋯⋯⋯⋯⋯ 李 放
截止 ⋯⋯⋯⋯⋯⋯⋯⋯⋯⋯ 王立民 罗万成
首长 ⋯⋯⋯⋯⋯⋯⋯⋯⋯⋯⋯⋯⋯⋯ 吕中山
这个兵啊⋯⋯ ⋯⋯⋯⋯⋯⋯⋯⋯⋯⋯ 孙成武
漏洞 ⋯⋯⋯⋯⋯⋯⋯⋯⋯⋯⋯⋯⋯⋯ 孙英贤
无形的笼 ⋯⋯⋯⋯⋯⋯⋯⋯⋯⋯⋯⋯ 思 雨
她 ⋯⋯⋯⋯⋯⋯⋯⋯⋯⋯⋯⋯⋯⋯⋯ 李五泉
电话前后 ⋯⋯⋯⋯⋯⋯⋯⋯⋯⋯⋯⋯ 刘东风

散文
王昭君墓抒怀 ⋯⋯⋯⋯⋯⋯⋯⋯⋯⋯ 高维晞
嫩江风情 ⋯⋯⋯⋯⋯⋯⋯⋯⋯⋯⋯⋯ 贾 非

民间故事
"鱼中皇" ⋯⋯⋯⋯⋯⋯⋯⋯⋯⋯⋯⋯ 黄任远
桦皮篓 ⋯⋯⋯⋯⋯⋯⋯⋯⋯⋯⋯⋯⋯ 马名超
龙门、云岗写生散记 ⋯⋯⋯⋯⋯⋯⋯ 李秀实

诗歌
诗七首 ⋯⋯⋯⋯⋯⋯⋯⋯⋯⋯⋯⋯⋯ 张曙光
安达，我回来了（六首） ⋯⋯⋯⋯⋯⋯ 沙 鸥
从乡下带来的⋯⋯（组诗） ⋯⋯⋯⋯⋯ 刘畅国
残踪集（六首） ⋯⋯⋯⋯⋯⋯⋯⋯⋯⋯ 沙 金
燕子及其他（七首） ⋯⋯⋯⋯⋯⋯⋯⋯ 陆伟然
山的怀念（二首） ⋯⋯⋯⋯⋯⋯⋯⋯⋯ 孙友田
兴安松（组诗） ⋯⋯⋯⋯⋯⋯⋯⋯⋯⋯ 章 华
诗意的探求（每月谈诗） ⋯⋯⋯⋯⋯⋯ 怀 南

评论
关于短篇小说《夏》的讨论
探索与创新 ⋯⋯⋯⋯⋯⋯⋯⋯⋯⋯⋯ 马爱诗
应当忠于生活的本来面貌 ⋯⋯⋯⋯⋯ 刘伯奎
一朵绚丽多彩的鲜花 ⋯⋯⋯⋯⋯⋯⋯ 谢万霖
文学作品的情节（文艺基础知识讲座）⋯钟子翱
锲而不舍，刻意求工 ⋯⋯⋯⋯⋯⋯⋯ 郭 超
编后记

美术
春潮（套色木刻） ⋯⋯⋯⋯⋯⋯⋯⋯ 张祯麒
龙门、云岗写生（六幅） ⋯⋯⋯⋯⋯⋯ 李秀实

封面设计 ······················· 刘惠民

1980 年第 11 期　刊名:《北方文学》
目录

小说

给你的信 ····························· 刘增哲
月亮 ································· 张　斌
结网 ································· 刘　痴
"潮流"争渡 ························· 林　坊
他下令:"开演!" ················· 万善荣
掺毒的巧克力案
··············· [英]安东尼·伯克利著　龚厚泽译

散文

画(五篇) ························· 曾一智
三海行 ····························· 胡　昭
北疆情思 ························· 郑秉谦
春天与花 ························· 李希英
月 ································· 王清学
美的回声 ························· 村　人

杂文

生当作人杰 ····················· 力　群
吃药的祖师及其他 ············· 杨　槐
论中庸 ····························· 曾白融
影子 ································· 张葆成

寓言

喇叭与蟋蟀 ····················· 凝　溪
磨道马 ····························· 李启凡

诗歌

望东方·向大海(六首) ········· 贺　平
渤海的魂灵在呼叫(四首) ····· 满　锐
折断过的苗歌 ················· 阿　红
火箭发射场诗情(二首) ······· 瞿　琮
一棵树 ····························· 许　行
海湾三题 ························· 韦　丘
诗三首 ····························· 李北开
以情动人(每月谈诗) ········· 怀　南

评论

关于短篇小说《夏》的讨论
富于创新精神的好作品 ······· 卫　岩
《夏》,有待成熟的硕果 ······· 李福亮
生活在火热的夏天里 ········· 于逸生
我怎样工作 ········· [苏]阿·托尔斯泰　甘雨泽译

文学作品的结构(文艺基础知识讲座) ······ 钟子翱
加强团结　促进诗歌繁荣
——东北地区诗歌座谈会侧记

美术

听报告(木刻) ····················· 力　群
静物(木刻) ····················· 张景华
踏遍青山(木刻) ················· 贺玉龙
仲夏(木刻) ····················· 邵明江

1980 年第 12 期　刊名:《北方文学》
目录

小说

铜钥匙 ····························· 邱伟鸣
渴求 ································· 张笑天
滑稽的悲剧 ····················· 王宗汉
石榴 ································· 徐　枫
我的女友 ························· 赤　桦
死还不许吗? ····················· 小　玫
好人儿(童话) ················· 朱　奎

散文

大地的女儿(报告文学) ······· 李家兴
酸楚的感念 ····················· 门瑞瑜
小蓝花儿(外一章) ············· 田　琳
天鹅姑娘(民间故事) ········· 染　秋

诗歌

在森林里诞生(七首) ········· 李　琦
气象篇(组诗) ····················· 丁　芒
鸽子窝(二首) ················· 王亚平
哭凡夫 ····························· 巴　波
赠牛汉 ····························· 青　勃
葵花(二首) ····················· 陈亚瓯
琴弦集(三首) ················· 中　流
北国春歌(三首) ················· 孙　奇

珠贝集

村童(三首) ····················· 张品成
水乡(三首) ····················· 朱　涛
雨中 ································· 姚　莹
随感 ································· 郭玉山
我十三的时候(二首) ········· 张德众
村景(二首) ····················· 田　丰
不平常的播音 ················· 石　英
山村拾零(二首) ················· 钱英球
立意要深(每月谈诗) ········· 怀　南

诗论

关于短篇小说《夏》的讨论

提炼主题是艺术构思的中心环节·············解洛成

爱的追求者······················李福亮 于逸生

写出刻有社会印痕的人物灵魂·······周溶泉 徐应佩

文学的风格和流派（文艺基础知识讲座）·····钟子翱

美术

出山（套色木刻）···················官厚生

雪泉（套色木刻）···················陈玉平

幽香（套色木刻）···················魏运秀

酒花园（套色木刻）·················杨凯红

林谷晨炊（套色木刻）···············周胜华

渔炊（木刻）·······················华逸龙

评论

春风得意马蹄疾

——读贺平、李琦、张曙光的三组诗·······沙 鸥

东北女作家评估

从黑夜到黎明——记白朗···············阎纯德

关于短篇小说《夏》的讨论

让更多性格独特的人物来到我们中间·······金 梅

可贵的创新精神····················王秀成

编后记

美术

春（套色木刻）····················杜鸿年

于志学的中国画（四幅）

1981 年第 1 期 刊名:《北方文学》
目录

小说

黎明前的辞别·····················罗先明

祝福·························鲁秀珍

开闸·························史莲英

爱情从这里开始····················龙凤伟

拖姐·························庞 鹰

散文

长白山原始森林散记·················沈基宇

遥远的小镇·······················赤 叶

北方风情

貂场行·························平 青

古城行·························关荣玉

猎人窝棚·······················满汝毅

诗歌

野百合花·······················梁 南

春之歌·························黄东成

人生之路（五首）···················王 野

浪花集（三首）····················杨 山

我是一棵竹笋·····················王 也

绿·························梁上泉

松塔（二首）·····················黄 渭

深夜箫声·······················陈茂欣

短诗二首·······················陈 犀

北国即景（三首）···················张雪杉

新年的祝愿（每月谈诗）···············怀 南

1981 年第 2 期 刊名:《北方文学》
目录

小说

有一个这样的女子··················李小虎

泡泡书记·······················岳治成

第 27 床患者·····················方 晴

乔迁之忧·······················温树林

媒婆·························马秀文

和稀泥的老公公····················张国符

市井轶闻·······················刘富道

散文

恋（二篇）······················赵云鹤

这里没有夏天····················雷 加

一〇七，我的家····················葛浩文

美哉，石林···················许国泰 王晓廉

寓言

斧子和河卵石·····················白东星

埋没的宝石·····················关向东

指甲刀改行·····················洪 波

三个池子·······················孙传泽

诗歌

呼唤·························方 行

煤矿小诗（三首）···················赤 叶

桂林桥边（四首）···················晏 明

无名的小花（二首）·················杨大矛

珠贝集

冬溪（三首）·····················刘爱萍

闪电·························邢 昊

生命的歌（二首）⋯⋯⋯⋯⋯⋯⋯⋯吕久彦
渤海国遗址吊古（二首）⋯⋯⋯⋯张常信
映山红⋯⋯⋯⋯⋯⋯⋯⋯⋯⋯⋯⋯鲍雨冰
妹妹的心⋯⋯⋯⋯⋯⋯⋯⋯⋯⋯⋯郭　颖
散沙集（四首）⋯⋯⋯⋯⋯⋯⋯⋯舒　醒
短章二首⋯⋯⋯⋯⋯⋯⋯⋯⋯⋯⋯李同都
漫话政治抒情诗（每月谈诗）⋯⋯怀　南

评论
沙鸥新近诗作的艺术特色⋯⋯⋯⋯陆伟然
艰难时世中的讽刺喜剧
——读长篇小说《精明人的苦恼》　胡德培
和《男婚女嫁》的读者同志唠嗑儿　刘亚舟

文艺随笔
"变"的本领⋯⋯⋯⋯⋯⋯⋯⋯⋯蒋逢轩
传记文学的"这一个"⋯⋯⋯⋯⋯张景超
老骥伏枥
——画家王仙圃和他的山水圃创作　张秋萤

美术
早春、春曲（套色木刻）⋯⋯⋯⋯晁　楣
王仙圃山水画作品（五幅）

1981 年第 3 期　刊名:《北方文学》
目录

小说
图⋯⋯⋯⋯⋯⋯⋯⋯⋯⋯⋯⋯⋯⋯郭　力
南归⋯⋯⋯⋯⋯⋯⋯⋯⋯⋯⋯⋯⋯王昌定
失眠⋯⋯⋯⋯⋯⋯⋯⋯⋯⋯⋯⋯⋯李　荣
怎么能忘记⋯⋯⋯⋯⋯⋯⋯⋯⋯⋯孙成武

散文
手托千家万户（报告文学）⋯王忠瑜　林　青
寒夜悄悄哭李赤⋯⋯⋯⋯⋯⋯⋯⋯鲁　琪
怀念李赤⋯⋯⋯⋯⋯⋯⋯⋯⋯⋯⋯丛　深
悲痛的怀念⋯⋯⋯⋯⋯⋯⋯⋯⋯⋯张　浪
北上漠河看黑水⋯⋯⋯⋯⋯⋯⋯⋯海　笑
在嘎达梅林的故乡⋯⋯⋯⋯⋯⋯⋯白　原

诗歌
寒夜⋯⋯⋯⋯⋯⋯⋯⋯⋯⋯⋯⋯⋯陈　沂

女作者小辑
火红的山村（组诗）⋯⋯⋯⋯⋯⋯侯景云
海蟹⋯⋯⋯⋯⋯⋯⋯⋯⋯⋯⋯⋯⋯刘畅园
少女的心（五首）⋯⋯⋯⋯⋯⋯⋯孙玉洁

给他⋯⋯⋯⋯⋯⋯⋯⋯⋯⋯⋯⋯⋯林　子

新人诗页
脚步轻轻⋯⋯⋯⋯⋯⋯⋯⋯⋯⋯⋯黄树华
忆⋯⋯⋯⋯⋯⋯⋯⋯⋯⋯⋯⋯⋯⋯张　艳
小诗二首⋯⋯⋯⋯⋯⋯⋯⋯⋯⋯⋯顾志英
生活的花束⋯⋯⋯⋯⋯⋯⋯⋯⋯⋯胡立英
盼⋯⋯⋯⋯⋯⋯⋯⋯⋯⋯⋯⋯⋯⋯冯　晏
流沙集⋯⋯⋯⋯⋯⋯⋯⋯⋯⋯⋯⋯王嘉奇
我曾傍徨过⋯⋯⋯⋯⋯⋯⋯⋯⋯⋯佟　玮
启明星⋯⋯⋯⋯⋯⋯⋯⋯⋯⋯⋯⋯胡　薇
要看见生活的浪花（每月谈诗）⋯怀　南

评论
从无产者文艺的历史看⋯⋯⋯⋯⋯关沫南
努力发展"多刀切"的文艺批评⋯黄益庸
略评王荣伟的几个短篇新作⋯⋯⋯叶伯泉

文艺随笔
增之一分则太长⋯⋯⋯⋯尤　廉　郁　云
略谈浅、直、露⋯⋯⋯⋯⋯⋯⋯⋯朱国庆
爱工人　学工人　写工人（东北女作家评传）
——记草明⋯⋯⋯⋯⋯⋯⋯⋯⋯白舒荣

美术
山雨、鹤乡（中国画）⋯⋯⋯⋯⋯王瑛元
瑞雪、山林寂静、蒲（水印木刻）李士学
山区小景（油画）⋯⋯⋯⋯⋯⋯⋯王训月
校园（水彩）⋯⋯⋯⋯⋯⋯⋯⋯⋯贺玉章

1981 年第 4 期　刊名:《北方文学》
目录

小说
巴人短篇小说两篇《月亮的由来》、《在沉沦的年月里》
产房里的人生⋯⋯⋯⋯⋯⋯⋯⋯⋯白　日
大江东去⋯⋯⋯⋯⋯⋯⋯⋯⋯⋯⋯杜玉亭
辫子疑案⋯⋯⋯⋯⋯⋯⋯⋯⋯⋯⋯刘　痴

散文
灯光映亮长河⋯⋯⋯⋯⋯⋯⋯⋯⋯石　英
三个大姐在风雪中⋯⋯⋯⋯⋯⋯⋯穆　静
口碑⋯⋯⋯⋯⋯⋯⋯⋯⋯⋯⋯⋯⋯屈兴岐
春不老⋯⋯⋯⋯⋯⋯⋯⋯⋯⋯⋯⋯孙成武
狩猎昆仑山⋯⋯⋯⋯⋯⋯⋯⋯⋯⋯王宗仁
风雨同舟战友贤⋯⋯⋯⋯⋯⋯⋯⋯刘景华

诗歌

赫哲村之冬（二首）——————王晓康
小草·秋叶——————————王长军
鸟语唤春风（四首）——————中　流
山海抒情（二首）——————王洪涛
短笛（散文诗四章）—————李希英
散文诗三章————————吴　城

珠贝集

八宝山————————————寒　星
情满青山（二首）——————赵圣铁
飞絮集（二首）——————梁谢成
海边（二首）———————李占学
题涌泉寺—————————周　蒙
新生儿——————————商股举
咏物为了什么（每月谈诗）——怀　南

评论

从周总理想写剧本谈起————郑荣来
时代的号令与文学的使命————张　浪
近年来我省中篇小说创作杂谈——谢万霖　李振滨

文艺随笔

"一枝红杏"与"满园春色"——孙天彪
心理描写与画龙点睛————崔永生
当代外国文学流派述评（文学思潮流派讲座）
——————————————甘雨泽

美术

长风万里（中国画）————李宝瑞
刘振铎山水画（四幅）

1981 年第 5 期　刊名:《北方文学》
目录

小说

闪烁的星—————————张　维
大地回春—————————蔡　田
医患之间—————————孟斌茹
有这样一对师徒——————马福林
契诃夫小说三篇《榕树》、《空话，空话，空话》、《站长》
—————————————汝　龙译

散文

今夜的月色好——————罗灏白
骆驼草——————————李安恒
葛洁文访肖红故乡————雪　燕
银磷月色—————————孟　浩

范公堤感怀————————王文德

寓言三则

自命不凡的鲨鱼—————白　浪
真理和谎言的衣服————陈乃祥
黄鹂和柳虫————————李瑞新

诗歌

泥瓦匠的歌————————润　成
夜班工人—————————王书怀
我在远离你的地方修路———晓　蕾
江上联想（四首）—————胡　昭
杂感诗二首————————孙成武
赫哲情歌（组诗）—————何　鹰
松花江大桥之夜（二首）——田玉文
兵之歌（三首）——————樊发嫁
采风的海（三首）—————范震成
春天抒情曲（二首）———于宗信

新人诗页

献给早晨的歌———————徐川鹤
黑夜——————————吴亚华
拜托（二首）———————刘　历
智慧·科学————————董相君
月夜情思—————————陈　威
五花山——————————张树方
怀友——————————孟凡果
山乡人家—————————吴锡金
咏物诗二题————————姬广勤
白雪的歌—————————王世民
浪花赋（散文诗）—————尹万一
太阳·月亮————————韩广如
树挂——————————陈亭章
我恨——————————杨东华
大白山抒情————————王永生
雏鹤——————————李月林
转蓬草——————————原　林
采药——————————朱英杰
小诗二首—————————周绍庭
夜市——————————冯　浩
审判魔鬼的时刻——————马秋阳

评论

评我省作者近年来发表的报告文学———周方杰
蓓蕾初绽
——我省文坛新人创作漫评————杨治经
她在描摹生活的笑容
——读诗人刘畅园的近作———白　石　马爱诗

文艺随笔

盘马弯弓惜不发·······················赵 捷
不应是"涂了一层脂油的靴子"·············陈 炳

美术

兴安夏运（油画）····················李秀实
杨沙国画人物（四幅）

1981 年第 6 期　刊名：《北方文学》
目录

小说

重返新立村·························李 荣
第一次失去了笑模样············郑中舜 刘双祥
刘犟眼子告状·······················武学和
好人儿在坏事国（童话）···············朱 奎
柴田警士奇特的第二职业
　　　　[日]西村京太郎著　玉钟灵 刘惠民译

散文

怀念茅公·························延泽民
开荒辟莽（报告文学）·················杨明生
太平洋战争爆发之后···················骆宾基
狗·猫·羊·························铁 汉

诗歌

给孩子们的礼物
学雷锋小组的歌（三首）···············王云笑
紧急军令·························苗 欣
童心上的歌（二首）···················钱英球
我是雷锋小弟弟·····················刘绕民
四季花会·························圣 野
育花集（二首）···············鲁 藜 田晓菲
前进曲···························胡 风
夜雨·····························罗 洛
战士与甘蔗·······················马绪英
家乡的画（组诗）····················孙 奇

珠贝集

希望（外一首）·····················万以诚
森林的雾·························友 梅
旅途诗抄（二首）····················丁 耶
果树之歌·························翁景贵
飞蛾·····························刘福林
青铜飞燕·························黄 淮
溪（外一首）·······················刁永泉
枕木·····························潘 藩
火焰山···························郭维东

星星集（三首）···········（中国香港）王心果

评论

向读者捧出金子般的心·················彭 放
透过烟雾看到火苗····················张春宁
四项基本原则不能突破·················丰 田
漫谈短篇小说的剪裁艺术···············沈祖方
"意识流"（文学思潮流派讲座）···········刁绍华
评《有一个这样的女子》（读者中来）·······汪洁源

美术

阳春（套色木刻）····················杜鸿年
温暖（中国画）·····················李宝瑞
长思、山珍珠（中国画）···············贾平西
明天的牛顿（木刻）精彩的球赛（彩墨）推粪车（彩
墨）···························刘巨兴

1981 年第 7 期　刊名：《北方文学》
目录

散文

闪耀吧，青春的火花（报告文学）·········肖瑞增
铺路石（报告文学）···················田 琳
背水之战中的普通一兵（报告文学）·······马福林
清水出芙蓉（报告文学）···············雷收麦
两位老总在朝鲜前线（革命回忆录）·······王忠瑜
《黑龙江日报》的诞生（革命回忆录）·······张向凌
春讯·····························吴重阳

小说

雨过天晴·························岳治成
未来在注视我们·····················孙晓中
心怀·····························黄 平

诗歌

赞美你，光荣伟大的集体···············李剑白
党的阳光（二首）····················岳 亭
大江歌···························煜 炜
我看见……························文武斌
北疆花果（三首）····················束 棘
大兴安岭写生·······················李方元
爱情·····························方 行
三花赋（三首）·····················梁 南
鸟儿们的歌（组诗）···················胡世宗

评论

文学的真实性和作家的忠诚·············蒋守谦

文艺随笔

题材·东坡·文采 ································ 杨　槐
从高尔基和白杨树谈起 ······················ 张同吾
一曲大森林的赞歌 ·························· 刘　春
林子诗作短评 ····························· 刘天相
质朴·纯真·抒情（东北女作家评传） ·············· 孙瑞珍

美术

庆祝建党六十周年题词（书法） ················· 陈　雷
边城风貌（木刻） ·························· 石铁民
巡山（套色木刻） ·························· 朱豪放
塞上秋锦（套色木刻） ······················ 丁立江
竞艳（套色木刻） ·························· 晁　楣

1981 年第 8 期　刊名:《北方文学》
目录

小说

龙眼湖 ································· 孟久成
"精神贵族" ····························· 王金屏
浪花上的梦 ····························· 王立纯
"臭二爷"求情 ··························· 周　强
地久天长 ······························ 宋学孟

散文

啊！黑龙江
泛舟黑龙江 ····················· 韩　冰　许国泰
大青杨沙沙响 ························· 林　青
古战场遐思 ·························· 平　青
西双版纳，一次冬天里的旅行（祖国处处） ······ 程树榛
开满鲜花的脚印 ······················ 田玉文
春雨 ····························· 孙成武

诗歌

有这样两个巡逻队 ···················· 李克白
月下桨声（外一首） ··················· 柳　潭
绿色防蚊帽 ························· 高洪波
这是一颗心 ························· 马合省
竹林鸟语 ·························· 杨德祥
过三峡（组诗之一） ··················· 沙　鸥
长江小景（三首） ··················· 白　航
采自爱的原野（四首） ················· 满　锐
行吟集（五首） ····················· 雷　雯
沉吟小集（二首） ··················· 张雪杉
小河·人家（外一首） ················· 李风清
我愿做一朵野花 ····················· 崔合美

评论

飞絮篇
——人物塑造三题 ····················· 李　佳
镂刻人的灵魂美
——略谈张林的短篇小说 ·········· 温起丰　于俊赋
荒诞派戏剧（文学思潮流派讲座） ··········· 刁绍华

美术

木刻二幅 ·························· 王合群
国画山水写生（三幅） ················· 林　彦
秋恋（套色木刻） ··················· 丁立江

1981 年第 9 期　刊名:《北方文学》
目录

小说

晨风爽人 ·························· 潘　青
夏桂芝 ··························· 蔡　田
闯关东的汉子 ······················ 刘亚舟
在"郭记理发铺"里 ················· 萧英俊
野性的紫罗兰 ······················ 张恩儒
春风厂的于师傅 ····················· 张德裕
燃烧的糜子 ······················· 屈兴岐
老虎阿姨 ························· 苗　欣

散文

孙浩亮（报告文学） ·············· 林　青　王忠瑜
铺满黄金的山路
——罕达气纪行（报告文学） ········ 毕　方　钟　涛
绿色的梦（报告文学） ················ 韩梦杰
天坛之恋 ························ 郭先红
密林深处篝火红 ···················· 摹及春

诗歌

春天，在黑龙江一个小小的村子里（组诗） ····· 赤　叶
绿色的乳娘（组诗） ················· 刘畅园
窦集屯纪事（组诗） ················· 沙　鸥
喜讯（外三首） ···················· 吴　越

美术

夜巡（套色木刻） ··················· 张祯麒
国画人物（三幅） ··················· 王子和
水彩写生（二幅） ··················· 金铭俊

1981 年第 10 期　刊名:《北方文学》
目录

鲁迅先生诞辰一百周年纪念专辑
在鲁迅身边···················黄　源
看小说和写小说
——学习鲁迅《答北斗杂志社问》··········冯健男
拿来·采取·溶化·出新
——学习鲁迅博采遗产进行小说创新的经验···郎保东
为"遵命文学"辨正···············王观泉
沿着巨人最初的足迹··············郑乘谦
敬爱你的（诗）
——鲁迅先生墓上的回忆·········阿　垅遗作
绍兴写意（二首）（诗）············巴彦布

小说
瑟瑟江中·············锦　云　王　毅
在拥挤的车厢里················李五泉
艰难岁月··················董　速
请不要问我这是为什么·············孟庆华

初学写作园地
魅力····················林　岭
《魅力》读后················望　云
甜点心·········[苏]弗·格·利金著　刘克彭译

散文
华山猎美记（祖国处处）············张啸虎
雪地上的足迹················纯　人

诗歌
松花江上··················臧克家
我行走在春天的土地上（组诗）·········黎焕颐
启航（外一首）················陆伟然
村风（二首）················宋　歌

评论
说"练笔"（作家谈初学写作）·········张志民
"黑色幽默"（文学思潮流派讲座）·······甘雨泽

美术
心事浩茫连广宇（木刻）············张　路
鲁迅像（木刻）················李　桦
夜（套色木刻）················杜鸿年
木刻二幅··················郝伯义
天鹅池（套色木刻）·············杨凯红
林中（木刻）················晁方方

1981 年第 11 期　刊名:《北方文学》
目录

小说
玉雕（初学写作园地）·············陈炳会
《玉雕》短评················望　云
老糊涂略传·················郑九蝉
店铺内外··················王洪昌
乡情····················陈玉谦
燃烧····················孙少山
疼痛······[南非]波琳·史密斯　刘以焕　王培根译

散文
三江人民在水灾面前
扣人心弦的画卷···············平　青
雨雾里的笑声················阎英奎
边城秋色··················丁继松
从弱者到强者（报告文学）
——记速滑运动健将曹桂凤·········马福林

诗歌
海思（三首）················晓　钢
太阳岛···················西　彤
采山参（外一首）··············章　华

评论
我是怎样走上文学道路的（作家谈初学写作）
······················杨　沫

作家与作品
帮我写出第一篇小说的人
——记骆宾基叔叔············张　洁
时代风貌的真实再现
——读《骆宾基短篇小说选》········李家兴
各家诗人谈诗········周策纵　冰　心　朔　望
朱光潜　冯　至　艾　青　亚　丁整理

美术
人物木刻（二幅）··············陈宜明
北方风情（套色木刻·三幅）·········赵影森
山谷笛鸣（套色木刻）············常桂林
秋林（木刻）················刘洛生
答读者问

1981 年第 12 期　刊名:《北方文学》
目录

小说

人类走出来的地方⋯⋯⋯⋯⋯⋯⋯⋯⋯张笑天
乍暖还寒时候⋯⋯⋯⋯⋯⋯⋯⋯⋯⋯汪文风
绿色的云⋯⋯⋯⋯⋯⋯⋯⋯⋯⋯⋯⋯春　梅
卖芹菜⋯⋯⋯⋯⋯⋯⋯⋯⋯⋯⋯⋯⋯刘柏生
玉兰花开的时候⋯⋯⋯⋯⋯⋯⋯⋯⋯肖复兴

初学写作园地

周末夜⋯⋯⋯⋯⋯⋯⋯⋯⋯⋯⋯⋯⋯高鹤云
充分展示人物的心灵世界
——读《周末夜》⋯⋯⋯⋯⋯⋯⋯耕　荒
三—四—五　一只小兔跑出来散步
⋯⋯⋯⋯⋯［美］威廉·萨罗扬著　甘雨泽译

散文

啊！黑龙江
试金石⋯⋯⋯⋯⋯⋯⋯⋯许国泰　韩　冰
采山⋯⋯⋯⋯⋯⋯⋯⋯⋯⋯⋯⋯⋯秦贵林
皇甫寻柳⋯⋯⋯⋯⋯⋯⋯⋯⋯⋯⋯范咏戈
河边上的梦⋯⋯⋯⋯⋯⋯⋯⋯⋯⋯范震威
谈牡丹（读书笔记）⋯⋯⋯⋯⋯⋯刘以焕

诗歌

珠贝集（诗·二十一首）⋯⋯田新民　汪念发等
雪岭情怀（二首）⋯⋯⋯⋯⋯⋯⋯绿　林
老侨选画⋯⋯⋯⋯⋯⋯⋯⋯⋯⋯⋯张德众
书记处的灯火⋯⋯⋯⋯⋯⋯⋯⋯⋯曹　骥
棕榈⋯⋯⋯⋯⋯⋯⋯⋯⋯⋯⋯⋯⋯姜金城

评论

也谈文学的真实性与倾向性（专论）⋯⋯叶伯泉
人情的潜流（新作小评）⋯⋯⋯⋯李福亮
谈感情（作家谈初学写作）⋯⋯⋯吉学沛
论萧红的《生死场》⋯⋯［日］平石淑子著　董学昌译
破损的小舟又启航了
——记田琳（东北女作家评传）⋯⋯阎纯德

美术

油画写生　夕阳轮渡　逝水无声　山村初雪⋯宫照堃
石刻小品（五幅）⋯⋯⋯⋯⋯⋯⋯于进海

1982 年第 1 期　刊名:《北方文学》
目录

小说

牛犊的婚事⋯⋯⋯⋯⋯⋯⋯⋯⋯⋯张有德
火凤凰⋯⋯⋯⋯⋯⋯⋯⋯⋯⋯⋯⋯马秋芬
在虎踞关那一边⋯⋯⋯⋯⋯⋯⋯⋯邵元礼
凤子⋯⋯⋯⋯⋯⋯⋯⋯⋯⋯⋯⋯⋯李向晨
流水飘走的信（初学写作园地）⋯单永军
《流水飘走的信》读后⋯⋯⋯⋯⋯孟　尧
做日本第一流的⋯⋯
⋯⋯⋯⋯⋯［日］砂　田　弘著　雷定平译

散文

枕戈情⋯⋯⋯⋯⋯⋯⋯⋯⋯⋯⋯⋯屈兴岐
从哈尔滨到朗乡⋯⋯⋯⋯⋯⋯⋯⋯理　由
江南草（祖国处处）⋯⋯⋯⋯⋯⋯赵葆华

诗歌

欢呼春风淡荡的季节⋯⋯⋯⋯⋯⋯梁　南
北疆猎影（三首）⋯⋯⋯⋯⋯⋯⋯中　流
行吟集（组诗）⋯⋯⋯⋯⋯⋯⋯⋯王学武
山村物咏（二首）⋯⋯⋯⋯⋯⋯⋯许　行
故乡，我的故乡⋯⋯⋯⋯⋯⋯⋯⋯韩作荣

评论

我写小说之前（作家谈初学写作）⋯⋯林　雨
憨中有美　旧里出新⋯⋯⋯⋯⋯⋯李福亮

作家与作品

追求与信念——访舒群⋯⋯⋯⋯⋯叶伯泉
论舒群短篇小说的艺术风格⋯⋯⋯江　南
萨特及其存在主义文学（文学思潮流派讲座）
⋯⋯⋯⋯⋯⋯⋯⋯⋯⋯⋯⋯⋯⋯谷启珍
初学写作前要做哪些准备?（答读者问）
致读者、读者中来

美术

雪乡（套色木刻）⋯⋯⋯⋯⋯⋯⋯官厚生
林区即景（水粉画·三幅）⋯⋯⋯赵廷椿
大雪封山时（木刻）⋯⋯⋯⋯⋯⋯常玉昌

1982 年第 2 期　刊名:《北方文学》
目录

小说

牛奶·中校·W ————————————————————— 杨汝申
海边也是一个世界 ————————————————— 马　原
八百米深处 ——————————————————————— 孙少山
隧道里的歌声 ————————————————————— 张　明
第五十个小太阳（初学写作园地）————————— 姚新志
透过人物的眼睛 ——————————————————— 闻　笛
摩诃摩耶（诺贝尔文学奖金获奖作家作品选载）
———————————— [印度] 泰戈尔著　唐季雍译

散文

鹤舞三江（在祖国的东北角）——————————— 平　青
新乡纪行（在祖国的东北角）——————————— 李激扬

祖国处处

火的节日 ——————————————————————— 那家伦
石油工人之路与秦皇古道 ——————————— 钟　涛

诗歌

一日冬春夏，万里海山程 ——————————— 李剑白
城市的色彩（二首）————————————————— 旭　宇
他的眼睛（外一首）————————————————— 孙　奇
银河集（四首）——————————————————— 雷　雯
摘自《十月》的诗（组诗）————————————— 钱英球

评论

评《人妖之间》的失实 ——————————————— 吴运刚
我和生活手册（作家谈初学写作）——————— 邓友梅

作家与作品

文坛游击五十年
——访老作家罗烽同志 ——————————————— 史美圣
一组历史的浮雕
——读罗烽同志的旧作《归来》与《横渡》——— 李福亮
创作需要艰苦的劳动（作家小故事）————— 吴宗汉
初学写作前要做哪些准备?（答读者问）

美术

黑水颂（中国画）——————————————————— 王隽珠
国画二幅 ——————————————————————— 杨　力
雕冰（冰饰画）——————————————————— 刘巨兴

1982 年第 3 期　刊名:《北方文学》
目录

小说

路遥遥 ———————————————————————— 孟庆华
小清河流个不停 ——————————————————— 陆星儿
我和我的小天鹅 ——————————————————— 张雅文
命 —————————————————————————————— 刘树华
小河，你流向何方? ————————— 李汉平　唐静恺
一张电影票 ————————————————————— 林　玲
夜归 ————————————————————————————— 陈　璇
失去了的姑姑（初学写作园地）——————————— 周　慧
新的角度　真的情感 ——————————————— 耕　荒
短篇小说三篇
———————— [苏] 鲍里斯·克拉弗钦克著　赵立枝译
没用的人
瘦鬼
老头儿

散文

有这样一个女书记（报告文学）——————————— 关荣玉

评论

我的自修（作家谈初学写作）——————————— 王汶石
思想创新漫谈 ——————————————————— 张景超
也谈短篇小说长短问题
——兼与雷加等同志商榷 ————————————— 孙　钊

文艺随笔

够味与无味 ————————————————————— 汪海泉
谈鲁迅小说中的复沓 ——————————————— 唐再兴

美术

春风摇玉（中国画）————————————————— 于志学
新疆风貌（选自木刻组画《旅疆追忆》）——— 张祯麒
集市（油画）——————————————————————— 高齐寰

1982 年第 4 期　刊名:《北方文学》
目录

小说

乡民 ————————————————————————————— 李宽定
枝子 ————————————————————————————— 王立纯
何必这样蠢 ————————————————————— 毛志成
卖菊花的姑娘 ——————————————————— 晓　剑
竹瘦有节 —————————————————————— 孙慈忠
"常原谅"（初学写作园地）——————————— 翟秉铎

《"常原谅"》读后……………………………望 云
品质（诺贝尔文学奖金获奖作家作品选载）
　　……………[英]高尔斯华绥著　沈长钺译
《品质》读后小记………………………………李 佳

散文

你还得等一年（报告文学）…………………吴晓民
杨柳河水响淙淙………………………………赵灿群
花………………………………………………王清学
鹤鸣寺纪游（祖国处处）……………………湖 涌

诗歌

我们，只是朵朵浪花……………………………王 野
雨之歌…………………………………………岳海光
故乡情（四首）………………………………马绪英
岳庙·海公墓·刘公岛…………………………徐 枫
珠贝集………………………王书怀　黄 淮　王中朝
邢世健　王来滨

评论

自学小记（作家谈初学写作）………………刘 真
具有民族气节的革命作家（作家与作品）…龙 音
萧军的《跋涉》与《羊》（作家与作品）……董国柱
农民命运的交响诗……………………………李家兴
《没有祖国的孩子》序………………………舒 群

美术

山泉（中国画）………………………………王仙圃
密林（木刻）…………………………………杜鸿年
春意浓（套色木刻）…………………………回 耽
银色的山村（套色木刻）……………………王合群

1982 年第 5 期　刊名:《北方文学》
目录

小说

凡人小事（四篇）……………………………李向晨
罚电费…………………………………………高文铎
他喜欢单纯的颜色……………………………马 原
离婚……………………………………………竹 林
长安六月柳成荫………………………………石 丛
心底的钟声（初学写作园地）………………潘志龙
读《心底的钟声》……………………………小 草
素芭（诺贝尔文学奖金获奖作家作品选载）
　　………………………[印度]泰戈尔著　冰 心译

散文

从文科教师到工程师的李承泽（报告文学）…蔡 田

红松结果的时候（在祖国东北角）…………毕 方

诗歌

机器在合唱（组诗）…………………………李同都
我爱我的故乡…………………………………冯 晏
珠贝集………………………刘仁成　乔廷凤　刘亚彬
胡立英　焦 原　池 澄

评论

深刻反映社会主义的新时代…………叶伯泉　魏 岩
树与土…………………………………………屈兴岐
根植于社会主义生活的沃土中………………刘亚舟
钻取岩芯和采花酿蜜（作家谈初学写作）…碧 野
由《闯关东的汉子》谈起……………………蒋原伦
农村新人列队来………………………………王 贵
用激情点燃人们心中的火……………………韦健玮
答编者问………………………………………孙少山
表现主义（文学思潮流派讲座）……………刁绍华

美术

镜泊春晓（中画画）…………………………刘振铎
国画山水（二幅）……………………………廉 浦
春城无处不飞花（书法）……………………王 澍

1982 年第 6 期　刊名:《北方文学》
目录

小说

静静的乌加河………………………………曾宪晃
成功者的苦恼………………………………朱敏慎
我们的艇长…………………………………张恩儒
我俩有张小桌子……………………………张亦峥
师傅偷艺……………………………………孙宝琦
阵阵敲门声…………………………………岳治成
蛮蛋（儿童文学）…………………………尤俊明
水孩子火孩子和土孩子（童话）…………盖 壤
融雪季节………[苏]瓦·科热夫尼科夫著　李晓光译
《融雪季节》读后…………………………肖 维

散文

"西红柿"（初学写作园地）………………庞庆轩
《"西红柿"》读后…………………………王敬文

诗歌

献给孩子们的礼物
孔雀（外二首）……………………………樊发稼
我们和老师（二首）………………………陈金汀
丁香树上的麻雀……………………………刘国栋

美丽的窗花（外二章）⋯⋯⋯⋯⋯⋯⋯吴 城
珠贝集⋯⋯⋯⋯戈 德 润 成 谢先云
孙秀清 谭德生 董桂苓 姬广勤 苏 冬 杨岳亭
孙成武 李言有 姚业涌

评论
多注意生活细胞（给初学写作者）⋯⋯韩映山
雷加的足迹（作家与作品）⋯⋯⋯⋯阎纯德
在生活海洋的深处（作家与作品）⋯⋯张春宁
关于电影文学剧本《荆轲传》的通信
⋯⋯⋯⋯⋯⋯⋯⋯⋯⋯罗 英 李 准
"铁的人物和血的战斗"⋯⋯⋯⋯⋯于俊赋
喜读《魅力》（读者中来）⋯⋯⋯⋯柳 松

美术
松茂流长（中国画）⋯⋯⋯⋯⋯⋯王瑛元
母校、铁矿山（油画）⋯⋯⋯⋯⋯孙增华
风筝、猎人和鹿·魔方迷（彩墨）⋯⋯刘巨兴

1982 年第 7 期　刊名:《北方文学》
目录

小说
玫瑰与蟾蜍⋯⋯⋯⋯⋯⋯⋯⋯⋯张 林
岩塔下的春笋⋯⋯⋯⋯⋯⋯⋯⋯郑九蝉
人情世故二题⋯⋯⋯⋯⋯⋯⋯⋯刘亚舟
天涯处处无芳草⋯⋯⋯⋯⋯⋯⋯于涤心
一篇小说的腹稿⋯⋯⋯⋯⋯⋯⋯雷 特
熬⋯⋯⋯⋯⋯⋯⋯⋯⋯⋯⋯⋯赵乃夫
奚落⋯⋯⋯⋯⋯⋯⋯⋯⋯⋯⋯洪永太
母亲的心事（初学写作园地）⋯⋯⋯赵侠以
《母亲的心事》读后⋯⋯⋯⋯⋯⋯荒 地
葬礼上出现的人
⋯⋯⋯⋯［日］结城晶治著　玉钟灵 刘惠民译

散文
难忘的二十天（革命回忆录）⋯⋯⋯张泉山
打赌与祝寿（革命回忆录）⋯⋯⋯⋯张永清
雕塑家的塑像（传记文学）⋯⋯⋯⋯纪 宇

诗歌
塞舌尔的红豆⋯⋯⋯⋯⋯⋯⋯⋯李剑白
可爱的城市（三首）⋯⋯⋯⋯⋯⋯刘 古
都市风情（三首）⋯⋯⋯⋯⋯⋯⋯叶延滨
穿黄花⋯⋯⋯⋯⋯⋯⋯⋯⋯⋯陈继元
海峡的乐章（三首）⋯⋯⋯⋯⋯⋯于宗信
生命奏鸣曲⋯⋯⋯⋯⋯⋯⋯⋯⋯顾 工
香山情（二首）⋯⋯⋯⋯⋯⋯⋯柴德森

生活意象（二首）⋯⋯⋯⋯⋯⋯⋯宫 玺

评论
坚持，就是胜利（作家谈初学写作）⋯⋯程树榛
他在生活的激流中（作家与作品）⋯⋯晓 石
反映当代生活　激励人们前进（作家与作品）
⋯⋯⋯⋯⋯⋯⋯⋯⋯⋯刘烈恒 张启范
希望保持"三不"主义的特色（读者中来）⋯⋯晶 品

美术
鸽子窝（水粉画）⋯⋯⋯⋯⋯⋯赵廷椿
国画写生（三幅）⋯⋯⋯⋯⋯⋯王秀成
双清（中国画）⋯⋯⋯⋯⋯⋯⋯兰铁成

1982 年第 8 期　刊名:《北方文学》
目录

小说
北大荒人的眷恋
这是一片神奇的土地⋯⋯⋯⋯⋯⋯梁晓声
红红的山丁子⋯⋯⋯⋯⋯⋯⋯⋯刘进元
贵生和他妹子⋯⋯⋯⋯⋯⋯⋯⋯朱 伟
在那里，我是青年⋯⋯⋯⋯⋯⋯么树森
北大荒新一代的心灵之歌⋯⋯⋯⋯何志云
那时，我穿着黄棉袄（初学写作园地）⋯⋯朱哂之
从生活中发现美⋯⋯⋯⋯⋯⋯⋯鲁秀珍
卖柴（诺贝尔文学奖金奖作家作品选载）
⋯⋯［南斯拉夫］安德里奇著　黄雨石译
《卖柴》读后⋯⋯⋯⋯⋯⋯⋯⋯肖 维

散文
天涯海角⋯⋯⋯⋯⋯⋯⋯⋯⋯田 琳
蓝色飘带上的"依玛堪"（外一篇）⋯⋯韩梦杰
贺老总和他的叔叔（革命回忆录）⋯⋯彭绍先
夏登太白山（祖国处处）⋯⋯⋯⋯朱树茂

诗歌
假如，小溪是平的⋯⋯⋯⋯⋯⋯王维洲
山花燃满枝（外一首）⋯⋯⋯⋯⋯张 扬
彩云飞⋯⋯⋯⋯⋯⋯⋯⋯⋯⋯黄东成
北山恋⋯⋯⋯⋯⋯⋯⋯⋯⋯⋯刘 章
路（外一首）⋯⋯⋯⋯⋯⋯⋯⋯李凤歧
两棵树⋯⋯⋯⋯⋯⋯⋯⋯⋯⋯刘晓滨
夜哨⋯⋯⋯⋯⋯⋯⋯⋯⋯⋯⋯刘 武
山脚下，一座茅棚⋯⋯⋯⋯⋯⋯柳 沄

评论
关于自学写作的几则断想（作家谈初学写作）⋯⋯谢 树

飞絮篇（文学随笔）................李　佳
乡土文学的探索者（作家与作品）...........单　复
两部富有生命力的作品（作家与作品）.......谢万霖

美术
引驯图（中国画）................于志学
女猎手、三月（油画）..............高齐寰
柴河林区（中国画）...............林　彦
寒露（中国画）................阿　石

1982 年第 9 期　刊名：《北方文学》
目录

热烈庆祝党的十二大..........陈　雷　李剑白
王光伟　满　锐　范震威　宋　歌

小说
北大荒人的眷恋
我们从严冬走向春天...............曹鸿翔
车在戈壁飞奔.................肖复兴
人生的选择..................何　东
凯旋声中...................陈爱民
呵，遥远的野菊花..........陈可雄　陆星儿
一曲菱歌笔万金
　　——读《北大荒人的眷恋》杂记.......梁　南
路本实看家（初学写作园地）...........单永军
《路本实看家》读后...............望　云

散文
她回来了……
　　——世界羽赛冠军张爱玲的故事....吴纪椿　蒋志和
周璇外传（传记文学）..............余雍和
温暖的雪夜（报告文学）
　　——和王进喜在一起的日子..........王以平
北疆三题...................赤　叶
庐山云雾茶..................阎宝忠

诗歌
酒乡行吟...................唐大同
致北方——赠友人...............陈松叶
折磨....................姚　莹
青春抒情诗（二首）..............余以建

评论
有关结构的漫谈................林斤澜
我的创作道路（作家谈初学写作）.........陈立德
未来主义（文学思潮流派讲座）..........刁绍华

美术
赤子情（雕塑）................王松引
奔马（雕塑）.................铁恩厚
水印木刻（二幅）...............李士学
骆驼、猫（中国画）..............柴海利

1982 年第 10 期　刊名：《北方文学》
目录

小说
山林深处...................朱哂之
方柱石扇面..................马　原
石子弄的丧事.................陆永基
"雪里"...................赵本夫
年轻的庄稼汉.................秦景林
斯琴娜萨...................塞　夫
一笔意外的遗产................徐培东
不是情书的情书（初学写作园地）.........周焕龙
爱情的镜子
　　——读《不是情书的情书》..........梁　南
从边上数第三个窗口....[苏]弗·利金著　郝建恒译

散文
雕塑家的塑像（续）（传记文学）.........纪　宇
周璇外传（传记文学·连载）...........余雍和
冰雪中的花（在祖国东北角）...........平　青
钢索道上的歌（祖国处处）............许国泰

诗歌
生活的征途..................韩嗣仪
海滨抒情（组诗）...............吴宝三
旋转（外一首）................龙彼德
我爱在深夜的大街上散步.............周　导
乡村（三首）.................陈　犀
秋思（外一首）................梁谢成
花草篇（二首）................张雪杉
益鸟二题...................鲍雨冰
市声（四首）...........（中国香港）韩　牧

评论
学海无涯苦作舟
　　——关于自修答《北方文学》编辑部（作家谈初学写作）..................峻　青
序《漠河的白夜》...............秦　牧
《小蜡船勇敢号》序..............陈伯吹
迎着风雨战斗（作家与作品）...........刘树声
血和火的诗..................弘　弢
超现实主义（文学思潮流派讲座）.........谷启珍

美术

为国争光（雕塑）——————潘绍棠
拼搏（雕塑）——————王松引
国画二幅——————于海江
归航（套色木刻）——————乐　锋

1982 年第 11 期　刊名:《北方文学》
目录

小说

车尾上的红灯——————朱崇山
父亲的脊梁——————顾　亦
天边飘来一朵云——————沈治平
三个骑自行车的伙伴——————岳子纯
大老杨和小老杨——————叶　林　韦　加
准则——————武阳滨
格登格登的脚步声——————张万林
臭棋篓子外传（初学写作园地）——————史韶山
《臭棋篓子外传》读后——————小　草
音乐迷杨科（诺贝尔文学奖金获作家作品选）
　　　　　［波兰］显克微克著　林洪亮译
《音乐迷杨科》读后——————肖　维

散文

周璇外传（连载·传记文学）——————余雍和
厦门望海——————王同力
难忘的垦荒年（革命回忆录）——————于兰阁
在大佛的故乡（祖国处处）——————张春宁
怀念——————赞　春
童年的梦——————苗遇春

诗歌

燃烧的诗行——————李根红
北方，迷人的盛夏（组诗）——————未　凡
纱巾的启示（外一首）——————陈咏华
银河集（六首）——————雷　雯
雪的歌——————许　行
雪橇（外一首）——————晓　钢
山边的核桃——————张小川
子夜，雨——————左一兵
心声集（二首）——————魏志远

评论

和业余作者谈谈心（作家谈初学写作）——————冯德英
一片冰心在玉壶
——巴波印象散记（作家与作品）——————肖英俊
"我是在真诚地认识人生"（作家与作品）——————李家兴
列车上产生的序言——————秦兆阳

关于诗集《鹿哨》的通信——————张志民
欣赏报告文学琐记二题——————史宝庆
时代的火花
——评林青的近期散文——————王秋德

美术

融和（雕塑）——————孙正琢
漱玉滩（中国画）——————诸葛志润
山深轻韵（中国画）——————兰铁成

1982 年第 12 期　刊名:《北方文学》
目录

小说

责备我是不公道的——————蒋海平
秀姐儿讨债——————王洪昌
风雨山湾——————杨更新
远方的路——————彭景约
流向大海——————王立纯
剧作家的发迹——————赵旭忠
鬼屋——————李向晨
提升（初学写作园地）——————陆立明
来自生活的新鲜消息
——读《提升》——————李启纲
小说三篇（新人之页）——————徐立国等
体育老师——————勃兰科·乔皮奇著　昶　涵译

散文

美与力的雕像（报告文学）——————罗达成　吴晓民
周璇外传（传记文学·连载）——————余雍和
酿造者之歌（报告文学）——————赤　叶
心灵——————高　光
散文六篇（新人之页）——————戴立然等

诗歌

诗二十七首——————黎焕颐　刘畅园　陆伟然　纪　鹏等
珠贝集——————莫西芬等
新人诗页——————李炳华等

评论

少年学耕纪（作家谈初学写作）——————任大霖
憧憬黎明　歌唱春天
——作家支援剪影（作家与作品）——————刘树声
淡雅·凝炼
——谈支援同志的短篇小说（作家与作品）——————王滋渊
在艺术语言中最重要的是动词——————陈根生
《开荒辟莽》随笔——————关雪飞
谈"微"——————杉　沐

美术

茫原桃李（套色木刻）···杜鸿年

木刻二幅···王训月

冰帆（套色木刻）···杨凯红

冬趣（套色木刻）···周胜华

1983 年第 1 期　刊名:《北方文学》
目录

小说

时来运转···田师善

"杨家将"的子孙···赵常发

简易楼上的民事纠纷·····························锦　云　王　毅

也是一颗心···傅　信

醉八级···任　民

腊月二十三（初学写作园地）···························明　易

《腊月二十三》读后···望　云

散文

第十个书记（报告文学）·····················巴　波　韩梦杰

周璇外传（传记文学·连载）·····························余雍和

故园琐记···韩作荣

访红松的故乡（在祖国东北角）·······················王忠瑜

诗歌

新人诗页·······················孙　奇　佟　伟　刘仁成

杨岳亭　李凤岐　沈　林　谭德生　陈景文　戴立然

刁克义　孙玉洁

成长吧，诗坛上的青年林·····································王　野

评论

马克思、恩格斯关于倾向性和真实性、艺术性相统一
的思想

——纪念马克思逝世一百周年·····························陈　辽

克服小说语言中的"学生腔"（作家谈初学写作）

···韩少功

美——《艺术美的创造与欣赏》之一···················郭　因

空间处理的艺术效应

——《小说家的艺术思考》之一·······················李庆西

又闻子规啼月夜

——鲁琪近几年作品赏析·····························李福亮

美术

雪霁（中国画）···于志学

渔歌（雕塑）···金再坤

对歌（雕塑）···杨世昌

丰收之后（套色木刻）·····································吴哲辉

1983 年第 2—3 期　刊名:《北方文学》
目录

传记文学专号

编者的话

桃花未开，杏花开了（报告文学）·······吕中山　屈兴岐

徐悲鸿一生

——我的回忆···廖静文

铁锁拧断（革命回忆录）·································吴　越

屠格涅夫传

　　　　[苏]尼·鲍高斯洛夫斯基著　乌兰汗译

你好，左拉先生····[法]阿尔芒·拉努著　马中林译

法朗士传·····························雅克·絮菲尔著　徐志仁译

小托尔斯泰传···王士燮

普希金传·····················C.彼得罗夫著　冯　春译

马占山演义（连载）·····································庞　镇

周璇外传（连载）···余雍和

补白

1983 年第 4 期　刊名:《北方文学》
目录

1982 年《北方文学》优秀短篇小说奖揭晓

祝贺及其他···鲁　琪

小说

憾···沈果孙

送亲···孙少山

信···王金屏

西邸纪事···郑　谷

二叔···孙占山

小店里的姑娘···孙晓中

道口···蔡鸿滨

"天涯海角"

　　　　[英]约翰·高尔斯华绥著　赵静男译

散文

美人蕉的绿与红···国　泰

酿···赵云鹤

新疆拾翠（祖国处处）·····································陈淀国

从山幽谷一画廊···柴德森

马占山演义（传记文学·连载）·······················庞　镇

周璇外传（传记文学·连载）·····························余雍和

诗歌

大地情思·······················崔墨卿　芦　萍　苗　欣

于　波　董培伦　张常信　石太瑞　塞　风　文　苑

岛国寄情（二首）—————————金 哲
散文诗之页————纯 人 李 耕 于耀生
阎宝忠 王 军
初学写作园地（诗评点四篇）————宫晶珠
霍纪祥 杨川庆 王立群
评点：阿 红 李元洛 刘湛秋 王 野

评论
认清形势 解决问题 开创文学创作新局面—杨 角
要善于积累创作素材————————叶蔚林
艺术美和现实美
——《艺术美的创造与欣赏》之二———郭 因
新小说派（文学思潮流派讲座）————甘雨泽
来自生活大地的作品————————王 工
战斗的颂歌—————————————张贵忠
我爱读这样的诗——————————严家炎
扭曲与归复的"全息摄影"（读者中来）——朱建国

美术
国画二幅—————————————王隽珠
装饰作品（七件）—————————李保田
拼搏（雕塑）———————————潘绍棠

1983 年第 5 期　刊名:《北方文学》
目录

小说
我的单相思———————————锦 云 王 毅
透亮——————————————————毕 方
踩水——————————————————张 炜
丁宁和车间主任们—————————薛 兵
座位——————————————————李向晨
新"玄秘塔碑"的产生————————姜孟之
独立门户————[日]石川达三著 李 芒译

散文
大昭寺夕照（祖国处处）—————徐天德
金矿行（在祖国东北角）—————谷世泰
初学写作园地
数不清的星————————————戴立然
一个巧妙的构思——————————谢 树
童年琐忆————————————————谭英凯
美的散文————————————————李 佳
马占山演义（传记文学·连载）———庞 镇
周璇外传（传记文学·连载）———余雍和

诗歌
五月之歌（十二首）——高伐林 马合省 郭 廓等

在蒲松龄的故乡（三首）—————宋 歌
龙舌兰（外一首）—————————喻 晓

评论
审美客体
——《艺术美的创造与欣赏》之三———郭 因
时间意味着什么?
——《小说家的艺术思考》之三———李福亮 李庆西
有意义的，有意思的（作家谈初学写作）—丛 深
真实感人的散文篇章————————刘 春
知识和趣味的海洋—————————王国勋

美术
塞外山村、镜泊春雨（中国画）———刘振铎
风景写生（油画·四幅）———张钦若 王景岚
金色的秋天、春（木刻）——————于进海

1983 年第 6 期　刊名:《北方文学》
目录

小说
槐花——————————————————谷 峪
路遇——————————————————李 明
代课老师————————————————杨 威
巧计——————————————————铁 汉
收山炮————————————————史韶山
乔书生写戏————————————————王云高
无名指——————————————————木 桦
两个"集蹦子"（初学写作园地）———刘福臻
笤帚的妙用————————————————梁 南
护理"爸爸"————[意]亚米契斯著 朱万毅译

散文
西双版纳一瞥（祖国处处）————林 青
罗梭江畔（祖国处处）——————萧英俊
琴音——————————————————胡兆龙
马占山演义（传记文学·连载）———庞 镇
周璇外传（传记文学·连载）———余雍和

诗歌
给孩子们的礼物（十三首）———苗 欣 姚业涌
刘崇善 谭德生 陆少平 杨培勇 冬 木 崇 仁
王兆琪 喻德荣
珠贝集（十四首）————晓 达 崔合美 绿 林
苏 敏 张恩惠 潘永翔 焦 原 杨献瑶 苍 月

评论
第一篇文章发表前后（作家谈初学写作）——于 逢

审美主体
——《艺术美的创造与欣赏》之四⋯⋯⋯⋯⋯郭 因
进击者的颂歌⋯⋯⋯⋯⋯⋯⋯⋯⋯⋯⋯⋯⋯鲁 戈
从生活中发掘社会问题⋯⋯⋯⋯⋯⋯⋯⋯蒋逢轩
小荷才露尖尖角⋯⋯⋯⋯⋯⋯⋯⋯⋯⋯⋯衣殿臣
谈我省近年来的长篇小说创作⋯⋯⋯⋯李振滨

美术

夕照（套色木刻）⋯⋯⋯⋯⋯⋯⋯⋯⋯⋯晁 楣
雕塑三件⋯⋯⋯⋯⋯⋯⋯⋯⋯孙玉琢 崔丽涓
小东西（油画）⋯⋯⋯⋯⋯⋯⋯⋯⋯⋯⋯蔡 蓉

1983 年第 7 期　刊名:《北方文学》
目录

小说

本省青年作者短篇小说专辑
杯⋯⋯⋯⋯⋯⋯⋯⋯⋯⋯⋯⋯⋯⋯⋯⋯⋯张抗抗
桥⋯⋯⋯⋯⋯⋯⋯⋯⋯⋯⋯⋯⋯⋯⋯⋯⋯张亦峥
洁白的希望⋯⋯⋯⋯⋯⋯⋯⋯⋯⋯⋯⋯⋯张茜羲
无声的反抗⋯⋯⋯⋯⋯⋯⋯⋯⋯⋯⋯⋯⋯张昌礼
梨花图⋯⋯⋯⋯⋯⋯⋯⋯⋯⋯⋯⋯⋯⋯⋯刘树德
金子顶水走⋯⋯⋯⋯⋯⋯⋯⋯⋯⋯⋯⋯⋯张 峻
美妻⋯⋯⋯⋯⋯⋯⋯⋯⋯⋯⋯⋯⋯⋯⋯⋯庞壮国
红叶飘出车窗⋯⋯⋯⋯⋯⋯⋯⋯⋯⋯⋯⋯白 絮

散文

小娥子⋯⋯⋯⋯⋯⋯⋯⋯⋯⋯⋯⋯⋯⋯⋯谢 树
马占山演义（传记文学·连载）⋯⋯⋯⋯庞 镇
周璇外传（传记文学·连载）⋯⋯⋯⋯⋯余雍和

诗歌

放水⋯⋯⋯⋯⋯⋯⋯⋯⋯⋯⋯⋯⋯⋯⋯⋯倪笑春
小鸟之歌⋯⋯⋯⋯⋯⋯⋯⋯⋯⋯⋯⋯⋯⋯冯清华
一粒粒诗的种子⋯⋯⋯⋯⋯⋯⋯⋯⋯⋯⋯姜荣林
雨⋯⋯⋯⋯⋯⋯⋯⋯⋯⋯⋯⋯⋯⋯⋯⋯⋯阎振中

评论

谈文学写作（作家谈初学写作）⋯⋯⋯梁 斌
见"犯"着"避"（文艺随笔）⋯⋯⋯⋯吴士余

美术

雪晴（中国画）⋯⋯⋯⋯⋯⋯⋯⋯⋯⋯⋯李宝瑞
敖鲁古亚风情（组画）⋯⋯⋯⋯⋯⋯⋯⋯高齐寰
河畔（水印木刻）⋯⋯⋯⋯⋯⋯⋯⋯⋯⋯杨凯红
岩石小松（木刻）⋯⋯⋯⋯⋯⋯⋯⋯⋯⋯王连丽

1983 年第 8 期　刊名:《北方文学》
目录

小说

陡坡⋯⋯⋯⋯⋯⋯⋯⋯⋯⋯⋯⋯⋯⋯⋯⋯孙少山
神农荡之谜⋯⋯⋯⋯⋯⋯⋯⋯⋯⋯⋯⋯⋯陆永基
最后的演奏⋯⋯⋯⋯⋯⋯⋯⋯⋯⋯⋯⋯⋯雨 寒
和尚和诗人⋯⋯⋯⋯⋯⋯⋯⋯⋯⋯⋯⋯⋯李霁宇
编辑部的常客⋯⋯⋯⋯⋯⋯⋯⋯⋯⋯⋯⋯雪 非
最后一票⋯⋯⋯⋯⋯⋯⋯⋯⋯⋯⋯⋯⋯⋯赵侠以
"奸细"⋯⋯⋯⋯⋯⋯⋯⋯⋯⋯⋯⋯⋯⋯⋯雷收麦
责任⋯⋯⋯⋯⋯⋯⋯⋯⋯⋯⋯⋯⋯⋯⋯⋯姜胜群
喜车嘟嘟响（初学写作园地）⋯⋯⋯⋯徐定国
俄罗斯性格⋯⋯⋯⋯[苏]阿·托尔斯泰著 黄树南译

散文

一个人的歌（报告文学）⋯⋯⋯⋯⋯⋯⋯李 平
智袭克山（革命回忆录）⋯⋯⋯⋯⋯⋯⋯王明贵
怀念⋯⋯⋯⋯⋯⋯⋯⋯⋯⋯⋯⋯⋯⋯⋯⋯延泽民
马占山演义（传记文学·连载）⋯⋯⋯⋯庞 镇

诗歌

和森林在一起（外一首）⋯⋯⋯⋯⋯⋯⋯张志民
夜路⋯⋯⋯⋯⋯⋯⋯⋯⋯⋯⋯⋯⋯⋯⋯⋯石成仁
解冻⋯⋯⋯⋯⋯⋯⋯⋯⋯⋯⋯⋯⋯⋯⋯⋯戈 金

评论

鸡啄米（作家谈初学写作）⋯⋯⋯⋯⋯刘心武
艺术家的品格美和艺术作品的品格美
——《艺术美的创造与欣赏》之六⋯⋯⋯郭 因
一个在逆境中奋进的形象⋯⋯⋯⋯⋯⋯⋯谢万霖
化哀号为叹息（文艺随笔）⋯⋯⋯⋯⋯⋯赵 捷
创作"莫难于起句"（文艺随笔）⋯⋯⋯陈 炳

美术

潇潇雨歇（中国画）⋯⋯⋯⋯⋯⋯⋯⋯⋯廉 浦
绘画作品三件⋯⋯⋯⋯⋯⋯⋯⋯⋯⋯⋯⋯石 璞
乡泉（套色木刻）⋯⋯⋯⋯⋯⋯⋯⋯⋯⋯张德生
芒（木刻）⋯⋯⋯⋯⋯⋯⋯⋯⋯⋯⋯⋯⋯石铁民

1983 年第 9 期　刊名:《北方文学》
目录

小说

龙虎会⋯⋯⋯⋯⋯⋯⋯⋯⋯⋯⋯⋯⋯⋯⋯温时耀
卖马记⋯⋯⋯⋯⋯⋯⋯⋯⋯⋯⋯⋯⋯⋯⋯徐双山
光彩夺目的杰作⋯⋯⋯⋯⋯⋯⋯⋯⋯⋯⋯赵 洪

他在黎明里寻找 …………………………… 殷德杰
雪夜投宿 …………………………………… 尤凤伟
青麻地 ……………………………………… 常 棣
越过谷底（初学写作园地）……………… 庞庆轩
《越过谷底》读后 ………………………… 望 云
阳光下…… ………………………………… 范震威
马占山演义（传记文学·连载）………… 庞 镇
一则永无结尾的故事
　　　　[俄]列·尼·安德烈耶夫著　甘雨泽译

散文
天涯驰笔 …………………………………… 平 青
梧桐山下（祖国处处）…………………… 王忠瑜
特别的土地（祖国处处）………………… 野 曼

诗歌
窗外风景线 ………………………………… 陈敬容
江上礼雾 …………………………………… 寒 星
非洲古国喀麦隆（长诗节选）…………… 李剑白
滇行集（二首）…………………………… 赤 叶
松花江夜曲 ………………………………… 倪 鹰
珠贝集 …………… 子 页　杜 若　钱英球　王亚明
　马晋乾　胡成果　高继恒　吴锡全　苏 冬　李言有
　聂振邦　王忠范　李风清

评论
"根深叶茂"老生谈（作家谈初学写作）… 李英儒
艺术家的风格美和艺术作品的风格美
——《艺术美的创造与欣赏》之七……… 郭 因
规定情境与非规定情境
——《小说家的艺术思考》之三………… 李庆西

美术
北国之春、甘泉（水印木刻）…………… 李士学
江水东流（水彩）………………………… 李卉芹
原野、农舍（木刻小品）………………… 晁方方
习作（油画）……………………………… 王晓东
水乡、水巷深处（水粉写作）…………… 严庚辰

1983 年第 10 期　刊名:《北方文学》

目录

小说专辑
我们希望 …………………………………… 本刊编辑部
朱伯庐治家格言 …………………………… 王梓夫
我们穿过茫茫戈壁 ………………………… 张 弛
莫家父子俩 ………………………………… 韩耀旗
彩色的篷车 ………………………………… 何 苦

这不是"九龙壁" ………………………… 姚达人
神秘的雪橇 ………………………………… 关沫南
阿里里 ……………………………………… 刘 玲
二马和他的弟兄们 ………………………… 史韶山
入党 ………………………………………… 孙晓中
白荷花 ……………………………………… 夏强国
融化着的冻土（初学写作园地）………… 林 坊
谈《融化着的冻土》的人物描写………… 支 援
马占山演义（传记文学·连载）………… 庞 镇
鲫鱼、雄八哥（寓言）…………………… 卢培英
柚子 ……………… [日]壶井 荣著　雷定平译
三个游洪湖的人（散文·外一篇）……… 王维洲
上来更有碧千层（散文）………………… 丁继松
诗八首 …………………… 沙 蕾　谢先云等
"小事细说"解（作家谈初学写作）…… 屈兴岐
江上（套色木刻）………………………… 张祯麒
荷塘寒露图（中国画）…………………… 胡梅生
魏征十思疏、奋进（书法）……………… 杨广庆
瓶（水彩）………………………………… 陈 锺

1983 年第 11 期　刊名:《北方文学》

目录

小说专辑
挖掘 ………………………………………… 张 炜
业余矿长 …………………………………… 李沛华
父与子 ……………………………………… 张兴元
我是鱼 ……………………………………… 何 苦
珍宝 ………………………………………… 成居慧
解不开的"心事" ………………………… 孙桂桥
墙 …………………………………………… 王玉兰
红骒马（初学写作园地）………………… 张大志
重墨泼向哪里 ……………………………… 肖英俊
葬礼（初学写作园地）…………………… 吴庆春
寻求自己的表现形式 ……………………… 鲁秀珍
战士的幸福（报告文学）………… 吴晓民　吴基民
干燥的九月
　　　[美]威廉·福克纳著　刘以焕　王培根译
匠心独具的福克纳 ………………………… 秦欣邺
马占山演义（传记文学·连载）………… 庞 镇
月是故乡明（上）（散文）……………… 苏泽祥
诗七首 …………………… 陈景文　徐 放等
三本诗集的序 ……………………………… 公 刘
形式美和技巧美
——（艺术美的创造与欣赏）之八……… 郭 因
过去·现在·未来、蜻蜓千秋（油画）… 李秀实
银色的梦、沃野深秋（套色木刻）… 王合群　赵占江
风（雕塑）………………………………… 唐洪民

1983 年第 12 期　刊名:《北方文学》
目录

小说专辑
学习《邓小平文选》，高举社会主义文学旗帜
　　　　　　关沫南　巴　波　梁　南　程树榛
三姊妹——————————————陈学工
云深不知处——————————————马　嘶
悲歌自有大河知————————————刘子成
老石和他的石板路————————————任一舟
姑妈一家——————————————顾　潇
清洁工和蛙泳王（初学写作园地）————张维国
读《清洁工和蛙泳王》———————————木　石
美好而苦涩的心（报告文学）——————肖复兴
马占山演义（传记文学·连载）—————庞　镇
绵绵不绝的歌声———[苏]拉夫罗夫著　王　平译
月是故乡明（下）（散文）—————————苏泽祥
诗二首——————————陆伟然　赵　恺
"土壤"与"拐杖"（作家谈初学写作）——刘亚舟
木刻二幅————————————李仁山　窦平安
街津口写生（水粉画）————————赵廷椿
跃（雕塑）——————————————潘绍棠

1984 年第 1 期　刊名:《北方文学》
目录

小说
乌苏里江上的火光————————————何　新
"土耳其总统"的故事—————————王立纯
工作日——————————————闻树国
绿是永存的（初学写作园地）——————程丽梅
飘逝了的纸屑（本省佳作选载）—————杨　畅
《飘逝了的纸屑》读后—————————毕　方
马占山演义（传记文学·连载）—————庞　镇

散文
生当做人杰（报告文学）————————肖复兴
读《生当做人杰》随感—————————黄益庸
若飞同志二三事————————何其芳遗作
磨刀人——————————————沉　浮
江魂——————————————赵红梅
育花小札——————————————陆伟然
有关萧红在东京的事迹调查——————[日]平石淑子

诗歌
林海小诗（四首）————————————周绍庭
在极地（外一首）————————————张　克

酿蜜的山乡（三首）————————————张　静
沸腾了，农民文化宫————————————张洪明
卖茶的小姑娘————————————徐　泽

评论
毛泽东文艺思想在新时期的重要阐发————冯健男
丢掉"套话"（读稿随谈）——————————李国涛
内容美
——《艺术美的创造与欣赏》之九——————郭　因
读者中来————————肖　君　王兴隆　徐本礼
消除精神污染　提高刊物质量（简讯）

美术
北非行（速写）————————————杜鸿年
北大荒版画（小印本刻·七幅）—————郝伯义等

1984 年第 2 期　刊名:《北方文学》
目录

东北作家专号（上卷）
远方的夜（小说）————————————宋学武
路灯亮了（小说·四篇）————————屈兴岐
赚钱娶亲的小伙子（小说）———————顾笑言
折光镜（小说）————————————思　基
晚归（小说）————————————刘亚舟
"老贫管"赵石头（小说）————————许　行
中国"新议员"（报告文学）——————贾宏图
再见，香港!（文学回忆录）——————巴　波
开江（散文）————————————钟　涛
山芍药（散文）————————————谢　树
早春与晚秋（诗二首）—————————方　冰
遥远的山村（组诗）——————————刘畅园
如焚的思絮（诗三首）—————————满　锐
心灵的纯驳与诗的净污（评论）—————阿　红
马占山演义（传记文学·连载）—————庞　镇
年年有余、兴安腹地（油画·二幅）——李秀实
初雪（水彩画）————————————陈　锺
瑞雪（水印木刻）——————————魏运秀
雪（雕塑）————————————孙正琢

1984 年第 3 期　刊名:《北方文学》
目录

东北作家专号（中卷）
瘦龙岛（小说）————————————邓　刚
庄稼女人（小说）————————————王　毅
大山里的号声（小说）—————————达　理
今夜月色分外明（小说）————————林　予

竞赛（小说）························程树榛
为了未来干了这一杯（小说）·········陈屿
松江浩气（小说）·····················王忠瑜
回忆土改时期的张闻天同志（回忆录）···马加
关于一个女人的札记（报告文学）·······蒋巍
可怜松（散文）·······················张抗抗
在故乡的土地上（散文）···············潘青
域外诗抄（组诗）·····················胡昭
萨尔图礼赞（组诗）···················梁南

马占山演义（传记文学·连载）·········庞镇
匠心独运的《陡坡》（读者中来）·······林坊

早春（中国画）·······················于志学
雾、晨（水彩画·二幅）···············李卉芹
塞外秋光（中国画）···················王瑛元

1984 年第 4 期　刊名:《北方文学》
目录

东北作家专号（下卷）
我们的老六（小说）···················孙少山
两辈夫妻（小说）·····················丛深
"满洲姑娘"（小说）··················王汪
虎影人踪（小说）·····················关沫南
苦结（小说）·························韶华
仙人镇上（小说）·····················谢挺宇
山高水攻（散文）·····················单复
我们纺着同一根纱缕（诗）·············刘镇
大山的秘密（外一首·诗）·············林子
马占山演义（传记文学·连载）·········庞镇
黑河之行写生（中国画）···············关玉良
渔烟·刚果河上（套色木刻）···········张祯麒
路（套色木刻）·······················王训月
塞北之春（中国画）···················兰铁成
晚泊（中国画）·······················王晓峰
春归·黑色的河（油画）···············张钦若

1984 年第 5 期　刊名:《北方文学》
目录

小说

船歌·····························赵利平
新市长闯红灯·······················朱荣政
青草池塘的夏夜·····················刘桂君
魔力·····························康锦达
抓阄儿·····························王贺军

边陲人物记（二题）···················吕品
老人的约会·························蔡鸿滨
老榆树·····························巴威
在同一条生活的河流里（本省佳作选载）···王为群
读《在同一条生活的河流里》···········吕瑛
燃烧的晚霞（初学写作园地）···········赵桂林
一篇情节凝炼的小说
"我们在天上的父……"
　　　［苏］瓦连京·卡达耶夫著　黄树南译
马占山演义（传记文学·连载）·········庞镇

散文

丁红军（报告文学）···················屈兴岐
扬子江的微笑（报告文学）·············吴新民
以做中国人为荣·····················赵淑侠
泰山石·····························石浮
香溪孕秀（祖国处处）···············张啸虎

诗歌

诗五首···翁景贵　李品三　吴万民　艺辛　李岫泉

评论

他从地层深处走来···················曾镇南
激情·思考·角度（读稿随谈）·········吴松亭
艺术的继承和创新
——《艺术美的创造与欣赏》之十·······郭因
读《生当作人杰》（创作书简）·········刘进元

美术

家乡、破晓（水印木刻）·······杨凯生　刘荣彦
林区小品（木刻·六幅）···············贺玉龙
村落、沃土（油画写生）·········元也　付铮

1984 年第 6 期　刊名:《北方文学》
目录

小说

误点·····························矫健
苦涩的水·························陈昌本
祖坟·····························王云高
"小和尚"铸古鼎···················尹平
俩亲家·····························刘痴
新"塞翁失马"记（初学写作园地）·······候同
情节是至关重要的···················萧英俊
"格"（本省佳作选载）···············同江
谈"老格"这个人物···················鲁秀珍
马占山演义（传记文学·连载）·········庞镇

散文

爱的奏鸣曲（报告文学）……………………刘湛秋
北疆风情
绿的饶河……………………………………平　青
花的春潮……………………………………许　淇
都柿熟了……………………………………洪永太
赫哲剪影……………………………………丁继松
抚远行………………………………………于　波

诗歌

月亮…………………………………葛均义　王　莉
家乡的炊烟…………………………………于耀江
望星星（外一首）…………………………侯景云

评论

沸腾的农村呼唤生活（文坛瞭望）………望　云
从维熙和他的《北国草》（作家与作品）……吴光华
在普通人的普通生活中蕴含美（读者中来）…陈景春

美术

边关小镇（中国画）………………………曲新元
千山玉皇阁（中国画）……………………关明晖
北方（木刻小品·二幅）…………………王合群
山路（油画写生）…………………………张海峰
鹿泉图（中国画）…………………………王忠瑜

1984 年第 7 期　刊名:《北方文学》
目录

小说

蓝鱼…………………………………………薛　兵
十五的月亮十六圆…………………………王书图
老夫子和陈大吹……………………………刘　谦
大海畅想曲…………………………………王春波
彩虹出自青山里……………………………常　棣
$\frac{1}{2}+\frac{1}{3}=?$ …………………………………戴胜德
雕刻家的葬礼………………………［美］威拉·凯瑟著
杨池滨　范革新译
马占山演义（传记文学·连载）…………庞　镇

散文

新年乐（本省佳作选载）…………………张　岩
寓义于情……………………………………萧英俊
一九三九年去绍兴之后（文学回忆录）…骆宾基
椰岛说椰（祖国处处）……………………景　森
纸乡情思（祖国处处）……………………朱普乐

诗歌

忆战友………………………………………李剑白
访日诗抄（二首）…………………………徐　放
鹰之歌………………………………………石太瑞
上海，公共汽车上…………………………李　琦
傍晚，走下森林的舞台……………………贾志坚

评论

在变革的现实面前（文坛瞭望）…………李家兴
走向成熟的路（作家与作品）……………高进贤
艺术美的欣赏
——《艺术美的创造与欣赏》之十一……郭　因

美术

晶莹世界（中国画）………………………刘振铎
林区行（油画写生·三幅）………………孙增华
出山（木刻）………………………………乐　锋

1984 年第 8 期　刊名:《北方文学》
目录

小说

月涌大江流…………………………魏雅华　李声鸣
在那遥远的地方……………………………边玲玲
别了，北国…………………………………朱哂之
短小说三篇…………………………………孟久成
过年…………………………………………赵侠以
悠悠做粉人…………………………………刘跃利
假如没有昨天（本省佳作选载）…………李玉华
人物描写的分雨感…………………………小　草
明亮的星（初学写作园地）………………李　琼
《明亮的星》读后…………………………晓　聪
桃叶卫矛果………………［英］约·高尔斯华绥著　赵静男译
马占山演义（传记文学·连载）…………庞　镇

散文

北疆风情
小兴安岭情思………………………………赵圣铁
一条小街……………………………………郑晓铜
冬天的故事…………………………………李　琦

诗歌

国土…………………………………………苏　冬
冰雕…………………………………………博泽军
一支歌………………………………………时永福
八月一日……………………………………马合省
山里人家……………………………………杨子忱

评论

写"自己的"发现和理解（读稿随谈）--------李国涛
艺术美的批评
——《艺术美的创造与欣赏》之十二------郭　因

美术

飞春、秋林（中国画）--------卢禹舜
人和土地、细雨、冰凌花（木刻）--------牛　毛
驰骋的心（木刻）--------金　田
林场初雪、溪流（水彩写生）--------施鹤良

1984 年第 9 期　刊名:《北方文学》
目录

小说

高高的青冈岭--------学　利
我家属--------刘兆林
新时代的"刁老财"--------丁正泉
猎人院里的枪声--------姜孟之
沉思的月亮--------刘锡顺　李冰儒
老人的歌声--------刘　勇
田把式卖牛--------宋玉祥
生日的礼物（初学写作园地）--------马文莉
写出真情实感--------岳治成
加密井《采油树》--------齐建平
废墟上《采油树》--------陆立明
成功--------［英］欧文·奥列弗著　刁绍华译
马占山演义（传记文学·连载）--------庞　镇

散文

英伦风情--------李国文
追求者的脚步--------纯　人
海思--------田　琳
青青的草坡《采油树》--------朱智启
啊，松塔……《阳光照耀大兴安岭》--------卢培英
绿云里明亮的星《阳光照耀大兴安岭》--------田长尧
伐木时节《阳光照耀大兴安岭》--------詹长江
落叶松《阳光照耀大兴安岭》--------唐俊珊
永绿的"老梅村"《阳光照耀大兴安岭》--------王世俊

诗歌

北方五月--------岛　子
沙漠--------查　干
读《呼兰河传》的少女--------李风歧
村妇--------陈燕妮
逐油而迁的部族（二首）《采油树》--------戴立然
油井旁，开着五色的花《采油树》--------潘永翔
森林风情（二首）《阳光照耀大兴安岭》--------鲍雨冰

评论

一个新的课题（文坛瞭望）--------张同吾
意深情浓的好诗（读者中来）--------朱礼富

美术

木雕（三件）--------孙正琢　崔丽涓
中国画（四幅）--------程铁男　兰铁成　杨松杰
初雪、静物（油画写生）--------邹　路

1984 年第 10 期　刊名:《北方文学》
目录

小说

望大陆--------程　虎
姐姐--------李君哲
新中国的同龄人--------刘树生
山若有情--------黄新燕
一位热爱生活的作者--------张恩儒
天职--------黄世街
风的秘密--------赵德明
透明砂--------李向晨
马占山演义（传遍文学·连载）--------庞　镇

散文

从厨房走向世界（报告文学）--------肖复兴
喜蛛--------张若愚
库尔滨河畔--------张爱华
黎明城，我寻觅黎明……（祖国处处）--------薛尔康
寻瀑雁荡山（祖国处处）--------王晓康
藏家的街市（祖国处处）--------徐天德
活捉谢文东，枪毙李华堂（回忆录）
--------尹文铎口述　赵乃良整理

诗歌

呼兰河上--------韩兴贵
啊，神奇的土地--------贾志坚
滚元宵--------王子亮
楼的塑像--------石玉林
有这样一条河--------苗　欣

评论

责无旁贷的光荣任务（文坛瞭望）--------望　云
参观虎林幼儿师范班想到的《变革浪潮中的思絮》之一
--------巴　波
准备着，迎接一个新的文学时期《变革浪潮中的思絮》之二--------梁晓声
创作思想也要来一场变革《变革浪潮中的思絮》之三
--------孙少山

艺术的基本职能
——《艺术美的创造与欣赏》之十三⋯⋯⋯⋯郭　因

美术

宣传画（六幅）⋯⋯⋯⋯⋯⋯⋯⋯⋯高　路等
欢乐草原（速写）⋯⋯⋯⋯⋯⋯⋯⋯张祯麒
猎民新乡（中国画）⋯⋯⋯⋯⋯⋯⋯廉　浦

1984 年第 11 期　刊名:《北方文学》
目录

小说

秃嘴的铁唤头⋯⋯⋯⋯⋯⋯⋯⋯⋯陈昌本
卜科长⋯⋯⋯⋯⋯⋯⋯⋯⋯⋯⋯⋯熙　高
求同⋯⋯⋯⋯⋯⋯⋯⋯⋯⋯⋯⋯⋯伯　仲
生命水⋯⋯⋯⋯⋯⋯⋯⋯⋯⋯⋯⋯刘柏生
得到的和失落的⋯⋯⋯⋯⋯谷鸿微　于淑华
这是一片金黄的谷子⋯⋯⋯⋯⋯⋯周　翔
杨花似雪⋯⋯⋯⋯⋯⋯⋯⋯⋯⋯⋯刘　玲
假如北方没有雪（本省佳作选载）⋯常新巷
徐来的海风
⋯⋯⋯⋯［苏］巴乌斯托夫斯基著　高文阁译
马占山演义（传记文学·连载）⋯⋯庞　镇

散文

阳光·空气·水（报告文学）⋯⋯⋯屈兴岐
甜甜的枣儿⋯⋯⋯⋯⋯⋯⋯⋯⋯⋯沉　浮
北疆风情
迷人仙鹤⋯⋯⋯⋯⋯⋯⋯⋯⋯⋯⋯王同力
北国深情⋯⋯⋯⋯⋯⋯⋯⋯⋯⋯⋯柯　蓝
悠悠古莲河⋯⋯⋯⋯⋯⋯⋯⋯⋯⋯韩　冰

诗歌

我举起红色的爝火（组诗）⋯⋯⋯⋯梁　南
月儿伴我归家园⋯⋯⋯⋯⋯⋯⋯⋯熊俊桥
杏仁粥⋯⋯⋯⋯⋯⋯⋯⋯⋯⋯⋯⋯王永利
浇⋯⋯⋯⋯⋯⋯⋯⋯⋯⋯⋯⋯⋯⋯李品三
月下⋯⋯⋯⋯⋯⋯⋯⋯⋯⋯王吉厚　田　丰

评论

报告文学的文学性（创作书简）⋯⋯肖复兴

美术

月明星稀（中国画）⋯⋯⋯⋯⋯⋯⋯关明晖
卧牛山（中国画）⋯⋯⋯⋯⋯⋯⋯⋯杨松杰

1984 年第 12 期　刊名:《北方文学》
目录

小说

临别赠言⋯⋯⋯⋯⋯⋯⋯⋯⋯⋯⋯严歌平
利刀⋯⋯⋯⋯⋯⋯⋯⋯⋯⋯⋯⋯⋯温时耀
流水帐⋯⋯⋯⋯⋯⋯⋯⋯⋯⋯⋯⋯吴立智
夕阳无限好⋯⋯⋯⋯⋯⋯⋯⋯⋯⋯李秀峰
难测的"世界"⋯⋯⋯⋯⋯⋯⋯⋯⋯李隆恩
风雨同车⋯⋯⋯⋯⋯⋯⋯⋯⋯⋯⋯桑　苗
加油站⋯⋯⋯⋯⋯⋯⋯⋯⋯⋯⋯⋯曹　敏
老井⋯⋯⋯⋯⋯⋯⋯⋯⋯⋯⋯⋯⋯孙兴翮
"大胆儿"和"画家叔叔"⋯⋯⋯⋯苗　欣
蓝颏⋯⋯⋯⋯⋯⋯⋯⋯⋯⋯⋯⋯⋯洪永太

散文

老树根与小提琴手（报告文学）⋯⋯傅溪鹃
邻居们的趣谈⋯⋯⋯⋯⋯⋯⋯⋯⋯赵淑侠
啊，白桦林⋯⋯⋯⋯⋯⋯⋯⋯⋯⋯邵　晨
荒野上的灯⋯⋯⋯⋯⋯⋯⋯⋯⋯⋯张郁民

诗歌

爱情诗小辑
这也是告别（三首）⋯⋯⋯⋯⋯⋯王晓霞
瓜田"雨"⋯⋯⋯⋯⋯⋯⋯⋯⋯⋯杨金浮
飘动的红纱巾⋯⋯⋯⋯⋯⋯⋯⋯⋯李玉山
钻塔群⋯⋯⋯⋯⋯⋯⋯⋯⋯⋯⋯⋯庞壮国

评论

走向腾滔踏浪的生涯⋯⋯⋯⋯启　华　闻　之

美术

月光曲（套色木刻）⋯⋯⋯⋯⋯⋯⋯杨凯红
南行速写（二幅）⋯⋯⋯⋯⋯⋯⋯⋯于美成
《天狼星传说》（组画选）⋯⋯⋯⋯任　戬
奔腾不息（浮雕）⋯⋯⋯⋯⋯⋯⋯⋯孙正琢

1985 年第 1 期　刊名:《北方文学》
目录

抒情小说专辑

大地的精灵⋯⋯⋯⋯⋯⋯⋯⋯⋯⋯史　方
砂眼⋯⋯⋯⋯⋯⋯⋯⋯⋯⋯⋯⋯⋯王清学
风·雪·流浪人⋯⋯⋯⋯⋯⋯⋯⋯赵淑侠
五色雪⋯⋯⋯⋯⋯⋯⋯⋯⋯⋯⋯⋯徐定国
爱之曲⋯⋯⋯⋯⋯⋯⋯⋯⋯⋯⋯⋯刘　勇
啊，夏天⋯⋯⋯⋯⋯⋯⋯⋯⋯⋯⋯陈建国

春妮 .... 张春鹏
菜里，有一只苍蝇 .... 张 旻
森林里的小河 .... 张连荣
那丢失的…… .... 迟子建
弈棋（作家之路函授学员作品选） ...... 金 野

散文
揭开死神之谜（报告文学） .... 张雅文
天下第一剑（报告文学） ...... 沈国孙 黄伟康

诗歌
抒情诗二首（作家之路函授学员作品选） ...... 于迎春

评论
《陌生人》是这样写出来的 .... 张 林
简评《远方的夜》 .... 叶伯泉
茫茫油田孕清诗（读者中来） ...... 徐学阳

美术
春羔（雕塑） .... 唐洪民
春风（木雕） .... 金再坤
渔港月夜（水粉写生） .... 赵廷椿
考试之后（水印木刻） .... 朱连生
玉米香（水印木刻） .... 张良武

1985 年第 2 期　刊名:《北方文学》
目录

小说
改革风情
走梁 .... 张大志
女推销员的一天 .... 檀 溪
特区的一天 .... 朱崇山
小站黄昏 .... 尹 平
车站、秋雨、他和她 .... 鲁 琪
脑震荡 .... 郑万隆
飞越泥淖地 .... 陈亚先
夏天里 .... 孙桂丽

散文
尚未结束的采访（报告文学） ...... 陈先法
军马驰嘶哈拉海 .... 王晓廉
雪国抒情 .... 蒋耀波
北方的云 .... 宋立志
父亲留给我们的财富（回忆录） ...... 王立群

诗歌
流亡路上（三首） .... 徐 放

木排，漂流的木排（外三首） ...... 刘畅园
晨雾 .... 李凤杰
雁阵 .... 王 军
雨天 .... 梁守新
退休之后 .... 李长春

美术
冬网（雕塑） .... 杨世昌
赵一曼（油画） .... 李 斌
访非写生（中国画） .... 杜鸿年

1985 年第 3 期　刊名:《北方文学》
目录

振奋人心的中国作家协会第四次会员代表大会
短论四篇 .... 巴 波 关沫南
程树棒 刘亚舟

小说
妈妈留给我一首歌 .... 朱 颖
青山遮不住 .... 陈晓彦
北极风情录 .... 王一敏
三个 "$\sqrt{2}$" .... 黄新燕
第五种爱情 .... 楚 迪
沉睡的大固其固 .... 迟子建

散文
丛林血案（报告文学） .... 闻公瑾
遗作两篇　绘动物研究家叔叔的一封信、冬眠的野鸭
.... 卢培英

美术
收玉米（木印木刻） .... 赵 勇
回春（水印木刻） .... 刘全德
暖冬（水印木刻） .... 周胜华
北国春雪（中国画） .... 兰铁成
生命（中国画） .... 刘世彩
窗前（水彩画） .... 李 静

1985 年第 4 期　刊名:《北方文学》
目录

小说
沙狐 .... 郭雪波
斗牛人 .... 张 涛
乌苏里渔歌 .... 刘 军
荒原深处有一口浅气井 .... 张郁民

东伙之间 ————————— 杨咏华
柏拉图奏鸣曲 ————————— 卞里
生活的开始 ————————— 仲成春
短歌二篇《小棚》、《高处》 ——— 史韶山 史洪山

散文
引渡 ————————— 白屋
草原绿韵 ————————— 李学恒
纳西古城——丽江 ————————— 廉正祥

诗歌
油城之歌 ————————— 蔡鸿滨
楼区,耸立着钻塔 ————————— 王建民
棕榈 ————————— 李发模
北行的叫咽咽 ————————— 宁宇
风筝 ————————— 许少春

评论
改善文艺评论,促进创作繁荣 ————————— 缪俊杰
色彩斑斓的生活画卷 ——— 吴学明 崔树人
与习作者谈诗歌 ————————— 于宗信

美术
沃土(套色木刻) ————————— 晁楣
共产党人——彭德怀(雕塑) ————————— 王松引
渔民、匠心(《西非风情》组图二幅·水印木刻)
————————— 张祯麒

1985 年第 5 期　刊名:《北方文学》
目录

小说
她回山那边去了 ——— 查代文 柯尊解
落差 ————————— 王清学
蓝蓝的牵牛花 ————————— 王清学
王忒儿新传 ————————— 王金屏
毛圪坨 ————————— 王海
窗外雨潺潺 ——— 杨林山 曾少祥
修鞋人的女儿 ————————— 周老酾
重庆急电 ————————— 程虎
虹 ————————— 李翔云
一张不能报销的收据 ————————— 沙国富
立体声舞会 ————————— 李振德

散文
姜昆剪影(报告文学) ——— 戴战军 解重庆
丁玲与北大荒 ————————— 郑加真
推力 ————————— 鲁之洛

诗歌
有一个周末 ————————— 徐东明
《工学院女生》 ————————— 陈燕妮
建造 ————————— 刘仁志

评论
王清学小说谈片 ————————— 黄益庸

美术
蜿蜓千秋(油画) ————————— 李秀实
《丝路花雨》(雕塑) ————————— 孙正琢
培育(雕塑) ————————— 金再坤
国画小品二画 ————————— 胡梅生

1985 年第 6 期　刊名:《北方文学》
目录

小说
纤纤素手 ————————— 郁小萍
沙獾 ————————— 郭雪波
工程师不在家 ————————— 张秀枫

献给孩子的歌
拾鱼 ————————— 黄少军
害怕 ————————— 王建军
画画的孩子 ————————— 孟凡果
送公鸡和打蛤蟆 ————————— 黄建民

讽刺幽默小说小辑
雪野 ————————— 石万能
光圈 ————————— 马秀文
晨风轻轻吹 ————————— 杨汝申
并不奇怪的误解 ————————— 戴润涛

散文
去者噩梦,来者黄金路(报告文学) ——— 陈师
夜宿西洋岭 ————————— 沉浮
吴起镇的女性 ————————— 裴积荣

诗歌
窗上的冰凌花 ————————— 战铁儿
小河的思索 ————————— 徐景辉

评论
小说面面观
————————— [英]爱德华·摩根·福斯特著　苏炳文译

美术

华山苍龙岭（中国画）━━━━━━━王瑛元
春潮在望（油画）━━━━━━━━━付　铮
习作三幅（油画）━━━━━━━━━陈宜明
银色的梦、打雀儿（装饰小品）━━刘巨兴

1985 年第 7 期　刊名:《北方文学》
目录

罪犯━━━━━━━━━━━━━━━孙少山
走出黄沙━━━━━━━━━━━━━左建明
飘逝在森林里的浪花━━━━━━━张连荣
悄悄散去的晨雾━━━━━━━━━赵青林
镜泊湖畔━━━━━━━━━━━━张连波
发烫的脸颊━━━━━━━━━━━高　凯
笏━━━━━━━━━━━━━━━张记书
控诉━━━━━━━━━━━━━━迟凤君
老头与车━━━━━━━━杨慧琴　滕以智
春的旋律（报告文学）━━━━━━子　秀
他走向雅俗共赏之路
　　━━宋学孟的三个中篇读后━━黄益庸
小说面面观
　　━━━━[英]爱德华·摩根·福斯特著　苏炳文译
日出（油画）━━━━━━━━━━石　璞
三月进兴安（油画）━━━━━━━宋翔申
春风得意（中国画）━━━━━━━李宝瑞
塞外春雪（中国画）━━━━━━━卢禹舜

1985 年第 8 期　刊名:《北方文学》
目录

小说

问题小说专辑
夜宿三里坪━━━━━━━━━━━范卫东
隐秘━━━━━━━━━━━━━━石长文
深山有远亲━━━━━━━━━━━张大志
为了时间━━━━━━━━━━━━王鲁夫
难忘的箫声━━━━━━━━━━━姚达人
昔日的梦━━━━━━━━━━━━王家男
唤醒太阳的人━━━━━━━彭小连　贺子壮
但愿她不是她━━━━━━━━━━黄佳星

散文

球迷们（报告文学）━━━━━━━肖复兴
鸢妇━━━━━━━━━━━━━━凤　子
谜━━━━━━━━━━━━━━━平　青
闪光的路━━━━━━━━━━━━姜照远

电厂之夜━━━━━━━━━━━━黄秋实
三江水━━━━━━━━━━━━━孙文昌

诗歌

鹌鹑场，我承包的春歌（外一首）━━钱英球
你我之歌（外一首）━━━━━━━北　月

评论

弥漫着新的意识的思维（短篇小说创作纵横谈）
　　━━━━━━━━━━━━━滕　云
小说面面观━━━[英]爱德华·摩根·福斯特著
苏炳文译

美术

秋汛、流云（水印木刻）━━━━━张祯麒
版画三幅（水印木刻）━━━━━━李士学
鹭（中国画）━━━━━━━━━━李宝瑞

1985 年第 9 期　刊名:《北方文学》
目录

小说

零点归来━━━━━━━━━━━━张　为
迷谷━━━━━━━━━━━━━━王丛军
票海轶事━━━━━━━━━━━━张音生
空白━━━━━━━━━━━━━━陈　明
半截烟头━━━━━━━━━━━━杨　觉
画友━━━━━━━━━━━━━━常　林
荒地九月━━━━━━━━━━━━曹　敏

散文

风雨黎明前━━━━━━━━━━━关沫南
"八·一五"的记忆━━━━━━━陈　臻
往事杂简━━━━━━━━━━━━王　和
哦，草原！━━━━━━━━━━━曾一智
鹅之曲━━━━━━━━━━━━━忆　华
高空暖脊（报告文学）━━━━━━屈兴岐
爱的旋律（生活散记）━━━━清　俊　又　山

诗歌

散文诗一束━━━━━━━━━李希英　林　夕
短诗一组（四首）━━━━━━阎红　刘　铁
溪旁（外一章）━━━━━━━━━沙　鸥
书信（外一章）━━━━穆隆加里尔　方　行译

评论

大漠绿踪━━评短篇小说《沙狐》━李福亮

美术

国画三幅 ————————————————— 刘亚民
晚栖（油画） ———————————————— 李秀实
大江东去（中国画） ————————————— 高云波
月溶溶（中国画） —————————————— 李卉芹

1985 年第 10 期　刊名:《北方文学》
目录

小说

古堡茶居 ————————————————— 徐双山
女性四题 ————————————————— 张　林
我们来到了太阳岛 ————————————— 刘桂君
最后的雨 ————————————————— 马建刚
韩森太太的一天 —————————————— 赵淑侠
茫茫的深山野洼 —————————————— 吕　斌
山边那家人 ———————————————— 刘跃利
大伟和双芹 ———————————————— 吕　品
水伏孙二 ————————————————— 刘舰平

散文

独臂三叔 ————————————————— 苏连科
和她在一起 ———————————————— 林　子

诗歌

香喷喷的深山夜 —————————————— 刘毅然
星 ————————————————————— 王　卓
乡情 ——————————————————— 王征雁
风与沙（散文诗） ————————————— 李　耕

评论

来自海外的乡音
——喜读赵淑侠女士长篇小说《我们的歌》
　　　　　　　　　　　　　　　吴滕凰　杨连成

美术

溪水纯又甜、晨（木刻二幅） ————————— 杜鸿年
写生三幅（油画） —————————————— 李鸿祥
完达秋色、出峡图（中国画二幅） —————— 赵文贤

1985 年第 11 期　刊名:《北方文学》
目录

小说

贩子 ——————————————————— 林和平
山潮 ——————————————————— 孙柏曷
被秋雨打湿的街道 ————————————— 常新港

塞上曲 ————————————————— 桑　苗
"云山""雾罩" ————————————— 陈伟生
"极限"等于零 ————————————— 高时阔
女婿 —————————————————— 徐朝夫
板壁邻里 ———————————————— 齐建平
小院狂想曲 ——————————————— 张国维
冯三儿 ————————————————— 李晓彦

散文

生者人试 ———————————————— 张抗抗
"白云"春色浓 ————————————— 程树榛
野花，坠落魔谷（报告文学） ——————— 苏志松

诗歌

车过临潼（外一首） ————————————— 徐　放
黄昏，海螺和我 ——————————————— 刘畅园
灵魂随想曲（组诗） ————————————— 曹　烽

评论

哦，这一片文学的草甸子
——读《北方文学》散记 ————————— 曾镇南

美术

鹿场清晨、伙伴（木刻二幅） ————————— 乐　锋
黄山云瀑（中国画） ————————————— 杨松杰
兴凯湖养鹿场（木刻） ———————————— 刘洛生
月夜（木刻） ———————————————— 晓　雨

1985 年第 12 期　刊名:《北方文学》
目录

小说

移都记 ————————————————— 李金纲
豆蔻年华 ———————————————— 朱哂之
蛮荒日 ————————————————— 泓　均
黄河夜 ———————————— 张拴固　徐增兰
同学会 ————————————————— 吴立智
人流 —————————————————— 张　玲
党委书记的兵 —————————————— 赵桂林
走进大自然 ——————————————— 关恒武
山菊儿 ————————————————— 查代文
过去的年代
——北大荒人物素描 ————————— 孟久成

散文

洞箫村曲 ———————————————— 沉　浮
猎兔 —————————————————— 陈四长
走石龙 ————————————————— 张爱华

诗歌

黑嘴巴的铁匠（外一首）———————————何抒秀
哼，我知道你说的是我———————————李凤岐
春雨—————————————————————董丽华
山姑—————————————————————刘益善
初恋的回归———————————————————陆少平

评论

孙少山的世界
——读孙少山的短篇小说—————————高洪波
我来猜猜孙少山————————————————何志云

美术

塞北春融（中画画）———————————————卢禹舜
油画三幅————————赵春男　倪立国　王益章　林建群
春牛（木刻）—————————————————金　田

1986 年第 1 期　刊名:《北方文学》
目录

小说

拉网号子—————————————————————王左泓
熊骨烟嘴—————————————————————王立纯
饥杀———————————————————————张侍民
哦，那小金山———————————————————张建平
"乔老爷"骂街———————————————————张大志
旧土地——————————————————————迟子建
手镯———————————————————————青　雪
绿色的躁动————————————————————王洪昌

诗歌

祖父的河流————————————————————白　平
枫叶红了的时候——————————————————王文玫
田野上，走出年轻的母亲—————————————子　页
姜铁匠的罗曼史——————————————————李言有

评论

创作随想录————————————————————从维熙
"淡化"与"浓化"（文坛瞭望）—————————黄益庸
致读者—————————————————————本刊编辑

1986 年第 2 期　刊名:《北方文学》
目录

小说

灯官———————————————————————王　娘
在寂寞中寻求———————————————————毛志成

阵地上——————————————————————邱晓光
他比我矮三公分——————————————————于国颖
人与蛇——————————————————————赵利平
幸福跟我们捉迷藏—————————————————刘子成
荒野上的河————————————————————张宝发
村旗———————————————————————魏秀芳

散文

虫蚛蟲（报告文学）————————————————张耀笳
故乡的白皮柳———————————————————侯景云

诗歌

多雪的黑土地———————————————————庞壮国
我们这一群女工——————————————————李希曾

评论

夜读杂记（文坛瞭望）———————————————雪　影
编后小语

1986 年第 3 期　刊名:《北方文学》
目录

小说

临街的窗口————————————————————王建军
抗争———————————————————————谭英凯
干枝梅——————————————————————响　响
冰洪———————————————————————王春亭
等出了院再说———————————————————庞一川
多彩的幽默————————————————————马秋芬
带吊杆的井————————————————————韩希钧
泥土芬芳—————————————————————韩棕树

散文

擂主（报告文学）—————————————————沈果孙
鹿鹿———————————————————————孟凡奎

诗歌

短诗一束

骑着马，越过冰河　顾　工/在西湖　雪　村/爱情之
花　莫西芬/插秧雨　杨金浮/帆　雷　雯

评论

文清·情切·义长——————————————————李福亮
文风还是朴素些好（文坛瞭望）———————————闻　歌

1986 年第 4 期　刊名:《北方文学》
目录

小说

北疆三题 ··· 张连荣
源头
柳兰
希望
我的兄长，我的莘莘巷 ····································· 晓 宫
老吉他 ··· 赵炘煜
高高的风火墙 ··· 蔡焕新
"鱼鹰" ··· 高加索

散文

一个成功者和他的影子（报告文学） ·············· 罗达成
征子的心愿 ··· 苏 晨

诗歌

唱给母亲的歌（叙事诗） ································· 韩兴贵
海的女人 ··· 陈燕妮

评论

黑龙江的歌
——读张连荣的《北疆三题》 ····················· 韦健伟
瑞士华人作家赵淑侠女士 ······························· 延泽民
编后小语

1986 年第 5 期　刊名:《北方文学》
目录

小说

灰色的羽毛 ··· 杨利民
"老一"和他的警卫员 ····································· 阮大华
林中的河 ··· 杜永宾
星期六畅想曲 ··· 赵 茜
旅伴 ··· 吴仲谋
黑山羊 ··· 闻 波
子昂碎琴 ··· 程 虎
三十岁人 ··· 仲成春

散文

桃园归来（报告文学） ································· 王毅人
芝加哥摩天大楼夜景 ····································· 秦 牧
冰排（外二章） ··· 吕 品
"摇车"的故事（二章） ································· 李松樟

评论

也谈小说的"淡化"及其他 ····························· 洪 钧

1986 年第 6 期　刊名:《北方文学》
目录

小说

七寸子 ··· 吕耀滨
属于生命潮 ··· 程 宏
祖父的悬崖 ··· 张 林
咬人的夏天（儿童文学） ································· 常新港
风筝（儿童文学） ··· 郗玉远
小傻瓜（外一篇）（儿童文学） ····················· 兴 安
老岛 ··· 王一敏
大楼背后的小街 ··· 栾殿湖
高层住宅的诙谐曲 ··· 黄 平
大江边上的人家 ··· 关恒武
啊，稗子沟 ····················· 滕贞甫 刘锡顺

散文

红颜 ··· 罗俞君
丁玲不死 ··· 丁继松
变色的云 ··· 程夔眉
腾飞的旋音 ··· 支 援
我心中的"喀喇其" ····································· 殷京生

诗歌

我的吉他的歌（散文诗五首） ····················· 李 耕
海的思念（散文诗） ····································· 林 夕
松花江的孩子来到大海边（散文诗） ·············· 苗 欣
爱捉迷藏的风 ··· 李富祺
蘑菇（外一首） ··· 王征雁
给 A 城的浪人 ····················· ［菲藉华人］黄凤祝

1986 年第 7 期　刊名:《北方文学》
目录

小说

看海 ··· 辛晓征
火神 ··· 张 涛
走出那扇门 ··· 于得润
灵感 ··· 程树榛
寻找 ··· 田 瑛
发生在瞬间 ··· 董国军
祖父的泪 ··· 刘 荒
哈哈亭 ··· 孙 林
病 ··· 修祥明

迟嫁（本省佳作选）————————何凯旋

散文
冰城，美丽的女人和她的梦（报告文学）——张 丹
父亲————————————————高洪波
松花江畔之冬——————————————郭 力

诗歌
北方湖的月潮————————————庞壮国
猎人之死——————————————王长军
妈妈养了一群小鸡小鸭——————高治军
初恋的回归————————————陆少平
捧给你————————————————曲秋玲

评论
从屠格涅夫的创作谈形象与思想的关系———关 鸿

1986 年第 8 期　刊名:《北方文学》
目录

小说
世风绘三篇————————————巴 波
　贵宾记
　进关记
　周末记
假发————————————————韩则烈
流水落花——————————————曹利军
麦收————————————————张贵臣
迪斯科协奏曲————————————李翔云
陷沼————————————————学 利
磷火————————————————田信军
山野小景（本省佳作选）——————周爱民

散文
北大荒，春的札记（北疆风情）———张爱华
冬日太阳岛行（北疆风情）—————碧 森
在杨子荣战斗过的土地上（北疆风情）—于 波
又是秋鲑洄游时————————————王同力
偶合————————————————叶君健

诗歌
去鲜花里的国度————————————梁 南
露珠集——————————————征 雁

评论
从"七寸子"的压迫下解放出来————赵振鹏

1986 年第 9 期　刊名:《北方文学》
目录

小说
小说三篇——————————————迟子建
　乞巧
　苦婆
　支客
流火————————————————孙柏昌
金沟里人家————————————梁国伟
锁————————————————张郁民
鱼哈拉——————————————苏连科
闪电后的沉寂（本省佳作选）————吴莉铭

散文
我的文学生涯（作家自白）—————秦 牧
花甲忆儿时（作家自白）——————高 莽
东北记痕——————————————曾绍义
风姿————————————————郑晓铜

诗歌
深山采撷（组诗）————————闻 频
小兴安岭三章————————————张万舒
顽石情思（散文诗·外三章）————满汝毅

评论
长歌当哭——————————————迟子建
关于迟子建————————————宋学孟

1986 年第 10 期　刊名:《北方文学》
目录

小说
空谷————————————————郭雪波
泡沫（电视小说）—————————王 毅
春天里的故事————————————戴文杰
狗屯纪事——————————————李隆恩
人熊————————————————张继东
调动的故事————————————章 频
松乙沟　松乙桥——————————赵常发

散文
我的投影（作家自白）——————端木蕻良
采风随笔——————————————梁 南
一粒小小的沙金——————————郑晓铜
各有奔头——————————————张抗抗
水手————————————————刘 虔

诗歌

苦难风流（组诗）·······················马合省
爱情诗四首·····························侯景云
蛙鼓情·······························李风清

评论

他醒了
——读《七寸子》有感·················萝莎

1986 年第 11 期　刊名:《北方文学》
目录

小说

本省小说作者小说专辑
将军变奏曲···························谭英凯
天下太平·····························王娘
黑游涡·······························王左泓
平原列车的终点（外一篇）·············欧继联
血红的月亮···························黄平
吉亚大叔和他的墓场···················迟子建
"肿瘤集团"记实·····················于得润
刘海儿·······························张连波
胡仙堂·······························青雪

散文

自白（作家自白）·····················郭风
关于形式和手法的思索（作家自白）·······金河

评论

童心般的真诚·························蒋原伦
编后小记

1986 年第 12 期　刊名:《北方文学》
目录

小说

失败·································孙少山
火化炉前·····························王云高
传家宝·······························薛炎文
队副上任第一天·······················佟德凯
饥渴的山峦···························黄越城
蝉蜕·································王立纯
大雨·································何凯旋
难忘的地方（本省佳作选）·············石岩

散文

深深鞠一躬（报告文学）···············王毅人

说几句老实话（作家自白）·············程树榛
无须"自白"终是"自白"（作家自白）·······张抗抗

诗歌

雁南飞·······························芦萍
谛听着你的声音（外一首）·············顾工
小屋二首·····························赤叶

评论

船儿已经驶出港湾·····················韦健玮
酽茶及其他···························李琦

1987 年第 1 期　刊名:《北方文学》
目录

小说

女兵帅克·····························于国颖
火·································张连荣
雁阵·································邱万富
弦外的歌·····························阎欣宁
药·································弋良俊
沉重·································李蔚
村东来了钻井队·······················齐建平

散文

峥嵘岁月（作家自白）·················蒋子龙
船，刚刚驶出海湾（作家自白）·········宋学武
古船吟·······························王维洲
北极光·······························王忠瑜

诗歌

大熊星座（组诗）（青春诗坛）·········庞壮国
戴耳环的乡村·························刘益善
河床的回忆···························王宜振

评论

寻找对生活的独特感受·················张抗抗
新年致读者···························本刊编辑部

1987 年第 2 期　刊名:《北方文学》
目录

小说

十九岁的微笑（外一篇）···············宋学孟
剪影·································张侍民
夜班里的话题·················洪双烨　林坡
牧鞭·······························周格

渔家少妇 ················ 刘治政
夜火 ················ 于雷娃
感情的寄托（外二题） ················ 成 仁
干爹（本省佳作选） ················ 王 子

散文

黄手套，白手套（作家自白） ················ 张辛欣
执著的爱，执著的追求（作家自白） ················ 阿 红
逝川的沉思 ················ 李佩芝
微山湖夜猎 ················ 董 尧
那一天，我没有见到达子香花 ················ 王 影
幽谷 ················ 和 谷
小雨中的回忆 ················ 李兆杰

诗歌

故乡小镇（组诗） ················ 刘畅园
我爱夜色（外五首）（青春诗坛） ················ 孟凡果
书店里，一个老汉（外一首） ················ 李凤岐
故乡 ················ 钱叶用
告别 ················ 朱永良
珍珠湖之夜 ················ 杨金浮
黑龙江边的孩子 ················ 文乾义

评论

文艺理论的危机（文坛瞭望） ················ 骆宾基

1987 年第 3 期　刊名:《北方文学》
目录

小说

雪雷（外二篇） ················ 苏连科
留个影子在湖心 ················ 张归华
回声 ················ 徐定国
天意 ················ 刘元举
不想知道的秘密 ················ 孟久成
燃烧的黑橡树（本省佳作选） ················ 常新港

散文

寸草心（作家自白） ················ 陈慧瑛
车队，翻越大兴安岭（外一篇） ················ 张爱华
人生，距离（外三章） ················ 王雪莹
海边的忆念 ················ 刘 红
多色调的女人街 ················ 杨羽仪

诗歌

诗七首（青春诗坛） ················ 李 琦
冰雪启示录 ················ 林 子
关于那把伞 ················ 阿 橹

记得（外二首） ················ 小 林
迟开的花朵 ················ 张宪彬

评论

野性的天地，男人的世界 ················ 李福亮
走自己的路 ················ 苏连科

1987 年第 4 期　刊名:《北方文学》
目录

小说

蔺相如之死 ················ 金 纲
小巷挖开了一条沟 ················ 晓 剑
当他回来的时候 ················ 张 振
小酒店 ················ 李翔云
郎三儿与石包金 ················ 吕 品
落地枣 ················ 徐宝琦

散文

再见，山人一惠小姐 ················ 林 非
红薯 ················ 廉正祥
森林的泣诉 ················ 纯 人
六月雪（三章） ················ 祖淑英

北疆风情

没有街灯的小城（外二章） ················ 文 牧
东方第一哨 ················ 石 浮
鹤乡芦花雪 ················ 丛振谦
考古札记 ················ 张泰湘 魏正一

诗歌

龙之晴（组诗）（青春诗坛） ················ 王长军
我的小天使（外二首） ················ 陈惠芳
女兵们 ················ 河 平
风景（五首） ················ 沙 鸥
冬天的森林（外一首） ················ 晓 晴
我 ················ 刘德亮

1987 年第 5 期　刊名:《北方文学》
目录

小说

纸牛 ················ 刘 荒
上邻下舍 ················ 熙 高
阴影·病人·疯人院 ················ 常新港
"孝头" ················ 王德忱
丈夫·妻子·梦 ················ 董国军

海边的日光 ································ 陈占敏
小屋 ······································ 吴庆春
疯模（本省佳作选） ···················· 张振友

散文

安乐湖边的对话（作家自白） ·········· 谢　璞
忍不住，自白（作家自白） ············ 戴厚英
漫说祭灶 ································ 杨子敏
江城情思 ································ 丁继松
林之声 ·································· 周繁恺
那片草地 ································ 吴春甫

诗歌

岛国掠影（组诗） ······················ 中　流
平原（组诗）（青春诗坛） ·············· 肖　凌
白色鸟 ·································· 阎世杰
故乡吟（外一首） ······················ 金　峰
春情 ···································· 吴海燕
黄昏汲水的少女 ························ 王征雁
位置 ···································· 吕鹏海

评论

也谈走向世界 ·························· 黄益庸

1987 年第 6 期　刊名:《北方文学》
目录

小说

儿童文学专辑
草儿又绿了 ······························ 石万能
捉鳖 ···································· 林红宾
蓝点颏儿 ································ 徐双山
蓝雪黑鸟 ································ 常新港
桃花溪有无 ······························ 谢　璞
旅途 ···································· 邢传音
漩涡中 ·································· 毛志成
看场 ···································· 林天佐

散文

自白二题（作家自白） ·················· 延泽民
许诺 ···································· 李　琦
有雨的早晨 ······························ 彭荔卡
空心含翠 ································ 迟子建
二奶奶 ·································· 韩克顺
棋术 ···································· 庞庆轩

诗歌

森林献诗（组诗）（青春诗坛） ·········· 韩兴贵

远处（外一首） ························ 顾　工
开满丁香花的小路（外一首） ·········· 伊蕙英
爱情诗二首 ······························ 曹　烽
散文诗一束 ············ 松　樟　耿林莽　朱谷忠

评论

对当前文学创作几种倾向的浅思 ·········· 陈也奔

1987 年第 7 期　刊名:《北方文学》
目录

小说

大匠之门 ································ 关　鸿
招魂 ···································· 赵利平
愿"迪斯科"舞曲再度奏响 ·············· 伊　水
望星空 ·································· 凌耀忠
伉俪事记 ································ 王一敏
金镯子、银镯子 ························ 魏育民
人与熊的悲剧 ·························· 泓　均
乡野暮歌 ································ 张春鹏
雪坡 ···································· 徐　骁
今夜风雪过小站（本省期刊佳作选） ······ 于子平

散文

在沦陷时期学文学（作家自白） ·········· 关沫南
片言断语（作家自白） ·················· 苏叔阳
兴安风雪行 ······························ 来勇勤
黄河滩人家 ······························ 飞　雪
一路杏红满城春 ························ 平　青
婆婆之死 ································ 军　章
轮渡遐思（外一章） ···················· 赵圣铁

诗歌

其他的十一种影像（青春诗坛） ·········· 雪　村
小雪村童话 ······················ 雪　灵　冰　灵
致山村 ·································· 聂振邦
童年拾趣 ································ 周　戎
北方，冰雪在消融 ···················· 宋　渠　宋　炜

1987 年第 8 期　刊名:《北方文学》
目录

小说

部队生活专辑
生物钟 ·································· 菡　子
界石 ···································· 刘树德
远山 ···································· 陈　明

最后的沉寂 —————————— 胡昆明
今日朝霞满天 —————————— 石玉增
船长 —————————— 王 辉
堤坝上 —————————— 闻勇男
悠远的钟声（散文）—————————— 郭建英
大漠女儿情（诗）—————————— 何 平
回到世界 —————————— 周 昕
知识殿堂啊，有人在你门前却步 —————————— 张 振
旅店遭遇 —————————— 何筑光
蓝点儿（本省期刊佳作选）—————————— 衣福才

散文

聂卫平与大竹之战（报告文学）—————————— 沈果孙
散文五题（北疆风情）—————————— 吕 品
视角、感觉（评论）—————————— 吴英杰
多瑙河畔的遐想 —————————— 程树榛

诗歌

历史风景（组诗）（青春诗坛）—————————— 马合省
别 —————————— 杨川庆

1987 年第 9 期　刊名:《北方文学》
目录

小说

我生活的故事（三篇）—————————— 张 林
月光如水夜如烟 —————————— 赵金九
山的筋骨 —————————— 张永琛
风雪山林 —————————— 孙占山
天狗 —————————— 关恒武
哥俩好 —————————— 张连荣
顿河马 —————————— 王凤麟
飞驰火车的迅猛雄风 —————————— 雪 濛
醒来的草地（本省期刊佳作选）—————————— 程远航

散文

我就是我（作家自白）—————————— 巴 波
不惑之年求不惑（作家自白）—————————— 肖复兴
钓鲨 —————————— 宋学武
再见，南城 —————————— 鲁 琪
青城山游记 —————————— 卢祖品
大街的情愫 —————————— 李激扬

诗歌

抒情诗五首（青春诗坛）—————————— 王雪莹
花王（外二首）—————————— 公 羽
站台（外二首）—————————— 邓 冰
回忆 —————————— 杜 维

帆 —————————— 王化民

评论

清溪奔快，桃花烧山 —————————— 黄永和
中国作家协会黑龙江分会召开第三次会员代表大会（简讯）
中国作家协会黑龙江分会领导机构名单

1987 年第 10 期　刊名:《北方文学》
目录

小说

钱儿·苇子 —————————— 王 娘
在那遥远的地方 —————————— 窦 强
金沟里的汉子 —————————— 梁国伟
瓜田里 —————————— 周文刚
迎月 —————————— 于国颖
东方红 —————————— 学 利
会棋 —————————— 阎欣宁
还乡 —————————— 李可人

散文

火难中的人们（报告文学）—————————— 王毅人
紧追不舍（作家自白）—————————— 邓 刚
无花无果一株树（作家自白）—————————— 梁 南

诗歌

那海，那潮……（组诗）（青春诗坛）—————————— 陈士果
黄河月 —————————— 艺 辛
雨天抒情 —————————— 郭永秀

评论

读巴波《世风绘》随感 —————————— 李 佳

1987 年第 11 期　刊名:《北方文学》
目录

小说

故乡行 —————————— 孙少山

改革风情

云遮月 —————————— 王常滨
魔方 —————————— 屈兴岐
呼唤 —————————— 杨 野
癫花村的变迁 —————————— 星 竹
商场经理的一天 —————————— 王啸文
在那个地方，在那个时刻 —————————— 长 江

散文

喊冤与叫屈（作家自白）·······················王西彦
自画像（作家自白）·························王忠瑜
丹麦风情三题·····························钱英球
美女的魂灵······························中　流

诗歌

青春情绪（组诗）（青春诗坛）···············杨川庆
烈士墓前（外一首）·······················李民政
夏日疾雨（散文诗，外一章）···············萧　笛
距离································张新泉
小岛绿了吗····························程小蓓
向我遗体告别··························管志初

1987 年第 12 期　刊名:《北方文学》
目录

小说

山野的阵痛····························于涤心
井·································张象吉
白天鹅饭庄的来客·······················韩耀旗
关于父亲······························那　耘
晦气的星期天··························谢　树
野牛································刘　敏
借读生·······························姜孟之
狗剩兄弟······························刘庆祥

散文

我就是我（作家自白）·····················黄秋耘
关于人的一点思考（作家自白）···············屈兴岐
夜班出租汽车见闻（报告文学）···············张茜荑
再生的艰难（报告文学）···················孟庆华
透过濛濛的雨窗··························寒　讯
三婶································侯景云

诗歌

树的王国花的首府雪的故乡（组诗）···········梁　南
雨后（外四首）（青春诗云）···············朱永良

1988 年第 1 期　刊名:《北方文学》
目录

报告文学

一个人变鸡　鸡变人的故事···············肖复兴

小说

死界三题······························常新港

雪尚寒　云无声　暖阳下
活着，可不要忘记
——读《死界三题》··················李福亮
"第一是不是一等？"·····················巴　波
鹰迹································王立纯
山葬································刘跃利
空夜································李　蔚
河水悠悠······························西　波
起士林酒吧（白桦青青）···················戚元祥
老实，却又机智
——读《起士林酒吧》················张　林
别哭，羞怯的萨莉
·······················[美]巴巴拉·卡拉汉著　正正译

诗歌

抒情诗五首····························李　琦

散文

我自豪，我是雪中的绿色（作家自白）·········刘兆林

评论

1987：冰雪原野上的青春···················赵振鹏
冻土层中的热流··························林为进
编者的话

1988 年第 2 期　刊名:《北方文学》
目录

报告文学

哈尔滨狂想曲··························蒋耀波

小说

大学生之页
我们都生活在太阳底下·····················雪　濛
夏天里的那棵黑痣·······················董长青
搭错车·······························郑成国
浮躁的灵魂——关于这三篇小说···············袁　元
模范教师旅游团向前进·····················孙少山
困龙山·······························孙少山
听，那个声音··························胡　泓

诗歌

远山风景（外二首）·······················陈士果
弥留时刻（外一首）·······················包临轩
那个日子······························郑桂修
等·································石成仁
只有在此刻····························王久辛
岸·································战继和

散文

月亮火车 ⋯⋯⋯⋯⋯⋯⋯⋯⋯⋯⋯⋯⋯⋯⋯⋯⋯ 陈　平

车站（散文诗二章）⋯⋯⋯⋯⋯⋯⋯⋯⋯⋯⋯⋯ 沙碧红

心中的灯（散文诗二章）⋯⋯⋯⋯⋯⋯⋯⋯⋯ 祖淑英

文坛"游击"录（作家自白）⋯⋯⋯⋯⋯⋯⋯⋯ 蒋　巍

自古圣贤多薄命 ⋯⋯⋯⋯⋯⋯⋯⋯⋯⋯⋯⋯⋯ 刘亚舟

评论

我问你，刘亚洲（作家对话）⋯⋯⋯⋯⋯⋯ 马合省

改革文学的广阔道路（文坛瞭望）⋯⋯⋯ 黄益庸

十步之泽　必有香草（编余随笔）⋯⋯⋯⋯ 孙　苏

挣脱怪圈　走向新路（读者之声）⋯⋯⋯ 杨纯光

1988 年第 3 期　刊名:《北方文学》
目录

女作者专辑

短篇三题（小说）⋯⋯⋯⋯⋯⋯⋯⋯⋯⋯⋯⋯⋯ 迟子建

葫芦街头唱晚　西林小教堂　到处人间烟火

旧的和新的感受 ⋯⋯⋯⋯⋯⋯⋯⋯⋯⋯⋯⋯⋯ 袁　元

中余下车（小说）⋯⋯⋯⋯⋯⋯⋯⋯⋯⋯⋯⋯ 乔雪竹

女人篇（小说）⋯⋯⋯⋯⋯⋯⋯⋯⋯⋯⋯⋯⋯ 于国颖

苦涩的蜂乳　苗条　一分钟

黑子逛店（白桦青青）⋯⋯⋯⋯⋯⋯⋯⋯⋯⋯ 李淑杰

我看黑子 ⋯⋯⋯⋯⋯⋯⋯⋯⋯⋯⋯⋯⋯⋯⋯⋯⋯ 孙　苏

永久的怀念（作家自白）⋯⋯⋯⋯⋯⋯⋯⋯ 陈学昭

长白山滑雪姑娘（散文）⋯⋯⋯⋯⋯⋯⋯⋯⋯ 戚　鸣

三月的诗

刘畅园　郁小萍　雪村　梅绍静　苍月　飘飘

潘红莉　陆少平

翻译小说

我听你们这样说

　　　　［英］伊丽莎白·鲍恩著　心　冬译

报告文学·散文

首席设计师宣言 ⋯⋯⋯⋯⋯⋯⋯⋯⋯⋯⋯⋯⋯ 蒋耀波

让人生更美的魔力 ⋯⋯⋯⋯⋯⋯⋯⋯⋯⋯⋯ 秦　织

小店里的老经理 ⋯⋯⋯⋯⋯⋯⋯⋯⋯⋯⋯⋯⋯ 基　石

杂文二题（海阔天空）⋯⋯⋯⋯⋯⋯⋯⋯⋯⋯ 秦　牧

"他年我若为青帝"　苹果和铁锤

扁担情 ⋯⋯⋯⋯⋯⋯⋯⋯⋯⋯⋯⋯⋯⋯⋯⋯⋯⋯ 张宝树

评论

朴实无华　回味无穷

　　——读《癫花村的变迁》⋯⋯⋯⋯⋯⋯ 程树榛

1988 年第 4 期　刊名:《北方文学》
目录

报告文学

中国大背景下的思考 ⋯⋯⋯⋯⋯⋯⋯⋯⋯⋯ 刘子成

"龙港"和它的"超级领港"⋯⋯⋯⋯⋯⋯⋯ 韦　克

小说

去听枪声 ⋯⋯⋯⋯⋯⋯⋯⋯⋯⋯⋯⋯⋯⋯⋯⋯⋯ 王德忱

冰凌花 ⋯⋯⋯⋯⋯⋯⋯⋯⋯⋯⋯⋯⋯⋯⋯⋯⋯⋯ 梁　人

开乡门 ⋯⋯⋯⋯⋯⋯⋯⋯⋯⋯⋯⋯⋯⋯⋯⋯⋯⋯ 杨新民

疯山 ⋯⋯⋯⋯⋯⋯⋯⋯⋯⋯⋯⋯⋯⋯⋯⋯⋯⋯⋯ 林和平

大山里的传说 ⋯⋯⋯⋯⋯⋯⋯⋯⋯⋯⋯⋯⋯⋯ 黄伟英

小小说

在舞厅里 ⋯⋯⋯⋯⋯⋯⋯⋯⋯⋯⋯⋯⋯⋯⋯⋯ 易建勇

罚 ⋯⋯⋯⋯⋯⋯⋯⋯⋯⋯⋯⋯⋯⋯⋯⋯⋯⋯⋯⋯ 高玉梅

羊·草 ⋯⋯⋯⋯⋯⋯⋯⋯⋯⋯⋯⋯⋯⋯⋯⋯⋯⋯ 金　翼

参谷（白桦青春）⋯⋯⋯⋯⋯⋯⋯⋯⋯⋯⋯⋯ 张守斌

奇异的参谷

　　——读《参谷》⋯⋯⋯⋯⋯⋯⋯⋯⋯⋯⋯ 孙少山

诗歌

黑龙江之旅 ⋯⋯⋯⋯⋯⋯⋯⋯⋯⋯⋯⋯⋯⋯⋯ 范震威

罂粟花（青春诗坛）⋯⋯⋯⋯⋯⋯⋯⋯⋯⋯⋯ 郑建桥

冰糖葫芦树 ⋯⋯⋯⋯⋯⋯⋯⋯⋯⋯⋯⋯⋯⋯⋯ 王立宪

散文

君子兰·月季花（作家自白）⋯⋯⋯⋯⋯⋯ 李占恒

吴世昌小记 ⋯⋯⋯⋯⋯⋯⋯⋯⋯⋯⋯⋯⋯⋯⋯ 林　非

评论

当今文学面临的冲击 ⋯⋯⋯⋯⋯ 陈也奔　吕　瑛

从没什么可写与写不出谈起（编余随笔）⋯ 笑　十

心灵的鹰迹（读者之声）⋯⋯⋯⋯⋯⋯⋯⋯ 许俊德

1988 年第 5 期　刊名:《北方文学》
目录

小说

墨尔根驿站 ⋯⋯⋯⋯⋯⋯⋯⋯⋯⋯⋯⋯⋯⋯⋯ 庞壮国

金华饭店 ⋯⋯⋯⋯⋯⋯⋯⋯⋯⋯⋯⋯⋯⋯⋯⋯ 杨争光

老街的童话 ⋯⋯⋯⋯⋯⋯⋯⋯⋯⋯⋯⋯⋯⋯⋯ 肖克凡

收获 ⋯⋯⋯⋯⋯⋯⋯⋯⋯⋯⋯⋯⋯⋯⋯⋯⋯⋯⋯ 王左泓

眼镜 ⋯⋯⋯⋯⋯⋯⋯⋯⋯⋯⋯⋯⋯⋯⋯⋯⋯⋯⋯ 张连波

挡 ⋯⋯⋯⋯⋯⋯⋯⋯⋯⋯⋯⋯⋯⋯⋯⋯ 葛均义　王　莉

送魂（白桦青青）⋯⋯⋯⋯⋯⋯⋯⋯⋯⋯⋯⋯ 于子平

请君听唱送魂曲 ································ 鲁晓聪
生命的法则 ········· [美国] 杰克·伦敦著　胡昆明译

散文
苦难与诞生（作家自白）················ 陆星儿
也算是自白（作家自白）················ 紫　风
涉过根河 ······································ 许　淇
观雪 ·· 谷世泰
阿胶觅踪 ······································ 飞　雪
太平山听泉 ··································· 杨羽仪

报告文学
中国"月饼大王"徐玉铎 ········ 崔滨生　黄明辉
艰难的起飞 ··································· 苏　梁
一座桥和它的邻居 ····························· 章　节

诗歌
人情·乡情·国情（组诗）················· 梁　南
菲律宾掠影（组诗）····················· 中　流
关东，那一片流油的土地（外一首）····· 陈仲元

评论
论"说不清"的小说 ····················· 吴　方
"特色"小议（读者之声）················ 西　笛
城市：人的摇篮（读者之声）············· 阿　迟

1988 年第 6 期　刊名:《北方文学》
目录

报告文学
现代漂流瓶 ··································· 童孟侯
为了心中的蓝图 ··················· 刘星明　鹏　搏

小说
怪梦 ·· 解　良
那片蓖麻丛 ··································· 王东升
我生活的故事 ································· 张　林
俞培老头 ······································ 孟久成
春不老 ·· 张侍民
守夜 ·· 张郁民

六月的歌
那片紫蓝色的花儿 ····························· 扑　夫
青菇葴儿 ······································ 刘跃利
球王龙山 ······································ 常新港
远方（外二首）······························· 刘　红
孕育（儿童诗四首）··························· 郁　奉

诗歌
北地书（组诗）（青春诗坛）············· 王长军
都城杂咏 ······································ 赤　叶
时光篇 ·· 陆中伟

散文
樱花落 ·· 韩丽艳

评论
我与书（作家与读书）··················· 张石山
胡同外边还有什么
——关于儿童文学创作断想 ··············· 梁树成
这篇评论真解渴（读者之声）············· 柳邦坤

1988 年第 7 期　刊名:《北方文学》
目录

小说
流行病 ·· 张抗抗
民主选举圆满成功 ····························· 安　黎
无病呻吟 ······································ 钱玉亮
我们的地平线 ································· 王　庆
馨香 ·· 庞一川
透明的旋转 ··································· 周　昕
别离之后（白桦青春）··················· 迟　慧
爱的困惑
——读《别离之后》·························· 炯　炯

散文·报告文学
散文二题 ······································ 无　君
江畔·海边
土炕上的梦 ··································· 侯景云
寻趣 ·· 王洪昌
突尼斯漫游散记 ······························· 江晓天
自我的超越（作家自白）················· 张石山
我写《金瓯缺》（作家自白）············· 徐兴业
佛塔种种（海阔天空）··················· 徐子芳
其实地上本无路（报告文学）············· 梁　冲

诗歌
残缺的北极星座（三首）（青春诗坛）····· 潘洗尘
红发带（外一首）（青春诗坛）··········· 彭荔卡

评论
"书淫"小札（作家与读书）············· 鲍　昌
没有男子汉的男子汉文学
——读《起士林酒吧》随笔 ··············· 桂青山
功在"死"外（读者之声）················ 徐宝琦

1988 年第 8 期　刊名:《北方文学》
目录

军旅篇

官嚼（小说）————————————陈　明
永远的遗憾（小说）——————————于国颖
小说二题—————————————陈　维
山外是大世界（散文）————————王和平
我爱强意识（作家自白）——————石　言

小说

走过自己—————————————朱哂之
飞行猫——————————————李文方
大柜的迷惑————————————任　洲
"史球子"其人———————————王治普

报告文学

闪闪发光—————————————王荔玫

散文

成吉思汗陵————————————王维洲
君子兰和老山兰——————————胡建良

诗歌

寻找北方郁金香（散文诗·外三章）——刘　虔
云层上面的太阳（青春诗坛）————左远红
我和你（青春诗坛）————————迟　慧

评论

为英雄立传，为民族作史
——抗联老战士笔谈《中国的夏伯阳》
人生旅程的一次变向体验
——读《中途下车》————————姚　楠
滋味：酸、麻、苦、辣……（读者之声）——徐新民

简讯

全省文艺期刊选读恳谈会纪要

1988 年第 9 期　刊名:《北方文学》
目录

小说

野浴——————————————高　光
冰箱——————————————高　光
听房——————————————王东升
戒指——————————————郭宇一
范仲淹进宝————————————程　虎
罐头·艳遇————————————朱　奎
台上台下—————————————徐宝琦
有世滨—————————————姜胜群

报告文学

呐喊：不仅仅是为了一个人，一座山……
——————————————张雅文　吴　茜
范广举旋风————————吴学谦　焦书明

评论

影响我的四本书（作家与读书）————何　新
蕴含丰富，发人深思
——小评《档》————————————沙　平
我也想哭
——读《金华饭店》—————————陈益发
太棒了，于国颖（读者之声）————钱叶用

1988 年第 10 期　刊名:《北方文学》
目录

小说

黑鸟——————————————周绍义
忘情西公太————————————老　乔
啊，大青山————————————窦　强
空气——————————————子　干
猎物——————————————张大志
赌徒的妻—————————————张春鹏
走出黑森林（白桦青春）——————鲁　微
哦，塔头花，塔头花
——《走出黑森林》编后————————炯　炯
人生第一课：生与死——[美]海明威著　邱平壤译

报告文学

在阳光特别珍贵的地方————————张耀笳

诗歌

默念长江（青春诗坛）————————林　夕
大山的记忆（外二首）————————王　野

散文

在问号中看法国——————————张抗抗
母校——————————————来勇勤
爱的倾斜—————————————朱谷忠
腊月二十九————————————苏连科

评论

新时期小说的怪诞美————————张景超
动人即是好文章

——读《疯山》（读者之声）············ 陈　清
是非曲直任评说
——《生活变奏曲》如何变成了《冻土带》······ 山　风

1988 年第 11 期　刊名:《北方文学》
目录

小说
意象中的树·································· 解　良
人和马的故事（二题）···················· 常新港
孤岛······································· 张　明
小媳妇林道静····························· 杨　沫
皮科长··································· 李庆西
何必减肥（外一篇）······················ 邵宏大
寸草····································· 刘靖宇

散文
我们所面对的世界（作家自白）············ 孙少山
鸟唱，唱出一支命运曲···················· 卞　卡
木盆谣································· 刘跃利
故乡的河······························· 赵炳寿

诗歌
生命（组诗）（青春诗坛）················ 苍　月
护林人（组诗）（青春诗坛）············· 刘宏义
古城墙··································· 王冬严

评论
我是主人（作家与读书）·················· 陈　染
硬心肠的反省····························· 王俭美

1988 年第 12 期　刊名:《北方文学》
目录

小说
街心花园的故事··························· 季　字
有一只土拨鼠····························· 王东升
说说王东升的《小站旧事》系列············ 灼　灼

煤海浪花
这辆老爷车（小说）······················ 卢振中
井下的人们（小说）······················ 李生波
夏局长认门（小说）······················ 张永亮
夜半歌声（小说）························· 刘今生
从梦幻到现实（报告文学）··············· 孙振远
路标（散文）····························· 王　文
杏花雪（散文）························· 崔沛文

矿山男子汉（诗二首）···················· 张治民
青春舞会（诗）························· 郑雅超
他去商店，买一把吉他（诗）············· 邹德印
细雨濛濛······························· 方　冰
洞······································· 徐定国
功成名就
············ [苏]基格姆·斯库尼著　张嘉宾　于淑云译

散文
热土里的脚印（二首）···················· 张爱华

诗歌
丹麦诗草（五首）························· 钱英球

评论
北国人间烟火的升华
——谈迟子建的小说···················· 曾镇南
优美的弯曲
——小评《戒指》···················· 阿　成
并非不是圆满成功
——读《民主选举圆满成功》············ 李布克

启事
北方文学杂志社举办新秀培训班招生启事
中国《北方文学》与苏联《远东》联合征文

1989 年第 1 期　刊名:《北方文学》
目录

小说
悟道（三题）····························· 雷建政
黑褐色的弹片····························· 杨筱憬
云遮雾绕启明星··························· 周大新
新富列传······························· 晨　哥
空楼（投石问路）························· 清　雪
在晴朗的日子里
··············· [苏]尼·西季科夫著　李明晏译

报告文学
祈祷··································· 王　娘

散文
你要走好（作家自白）···················· 李　琦
绥芬河之梦（一江之隔）·················· 周艾民

诗歌
风葬：大熊的红手镯（黑森林）············ 庞壮国

评论

枕上诗书闲处好（书话与闲话）………………李庆西
黑土地上的生命之歌……………………………张孝军
对社会流行病的冷观和热讽……………………姚　楠
不妨笑笑，然而……………………………………青　山
荒诞有深意，调侃却庄严（读者之声）………梁　球

1989 年第 2 期　刊名:《北方文学》
目录

小说

黑色的沉默………………………………………孙少山
古道悲歌…………………………………………吕　品
心底古道心底歌…………………………………李福亮
男人的月亮在水里………………………………金　鲤
旧事………………………………………………滕贞甫
夏天，在孔家庄（投石问路）…………………毛守仁
屋檐下（白桦青春）……………………………魏杰恒

散文

阳台三记…………………………………………平　青
布达拉宫的金顶…………………………………王剑美

诗歌

桦皮河（黑森林）………………………………谭德生
黄金谷（黑森林）………………………………丹　妮

评论

行者：罂粟园的孤旅（书话与闲话）…………金　刚
镜与灯·文本与读者……………………………李少鹏
教堂初雪（中国画）……………………………张若一
踏雪（中国画）…………………………………孙淑华
除夕（油画）……………………………………李秀实

1989 年第 3 期　刊名:《北方文学》
目录

小说

紧闭的木门边……………………………………于国颖
山魂………………………………………………孙雪松
女儿河……………………………………………肖　黛

小小说天地

黑户（三题）……………………………………黄仁惠
没有港湾（二题）………………………………杨宝成
记录………………………………………………许长军
吃蟹（二题）……………………………………袁炳发

最好不曾相识……………………………………李晓彦

报告文学

女厂长·红鞋·蜂花牌糖…………………………李家兴

散文

热石头（一江之隔）……………………………张抗抗
谶语：小人鱼与驴耳朵（作家自白）…………航　鹰

诗歌

女性七重奏
望风筝的季节……………………………………乌　敏
灭·漂·红豆恨……………………………………刘畅园
弧线………………………………………………冯　晏
钢琴曲与内心独白………………………………陆少平
微思………………………………………………孙玉洁
散步时的回忆……………………………………安　妮
深秋的苇塘………………………………………阿拉坦托娅

评论

沧浪有景不可到（书话与闲话）………………李庆西
大风，你吼什么…………………………………张鹏飞
黑色，断不该沉默（读者之声）………………刘英贵
五花山……………………………………………吴国言
雪原………………………………………………孟祥顺

1989 年第 4 期　刊名:《北方文学》
目录

小说

涨价………………………………………………金　河
黑洞………………………………………………莫　非
血日………………………………………………阿　成
海籁………………………………………………扑　夫
数癖………………………………………………窦卫华
祖宗槐……………………………………………孙柏昌
她不是时髦女郎
　　　　　　　［美］波尔·塞罗克斯著　毛四维译

散文

天街………………………………………………黄晓萍
笛韵…………………………………罗春生　夏　青
雷击的树…………………………………………姚凤阁

诗歌

半个世界之脸孔（讽刺诗）……………………梁　南
又见晨雾（黑森林）……………………………杨再立
雪村之最（黑森林）……………………………杨　枫

评论

黄帝·传统·阿Q论坛（书话与闲话）------ 金 刚
站在通向无限世界的窗口 ------ 张 炯
女儿河何时才能干涸（读者之声）------ 庄大珍
待飞（中国画）------ 王同君
松瀑图（中国画）------ 王忠瑜
春晓（中国画）------ 柳敦贵

1989 年第 5 期　刊名:《北方文学》
目录

诗歌

逃跑的马车（黑森林）------ 马合省
只是一点身世 ------ 马合省
那以奔驰为生命的是谁 ------ 庞壮国
如果我们倾听 ------ 潞 潞

小说

金屏障（三题）------ 宏 甲
鸿毛 ------ 老 乔
黑圈 ------ 肖克凡
红蝴蝶 ------ 万克玉

散文

不是冤家不聚头（外一章）（一江之隔）------ 孙成武
师说的倾斜 ------ 屈兴岐

评论

昨夜星辰昨夜风（书话与闲话）------ 李庆西
够哥们，孙少山 ------ 张孝军
山鸽（中国画）------ 兰铁成
静物（油画）------ 刘无威

1989 年第 6 期　刊名:《北方文学》
目录

报告文学

流向远东的河 ------ 周艾民　李 琦

小说

皮家的小楼（二题）------ 钱玉亮
心乐 ------ 李秀峰
黄昏的雪地 ------ 王德忱
螃蜞泛滥 ------ 任 峻
乡野黄昏 ------ 方 舟
战争的最后回声
　------ [苏]维克多·武科洛夫著　段洁滨译

散文

暖昧的热林莽 ------ 凌耀忠
星星雨 ------ 刘跃利

诗歌

火烧迹地（黑森林）------ 陈士果

评论

壶天微语（书话与闲话）------ 金 刚
在荒诞的背后 ------ 许俊德
春的旋律（装饰画）------ 柳敦贵
沃土（中国画）------ 刘振铎

1989 年第 7 期　刊名:《北方文学》
目录

阿成短篇小说

龟裂 ------ 阿 成
运气 ------ 阿 成
沉塘 ------ 阿 成
弱者的自白 ------ 阿 成
阿成印象 ------ 韩大年
黑色幽默：阿成小说的审美取向 ------ 赵振鹏

小说

漠香 ------ 韩明人
漠夜 ------ 韩明人
隔膜 ------ 王乃飞　刘国红
杀机 ------ 高 泽

散文

作家班黑龙江学员专辑（一）
我从山中来（三章）------ 黄新燕
故乡拾梦（二章）------ 张郁民
江北的惆怅 ------ 庞壮国
雪天音乐（一江之隔）------ 迟子建
北履 ------ 张爱华

诗歌

命运（五首）（黑森林）------ 文乾义
乡愁（外二首）------ 李迎春
渔女雕塑（外一首）------ 野火子
有时 ------ 李景深

评论

留得枯荷听雨声（书话与闲话）------ 李庆西
希望，在于跳出桎梏（读者之声）------ 刘中硕

1989 年第 8 期　刊名:《北方文学》
目录

报告文学

走过伤心地 …………………………… 张雅文

小说

人与牛 ………………………………… 侯贺林
歌儿留给我 …………………………… 张　明
月儿岛 ………………………………… 张　明
作家班黑龙江学员专辑（二）
女人书男人书一个内容 ……………… 常新港
航主 …………………………………… 左　泓
门开着或窗也开着 …………………… 何凯旋
轱辘 …………………………………… 戚元祥

散文

踏雪卧龙岗 …………………………… 张若愚
把我的美丽献给你 …………………… 程鬻眉

诗歌

沉沉的黑森林（黑森林）……………… 吕　瑛
悄声细雨 ……………………………… 韩　华
与荒原对话 …………………………… 巴　荒

评论

百叶窗里的守望（书话与闲话）……… 金　刚

1989 年第 9 期　刊名:《北方文学》
目录

小说

画佛·天火 …………………………… 雷建政
山脊上的噪声 ………………………… 雒新岭
作家班黑龙江学员专辑（三）
诗人素 ………………………………… 清　雪
再去找一找 …………………………… 齐建平
将做父亲 ……………………………… 嘉　男
感情动物 ……………………………… 刘国民
午夜的白兰地 ………………………… 王立纯

散文

钮扣村 ………………………………… 徐景璋
意大利遐思（三章）………………… 鲁　琪
黄桷树根 ……………………………… 王　立

诗歌

人生三味（黑森林）………………… 李松樟
难眠森林魂（黑森林）……………… 王晓琳
即使死 ………………………………… 吴　越
乔迁之喜（散文诗三章）…………… 赤　叶
给尼采（散文诗）…………………… 刘跃利

评论

年年检点人间事（书话与闲话）…… 李庆西
商品经济对文学的正面效应 ………… 姚　楠
唱出人民的心声（读者之声）……… 马金科

1989 年第 10 期　刊名:《北方文学》
目录

小说

疯马 …………………………………… 赵　琦
七角猪的悲剧 ………………………… 白天光
金虫 …………………………………… 张之路
骗术 …………………………………… 张之路
奇遇 …………………………………… 莫　言
老药 …………………………………… 黄开中
欲说还休，欲说还休 ………………… 何中生
热天 …………………………………… 陈占敏

函授学员作品

准星 …………………………………… 向　何
说道 …………………………………… 邹玉辉
小清 …………………………………… 刘希有

散文

星期六的寂寞（外一篇）…………… 李咏虹
柳界·圆椒（一江之隔）…………… 吕　品
隐痛 …………………………………… 君　冈

诗歌

飘（外二首）………………………… 全勇先
伊蕾爱情诗 …………………………… 伊　蕾
看山及其他 …………………………… 蜀　光
银河集 ………………………………… 雷　雯
散文诗四章 …………………………… 侯景云

评论

墓地里的神灯（书话与闲话）……… 金　刚
唱着悲歌走向圣坛 …………………… 梁树成

1989 年第 11 期　刊名：《北方文学》

目录

报告文学

啸傲菊坛——坤净齐啸云 ················ 张子扬

神圣的事业（时代风云录）　陈大友　苏维峰

小说

混沌的深山 ······························· 黄仁惠

荒滩 ····································· 韩贺彬

茶色中的第四梯队 ······················· 邵宏大

不老的太阳 ····························· 木　桦

枯叶两片 ····························· 才　旦

天上星多月不明 ······················· 张树海

散文

大逃亡 ································· 中　凤

失落在长白山的梦 ······················· 廉正祥

诗歌

野光青春诗会 ·········· 韩兴贵　孟凡果　张鹏飞

程少飞　李元友　郭一叶　徐亚芹　冷月　海燕

仇延广　王学彬　丁明豪　李艳霞

评论

想到读书头已白（书话与闲话） ··········· 李庆西

情感淡化：一种审美的错觉 ··········· 胡　平

不要猜，让明天说话（读者之声） ··········· 夏　青

1989 年第 12 期　刊名：《北方文学》

目录

小说

绿栅栏 ································· 钱玉亮

闯世界 ································· 熊正良

旋转的地平线 ····························· 扑　夫

函授学员作品

风流落山屯 ····························· 廉世广

乌骨鸡 ································· 朱冬才

猎物 ································· 刘香国

散文

教妻子读书（外一章） ······················· 周树山

荒原之旅 ································· 史小溪

遥远的钟声 ····························· 戚克强

报告文学

钻工之魂（时代风云录） ··········· 福　宽　文　恒

诗歌

寂寞年华（组诗） ······················· 朱凌波

最后的冬天（黑森林） ······················· 杨川庆

我的北方（组诗） ······················· 王　野

人体油画（外一首） ······················· 衣晓峰

琴的梦（外一首） ······················· 施　伟

山恋（黑森林） ····························· 张孝军

率先而来的······ 维耶拉什克（著）孙炜东（译）

评论

天国的纶音或地上的喧哗（书话与闲话） ······ 金　刚

人生更需要刚烈（读者之声） ··········· 柳桂英

《黑龙江戏剧》
（《剧作家》）

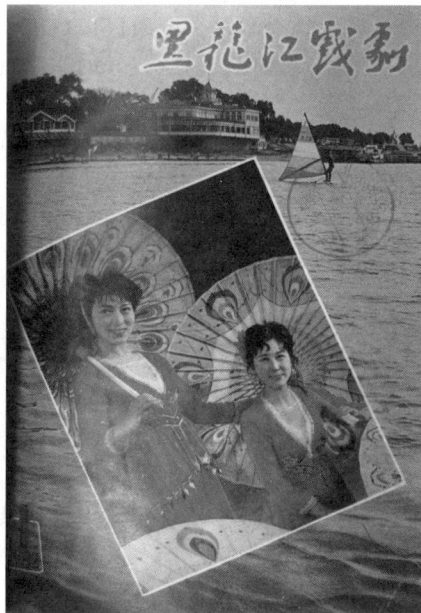

【简　介】

　　戏剧双月刊。黑龙江省戏剧工作室主办。创刊于1978年，1980年开始全国公开发行。1985年第1期由《黑龙江戏剧》列名为《剧作家》。创刊初期为季刊，1982年第2期起改为双月刊。其以每期二分之一版面刊登大、中、小型剧本，大力扶植探索性剧本和新人新作，重视刊发戏剧研究新成果、南北戏剧信息和戏剧争鸣，为广播、影视研究提供理论探索平台。

期刊号：1980 年第 1 期—1989 年第 6 期

迎接新时期戏剧艺术的春天
——致读者与作者

本刊编辑部

在八十年代的第一个春天里，我们的刊物——《黑龙江戏剧》，从本期起向全国公开发行、与读者见面了。

新的时代，给我国戏剧艺术的发展，带来了新的生机。今天，我们的国家已经进入向四化进军的伟大历史转折的新时期。戏剧艺术也必然以它不可阻逆的步伐，跨入崭新的里程。我们将与广大读者、作者一起，怀着胜利的喜悦和希望，为繁荣新时期的戏剧艺术而付出辛勤劳动。

新时期的戏剧创作，应该用新的艺术手法，大胆地反映新时期所特有的新的生活、新的问题、新的矛盾和新的斗争，从而创造出各种新型人物的典型形象；忠实地再现丰富多彩的现实生活和历史生活；努力反映人民的理想、愿望和要求；用共产主义思想和高尚的情操去陶冶人民的心灵，丰富人们的精神文化生活，提高社会的道德水平，给人民以应有的艺术享受，鼓励人民为实现四化、创造美好的生活而忘我地劳动。

我们的刊物，希望我们的剧作家们，首先要在作品的思想内容上勇于开拓。同时也要在艺术方法和艺术形式上，敢于探索、敢于创新、敢于大胆尝试。要勇于对历史作出自己的判断，要敢于表达自己对社会生活的见解。既要敢于追求真理、讴歌光明、展现未来；又要勇于干预生活、揭露黑暗、鞭挞丑类。

历史上一切光明美好的事物，都是人民群众创造的。真理好比种子，只能在人民群众的土壤中萌生、开花、结果。我们的剧作家，只有植根于人民群众的生活，同广大人民群众同呼吸、共命运，才有可能成为人民的忠实代言人。只有如此，我们的作品才能为广大人民所欢迎，才能为无产阶级的最高利益服务。

我们的刊物，是广大读者、戏剧爱好者和专业、业余戏剧工作者的园地。殷切希望大家来共同耕耘它、培育它。

新时期生活舞台的帷幕已经拉开，新时期的壮美画卷已经以它多姿的风貌，展现在我们的眼前。我们的戏剧创作正面临着繁荣、昌盛的大好局面。我们的戏剧工作者，在马列主义、毛泽东思想的指引下，必定会在政治上成为有胆识的新战士，在艺术上成为敢于继承、敢于开拓、敢于创新、敢于探索的大勇者。

让我们以新的胜利，新的硕果，迎来新时期戏剧作百花盛开的春天！

1980 年第 1 期　刊名:《黑龙江戏剧》
目录

迎接新时期戏剧艺术的春天——致读者和作者
　　　　　　　　　　　　　　　　　　本刊编辑部

剧作

七场话剧
我等待着你 ································ 郑振环

六场戏曲
对象 ···································· 彭国英

四幕话剧
迟开的丁香 ····················· 黄铭宗　马　凤

舞台美术讲座（第一讲）
舞台美术与戏剧演出 ······················ 陆　玮

关于"戏剧高潮"的讨论
说自己的话 ····························· 李健吾

剧坛谈艺
扬优弃劣 ······························ 冉　弘
期望慧眼识真才 ························· 邓小秋
主角和配角 ···························· 商子雍

1980 年第 2 期　刊名:《黑龙江戏剧》
目录

八场歌剧
肖红 ································· 邵宏大

小戏曲
葫芦架下 ······························ 波　浪
钓鱼 ································· 魏裕民
叔嫂情缘 ····························· 杨宝琛
《叔嫂情缘》读后 ······················· 擎石
输血 ·····························弯　枝改编

关于戏曲反映现代生活的讨论
总结和思索谈戏曲反映现代生活 ··············· 大　彬
辨"改编"风 ··························· 施文矩
春归艺苑 ····························· 陈云志
讽刺种种 ······························ 楚　平
舞台美术讲座（第二讲）

舞台美术设计的特征 ————————————陆 玮

1980 年第 3 期　刊名:《黑龙江戏剧》
目录

黑龙江戏剧
欢迎你（七场评剧）————刘 炎　相源臻　周一仆
清明案（六场京剧）————朱红赤　付军凯　张兴华
白云歌（独幕话剧）————————高思国　钱 涂
舞台术讲座（第三讲）
舞台技术的意义 —————————————陆 玮

关于戏曲反映现代生活的讨论
一点浅见 ————————————————刘士奇
"高潮"管窥 ———————————————江俊绪
浅谈戏剧题材的选择 —————————————唐静恺
新时代新女性《叔嫂情缘》读后 ————————高 卧
一得于插科打诨 ————————————————丛 星
漫话"绝招" ———————————————李 伟
"欢迎你"戏剧广告画 ————————————周贵瑜

1980 年第 4 期　刊名:《黑龙江戏剧》
目录

黑龙江戏剧
女检察长（六场评剧）————————孔凡旌　田斌声
水浒拾遗（京剧三折）妯娌会、浔阳楼、闹葛岭
———————————————————章子冈
皇亲国戚（八场龙江剧）————————————王 毅
婚事（独幕话剧）——————————————孔凡晶
漫谈龙江剧 —————————————————李 超
现代戏大有可为在——全国戏曲剧目工作座谈会上的
发言
—————————王 崇　尚 阳　刘 炎　郭大彬
可喜的收获试谈京剧"清明案" ————————姜 洪
"格言性"语言 ———————————————蒋逢轩
舞台美术讲座（第四讲）
舞台美术创作要百花争妍 —————————陆 玮
哈尔滨市专业剧团
青少年演员会演综述 ————————————金 澍
小溪的启示 —————————————————邓小秋
"结婚前后"、"白莲花传奇"戏剧广告画
————————————————季格君　程中元

1981 年第 1 期　刊名:《黑龙江戏剧》
目录

本刊编辑部
致作者……

剧作
"爱神"2—4（四场话剧）————————车连滨
罪妻（电视剧）————————————阎洪昌
台下包公（七场戏曲）——————胡小元　齐治国

戏剧论坛
提高戏曲创作的艺术性 ————————孙天彪

剧坛人物
一颗闪光的金砂——乌·白辛 ————————隋书金

戏剧史话
金剑啸与星星剧团 ————————————里 栋

戏剧随笔
说"逆转" ——————————————李长荣
戏剧细节小议 ————————————唐静恺
从采花与养花说起 —————————暴吉民

戏剧遗产
古代曲话选注 ————————————王永健

戏曲音乐
评剧曲调介绍 ——————————刘 莹　靳 蕾

1981 年第 2 期　刊名:《黑龙江戏剧》
目录

剧作
乡土情（七场京剧）——————————刘国勋
尼古拉教堂的钟声（七场歌剧）——杜 平　孟 放

戏剧研究
两年来话剧结构形式的新探索 ————————李春熹

表导演
为提高话剧艺术的演出质量而努力————舒 强
漫谈戏曲导演 ————————————刘世奇

剧作笔谈
生活——戏剧创作的命脉 —————————关守中

名剧欣赏
"母子会"浅析 ————————————————— 邵桂兰

戏剧史话
黑龙江省的第一部戏 ————————————— 王全兴

剧坛人物
蓓蕾初绽花竞放——一九八〇年全省青年戏曲演员
汇报演出述评 ————————————————— 沈中文
新秀可望成材 ——————————————————— 浩 章
齐市舞台的一颗新星 ——————————————— 齐 京

戏剧随笔
马锦、颜容及其他 ————————————————— 邓小秋
道是无情却有情——浅淡道具的运用 ————— 赵 捷

戏曲音乐
评剧曲调介绍（续一） ————————— 刘 萤 靳 蕾

戏剧消息
贯彻落实中央工作会议精神努力提高文艺刊物思想艺
术质量（二则）

黑龙江省文化局关于繁荣剧本创作若干问题的意见

1981 年第 3 期　刊名:《黑龙江戏剧》
目录

剧本
转捩（十场话剧） ————————————————— 职体礼
杜鹃啼归（四幕十二场歌剧）
　　　　　　　　　　　胡小元　李郁文　胡小石
张飞审瓜（龙江剧） ————————— 王 浩　孙铁石

龙江剧研究
在探索的道路上——谈黑龙江省龙江剧院近年来的剧
种建设 ————————————————————————— 冯 刚
试谈创造龙江剧独特表演风格的途径 ————— 向 华

黑龙江省龙江剧观摩研究会胜利闭幕

戏剧论坛
人物关系与戏剧情节 ——————————————— 王建高

戏剧随笔
析心剖魂　攻隐伐微 ——————————————— 李长荣

戏剧史话
金剑啸与白光剧团 ————————— 里 栋　金 伦

戏曲音乐
评剧曲调介绍 —————————————— 刘 萤 靳 蕾
封面　黑龙江省艺术学校青年演员林桂兰
　　　　　　　　　　　　　　（洪志文·凌空摄）
封底　哈尔滨市京剧团青年演员关胜利
　　　　　　　　　　　　　　　洪志文　凌空摄

1981 年第 4 期　刊名:《黑龙江戏剧》
目录

剧本
深山秋叶红（四幕八场话剧） ————————— 王克诚
真情假意（六场戏曲） ——————————————— 何苍劲

戏剧评论
开展文艺批评　繁荣戏剧创作 ————————— 一 兵
细节·道德·虚构——看抗联戏札记 ————— 孙天彪

表演艺术
论表演艺术的基础——舞台行动 ————————— 徐晓钟

剧坛人物
情真意切活苏三——访京剧新秀林桂兰 ————— 星 海
勇于探索的龙滨戏新秀——于淑贤 ——赵恩荣　关跃东

戏剧随笔
从《西厢记》谈起
——熟悉生活是创作第一要素 ————————— 长弓岛

戏剧遗产
古代曲话选注 ————————————————— 王永健

戏剧史话
金剑啸与大北新报画刊 ————————— 里 栋　金 伦

戏剧小辞典
作家笔名探源丛深

戏曲音乐
评剧曲调介绍（之四） ————————— 刘 萤 靳 蕾
封面　省青少年会演表演一等奖获得者
哈尔滨市京剧团青年演员于兰 ————————— 洪志文摄
封底　省青少年会演表演一等奖获得者
齐齐哈尔市京剧团青年演员周静波 ————— 刘绍强摄

1982 年第 1 期　刊名:《黑龙江戏剧》
目录

剧本
小店（七场现代评剧）················王家璧
呼唤（六场话剧）·········杨利民　夏郑生
编者的话
为新时代传神写照——全省戏曲现代戏创作学术讨论
会侧记·······················孙天彪

戏剧研究
唱词三忌·····················朱红赤

新剧评论
自食其力者的赞歌
——评剧《小店》人物浅析·········姜　洪
开掘创业者美丽的心灵
——读话剧《深山秋叶红》随想·······莹　子

戏剧美学
戏剧的美与真··················殷　伟

戏剧争鸣
看话剧《阿 Q 正传》二题···········董康定

戏剧随笔
重视流派艺术中的"流"············吴乾浩

演员谈艺
苦恼是希望和追求的产物···········刘国祥
从唱对台戏谈起················李万春

名著欣赏
惜墨如金　生动传神·············戴永明

剧坛趣闻
从马连良给梁一鸣配戏谈起··········汪云清

舞台美术
化装造型的任务和作用············吕连荣

戏剧通讯
一衣带水　情深谊长·············林涛培
首都各界对《民警家的"贼"》的评论·····沈中文

消息二则

1982 年第 2 期　刊名:《黑龙江戏剧》
目录

剧本
山珍海味（多场景话剧）·······江　漾执笔　黄肖华
郑子清外传（七场新编历史剧）
·····················国　英执笔　兴　科　振　兴

戏剧研究
静场的妙谛···················宁殿弼

新剧评论
为新时期的创业者讴歌呐喊··········贾　非
画眉深浅入时无?···············初　炎

艺术经验
形象与生活···················彭　彧
勤学苦练　能文能武··············赵云樵

剧坛新秀
心窗溢神采——谈京剧新秀姚惠萍的眼功运用
·························杨北星
努力探索　勇于创新——记评剧新秀张选·····天　罡

随笔杂谈
回头一笑百媚生················凭　跃
点铁成金靠什么?···············王　贵
需要与供应··················晨　光
不要脱离内容卖弄技巧·············张　林

作家与作品
奥尼尔及其创作管窥··············王建高

剧坛花絮
汪桂芬"倒仓"以后···············汪云清
《牡丹亭》的艺术魅力·············龚维英

剧团工作
"盼你们再来"·············郭建城　张肖阳

剧讯三则　戏剧知识四期

1982 年第 3 期　刊名:《黑龙江戏剧》
目录

深入时代生活　转变思想感情——纪念《在延安文艺
座谈会上的讲话》发表四十周年·········姜翕平

剧本

啊，将军！（八幕话剧）⋯⋯⋯⋯⋯⋯⋯⋯邵宏大

牧羊城（八场京剧）⋯⋯⋯⋯⋯⋯⋯⋯⋯黄　枫

九华里防线（独幕话剧）⋯⋯⋯⋯⋯⋯⋯于宪东

戏剧研究

以乐境写哀（上）⋯⋯⋯⋯⋯⋯⋯⋯⋯⋯祝肇年

表导演艺术

燃起我心中的火花⋯⋯⋯⋯⋯⋯⋯⋯⋯⋯安　洁

新剧评论

向着生活的呼唤

——谈话剧《呼唤》中孟华形象的塑造⋯唐静恺

启示　鼓励——力量《呼唤》中孟华形象意义

⋯⋯⋯⋯⋯⋯⋯⋯⋯⋯⋯⋯⋯⋯⋯⋯李庆成

风雨香如故——话剧《呼唤》中吴明薇形象浅探

⋯⋯⋯⋯⋯⋯⋯⋯⋯⋯⋯⋯⋯⋯⋯⋯夏重源

似开未开最有情⋯⋯⋯⋯⋯⋯⋯⋯⋯⋯⋯王　贵

剧坛人物

业精于勤　功在不舍访——京剧新秀李师友⋯綦　军

戏剧随笔

"撞车"辨⋯⋯⋯⋯⋯⋯⋯⋯⋯⋯⋯⋯⋯李长荣

从莎士比亚改编谈起⋯⋯⋯⋯⋯⋯⋯⋯⋯沈　默

演员专访

声韵惊四座　光彩照满台——

记著名梅派京剧演员李玉芙⋯⋯⋯⋯齐建昌　宋大声

舞台美术

我省首届舞台美术展览巡礼⋯⋯⋯⋯⋯⋯王　韦

1982 年第 4 期　刊名:《黑龙江戏剧》
目录

"七一"短论

奋起创杰作⋯⋯⋯⋯⋯⋯⋯⋯⋯⋯⋯⋯⋯王山宗

剧本

斯巴达克思（多场景话剧）⋯⋯⋯改编　吴宝燕

赶集（小戏曲）⋯⋯⋯⋯⋯⋯⋯⋯⋯⋯⋯王宪祖

抢婆婆（龙江戏）⋯⋯⋯⋯⋯⋯⋯⋯⋯⋯李文馨

太白醉酒（小京剧）⋯⋯⋯⋯⋯⋯⋯⋯⋯周　风

《斯巴达克思》导演构思⋯⋯⋯⋯⋯⋯⋯李贵平

龙江剧研究

浅淡龙江剧的剧种建设⋯⋯⋯⋯⋯⋯⋯⋯焦勇夫

祝贺与建议⋯⋯⋯⋯⋯⋯⋯⋯⋯⋯⋯⋯⋯贺　飞

独具一格的新剧种——龙江剧⋯⋯⋯⋯⋯华　迦

戏曲研究

谈交底——戏曲文径寻幽录⋯⋯⋯⋯⋯⋯楚　平

浅谈戏曲表导演中的虚下手法⋯⋯⋯⋯⋯马　也

新剧评论

同中求异　别具风采——评《郑子消外传》⋯苍　劲

这一笔给全戏减了彩——小店结尾之我见⋯徐立根

悲而壮　悲而美——浅谈话剧《斯巴达克思》的导演

艺术创造⋯⋯⋯⋯⋯⋯⋯⋯⋯⋯⋯⋯⋯王无析

表演研究

真实是表演艺术的生命⋯⋯⋯⋯⋯⋯⋯⋯吕　明

浅谈表演艺术中的激情⋯⋯⋯⋯⋯⋯⋯⋯王瑞云

舞美研究

关于戏剧道具的几点认识⋯⋯⋯⋯⋯⋯⋯张秉学

剧坛新秀

执着地追求　不懈地努力——记北安县评剧团演员姜

宝金⋯⋯⋯⋯⋯⋯⋯⋯⋯⋯⋯⋯⋯⋯⋯吴国言

1982 年第 5 期　刊名:《黑龙江戏剧》
目录

名人纪念

伟大的足迹　光辉的建树

——略谈郭沫若的戏剧创作生活⋯⋯⋯⋯沈　默

龙江剧研究

愿龙江艺术之花盛开⋯⋯⋯⋯⋯⋯⋯⋯⋯姜翕平

沿着革命化民族化群众化的道路前进——在一九八二

年龙江剧研究总结会上的发言⋯⋯⋯⋯⋯章子冈

戏剧通讯

老问题　新症结⋯⋯⋯⋯⋯⋯⋯⋯⋯⋯⋯张万林

边地黑河新剧荟萃⋯⋯⋯⋯⋯⋯⋯⋯⋯本报记者

剧作

闹大院（八场评剧）⋯⋯⋯⋯⋯⋯⋯景　宽　金　堂

独幕话剧专辑

阳光在你心中⋯⋯⋯⋯⋯⋯⋯⋯⋯⋯⋯⋯王无析

在海边⋯⋯⋯⋯⋯⋯⋯⋯⋯⋯⋯⋯⋯⋯⋯曾一智

立体声 —————————————— 徐立根　杨宝琛
暴风雨之夜 ————————————————— 黄小振

戏剧研究
以哀境写乐——戏曲编剧杂谈 ————————— 祝肇年
现代戏曲剧作技巧管窥 ————————————— 李长荣

戏剧评论
火一样的将军　火一般的性格——谈话剧《啊，将
军》中朱瑞将军的形象塑造 ————————— 张葆成
写在《明月初照人》的争论之后 ——————— 冯　刚

戏剧随笔
编与骗 —————————————————— 陈其行
行当不是死的 ———————————————— 张　林

1983 年第 1 期　刊名:《黑龙江戏剧》
目录

努力开创戏剧创作与评论的新局面——全省剧本讨论
会、戏剧评论座谈会纪要

剧本
吉他轻轻弹（无场次话剧）————————— 车连滨
月是故乡明（八场现代评剧）————————— 何苍劲

编剧理论
谈话剧创作中"独白"的技巧 ——————— 谭需生

戏曲研究
戏曲的假定性及其形成 ——————————— 李春熹

戏剧评论
话剧《吉他轻轻弹》讨论会发言摘要

表演知识
漫话"亮相" ————————————————— 殷　伟

演员介绍
搞艺术要有一腔血
——记哈尔滨话剧院中年演员徐念福 ————— 陈　力
勇于除陈　刻意求新 ————————————— 李宗烈

演员谈艺
我演龙江戏张飞 —————————————— 张　选

戏剧史话
外国戏剧百人录 —————————————— 晓　维

话剧百人录 ————————————————— 晓　地
戏曲百人录 ————————————————— 晓　度

消息
《黑龙江戏剧》举办一九八三年有奖作品
征稿启事

1983 年第 2 期　刊名:《黑龙江戏剧》
目录

发扬马克思主义的革命精神　开创戏剧艺术的新局
面——纪念马克思逝世一百周年 ——————— 姜翕平

剧本
将军的战场（八场话剧）——————————— 杨宝琛
七月、八月、九月（三幕话剧）——————— 马仲夏

新戏笔谈
青年人谈"青年戏"——话剧《吉他轻轻弹》笔会
《吉他轻轻弹》美学三题 —————————— 孙天彪
浓郁芬芳的泥土气息
——浅谈评剧《冤家亲》——————————— 关力珍
引人入胜的戏剧趣味——戏曲《冤家亲》读记 --- 陈春山
美丽的花朵——喜读四出独幕话剧 ————— 郑维庆

戏剧研究
试谈人物的内心冲突 ——————————— 唐静恺

戏曲研究
不着一物，尽得风流 ———————————— 马　也
漫谈《西厢记》的"读法" ————————— 陈　多

戏剧史话
汤显祖与《牡丹亭传奇》—————————— 吴　夫
外国戏剧百人录
话剧百人录
戏曲百人录

消息二则
封面
话剧《吉他轻轻弹》剧照
白玉凤由阎淑琴饰演
兰一由张志忠饰演（于琚文　洪志文摄）

封底
话剧《夜幕下的哈尔滨》剧照
—————————— 哈尔滨话剧院演出（志文摄）

1983 年第 3 期　刊名:《黑龙江戏剧》
目录

剧坛人物
金牌怎样从巴黎飞来?·······················林涛培
他给观众带来欢笑——记著名相声演员姜昆在"春节
联欢会"前后·································小　泉

争鸣论坛
两小一大　各有所长——就三台新戏的探索浅谈话剧
改革····································牟敦睦
"赞扬"声中的"非议"——也谈《绝对信号》及小
剧场·····································高　卧
向现实主义典型化深度开掘——从《吉他轻轻弹》人
物塑造谈起·························白　石　常　葵

影坛奇闻
栗原小卷答记者···························金　轶
轰动一时的"车站"························肖　非
夏梦监制　真功实景——香港青岛公司拍摄《少年英
雄》·····································刘　瑶
一落千丈的名导演·························晓　冬
斯蒂芬和《外星人》························晓　浩
恐怖的梦境　恐怖的现实···················晓　地
香港第六届国际电影节影片简介
《嫁不出去的姑娘》给人的启迪
微光（大型心理分析剧）···················郭　顺
亡命追杀（日本电影故事）·················路　季
八十年代门槛上——评现代派戏剧···········熊源伟
一部电影引起了一场母女之间的"战争"·······亦　人

1983 年第 4 期　刊名:《黑龙江戏剧》
目录

生者与死者（中型悲喜剧）···········鸿　源　龙　标
消失的女人（英国电影故事）···············裴翠定
奇特的"N6"型侦缉（科幻电影故事）········晓　冬
鸣凤（三幕歌剧）·························刘　派
昨天把我赶出村庄（哥伦比亚电影故事画）
梦，逝去了……（摄影剧）···············（插页）
学习·思索·实践——写在学习《邓小平文选》的热
潮里

争鸣论坛
《吴王金戈越王剑》的主题思维·············马　也
再谈"新的戏剧观"·······················牟敦睦
实话重提·································张　先

一次着眼于艺术形式的探索·················窦晓红
得失还得细斟酌···························宝　虹
万花筒与主心骨···························徐城北

戏剧理论
浅谈现代剧作的结构·······················王克豪
"残缺"与"完美"·························晓　章

艺坛
银幕上和现实生活中的褒曼·················晓　岩
被神化了的"奥斯卡奖"···················常　骏
梁信与谢晋的友谊·························肖　航
熟悉的山口百惠···························肖　敏
他立志做万人迷···························赵　辉
细腻传神勇于创新·························郑为庆
性格演员绪形拳·························谷内哲治
年轻的国际影星···························邵　奎
旧社会的哈尔滨舞台·······················晓　侠
姚锡九和《雷雨》·························晓　萍
慈禧和"供奉"···························马　莉
早期戏曲舞台上的机关布景·················山　石
讨厌慈禧　却要演好慈禧···················刘晓庆
封面：中央歌舞团报幕员李小玢·············洪志文

1983 年第 5 期　刊名:《黑龙江戏剧》
目录

黑色的玫瑰（大型话剧）···················杨利民
与佐临同志的商榷·························马　也
无辜的受害者（日本电影故事）·············徐志玉
时光倒流（美国电影故事）·················南　陌
眼睛（摄影剧）
雨中（剧画）
责任与期望·······························刘相如
"建设者"遐想···························竺　平

加拿大专稿
访问加拿大组诗···························张连俊
大洋彼岸友谊深···························郭　颂

戏剧评论
小谈"人的情感"·························壬　午

专访
艺技、艺德两皎皎·························马　翔

艺坛
关肃霜《铁弓缘》中的武打···············田仲三

在哈尔滨首演的评剧剧目 ················ 常 骧
"悬念大师"与他的作品 ················· 毛 毛
球王贝利拍片话题 ···················· 晓 冬
山田洋次与寅次郎 ···················· 晓 航
"百灵鸟"——石慧 ··················· 王 轶
高仓健前往北极拍片 ·················· 肖 默
《泥之河》改变了她的生活道路 ·········· 刘晶艳

诗二首 ····························· 陈 雷
坚持毛泽东文学思想
繁荣社会主义戏剧艺术
——纪念毛泽东同志诞生九十周年 ······· 张连俊
清理精神污染　刷新戏剧艺术 ·········· 本刊编辑部

争鸣论坛
艺术的"真""假"观 ············· 白 石　常 葵
人物心理的多层次探求 ················ 齐建华
"幻觉"之"患" ····················· 陆继良

艺坛
为国争光的演员 ····················· 晓 岩
社会派的艺术巨匠 ···················· 思 鲁
洪深的抗议 ························· 范靖国
用电视能解决"国民性的课题"吗？ ········ 常 骧
《水泊梁山》搬上银幕 ················· 青 郁
打斗片外的打斗 ····················· 彭立彬
剧作家陈玙"以拳谋思" ················ 刘宝祥
她在追求中拼搏 ················· 王玉斌　田 辛
戏曲虚拟特性研究 ···················· 高 卧
姑娘啊，莫叹息！（电视故事） ··········· 抚 今
面对死囚的报复（美国电影故事） ········· 小 秦
爱情交响乐（车厢戏剧） ················ 刘会远
炎黄子孙（无场次新编历史京剧） ········· 刘国勋

1984 年第 1—2 期　刊名:《黑龙江戏剧》
目录

小星的诗（电视文学剧本） ········· 张慧来　李 岘
船啊船（多场次话剧） ················· 景 宽
凤落梧桐（大型话剧） ················· 闫洪昌
野丫（七场评剧） ···················· 薄福岩
东西院（拉场戏） ················· 常守安　时佩远
再谈"社会问题剧" ··················· 谭濡生
七根火柴（摄影剧）

演员介绍
繁花似锦　新姿纷呈 ·················· 沧 海

艺途辨踪
我是一片绿叶 ······················· 云 声
她为什么要去深圳落户 ················· 春 焱
省文化厅召开全省文化局、科长会议

争鸣论坛
让"崇高"更多地走进艺术创作领域 ········ 綦立吾
何处是归程？ ······················· 一 波
衡量传统剧目思想意义的尺子 ············ 麻 耶
一个虚伪的故事 ····················· 芳 迟
也谈《城南旧事》 ···················· 强 生

理论笔汇
塑造人物是戏剧创作的核心问题 ·········· 李常葵
一个戏剧行动的分析 ·················· 张永萱
漫谈"暴露"与歌颂 ··················· 孙天彪
"戏"、细节与人物 ··················· 张生筠

剧坛名人
怀念妈妈舒绣文 ················· 兆 元　青 云

我的第一进步
回溯第一个足印 ····················· 彭 彧
我・逼出来的 ······················· 北 宁

剧坛轶事
戏剧大师田汉的家人近况 ················ 徐志武
我国较早的一部大歌剧——
《秋子》 ·························· 徐志武
意大利人写的一部中国歌剧 ·············· 亦 文
歌坛伯乐王昆 ······················· 晓 岩
演员和祖国 ························· 常 骧

银屏内外
啊，黄河！ ························· 陈志翔
以艺术为第一生命 ················· 萌 萌　百 乐
影片《皇亲国戚》拍摄花絮 ·············· 孙 滨
他们在摇篮中 ······················· 益浩波

艺术之友
神秘的王国——人的内心世界 ············ 溪 汇

1984 年第 3 期　刊名:《黑龙江戏剧》
目录

剧本
蒙蒙雨啊，蒙蒙雨……（小说体话剧） ······ 车连滨
龙虎情（电视文学剧本） ··········· 刘宝祥　白民功

北大荒的白桦（大型歌剧）………………刘 派

剧评
坚强的党性 宽阔的情怀………………王政玺

理论笔汇
扎实的生活脚步 可喜的创作收获………壬 午
构筑理想的审美、境界………………王克豪
戏剧情境琐谈………………………舒 张

文艺随笔
深刻的启迪………………………于鹏阁
文艺创作与"人道主义"………………郑维庆
渴骥奔泉………………………………王无析

创作谈
到沸腾的生活中去寻求自己的道路………杨利民

艺术之友
神秘的王国——人的内心世界………………溪 汇

名剧赏析
父子情深………………………………张 先

演员介绍
寓庄于谐 寓教于乐………………………陈慕桥

艺途辨踪
立雪程门拜师学艺………………方 正 佟居平

杂谈
歌唱家与钢琴………………………思 鲁
小议"功夫片"………………………晓 萍
嫩竹扁担挑重担………………………肖 襄

剧团工作研究
在改革、探索的道路上………………马 翔
欧洲戏剧观感………………………春 焱
话剧《将军的战场》引起关注
话剧《将军的战场》调省城演出
省重点题材戏剧创作研究会圆满结束

1984 年第 4 期 刊名:《黑龙江戏剧》
目录

剧作
沿着清流追寻（电视剧）………………王学武
双枪市长（八场话剧）………黄肖华 付军恺

苦谏篇（七场评剧）………………………大 彬

戏剧理论
紧紧盯住笔下的人物………………刘 言
戏剧结构：高潮式与片断式
　　　　[美]埃德温·威尔逊 曹路生译
横看成岭侧成峰………………………王政玺
将军决战岂止在战场………………王学忠
戏曲舞台上为什么没有孔子形象………王 渊

剧坛人物
她心底燃烧着炽热的火焰………………北 宁
一个引人注目的青年演员………………王冰河

本刊专访
在创新的道路上………………………常 翔
艺痴者技必良………………马 翔 春 山
软钢丝上的拼搏和创新………春 焱 羊 羽

戏曲知识
戏曲髯口的由来………………………张 林
李秀成之死与"綦江惨案"………………徐志武辑
蝴蝶女士在海外思念祖国
中国曲艺在国外
顾正秋退隐多年风华依旧
"切末"………………………………春 林
"演员"的由来和变迁………………陈 勇

1984 年第 5 期 刊名:《黑龙江戏剧》
目录

剧本
一叶知春（八场话剧）………………丛 深
明天决不失约（电视剧）………………邓迎海

综述
戏剧艺术要适应时代………………本刊特约评论员
姹紫嫣红的戏剧园地………………金守宓 常 翔

戏曲专论
中国戏曲歌舞表演手段的审美特性及其与戏剧文学的
关系………………………………马 也

争鸣论坛
具体问题 具体分析………………安 葵
恰恰是一个最真实的故事………………谢伯淳

随笔
戏剧：对人生的隐喻 ················· 赵耀民

戏剧评介
一个可喜的信息 ··················· 春　山

专访
"严伟才"夫妇在冰城 ········· 郑　为　马　翔
无声的艺术　幽默的表演 ······· 春　焱　羊　羽

演员介绍
桃花依旧笑春风 ··················· 常　骧
博采众长　勇创新腔 ··············· 张　平

短论
广播剧艺术特性探讨 ··············· 阿　利

艺坛纵横
身怀绝技　余热发光 ··············· 肖　祥
花旦是怎样走上银幕的 ············· 徐永伦
交流技艺　活跃演出 ··············· 恩　鲁
"阿Q"在卓别林夫人家作客 ········· 许荣光

消息
努力反映伟大变革的新时代 ········· 力　真

1984 年第 6 期　刊名:《黑龙江戏剧》
目录

剧本
戏，仅仅是序幕（五场话剧）········· 矫崇兴

夏天的风（电视剧）················· 范一农

戏曲专论
文学剧本与导演艺术的辩证关系 ······· 吴乾浩

戏剧评介
她是"这场谋杀的罪魁"吗? ········· 于乐庆

戏剧随笔
如何反映新生活 ··················· 何苍劲
断想 ··························· 孙玉华

名著赏析
欧阳予倩的独幕剧《泼妇》赏析 ······· 袁　泉

剧团工作研究
在演出中求生存 ··················· 晓　岩

人物专访
写戏·讲学·著书 ··················· 宁殿弼

演员介绍
"迟小秋热"的由来 ················· 常　骧
从屋顶到舞台 ················· 春　焱　马　翔
被推上歌坛的新秀 ················· 冯力强
一代名伶　梨园世家 ··············· 常　勋
青出于蓝胜于蓝 ··········· 春　含　江　源
评剧名丑陈少舫 ··················· 张　平

艺坛纵横
舞台——浓缩的大千世界 ············· 北　宁
塞北一枝香 ······················· 李　基
黑燕，在改革的风暴中翱翔 ··········· 春　山

1985 年第 1 期　刊名:《剧作家》
目录

题词 ··························· 陈　雷

编者语絮
新春寄语
雄心阔天涯——祝贺《剧作家》首期出刊 ······· 张连俊
又是一个新春 ····················· 刑　籁
我的思念和思索 ··················· 杨利民
新春致观众 ······················· 张玉红
唱出新的旋律 ····················· 刘国勋

戏文
作家与妻子 ······················· 溪　汇

微型影剧
电视小品五则 ····················· 师　征
等
惊
急
路
议

剧论
谈构成戏剧行动的三个重要元素 ······· 高化铭
浅谈电视剧作的选材特点 ············· 范一农
人人都来夜总会（小剧场实验话剧）
······················· 高　兰　杨利民　梁国伟

往事从这里驰过（电视文学剧本）——————所明心
重耳逃亡记（广播剧文学本）————刘 云 王令红
她冲向寒流（八场千方百计剧）————————关守中
唱给生长我的大江——记赫哲族剧作家、诗人、旅行
家乌·白辛————————————————阎洪昌

1985 年第 2 期　刊名:《剧作家》
目录

编者语絮
浓郁的地方特色
丰硕的精神产品—————————————本刊记者
李力安同志在龙江剧院建院二十五周年纪念大会上的
讲话
张向凌同志在龙江剧院建院二十五周年纪念大会上的
讲话

剧作家传记
澄澈的心湖扬满爱的蓬帆———————————阎洪昌

争鸣
《进化论》不能揭示戏剧艺术自身发展的规律
————————————————————马 也

戏剧现状研究
努力塑造新的艺术典型—————————————经百君
"微小的差别"万岁———————————————章 雷

名著赏析
《钦差大臣》的讽刺艺术————————————孙静娴

首都艺坛
油海之花香满京城———————————————贾 非
一束别开生面的黑色花朵——————————舒 张莹子

屏幕内外
《花园街五号》拍摄花絮————————————维 基

海外剧讯
来自阿根廷的信息———————————————艺 言
荒野女孩（电影文学剧本）——————鲁琪 刘畅园
她不出卖自己的眼睛（电视文学剧本）————吴学运
东方佛朗哥之死（十场话剧）—————宋永魁 程颖
毛遂（新编十场历史京剧）——————————马铁汉

1985 年第 3 期　刊名:《剧作家》
目录

丝川英子（六场现代京剧）——————吕诚 何苍劲
编者语絮
认清形势　明确任务
反映时代　清"左"革新————————————张连俊

理论争鸣
从观众的剧场意识谈戏剧形式的创新—————熊源伟
也谈戏剧的兴衰———————————————刘邦厚

剧作家笔谈
向生活的广度、深度开掘————————————师 征

名著赏析
"悬念"的力量———————————————杜方智

中外影剧
木下顺二和他的民间故事剧——————————柯 玉
苏联银幕上反映的"妇女题材"————————木 林
双枪大鹏（电影文学剧本）—————孟烈 梁晓声
永恒的旋律（广播剧文学本）————————杨道立
生命在肩头上（电视文学剧本）———————屈兴歧
渤海公主（舞剧）—————————邵宏大 刑籁

1985 年第 4 期　刊名:《剧作家》
目录

争鸣论坛
情节与形式辨析———————————————高化铭
挑瑕——谈影片《廖仲恺》的失————————李光一
说"假定性"————————————————姜一海

名著赏析
谈《雷雨》开端的艺术处理———————————张生筠

剧论
愿乞画家新意匠　研作朱墨化春山
——《黑龙江戏剧》八三、八四年剧作述评————杜 泉

戏剧界
戏剧要跟上时代的步伐——中国戏剧家协会第四次会
员代表大会侧记———————————————航 向
全国"剧代会"代表座谈
振兴戏剧刊物问题
中国戏剧文学学会成立

省电视剧有奖征文揭晓
中国最大的戏剧舞台⋯⋯⋯⋯⋯⋯⋯⋯孙静洋

地方戏
为开创新时代的地方戏艺术而奋斗⋯⋯⋯张连俊
举步辟新路　兼采众家长⋯⋯⋯⋯⋯⋯陈春山
我省举办第三届地方戏创作剧目奖励演出大会
⋯⋯⋯⋯⋯⋯⋯⋯⋯⋯⋯⋯⋯⋯⋯桑　田
我说爱神醒了（三幕喜剧）⋯⋯⋯⋯⋯郑振寰
市长与市民（广播剧文学本）⋯⋯刘国勋　吕中山
风土人情（戏剧文学读本）⋯⋯⋯⋯⋯张万林
天涯沦落人（电视文学剧本）⋯⋯⋯⋯李文馨
心底幽谷的歌——记作家鲁琪（剧作家传记）⋯阎洪昌

1985 年第 5 期　刊名:《剧作家》
目录

冒险代价（法国电影故事）⋯⋯⋯⋯⋯春　焱
爱的毁灭（戏剧文学读本）⋯⋯⋯⋯⋯杨利民
画家和他的女模特（戏剧文学读本）⋯⋯刘国勋
死路的源头（电视文学读本）⋯⋯⋯⋯王国臣
换妻记（戏剧文学读本）⋯⋯⋯⋯⋯⋯温　远
纵火犯（现代戏曲故事）⋯⋯⋯⋯⋯⋯王延忠
新楼福祸（戏剧文学读本）⋯⋯⋯⋯⋯景　宽
藏珍楼疑案（新编历史戏剧故事）⋯⋯杜　平
兄弟讼（新编历史戏剧故事）⋯⋯⋯⋯王光普
贞妇幽恨（传统戏剧故事）⋯⋯⋯⋯⋯细　流

1985 年第 6 期　刊名:《剧作家》
目录

剧作
一路顺风（电视剧文学本）⋯⋯⋯⋯⋯张　勤
海伦，因为你美丽，因为你年轻（六场话剧）
⋯⋯⋯⋯⋯⋯⋯⋯⋯⋯⋯⋯（作者）马　凤
来历不明的人（广播剧文学本）⋯⋯⋯王国臣
爱，只要还活着（戏剧文学读本）⋯⋯徐立根
天若有情（电视剧文学本）⋯⋯⋯⋯⋯李文岐
蓝天离她很近（电视剧文学本）⋯⋯⋯电　弧

争鸣论坛
论中国戏曲艺术综合媒介的历史形态⋯⋯高　鉴

中外剧作家
郭沫若与歌德⋯⋯⋯⋯⋯⋯⋯⋯⋯⋯洪　欣

苏联戏剧
生与死的史诗⋯⋯⋯⋯⋯⋯⋯⋯⋯刘书彰译
总政歌舞剧团上演苏联歌剧⋯⋯⋯⋯⋯潘凌云

戏剧随笔
戏公演之后⋯⋯⋯⋯⋯⋯⋯⋯⋯⋯⋯梁洪杰
两表演区间的"接火"⋯⋯⋯⋯⋯⋯⋯徐城北
"小百花"演出断想⋯⋯⋯⋯⋯⋯⋯⋯溪　汇

戏剧界
省剧协召开第二次会员代表大会
创一代新剧　领一代风骚
——省第二次"剧代会"巡礼⋯⋯⋯⋯何苍劲
鸡西"小百花"来哈演出

剧坛回音
我刊剧作在全国获金奖

1986 年第 1 期　刊名:《剧作家》
目录

剧作
江边有对小白房（电视剧文学本）⋯⋯王宜浩
壮士行（八场评剧）⋯⋯⋯⋯⋯⋯⋯⋯刘邦厚
二凤凰（电视剧文学本）⋯⋯孙殿瑛　天　皎　范　婷
橄榄色的校园（广播剧文学本）⋯⋯王立华　李兴华
不夜城之夜（戏剧文学读本）⋯⋯⋯艾小凤　冯　蒐
远山那边（电视剧文学本）⋯⋯⋯⋯向　华　阿　林
桦林吟（电视剧文学本）⋯⋯⋯⋯⋯⋯苏连科
红罗女（电影文学剧本）⋯⋯⋯⋯⋯　马　翔

争鸣论坛
一个经历双重悲剧命运的魂灵⋯⋯⋯⋯丁　涛
"思考大于欣赏"辨析⋯⋯⋯⋯⋯⋯⋯刘　言

外国戏剧
节奏探幽⋯⋯⋯⋯⋯⋯⋯⋯⋯⋯⋯⋯赵耀民

剧作家传记
"鸡司令"发迹史⋯⋯⋯⋯⋯⋯⋯⋯⋯矫崇兴

戏剧随笔
时代召唤着作家⋯⋯⋯⋯⋯⋯⋯⋯⋯陈　巅

戏剧界
第二届全国戏剧期刊年会于西安举行⋯⋯江　漾

1986 年第 2 期　刊名:《剧作家》
目录

戏剧研究
说"长"道"短"——漫谈戏曲编剧艺术的长短安排
　　　　　　　　　　　　　　　　　　　　熊澄宇

争鸣论坛
浅谈民族情感的表达方式······················李建平
挑战与对策······································宋灵生
更新"戏剧观"——牡丹江市"戏剧观念讨论会"综
合述··崔敬贤

视听研讨
雪里赏梅和雾中看花
　——电视剧《枫叶悄悄地红了》赏析·········蒋柏连

中外剧作家
阳翰笙和他的话剧创作·······················潘光武

剧作家书笺
给友人的信····································刘相如

地方戏研究
"二人转"一词出自何时·······················陈　巅
年年岁岁（五幕话剧）·······················张万林
始皇亲政（七场京剧）·······················邓冒志
心曲（电视剧文学本）·······················刘素颖
"王八队长"风流史（戏剧文学读本）···········王治普
起飞的小鹤（广播剧文学本）·················景　宽
女人的胜利（苏联话剧）
　　　　　　　　　[苏]阿·尔布卓夫　刘书彰译

1986 年第 3 期　刊名:《剧作家》
目录

争鸣论坛
试论戏曲舞台自由时空与远古思维的关系·······张　觅
对查哈互观点的质疑
　——兼论心理行动与形体行动的关系·········暴剑云

戏剧研究
略论戏剧情节运动的特质及其主要表现形态·····高化铭

苏联戏剧之窗
论烟草之危害（独幕独角剧）···契诃夫著　翁家宾译
浅谈《论烟草之危害》·······················翁家宾

导演札记
舞台调度是典型化了的造型形式···············梁洪杰

剧作家传
乌苏里江水养育了我·························杨宝琛

戏研信息
剧作家与剧中人名···························贾芙蓉

戏剧界
"海派"新潮的浪花···························刘国勋
黑龙江省地方戏学会成立
金钢钻（拉场戏）···························王绍华
同型号心脏（大型话剧）···········孙　奇　杨　威
孤胆英魂（大型戏曲）·······················杜景隆
天边，有片殷红的云（电影文学剧本）
　　　　　　　　　　　　　　张雅文　朱红赤
月照樱枝（电视剧文学本）
　　　　　　　　关庆有　杨　冰　肖　潇
并非为了再婚（戏剧文学读本）···············张　路

1986 年第 4 期　刊名:《剧作家》
目录

论坛
要有"我的精神个体性的形式"·················任　愫
关于领导同志看戏···························杨运泰

争鸣
莎士比亚之伟力·····························丁　涛
不因不生　不革不成·························高　鉴

戏剧研究
戏曲改革与表现当代生活手段的创造
　　　　　　　　　　　　　　张生筠　肖　冰
戏剧艺术的特性和戏剧观念的欣赏···········唐静恺

北大荒舞台
丰富多彩　欣欣向荣·························晨　风

剧作家传
他从风雨中走来·····························马秋阳

剧作家书笺
吃草挤奶　采花酿蜜·························相源臻
初阳台下话泮杰·····························本刊记者
黑色的石头（两幕话剧）·····················杨利民
清官浊泪（七场新编历史剧）·················洪　钰

豪杰女（大型龙江剧）————江　毅　徐明望
晴天雨（电视剧文学本）————阿　利
神秘的养蜂女（电视剧文学本）————王霆钧
奇异的婚礼（戏剧文学坊本）————夏郑生

1986 年第 5 期　刊名:《剧作家》
目录

纪念乌·白辛逝世二十周年专辑

评论
黑土地的诗魂
——追忆友人、著名剧作家乌·白辛同志————戈　航

映山红（六场歌剧）————乌·白辛
无题（外一首）————乌·白辛
给妻子的信————乌·白辛

专论
激情，在当代性的主题中奏响绝唱
——乌·白辛戏剧、电视创作简论————喻权中

北部戏剧舞台
帷幕拉开了新的希望——省直艺术表演团体观摩演出
大会综述————心民　东耕

随笔
"橘化为枳"的启示————春　山
叛逆的皇妃（新编近代历史评剧）——北　星　明　明
西大直街（两幕话剧）————贾　凌
漂在湖面上的倒影（电视剧文学本）————周生伟
黄金之路（电视系列片文学本）————王耀中
冰上渔火（戏剧文学读本）————原伟军

1986 年第 6 期　刊名:《剧作家》
目录

微型剧组
阿猫夫妇————孟凡果
快修自行车————孟凡果
山里有一个渴望电灯的屯子————炜　烂
信————王　杰

北部剧坛
北部剧作家与姊妹艺术间迈出横向联合的步伐
——日本电视剧观摩研讨会侧记————本刊记者

争鸣
论戏剧的创新————马　也

戏剧研究
论趣味性在戏剧文学中的地位与作用————李长荣

论坛
剧作家的历史感————景　宽
观众与话剧浅议————吕　明

外国戏剧
表现主义戏剧简论————张　先

短评
《阿猫夫妇》印象————于立瑛
塞外小镇（二幕话剧）————王长波
治牛二重奏（拉场戏）————王金堂　张树林
祭灶（小戏曲）————温　远
绿色王国里的笑声（广播剧文学本）————郭大彬
高楼下的小平房（电视剧文学本）————张明媛
黄金之路（电视系列片文学本）————王耀中
风雪达子香（戏剧文学读本）————陈启程

1987 年第 1 期　刊名:《剧作家》
目录

冰凌花
无标题戏剧————沙碧红

争鸣
论"文以载道"————王龙波

戏剧研究
就戏曲剧本"文学性"与"剧场性"答客问————吴乾浩

剧评
朦胧、清醒、朦胧——读无题小剧 ABC————高　蓝
匠心独运　别开新意
——大型话剧《黑色的石头》札记————王喜奎

视听研究
寻求观念的更新————王学武

剧坛人物
小白玉霜和她的演唱艺术————张　平

消息
《剧作家》齐齐哈尔专号新闻发布会在齐市召开

第一届东北民间艺术节圆满闭幕
铃兰花复盖的地下（多场次史诗剧）
——————————————————————王　予　杨宝琛
魂飞马嵬坡（歌剧）————————————————————沈正钧
天涯有声（无场次话剧）——————————————————王无析
游子吟（电视剧文学本）——————————————————边震遐
神泉（儿童神话广播剧本）————————————————王丽华
杨靖宇（电影文学剧本）——————————————————张　荣

1987 年第 2 期　刊名:《剧作家》
目录

论坛
推助"第三次起飞"—————————————————————向　阳
艰难的崛起————————————————————————刘　言

戏剧研究
话剧的困境与"冲突说"———————————————————舒　张
舞台艺术形象的系统分析——————————————————李铁燹

剧评
"萁豆相煎"的启示————————————————————张书义
我看《曹植》——————————————————————辛　勤
全方位战争与和平的思考—————————————————王学忠
寻找作品内蕴的诗意———————————————————孟凡果

舞美研究
《曹植》舞台设计构思———————————————————陆　玮

北部剧坛
如何保持和发展地方戏的优势———————————————张连俊
誉满香江————————————————————————本刊记者
访美散记————————————————————————张正巨
黑龙江省文化厅组建全省戏剧创作中心
不知秋思落谁家（大型话剧）————————————————杜　平
箫韶九歌（大型歌剧）———————————————孙代芳　郁　文
渡仙寺（小型京剧）————————————————————田　鸣
国家利益（电视剧文学本）————————————————夏汉碧
老林子里的故事（系列微型话剧）———敖拉多根·炜垃
1. 老林子里新来的女教师
2. 山里也演这样的戏
3. 山里的那宗黄烟与烧酒的交易

1987 年第 3 期　刊名:《剧作家》
目录

论坛
根基深　行路稳
——学习中央领导同志关于反对资产阶级自由化讲话
的一点体会——————————————————————杨运泰

争鸣
早报"一期花"迟开"二度梅"
——我省戏剧状况剖析——————————————————苍　劲

戏剧研究
关于北部戏剧的反思与开拓————————————————孙天彪
打破平衡
——中国戏剧界的创新之争————————————————高　鉴

剧评
《高老庄》探索暗析———————————————————江　漾
略论《曹植》——————————————————————丁海鹏

表导演研究
导演教学初析——————————————————————陈　力

剧坛人物
艺术之树常绿——————————————————————于　昕

随笔
"发现"——剧评之品格——————————————————蒋柏连
回首百年潮（大型新编历史京剧）————————————郎洪叶
幸福，只有一天（两幕话剧）
——————————————————[苏]叶菲姆·季甘　姜延祚译
高老庄（二人转）————————————————奚青汶　王天君
他、她、它（独幕话剧）——————————————晓　夏　永　庆
颠倒（微型话剧）————————————————————邵宏大

1987 年第 4 期　刊名:《剧作家》
目录

论坛
精品，发端于整体创造意识的觉醒—————————————高化铭
关于北部戏剧理论研究的对话———————————————王克豪

戏剧研究
喜剧分类之我见————————————————————王震东
戏剧系统的层次问题———————————————————张雅安

剧评
北国汉子的世界⋯⋯⋯⋯⋯⋯⋯⋯迟宝贵
执著的追求⋯⋯⋯⋯⋯⋯⋯⋯⋯王学忠
"北部戏剧"绽"铃兰"⋯⋯⋯⋯⋯李长荣

导表演研究
舞台上的动与静⋯⋯⋯⋯⋯⋯⋯梁洪杰

创作经验
抓剧本创作　繁荣煤城戏剧舞台⋯⋯⋯夏仲和

北部剧坛
再见，美丽的缅甸⋯⋯⋯⋯⋯⋯关力珍

剧坛人物
陈颙其人其戏⋯⋯⋯⋯⋯⋯⋯⋯林克欢

专访
这里仍是一片生机⋯⋯⋯⋯⋯⋯文　言

随笔
编与导⋯⋯⋯⋯⋯⋯⋯⋯⋯⋯⋯王正春
孝子贤孙（大型通俗喜剧）⋯⋯⋯杨宝琛　胡　平
甘罗拜相（五场景剧）⋯⋯⋯宋　军执笔　李云龙
　霍宪文　杜月荣　宋志辉
救海（中型话剧）⋯⋯⋯⋯⋯⋯徐立根
我们十七岁（无场次话剧）⋯⋯⋯高　博
斑斓世界（电视剧文学剧本）⋯⋯益浩波　王冬兰

话剧小品一组
太平沟夜话⋯⋯⋯⋯⋯⋯⋯⋯⋯马淑琴
铁窗情话⋯⋯⋯⋯⋯⋯⋯⋯⋯⋯邢友江
夜，在街拐角⋯⋯⋯⋯⋯⋯⋯⋯王建仁
强与弱⋯⋯⋯⋯⋯⋯⋯⋯⋯⋯⋯宋江泉
附评：以小见大　真中求美⋯⋯⋯陈　力

1987 年第 5 期　刊名:《剧作家》
目录

论坛
切盼有更多的文艺精品问世⋯⋯⋯戚贵元
谁说北疆无文化　定叫黑土放奇葩⋯⋯杨运泰

争鸣
探索性戏剧初析⋯⋯⋯⋯⋯⋯⋯贾志刚

北部戏剧讨论
东北话剧论⋯⋯⋯⋯⋯⋯⋯⋯⋯经百君

戏剧研究
浅谈戏曲程式及其改革⋯⋯⋯⋯王丽华
类型化人物略析⋯⋯⋯⋯⋯⋯⋯佳　松

剧评
从二人转《高老庄》想到的⋯⋯⋯王正春
沟思新巧　警策心长⋯⋯⋯⋯⋯李守信
国外剧场建筑设施及其"剧院"意识纵横谈⋯⋯杨　健

导表演研究
美的追求者⋯⋯⋯⋯⋯⋯⋯⋯⋯沧　海

名著选择
导演的剧本分析和演员人物分析⋯[美]吉·菲尔兹

创作经验
发挥群体优势　繁荣地方戏创作⋯⋯⋯王　克

随笔
对戏曲"写意"一词的几点质疑⋯⋯⋯刘伯奇
戏剧批评的尴尬⋯⋯⋯⋯⋯⋯⋯温　愠

简讯
千里切蹉现代戏⋯⋯⋯⋯⋯⋯⋯沙碧红
纵向继承　横向借鉴⋯⋯⋯⋯⋯陈春山
这里不是荒漠（七场喜剧）⋯⋯⋯郑振环
风流小狐仙（评剧）⋯⋯⋯⋯⋯刘连城
看不惯（拉场戏）⋯⋯⋯⋯⋯⋯孙成铭
订婚⋯⋯⋯⋯⋯⋯⋯⋯⋯⋯⋯裴　滨

1987 年第 6 期　刊名:《剧作家》
目录

论坛
对艺术产品商品属性的再认识⋯⋯秦东耕　王秀清
继承·借鉴·沟通⋯⋯⋯⋯⋯⋯李　岘　白　茅

戏剧研究
中体西用　话剧十年⋯⋯⋯⋯⋯马　也
让话剧艺术征服更多的观众⋯⋯⋯崔敬贤
三位一体的世界⋯⋯⋯⋯⋯⋯⋯温　愠
艺术个性与观众口味⋯⋯⋯⋯⋯蔡体良

北部戏剧研究
北部话剧在探索中完善自己⋯⋯⋯王肖麟

地方戏研究
走马观花记⋯⋯⋯⋯⋯⋯⋯⋯⋯王正春

随笔

充满生机的北疆艺苑·······················里　予

综述

美的巡视·······················东　耕　心　民

剧团工作

浅议提高戏曲剧院团领导的知识结构···········毛元江

简讯

蔡兴林收刘劲松、黄启山为徒

树影儿（四幕话剧）·······················王宜浩

大漠悲歌（八场评剧）·······················刘邦厚

尴尬的晚餐（独幕话剧）·······················春　焱

祖国，在我们心中（电视剧文学本）···········赵秉申

1988 年第 1 期　刊名:《剧作家》
目录

江祭（话剧）·······················邵宏大

和盟血（十场京剧）···········李长荣　李宝柱

黄昏（微型话剧）·······················高长顺

街口的半夜（微型话剧）·······················郑贵修

云遮月（二人转）···········焦百东　张敬之

话剧《黑色的石头》、《欲望的旅程》赴京

演出获得巨大成功·······················本刊记者

在首都记者招待会上的发言·······················杨运泰

论坛

错觉与戏剧工程·······················黄维若

浅论戏剧艺术的"思考大于欣赏"···········李　岩

戏剧研究

话剧形式革新散论·······················张葆成

观众的审美特性与戏剧的个性品格·······················张志国

话剧的本体性确认和功能发挥·······················李翔云

地方戏研究

试谈二人转的属性·······················张　林

读者来信

给思思的一封信·······················李啸鹤

读话剧《孝子贤孙》有感·······················殿　臣

散记

访日札记·······················吕中山

热烈的掌声，深厚的友情·······················王　崇

悼念王毅同志

王毅同志治丧委员会名单

王毅现场生平

王毅创作年表

悼子

——伤怀

悼王毅·······················张连俊

寻寻觅觅挚友情·······················李　晨

惊闻王毅······················张　勤

怀念王毅·······················刘士奇

燕赵一才子龙江名作家·······················杜　平

1988 年第 2 期　刊名:《剧作家》
目录

论坛

何处是归程·······················张　无

关于话剧的实话·······················邵宏大

剧评

我的感受·······················曹　禺

创作者的真实形象及创作者的美感启示·······················丁海鹏

可喜的"北部戏剧"之花·······················陆　毅

《欲望的旅程》观后·······················郭珊宝

躁动的石头　多情的石头·······················吴　戈

感触与祝贺·······················姬崇恭

美，源于真　贵，在于真·······················殷　杰

读者来信

良师·挚友·园丁·······················穆　途

简讯·······················张　雷

篆刻·······················江伯南

欲望的旅程（无场次话剧）·······················梁国伟

活寡（现代戏曲）···········继　孔执笔　继春

命运的拨弄（话剧）···········［苏］埃·布拉金斯基

埃·梁赞诺夫　李元达译

鸿鹄歌（电视剧文学本）·······················郑国鸢

在医院门前（话剧小品）·······················郭本祥

金秋功夫（二人转）·······················柳胜林

1988 年第 3 期　刊名:《剧作家》
目录

剧作家的话
论坛

戏剧观念与走向·······················谭霈生

有关戏剧的几个问题·······················王育生

综述

创作更多更好的艺术作品 ⋯⋯⋯⋯⋯⋯⋯杨运泰
开始踏上戏剧创作的艰难历程 ⋯⋯⋯⋯张 勤
展示改革大潮里的时代精神　挖掘地域文化中的人类
意识 ⋯⋯⋯⋯⋯⋯⋯⋯⋯⋯⋯⋯⋯⋯⋯舒 张

剧评

历史、现实、未来的对话 ⋯⋯⋯⋯⋯⋯⋯袁 泉
酸楚的人生　情化的哲理 ⋯⋯⋯⋯⋯⋯张永萱

散记

捷克斯洛伐克戏剧访问记 ⋯⋯⋯⋯⋯⋯王正春

通讯

总结戏剧创作经验阳作更多更好精品⋯⋯陈春山

纪要

写戏人谈写戏
红桧树（戏曲）⋯⋯⋯⋯⋯孙代芳　溪 流
绿色基因（无场次话剧）⋯⋯⋯⋯⋯⋯殷习华
赶时髦经理和几个女人的故事（通俗喜剧）⋯许长军
布列斯特和约（二幕话剧）
　⋯⋯⋯⋯［苏］米海依尔·沙特罗夫　王 燎译

1988 年第 4 期　刊名:《剧作家》
目录

剧作家的话
论坛
戏剧本体论纲 ⋯⋯⋯⋯⋯⋯⋯⋯⋯⋯⋯谭霈生
求新的探索与历史的反思 ⋯⋯⋯⋯⋯⋯倪似丹

综述
尊重艺术规律充分解放艺术生产力 ⋯⋯姚明礼

剧评
魂兮归来 ⋯⋯⋯⋯⋯⋯⋯⋯⋯⋯⋯⋯⋯张葆成
当前话剧的新走向 ⋯⋯⋯⋯⋯⋯⋯⋯⋯孙玉华
戏小，但有味儿 ⋯⋯⋯⋯⋯⋯⋯⋯⋯⋯张永杨

恳谈
省出版局召开全省文艺期刊选读恳谈会
勇气与艺术的硕果 ⋯⋯⋯⋯⋯⋯⋯⋯⋯嵇常俭
愿《剧作家》越办越好 ⋯⋯⋯⋯⋯⋯⋯姜立洁
愿《剧作家》这朵奇葩更艳 ⋯⋯⋯⋯⋯周万库

散记
和苏联影星在一起 ⋯⋯⋯⋯⋯⋯⋯⋯⋯吕中山

剧团工作
漫谈培养戏曲观众 ⋯⋯⋯⋯⋯⋯⋯⋯⋯毛元江

简讯
佳木斯市京剧团与佳木斯市
木材公司成立经济文化联合体
蛾（大写意小说剧）⋯⋯⋯⋯⋯⋯⋯⋯车连滨
四喜发财（评剧）⋯⋯⋯⋯⋯⋯⋯⋯⋯侯志平
野女湾（电视剧文学本）⋯⋯⋯⋯⋯⋯杞 子

1988 年第 5 期　刊名:《剧作家》
目录

剧作家的话
论坛
戏剧本体论纲 ⋯⋯⋯⋯⋯⋯⋯⋯⋯⋯⋯谭霈生
论戏剧构思的独特视点 ⋯⋯⋯⋯⋯⋯⋯马 凤
不肯驾轻就熟的剧作家 ⋯⋯⋯⋯⋯⋯⋯王克豪

戏剧研究
二人转与群众 ⋯⋯⋯⋯⋯⋯⋯⋯⋯⋯⋯张连俊
审美观念忧思 ⋯⋯⋯⋯⋯⋯⋯⋯⋯⋯⋯荒 原

剧作家通信
关于《乱世荒唐人》的一封信 ⋯⋯⋯⋯孙殿英

散记
加深了解　增进友谊 ⋯⋯⋯⋯⋯⋯⋯⋯吕 明

通讯
汗洒红氍毹 ⋯⋯⋯⋯⋯⋯⋯⋯⋯⋯⋯⋯王龙波

素材库
脚踏实地的企业家 ⋯⋯⋯⋯⋯⋯⋯⋯⋯国 清
花落知多少 ⋯⋯⋯⋯⋯⋯⋯⋯⋯⋯⋯⋯桂 煜

简讯
省戏剧创作中心召开第三次理事长办公会
爱情街（两幕话剧）⋯⋯⋯⋯⋯⋯⋯⋯孔凡晶
小舞场　大舞台（评剧）⋯⋯王长波　张明媛　炜 垃
慈禧春怨（评剧）⋯⋯⋯⋯⋯⋯⋯⋯⋯董向华
重逢难（话剧小品）⋯⋯⋯⋯⋯⋯⋯⋯薛俊涛
衣摊前（微型话剧）⋯⋯⋯⋯⋯⋯⋯⋯高长力

1988 年第 6 期　刊名:《剧作家》
目录

论坛

戏剧本体论纲⋯⋯⋯⋯⋯⋯⋯⋯⋯⋯⋯谭霈生
当代话剧主体的觉醒、探索和失落⋯⋯⋯卢　敏

排演笔记

《塞外悲歌》导演札记⋯⋯⋯⋯⋯⋯⋯⋯周一仆

散记

金秋时节迎友人⋯⋯⋯⋯⋯⋯⋯⋯⋯⋯吕中山

综述

黑龙江省将进一步深化艺术团体体制改革⋯本刊记者
秋高气爽会镜泊⋯⋯⋯⋯⋯⋯⋯⋯⋯⋯崔敬贤

通讯

《黑色的石头》获"第四届全国优秀剧本奖"
本刊剧作《微光》在美上演
黑龙江省召开地方戏观摩研讨会
省艺术学校校外班话剧专业教学交流会在大庆结束
"黑龙江省艺术学校学员演出团"赴日演出载誉归来

剧作家与企业家

一心扑在事业上的实干家⋯⋯⋯⋯⋯⋯⋯张国清
一位"双洗人"的突出代表⋯⋯⋯⋯⋯⋯徐兴成
梦也悄悄（无场次话剧）⋯⋯⋯⋯⋯⋯⋯马纯夫
黑妹（通俗歌舞剧）⋯⋯⋯⋯⋯⋯⋯⋯王宜浩
前进、前进、前进（话剧）
　　　　　［苏］米哈伊尔·沙特洛大　卢　慧译
热河泉（电影文学剧本）⋯⋯⋯⋯⋯⋯⋯文　浩

1989 年第 1 期　刊名:《剧作家》
目录

论坛

戏剧本体论纲⋯⋯⋯⋯⋯⋯⋯⋯⋯⋯⋯谭霈生
时代·感情·节奏·色彩⋯⋯⋯⋯⋯⋯⋯魏正元

综述

用绚丽多姿的作品反映多姿多彩的现实生活
　　　　　⋯⋯⋯⋯⋯⋯⋯⋯⋯⋯⋯⋯本刊记者
黑土地域中勃发的生命意识
——黑龙江省八七、八八年部分剧作综述⋯⋯舒　张
黑龙江文化现象是怎样形成的?⋯⋯⋯⋯汪大勇

剧评

激励观众理智的新型戏剧⋯⋯⋯⋯⋯⋯⋯梁洪杰
看独角戏《麻将迷》⋯⋯⋯⋯⋯⋯⋯⋯林铁锋

改革者

充满活力的哈尔滨话剧院⋯⋯⋯⋯⋯⋯⋯艺　青
马铁匠冯鞋匠和他们的女人（两幕话剧）⋯⋯景　宽
身外有个世界（无场次现代评剧）⋯⋯⋯傅军凯
美国野牛（两幕小剧场话剧）
　　　　　［美］玛梅特·达威迪　梁国伟译
海雾（话剧小品）⋯⋯⋯⋯⋯⋯⋯⋯⋯刘跃利
麻将迷（独角戏）⋯⋯⋯⋯⋯⋯⋯马　志　李尔俊

1989 年第 2 期　刊名:《剧作家》
目录

创刊十周年特辑

十年求索　十年耕耘⋯⋯⋯⋯⋯⋯⋯⋯贾　非
改革大潮中的黑龙江戏剧⋯⋯⋯⋯⋯⋯⋯张　勤
寄语⋯⋯⋯⋯⋯⋯⋯⋯⋯⋯⋯⋯⋯⋯王　崇
祝贺·欣慰·希望⋯⋯⋯⋯⋯⋯⋯⋯⋯吕中山

论坛

戏剧发展论:关于戏剧的运动方式
——戏剧"怎么样"的问题⋯⋯⋯⋯⋯⋯马　也
清代以前黑龙江地区亚形态戏曲述略⋯⋯⋯张　觅

地方戏研究

黑龙江戏剧界印象⋯⋯⋯⋯⋯⋯⋯⋯⋯李庆成
地方戏命运杂谈⋯⋯⋯⋯⋯⋯⋯⋯⋯⋯丁海鹏
顺应时势民需　发展地方戏艺术⋯⋯⋯⋯张连俊

通讯

首届中国戏剧节点滴⋯⋯⋯⋯⋯⋯⋯⋯薛成荣
猫眼（两幕话剧）⋯⋯⋯⋯⋯⋯⋯⋯⋯王长波
春来茶馆（歌剧）⋯⋯⋯⋯⋯⋯⋯国　勋　洪　钰
闪光的镜头（电视剧文学本）⋯⋯⋯⋯⋯陆康俊

1989 年第 3 期　刊名:《剧作家》
目录

论坛

坚持方向突出特色为繁荣我省戏剧事业做出更大贡献
　　　　　⋯⋯⋯⋯⋯⋯⋯⋯⋯⋯⋯⋯才　起
话剧的现代主义情结⋯⋯⋯⋯⋯⋯⋯⋯田小野
戏剧发展论:关于戏剧的运动方式
——戏剧怎么样的问题⋯⋯⋯⋯⋯⋯⋯⋯马　也

随笔
请把人物解放出来⋯⋯⋯⋯⋯⋯⋯⋯⋯丁海鹏
我爱看《剧作家》⋯⋯⋯⋯⋯⋯⋯⋯⋯李曙光

综述
中国戏剧现状的一次大展览
——首届中国戏剧节述评⋯⋯⋯⋯⋯杜嘉夫
感受与思考⋯⋯⋯⋯⋯⋯⋯⋯⋯⋯⋯张葆成

国外戏剧与艺术家
最后的生命——《图兰多特》
⋯⋯⋯⋯⋯⋯［苏］鲍里斯·扎哈瓦　张启生译

消息
回首过去　硕果累累
展望前程　任重道远⋯⋯⋯⋯⋯⋯本刊记者
第二届中国艺术节
——天鹅之声定于8月上旬在哈尔滨举行
《失去的童年》荣获六项奖励
素材库
善于搏击的"排头雁"⋯⋯⋯⋯⋯⋯⋯徐永庆
多雨的夏天（无场次话剧）⋯⋯⋯⋯张明媛
大风刮来的故事（评剧）⋯⋯⋯⋯⋯王金堂
命运的敲门声（独幕话剧）⋯⋯⋯⋯杨革非
鸡王和贼（喜剧小品）⋯⋯⋯⋯⋯⋯陈天河
敲门（喜剧小品）⋯⋯⋯⋯⋯⋯⋯⋯陈天河
月亮的故事（话剧小品）⋯⋯⋯⋯⋯石长文
生活的音符（话剧小品）⋯⋯⋯⋯⋯王阿丽
难题（话剧小品）⋯⋯⋯⋯⋯⋯⋯⋯刘　录
流感（讽刺短剧）⋯⋯⋯⋯⋯⋯⋯⋯徐双山

1989 年第 4 期　刊名:《剧作家》
目录

论坛
戏剧发展论⋯⋯⋯⋯⋯⋯⋯⋯⋯⋯⋯马　也
文心杂议⋯⋯⋯⋯⋯⋯⋯⋯⋯⋯⋯⋯苏电西

争鸣
石头的困惑⋯⋯⋯⋯⋯⋯⋯⋯⋯⋯⋯王肖麟

戏剧研究
论社会主义初级阶段的文化精神⋯⋯⋯孙天彪

地方戏曲工作
欢接伊春林区戏剧事业的振兴⋯⋯⋯谷世泰

戏曲研究
"男旦"纵横谈⋯⋯⋯⋯⋯⋯⋯⋯⋯薛成荣
浅谈戏曲念白的艺术特征⋯⋯⋯⋯⋯任　飞
《蛾》的印象与思考⋯⋯⋯⋯⋯陈　巍　王玉玫
北坡（大型多场次话剧）⋯⋯⋯应治国　孙德元
这片不是原始林（五场话剧）
⋯⋯⋯⋯⋯⋯⋯⋯⋯王宝义（执笔）盛春青
密林夜雨（独幕剧）⋯⋯⋯⋯⋯⋯⋯郑贵修
太阳伞下（话剧小品）⋯⋯⋯⋯谷世泰　杨春华
一片青山（戏剧故事）⋯⋯盛春青　崔志忠　石生华
启明星升起的时候（戏剧故事）⋯⋯⋯万　里
心灵的呼唤（六幕歌剧）⋯⋯⋯⋯⋯李　烈
热恋着乡土（电视剧文学本）⋯⋯宗　侣　溪　流

1989 年第 5 期　刊名:《剧作家》
目录

论坛
中国戏曲晚成的原因及其歌舞化的历史规定⋯张　觅
戏剧发展论⋯⋯⋯⋯⋯⋯⋯⋯⋯⋯⋯马　也
杜宝——一个封建正统的典型⋯⋯⋯⋯孔　瑾

剧评
当代风情画，人生哲理诗
——评歌剧《春来茶馆》⋯⋯⋯⋯⋯李长荣
《山野里的游戏》点滴谈⋯⋯⋯⋯⋯夫　骏

艺术家书简
闲话戏剧⋯⋯⋯⋯⋯⋯⋯⋯⋯⋯⋯⋯孙　轮

剧团建设
在振兴戏剧的道路上⋯⋯⋯⋯立　瑛　春元　吕　明

戏曲研究
"男旦"纵横谈⋯⋯⋯⋯⋯⋯⋯⋯⋯薛成荣

简讯
紧锣密鼓　振兴评剧⋯⋯⋯⋯⋯⋯⋯本刊记者
省戏剧创作中心召开88—89年度年会⋯本刊记者
失去的童年（无场次话剧）⋯⋯邵宏大　高骏山
人生的句号（大型话剧）⋯⋯⋯⋯⋯黄肖华
赵王与无容（京剧）⋯⋯⋯⋯⋯吕　诚　朱红赤
最后一位顾客（话剧小品）⋯⋯⋯⋯春　焱
悠悠远逝的箫声（戏剧文学读本）⋯⋯王立君

1989 年第 6 期　刊名:《剧作家》
目录

黑龙江省龙江剧实验剧院建院三十周年特辑
龙江剧发展建设摭谈 ································ 才　起
关于龙江剧的建设和发展问题 ················ 杨运泰
我要纯情的乡音 ································· 阎洪昌
励精图治　大雅出俗 ··························· 舒　张
三十而立话往昔 ·················· 王玉琦　胡龙胜
试论龙江剧丑角表演艺术 ····················· 李瑞刚
宝玉"荒唐"我"荒唐" ························· 白淑贤
土婆婆娶了俊儿媳 ················ 徐明望　杨宝林
土黑花更红 ······················ 孙铁石　李　方
土味彩旦的表演 ································· 吕冬梅
浅谈龙江剧花旦表演的体会与探索 ·········· 郭　杰
浅析龙江剧《荒唐宝玉》音乐 ················· 李慧善
艺术档案与艺术生产 ··························· 赵金龙
各家报刊盛赞龙江剧《荒唐宝玉》誉满天鹅节

消息
"杨利民剧作研讨会"在京举行 ··············· 春　山
龙江剧访日演出结硕果 ······················· 石凯龄
扎根黑土沃野　创出龙江特色 ··············· 王　拾

东北话剧节专稿
一连串闪电迅雷 ································· 刘厚生
零言碎语 ······································· 李默然
东北话剧本体性超越 ··························· 毕　力

论坛
戏剧发展论 ····································· 马　也
荒唐宝玉（龙江剧）·········· 杨宝林（执笔）徐明望
铁弓缘（龙江剧）················· 王　毅　李　方
兰瑞莲（龙江剧）················· 李　方　刘　适
园丁街五号有五条光棍儿（两幕话剧）······· 马　风

《红岩》

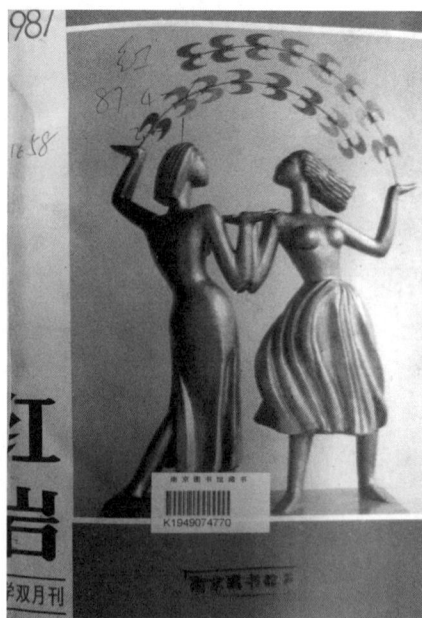

【简　介】

综合性文学期刊。重庆市文学艺术界联合会主办。创刊于 1951 年,复刊于 1979 年。创刊初期为季刊,1985 年第 1 期起改为双月刊。其力求体现时代精神,保持地方特色。坚持发扬革命现实主义传统,体裁有小说、散文、剧本、诗歌等。着眼于作家队伍的展示和培养,重点扶持文学新人。

期刊号:1979 年第 1 期—1989 年第 6 期

1979 年第 1 期　刊名:《红岩》
目录

在茫茫的夜色后面（电影文学剧本·又名《一双绣花鞋》）························ 况浩文
苦难（中篇小说）····························· 邓兴林
红艳艳的罂粟花（小说）····················· 艾　芜
青春礼赞（小说）····························· 兰　艰
小说两篇 ······································· 榴　红

热血（六场话剧）
················ 吕长水　彭碧珠　宋华文　郭宪伟

献给芬芳的沃土（报告文学）
··················· 段启明　龙泉明　周维群
心心咖啡店（民间故事）··· 程梓贤口述　王正平整理

荞花蜂蜜（散文）⋯⋯⋯⋯⋯⋯⋯⋯⋯陆　棨

雷电的光辉⋯⋯⋯⋯⋯⋯⋯⋯⋯⋯黄中模
我参加《屈原》演出的一点回忆⋯⋯⋯白　杨

白玫瑰（长诗）⋯⋯⋯⋯⋯⋯⋯⋯⋯李　钢
寒凝大地发春华（组诗）⋯⋯⋯⋯⋯寒　星
从果园到大海（组诗）⋯⋯⋯⋯⋯⋯付天琳
草木新篇（组诗）⋯⋯⋯⋯⋯⋯⋯⋯流沙河
春的短歌（组诗）⋯⋯⋯⋯⋯⋯⋯⋯汗　强
自卫还击诗抄（三首）⋯⋯⋯杨永年　唐程
一束素净的小白花（三首）⋯⋯穆　仁　野谷
踏遍青山寻诗踪（六首）
　　　　　　戴安常　高　缨　梁上泉等
青城诗草（两首）⋯⋯⋯⋯⋯⋯⋯⋯邹　绛
归来呵，将军⋯⋯⋯⋯⋯⋯⋯⋯⋯杨　山
告别⋯⋯⋯⋯⋯⋯⋯⋯⋯⋯⋯⋯郭同旭
憧憬⋯⋯⋯⋯⋯⋯⋯⋯⋯⋯⋯⋯田正华
车曲轴⋯⋯⋯⋯⋯⋯⋯⋯⋯⋯⋯王长富
吉祥的彩虹（藏族情歌）⋯⋯⋯⋯⋯里　沙
抒情四题⋯⋯⋯⋯⋯⋯⋯⋯⋯⋯柯愈勋
辣椒集⋯⋯⋯⋯⋯⋯⋯⋯⋯⋯⋯余薇野
乌江道中（七首）⋯⋯⋯⋯⋯⋯邓均吾遗作

悲、悲剧、社会主义时期的悲剧艺术特征⋯⋯⋯苏鸿昌
悲剧研究要从实际出发，悲剧创作应当百花齐放
　　　　　　　　　　　　　　林亚光

雷电颂（油画）⋯⋯⋯⋯⋯马一平　古　月
春江归牧（木刻）⋯⋯⋯⋯⋯⋯⋯林　军
鹿（木刻）⋯⋯⋯⋯⋯⋯⋯⋯⋯徐　匡

1979 年第 2 期　刊名:《红岩》
目录

许茂和他的女儿们（长篇小说）⋯⋯⋯周克芹

革命的战士和母亲（散文）⋯⋯⋯⋯马识途
皇甫村行（散文）⋯⋯⋯⋯范咏戈　兰承晖
腊尼河畔（散文）⋯⋯⋯⋯⋯⋯⋯徐德庄

丛林中的呼唤（电影文学剧本）⋯冀　邢　周颖

怀念何其芳同志⋯⋯⋯⋯⋯⋯⋯⋯蔡　仪
花开时节——忆李亚群同志⋯⋯⋯⋯吴　野

夜话（短篇小说）⋯⋯⋯⋯⋯⋯⋯石厥仁
风雪中（短篇小说）⋯⋯⋯⋯⋯⋯周翼南

李白之死（传记文学）⋯⋯⋯⋯⋯⋯安　旗

且说丘三馆（民间故事）⋯⋯⋯⋯⋯曾右石
李冰父子擒孽龙（民间传说）⋯⋯⋯袁　珂

大江呀大江（诗）⋯⋯⋯⋯⋯⋯⋯骆耕野
奔（诗）⋯⋯⋯⋯⋯⋯⋯⋯⋯⋯范　明
我敢（诗）⋯⋯⋯⋯⋯⋯⋯⋯⋯贺星寒
痛思小集（诗）⋯⋯⋯⋯⋯⋯⋯⋯雁　翼
我欲拔剑砍地歌一曲（诗）⋯⋯戈壁舟　安旗
怀乡曲（诗）⋯⋯⋯⋯⋯⋯⋯⋯⋯方　敬
车轮（组诗）⋯⋯⋯⋯⋯⋯⋯⋯⋯严　辰
天涯行（组诗）⋯⋯⋯⋯⋯⋯⋯⋯傅　仇
早晨（诗）⋯⋯⋯⋯⋯⋯⋯⋯⋯木　斧
幸存者呵，您⋯⋯（诗）⋯⋯⋯⋯⋯刘福林
重庆二绝句⋯⋯⋯⋯⋯⋯⋯⋯⋯楼适夷
丢包⋯⋯⋯⋯⋯⋯⋯⋯⋯⋯⋯⋯晓　雪
诗踪（九首）⋯⋯⋯⋯⋯⋯王尔碑　廖公弦等

论《水浒》的成就及其局限⋯⋯⋯⋯欧恢章
关于"文艺是阶级斗争工具"论的质疑⋯曹廷华
革命作家要大胆地看取人生⋯⋯⋯⋯敖　忠

报春图（国画）⋯⋯⋯⋯⋯⋯⋯⋯李文信
夏晨图（国画）⋯⋯⋯⋯⋯⋯⋯⋯赖深如
小牛图（国画）⋯⋯⋯⋯⋯⋯⋯⋯杜显清
走向生活（木刻）⋯⋯⋯⋯⋯⋯⋯吴强年

1980 年第 1 期　刊名:《红岩》
目录

中篇小说
无果的花（杜咏樵插图）⋯⋯⋯⋯⋯王　剑
失落的梦（高济民插图）⋯⋯⋯⋯⋯殷正渝

短篇小说
愿他在地下安息（古月插图）⋯⋯⋯正　权
红辣椒（雷著华插图）⋯⋯⋯⋯⋯董仁威
老曼的责任（马一平插图）⋯⋯⋯⋯易　光
父子之间（古月插图）⋯⋯⋯⋯⋯周孜仁
渡口少年⋯⋯⋯⋯⋯⋯⋯⋯⋯⋯陈　宁
风雨夜⋯⋯⋯⋯⋯⋯⋯⋯⋯⋯⋯石厥仁
失望⋯⋯⋯⋯⋯⋯⋯⋯⋯⋯⋯⋯陈学初

剧本
凤求凰（丁聪插图）⋯⋯⋯⋯⋯⋯吴祖光

散文

《求凰集》序 ⋯⋯⋯⋯⋯⋯⋯⋯⋯⋯⋯⋯ 曹　禺

杨柳情思 ⋯⋯⋯⋯⋯⋯⋯⋯⋯⋯⋯⋯⋯ 陆　棨

神女秀色 ⋯⋯⋯⋯⋯⋯⋯⋯⋯⋯⋯⋯⋯ 吕红文

电影文学剧本

祖冲之（古月插图） ⋯⋯⋯⋯⋯⋯⋯⋯ 之　杨

诗歌

探索·追求——叙事长诗《周恩来》选章（雷著华插

图） ⋯⋯⋯⋯⋯⋯⋯⋯⋯⋯⋯⋯⋯⋯⋯ 孙静轩

大渡河情思 ⋯⋯⋯⋯⋯⋯⋯⋯⋯⋯⋯⋯ 周　纲

北京诗笺 ⋯⋯⋯⋯⋯⋯⋯⋯⋯⋯⋯⋯⋯ 张　克

梅·兰·竹·菊 ⋯⋯⋯⋯⋯⋯⋯⋯⋯⋯⋯ 沈　重

煤块 ⋯⋯⋯⋯⋯⋯⋯⋯⋯⋯⋯⋯⋯⋯⋯ 周显政

峨眉四日游 ⋯⋯⋯⋯⋯⋯⋯⋯⋯⋯⋯⋯ 张继楼

诗踪 ⋯⋯⋯⋯⋯⋯⋯⋯ 沙　鸥　周良沛等

评论

《凤求凰》后记 ⋯⋯⋯⋯⋯⋯⋯⋯⋯⋯ 吴祖光

甘苦寸心知——谈自己的诗（之四） ⋯ 臧克家

真话·真情·真我·真知 ⋯⋯⋯⋯⋯⋯ 吕　进

漂泊在人生的道路上

——《艾芜评传》之一章 ⋯⋯⋯⋯⋯ 谭兴国

简评大仲马的《基度山伯爵》 ⋯⋯⋯⋯ 林亚光

美术

盛夏（水粉画） ⋯⋯⋯⋯⋯⋯⋯⋯⋯⋯ 林咏樵

绣球花（水粉画） ⋯⋯⋯⋯⋯⋯⋯⋯⋯ 钟茂兰

山城秋色（水粉画） ⋯⋯⋯⋯⋯⋯⋯⋯ 邓成用

剧本

阿瓦姐妹（白德松插图） ⋯ 苏　策　彭荆风　陈希平

诗歌

哀思与花束（三首） ⋯⋯⋯⋯⋯⋯⋯⋯ 张新泉等

悼李季 ⋯⋯⋯⋯⋯⋯⋯⋯⋯ 戈壁舟　安　旗

重开的玫瑰（外一首） ⋯⋯⋯⋯⋯⋯⋯ 张志民

我是这样在爱着 ⋯⋯⋯⋯⋯⋯⋯⋯⋯⋯ 王华东

唱给北京的一支情歌（外一首） ⋯⋯⋯ 雁　翼

故园三咏 ⋯⋯⋯⋯⋯⋯⋯⋯⋯⋯⋯⋯⋯ 流沙河

星河世界 ⋯⋯⋯⋯⋯⋯⋯⋯⋯⋯⋯⋯⋯ 谭　楷

故乡吟（外一首） ⋯⋯⋯⋯⋯⋯⋯⋯⋯ 刘庶凝

诗踪（八首） ⋯⋯⋯⋯ 宗　鄂　兰　疆等

散文

浣花溪畔的诗影 ⋯⋯⋯⋯⋯⋯⋯⋯⋯⋯ 钱学文

蝴蝶泉（外一篇） ⋯⋯⋯⋯⋯⋯⋯⋯⋯ 杨明渊

评论

什么是基本的 ⋯⋯⋯⋯⋯⋯⋯⋯⋯⋯⋯ 茅　盾

关于何其芳同志的一封信 ⋯⋯ 周忠厚　计永祐

从嵇康之死想到陈翔鹤 ⋯⋯⋯⋯⋯⋯⋯ 杨　槐

《许茂和他的女儿们》四人谈 ⋯⋯⋯⋯ 王世德等

谈《许茂和他的女儿们》思想艺术的成就 ⋯ 苏　执

田汉与南国社 ⋯⋯⋯⋯⋯⋯⋯⋯⋯⋯⋯ 严　肃

美术

荷花（国画） ⋯⋯⋯⋯⋯⋯⋯⋯⋯⋯⋯ 张大千

摩诘山园图（国画） ⋯⋯⋯⋯⋯⋯⋯⋯ 张大千

长臂猿（国画） ⋯⋯⋯⋯⋯⋯⋯⋯⋯⋯ 张大千

1980 年第 2 期　刊名:《红岩》

目录

长、中篇小说

风凛冽（杜咏樵插图） ⋯⋯⋯⋯⋯⋯⋯⋯ 叶　辛

彩色的夜（凌承纬插图） ⋯⋯⋯⋯⋯⋯⋯ 王群生

蓝色的象鼻湖（白德松插图） ⋯⋯⋯⋯⋯ 张昆华

短篇小说

送别（高济民插图） ⋯⋯⋯⋯⋯⋯⋯⋯⋯ 巴　波

我和辣妹 ⋯⋯⋯⋯⋯⋯⋯⋯⋯⋯⋯⋯⋯ 温传昭

窗外红玫瑰 ⋯⋯⋯⋯⋯⋯⋯⋯⋯⋯⋯⋯ 逯　斐

一件皮大衣 ⋯⋯⋯⋯⋯⋯⋯⋯⋯⋯⋯⋯ 劳　洪

大副肖华连 ⋯⋯⋯⋯⋯⋯⋯⋯⋯⋯⋯⋯ 张忠新

我的麻醉剂 ⋯ ［法］比埃尔·蒲尔作　秦志明译

1980 年第 3 期　刊名:《红岩》

目录

长、中篇小说

风凛冽（杜咏樵插图） ⋯⋯⋯⋯⋯⋯⋯⋯ 叶　辛

盗官记（马一平插图） ⋯⋯ 巴陵野老述　马识建记

短篇小说

在艰难的日子里（雷著华插图） ⋯⋯⋯⋯ 周克芹

月色清明 ⋯⋯⋯⋯⋯⋯⋯⋯⋯⋯⋯⋯⋯ 刘俊民

我的故人与新知 ⋯⋯⋯⋯⋯⋯⋯⋯⋯⋯ 伊　丽

养蚕人的故事 ⋯⋯⋯⋯⋯⋯⋯⋯⋯⋯⋯ 剑　平

啊，那双眼睛 ⋯⋯⋯⋯⋯⋯⋯⋯⋯⋯⋯ 杨　禾

阻碍 ⋯⋯⋯⋯⋯⋯⋯⋯⋯⋯⋯⋯⋯⋯⋯ 艾　蕻

雨雾 ⋯⋯⋯⋯⋯⋯⋯⋯⋯⋯⋯⋯⋯⋯⋯ 冀　邢

这天中午 ⋯⋯⋯⋯⋯⋯⋯⋯⋯⋯⋯⋯⋯ 张堆良

电影文学剧本

大威和他的伙伴们（欧治渝插图）···· 文　权　王　凡

报告、散文

芳华正是进击时（凌承纬插图）············· 吕　齐
淡妆浓抹总相宜···························· 柳　嘉

诗歌

新疆风光（十一首）······················ 艾　青
你就是你（外二首）······················ 高　瑛
明天·································· 孙　滨
抒情诗两首························ 李　钢
给································· 明　兮
勘探者······················· 霜　枫
春天的思念（四首）················ 晏　明
散文诗两题····················· 秋　原
清香清香的干草味·············· 张修文
诗踪·············· 柯　原　白　渔等

评论

人的重新发现······················ 何西来
关于傅天琳诗的通信··············· 沙　鸥
被遗忘了的一首诗（甘苦寸心知）···· 臧克家
继续解放思想，认真贯彻"双百"方针，繁荣社会主
义文艺······················· 本刊记者
《许茂和他的女儿们》笔谈········· 苏鸿昌　吴　野等

美术

金秋（油画）····················· 王大同
耳语（油画）····················· 马一平
村姑（油画）····················· 夏培耀
夏熟（木刻）····················· 邓成用

1980 年第 4 期　刊名：《红岩》
目录

中篇小说

飞雪（欧治渝插图）················ 陆大献
科学家、妻子和原始森林（白德松插图）

　　　　　　　　　　　李　栋　旭　明
秋夜，静静的……（凌承纬插图）···· 王　剑

短篇·散文

童稚之交························· 榴　红
夜雾消散的时候（凌承纬插图）····· 周翼南
往事费思量（武辉夏插图）········· 艾　虹
嘉州三题························· 黎　军
打鱼船悠悠······················ 吴远人

话剧

第三次裁决（雷著华插图）············· 郭铁城　戚廷栋

电影剧本

飞吧，银箭（马一平插图）················ 刘迪云

诗歌

邓均吾诗六首····················· 邓均吾
没有遗忘的乐章（长诗）············ 叶文福
抒情与思考（组诗）················ 刘湛秋
太阳··························· 付天琳
眼睛··························· 王尔碑
望森林························· 程显谟
我又看到了大海（三首）············ 雷　霆
思念··························· 于宗信
草堂寺答问····················· 凌文远
风雨篇························· 白　航
南方（二首）···················· 唐　湜
栀子花开······················· 罗　洛
花径上························· 刘　一

评论

序《邓均吾诗词选》················ 沙　汀
《红楼梦》主题辨················· 邓遂夫
贵在有特色····················· 何　牧
关于文艺批评的标准问题············ 毛宗璜

文艺史料

抗战时期的重庆话剧运动············ 赵铭彝

美术

春雨（水印木刻）················· 胡　名
雏（水印木刻）··················· 安　琳
絮语（木刻）····················· 康　宁

1981 年第 1 期　刊名：《红岩》
目录

长篇小说

人生（李奔、高济民插图）············· 李良杰

中、短篇小说

风论（武辉夏插图）················ 王昌定
召唤（凌承纬插图）················ 傅小渝
来日方长······················· 叶小玲
辛老汉························· 李伯炎
中彩之夜········ ［美］约翰·葛里格斯作　曹明伦译
献给妈妈生日的礼物··· ［美］肯·韦伯作　曹明伦译

散文

书和书外的世界（外一篇）·············杨汝纲
石宝寨览胜·····························吕红文

电影文学剧本

梨园传奇（白德松插图）·········魏明伦　南国

诗歌

山杜鹃（长诗）·······················邹荻帆
金银花又香了（组诗）···················方　敬
抒情三章·····························陈敬容
粘知了的孩子（外一首）···············邵燕祥
绿色的风（外一首）···················柯愈勋
诗踪：歌者·····························郑永勤
皱纹·································王长富
自杀·································胡百群
山茶·································江　日
叶···································蒋人初
藤和诗歌·····························王致铨

评论

关于人性问题的思考···················苏鸿昌
对有关反特权题材创作的几个问题的商讨···林亚光
文艺的审美认识和反映本质···············李敬敏
全国大型文学期刊座谈会纪要（文讯）

美术

再见吧，小路（油画）···················王　川
藏族新一代（油画）···················周春牙
父亲（油画）·························罗中立
织（木刻）·····························刘世同

1981 年第 2 期　刊名:《红岩》
目录

长、中篇小说

三个同龄的女性（欧治渝插图）···········朱敏慎
大反攻（选载）（高济民插图）···········李南力

短篇·散文

失去的星星（凌承纬插图）···············李　晴
心···································何士光
情以物迁（杜咏樵插图）···············曹玉模
戊戌戊秋（李奔插图）···················王　汶
飞刀人············[西德]亨利希·伯尔　刁承俊译
文字缘·······························柳　嘉

电影文学剧本

春风度玉关（白德松插图）·········张思勇　田玉生

话剧

了了恩仇（罗中立插图）···············赵云声

诗歌

跋涉者·······························范　明
故乡·································禾　波
寄自北国的诗的书简···················梁　南
忆闽南（二首）·······················陈　犀
巴蜀行（八首）···············韩作荣　黄东成
毛　锜　玉　杲　陈佩芸
霜叶·································杨汝纲
掇绿辑·······························周冠群
诗踪（十首）·······王泽沛　培　贵　王中朝　王华东
郑永勤　李北兰　于　沙　李发模　旭　宇　黎焕颐

评论

艾青与欧美近代文学和美术···············黎　央
生活·爱情·道德·······················仲呈祥
《风凛冽》简评·······················沈太慧

美术

秋林（水印木刻）·······················吴　凡
夜（水印木刻）·······················杨必位
生命的光（油画）·······················王嘉陵
争鸣（木刻）·························徐仲偶

1981 年第 3 期　刊名:《红岩》
目录

中篇小说

蓝天白云（欧治渝插图）···········施浩祥　李良杰
我们同在航行（武辉夏插图）···········叶雨蒙

短篇小说

神女峰的祝福·························蒙和平
归家（凌承纬插图）···················梁安成
桥（凌承纬插图）·······················小　燏
旱篙·································燕　翎
最危险的猎物（李奔插图）
·······················查理德·康耐尔　孙法理译
先生们，请裁决吧（刘义福插图）
·······················万克尔·布鲁斯　李子熙　何文安译

话剧

爱情从这里开始（马一平插图）···········潘剑琴

电影文学剧本

漂泊奇遇（杜咏樵、白德松插图）···· 冀 邢 先子良

报告文学

长春果的探求者 ······················· 元 工

回忆·书简·史料

茅盾致臧克家信

向茅盾先生学习 ····················· 臧克家

一代文豪百世师 ····················· 黄贤俊

浅草杜林如稷、邓均吾、白鹤的赠答诗········· 邓 颖

散文

笙歌袅袅 ·························· 杨明渊

攀枝花的回答 ······················ 温田丰

诗歌

颂歌 ···························· 方 敬

血写的课文 ······················· 雁 翼

共产党人 ························· 李 钢

母亲 ···························· 徐国志

棒 ····························· 林 希

忠耿 ···························· 丁 芒

寄自北中国的春讯 ·················· 李 瑛

木槿，故乡的花 ····················· 叶文福

菜花黄了 ························· 沙 鸥

飞鹅石的歌 ······················· 张继楼

心愿 ···························· 孙友田

辣子赞 ·························· 张志民

金色的轮子 ······················· 傅天琳

大江截流印象 ····················· 徐 慧

诗踪（十一首） ········ 吕 亮 贺 平 李霁宇

余系中 陈官煊 李加建 赵发魁 木 斧 叶 簇

评论

艾芜、沙汀创作的比较研究 ··········· 万本根

为人生唱美的赞歌 ··················· 龙化龙

略谈西方现代文学的借鉴问题 ·········· 王世德

美术

沐（油画） ······················· 古 月

扩建中的海港（水彩） ················ 杨家聪

春（雕塑） ·················· 初稿 叶毓山

定稿 叶毓山 黄才志 项金国

生命啊，常青（木刻） ················ 林 军

爷爷和孙孙（木刻） ················· 刘 扬

育苗（木刻） ······················ 马 丁

1981 年第 4 期 刊名:《红岩》
目录

中篇小说

刻在塑象上的字（欧治渝插图）············ 冀 邢

新任站长（高济民插图）··············· 陈学书

地中海的涛声（凌承纬插图）············ 陈代康

短篇小说

花蜘蛛（姚渝永插图）················ 克 非

刺梨花开时（刘义福插图）············· 余未人

酒后（雷著华插图）················· 石厥仁

大青树之歌（高济民插图）············· 赵 橹

夏特勒大教堂（李奔插图）

·············· ［法］雅克·里韦作 秦志明译

电影文学剧本

陈子昂与武则天（姚渝永插图）······· 王 沛 王 江

话剧

保路风云（欧治渝插图）··············· 苏 枚

报告文学

生命的火花 ··············· 夏树人 马兴明

散文

绿色的葡萄架 ····················· 李 竹

竹的王国 ························· 余德庄

大江的思恋 ······················· 采 风

哀盛亚 ·························· 陈白尘

诗歌

试航 ···························· 唐大同

司机的心 ························· 熊远柱

江南写意 ························· 沙 白

山村短章 ························· 梁上泉

抗洪曲 ················· 木 斧 刘江生 王致铨

酒师的歌 ························· 胡 笳

西北十四行诗组 ····················· 唐 祈

风 ····························· 曾祥麟

桃花冲诗笺 ······················· 王维洲

冬 ····························· 蒋人初

阳光 ···························· 罗 洛

绿色二题 ························· 李 耕

春雨 ···························· 周 朗

诗踪（十首） ······················ 张雪杉

谷 曼 王东华 白 峡 方 晴 杜 虹 朱 涛

冉 庄 张大成 陈 栋

评论

论阿Q的阶级性、革命性和典型性──────刘以治
略论鲁迅小说中的审美倾向──────吴向北
绍兴·鲁迅·故乡──────严　肃
严峻的人生
——长篇小说《人生》漫议──────吴若萍

美术

渔歌图（国画）──────李华生
归林图（国画）──────李华生
醉（木刻）──────江碧波
鲁迅像（木刻）──────周昌元
广厦千万间（木刻）──────钟纪明

1982年第1期　刊名:《红岩》
目录

中篇小说

骄阳似火（姚渝永插图）──────陆大献
带露的玫瑰（白德松插图）──────叶　辛
雾茫茫（欧治渝插图）──────彭荆风

短篇小说

扁豆花开（高济民插图）──────月　光
推销店里的喜剧（雷著华插图）──────罗昌海
一封没有署名的信引起的（雷著华插图）──────于涤心
通往场外的路（凌承纬插图）
　　　　　赫伯特·埃森赖希作　刘晓非译
拿伞的人（凌承纬插图）
　　　　[英]罗尔德·代尔作　张东辉译

话剧

一代名将战孤城（欧治渝插图）──────金乃凡　杨泽明
阎启宇　杨景民

散文

重睹风华──────柳　嘉
天下第一泉──────陈　键
哑友的思念──────唐　程

诗歌

走马金川行（组诗）──────公　刘
山乡人物──────张继楼
林区诗抄──────笑　泉
马蹄叩响着大地（组诗）──────顾　工
南方小束（组诗）──────邹荻帆
种子（散文诗）──────赵　敏
撒尼二韵（组诗）──────张永权

西双版纳抒情（组诗）──────纪　鹏
匡山（外一首）──────白　航
树之恋──────马君伟
诗踪（九首）──────杨承朴　关世才　沈国仁　尹安贵
叶　笛　黄仁清　杜　虹　舒明武

评论

曹雪芹续弦妻考──────邓遂夫
《鹤舞集》序──────塞先艾
关于一篇文艺评论的评论──────仲呈祥
从屠格涅夫的《门槛》谈起──────文　铮
叶辛——自学成才的文坛新秀──────杨建业

美术

大地（雕塑）──────叶毓山
延河水（油画）──────陈可之
晌午（水粉画）──────彭召民
泉（木刻）──────胡　名

1982年第2期　刊名:《红岩》
目录

长篇传记小说

落红萧萧（欧治渝插图）──────慧　心　松　鹰

中、短篇小说

故乡的老梨树，我对你说……（雷著华插图）
──────李　晴
丹心（凌承纬插图）──────马识途
雨后月儿圆（程丛林插图）──────贺星寒
画像（雷著华插图）──────刘　放
伞──────王永贵
黛色的山谷──────吴慧泉
神火的泯灭（高济民插图）──────胡乃武
真正的音乐──────[美]约翰·贝莱　朱洪国译
入党介绍人────[苏]鲁谢英·阿巴斯扎杰　段　燕译

电影文学剧本

杜鹃满山情（江碧波插图）──────李　栋　逆　风

散文

邛海行──────廖仲安
绿云深处是青城──────黎　军
《还乡梦》自序──────刘庶凝

诗歌

消息──────梁　南
边地二首──────高　缨

练习曲及其他 ———————————— 龙　郁
太阳升起的地方 ————————— 柯愈勋
山中 ———————————————————— 李北兰
风乡 ———————————————————— 张　扬
大海一样的草地 —————————— 蓝　疆
对酒词 ———————————————— 肖　岗
车站，有一位老人 ——————— 培　贵
乡思 ———————————————————— 刘庶凝
诗踪（五首）———————— 再　耕　茜　子　刘　滨
沙　金　石太瑞

评论

坚持辩证唯物主义的动机和效果的统一论 —— 仲呈祥
鲁迅终于没写这部《铁流》—————— 敖　忠
小议从生活出发 ——————————— 欧恢章
创新谈片 ———————————————— 李敬敏
读丁聪的《阿Q正传》故事画 ——— 茅　盾
茅盾手稿《读丁聪的〈阿Q正传〉故事画》书后
——————————————————————— 杨　槐
百般红紫斗芳菲 —————————— 蔡　葵

美术

春蚕（油画）———————————— 罗中立
芳草地（木刻）—————————— 牛　文
春（木刻）———————————————— 邓成用
我们像小鸟一样（木刻）—————— 李　兰

1982 年第 3 期　刊名：《红岩》
目录

长篇小说

浓雾中的火光（白德松插图）———— 王　火
李霜泗父女（《烽烟图》选载）（高济民插图）
——————————————————————— 梁　斌

中、短篇小说

浅绿色的五包山 —————————— 周成益
悠悠柳河情（姚渝永插图）————— 燕　平
夜半雨停（雷著华插图）—————— 刘心武
山魂 ———————————————————— 谭　力
柳庄的"总拿"（欧治渝插图）——— 路　扬
晚秋 ———————————————————— 廖公弦
没有祖国的人（凌承纬插图）
——————— ［美］爱·埃·里尔著　曹明伦译
派克苔太太的老虎 ——— ［英］萨基著　孙法理译

散文

忆陈翔鹤同志 ——————————— 方　敬

梁斌访问记 ———————————— 罗继长
雪野 ———————————————————— 吴远人
碧瑶市和里巴市 —————————— 郭　风
命运 ———————————————————— 陆寿钧

诗歌

勘探者（组诗）—————————— 霜　枫
草原 ———————————————————— 宁　宇
父母之河 ———————————————— 雷抒雁
片叶集 ———————————————————— 穆　仁
橘子洲头 ———————————————— 寒　星
抒情诗二首 ———————————————— 刘湛秋
写在北京的诗 ——————————— 徐国志
齿轮 ———————————————————— 王长富
在海底世界 ———————————————— 柴德森
春天的四行诗 ——————————— 邹　绛
我是祖国的儿子 —————————— 李　钢
诗踪 ————————— 李发模　何吉明　郑定友
李华飞　刘玉芳　牛　漫

评论

诗情流注的真实素描
——《陈翔鹤选集》漫评 ————— 曹廷华
时代车轮的辙印——读《李准小说选》— 沈太慧
川江风暴的历史画
——简评《漩流》和《巴山月》（上）— 洪　钟
问题小说与小说问题 ——————— 葛　艾
说"传味" ———————————————— 陈文明
报告文学能否更短些 ——————— 文　铮

美术

清溪（丙烯画）—————————— 江碧波
同学（油画）——————————— 程丛林
夏日（油画）——————————— 杨　谦
春江水暖（国画）————————— 朱宣咸
山乡（木刻）——————————— 胡　名

1982 年第 4 期　刊名：《红岩》
目录

长篇小说

基石（白德松插图）———————— 叶　辛

电影文学剧本

武林志（雷著华插图）————— 华　勋　谢　洪

短篇小说

豹子沟的阿七（欧治渝插图）——— 化　石

我们来相会（凌承纬插图）—————商　欣
仙鹤（武辉夏插图）—————先子良
夜宿红花岩（欧治渝插图）—————何剑青
张德义的故事（高济民插图）
—————［日］长谷川四郎著　王意强译

散文
路，酸甜酸甜的……—————方　敏

诗歌
花一般的感情—————方　敬
九月的太阳—————李　钢
煤（外一首）—————穆　仁
一个人的感受—————傅天琳
钢城四题—————晏　明
山村（组诗）—————唐大同
走进川西盆地（外一首）—————高　平
诗三首—————邵燕祥
江南情思—————黎焕颐
嘉陵江—————王辽生
过神女峰—————宫　玺
散文诗三章—————雁　翼
傣寨诗笺—————晓　雪
台湾诗抄—————田　野

评论
贯彻十二大精神开创社会主义文艺新局面—本刊记者
李劼人的文学创作活动—————谢扬青
《死水微澜》的现实主义成就—————艾　芦
"灯火"与"亮色"—————敖　忠

美术
明朗的天（油画）—————刘　虹
回眸（国画）—————谭昌镕
凝神（国画）—————谭昌镕
月明（木刻）—————武辉夏

1983年第1期　刊名:《红岩》
目录

中篇小说
山外青山（欧治渝插图）—————韦　翰
风雨行（凌承纬插图）—————魏继新
银河上有两颗星（高济民插图）—————曹玉模
布谷声声（欧治渝插图）—————韩　青

短篇小说
青花瓷瓶（雷著华插图）—————王成功

清江夜话—————胡小钉
铜雀台上的歌声（姚渝永插图）—————曹德全
人质—————［美］C.S.福雷斯特著　曹明伦译
上流阶级（刘勇插图）—［日］星新一著　李有宽译

散文
甘草泉—————郭米克
离乱草—————柳　嘉

电影文学剧本
远方的星（白德松插图）—————宋清涛　梁上泉

诗歌
我是阳光一样的直线—————郑宝富
雪白的晶体—————程显谟
我会像青草一样呼吸—————顾　城
玫瑰及其他—————余微野
春泥—————黄东成
短章—————白　航
献给穿白衣服的人—————邵子南
春雷（外一首）—————陈　犀
雪兆（外一首）—————周良沛
这雨下得真大—————湛　卢
鸽哨—————野　谷
旅途诗叶—————骆　文
泰山行—————西　彤
登临集—————温田丰
微风吹过田野（外一首）—————赵大昕
散文诗一束—————王尔碑　李耕
诗踪—————洋　滔　吴琪拉达　许　伽等

评论
略论西方现代派对我国当代文学的影响—————俞　徒
《山杜鹃》的结构艺术—————吕　进
论《红楼梦》八十回后的续书—————白　盾
提神文学小议—————仲呈祥
永葆对现实生活的热情—————邓仪中
站在历史的高度—————余　见
杂说真与美—————吴　野

美术
红枫（水粉画）—————简崇志
嘉陵轻舟（国画）—————晏济元
青山幽谷情（国画）—————晏济元
漓江新晴（国画）—————晏济元
新月（油画）—————罗中立
姐妹俩（木雕）—————朱明杰

1983 年第 2 期　刊名:《红岩》
目录

中篇小说

巴巴坳风情（高济民插图）————————李起超
大门道的主人（雷著华插图）————————毛志成
高空跳板（凌承纬插图）—————————贺星寒
凤凰归来（欧治渝插图）—————————于炳坤

短篇小说

回答（谭小勇插图）——————————雁　宁
闪光的螺丝（谭小勇插图）————————林正义
把酒论英雄（雷著华插图）————————林文询
花哥（江东插图）——————————周　璇
怅惘————————————————甘永柏
现代的人生——————[日]星新一著　李有宽译
尼采的保加利亚门徒———[保]伐佐夫著　李　任译

散文

大漠风情————————（中国香港）华　莎
鄷都来去—————————————丰　村

诗歌

瑞丽（组诗）————————————高　缨
一朵木兰（组诗）—————————李北兰
晨间（外一首）—————————熊远柱
风雪中，他接线————————张德强
云天远怀——————————臧云远
心灵·桥梁（外一首）————————陈敬容
诗二首——————————————凌文远
今天·惊喜——————————杨汝絅
秋拾——————————————韦　丘
归（外一首）————————————韩　霞
散文诗五章————————————方　敬
他们——————————————王敦贤
诗踪（七首）——王　璠　刘建春　李爱明　艾　丹等

评论

读旧篇，忆当年————————————严　辰
试论何其芳散文风格的演变————————叶公觉
鲁迅与朱安—————————————余一卒

文艺随笔

罕见的与常见的————————————陈文明
小说的"议论"—————————————马立鞭
由茅盾为《地泉》作序所起到的———————冯锡刚

美术

金色的回忆（油画）————————杜咏樵
乡场（粉画）————————————宋建华
三棵树（水粉画）————————武辉夏
森林之光（水彩画）————————陈铁泉
秋（水粉画）————————————张方强
早春（油画）————————————马一平
我们造个大花园（木刻）————————李　兰

1983 年第 3 期　刊名:《红岩》
目录

长篇小说

拔河（《三年五载》中卷）（姚渝永插图）——叶　辛

短篇小说

最后一座碾坊（谭小勇插图）————————卢惠龙
山村这两辈（谭小勇插图）————————傅　恒
夕照（欧治渝插图）—————————卢　郎
山中人（欧治渝插图）————————剑　平

电影文学剧本

生活从这里开始（凌承纬插图）———苗　月　陈秋平

报告文学

我们这里的共产党员————————雷　健

散文

蓉渝往返日记————————————叶圣陶

诗歌

美国之旅（二首）—————————李　瑛
南行三首—————————————邹荻帆
在地下长廊（组诗）————————柯愈勋
故乡二首—————————————左一兵
薄公英——————————————林　希
桥———————————————雷　雯
夜景·露珠————————————吕　亮
牧歌——————————————白　峡
人物篇（散文诗）—————————逯　斐
诗踪（七首）——————刘湛秋　张　旭　张　廊
周邦宁　石太瑞　宫　玺　杨小敏

评论

位置·价值·实质——评新时期部分小说中"探求人
生道路"的青年形象系列————————仲呈祥
论沙汀的讽刺艺术—————————谭兴国

文艺随笔

托尔斯泰的经验 ································ 延 益

似是而非 ································ 马立鞭

莎士比亚的厄运 ································ 林 彦

重庆市文联举行王群生小说创作座谈会

································ 余 见记录整理

读者·作者·编者

美术

秋月（油画） ································ 黄唯一

情之暖流（丙烯画）力的旋律（丙烯画）

············ 江碧波设计 江碧波 戴衍斌绘制

天鹅湖（水印木刻） ································ 安 琳

小小饲养员（木刻） ································ 翟幼林

1983 年第 4 期　刊名:《红岩》
目录

中篇小说

此情难却（欧治渝插图） ································ 黄 放

绿水伊人（凌承纬插图） ································ 雁 宁

哦，我和你（高济民插图） ································ 顾 工

倾斜的老林（白德松插图） ································ 杨贵云

短篇小说

扎什布朗村温泉（谭小勇插图） ················ 张世俊

今天过了是明天（雷著华插图） ················ 王成功

潜网与绳索（谭小勇插图）

············ ［苏］艾·鲁沙柯夫著 任光宣译

报告文学

纪念碑上的凿痕 ································ 姚 枫

散文

石板叮咚响 ································ 陆寿钧

蓉渝往返日记 ································ 叶圣陶

诗歌

海之歌 ································ 邵燕祥

黎明，你笑着 ································ 阎家鑫

建筑者呵 ································ 王华东

拥抱（外一首） ································ 蓝 疆

滇行诗抄 ································ 林 彦

旅途（二首） ································ 杨 树

柿果 ································ 孙静轩

悼·茶 ································ 木 斧

望山城 ································ 扬 禾

上帝不在那里 ································ 沙 陵

诗踪（六首） ············ 李霁宇 陈禄明 陈所巨

文 丙 朱 涛

评论

毛泽东文艺民族化思想管窥

——纪念毛泽东同志诞辰九十周年 ········ 敖 忠

高举社会主义诗歌的旗帜 ················ 朱子奇

开创一代新诗风 ································ 吕 进

关于诗的对话 ································ 柯 岩

说感染力 ································ 林文山

文艺随笔

"百花齐放"与时代主调 ················ 严 肃

思考的需要 ································ 吴 野

走向伟大目标 ································ 邓仪中

美术

路（油画） ································ 蔡振辉

蜀山秋（国画） ································ 陈子庄

冬日（国画） ································ 陈子庄

塘边（国画） ································ 陈子庄

摇（汉白玉雕塑） ································ 孙 闯

苹果树快长大（木刻） ················ 李 兰

1984 年第 1 期　刊名:《红岩》
目录

长篇小说

大后方（连载） ················ 杨益言 刘德彬

电影文学剧本

冯玉祥将军（欧治渝插图） ········ 李肖虹 于友发

中篇小说

揭榜（雷著华插图） ································ 徐圣铭

今夜月儿圆（尹洁插图） ················ 彭起羽

桂阿姨（高济民插图） ················ 王志刚

夏雨（凌承纬插图） ································ 周翼南

短篇小说

故土（高小华插图） ································ 费尽贤

小秀 ································ 刘 忠

灾后 ································ 陈朝璐

两副餐具 ············ ［法］艾·毛洛依著 唐若水译

散文

那雪，像白色的火焰 ················ 龚巧明

伤逝……………………………………柳嘉
苗寨散记………………………………杨明渊
那忘却了的……………………………方敏

诗歌
写在世界屋脊（组诗）…………………黎焕颐
欢乐……………………………………王长富
撷彩集…………………………………杨永年
故乡，在红叶上（组诗）………………徐国志
他的名字叫水手………………………培贵
这儿是早晨……………………………再耕
酒韵……………………………………唐大同
渔火及其他……………………………廖公弦
记忆之桥………………………………冰夫
抒情二章………………………………梁南
过南津关………………………………叶簌
游莫干山………………………………炼红
诗踪（六首）……………张洪波 邹绛 叶笛
阿拉担托娅 伍权民 扬烈

评论
加强文艺评论清除精神污染
——重庆市文艺理论工作者座谈会纪要
　　　　　　　　　　　　余见 刘彦
"人性热"漫评…………………………曹廷华
创作自由与作家责任…………………曹天成
"异化论"异议…………………………毛宗璜
心上流动着阳光………………………杨汝絅
朴拙烂漫的巴蜀山花…………………凌承纬
艾青，从新宁到重庆…………杨匡汉 杨匡满

美术
原野（油画）……………………………马一平
綦江农民版画选
闹元宵（水印木刻）……………………李立
秋（水印木刻）…………………………王光远
半山幺店（水印木刻）…………………黎勇
小院（水印木刻）………………………陈大容
推豆花（水印木刻）……………………范兴萍

1984 年第 2 期　刊名：《红岩》
目录

长篇小说
新绿（雷著华插图）……………………周永年

中篇小说
激浪（凌承纬插图）……………………岳非丘

文明机关（高济民插图）………………毛志成

短篇小说
八大件（欧治渝插图）…………杨渠淼 胡开强
磨坊里的邂逅（曾令富插图）…………贺星寒
月下的小船（欧治渝插图）……………莫怀戚
汽车在大道上行进（曾令富插图）……王庆
报纸的獠牙…〔日〕松本清张著 李宁乐 裴峥译

散文
三边古渡……………………………之光
他俩………………………………………张旭

诗歌
上升的阶梯……………………………陈所巨
节奏（二首）……………………………王淋
在什邡拾到的抒情诗（四首）…………雁翼
屋脊上…………………………………张大成
高原集（组诗）…………………………雷霆
天山行（四首）…………………………梁上泉
历史的窗口（二首）……………………林彦
我寻遍白象街所有的门牌……………凌文远
海（四首）………………………………方敬
开镰奏鸣曲（外一章）…………………肖岗
春天的日历……………………………李耕
诗踪（十五首）…………郑敏 郑定友 张雪杉
张永权 李华飞 关世才 赵发魁 李发模 袁永庆
田家鹏 沙白

评论
诗的融入………………………………钟惦棐

文艺问题探讨
在社会动乱及精神危机中迷惘和挣扎的自我
——关于西方现代派"表现自我"问题………林亚光

文艺随笔
"现代派热"浅析………………………于徒
奇妙的角度……………………………陈文明
"立德"与"立言"………………………余见

抗战文艺史料
阳翰笙日记片断………………………潘光武辑注

读者作者编者
读者意见摘编

美术
通向远方的路（油画）…………………古月

金秋（油画）⋯⋯⋯⋯⋯⋯⋯⋯⋯⋯⋯⋯⋯罗中立
嘉陵碧透（油画）⋯⋯⋯⋯⋯⋯⋯⋯⋯⋯杜詠樵
虹（油画）⋯⋯⋯⋯⋯⋯⋯⋯⋯⋯⋯⋯⋯杜詠樵
晨（木刻）⋯⋯⋯⋯⋯⋯⋯⋯⋯⋯⋯⋯⋯杨力斌

1984 年第 3 期　刊名:《红岩》
目录

报告文学
浪潮，长江的浪潮⋯⋯⋯⋯⋯⋯⋯⋯⋯⋯黄济人

中篇小说
第九段邮路（雷著华插图）⋯⋯⋯⋯⋯⋯⋯王　蓬
红月亮，白月亮（欧治渝插图）⋯⋯⋯⋯⋯赵剑平
猿啼林莽（谭小勇插图）⋯⋯⋯⋯李　栋　旭　明
人海中有个身影（高济民插图）⋯⋯⋯⋯⋯朱启渝

短篇小说
晨跑（凌承纬插图）⋯⋯⋯⋯⋯⋯⋯⋯⋯金　平
天风流水（欧治渝插图）⋯⋯⋯⋯⋯⋯⋯王成功

电影文学剧本
金戈铁马（姚渝永插图）⋯⋯⋯⋯朱福泉　吴　冰

散文
诗的银河
——《四十年代诗选》小序⋯⋯⋯⋯⋯⋯臧克家
诗心漫忆⋯⋯⋯⋯⋯⋯⋯⋯⋯⋯⋯⋯⋯柳　嘉
故乡三记⋯⋯⋯⋯⋯⋯⋯⋯⋯⋯⋯⋯⋯冀　邢

诗歌
美丽的土地⋯⋯⋯⋯⋯⋯⋯⋯⋯⋯⋯⋯方　敬
献给山城的情歌（组诗）⋯⋯⋯⋯⋯⋯⋯雁　翼
强劲的旋风⋯⋯⋯⋯⋯⋯⋯⋯⋯⋯⋯⋯陈　犀
你的重庆，我的重庆⋯⋯⋯⋯⋯⋯⋯⋯⋯绿　原
村口⋯⋯⋯⋯⋯⋯⋯⋯⋯⋯⋯⋯⋯⋯⋯蓝　羽
春乡黎明（组诗）⋯⋯⋯⋯⋯⋯⋯⋯⋯⋯沙　鸥
吐鲁番速写⋯⋯⋯⋯⋯⋯⋯⋯⋯⋯⋯⋯高　缨
火神·晨掘⋯⋯⋯⋯⋯⋯⋯⋯⋯⋯⋯⋯杨　山
蝴蝶⋯⋯⋯⋯⋯⋯⋯⋯⋯⋯⋯⋯⋯⋯⋯王尔碑
为一个克拉玛依的孩子题句⋯⋯⋯⋯⋯⋯嘉　嘉
孩子们看的和想的（组诗）⋯⋯⋯⋯⋯⋯张继楼
你再要一套家乡的照片⋯⋯⋯⋯⋯⋯⋯⋯黄东成
诗踪（八首）⋯⋯⋯⋯⋯⋯查　干　龙良贤　白　航
余薇野　回光时　罗　洛

评论
略论巴金的中篇小说《憩园》⋯⋯⋯⋯⋯伍加伦

《淘金记》的构思和创作⋯⋯⋯⋯邓仪中　仲呈祥
谈《南行记》的诗意⋯⋯⋯⋯⋯⋯⋯⋯⋯黄莉如
情比酒还浓
——中篇小说《今夜月儿圆》略评⋯⋯⋯胡德培

美术
山花（漆画）⋯⋯⋯⋯⋯⋯⋯⋯⋯⋯⋯陈恩深
冬（木刻）⋯⋯⋯⋯⋯⋯⋯⋯⋯⋯⋯⋯徐仲偶
雨打芭蕉（国画）⋯⋯⋯⋯⋯⋯⋯⋯⋯郭显中
月下花溪滩（国画）⋯⋯⋯⋯⋯⋯⋯⋯郭显中
虎（国画）⋯⋯⋯⋯⋯⋯⋯⋯⋯⋯⋯⋯王彦萍
鸡（国画）⋯⋯⋯⋯⋯⋯⋯⋯⋯⋯⋯⋯王彦萍
云雀（油画）⋯⋯⋯⋯⋯⋯⋯⋯⋯⋯⋯李正康

1984 年第 4 期　刊名:《红岩》
目录

长篇小说
新澜（白德松插图）⋯⋯⋯⋯⋯⋯⋯⋯⋯叶　辛

中篇小说
爆破之后（雷著华插图）⋯⋯⋯⋯⋯⋯⋯栈　桥

短篇小说
矮矬（雷著华插图）⋯⋯⋯⋯⋯⋯⋯⋯⋯黄　刚
失落的爱（凌承纬插图）⋯⋯⋯⋯⋯⋯⋯徐圣铭
大西北来的人（高济民插图）⋯⋯⋯⋯⋯恽平世
老校工（凌承纬插图）⋯⋯⋯⋯⋯⋯⋯⋯欧　宏
折射⋯⋯⋯⋯⋯⋯⋯⋯⋯⋯⋯⋯⋯⋯⋯刘　杰
为心脏而艺术⋯⋯［美］鲁布·戈尔伯格著　袁长燕译
官僚⋯⋯⋯⋯⋯［德］J.罗斯勒尔著　吴　勉译

散文
回忆诗人邓均吾老师⋯⋯⋯⋯⋯⋯⋯⋯何世红
敞坝记⋯⋯⋯⋯⋯⋯⋯⋯⋯⋯⋯⋯⋯⋯李　竹
美丽的山谷⋯⋯⋯⋯⋯⋯⋯⋯⋯⋯⋯⋯里　辛

诗歌
我又回到了你的身边⋯⋯⋯⋯⋯⋯⋯⋯曾　卓
写于重庆的小诗⋯⋯⋯⋯⋯⋯⋯⋯⋯⋯牛　汉
长江之魂⋯⋯⋯⋯⋯⋯⋯⋯⋯⋯⋯⋯⋯孙静轩
你赠我一天春雨⋯⋯⋯⋯⋯⋯⋯⋯⋯⋯林　希
大西南⋯⋯⋯⋯⋯⋯⋯⋯⋯⋯⋯⋯⋯⋯张志民
三月十三⋯⋯⋯⋯⋯⋯⋯⋯⋯⋯⋯⋯⋯杨　牧
是的，我坚信⋯⋯⋯⋯⋯⋯⋯⋯⋯⋯⋯郑宝富
北行诗抄⋯⋯⋯⋯⋯⋯⋯⋯⋯⋯⋯⋯⋯李加建
老人和花⋯⋯⋯⋯⋯⋯⋯⋯⋯⋯⋯⋯⋯范　明
江上，小露露书写着盲文⋯⋯⋯⋯⋯⋯⋯王川平

无题抒情诗 ··· 刘湛秋
迷人的海 ··· 子 页
诗踪（九首）············· 柯愈勋 何永康 朱成蓉
敏 歧 陈佩芸 刘毅然

评论
在历史性的变革中把握当代人的性格
——读四川中年作家部分作品 ·············· 吴 野
春回大地发新绿
——读长篇小说《新绿》 ····················· 陈朝红
论马识途的创作个性 ······························· 严 肃

创作谈
《三年五载》书后 ····································· 叶 辛

美术
秋林（油画）··· 马一平
仙人掌与宝石花（油画）···························· 夏培跃
朝阳（油画）··· 刘 虹
"太阳，你早！"（油画）···························· 孙 盛
基石（油画）··· 龙 泉
归途（木刻）··· 徐仲偶

1985 年第 1 期　刊名:《红岩》
目录

报告文学
腾飞吧，嘉陵 ····························· 沈世鸣 范庆宽

中篇小说
共饮一江水 ··· 高维晞
秋之舞曲 ··· 杨 泥
大厦正在施工 ··· 何筑光
最边上的座位 ··· 鄢光宗

短篇小说
岸边 ··· 晓 城
家传 ··· 雁 宁
黄龙桥 ·· 聂鑫森

散文
慕尼黑四日记 ··· 邹荻帆
心境 ··· 苏 晨
澜沧江船夫 ··· 张昆华

传记文学
追求 ······························· 唐文光 罗中福

电影文学剧本
月台 ··· 尤凤伟

诗歌
燃烧 ··· 陈可竹
这座城 ·· 李 钢
大地行思 ··· 雷抒雁
诗踪（八首）················· 赵 恺 左一兵 雷 雯
张德强 胡天风

文苑纵横
文学新潮与文学新人 ·································· 白 烨

美的欣赏
漫步在重庆长江大桥
——桥头雕塑春、夏、秋、冬欣赏 ·········· 禾 子
《再别康桥》与《赋别》的音乐美比较 ·········· 苏 丁

采珠小集
不以规矩不能成方圆 ·································· 江曾培
诗外功夫 ··· 杨汝絅
从郭熙对山的入微观察谈起 ······················ 马立鞭

抗战文艺史料
作家战地访问团始末 ·································· 文天行

美术
藏书票小辑 ··· 王叠泉
乡戏（水印木刻）····································· 邹昌义
小丫（油画）··· 马一平

1985 年第 2 期　刊名:《红岩》
目录

中篇小说
当代明星 ··· 李叔德
光、电、声、色 ······································· 哲 夫
岸 ··· 贝 奇
雨的精魂 ··· 王 火
翡翠般的她 ··· 曹玉模
山的儿子 ··· 屈国新

传记文学
殷夫传 ·· 方凡人

采珠小集
多义的"田野"和歧义的反思——看《我们的田野》
等电影、小说所想到的 ······················· 刘洪耀

条条大路通罗马 ················· 江曾培

书林小语
《红岩丛书》小识
《浓雾中的火光》 ················· 于　徒
《燕儿窝之夜》 ················· 赵晓铃
《母女浪游中国》 ················· 江泽纯

美术
千里江陵（国画） ················· 钟纪明
紫藤腊嘴（国画） ················· 梅忠志

1985 年第 3 期　刊名:《红岩》
目录

中篇小说
在高楼大厦后面 ················· 曾宪国
山货贩子 ················· 李　贵
黄金分割 ················· 胡开强
车过走马驿 ················· 石厥仁
云彩·风暴和帆 ················· 周翼南

短篇小说
白玛土司的情人 ················· 张世俊
电站，我的儿子 ················· 周孜仁
船女 ················· 陈文明

散文
长长的山 ················· 苏　晨
情满旧金山 ················· 李存修

报告文学
农民企业家 ················· 柳　嘉

电影文学剧本
活着 ················· 肖尹宪　柳　甚

诗歌
最初的玫瑰 ········· 陈晓林　虹　影　杨　萍
山的儿子 ················· 韩作荣
乡情 ················· 孙　滨
流光集 ················· 徐慎贵
春天的日历 ················· 李　耕
诗踪（五首） ········· 郭维东　顾　工　赖永晴
方　赫　左　人

收获季漫笔
《朋友，我爱你》 ················· 余　见

《大后方》 ················· 敖　忠
《崩溃》 ················· 罗良德

采珠小集
不可破碎地看待文学功能 ················· 江曾培
关于短诗创作问题 ················· 朱先树
有意的寓托与无意的寓托 ················· 叶　潮

文苑纵横
通向世界的作家
——记作家萧乾 ················· 刘慧心
何其芳论创作的特点 ················· 杜书瀛

美术
高原下的阳光（木刻） ················· 徐　匡
驯马手（木刻） ················· 李焕民

1985 年第 4 期　刊名:《红岩》
目录

中篇小说
这个城市的初夏 ········· 徐　军　石厥仁
普阿山轶事 ················· 陈学书
秋梦 ················· 黄　放
海潮澎湃 ················· 张　勤

短篇小说
喜糖 ················· 李霁宇
人与鼠 ················· 周永年
外地来的推销员 ················· 杨耀健
限期搬迁 ················· 曹德骏
"强盗邻居"逸事 ················· 朱玉琪

散文
共此灯烛光
——记诗人白莎、贺敬之等的相聚 ················· 白　峡
抗战期间川北文艺活动琐忆 ················· 谢宇衡

电影小说
两千万人中的她和他
[苏]阿·卡普列尔著　叶锐明译

诗歌
我刚完成一桩工作 ················· 冀　汸
幽静的夜 ················· 路　翎
重庆三章 ················· 莫文征
建筑者呵 ················· 王华东
滇行诗笺 ················· 纪　鹏

草原，女人们的轶事……………………………………韩 霞
孩子与风筝………………………………………………葛佳映
最初的玫瑰（四首）………潘传孝　廖宛虹　燕晓冬

抗战文艺研究
国统区抗战文艺运动的分期……………………………文天行

新作短评
随风潜入夜　润物细无声
——包川短篇小说集《逝水滔滔》读后……………刘　彦
爱情·伦理·道德
——读中篇小说《共饮一江水》……………………哲　明
《失落的爱》留下美丽的忧伤…………………………何国利

采珠小集
从"西部文学"看地域性文艺…………………………江曾培
留空白的艺术……………………………………………王锡渭
艺术的动态美……………………………………………马立鞭

美术
近邻（木刻）……………………………………………江碧波
姐弟（油画）……………………………………………程丛林

1985 年第 5 期　刊名:《红岩》
目录

中篇小说
都有一块绿茵………………………………………………莫怀戚
"船长"和他的伙伴们…………………………………李乔亚
峡谷人家…………………………………………………赵剑平
大山的回鸣………………………………………………王　雨

短篇小说
爱，在江边饭店里………………………………………余洪涛
通向远方的小路………………………………………意西泽仁
石头河……………………………………………………雁　宁
哦，大熊猫………………………………………………陈　晓
细雨润无声……………………………………焕　之　庆　皋
俄勒冈火山爆发
　　　　　　　[美]沃尔特·弗卢特著　吴　勉译

散文
歌忆………………………………………………………柳　嘉
跑马溜溜的城……………………………………………郑　文

诗歌
命运交响曲………………………………………………东　生

美的欣赏
重庆采撷…………………………………………………徐　康
初走关东…………………………………………………唐大同
香溪写意…………………………………………………柴德森
画山九马…………………………………………………彭燕郊
踏海………………………………………………………里　沙
凌云漫笔——马蜀拾翠之一……………………………陈敬容
黄山诗情…………………………………………………蓝　疆
三都赋……………………………………………………唐　湜
热线………………………………………………………臧克家
重庆生活琐忆——纪念抗战胜利四十周年

美的欣赏
似与不似之间……………………………………………杨汝絅
多味与单味………………………………………………马立鞭

采珠小集
由"红衣少女"的眼睛说起……………………………江曾培
愿你生活更美好
——读《当代明星》…………………………………林为进
"生命的汽笛并未销歇"
——试谈子冈近年的散文……………………………文　铮

文苑纵横
一个被打开的封闭世界
——兼谈张洁小说中年知识妇女的描写艺术…………翟大炳

美术
晚晴（油画）……………………………………………秦　明
山水两帧（国画）………………………………………邓成用

1985 年第 6 期　刊名:《红岩》
目录

中篇小说
万有娃闯荡江湖…………………………………………京　夫
小城故事多………………………………………………顾　工
夏日，有一轮灼人的太阳………………………………沉　洲
死马镇……………………………[日]西木正明作　徐秉洁译

短篇小说
船老板儿，桅子高……………………………………曾德厚
五柳先生…………………………………………………黄石林
山色………………………………………………………王　庆
深夜的呼唤……………[英]威廉·霍奇森作　李　熙译

传记文学
重庆大火…………[英]韩素音作　郑诗鼎　徐宗英译

报告文学
布壳，布壳 .... 扬　禾

电影文学剧本
黑女梦痕
——《漂泊奇遇》续篇 .... 冀　邢　先子良

诗歌
柏林墙（外三首） .... 王　蒙
松树的国土 .... 梁上泉
礼赞二章 .... 梁　南
我住长江头 .... 穆　仁
山中（二首） .... 李北兰
花会及其他 .... 白　航
巴里坤抒情 .... 晏　明
"白天鹅" .... 张永健
采集 .... 王朝堂
火种（外二章） .... 马及时

文苑纵横
臧克家早期诗论的唯物因素
——为克家同志创作五十五周年而作 .... 宋　垒
从红军到艺术家
——记著名戏剧艺术家李伯钊同志 ···曾　芸　刘　宪
祝贺之余的思考
——读我省荣获"国际青年年征文奖"的四篇小说
.... 仲呈祥

采珠小集
加大作品的信息量 .... 江曾培
不看到一点就写 .... 贺光鑫
"深入生活"种种 .... 严　肃

美术
山水小品两帧 .... 杨必位

1986 年第 1 期　刊名:《红岩》
目录

长篇小说
满目青山 .... 克　非

中篇小说
梦断君子兰 .... 张笑天
雪后阳光 .... 肖　亮

短篇小说
法医实验室主任和他的女友 .... 刘　彦

无人知晓的世界纪录 .... 王永贵
西部草原的诺尔桑 .... 李双焰
春雨，今夜淋着桃花瓣 .... 凤　子
白房间 .... 陈　军
美神 .... 卢延辉

散文
南行漫忆 .... 凌文远
放脚委员 .... 范若丁
夔乡散记 .... 黄培锦

诗歌
远离你（五首） .... 傅天琳
梅女·山姑·月夜 .... 华万里
孔雀抒情（外二首） .... 王尔碑
树路标者（外二首） .... 范　明
异国篇 .... ［美］刘庶凝
山行集 .... 沈　重

采珠小集
通俗文学小议 .... 佟　进
尺水兴波 .... 田　由
《这个城市的初夏》谈片 .... 何国利

文苑纵横
对农村变革生活的思考
——克非近作泛论 .... 沈太慧
说舒婷爱情诗的"密码"
——舒婷、何其芳、李商隐诗歌的一点比较 ···翟大炳

美术
巴金（油画） .... 刘宇一
昨夜风雨声（水印木刻） .... 吴强年
八月（油画） .... 翁凯旋

1986 年第 2 期　刊名:《红岩》
目录

中篇小说
梦游症患者 .... 陈泽顺
蜜蜂梦 .... 周翼南
四方井 .... 罗学蓬
走在火焰上的女人 .... 张雅文　周贺玉

短篇小说
深层的激流 .... 沈善增
八哥 .... 陆大献
彼君子兮 .... 李　宪

最后一次夜巡…………………………华 东
曾是晚霞映窗来………………………李毓坚
灰姑娘…………[美]朱迪思·托内尔作 郭正枢译
不能忘记的女人………[德]勒斯勒尔作 吴 勉译

散文
海兰江故事……………………………苏 晨
随笔三题………………………………曾敏之
神秘的红纱……………………………傅 仇遗作

电影文学剧本
爱的复苏………………………………福 庚

诗歌
奔驰季…………………………………杨永年
故乡红叶………………………………徐国志
访英诗帖………………………………方 敬
两情集…………………………彭邦桢 凌文远
滇黔掇句………………………………冉 庄
散文诗一束………陈 犀 耿林莽 肖 敏 曹 雷

文苑纵横
谈文学理论探索性质…………………石天河
散文诗的语言…………………………吕 进
散文中的印象描写……………………王锡渭
雨巷诗人………………………………冯 昇

采珠小集
读《峡谷人家》致赵剑平………………刘 火
一与不一………………………………马立鞭

美术
沈从文（油画）………………………刘宇一
鸽子（木刻）…………………………阿 鸽

1986 年第 3 期 刊名:《红岩》
目录

中篇小说
梦里的港湾……………………………易 丹
山影幢幢………………………………志 鹏

短篇小说
啊！筏…………………………………黄石林
散曲……………………………………雁 宁
看林人…………………………………陈朝璐
妈妈的病………………………………紫 雪

散文
乡恋……………………………………周 游
梦回呼兰河……………………………松 鹰
在交织着阳光与雨丝的路上…………林 彦

电影文学剧本
嘿，今年的赶朵节……………李 栋 逆 风 丁章林

传记文学
独钓龙潭——郭汝瑰将军风云录………王钟伦

诗歌
星·我们………………………………陈可竹
额尔古纳河上的远牧人………………鄢家发
不夜城三题……………………………木 斧
峡江集…………………………………洪 源
杂花集…………………………………余薇野
笛声（十一首）……………龙 郁 朱 彻 殷树楷
肖 川 张常信 周嘉堤 王川平 梁 芒 甲 丁

文苑纵横
克非长篇小说《满目青山》笔谈
…………………………佟 述 罗良德 刘 彦
吱余走笔——《电影的锣鼓》自序………钟惦棐
小说家的审美感知……………………吴功正

采珠小集
"改"的艺术
——艺术的规律探微…………………胡德培
迷人的"格式塔性"…………………瞿大炳
创新与判断力…………………………刘 火

美术
艾青（油画）…………………………刘宇一
蜀乡情（水印木刻二帧）……………陈铁泉
亘古（中国画）………………………郭显中

1986 年第 4 期 刊名:《红岩》
目录

中篇小说
十点钟的太阳…………………………冀 邢
哈伊湖美神……………………………张世俊
陷阱上的鲜花…………………………贺慈航

报告文学
要活，要很好地活……………胡开强 杨渠淼
家国情…………………………………邹越滨

短篇小说

竹园······余绪芳
短篇二题······王永贵
冬天的橡树······尤里·纳吉宾作 胡克强译

电视文学

秋月······鄢光宗

散文

北戴河之夜······高维晞
它从山中来······殷 恕

诗歌

黑土地调色板（组诗）······梁 平
曙色中的诗情（二首）······黄东成
知音峡谷（组诗）······芦 萍
我走着（外一首）······叶文福
诗踪（十首）······林 希 郑定友 陈官煊
邹雨林 沙 蕾 张雪杉 张 华 贾长厚

文苑纵横

《憩园》之谜······韩金英 谭兴国

采珠小集

文学作品中女性描写的"二律背反"······翟大炳
太满与空灵——艺术规律探微······胡德培
散文中的哲理内涵······文 铮

美术

冰心（油画）······刘宇一
挤奶图（国画）······杜显清
维吾尔族人物肖像（油画）······贾娟丽

1986 年第 5 期　刊名:《红岩》
目录

记实小说

上官云珠生死录······陆寿钧 林 谷

中篇小说

白鹭飞起的地方······沉 洲
母亲······畅建康
深渊······江广生
变奏曲······柳 嘉

短篇小说

热带鱼······曾宪国
哦，白菊花······洋 广

邂逅······陈朝璐

散文

他是人，也是只鸟······凤 子

诗歌

诗······廖宛虹
天安门前的芳草地（外一首）······黎焕颐
提琴······叶延滨
重逢歌唱希望的姑娘······胡 笛
黑色抒情诗······柯愈勋
无题抒情诗······刘湛秋
短章······刘祖慈
大海之恋（外一首）······吴奔星

文苑纵横

从人物心理趋向的描写看《蚀》的整体构思
——纪念茅盾诞辰九十周年······吴向北
诗歌语言与信息符号
——非"信息论诗学"浅议之一······石天河
谈情说理······李哲良

采珠小集

湛卢的寓言······方 敬
文学欣常中的"心理互补"······翟大炳
开掘情感的"敏感区"——梁平近作片论······罗良德

美术

曹禺（油画）······刘宇一
国画、书法、篆刻作品······郭显中
桃园（中国画）······郭显中

1986 年第 6 期　刊名:《红岩》
目录

中篇小说

涅槃······韩 冰
杂院的现代史······李景田
秋水······祝春亭
我的心啊在高原······曾智中

报告文学

黄牌警告······李耀国
大洋彼岸赤子心······曲 径

纪实小说

啊，川军······雨 煤

传记文学

柔石传······方凡人

散文

痛悼白戈······沙 汀
北美随想录······俞 平
喀纳斯湖掠奇······吴连增

诗歌

红果树（组诗）······路 翎
山中（二首）······李北兰
听琴·忆雪······雁 北
岸（外二首）······吴乐森
泰山（外二首）······徐慎贵
大学生诗页（三首）······贺 庆 邵 薇 邱正伦

文苑纵横

论民俗小说的美学特征······刘 火
诗歌艺术审美的特性
——非"信息论诗学"浅议之二······石天河

采珠小集

读《无人知晓的世界纪录》
——致王永贵······田 由
一纸之隔的天才与疯狂······翟大炳

美术

王蒙（油画）······刘宇一
红军飞夺泸定桥纪念碑（雕塑）······隆太成 叶毓山

1987 年第 1 期　刊名:《红岩》
目录

中篇小说

太阳神······苏 渝
夏日最后的骚动······王唯铭 郑树宗
太阳三部曲······程小莹
风流冢······王旭鸣
我为夏颜唱支歌······王 庆

短篇小说

衣飘飘兮袂举······殷慧芬
合同工······曹忠铨
两个神枪手······李乔亚

传记文学

风风雨雨辛勤耕耘······宋 苔

散文

河沿······苏 晨
马健······李建纲
狩猎记趣······林 呐

诗歌

最初的玫瑰······回光 时 代 薇 梁 芒 刘泰亨 朱 涛 余系中 陈 缨 王显才
滴水集······吕 亮
零陵草······弘 征
山行······刘益善

文苑纵横

民族文化与民族魂——近年来寻根文化及评论的思考
（致 A 书简之二）······陈伯君
新时期小说女性悲剧形象论······张云初
诗学与数学的边界
——非"信息论诗学"浅议之三······石天河

诗品短章

《音乐岛》······尹安贵
《美在都市里雕塑》······罗良德
《留在红叶上的梦》······余 见

采珠小集

"我写不出!"
——艺术规律探微······胡德培
艺术的加减法······马立鞭
最甜的蜜是从蜂巢中自动流出的······戴达奎

美术

火把节的皇后（油画）······高小华
掌声（木刻）······陆 朴
醋（油画）······马一平

1987 年第 2 期　刊名:《红岩》
目录

中篇小说

关于一个爱情故事的报告······章世添
当你活着的时候······罗国明
琴师······林 希
原野上的路，路上的人······陈泽顺
吾乡吾土······晓 寒

短篇小说

文章甘苦事······李 更
巴札村的硬汉子······良 振 成 志

机遇 ································ 赵长天
春消息 ······························ 陈朝璐

散文
爱，在远方 ·························· 逯 斐
在冻土地上 ·························· 唐 纪

诗歌
祝愿赋 ······························ 方 敬
这个城市的谜 ······················ 王华东
噢，南方 ···························· 成再耕
诗二首 ······························ 沙 陵
金银花 ······························ 石太瑞
拉上坡车的人 ······················ 王长富
燕群·秋风 ·························· 曲有源
诗踪（十二首） ·········· 高 平 苏 敏 冯 异
杜承南 张修文 卫士平 庞壮国 吕 宾

文苑纵横
有关创作方法的两个问题的思考 ······ 林亚光
关于《太阳神》讨论辑要 ···· 重庆师专湖光文论社

采珠小集
《母亲》的道德光彩 ················ 林为进
沈重与他《晚开的黑月季》 ·········· 吴向北
秃笔与断臂 ························ 林 彦

文学史料
长篇小说《李自成》二卷诞生前后
——责任编辑手记 ················ 江晓天

美术
花石色的传说（壁画局部） ·········· 白德松
新篁图（中国画） ·················· 邓成用
石语篆刻 ·························· 覃石语

人往高处走 ························ 王从学
蜜河湾轶事 ························ 叶大春
曲径 ······························ 黄培勋
猎神 ······························ 卢延辉
出走 ······························ 朱炳超
茶国 ······························ 唐先圣

散文
多情的足迹 ························ 高 缨
嘉陵情思 ·························· 林 谷
美国国会图书馆掠影 ················ 张笑天
龙骨车 ···························· 梅德华

诗歌
渝州诗会（短章十七家） ······ 陆 棨 沙 鸥 穆 仁
林 彦 杨 山 张继楼 杨钟岫 凌文远 邹 绛
胡万俊 野 谷 梁上泉 余薇野 傅天琳 蒋人初
邹雨林 冉 庄
重庆写意（组诗） ·················· 蔡宗周
九寨沟三章（散文诗） ·············· 碧 森

文苑纵横
关于提高文学艺术文化品格问题的思考 ······ 欧恢章
神秘的"自我"和难懂的"文学" ········ 佟 述
崇高的放逐与呼唤 ·················· 陈伯君

新作评析
辛酸凄婉的悲喜剧
——评中篇小说《杂院的现代史》 ······ 缪俊杰
余德庄小说人物漫评 ················ 费 声
城市·人·文学
——读《红岩》的四个中短篇 ·········· 毛时安

美术
布拖女（油画） ···················· 高小华
小伙伴（木刻） ···················· 徐 匡

1987 年第 3 期　刊名:《红岩》
目录

中篇小说
诗礼人家 ·························· 莫怀戚
河豚 ······························ 苏 渝
江上打鱼船 ························ 农 鸣
江教授、"假洋鬼子"和"裘文婷" ······ 王 火
新官上任两把火 ···················· 孙书第

短篇小说
八月蝴蝶黄 ························ 裘山山

1987 年第 4 期　刊名:《红岩》
目录

中篇小说
成丁礼 ···························· 沈石溪
超车记 ···························· 王 雨
白手 ······························ 石 英
古钟 ···················· 张晓光 朱淑琴
列车，载着遗恨西去 ················ 龚知敏

短篇小说

雪地……………………………………李一清

枫树桠……………………………………席建蜀

在那片土地上……………………………范小青

盈盈梨花水………………………………商金山

父亲·牛仔裤………………………………张 翼

散文

往事如尘难悉忆…………………………钟桂松

没有叫出声的呼唤………………………邢增仪

诗歌

访叶挺囚室………………………………汪承栋

北戴河日记………………………………赵 恺

三叶草……………………………………王志杰

短诗四首…………………………………雁 翼

记忆中的"爱情岛"………………………徐 康

诗踪（十家）……………………………余以建

董培伦 张大成 冯庆川 孙友田 雪 蕾 伍权民

缪国庆 蓝 幽 苏韶芬

文苑纵横

诗学的三个基本意识……………………吕 进

《法律外的航线》写作前后

——沙汀是如何走上文学道路的……官晋东 董 剑

方敬和他的散文创作……………………傅德岷

新作评析

略论雁宁小说中的大巴山人……………何世进

走自己的路

——读梁上泉近著《多姿多采多情》……沙 鸥

美术

谊涉重洋（铜塑）

重庆市——多伦多友好城市纪念………叶毓山

萧何月下追韩信（木刻）………………牛 文

1987 年第 5 期　刊名:《红岩》

目录

报告文学

月亮城的风采……………………………李鸣生

长篇小说

忧魂………………………………………余德庄

中篇小说

冻土带……………………………………王小阳

短篇小说

堤角………………………………………刘益善

从此岸到彼岸……………………………开 达

两个自杀者…………[日本]仁木悦子作　徐秉洁译

诗歌

古城墙断想（外一首）…………………黄东成

倒班工人及其他…………………………邹昌安

历史滚过深涧（外一首）………………顾 工

觅珠集……………………………………万启福

紫丁香（外一首）………………………唐 湜

在呼伦贝尔草原上（散文诗二章）……唐大同

"巴蜀儿童诗会"作品选…………蒲华清　虹 影

邱易东　余系中　刘文琴

评论

坚持《讲话》精神，发展社会主义文学

——重庆文学工作者学习讨论《在延安文艺座谈会上的讲话》

读《忧魂》札记…………………………杨 甦

长教桃李泣春风

——悼恩师钟惦棐先生……………………仲呈祥

一个作家　多种笔墨

——艺术规律探微………………………胡德培

何其芳与"九叶"诗人陈敬容的创作轨迹

——兼说库恩范式理论的借鉴作用………翟大炳

美术

生命·时空与绵延（油画）………………龙国跃

渔乐图（图画）…………………………钟纪明

牧归图（国画）…………………………钟纪明

1987 年第 6 期　刊名:《红岩》

目录

中篇小说

奔突………………………………韦 翰　郁小萍

悠悠家国事………………………………程小莹

望不透的雾………………………………棠棣华

凡尘………………………………………鞠显友

短篇小说

赛跑者……………………………………贾良柱

官福新店…………………………………石 果

我们之间…………………………晋其炎　何士光

在那一个山寨……………………………骆长木

紫色………………………………………魏心宏

旅伴………………………………………许明桃

放鸭人 ·· 卢　郎

报告文学
来自未来的信息 ······································ 李林樱

长篇选载
秘密世界 ·· 杨益言

散文
高寒的卡尔加里 ······································ 蹇先艾
南窗协奏曲 ·· 吕红文
家乡的昙花 ·· 寄　华

诗歌
渡口（外一首）······································ 路　翎
背影（外一首）······································ 徐国志
心绪 ·· 陈　放
也许（外二首）······································ 庄　剑
战地及其他（散文诗）　　肖　岗　曹　雷　肖红涛
诗踪（九家）　　　　　　慧　子　赵晓瑜　赵发魁
于宗信　李元胜　王知十　赖永晴　刘　小　段　燕

文苑纵横
在文学"向内转"问题讨论中引起的思考 ······· 欧恢章
批评的生命 ·· 李敬敏

作家作品研究
在时代洗礼中追求新世界的里程
——评柳嘉的回忆性散文 ······················ 杨珍妮

新作评析
人之抒情：培贵的选择与控索
——诗集《彩色人生》扫描 ···················· 范　明

美术
天上人家在人间（国画）···························· 杨必位
涛声·暖风（版画）·································· 康　宁
垄上桑麻最知情（国画）···························· 杨必位

1988 年第 1 期　刊名:《红岩》
目录

电视剧本
陪都新闻 ··················· 夏祖生　白路平　陈　飞

中篇小说
请跟我来 ·· 周京华
硝烟散落 ·· 李　株

林晨 ·· 张健文

短篇小说
第三张王牌 ·· 高维晞
官和兵 ·· 路　飞
黄昏树 ·· 刘益善
飘摇的小屋 ·· 彭启羽
一封澳大利亚中年人发出的航空信
··············· ［澳大利亚］巴瑞·奥克莱著　何安文译

诗歌
爱与死的搏斗 ·· 邹获帆

散文
延河水喂养的人 ······································ 白　峡
北京马甸桥怀人 ······································ 凌文远
画石及其他 ·· 王　立

文苑纵横
在不适气氛中的崛起与超越 ······················· 吴　野
调整思维方式和观照角度
——从克非的两部近作谈改革题材长篇小说创作的一
个重要问题 ······································ 邓仪中

新作评析
把艺术想象空间留给读者
——中篇小说《诗礼人家》的艺术特色 ······· 刘显萍

美术
高原组歌之一（摄影）······························ 凌承纬
幽谷声（国画）······································ 万　树

1988 年第 2 期　刊名:《红岩》
目录

中篇小说
火箭今晚起飞 ·· 李鸣生
三个人的一个故事 ··································· 雪　涅
死神主宰的航行 ······································ 张士敏
穴 ·· 王　继

报告文学
"山城杯"
——百货公司经理的构想（"中国潮"征文）
··· 杨耀健
驮着太阳的牛（"中国潮"征文）················· 原　郁

短篇小说

祁水乡风情⋯⋯⋯⋯⋯⋯⋯⋯⋯⋯⋯蔡其康

评职前后⋯⋯⋯⋯⋯⋯⋯⋯⋯⋯⋯⋯孙书第

散文

走着瞧⋯⋯⋯⋯⋯⋯⋯⋯⋯⋯⋯⋯⋯陈若曦

电影剧本

阳光地带⋯⋯⋯⋯⋯⋯⋯⋯⋯⋯⋯⋯先子良

诗歌

沿着岁月的车辙⋯李发模　王显才　李元胜　张　于

定时空观照（四首）⋯⋯⋯⋯⋯⋯⋯⋯阿　红

诗三首⋯⋯⋯⋯⋯⋯⋯⋯⋯⋯⋯⋯⋯秦　松

送你一片大海⋯⋯⋯⋯⋯⋯⋯⋯⋯⋯李道林

孔孚山水诗六首⋯⋯⋯⋯⋯⋯⋯⋯⋯孔　孚

泰山短吟⋯⋯⋯⋯⋯⋯⋯⋯⋯⋯⋯⋯倪惠明

那天·蓝色的星期三⋯⋯⋯⋯⋯⋯⋯张建华

诗踪（六家）⋯⋯⋯⋯⋯葛　珍　黄　宏　王　淋

师日新　车前子　春　秋

评论

一个热烈而痛苦的歌者⋯⋯⋯⋯⋯⋯陈朝红

罗学蓬的小巷和大河⋯⋯⋯⋯⋯⋯⋯刘　火

美术

黄昏的依恋（摄影）⋯⋯⋯⋯⋯⋯［美］马　克

山里人家（中国画）⋯⋯⋯⋯⋯⋯⋯刘义福

童年的梦、悬挂的圆饰（版画）

⋯⋯⋯⋯⋯⋯⋯⋯⋯⋯⋯［加］露丝·吐尔文

1988 年第 3 期　刊名:《红岩》

目录

中篇小说

生命⋯⋯⋯⋯⋯⋯⋯⋯⋯⋯⋯⋯⋯⋯沈石溪

羞愧无言的青纱帐⋯⋯⋯⋯⋯⋯⋯⋯林　希

红雾⋯⋯⋯⋯⋯⋯⋯⋯⋯⋯⋯⋯⋯⋯周火马

堪回首⋯⋯⋯⋯⋯⋯⋯⋯⋯⋯⋯⋯⋯尹瑞伟

报告文学

发烫的黑土地（"中国潮"征文）⋯⋯元　工

酒旗红（"中国潮"征文）⋯⋯⋯⋯⋯姚咏絮

明月升沉　群星璀璨（"中国潮"征文）⋯⋯沉　洲

短篇小说

老兵油子⋯⋯⋯⋯⋯⋯⋯⋯⋯⋯⋯⋯张世俊

空楼⋯⋯⋯⋯⋯⋯⋯⋯⋯⋯⋯⋯⋯⋯张明模

如花的妩媚⋯⋯⋯⋯⋯⋯⋯⋯⋯⋯⋯张　放

龙头拐杖与银光舞鞋⋯⋯⋯⋯⋯⋯⋯茅　苓

看不见的创伤

⋯⋯⋯⋯［匈］卡洛伊·克斯法努德著　李　任译

诗歌

十八层屋面上坐着沉思的工长（组诗）⋯⋯马及时

白昼·夜⋯⋯⋯⋯⋯⋯⋯⋯⋯⋯⋯⋯路　翎

海⋯⋯⋯⋯⋯⋯⋯⋯⋯⋯⋯⋯⋯⋯⋯林　彦

滴水集⋯⋯⋯⋯⋯⋯⋯⋯⋯⋯⋯⋯⋯吕　亮

什么是美⋯⋯⋯⋯⋯⋯⋯⋯⋯⋯⋯⋯石天河

抒情诗四首⋯⋯⋯⋯⋯⋯⋯⋯⋯⋯⋯魏志远

诗踪（短诗九家）⋯⋯⋯⋯郑定友　李华飞　梁敦民

王学芯　左一兵　达　黄　金　山　扬　烈　徐建成

文苑纵横

全方位文学流变和聚焦性文化观照

——"文学·文化·文化心理"沉思录之一⋯⋯林亚光

汪曾祺小说的美学评析

——兼谈其艺术渊源⋯⋯⋯⋯⋯⋯⋯周荷初

美术

高原组歌之二（摄影）⋯⋯⋯⋯⋯⋯凌承纬

泊·博（版画）⋯⋯⋯⋯⋯⋯⋯⋯⋯陈铁泉

1988 年第 4 期　刊名:《红岩》

目录

中篇小说

下等公民⋯⋯⋯⋯⋯⋯⋯⋯⋯⋯⋯⋯殷春树

劫后校园回忆录⋯⋯⋯⋯⋯⋯⋯⋯⋯刘春来

路——在脚下延伸⋯⋯⋯⋯⋯⋯⋯⋯沈燕飞

走出兴安岭⋯⋯⋯⋯⋯⋯⋯⋯⋯⋯⋯欧阳运奎

报告文学

"中国潮"征文

琴瑟和鸣⋯⋯⋯⋯⋯⋯⋯⋯⋯⋯⋯⋯任宗景

嘉陵江畔一金凤⋯⋯⋯⋯⋯⋯⋯⋯⋯夏维芝

摸摸店主传奇⋯⋯⋯⋯⋯⋯⋯石国仕　赵建梅

一个厂长的奏鸣曲⋯⋯⋯⋯⋯⋯⋯⋯夏　雨

短篇小说

大漠行⋯⋯⋯⋯⋯⋯⋯⋯⋯⋯⋯⋯⋯李远茂

六弦琴⋯⋯⋯⋯⋯⋯⋯⋯⋯⋯⋯⋯⋯梅南频

背伏⋯⋯⋯⋯⋯⋯⋯⋯⋯⋯⋯⋯⋯⋯汪介琦

散文

追怀聂绀弩⋯⋯⋯⋯⋯⋯⋯⋯⋯⋯⋯林　彦

山路上的铃铛花 ················ 凌文远

诗歌
巴黎的少女（组诗）················ 雁　翼
乡土（二首）················ 杨大矛
刻意集 ················ 杨　山
黎明风景线（散文诗）················ 程显谟
诗踪（短章五家）········ 柯愈勋　董　平　关　睢
范　源　虹　影

文苑纵横
报告文学的文学性及其他 ············ 涂　亚
作家的发现与超越 ············ 翟大炳
喜闻乐见论 ············ 胡德培

新作评析
双重层次的艺术世界 ············ 沙　平
单纯集中　意远情真 ············ 沈　彦

美术
归途（摄影）············ [美国] 马　克
银色的梦组画（版画）············ 闵　翔

1988 年第 5 期　刊名:《红岩》
目录

中篇小说
变形镜头 ················ 意西泽仁
鼠洞 ················ 王霆钧
走向辉煌 ············ 殷慧芬　楼耀福

报告文学（"中国潮"征文）
"红岩"第二代和"徐仁根效应" ···· 林亚光
大寨：在历史的座标上 ············ 刘　丹
芝麻，开门…… ············ 胡开强

短篇小说
雾精 ················ 韩　冰
变形圈 ············ 柴　旭　周　虹
夏日黄昏 ················ 刘俊英
小路，那里有我一个梦 ············ 石晶岩
暴风雨 ················ 汤保华
湖边人家 ················ 杨仁金
望夫石 ················ 乔学和
沉默的河 ······ [日本] 鸟井加南子著　徐秉法译

诗歌
我歌颂天真和傻气 ················ 黎焕颐

琵琶·枇杷 ················ 车前子
四行诗 ················ 方　敬
不沉的宣言 ················ 桑恒昌
诗四首 ················ 李元胜
山里人 ················ 伊　甸
峰峦 ················ 尚建国

文苑纵横
文学的一点思考 ················ 马识途
阿 Q 与阿 Q 主义纵横谈 ············ 王　容

采珠小集
理解与"偏见"更新 ················ 翟大炳
创作主体与自然美和艺术美 ············ 周德利

美术
高原组歌之三（摄影）············ 凌承纬

1988 年第 6 期　刊名:《红岩》
目录

中篇小说
最后的使命 ················ 高建平
长月亮 ················ 赵　敏
石板路，水竹林 ················ 刘春来
律师，他正年轻 ················ 刘　彦

报告文学
为着祖国的荣誉 ············ 郑洪才　池正坤
剑胆琴心黎达苏 ················ 柳　嘉
开拓的脚印 ············ 刘　谟　陈　凡

短篇小说
金洞里的月亮 ················ 马　瑛
飘去了的白纸条儿 ················ 高　缨
应征者 ················ 王小阳
犀牛 ···· [罗马尼亚] 尤·尤奈斯库著　孙法理译

传记文学
人生舞台 ············ 郁　珍　魏　凤

散文
诗的使者 ················ 羊　翚
何其芳的故家 ················ 何频伽
旅美散记 ················ 万　东

诗歌
逍遥游纪实 ················ 绿　原

访意诗抄 ································· 陆　棨
崇拜天空 ································· 华万里
二月 ···································· 徐国志
啊！黑土…… ····························· 杨永年
时间在人生里穿行 ···············季振华　季振邦
诗踪（短章六家）·········胡天风　郭维东　潘大华
何求纬　方竟成　关　岛

文苑纵横
批评的孱弱与创作的失重 ··················· 陈伯君

新作评析
人的剧诗 ································· 吕　进
《绿色小唱》：归来之后 ···················· 文　子

美术
日落（摄影）····························· ［美］马　克
陶瓷壁挂 ································· 徐伯初

1989 年第 1 期　刊名：《红岩》
目录

长篇小说
蛊惑 ···································· 贺慈航

中篇小说
永远二十岁 ······························ 徐　策
狐狸的故事 ······························ 路　飞

短篇小说
孤楼的困惑 ······························ 武志刚
生离 ···································· 陈善家
我的故乡羊角坳 ·························· 徐　锋
葫豆花开吜，菜子黄 ······················ 黄石林

报告文学
希望之所在 ······························ 圣　一
厂长中的明星 ···························· 兰　艰

诗歌
空旷在远方 ······························ 牛　汉
反差 ···································· 吉狄马加
历史的沉思 ······························ 苗得雨
题刘伯承小叶丹塑像 ······················ 冉　庄
暖暖的海南风 ···························· 邹雨林
诗三首 ·································· 王川平
巴蜀儿童诗会 ···········邱易东　徐国志　成再耕
蒲华清　张继楼

文苑纵横
她属于她自己 ···························· 邓仪中
说说乔瑜的小说 ·························· 刘　火

新作评析
恋情与悠远的历史回声 ···················· 刘敬涛

美术
《一个冬天的故事》系列之一（水彩画）·······钟仁俊

1989 年第 2 期　刊名：《红岩》
目录

报告文学
噫，蜀道…… ····················小　晓　江　兰　谷　雨

中篇小说
女县长任命暂缓公布 ······················ 金学种
孽缘 ···································· 阿　来
荒原 ···································· 李长延

短篇小说
崩毁 ···························· 邓大贵　张宗正
鳝子崖圣歌——《惨烈的生命圈》之四 ········· 朱忠运
穿白球鞋的女朋友 ························ 梅　菁
伤心啤酒馆 ······························ 春　阳
猫事拾遗 ································· 张嘉慧
鸽哨魂 ································· 木　然

散文
友谊之树常青 ···························· 艾　青
美丽的蓝天 ······························ 张昆华
白水漫记 ································· 徐晓春

诗歌
十四行诗三首 ···························· 屠　岸
流动的情绪 ······························ 黄东成
人物篇 ································· 再　耕
诗四首 ································· 蓝　疆
觅珠集 ································· 万启福
滩涂抒怀 ································· 石　英
呵！小三峡 ······························ 木　斧
樱桃及其他 ······························ 刘志安
诗踪 ···················王朝堂　陈先荣　杨　航
李占学　西　篱　苏韶芬

美的研究
以俗为美：小说创作的险径 ················· 周荷初

空白艺术的司芬克斯 ················ 翟大炳

文苑纵横
重新认识李劼人 ················ 谭兴国

美术
一个冬天的故事 ················ 钟仁俊
李世鸣黑白画 ················ 李世鸣

1989 年第 3 期　刊名:《红岩》
目录

中篇小说
母狼紫岚 ················ 沈石溪
末代贵族 ················ 易　宁
山岚 ················ 李长廷
何处是归程 ················ 蔡其康

短篇小说
雪月 ················ 刘俊英
"现代人"的选择 ················ 沈燕飞
我无钱问候 ················ 易　丹
圆环 ················ 王　庆
一个弱女人的跟踪···[美]约翰·奇弗著　子　建译

报告文学
寻找"我的路" ················ 姚咏絮
成功者的反思 ··············· 吴有梧　罗赞育

诗歌
蓝鸟(外一首) ················ 范　明
诗三首 ················ 余薇野
风华集 ················ 邓芝兰
黔行三首 ················ 杜　谷
十二月的水仙花 ················ 廖婉虹
诗的内核之一(外二首) ················ 虹　影
深山的主人 ················ 张雪杉
诗踪(七首) ··············· 于　菲　芦　笛　杨　桦
熊　雄　罗继周　董　强

文苑纵横
现实主义问题答客问 ················ 石天河
文化冲突的文学凝聚和文学研究的文化视角··· 林亚光

新作评析
评《碧血双枪》 ················ 罗良德

美术
佛光(摄影) ················ 莫定有
沃克小溪,帕德海湾(黑白摄影)
················ [美]卡萝琳·霍夫曼

1989 年第 4 期　刊名:《红岩》
目录

长篇现代言情小说
爱的诱惑······凯诺利·莫蒂玛著　李　萍　刘　瑛译

中篇传记文学
多情舞后···伊利亚·什尼杰尔著　杜承南　赵佩珍译

中篇惊险黑幕小说
仇恨的旋风·········荒井原透著　何　磊　子　凤译

中篇侦破小说
代号金莲花 ················ 宋小平

中篇警匪小说
走私女王的覆灭 ················ 梅　菲

中篇传奇小说
逃出"野人国" ················ 上官路遥

1989 年第 5 期　刊名:《红岩》
目录

中篇小说
走向感觉 ················ 易　宁
企鹅岛 ················ 周永年
尚未找到标题的故事 ··············· 齐铁民　鞠显友
世界,在山那边 ················ 王　庆
苔藓花儿 ················ 崔　英

短篇小说
明星刚刚升起 ················ 高　泽
断桥 ················ 蔡应律
太阳 ················ 仲　戈
蓝旗 ················ 高玉霞

报告文学
恰到好处与别无选择 ················ 王钟伦
在窄缝中求生 ················ 刘　钊

散文

"万卷书"传奇 ————————————— 高维晞
金顶气象 ————————————————— 姚 枫

诗歌

花的道路（组诗）—————————————— 殷 红
登山者（组诗）——————————————— 宗 鄂
黎明，到北京 ——————————————— 余系中
诗绪（组诗）——————————————— 胡万俊
泼水梦（组诗）——————————————— 冉 庄
乡土琵音（二首）————————— 刘江生 赖松庭
散文诗之页 —————— 林 彦 柏铭久 徐天喜
萧红涛 无 为

美的研究

胡风诗歌美学论略 ————————————— 刘扬烈
说"隐笔" ————————————————— 赵振汉
现代诗歌的语言变形 ———————————— 周晓风

美术

《一个冬天的故事》之三 ———————— 钟仁俊
风萧萧兮（国画）—————————————— 周华君
莲腮雨退红（国画）————————————— 周华君
燕子飞时（国画）—————————————— 周华君

1989 年第 6 期　刊名:《红岩》
目录

中篇小说

归去来兮 ————————————————— 李景田
认定同一 ————————————————— 莫怀戚
巴山蛇 —————————————————— 许大立

长篇连载

山城雾茫茫 ———————————————— 王 火
伍华英的国事和家事 ———————————— 曾宪国

短篇小说

春眍 ——————————————————— 冯光辉
夫妻 ——————————————————— 张 勤
太阳城的女儿 ——————————————— 兰 艰

报告文学

独秀川西 ————————————————— 姚咏絮

散文

张家界的山水雾雨 ————————————— 林 彦
散文二题 ————————————————— 柯愈勋

师生情，战友意 —————————————— 钟桂松

诗歌

忠诚 ——————————————————— 沈 重
油纸伞 —————————————————— 王德云
远离的时刻 ———————————————— 王长富
正午·矿区晚报 —————————————— 张 华
小诗十首 ————————————————— 吕 亮
在熊猫的故乡 ——————————————— 张大成
写给多瑙河的散文诗 ———————————— 唐大同
诗踪（五家）—————— 凌文远 梁上泉 张继楼
赵发魁 张 波

文苑纵横

我们的文艺属于人民 ———————————— 敖 忠
风格、流派与主旋律琐议 —————————— 李敬敏
拉开些，还是贴近些 ———————————— 老 谭
关于陈朝珞的小说创作 ——————————— 沈太慧

美的研究

文学的素朴之美 —————————————— 曹廷华

美术

夕照东海（摄影）—————————————— 凌承纬
哀牢山印象（油画）————————————— 严小华
布拖女（油画）——————————————— 高小华
沐（雕塑）————————————————— 何 跃

《湖北文艺》
（《长江文艺》）

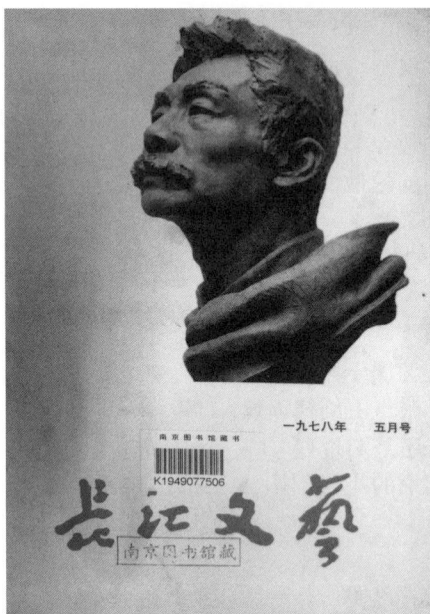

一九七八年　五月号

南京图书馆藏书

K1949077506

长江文艺

南京图书馆藏

【简　介】

　　综合性文学月刊。湖北省文学艺术界联合会主办。创刊于1949年，1973年夏刊，由《长江文艺》更名为《湖北文艺》，1979年刊名恢复为《长江文艺》至今，1978年第5期起改为月刊。其刊登作品多重视现实主义，且兼容先锋精神。刊登作品体裁主要有小说、诗歌、散文、评论等。

期刊号：1976年第1期—1989年第12期

1976 年第 1 期　刊名:《湖北文艺》
目录

全党动员　大办农业　为普及大寨县而奋斗
文艺创作要为普及大寨县贡献力量（专论）………楚　缨
杨会梅积粮记（小说）………………………………苏　群
蚕山新人（小说）……………………………………陈　忠
闯关乐（特写）………………………………………余文祥
大干歌（诗二首）……………………………………管用和
金色的路（歌词二首）………………………………何　帆
团结战斗学大寨（歌词）………………赵德才　赵德科
紧紧追上虎头山（诗）………………………………王庆余
火热的山村（诗）……………………………………蔡远福
绘图（诗）……………………………………………陈文新
丰收曲（诗）…………………………………………易向理
书记巧绘丰收图（诗）………………………………穆敦斯

大寨红旗迎风抖（诗）………………………………赵国泰
学大寨短歌（诗）……………………………………王老黑
乘风扬帆（小戏曲）…………………………………李兴元
请战（小戏曲）
……………………周航利原作　浠水县文艺创作组整理

社会主义大学抒怀（诗三首）………………………查代文

闯王星驰入河南
历史长篇小说《李自成》第二卷选载………………姚雪垠
冲锋不止（独幕话剧）
………………………………武汉市第三机床厂业余文艺创作组
国　祥　霓霞执笔
深刻反映农村的社会主义革命（评论）
……………………………………………王自力　杨华美
评《水浒》中投降派宋江形象的塑造（评论）
……………………………………………………梁立真
老歌手唱出新歌声（新作小评）………赵国泰　周传普

全党动员大办农业为普及大寨县而奋斗（宣传画）
………………………………………唐小禾　程　犁
会战（摄影）…………………………………………张其军
一九七五年湖北省摄影艺术展览作品选登
大寨新歌震山河（年画）……………………………崔炳良

1976 年第 2 期　刊名:《湖北文艺》
目录

词二首…………………………………………………毛泽东
水调歌头·重上井冈山
念奴娇·鸟儿问答
坚持文艺革命，反击右倾翻案风……………………初　澜
继续革命　勇于登攀…………………………………张德智
试看天地翻覆………大冶钢厂无缝钢管车间工人理论组
壮志凌云铸伟词……………………………………李鸿然
炮火颂（诗）…………………………………………姜锋青

新生事物颂歌
一份数学答案（小小说）……………………………殷衍志
海鹰（散文）…………………………………………康　健
春笋（小说）…………………………………………杜为政
新来的守门员（儿童文学）…………………………林华丰
向阳花开（诗）……………沔阳中学沙潮分校集体创作

全党动员　大办农业　为普及大寨县而奋斗
奔大目标的人（报告文学）……………京山县文艺创作组
群星闪耀（报告文学）………………………………鄢家声
石海劲松（特写）……………………………………邱　凌

三嫂（小说）·············万良海
公社春（诗）·············刘不朽
我来动你头上土（外一首）·······黄耀晖
书记的劳动手册（诗）·········江　涛
粮山更比石山高（诗）·········熊　永
采访红石湾（诗）···········徐金海
降龙歌（诗）·············易向理
请战（诗）··············谢自立
学大寨民歌选·········姚本富　林楚生等
测量日志（诗）············谢克强
拉练（诗）··············李乃祥
风枪是咱一支笛（诗）·········李武兵
红心保江山（诗）···········郑可新

广阔天地出诗篇
扎根山村学大寨············王庆余
忙月················黄建生
描春歌···············喻大翔
扁担裂嘴腰笑弯············陈恢忠

伏牛冬日
——历史长篇小说《李自成》第二卷选载···姚雪垠

习作者之页
云菊嫂（小小说）···········夏冠英
喜读新人新作（小评）·········紫　江
认真学习革命样板戏的创作经验（评论）··钟　平
百花竞放今胜昔（评论）·····陈振堂　陈昆满
话说宋江的“枷锁”（评论）······王自力
新篇出自新一代（新作小评）······刘贡生
为普及大寨县运动擂鼓吹号（新作小评）·刘家林
壮志凌云（相声）···········汪定伟
为一九八〇年实现农业机械化而奋斗（宣传画）
··················程　犁
我们的大学生回来了（年画）······韦江琼
新课堂（摄影）······纺舟摄　董宏猷　配诗

1976 年第 3 期　刊名:《湖北文艺》
目录

中共中央关于华国锋同志任中共中央
第一副主席、国务院总理的决议
中共中央关于撤销邓小平党内外一切职务的决议
坚决拥护毛主席、党中央的英明决策
··············马尚武　程贤禄　等
以阶级斗争为纲　深入进行文艺革命（论文）
——学习《在延安文艺座谈会上的讲话》···楚　缨
文艺创作要热情歌颂“文化大革命”（短论）···锷　锋

无产阶级“文化大革命”胜利万岁
红灯高照（小说·征文选登）·······黄大荣
黎明的炮声（小说·征文选登）···李翔林　何道华
教育革命进行曲（长诗·征文选登）
············华师中文系七四级工农兵学员
《无产阶级“文化大革命”胜利万岁》征文启事

光化豫剧团纪事（散文）·····朱学诗　叶宗佩
干校一日（散文）···········叶生刚
铁匠之歌（散文）···········毛志平
头上长角的姑娘（小说）········秦庭申
唱对台戏的人（小说）·········杨利华

阳光照耀五七路
手握红缨鞭（诗）···········雷子明
干校的早晨（诗）···········江　涛
唱咱干校第十春（诗）·········尧　武
五七干校我的家（诗）······姚振起　吴天启
大干歌（诗）·············管用和
“炮兵”赋（诗）············李圣强
重访小靳庄（诗）···········范　炜
会上重逢老队长（诗）·········陈　龄
迎风击雨的海燕（诗）·········王汉广
一块犁铁（诗）············高伐林
码头工人抒情怀（诗）·········李文青
配砂工人的情怀（诗）·········李华章
采药姑娘（诗）············熊文祥
儿歌一束··········方宗华　徐焕云等

杂文四篇·······祝彭华　古远清　刘贡生　胡四海
革命样板戏促进了曲艺革命（评论）
··············陈振堂　王自力
雨猛青松挺（新作小评）·······徐　涛　肖敬长

斗风雨（襄阳小曲）···襄樊市文化局创作组集体创作
董治平　执笔
战友（公安说鼓）···········鄢家声
毛主席指挥我们战斗（歌曲）
·······石玉泉词　王幼林　郑又庭曲
反击右倾翻案风（歌曲）·····胡　虎词　龚兆琦曲
永保江山万代红（歌曲）·······雷志平词曲

光辉的道路（油画）
······湖北省革命委员会五七干校供稿　魏扬画
文艺革命谱新篇（摄影、剪纸）·····张其军　等
重新学习（速写）
····湖北省革命委员会五七干校供稿　薛俊一画

炉前炼新兵（水粉画）—————郑士彬　王福庆
把反击右倾翻案风的斗争进行到底（速写）
—————————————————张鸿保　等

1976 年第 4 期　刊名:《湖北文艺》
目录

在大风大浪中成长（油画）—————唐小禾　程　犁
献给"七一"的歌（诗）————————————熊召政
航船高歌向未来（诗）
——写在毛主席畅游长江十周年的日子里———张水洲
井冈泉（诗）——————————————————姚振起
船台架起反修炮（诗）——————————————刘惠萍
船员战歌（诗）————————————————汪　莎
从小敢斗大风浪（诗）——————————————谢超华

无产阶级"文化大革命"胜利万岁
顶逆流的人（小说）——————————————汪定伟
文化革命换新天（诗）——————————————黄声笑
红旗村里战旗红（组诗）————————————吴礼祯
春笋赋（诗）——————————————————刘明恒
赞油印机（诗）————————————————龙彼德
长征队旗（诗）—————————蔡远福　师黎明
日记诗抄（诗）————————————————谢文礼
宣传船（诗）—————————————————耿守仁
洪流赋（诗）—————————————————吴作望
歌咏会抒怀（诗）——————————向　东　彭运国
卫生室前小黑板（诗）—————————————黄耀辉
文化革命就是好（诗）—————————————朱家云
高举战旗（湖北大鼓）————————————程良湘

学习鲁迅
学习是为了战斗————————————————楚　缨
不克厥敌　战则不止——————————————程　进
从民主派到走资派的一面镜子——————————丁永淮
钟声嘹亮（小说）——————————————李德复
新任队长（小说）——————————————李尔钢
炉前激战（小说）——————————————任　民
一对伙伴（小说）——————————————归倩毅
重任（小说）—————————————易荣忠　翟湘衡
火的征程（散文）——————————————谢立谦
千斤顶赞（小说）——————————————徐　敏

广阔天地出诗篇（诗十首）—————————鄂城县
知识青年办公室　鄂城县文艺创作学习班供稿
声讨党内走资派—————————宣恩县龙潭公社山歌选
写好无产阶级与走资派的斗争（创作笔谈）
——————————————————赵德科　杨济春等

高歌猛进（新作小评）—————————————纪　之
水上红哨（双人道情）—————————————笑　松　佑　安
颂歌献给伟大的党（歌曲）————王卫东词　朱　琪曲
前进，光荣的工农兵学员（歌曲）
—————————————湖北省音乐创作学习班词曲
鲁迅学马列（木刻）——————————————李以泰
把反击右倾翻案风的斗争进行到底（摄影）
—————————————湖北省摄影展览办公室供稿
当年的红卫兵（彩色摄影）—————武汉空军　刘观源

1976 年第 5 期　刊名:《湖北文艺》
目录

伟大的领袖和导师毛泽东主席永垂不朽
中国共产党中央委员会
中国人民共和国全国人民代表大会常务委员会
中华人民共和国国务院
中国共产党中央军事委员会
告全党全军全国各族人民书
在伟大的领袖和导师毛泽东主席追悼大会上
中国共产党中央委员会第一副主席、国务院总理
华国锋同志致悼词
中国共产党中央委员会
中华人民共和国全国人民代表大会常务委员会
中华人民共和国国务院
中国共产党中央军事委员会
关于建立伟大的领袖和导师毛泽东主席纪念堂的决定
中共中央关于出版《毛泽东选集》和筹备出版
《毛泽东全集》的决定
亿万人民的共同心愿
——————《人民日报》、《红旗》杂志、《解放军报》社论

继承毛主席的遗志，最紧密地团结在华国锋同志为首
的党中央周围，把无产阶级革命事业进行到底！
毛主席啊，我们永远怀念您！
——————————中央农民运动讲习所旧址纪念馆
红太阳的光辉永远照耀着武汉大学—————武路文
永远做毛主席革命路线的警卫战士—————翟作军
心中的太阳永不落————————————程金阶
到中流击水——————————————————艾敦才
宏伟的声音在大地回荡————————————刘新远
歌声伴着泪水唱，唱不完毛主席的恩情长
—————————————————————蒋桂英
红日永远照彩虹———————————————张良火
把炉火烧得通红———————————————李建钢
力量的源泉—————————————————辛　雷
诗言志———————————————————徐　迟
铁山的怀念—————————————————耿修学

毛主席用过的看火镜 —————————— 胡海波
只要肯登攀（报告文学）—— 张怀五　徐楚清　古学沛
光辉永照（诗）—————————————— 陈　龄
悲痛化作力千钧（诗）—————————— 李声高
永远歌唱毛主席（诗）—————————— 黄声笑
毛主席握过咱的手（诗）———————— 李声明
毛主席对我笑微微（诗）———————— 王　英
红船颂（诗）—————————————— 王汉广
毛主席恩情写不尽（诗）———————— 魏子良
怀念毛主席（诗）——————————— 邢国斌

1976 年第 6 期　刊名:《湖北文艺》
目录

伟大的领袖和导师毛泽东主席像
华国锋主席像
热烈庆祝华国锋同志任中共中央主席、中央军委主席
热烈庆祝粉碎"四人帮"篡党夺权阴谋的伟大胜利
吴德同志在首都庆祝大会上的讲话
伟大的历史性胜利
———《人民日报》、《红旗》杂志、《解放军报》社论
华国锋同志是我们党当之无愧的领袖
————————————《解放军报》编辑部
彻底揭发批判"四人帮"————《人民日报》社论

三首革命歌曲
华主席挥手除四害　千山万水笑颜开（革命山歌联唱）
————————————宜昌地区文教局供稿
奋力猛砸"四人帮"（诗三首）
——————————黄声笑、王英、周阿明
擂鼓曲（诗）————————————— 管用和
讴歌伟大的历史性胜利（诗）————— 刘不朽
红歌台（诗）————————————— 熊召政
欢乐的节日（诗）——————————— 雷子明
写致敬信（诗）———————————— 李圣强
多为人类作贡献（诗）————————— 胡代金

光辉的历史文件 ——————————— 任　平
乌鸦的翅膀遮不住太阳的光辉 ———— 李文鼎
从冯超看"四人帮"—————————— 李玉兰
清算"四人帮"利用电影搞阴谋的罪行—— 李少华

三月的租界 —————————————— 鲁　迅

学习鲁迅

"蛀虫"的"自我批判"————————— 刘瑾辉
鲁迅心向毛主席 ——————————— 刘汉民
"四人帮"扼杀《园丁之歌》的险恶用心——— 刘兴策

奋起千钧棒揭批"四人帮"

柱石与蛀虫 —————————————— 成　平
"四人帮"诗摧残革命文艺的刽子手 —— 黄汉明
东风浩荡扫残云 ——————————— 吉学沛
捣鬼者必灭亡 ———————— 朱凤文　石光荣
浮云难蔽日　神州尽朝晖————省文化局大批判组
在"整理传统艺术"的幌子下 ———— 楚　缨

前进歌（散文）———————————— 柯建新
永放光辉的明灯（散文）———————— 柯尊解
量天尺（散文）———————————— 沈光华
铁马凌云（小说）——————————— 邹今魁
胜天人（报告文学）—————————— 张　强
探家第一天（对口快板）———————— 余传民

普天同庆（水粉画）
————————工人王群发　曹惠林　桂柏和　张秉发
怒斥"四人帮"（中国画）———————— 孙达胜
欢庆伟大的胜利（速写）—————— 尚立滨　等
西山脚下春雷滚（速写）———————— 冯　锋
热烈欢呼（速写）——————————— 童晓华

1977 年第 1 期　刊名:《湖北文艺》
目录

乘胜前进—————————《人民日报》、《红旗》杂志、
《解放军报》一九七七年元旦社论
唤起工农千百万（散文）———————— 涂怀呈
金碑颂（散文）———————————— 铁　流
韶山红灯照千秋（诗）————————— 雷子明
战地（诗）—————————————— 黄　宜

华主席挥手除"四害"千山万水笑颜开（革命山歌联
唱）—————————— 大冶县前进公社前进大队
华主席和我们心连心（散文）————— 赵忠义
跟着华主席永远向前进（散文）———— 李子玉
华主席彩像到山乡（玉连环）————— 黄运全
华主席指挥农业学大寨（宣传画·中共江陵县委宣传
部供稿）——————————————— 肖代贤

周恩来同志和陈毅同志参加打铁劳动（照片）
周年祭（长诗）———————————— 骆　文
深切地怀念（长诗）—————————— 熊召政
不唱哀歌唱歌颂（诗）————————— 徐　迟
怀念周总理（散文）—————————— 胡金魁
难忘的一九五八年（散文）—————— 今之歌
敬爱的周总理永远活在我们心中（散文）—— 翟作军
难忘的航程（散文）—————————— 耿守仁

洪湖赤卫队（歌剧）
·············湖北省歌舞剧团《洪湖赤卫队》剧组编剧
洪湖水浪打浪（歌曲）
·······《洪湖赤卫队》创作组词　张敬安　欧阳谦叔曲
打倒"四人帮"《洪》剧得解放
·············中共湖北省歌舞剧委员会
洪湖战歌更嘹亮·············王玉珍
演好《洪湖赤卫队》反击"四人帮"·············夏奎斌

为大干社会主义擂响战鼓（短论）·······本刊评论员
"磨"戏背后藏魔意（短论）·····圻春县文艺创作组等
在"不准走样"的大棒后面（杂文）·············凌　梧
"学生"云者的背后（杂文）·············王远国

篡党夺权的反动理论（评论）·············杉　沐
两面三刀的阴险战术（评论）·············孟　起
揭露"四人帮"歪曲杜甫的罪恶感阴谋（论文）
·············闻始平

育秧新传（特写）·············易　亭
播种（特写）·············胡晚珍
狮子岭（湖北渔鼓）·············姜春华
激战卧龙沟（湖北大鼓）·············汪柏海

《洪湖赤卫队》剧照选登
迎春（水粉画·襄阳地区展览馆供稿）·············何荣卿
把"四人帮"造成的损失夺回来（速写）·····王耀中等

1977 年第 2 期　刊名:《湖北文艺》
目录

你办事　我放心（油画）·············王文华
华主席题词（二首）

农讲所抒怀（诗二首）·············李道林
流水情长（黄梅山歌）·············何志求
华书记和我抬石头（诗）·············黄声笑
洞庭颂歌（诗二首）·············刘益善
华主席开出幸福河（诗）·············钟永华
抗日时期周总理在武汉·············何仲勉

狠批"四人帮"高举大寨旗
勇攀高峰的人（报告文学）·····集体创作　谢声凯执笔
县委书记（小说）·············吉学霈
北京来信（散文）·············胡华斌
磨石（速写）·············王全豫　李湘淦
汀汉渔歌（诗）·············王老黑
山寨公社迎农机（诗）·············程江林　周愿强

丰收硕果哪里来（诗）·············严亚楚
挥起银锄唤新春（诗）·············陈　谢
大老李（诗）·············刘熟前
"斗"姑娘（诗）·············李延夫
春从北京来（诗）·············查代文
华主席掌舵我划船（诗）·············易向理
我和我的"老战友"（诗二首）·············程松强
玉宇澄清万里埃（诗）·············肖步何
红小兵上火线（儿歌）·············于　涛
豹子湾战斗（四幕话剧）·············马吉星
形而上学的疯狂叫嚣（评论）·············吴闻章
"三突出"是反马克思主义的"帮文艺"理论（评论）
·············陈振堂
坚持双百方针　迎来春满艺苑（短论）
·············钟信海　王浩洪

杂文

"帮八股"里藏毒物·············柳菊兴
"两面人"的两面术·············丁永淮
江青摄影术的妙用·············沈兴邦
一曲歌颂延安精神的颂歌（评论）·············骆　峰
华主席引来幸福水（唱词）·············童秉国
红港风雨（对口快板）·············陈静安
女皇梦（山东快书）·············何健生
手摘新棉唱颂歌（黄梅民歌）·····邹美标词　黄　雁曲
跳伞之前（摄影）·············李云起
《豹子湾战斗》剧照选登·········少　甲　德　寿
无土育秧（彩色摄影）·············龙俊卿
一枕黄粱（漫画）·············彭庆祥

1977 年第 3 期　刊名:《湖北文艺》
目录

把无产阶级专政下的继续革命进行到底
学习《毛泽东选集》第五卷·············华国锋
中共中央关于学习《毛泽东选集》第五卷的决定
掀起学习毛主席著作的新高潮
·······《人民日报》、《红旗》杂志、《解放军报》社论
毛主席在武昌农讲所（油画）
·············伍振权　曹惠林　彭少平
雄文五卷手中捧　抓纲治国力无穷
一盏红灯亮天地（大冶县前进大队山歌联唱）
·············刘维德等
东风万里（散记）·············本刊记者
《毛泽东选集》五卷到矿山（诗）·············石若磬
夜读宝书五卷（诗）·············许敬怡
宝书五卷暖心间，抓纲治国拼命干·············郭振芳
永远走与工农相结合的道路···中共光化县豫剧团支部

华主席送响无价宝（对口快板）——张正平 泉 清
热烈欢呼《毛泽东选集》第五卷出版（宣传画）
——崔炳良
欢庆《毛泽东选集》第五卷胜利出书（摄影）
——张云海
革命真理暖心田（歌曲）——胡 戈词 罗伦嫦曲
纪念毛主席《在延安文艺座谈会上的讲话》发表三十五周年
高举毛主席的伟大旗帜 繁荣社会主义文艺创作
——楚一文
充分发挥群众文化的战斗作用——中共大冶县委宣传部
狠批"四人帮"促进群众美术更大繁荣——沈 彤
五月的雷声（诗）——莎 蕻
洞庭来了华书记（诗）——黄声笑
雷锋在激流中（诗）——雷子明
雷锋永在心中活（诗）——赵德炳

我们一定要高举毛主席树立的大庆红旗
进军之歌（诗）——黄大荣
排头兵（报告文学）——董治平
葛化会战记（报告文学）——王绍彬 刘耀仑
码头新歌（诗）——赵宗泉
劳动竞赛热气高（诗）——李行强
"挖不够"（诗）——龚去浮
站在炉台望大寨（诗）——董宏量
班后（诗）——李声明
评布（诗）——阎启斌
统计员的好伙伴（诗）——周 萍
寒夜（诗）——王一武
双百方针是繁荣社会主义文艺的基本方针（论文）
——英山县文教局理论组
革命现实与革命理想的辩证统一——华师七五级评论组
片子与骗子（杂文四篇）——黄 宜 王浩洪等
金花子（长篇选载）——碧 野
铁路大冶快上中的小故事（小说）——汪定伟
螺丝钉的故事（童话）——杨书案
工业学大庆（速写）——刘依闻等
学铁人精神走大庆道路（水粉画）——方隆昌

1977 年第 4 期　刊名:《湖北文艺》
目录

纪念"八一"建军节五十周年
伟大的领袖 亲密的战友
——毛主席、周副主席、朱总司令在一起——陈桂轮
　傅天仇 仇志海 俞 崧 潘锡柔 程允贤
黄洋界槲树（散文）——李建钢
井冈长城（散文）——杨华美

从韶山到井冈山（散文）——吉学霈
来自军营的喜讯（报告文学）——马国昌
枫石·枫树（外一首）——管用和
三湾红枫树（诗）——钟永华
写给电话机（诗）——刘益善
写在遵义红军墓前（诗）——彭中秋
太平渡（诗）——雷子明
车过南昌（诗）——周阿明
夜战紫金岭（湖北评书）——徐绪略
九天长慰贺将军（长阳南曲）——刘明春
军旗颂（歌曲）——芦芒词 贺绿订曲
贺龙同志和小战士（中国画）——辛克靖画 李铁柱诗
如饥似渴（摄影三幅）——杜贵武等
朱德同志诗选
喜读主席词二首（之一，歌曲）——莎莱敬谱
歌唱我们敬爱的朱老总（歌曲）
——何晋龄词 于林青曲
踏遍青山人未老（散文）——沈毓珂
怀念朱总司令（散文）——刘占彪
跟随朱总司令奔赴太行山（散文）——贾兆卿
咱们的朱军长（四首）——欣 秋
军长·伙伕（诗）——赵宗泉
万水千山（中国画）——陈加逊
深情忆念周伯伯（散文）——朱 敏
十月的风云（电影文学剧本）——雁 翼
一篇没有写完的小说（小说）——徐银斋
车头带着车厢飞（诗）——南 海
誓师会（诗）——汪 芳
坚持"两结合"创作方法（评论）——杉 沐

杂文
"交椅"浅析——张道清
"功臣"考——黄 宜
"学校生活"的背后——王浩洪
雪压霜欺花更艳（作品评论）——李元洛

1977 年第 5 期　刊名:《湖北文艺》
目录

满江红 和郭沫若同志（歌曲）
——为毛主席诗词谱曲——贺绿汀
重读论持久战（诗）——叶剑英
毛主席纪念堂赋（散文）——徐 迟
千秋万代瞻仰毛主席（报告文学）——龚兰萍 峰 光
终生难忘的幸福（散文）——武汉压敏电阻厂报道组
万里长江横渡（诗）——郭小川遗作
难忘的春天（歌曲）——雁翼词 程 云 莎莱曲
风展红旗如画（诗）——莎 蕻

井冈雾（外一首） ————————————— 管用和
竹·木·铁（诗） ————————————— 赵宗泉
南泥湾之歌（诗） ————————————— 钟永华
我把五卷天天学（诗） ————————————— 王秀芝
列车迎朝阳（散文） ——————— 武汉铁路分局江岸机务段
保持红安永远红（散文） ————————————— 华 宏
摄下最美的镜头（小演唱） ————————————— 黄运会
红花盛开的时候（小说） ————————————— 黄丽枝
小钢的礼物（小说） ————————————— 倪家荣
九宫长念李闯王（散文）
　　　　　　————— 通山县高潮公社　通山县文化馆
搏风击浪反潮流（评论）
　　—读郭小川同志《万里长江横渡》
　　　　　　　　　————— 丁国成　赵云声
波澜壮阔的农民革命战争历史画卷（论文）
　　—读历史小说《李自成》一、二卷 ————— 古 平
光辉的形象　成功的创造（论文）
　　—试谈《李自成》一、二卷李自成形象的塑造
　　　　　　　　　　　　　　————— 钟 平
《一篇没有写成的小说》是怎样写成的 ————— 徐银斋
积极反映揭批"四人帮"的斗争（作品评论）
　　　　　　　　　　　　　　————— 洪 昶
艰苦的岁月　伟大的友谊（油画）
　　　　　　　————— 高 泉　康东　钱志林
高举毛主席的伟大旗帜奋勇前进（宣传画）
　　　　　　　　　　————— 唐小禾　程 犁
甘露（木刻） ————————————— 史兆明
为建成现代化强国而奋斗（套色木刻） ————— 兰玉田

1977年第6期　刊名:《湖北文艺》
目录

伟大领袖毛主席（雕塑） ——————— 毛主席纪念堂雕塑组
砥柱（小说） ——————— 周正藩　胡劲松
暴动断不能推迟（诗） ————————————— 骆 文
井冈竹筒（诗） ————————————— 管用和
三峡的怀念（诗） ————————————— 刘不朽

纪念黄麻起义五十周年
纪念黄麻秋收起义三十五周年（诗） ————— 董必武
纪念黄麻起义五十周年（诗） ————————————— 陈行庚
紧跟领袖毛委员（诗） ————————————— 张天伟
满江红　纪念黄麻起义五十周年（词） ————— 周志纯
烈士墓前（诗） ————— 红安县二程姜牌知青点创作

红安民歌三首
红旗插上黄安城（散文） ——— "黄麻起义"故事编写组
七里枪声（故事） ——— "黄麻起义"故事编写组

大别山风雷（楚剧） ——————— 红安县楚剧团创作组
华主席关心科学种田（散文） ————————————— 黄国生
我的师傅（小说） ————————————— 汪定伟
一河碧水穿山来（小说） ————————————— 夏冠英
心愿（散文） ————————————— 绍 延
四月的竹乡（散文） ————————————— 骆土全
责任（小小说） ————————————— 周万年
老队长的基本功（小小说） ————————————— 许正松
铆钉的队伍向前进（诗） ————————————— 陈 龄
白色的瀑布（外一首） ————————————— 高伐林
柿山新渡（外一首） ————————————— 熊召政
高山水库歌（诗） ————————————— 黄耀晖
春燕飞翔（诗） ————————————— 谢文礼
华主席带领咱登上虎头山（歌词）——— 孟繁华　赵德科
百日大干歌连歌（诗） ————————————— 邓必忠
抓纲治国热气高（诗） ————————————— 徐 勇
捷报频传催"四化"（诗） ————————————— 邓芳祖
擎山柱（诗） ————————————— 李武兵
学习老一辈革命家诗词（四篇） ————— 姜昭华等
要忠实于生活（创作谈） ————————————— 雁 翼
公社大地战旗红（评论） ————————————— 李元洛

文学青年之页
六月"雪"（外一首） ————————————— 张永久
要为祖国染春色（评论） ————————————— 李敬一
简谈诗的构思（读稿随笔） ————————————— 欣 秋
匠心写出风光细　不绘清明上汴河（评论）——— 童恩翼
手捧衬衣颂总理（沔阳碟子曲） ————————————— 沔阳中学
文艺创作组原作　沔阳县文化馆创作组改编
美酒献给贺老总（歌舞词）
　　————— 天门县渔薪公社业余宣传队原作肖啸改编
洪河激战（快板书） ——————— 杨子春　张 壮
毛泽东同志旧居及陈列馆（速写） ————— 涂传圣等
洪湖激战（中国画） ——————— 魏康祥　施江城
报春（中国画） ————————————— 张振铎

1977年第5期增刊　刊名:《湖北文艺》
目录

中国共产党第十一次全国代表大会新闻公报
颗颗红心向北京　颂歌献给十一大
　　—大冶县前进大队革命山歌联唱————— 刘维德等
热烈拥护党的第十一次全国代表大会的胜利召开
　　　————— 王远国　刘道槐　骆 峰　王自力等
战斗的号令（诗） ————————————— 雁 翼
舵手就是华主席（诗） ————————————— 黄声笑
桥工高唱胜利歌（诗） ————————————— 张良火
"跟班田"（诗） ————————————— 雷子明

毛主席旗帜照千秋（散文）—————————王淑耘
踏破千山万里云（散文）—————————辛　雷
光辉的典范（散记）
　　　　　　　杨春华追述　余方德　黄国生执笔
毛田的颂歌（散文）—————————————李建纲
独脚铁人（报告文学）———————————胡海波
从胜利走向胜利（宣传画）————肖成章　谢珍珠
万岁　中国共产党（中国画）————郑士彬　陈加逊
热烈拥护党的十一大胜利召开（速写）———杨奠安

1978 年第 1 期　刊名:《湖北文艺》
目录

董必武同志诗选
江潮吟（诗）———————————————刘　章
春歌唱给周总理（诗）———————————雷子明
一辆纺车（诗）——————————————钟永华
亿万人民心中的丰碑（雕塑）————————俞　崐
长江组歌（组歌）——————————郭小川遗作

声讨阴谋文艺
愤怒批判阴谋文艺（座谈纪要）————李建钢等
利用阴谋文艺搞阴谋的一个典型（评论）
　　　　　　　　黄石供电局、黄石市文化局
阴谋文艺的狂吠（评论）———————肖友元等
张献忠破襄阳
——长篇历史小说《李自成》第三卷第一、二、三章
选载—————————————————姚雪垠
陈玲老师（小说）—————————————周绍勋
供应站长（小说）—————————————马景元
彩笔宏图（小说）—————————————洪　泉
一口新柜（山歌剧）—————乐园公社业余宣传队
宜昌地区文化工作队　集体创作　鲍传华执笔
颠倒歌（讽刺歌曲对唱）————陈元高　周扬帆

文学青年之页
再说散文（创作谈）————————————徐　迟
散文的"主心骨"（读稿随笔）————————苏　群
寄情寓意　精巧构思（作品评介）—————丁永淮
重庆工人雕塑、黄陂农民泥塑作品选登

1978 年第 2 期　刊名:《湖北文艺》
目录

毛主席给陈毅同志谈诗的一封信
董必武同志诗选
万代后昆执斧柯（学习老一辈革命家诗词）———杉　沐

彻底批判"文艺黑线专政"论
我们的队伍向太阳———————————骆　文
誓把"四人帮"及其阴谋文艺一起埋葬掉!
　　　　　　　　　　　　　　　　　程　云
砸碎枷锁与镣铐———————————莎　莱
我们有一支革命的文艺大军—————马吉星
"文艺黑线专政"论是一把刀子————所云平
狂吠和无耻—————————————安　危
击碎谎言　肃清流毒—————————吉学霈
铁的事实　否定不了—————————徐银斋
戴口罩上课的奇闻——————————远　舟
春回大地迎春歌（诗）————————曾德厚

杂文
"等号"的妙用———————————朱凤文
解"不全宁无"式——————潮　舸　华　实
张献忠破襄阳
——长篇历史小说《李自成》第三卷第四、五章选载
　　　　　　　　　　　　　　　　　姚雪垠
图书管理员（小说）—————————胡述武
潘书记复职以后（小说）———————唐国忠
深山创业（组诗）——————————李松涛
我来了!（诗）———————————普丽华
书记的铺（诗）———————————董宏量
汗（诗）——————————————张永久
写给机械手（诗）——————————江　涛
普通劳动者（诗）——————————许敬怡
造田歌（诗）————————————王老黑
选屋场（坐唱）———————————何健生
银杏树下（单弦）——————————高　飞

文学青年之页
诗与生活—————————————刘不朽
更好地反映与"四人帮"的斗争—————凌　梧
不避艰辛苦用心———————————孙云祥
秉笔勤书记战程（雕塑）———————杨前明
以身作则（木刻）——————————莫伯华

1978 年第 3 期　刊名:《湖北文艺》
目录

华主席为《人民文学》题词

热烈欢呼五届"人大"胜利召开
热烈欢呼第五届全国人民代表大会胜利召开（宣传画）
　　　　　　　　　　　　　　　　夏候尚武
起航歌（诗）————————————洪　洋
春光万里（诗）———————————刘益善

满目青山夕照明（报告文学）⋯⋯⋯⋯⋯⋯⋯楚 奇
三月五日的颂歌（诗）
——纪念敬爱的周总理八十诞辰⋯⋯⋯⋯欣 秋
朝着华主席指示的方向前进⋯⋯⋯⋯⋯本刊记者
诗要用形象思维（评论）⋯⋯⋯⋯⋯⋯⋯骆 文
五峰山歌⋯⋯⋯⋯⋯⋯⋯王先协、帅启昌等
交城山（五首）⋯⋯⋯⋯⋯⋯⋯⋯⋯⋯公 刘
煤海战歌（五首）⋯⋯⋯⋯⋯⋯⋯⋯⋯龚去浮
现代农业奋翅飞（诗）⋯⋯⋯⋯⋯⋯⋯⋯赵国泰
矿山之春（四首）⋯⋯⋯⋯⋯⋯⋯⋯⋯李声明
写在农田基本建设工地上（诗）⋯⋯⋯⋯刘光林
三个李（小说）⋯⋯⋯⋯⋯⋯⋯⋯⋯⋯李建纲
农奴戟（小说）⋯⋯⋯⋯⋯⋯⋯⋯⋯⋯傅长虹
根深叶茂（散文）⋯⋯⋯⋯⋯⋯⋯⋯⋯所国新
安南茶（散文）⋯⋯⋯⋯⋯⋯⋯⋯⋯⋯陈维学
追船（漳河大鼓）⋯⋯⋯⋯⋯⋯当阳县育溪镇
业余创业组原作 当阳县文团、创作组改编
丹青细写悲壮史（论文）⋯⋯⋯⋯⋯⋯⋯杉 沐
来自鄂西山歌之乡的通讯（评论）⋯⋯⋯李铁柱

文学青年之页

星期天的生活（小说）⋯⋯⋯⋯⋯⋯⋯⋯英 书
努力塑造新人物（评论）⋯⋯⋯⋯⋯⋯⋯高 牛
要学习 要读书⋯⋯⋯⋯⋯⋯⋯⋯⋯⋯⋯孟 起
杨开慧（雕塑）⋯⋯⋯⋯⋯⋯⋯⋯⋯⋯王合内
春风万里（中国画）⋯⋯⋯⋯⋯⋯⋯⋯⋯吴良发

1978 年第 4 期　刊名:《湖北文艺》
目录

毛主席、周总理接见地质学家李四光（水粉画）
⋯⋯⋯⋯⋯⋯⋯⋯⋯⋯⋯⋯⋯⋯⋯⋯唐小禾
英明领袖华主席（雕塑）⋯⋯⋯⋯⋯⋯⋯司徒杰
钱少武 冯 河 芩祖诒
陈丕显同志在湖北省第四次文学艺术界代表大会上的
讲话
整顿文艺 繁荣文艺的盛会⋯⋯⋯⋯⋯本刊记者
宣化店 历史的丰碑（散文）⋯⋯⋯⋯⋯庞瑞垠
农技站长石杠（小说）⋯⋯⋯⋯⋯⋯⋯⋯彭秉玉
移泊（长篇小说选载）⋯⋯⋯⋯⋯⋯⋯⋯洪 洋
两套锣鼓敲起来（小说）⋯⋯⋯⋯⋯⋯⋯黄家海
包医生上山（小小说）⋯⋯⋯⋯⋯⋯⋯⋯李声明
闯王旗（农民革命战争历史戏曲文学本）⋯程 云
春到公社（诗）⋯⋯⋯⋯⋯⋯⋯⋯⋯⋯管用和
春耕（诗）⋯⋯⋯⋯⋯⋯⋯⋯⋯⋯⋯⋯李圣强
山乡新曲（诗二首）⋯⋯⋯⋯⋯⋯⋯⋯⋯彭泉瀚
山村春姿（诗四首）⋯⋯⋯⋯⋯⋯⋯⋯⋯查代文
功是丰碑诗是史（七绝）⋯⋯⋯⋯⋯⋯⋯何 鸿

迎春号子似火团（诗）⋯⋯⋯⋯⋯⋯⋯⋯赵宗泉
航道工的歌（诗三首）⋯⋯⋯⋯⋯⋯⋯⋯李道林

杂文

且看浩然的"幸福"和"自豪"⋯⋯⋯⋯⋯熊德彪
如此"反其意而用之"⋯⋯⋯⋯⋯⋯⋯⋯王自力
江氏板斧的妙用⋯⋯⋯⋯⋯⋯⋯⋯⋯⋯孙子威
试论小说创作的形象思维（评论）⋯⋯⋯黄曼君
为革命争鸣（中国画）⋯⋯⋯⋯陈加逊 彭庆祥

1978 年第 5 期　刊名:《长江文艺》
目录

奋起攻关新长征
——纪念毛主席《在延安文艺座谈会上的讲话》发表
三十六周年⋯⋯⋯⋯⋯⋯⋯⋯⋯⋯本刊评论员
为《长江文艺》复刊致读者⋯⋯⋯⋯⋯本刊编辑
李四光（电影文学剧本）⋯黄 钢 谭 洁 霍 达
向科学进军
二十一世纪的地平线（外一首）⋯⋯⋯⋯任洪渊

向科学进军

赛跑（诗）⋯⋯⋯⋯⋯⋯⋯⋯⋯⋯⋯⋯张永久
技术科长（外二首）⋯⋯⋯⋯⋯⋯⋯⋯⋯矛大鹏
夜歌（诗）⋯⋯⋯⋯⋯⋯⋯⋯⋯⋯⋯⋯武兆强
催春（诗）⋯⋯⋯⋯⋯⋯⋯⋯⋯⋯⋯⋯于 沙
钢铁的呼唤（四首）⋯⋯⋯⋯⋯⋯⋯⋯⋯王维洲
贴心的话儿对党说（鄂西山歌十三首）⋯⋯闫孝文等
咏史五首（七律）⋯⋯⋯⋯⋯⋯⋯⋯⋯姚彐垠

文学青年之页

从生活出发（创作谈）⋯⋯⋯⋯⋯⋯⋯⋯管用和
诗情画意 独创清新⋯⋯⋯⋯⋯⋯⋯⋯⋯黄孝德

雪压大别山（小说）⋯⋯⋯⋯⋯⋯⋯⋯⋯苏 群
现场会（小说）⋯⋯⋯⋯⋯⋯⋯⋯⋯⋯吉学沛
青春的光辉（报告文学）⋯⋯⋯⋯⋯⋯⋯彭秉玉
引吭兴豪欲放歌（散文）⋯⋯⋯⋯⋯⋯⋯曹迠勋

认真肃清"四人帮"的流毒

浩然创作"新"路的实质是什么?⋯⋯⋯⋯刘安海
隋风其人（杂文）⋯⋯⋯⋯⋯⋯⋯⋯⋯⋯冯 丁
文坛"撑杆跳"（杂文）⋯⋯⋯⋯⋯⋯⋯⋯凡 华
"揾"与"悟"（杂文）⋯⋯⋯⋯⋯⋯⋯⋯友 元
论高夫人形象的塑造（论文）⋯⋯⋯⋯⋯李悔吾
鲁迅（雕像）⋯⋯⋯⋯⋯⋯⋯⋯⋯⋯⋯张德华
杜鹃映朝霞（中国画）⋯⋯⋯⋯⋯⋯⋯⋯张振铎
碧波耕云（套色木刻）⋯⋯⋯⋯⋯⋯⋯⋯兰玉田

1978 年第 6 期　刊名:《长江文艺》
目录

一个报告文学作者谈报告文学⋯⋯⋯⋯本刊记者
预见（小说）⋯⋯⋯⋯⋯⋯⋯⋯⋯⋯江　洋
除夕（小说）⋯⋯⋯⋯⋯⋯⋯⋯⋯⋯楚　奇
她在百花丛中笑（散文）⋯⋯⋯⋯⋯⋯叶圣华
《长江》在奔流（外二首）
——纪念向警予烈士牺牲五十周年⋯⋯王燕生
少年异端
——《曹雪芹传记故事》选载⋯⋯⋯⋯吴恩裕

儿童文学
春暖花开（小说）⋯⋯⋯⋯⋯⋯⋯⋯汪大洪
金色的野菊（散文）⋯⋯⋯⋯⋯⋯⋯⋯紫　芸
革命儿歌选⋯⋯⋯⋯⋯⋯沈立德　方宗华等
吉鸿昌（电影文学剧本）⋯⋯⋯⋯⋯⋯陈立德
欢呼我们的文艺春天（诗）⋯⋯⋯⋯⋯王维洲
万里激流诗情长（诗）⋯⋯⋯⋯⋯⋯黄声笑
我们的矿井、熔炉和轧机（四首）⋯⋯高伐林
郧西的山　我爱你（诗）⋯⋯⋯⋯⋯李武兵

文学青年之页
采得百花酿蜜来（创作谈）
——谈典型化⋯⋯⋯⋯⋯⋯⋯⋯⋯⋯艾　斐
我不是女同胞（创作谈）
——漫话幽默⋯⋯⋯⋯⋯⋯⋯⋯⋯⋯刘富道
文艺简讯二则⋯⋯⋯⋯⋯⋯⋯⋯⋯⋯本刊记者
尝尝新汩水（泥塑）⋯⋯⋯⋯⋯⋯薛宏均等
期待（中国画）⋯⋯⋯⋯⋯⋯⋯⋯⋯韦江琼
儿童画⋯⋯⋯⋯⋯⋯⋯⋯⋯⋯区　阳　徐　珊

1978 年第 7 期　刊名:《长江文艺》
目录

前进，前进!（报告文学）⋯⋯⋯⋯⋯彭友元
把酒醇滔滔（小说）⋯⋯⋯⋯⋯⋯⋯洪　泉
水（小说）⋯⋯⋯⋯⋯⋯⋯⋯⋯⋯叶文玲
永恒的春天（散文）⋯⋯⋯⋯⋯⋯⋯碧　野
黄鹤楼的传说（童话）⋯⋯⋯⋯⋯⋯周天六
吉鸿昌（电影文学剧本）⋯⋯⋯⋯⋯⋯陈立德
作家、科学家要紧紧结合在一起
——湖北省文联召开作家、科学家坐谈会纪要
⋯⋯⋯⋯⋯⋯⋯⋯⋯徐　迟　伍献文　等

学习老一辈革命家诗词
读爸爸诗随记⋯⋯⋯⋯⋯⋯⋯⋯⋯⋯茭楚青

大江壮歌励后人⋯⋯⋯⋯⋯⋯⋯⋯若　成
一曲青春歌　浩气贯长虹⋯⋯⋯⋯⋯邓　波
华主席是咱社里人（民歌十二首）⋯⋯熊明泽
这里，有闪光的足迹（诗二首）⋯⋯⋯赵崇泉

新时期总任务颂
列车在驰骋（诗）⋯⋯⋯⋯⋯⋯⋯⋯钟永华
同志们呵，快快走（诗）⋯⋯⋯⋯⋯赵国太
渡江第一船（诗）⋯⋯⋯⋯⋯⋯⋯⋯任洪渊
石头山上歌（诗）⋯⋯⋯⋯⋯⋯⋯⋯刘不朽
古战场行（诗三首）⋯⋯⋯⋯⋯⋯⋯熊　平
五七颂（诗）⋯⋯⋯⋯⋯⋯⋯⋯⋯⋯闫　纲
秧田新歌（诗）⋯⋯⋯⋯⋯⋯⋯⋯⋯黄妖晖
狮头峰上（诗）⋯⋯⋯⋯⋯⋯⋯⋯⋯彭泉瀚
阴谋文艺的理论基础（论文）⋯⋯⋯⋯郁　沅

文学青年之页
《菊花石》重版后记（创作谈）⋯⋯⋯李　季
笔谈《三个李》⋯⋯⋯⋯⋯⋯⋯⋯陈振唐等
红军时期的毛主席（雕塑）⋯⋯⋯⋯程允贤
光辉的典范（中国画）⋯⋯⋯⋯⋯⋯莫麓云
篆刻⋯⋯⋯⋯⋯⋯⋯⋯⋯⋯⋯⋯陈波涛等

1978 年第 8 期　刊名:《长江文艺》
目录

努力反映光采夺目的伟大时代⋯⋯⋯本刊评论员

沉痛哀悼卓越的无产阶级文化战士郭沫若同志逝世
挽郭沫若同志⋯⋯⋯⋯⋯⋯⋯⋯⋯骆　文
"愈老愈是红彤彤"（论文）⋯⋯⋯⋯黄曼君
三顾茅庐（小说）⋯⋯⋯⋯⋯⋯⋯⋯李翔凌
灯下发生的故事（小说）⋯⋯⋯⋯⋯舒齐全
严峻时刻的音乐会（小说）⋯⋯⋯羽　南　严　瑾
汽笛响了（小说）⋯⋯⋯⋯⋯⋯⋯⋯郑赤鹰
洪湖枪声（革命回忆录）
⋯⋯⋯⋯⋯⋯杨秀山同志根据贺龙同志谈话整理
写在后面⋯⋯⋯⋯⋯⋯⋯⋯⋯⋯⋯杨秀山
贺龙同志的故事（二剧）⋯⋯⋯⋯⋯周扬帆
见证（小说）⋯⋯⋯⋯⋯⋯余友三　田开林
娃店（小说）⋯⋯⋯⋯⋯⋯⋯⋯⋯李厚雄
牛（小说）⋯⋯⋯⋯⋯⋯⋯⋯⋯⋯王建福
马虎外传（小说）⋯⋯⋯⋯⋯⋯⋯⋯董吉安
寓言七则⋯⋯⋯⋯⋯⋯⋯⋯⋯⋯⋯黄瑞云
乾清宫的空前巨震（长篇历史小说《李自成》选载）
⋯⋯⋯⋯⋯⋯⋯⋯⋯⋯⋯⋯⋯⋯姚雪垠
典型塑造与形象思维（论文）⋯孙子威　王先沛
文学青年之页

从生活中开掘闪光的主题（读稿随笔）·········凌　梧
从"更加莎士比亚化"谈起（评论）·········李华章
朱总司令（雕塑）·········程允贤
学习新宪法　宣传新宪法　遵守新宪法（宣传画）
·········魏　扬
空军航空兵一师速写·········田克盛
贺龙同志在洪湖苏区（中国画）·········程宝泓

重温《诗要四化》所想到的·········丁　力
董必武同志（雕塑）·········张满汉
三峡风光（油画写生）·········雷必农　崔炳良　唐小禾
丹江的早晨（水彩画写生）·········白统绪

1978 年第 9 期　刊名:《长江文艺》
目录

诗词三首·········毛泽东
贺新郎（一九二三年）
七律·吊罗荣桓同志（一九六三年十二月）
贺新郎·读史（一九六四年春）

纪念抗敌演剧队建队四十周年
永远铭记·········兰　光
冤案得平反　感激华主席·········吕　复
把颠倒的历史颠倒过来·········湖北省楚剧团批判组
曾记否，到中流击水
——访原抗敌演剧队文艺战士·········本刊记者
报告一个历史新时期的到来（论文）
·········郁　源　邹贤敏
一本英华字典（小说）·········徐世军
小锤头（小说）·········李声明
究究（儿童文学）·········胡祖义
重逢（小说）·········帅奠国
寒梅怒放（报告文学）·········刘之昆
落雪（散文）·········李建纲
乾清宫的空前巨震（长篇选载）·········姚雪垠
北京情思（二首）·········韩作荣
湖北革命历史歌谣
呵，台湾（五首）·········柯　原
采火的人（三首）·········陈　龄
油田的夜（外一首）·········杨　柳
烧结机和女看火工（诗）·········李声高
炉前小考（诗）·········田绍祯
儿子是个闷葫芦（歌词）·········殷大德
队长刚刚睡着（诗）·········李圣强
赶马调（诗）·········吴昌先
答问（诗）·········青　勃
伞兵之歌（四首）·········张雅歌
三八二十三（相声）·········夏雨田
石碾唱新歌（鼓词）·········何健生

文学青年之页
诗要四化（创作谈）·········郭小川

1978 年第 10 期　刊名:《长江文艺》
目录

送瘟神二首·········毛泽东
伟大领袖爱人民·········谢邦民
老队长和少主任（小说）·········罗维扬
难忘的教诲（散文）·········刘伟新
《三上桃峰》事件是一大政治阴谋（评论）····冯　丁

新歌洒满长征路
走在工程前面的人（散文）·········昌　化
调度主任大老王（散文）·········周震亚
工地艺术家（散文）·········陈昆满
金色的黎明（散文）·········谢立谦
心愿（速写）·········耿守仁
火红的夜（速写）·········李明印
车城欢歌（速写）·········杨育基
在钢厂的捷报里（诗四首）·········游发华
纱厂春歌（诗四首）·········周　伟
山村铁匠（诗）·········赖松廷
高山展翅追大寨（民歌六首）·········王怀让
咱书记呀……（诗二首）·········何　帆
墨水·粉笔（诗）·········刘荣春
起立·灯（诗）·········董宏猷
奶奶不老（小说）·········彭　鲁
福斯塔夫爵士和风流娘儿们的共同遭遇（讽刺小品）
·········刘富道
东海咱也一瓢舀（抗旱短歌）·········胡良琼等
干校诗抄（诗）·········曾　惇
长城抒怀（诗）·········刘胜旗
在书架前面（诗）·········邵燕祥
烈女渡（小叙事诗）·········王汉广
寄语帐篷（诗）·········李武兵
寄居萧寺
——《曹雪芹传记故事》选载·········吴恩裕
谈科技报告文学的写作（评论）·········吴元钊
要有理想的光芒（评论）·········孟　起

文学青年之页
特写·形象·意境（创作谈）·········刘安海
出于幻域　顿入人间（阅读与欣赏）
——试析《聊斋志异·梦狼》的艺术特色·······吴志达
长征路上"九只虎"（山东快书）·········姜晋欣

伟大的教导（中国画）————————陈加逊
地质之光（雕塑）——————————仇志海
建设工地日日新（木刻组画）
　　　　　甘　哲　张新玲　王崇寿
泉口新田（中国画写生）——————杨奠安

1978 年第 11 期　刊名:《长江文艺》
目录

老一辈革命家诗选
长征（四首）——————————林伯渠
一九〇四年留学日本时自题像片诗（四首）——吴玉章
言志（二首）——————————徐特立
自洪湖脱险抵上海作（六首）————谢觉哉
无产阶级的艺术瑰宝————————黄清泉
红歌声声（外一首）————————骆　文
太阳家里去作客——————————黄声笑
湘赣行（二首）—————————梁上泉
武昌农讲所故址—————————沈　沙
山花烂漫时——————————高　琨遗作
丰碑前的诗歌——————————童怀周编选
闪光的足迹（四首）————————赵宗泉
篝火歌（外一首）————————莎　蕻
放歌望梅亭（外一首）——————管用和
松油柴的歌——————————聪　聪
在陈毅同志故居—————————孙静轩
打龙山（花鼓词）————————田紫云
接龙桥（叙事诗）————————欣　秋
大江奔腾——————————山　吟
三峡诗情（三首）————————刘不朽
万里行舟——————————周声华
有怀之什——————————臧克家
到隆中——————————潘振武
长安新咏（二首）————————荒　芜
七律三首——————————洪　源
血字（叙事诗）—————————王维洲
工地·炉前·车间（十三首）——王家新　董宏量
张永久　黄大荣　沈　毅　李声高
公社新歌（十四首）————李圣强　习久兰
彭泉瀚　张庆和　王　英　黄耀辉
铁肩挑起总任务（民歌）——————蔡梓三等
湖北革命历史歌谣————————巫瑞书等记录整理
归宿——————————熊召政
突破口——————————汤礼春
革命熔炉的火花（七首）——————雷子明
蔡文祥　钟永华　于海东
小白兔的苦恼（寓言诗·外一首）——徐善新
"和平"经（讽刺诗）———————揭源泰

星星、喇叭及其他（哲理诗）————殷树楷
城市农村手牵手（儿歌）——————江全章
阿里山谣（四首）————————于宗信
侨乡花月夜——————————王一桃
昆仑短笛（散文诗二章）——————王宗仁
为党的政策而战—————————东　生
反映亿万人民的共同心愿（短评）——胡德培
诗歌要为新长征猛擂进军鼓————本刊记者
需要有才气横溢的幻想——————丁永淮
学诗如学艺（诗话六则）——————不　扬
王作栋　肖　今　洪　亮
四十二年前的英雄颂歌——————田　禾

文学青年之页
读诗偶拾——————————刘绥松遗作
生活感受与诗（读稿随笔）—————刘益善
屈原（雕塑）——————————选自《湖北画册》
书法——————————吴一波　陈波涛
声　朗　邓少峰　龙从启　张　弛
愈老愈红（中国画）————————唐大康

1978 年第 12 期　刊名:《长江文艺》
目录

纪念伟大领袖毛主席诞辰八十五周年
山情（诗五首）—————————骆　文
丰碑永立心中（散文）——————碧　野
石榴花开（散文）—————倪　鹰　彭其芳
决不辜负毛主席的期望（散文）———查全性
江水不断　浩气长留（诗）—————涌　河
板凳岭（诗）——————————成瑞文
瞻仰武昌农讲所（诗）——————王文福
闪光的铁条（诗）————————龙泰岭
拨乱反正，尊重客观真理（论文）
——为纪念毛主席诞辰八十五周年作——叔　筠
湖北游踪（四首）————[新西兰]路易·艾黎
徐方圆教授（小说）————————黄大荣
王永泉（小说）—————————秦延申
心有余……（小说）———————汪　洋
艺苑老梅（报告文学）——————李声高
添红叠翠的人（报告文学）—————商红文
珍藏的往事
——怀念柳青同志————————吉学沛
长江之源（三首）————————雁　翼
诗三首——————————吕　剑
画（诗）——————————郑定文
雪山宿营——————————于　波
清晨，阵地旁岩石上————————杨人猛

庆功会上 —————————————— 彭介凡
反干扰 —————————————— 陈祥利
空降龙头礁 —————————————— 张嵩山
雪夜探病房（唱词）—————————————— 何健生
夜闯龙虎滩（长阳南曲）—————— 刘明春 龚发达

短论

漫谈作家学习自然科学 —————————————— 吕美生
评论和争鸣 —————————————— 肖 盼
论报告文学的真实性（论文）————— 邹贤敏 郁 沅

学习老一辈革命家诗词

风雷兴未艾 快马再加鞭 ————————— 刘汉民
太行浩气传千古 —————————————— 肖友元
飞跃追科学 ————————————— 张道清 姜昭华
歌手有口就要唱 要我不唱难上难 ————— 殷大德
为汉剧《矿山货郎》平反（简讯）————— 本刊记者
真正的铜墙铁壁是群众（雕塑）—————————————— 潘 鹤
梁明诚 唐大禧 仇志海 刘 林 程允贤
重任（套色木刻）—————————————— 查世铭
郭沫若同志像（雕塑）—————————————— 俞 崧
报春图（中国画）—————————————— 关山月

1979 年第 1 期 刊名：《长江文艺》
目录

弥天烽火举红旗（革命回忆录）————— 陈丕显
四个现代化与文艺（短论）—————————————— 徐 迟
唱给第三十个春天（诗）—————————————— 何 帆
解放思想 繁荣创作（文艺通讯）————— 本刊记者
郑州忆关中诸友（外五首）—————————————— 续范亭
雾重庆（长诗选载）—————————————— 周而复
泪湿的歌（诗）—————————————— 黄东成
"红元帅"（诗）—————————————— 汪承栋
离别（诗）—————————————— 傅克炳
车间风雷（诗）—————————————— 蒋育德
夜歌（诗）—————————————— 董宏量
水云湖上（外一首）—————————————— 袁希安
炊烟（诗）—————————————— 谢克强

吴老牛耕海记（报告文学）—————————————— 马国昌
老实际与老最（小说）—————————————— 周扬帆
惊笛（小说）—————————————— 洪 洋
生活中的暴风雨（小说）—————————————— 刘 敏
樱桃湾（小说）—————————————— 徐 慎
长明灯（唱词）—————————————— 何健生
杀敌送信（湖北大鼓）—————————————— 徐绪略
记老作家徐迟（文学青年之页）————— 李建纲

杂文

打掉头上的"紧箍咒" —————————————— 曾今鹏
也谈从假字开刀 —————————————— 刘富道
打倒瞒和骗的文艺 —————————————— 周 勃
要反映生活真实 —————————————— 彭秉玉
漫谈生活（作品评论）—————————————— 吉学沛
亿万人民的心声（作品评论）————— 冯 捷
从生活实际出发（作品评论）————— 苏 群
封面设计（水粉画）—————————————— 张 咏
加快步伐 实现现代化
——武钢在前进（组画）—————————————— 林义德
王学志 王福庆 邓朝京
报春图（国画）—————————————— 关山月

1979 年第 2 期 刊名：《长江文艺》
目录

致燕妮（四首）—————————————— 马克思
抓紧落实政策 促进文艺繁荣 ————— 本刊评论员
发扬民主 拨乱反正 繁荣文艺创作 ————— 陈荒煤

新歌洒满长征路

责任（报告文学）————— 胡继勤 张怀伍
又一个黎明（速写）—————————————— 陈东安
樱花曲（散文）—————————————— 王孝先
源远流长（散文）—————————————— 宫 强
白菊花（诗）————— [日本]菊井俊二
工棚，起伏的波涛（诗）—————————————— 于可训
唱给近邻的歌（诗）—————————————— 陶世绵
○七灯火（诗）—————————————— 张洪峰
咱和铆钉（诗）—————————————— 宇 宙
在高高的天空（诗）—————————————— 刘海清
一生永做炉中火（诗）—————————————— 叶曙光

千歌万曲一个音（新民歌）————— 叶照青 习久兰 等
在继往开来的时代里（二首）————— 傅克炳
陈大姐（三首）————— 铁 柱 耀 晖
和铸件一起燃烧（外一首）————— 谢文礼
唱吧，汽笛（诗）—————————————— 王汉广
电线杆（诗）—————————————— 苏金伞
会议见闻录（讽刺诗）—————————————— 郑惠丰
激光赋（诗）—————————————— 桂汉标
船员的家（诗）—————————————— 李道林
在中秋节的圆月下（小说）————— 致 真
老水手和他的小白鸽（小说）————— 田 野
大闹洪家关（小说）—————————————— 傅长虹
"主编"（讽刺小说）—————————————— 张清华
两瓶茅台酒（讽刺小说）—————————————— 周伯俞

杂文

"白虎节堂"及其他 —————————— 孟凡华
要发扬艺术民主 ————————————— 周 昉
命名之"难" ————————————————— 吴元钊
"废品经理"的日记 —————————— 李华清
倾向性形象性真实性（文学青年之页）—— 向 彤
说"情"（文艺随笔）———————— 刘静生 黄毓璜
希望《文学青年之页》办得更好（读者·作者·编者）
——————————————————————— 张建民
请注意细节的准确（读者·作者·编者）— 卞 奎
封面设计（水粉画）—————————— 高季方
红军渡口换新貌（木刻）———————— 李介文
李时珍（连环画选载）——— 邵劲之编 谢 申绘
松贞山峻（中国画）—————————— 黎雄才

1979 年第 3 期　刊名:《长江文艺》
目录

春到葛洲坝

三峡丰碑（散文）————————————— 成绥台
出国考察之前（散文）————————— 陈汉柏
第一课（散文）———————————————— 杨农恩
扬子江上（散文）——————————————— 谢立谦
菊黄时节（小说）——————————————— 柯尊静
西陵峡口对话（寓言）————————— 黄武树
党籍问题（小说）——————————————— 李北桂
心中的图画（小说）————— 陈南藻 徐鲍同
红莲传（报告文学）——————————— 汪 洋
党的领导和文艺的规律（评论）——— 刘锡诚
坚决为批错的作品和受迫害的作者平反（通讯）
——————————————————————— 本刊记者
株连横祸何时平（杂文）———————— 李长鸣
迟发的悼词（散文）————————————— 刘嘉宜
茫茫夜色中一盏明灯（三首）————— 叶圣华
周总理挥笔蘸朝霞（诗）———————— 熊明泽
公社大地涌春潮（赶五句七首）——— 赵国泰
自赏诗五题（诗）——————————————— 张志民
荷花（外一首）———————————————— 虞文琴
山里人（诗）—————————————————— 熊召政
她给他的信（诗）——————————————— 李长华
蜜蜂寨（诗）—————————————————— 吕纯良
配电盘（诗）—————————————————— 尧山壁
常林钻石赋（外一首）————————— 雷抒雁

文学青年之页

松树的风格 ————————————————— 陶 铸
感情充沛　文彩郁郁 —————————— 熊德彪
唱出新时代的最强音 —————————— 孟 起

一篇值得重视的作品
——读《徐方圆教授》—————————— 刘汉民
爸爸说的……（相声小段）—————— 夏雨田
封面设计（水粉画）—————————— 尚 扬
大队农科站（年画）—————————— 叶德昌
甜（水印木刻）————————————————— 郭召明
雪松（国画）—————————————————— 康师尧

1979 年第 4—5 期　刊名:《长江文艺》
目录

抒怀（诗）———————————————————— 马克思
民主、科学与文艺
——纪念五四运动六十周年 —————— 杉 沐
回顾与展望
——纪念《长江文艺》创刊三十周年——— 本刊编辑部

报告文学

火中的凤凰 ————————————————— 徐 迟
炮火写春秋 ————————————————— 苏 群
生命的春风 ————————————————— 涂怀章
为祖国挑起重担 —————————————— 李 蕤

散文

蓝色的航程 ————————————————— 碧 野
五彩的书签 ————————————————— 陈宏在

小说

温暖的冬夜 ————————————————— 吴 蔚
打倒贾威 ——————————————————— 李建纲
贱民 ————————————————————————— 王成启
省委书记的侄子 —————————————— 波 峰
春汛到来的时候 —————————————— 王伟举
义助叔度（《曹雪芹传记故事》选载）— 吴恩裕

诗歌

科学喊民主　民主喊科学 —————— 何 帆
我心中的天安门 —————————————— 傅紫荻
追捕话筒 ——————————————————— 雷子明
春天的花（外一首）———————————— 周翼南
图书馆抒情 ————————————————— 高伐林
海边（组诗）————————————————— 蔡其矫
大江东去 ——————————————————— 任洪渊
平原咏叹调 ————————————————— 陈 泯
洪湖诗情（组诗）——————————————— 管用和
洗衣图（外一首）——————————————— 刘 章
周总理的叮嘱 ——————————————— 钟永华
早春"梆子" ————————————————— 彭泉瀚

七把金梭满田飞 ———————— 黄耀晖
山中画廊 ————————————— 黄开明
欧维裘铜象 ———————————— 张 廓
向导 ——————————————— 任海鹰
寄给台湾之歌 ————————— 于宗信
回声 ——————————————— 董宏量

曲艺
侦察英雄张金宏（快板书）———— 泉 清
陪伴风波（相声）———————— 夏雨田

评论
从"左"倾禁锢中冲出来
——为长篇小说《我们的力量是无敌的》平反而想到的
——————————————— 孟 起
金鼓·枪刺·繁花 —————— 李元洛
读书随记 ————————————董楚青
月圆花好 ————————————李华清

杂文
不要当不开明的"婆婆"————— 柳菊兴
小议"挡一挡"————————— 胡克勤

文学青年之页
王科的买卖 ———————————蔡 斌
读《王科的买卖》有感 —————星 河
文章切忌随人后 ————————传 锋

美术
封面设计 ————————————纪 任
忍无可忍（雕塑）———————程允贤
潘锡柔 李守仁 刘 林
曙光（木刻）——————————查世铭
扬眉剑出鞘（木刻）——————徐 匡
李大钊在一九一九年（水粉画）—伍振权 蔡迪安
水乡集市（木刻）———————张怀江
群鹤（木刻）—————————布和朝鲁

睡吧，在母亲的怀抱（诗）——— 彭仲秋
归鸟歌（诗）——————————叶新谱
云海诗笺（诗）————————张雅歌
来自前线的速写 ————— 韦江琼 田克盛

小说·散文
天上人间——祖冲之和他的《大明历》———之 扬
在河那边的村子里 ——————王伟举
你走吧！ ————————————熊文祥
向后的马蹄印 —————————田 禾
吴凤果的故事 —————————田 野
荔枝树下 ———————— （白族）张 长
图画中的金鱼（童话）————— 周天六
蜜蜂与猪笼草（童话）————— 杨明礼

诗歌
诗人 ——————————————韦其麟
花魂吟 ————————————黄东成
欢乐之歌 ————————————王维洲
湘鄂西的歌 ———————（苗族）石太瑞

评论
报告文学要站在干预生活的前列 —— 邹贤敏
用民主的方法解决文艺是非 ——— 唐 明
一出有苗头的好戏 ——— 陈振唐 周转运
值得"研究"—————————— 李华清
坚持四项原则 继续解放思想（报道）——记省、市
文联纪念《讲话》发表三十七周年座谈会——本刊记者

文学青年之页
王厂长送饭（小说）—————— 周震亚
读《王厂长送饭》（评论）———— 正 平

美术
叶剑英同志在东湖（摄影）——— 张其军
封面设计（水粉画）—————— 蔡 培
并列第一（年画）——————— 肖代贤

1979 年第 6 期 刊名:《长江文艺》

目录

诗一首 ————————————叶剑英

自卫还击英模赞
青春战歌（小说）———————崔洪昌
写在军帽里的誓言（特写）——— 吉学沛
旗映南疆（诗二首）—————— 钟永华
写在火线上（诗二首）————— 雷子明

1979 年第 7 期 刊名:《长江文艺》

目录

小说
"不要靠拢我！"————————绍 六
无题 ————————— 黄大荣 邹启钧
"五一"节的前夕 ———————仇学宝
毕大劲的苦恼 —————————段明贵
上帝在暗中保佑 ————————石穆海
无所不能———— ［美］特鲁迪·里德作 韩 松译

在李时珍的故乡（散文）·············楚 玉

诗歌

泼水节之歌·····················黄 铁
川江行吟·····················玛 金
长安杂咏·····················荒 芜
春天的诗·····················胡 笳
写给诗的悼词···················陈 龄
奋起吧，长江···················赵宗泉
中秋月，照着我们的哨所·············李武兵
钢厂诗笺·····················孙友田
眼睛（外一首）··················徐晓鹤
特快车······················张良火
舔露珠······················文新国
栈桥·······················童嘉通
姑娘的心事就是多·················顾承顺

批透极左路线　贯彻双百方针

文艺为政治服务的辩证法·············郁 沅
全面地历史地理解文艺的社会作用·········刘纲纪
从"歌德派"想到的················蘅 果
窄路相"同"····················肖友元
不尽长江滚滚来
——评长篇小说《长江的黎明》··········陈 骥
大型文艺丛刊《长江》即将创刊

美术

李先念同志在江轮上（摄影）···········张其军
封面设计··············陈少平　查世铭
月夜逐浪下瞿搪（水印木刻）···········宋克君
野牛（雕塑·阎淑琴摄）··············冯 河

1979 年第 8 期　刊名:《长江文艺》
目录

现实主义还是教条主义（评论）··········姜 弘

报告文学·散文

折不断翅膀的人··················梅战华
水上列车·····················致 真

小说

"彤云"号事故调查················庆 宁
带豁口的铜镜···················阎天民
慰问·······················英 泉
熊鸡寨······················吕运斌
深山呐喊·····················刘琼英

诗歌

诗二首······················田 汉
扬子江恋歌····················顾 江
松花礼赞·····················丁 力
流毒呵，必须清洗!（外一首）··········欣 秋
刑场（外一首）··················胡克勤
海恋·······················巴 兰
年夜时分·····················唐大同
露宿·······················谢克强
棉花"卫士"····················王 英

戏曲

烈嫂··················狄 默　茗 园

关于文艺与政治的关系的讨论

阶级的文艺总是阶级斗争的工具··········何国瑞
　"工具"之说原无大错··············孙豹隐

读者·作者·编者

来自生活的呐喊（来搞摘登）

美术

捕鱼（木刻）···················蓝玉田
贺龙同志像（雕塑·阎淑琴摄）···········赵瑞英
南下（油画）··············蔡迪安　李宗海
风（雕塑·阎淑琴摄）···············冯 河

1979 年第 9 期　刊名:《长江文艺》
目录

小说

追求·······················肖 萌
弯弯的豆角····················王伟举
香池·······················叶 梅
"笑罗汉"·····················叶友三
杜三婶请客····················贺君佐
赵武灵王的故事··················之 扬

散文

科技战线上的朋友·················冯 捷
长江夜话·····················羊 犟

诗歌

关于讽刺的等级及其他···············寒 星
咽日诗稿·····················万木春
山行·······················陈 龄
妻子（外一首）··················韦 丘
星火篇······················青 勃

广州农讲所
——中央农讲所 ································ 朱光天
飞啊……（外一首） ······················ 徐晓鹤
大闸 ···································· 管用和
北国杜鹃花 ······························ 罗　乐
好静的夜 ································ 于　波
青松赞 ································ 王老黑
春回竹壮绿成荫 ······················ 滕承顺
绿叶之光（散文诗） ····················· 何　鸿

戏曲
不受欢迎的人 ·························· 王文华

批透极左路线　贯彻双百方针
必须保证文艺创作的广阔天地（评论）········· 丹　晨
革命文艺家的光荣职责（评论）——评长篇小说《长
江的黎明》 ······························ 凌　梧
"风"的考查（杂文） ····················· 李长鸣
读《"歌德"与"缺德"》有感（杂文）········· 李华清
也谈"歌德"与"缺德"（杂文）··········· 刘炳泽
"新鲜"与"并不新鲜"（杂文）············· 田　野

文学青年之页
住房问题（小说） ······················ 刘正环
我们欢迎这样的短篇小说（新作评介）——读《住房
问题》 ································ 传　华
"画马必须以马为师"（文艺随笔） ········· 陈　忠
说说写梦（文艺随笔） ··················· 李维鼎

美术
归（木刻） ······························ 聂昌硕
思（雕塑·阎淑琴摄） ····················· 俞　崧
春趣（国画） ·························· 颜静容
鹿（雕塑·阎淑琴摄） ····················· 王合内

1979 年第 10 期　刊名:《长江文艺》
目录

端正思想路线　肃清极左流毒
——湖北省、武汉市文联召开座谈会深入批判《纪
要》
深入批判《纪要》　办好文艺期刊
——记部分省、市文艺期刊负责人座谈会
应该肯定的和应该批判的（评论）··········· 王淑耘

小说
春与秋 ································ 沈虹光
"魔掌"之谜 ·························· 祖　慰

小牛子 ································ 江宛柳
想象的梦 ······························ 汪剑光
雨 ···································· 黄大荣
我比你强 ················ ［美］盖利·斯特扎尔　白大丰译

报告文学·散文
心血的结晶 ······························ 江　涛
地下乐宫漫步 ·························· 李传锋
诸木小品 ······························ 流沙河
东湖情思 ······························ 阎豫昌
竹海绿波 ······························ 李铁柱

诗歌
邓雅声烈士诗抄（七首）
敬题邓雅声烈士遗诗集 ··················· 茅　盾
姑娘的心 ······························ 黄　铁
海（外三首） ·························· 刘祖慈
长官与家臣的传奇 ······················ 寒　星
最后的讲演 ······························ 刘益善
沙与市 ································ 赵宗泉
幕阜山的悲欢 ·························· 吴兆龙
白雪短赞（外二首） ····················· 陈志民
无名花草 ······························ 郑卫国
桃花汛 ································ 崔合美
秋色赋 ································ 罗方先
伐道 ···································· 叶晓山
长阳山歌三首 ·························· 刘明春
等到何时?（外二首） ····················· 杨大矛

评论
"工农兵"的妙用（杂文）············ 陆钊珑　王健伦
"嗯……啊……哈哈……"（杂文）··········· 火　戈

文艺与政治的关系的讨论
从实践中总结经验教训 ··················· 孟　起
实践的回答 ······························ 向　彤

文学青年之页
黑夜和白天（小说） ····················· 黄学农
读《黑夜和白天》（新作评介）··········· 方　慧

美术
高峡颂（油画） ·························· 崔炳良
封面设计 ······························ 刘　勇
长江不再空自流（套色木刻） ············· 张佳林
剪纸 ···································· 张成铸

1979 年第 11 期　刊名:《长江文艺》
目录

小说

土地的主人 ·· 张　宇
公安局长的麻烦事儿 ······································ 王建福
杨花似雪 ·· 周元镐
生日的苦酒 ·· 温传昭
火车从这里驰过 ·· 郑赤鹰
王大成卖猪 ·· 姜继尚
鱼 ··· 苗连贵
夫妻情 ·· 沈虹光

散文

愿生活更美 ·· 黄大荣
赤壁新赋 ·· 丁永淮
蝴蝶桑叶 ·· 木　青

诗歌

山行 ·· 陈　龄
东湖风情 ·· 沙　鸥
云朵啊，云朵 ··· 顾　工
过香溪 ·· 欣　秋
学诗絮语 ·· 樊发稼
浣溪沙·庆祝建国三十周年 ······························· 李建章
沁园春·登岳阳楼 ·· 熊付周
三峡回声 ·· 陈咏华
碧海诗笺 ·· 方　牧
献给一位雕塑工 ·· 江　涛
如果，我要写诗 ·· 刘学雄
建桥工的诗情 ··· 张良火
民歌二首 ·· 熊明泽

杂文

说救灾 ·· 吴山秋
有感于大观园题对额 ·· 刘炳泽

关于文艺与政治的关系的讨论

从绝对化的观念中解放出来 ································ 汪名凡
与何国瑞同志商榷 ··· 胡水清
环境——人物（文艺随笔） ······························· 陈　辽
赞《土地的主人》（新作评介） ·························· 传　锋
说出了人民群众的心里话（来稿摘登）
长江文艺出版社出版新作简报

美术

李白像（雕塑·阎淑琴摄） ································· 王克庆
芋蟹（国画） ··· 赵合俦

剪纸 ·· 蒋在谱
奔马（木刻） ··· 刘　岘

1979 年第 12 期　刊名:《长江文艺》
目录

在中国文学艺术工作者第四次代表大会上的祝辞
··· 邓小平
文学与科学 ·· 徐　迟

小说

杨妈 ·· 沈虹光
生死之间 ·· 鲁文忠
得与失 ·· 邵一五
需要抢救的人 ··· 王　钧
难友阿宏 ····························· （中国台湾）黎　明
河汉皎皎（散文） ·· 冯复如
天堂寨采风（散文） ··· 耀　仑
骄傲的荧光灯（科学小品） ································ 承　良
"牛"裁判（讽刺小品） ····································· 江　成

诗歌

冰山及其他 ·· 公　刘
岩下笋 ·· 张志民
荆棘小辑 ·· 曾　卓
故乡的路 ·· 管用和
龙的故乡（外一首） ··· 刘不朽
诗二首 ·· 冯白平
望神女峰 ·· 陈咏华
杂咏二题 ·· 张天帆
营地小憩 ·· 谢文礼
柑红桔绿 ·· 成瑞文
晨恋 ··· 郑　玲　振　华
工程师的梦（外一首） ······································ 刘鸿川
还我"万金库" ··· 王汉生

评论

关心人，熟悉人，塑造人——读《长江文艺》近期发
表的几篇小说 ··· 姜　弘
写点"千字小品" ··· 羊　羴

文艺与政治的关系的讨论

也谈为文艺正名 ·· 周介人
当前无需继续提倡"工具说" ···········范福仁　马汝伟

美术

"我为人民鼓与呼"（油画）——彭德怀同志一九五八
年访问农村 ·· 伍振权

友人——彭德怀同志一九五八年访问农村······洪跃华
剪纸······宋月仙

1980 年第 1 期　刊名:《长江文艺》
目录

小说

红烛······汪　洋
复活······黄大荣
梦······周国强

报告文学

心清似水　肝胆照人······传　华

散文

在江汉平原上······碧　野
Liberty 颂——悼念周立波同志······谢　璞

诗歌

请举起森林一般的手，制止!
——致老苏区人民······熊召政
给少年们的诗······曾　卓
雷雨（外三首）······蔡其矫
疟疾（外一首）······刘益善

诗歌

西行短歌······戴安常
墨水——海水（外一首）······李圣强
让我跳第一名······于　波

评论

从黄佳英到谢惠敏的悲剧（论文）······杨江柱
人物·情节·风格（新人新作谈）——读沈虹光的小
说所想到的二、三问题······苏　群
横与坚（杂文）······唐　明
从鸳鸯脸上的雀斑谈起（文艺随笔）······薛炎文

美术

诗人李白（中国画）······金忠群
春晓（套色木刻）······肖日富
封面设计······张　简

1980 年第 2 期　刊名:《长江文艺》
目录

小说

升迁之后······吴　蔚

未发表的任务······郭　襄
矿山的星夜······谭　谊
亮······刘富道
并非荒唐的玩笑······房树民
从猿到人······沈光华

散文

东山的枇杷······〔日〕水上勉　孙东民译
友情······林绍纲
秀山碧水念昭君······郭自宝　吴道周
寓言一组······欧阳天晶

诗歌

诗理外论······管用和
铜钟，为新世纪伴奏······顾　工
你不像他（外一首）······陈　龄
八十年代第一春······武克仁
湖山思絮······韦　丘
江恋（外一首）······张雅歌
矿山的语言（外一首）······董宏量
天汉断章······沙　茵
掌声（外一首）······辛　耕
编竹筐······李圣强
夜歌······黄耀晖
自嘲（外一首）······江能成

评论

文学源流表及序跋······徐　迟
求真求美——《长江文艺》反映农村生活短篇小说读后
······杉　沐
读了致老苏区人民的诗······姜　弘
神化与鬼化（杂文）······刘炳泽
"家丑不可外扬"辨（杂文）······陆钊珑
西塞高歌探骊珠（长江诗文欣赏）······刘树勋
爱生活　写自然——王霞宙和他的画······陈方既

美术

水芋游鱼图（中国画）······王霞宙　遗作
豆角（中国画）······王霞宙　遗作

1980 年第 3 期　刊名:《长江文艺》
目录

小说

他和他的妻子······叶　梅
胜利者的悲哀······王成启
星期天，吃干鱼之前······陈　龄
凤头案······周元镐

佛骨疏 .... 余启新
影集（文学青年之页） .... 熊克林

散文
幸福 .... 田 野
玉泉小记 .... 施远成
松江月夜 .... 胡庆魁

诗歌
殒 .... 彭燕郊
淘沙集 .... 叶圣华
法制的阳光（外三首） .... 寒 星
哭锄平吾师 .... 白 刃
天山南北 .... 李武兵
贝壳集（散文诗） .... 蒋金铺
桥 .... 张良火
毒蛇、北风及其他 .... 雷 雯
丹顶鹤（外三首） .... 黄 淮
短诗一组 .... 肖向阳 钟永华
陈 泯 杨 山 彭泉瀚 黄 荆

评论
千里川江风俗画，色彩斑烂人物图——试论长篇小说
《漩流》 .... 杨江柱 和穆熙
揣摩徐迟改笔漫言 .... 陈 忠
作家的韧劲 .... 郭 超
有感于镜子（杂文） .... 蘅 果
"我为人民鼓与呼"（杂文） .... 张金煌
描写心灵 刻划性格——读《影集》 .... 正 平
星垂月涌夜江横（长江诗文欣赏） .... 刘树勋

美术
橘香西陵 .... 李伯屏
天堑通途 .... 李伯屏

1980 年第 4 期　刊名:《长江文艺》
目录

欣慰的纪念
难忘的亲切教导（散文） .... 吴奚如
少奇同志视察裕华纱厂（回忆录）... 尚金修 张允一
花明楼记事（散文）——访少奇同志故居 ..... 陈昆满
献上我心中的花圈（诗） .... 欣 秋
关于他……
——写在为刘少奇同志平反昭雪的时候 .... 陈 龄

沉痛悼念李季同志
长江在为你哭泣（散文） .... 骆 文

哭李季（诗） .... 白 桦
荆江铁女（诗） .... 李 季
李季同志墨迹（书信）

小说
踏过深深的积雪 .... 胡 丹
老刁、老邓和老初 .... 忻元洪
只要一会儿的 .... 曹启彪
小镇风波 .... 张忠慧
非非的梦（文学青年之页） .... 龙化成
胜利检阅（科学幻想小说）
　　　　　　[美]亨利·斯莱萨　杨江柱译

散文
骑马的"古人"过来了 .... 程 云
祖国，我离不开您（报告文学） .... 凌 梧

诗
山中杂咏 .... 陈继先

评论
蜡炬性格　真正的人
——读汪洋小说《红烛》 .... 王淑耘
诗的光荣——读者对诗《请举起森林一般的手，制
止!》的反映 .... 王介贤等
严肃的幻想——读斯莱萨的《胜利检阅》 ..... 杨江柱
《非非的梦》读后 .... 辜德祥
马雅可夫斯基与未来主义（评论）... 傅 克 陈守成
马雅可夫斯基临终前的信 .... 余 振译
马雅可夫斯基讨论会在武汉举行（文艺简讯）

美术
海（水粉画） .... 黄力生
峇厘魂（油画） .... 曹达立
邻（套色木刻） .... 查世铭

1980 年第 5 期　刊名:《长江文艺》
目录

小说
审判 .... 李 栋 王云高
附:贵在新而深 .... 弓 长
小叶女贞墙那边 .... 黄大荣
附:可贵的探索 .... 唐 明
邂逅 .... （中国香港）阮 朗
美如画 .... 绍 六
纸扎的花 .... 楚 奇
睡的故事 .... 杨书案

散文

心愿 ················ 碧　野
蟋蟀罐和柿子 ········ ［日］水上勉　陈喜儒译
附：扶桑挚友 ············ 林绍纲

诗歌

给中南矿冶学院 ············ 李声明
川江行吟 ················ 李道林
我是地质队员 ············ 张永久
人间正义要伸张（鄂西五句子山歌）···· 刘不朽
面对九龙壁 ············ 王维洲
丙辰清明抒怀 ············ 丁　力
忆彭总 ················ 喻　晓
生活情思 ················ 苗得雨
唱和集·临江仙 ········ 程千帆　吴丈蜀
女作者诗一组 ····· 巴　兰　刘　蒂　陈习玲　王尔碑

评论

从诗想起的 ············ 曾　卓
好就好在不落套——读祖慰同志的短篇小说 ··· 田　野
学步随记 ················ 祖　慰
要有独特的东西（文学青年之页）···· 刘安海
乾坤一腐儒（长江诗文欣赏）——杜甫的《江汉》诗
赏析 ················ 胡国瑞

美术

女娲补天（漆画）············ 林小坚
李清照（漆画）············ 晴　川
艺苑奇葩初放时——读祖慰同志的短篇小说 ··· 张　简

1980年第6期　刊名：《长江文艺》
目录

小说

帐 ················ 绍　六
附：发人深省的典型 ········ 冯　捷
闪光的珍珠 ············ 钟　华
割尾巴 ················ 南　丁
特殊班的班主任 ············ 容俊明
附：亲切感人的作品 ········ 于　仁
爱的启示 ················ 姜天民
无穷大和一（科学幻想小说·文学青年之页）
················ 桂宇石
附：源于生活的幻想 ········ 银　弓
在法的门前 ····· ［奥］费朗茨·卡夫卡　黎　奇译
附：关于卡夫卡 ············ 周乐群
穷途末路 ··· ［意］吕伊吉·皮昂德罗　少　鸿译

散文

扶桑风情录 ············ 程　云
怀念时的心言 ············ 武克仁
遥远的梦 ············ （中国香港）华　莎
雪猎 ················ 罗公元
孩提之间 ················ 胡　丹
五祖名刹 ················ 陈静安
寓言二则 ················ 段明贵

诗歌

想想吧！我的同志（外一首）········ 李声明
葛洲坝抒情 ············ 刘湛秋
机械厂杂咏 ············ 张雪杉
秋风破屋歌 ············ 流沙河
春江集 ················ 沙　鸥
京华访胜 ················ 洪　源
海外奇谈 ················ 顾　工
小诗一组 ············ 查代文　黄耀晖
文　丙　北　岛　林　丽

评论

从效果所想到的 ············ 孟　起
生活·思考·探索 ············ 黄大荣
"望着我，你那诚实的眼睛"（读稿随笔）···· 杉　沐
滚滚长江启诗情（长江诗文欣赏）···· 王启兴

美术

归鸟（漆画）············ 廖国宁
九歌·山鬼（漆画）············ 王和举

1980年第7期　刊名：《长江文艺》
目录

小说

护瓜 ················ 秦延申
扫"法盲"的人 ········ 桂宇石　方世荣
雪花飘飘 ················ 董宏猷
女子家的喜剧故事 ············ 丁永淮
贾姆的心事 ············ 许先敏
附：管窥之见 ············ 吉学沛
献给钢婚纪念日 ············ 祖　慰
附：笑·撕破·诀别 ········ 传　锋
蔷薇架下 ················ 叶　希
啊！他们……（文学青年之页）···· 吴建设
附：构思新颖　意味深长 ········ 耀　岧

散文

深切怀念陈潭秋同志（革命回忆录）···· 王韵雪

带路   祝光祥 杨尚成
扶桑风情录   程 云

诗歌

女性的豪歌   郭小川 遗作
落叶   蓝 曼
七里坪颂   欣 秋
火!   维 州
公社新歌   马晋乾 黄学农 陶 然
尧山壁 （苗族）石大瑞
小诗九首   王燕生 阿 红 于 波
林锦富 赵国泰 王 英 杨大矛 王家新

评论

严守阵地 勤于耕耘   王淑耘
要摆在进攻的地位   唐 明
一部值得重视的古典长篇小说
  ——《歧路灯》序   姚雪垠
努力塑造艺术典型
  ——谈短篇小说《亮》   采 忧 海 澎
真实就是发展——读吴蔚的小说所想到的   凌 梧
灯光笛韵话金山（长江诗文欣赏）   刘树勋
艺坛新花——记武汉市民间工艺厂   周韶华

美术

编钟舞曲（磁版刻绘·壁画稿）   唐小禾 程 犁
高山流水（磁版彩绘·壁画稿）   魏 扬
满目秋色（中国画）   工 铸
秋艳夕阳（中国画）   刘一元

1980 年第 8 期　刊名:《长江文艺》
目录

小说

第一级火箭即将脱落   郑赤鹰
附：要为四化多写作品   徐 迟
丁木森"告状"   郑明东
门被推开了   沈虹光
大姑娘   李惠薪
水纱   江 流
叮咛咛   罗维扬
一只烫伤的脚   王春泉
攻书畅想曲   中 申
青春泉   ［美］杰克·夏基 杨江柱译
水乡初晨（文学青年之页）   张法德
附：好在从生活出发   周 防
默默的怀念（散文）   丁 宁
售书的日子（散文）   骆 苗

诗歌

山乡春行   姚永标
敞开你心灵的窗户   叶圣华
思考
  ——应该选择   胡大楚
致热河   任洪渊
你来了，又走了   史蜀君
童年的侣伴   吴烟痕
梅园诗情   黄东成
花城集   青 勃
短诗一组   管用和 刘鸿川 张永久 谢文礼

评论

读者·作者·编者
给碧野同志的信   史小溪
复史小溪同志信   碧 野
新作小评
开掘深刻 针砭入微——读《审判》   周 勃
短评三篇   李华清 刘炳泽 刘安海
沉雄悲壮诗法精严（长江诗文欣赏）
  ——读陆游《塔子矶》   李元洛
纵横豪宕 慷慨悲歌（长江诗文欣赏）——读辛弃疾
《水龙吟》词   吴志达

美术

流水人家（水粉画）   李邦耀
耸（木刻）   傅 勇
鳜（油画）   杨立光

1980 年第 9 期　刊名:《长江文艺》
目录

小说

吴明和莫芝   韩 霖
业余教练的秘密   李叔德
棋友   耿修学
若是成功了   波 锋
"关三家"   游道发
淘金梦   阿 辉
取图   仇学宝
万用表、"电台"和它主人的故事   李 竑
圣诞夜归人   ［西德］海因里希·伯尔 赵乾龙译
只有二楼的房子（文学青年之页）   宾 东
附：一篇在讽刺中透出思考的作品   米 得
角特别长的鹿（寓言）   黄瑞云

诗歌

献给范熊熊（外二首）   和穆熙

歌节三月三（组诗）—————————晏　明
黄鹤楼及其他（组诗）—————————流沙河
爱之花（三首）————晓　蕾　王家新　张良火
浪花（短诗辑）————荔铭鉴　马绪英　崔品祥
徐广信　潘建国　陈咏华　彭泉瀚
在深山里的一座森林（童话诗）—————韦其麟

评论

雕塑新人的灵魂———————————杉　沐
思考·议论·形象（文艺随笔）—————刘景清
读诗随笔—————————————刘益善
自留地可以种吗（杂文）———————李华清
某公的潜台词（杂文）————————陆钊珑
江春海日铸新词（长江诗文欣赏）————刘树勋
努力培养文学新人（通讯）——《星火》、《长江文
艺》、《青春》文学月刊联合举办"青年作者小说创作
讲习班"————————————黄大荣　李　潮

美术

甜遍江南（套色木刻）————————许川如
晨曲（油画）————————————周本义
喜相逢（木刻）————————————韩黎坤

1980 年第 10 期　刊名:《长江文艺》
目录

小说

穿行在蘑菇云里————————————郑赤鹰
光的使者—————————————姜天民
好酒烧心—————————————展　锋
山，母亲—————————————沈虹光
竹梯嘎嘎响————————————汪　洪
小聪和敏敏————————————徐乃建
彩霞姑娘—————————————绍　六
得识庐山真面目（散文）———————黄大荣
生命的青春（散文）—————————冯　捷
雾雨庐山三迭泉（游记）———————李传锋

评论

失败者的期望————————————王西彦
谈谈文学创作————————————高晓声
培养文学新人的新尝试————————本刊记者
正确对待反映青年生活的作品—————范际燕

美术

青年们（油画）———————————陈忠跃
清江渡（木刻）———————————郑绪梁
山村晨（木刻）———————————方　既

两代人在庐山的聚会（照片）

1980 年第 11 期　刊名:《长江文艺》
目录

小说

一个伟大的死————————————吴奚如
旅游车的奇遇————————————彭　澍
附：似在奇与不奇中—————————紫　岚
啊，党……————————————舒　放
后台————————————（中国香港）阮　朗
他在第六生产队————————————楚　良
迟发的爱情————————————范军昌
放松的时刻————[美]E.B.怀特　钱歌川译
最后一次领港（散文）
——《海行记》之一章————————田　野
短篇小说两篇（文学青年之页）————戴希文
附：以小见大　神情裕余————————耀　仑

诗歌

马克思主义是武器和射击方法，对这种方法必须运用
得法！（外一首）———[苏]马雅可夫斯基　飞　白译
附：让个性发出白热的光————————飞　白

江南草（组诗）———————————张忠民
旧地重游（组诗）———————————管用和
抖动的纤绳（外二首）————————钟永华

评论

给暴露以科学评价———————————孟　起
关于诗《请举起森林一般的手，制止！》的讨论
大胆的探索　悲愤的控告———————邹贤敏
一篇有严重缺点错误的作品——————闻　洁
张　昶　尹良荣

美术

归渔（油画）————————————苏天赐
金秋（油画）————————————张　简
春染农家（装饰画）—————————黄强清
渔暇（木刻）————————————叶国建

1980 年第 12 期　刊名:《长江文艺》
目录

小说

线（报告文学）
——记先驱者李郑生的被冤杀————祖　慰　节　流

这车好炭·····················彭兴国
附：喜读《这车好炭》···········正　平
石头哥打柴···················李深斌
"放牛娃"·····················尹　平
抗争·························龙长祥
并非怜悯他···················吴　蔚
讽刺小说两篇·······[捷克]雅洛斯拉夫·哈谢克
张铁夫译　廖子高校

散文
忘不了他那慈祥的面孔···········徐民和
竹花吟（文学青年之页）·········江　寒
附：写出特点　抒发真情·········辜德祥
蚯蚓赋·······················春　山

诗歌
啊，我诞生了（外三首）·········叶文福
海颂（组诗）·················陈　泯
从夜幕中醒来（外一首）·········李　更
翠绿色的交响诗···············高伐林
长城之砖····················王维洲

诗歌
窗外，红叶与绿叶在争吵·········叶圣华
三峡的早晨···················李道林
写给年轻的朋友们·············董宏量
笑·························雷子明
浮世绘（二题）·········（中国香港）王心果

评论
社会主义文艺创作的一个新课题·····缪俊杰
关于诗《请举起森林一般的手，制止！》的讨论
（二）
诗，也是真实的领地···········杨匡汉
对《制止》的不同看法···········卢福咸
睁眼的诗和闭眼的评论···········丁永淮
也谈《制止》这首诗············袁修轮
人民的心声···················朱益新
十八个省、市、自治区群众文艺刊物座谈会在武
汉举行

美术
我们的生活充满阳光（套色木刻）···巴忠文　邢安夫
台风过后（套色木刻）···········宋丕瑚
南泥湾组画二幅（木刻）·········刘建才
盼（木刻）···················张地茂
军鸽（木刻）···········杨在溪　史明高

1981 年第 1 期　刊名:《长江文艺》
目录

小说
惊雷（中篇小说）···············吴奚如
别了，"仕途坐磴"！············崔洪昌
附：这是一个典型···············刘富道
知音·······················宋骥弘
小尼姑·······················刘　真
康、康·······················韩　霖
久违黄鹂声（散文）·············峻　青
根深才能叶茂（散文）——回忆李季同志在玉门油矿
的生活片断···················李小为

诗歌
亢慕义斋风云集——武汉大革命时期史诗·····罗章龙
戏·························赵宗泉
这是春天的早晨···············羊　羣
山行（组诗）·················陈　龄
替我的几个同学申诉（组诗）·······张永久
写在历史的弯曲处（组诗）·········李圣强
鸟歌·······················王家新
庐山记游（二首）···············熊光炯
拾草（三首）·················吴忠诚
小诗二首····················宗　鄂
绿叶故乡（散文诗）·············李　耕

评论
阿Q没有死（作品评介）——和李建纲同志谈
《牌》、《打倒贾威》···········姜　弘
新人灵魂美的赞歌（作品评介）——评郑赤鹰的小说
《穿行在蘑菇云里》·············张道清
"文章憎命达"与"命达憎文章"（杂文）····刘炳泽
关于诗《请举起森林一般的手，制止！》的讨论（3）
要珍惜这样的激情·········李准　丹晨
感情和正义的力量·············高洪波
反映"异化"的形象教材···········申家仁
是檄文，也是颂歌·············易　亭
有感于几个具体数目字···········唯　真

美术
母与子（油画）···············陈丹青
麦匪来甫（油画）···············刘乘江
拉萨小景（油画）···············徐坚白
秋霁（水彩画）···············陈少平
漫画8幅·······华君武　周中华　肖　洲　范兆明

雪（木刻）⋯⋯⋯⋯⋯⋯⋯⋯⋯⋯⋯⋯⋯⋯⋯⋯李　莉
瑞雪（套色木刻）⋯⋯⋯⋯⋯⋯⋯⋯⋯⋯⋯⋯陈天然

1981 年第 2 期　刊名:《长江文艺》
目录

小说

仇结⋯⋯⋯⋯⋯⋯⋯⋯⋯⋯⋯⋯⋯⋯⋯⋯⋯⋯刘　敏
他走向黎明的田野⋯⋯⋯⋯⋯⋯⋯⋯⋯⋯⋯⋯夏坚勇
无声的旋风⋯⋯⋯⋯⋯⋯⋯⋯⋯⋯⋯⋯⋯⋯⋯黄大荣
碎片横飞⋯⋯⋯⋯⋯⋯⋯⋯⋯⋯⋯⋯⋯⋯⋯⋯汪剑光
白牡丹和小野兔⋯⋯⋯⋯⋯⋯⋯⋯⋯⋯⋯⋯⋯吉学沛
新来的徒弟大于师⋯⋯⋯⋯⋯⋯⋯⋯⋯⋯⋯⋯三　槐
聊⋯⋯⋯⋯⋯⋯⋯⋯⋯⋯⋯⋯⋯⋯⋯⋯⋯⋯⋯陈　创
见到了大人物——韦登保
　　　　　　　　［西德］西·棱茨　黄　宜译
铜草花（散文）⋯⋯⋯⋯⋯⋯⋯⋯⋯⋯⋯⋯⋯沈光华
小草人的梦（散文）⋯⋯⋯⋯⋯⋯⋯⋯⋯⋯⋯张法德

诗歌

·葛洲坝抒情诗辑·
葛洲坝抒情⋯⋯⋯⋯⋯⋯⋯⋯⋯⋯⋯⋯⋯⋯⋯骆　文
贺葛洲坝长江截流⋯⋯⋯⋯⋯⋯⋯⋯⋯⋯⋯⋯吴文蜀
最后二十米⋯⋯⋯⋯⋯⋯⋯⋯⋯⋯⋯⋯⋯⋯⋯沈　毅
问江水⋯⋯⋯⋯⋯⋯⋯⋯⋯⋯⋯⋯⋯⋯⋯⋯⋯殷树楷
夜的抒情（二首）⋯⋯⋯⋯⋯⋯⋯郑　思遗作
我忆念的山村（组诗）⋯⋯⋯⋯⋯⋯⋯⋯⋯⋯易　山
在深山（组诗）⋯⋯⋯⋯⋯⋯⋯⋯⋯⋯⋯⋯⋯熊召政
访陈友谅墓（外一首）⋯⋯⋯⋯⋯⋯⋯⋯⋯⋯丁　力
海南岛寄情⋯⋯⋯⋯⋯⋯⋯⋯⋯⋯⋯⋯⋯⋯⋯李声高
在江南⋯⋯⋯⋯⋯⋯⋯⋯⋯⋯⋯⋯⋯⋯⋯⋯⋯陈应松
黎明，彩色的山谷⋯⋯⋯⋯⋯⋯⋯⋯⋯⋯⋯⋯刘毅然
星光集⋯⋯⋯⋯⋯⋯⋯⋯⋯⋯⋯⋯⋯⋯⋯⋯⋯王敦贤
银杏（外二首）⋯⋯⋯⋯⋯⋯⋯⋯⋯⋯⋯⋯⋯李根红

评论

前进的轨迹——读高伐林的诗札记⋯⋯⋯⋯⋯邹荻帆
关于诗《请举起森林一般的手，制止》的讨论（4）
和人民站在一起⋯⋯⋯⋯⋯⋯⋯⋯⋯⋯⋯⋯⋯谢　冕
真实——《制止》的生命⋯⋯⋯⋯⋯⋯⋯⋯⋯程克夷
诗贵有激情⋯⋯⋯⋯⋯⋯⋯⋯⋯⋯⋯⋯⋯⋯⋯陈振唐
此地无银三百两⋯⋯⋯⋯⋯⋯⋯⋯⋯⋯⋯⋯⋯田　奇
假设术应用又一例⋯⋯⋯⋯⋯⋯⋯⋯⋯⋯⋯⋯陆钊珑
一位香港读者的来信
一张迟印的领袖像（读者来信）

美术

白桦（油画）⋯⋯⋯⋯⋯⋯⋯⋯⋯⋯⋯⋯⋯⋯詹建俊
水杉（油画）⋯⋯⋯⋯⋯⋯⋯⋯⋯⋯⋯⋯⋯⋯冯玉琪
落日故人情（油画）⋯⋯⋯⋯⋯⋯⋯⋯⋯⋯⋯曹　章
春（套色木刻）⋯⋯⋯⋯⋯⋯⋯⋯⋯⋯⋯⋯⋯李　莉

1981 年第 3 期　刊名:《长江文艺》
目录

小说

南浦恨（中篇小说）⋯⋯⋯⋯⋯⋯⋯⋯⋯⋯⋯谢　声
"我还年轻"⋯⋯⋯⋯⋯⋯⋯⋯⋯⋯⋯⋯⋯⋯木　青
玫瑰花与野蔷薇⋯⋯⋯⋯⋯⋯⋯⋯⋯⋯⋯⋯苏　渝
心弦⋯⋯⋯⋯⋯⋯⋯⋯⋯⋯⋯⋯⋯⋯⋯⋯⋯陈　学
"皮箑箕"赴会记⋯⋯⋯⋯⋯⋯⋯⋯⋯⋯⋯⋯李辅贵
午⋯⋯⋯⋯⋯⋯⋯⋯⋯⋯⋯⋯⋯⋯⋯⋯⋯⋯张月斌
被药死的鱼（文学青年之页）⋯⋯⋯⋯⋯⋯龚建民
附：其事也小　其旨也远⋯⋯⋯⋯⋯⋯⋯⋯传　锋
·万里长江第一坝（散文特辑）·
卷起千堆雪⋯⋯⋯⋯⋯⋯⋯⋯⋯⋯⋯⋯⋯⋯洪　洋
创造幸福制造光明的人⋯⋯⋯⋯⋯⋯⋯⋯⋯齐　克
长江之子⋯⋯⋯⋯⋯⋯⋯⋯⋯⋯⋯⋯⋯⋯⋯陈汉柏
长江不再空自流⋯⋯⋯⋯⋯⋯⋯⋯⋯⋯⋯⋯田　野

诗歌

大悟山的怀念⋯⋯⋯⋯⋯⋯⋯⋯⋯⋯⋯⋯⋯许　行
行旅诗词五首⋯⋯⋯⋯⋯⋯⋯⋯⋯⋯⋯⋯⋯吴丈蜀
迟开的花
——赠艾青（组诗）⋯⋯⋯⋯⋯⋯⋯⋯⋯孙静轩
海（外一首）⋯⋯⋯⋯⋯⋯⋯⋯⋯⋯⋯⋯⋯寒　星
女作家诗页⋯⋯⋯⋯张　帆　刘　蒂　王晓晴　杨迎平
新诗一束⋯⋯⋯⋯⋯⋯⋯⋯⋯⋯黄东成　于　波
杨江柱　倩　晴　聂鑫森　李武兵　王汉广
散文诗三首⋯⋯⋯⋯⋯⋯⋯⋯⋯⋯⋯⋯⋯⋯刘湛秋

评论

关于诗《请举起森林一般的手，制止》的讨论（5）
为《制止》一诗讨论告一段落敬致读者⋯⋯本刊编辑部
可贵的艺术探索⋯⋯⋯⋯⋯⋯⋯⋯⋯⋯⋯⋯李元洛
深刻地反映社会主义现实⋯⋯⋯⋯⋯⋯⋯⋯肖云儒
信稿摘登
揽景会心　以物达情（长江诗文欣赏）——读杜甫的
《绝句》⋯⋯⋯⋯⋯⋯⋯⋯⋯⋯屈宝贤　王晓晖
静物之美（读画随笔）⋯⋯⋯⋯⋯⋯⋯⋯⋯迟　轲

美术

静物三幅⋯⋯⋯⋯⋯⋯⋯⋯⋯⋯⋯⋯⋯⋯⋯王肇民
静物⋯⋯⋯⋯⋯⋯⋯⋯⋯⋯⋯⋯⋯⋯⋯⋯⋯王肇民
爆竹声中送瘟神⋯⋯⋯⋯⋯⋯张普平画　樊　帆诗
万里长江第一坝（速写）⋯⋯⋯⋯翁　德　张善平

1981 年第 4 期　刊名:《长江文艺》

目录

小说

在感情的暖流中奋起（报告文学）·············楚　奇
附：真挚友爱的颂歌·····················冯　捷
除尘记·····························杨　杏
尕玛和达瓦·························张莉荣
烟姐儿·····························李传锋
发生在劳模身上·····················周正潘
中秋雨（文学青年之页）·················钮岱锋
附：写出人的美好心灵···················弓　长
最后一点儿····[印度]杰·普·蒂格其德　钱王驷译
巴黎散记（散文）·····················徐　迟
风筝（散文）·······················程　仪
寓言二则·························彭兴国

诗歌

路，就该这样走·····················张庆明
南疆哨所的一条花径···················钟永华
词四首·····························冯白平
西陵行·····························柳　倩
风景（四首）·······················沙　鸥
江南情思（二首）···················孙友田
东湖游·····························木　斧
短诗一束·········谢堂　雷子明　管用和　洪　源
　　木青　彭泉瀚　荔铭鉴　周民　谢克强　李国权

评论

激流勇进·························孟　起
写在诗集的末页·····················骆　文
悲剧命运　英雄性格
——评中篇小说《人到中华》··············段更新
杜甫的“进”和李白的“退”（文艺随笔）·······张守映
豪爽飘逸长江图（长江诗文欣赏）——读杜牧《西江
怀古》·····························傅生文

美术

春江夜（中国画）·····················周韶华
桔乡（中国画）·····················陈作丁
苗寨（中国画）·····················刘一元
春意（中国画）·····················汤文选
渔汛（中国画）·····················魏　扬
虎（中国画）·······················汤文选
巴黎凡尔赛宫园林雕像（照片二幅）

1981 年第 5 期　刊名:《长江文艺》

目录

小说

麻老汪森林奖·····················张祖诚
附：愿青山常绿·····················苏　群
春雪·····························吴焱文
青青的葡萄·························熊学斌
第二天早晨·························陈　龄
双曲线的杀人案（长篇推理小说连载）
·············[日]西村京太郎著　张国铮译
延安，革命青年的摇篮（散文）············蔡天心
人与人之间（散文·《海行记》之一章）·······田　野
思（散文）·························江浣溪
早春（文学青年之页）···················夏腊初
附：并非闲话·······················周　昉

诗歌

勘探者的足迹（组诗）···················杨　柳
在山的那边·························王家新
迭影
——中国的黄昏与早晨（组诗）············高伐林
过去了的（外一首）···················巴　兰
歌唱吧，土地（组诗）·················刘不朽
短诗一束···········蔡远福　黄忠来　黄学农

评论

艺术的美与精神文明···················杉　沐
要有点新意（作家谈创作）···············陆文夫
生活的十足的真实——漫谈刘富道短篇小说的思想和
艺术·····························周迪荪
读《戏》后漫谈（作品评介）··············刘汉民
怀念诗人李季（读者来信）···············罗学一
千古传颂“大江东”（长江诗文欣赏）·········黄济华

美术

黄菊（水粉画）·····················胡国良
映山红（水粉画）···················钟安之
大理花（水彩画）···················胡国良
六月之夜（水彩画）···················钟安之
应答（雕塑）·······················朱祖德
护士（雕塑）·······················郭德茂

1981 年第 6 期　刊名:《长江文艺》
目录

我们的学习楷模——悼念茅盾同志⋯⋯骆　文　淑　耘
在椿叶飘零的日子里——先师茅盾近事琐忆⋯陈　泯

小说
蚂蚁与珊瑚⋯⋯⋯⋯⋯⋯⋯⋯⋯⋯⋯⋯⋯⋯楚　良
附：发掘和表现人的高尚品质⋯⋯⋯⋯⋯⋯周　昉
倒掉了的石牌坊⋯⋯⋯⋯⋯⋯⋯⋯⋯⋯⋯⋯叶明山
附：传真情出新意⋯⋯⋯⋯⋯⋯⋯⋯⋯⋯⋯紫　岚
冬夜，西去列车的窗口⋯⋯⋯⋯⋯⋯⋯⋯⋯黄大荣
这里远离发射场⋯⋯⋯⋯⋯⋯⋯⋯⋯⋯⋯⋯郑赤鹰
窗外的灯光⋯⋯⋯⋯⋯⋯⋯⋯⋯⋯⋯⋯⋯⋯马景源
鸽子⋯⋯⋯⋯⋯⋯⋯⋯⋯⋯⋯⋯⋯⋯⋯⋯⋯池　莉
夫妻队长⋯⋯⋯⋯⋯⋯⋯⋯⋯⋯⋯⋯⋯⋯⋯李　澈
小巷春暖⋯⋯⋯⋯⋯⋯⋯⋯⋯⋯⋯⋯⋯⋯⋯董宏猷
哈姆林的吹笛人（西方小故事）⋯⋯⋯⋯⋯王安龙译
双曲线的杀人案（长篇推理小说连载之二）
　　　　　　⋯⋯［日］西村京太郎著　张国铮译

评论
坚持三中全会路线，坚持四项基本原则⋯⋯本刊评论员
为着人民大众（专论）⋯⋯⋯⋯⋯⋯⋯⋯⋯杉　沐
我是迟到的拾贝人（我和文学）⋯⋯⋯⋯⋯刘富道
横看成岭侧成峰（西方文海一勺）——谈谈艺术形象
的多种解释⋯⋯⋯⋯⋯⋯⋯⋯⋯⋯⋯⋯⋯⋯杨江柱
情人眼里出西施（美学漫笔）⋯⋯⋯⋯⋯⋯孙子威

美术
绿衣姑娘（油画）⋯⋯⋯⋯⋯⋯⋯⋯⋯⋯⋯恽忻苍
白衣少女（油画）⋯⋯⋯⋯⋯⋯⋯⋯⋯⋯⋯何　波
女教师（油画）⋯⋯⋯⋯⋯⋯⋯⋯⋯⋯⋯⋯汤小铭
阳光（油画）⋯⋯⋯⋯⋯⋯⋯⋯⋯⋯⋯⋯⋯尹国良
憩（木刻）⋯⋯⋯⋯⋯⋯⋯⋯⋯⋯⋯卢宪民　王奇志
高原姐妹（木刻）⋯⋯⋯⋯⋯⋯⋯⋯⋯⋯⋯蒋宜勋
漫画两幅⋯⋯⋯⋯⋯⋯⋯⋯⋯⋯⋯⋯⋯⋯⋯周中华

1981 年第 7 期　刊名:《长江文艺》
目录

光荣的战斗历程
——纪念建党六十周年⋯⋯⋯⋯⋯⋯⋯本刊评论员

革命回忆录·散文
重访武汉忆往事⋯⋯⋯⋯⋯⋯⋯⋯⋯⋯⋯⋯戈宝权
史沫特莱来到大洪山⋯⋯⋯⋯⋯⋯邹作盛　郭令炘

开始唤党母亲的时候⋯⋯⋯⋯⋯⋯⋯⋯⋯⋯骆　文
党，我的精神母亲⋯⋯⋯⋯⋯⋯⋯⋯⋯⋯⋯姚雪垠
大地的心声⋯⋯⋯⋯⋯⋯⋯⋯⋯⋯⋯⋯⋯⋯汪德彰
神奇的一枪⋯⋯⋯⋯⋯⋯⋯⋯⋯⋯⋯⋯⋯⋯秦　耘

小说
淡淡的清茶⋯⋯⋯⋯⋯⋯⋯⋯⋯⋯⋯⋯⋯⋯宋骥弘
一口水⋯⋯⋯⋯⋯⋯⋯⋯⋯⋯⋯⋯⋯⋯⋯⋯游道发
钢轨——钢轨⋯⋯⋯⋯⋯⋯⋯⋯⋯⋯⋯⋯⋯郑赤鹰
梦魇⋯⋯⋯⋯⋯⋯⋯⋯⋯⋯⋯⋯⋯⋯⋯⋯⋯苏贤英

诗歌
董老诗选⋯⋯⋯⋯⋯⋯⋯⋯⋯⋯⋯⋯⋯⋯⋯董必武
黄麻起义的歌
——写在红安县革命博物馆里⋯⋯⋯⋯⋯⋯欣　秋
湘鄂西革命歌谣⋯⋯⋯⋯⋯⋯⋯⋯鹤峰县博物馆搜集整理

评论
谈几篇小说中的共产党员的形象⋯⋯⋯⋯⋯苏　群
倘若⋯⋯（我和文学）⋯⋯⋯⋯⋯⋯⋯⋯⋯李建纲
变形故事的背后（西方文海一勺）⋯⋯⋯⋯杨江柱
自我发现的喜悦（美学漫笔）⋯⋯⋯⋯⋯⋯孙子威

美术
艰苦岁月（雕塑·程元贤摄影）⋯⋯⋯⋯⋯潘　鹤
刘胡兰（雕塑·赵力摄影）⋯⋯⋯⋯⋯⋯⋯董祖诒
董存瑞（雕塑·赵力摄影）⋯⋯⋯⋯⋯⋯⋯易振瀛
红军女战士（雕塑·赵力摄影）⋯⋯⋯⋯⋯张润凯
大刀进行曲（雕塑，部分·程元贤摄影）
　　　　　　　　　　　　⋯⋯⋯⋯⋯⋯潘　鹤　等
九女墩题诗⋯⋯⋯⋯⋯⋯⋯⋯⋯⋯⋯⋯⋯⋯宋庆龄
白求恩（雕塑，部分）⋯⋯⋯⋯⋯潘　鹤　程允贤
明天（雕塑）⋯⋯⋯⋯⋯⋯⋯⋯⋯⋯⋯⋯⋯关　竟
双曲线的杀人案（长篇推理小说连载）
　　　　　　⋯⋯⋯［日］西村太郎著　张国铮译

1981 年第 8 期　刊名:《长江文艺》
目录

小说
笑中泪⋯⋯⋯⋯⋯⋯⋯⋯⋯⋯⋯⋯⋯⋯⋯⋯王奎山
夕阳无限好（关荫沛插画）⋯⋯⋯⋯⋯⋯⋯谢声凯
心声（施江城插画）⋯⋯⋯⋯⋯⋯⋯⋯⋯⋯韩　霖
黑色的爱情（龙良柱插画）⋯⋯⋯⋯⋯⋯⋯杨　威
霜晨月（张简插画）⋯⋯⋯⋯⋯⋯⋯⋯⋯⋯崔洪昌
烟⋯⋯⋯⋯⋯⋯⋯⋯⋯⋯⋯⋯⋯⋯⋯⋯⋯⋯李铭征
老烟筒的新故事⋯⋯⋯⋯⋯⋯⋯⋯⋯⋯⋯⋯洪　泉
神农小店纪事⋯⋯⋯⋯⋯⋯⋯⋯⋯⋯⋯⋯⋯楚　奇

晨⸺⸺⸺王 纲
鱼我所欲也⸺⸺⸺李维鼎
山峣峣⸺⸺⸺何 愁
雾雨（文学青年之页）⸺⸺⸺王 琦
从结尾谈起（文学青年之页）⸺⸺⸺弓 长
为什么会短——读本期的几篇短篇小说⸺⸺辜德祥

诗歌
大别山的歌（三首）⸺⸺⸺钟永华
山间小路⸺⸺⸺姚永标
祖国抒情诗（三首）⸺⸺⸺徐 刚
闽南三首⸺⸺⸺蔡其矫
剧场（外一首）⸺⸺⸺韦 丘
春到鹦鹉洲⸺⸺⸺李道林
滇西行⸺⸺⸺谷 曼
水，泼出来的诗⸺⸺⸺雷子明
花、刺、诗⸺⸺⸺何 鸿
江夜（外一首）⸺⸺⸺洪 源

评论
普通人心灵美的颂歌
——读《长江文艺》小说专号⸺⸺⸺凌 梧
个性的概括和深化——人物艺术的探索⸺⸺胡德培
"买椟还株"的妙用（杂文）⸺⸺⸺刘炳泽
我与文学（我与文学）⸺⸺⸺吉学沛
纯洁高尚的思想品质——谈谈《麻老汪森林奖》的悲
剧美⸺⸺⸺张道清
站在现代派门槛上的契诃夫（西方文海一勺）
⸺⸺⸺杨江柱
脱形得似 得意忘象（美学漫笔）⸺⸺⸺孙子威
双曲线的杀人案（长篇推理小说连载之四·张简插画）
⸺⸺⸺［日］西村京太郎著 张国铮译
西方小故事（二则）⸺⸺⸺王安龙译

美术
印度舞（陶瓷）⸺⸺赵瑞英作 阎淑琴摄
勇者如斯（泥塑）⸺⸺张德华作 阎淑琴摄
傣族少女（泥塑）⸺⸺王克庆作 阎淑琴摄
非洲节日（木刻）⸺⸺关玉章作 阎淑琴摄

1981 年第 9 期 刊名:《长江文艺》
目录

女青年作者小说特辑
小秋⸺⸺⸺沈虹光
父与子⸺⸺⸺叶 梅
流星⸺⸺⸺张聚宁
未眠夜⸺⸺⸺池 莉

香女⸺⸺⸺杨 菁
美丽的克雷勒斯⸺⸺⸺王 洁
维纳斯闯进门来（小说）⸺⸺⸺映 泉
心悦诚服的脸红（小说）⸺⸺⸺陈东湖
双曲线的杀人案（长篇推理小说连载之五）
⸺⸺⸺［日］西村京太郎著 张国铮译

诗歌
隆中游客（组诗）⸺⸺⸺李圣强
叶赛宁爱情诗⸺⸺⸺蓝曼译
小诗一组⸺⸺⸺徐广信 查代文 董宏量
赵宗泉 王 挥 张雅歌
女作者诗页⸺⸺⸺罗 英 阿 芳 刘 蒂

纪念鲁迅先生诞生 100 周年
鲁迅与许寿裳（散文）⸺⸺⸺罗高林
坟·前夜（评论）⸺⸺傅子玖 廖得为
鲁迅三代和仙台（回忆录）
⸺⸺⸺［日］菅野俊 曾汉祥译
开拓者（木刻）⸺⸺⸺查世铭
长夜——鲁迅在上海（木刻）⸺⸺⸺卢 沉
颂周公（木刻）⸺⸺⸺杨先让
刘和珍烈士（雕塑）⸺⸺⸺程允贤
为人民学文学（我与文学）⸺⸺⸺刘 真
刘真访问记⸺⸺⸺纪卓如
姓名高挂在黄州（散文·《苏轼在黄州》之一）
⸺⸺⸺饶学刚
生活·真情·勤奋（评论）⸺⸺⸺冯 捷
捕捉瞬间的印象（西方文海一勺）⸺⸺⸺杨江柱
意足不求颜色似（美学漫笔）⸺⸺⸺孙子威
少女像（油画二幅）⸺⸺⸺赵友萍

1981 年第 10 期 刊名:《长江文艺》
目录

短篇小说
"宰王"认罪⸺⸺⸺彭兴国
赵家卯转正⸺⸺⸺彭兴国
东河夕照⸺⸺⸺王成启
美髯公⸺⸺⸺叶明山
免费的笑声⸺⸺（中国香港）东 瑞
妻子妻子⸺⸺⸺刘树德
野鸭岛的恋情⸺⸺⸺汪剑光
明天答复你⸺⸺⸺李叔德
夜走达城庙⸺⸺⸺何 方 绍 六

文学青年之页

新人第一篇

真假儿女情 ————————————————— 袁文辉
卖饼者的悲喜剧 ——————————————— 姜锋青
一封难写的传情信 ————————————— 戴玉苏
失落在地上的梦 ——————————————— 丁克翠
双曲线的杀人案（长篇推理小说连载之六）
　　　　　　　［日］西村京太郎著　张国锋译
辛亥首义诗录 ——————————— 胡石庵　遗作
先行者在思索（诗）————————————— 叶圣华
苏轼与《赤壁赋》（散文）——————————— 饶学刚

评论

学习鲁迅创作中的意识流手法 ——————— 杨江柱
从《木厂》想起的（我和文学）——————— 邹荻帆
诗人的心与大地的脉搏——访诗人邹荻帆 — 高进贤
来自生活的光采——读彭兴国的两篇小说 — 孟　起
从日常生活中开掘新意
　　——读《卖饼者的悲喜剧》———————— 正　平
从小见大　贵在"截取"
　　——读《一封难写的传情信》———————— 周　昉
梦境的升华——读《失落在地上的梦》——— 郁　雨

美术

难忘的年代（油画）————————————— 黄力生
晓（油画）——————————————————— 唐明松
渔嬉（木刻）————————————————— 朱公瑾
横板之歌（木刻）—————————————— 沈良鸿

1981 年第 11 期　刊名:《长江文艺》
目录

他们要去台湾（报告文学）——————————— 王　声

小说

新演诸葛 ——————————————————— 楚　良
一顶草帽 ——————————————————— 陆　地
沈大掘宝 ——————————————————— 张法清
光圈 ————————————————————— 范军昌
九江口 ——————————————————— 张青山
播种的日子 ————————————————— 叶宗佩
鲜蛋风波 ——————————————————— 成瑞文
红叶在飒飒作响（散文）——————————— 顾　工
西山掇胜（散文·新人第一篇）——————— 张镜秋
双曲线的杀人案（长篇推理小说连载之七）
　　　　　　　［日］西村京太郎著　张国铮译

诗歌

写在醒来的土地上（二首）——————————— 范　源

甜津津的湖水（组诗）———————————— 管用和
桂林山水（二首）—————————————— 丁　力
竹韵 ————————————————————— 寒　星
湖岸小景（外一首）————————————— 李武兵
诗神（外一首）——————————————— 李根红
夕阳 ————————————————————— 青　勃
锤音 ————————————————————— 张良火
沐浴着玫瑰色的阳光 ———————————— 黄东成
黄昏，在泉边…… ————————————— 彭泉瀚
春天的抒情（二首）————————————— 饶庆年
大嫂 ————————————————————— 梁必文
请木匠 ——————————————————— 彭友元

评论

不断提高短篇小说创作质量
　　——记短篇小说创作座谈会 ——————— 本刊记者
在豆花正红的小院里（作家访问记）———— 李传锋
我是长江的儿子（我和文学）———————— 鄢国培
闯进西方文苑的怪医生（西方文海一勺）— 杨江柱
楚雨含情皆有托（美学漫笔）———————— 孙子威

美术

长江写生（油画）—————————————— 张　简
雨霁山城·长江金波·江浦残照
啊，土地 ——————————————————— 姚仲华
夕烟 ————————————————————— 李忠翔
一幅画的启迪——赏美国名画《精疲力竭——擦鞋小
童》 ———————————————————— 张　简
精疲力竭——擦鞋小童————[美]约翰·乔治·布朗

1981 年第 12 期　刊名:《长江文艺》
目录

小说

鱼官 ————————————————————— 刘树德
附:"倔"字里的文章 ————————————— 凌　梧
森林曲 ——————————————————— 孙建英
美的一课（儿童文学）———————————— 传　华
生日（儿童文学）—————————————— 容俊明
雨夜的星 ——————————————————— 汪　洋
新来的描图员 ——————————————— 陈国屏
桂香 ————————————————————— 李尔纲
一场虚惊 ——————————————————— 李翔凌
飞翔（报告文学）—————————————— 刘大平
新人第一篇
从空弦开始 ————————————————— 黄河清
附:生活的辩证法 —————————————— 耀　仑
补鞋者 ——————————————————— 郭相安

寻觅（散文）———————————杨　尘
双曲线的杀人案（长篇推理小说连载·续完）
———————[日]西村京太郎　张国铮译

诗歌
故乡———————————————闻一多　遗作
漓江，你对我说—————————胡大楚
故乡情思（二首）———————闻　频
乡村（组诗）———————————陈　犀
信使———————————————王　挥
窗前一串红辣椒—————————刘益善
武汉的路（四首）———————董宏量

评论
望见了未来，用我们灵魂的眼睛
——关于艺术的理想美————杉　沐
亲切的圆印章（我和文学）——未　央
五彩缤纷的梦之国（西方文海一勺）—杨江柱
迁想妙得（美学漫笔）————孙子威

美术
版纳风光（油画）———————鲍　加
雕塑三件————————————林毓豪

1982 年第 1 期　刊名:《长江文艺》
目录

小说
赔你一只金凤凰—————————李叔德
偷渡者—————————————田　野
泥泞的路上———————————辛　雷
我和我的"特保儿"———————沈虹光
哥们头儿————————————王建福
一家之主————————————毛志成
珍珠姑娘————————————刘　凡
黄昏颂（新人第一篇）————韩玉河
诚实行为————[法]埃尔韦·巴赞　汪建莉译
英山微笑了（报告文学）——李德复　涂怀章
光明顶（散文）————————（回族）马　犁

诗歌
乡村之歌————————————熊召政
早晨好—————————————刘湛秋
夏日的田野（组诗）—————郭　辉
乡土情（四首）———————查代文
题"全国书市留言簿"————赵宗泉

评论
激流中的浪花——读《长江文艺》几篇反映农村生活
的小说—————————————凌　梧
谈深入生活———————————吉学沛
我是一个兵（我和文学）——郑赤鹰
希腊神话与文艺批评（西方文海一勺）—杨江柱
万紫千红总是春（美学漫笔）—孙子威
古典诗歌中的"绿"字（文艺随笔）—徐有富

美术
台湾姑娘（油画）———————靳尚谊
黄河船夫（油画）———————尚　扬
附：伟大的自然·伟大的人——尚　扬
高原之春（木雕）————时　宜·阎淑琴摄
牧笛（泥塑）——————张德华·阎淑琴摄

1982 年第 2 期　刊名:《长江文艺》
目录

小说
"大篷车"上———————————方　方
布娃娃和不定性儿———————刘富道
候选———————————————汪　洪
老队长和小会计—————————秦延申
杨树湾—————————————杨祝安
光棍朱武龙———————————彭兴国
佘太君经理———————————刘敬堂
幸福山（童话故事）—————田海燕
比金子还亮的心（报告文学）—姜锋青　胡学庆
穷村小巷里的故事（新人第一篇）—袁先行
附：注意描写人物的思想感情———周　昉

诗歌
我依然爱恋这片土地（二首）—晓　蕾
大山纪行（二首）———————姚永标
访问汽车城诗抄————王维洲　高伐林
刘益善　徐广信　董宏量　池　莉
小诗一组———————————鄂家发　李圣强
孙友田　苏　敏　熊明泽

评论
民族战争的悲壮剧——《李自成》第三卷几个单元读
后札记—————————————冯天瑜
第一课与第一步（我和文学）—曾　卓
艺术上的三级跳（美学漫笔）—孙子威
冻结·倒流·超越（西方文海一勺）—杨江柱
见树与见林（一得集）————蘅　果
走马看花　耳目一新

——记湖北省文艺界参观团的活动·············本刊记者

美术

归侨（油画）·····························靳尚谊
画瓶（紫砂陶）·························张德蒂
海的摇篮（木雕）·····················叶如璋

最佳的黄金时刻（西方文海一勺）·······杨江柱

美术

思（油画）·································乐　章
陕北小女孩（中国画）·················王有政
纳鞋底（中国画）·····················郭全忠

1982 年第 3 期　刊名:《长江文艺》
目录

小说

起来行！·································蓝　泉
附：响亮的呼吸·······················刘益善
买驴·····································王奎山
大年夜·································李尔重
宝剑熠熠闪光·························冯　捷
在教授的遗像下·····················赵　自
婚夜人未归···························邓雄生
燕儿撒网·······························李朝杰
桂花藕·································殷显扬
新人第一篇
　"老红军"···························汪　健
附：坚实的一步·····················崔洪昌
走进那长长的行列···················毛立辉
附：蕴意尺幅之中···················梦　华
长城在召唤（报告文学）···········葆　成
夏夜，在微雨中散步（散文）·······何　鸿
寓言二则·······························段明贵

诗歌

写在漂浮的上地上（组诗）·········李道林
送黄河洪峰入海·····················王维洲
乡情（四首）·························和　谷
敬礼（外一首）·····················冯白平
祝福···················[菲律宾华侨]云　鹤
花儿朵朵·······张永久　谢克强　叶圣华　李　耕

评论

到底恨什么？
——评叶文福诗《故宫，我恨你》·····郑　志
深刻反映农村生活　努力描写农村新人
——关于短篇小说《新演诸葛》的评论
《新演诸葛》得失谈·················吉学沛
一个有鲜明性格的农民形象·········丁永淮
独运新思演诸葛·····················孟凡华
为农村新人讴歌——记农村业余作者楚良··杉　沐
舞台——文学（我和文学）·········沈虹光
莫娜丽莎的微笑（美学漫笔）·······孙子威

1982 年第 4 期　刊名:《长江文艺》
目录

归　来（报告文学）
——记著名侨领陈嘉庚的两次回国···曾　卓　田　野
三边啊，在诗人的心里（散文）
——怀念李季同志·····················刘　山

小说

今日朝霞·······························胡　丹
峡谷风雨·······························羊　羣
听那呜呜的胡笛·····················白　沙
"一百六"送礼·······················秦延申
月亮弯弯·······························张法德
啊，我的炊烟·················（苗族）石太瑞
第一篇新人
大山的诗与泪（散文）···············席星荃
邻居（小说）·························陈春亚

诗歌

时间的歌·······························王　挥
船过三峡（二首）···················高伐林
黄山拾翠（三首）···················钟永华
桩机畅想曲（外一首）···············张良火
小诗两首·······················赵宗泉　梁必文
散文诗二题···························管用和

评论

六升肥田荒了以后（我和文学）·······汪　洋
艺术构思　贵在独创——浅谈《长江文艺》几篇小说
的构思艺术·······················程克夷
一小时有长有短（西方文海一勺）·····杨江柱
诗情与实情（美学漫笔）···········孙子威
漫话作家笔记本（文艺随笔）·······罗高林
一得集（四篇）···王浩洪　冯　丁　雷世贵　肖友元

美术

舞蹈演员（油画）···················陈衍宁
老樟（水彩）·························麦柏森
港泊（水彩）·························白统绪
囡囡（石膏）·············祖文轩作　阎淑琴摄

玉立（木雕）·············白兰生作　阎淑琴摄

1982 年第 5 期　刊名:《长江文艺》
目录

纪念毛主席同志《在延安文艺座谈会上的讲话》发表
四十周年
五月的书简·······················骆　文

青年文学专号
海在山那边（小说）···················王成启
留下吧，小伙子（小说）·················李叔德
"马大哈协会"主席（小说）···············宋骥弘
智慧之树（小说）····················陈自谦
灯火阑珊处（小说）···················刘琼英
走向荒原（小说）····················刘　敏
开西餐店的年轻人（小说）···············董会平
文莎回来了（小说）···················成　平
山楂（小说）······················康　健
她家门前有条路（报告文学）·······张　波　范军昌
马尾松（外一首）（诗）·················虞文琴
春天的早晨（外一首）（诗）···············张小红
落叶（外一首）（诗）··················周恒发
在花展门前（诗）····················张　帆
从零开始（诗）·····················张海云
山乡情（诗）······················何　帆
战鹰是怎样飞起来的（诗）···············张雅歌

评论
青春的光采——读"青年文学专员"·······本刊评论员
笔谈《"大篷车"上》
新人写新人·······················胡德培
心灵之火　性格之光··················熊开国
发掘高尚、美好的心灵·················刘炳泽
新人赞歌························陈振堂
写得真　写得美····················张道清

努力反映新的农村生活
——记农村题材创作座谈会·············本刊记者

美术
山丹丹（中国画）····················王有政
溪畔（石膏）······················龙绪理
青春（石膏）······················李守仁
朝雾（水粉）······················樊惠刚
暮蔼（水彩）······················金家齐

1982 年第 6 期　刊名:《长江文艺》
目录

小说
没有"负荷"的电····················楚　良
第五个星期一·····················周翼南
太阳应从东边出····················段明贵
乡情··························张月斌
嫁妆··························王一武
蛇郎小传·······················张传华
新人第一篇
恭喜发财·······················张道清
附：喜气洋洋·····················德　祥
门庭冷落的时候····················刘炳银
忆巴金写《憩园》（散文）···············田一文

给少儿的一束花
虹桥（小说）······················张良火
我的牛大哥（小说）···················熊子勋
启蒙师（小说）·····················喻　杉
体贴（小说）······················罗维扬
别林斯基的少年时代（散文）···············罗　岭
放学了，她送孩子回家（诗）···············李圣强
新儿歌···········聪　聪　朱红文丙　姚振起

诗歌
生活，在车轮上转动（组诗）···············董宏量
长江诗页（九首）···············雷子明　郭　辉
叶圣华　田　禾　王　英

评论
《九歌》
——古代社会各阶级的画廊·············徐　迟
半壁神州入画图
——《巴山月》（上）读后印象············田中全
田野的春晖——简评本期四篇农村题材小说·······弓　长
贵在发现（创作谈）··················杉　沐
蒙太奇的老祖宗（西方文海一勺）············杨江柱

美术
九歌图（中国画）····················李少文
屈子还乡图（中国画）·················陈立言
母亲的心（套色木刻）·················戈　沙
掌声（木刻）······················陆　朴
童趣（木刻）······················郑绪梁
学步（木刻）······················沈良鸿

1982 年第 7 期　刊名:《长江文艺》

目录

小说

啊，朋友……………………………………方　方
十字街头……………………………………韩　霖
三个人一台戏………………………………朱有云
别了，"巴城公社"…………………………王伟举
献身者………………………………………田　涛
品外芝麻官…………………………………姚　勋
接宝记………………………………………胡树国
醉汉…………………………………………王　琦
汉江水滔滔…………………………………叶宗佩
背叛………………[西德] W.施努雷作　郭祥赓译
石母云乳结鲜果（报告文学）
——孟少农的故事…………………………祖　慰

诗歌

献给妈妈的生日……………………………王　挥
中国，有这样一个小山村（组诗）………张庆明
我握着一位老农的手（外二首）…………许　行
情满葛洲坝（组诗）………………………刘不朽
小诗一组………………………宗　鄂　陈应松
饶庆年　胡大楚　王　路　郭良原

评论

农民起义的画卷
——读长篇历史小说《九月菊》…………程克夷
也算文学准备（我和文学）………………杨书案
笔谈《赔你一只金凤凰》
家庭"窗口"中的农村变迁…………………雷　达
烘云托月的艺术……………………………罗守让
再谈诗情与实情（美学漫笔）……………孙子威
"犯"，有艺术辩证法（文艺随笔）………谭龙生
画人点睛（一得集）………………………孙大卫
深刻反映工业战线的斗争生活（消息报道）
……………………………………………本刊记者

美术

草原上（油画）……………………………马常利
春风吹又生（木刻）………………………刘其敏
晨曲（木刻）………………………张旺清　范竟达

1982 年第 8 期　刊名:《长江文艺》

目录

小说

印在云朵上的笑……………………………李叔德
为您增氧……………………………………苏　群
一个秘书的手记……………………楚　奇　吴　随
白菜的风波…………………………………刘树德
异邦朋友……………………………………勤　耕
一点红，在山中……………………郑明东　藏　瑾
为了忘却的悼念（散文）…………………武克仁
保华街忆旧（散文）………………………阿　凤
踏青（报告文学）…………………………熊召政
新人第一篇
军人的妻子…………………………………郑荣华
唐喜娃拜年…………………………（苗族）王月圣
在别墅里…………[保加利亚] 尼科拉伊·哈埃托夫
徐慧萍译

诗歌

春天这样开始………………………………任洪渊
江南曲（组诗）……………………………郭　辉
一块石头说…………………………………张平怡
湖乡一条街（三首）………………………管用和
巍巍丰碑（三首）…………………………刘益善
故乡的风……………………………………李根红
思……………………………………………张　烨
湖畔人家（二首）…………………………彭泉瀚

评论

夏日书简
——《"大篷车"上》、《啊，朋友》读后致方方
……………………………………………陈美兰
放大胸襟　深入生活………………………廉　风
新诗一谈
——访艾青同志……………………（土家族）颜家文
写信、免费理发及其他（我和文学）……王成启
泡沫与浪花（一得集）……………………春　晖
追求
——陶版壁画《楚乐》创作杂感……程　犁　唐小禾

美术

楚乐（陶版壁画，部分）…………………程　犁　唐小禾
陕北小景（油画）…………………………钟　涵
太行山下（油画）…………………………高　潮
连环画选载…………………………………汪国新等

1982 年第 9 期　刊名:《长江文艺》
目录

小说

有来头的车间主任 ——————————————————— 姚　勋
去向 ——————————————————————————— 李铭征
小巷的琴声 ——————————————————————— 赵致真
张姨 ——————————————————————————— 效　耘
小船儿轻轻地飘 ——————————————————— 汪　洪
无巧不成书 ——————————————————————— 周正藩
新人第一篇
牛蹄子河 ——————————————————————— 周伟文
附：含蓄之美 ——————————————————— 丙　枝
泪洒"昭南岛"（长篇选载） ——————————— 陈残云

诗歌

天蓝色的记者证 ——————————————————— 赵宗泉
冰冻中走出成熟的土地 ——————————————— 梁必文
轮胎（外一首） ——————————————————— 张永久
生活从脚下开始 ——————————————————— 张　帆
墨镜 ——————————————————————————— 河山怀
在屈原雕像前 ——————————————————— 洪　源

评论

革命作家的重大主题（短论） ——————————— 杉　沐
向生活的深处开掘
——评《长江文艺》几篇小说 ————————— 姜　弘
雪花儿飘舞的小院 ————————————————— 李传锋
它是我生命的一部分（我和文学） ——————— 李叔德
巧合的随想（一得集） ——————————————— 孙大卫
青年爱读《第五个星期一》
诗人兴会更无前（本刊消息）

美术

金色的青稞（油画） ——————————————— 李化吉
丁香（油画） ——————————————————— 赵友萍
泊（木刻） ——————————————————————— 乐　锋
学海（木刻） ——————————————————— 涂扬幼
激流（木刻） ——————————————————— 王劼音

1982 年第 10 期　刊名:《长江文艺》
目录

迎"十二"大的歌
啊！我奔流在党的血管里 ————————————— 叶圣华
中国，在为金色的盛秋歌唱（外一首） ——————— 张雅歌

小说

白莎和她的金项链 ————————————————— 敖　峰
端午乡戏 ——————————————————————— 沈虹光
黄色锈斑即将消逝 ————————————————— 彭兴国
影子 ——————————————————————————— 胡发云
小院 ——————————————————————————— 王　琦
闪电 ————————————————————（蒙古族）佳　峻
保姆 ——————————————————————————— 牛雅杰

新人第一篇

弃猫 ——————————————————————————— 李永朝
附：平凡含蓄　借猫写人 ————————————— 德　祥
看相 ——————————————————————————— 丁大玉
美山美水桂林城（散文） ——————（中国香港）李炎群
栀子花（散文） ——————————————————— 李维鼎
阳台观云（散文） ————————————————— 王维洲
寻踪（散文） ——————————————————— 林　毅
凤凰碑（民间故事） ——————————————— 齐家艮

诗歌

我走向地平线（三首） ——————————————— 李道林
红嘴的翠鸟 ——————————————————————— 任洪渊
牧归（外一首） ————————————————————— 叶向阳
集邮 ——————————————————————————— 徐广信
我是渣油 ——————————————————————— 潘慧琴
春雪 ——————————————————————————— 刘馨祖
访古琴台 ——————————————————————— 纪　学

评论

关于总结经验问题
——在一次会议上的发言片断 ————————— 冯　牧
一个早该结案了的悬案
——关于文艺与政治的关系 ————————— 丁　希
"怪力乱神"之类（文艺随笔） ——————————— 鲁　非
写出灵魂（一得集） ——————————————— 贺光鑫
生活的诗　心灵的歌
——短篇小说意境漫笔 ——————————— 程克夷
沿着"十二大"指引的方向前进　开创社会主义文艺
新局面（消息报导）
湖北省文联组织暑期读书会（消息报导） ——— 江　焓
《长江文艺》十一月号"诗歌特大号"预告

美术

边陲红柳（套色木刻） ——————————————— 于圣安
山歌（木刻） ——————————————————— 董克俊
白兰飘香（木刻） ————————————————— 杨明义
山村（木刻） ——————————————————— 邓福觉

1982 年第 11 期　刊名:《长江文艺》

目录

让我们高唱这支歌中的歌⋯⋯⋯⋯⋯⋯⋯⋯曾　卓
八十年代的颂歌⋯⋯⋯⋯⋯⋯⋯⋯⋯⋯⋯安　危
关于笔⋯⋯⋯⋯⋯⋯⋯⋯⋯⋯⋯⋯⋯⋯艾　青
井冈颂（长诗《井冈颂》的选章）⋯⋯⋯⋯朱子奇
我又回到了这里⋯⋯⋯⋯⋯⋯⋯⋯⋯⋯⋯白　桦
母亲长江（组诗）⋯⋯⋯⋯⋯⋯⋯⋯⋯⋯公　刘
三峡诗旅（三首）⋯⋯⋯⋯⋯⋯⋯⋯⋯⋯严　辰
中国有这样一个小山村（组诗）⋯⋯⋯⋯张庆明
中国丝绸赋⋯⋯⋯⋯⋯⋯⋯⋯⋯⋯⋯⋯熊召政
汽车与诗篇⋯⋯⋯⋯⋯⋯⋯⋯⋯⋯⋯⋯鲍　勋
秋天从今天开始⋯⋯⋯⋯⋯⋯⋯⋯⋯⋯刘祖慈
大地行草（二首）（台湾旅美诗人）⋯⋯秦　松
请带去一片云彩的问候⋯⋯⋯⋯⋯⋯⋯辛　笛
就是那一只蟋蟀⋯⋯⋯⋯⋯⋯⋯⋯⋯⋯流沙河
曼谷诗简（三首）⋯⋯⋯⋯⋯⋯⋯⋯⋯邹荻帆
旅苏诗草（三首）⋯⋯⋯⋯⋯⋯⋯⋯⋯邵燕祥
特区人物（二首）⋯⋯⋯⋯⋯⋯⋯⋯⋯韦　丘
给艾青（外一首）⋯⋯⋯⋯⋯⋯⋯⋯⋯雁　翼
人工和自然（《三明市》之一章）⋯⋯⋯蔡其矫
长歌短吟（三首）⋯⋯⋯⋯⋯⋯⋯⋯⋯陈敬容
今情·往情（四首）⋯⋯⋯⋯⋯⋯⋯⋯张志民

抬轿歌·玲珑曲·雷声赋（诗配画）
⋯⋯⋯⋯⋯⋯⋯⋯⋯⋯⋯易和元诗　方成画
对屈原思想和艺术遗产更好地探索（评论）⋯骆　文

我是一个兵
军中的歌呵（组诗）⋯⋯⋯⋯⋯⋯⋯⋯钟永华
北部湾情思⋯⋯⋯⋯⋯⋯⋯⋯⋯⋯⋯⋯纪　鹏
蔚蓝色的旋律（二首）⋯⋯⋯⋯⋯⋯⋯张雅歌
雄伟的队形⋯⋯⋯⋯⋯⋯⋯⋯⋯⋯⋯⋯虞文琴
珍贵的遗产⋯⋯⋯⋯⋯⋯⋯⋯⋯⋯⋯⋯徐广信
太阳花（外一首）⋯⋯⋯⋯⋯⋯⋯⋯⋯文新国

为创业者而歌
啊，银亮的铁笛⋯⋯⋯⋯⋯⋯⋯⋯⋯⋯田绍祯
矿山诗情（二首）⋯⋯⋯⋯⋯⋯⋯⋯⋯孙友田
一场未遂的劫持⋯⋯⋯⋯⋯⋯⋯⋯⋯⋯高伐林
车灯亮了⋯⋯⋯⋯⋯⋯⋯⋯⋯⋯⋯⋯⋯王长富
护林工与矿工的话⋯⋯⋯⋯⋯⋯⋯⋯⋯陈咏华
我爱闪闪的栀灯⋯⋯⋯⋯⋯⋯⋯⋯⋯⋯陈应松
我设计，我是——⋯⋯⋯⋯⋯⋯⋯⋯⋯宗　鄂
丹江口，激流喷溅的诗花（组诗）⋯⋯⋯刘益善
"顶天立地"的消息⋯⋯⋯⋯⋯⋯⋯⋯⋯赵宗泉
写在漂浮的土地上（二首）⋯⋯⋯⋯⋯李道林

江鸥⋯⋯⋯⋯⋯⋯⋯⋯⋯⋯⋯⋯⋯⋯⋯郑定友
葛洲坝船闸⋯⋯⋯⋯⋯⋯⋯⋯⋯⋯⋯⋯张永久
葛洲坝人⋯⋯⋯⋯⋯⋯⋯⋯⋯⋯⋯⋯⋯殷树楷
三角板⋯⋯⋯⋯⋯⋯⋯⋯⋯⋯⋯⋯⋯⋯刘鸿川
寂静的宣欢⋯⋯⋯⋯⋯⋯⋯⋯⋯⋯⋯⋯寒　星
在高高的山上（二首）⋯⋯⋯⋯⋯⋯⋯刘不朽
家乡月色⋯⋯⋯⋯⋯⋯⋯⋯⋯⋯⋯⋯⋯赵国泰
渔村夜（外一首）⋯⋯⋯⋯⋯⋯⋯⋯⋯王老黑
大年夜⋯⋯⋯⋯⋯⋯⋯⋯⋯⋯⋯⋯⋯⋯王　英
变⋯⋯⋯⋯⋯⋯⋯⋯⋯⋯⋯⋯⋯⋯⋯⋯凡　平

新河山　新局面
黄山抒情诗（组诗）⋯⋯⋯⋯⋯⋯⋯⋯徐　刚
吊古三章⋯⋯⋯⋯⋯⋯⋯⋯⋯⋯⋯⋯⋯方　冰
长江三唱⋯⋯⋯⋯⋯⋯⋯⋯⋯⋯⋯⋯⋯青　勃
龙舟诗笺（外一首）⋯⋯⋯⋯⋯⋯⋯⋯莎　蕻
瑞丽写生（组诗）⋯⋯⋯⋯⋯⋯⋯⋯⋯陈　犀
长江漫步（二首）⋯⋯⋯⋯⋯⋯⋯⋯⋯董宏量
在屈原、昭君故里（四首）⋯⋯⋯⋯⋯晓　雪
诗问⋯⋯⋯⋯⋯⋯⋯⋯⋯⋯⋯⋯⋯⋯⋯洪　洋
高岚山未飞的鸽子花（外二首）⋯⋯⋯任洪渊
唱给奇丽的大山
　——高岚（组诗）⋯⋯⋯⋯⋯⋯⋯⋯欣　秋
黄山随想曲（二首）⋯⋯⋯⋯⋯⋯⋯⋯晏　明
江上风情（三首）⋯⋯⋯⋯⋯⋯⋯⋯⋯木　斧
匡庐写意（三首）⋯⋯⋯⋯⋯⋯⋯⋯⋯管用和
南行记（四首）⋯⋯⋯⋯⋯⋯⋯⋯⋯⋯田　野
武当山采撷（二首）⋯⋯⋯⋯⋯⋯⋯⋯胡天风
给巫溪的腊梅⋯⋯⋯⋯⋯⋯⋯⋯⋯⋯⋯放　平
入夔门⋯⋯⋯⋯⋯⋯⋯⋯⋯⋯⋯⋯⋯⋯王　挥
神女峰吟⋯⋯⋯⋯⋯⋯⋯⋯⋯⋯⋯⋯⋯和穆熙
巫峡的石拱桥⋯⋯⋯⋯⋯⋯⋯⋯⋯⋯⋯张良火
江上夜⋯⋯⋯⋯⋯⋯⋯⋯⋯⋯⋯⋯⋯⋯黄东成

感情的火花
"蚕"及其他（三首）⋯⋯⋯⋯⋯⋯⋯郑　敏
抒情诗四首⋯⋯⋯⋯⋯⋯⋯⋯⋯⋯⋯⋯刘湛秋
巫山送公刘（外二首）⋯⋯⋯⋯⋯⋯⋯王维洲
我歌唱在十二层楼⋯⋯⋯⋯⋯⋯⋯⋯⋯匡　满
我是驼铃⋯⋯⋯⋯⋯⋯⋯⋯⋯⋯⋯⋯⋯王燕生
小诗二首⋯⋯⋯⋯⋯⋯⋯⋯⋯⋯⋯⋯⋯白　航
黎明期的抒情（三首）⋯⋯⋯⋯⋯⋯⋯杨　山
沉吟草（四首）⋯⋯⋯⋯⋯⋯⋯⋯⋯⋯忆明珠
爱，永不褪色⋯⋯⋯⋯⋯⋯⋯⋯⋯⋯⋯王恩宇
铜像前的遐想⋯⋯⋯⋯⋯⋯⋯⋯⋯⋯⋯顾绍康
我，大地上的一棵树⋯⋯⋯⋯⋯⋯⋯⋯武兆强
弯弯桃河水（组诗）⋯⋯⋯⋯⋯⋯⋯⋯倩　晴
我跃出青青的小树林（外一首）⋯⋯⋯杨　牧
归来的时刻（外一首）⋯⋯⋯⋯⋯⋯⋯梁　南

抒情小诗三首 —————————— 梁必文
我是黄河（外一首）—————————— 闻 频
欲望 —————————— 韩作荣
烈士墓前 —————————— 吴烟痕
我问了我的心 —————————— 雷子明
祖国啊，我的太阳（外一首）—————————— 张 烨
爱情的独白（组诗）—————————— 历 风
万家灯火 —————————— 汪承栋
年夜（外一首）—————————— 顾 城
雪 —————————— 江 河
散文诗（二章）—————————— 杨 炼

旧体诗词
沈祖棻诗词遗作选
秭归三题 —————————— 吴文蜀
下江南行 —————————— 冯白平

外国诗
美国当代诗选 —————————— 李文俊译
安娜·阿赫玛托娃诗选 —————————— 乌兰汗译
屠格涅夫散文诗二章 —————————— 黄伟经译
高扬起火红的诗歌（评论）—————————— 任 愫

编后记
加强文艺理论建设探讨文艺创作新问题
出塞曲（油画）—————————— 李玉昌
飘飘何所似，天地一沙鸥（油画）—————————— 李玉昌
诗人艾青（雕塑）—————————— 张得蒂作 阎淑琴摄
橘颂（篆刻）—————————— 张 明等

1982 年第 12 期　刊名:《长江文艺》
目录

小说
他，就这样走了 —————————— 龚绍东
清清荷塘月 —————————— 陶三友
科长的笑声 —————————— 杨 威
腥气 —————————— 枸杞子
好雨知时节 —————————— 吴 海
黄鹂办店 —————————— 成瑞文
家乡忆旧（散文）——童年的歌 —————————— 光 群
竹子（散文·外一章）—————————— 郑慧洁
妈妈爱我（新人第一篇）—————————— 刘晓林
拉比和康西（长篇小说选载）—————————— 杜 埃
破冰船（报告文学）—————————— 祖 慰
候选人 　　［土耳其］塔利普·阿帕依廷著
曾宪英　唐鹤鸣译

诗歌
老农 —————————— 黄学农
妈妈，我给您写一首诗 —————————— 熊明泽
乡村，绿滢滢（二首）—————————— 查代文
荆州歌（三首）—————————— 任普炯
砌 —————————— 张小红
故乡，我为告别而来 —————————— 饶庆年
面对晚年 —————————— 余以建
大地之恋（二首）—————————— 晓 蕾
天桥通幽 —————————— 王 野
洪湖的傍晚（二首）—————————— 樊 帆
星星 —————————— 柴与言
呵，红色学生证 —————————— 周恒发
和弦（三首）—————————— 雷 霆

评论
短篇小说的结构美 —————————— 蒋守谦
国士才情高士品
——郭小川诗中松竹的崇高美 —————————— 李元洛
色彩·音响·人物·激情
——读《峡谷风雨》—————————— 杨江柱
编余随笔（二则）—————————— 易原符
浓缩的艺术（一得集）—————————— 卢 如
由性格见环境（一得集）—————————— 王浩洪
不可忽视文学中的小动物（一得集）—————————— 钱 鹰
长江文艺一九八二年总目录

美术
华夏魂（油画）—————————— 雷碧农
千堆雪（中国画）—————————— 鲁慕迅
航标工组歌（木刻）—————————— 兰玉田
泉水叮咚（雕塑）—————————— 黄雅丽

1983 年第 1 期　刊名:《长江文艺》
目录

小说
雪还在飘 —————————— 张 宇
班头儿 —————————— 方 方
秀玲探索 —————————— 耿修学
我的小黄马儿 —————————— 林 之
并非爱情的三部曲 —————————— 李松涛
冬青花开 —————————— 黄河清
都有颗年轻的心 —————————— 滕久发
王子、贫儿与北极公主 —————————— 刘 敏
快乐图 —————————— 刘柏杨
门外的脚步声（新人第一篇）—————————— 张泉业
附：篇幅虽短，人物可不能折扣 —————————— 周 昉

妙哉庙峡（散文）……………………………李承赋

诗歌
缙云山松竹……………………………………李圣强
乐山大佛………………………………………培　贵
愿望（外一首）………………………………丽　霞
生日　给妹妹的礼物…………………………方　旭
乡恋（二首）…………………………………鄢家发
别了，小桥……………………………………杨　柳
落叶……………………………………………潘锐敏

评论
在跨进一九八三年的时候…………………姜　弘
无花果的花……………………………………羊　翚
美"矿"上的内省……………………………祖　慰
看君彩笔驰神思………………………………杉　沐
这是什么样的"唯物史观"…………………尚永亮
我们欢迎"诗歌特大号"（读者来信）

美术
渔归（油画）…………………………………李　默
牛趣（油画）…………………………………董　立
洪湖渔区风情…………………………………魏　扬
端阳（中国画）………………………………陈立言
闹春图（中国画）……………………………廖连贵

1983 年第 2 期　刊名:《长江文艺》
目录

小说·散文
满目青山………………………………………映　泉
"皇村"回忆…………………………………邹启钧
谈判………………………………………李　泉　思源
爱泉……………………………………………王萍慧
沈百通正名记…………………………………周　昉
青青樟树林……………………………………刘丽莉
消逝了的亮点…………………………………金　水
追债记…………………………………………东　瑞
宝地……………………………………………李声明
四姐和五哥（新人第一篇）…………………陈明刚
附：淡淡装，天然样…………………………李维鼎
鹊桥（散文）…………………………………张嵩山
在濛濛的春雨中（散文）……………………李尔钢
阿山，我想念你（散文）……………………罗立煌

诗歌
渭水童话………………………………………李　冰
妙相……………………………………………沙　白

给我绿灯………………………………………郑卫国
敬礼……………………………………………叶应昌
乡访拾风（二首）……………………………胡大楚
西游的童话（散文诗）………………………圣　野
理解……………………………………………卫世平
金秋吟…………………………………………喻选芳

评论
让我们塑造最美最高尚的灵魂………………王淑耘
谈当代青年形象的理想性和真实性…………王先霈
以发展的眼光观察生活写新人………………陈振唐
嫩蕊繁花次第开………………………………晓　雪
漫谈小说的语言美……………………………刘炳泽
开头小议（一得集）…………………………孙大卫
我省青年创作会议胜利召开（简讯）

美术
神农架之冬（中国画）………………………张　步
雪后（中国画）………………………………唐大康
光明村（木刻）………………………………杜卓跃
闸（套色木刻）………………………………张佳林
蓖麻籽（套色木刻）…………………………郑绪梁
密林深处（木刻）……………………………张信让

1983 年第 3 期　刊名:《长江文艺》
目录

纪念马克思逝世一百周年
这个世界永远属于你
——为纪念马克思逝世一百周年作……………安　危
第一百个春天
——马克思逝世百年祭…………………………叶圣华

小说
雪走老虎口……………………………………王振武
好个马石头……………………………………吉学沛
七月七，看巧云………………………………夏坚勇
心灵在歌唱……………………………………蓝　泉
含苞的仙人掌…………………………………洪　泉
带响的"银手镯"……………………………楚　奇
探宝记…………………………………………贺贞姗
春光……………………………………………李长英
我和"琴王"…………………………………黄德泽

新人第一篇
随风，飘来一缕清香…………………………李静娴
附：蜡烛与灯笼………………………………传　锋
姑娘，你在想什么（散文）…………………碧　野

千佛洞传奇（散文）·····················王维洲
老兵回娘家（散文）·····················刘富道
寓言（二则）························葛　矗

评论
"新人"断想·························陈剑雨
开创文学新局面的主要内容················刘　岱
路子要宽一点，境界要高一点··············周迪荪
论新人的质的规定性的几个问题·············于可训

美术
大海边（油画）·······················陈衍宁
校园里（油画）·······················恽圻苍
海鹰（雕塑）···············曹崇恩作　阎淑琴摄
祖国的荣誉（雕塑）···········陈淑光作　阎淑琴摄
黄金时代（雕塑）············王福臻作　章国栋摄

1983 年第 4 期　刊名:《长江文艺》
目录

小说·散文
风暴湖····························黄学农
附：风暴湖的启示·····················传　锋
苦竹叶青青·························王成启
孤鹜····························徐朝夫
爆竹声中··························刘向阳
物资局轶事·························王　琦
鹅湖水花··························叶明山
地米菜····························周元镐
你哪能"非美"？（讽刺小说）
··············[美]阿特·布奇沃德著　郑　恩译
华盛顿漫步（散文）·····················李　准
女儿杉（散文）·······················张永柱

诗歌
赠歌····························骆　文
怀远人····························田　野
关于春天··························王家新
冬天的赛艇·························董宏量
我们，是一组编钟·····················李圣强
我从山里来·························吕纯良
春天，我的保姆·····················刘　蒂
祖国，你快快飞吧·····················虞文琴
乡恋····························饶庆年
哦，老树苑·························郭良原
鹅卵石·····················（壮族）韦启文

评论
为攀登社会主义文学高峰而奋斗·············王淑耘
掌握时代的脉搏　抓住自己的特点············映　泉
生活对我的启发·····················王伟举
真实与虚构（一得集）··················熊开国
振奋革命精神　开创文艺新局面·············本刊记者

美术
凝想（油画）·······················靳尚谊
春柳（水彩画）·······················王章煜
速写····························郝国英

1983 年第 5 期　刊名:《长江文艺》
目录

《长江文艺》1981—1982 年短篇小说佳作奖获奖名单
新收获　新力量　新希望
——写在本刊小说佳作评选的时候··········苏　群

小说
净化····························胡大楚
金灿灿的菊花·························郑崇怀
掣铃····························江作苏
"老不死的"和他的麻绳··················效　耘
挂骷髅的大"罗马"····················刘　敏
你记得丹娘吗·························杨　帆
舟楫人家··························王一武
金翠子····························杨　菁
开小差············[美]约翰·斯坦贝克著　陈　许译
"锁"戏田老太（新人第一篇）··············张发荣
附：平常中有不平常····················辜德祥
他在继续耕耘（报告文学）················卫世洪
橡皮块的价值（寓言）··················段明贵

诗歌
犁之歌····························梁必文
钢与人····························赵宗泉
我的小村庄·························叶向阳
献给创业者的歌·····················王　挥
"楚乐"前的遐想·····················江　涛
故乡的土地·························李武兵
写在但丁的国土上····················陈　泯
小诗一束············蒋育德　刘益善　徐广信
　　　　　陶　然　潘大华　何　帆

评论
和青年作者谈创作····················郑伯农
动笔写作之前（文艺随笔）················贺光鑫

德伯太太的话（一得集）——————————王浩洪
关于文艺反映改革问题的讨论（文艺动态）

美术

老农（油画）——————————————詹建俊
云南写生（速写）————————————杨兆三
舞（中国画）——————————————叶浅予

1983 年第 6 期　刊名:《长江文艺》
目录

小说·散文

长江水晶宫（报告文学）————陈天生　程　度
亭亭木兰花——————————————吕运斌
写在雪地上的悼词————————————蒋　杏
春风峪的霞光————————刘亚玕　赵团欣
我从山中来——————————————梁　青
盖面肉————————————————周长国
献给"六一"国际儿童节
朱伯儒叔叔的故事————————————卓刀泉
快飘吧，我的小纸船（诗）————————陶世绵
致少儿读物柜（诗）———————————胡发光
落叶（诗）——————————————胡广香
喜欢（外一首）————————————姚振起
小燕子（诗）—————————————李月生
泰国北方之行（散文）——————————碧　野
我的老房东（散文）———————————安　危

诗歌

献给朱伯儒的歌（三首）—————————张雅歌
我以我血荐轩辕————————————熊召政
乡土的恋情（二首）———————————张永柱
绿色的期待（二首）———————————子　页
查勘三峡——————————————吴烟痕
香溪短歌——————————————欣　秋
花种（外一首）————————————郑定友

评论

文学，唱出更嘹亮的改革进行曲——————吴济时
积极反映改革　大力讴歌改革（发言摘登）
在求新求深中获得魅力
——《长江文艺》(1981—1982 年）短篇小说佳作奖
获奖作品读后————————————吴肇荣
洒脱幽默　清新明丽
——《赔你一只金凤凰》语言特色——————吕万林
人物冲动谈（一得集）——————————苏贤英
我画《闹元宵》的几点想法————————陈白一

美术

春日融融（工笔画）———————————赵　夫
闹元宵（工笔画）———————————陈白一
同学（木刻）—————————————姜锡云
渔舟唱晚　晚归（木刻）—————————杜永举

1983 年第 7 期　刊名:《长江文艺》
目录

小说

风起于青萍之末————————————刘心明
印第安人和缪斯————————————杨　杰
"晚婚模范村"的姑娘们——————————胡燕怀
附：夜读偶感—————————————紫　岚
扯不断的情丝—————————————于　波
肖家瓜园——————————————文　平
连环锁——————————————刘行化
科长的鸡——————————————映　泉
美呀美——————————————杨　杏
江水清清起涟漪————————（壮族）梁芳昌
新鲜空气可以使你致命
[美]阿特·布奇沃德作　郑　恩译
汤池行（散文）————————————赵　季
桂花飘香的日子（散文）—————————张牢生

诗歌

生命的支柱——————————————陈一文
啊！海迪——————————————李松林
学习你，张海迪————————————冯弼胜
我修起一座楼房（外一首）————————欧阳慧
花与船（散文诗）———————————李　耕
巴东一条街（散文诗）——————————黎　笙
我对田野说（散文诗）——————————张　帆
桃花（散文诗）————————————彭天喜

评论

试论徐迟报告文学的艺术特色——————傅　村　丁　放
艺术角度的面面观（小说创作谈）————张　韧
选材与开掘（小说创作谈）————————苏　中
不同凡响（一得集）———————————肖友元

美术

椰子姑娘（连环画）———————————张　宁
月牙儿（连环画）——————徐勇民　李全武
连环画选登————————陈贻福　中　流等

1983 年第 8 期　刊名:《长江文艺》

目录

小说

登上另一座高峰（报告文学）·········陈天生
钥匙·······················陈汉柏
花灯，像她那双眼睛··············叶　梅
心律·······················陶建军
我和妻子····················舒齐全
小镇上来了一对年轻人·············姚　勋
客人·······················苏贤英
会有好收成···················刘光元
正是为了爱（新人第一篇）···········龚建民
附：从《正是为了爱》看小说的结尾·······刘益善
在一个没有星星的夜晚（散文）·········李江树
通山李自成墓巡礼（散文）···········童思翼
水生（散文）··················刘丕林

诗歌

枪刺·针刺···················钟永华
钢城剪影（二首）···············董宏量
乡情（三首）··················管用和
玛瑙河拾诗（二首）··············刘不朽
给弹琵琶者···················陈应松
我在祖国梦中航行（外一首）··········李道林
他企盼着一个成熟的秋季（外二首）·······李铁柱
小诗三首·········曾腾芳　凡　平　张舟宁

评论

从总体上把握"小世界"（创作说）
——短篇小说完整性漫议············何火任
月有阴晴圆缺（创作谈）············杉　沐
碧海青天夜夜心（作家与作品）
——读田野的散文集《海行记》········和穆熙
前进中的新诗评论
——简评近年出版的几本新诗评论集······王光明
人物的第一句话（一得集）···········宋晓波

美术

苗女（工笔画）·················张　延
江畔之晨（油画）···············田克盛
鄂西风情（速写）···············辛克靖

1983 年第 9 期　刊名:《长江文艺》

目录

我们的行动纲领·················王淑耘

小说

看不见的地平线················方　方
蛐蛐······················李佩甫
路上······················王大鹏
玛丽娜一世（中篇）··············楚　良
弱者和强者···················沈治平
我怎样没有成为诗人··············李建纲
深巷明朝开杏花················董宏猷
短小说二题
羞·······················光　群
熹微的晨光···················严瑞麟
一个老人的问题
　　　[埃及]穆罕默德·阿里著　张　亮译
"小李逵"和"老儒生"（散文）·········叶君健
珍珠般的流泉，在幽谷（散文）·········杨　柳

诗歌

青春的设计（三首）··············卫世平
一个大学生和他的星期日（外一首）·······舟恒划
悄悄升起的月亮················徐　鲁
爱的花束（四首）···············海　云
信——给远方妻子···············方　旭
时间的恋歌···················雷友莲
三月，桃花似雨（外一首）···········崔合美
金钮扣·····················郑世平
我不是待业青年················曾萍芬
望夫云·····················罗绍书

评论

文学的辩证艺术（作家与作品）
——《走运的左龟连》读后···········程克夷
"全景像"（小说创作谈）
——艺术规律探微···············胡德培
又拉开了一道生活的帷幕（新作短评）
——读短篇小说《净化》············吴肇荣
哀乐声中的沉思（新作短评）
——读《写在雪地上的悼词》··········杉　沐
且说文艺评论（一得集）············文之浚

美术

故乡路，水铺成（中国画）···········叶　维
幽谷（水彩画）·················张俊秋
洪湖鱼市（套色木刻）·············冯一满

上下左右之间（套色木刻）················宋恩厚
晨曦（套色木刻）······················王福庆

1983 年第 10 期　刊名:《长江文艺》
目录

小说

烦恼································羊　羣
快活非凡的珍大大····················李叔德
再过九小时十八分钟……··············钱五一
海浪，涟漪……······················王振武
二龙抢宝··················（土家族）谭永清
麻队长······························尚广占
金表梦······························韩希钧
长发妹······························王伟举
寻求鱼医倌··························钱家璜
池水，静悄悄························康　健
公安局长和他的儿子··················古念群
春雨夜······························黄福刚
金币································童江南
怪剧院（科幻小说）··················沈光华
春天的鸟（翻译小说）
　　　　［日］国木田独步著　德　明　晓　流译
永不熄灭的篝火（小小说）············梅兴无
江心岛（散文）······················管用和
飞猫（散文）························许　琳
深山木莲花（散文）········（土家族）田　禾
在白色的浪尖里（特写）··············楚　奇

评论

漫谈深入生活问题····················罗守让
小说家的钟（小说创作谈）············冼　佩
谈情趣（小说创作谈）················苏贤英
美的旋律（新作短评）
　　——喜读《七月七，看巧云》········吕万林
且说武松杀狗（文艺随笔）············谭龙生
追求作品的艺术气氛（一得集）········王浩洪
简讯三则··························周长国等

美术

鲁迅（油画）························靳尚谊
山行（水彩画）······················华纫秋
工业题材版画一组
　·······王晓愚　张志行　余右凡　刘秉鑫　韩晓寒

1983 年第 11 期　刊名:《长江文艺》
目录

我的思念是圆的······················艾　青
今夜江陵月··························徐　迟
南方月明····························邹荻帆
美国之旅····························李　瑛
海沿风吹····························骆　文
七月走关东··························张志民
命运································邵燕祥
长江船歌····························白　桦
南船北马集··························公　刘
歌中的中国
　　——和曾卓《歌中的歌》············秦　松
旅途偶吟草（三首）··················安　危
奉节的彩云（外一首）················莎　蕻
海题三章····························曾　卓
知识分子····························流沙河
我曾经和无数个"我"争吵过（外一首）··辛　笛
槐花香（三首）······················牛　汉
薄冰下流水淙淙（外二首）············陈敬容
山与海（外二首）····················郑　敏
金色的大军··························李　冰
一条白桦林带（外一首）··············许　行
回首与思念（三首）··················胡　昭
南斯拉夫散歌（二首）················汪承栋
讽刺诗两首····················易和元诗　江帆画

英雄的乐章

第九朵玉簪花························熊召政
心灵的呼吁··························韦　丘
敞开的通道··························寒　星
边关花絮（二首）····················钟永华
我有了我童话中的蜜蜂（外一首）······雷子明
巍巍大别山（二首）··················闻　频
边防诗笺（三首）····················文新国
冰的军营····························徐广信
彩色的鸟····························任善炯
黑色的瀑布··························胡发云

钢铁奏鸣

大海，我是您的一个水分子（外一首）··陈志民
铸锭机，一架闪光的犁铧（外一首）····刘文喜
钢铁与玫瑰··························洪　洋
我愿是你的溢洪道····················李发模
给一位女电焊工······················放　平
化肥厂，洁白的诗行（二首）··········刘益善
爆破大王····························吴烟痕

我的清洁车（外一首）·············李道林
船闸，人·····················叶　梅
我把人民的宫殿建造···············蒋育德

田园交响诗

山雀子衔来的诗·················饶庆年
中国有这样一个小山村（二首）·········张庆明
一组关于乡村的诗（三首）············刘祖慈
思念，在遥远的梦中（外一首）·········梁必文
稻乡拾穗（二首）················欧阳慧
爱唱吴歌的阿婆·················孙友田
柳枝儿鞭着春水·················陈咏华
农村小砌匠····················查代文
筑路······················黄学农
琴蛙······················吕纯良
深山农妇····················黄耀晖
渔村影院····················王老黑
小桥人家····················王　英

新牧歌

给我一枝花儿吧·················忆明珠
无题抒情诗（五首）···············刘湛秋
进行中的主题（外一首）············王燕生
海洋抒情诗····················徐　刚
音乐会······················田　野
海·······················任洪渊
即景二首····················王家新
洪湖雨（外一首）················王维洲
汤沐海在柏林···················牛　波
诗在我们家（二首）···············赵宗泉
肖像（外二首）·················梁　南
柴达木抒情（二首）···············雷　霆
天涯海角（外一首）···············柯　原
美的流韵（二首）················晓　晴
俯首吟·····················丁　力
村曲（二首）··················郑文榜
毕业者之歌···················郭良原
草原（二首）··················李小雨
无题······················武兆强
在旗帜下····················陈松叶
家乡的窗口亮着灯················郑卫国
爱神······················黄　淮
桃花之歌····················刘　章
给一位送牛奶的老伯···············谢克强
乡思（外一首）·················李铁柱
你说······················张雪杉
春雨······················彭介凡
落潮了，有一条小鱼···············张良火
春渡······················熊明泽

在森林（二首）·················张　烨
无题······················王　挥
拐杖（外一首）·················中　流
她心里有块苗圃·················樊　帆
诗人的笔····················刘　蒂
老门······················刘少安

壮丽的河山

洱海······················晓　雪
牡丹······················青　勃
滇西风景画（四首）···············陈　犀
长江抒情诗（三首）···············韩作荣
题上海巨鹿路···················高伐林
编钟······················董宏量
赤壁杂感（二首）················欣　秋
西行感拾（二首）················张雅歌
旅途拾翠（二首）················纪　鹏
关中抒情（二首）················晓　蕾
观沧湾（二首）·················胡天风
凉水湾·····················汪　芳
漓江情·····················叶圣华
车轮终于转动了·················叶延滨
关于我的诗···················张永久
天涯诗简（二首）················戴安常
峡上的云（二首）················鄂家发
对于大海····················李根红
独秀峰·····················和穆熙
宝岛上，那棵老榕树···············于宗信
四百里峡江···················黄东成
香溪······················郭宝臣
泰山电缆车···················郭　廓
庐山神采（二首）················郑定友
高高的村墙（外一首）·············朱光天
六月六·····················张永柱
泰山风月（外一首）···············闵　人
上鼓浪屿····················朱谷忠
浪花朵朵············方瑜泉　潘锐敏　叶向阳
曾静平　华　姿　钟　星　张　帆　熊学瑞　雷友莲
罗时汉　徐经年
昭君故里歌行（歌词二首）············刘不朽
歌词二首····················虞文琴
霜花集（儿歌）·················圣　野
鱼筝（外一首）·················姚振起
家乡的山（外一首）···············童小波
散文诗一束············宗　鄂　管用和　李　耕
杨江柱　余以建　柴与言　陈志泽　田　央
旧体诗集锦············吴丈蜀　冯白平　李声高
黄顺全　朱彦祥　陈凯文

外国诗

我生活了很多年（外一首）

—————————————————[苏]尼·吉洪诺夫　戈宝权译

苏联女诗人四家八首————————————乌兰汗译

诗三首————————[英]劳伦斯·宾宁　屠　岸译

澳大利亚诗三首————————————————李文俊译

马其顿民歌——————————————雁汉生　王　歌译

诗的花瓣（三首）————————[日]佐藤爱子　彤　彤译

向着诗艺之海（诗论）————————————————阿　红

民族浩气　时代洪澜

——看周韶华《大河寻源》画展————————————鲁慕迅

美术

李白（铜塑）——————————————————王克庆

中国画三幅——————————————————周韶华

封面篆刻——————————————————————黎伏生

小诗六首————————王新民　黄运全　何宜陵　潘慧琴

儿歌二首——————————————————————江全章

评论

小说，面向蓬勃的生活

——也谈"现代小说的内向性"问题————————王先霈

努力抒人民之情

——浅谈情感与创作——————————————易原符

艺术境界与作家的美学理想————————————黄自华

坚持社会主义文艺方向　清除精神污染

——作协湖北分会召开座谈会——————————本刊记者

美术

银杏（油画）——————————————————钱延康

石泊夫遗作（油画）————————————————石泊夫

人像（色粉笔画）————————————————张　菊

船员肖象（油画）————————————————刘依闻

1983 年第 12 期　刊名:《长江文艺》
目录

掌握思想武器　积极参加整党

光辉的党——————————————————————碧　野

我的态度——————————————————————吉学沛

决不养痈贻患——————————————————安　危

我们应该成熟起来————————————孙西克　叶　梅

小说

一座山就好比一头牛————————————————简兆麟

我长大了——————————————————————石　川

寻求中的时光——————————————————王节流

歌手的女儿——————————————————王成启

癌变（讽刺小说）————————————————王大鹏

不下蛋的母鸡————————————顾丰年　王逸贤

记忆深处的空弦音————————————————胡　勇

爱的延伸——————————————————————陈卓乾

鲁克·鲍德温的誓言————[加拿大]莫利·卡拉汉著

江宜庶译　江宇应校

山阴见闻（散文）————————————————胡青坡

苦涩的回忆（散文）————————————————贺抒玉

诗歌

不完全是对一个人纪念

——十二月二十六日的诗的断想————————张雅歌

山里秋雨（外一首）————————————————姚永标

半店风情——————————————————————李圣强

山趣（三首）——————————————————梁谢成

诸神（外一首）——————————————————沙　白

打镰刀————————————————（苗族）杨秀武

1984 年第 1 期　刊名:《长江文艺》
目录

我们的贺年片——————————————————本刊编辑部

小说·散文

小镇长的步伐——————————————————苏　群

在急流的漩涡里————————————————王　琦

新官上任第一天————————————————王白石

沸腾的西丽碧村庄————————————————杜　埃

森林情——————————————————————刘树德

二县长——————————————————————余友三

女团支书——————————————————————胡天堂

这里有片桃树林——————————————————耿修学

小小说

谷县长门前的三重唱————————————————邓思源

五分——————————————————————彭池雄

期待——————————————————————彭池雄

一等奖——————————————————————徐世立

黄山行（散文）——————————————————李尔重

苦渡长江情绵绵（散文）————————————鲁　坎

诗歌

故乡，年轻了我的思念（组诗）————————梁必文

我戴上光荣的休养证（外一首）————————刘天华

夜，矿石和花朵的折光（外一首）————————罗时汉

祖国　我补裁——————————————————杨　柳

新人诗作·浪花朵朵

山的曲线——————————————————————刘学雄

生活啊！正忙碌在高高的脚手架上————汪　敏
啊，厂区的浓烟————————————张泉河
啊，三月三————————————韦启文
散文诗三题————————————何　鸿
庐山拾到的山水情（三首）—————张石贵
师傅给我一把锤（外一首）—————程　华

评论
自觉地面对社会和走向实践—————吴肇荣
文学习惯（创作谈）———————胡德培
谈文学的自传成分（创作谈）———宏　达
标目显志夸新花（文艺随笔）———沈　阳
探索心灵奥密的方法（一得集）———徐　刚

美术
菊（水粉画）——————————锺　安
伊迪丝像（油画）——————[美]萨金特
三三〇工地（木刻二幅）—————张徐水
网之歌（木刻）————————广　慧
湖心小憩（木刻）————————周先忠

1984 年第 2 期　刊名:《长江文艺》
目录

小说
江山万里图（报告文学）—————洪　洋
谁说往事如烟————————许　行
老福爷——————————王纯厚
幕后高参————————张世黎　董　滨
赵老大告状————————楚　奇
舅舅的喜酒————————黄河清

新人第一篇
恋栈——————————李修平
竹笋飘香————————叶　露
赶年贝锦寨——————（土家族）向国平
以情动人
——三篇新作读后—————丁　青

诗歌
心中的长河————————莎　萁
稻乡拾穗（三首）—————欧阳慧
寻觅——————————郑世平
大学风景线（三首）————舟恒划
迷人的自然界（三首）———木　青
我的新楼（外一首）————郑文榜
浇筑工——————————刘锦涛
奔驰在这片土地——————叶应昌

壮丽的生日————————李声明
刁汉湖短歌（三首）————王老黑

评论
诗蕊，在现实土壤中才能茁壮———骆　文
生活的娇子
——简评小说《我长大了》————吉学沛
叱咤风云的“这一个”
——读中篇小说《玛丽娜一世》——熊开国
新时期农村一抹霞光
——读《玛丽娜一世》—————何正秋
来自都市风景线的歌唱
——读《烦恼》——————程克夷

美术
高原雪峰（油画）————詹建俊
高岚风光速写三幅————王福庆
小歇片刻——三三〇工地速写——何家英
弹钢琴的女人（油画）———[法]雷诺阿

1984 年第 3 期　刊名:《长江文艺》
目录

小说
江南大头余————————杨　威
翼伞从蓝天飘落——————郑赤鹰
一个中国的吉普赛人————李叔德
朝天椒——————————张莉荣
清明雨——————————张月斌
夕照美人沱————————童江南
青丝悠悠————————贺良凡
掌声（新人第一篇）————卢志高

小小说
五分硬币————————余文祥
美学课上————————安　海
黑夜，在角落——————郑　浩
历险记————[澳大利亚]休·麦克雷　陈　泯译
美的内涵（报告文学）————黄河清
宁河二日（散文）—————戴宸志
乾陵的“无字碑”（散文）———邵　刚
熊与雨伞（寓言五则）————凝　溪

诗歌
女作者诗页
女孩子（组诗）—————曾静平
又是雪花飘大地—————虞文琴
小雪（外一首）—————刘　蒂

清江，巴人的河 ————————————— 叶 梅
咏棉花 ——————————————————— 雷友莲
阅览室 ——————————————————— 潘慧琴
阳关情 ——————————————————— 巴兰兰
女学生（外一首）——————————— 华 姿
那就是你! ————————————————— 汪 芳

新人新作 浪花朵朵
火红的海棠（外一首）——————— 杨 兰
初恋（组诗）—————————————— 肖石兰
紫罗兰（外一首）——————————— 谢 玲
年龄的"伸缩学" ——————————— 张月娥

评论
关于艺术形式美的创造 ——————— 杉 沐
《李自成》第一卷出版前后 ————— 江晓天
《新演诸葛》序 ————————————— 苏 群
好酒不辣（文艺随笔）——————— 孙西克
性格的动因（一得集）——————— 熊开国

美术
帆影（水彩）—————————————— 陈少平
序幕之舞（日本画）————— [日]上村松园
山鬼（雕塑）—————————————— 陈国平
湘夫人（雕塑）————————————— 谢从诗
喜迎门 腊味香（木刻二幅）——— 杜永举

1984 年第 4 期 刊名:《长江文艺》
目录

小说
花轿 ——————————————————— 殷春树
走出风雪 ———————————————— 张嵩山
海滩风雨 ———————————————— 绍 六
一封没有寄出的信
　　　　　[苏] B.奥西波夫 童树德译
金黄的山垭 —————————— （苗族）王月圣
白衣天使 ———————————————— 明 慧
勇敢者（小小说）——————————— 颜 兵
记路易·艾黎（报告文学）————— 犁 夫
渡过长江（革命回忆录）—————— 孙剑冰

新人第一篇
金秋山月朗 ————————— （土家族）唐 棠
小院情思 ———————————————— 方元耕
读《小院情思》———————————— 大 洪

诗歌
胭脂色的山村（组诗）——————— 熊召政
胶卷·拐杖·凉帽 ——————————— 赵宗泉
柳巷的柳 ———————————————— 彭仲秋
我挂着会心的笑 ——————————— 王 挥
乡行（三首）—————————————— 海 云

浪花朵朵
山垭曲（三首）————————————— 张 凯
小街（外一首）————————————— 叶雄超
荆门行（二首）————————————— 乐其林
打太极拳的老人（外一首）———— 刘光辉
在一个遥远的夜晚（散文诗）—— 蓝露怡
日落葛洲坝 ——————————————— 崔合美

评论
农村的变革与文学的步伐 ————— 缪俊杰
传达时代的激情 ——————————— 吴肇荣
启迪、引导读者"更上一层楼" —— 罗守让
人物癖好描写琐议（文艺随笔）— 贺光鑫

美术
波光船影（油画）——————————— 付武群
连环画《长江三部曲》选登———— 汪国新

1984 年第 5 期 刊名:《长江文艺》
目录

小说
相识在高高的山上 ————— （苗族）王月圣
酒鬼和他的妻子 ————————（苗族）吴雪恼
郊外 ——————————————————— 王大鹏
心香 ——————————————————— 冯白平
我这个板报编辑 ——————————— 芦 叶
明星城之星（报告文学）— 任善炯 刘之昆 关德全
扬子江之歌（报告文学）—————— 杨 晶
冲里人家（散文）——————————— 安 危
桃花水（散文）————————————— 胡庆魁
绿圃情（散文）————————————— 王玉杭

诗歌
青春的帆（三首）——————————— 潘大华
夜大学诗笺（三首）————————— 董宏量
我在播种的地方 ——————————— 李振彬
玄武湖（外一首）——————————— 殷树楷

新人诗作·浪花朵朵
山乡（组诗）—————————————— 曹军庆

荆州古城断想...........................张 青
山城印象...............................刘学雄

评论

澄清对人道主义问题的错误认识，推动社会主义文艺
的健康发展.............................周韶华
认真学习，提高觉悟，繁荣创作...........本刊记者
在解决新的矛盾中前进...................刘 岱
在"精思"二字上下功夫（创作谈）.........绍 六
文艺评论形式应该多样化（文艺随笔）.......达 流

美术

雄伟的坝（油画）.......................卢柏森
江之朋·峡之门（油画二幅）.............向 阳
过小桥（木刻）.........................王文华
教授（纸版画）.........................王亚立

1984 年第 6 期　刊名:《长江文艺》
目录

《长江文艺》创刊三十五周年纪念
回顾是为了更好地前进（社论）
紧随社会主义祖国前进的步伐
——《长江文艺》创刊三十五周年回顾.........王淑耘
乘胜前进...............................李尔重
在炮火中诞生　在新中国成长.............俞 林
不尽长江滚滚来.........................胡青坡
献上一束蓝花草.........................杨 平

小说

淘井...................................胡燕怀
三年级大学生...........................刘继韬
关于厂志的补充材料.....................朱有云
水晃大爹和他的儿子.....................王伟举
"二道贩子"丁笑生.......................殷春树
第三支是英雄交响曲.....................野 莽
野渡（新人第一篇）.....................田珍安
刀刻般的人物性格（新作小评）
——读《野渡》.........................弓 长
她又得了一枚金牌（报告文学）.....周季胜　吴 江
北京的早春（散文）.....................碧 野

诗歌

西柏林诗二首...........................邹荻帆
让孩子们赞美我们（组诗）...............徐 鲁
变成长江一盏灯.........................刘倩倩
在欢乐的土地上（二首）.................任金亭
我们都是小小的（外一首）...............胡 鸿

洗脸...................................姚振起

美术

水彩画二幅.............................冯中衡
虎（中国画）...........................文新柏

1984 年第 7 期　刊名:《长江文艺》
目录

《长江文艺》一九八三年小说佳作奖获奖名单

小说

命运启示录（报告文学）.................吕运斌
把灯背在背上的人（报告文学）...........董宏量
第九车间...............................姚 勋
"贤妻大叔"近闻列传.....................楚 良
后来者居上.............................窦志先
渡船...................................陈应松
喧嚣的夜呵，寂静的夜...................何子铨
温文尔雅（小小说）.....................小 丽
小兰（小小说）.........................周兴亚
山林回音（散文·四章）.................江 岳
白杨赋（散文）.........................吴代秀
阳关曲（散文）.........................刘庆林

诗歌

祖国，有这样一块土块（诗报告）.........王维洲
采撷自故乡的茶花（组诗）...............熊学瑞
天台山短歌.............................文 坚
山雀子衔来的诗（组诗）.................饶庆年
鄂西去来（三首）.......................樊 帆
一个女孩与九个鸡蛋（外一首）...........叶向阳
清新的画境（外一首）...................赵国泰
三月，晾在阳台上.......................刘馨祖
清晨，我提菜篮.........................蔡宗周
儿歌二首...............................江全章
剜野菜的孩子...........................张用学
小村琴声（外一首）.....................沈 凭

评论

努力反映变革中的农村生活
——《长江文艺》农村题材创作座谈会随记
....本刊记者
对两位亡友的纪念.......................曾 卓
我对报告文学的报告（创作谈）...........祖 慰
也谈曾树生（作品评论）.................纪 申
努力探索　刻意求新
——一冶版画创作小议...................宋恩厚

美术

小师妹（套色木刻） —————————— 禹季凯
彩（套色木刻） —————————— 傅　勇
乐在其中（套色木刻） —————————— 肖昌富
归（套色木刻） —————————— 宋恩厚
四海为家（套色木刻） —————————— 傅　勇
工地小库（套色木刻） —————————— 林　争
和声（木刻） —————————— 陈建华

1984 年第 8 期　刊名:《长江文艺》
目录

小说

请你反塑（报告文学） —————————— 祖　慰
冬天的事 —————————— 方　方
大理石碑铭 —————————— 黄大荣
嘉会里从容说鹦鹉（历史小说） —————————— 杨书案
参园风情 —————————（回族）马　犁
寄自乡村中学的信 —————————— 周厚成
商人望大发（中篇） —————————— 杨　威
武当山观日（散文） —————————— 王维洲
童趣（散文） —————————— 何　帆
松针和柳叶（寓言） —————————— 段明贵

诗歌

春天，敞开的门窗 —————————— 崔品祥
起飞（散文诗） —————————— 陈志民
台南五月（二首） —————————— 鲁　萍
夏（外一首） —————————— 张　烨
战士雕塑家 —————————— 徐广信
山寨诗情（二首） —————————（苗族）石太瑞
新人诗作　浪花朵朵
青年班组公约（三首） —————————— 谢祖鉴
芦笛　吹绿了童年（外一首） —————————— 李和平
青蛙·我 —————————— 桂祥高

评论

塑造变革中的新的农村人物形象
——评楚良的小说创作 —————————— 於可训
信念，改革者的灵魂
——有关改革者形象塑造中的一个问题 —————————— 杉　沐
您好，大头余!（作品评论） —————————— 王自力
唱给革命情谊的歌（作品评论）
——评《谁说往事如烟》 —————————— 九　思
不尽长江滚滚来 —————————— 本刊记者

美术

祝辞 —————————— 赵毅敏

诗韵（油画） —————————— 李正天
城市雕塑三件 —————————— 刘政德等
城市雕塑一组 —————————— 张祖武等

1984 年第 9 期　刊名:《长江文艺》
目录

小说

一头牛，一两肉 —————————— 郭才明
谁是主人翁 —————————— 杨伟民
霍老头的藤椅 —————————— 吕志青
信鸽 —————————— 俞苏青
考场上的奶油雪糕 —————————— 沈虹光
"快活庙"的故事 —————————— 石　川
弥留者的童话 —————————— 宋德顺
只见树木，不见森林 —————————— 刘凤阳
书（小小说） —————————— 李新南
过去有个"摸秋节"（散文） —————————— 张永柱
游磨山植物园（散文） —————————— 丁凤英
海上太阳花（散文） —————————— 曹建勋

诗歌

新人诗作　浪花朵朵
蒲圻纺织总厂诗会 ————— 饶庆年　舒　欣　王建浙
阚百鸣　甘　露　叶　宁　杜　鹃　黄灼初
翡翠鸟——关于蒲圻纺织总厂的诗 —————————— 骆　文
长江牧歌（组诗） —————————— 陈应松
啊，你 —————————— 韦启文

评论

留在现实主义文学坦途上的足印
——沈虹光小说创作漫议 —————————— 周迪荪
这井，是非淘不可了（作品评论）
——读《淘井》 —————————— 周　昉
重要的在于雕塑（作品评论）
——评小说《三年级大学生》 —————————— 耀　仑
工业牧歌
——纺织题材诗歌创作初探 ————— 王建浙　任康金
美在恰如其分（一得集） —————————— 山　思

美术

自然之歌（中国画） —————————— 唐大康
大坝交响曲（油画） —————————— 钱　平
开掘光明的人（中国画） —————————— 李世南
山里人（中国画） —————————— 梁　岩
雨转晴（油画） —————————— 蒋小钢
比娃娃（年画） —————————— 高季方

1984 年第 10 期　刊名:《长江文艺》
目录

热烈庆祝建国三十五周年

报告文学专辑
中国，第十五块金牌⋯⋯⋯⋯⋯郭良原　彭　青
孤胆闯世界，单足走天涯⋯⋯⋯⋯⋯卢志高
对话⋯⋯⋯⋯⋯田　野
从霜降到谷雨⋯⋯⋯⋯⋯熊召政
小镇夜话⋯⋯⋯⋯⋯渭　石

小说
毕大劲的苦恼（续篇）⋯⋯⋯⋯⋯段明贵
社会大学第一课⋯⋯⋯⋯⋯冯　森
八府巡按⋯⋯⋯⋯⋯王白石
端阳红⋯⋯⋯⋯⋯丁正泉
藕湖情歌⋯⋯⋯⋯⋯陈明刚
今夜，不比往常⋯⋯⋯⋯⋯钟清平

评论
报告文学的时代⋯⋯⋯⋯⋯徐　迟
快慢动静总相宜
——小说叙述节奏漫谈⋯⋯⋯⋯⋯刘安海
谈特定环境（一得集）⋯⋯⋯⋯⋯江世祥
"用逆"妙得（创作谈）⋯⋯⋯⋯⋯谭龙生

美术
巧妹（油画）⋯⋯⋯⋯⋯舒诗跃
桑梓情（中国画）⋯⋯⋯⋯⋯贺飞白
大娘家（油画）⋯⋯⋯⋯⋯苏笑柏
年年有余（中国画）⋯⋯⋯⋯⋯伊德元
千万个雷锋在成长（中国画）⋯⋯⋯陈立言
龙之舟（中国画）⋯⋯⋯⋯⋯郑　强

1984 年第 11 期　刊名:《长江文艺》
目录

诗歌专号
驼铃声响⋯⋯⋯⋯⋯朱子奇
海之世界（特区三首）⋯⋯⋯⋯⋯田　间
大西南（二首）⋯⋯⋯⋯⋯张志民
天竺花，天竺果⋯⋯⋯⋯⋯骆　文
旅葵和月季⋯⋯⋯⋯⋯苏金伞
人生难得是相逢⋯⋯⋯⋯⋯辛　笛
访南诗抄⋯⋯⋯⋯⋯曾　卓
飞珠集⋯⋯⋯⋯⋯莎　蕻

小诗三首⋯⋯⋯⋯⋯牛　汉
航过葛洲坝（外一首）⋯⋯⋯⋯⋯陈敬容
现代碑林（外一首）⋯⋯⋯⋯⋯郑　敏
重庆散章⋯⋯⋯⋯⋯秦　松
船过巴东⋯⋯⋯⋯⋯方　冰
葵乡梦幻曲⋯⋯⋯⋯⋯韦　丘
新启示录⋯⋯⋯⋯⋯洪　洋
罗布泊组曲（三首）⋯⋯⋯⋯⋯晏　明
二月的红杏花⋯⋯⋯⋯⋯青　勃
他来看时候⋯⋯⋯⋯⋯刘祖慈
逃走的鹦鹉⋯⋯⋯⋯⋯胡天风
半斤八两（外一首）⋯⋯易和元诗　江帆画

战士的歌
敬礼，披绿斗篷的工匠们⋯⋯⋯⋯樊　帆
边关英灵祭⋯⋯⋯⋯⋯张雅歌
话别黄鹤楼⋯⋯⋯⋯⋯钟永华
彩色的歌（外一首）⋯⋯⋯⋯⋯谢克强

钢铁奏鸣曲
欢迎，贺兰山北麓的综采机⋯⋯⋯王维洲
在矿山的"地铁"上⋯⋯⋯⋯⋯王燕生
机车牵引的诗情（组诗）⋯⋯⋯⋯叶应昌
冶金者⋯⋯⋯⋯⋯绿　藜
新生的矿区（二首）⋯⋯⋯⋯⋯孙友田
城市掠影（二首）⋯⋯⋯⋯⋯董宏量
奔腾的诗情（二首）⋯⋯⋯⋯⋯李道林
水手⋯⋯⋯⋯⋯张永久

田园交响诗
陆水河⋯⋯⋯⋯⋯饶庆年
采撷自故乡的茶花（二首）⋯⋯⋯熊学瑞
山乡，绿色的思念（二首）⋯⋯⋯潘大华
乡村之晨⋯⋯⋯⋯⋯刘益善
平原与人（二首）⋯⋯⋯⋯⋯郭良原
江南岸（二首）⋯⋯⋯⋯⋯梁必文
露水集（外一首）⋯⋯⋯⋯⋯何　鸿
香溪橘歌（二首）⋯⋯⋯⋯⋯欣　秋
小溪（外一首）⋯⋯⋯⋯⋯叶向阳
撒网（外一首）⋯⋯⋯⋯⋯张庆明
春山⋯⋯⋯⋯⋯刘　章
湖上鱼绑声（外一首）⋯⋯⋯⋯黄学农
蔗乡⋯⋯⋯⋯⋯陈应松
悠悠故乡情（二首）⋯⋯⋯⋯⋯李铁柱
魄力⋯⋯⋯⋯⋯查代文
渔火（外一首）⋯⋯⋯⋯⋯王老黑
夕阳下，有位书记⋯⋯⋯⋯⋯王新民
梅雾⋯⋯⋯⋯⋯熊明泽

新牧歌

花（三首）——————————————白　航
无题抒情诗（四首）—————————刘湛秋
山野抒情诗（三首）—————————徐　刚
眺————————————————杨　牧
初春小雨—————————————晓　晴
献给十月的歌———————————木　斧
蔷薇集（三首）——————————杨　山
诗人和飞碟————————————宗　鄂
诗的自白—————————————叶延滨
给雕塑家刘焕章（三首）——————李小雨
音符，从孩子的指尖流出（二首）——黄东成
剑之小唱—————————————陈咏华
南海叠石—————————————寒　星
生活的色彩（二首）————————叶圣华
年轻人的词儿（三首）———————赵宗泉
峡上的云（二首）—————————鄢家发
湖中恋情—————————————徐广信
短歌四章—————————————徐　鲁
默默流淌的思念（歌词二首）————雷子明
深山古镇—————————————何　帆
大坝和孩子————————————姚永标

新牧歌

正在读谱的长笛手—————————牛　波
丹顶鹤的冠冕，太阳————————任洪渊
秋果———————————————李发模
白色的鸽子————————————姚振起

壮丽的河山

神农架写生（四首）————————田　野
瑞丽江边—————————————纪　鹏
大宁河试笔（三首）————————刘不朽
防风林——————————————莫西芬
致台湾诗人（二首）————————于宗信
京华怀古（三首）—————————韩作荣
人在江南（四首）—————————熊召政
北方的意象（三首）————————王家新
长江断章—————————————傅天琳
寻觅在秭归————————————陈松叶
信号手——————————————吴烟痕
风的传说—————————————巴兰兰
牢墙上的通道———————————李圣强
我走进延伸的光环里————————张良火
城墙直观—————————————任善炯

芳草集——————胡　鸿　黄　统　郑文榜　潘锐敏
黄　斌　黄爱萍　莫家勇　河山怀　立　川　雷友莲
曹军庆　曾静平　尚建国　王　英　钟　星　梁谢成
华　姿　黄　淮　张月娥　蒋育德

散文诗

野趣（三章）———————————陈　犀
登泰山赋—————————————高伐林
你，褪色的风帆（二章）——————李　耕
旧体诗词之页—————吴丈蜀　冯白平　陈凯文
肖浪平　李声高　彭尤弟

译诗

美国小诗一束———————————李文俊译
尤·沃罗诺夫诗三首————————乌兰汗译
四季写意——————[日]佐藤爱子　彤　彤译
在诗艺之海的思索（西窗诗话）———阿　红
诗理外论—————————————管用和
篆刻———————————————刘欣耕
滨海之城（油画）—————————张　简
东坡赤壁碑拓———————————李福堂

1984 年第 12 期　刊名：《长江文艺》
目录

小说

"妖铺子"—————————————罗吉万
这是第一次————————————张德祯
临终揭开的秘密——————————刘树德
天上的星亮晶晶——————————映　泉
山重重——————————————殷春树
从终点出发————————————李　更
编外解说员————————————耀　仑
傻女———————————————胡思勇
父与子——————————————毛银鹏
搭便车的姑娘—————[印度]尤莎·莎布朗尼恩著
杜建国　向妮娜译

散文·报告文学

友谊的花束
——中日青年联欢在武汉———————刘益善
特殊"职称"的年轻人————————张莉荣

诗歌

写给开旅游车的农民————————蔡伟荣
我登上浮吊
——工业港拾诗———————————罗时汉
出土文物（四首）—————————沙　白
再次瞻仰伯牙台——————————鲁　坎
鞋儿豆——————————————李和平
塑像———————————————任金亭

夏天，桃熟的日子————————郑卫国

评论

浓冽清幽总是香
——读《长江文艺》1983年小说佳作奖获奖作品散论
————————田中全
评《一头牛，一两肉》————————姜 弘
小说的第一个场面（创作谈）————熊开国
话说"且听下加分解"（一得集）————王浩洪
读者中来（二则）

美术

冬花（中国画）————————刘寿祥
楚人招魂图（油画）————————尚 扬
乳虎（中国画）————————汤文选
高秋图（中国画）————————冯今松
苦难的年代（油画）
——凌辱·掠夺·反抗————————李全武

1985年第1期　刊名:《长江文艺》
目录

求新·求精·求实
——新年致读者————————本刊编辑部

小说

探求价值的人（上篇　售粮）————万楚良
翻过山岗————————方 方
小都市跟前的草儿————————叶 梅
宠儿————————（中国香港）东 瑞
蓝鹅湖————————叶明山
搬家————————何立伟
王家福片断————————沈虹光
新伴————————郑九蝉
有争议者————————胡大楚
沧桑————————（中国台湾）袁琼琼
祖国的T细胞（报告文学）————祖 慰

诗歌

山姑娘（叙事组诗）——熊 红 曾静平 胡 鸿
激流之歌————————李 冰
我们是白领工人（三首）————李声明
青春，同枪刺一起闪光（组诗）————王文福
独木舟，舢板————————程宝林
短诗一束——吕纯良 张水舟 张永柱 傅国胜
新人诗页——丰 川 雷小熙 胡 泊
周单元 肖雄文 陈新洲

评论

《赔你一只金凤凰》序————————王淑耘
在肯定与否定中争取新的突破————黄自华
台湾女作家袁琼琼和《沧桑》————古 月

美术

封面设计————————薛吉生
展销会（木刻）————————韩晓寒
羊群（木刻）————————王 琰
生命卫士（木刻）————————沈良鸿

1985年第2期　刊名:《长江文艺》
目录

小说

惊蛰节的回忆————————王云高
相煎何太急————————绍 六
沉默的原野————————姜天民
既相托，敢委性命（传奇性小说）————郭才明
无声的对白————————野 莽
马蹄声脆————————黄河清

千字小说

情书————————陈恩宇
钓鱼————————张绍启
献花————————许 华

散文

岛国天堂夏威夷————————（中国香港）华 莎
澜沧江随笔（二章）————————薛尔康
散文诗页（七章）————————刘 虔 冯 森
李尔葳 刘光林

诗歌

写在襄樊卷烟厂留言簿上————邹荻帆
山村里的歌（组诗）————————白 水
都市抒情诗（三首）————————尚建国
筑炉（外一首）————————绿 藜
依傍柳树的姑娘（外一首）————杨 柳
短诗一束——顾绍康 鲍 勋 欧阳慧
李根红 殷树楷
新人诗页——何宜陵 刘 河 黄 斌

评论

目前文学发展的思考————————刘 岱
克服焦急情绪，更上一层楼（编余随笔）————张忠慧
复杂性格与时代特征————————胡德培

美术

吴伟染翰图（中国画）————————李世南

九朽一罢画吴伟————————彭 德

1985 年第 3 期　刊名:《长江文艺》
目录

小说

她等待着……————————吕志青

海滩上的梦————————张 玲

啊哈！点火————————李叔德

永恒的呼唤————————陈应松

玻璃隧道————————（中国香港）东 瑞

石桥镇一号————————贺景文

危房呀危房————————蔡祖英

小城　小路　小店（文学青年之页）————冬 冬

散文·报告文学

动机病变（报告文学）————————田贞见

崂山寻瀑记（散文）————————管用和

诗歌

诗三首————————安 危

女孩的世界————————周雁翎

看鹰击长空————————蔡国瑞

荷塘夕钓————————徐忠影

那是一个奇妙的世界————————向天笑

她们的诗（专辑）————————汪 芳　华 姿

刘 蒂　虞文琴　肖石兰　张 帆　雷友莲　张月娥

黄爱萍　肖桂芳　阿拉坦托娅

评论

作家的开发精神和文学的跨越态势

——读《长江文艺》"小说联展（一）"作品引起的思索

————————吴肇荣

我想起赵树理的大愿————————邹琦新

小说的诗意美————————罗守让

纯和美的吟唱————————吴大洪

联合启事

美术

作家近照————————徐 迟　碧 野　安 危

方 方　楚 良　李叔德

唐妃（木雕）————————陈淑光

1985 年第 4 期　刊名:《长江文艺》
目录

小说

校园小说

他拍拍我的肩————————汪义晓

陌生人————————徐世立

请大江作证————————周震亚

青鸟————————任 捷

"校园小说"简析————————吴大洪

哦，你没想到————————宝 奇

路标（中篇小说）————————（中国香港）东 瑞

散文

诗人的送别——赠 X.C.————————羊 羣

神女漫想————————王维洲

神游峨嵋山————————田一文

春笋与电线杆（寓言·外一篇）————————龚去浮

诗歌

三峡（组诗）————————韩 笑

平原与人（三首）————————郭良原

挂在树梢的山歌（三首）————————叶向阳

彩色的交响乐（外一首）————————张良火

小村的地锦草（三首）————————张 凯

新人诗页————————杜子君　阚百鸣　赵晓春　黄殿琴

评论

生活的整体与文学侧面

——读"中青年作家新作联展"（二）所想到的

————————吴肇荣

文海一勺蕴英华——读《西方文海一勺》————张啸虎

境界要高（读稿随笔）————————杉 沐

微观体察与宏观眼光（文艺随笔）————————周 斌

美术

作家近照————————曾 卓　洪 洋　祖 慰

鄢国培　李建纲　沈虹光

长江万里图（局部）————————张大千

1985 年第 5 期　刊名:《长江文艺》
目录

小说

安妮丝之谜（中篇小说）————————孟伟哉

鼎足————————何存中

星光熹微的夜晚————————（苗族）吴雪恼

扬州十日（历史小说）………………………沙铁军
一个"电大"学生的日记………………………张宪平
贝锦卡的骚客………………………（土家族）唐 棠
稳定的平行四边形………………………………王建福
——贵在别致（评点）…………………………小 晖
晚上七点……（小小说）………………………陈东明
刘师傅和"咪咪"（小小说）…………………黄泉清

报告文学·散文

一支山歌飞出岩………………………………董宏猷
"病没有把我压倒"……………………………辛 雷

诗歌

江行（三首）…………………………………陈 龄
蓝裙女兵（三首）……………………………董宏量
故乡（外一首）………………………………王新民
拾到了一只失落的梦…………………………和穆熙
润湿的土地……………………………………谷未黄
游动的诗（外一首）…………………………熊明泽
水手·棕榈………………………………………贾 放
新人诗页（六首）………姚桂玲 肖 鹏 余 叶
源 洲 起 早 张保旺

评论

通俗文学的兴起与文学观念的更新……………于可训
从已知去寻求未知（编余随笔）……………易元符
"常语难"（随笔）……………………………古远清
情节结构的空白（一得集）…………………王浩洪

美术

王安石（中国画）……………………………谈仕屺

1985 年第 6 期　刊名:《长江文艺》
目录

小说

本城九点钟供江水………………………………胡燕怀
儿欠父亲多少情…………………………………陈金堂
狂僧………………………………………………肖文苑
写小说者的小说…………………………………李 竑
彩斑，正在旋转…………………………………王东升
火车大劫案（中篇翻译小说）
…………[日本]西村京太郎著　罗高林译　陈常志校

散文

魂泊大宁河………………………………………李传锋
散文诗页（九章）………李 耕 碧 森 张立先

诗歌

春雷（新人诗页）……………………………孙 智
经纬线上崛起的歌（三首）…………………李道林
彩色的乡村（三首）…………………………樊 帆
大山母亲（外一首）…………………………易 山
妻子、孩子、我和机车（外一首）…………叶应昌
知音（外一首）………………………………戴砚田
我的工厂，我的城……………………………蒋育德
短诗一束…………………刘幼春 杨 桦 马 竹
蒋选斌 胡晓光 王卫平 李东波

评论

文学评论必须自由……………………………刘 岱
方方及方方作品感应的记录…………………谢望新

1985 年第 7 期　刊名:《长江文艺》
目录

在作协湖北分会第二次会员大会上的讲话……关广富
在楚天大地上，要出更多的人才和作品………钱运录
大鼓劲　大团结　大繁荣　中国作协湖北分会第二次
会员大会隆重召开

小说

女人………………………………………………袁先行
黎明前六十分钟…………………………………杨四海
花楼街的"布尔什维克"………………………汪 洪
水手与妓女………………………………………田 野
在密密的漆林里…………………………………戴箕忠

散文·报告文学

在来回的旅程上…………………………………徐 迟
柳叶舟……………………………………………骆 文
美国的"中国城"………………………………李欧梵
"野马"骑士（报告文学）……………………成 亮

诗歌

情诗十二首………………………………………白 桦
慢吞吞，有人按着万物的脉………[法]亨利·米修
我盼望…………………………………………张 琼

评论

谈灵魂和灵魂工程………………………………徐 迟
作家工作中的随机控制…………………赵国泰 普丽华

美术

封面设计…………………………………………张啸谷
傍晚……………………………………………郑文华

1985 年第 8 期　刊名:《长江文艺》
目录

诗四首 ———————————————— 叶文福
水上行（小说）—————————————— 映　泉
小桥　流水　人家（新人诗作三首）—— 胡兰芳
林海花潮（散文）————————————— 碧　野
二月兰（组诗）—————————————— 熊学瑞
重逢（小说）——————————————— 罗　岭
园外草（组诗）—————————————— 肖桂芳
在爱荷华城的爱荷华河边（散文）—— 徐　迟
有这样一群男人（外一首）————— 钟　静
啊！睡牛村（小说）———————————— 姜锋青
九行抒情诗（十首）———————————— 徐　刚
麻濠看守者（小说）———————————— 雪　垅
用山石烧成的歌（新人诗作）———— 刘和平
"1982"和"1985"的对话（评论）—— 祖　慰
"一切很好"（诗）————————————— 顾　城
武夷思（散文）—————————————— 李建纲
山区的电杆（诗）————————————— 李卫东
香溪的歌（诗三首）———————————— 欣　秋
"出手不凡"与"深入人心"（评论）
——评张映泉获奖小说《同船过渡》—— 田　野
捷径（诗）———————————————— 邓玉章
闭幕才是开幕（评论）——————————— 洪　洋
神女峰（诗）——————————————— 肖俊峰
诗七首 ———————————————— 欧外鸥

1985 年第 9 期　刊名:《长江文艺》
目录

啊，英雄们（小说）———————————— 龚义成
邻笛集（组诗）—————————————— 绿　原
在密苏里（散文）————————————— 徐　迟
生活的乐章（组诗）———————————— 韩作荣
山里人（小说）—————————————— 熊普生
诗五首 ———————————————— 莎　蕾
给 M ————————————————— 文　迅
小说两篇 ——————————————— 杨瑞雪
多雨的江南（组诗）———————————— 饶庆年
我的田畴 ——————————————— 韦启文
就米修《慢吞吞》一诗致编者（评论）—— 江伙生
葛洲坝情思（外一首）——————————— 田　海
舅舅的"红派司"（小说）—————————— 金　石
诗六首 ———————————— 耕　伏　潘锐敏等
陪姐儿（小说）—————————————— 黎明天
诗四首 ———————————————— 王　建

《海月明》后记（评论）—————————— 曹建勋
春潮 ————————————————— 鲁　平
我过去的嫂子（小说）——————————— 熊正良
改革者形象的开拓性（评论）———————— 熊开国
龙门峡（外一首）————————————— 彭浩荡
在 DISCO 舞场上 ——————（中国香港）吴　正
舒而美的使者

1985 年第 10 期　刊名:《长江文艺》
目录

天下谁人不识君（小说）—————————— 龚绍东
往事（小说）——————————————— 朱树成
无题诗六首 ——————————————— 刘湛秋
黄麻收割的季节（小说）—————————— 张法德
摘自未广播的材料
　　　　［美］斯图尔特·戴贝克著　杨江柱译
巴人颂歌（诗）—————————————— 陈应松
特别报告（小说）————————————— 吕运斌
大学系主任之愁苦（散文）————————— 贺祥麟
魂儿留山乡（小说）———————————— 西　中
大冶三感（散文）————————————— 邵　苇
她们睡在县长门口（小说）————————— 邹志安
小说的诗化与审美趣味（评论）——————— 饶德江
乡村六月（组诗）————————————— 梁必文
一九九七"心电图"（评论）————————— 马　阳
"立交桥"那边（报告文学）
——华丰国际贸易公司剪影 ———————— 胡　翔
树叶情思（散文）————————————— 戚鸿才
文学期刊版权保护工作座谈纪要
论信息革命
—————［美］阿尔温·托人勒　原著　徐　迟译

1985 年第 11 期　刊名:《长江文艺》
目录

楚原撷英
中国画及其他 —————————————— 王家新
眼睛（外一首）—————————————— 叶文福
雨江南（组诗）—————————————— 饶庆年
能人冯奎（报告诗·外一首）————————— 刘益善
种辣椒的女人 —————————————— 张永柱
植树的汉子（外二首）——————————— 曹军庆
泥之河（组诗）—————————————— 徐　鲁
老人的河 ——————————————— 陈应松
江声海韵（组诗）————————————— 董宏量
海的素描 ——————————————— 雪　垅

山塘（外一首）……………………梁必文
行路人………………………………马 竹
冬天的男人（外一首）……………郭良原
白娃子（外一首）…………………任金亭
大别山行吟（二首）………………潘大华
相思河………………………………谢克强
穿起西装的老渔民（外一首）……郑文榜
海的训示（外一首）………………柯于明
一只绿色的蝙蝠（外一首）………李道林
我们是与共和国同龄的男人（外一首）……王新民
致桅灯（外一首）…………………张永久
灵魂与灵魂碰撞（组诗）…………熊召政
为了那一小块水草…………………绿 藜
海滩凝思（外一首）………………张良火
一个军人的假期（外一首）………樊 帆
桂林…………………………………韦启文
信息之歌……………………………叶应昌

海天诗羽
历史意象（四首）…………………任洪渊
神话（《半坡》组诗之一）………杨 炼
视野，墨青的风景线（组诗）……陈所巨
温柔在南方里的北方（组诗）……李老乡
大自然的儿女………………………关登瀛
悲戚的正义之师（三首）…………李 瑜

海天诗羽
大山的儿子们（外一首）…………刘毅然
神鹰…………………………………何铁生
黄河，历史的曲线（组诗之三）…高旭望
赠别（外一首）……………………黄晓华
黑水手（外一首）…………………刘国萍
C弦上的海（二首）………………何香久
出境…………………………………钟永华
无题（外一首）……………………牛 波

老凤清声
昨夜瓜灯……………………………骆 文
彼岸（外一首）……………………胡天风
太阳（外一首）……………………秦 松
为了新绿满树（外一首）…………陈敬容
孟浩然（外二首）…………………韩 笑
五月，吹响了芦笛（外两首）……莎 蕻
我曾经多么年轻……………………洪 洋
大海与水手（三首）………………田 野
南海笔会拾诗三首…………………冯白平
山的再现（外一首）………………徐广信
老窑匠（外一首）…………………管用和
啊，这儿橘红（外一首）…………欣 秋

女诗人
流向母亲心灵的情感（组诗）……张 烨
三月（外一首）……………………华 姿
初恋的情绪（组诗）………………胡 鸿
关于"我"的小诗（二首）………奕 林
无题（外一首）……………………肖 雯
家乡纪事（二首）…………………郑金花
诗苑初犁……………孙庆明 张 凯 谢新政
南 野 黄世昌

旧体诗
云帆片羽（七律二首）……………张啸虎
荆楚纪游（二首）…………………夏中雄
致改革者（调寄"钗头凤"）……陈东成
东坡赤壁览胜………………………陈凯文
晨渡洞庭湖…………………………桂遇秋
献给老山英雄演讲团………………万 军
散文诗………………………羊 翚 肖桂芳
港台诗坛…………柏 杨 张香华 许世旭
覃子豪 彭邦桢 白 马

1985 年第 12 期　刊名：《长江文艺》

目录

小说
舅舅…………………………………罗 岭
蓝湖…………………………………吕运斌
拐子马………………………………陈忠实
沸腾…………………………………徐 郁

新人第一篇
楼上楼下（小说）…………………晓 苏
啊，灯光（小小说）………………周 洋
没有放飞的风筝（小小说）………闫业俊
目若点漆（小小说）………………江仲清
立交桥上（小小说）………………石焕镇
卖瓜子的女人（小小说）…………周才发
附："新人第一篇"印象（评论）…习 桅

诗歌
皖南山居四题………………………公 刘
一个西部诗人的魔幻（外一首）…陈松叶

评论
准作家的内省智力…………普丽华 赵国泰
深深植根乡村泥土的花……………丁永淮
桔化为枳和精神变异………………于可训
小说的精彩美………………………刘安海

1986 年第 1 期　刊名:《长江文艺》
目录

编者的话
春夏秋冬 ················· 王梓夫
山湾　流水　人家 ········· 刘亚舟
雷群 ····················· 朱秀海
巩乃斯的夜晚 ············· 李斌奎
响响山谷 ················· 郑彦英
侯氏兄弟 ················· 罗辰生
炀河从镇边流过 ··········· 高尔品
探亲 ····················· 晓　剑
残阳 ····················· 谢鲁渤
门向 ····················· 熊召政
本刊启事

1986 年第 2 期　刊名:《长江文艺》
目录

小说
云坎 ····················· 郑赤鹰
情人眼中的红绿灯 ········· 叶圣华
丰碑 ····················· 徐　刚
火之心 ··················· 筱　玫
国徽 ····················· 傅明俭
记得那片桔林 ············· 蒋　杏
阿弥佗佛 ················· 何存中
船蓬上有盆指甲花 ········· 贺景文

报告文学·散文
溃伤的山陵 ··············· 曹宗国
洪湖秋雨（散文） ········· 廖作金

诗歌
晶莹的浮雕（组诗） ······· 张　敏
故乡 ····················· 胡晓生
我走向太阳下面 ··········· 徐新洋
东湖的夏天 ··············· 刘　河
南极的春节 ··············· 缪国庆
小站 ····················· 杨增能
小路之忆 ················· 蔡　健
江汉游踪 ················· 罗维扬

评论
历史大变革时代的悲喜剧 ··· 于可训
生生不已　光景常新 ······· 孙子威
简讯

1986 年第 3 期　刊名:《长江文艺》
目录

小说
宝贝的位置 ··············· 雪　垅
霜后菊 ··················· 汪　雷
关于父亲的婚事 ··········· 陈士清
苦楝魂 ··················· 周元镐
"078"在这里迫降 ········· 宋利华
山那边有一支歌 ··········· 龚义成
夏天过去的时候 ··········· 金春子
女人河 ··················· 文　田
退回的信 ················· 艾智杰

散文
森林的玫瑰 ··············· 邹荻帆
橘红色的口哨声 ··········· 史冬梅

诗歌
诗园的少女 ··············· 柯爱琼
我们分别在这样一个季节
　　　　　　　　　　　　··· 姚海燕
晨星 ····················· 郑金花
思念 ····················· 高冰玉
我走向太阳 ··············· 杏　子
夜空下的礼花 ············· 白　薇
严西湖之恋 ··············· 雷　杉
两颗星 ··················· 刘满元
题风景照：金沙白浪 ······· 刘　虹
跳丧 ····················· 郑世平
边城斜照 ················· 顾　影
等待 ····················· 方　舟
深山放排女 ··············· 汪　敏
乌蓬船 ··················· 巴山氏

评论
当代人生的启示录 ········· 张　皓
人物性格的层次感 ········· 王浩洪

1986 年第 4 期　刊名:《长江文艺》
目录

小说
友情 ················· 夏　铭　黎　萍
阶梯家族 ················· 胡晓明
雁来红与子午花 ··········· 姜锋青
双卡，双卡 ··············· 刘醒龙

三人行·······················耿修学
中奖之后·····················陈自谦
船老大的后代··················姚达人

散文
漫话黄鹤楼···················凤　子
涵养——俞林剪影···············光　群

诗歌
遐思·······················木　青
三峡行·····················纪　鹏
古原上的太阳··················鄢家发
初恋·······················陈仁科
静悄悄，静悄悄·················程步涛
晒太阳的老人··················熊　红
高粱红了····················唐跃生
淡蓝色的回流（散文诗）············李　耕
山乡情（散文诗）················肖雄文
牧人与马（散文诗）··············晓　桦

评论
报告——哲学？　文学？
——读祖慰报告文学集《智慧的密码》印象
············吴奕锜　胡西宛　程文超
心底无私天地宽
——浅谈《沉重的翅膀》中陈咏明形象·······邹明山

1986 年第 5 期　刊名:《长江文艺》
目录

小说
碎片·······················张　波
湘夫人·····················王雨谷
姐姐的婚事···················李辅贵
"哈哈镜"里的独身女··············田友国
不释卷斋····················靳　原
远逝·······················廖小平
一切都会好的··················枫　岚
症状···········[英]杰罗姆·K.杰罗姆著　任　远译

报告文学·散文
牺牲岂止在战场·················胡士华
树赋·······················谢克强

诗歌
水为源·····················南　野
森林大海（外一首）···············小　明
玉兰花亮了（外二首）·············赵国泰

鲁镇和它的少女们（外一首）··········段松乔
水墨诗（外二首）················雷友莲
避雷针（外一首）················莫家勇
闪亮的星····················蒲　阳
校园，一个风雪的早晨·············叶晓武
爱之旅（外一首）············叶　子　末　林
走向远方（外二首）··············张艳齐
丘陵的雕像···················王新民

评论
论文学观念变革的双重动因···········於可训
变革时代的要求与作家信息观念的建立······吴肇荣
似曾相识的几个人物
——谈《春夏秋冬》的人物塑造·········高　云

1986 年第 6 期　刊名:《长江文艺》
目录

小说
拉网村最后一匹公狗··············叶明山
人之为人····················李叔德
哦，绿竹园···················王伟举
时人知其趣···················曹建勋
没完没了的戏··················杨云峰
爱的沉浮····················周福如
沙漠上，一叶小舟···············叶　韵
兼职·······················江作苏

散文·报告文学
仙佛寺香火（散文）···············王维洲
在"卫星城"的地平线上（报告文学）
——记黄陂丝绸厂················任巧梅

诗歌
希望之光（组诗）················莎　萁
自然·情思（五首）···············管用和
情诗五首····················乔　迈
都市之爱（二首）················叶圣华
同代人（三首）·················姚永标
南国春梦（组诗）················马　竹
故园·······················肖桂芳
黄山写意（四首）················郑定友
葡萄和小鸡（外一首）·············李富祺
心愿（外三首）·················陈安梅
多梦时节（三首）················穆洪斌
红雨衣·····················汤正启

评论

浅论文学的当代性⋯⋯⋯⋯⋯⋯⋯⋯罗守让
动态的环境描写⋯⋯⋯⋯⋯⋯⋯⋯王浩洪
色彩缤纷的生活与形形色色的文学观念⋯⋯李运抟
让历史通过我们而歌唱⋯⋯⋯⋯⋯王家新
春天，一次作家的聚会（通讯）⋯⋯田 野

1986 年第 7 期　刊名:《长江文艺》
目录

文学苍穹里三颗明亮的星
——在姚雪垠、徐迟、碧野文学创作五十年庆祝会上
的讲话⋯⋯⋯⋯⋯⋯⋯⋯⋯⋯⋯洪 洋

小说

第二个巴德⋯⋯⋯⋯⋯⋯⋯⋯⋯张宇光
八条汉子⋯⋯⋯⋯⋯⋯⋯⋯⋯⋯金 石
这小院，这老头⋯⋯⋯⋯⋯⋯⋯彭 达
拧耳朵的妻子⋯⋯⋯⋯⋯⋯⋯⋯蹈 尘
一篇流产的爱情小说⋯⋯⋯⋯⋯王 兵
秋天的故事⋯⋯⋯⋯⋯⋯⋯⋯⋯查代文
那山有鬼神⋯⋯⋯⋯⋯⋯⋯⋯⋯骆 邑
父子共沾巾⋯⋯⋯⋯⋯（中国香港）金 兑
寓言二则⋯⋯⋯⋯⋯⋯⋯⋯⋯⋯段明贵
一件白衬衣⋯⋯⋯⋯⋯⋯⋯⋯⋯郑 春

诗歌

大江⋯⋯⋯⋯⋯⋯⋯⋯⋯⋯⋯⋯曾 卓
米勒的画（组诗）⋯⋯⋯⋯⋯⋯雪 垅
男人和女人的世界⋯⋯⋯⋯⋯⋯董宏量
江南忆（四首）⋯⋯⋯⋯⋯⋯⋯刘益善
"皇村"回忆（组诗）⋯⋯⋯⋯⋯徐 鲁
清晨，我卖豆腐、豆浆⋯⋯⋯⋯徐忠影
江南故事⋯⋯⋯⋯⋯⋯⋯⋯⋯⋯周平琳
思念⋯⋯⋯⋯⋯⋯⋯⋯⋯⋯⋯⋯李根红
怀念⋯⋯⋯⋯⋯⋯⋯⋯⋯⋯⋯⋯张 帆
大森林⋯⋯⋯⋯⋯⋯⋯⋯⋯⋯⋯文 冰

报告文学·散文

飞向世界的白色鸟⋯⋯⋯潘大华　李高梁
在长野县演出的日子⋯⋯⋯⋯⋯江 健
青春不老　健笔常新
——作协湖北分会召开姚雪垠、徐迟、碧野文学创作
五十年庆祝会
搞活评论　繁荣创作
——作协湖北分会文学评论工作会议综述

1986 年第 8 期　刊名:《长江文艺》
目录

小说

战场上没有女性⋯⋯⋯⋯⋯⋯⋯宾 东
二黑、赛虎和我们家和 POINTER⋯⋯石 川
农人和人龙的罗曼司⋯⋯⋯⋯⋯熊衍锟
矮个子教练与高个子中锋⋯⋯⋯陈东明
半个月亮⋯⋯⋯⋯⋯⋯⋯⋯⋯⋯王 琦
不全是年成好⋯⋯⋯⋯⋯⋯⋯⋯王白石
那滚烫的脸⋯⋯⋯⋯⋯⋯⋯⋯⋯李 盾
血染的路标⋯⋯⋯⋯⋯⋯⋯⋯⋯寇剑波

诗歌

省委书记与一对深山农民老夫妇⋯⋯熊召政
长江黄河的呼唤⋯⋯⋯⋯⋯⋯⋯张良火

长江文艺创作培训中心学员作品选登

父亲，自远方来（小说）⋯⋯⋯阿 信
艺术的本来面目（小小说）⋯⋯彭从份
弟弟的牛仔裤（小小说）⋯⋯⋯李济生
蛾眉月（小小说）⋯⋯⋯⋯⋯⋯桑绍友
礁石上站立的太阳（诗歌）⋯⋯南 岸
初冬（诗歌）⋯⋯⋯⋯⋯⋯⋯⋯倪国彬
北方的枫叶（诗歌）⋯⋯⋯⋯⋯孙菊生
武汉人（诗歌）⋯⋯⋯⋯⋯⋯⋯普 曲
火山（诗歌）⋯⋯⋯⋯⋯⋯⋯⋯汤正启

散文·报告文学

除夕夜（报告文学）⋯⋯⋯⋯⋯崔洪昌
华盖楼随笔（二则）⋯⋯⋯⋯⋯陈继光

评论

比年轻时爱得更深沉⋯⋯⋯⋯⋯田 野

1986 年第 9 期　刊名:《长江文艺》
目录

小说

爱情包围圈（中篇小说）⋯⋯⋯罗 岭
没有岸的湖泊⋯⋯⋯⋯⋯⋯⋯⋯黄学农
荷香⋯⋯⋯⋯⋯⋯⋯⋯⋯⋯⋯⋯袁先行
争⋯⋯⋯⋯⋯⋯⋯⋯⋯⋯⋯⋯⋯符 泊
特号大学生⋯⋯⋯⋯⋯⋯⋯⋯⋯颜学斌
假眼（小小说）⋯⋯⋯⋯⋯⋯⋯澍 雨

报告文学·散文

留在时代底片的星光（报告文学）……………曹建勋
鹤之峰（散文）……………………………………李传锋

诗歌

黄州赤壁有感…………………………………………萧　军
最前面的位置（散文诗）………………………高伐林
我们的产地在中国（三首）……………………李道林
北碚诗抄（三首）………………………………………杨　山
南方拾翠（组诗）………………………………………樊　帆
楚国浪漫曲（二首）……………………………陈应松
短诗一束…………韦启文　巴兰兰　钟　星　黄平辉
杏子…………………………………………………………张　莹
旧体诗三首……………………………………………叶贤恩

评论

潜意识心理描写的功能探略………………………张　皓
在新的艺术山腰
——读《爱情·正在诞生》致李德复同志……涂怀章
部分文学期刊维护版权第二次会议纪要

1986 年第 10 期　刊名:《长江文艺》
目录

小说·散文

复苏………………………………………………………黎明天
美的沉沦………………………………………………沈仁康
潇洒的迟二狗………………………………………方　方
扎木尔哈开了的时候（散文）……………………王　敏
瓦盆………………………………………………………陈应松
茶山记事（散文）……………………………………胡天风
苦楝树下的夜曲……………………………………屠正明
孤坟………………………………………………………杨世运
夜阑人静时（散文）………………………………何　仃
人生的坡道…………………………………………龚建民
小小说专辑
选爸爸…………………………………………………兰　力
希冀………………………………………………………彭友元
与凤同飞………………………………………………李健君
藏书家…………………………………………………李健君
第一课…………………………………………………周声华
小花猫…………………………………………………李永山

诗歌

战争与和平协奏曲（二首）………………………张　容
我们为和平而存在（二首）………………………王文福
江南里的北方（外二首）…………………………黄旭升
街上的日子…………………………………………雷　霆

终于（外一首）………………………………………柯爱琼
兜白围裙的纺织娘…………………………………罗时汉
送行………………………………………………………孙明庆
流走的梦………………………………………………高大拥
警察的爱………………………………………………刘　河
沉埋在泥土中的石碑………………………………尚建国
音乐抒情诗（二首）………………………………鲁　萍

评论

形式情绪初议
——兼谈创作的提高和突破………………………王先霈
一声轻雷掠过江汉骚坛之后
——熊召政六年诗作一瞥…………………………张啸虎

1986 年第 11 期　刊名:《长江文艺》
目录

湖北作家专号
散文

在马萨诸塞州的安默斯特城………………………徐　迟
水…………………………………………………………洪　洋
珞珈山散记…………………………………………沈虹光

小说

浮萍………………………………………………………映　泉
天比墙更高…………………………………………汪　洋
别回来…………………………………………………叶明山
雾日政变………………………………………………李叔德

诗歌

古铜色的歌…………………………………………骆　文
大别山诗草（二首）………………………………莎　蕻
诗三首…………………………………………………王家新
沉思，在屈原故里（二首）………………………刘不朽
校园，那片相思林（四首）………………………谢克强
西山，有块试剑石…………………………………刘敬堂
下班回来的笑脸……………………………………李德复
图象……………………………………………………绿　藜
八弦琴…………………………………………………赵宗泉

理论

面面观和层层观小品系列（之二）………………祖　慰
情到深处诗自成——王家新和他的诗……………林为进

美术

生命（水粉画）………………………………………夏复钟
建筑的理性（水粉画）……………………………曹　丹
微亮的角落（水粉画）……………………………沈松德

1986 年第 12 期 刊名:《长江文艺》
目录

小说·散文

楚人与水 ······ 楚 良
陌上桑 ······ 龚义成
神鞭罗瓦 ······ 何子铨
黄昏 ······ 晓 苏
望月楼 ······ 柯尊解
子房沟 ······ 梅兴无
教坛志异 ······ 邓德森
一支没唱完的歌（散文）······ 徐晓阳
关于《一支没唱完的歌》（小评）······ 曾 卓

诗歌

梦母 ······ 欣 秋
地震 ······ 李圣强
男中音（三首）······ 郭良原
掉散户 ······ 张永柱
妇女们的塆子 ······ 潘大华
排铳（外一首）······ 熊明泽
爱的竖琴（四首）······ 徐 润
雨中（外一首）······ 陈作炳
星星河（二首）······ 陈诗泽

评论

一本超越自身的文艺论集
——评《美学沉思集》······ 黎 风
发掘生活的新意
——读《二黑、赛虎和我们家 SOPOINTEPR》
······ 胡德培
拥抱未来时必经的阵痛
——读《二黑、赛虎和我们家 SOPOINTEPR》
······ 何正秋
有感于谢朗作诗（一得集）······ 王浩洪
创作冲动中的偶然与必然（一得集）······ 彭 达

美术

南国女（中国画）······ 晴 川
百花篆刻选辑 ······ 高原篆刻

1987 年第 1 期 刊名:《长江文艺》
目录

小说

阎三 ······ 汪 洪
笑妹崽 ······ 安丽芳

谣言 ······ 高小林
三岔口 ······ 张 帆
告别巴山镇 ······ 刘 恪
盘龙河水长 ······ 叶森望
隔膜（小小说）······ 颜庆堂
她是第几种人（中篇小说）······ 姜锋青 胡学庆

报告文学·散文

一个女画家的"蒙太奇" ······ 陈 宏
谒海瑞墓（外一章）······ 李建纲

诗歌

青春的海拔高度（二首）······ 叶向阳
无标题咏叹调（外一首）······ 施肃中
龙的声音（外一首）······ （中国香港）杨 柳
李白墨迹意象 ······ [新加坡] 喀秋莎
无鸟的夏夜（二首）······ 张 敏
航标灯 ······ 梅 雨
别 ······ 星 晨

评论

为着"神似"地观照现实的精魂
——当今"实验小说"审美意蕴之一探 ······ 李运抟
题材的冷处理程序 ······ 普丽华 赵国泰
变革声中说空灵 ······ 熊开国
首届长江笔会记略 ······ 田 野

美术

红衣少女（油画）······ 冉芃芹
峡（油画）······ 崔炳良
湖北省首届青年美术节作品选登
湖北省首届青年摄影艺术节作品选登

1987 年第 2 期 刊名:《长江文艺》
目录

小说

大学生三重唱（中篇小说）······ 野 莽
局办主任的奇遇 ······ 刘敬堂
雪夜 ······ 义 晓
傻女 ······ 张法德
今宵最浪漫 ······ 徐世立
鲫鱼滩轶事 ······ 戴启棠
风波 ······ 冯白平
纯净的风 ······ 王 强

散文

忆俞林 ······ 胡青坡

小旅馆夜话（外一章）⋯⋯⋯⋯⋯⋯朱金星

卡夫卡随笔四则⋯⋯⋯⋯⋯⋯⋯刘冬妮译

诗歌

大山我的伙伴⋯⋯⋯⋯⋯⋯⋯⋯梁谢成

薄雪花（外二首）⋯⋯⋯⋯⋯⋯何　扬

冬天·夏天⋯⋯⋯⋯⋯⋯⋯⋯⋯黄　斌

瞬间⋯⋯⋯⋯⋯⋯⋯⋯⋯⋯⋯⋯洁　婷

笛声里的乡情（三首）⋯⋯⋯⋯叶晓武

爱的短笛（三首）⋯⋯⋯⋯⋯⋯孙友田

乡情处处（二首）⋯⋯⋯⋯⋯⋯梁必文

旧体诗四首⋯⋯⋯⋯⋯⋯⋯⋯⋯叶贤思

六月雨⋯⋯⋯⋯⋯⋯⋯⋯⋯⋯⋯连明钢

枫树呵⋯⋯⋯⋯⋯⋯⋯⋯⋯⋯⋯胡　鸿

错船⋯⋯⋯⋯⋯⋯⋯⋯⋯⋯⋯⋯蔡伟荣

评论

时代变革中的民族文化心理嬗变

——新时期小说创作的研究之一⋯⋯罗守让

祖慰报告文学讨论会综述⋯⋯⋯江　岳

美术

舞娘⋯⋯⋯⋯⋯⋯⋯⋯⋯⋯⋯⋯涂志伟

大浪淘沙⋯⋯⋯⋯⋯⋯⋯⋯⋯⋯雪笑秋

1987 年第 3 期　刊名:《长江文艺》

目录

小说

打不通的电话⋯⋯⋯⋯⋯⋯⋯⋯张宇光

野菊⋯⋯⋯⋯⋯⋯⋯⋯⋯⋯⋯⋯袁先行

一段罗曼史⋯⋯⋯⋯⋯⋯⋯⋯⋯李　更

心在滴血的采访⋯⋯⋯⋯⋯⋯⋯王月圣

发自小城的加急电报⋯⋯⋯⋯⋯王成启

根哥与蕨香⋯⋯⋯⋯⋯⋯⋯⋯⋯简兆麟

上门客⋯⋯⋯⋯⋯⋯⋯⋯⋯⋯⋯罗光胜

天橄（中篇小说）⋯⋯⋯⋯⋯⋯吕运斌

报告文学·散文

这是一片红色土地⋯⋯⋯哈　达　李　实

我是一个活着的人⋯⋯⋯⋯⋯辛　雷

诗歌

巴山组诗（选登二首）⋯⋯⋯⋯陈应松

雷达与你（外二首）⋯⋯⋯⋯⋯木　青

骚动（外一首）⋯⋯⋯⋯⋯⋯⋯吴柏松

那是在黄昏（外一首）⋯⋯⋯⋯鄢元平

那种怀念是最深沉的怀念（外一首）⋯⋯胡晓光

镇江铁牛⋯⋯⋯⋯⋯⋯⋯⋯⋯⋯赵晓春

手，影子⋯⋯⋯⋯⋯⋯⋯⋯⋯⋯舟恒划

土墙⋯⋯⋯⋯⋯⋯⋯⋯⋯⋯⋯⋯程远朝

夜（外二首）⋯⋯⋯⋯⋯⋯⋯⋯赵承志

十八岁的空间⋯⋯⋯⋯⋯⋯⋯⋯方书华

献给你⋯⋯⋯⋯⋯⋯⋯⋯⋯⋯⋯毓　红

线的两头⋯⋯⋯⋯⋯⋯⋯⋯⋯⋯汪红霞

评论

创作的倾斜

——由一则“本报讯”引起的思考⋯⋯杉　沐

“自然”是一种高境界⋯⋯⋯⋯⋯扬　励

陡折急转　水落石现

——短篇小说的“突转”技巧⋯⋯薛贤荣　屈高波

美术

一曲难忘（粉笔画）⋯⋯⋯⋯⋯涂志伟

园林寓言雕塑一组⋯⋯⋯⋯⋯⋯刘政德

银色的交响（水粉画）⋯⋯⋯⋯樊惠刚

1987 年第 4 期　刊名:《长江文艺》

目录

小说

冲出狭谷的河流⋯⋯⋯⋯⋯沈培芬　樊　悌

出家⋯⋯⋯⋯⋯⋯⋯⋯⋯⋯⋯⋯崂山鸥

地潮⋯⋯⋯⋯⋯⋯⋯⋯⋯⋯⋯⋯方　舟

显影⋯⋯⋯⋯⋯⋯⋯⋯⋯⋯⋯⋯周百义

混世魔王⋯⋯⋯⋯⋯⋯⋯⋯⋯⋯黄河清

强化冷却⋯⋯⋯⋯⋯⋯⋯⋯⋯⋯陈卓乾

神农架的儿子⋯⋯⋯⋯⋯⋯⋯⋯关德全

小小说五篇⋯⋯⋯⋯⋯吴积兰　钱佩衡　余晓春

黄　谦　张宣强

诗歌

深圳写意（二首）⋯⋯⋯⋯⋯⋯钟永华

深山芳踪（二首）⋯⋯⋯⋯⋯⋯郑卫国

我是一个鲁莽的少年（外二首）⋯⋯徐　润

半山寺（外二首）⋯⋯⋯⋯⋯⋯张　莹

小海星的响往⋯⋯⋯⋯⋯⋯⋯⋯徐忠影

月亮（外一首）⋯⋯⋯⋯⋯⋯⋯王　琳

梁湖湾（外一首）⋯⋯⋯⋯⋯⋯柯爱琼

湿路⋯⋯⋯⋯⋯⋯⋯⋯⋯⋯⋯⋯古　忆

古城说⋯⋯⋯⋯⋯⋯⋯⋯⋯⋯⋯萌　竹

散文

诗魂（外一章）⋯⋯⋯⋯⋯⋯⋯羊　羣

昙花林记 …………………………………… 李华章
武当记游 …………………………………… 钱进步
信的情思 …………………………………… 尚建国
心灵的咏叹 ………………………………… 历　云

评论

"观念热"中的随感 ………………………… 易原符
环境换位与性格塑造 ……………………… 李道荣
诗艺辨踪
——从"点"的表现手法谈起 …………… 林金水

一得集

行动描写的内在逻辑 ……………………… 王浩洪
丹青难写是精神 …………………………… 彭　达
幸福的时刻 ………………………… 弗朗西斯·勃切尔

1987 年第 5 期　刊名:《长江文艺》
目录

小说

你儿 ………………………………………… 石　川
观音山的喜剧 ……………………………… 映　泉
纤夫 ………………………………………… 张莉荣
郭缕子讨帐 ………………………………… 张法德
钟他敲响了 ………………………………… 熊衍锟
藤龙 ………………………………………… 周元镐
野鸡镇趣事 ………………………………… 刘茂盛
农事 ………………………………………… 黄建中
水波和莲花 ………………………………… 周松山
隐不住的案情 ……………………………… 胡士华

诗歌

自然·情思（五首） ……………………… 管用和
江岸（外二首） …………………………… 陈咏华
山地写意（组诗） ………………………… 张　凯
爱的典礼 …………………………………… 乔　迈
凋谢的玉兰 ………………………………… 张月娥
三月的柳笛（外一首） …………………… 雷　杉
望归村 ……………………………………… 蒋育德
临行前（外一首） ………………………… 张艳齐
流砂 ………………………………………… 江　逊
夏夜 ………………………………………… 计红梅

评论

趣在情理间 ………………………………… 于　光
潜创作中的艺象萌动 ………………… 李希贤　张　皓
诗创作琐议 ………………………………… 颖　隽
本刊小说改稿会结束 ……………………… 本刊记者

小屋和最后一批送行者 ………… 胡发云　方　方等

封面

庞比杜夫人 ………………………… 弗朗西斯·勃切尔

1987 年第 6 期　刊名:《长江文艺》
目录

小说

纪念在《延安文艺座谈会上的讲话》发表四十五周年
陕北纪事 …………………………………… 骆　文
新的生活在召唤 …………………………… 洪　洋
汉正街风情录（三篇） …………………… 吕运斌
东野旷无山 ………………………………… 陈应松
檐老鼠 ……………………………………… 熊召政
山魂 ………………………………………… 叶大春
平炉二鬼——钢厂野史 …………………… 王志钦
女贼讲给县厂听的故事 …………………… 刘诗伟
我们家的傻大姐 …………………………… 余苣芳
那门帘上的影子 …………………………… 杨育基

散文

我故乡的大河 ……………………………… 梅　洁
感恩节之夜 ………………………………… 罗　岭
多情的土地 ………………………………… 柳火生

报告文学

大江的歌唱 ………………………………… 王　强

诗歌

雨雨雨（组诗） …………………………… 饶庆年
哦，陀思妥耶夫斯基（三首） …………… 陈松叶
丘陵地带（组诗） ………………………… 王新民
七律四首 …………………………………… 湛有恒
七律二首 …………………………………… 江钧雪
远山的呼唤 ………………………………… 黄旭升
山寡妇 ……………………………………… 黄　荆
乡村少女 …………………………………… 熊明修
短诗一束 ………………… 冬　石　方书华　李鲁平

评论

华莎及其《我的台湾之旅》 ……………… 田　野
论新奇与超越 ……………………………… 龚绍东

封面

森林中的少女 ……………………… 托马斯·劳伦斯

1987 年第 7 期　刊名:《长江文艺》
目录

小说

都市变奏曲（二篇）—————————张宇光
无字的墓碑—————————————张泽兴
谜样的汉江（二题）————————陈长吟
源（六题）————————————————华姿
修路人———————————————————周丹
竞选县长———————————————————吕杰
女儿梦———————————————————周昕
撒红包———————————————————高进贤
乡风———————————————————殷小英

诗歌

昭君村纪事（三首）————————刘不朽
天山（三首）—————————————刘益善
中学生万岁（组诗）————————————徐鲁
家族坟———————————————————马竹
我的吉他的歌（四章）————————————李耕
节日吟（三章）————————————施肃中
三峡情（三章）————————————肖雄文
散文诗六章————（蒙古族）齐·莫尔根著　胡尔查译

散文

敦煌风情录———————————————杨平
榆钱的风格——————————————李玉英
山中日记（二章）————————————圆农

评论

松涛竹韵故园心
——读旅美诗人彭邦桢《冬兴四首》（附原作）
—————————————————————李元洛
隧洞效应的三色体验————普丽华　赵国泰
高村智惠子（封面）—————————大山忠作

1987 年第 8 期　刊名:《长江文艺》
目录

小说

大别山之谜（二篇）————————刘醒龙
等待———————————————————雪垅
果丹皮———————————————————胡述武
伊甸岛———————————————————邓一光
紫花地丁———————————————————曾平
岁月（二篇）—————————————董宏量
鞋子夹脚——————————————李修林
推销员之活—————————————邹启钧
野岭———————————————————王琦

散文

生命的感觉（二章）————————李武兵
赤湾，春天的访问————————曹建勋

诗歌

军人流行曲（二首）————————————张宏
披着国防绿的抒情诗（二首）————王文福
中国潮（三首）————————————熊明泽
远方的帆（外一首）————————叶德庆
矿山情笛（二首）————————————李声明
春游小辑（组诗）————————————傅占魁
山魂（外一首）—————————————塞风
五月的山村—————————————郑金花
调色板———————————————————孙智

评论

道是无情还有情
——读汪洋长篇小说《无爱的情歌》———张啸虎
从"真正艺术家的勇气"说起———（土家族）达流
创作中的"外界影响"—————————王浩洪
有感于艺术档案—————————————王钻清
黑船屋——————————————[日本]竹久梦二

1987 年第 9 期　刊名:《长江文艺》
目录

小说

两天—————————————————陈应松
义行———————————————————汪洪
新苗未出土—————————————李叔德
春之祭———————————————————晓宫
讣告———————————————————谢鲁渤
空空的坟茔——————————（土家族）王再祥
路障———————————————————康健
恶作剧之后—————————————————彭达
凡人三记—————————————————万昌言
第三次征婚—————————————阮大华
陨石———————————————————古忆
爱的对审————[苏联]C.沃洛宁　孙越　贾放译

诗歌

法国于勤·拉福格诗歌奖授与江伙生专辑
—————————————————江伙生　徐迟
沙漠之旅（组诗）—————————————张烨
思索的两行诗——————————————孔林

散文特写

春风得意马蹄疾 ················· 易　可
桂子山望月 ····················· 谢克强
卧榕 ··························· 叶圣华
匆匆——手指画家四明一风先生侧记 ·· 胡威夷

评论

再论叶明山的小说道德教化倾向 ····· 於可训
激流与平川：人生的一个隐喻
——读《冲出峡谷的河流》 ······· 程文超
借勺水以兴洪波
——小说技艺录之一 ··········· 丁永淮
镝木清方 ················ ［日本］竹久夢二

美术

莉斯·玛戴尔（油画）······ ［法国］莫里斯·埃兰热
中国艺术节·湖北民间美术作品
··················· 湖北省群众艺术馆供稿
阵风（版画）················· 彭本浩

1987 年第 10 期　刊名:《长江文艺》
目录

小说

人间应有爱（中篇）·············· 映　泉
起步 ··························· 叶明山
女人好细腰 ····················· 武生智
蟋蟀镇 ························· 姜锋青
辞职之后 ······················· 周正藩
心迹（小小说）·················· 陈亨初
枣子红了的时候（外一篇）·········· 李　雯
阿甲（小小说）·················· 肖耀湖

散文

阳光最多的地方 ················· 木　青
椰乡行 ························· 李建纲

诗歌

大悟的歌（三首）················ 欣　秋
诗二首 ························· 王家新
站在平原的掌心歌唱 ·············· 彭天喜
郊外 ··························· 王建渐
静静的湖 ······················· 晓　晴
有赠（二首）···················· 姚永标
孤寂的怀念（诗日记选四）·········· 华　姿
赠 C.L（二首）················· 王中朝
那一年 ························· 王敦义
那一年秋季 ····················· 伍金凤

评论

文学中的"模糊"语言 ·············· 张　鹄
读莎蕻诗集《南国恋情》············ 田　野
圆形、扁平及其他 ················ 李道荣

1987 年第 11 期　刊名:《长江文艺》
目录

小说

亦是白云亦是雾 ················· 崔洪昌
余韵 ··························· 聂鑫森
抹不去的影子（外一篇）············ 梁必文
过雁 ··························· 周元镐
界岭之殁 ······················· 罗维扬
愤怒的画家 ····················· 张永久
你你你 ························· 王建渐
寮棚前的公路 ··················· 邓寄平
重逢在孟加拉 ··················· 周　拓
妈妈的吻（小小说）··············· 邹　洪

诗歌

告别 ··························· 绿　藜
在爸爸的遗书里 ················· 庞良君
雾（外一首）···················· 柯　原
花花草草（二首）················ 胡天风
招魂（外二首）·················· 谢克强
一种伤感（外二首）··············· 钟　星
送你一片大海（三首）············· 李道林
庐山探美（三首）················ 韦启文
凡人小事（三首）················ 郑义榜
母亲树（三首）·················· 尚建国
青春的旋转 ····················· 碧　川

散文

腾龙洞及其随想 ················· 王维洲
湖滩野趣 ······················· 金　辉

评论

走自己的路
——读苏群的《圈套与花环》及其他 ··· 姜　弘
几天与千年
——艺术规律探微 ············· 胡德培
新作小评（三篇）······ 刘诗伟　惠　品　卢祖煌

美术

亨利奥夫人（油画）······ ［法国］奥古斯特·雷诺阿
朝霞（国画）················· 周韶华

江南春早（国画）　玫瑰花（水彩）

　　　　　　　　　　　　　　　　汤　立　张晓航

童年的回忆（国画）　春风（国画）

　　　　　　　　　　　　　　　　陈寿岳　陈承基

1987 年第 12 期　刊名:《长江文艺》
目录

小说

噢，卡罗（中篇小说）————————————石　川
花痴————————————————————沈虹光
将军到来之前————————————————邓思源
黑土小屋————————————————————王旭英
恋人们（二篇）————————————————姚　勋
药————————————————————————郭良原
摆棋摊的老人————————————————宋利华

散文

一个老编辑的怀念————————————田　野
总是难忘————————————————————徐　鲁
乡风————————————————————————王静平
"中国潮"报告文学征文百家期刊联名启事

诗歌

山水行（三首）————————————————董宏量
海魂————————————————————————张良火
鞭炮之乡（外一首）————————————樊　帆
北戴河之夏（外一首）————————————汪承栋
旧上海（外一首）————————————————韩少君
寓言诗（二首）————————————————刘伯韧
苦涩的爱（三首）————————————————刘明恒
黄河边的孩子————————————————李彤河

评论

在历史与道德之间————————————於可训
寻芳境于水乡　品余味于自然
——评管用和的新田园诗————————张　皓
浅谈姜天民小说的开头模式————————肖友元

美术

德卢依纳夫人肖像————————————丢　伐
光荣属于祖国（雕塑）————————————王万喜
早春图（国画）————————————————王福庆
寂静的港湾（油画）————————————卢柏森

1988 年第 1 期　刊名:《长江文艺》
目录

三百期纪念

三言两语————————————————————骆　文
迎着历史大潮————————————————王淑耘
文学渊薮作家摇篮（题字）————————李　准
永葆春色的垦地————————————————未　央
长江与一滴水————————————————公　刘

散文·纪实文学

徐迟日记·玉门——敦煌————————徐　迟
五万元悬赏案————————徐世立　肖　军

小说

鸳鸯楼轶事————————————————潘大华
爷爷洲————————————————————雪　垅
浪滩的女人————————————————杜光辉
寻妻者————————————————————梅桑榆
保姆和她的主人————————金丽萍　刘碧峰
天堂美，怎比我洪湖鱼米乡————周松山　刘　波
花圈·眼泪·追悼会————————————赵金禾
钩翁二鹄————————————————————王一武

诗歌

诗三首————————————————————周良沛
蓝天魂（组诗）————————————————张雅歌
老兵吟（三首）————————————————冯白平
鲲鹏（外一首）————————————————南　野
漓江行（外一首）————————————————叶应昌
六月，我们跑进二十岁的轨道————李再明

评论

湖韵————————————————————————李笙清
古铜镜断裂的回响————————————肖成旭
瀑布————————————————————————袁禄平
《夜话》：文化与心理的探胜
——兼论散文观念的偏斜————————刘炳泽
中国潮·报告文学征文启事
日落的太阳（炳稀水墨画）————（中国台湾）刘国松
山泉（中国水墨画）————————————廖连贵
夏日的歌（中国水墨画）————————刘万恭

1988 年第 2 期　刊名:《长江文艺》
目录

散文

徐迟日记·山明水秀人翻身 ⋯⋯⋯⋯ 徐　迟
寒溪河四记 ⋯⋯⋯⋯ 王敦贤

小说

有这样一片绿洲 ⋯⋯⋯⋯ 黄德泽
老人篇 ⋯⋯⋯⋯ 叶大春
空街 ⋯⋯⋯⋯ 雪　垅
夜色深深 ⋯⋯⋯⋯ 聂鑫森
疤叔 ⋯⋯⋯⋯ 安丽芳
乌纱网 ⋯⋯⋯⋯ 张锦花
迟开的石榴花 ⋯⋯⋯⋯ 谭　军
相会在石林 ⋯⋯⋯⋯ 曹启彪

诗歌

淘汰篇 ⋯⋯⋯⋯ 赵国泰
家族传说（组诗） ⋯⋯⋯⋯ 熊　红
雨巷（外二首） ⋯⋯⋯⋯ 张　敏
铜壶滴漏（外二首） ⋯⋯⋯⋯ 邹静之
感情　什么颜色 ⋯⋯⋯⋯ 圣　野
洪湖 ⋯⋯⋯⋯ 夏志华
关于水车的童话 ⋯⋯⋯⋯ 刘尚斌
你告诉我（外一首） ⋯⋯⋯⋯ 晓　喻
悬崖（外一首） ⋯⋯⋯⋯ 冬　石
航 ⋯⋯⋯⋯ 潘锐敏
四月的思念（外一首） ⋯⋯⋯⋯ 彭咏梅
丑陋的假山石 ⋯⋯⋯⋯ 余　鸿
泥泞的路 ⋯⋯⋯⋯ 王意林

特写

缩影 ⋯⋯⋯⋯ 金　辉

评论

作品的力度美 ⋯⋯⋯⋯ 赵　捷
行吟，在三峡的漩流激浪上
——漫评刘不朽的三峡题材诗歌 ⋯⋯⋯⋯ 李华章
一得集·细节与情节相联系 ⋯⋯⋯⋯ 王浩洪
一得集·赋细节以时代的色彩 ⋯⋯⋯⋯ 彭　达

美术

自然女神（挂毯） ⋯⋯⋯⋯ [法]米歇尔·杜利埃
舞新春（壁画） ⋯⋯⋯⋯ 彭述林　徐慧玲
工地风彩（套色版画） ⋯⋯⋯⋯ 宋恩厚

1988 年第 3 期　刊名:《长江文艺》
目录

武大作家班小说专辑

父亲 ⋯⋯⋯⋯ 徐　锋
啊，朋友 ⋯⋯⋯⋯ 黄砾明
你走向未来 ⋯⋯⋯⋯ 哲　夫
世风 ⋯⋯⋯⋯ 王　平
鸳鸯街记事 ⋯⋯⋯⋯ 石山浩

小说

无字的花圈 ⋯⋯⋯⋯ 周元镐

散文

徐迟日记·柴达木——青海 ⋯⋯⋯⋯ 徐　迟

诗歌

孤寂再不是孤寂（组诗） ⋯⋯⋯⋯ 陈敬容
标题六行诗（八首） ⋯⋯⋯⋯ 邓　澍
回归的形象（外一首） ⋯⋯⋯⋯ 赵承志
落叶 ⋯⋯⋯⋯ 邓玉章
黑色窑碗（外一首） ⋯⋯⋯⋯ 莫家勇
秋之爱（外一首） ⋯⋯⋯⋯ 曾小龙
香溪 ⋯⋯⋯⋯ 孟敦和

报告文学

飞旋吧，纸机 ⋯⋯⋯⋯ 杨友麟　周松山
园丁中的女强人 ⋯⋯⋯⋯ 胡士华　杨开永

评论

金魂（中国潮征文） ⋯⋯⋯⋯ 曲良平　郑玉洪
"三真"之美
——田野散文简论 ⋯⋯⋯⋯ 曾绍义
文学在变革时代的伟大使命 ⋯⋯⋯⋯ 江　岳
云烟图（中国水墨画） ⋯⋯⋯⋯ 冯海山
舟（中国水墨画） ⋯⋯⋯⋯ 翁文德
时代·礼赞（套色版画） ⋯⋯⋯⋯ 周世荣
储存艺术（套色版画） ⋯⋯⋯⋯ 扬　涛
冬（水彩画） ⋯⋯⋯⋯ 陈少平
石岛（水粉画） ⋯⋯⋯⋯ 洪惠群

1988 年第 4 期　刊名:《长江文艺》
目录

小说

血祭（中篇） ⋯⋯⋯⋯ 映　泉
无山之恋 ⋯⋯⋯⋯ 吴　瑛

生日 ································ 戈 臣
怪才谈先生 ························ 周万年
老光棍和他的两个妻子 ·············· 钟声彪
暮色静悄悄 ························ 赵 玄
开会前夕 ·························· 李超白

报告文学
忧患者的追求 ······················ 西 中

散文
寂寞居随笔 ························ 何 鸿
淑芳（外一篇） ···················· 孟德民
秋日的红枫 ························ 胡 鸿
三潭瀑赋 ·························· 宋运昭
张果老选马（寓言） ················ 段明贵
仇全公种花（寓言） ················ 段明贵

诗歌
难忘那一个春天夜（三首） ··········· 唐跃生
祖母盼我成亲（外一首） ············· 李 隽
朦胧黄昏（外一首） ················ 叶向阳
爱之歌（五首） ···················· 木 青
非洲风景线（二首） ················ 陈 泯
从军行（组诗） ···················· 孙明庆
平原的河（外一首） ················ 张月娥
母亲和树 ·························· 闻 弓
我们的季节 ························ 紫 樱
大孩子与小天使 ···················· 郑金花
秋（外一首） ······················ 莫之军

评论
朦胧诗与现代派 ···················· 贺祥麟

1988 年第 5 期　刊名:《长江文艺》
目录

小说
深山虎啸 ·························· 童江南
胡同 ······························ 王 琦
天书 ······························ 刘敬堂
螃蟹夹十七号 ······················ 王 峰
风流姑娘进了杨家洼 ················ 晓 理
当心，年轻人 ······················ 杨云峰
太热的夏天 ························ 晓 苏
强盗逻辑（小小说） ················ 绍 六
鞋的喜剧（小小说） ················ 王浩洪
平察的葬礼（小小说） ······· ［捷克］奥托·菲利蒲
　　　　　　　　　　　　　　　　　杨　慧译

散文特写
山明水秀人翻身（之二） ············· 徐 迟
一方风流 ·························· 曹启彪
歪选正做的"少厂长" ················ 何 军
象棋子的争吵（寓言） ··············· 龚去浮

诗歌
一个女孩的故事（组诗） ············· 胡 鸿
记忆敏感区（外二首） ··············· 陈所巨
问号（外一首） ···················· 李发模
梦幻是若隐若现的响导（外二首） ······ 顾 工
舞（四首） ························ 叶晓武
南方草地（外二首） ················ 王敦义
撒种 ······························ 莫西芬
冬夜·雪 ·························· 洁 婷
相思洞前 ·························· 殷树楷
二十二岁之歌 ······················ 袁 昆
泊 ································ 王 英
七律四首 ·························· 湛有恒

评论
小说叙述语言变化发展新趋势 ········· 罗守让
都市忍不住的思念
——刘益善诗作浅谈 ················ 程文超

美术
构图六（水墨设色） ········ （中国香港）绿 云
高洁图（中国水墨画） ··············· 张 典
秋菊（粉笔画） ···················· 陈十梅
舞龙年（中国水墨画） ··············· 朱 仪
清白图（中国水墨画） ··············· 鲜于明一

1988 年第 6 期　刊名:《长江文艺》
目录

小说
野狼的嚎叫 ························ 雪 垅
香疯子（《包河谝》中的一谝） ········ 陈 龄
酒干倘卖无 ························ 邹昆山
春怨 ······························ 姜锋青
内耗 ······························ 侍 微
尤四姐 ···························· 陈宏灿
谜底 ······························ 叶梦林
惶惑（小小说） ···················· 郑玉洪
但愿魂长久（小小说） ········· 牛汉均 冷正刚
祖传秘方（外一篇）（小小说） ········ 王 利
神哉王先生（小小说） ··············· 张宣强

散文

在中原大地上 ……………………………… 碧　野
月光曲 ………………………………………… 肖　鹏
龟鳖之争（寓言）……………………………… 龚去浮

散文特写

卫士之歌 ……………………………………… 孙家福

诗歌

山谷之死（小叙事诗）………………………… 刘　章
阿里山姑娘（四首）…………………………… 于宗信
我渴望长得高些，再高些（外一首）………… 梁谢成
屈乡（外一首）………………………………… 赵　寻
致父亲 ………………………………………… 钟　星
夜渡黄河 ……………………………………… 王　林
采石矶 ………………………………………… 李声明
问魂（外一首）………………………………… 马　洁
男大学生宿舍与女读者 ……………………… 张执浩
兵书宝剑峡 …………………………………… 吕书臣
南行纪实（七律四首）………………………… 叶贤恩
拾几个贝壳 …………………………………… 彭　珠
李白 …………………………………………… 卢卫平
洪湖 …………………………………………… 方书华

评论

刘醒龙小说的散点透视 ……………………… 丁永淮
创造，从深层的观念领域开始
——略论新时期小说艺术形式观念的变革 …… 童志刚
对艺术和人生的执着追求
——读《诗人的两翼》………………………… 邹　源

1988 年第 7 期　刊名:《长江文艺》
目录

中国潮征文

寻找公仆——来自当代为官意识的警惕报告 … 肖思科

小说

驻外埠记者 …………………………………… 汪　洪
娘河人 ………………………………………… 西　中
土地神 ………………………………………… 易　可
蛇莓子红了 …………………………………… 刘凯娟
秀秀与"呆头鹅"（二篇）…………………… 陈复荣

散文

蓝天行 ………………………………………… 邹明山
茶山一枝花 …………………………………… 李华章
老年 …………………………………………… 和穆熙

母亲 …………………………………………… 杨海燕

报告文学

中坚——山沟里走出的青年博士 …………… 姚秋平
亿万富翁风情录
——京山县农业银行纪实 ……… 张长缨　雷绍武

诗歌

春吟 …………………………………………… 朱锦屏
诗三首 ………………………………………… 梅绍静
爱恋时光（组诗）……………………………… 潘万提
秋天的树（外一首）…………………………… 林　勤
飞翔之梦（二首）……………………………… 孙　智
楚魂 …………………………………………… 潘能军
夕阳（外一首）………………………………… 任　蒙
山道弯弯（外二首）…………………………… 刘明恒
琵琶洲（外一首）……………………………… 赵俊鹏
骚乱的春天（外一首）………………………… 柯秋慧
那个小屋 ……………………………………… 庞良君
少女的眼睛 …………………………………… 钱道波
孔府印象（散文诗）…………………………… 桂兴华
《送你一个深情的微笑》自序 ……………… 柯　蓝
多种可能性的展开
——论张良火诗集《长江·黄河》…………… 赵国泰
细节力度与语言（一得集）…………………… 达　流

1988 年第 8 期　刊名:《长江文艺》
目录

纪实小说

"五万元悬赏案"余波（中篇）……………… 陈金堂

五千字内小说特辑

绍六小说三题 ………………………………… 绍　六
笔记小说四篇 ………………………………… 王志康
淡漠 …………………………………………… 刘阳春
咆哮的河 ……………………………………… 扬　进
新局长的传奇 ………………………………… 罗光胜
在区长身边 …………………………………… 张焕清
镜子 …………………………………………… 赵晓春
一条玛瑙项链 ………………………………… 许　行
局长困在小车里 ……………………………… 吴模定
重逢 …………………………………………… 张河山
电梯里的喜剧 ………………………………… 贺景文
酒之殁 ………………………………………… 彭　达
山迷 …………………………………………… 李世俊
一盏灯 ………………………………………… 王建平

散文
三访三门峡 ································ 徐 迟
绿的启迪 ································· 李玉英
清江月 ·································· 阿 磊

报告文学
大盐丁的金桥银桥 ······················· 维 佳
孙膑寨下 ····················· 瞿宗法 郑祖惠

诗歌
国防绿的生命意识录（组诗） ················ 李武兵
诗二首 ·································· 王文福
五角枫 ·································· 樊 帆
大海和高原（组诗） ······················ 罗时汉
乌德洛诗五首 ···························· 江伙生译
闯王墓前的沉思 ·························· 徐忠影
末班车（外二首） ························· 郭 廓
空屋 ··································· 陈 航

评论
读者的苦恼 ······························ 李道荣
饱蘸激情写苍生
——读《无字的花圈》 ···················· 熊开国
文学咏叹调 ······························ 扬 励

一得集
细节的质量 ······························ 王浩洪
微型小说
——典型细节的精采运用 ·················· 彭 达

美术
生命之歌（壁画） ················· 彭述林 徐慧玲
一片云（木雕） ·························· 陈人钰
运河之秋（油画） ························· 黄晓华
撒尼老人（国画） ························· 梁 岩

1988 年第 9 期　刊名:《长江文艺》
目录

小说
惊涛拍岸四十年
——《长江文艺》创刊四十周年随想 ··········· 洪 洋
人之魂 ································· 刘醒龙
墓碑与青草 ····························· 刘 敏
寻找长城 ································ 康 健
四十八天短工 ···························· 杨大忠
非常女人 ································ 齐麟鹏
渺渺中天月 ····························· 王 敏

魔力 ··································· 何存中
除夕夜的鏖战 ···························· 楚 彰

散文
王大化在重庆复旦中学 ····················· 曾 卓
情系青海 ································ 刘庆林

诗歌
咏屈原 ·································· 丁 芒
我的鄂西（二首） ························· 张铁军
山脉的血液（外一首） ····················· 张 凯
楚之魂（三首） ··························· 郑卫国
雨的咏叹调 ····························· 胡 苇
霜迹（外二首） ··························· 冰 风
盆景（外一首） ··························· 陈亚军
偶像 ··································· 周春香

报告文学
魔术师，从山野走向经营舞台
——记烟草企业家姜祚正 ················· 刘不朽
"底线"，在这里升腾
——献给流通领域的人们 ················· 熊 熊
飞出高高的围墙 ····················· 曹启彪 杨 弦
不畏艰险的进取者 ··················· 杨 非 邵有元

美术
舟（油画） ····························· 金康年
九寨沟组画之一（油画） ···················· 陈君凡
晨曦（水彩） ···························· 白统绪

1988 年第 10 期　刊名:《长江文艺》
目录

小说
在那个时刻 ····························· 王 琦
安全岛 ································· 童江南
神崖 ··································· 叶大春
百分之一世纪 ···························· 罗 雀
姑父 ··································· 邓寄平
新都之夜 ································ 曹建勋
临盆 ··································· 叶 凌
折射镜下的光谱 ·························· 李辅贵
夜话 ··································· 沈春山

散文
峡江丝缕 ································ 马 力
峨眉金顶纪胜 ···························· 陈堂明
母爱集 ································· 姜 华

诗歌

窗外不是梦（外二首）·········· 阿 红
萍水相逢（四首）·········· 匡 满
红豆（散文诗三章）·········· 李 耕
深处（散文诗三章）·········· 柯琼子
露天电影场·········· 潘大华
来自校园的各个角落（组诗）·········· 海 岚
无题·········· 伍金凤
野百合盛开的时候（二首）·········· 郑克洪
春迅（外二首）·········· 莫 姚

风流人物谱

拼搏出中国农民的志气·········· 王敦贤 李严平
历经苦难 痴心不改
——记襄樊市造纸厂厂长仰康·········· 尚建国 郑 浩
光明交响曲·········· 包毅国
文学与知识分子问题
——兼评《长江文艺》的几篇"知识分子问题"小说
·········· 於可训
新世纪协奏曲（壁画）·········· 陈人钰
涧（油画）·········· 雷必农

庐山之旅（组诗）·········· 刘不朽
古镇春秋（三首）·········· 李道林
古城（外二首）·········· 欣 秋
长江吟·········· 韦启文
中国风（组诗）·········· 熊明泽
山姑·········· 熊明修
暮色一瞥·········· 尚建国
逆江而上·········· 张 莹
这条小路·········· 李凤银

评论

徐迟的诗《中国新诗库·徐迟卷·卷首》······· 周良沛
浪滩上，清波与浊浪汇流
——读《浪滩上的女人》
·········· 邵乐敏

美术

小渡（油画）·········· 谌北新
山泉（国画）·········· 程其勉
幽谷迷雾（指掌画）·········· 肖增烈
莫道秋来少艳枝（国画）·········· 陈立言
北江行（国画）·········· 兰铁成
宋人词意（国画）·········· 李世南

1988 年第 11 期　刊名:《长江文艺》
目录

小说

白门楼印象三篇·········· 姜天民
夏天的错误·········· 马秋芬
私奔·········· 刘继明
军魂（三篇）·········· 魏 星
哈，鳝鱼车骑士·········· 邓一光
月票无效·········· 宋骥弘
绳道·········· 张宇光
结局或开始·········· 刘凤阳
另一个女人·········· 木 青
后来（小小说）·········· 梁和平
玩笑（小小说）·········· 李焕振

散文

去看看田一文·········· 田 野
神农架采撷·········· 刘益善
献给母亲的挽歌·········· 郭良原

风流人物谱

几个男儿是丈夫·········· 郑卫国

诗歌

长江的风（二首）·········· 胡 昭

1988 年第 12 期　刊名:《长江文艺》
目录

报告文学

家族，还有被她激活的······ 祖 慰

小说

薅草歌·········· 陈应松
风·········· 柯于明
许诺·········· 肖斌臣 杨书元
窗·········· 罗维扬
明天走·········· 西 中
山里人山外人·········· 晓 苏
短篇二题·········· 查代文
夜影·········· 文 咏
五角星·········· 魏 宁

散文

村外·········· 徐 鲁

诗歌

特区，多彩的土地（二首）·········· 钟永华
校园，那一片相思林（组诗）·········· 谢克强
南国，绿色的雾（外一首）·········· 张良火
乡野浪仔（外一首）·········· 蔡德林
另一种花（外一首）·········· 钟 星

这些日子的诗稿留给你（二首）················马　竹
想象黄河（外一首）····················王建渐
南行思绪（二首）·····················陈桂华
旧体诗三首·······················梁诗颐
如果··························杨　瑛

风流人物谱
叶文群和他的兴业史··············刘　波　宏　斌
在第一战线后面·····················刘　波
无情未必真豪杰················肖　文　杜家明
金蕾绽开的时候·····················吴小斌

评论
听浩荡的江声
——读羊羾的散文诗··················李元洛
筚路蓝缕　以启山林
——读《徘徊在诗与历史之间》············邓新华
东西南北，各臻其妙
——短篇小说角度技法探胜···············胡树森

1989 年第 1 期　刊名：《长江文艺》
目录

沈从文先生的一封信···················沈从文

小说
我的鸽子························苏　群
艺术大院轶事（三则）··················周翼南
花地··························王伟举
我的窝囊的老鲁·····················徐望爱
家庭苦乐························原建生
鬼峪··························孙　剑
不该怀孕的时候·····················易　可
秋风里，簌簌喧响的树叶儿················朱锦屏
河上漂来的女人·····················李　斌

散文
汭汉湖的变迁······················碧　野
等待··························紫　薇

诗歌
冰凉的廊柱（组诗）···················唐跃生
爱之歌（三首）·····················木　青
相爱的残疾人（组诗）··················李声明
逍遥的星（外一首）···················施肃中
莎莎玉米林·······················公　然
大巴山素描（组诗）···················李万勇
有一群男人·······················张铁军

母亲河·························庞良君

长江文艺和我
致主编·························简小雁
评论三题
——由"五千字内小说特辑"说开去············张　皓
走向短而厚·······················熊开国

风流人物谱
金刚石
——一位当代中国的税务官··········石和平　龚正荣
风雨无阻搏潮人·············徐基建　丁　丁
马蒂斯剪纸···················〔法〕马蒂斯
山峡（中国画）·····················魏　扬
大别山中（中国画）···················范德怡

1989 年第 2 期　刊名：《长江文艺》
目录

小说
疲惫的土地·······················雪　垅
骂街··························王　石
短篇五题························陈松叶
铁匠警官和他的职业···················邓雄生
骚动不安·················齐铁民　鞠显友
蓝天上有朵白云·····················熊　熊

散文
故乡的土地·······················李建纲
凌空渡海到夫兰（外一篇）
——访问美国克利夫兰感受之一··············李玉英

诗歌
无鸟的夏夜（组诗）···················张　敏
武汉风情（组诗）····················赵俊鹏
远方··························项俊平
珍珠··························赵　倩
清淡风景························黄佳君
海角（二首）······················杨晓民
六月六·························杨秀武
武汉览胜························金　超

报告文学
中国的雅各布······················汪　洋

评论
充满生命力的新文学——在科技研究会湖北分会成立
大会上的发言······················徐　迟

假如褪去这文化的光泽

——姜天民《白门楼印象》的印象·········肖友元

挥动那酸楚的手臂向彼岸进击

——郭良原和他的诗集《泅渡者》·········羊　子

爱的事业——记卫生部武汉生物制品研究所与所长卢

其材·········张雅歌

富水春香酒味浓

——来自湖北钟祥国营第二酒厂的报告·········张良火

大山的驾驭者

——记松宜矿务局局长谭立新·········郁　子

企业魂·········刘　波

美术

群峰（版画）·········[美]纳·李蒙特

盛会图（指墨画）·········楚　人等

1989 年第 3 期　刊名:《长江文艺》

目录

乡梦（及其他）·········邹荻帆

抒情诗五章·········骆　文

南方，长长的海岸线（组诗）·········韦　丘

忆延安（四首）·········莎　蕻

诗的眼睛·········洪　洋

到黄河游览区·········青　勃

告别演出·········胡天风

落雪时节（外一首）·········梁谢成

访古二首·········欣　秋

季节在悄悄融化（外一首）·········顾　工

泰山短句（四首）·········管用和

听海（外一首）·········洪三泰

问候（外一首）·········柯　原

特区诗笺（三首）·········钟永华

洁白的心笺（二首）·········陈咏华

在原始森林里（二首）·········刘不朽

石狮（外一首）·········王维洲

特别慢车（外二首）·········宗　鄂

树葬·········赵　恺

老龄之达观（外一首）·········黄东成

庐山探美（三首）·········韦启文

船（外一首）·········郑定友

石城（外二首）·········樊　帆

诗林撷英

西西弗的神话（三首）·········王家新

致祖国（二首）·········董宏量

中国古锚（二首）·········乔　迈

1988 年·悠悠苍天·········王建渐

哭嫁（外一首）·········张　敏

吴家山避暑得诗四首·········熊召政

河神（外一首）·········南　野

古代的诗人们（二首）·········南　楚

饮之思（组诗）·········高伐林

发明家（外一首）·········陈应松

世纪铁轨（三首）·········马　竹

冰锣（外一首）·········刘益善

消息（外一首）·········莫　非

命运三章·········郑克洪

一匹马驰过视野·········北　野

多雾时节（外一首）·········赵　倩

青岛二题·········尚建国

诗四首·········大　卫

鹰群（二首）·········谢克强

执著·········柯于明

绿的梦，绿的河·········张良火

民族意识（外一首）·········王　琳

生活意象（二首）·········高洪波

远海（外一首）·········李道林

读雪（外一首）·········肖　鹏

折皱吟（外一首）·········郑卫国

月色心绪（二首）·········郭良原

九月里的情人·········胡邱子

七月薤山行（二首）·········慧　子

一个深夜·········姚永标

日出·········萧　斯

单居女（外一首）·········韩少君

五月（外一首）·········郑文榜

雷·········陈国松

还魂草（外一首）·········冬　石

古城（外二首）·········莫之军

杨贵妃·········艾　先

小故事大王（外一首）·········江全章

紫薇梦·········淡　月

哭泣的教室（外一首）·········潘大华

第一次碰海（二首）·········孙明庆

悲剧之中（二首）·········鄂元平

南方的消息（外一首）·········闻　弓

青岛（外一首）·········熊明泽

冬树上的最后一匹叶子（外一首）·········熊　红

桑·········莫家勇

当你老了·········徐　鲁

海瑞墓

——海的墓·········邓　微

醉人的八月·········邓玉章

想象来信（外一首）·········赵承志

朝圣之路·········赵国泰

写给小朋友的歌（儿歌二首）·········姚振起

台风（外一首）·································圣　野
雷击之树（外一首）·························梁必文
母亲（外一首）·······························鲁　萍
夜宴···蒋育德
半掩之窗（外一首）·························陈　航
古栈道（外一首）···························吕书臣
观钓（外一首）·······························刘明恒
古松（外一首）·······························叶应昌
南方的岸（外一首）·························胡　泊
江心一片叶··································傅占魁
黄皮肤的海··································王敦义
跳水台　投水坡···························王老黑
工厂的黎明（外一首）·····················郑金花
浪（外一首）·································雷　杉
你的来信（外一首）·························庞良君
致友人（外一首）···························雪　村

感情的火花

沉思更大的爱的工程（外一首）··········绿　藜
爱情的曲线··································舒红琦
钟楼（外一首）·······························孙友田
你是我的橄榄树···························胡　鸿
你，惦着谁?·································朱锦屏
爱的三原色（二色）·························叶圣华
夜宿东湖（外一首）·························胡晓光
河那边来的少女···························刘　琼
将来的早晨（外一首）·····················徐　润
晴雨异地（外一首）·························叶向阳

散文诗

在"覃子豪纪念馆"前·······················羊　翚
复活了的黑森林（外一章）···············李　耕
致母亲···胡　苇
树雨···黄平辉
散文诗三章··································蔡　茂
山里边···柯爱琼
友谊的象征，美丽的年华·················李玉英
那一份情丝··································鲁　溪
多情的琴弦（三章）·························于宗信
散文诗二章··································王勇刚

1989 年第 4 期　刊名:《长江文艺》
目录

"中国潮"报告文学

油驳燃爆在长江······················黄晓阳　桂小玲

小说

上帝的牙齿··································张法德
小小无锡景··································刘醒龙
换亲···田　涛
曲线···田澍中
以父亲的名义·······························维　佳
谁接电话·····································董宏量
村思···顾永久
那一夜···肖　炜
主编的座位··································张广敬
晚餐···涂书朗

长江文艺和我

不敢忘记那第一步·························映　泉
感谢与希望··································戈　臣

诗歌

三国遗址的幽默（组诗）·····················陈松叶
忠魂耿耿　碧血流光
——《抗日名将张自忠》读后有感·····尹　进　关伊菲
迎春曲（外三首）···························彭天喜
懒散的时刻（外一首）·····················袁晓岩
含泪的情歌··································朱锦屏
长城砖（外一首）···························碧　川
致老井···陈　勇
冬天的故事（外一首）·····················雷　虹
大城市的杂役工（外一首）···············阿　南
剪影···灵　歆

评论

艺术的深沉··································杉　沐
非虚构文学：追求与失落·················王浩洪
他属于土地上的绿色
——读李圣强诗集《远山》···············李叔德

美术

黄河船夫（油画）···························尚　扬
湖北美术编辑作品展览作品选登··········张　简等
余晖（中国画）·······························王同君

1989 年第 5 期　刊名:《长江文艺》
目录

小说

雷殇
——六个农民的墓志铭·····················陈应松
凡夫篇···叶大春
母亲的土地··································刘益善

黄绒球 ⸻ 汪 洪
山里人 ⸻ 李正庆
寓言三则 ⸻ 龚去浮
抛不开的残缺梦 ⸻ 王美莲

"中国潮"报告文学
绿色的困厄 ⸻ 洪 洋

长江文艺和我
一种慰藉 ⸻ 雪 垅
我时时想你
——写在《长江文艺》创刊四十周年之际 ⸻ 张正平
满腔情羞对母亲说 ⸻ 袁先行

诗歌
山地婚礼（组诗） ⸻ 张 凯
地泉（短诗一束） ⸻ 邹汉贞
美丽的太极拳
——给武当山拳师游彦学 ⸻ 伊 莲
《美丽的阵痛》序 ⸻ 邹荻帆
童心与世界（二首） ⸻ 王新民
宁馨如此，沉重如此（二首） ⸻ 徐 鲁
感觉（组诗） ⸻ 梁必文
化石
——圆明园，一个遗留的世纪 ⸻ 刘倩倩

地县刊物选载
压！压！压（原载《槐荫文学》1989年第1期）
⸻ 胡士华

评论
幕阜山，就在你身边
——简评叶大春的小说 ⸻ 徐志祥

报告文学
没有退路的拼搏
——洪湖市华翔造纸厂厂长李顺喜写意 ⸻ 勃 然

风流人物谱
酒神之歌 ⸻ 王丛桦

特写
雄性的复活
——浠水县男性专科医院纪实 ⸻ 何存中 瘦 竹
夹缝效应 ⸻ 熊明昌等

1989年第6期　刊名:《长江文艺》

目录

不惑之年的困惑
——写在《长江文艺》创刊四十周年之际 ⸻ 洪 洋
一座无价的桥　一份无价的友情
——致《长江文艺》同志的一封信 ⸻ 王黎拓

"中国潮"报告文学
共和国应该知道
——民办教师的悲歌 ⸻ 陈秋中

散文
江汉日记（之一） ⸻ 张光年
永济桥修复记 ⸻ 周 霖
一篇科技写作的杰作
——为《永济桥修复记》作序 ⸻ 徐 迟
梦的巴黎 ⸻ 曾 卓

小说
这天这年——都市传奇第3号 ⸻ 方 方
女儿乐 ⸻ 吕幼安
文凭之惑 ⸻ 周 拓
奇人张槐 ⸻ 吉学沛
永远的太阳 ⸻ 王 琦
关照（小小说） ⸻ 潘庭芳
最后的空白带（外一篇） ⸻ 胡金洲
小小说二题 ⸻ 王志康
四不象（寓言） ⸻ 段明贵

诗歌
心灵的惩罚 ⸻ 柯 蓝
祢衡墓 ⸻ 毕奂午
河船的故事 ⸻ 张雅歌
挖沙人（外一首） ⸻ 陈作炳
夕阳树（外二首） ⸻ 连明纲
我心中的太平湖（外二首） ⸻ 袁 泉
什么在锯着心灵（散文诗） ⸻ 鲁 溪
老师病了 ⸻ 李 隽
问匡庐 ⸻ 范志斌

评论
圈子内的热闹和圈子外的寂寞
——关于当前文学创作的思考 ⸻ 罗守让
《小说世界的晨曦》序 ⸻ 碧 野
《新战争与和平》（第一部）读后
——致李尔重同志 ⸻ 胡青坡
我省首届文艺两奖工作即将开始（消息）

1989 年第 7 期　刊名:《长江文艺》
目录

小说

进入死亡之域························朱一鸣
白天过去了··························唐　镇
采花寨，采花寨······················王　峰
困鹤····························金口哨
你飞过的时候有一种声音················刘继明
东荆河纪事·······················罗时汉
逝水····························赵金禾
路，像一条白色的飘带··················谢大立

散文

江汉日记（之二）····················张光年

诗歌

纯粹与宁静（四首）···················南　野
石舫——北京颐和园杂忆之一··············毕奂午
古笛（外三首）·····················刘豫宁
梦痕（三首）······················杨　子
空位（外一首）·····················银河浪
太阳遗迹
——一位青年教师的日记摘抄··············周才彬
错爱（外二首）·····················龙文采
一条美丽而忧伤的弧（外一首）·············梅　赞
山歌····························项俊平
心事····························柳火生

风流人物谱

没有文学的报告
——十堰市人民银行改革纪实···········熊　熊等
桥之柱·······················谢德明　刘碧峰

评论

论良心与艺术良心················周　勃　达　流
凝聚于现实和情感的力度
——论现阶段小说创作的总体走向············童志刚

美术

湖北省暨武汉市"十佳"青年美术家作品选登
·························王心耀等
禾雀兰（中国画）····················旋　风
秋之歌（油画局部）········[苏联]弗拉基米尔·尤金

1989 年第 8 期　刊名:《长江文艺》
目录

小说

荒漠的神殿（中篇）···················鄢国培
刚当兵那阵子······················常敬竹
不要问我从哪里来····················胡发云
三亚第一夜·······················杨　桦
野滩····························石山浩

散文

江汉日记（之三）····················张光年

报告文学特写

1351 工程······················胡金洲　王金喜
寻找金环·······················刘　珏　马　夫
黄土魂························包毅国　等
成功的阵痛·······················曲良平　熊明昌
男儿有志年不高·····················陈卫华　魏　星

诗歌

我每天黄昏走过你的窗前（组诗）············尚建国
诗五首··························范红梅
军之旅（外一首）····················叶云超
忠告（外一首）·····················钟文伟
朝阳····························陈太顺

评论

可喜的雕阑画础
——读洪洋《不拟公开的谈话》·············张啸虎
建立富有张力的审美视野
——儿童文学观念刍议··················赵　捷
春雨图（中国画）····················张善平
东坡泛舟（中国画）···················谈士屺
回归（中国画）·····················涂同源
新型的古尔祖夫城镇·油画（局部）
·····················[苏联]瓦列里·科库林

1989 年第 9 期　刊名:《长江文艺》
目录

小说

望着我的眼睛（中篇）··················张宇光
世道····························肖建国
一个散步的女人·····················刘诗伟
噪音····························黄河清
支离破碎的梦······················瞿伯良

人锚 ················· 希特禺
对上帝的误会 ················· 以　朴
来日我们一起去钓鱼 ·········· ［苏］格里戈里·巴克拉诺夫著　缪莉玲　程光炜译
对金钱的两种理解方式 ········· 王建渐
悟在黄昏（小小说） ··········· 陇　人

散文
海边札记 ················· 王家新
未名湖的黄昏 ·············· 刘耀仑
哦！大桥 ················· 李华章
野斑鸠 ·················· 石和平

诗歌
生命备忘录（二首） ··········· 公　然
病中（外一首） ············· 古　忆
粉红色情绪（外二首） ········· 许耀林
诗三首 ·················· 邱华栋
断臂维纳斯（组诗） ··········· 袁晓岩
无题的日子（组诗） ··········· 曾凌燕
坠落的青果 ··············· 游晓燕

报告文学
酒神曲 ·················· 郁　子
他们为金三角奠基 ······· 村　夫　李孔刚

长江文艺和我
我是从这里出发的 ··········· 林　焰

评论
选择"过程"——谈"过程小说" ····· 李道荣
诗如其人——读胡天风的诗 ······· 叶　橹

美术
生命之舞（壁画） ··········· 杨良吉

1989 年第 10 期　刊名:《长江文艺》
目录

传记文学
一个献身祖国的科学家
——一个科学的殉难者 ········· 徐　迟

小说
写书的与卖书的（仿话剧小品） ····· 映　泉
空盒（中篇） ·············· 邓一光
你抚摸了我 ··············· 刘建农
都难 ··················· 野　莽

塌陷 ··················· 钟生彪
皇帝的女儿 ··············· 张正平
天圆地方 ················· 西　中
吻的荒唐 ················· 李辅贵
"123"其人 ··············· 圣志君
分房的闹剧（小小说） ········· 康　戎
第一次会议（小小说） ········· 钱家璜

散文
弹球 ··················· 高洪波
村鸡声声（外一篇） ··········· 赵国泰
山城去来（二篇） ··········· 孟德民
追杀龙卷风 ··············· 木　青

诗歌
停滞在岁月的废墟（三首） ······· 柯秋慧
苦泪 ··················· 韩少君
人生（四首） ·············· 谢克强
在岁月的河流里（三首） ········· 赵晓春
老房子（外一首） ··········· 江　帆
写给北夫的抒情诗（外一首） ······· 闻　弓
走过公园的那条小径 ··········· 洪　烛
旅美即景 ················· 朱　冰
流光集 ················· 徐镇贵

评论
为农民歌哭
——读《雷殛》 ············· 刘安海
未经标榜的襄河系列小说
——周元镐《这里曾有过风流》之序 ··· 刘富道
独特与多样
——艺术规律探微 ··········· 胡德培
闲话次要人物 ·············· 王浩洪
蛮河"弄潮儿" ·········· 陈延华　王洪荣

风流人物谱
蛮河"弄潮儿" ·········· 陈延华　王洪荣

美术
巫山神女峰（中国画） ········· 翁　德
港湾（中国画） ············· 沈　均
西行摄影 ················· 吉先敏
向日葵（油画） ········· ［苏］尼古拉依·莫达洛夫

1989 年第 11 期　刊名:《长江文艺》
目录

小说

首席代表（中篇）……………………………刘成思
地火………………………………………………刘醒龙
男人的浪漫……………………………………王　琦
街狗………………………………………………赵冬苓
石碑………………………………………………晓　苏
玫瑰三愿………………………………………周百义
斗鸡………………………………………………章　诚
在那山环水抱中………………………………邓思源
愧疚（小小说）………………………………胡晨钟

散文

欢声笑语话"长江"
——纪念《长江文艺》创刊四十周年掠影……刘耀仑
牙龙湾探海……………………………………熊　红
深秋的暖意……………………………………张　镜
蜂声·树林……………………………………伍立杨
海渡………………………………………………吕　宋
大厦与小石……………………………………筱　溪

诗歌

茶色玻璃（组诗）……………………………唐跃生
朋友之间（二首）……………………………鄢元平
诗三首……………………………………………叶云超
长江启示录（二首）…………………………肖　郎
激流（组诗）
——致钢琴家理查德·克莱德曼……………莫之军
那时，我才懂得（外二首）………………晏　明

风流人物谱

他，和他的九十九道沟壑…………杨茂修　汪　洪
断面——胡东山剪辑…………………………喻　苏
出山之虎——记湖北省钟祥县水泥总厂厂长罗国强
　　　　　　　　　　　　　　　　马　夫　李　谛

评论

在杂色的世界中寻觅圣洁的歌
——董宏猷少儿文学创作印象………………李运抟
玩"文"丧志
——对文学现状的一种思考………………沈光明
夏夜漫议………………………………………黄梅子
叙述主体的"隐"与"显"……………………王浩洪

美术

《长江文艺》创刊四十周年座谈会剪影………楚　人

油画作品选登…………………………………杨立光
油画·秋日………………………[苏]柯枯宁　瓦列平

1989 年第 12 期　刊名:《长江文艺》
目录

小说

一个人或者两则故事…………………………叶明山
哑水手…………………………………………陈应松
都市的忧郁……………………………………姜天民
更与何人说……………………………………王志康
小独院里的狗尾巴草…………………………马及时
梯子岩…………………………………………陈　醋
同是天涯挣钱人………………………………张陆军
粉红像夹………………………………………邓雄生
小小说 13 篇……………………刘敬堂　王　唯等

散文

长胡须的"振铎神鹰"…………………………碧　野
日记就是日记（二则）………………………阿　红
荷花……………………………………………李玉英
星的传说………………………………………田　获
雾锁九宫………………………………………罗公元
紫丁香（外一篇）……………………………王　敏

诗歌

六行诗（六首）………………………………李汉超
我的鄂西（二首）……………………………张铁军
纯净之神（组诗）
——大宁河归去来……………………………童志刚
爱字种种（外一首）…………………………赵俊鹏
诗二首…………………………………………汪承栋
另一种情怀（外一首）………………………楚复生
诗三首…………………………………………柳士同
迷失（外一首）………………………………陈　瑾
等待不是戈多（诗二首）……………………黄神彪
野烟……………………………………………王　英
它在搜寻什么…………………………………吴华丽

评论

抓文学评论　促创作繁荣
——关于评论集《回顾与选择》的思考
超越：小说艺术的重要审美品质……………罗守让
一元导向与非理性主义……………秦志希　饶德江

风流人物谱

跋涉者…………………………………………雪　垅
竞争之路………………………………………杨　峰

花（油画）························[苏]乌拉季米尔·尤金
昨夜西风（中国画）·······················贾平西
静物（水彩）···························刘寿祥
桐乡三月（油画）·······················彭德溥

《呼和浩特文艺》
（《山丹》）

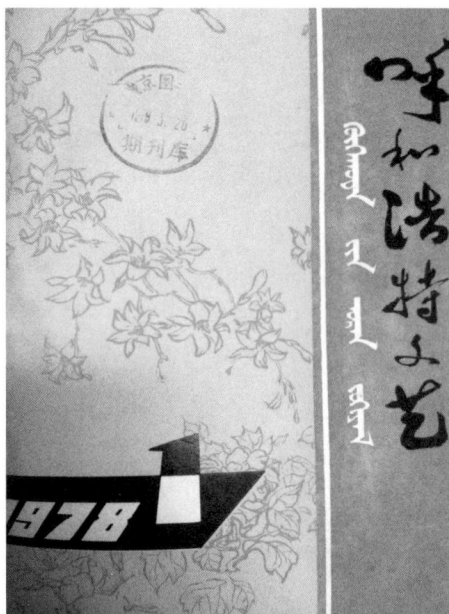

【简　介】

　　综合性文学月刊。内蒙古呼和浩特市文学艺术联合会主办。创刊于1972年，2001年停刊。1979年第1期由《呼和浩特文艺》更名为《山丹》。创刊初期为双月刊，1982年第1期起改为月刊。其八十年代前期以纯文学为主要内容，发表了一系列的诗歌、小说等。八十年代中后期，逐步转向侦探、推理、言情等猎奇情节类故事小说。

期刊号：1976年第1期—1989年第6期

1976年第1期　刊名：《呼和浩特文艺》
目录

词二首　《水调歌头·重上井冈山》、《念奴娇·鸟儿问答》···························毛泽东
翻案不得人心·················《人民日报》社论
坚持文艺革命，反击右侧翻案风···········初　澜
越是艰险越向前，继续革命勇登攀
——学习毛主席两首词的点滴体会··········奎　曾
反映阶级斗争，写好矛盾冲突··········杨匡汉

文艺战线今胜昔　莺歌燕舞春满园··········包德力
教育革命的赞歌·······················晓　真
工农兵热爱革命板戏（呼和浩特市工农兵业余作者会议发言及来稿摘编）
热情歌颂无产阶级"文化大革命"征文启事
··················本刊编辑部（封三）

小说·散文
在新型大学的日子里（散文·李建邦插图）
··················工农兵学员　贾毅鹏
立冬之前（小说）·················工人耿瑞
永春爷爷（散文·王瑞兰插图）··········乔澍声

诗歌
狂飙颂····························毕力格太
痛击右倾翻案风·······················黄　河
烈火熊熊·····················乌吉斯古冷
右倾翻案是作梦···············女工　郭庭荔
茧手托出丰收景···············工人　卜永祯
毕业答卷···············解放军战士　李世明
草原新牧民···········蒙古族下乡知青　文　革
批判栏（外一首）···········工农兵学员　董耕晓
狠批奇谈和怪论···············红卫兵　黄永刚
烈火熊熊燃胸怀···············红兵　林　铭
批判会·····················教师　宋其蕤
战鼓迎春····························海　舟

向世界发言（外一首）·················张之涛
攻堡垒（外一首）·······················郭　超
沸腾的矿山（三首）···············工人　周恩广
无线电兵之歌（三首）·······解放军战士　姜强图

大寨红花
新徒弟（外一首）（郭天翔插图）·······工人　任卫新
采访（郭天翔插图）·················王运岭
闪闪的银锹（王克非插图）···········工人　张占军
饱蘸汗水写新篇（王瑞兰插图）··········川　之

歌曲
举旗抓纲大步迈·········王景涛词　张美源编曲
歌唱大寨县·············郑克恭词　温　万编曲

1976年第2期　刊名：《呼和浩特文艺》
目录

伟大的领袖和导师毛泽东主席永垂不朽
中国共产党中央委员会　中华人民共和国全国人民代表大会常务委员会

中华人民共和国国务院　中国共产党中央军事委员会
告全党全军全国各族人民书
在伟大的领袖和导师毛泽东主席追悼大会上
中国共产党中央委员会第一副主席、国务院总理
华国锋同志致悼词
中国共产党中央委员会
中华人民共和国全国人民代表大会常务委员会
中华人民共和国国务院
中国共产党中央军事委员会
关于建立伟大的领袖和导师毛泽东主席纪念堂的决定
中共中央关于出版《毛泽东选集》和筹备出版《毛泽东全集》的决定

亿万人民的共同心愿
　　——《人民日报》、《红旗》杂志、《解放军报》社论
手握战笔思救星…………………………………张新生
红太阳永远照耀我们胜利前进…………………沛　人
沉痛悼念毛主席…………………………………陈志华
毛主席永远活在我们心中………………………亚　平
毛主席永远活在我们心间………………………郝雄宇
一定继承毛主席遗志
　　——沉痛哀悼伟大的领袖和导师毛主席逝世……黄　河
红日永照千秋来
　　——悼念最敬爱的伟大领袖和导师毛主席……刘世远
最深切地悼念…………………………………乌吉斯古冷
怀念毛主席
　　——一位蒙古族女工的话……………………恩　广
毛主席啊，战士怀念您…………………………姜强国
挥泪继承领袖志
　　——极其悲痛地悼念毛主席逝世……………李春山
太阳颂………………………………………………木　林
永远忠于毛主席………………………田　忠　来　顺
毛主席永远活在我们心中………………………王天曙
领袖的声音时刻响在耳边………………………王维正
在毛主席遗像前肃立……………………………王淑华
光辉永照，真理长存
　　——伟大的领袖和导师毛主席永垂不朽……贾　勋
继承导师凌云志…………………………………白义祥
化悲痛为力量
　　——极其沉痛地哀悼毛主席逝世……………川　之
悼念　赞颂　誓言………………………………巴特尔
老矿工怀念毛主席………………………………海　舟
在毛主席遗像前肃立宣誓………………………孙国栋
毛主席救我出火海………………………………李心如
把悲痛化做无穷力………………………………杨　正
我站在毛主席遗像前……………………………赤　育
毛主席永远活在我心里…………………………刘成文
我肃立在毛主席遗像前…………………………阎致中
毛主席啊您放心………………………红小兵　图慕思

毛泽东思想照征程………………………………刘千岁
继续长征…………………………………………王润才
草原儿女的心里话………………………………祁大林
宣誓………………………………………………张植祥
红太阳光辉照草原（歌词）……………………书　祥
毛席，您永远活在我们心中（歌词）…………书　祥

1976 年第 3、4 期　刊名:《呼和浩特文艺》
目录

理论
光辉的历史文件…………………………………任　平
学习鲁迅　永远进击………………《人民日报》社论
一个地地道道的老投降派………………………任　平
三月的租界………………………………………鲁　迅
杀向老投降派的匕首和投枪
　　——关于鲁迅《三月的租界》……………刘桐孙

诗歌
舵手颂……………………………………………陈广斌
赞火炬游行………………………………………王振国
铲除四害　人心大快……………………………崔人之
劈波斩浪勇向前…………………………………王润才
擂响进军的战鼓…………………………………王天曙
欢庆胜利…………………………………………陈志华
万众欢呼华主席（外一首）……………………孙书祥
十月放歌…………………………………………湘　霖
人民战士忠于党…………………………………火　华
无产阶级江山牢又牢……………………………刘千岁
中国工人立地顶天
　　——斥张春桥的黑诗《俺们的春天》……乌吉斯古冷
爆竹之歌…………………………………………贾毅鹏
百战百胜全无敌…………………………………王淑华
十月的春风吹遍草原……………………………刘成文
祖国江山全红透…………………………………郝振宪
祖国江山更壮丽…………………………………杨　正
军民理论组………………………………………柏　秋
摧毁政治暴发户…………………………………郭　超
披荆斩棘向前方…………………………………侯六九
我们的排字车间…………………………………张植祥
向华主席汇报……………………………………董云涛
乐得咱几夜睡不着………………………………周党伟
红小兵拍手笑哈哈（儿歌）……………………王景涛
前进在继续革命的大道…………………崔殿月　郅少杰
怒火锻出万吨钢…………………………………白　贵
胜利前进的十年…………………………………海　舟
火红的袖章………………………………………张占军
历史性的进军

——纪念毛主席发动"文化大革命"十周年····沛　人
伟大的战士
——学习鲁迅的彻底革命精神···········毕力格太
火的喷泉（组诗）
——献给当年红卫兵战士的歌·········任刀新
夜战（外一首）························董耕晓
革命的笔——战斗的火炮················王国庆
无产阶级要战斗（歌词）················郑克恭
出征曲·····························李秋荣
高举"五·七"大旗前进·················白凤俊
车向青山行（外二首）··················巴特尔
扎根曲（外一首）·····················邢乃让
公社新人（三首）·····················赵　祥
书记蹲点···························武根久
新委员····························王维正
老书记（外二首）·····················刘世远
毛主席把阳光雨露洒满草原···············姬宝宝
赞山丹花（外一首）····················黄　河
红雷赞（山歌对唱）····················王继周
赛音，乌兰额木其!····················张志良
一把大锤···························杨德山
在她伸出双手的瞬间——记一位赤脚医生·······刘晓平
青春的诗篇——赞知识青年日记············戈　缨
新书记和社员划等号···················张锦敦
战斗的火把永不熄（拍手谣）··············呼　燕
战斗的矿山（组诗）····················周恩广
新黄河号子·························江　晓
老区新歌（三首）·····················王恒瑞
淬火工····························张海泷
草库伦颂··························郭永明
真像一团火·························王运岭
青城之夜··························高　音
修路工（外一首）·····················沈小艾
青年突击队的老阿妈···················均　一
草原新建大油田······················李耀党
炮兵的诗··························柏　秋
小树苗····························黄永刚
钢铁长城（三首）···············姜强国　段建平
山村医疗队·························张植祥

曲艺
伟大的胜利（对口词）··················王新德
"赤脚"主任（相声小段）················李春山

歌曲
工人阶级跟着华主席··········恩　广词　洄　雨曲
坚决同"四人帮"斗到底（齐唱）
·······················卫　新词　世　森曲
红卫兵战歌（齐唱）

·······王恒瑞词　春　风、运　天、雨　田、世　森曲
我站在大学的讲台上（男独）·····黄　河词　郑　茂曲
新农大办在个山窝窝（女独）·····书　祥词　李　力曲
俺一夜笑醒了好几回（男中音独唱）
·······················志　良词　苏　荣曲

1977 年第 1 期　刊名:《呼和浩特文艺》

目录

敬爱的周总理，我们怀念您!
冬天里的伟大春播···················李世琦
周总理在祖国的土地上战斗··············郭是海
总理啊，我找到了您的旧居···············贾　勋
周总理为我们剪彩···················木　林
歌唱敬爱的周总理···················崔人之
怀念····························崔　承
深深的怀念······················郭庭楹
周总理和我们一起泼水·················单玉洁
高高的纪念碑筑在人民心里···············王维章
怀念周总理·······················巴特尔
周总理活在我们心里··············赵中祥　马　珍

批判"四人帮"
彻底清算"四人帮"破坏"双百"方针的罪行
··················内蒙古大学中文系汉三大批判组
铁人精神永放光芒····················张瑞丰

投枪集
方针既定于何家（杂文）·················黄　彦
戳穿江青的朦胧术（杂文）···············宫效尧
江青的"诗瘾"与篡权称帝癖（杂文）··········钟志祥

小说·散文
新年钟声（散文·外一章）···············郭长春
胜利酒（散文）·····················王德明
银珊瑚（散文）················杉　木　东　城
春联红似火（散文）···················吴宝林
一百个鸡蛋（小说·达楞古日布插图）·········韩惠明

诗歌
华主席彩像到咱家（儿歌）···············春　笑
送公粮（歌词）·····················文　科
在胜利的日子里（二首）················任卫新
张张茧手绣大地（歌词）················武根久
无线电兵之歌（三首）·················姜强国
喜讯传到俺们村·····················李　战
学大寨一浪高一浪（爬山歌）··············房　震

演唱

群丑现形（山东快书）························工　曲

女皇梦（书板书小段）························裴秀海

批四害（二人台表演唱）······················乌焕春

保卫华主席，保卫党中央（歌曲）

·······················都君一词　王治平曲

为普及大寨县贡献力量（二人台对唱）

·············亢文彬　都君一词　温　万曲

大干快上掀高潮（歌曲）·······王新德词　李博文曲

1977 年第 2 期　刊名：《呼和浩特文艺》
目录

把无产阶级专政下的继续革命进行到底·······华国锋

评论

揭穿"三突出"的反动本质

·············内蒙古师范中文系汉专业二年级大批判组

无耻的造作

——反动影片《反击》浅析·················王志绥

杂文三题·································郭　超

诗歌

不熄的灯塔·······························毕力格太

伟大的毛泽东思想光耀千秋·················张善明

车间灯火·································张新生

彩墨红心印宝书·························王维正

毛主席仍把咱教诲·························包白乙拉

一片朝阳洒心底·························章顺川

喜庆五卷出版·······························乌图那顺

哨所军营迎宝书·····················巴音德力格尔

华主席率领我们奋勇前进·················房　俊

唱得草原红似火（儿歌）·················秦新齐

春天的怀念

——献给敬爱的周总理·····················晓　波

献给雷锋的歌·······························郭　宇

接过雷锋的枪（儿歌）·················侯六九

闪光的诗章

——读雷锋日记·························白　贵

夜读《讲话》·······························梁同纲

层层剥画皮（讽刺诗）·················孙书祥

小说·速写

草原的早晨（长篇选择）·················扎拉嘎胡

临时任务（速写）·······················宫　言

剧本歌　歌曲

淬火（独幕话剧）·······················崔　承

红宝书是灯塔···············黎　丹词　吕　烈曲

宝书五卷捧在手···············火　华词　敦都布曲

1977 年第 3 期　刊名：《呼和浩特文艺》
目录

更高地举起毛主席革命文艺路线的伟大旗帜

——纪念《在延安文艺座谈会上的讲话》发表三十五

周年·······················《人民日报》社论

评"三突出"·······················文化部批判组

热烈庆祝内蒙古自治区成立三十周年

欢呼吧，内蒙古！（诗）

——热烈庆祝内蒙古自治区成立三十周年·······贾　勋

草库伦之歌（诗）·······················川　之

满庭芳（词）

——庆祝内蒙古自治区成立三十周年·········席金友

列车在赛汉塔拉草奔驰（诗）·················李世明

钢铁大街（诗）·························李剑华

过黄河（诗）·······························王国庆

骨号（小说）·······························燕　歌

诗歌

山村请回华主席像（爬山调）·················章秀河

华主席的恩情唱不完（爬山调）·············昝守明

古老的艺术焕发了青春·····················吴云仙

报喜的凤凰·······························海　舟

赞墙头诗·································郭庭楹

检验工·································谷永兴

风展红旗（组诗）

——洗挖黄灌渠工地速写·················周恩广

你道姑娘她是谁·························阎怡男

创业歌（爬山调）·······················刘世远

我爱上了大寨的青石头·················赵春青

收工小曲（外一首）·····················张植祥

甩开膀子学大寨（爬山调）·················刘千岁

大寨人的手·······························巴特尔

人民的心（长诗《心花怒放》第三节）·········聪　聪

炮兵之歌（三首）·······················柏　秋

化学兵训练诗抄（三首）·················姬宝宝

边防战士的眼睛·························陆　涛

劳武结合持"双枪"·······················李智林

小说·速写

新来的女传达（小说）·················王德明

星期天的故事（小说）·················高德龙

争分夺秒（速写）·······················肖衍祥

剧本　歌曲

青山儿女（独幕歌剧）━━━━━━━━━均　一
新来的驯马手（独幕歌剧）━━━━━━━━致　中
心中的赞歌永不落（歌曲）━━━━━━━洵　雨词曲

1977 年第 4 期　刊名:《呼和浩特文艺》
目录

理论

坚持"百花齐放，百家争鸣"的方针
━━纪念伟大的领袖和导师毛主席逝世一周年
　━━━━━━━━━━━━━━━━━文化部理论组
响应华主席号召，努力繁荣社会主义文艺
　━━━━━━━━━━━━━━谈金发　鲁从圣
"四人帮"阴谋文艺的反党实质━━━━吴翊农
鞍钢宪法的赞歌
━━赞《草原的早晨》（书评）━━━━郭　超
且看他们手中杀人的刀（杂文）━━━黄　彦

诗歌

礼花赞━━━━━━━━━━━━━━━王运岭
红太阳憩息的地方━━━━━━━━━━川　之
我站在毛主席纪念堂前━━━━━━━━张植祥
战士在纪念堂前━━━━━━━━━━━张善明
去见毛主席
━━瞻仰毛主席纪念堂━━━━━━━张志良
瞻仰毛主席坐像━━━━━━━━━乌吉斯古冷
我站在毛主席身旁━━━━━━━━━何黎明
鹅卵石━━━━━━━━━━━━━━姬宝宝
八角楼的灯光━━━━━━━━━━━王国庆
斗笠━━━━━━━━━━━━━━━畅　巅
油灯礼赞━━━━━━━━━━━━━梁同纲
永恒的太阳━━━━━━━━━━━━海　舟
伟大的旗帜━━━━━━━━━━━━马　珍
读《陈毅诗词选》有感━━━━━━━巴特尔
踏遍青山人未老（组诗）━━━━━━陈广斌
回塞北━━━━━━━━━━━━━━朱战国
坝上小亭━━━━━━━━━━━━━郭永明
烈马颂━━━━━━━━━━━━━毕力格太
走访哈图━━━━━━━━━━━━━杨匡汉
大治果（小叙事诗）━━━━━━━━王缓青
浪里红心（叙事诗）━━━━━━━━杨利川

小说·散文

风雪行（小说）━━━━━━━━━━徐　杨
一支未吸完的香烟（小说）━━━━━宫效尧
理想的报告（散文）━━━━━━━━贾毅鹏
比翼齐飞（散文）━━━━━━━━━孙万祥

金色的航线（散文）━━━━━━━陆　涛　海　增

剧本　歌曲

一副轴承（小歌剧）━━━━━━━━━━耿　瑞
继承遗志永向前（歌曲）
　━━━━━━━━江淑君词　张　中　田凤英曲
毛主席，您永远在我们心中（歌曲）
　━━━━━━书　祥词　温　万　治　平　万　有曲

1978 年第 1 期　刊名:《呼和浩特文艺》
目录

华主席给《人民文学》的光辉题词（插页）
毛主席给陈毅同志谈诗的一封信

评论

从"文艺黑线专政"论到阴谋文艺━━━马逵英

诗歌

长虹赋（组诗）━━━━━━━━━━贾　勋
与诗有关的故事
━━在一次诗歌朗诵会上想到的━━━湘　霖
沁园春━━━━━━━━━━━━━席金友
寄自大寨的诗笺（三首）━━━━━━周恩广
战地重游━━━━━━━━━━━━李耀先
还是战争年代那脾气━━━━━━━火　华
时代的英雄━━━━━━━━━━━图慕思
锻工大老刘━━━━━━━━━━━沈小艾
北极熊的嚎叫（讽刺诗）━━━━━春　笑

小说

锦旗的故事━━━━━━━━━━━郭连升
探亲路上━━━━━━━━━━━━崔树棠
家庭风波━━━━━━━━━━━━肖衍祥
老来红━━━━━━━━━━━━━杨　诚
飞虎队━━━━━━━━━━━━━李心如

剧本　歌曲

写春联（二人台）━━━━━━━━━吕　烈
歌唱伟大的中华人民共和国（歌曲）
　━━━━━━━━崔人之词　吕　烈　张　中曲

1978 年第 2 期　刊名:《呼和浩特文艺》
目录

礼花·心花·浪花（诗）━━━━━━章晓林
又一声春天的巨响（诗）━━━━━━何守中

唱上一支祝福歌（诗）……………………赵春青
欢乐的长河（诗）…………………………董耕晓
出征（诗）…………………………………白　贵
老朱和老卢（快板小段）…………………杨常乐
纪念敬爱的周总理八十诞辰

周总理诗十七首
一件普通的衬衣（诗）……………………沈湛华
红岩颂（诗）………………………………湘　霖

评论
关于形象思维的断想………………………何乃强

诗歌
新华夏海的诞生（外一首）………………段建平
火的交战（外二首）………………………王国庆
火红的山乡（三首）………………………刘世远
荒漠之歌………………………………齐·莫日根
山村新事（三首）…………………………杨　兰
抓纲治国献力量（儿歌）…………………秦新齐
小兄妹卖瓜（儿童历史叙事诗）…………聪　聪
刺向北极熊的尖刀（组诗）………………赵健雄
青山黎明（外一首）………………………张之静
寓言诗三首…………………………………川　之
为了明天……………………………………巴特尔

小说
谷志鹃………………………………………新　雨
金泉湖水……………………………………朱战国
眼光…………………………………………吴宝林
拾粪（速写）………………………………孟　斌

散文
柳笛…………………………………………焱　抒
马头琴………………………………………张子周
曲　艺
宰相梦（快板书）…………………………裴秀海

歌曲
马蹄哒哒走边防………………………黎　丹词　春　风曲
要知松高洁，待到雪化时……为陈毅同志诗谱曲淘雨

1978 年第 3 期　刊名:《呼和浩特文艺》
目录

诗歌
油海光辉（三首）…………………………卫　新
伟大的足迹（三首）………………………周恩广

敬礼，我的老师……………………………乌兰牧林
大青山行踪（组诗）………………………纪征民
初访青城（七律二首）……………………吴淮生
铜锣颂………………………………………高　宏
灵魂的医生
　　——给一位党委书记…………………赵　祥
儿歌三首……………………………………王玉成
薇拉的祷告词（外一首）…………………王树田

小说·散文
来自教育战线的报告（小说）………李建中　王学俭
树苗青青（儿童文学）……………………陈弘志
鹰（小说）……………………………莫·宝音
崭新的天地（散文）………………………赵正林
老秦的饭碗（小说）………………………王振基
金色的秋天（散文）………………………大　隆
绿色的山谷（散文）………………………单玉洁
白杨树（童话）……………………………明　照

理论
浅谈形象思维的特征………………………罗广德
从民歌中吸取养料
　　——学诗随笔…………………………杨匡汉

资料
关于形象思维………………………………湘　生
为实现新时期的总任务而奋斗（宣传画）
　　　　　　　　　　　　　　　燕　亮（封三）
人民公社万岁!……………………………郭沫若
强大的力量………………………………乌吉斯古冷
公社春风绿边塞（外一首）………………茫　赫
心之歌（外一首）…………………………周恩广
在公社的土地上……………………………毕力格太
公社更上一重天……………………………孙书祥
啊，白塔……………………………………巴特尔
歌唱人民公社（歌曲）………书　祥词　李　力曲

诗歌
歌海四滴（组诗）…………………………石　梁
箱子（外一首）…………………………乌吉斯古冷
灯下（外一首）……………………………尹　军
战风雪（组诗）……………………………查　干
草原的蜜糖（外二首）……………………沙　敏
草原拾零（三首）…………………………董耕晓
建筑工之歌…………………………………高　音
工农战线两老将（二首）…………………王维正
歌词二首……………………………………书　祥
等你归来时（外一首）……………………房　俊
鄂尔多斯的鹰（小叙事诗）………………张　廓

割麦 ································ 武根久

1978 年第 4 期　刊名:《呼和浩特文艺》
目录

散文·小说

彩晶湖 ································ 边城树
草原的骄傲 ························ 许　淇
老伙伴 ···························· 邵长波
春天的早晨 ······················ 冰　燕
三个外甥 ·························· 高文华
春夜 ······························ 潘　瑜
无畏的战士 ······················ 郝玉峰
送行 ······························ 庆　通

评论

如闻謦咳精神振 ·················· 郭　超
才华横溢的蒙古族文学家
——尹湛纳希 ···················· 秋　欣

歌曲

草原千里奏新曲 ······· 张桂珍词　哈布拉曲
庆祝中华人民共和国建国三十周年征文启事··市文联
在深入揭批"四人帮"的胜利斗争中　呼和浩特市文
联恢复活动（本刊消息）·········· 青　平（封三）

1978 年第 5 期　刊名:《呼和浩特文艺》
目录

诗词三首 ·························· 毛泽东

散文·小说

大青山抗日根据地抒怀（抒情散文四章）···· 梁彬艳
五十吨钢材 ······················ 徐　扬
石榴花开向阳红 ············ 谈金发　鲁从圣
雨夜 ······························ 王德明
春从何处来 ······················ 吴佩灿
喜日 ······························ 张随丑
搬家 ······························ 姜　信

诗歌

光辉闪闪照千秋
——观大青山革命文物 ············ 钰　璋
访延安民族学院分校 ·············· 郭永明
这是一张怎样的地图 ·············· 巴特尔
灿烂的科学明星（组诗）
——记蒙古族古代科学家明安图 ····· 陈广斌

致架线员 ·························· 武可夫
生动的一课
——看电影《何尔·柯察金》 ········ 刘　畅
校园诗抄（组诗）·················· 郭庭楹
山村宣传队（三首）················ 张植祥
献给老师的歌（三首）·············· 梁存信
边防战士的歌（歌词二首）·········· 火　华
施工短歌（三首）·················· 姬宝宝
边防风云录（二首）················ 彭子强
金色的戈壁（外一首）·············· 裴连镇

献给孩子们的礼品

夺不去的心声（小说）·············· 王树田
寓言诗三首 ······················ 川　之
兔子战胜鲸鱼和大象的故事（阿拉伯民间故事）
································ 吴育群译
蚂蚁的故事（寓言）················ 吴邦贵

理论

革命更兼诗律细
——学习叶副主席七律和董老五律的艺术形式
································ 席金友
蒙古族文学家蒲松龄和《聊斋志异》···· 秋　欣

曲艺·歌曲

庆祝中华人民共和国建国三十周年征文启事··市文联
唱唱咱公社农机厂（歌曲）········ 王彦彪词曲
陈大娘相亲（山东快书）············ 王煜邦

1978 年第 6 期　刊名:《呼和浩特文艺》
目录

解放思想　大胆创作
——纪念毛主席诞辰八十五周年 ······ 塞　鸿

纪念大青山抗日根据地建立四十周年

去延安（戏曲）··············季根在　郭柱小
李二明进城（故事）················ 王会英
云那胜智赚秃邦郎（故事）·········· 温广德
夜袭（小说）······················ 刚　晓
当年的老八路又回咱山里来（爬山调）·· 杜　逵
战士重返大青山（歌曲）········书祥词　张中曲

戏剧

黎明之前（小歌剧）················ 阎致中
七尺毛哗叽（二人台）·············· 董　舒

评论

文学评论中的拨乱反正
——评初澜之流对晋剧《三上桃峰》的诬陷⋯⋯立 雪
为《三上桃峰》所表现的无产阶级人性叫好
⋯⋯⋯⋯⋯⋯⋯⋯⋯⋯⋯⋯⋯⋯王志远 朝戈金

歌曲

唱支赞美祖国的歌⋯⋯⋯⋯⋯张之涛词 阿拉腾奥勒曲

1979 年第 1 期　刊名:《山丹》
目录

热烈欢呼党的十一届三中全会

回风舞雪极春来⋯⋯⋯⋯⋯⋯⋯⋯⋯⋯⋯⋯贾 勋
向四个现代化进军
——祝贺党的十一届三中全会的召开⋯⋯⋯火 华
精心印制公报⋯⋯⋯⋯⋯⋯⋯⋯⋯⋯⋯⋯王维正
历史的画卷
——喜读十一届三中全会公报⋯⋯⋯⋯⋯杨若飞
公报咋说咱咋办⋯⋯⋯⋯⋯⋯⋯⋯⋯⋯⋯刘千岁

《天安门诗抄》赞

悲壮的颂歌 战斗的号角⋯⋯⋯⋯⋯谈金发 鲁从圣
呐喊·花朵·火山⋯⋯⋯⋯⋯⋯⋯⋯⋯⋯李兰生
致《天安门诗抄》⋯⋯⋯⋯⋯⋯⋯⋯⋯⋯贾 勋
倚天的宝剑——赞《天安门诗抄》⋯⋯⋯⋯巴特尔
火与剑·颂歌与匕首——读《天安门诗抄》⋯⋯庆 通
光辉的题字
——欢呼华主席为《天安门诗抄》题写书名⋯谷永兴

诗与歌

大江歌罢掉头东⋯⋯⋯⋯为周总理诗谱曲 荣竹林
光辉的榜样⋯⋯⋯⋯⋯⋯⋯⋯⋯⋯⋯⋯王国庆
献给周总理的歌⋯⋯⋯⋯⋯⋯⋯⋯⋯⋯赵健雄
百米⋯⋯⋯⋯⋯⋯⋯⋯⋯⋯⋯⋯⋯⋯佟延德
敖包山的月夜⋯⋯⋯⋯⋯⋯⋯⋯⋯⋯⋯高 音
科技花絮⋯⋯⋯⋯⋯⋯⋯⋯⋯⋯⋯⋯周恩广
欢闹的戈壁⋯⋯⋯⋯⋯⋯⋯⋯⋯⋯⋯力 沙
春雨夜⋯⋯⋯⋯⋯⋯⋯⋯⋯⋯⋯⋯⋯贾文友

小说·散文

小朝鲁⋯⋯⋯⋯⋯⋯⋯⋯⋯⋯⋯⋯⋯李 力
小芬的爱情⋯⋯⋯⋯⋯⋯⋯⋯⋯⋯⋯杨永庆
水⋯⋯⋯⋯⋯⋯⋯⋯⋯⋯⋯⋯⋯⋯庆舞波
登白塔⋯⋯⋯⋯⋯⋯⋯⋯⋯⋯⋯⋯⋯张永昌
谁得红旗⋯⋯⋯⋯⋯⋯⋯⋯⋯⋯⋯⋯丁 茂
桃园春秋⋯⋯⋯⋯⋯⋯⋯⋯⋯⋯⋯⋯鲍卫东

理论

让实践来判断⋯⋯⋯⋯⋯⋯⋯⋯⋯⋯⋯张凤铸
眼力与眼光——学诗札记⋯⋯⋯⋯⋯⋯黄志冲
严肃认真办好刊物⋯⋯⋯⋯⋯⋯⋯⋯⋯编 者
寄给本刊编辑部的一封信⋯⋯⋯⋯⋯⋯董良皋
文学作品应当正确地反映科学技术
——短篇小说《金泉湖水》读后⋯⋯⋯黎云昆
本刊改名启事⋯⋯⋯⋯⋯⋯⋯⋯⋯⋯⋯封三
内蒙古博物馆（图案）⋯⋯⋯⋯⋯⋯⋯马世俊

1979 年第 2 期　刊名:《山丹》
目录

关怀和怀念

血与火的呐喊（组诗）⋯⋯⋯⋯⋯⋯⋯⋯贾 勋
寄天安门广场（诗）⋯⋯⋯⋯⋯⋯⋯⋯⋯武克夫
高高的纪念碑下（小说）⋯⋯⋯⋯⋯⋯⋯王德明
关怀和怀念（散文）⋯⋯⋯⋯⋯⋯⋯⋯⋯李心如
周总理来了（广播剧）⋯⋯⋯⋯⋯⋯⋯⋯阎致中
周总理，我们怀念您（歌曲）⋯⋯⋯黎 丹词 吕 烈曲

内蒙古好地方

内蒙古纪行（诗）⋯⋯⋯⋯⋯⋯⋯⋯⋯韩作荣
啊，亲爱的大青山（散文）⋯⋯⋯⋯⋯⋯赵正林
哈素海的传说（民间故事）⋯⋯⋯⋯⋯⋯岩 波
彩色的沙漠（诗）⋯⋯⋯⋯⋯⋯⋯⋯⋯张之涛
青城速写（诗）⋯⋯⋯⋯⋯⋯⋯⋯⋯⋯邢乃让
卧龙岗（散文）⋯⋯⋯⋯⋯⋯⋯⋯⋯毕力格太
颂歌（诗）⋯⋯⋯⋯⋯⋯⋯⋯⋯⋯⋯梁同纲
追悼会后写给妈妈的信（小说）⋯⋯⋯⋯阎建民
风雨殊途（小说）⋯⋯⋯⋯⋯⋯⋯⋯⋯秦 水
咚咚的鼓声（组诗）⋯⋯⋯⋯⋯⋯⋯⋯湘 霖
四季海棠赞（散文）⋯⋯⋯⋯⋯⋯⋯⋯唐万鹏
春寒（小说）⋯⋯⋯⋯⋯⋯⋯⋯⋯⋯李耀先
去建设工地的路上（小说）⋯⋯⋯⋯⋯朱战国
写下去，战斗下去（诗）⋯⋯⋯⋯⋯⋯高兴民
图书馆抒情（诗）⋯⋯⋯⋯⋯⋯⋯⋯⋯白 贵
邀请您，亲爱的老师（诗）⋯⋯⋯⋯⋯孙万祥
哨所山（诗）⋯⋯⋯⋯⋯⋯⋯⋯⋯⋯姜强国
谁的过错（小说）⋯⋯⋯⋯⋯⋯⋯⋯⋯赵淑芳
巴拉根桑的故事（民间故事）⋯⋯⋯⋯斯日古郎
略谈鲁迅小说的人物语言（评论）⋯⋯⋯吴翌农
雏鹰，在斗争风雨中练硬翅膀（评论）⋯⋯李 实
深入生活正确反映四化（评论）⋯⋯⋯⋯郭生祥
华主席是咱的贴心人（歌曲）

⋯⋯⋯⋯⋯⋯文 彬 均 一词 赵 鹏曲

白塔（封底）⋯⋯⋯⋯⋯⋯⋯⋯⋯⋯⋯马世俊

1979 年第 3 期　刊名:《山丹》
目录

小说

检查团来了（征文选登）…………………陈弘志
赶羊（征文选登）……………………………胡　泽
到底该爱谁……………………………………黄　彦
高高的红石岭………………………………王振基

散文

山丹……………………………………………乔澍声
琼岛情思………………………………………何乃强
青冢抒怀………………………………………杨　笛
星群……………………………………………白　日
青松寄语………………………………………王才元
大青山散记……………………………………吴宝林

诗歌

大青山与贾力更同志攀谈……………………张长弓
青山画页（组诗）……………………………梁存信
采蜜（组诗）…………………………………查　干
诗词三首………………………………………吴淮生
春天的牧场（三首）………………………陈广斌
我们村里的年青人（二首）………………燕　子
印刷工人短歌（组诗）……………………郭庭楹
一束带刺的花（组诗）……………………王慧骐
昭君三题………………………………………云　川

献给孩子们的礼物

陈小牛和他的金质奖章（报告文学）……钟志祥
我和小树把话讲（儿歌）…………………董延德
儿歌四首………………………………………王玉成
第一百个 100（诗）………………………高　宏
报春的大雁（诗）…………………………张善明
鸟窝的故事（童话）………………………王继周
百灵鸟和啄木鸟（寓言）…………………侯庭智
俺家叔叔是扳道工（儿歌）………………桑　原
鲨鱼精的报复（童话）……………………肖衔祥
白利哈的下场（寓方）……………………舒　秀
白鹿之歌（蒙古族民间故事）………霍尔查整理翻译
赛马（美术作品，获国际儿童绘画一等奖）…陈水牛
马球（美术作品，获国际儿童绘画一等奖）…金　鬲

理论

正确理论文艺的工农兵方向…………………马志茹
谈蔡文姬形象的塑造
——读郭老的历史剧《蔡文姬》…………郭生祥
谈诗兴……………………………徐应佩　周溶泉

文艺消息
五塔寺（封底图案）…………………………马世钧

1979 年第 4 期　刊名:《山丹》
目录

小说·散文

永难忘的纪念
——悼念我的爸爸吉雅泰……………………吉　力
除夕（征文选登）……………………………解永胜
不谢的花………………………………沙　痕　张士耕
初春……………………………………………新　禺
我这种青年……………………………………吴彤申
雪天一课………………………………………李　澈
三姐妹…………………………………………焱　抒

诗歌

青山英雄赞（组诗）………………………布和朝鲁
生命的火花（三首）………………………郭永明
青春的颜色…………………………………孙明远
老县长打场…………………………………王维正
工厂拾零（组诗）…………………………李兰生
良夜吟（外一首）…………………………王维章
自从我结识了你……………………………段建平
校园抒情（三首）…………………………黄晓华
鱼场山歌（小叙事诗）……………………刘世远
大包复线工地诗抄（三首）………………侯六九
夜曲（外一首）……………………………巩丕铨
杂草三咏（三首）…………………………王继周
讽刺诗五首…………………………………黄　彦

理论

蒙古族文学的明珠
——浅淡《一层楼》…………………………秋　欣
《隆中对》、《三顾茅庐》及其他…………吴功正
情节—人物性格的发展史……………………郭　超
让美术更好地为四个现代化服务……………臧任远

美术

鹿场之春（木刻）…………………………布和朝鲁
春羔（剪纸）………………………………臧任远
较量（剪纸）………………………………臧任远
蒙古语说书厅（封底图案）………………马世钧
本刊启事

1979 年第 5 期　刊名:《山丹》
目录

报告文学

迅跑在新长征路上⋯⋯⋯⋯⋯⋯⋯⋯李　波
科技战线上的尖兵⋯⋯⋯⋯史晓波　巴图宝音

小说·散文

瀚海神话⋯⋯⋯⋯⋯⋯⋯⋯⋯⋯⋯克　冰
木棉树下⋯⋯⋯⋯⋯⋯⋯⋯⋯⋯⋯赵淑芳
摔跤手的故乡⋯⋯⋯⋯⋯李可达　马的勤
抹不掉的记忆⋯⋯⋯⋯⋯⋯⋯⋯⋯吴佩灿
不速之客⋯⋯⋯⋯⋯⋯⋯⋯⋯⋯⋯李仰南

诗歌

王若飞颂（征文选登）
——王若飞同志狱中斗争片断⋯⋯周恩广
啊！你这七十年代的哥白尼
——献给张志新烈士⋯⋯⋯⋯⋯⋯贾　勋
这支歌
——题张志新烈士所作《谁之罪》一曲⋯郭长春
朦胧的眼睛不再朦胧了⋯⋯⋯⋯⋯邵长波
吊张志新烈士⋯⋯⋯⋯⋯⋯⋯⋯⋯王金龙
为真理而斗争
——献给张志新烈士⋯⋯⋯⋯⋯⋯韩雪华
歌词二首⋯⋯⋯⋯⋯⋯⋯郑克恭　孙书祥
在历史的回音壁上⋯⋯⋯⋯⋯⋯⋯万以诚
不朽的长城⋯⋯⋯⋯⋯⋯⋯⋯⋯⋯周雨明
出征酒⋯⋯⋯⋯⋯⋯⋯⋯⋯⋯⋯⋯沛　人
民族团结是咱们的眼珠珠（爬山调）⋯杜　逵
金色的十月歌声多（歌词·外一首）⋯书　祥
卖菜人说（组诗）⋯⋯⋯⋯⋯⋯⋯安　米
青城抒怀⋯⋯⋯⋯⋯⋯⋯⋯⋯⋯⋯云国良
山区支书去开会⋯⋯⋯⋯⋯⋯⋯⋯李子恩
八月十五眊妹妹（爬山调·外一首）⋯房　俊
修理队⋯⋯⋯⋯⋯⋯⋯⋯⋯⋯⋯⋯朱秉龙
土地（三首）⋯⋯⋯⋯⋯⋯⋯⋯⋯晓　波
一位追求奇装的青年⋯⋯⋯⋯⋯⋯刘秀山

理论

谈主题的形成和深化⋯⋯⋯⋯⋯⋯魏泽民
佳花是对艰苦劳动的奖赏⋯⋯⋯⋯李　舸

其他

金色的大雁（歌曲）⋯⋯⋯恩　广词　洄　雨曲
芙蓉国里尽朝晖·祖国万岁·江山多娇（篆刻）
⋯⋯⋯⋯⋯⋯⋯⋯⋯⋯⋯⋯⋯⋯郭笠农
国庆之夜（摄影）⋯⋯⋯⋯⋯⋯⋯刘炳祥

认真（摄影）⋯⋯⋯⋯⋯⋯⋯⋯⋯贾文友
塞外黄昏（摄影）⋯⋯⋯⋯⋯⋯⋯刘炳祥
大青山（国画）⋯⋯⋯⋯⋯⋯⋯⋯云雪冰
松鹤图（国画）⋯⋯⋯⋯⋯⋯⋯⋯尤　旺
月夜（油画）⋯⋯⋯⋯⋯⋯⋯⋯⋯祁志锐
昭君墓（封底画）⋯⋯⋯⋯⋯⋯⋯马世钧

1979 年第 6 期　刊名:《山丹》
目录

走长沙⋯⋯⋯⋯⋯⋯⋯⋯⋯⋯⋯⋯王绥青
幸福的会见
——一个乌兰牧骑队员的回忆⋯⋯巴特尔
蝶恋花·看内蒙古歌舞团二队在银川演出⋯吴淮生
手足情深外一首⋯⋯⋯⋯⋯⋯⋯⋯肖　川
草原春（四首）⋯⋯⋯⋯⋯⋯⋯⋯刘国良
送别⋯⋯⋯⋯⋯⋯⋯⋯⋯⋯⋯⋯⋯崔殿月
扁担·小河⋯⋯⋯⋯⋯⋯⋯⋯⋯⋯刘世远
走向未来（四首）⋯⋯⋯⋯⋯⋯⋯陈　珍
矿石吟
——献给栉风沐雨战斗在矿山上的英雄们⋯胡　煜
哨所抒怀（三首）⋯⋯⋯⋯⋯⋯⋯姜强国
良夜情曲⋯⋯⋯⋯⋯⋯⋯⋯⋯⋯⋯柏　秋
寓言诗三首⋯⋯⋯⋯⋯⋯⋯⋯⋯⋯火　华
局长作报告（讽刺诗）⋯⋯⋯⋯⋯柳　六

小说·散文

玉龙河⋯⋯⋯⋯⋯⋯⋯⋯⋯⋯⋯⋯王之义
白天鹅的故乡⋯⋯⋯⋯⋯彬　木　东城
被损害的人⋯⋯⋯⋯⋯⋯⋯⋯⋯⋯李仲臣
母爱⋯⋯⋯⋯⋯⋯⋯⋯⋯⋯⋯⋯⋯吕斌序
和死人交朋友的人⋯⋯⋯⋯⋯⋯⋯高文华
刺玫⋯⋯⋯⋯⋯⋯⋯⋯⋯⋯⋯⋯⋯刘发林

剧本·曲艺·歌曲

选择（独幕话剧）⋯⋯⋯⋯⋯⋯⋯耿　瑞
新婚之后（二人台）⋯⋯⋯⋯⋯⋯丁　一
闹县府（小戏曲）⋯⋯⋯⋯⋯⋯⋯阿　龙
搬家商店（对口快板）⋯⋯⋯⋯⋯严　德
锡林郭勒，我亲爱的家乡（歌曲）
⋯⋯⋯⋯⋯⋯⋯⋯金紫千词　阿拉腾奥勒曲

理论

浅谈著名蒙古族诗人萨都剌
⋯⋯⋯⋯⋯⋯⋯⋯润　生　家　麟　连　镇
说“巧”⋯⋯⋯⋯⋯⋯⋯⋯⋯⋯⋯杜　梓
大青山之雄姿，土默川之新图⋯⋯宋昱瑞

书法·美术·摄影

满目青山夕照明（汉文书法）·······················王再天

给畜喂养长大，孩子哺育成人（蒙文书法）····敖其尔

园丁（摄影）···刘丙祥

草原雄鹰（国画）·····················刘卓贤　郭志华

赛马场（封底图案）···································马世钧

刊名题字···茅盾

1980 年第 1 期　刊名:《山丹》
目录

小说·散文

奴隶的儿子（中篇小说选载）························毕力格太

琴手，草原和琴（散文）···························赵正林

今天，昨天和明天·····································辛星

别了，人生···梁陆涛

老驴倌的遭逢···陈弘志

梦···吴佩灿

咸水··溙水

春蕾

老师妈妈··郑军荣

内蒙古风物

青冢拥黛······················均　一　建　清

民间故事

鲁班学艺··马沛然

聪明的鹦哥儿·······················郭永明　巴雅尔译

诗歌·漫画

花草篇（散文诗三章）·······························梁彬艳

莎日楞在草原上开了··································赵健雄

母校抒怀···乌吉斯古冷

情歌二首··柳芳

讽刺与幽默

花草鱼虫及其他（组诗）····························杨笛

成语新解（四则）·····················杨畅诗　越千画

你有民主　我有集中·································张国卿画

一天之"忌"在于晨···································张广轮画

"左"视眼······················东　子诗　胡　钧画

理论

繁荣文艺创作，满足群众的文化需要·············布赫

"作者的见解愈隐蔽，对艺术作品来说就愈好"

···雷成德

创作谈

含蓄与晦涩···丁涛

美术

竹（中国画）——一九六〇年为吉雅泰同志所作

·································何香凝作画　老舍题词

人物写生··························妥木斯　巴雅尔

马头琴手（封底画）·································程旭光

1980 年第 2 期　刊名:《山丹》
目录

小说·散文

黄花图塔拉的奇缘·····································阿勒玛斯

丹丹··李哲良

火花··张作寒

她刚从英国回来·······································乐拓

埋着白骨的房基·······································照日格巴图

恐怖与法西斯···许淇

"没嘴葫芦"···李尧

燃烧的晚霞···乔澍声

故事

成吉思汗的故事三则··································翁善珍

民间故事

青戈和乞金的故事····································甫澜涛编译

内蒙古风物

白塔笪光··新迹供稿

诗歌·漫画

马蹄溅出的火星（四首）····························查干

数学与诗（散文诗）·································王慧琪

攀登（长诗选载）·····································剑羽

土默川的日子火样红（爬山调）···················杜逵

伊萨克·牛顿···张廓

讽刺与幽默

战马··温冠英

牛郎织女··杨昆原

轻松乎?···张广纶

这样保护最安全·······································胡钧

理论

创作谈

水风相遇的哲理·······································王晓平

飘香的塞外花

——读《山丹》（八〇年第一期）的小说散文
　　　　　　　　　　　　　　　　景　泽　豫　人
鲜明的人物塑造　新颖的艺术构思
——喜读短篇小说集《阳春三月》··········王之义

美术·摄影

昭君墓·······················崔如汉摄
清真大寺··············崔如汉　杨宝林摄
人体素描·····················妥木斯
草原晚霞·····················张国卿

1980 年第 3 期　刊名:《山丹》
目录

小说·散文

青山行······················李尚恩
盗马人······················张作寒
歌························白　日
一袋葵花籽····················赵怀有
考题·······················夏　风
梦花的花梦····················袁惠聪
志物三章·····················张问之
她···················翟兴泰　春天亮

讽刺与幽默

爱情价更高···········彭连才文　越　千画

民间文学

颖考叔献鸮鸟
——关于《母子星》的一个传说故事·····张叶舟整理

诗歌

一名伟人的真正下落·······刘世远　呼和塔拉
迎春照······················何思汉
春在毛纺厂（三首）···············周恩广
抓膘·······················黄润甲
潮························晓　钢
人事杂谈（组诗）·················王继周

理论

创立独特的艺术风格················吴功正
肖像描写断想···················杜　梓
笔名史话·····················商善峰

献给孩子们的礼物

森林里的孩子（小说）···············乌热尔图
买菜（诗）····················王维正
大木匠和小木匠（小说）··············张志彤

吃草的狼（寓言诗）················郭庭楹
挤奶歌（诗）···················王树田
深山里的歌（小说）················朱战国
亮晶晶的钢镚（小说）···············张志升

青少年园地

我的理想（中学生作文）··············赵焰飞

摄影

内蒙古博物馆···················广　纶
呼和浩特车站···················董宝仓
《云岗文艺》启事
《滇池》征求订户
本刊启事····················本刊编辑部
蒙古舞（封底画）·················程旭光

1980 年第 4 期　刊名:《山丹》
目录

小说·散文

这些个年轻人···················旸　谷
春潮·······················芒　仲
爱的真谛·····················范建国

革命回忆录

创业艰难百战多
——忆我的爸爸多松年···············赛　希
滇南行——访云南蒙古自治乡散记·········扎拉嘎胡
草原画页·····················赵正林
法网·······················马的勤

故事

成吉思汗青少年时代的故事·············翁善珍

诗歌

归来吧，姐妹潭··················陈广斌
玉山啊，我从海峡对面献给你（外一首）······于宗信
背月琴卖唱的老人·················贾文友
旅途即兴诗抄（组诗）···············安柯钦夫
乌珠穆沁情歌（三首）···············张之涛
山药花开了····················溪　流
煤海浪花（三首）·················尹　军
花瓣集（组诗）··················巴特尔
边塞二题（二首）·················火　华
座座青山·····················赵仁广

其他

创作谈

漫谈艺术的剪裁 ································ 郭 超
衷心的祝愿，殷切的期望
——祝贺呼和浩特市文学、戏剧、音乐、舞蹈、美术、摄影、书法工作者协会成立
本刊征文启事 ····························· 本刊编辑部
《包头文艺》将更名为《鹿鸣》

美术·摄影
我们热爱生活（摄影三幅） ··············· 班增春
精奇里江畔（连环画选登） ··············· 郭 艾

讽刺与幽默
葬花人 ··································· 赵维敏
四官顽症 ································· 杨昆原
五部曲 ··································· 巴 拉
乳（封底画） ····························· 刘友人

1980 年第 5 期　刊名:《山丹》
目录

小说·散文
征文选登
母子情 ··································· 溙 水
两代人的爱情 ····························· 侯 丽
光棍儿梁春娃 ····························· 李耀先
埋藏在心底的爱 ··························· 颖 影
雪满青山路 ······························· 王之义
被劫者的醒悟 ····························· 贺德田
三扑方块 K ······························· 赵纯光

青少年园地
药房里发生的事 ··························· 布小林
思念
——忆崇敬的先辈毕力格巴图尔同志 ······· 琴 子
青山骆驼场 ······························· 李尚恩

诗歌
沉默的鹰
——怀念伟大的公安战士毕力格巴图尔同志 ··· 贾 漫
乌兰察布风情（散文诗四章） ··············· 孟 河
草原短笛（散文诗） ······················· 古日勒泰
在青年湖畔（外一首） ····················· 李兰生
我从 ··································· 梁彬艳
诗的进行曲 ······························· 李幼容
片羽集 ····························· 孟 仁　李庆春
雁阵（外一首） ··················· 乌吉斯古冷
晨 ··································· 塔 娜
为了 ··································· 刘大松

寓言诗三首 ······························· 胡 煜

理论
唐诗杂烩（二则） ························· 肖文苑
"抱新娃娃"好 ····························· 李 实

人物介绍
古希腊的寓言大师伊索 ····················· 韩文义

美术·摄影
赴约归来（摄影） ··············· 樊同发　燕云英摄
海王公主（组画选登） ····················· 马 莲画

1980 年第 6 期　刊名:《山丹》
目录

征文选登
爱泉趵突 ································· 张作寒
泉水叮咚 ································· 李峻田
带泪的喜酒 ······························· 赵淑芳
访广岛汽车制造厂
——访日散记 ····························· 敖德斯尔
一朵小金花 ······························· 云晓缨
希望在这里 ······························· 江 浩
路上的回音 ······························· 王振基
饶了我吧 ································· 朱战国
塞夫 ··································· 云大建
情话绵绵 ································· 陈国屏
艰苦的决定 ······························· 徐文海
她从另一颗星球飞来 ······················· 赵际华

春蕾
枯谢的花 ································· 宋光琳
让美的形象占据读者的心 ··············· 塔利亚沁夫
作人民的忠实代言人 ······················· 图幕思
努力发掘"这个"
——关于个性描写 ························· 陈国亮
讽刺与幽默 ····················· 广 纶　胡 钧等

1981 年第 1 期　刊名:《山丹》
目录

小说
春意（征文选登） ························· 马沛然
继母（征文选登） ························· 于武成
初恋日记 ································· 马 肃
青苔 ··································· 刘正新

三尖儿地上的树桩⋯⋯⋯⋯⋯⋯⋯⋯陈弘志
金子一样的心⋯⋯⋯⋯⋯⋯⋯⋯⋯⋯郭东方
鬼新郎⋯⋯⋯⋯⋯[美]华盛顿·欧文 李 尧译

散文
妻子的眼睛⋯⋯⋯⋯⋯⋯⋯⋯⋯⋯⋯莫大祥
母亲⋯⋯⋯⋯⋯⋯⋯⋯⋯⋯⋯⋯⋯⋯白 日

革命回忆录
塞北古城的星星之火⋯⋯⋯⋯⋯⋯⋯毕力格太

故事
成吉思汗的故事⋯⋯⋯⋯⋯⋯⋯⋯⋯翁善珍

诗歌
珍品⋯⋯⋯⋯⋯⋯⋯⋯⋯⋯⋯⋯⋯⋯叶 笛
万泉河恋歌⋯⋯⋯⋯⋯⋯⋯⋯⋯⋯⋯朱光天
绿色交响乐⋯⋯⋯⋯⋯⋯⋯⋯⋯⋯⋯杨若飞
滇池，春的眼睛⋯⋯⋯⋯⋯⋯⋯⋯⋯贾 勋
心上的泪滴⋯⋯⋯⋯⋯⋯⋯⋯⋯⋯⋯安 米
你是一名普通党员⋯⋯⋯⋯⋯⋯⋯⋯房 俊
牧场写生⋯⋯⋯⋯⋯⋯⋯⋯⋯⋯⋯⋯大 平
向左⋯⋯⋯⋯⋯⋯⋯⋯⋯⋯⋯⋯⋯⋯张志良
舞场随感⋯⋯⋯⋯⋯⋯⋯⋯⋯⋯⋯⋯陈 祥

理论
谈人物语言的环境设置⋯⋯⋯⋯⋯⋯吴九成
情附物上，意在言外⋯⋯⋯⋯徐应佩 周溶泉

文艺简讯
回顾与展望
——记全国部分市办文艺刊物诗歌座谈会

美术·摄影
请茶（油画）⋯⋯⋯⋯⋯⋯⋯⋯⋯⋯布 和
晨（摄影）⋯⋯⋯⋯⋯⋯⋯⋯⋯⋯⋯斯 琴
鄂尔多斯人物写生（油画）⋯⋯⋯⋯燕 杰
昭君墓（木刻）⋯⋯⋯⋯⋯⋯⋯⋯⋯文 科
讽刺与幽默（漫画专页）⋯⋯⋯⋯⋯胡 钧等

归来的女人⋯⋯⋯⋯⋯⋯⋯⋯⋯⋯⋯屈明光
爱的苦涩⋯⋯⋯⋯⋯⋯⋯⋯⋯⋯⋯⋯道吉巴图
常青树⋯⋯⋯⋯⋯⋯⋯⋯⋯⋯⋯⋯⋯徐党荣

散文
蜈蚣坝断想⋯⋯⋯⋯⋯⋯⋯⋯⋯⋯⋯李尚恩

诗歌
忠魂颂（四首）⋯⋯⋯⋯⋯⋯⋯⋯⋯刘 章
中央大礼堂（外一首）⋯⋯⋯⋯⋯⋯周雨明
草原情（组诗）⋯⋯⋯⋯⋯⋯⋯⋯⋯王绥青
细砂集（散文诗）⋯⋯⋯⋯⋯⋯⋯⋯许 淇
早晨，我正年轻⋯⋯⋯⋯⋯⋯⋯⋯⋯姜强国
北京诗情（组诗）⋯⋯⋯⋯⋯⋯⋯⋯王树田
普希金铜像⋯⋯⋯⋯⋯⋯⋯⋯⋯⋯⋯乌吉斯古冷
夕阳，在林海里下沉⋯⋯⋯⋯⋯⋯⋯李朝晖
杂咏（四首）⋯⋯⋯⋯⋯⋯⋯⋯⋯⋯晓 波
蓓蕾初绽
大学生诗页⋯⋯⋯⋯⋯⋯⋯⋯⋯⋯⋯薛景泽等

作家轶事
文学家趣事七则⋯⋯⋯⋯⋯⋯⋯⋯⋯金绍荣等

理论
真挚的爱情，火热的心声
——爬山歌的情歌与古代恋歌浅探⋯韩燕如 郭 超
"写自己熟悉的"与艺术的创新⋯⋯白 贵
试析《第九尊"神"像》⋯⋯⋯⋯⋯苏日娜

美术·书法
育苗（装饰画）⋯⋯⋯⋯⋯⋯⋯⋯⋯马 莲
成吉思汗（中国画）⋯⋯⋯⋯⋯⋯⋯陶克涛
金秋（装饰画）⋯⋯⋯⋯⋯⋯⋯⋯⋯雷时芝
舞（中国画）⋯⋯⋯⋯⋯⋯⋯⋯⋯⋯王玉泉
春（中国画）⋯⋯⋯⋯⋯⋯⋯⋯⋯⋯孙志钧
我们的生活充满阳光（版画）⋯⋯巴忠文 邢安夫
书法⋯⋯⋯⋯⋯⋯⋯⋯⋯⋯⋯⋯⋯⋯何奇耶徒
女友（中国画）⋯⋯⋯⋯⋯⋯⋯⋯⋯关麟英
讽刺与幽默（漫画）⋯⋯⋯⋯⋯⋯⋯杨昆原等

1981 年第 2 期　刊名:《山丹》
目录

小说
星光闪烁（征文选登）⋯⋯⋯⋯⋯⋯余未人
融雪天（征文选登）⋯⋯⋯⋯⋯⋯⋯沙 痕
老光棍求婚记⋯⋯⋯⋯⋯⋯⋯⋯⋯⋯贺政民
第九尊"神"像⋯⋯⋯⋯⋯⋯⋯⋯⋯卓·格赫

1981 年第 3 期　刊名:《山丹》
目录

小说
泪血恋⋯⋯⋯⋯⋯⋯⋯⋯⋯⋯⋯⋯⋯翟兴泰
第六次调动⋯⋯⋯⋯⋯⋯⋯⋯⋯⋯⋯王 平
上坟⋯⋯⋯⋯⋯⋯⋯⋯⋯⋯⋯⋯⋯⋯张进军
婚事⋯⋯⋯⋯⋯⋯⋯⋯⋯⋯⋯⋯⋯⋯厉夫强

投亲记 ······················ 栗文光
冯局长和机器人 ABC ·············· 云晓瓔

回忆录
思念
——记绥东抗战时外地来的两个同志 ········ 章叶频

报告文学
舞台春秋 ····················· 冀 鲁

诗歌
生命 ······················· 李兰生
篝火 ······················· 唐丽君

作家轶事
作家的谦虚（二则） ·············· 黄新根

理论
真挚的爱情，火热的心声
——爬山歌的情歌与古代恋歌浅探··· 韩燕如 郭 超
有感于安泰俄斯 ················· 巴特尔
要为真正实现"双百"方针创造条件 ······ 邓星荣

献给孩子们的礼物
水晶（小说） ·············· 张枚同 程 琪
一个淘气孩子的故事（小说） ·········· 佳 竣
写给我的小弟弟（诗歌） ············ 房 俊
乌鸦和八哥（寓言诗） ············· 杨 啸
小花猫和老鼠精（童话） ············ 王玉成
蜜蜂和绵羊（童话） ·············· 毕力工

美术·摄影
读书（装饰画） ················· 马 莲
牧女（摄影） ·················· 陈国强
秋实画展选登
山丹（中国画） ················· 郑 俭

1981 年第 4 期　刊名:《山丹》
目录

颂歌一束献给党
求索 ······················· 贾 勋
山里饭 ······················ 张新生
希望 ······················ 毕力格太
奶的歌 ······················ 纪征民
兴安岭上的商店 ················· 王忠范
假如 ······················· 陈应松
春雨 ······················· 孙国章

桥的启迪 ····················· 贾长厚
集市 ······················· 赵健雄
家乡密林 ················· （苗族）潘俊岭
咏春（外一首） ················· 亓爱华
巡逻的小路 ···················· 张赞廷
胶树歌 ······················ 朱光天
草原情思（散文诗） ··············· 孟 河
没有共产党就没有新中国（歌曲） ······· 星火词曲

小说
烈马呼啸 ····················· 张作寒
光明，从这儿开始 ················ 李仲臣
秀秀过门 ····················· 芒 仲
淡蓝色的热情 ··················· 王正平
魂兮归来 ····················· 砺 明
在蜜月时 ····················· 国 枢
洞房里的死尸（奇人奇案之一） ······· 晓刚竹平

革命回忆录
韩家窑子歼灭战 ············ 黄厚口述　火华整理
短暂的相见 ··············· 张汶口述　安超整理

理论
打虎小议 ····················· 刘英建
不能"过之"，也不能"不及"······· 周溶泉　徐应佩

美术·摄影
哺育（装饰画） ················· 郭 艾
歌（摄影） ················ 燕云英　范周发
美术作品选登
朝日（装饰画） ················· 雷时之

1981 年第 5 期　刊名:《山丹》
目录

纪念鲁迅先生一百周年诞辰
在鲁迅先生墓前 ················· 王树田
浅谈鲁迅小说的人物塑造 ············ 谈金发
献身中华民族解放事业的伟大开端········· 邢富君

小说
星空灿烂（征文） ················ 旸 谷
雨中……（征文） ················ 赵淑芳
寿大（征文） ··················· 沈志敏
深山里的火光（征文） ·············· 陈计中
残月 ······················· 王小克
爱的复苏 ····················· 尚静波
路 ························· 李峻田

邻剧日记⋯⋯⋯⋯⋯⋯⋯⋯⋯⋯⋯⋯陈金堂
天上人间⋯⋯⋯⋯⋯⋯⋯⋯⋯⋯⋯⋯徐　思
老四驼子的笑声⋯⋯⋯⋯⋯⋯⋯⋯龙亚屏
洞房里的死尸（奇人奇案之一）（续）
⋯⋯⋯⋯⋯⋯⋯⋯⋯⋯晓　刚　竹　平

争鸣
关于《第九尊"神"像》的讨论
一篇政治倾向不好的作品⋯⋯⋯⋯李长贵
读《第九尊"神"像》有感⋯⋯⋯⋯邓小青

美术
晨曲（油画）⋯⋯⋯⋯⋯⋯⋯⋯⋯明　锐
希望（木刻）⋯⋯⋯⋯⋯⋯⋯⋯⋯刘友仁
虎穴辗转（中国画）⋯⋯⋯⋯⋯⋯刘　峰
历尽沧桑（中国画）⋯⋯⋯⋯⋯⋯乌力吉图
源远流长（水粉画）⋯⋯⋯⋯⋯⋯杨森茂

1981 年第 6 期　刊名:《山丹》
目录

少数民族作者专辑

小说·散文
呵，愿望⋯⋯⋯⋯⋯⋯（蒙古族）卓·格赫
二虎看田⋯⋯⋯⋯⋯⋯（蒙古族）霜　枫
阿赛河边（长篇选载）⋯（蒙古族）李塞夫
林娜，你在哪里?⋯⋯⋯（蒙古族）云塞夫
难友⋯⋯⋯⋯⋯⋯⋯⋯（蒙古族）特　木
但愿人长久⋯⋯⋯⋯⋯（蒙古族）云晓璎
飞奔吧，祖国的骏马⋯⋯（蒙古族）包军英
在那达慕大会上⋯⋯（蒙古族）特·赛音巴雅尔

诗歌
生活溅起的浪花（组诗）⋯（蒙古族）毕力格太
叠彩山游（外一首）⋯⋯（蒙古族）查　干
你总是那样（外一首）⋯⋯（壮族）伍子聪
红叶（外一首）⋯⋯⋯⋯（蒙古族）白　颖
我在写（外一首）⋯⋯（蒙古族）马吉斯古冷
随想录⋯⋯⋯⋯⋯⋯⋯（蒙古族）巴特尔
纯洁⋯⋯⋯⋯⋯⋯⋯⋯⋯（白族）杨承浩
蒙古族谚语⋯⋯⋯⋯⋯（蒙古族）胡尔查译

理论
谈谈人物的性格⋯⋯⋯⋯⋯（回族）白　贵

小说·回忆录
他们在寻找新生马化石⋯⋯⋯⋯⋯江　浩
圆筒打火机（奇人奇案之二）⋯⋯晓　刚　竹　平
贾力更智炸日寇军火库⋯⋯⋯⋯⋯宣川山

诗歌
生活的彩歌⋯⋯⋯周雨明　顾　工　于二辉
田炳信　荣君豪等
沁园春⋯⋯⋯⋯⋯⋯⋯⋯⋯⋯⋯郭倩宗

争鸣
从父辈的悲剧中挣脱出来⋯⋯⋯⋯葛　萌
决不应该成为神像⋯⋯⋯⋯⋯⋯⋯石　钧

美术·摄影
团结训（中国画）⋯⋯⋯⋯⋯⋯⋯成　邦
影坛花（摄影）⋯⋯⋯⋯⋯⋯⋯⋯张苏妍
小骑手（木刻）⋯⋯⋯⋯⋯⋯⋯⋯孙炳昌
猎（木刻）⋯⋯⋯⋯⋯⋯⋯⋯⋯⋯刘宝平
送学图（中国画）⋯⋯⋯⋯⋯⋯⋯胡　均

1982 年第 1 期　刊名:《山丹》
目录

小说
幸福，来得缓慢而艰难⋯⋯⋯⋯⋯尚静波
途中⋯⋯⋯⋯⋯⋯⋯⋯⋯⋯⋯⋯⋯马　肃
惠嫂⋯⋯⋯⋯⋯⋯⋯⋯⋯⋯⋯⋯⋯溱　水
淑女窈窕⋯⋯⋯⋯⋯⋯⋯⋯⋯⋯⋯陈国屏
栽不住的橛子⋯⋯⋯⋯⋯⋯⋯⋯⋯王升山
虎威⋯⋯⋯⋯⋯⋯⋯⋯⋯⋯⋯⋯⋯邓九刚
嘀、嘀、嘀、嗒（寄人奇案之三）⋯晓　刚　竹　平
拜年⋯⋯⋯⋯⋯⋯⋯⋯⋯⋯⋯⋯⋯马可行
断牙⋯⋯⋯⋯［委内瑞拉］比德罗·厄米利奥·科耳著
赵德成译

散文诗小辑
美的旋律
细砂集（二首）⋯⋯⋯⋯⋯⋯⋯⋯许　淇
露珠⋯⋯⋯⋯⋯⋯⋯⋯⋯⋯⋯⋯⋯郭维斌
帆（三首）⋯⋯⋯⋯⋯⋯⋯⋯⋯⋯王宗仁
春雨（外一首）⋯⋯⋯⋯⋯⋯⋯⋯晓　月
沙漠绿影⋯⋯⋯⋯⋯⋯⋯⋯⋯⋯⋯桑　原
流星小札（四首）⋯⋯⋯⋯⋯⋯⋯刘秀山
涓涓集（五首）⋯⋯⋯⋯⋯王慧琪　王慧骏
红色的蘑菇⋯⋯⋯⋯⋯⋯⋯⋯⋯⋯王俊义
白头翁（外一首）⋯⋯⋯⋯⋯⋯⋯青　竹
草原，你的向往⋯⋯⋯⋯⋯⋯⋯⋯梁彬艳

诗歌

草原交响曲——————旭 宇 贾 勋 童嘉通
纪征民 胡丰传 文 丙 周恩广等
走敖特尔——————————————孟 仁

理论

爱情，折射出时代的光辉——————陆建华

争鸣

《第九尊"神"像》八人谈（来信来稿摘登）

其他

革命回忆录
勇夫同志引导我走上革命道路——————杨达赖

民间故事

珍珠的传说——————————郭永明译
草原生活的抒情诗——————————杜 键

美术

凝（油画）——————————妥木斯
妥木斯在京剧出油画作品选

1982 年第 2 期　刊名:《山丹》
目录

小说

"工兵"杨克——————————郭雪波
风筝，主人——————————李仲臣
教堂与土地——————————毛志成
啊，妈妈宾馆——————————丁晓实
婚姻介绍所开门大吉——————赵振华
浅蓝色的雾——————————连瑞林
幸福——————————————王 炬
滴、滴、滴、嗒……（奇人奇案之三）
——————————晓 刚 竹 平
阿赛河边（长篇选载）——————李赛夫

散文

欢乐的草原——————————苏尔塔拉图
阿尔山的怀念——————————杉 木 斯 东
九边第一泉——————————张永昌
金秋海红——————————肖黎英

理论（争鸣）

也谈第九尊"神像"——————沙 海
略论父亲的悲剧性格——————立 雪

美术

鄂尔多斯少女（油画）——————燕 杰
春青（摄影）——————————陈启东
山水画（中国画）——————云雪冰 都家麟
难忘的桦林（油画）——————韩金宝

1982 年第 3 期　刊名:《山丹》
目录

小说

追求（外一篇）——————————王正平
袁大头与耿螳螂——————————康 强
小院乘凉——————————吴翼民
子弹的鸣声——————————春 野
蔫主任——————————————君 矢
七点准时约会——————————陈计中
萌——————————————高 林
奇怪的包裹（中篇小说连载）——照日格巴图

革命回忆录

通江口战斗——————————额尔郭仓

诗歌

十叶集——————兰正文 卢庆平 杨 挺
吴尚华 顾 城 王中朝 陈应松 卫世平 雷晓路
乔 敏
访青城——————————————溪 流
泥土恋（外二首）——————————孟 河
布谷鸟，又回到咱田头的绿树上——李子恩
我是矿石——————————李兰生
雪地——————————————翁景贵

理论

诗——生活的回音，时代的反响——郭 超
浅淡《聊斋志异》中爱情故事的思想与艺术——曹 立

美术

话当年（油画）——————————安德才
书法——————————————王秀杰
中国画人物——————李荣华 关麟英 刘兆平
金宝屯之战（油画）——————董治家

1982 年第 4 期　刊名:《山丹》
目录

小说

老人——————————————李仲臣

暖热⋯⋯⋯⋯⋯⋯⋯⋯⋯⋯⋯⋯⋯⋯⋯⋯⋯倪　土
安魂曲⋯⋯⋯⋯⋯⋯⋯⋯⋯⋯⋯⋯⋯⋯⋯刘贵贤
春雨⋯⋯⋯⋯⋯⋯⋯⋯⋯⋯⋯⋯⋯⋯⋯⋯刘静波
睁开你的眼睛⋯⋯⋯⋯⋯⋯⋯⋯⋯⋯⋯⋯郝来旺
凤凰⋯⋯⋯⋯⋯⋯⋯⋯⋯⋯⋯⋯⋯⋯⋯⋯墨　默
弄潮儿（小小说）⋯⋯⋯⋯⋯⋯⋯⋯⋯⋯王正平
奇怪的包裹（连载）⋯⋯⋯⋯⋯⋯⋯照日格巴图

译林
拥抱⋯⋯⋯⋯［秘鲁］富兰西斯科·罗美罗　赵德成译

散文
塔河小记⋯⋯⋯⋯⋯⋯⋯⋯⋯⋯⋯⋯⋯冉淮舟
喜鸟⋯⋯⋯⋯⋯⋯⋯⋯⋯⋯⋯⋯⋯⋯⋯姜之虎
游子之恋（散文诗）⋯⋯⋯⋯⋯⋯⋯⋯魏志远

诗歌
旱原风采
妥木斯画展遐思⋯⋯⋯⋯⋯⋯⋯⋯⋯⋯贾　勋
在首都，我与草原重逢⋯⋯⋯⋯⋯⋯⋯查　干
阴山岩画写意⋯⋯⋯⋯⋯⋯⋯⋯⋯⋯⋯安　米
蓝色的淖尔（外一首）⋯⋯⋯⋯⋯⋯⋯周恩广
鄂伦春的雪花⋯⋯⋯⋯⋯⋯⋯⋯⋯⋯⋯庞壮国
后浪集⋯⋯⋯⋯⋯⋯⋯⋯吴泽生　姚学礼　姚振国
崔志强　王志云　张新生　孟宪增　郭庭楹

评选
谈描写角度⋯⋯⋯⋯⋯⋯⋯⋯⋯⋯⋯⋯吴功正
诗品二题⋯⋯⋯⋯⋯⋯⋯⋯⋯⋯王慧骐　王东明

争鸣
《第九尊"神"像》的不足⋯⋯⋯⋯⋯⋯李　杰
我的一点感想⋯⋯⋯⋯⋯⋯⋯⋯⋯⋯⋯卓·格赫

美术
晨曦（中国美术馆藏画）⋯⋯⋯⋯⋯⋯妥木斯
习作选登⋯⋯⋯⋯⋯⋯⋯⋯⋯⋯⋯⋯⋯张　忠
牧区生活速写⋯⋯⋯⋯⋯⋯⋯⋯侯　德　孙志军
小憩（油画）⋯⋯⋯⋯⋯⋯⋯⋯⋯⋯⋯燕　杰

1982 年第 5 期　刊名:《山丹》
目录

小说
夜空，群星闪烁⋯⋯⋯⋯⋯⋯⋯⋯⋯⋯潘新民
一根儿筋⋯⋯⋯⋯⋯⋯⋯⋯⋯⋯⋯⋯⋯伟　伟
回声⋯⋯⋯⋯⋯⋯⋯⋯⋯⋯⋯⋯⋯⋯⋯马小钢
乡亲之间⋯⋯⋯⋯⋯⋯⋯⋯⋯⋯⋯⋯⋯贾云学

雨落唐家洼⋯⋯⋯⋯⋯⋯⋯⋯⋯⋯⋯⋯大　平
母亲⋯⋯⋯⋯⋯⋯⋯⋯⋯⋯⋯⋯⋯⋯⋯麦丽斯
奇怪的包裹（连载）⋯⋯⋯⋯⋯⋯⋯照日格巴图

散文
塞尔维亚族的婚礼⋯⋯⋯⋯⋯⋯⋯⋯⋯蒋子龙
臧克家二三事⋯⋯⋯⋯⋯⋯⋯⋯⋯⋯⋯聪　聪

革命回忆录
争取伪军大队长⋯⋯⋯⋯⋯⋯黄　厚口述　火　华整理

诗歌
耕耘者⋯⋯⋯⋯⋯⋯⋯⋯⋯⋯⋯⋯⋯毕力格太
额吉，你等等我⋯⋯⋯⋯⋯⋯⋯⋯⋯王树田
天鹅（外一首）⋯⋯⋯⋯⋯⋯⋯⋯⋯刘秀山
太阳和草原⋯⋯⋯⋯⋯⋯⋯⋯⋯⋯乌吉斯古冷
林涛集⋯⋯⋯⋯⋯⋯⋯万以诚　金克义　张洪波

理论
纪念《在延安文艺座谈会上的讲话》发表四十周年
笔会⋯⋯⋯⋯⋯⋯⋯贾　勋　李长贵　王之义等
生活·文学·世界观⋯⋯⋯⋯⋯⋯⋯⋯杨　笛
歌者应有自己的歌声⋯⋯⋯⋯⋯⋯巴·布林贝赫
当代女散文家剪影⋯⋯⋯⋯⋯⋯⋯⋯吴周文

美术
"文武之道，一张一弛"（油车）
⋯⋯⋯⋯⋯苏　光　王迎春　杨力舟
彩色的音符（摄影）⋯⋯⋯⋯⋯⋯⋯陈启东
国画、篆刻⋯⋯⋯⋯⋯⋯⋯⋯关和璋　于春时
春风不息（中国画）⋯⋯⋯⋯⋯⋯⋯胡　钧

1982 年第 6 期　刊名:《山丹》
目录

小说
花花⋯⋯⋯⋯⋯⋯⋯⋯⋯⋯⋯⋯⋯⋯甄可君
归⋯⋯⋯⋯⋯⋯⋯⋯⋯⋯⋯⋯⋯⋯⋯尚静波
买蛋⋯⋯⋯⋯⋯⋯⋯⋯⋯⋯⋯⋯⋯⋯姚　伶
采蜜时节⋯⋯⋯⋯⋯⋯⋯⋯⋯⋯⋯⋯李峻田
回眸⋯⋯⋯⋯⋯⋯⋯⋯⋯⋯⋯⋯⋯⋯张瑞丰
奇怪的包裹（连载）⋯⋯⋯⋯⋯⋯照日格巴图

诗歌
北方⋯⋯⋯⋯⋯⋯⋯⋯⋯⋯⋯⋯⋯⋯张　廓
始祖鸟⋯⋯⋯⋯⋯⋯⋯⋯⋯⋯⋯⋯⋯陈广斌
古城墙外（外一首）⋯⋯⋯⋯⋯⋯⋯丁　芒
冬日的暖棚⋯⋯⋯⋯⋯⋯⋯⋯⋯⋯⋯何　鹰

美的哨兵························苏云海
归帆··························沈　晓
采集··························韩　杰
致萤火虫······················董云涛

散文

冰谷传奇······················安柯钦夫
喜悦·勉励·希望················材音博彦译

理论

"趣味性"随谈··················唐再兴
漫话素材积累··················吴九成
关怀·支持·鞭策················梁文武等

给孩子们的礼物

核桃树妈妈（童话）··············王　扶
洪山里的一场官司（童话）··········王玉成
花儿的梦（散文）················张明馥
春天的使者（诗·外一首）··········杨　啸
摘苹果（诗）····················乌·达尔罕
献上我们的画册（诗）············聪　聪
喜鹊身上为什么有白色（诗）········火　华

美术·摄影

春苗（装饰画）················黄瑞生
花儿朵朵（摄影选登）····陈凤翔　屠忠国等
古迹（钢笔速写）··········张国才　杨志凌
牧驼图（中国画）················马铁璘

1982 年第 7 期　刊名：《山丹》
目录

小说

卖驴怨························李仰南
春寒··························姚　伶
旧事重提······················王景晟
花的原野······················晏　纾
甦····························吴翼民
"酒蛤蟆"绝食··················王德明
看球（小小说）················伟　伟
夜长长························孙柏昌

译林

在电气火车上········[苏]列·谢·连奇　陈弘法译

奇人奇案

遗产的秘密（中篇连载）··········卓·格赫
奇怪的包裹（中篇连载）··········照日格巴图

爱的力量（报告文学）············湘　霖

评论

献给新一代的颂歌················谈金发
凤头·猪肚·豹尾················郭　超

美术

亲切的关怀　巨大的鼓舞（油画）······旺　亲
卫士（摄影）····················汪　焰
中国画选登····················思沁等
草原风光（水粉、油画习作）····云希旺　奥地

1982 年第 8 期　刊名：《山丹》
目录

小说·散文

飞吧，敖洛····················张作寒
白天鹅························顾培军
招魂··························毛志成
黑狮··························陈静龉
静静的山谷····················砾　明
旧岁新年······················厉夫强
哑巴··························徐永国
娜娜··························刘　振

奇人奇案

遗产的秘密（中篇连载之二）········卓·格赫
熊瞎子佚闻（散文）··············朱永颐
去海边钓螃蟹（散文）············青　竹

诗歌

我是祖国的生产力················姚学礼
我歌唱一绺红缨················姚振函
五月··························姜强国
钉扣··························孟　河
一粒泥土的情愫················连　辑
割麦谣························孟宪增
隐藏礼························刘人云
妈妈和弟弟的早晨··············张世林
挑山夫························丰昌隆
七月的风······················那顺宝音
我的船在内陆河航行··············孟　仁
达兰图茹花····················策·乌力吉
我是炮手，我爱沉默··············李兴华

理论

初放的山丹花··················秦德森
诗艺二题······················徐荣街

诗的眼与脸 ················· 金实秋

美术

春晓（装饰画）················· 马 莲
摄影作品选登 ················· 刘虎等
新书预告
洒满珍珠的草原（版面）················· 巴忠文

1982 年第 9 期　刊名:《山丹》
目录

小说

人生千条路 ················· 项文喜
母女俩 ················· 龚治臧
半大老汉王宽 ················· 陈弘志
重新开始吧，生活 ················· 桑 苗
"郑板桥"断案 ················· 许凤仪
鬼灵精 ················· 马 骏
难忘的兴安岭 ················· 沈瑞芬

奇人奇案

遗产的秘密（中篇连载之三）················· 卓·格赫

诗歌

散文诗一束 ················· 有 新 王慧骐 梁彬艳
王俊义 李 耕 郭维斌 晓 月
根 ················· 方燕妮
我，中国筑路工人的徒弟 ················· 李兰生
致故乡 ················· 曹汉俊
上都郭勒，我怀念你（外一首）················· 贾 勋
六月，孩子驶出了一叶风帆 ················· 沈天鸿
鹿鸣 ················· 郝耀华
崂山花 ················· 王绥青
卖花姑娘 ················· 梁存信
小镇图书馆 ················· 苏力亚

评论

文艺批评的典范 ················· 徐秉忱
读毕力格太的诗 ················· 贾 漫
一面迎风招展的旗帜 ················· 张 蓉

美术

呼伦贝尔的传说（装饰画）················· 王韶巍
雄鹰（摄影作品）················· 刘炳祥
版画选登 ······· 布和朝鲁 邢安夫 托 娅 云 中
理想之歌（宣传画）················· 王延青

1982 年第 10 期　刊名:《山丹》
目录

小说·散文

河开二月 ················· 芒 种
派饭 ················· 丁 茂
大河上的黄昏 ················· 张时鲁
鹿泉 ················· 学 利
悟 ················· 王德明
回来吧，儿子 ················· 周莘榆
熊锟上班 ················· 张崇溶
火车一夜 ················· 胡建峰
遗产的秘密（中篇连载之四）················· 卓·格赫
我爱金色的内蒙古草原（散文）·····（中国香港）华 莎

理论

契机的功用及构成 ················· 余昌谷
莫做翻筋斗的文学家 ················· 健 平

美术·摄影

奶茶飘香（油画）················· 妥木斯
梳妆（摄影）················· 崔如汉
美术·书法作品选登
················· 关麟英 刘兆平 康 庄 邢大年
叙谈（油画）················· 妥木斯

1982 年第 11 期　刊名:《山丹》
目录

小说·散文

连心户 ················· 胡 涌
列车西去 ················· 程 中
在最后的日子里…… ················· 云晓璎
米黄色的路灯 ················· 王正平
心曲 ················· 王之义
月儿弯弯 ················· 伍元新
风桥幽灵（中篇推理小说连载之一）················· 钟 源
遗产的秘密（中篇连载之五）················· 卓·格赫
大漠的梦（散文）················· 郭永明

诗歌

桥 ················· 陈松叶
春天的旋律（组诗）················· 毕力格太
草原抒情诗（组诗）················· 周恩广
哎，我心中的鲜桃树（组诗）················· 李广恩
大青山（外一首）················· 乌吉斯古冷
五月 ················· 葛佳映

洗··刘人云
铸字间（外一首）·······················张新生

理论
一朵不甘蹂躏的山花·····················王文斌
生活，给我一双眼睛·····················白　贵

美术·摄影
牟尼河畔（油画）·······················张蓬杨
中国画选登·············包世学　云雪冰　路福海
摄影作品选登·········屠忠国　董宝仓　高树德
起点（油画）···敖　恩

1982 年第 12 期　刊名:《山丹》
目录

小说·散文
育在风中的电火·······················昀　谷
篮球市长···························尚静波
辗转反侧···························邹志安
路，伸向草原深处·····················潘新民
砍不倒的老榆树·······················王升山
高山流水···························李峻田
离休之前···························董　贵
风桥幽灵（中篇连载之二）···············钟　源
散文二题···························赵　枫

诗歌
边防、牧场、驼乡
界碑·····························王树田
弹琵琶者···························陈应松
敖包上望草原·······················蔡其矫
沙海，绿色的情思·····················储建中
额吉·······················阿古日勒泰
你也是海的女儿·······················于宗信
驼乡的夜···························董培勤
清晨，我去巡逻·······················邬双全
生活之歌···········孙国章　彭国梁　曲震波

革命回忆录
亲切的会见，难忘的教诲——与贺龙同志的一次会见
·······················黄　厚忆述　胜　平整理

评论
圆之美
——散文美学探幽之一·················吴周文
现实主义文学创作之镜鉴
——从福楼拜哭包法利夫人谈起···········包明德

生活之树常青
——满族老画家关和璋画展观后···········巴　拉

美术
乌梁素海渔歌（中国画）·················关和璋
版画选登·············赵志方　孙炳昌　田宏图
关和璋画展选登
自得乾坤造化心（中国画）···············关和璋

1983 年第 1 期　刊名:《山丹》
目录

小说
"憨牛"与"野马"·····················学　利
心灵深处的闪光·······················赵淑芳
日本热·····························程　中
Good-bye "别克"·····················汤世杰
逼上梁山···························耿　瑞
妈妈和连衣裙·······················王升山
降服黑魔的人·······················晓　剑
风桥幽灵（中篇连载之三）···············钟　源

革命回忆录
青山风云
——忆一九四二年在日寇大扫荡中的革命斗争
·································郝秀山

诗歌
散文诗小辑
鄂温克桦哨（三章）·····················许　淇
含笑的草原（三章）·····················孟　河
秋，美的追求·················（白族）那家伦
红翠集（三章）·······················旭　宇
色彩集（三章）·······················厉　克

青春之歌
面对春天广袤空旷的世界·················张　廓
在将军骨灰撒过的地方···················钱叶用
鹰的礼赞···························连　辑
白纱巾···························易殿选
村旁，一条柏油路·····················姚振函
我要你相信（外一首）···················海　燕
小夜曲···························曹汉俊

评论
用多彩的笔深刻反映新时期的丰富生活
——读一九八二年《山丹》部分小说札记
·······················陆建华　谈金发

咸糖入题话诗味—————————————————黄 彦

美术

马兰花（装饰画）—————————————————王韶崴
山丹花（版画）———————————————————黑 白
内蒙师院艺术系毕业创作选登
　　　　　　　　　　任莉萍　苏 和　张锦荣
鹰（呼和浩特体育场雕塑）
　　　　　　　　　　王济达雕塑　刘炳祥摄影

1983 年第 2 期　刊名:《山丹》
目录

小说

娄瓜的故事—————————————————————张志彤
英雄轶事—————————————————————云晓缨
生活，从这里开始—————————————————吴彤申
酒，涩涩的酒———————————————————云晓光
谈判之前—————————————————————夏强国
船到码头—————————————————————吴翼民
路———————————————————————————禾 呈
啊，君子兰————————————————————彭曼青
姊妹公告—————————————————————周建南
华佗求师——————————————刘人云　孟令君
风桥幽灵（中篇连载之四）———————————钟 源

理论

生活，创作的天堂
——短篇小说创作谈之一——————陆建华　肖 玫
作家要虚心接受批评————————————————巴特尔
嗜癖——人物个性化随谈之一——————————唐再兴

美术

晚风（油画）———————————————————王一军
青龙坝突围（连环画选页）———————————张殿云
魔窟余生（连环画选页）———————————————郭 艾
路遇（油画）————————————————————明 锐

1983 年第 3 期　刊名:《山丹》
目录

小说

柔软的难题————————————————————邓九刚
梦的回音—————————————————————于彦北
草地一夜—————————————————————胡锦成
一支迟到的歌———————————————————滕锦平
沉浮————————————————————————刘 流

当湖畔吹过蓝色的风————————————————霍 龙
我爱你，可是……—————————————————周 熠
枫城喋血（中篇连载之一）———————————张力毅

散文小辑

摇篮枫红—————————————————————续维国
雨花台拣石记———————————————————贾平凹
青果的回味————————————————————许 淇
饮绿之歌—————————————————————杨 笛
在澳洲高原上———————————————————温小钰
黔南揽胜草————————————————————贾 勋

诗歌

安代之魂——————————————（蒙古族）方燕妮
太阳的亲吻————————————————————周嘉堤
女船工——————————————————————曾毓琳
把手伸给我————————————————————刘 扬
湖———————————————————————————郑 南
我的爱，溶进……—————————————————王 恒

理论

精心提炼生活——————————————陆建华　肖 玫
"读"
——作品修改的好方法——————————任文锁　韩 波
从杜鹃鸟想起的——————————————————王慧骐

美术

春（油画）————————————————————周 宇
摄影作品选登———————————邢安夫　刘 虎　王靖廷
木刻作品选登——————乌恩琪　文 科　托 娅　照日格图
水彩画两幅——————————————————尹 星　杨志凌

1983 年第 4 期　刊名:《山丹》
目录

小说

"玛吉克"旧货店的羊绒衫—————————————白 帝
融雪天——————————————————————郝来旺
八九雁来—————————————————————陈弘志
爸爸的婚事————————————————————杨 威
绿色的松果————————————————————祝丽华
八点过一刻————————————————————陈金堂
相逢何必曾相识——————————————————刘 思
弧光闪闪—————————————————————郑 达
枫城喋血（中篇小说连载之二）—————————张力毅

诗歌

草原，飞翔的梦——————————————————梁彬艳

中国，重新开始雕像—————————邹桐生
大草原抒情诗—————————————成　子
洁白的诗笺（二首）————————聂鑫森
日光———————————————————高元兴
村头，井台旁———————————于耀江
北方小叶三叠———————————张洪波

理论

开头力求一箭中鹄———————陆建华　肖　枚
写作技巧比较举隅———————————翟大炳

美术・摄影

春意（油画）———————————马　莲
少女（摄影）——————崔如汉摄、呼和塔拉配诗
速写（自治区乌兰牧骑调演）————胡　钧
林中牧场（油画）—————————乌力吉图

美术作品选登（中国画・油画）
———————————王明玉　张俊德　马长江
猎（中国画）————————————周子敬

1983 年第 5 期　刊名：《山丹》
目录

小说

尼亚加拉大瀑布———————————程　中
在大漠的小道上———————————桑　苗
写小说的姑娘————————————余未人
弹吉他的天车工———————————刘孝存
遥远的盆地—————————————甫澜涛
这辈子————————————————张万林
权力，从这里诞生—————————高　林
夜色啊，多么沉静—————————张志诚
夜来敲门声—————————————宋秦霞
礼品————————[美]富尔顿・奥斯勒著　朱逸民译
枫城喋血（中篇小说连载之三）————张力毅

诗歌

沼泽地————————————————沈天鸿
雪天————————————————顾　城
青荧色的电光———————————乌吉斯古冷
我有一块漂亮的手帕———————刘惠生
河边————————————————黄建春
猎弓————————————————阎振中

理论

结尾要给读者留下思考的余地——陆建华　肖　玫
《篮球市长》得失谈————————健　平

美术・摄影

八月（油画）———————————蔡树本
岱海的传说（木刻组画）—————金中全

1983 年第 6 期　刊名：《山丹》
目录

小说

第九交响曲—————————————长　岐
水土不服—————————————赵柏林
追求————————————————雪　涅
祝你成功—————————————沙　痕
院长————————————————刘贵贤
一个未来的母亲——————————白　颖
公平秤—————————————吴翼民
距离————————————————张时鲁
绿莹————————————————郭东方
晨光曲—————————————吕胜林
追彩虹的女孩———————————雷　平
枫城喋血（中篇小说连载之四）————张力毅

理论

漫谈深入生活———————————立　雪
"愿爱憎之念加壮"————————陆建华　肖　玫
开掘生活的底蕴——————————唐再兴

美术・摄影

锡林郭勒之春（中国画）————————关麟英
艺苑新苗（摄影作品选登）——王靖廷　张励行　陈国强
版画选登—————————刘友仁　张恩祥
晨（中国画）、捻线图（立粉画）
—————————刘　肃　康清源　聂天声

1983 年第 7 期　刊名：《山丹》
目录

小说

诺言————————————————陆永基
在陡峭的悬崖上攀登（报告文学）————刘　昕
八月十三的月亮——————————阎　甫
失盗的喜剧—————————————王雨谷
呵，温馨的米兰——————————宋振伟
雨，夜————————————————袁玉森
金色的梦—————————————李仲臣
家庭回旋曲—————————————张作寒
基督山伯爵，你被捕了（中篇推理小说连载之一）
—————————————鲁　人　江　浩

枫城喋血（中篇小说连载之五）—————张力毅

革命回忆录
锡林郭勒草原上的一场战斗—————郝秀山

作品小析
一颗闪光的宝石—————夏　萍
独辟蹊径　灿然增色—————式　平
素洁淡雅　暗香袭人—————南　北
生活的真谛—————文　平

美术·摄影
萨茹娜仙女（元代·神话故事）—————布尔固德
油画—————靳尚义
版画作品选登—————萨因章　王士波　陈宝文
大青山风光（摄影）—————高树德

1983 年第 8 期　刊名:《山丹》
目录

小说世界
橄榄树—————云晓璎
小街上—————陈志伟
到小街上去（作品小析）—————文　平
披着羚羊皮的人—————［哈萨克族］艾克拜尔·米吉提
一担挑—————刘　洋
多情风雪—————赵玉衡
青青的葡萄藤—————方　晨
成功的秘诀（小小说）—————刘彦斌
拜年的苦恼（小小说）—————吴佩灿
猫，老了（小小说）—————赵昊龙
给我们讲火鸡，乔（翻译小说）
　　　　［澳大利亚］艾伦·马歇尔　李　尧
小说三题（微型小说）—————树　田
基度山伯爵，你被捕了（中篇推是小说之二）
　　　　　　　　　　　　鲁　人　江　浩
枫城喋血（中篇侦破小说连载之五）—————张力毅

争鸣园地
一束玫瑰（小说）—————卓·格赫
献给希望的鲜花—————方　竹
一次不成功的尝试—————郁　洁

草原诗会
草原小夜曲—————王家力
牛角奶瓶—————姚业涌
晒衣杆—————葛　洪
护林老人—————尹　飞

一条浅灰色的机耕道—————马及时

课堂文学
美的闪光—————王　干
是"赎罪"，还是创造?—————王文斌
短小·严密·深刻—————王齐志

艺苑画廊
美的旋律（水粉画）—————布尔固德
中国画人物作品选登—————郭鸿印　刘兆平
版画选登—————乌恩琪　陈　北　张志勇
影坛名星
——蒙古族演员　斯琴高娃—————马贵云

1983 年第 9 期　刊名:《山丹》
目录

小说世界
难脱的军装—————李治邦
永不褪色的军装（作品小析）—————王文斌
人往高处走—————李康美
妙趣横生，别具一格（作品小析）—————夏　萍
悼—————林海鸥
路漫漫—————关麟英
老兵姜嘎—————大　海
草原上飞起的百灵（报告文学）
——记著名女中音歌唱家德德玛—————王　矢　于允科
爷儿俩（微型小说）—————姜胜群
决裂（外一篇）—————谷瀛滨
补课（小小说）—————刘大松
独耳鹿（翻译小说）————［日本］椋鸠十著　南敬铭译
基督山伯爵，你被捕了（中篇推理小说连载之三）
　　　　　　　　　　　　鲁　人　江　浩
枫城喋血（中篇侦破小说连载之七）—————张力毅

草原诗会
昭君墓（外一首）—————尧山壁
青冢断想—————郭力家
拉驼人的履历—————董培勤
一个中年知识分子的梦景—————蔡根林
浮雕—————赵健雄
门口，有棵老柳树—————车前子
一个配钥匙修锁的青年—————朱惠民
我展开诗页—————塔　娜
纺—————李兴华
电话铃声—————陈玉坤

课堂文学
说真话，抒真情⋯⋯⋯⋯⋯⋯⋯⋯⋯⋯吴周文
来自生活的歌⋯⋯⋯⋯⋯⋯⋯⋯⋯⋯杨兆祥

艺苑画廊
内蒙古民族建筑（大型丙烯壁画）⋯⋯张国材
金中全　杨志凌　齐文煜　徐林
力量（摄影配诗）
人物肖像画⋯⋯⋯⋯⋯⋯⋯⋯⋯⋯云雪冰
蒙古族演员
——乌云（摄影）⋯⋯⋯⋯⋯⋯⋯布尔固德

1983 年第 10 期　刊名:《山丹》
目录

小说世界
水火相容⋯⋯⋯⋯⋯⋯⋯⋯⋯⋯⋯沈志敏
成功的性格对比（小析）⋯⋯⋯⋯⋯南　北
写给妈妈和妹妹的信⋯⋯⋯⋯⋯⋯尚静波
一首心灵美的赞歌（小析）⋯⋯⋯⋯夏　萍
藩篱⋯⋯⋯⋯⋯⋯⋯⋯⋯⋯⋯⋯刘志宣
藩篱，要靠自己去拆除（小析）⋯⋯式　屏
那失落了的⋯⋯⋯⋯⋯⋯⋯⋯⋯顾培军
少演一点家庭悲剧（小析）⋯⋯⋯⋯文　平
生活，缺少什么⋯⋯⋯⋯⋯⋯⋯⋯左红梅
一个流浪暑的自新（报告文学）⋯⋯湘　霖
追求⋯⋯⋯⋯⋯⋯⋯⋯⋯⋯⋯⋯周克明
春雪融融⋯⋯⋯⋯⋯⋯⋯⋯⋯⋯康　强
基督山伯爵，你被捕了（中篇推理小说连载之四）
⋯⋯⋯⋯⋯⋯⋯⋯⋯⋯鲁　人　江　浩
枫城喋血（中篇小说连载之八）⋯⋯张力毅

文学课堂
人是故事的主人（短篇小说创作谈之六）⋯⋯陆建华
肖　玫
文学批评需要坦率精神⋯⋯⋯⋯⋯西日漠

艺苑画廊
青春（油画）⋯⋯⋯⋯⋯⋯⋯⋯⋯关　巍
书法选登⋯⋯⋯⋯舒　同　耶　拉　杨　笛　何奇耶徒
牧区生活（黑白版画选登）⋯⋯⋯⋯萨因章
王小龙　王士波
美丽的草原我的家（中国画）⋯⋯⋯赵玉兰

1983 年第 11 期　刊名:《山丹》
目录

小说世界
新女婿进山⋯⋯⋯⋯⋯⋯⋯⋯⋯⋯卜永胜
如意的追求⋯⋯⋯⋯⋯⋯⋯⋯⋯⋯云晓光
老哈头和他的百分徒弟⋯⋯⋯⋯⋯李仲臣
山杏⋯⋯⋯⋯⋯⋯⋯⋯⋯耀　华　叶　红
"呆头鹅"⋯⋯⋯⋯⋯⋯⋯⋯⋯⋯褚家亮
大木匠和他的大红柜⋯⋯⋯⋯⋯⋯丁　茂
因为一个笑话⋯⋯⋯⋯⋯⋯⋯⋯王不天
她在生活的秤杆上滑动⋯⋯⋯⋯⋯王德明
啊，生活⋯⋯⋯⋯⋯⋯⋯⋯⋯⋯张明馥
赏月⋯⋯⋯⋯⋯⋯⋯⋯⋯⋯⋯⋯王增佐
陈子昂碎琴震京师（历史小说）⋯⋯李庆通
赎⋯⋯⋯⋯⋯⋯⋯⋯⋯⋯冯建平　冯　霞
千金小姐⋯⋯［苏］雷克林著　理　敬　果戈非译
基督山伯爵你被捕了（中篇推理小说连载之五）
⋯⋯⋯⋯⋯⋯⋯⋯⋯⋯鲁　人　江　浩

散文天地
鄂乡歌舞⋯⋯⋯⋯⋯⋯⋯⋯⋯⋯万以诚
吉林河备上了金马鞍⋯⋯⋯⋯⋯⋯王再平
太阳⋯⋯⋯⋯⋯⋯⋯⋯⋯⋯⋯⋯曲震波

文学课堂
掌握变的艺术⋯⋯⋯⋯⋯⋯⋯⋯吴九成
奇诡之笔画活的灵魂⋯⋯⋯⋯⋯⋯班　澜

艺苑画廊
牧牛（装饰画）⋯⋯⋯⋯⋯⋯⋯⋯马　莲
内蒙古师大美术系 79 届毕业生作品选登
⋯⋯⋯⋯⋯⋯⋯⋯⋯⋯刘毅彬　易　晶
呼和浩物古迹速写⋯⋯⋯⋯⋯⋯⋯文　科
河畔（油画）
⋯⋯内蒙古师大美术系 79 届毕业生作品选　范　英

1983 年第 12 期　刊名:《山丹》
目录

小说世界
闽西人⋯⋯⋯⋯⋯⋯⋯⋯⋯⋯⋯张聂尔
青草甸⋯⋯⋯⋯⋯⋯⋯⋯⋯⋯⋯洪坚毅
星星，悄悄眨着眼睛⋯⋯⋯⋯⋯⋯宋振伟
在那里，有我的爱⋯⋯⋯⋯⋯⋯⋯栗文光
麦斗传奇⋯⋯⋯⋯⋯⋯⋯⋯⋯⋯李仰南
金马驹⋯⋯⋯⋯⋯⋯⋯⋯⋯⋯⋯耿　瑞

复苏……………………………………刘玉琴
郝厂长让位记……………………………倪培竹
"O"之外…………………………………厉夫强
逆种………………………………………贺少雄
摄影师……………………………………季 桦
妻子外出（翻译小说）
　　　[法]莫里斯·勒韦尔著　钱 易译
较量（中篇连载之一）…………………王贺军

文学课堂
文艺是属于人民大众的…………………郭 超
人民需要艺术，艺术更需要人民………王之义
发展新时期文艺的纲领……甄可君　陈弘志
乌吉斯古冷　李长贵　周恩广　杨隆华

艺苑画廊
在阳光里穿行（中国画）………………关麟英
中国画人物选登…………………………马 莲
版画选登…………………………肖 宽　乌恩琪
霜禽谷下先偷眼（中国画）……………关和璋

1984 年第 1 期　刊名:《山丹》
目录

小说
飞霞坊……………………………………韩建东
绿海的召唤………………………………王星之
海棠树……………………………………李增荣
有情江水不西流…………………………云晓璎
郊外，有个绿色的小塘…………………雪 涅
爱的收获…………………………………叶·娜布琪
梦…………………………………………哲 夫
大洋彼岸的露特…………………………郭东方
猎人与狗…………………………………兴 安
厂长与技术员……………………………李桂芳
戒指（翻译小说）……[挪威]纳特·哈姆逊　兰斌译
较量（中篇推理小说连载之二）………王贺军
獬豸杯档案（中篇侦破小说连载之一）………张展超

理论
美学与文学（文苑谈美）………………白 贵
诗情洋溢的朦胧美（浅议《橄榄树》的艺术特色）
　　　　　　　　　　　　　　　　　李树榕

美术·摄影
青春的旋律（宣传画）选自全国九城市各族青年美术
书法摄影联展……………………………晁德仁
本期部分作者近影及简介（摄影）

版画选登…………………………………布和朝鲁
水彩画写生………………………………耶 拉

1984 年第 2 期　刊名:《山丹》
目录

小说
小路的回忆………………………………褚建民
蓝玉………………………………………王安平
生命的复归………………………………许 淇
位移………………………………………代絮冬
钟摆………………………………………刘连枢
归来，踏着春光…………………………黄 薇
山夜………………………………………程 中
喜事………………………………………胡 纲
走出这条小巷……………………………袁汝学
悔…………………………………………张志升
杀牛………………………………………李希晓
美人………………谢尔盖·沃罗宁著　蔡文中译
较量（中篇推理小说连载之三）………王贺军
獬豸杯档案（中篇侦破小说连载之二）………张展超

理论
文学创新与现代主义道路………………王之义
不做专门"文学家"………………………伍振戈

美术·摄影
血映朝霞
——蒙古族民间故事森吉德玛组画之十（装饰画）
　　　　　　　　　　　　　　　　　马 莲
关怀（中国画）…………………………思 沁
奶香时节（中国画）……………………茹少军
本期部分作者近影
杨志凌水彩近作（四幅）

1984 年第 3 期　刊名:《山丹》
目录

小说
高娃………………………………………乌兰图格
京东马林…………………………………王梓夫
心声………………………………………王 剑
今儿夜里有雨……………………………项文喜
"财迷精"的心计…………………………许元上
孩子们……………………………………甄可君
从战俘到战友…………杨植霖等记述　齐志诚整理
朋友，你真好……………………………戴冠伟

小小说

二牛……阚凤臣

锁链……高林

花园里的独角兽（翻译小说）

……［美］詹姆斯·瑟伯著　罗建华译

较量（中篇推理小说连载之四）……王贺军

獬豸杯档案（中篇侦破小说连载之三）……张展超

理论

"引进"与"创新"……台里亚沁

作为文学创造者的美学……白贵

美术

在强者面前（油画）选自全国九城市各族青年美术书

法摄影联展……邱启长

本期部分作者近影（摄影）

版画选登……邢安夫　金中全　李建邦

汗水浇开幸福花（中国画）……孟喜元

1984 年第 4 期　刊名:《山丹》
目录

小说

站在街头的军人妻子……刘昕

雪啊，心中的雪……姜琍敏

啊，桥……戈锋

明子阿姨……李连成

她回小镇去了……赵云鹤

马利亚与荷花舞……陈璇

雪后……陈志伟

青纱帐中的小路（外一篇）……梁俊民

猴娃和他和伙伴们……姚忠瑞

农家人的新故事……倪朝文

对弈……徐翔麟

一小时的梦（翻译小说）

……［美］凯特·萧邦著　谢德辉译

獬豸杯档案（中篇侦破小说连载之四）……张展超

较量（中篇推理小说连载之五）……王贺军

理论

"表现自我"琐议……席小平

巧设"空白"……陈根生

美术·摄影

归（装饰画）……马莲

本期部分作者近影

美术作品选登……云雪冰

青城新景（水彩写生）……金中全

1984 年第 5 期　刊名:《山丹》
目录

小说

生死无名岛……顾志坤

天星洞人……邓有池

钉鞋匠……任治平

也许他说得对……张聂尔

樱桃花开的时候……陈介平

雨过天晴……陈培元

维纳河的深思……兴安

遥远的星星……王雨谷

招考小生……刘连群

病（微型小说）……徐祥麟

纸王冠（翻译小说）

……［埃及］马赫穆德·泰姆尔著

王忠亮　王育伦译

獬豸杯档案（中篇侦破小说连载之五）……张展超

较量（中篇推理小说连载之六）……王贺军

理论

配角——在他的位置上是主角……郭超

尚静波小说创作断想……李树榕

美术

放晴（油画）……李羡孔

本期部分作者近影（摄影）

来稿选登（国画）……吴东魁　周荣生

纳穆吉勒摄影选登（三幅）

1984 年第 6 期　刊名:《山丹》
目录

小说

书箱……谷丰登

金牌，心血浇灌的花朵（报告文学）……王家力

动人心弦的小夜曲……李峻田

归……赵淑芳

去新疆……陈金堂

那天，在山里……张品成

老人与海……王恒

沙里埋着金子……郭雪波

一双黑宝石似的眼睛……傅汉清

老喜旺卖菜（小小说）……韩宇

登记路上（小小说）……郭锡华

依赖者（翻译小说）……［日本］星新一著　陈伏苞译

獬豸杯档案（中篇侦破小说连载之六）……张展超

较量（中篇推理小说连载之七）——————————王贺军

理论
艺术的节奏——————————————————郭　超
这里也是一个世界——评《飞霞坊》——————唐再兴

美术·摄影
喜接春羔（装饰画）————————————————马　莲
本期部分作者近影
版画小品——————殷金山　包瑞泉　乌恩琪　金中全
渍画头像写生————————————————————张蓬扬

1984 年第 7 期　刊名:《山丹》
目录

小说
车迷满仓——————————————————毕力格太
鬼家村——————————————————————句守孝
锡尼河畔的歌——————————————————麦丽丝
霍氏风骨——————————————————————李仲臣
大学路上的小餐馆——————————————————白　帝
千家弄——————————————————————孙文昌
大都市的小角落——————————————————云晓光
一串琉璃珠——————————————————————蓝　冰
千万别相信阔太太————————[英]维克多·坎宁著
郭寿龄译
血桔——————————————————————毕叔同
小院——————————————————————黄　薇
较量（中篇推理小说连载之八）——————————王贺军
獬豸杯档案（中篇侦破小说连载之七）——————张展超

理论
要写出中国作风、中国气派来————————————王之义
谐趣——小说艺术美探微——————————————陈达专

美术·摄影
昭君图（全国九城市各族青年美术书法摄影联展在京
展出作品）——————————————————王宝铭
本期部分作者近影
全国九城市"各族青年联展"在京展出版画书法作品
选登
全国九城市"各族青年联展"在京展出油画作品选登

1984 年第 8 期　刊名:《山丹》
目录

小说
哨所情——————————————————————刘　昕
幸福属于我——————————————————云晓璎

草原泪——————————————————————哈斯乌拉
"铁饭碗"和村姑——————————————————赵灿群
假如没有意外——————————————————赵玉衡
产房（外一篇）——————————————————甫澜涛
草木有本心——————————————————————杨　兰
奇异的证婚人——————————————————————严　民
在狂风怒号的山口——————————————————朱幼棣
敲榨能手————————[日]星新一著　李有宽译
较量（中篇推理小说连载之九）——————————王贺军
獬豸杯档案（中篇侦破小说连载之八）——————张展超

美术
索布达（油画）——————————————————妥木斯
本期部分作者近影
中国画选登——————————————申光伟　黄瑞生
妥木斯油画近作

1984 年第 9 期　刊名:《山丹》
目录

小说
风雪夜归人——————————————————江广生
迟到的"寻人启事"——————————————————王树田
事业的位置——————————————————————林海鸥
七彩蝴蝶结——————————————————————王金年
美姑娘——————————————————————房　俊
赌不回来的气——————————————————————杨　诚
没有开不了锁——————————————————————李建民
辛王庄轶事——————————————————————王　炬
溪水清，溪水浊——————————————————厉夫强
獬豸杯档案（中篇侦破小说连载之九）——————张展超
虎园案（中篇侦破小说连载之一）——————师俊山
逗留（翻译小说）————————[日本]行子广太著
姚志勇　谢　斌译

理论
短篇小说的抒情艺术——————————————伯　林

美术
水仙花（选自内蒙古首届水彩画展）——————王　曦

本期部分作者近影
版画选登 ——————————邢安夫　沈尧伊
布和朝鲁　邹卡　王小龙
内蒙古首届水彩画展览选登 ——————张国才
应维江　杨森茂　奥　迪

1984 年第 10 期　刊名:《山丹》
目录

小说

厄运和鸿福交响曲 ——————莫大祥　顾培军
"炕头议员"闲话 ————————————尚静波
支点 ——————————————————张品成
两强相遇 ——————————————————苻　然
二孔先生 ——————————————————奥　奇
家有梧桐 ——————————————————卜永胜
目光 ——————————————————长　岐　阎　甫
上弦月 ——————————————————夏春海
虎园案（中篇小说连载之二）————————师俊山

理论

谁跟谁走 ——————————————————唐再兴

人梯

草原植才人 ——————————————————乔澍声

美术·摄影

情深意长（蒙古族民间故事森吉德玛组画之五）
——————————————————马　莲

本期部分作者近影
欣欣向荣的呼和浩特（摄影作品选登）
——————王靖廷　高树德　陆　生
电影宣传画选登（呼和浩特市电影公司供稿）
——————赛　寒　石宝平　邹卫斌　孙　诚　沈致中

1984 年第 11 期　刊名:《山丹》
目录

小说

途程客旅 ——————————————————王世祥
唉，我真是自寻烦恼 ————————————张尔和
峡谷 ——————————————————禾　呈
崖畔山丹 ——————————————————里　行
品字 ——————————————————毕叔同
逃奔 ——————————————————李若敏
巨岩下的无名草 ————————————————雪　涅

欠你一首诗 ——————————鲍尔吉·原野
屠家姜富 ——————————————————宋振伟
虎园案（中篇侦破小说连载之三）——————师俊山
当麦子拔节的时候 ————————————刘立威

小小说

写给县纪委书记的信 ————————————周　亭
推头李四 ——————————————————磊　夫
门卫老张头 ——————————————————董立平

理论

耐人回味，发人深思 ————————————高　云

美术·摄影

山丹花（摄影）————————————————王靖廷
冯牧等著名作家来呼和浩特参观作诗留念
1984 年度《山丹》文学知识有奖测验奖品
本期部分作者近影
山村印象（中国画）————————————申伟光

1984 年第 12 期　刊名:《山丹》
目录

小说

六十大寿 ——————————————————张水江
又是十五团圆月 ————————————————华　凝
青海湖，宝镜般的湖 ——————敖德斯尔　斯琴高娃
他和他的歌（报告文学）——————冯亚平　乔晓勇
小花 ——————————————————丁　茂
窄沟的呼唤 ——————————马立和　赵占河
怀玉和他的妻 ————————————————郭东方
那顶小白帽 ——————————————————梁　晴
小公务员和他的上司们 ——————————张广成
大山的儿子 ——————————————————王德明
荒火 ——————————————————代絮冬
尺度 ——————————————————吴佩灿

讲习班学员作品

和谐 ——————————————————王西萍
啊，那绿色的售货亭 ————————————常志方
深山里的"居里夫妇" ————————————木一山
茶水淡淡 ——————————————————赵怡筠
虎园案（中篇侦破小说之四）————————师俊山

理论

小说，写人的艺术 ————————————王之义
创作当艰苦，切莫做文贼 ————————苏日娜
玩之者无穷，味之者不厌 ————————宁昶英

美术·摄影
猎乡（油画）·····························叶立夫
冯牧等著名作家及全国新闻知名人士与呼和浩特市领
导及文艺新闻界部分同志合影
本期部分作者近影
"天鹅"牌电视机广告

1985 年第 1 期 刊名:《山丹》
目录

小说
闪逝的流星····················王福岐 石长文
兰花峰下的年青人·······················毛 毛
啊，火红的枫叶——十一月二十日日记转抄···胡国华
从草原崛起的影星（报告文学）
——记蒙古族电影演员斯琴高娃·············刘成材
钟声·······························姚 伶
夕阳无限好·························姜文立
高雅的君子兰·······················于涤心
萌，在春天的怀抱里···················李仲臣
大雨滂沱·························郑启幕
黄三悔·························王安华
人市的幸运儿·······················耿 瑞
乐团·······························黄少军
虎园案（中篇小说连载之五）·············师俊山

美术
母亲的吻（雕塑）···················齐文煜
本期部分作者近影

1985 年第 2 期 刊名:《山丹》
目录

小说
在那苍茫的草原上···················孙海涛
山林风雪夜·························王福生
"珍珠"出土记·······················马千里
生命·······························高 风
草原深处·························王再平
玉·······························田子镒
农民老印堂·························贾 漫
谁最有出息·························姜珂敏
德德未来生活的序幕···················覃智扬
虎园案（中篇侦破小说连载之六）·············师俊山
红绿灯下（小小说）···················斌 斌
宁静（小小说）·····················晓 昊
文艺信息与文学创作···················奎 曾

美术·摄影
望海（油画局部）···················何 岸
本期作者近影
希望（版画）·····················巴 拉

1985 年第 3 期 刊名:《山丹》
目录

小说
深深的小巷·························姚 秉
悲声·······························刘作舟
明天，她将·························刘静波
静静的萨日伦河·····················路 远
吹鼓手的儿媳妇·····················郑 奇
小香·······························陈焕新
烤鸭、烧饼、连衣裙···················顾培军
迷离的反串·························郭建华
透明的雨丝·························蒋亚林
花瓶·······················（中国台湾）欧阳子
婚礼的余波······[苏联]鸟·哈什莫夫著 冯灌植译
潜逃者（中篇惊险小说连载之一）
··················[美国]尼尔等著 陈小春译
虎园案（中篇侦破小说连载之七）·············师俊山

美术·摄影
雕望
相见时难（摄影小说）

1985 年第 4 期 刊名:《山丹》
目录

小说
雪地跋涉者·························木 子
东方艺术·························余未人

小小说
新官上任（外一篇）···················鸿 鸿
一分钟电影脚本（外二篇）···············浩 歌
娘·······························曹锡志
N厂长的"论文"答辩···················生晓清
防震·······························吴承山
压岁钱·························张 平
结亲·······························丁 茂
草原上·························田 力
爱的秋天·························房 俊
家·······························斯日古郎
搭便车的人

--------------［印度］乌萨·莎布拉曼年著　罗建华译
金大班的最后一夜----------------（中国台湾）白先勇
潜逃者---------------------［美国］尼尔等著　陈小春译
西湖里谋杀案--------------------------------师俊山

摄影
演出之前（艺术摄影）
本期作者近影
呼市文学创作规划会剪影--------------------王靖廷摄

1985 年第 5 期　刊名:《山丹》
目录

小说
刺客--王贺军
科学不属于死神------------------------------朱士奇
血染鹰嘴峰----------------------------------孙明杰
基督徒之死----------------------------------杨志鹏
来去无踪的女人------------［日］高木彬光著　田俊译
雨夜--耿　瑞
癌--沈存步
潜逃者---------------------［美国］尼尔等著　陈小春译
西湖里谋杀案--------------------------------师俊山

美术·摄影
小憩（摄影）--------------------------------王铁生
呼市文学创作规划检查工作会议剪影--------王靖廷摄
山丹月刊社文学知识有奖测验授奖大会剪影
--王靖廷摄

1985 年第 6 期　刊名:《山丹》
目录

小说
侠僧奇遇（中篇）----------------------------一品红
死因调查--------------------（中国香港）白　洛
一个承包者的日记----------------------------黄　唐
珠儿--王　扶
母亲--那家伦
绿宝石戒指----------------------------------张力毅
西湖里谋杀案--------------------------------师俊山
潜逃者---------------------［美国］尼尔等著　陈小春译

美术·摄影
绿荫丛中（摄影）----------------------------纯　石
本期部分作者近影
湖畔（木刻）--------------------------------邹　卡

朝晖（油画）--------------------------------应维江

1985 年第 7 期　刊名:《山丹》
目录

中篇小说
一个十九岁少女的故事----------（中国台湾）曾心仪
模特儿之恋--------------------（中国香港）张君默
红丝凤------------------------（中国台湾）司马中原

短篇小说
魔女--------------------------（中国台湾）欧阳子
天堂与地狱--------------------（中国香港）刘以鬯

武侠小说
诛心剑------------------------（中国台湾）东方白

侦破小说
西湖里谋杀案--------------------------------师俊山

美术
眺望（摄影）
盼（版画）----------------------------------张地茂
作品选登
母爱（木雕）--------------------------------叶庆文

1985 年第 8 期　刊名:《山丹》
目录

小说
家庭＝爱情?--------------------------------甄可君
溶室中的女尸------------------------舟扬帆　王永建
孤恋花------------------------（中国台湾）白先勇

侦破小说
黄昏后的阴谋--------------------------------尹万发
西湖里谋杀案--------------------------------师俊山

美术·摄影
青春（摄影）
曼陀林（德国油画）--------------------------康拉德
秋色（油画习作）----------------------------应维江

1985 年第 9 期　刊名:《山丹》
目录

侦破·武林·传奇

三命奇案·······················张品成
剑影·························韦震寰
智避追兵··············朝克图纳仁　琴子
塞上武林大师···················李希晓
绑匪是"你"····················姚妲译

美术·摄影
倩（摄影）
憩（法国摄影作品）
白塔（版画）····················巴拉

1985 年第 10 期　刊名:《山丹》
目录

小说月刊

周末的紫罗兰····················白烟
挑开夜幕的宝剑··················那家伦
井尸案·······················师俊山
爱的回旋曲·····················魏人
穿牛仔裤的女馆长·················许淇
波卢达的秘密的"女人交易"········[德国]阿尔诺
祖尔明斯基著　鲁仲达　华菁译
舞会···········[日]芥川龙之介著　李岩峰译
青春的力量（摄影）
含情脉脉（摄影）··················汉山
海的沐浴（摄影作品选登）

1985 年第 11 期　刊名:《山丹》
目录

小说月刊

遗骨·······················赵远智
女模特之死·····················赤赫
S 市奇遇·······················季宇
恭禧发财·····················杨清报
成功者的奥秘···················王家力
夫妻间谍······[英]阿加莎·克里斯蒂著　李尧编译
少女（摄影）
夏日（摄影）
舞（摄影）·····················高树德

1985 年第 12 期　刊名:《山丹》
目录

短篇小说

娇艳的晓香玉····················王燃
多彩的追求·····················刘小伟
《家庭宪章》修正案················姜春鹏
丈夫、妻子和他···················浩歌
一颗少女的心····················牧思

历史武林中篇小说
塞外情泪·······················章玺

侦破小说
冤魂·······················宋一平

美术·摄影
海晨（艺术摄影）
初品（套色版画）
盼归（摄影作品选登）
狂飙（油画）····················德凤山

1986 年第 1 期　刊名:《山丹》
目录

小说

神秘的南国之夜··················陈学书
舞会上，丈夫的影子················王俊义
他在时代的激流中··················风扬
摩登女郎的罗曼史··················雪温
渐渐消失的迷雾···············刘斌　杨萃

美术·摄影
让我想想（摄影作品）
美的追求（艺术摄影）
美术作品的选登··················云雪冰
赠您一朵山丹花（摄影作品）

1986 年第 2 期　刊名:《山丹》
目录

小说

酸·························叶明山
元帅墓·······················曾维浩
爱的升华·····················云晓璎
侠骨兰心（中篇）··················牛连雪

红女（中篇）························ 高山 流水
浓咖啡··························· 雪 屏
失落···························· 赵健雄
拔河···························· 吴金良

美术·摄影
请……（摄影作品）
春的旋律（摄影作品）
海风啊海风
敦煌舞姿

1986 年第 3 期 刊名:《山丹》
目录

小说
院里来了个小寡妇··················· 田 瞳
野恋···························· 张志诚
天使···························· 李 尧
哑炮···························· 王树田
穿短裙的姑娘······················ 任思彦
握手的风波······················· 潘文伟
李闯王奇闻······················· 谭兴烈
一朵野玫瑰的凋谢··················· 尹一之

美术·摄影
晨曦（摄影作品）
白天鹅（摄影作品）
鸿嘎鲁（蒙古族舞蹈摄影）············· 汉 山
盼（舞蹈摄影）

1986 年第 4 期 刊名:《山丹》
目录

中篇侦破
白楼黑影························· 宋一平
风流女杰····················· 杨林山 曾少祥
无聊事件························· 钟恪民

短篇一组
窃贼的足迹······················· 韩建平
秋天的爱情······················· 赵淑芳
妈妈抱养的孩子···················· 佚 名
清官的盾牌······················· 丁 茂
一片蓝天························· 哈斯乌拉
爱的希望························· 邵长波

美术·摄影
桃李之情（摄影作品）
弦外音（摄影作品选登）
美的旋律（摄影作品选登）
鄂尔多斯婚礼（年画）················ 孟 瑛

1986 年第 5 期 刊名:《山丹》
目录

小说
人之将死························· 石长文
李大胡子························· 杨 啸
爱着的心，是痛苦的·················· 王俊义
瓯江的私奔······················· 刘小伟
浴室疑室························· 一品红
塞上侠僧························· 毕力格太

美术·摄影
展望（摄影）
北国风光
天苍苍（版画）···················· 苏 和
赠一片赤诚给生活
——贺《山丹》创刊一百期············· 高树德

1986 年第 6 期 刊名:《山丹》
目录

小说
天是一层幔······················· 苏书棠
燃烧的坟························· 沙仁昌
秋天的野菊花····················· 赵 丰
位置···························· 彭 达
T 市奇案························· 王太吉
情与恨························· 师俊山
忠良···························· 傅宗英

美术·摄影
魅力（艺术摄影）
回眸（摄影作品选登）
陶醉（摄影作品选登）

1986 年第 7 期 刊名:《山丹》
目录

小说
柳建国和他女朋友的故事··············· 尚静波

哦，追求⋯⋯⋯⋯⋯⋯⋯⋯⋯⋯⋯⋯⋯张德桢
野火⋯⋯⋯⋯⋯⋯⋯⋯⋯⋯⋯⋯⋯⋯房　俊
鸳鸯院奇案⋯⋯⋯⋯⋯⋯⋯⋯⋯⋯⋯肖　珩
少侠初试剑⋯⋯⋯⋯⋯⋯⋯⋯⋯⋯⋯姚　秉
阿丽娜⋯⋯⋯［苏］B.阿嘎法诺夫著　赵纯光译
等待⋯⋯⋯⋯⋯⋯⋯⋯⋯⋯⋯⋯⋯⋯李　尧

美术·摄影

摄影作品⋯⋯⋯⋯⋯⋯⋯⋯⋯⋯⋯⋯李　昌
春的信息（摄影作品）
摄影作品⋯⋯⋯⋯⋯⋯⋯⋯⋯⋯⋯⋯周视贻
小憩（摄影作品）⋯⋯⋯⋯⋯⋯⋯⋯李昌摄

1986 年第 8 期　刊名:《山丹》
目录

小说

火山石⋯⋯⋯⋯⋯⋯⋯⋯⋯⋯⋯⋯⋯马秀文
玉兰花⋯⋯⋯⋯⋯⋯⋯⋯⋯⋯⋯⋯⋯孟华甫
白薇小姐⋯⋯⋯⋯⋯⋯⋯⋯⋯⋯⋯⋯阎文谰
春天，我们去草原⋯⋯⋯⋯⋯⋯⋯⋯李仲臣
黑城之谜⋯⋯⋯⋯⋯⋯⋯⋯顾望岩　冯亚平
案件发生在元宵节之夜⋯⋯⋯⋯⋯⋯石渝生

美术·摄影

摄影作品⋯⋯⋯⋯⋯⋯⋯⋯⋯⋯⋯⋯李　昌
春的信息（摄影作品）
摄影作品⋯⋯⋯⋯⋯⋯⋯⋯⋯⋯⋯⋯周视贻

1986 年第 9 期　刊名:《山丹》
目录

小说

漂泊的云⋯⋯⋯⋯⋯⋯⋯⋯⋯⋯⋯⋯木　子
扯扯渡野店⋯⋯⋯⋯⋯⋯⋯⋯⋯⋯⋯明　德
一个黎明迟到的角落⋯⋯⋯⋯⋯⋯⋯刘　思
风和雪⋯⋯⋯⋯⋯⋯⋯⋯⋯⋯⋯⋯⋯张作寒
反扒行动⋯⋯⋯⋯⋯⋯⋯⋯⋯⋯⋯⋯杨植材
双龙杯奇案⋯⋯⋯⋯⋯⋯⋯⋯⋯⋯⋯张惠民
一代天骄⋯⋯⋯⋯⋯⋯⋯⋯⋯⋯⋯⋯李敬武

美术·摄影

起点（版画）⋯⋯⋯⋯⋯⋯⋯⋯⋯⋯张茂华
春之歌（油画）⋯⋯⋯⋯⋯⋯⋯⋯⋯黄智根

1986 年第 10 期　刊名:《山丹》
目录

小说

新娘的形象⋯⋯⋯⋯⋯⋯⋯⋯⋯⋯⋯周少金
芳龄二八⋯⋯⋯⋯⋯⋯⋯⋯⋯⋯⋯⋯王富杰
灵魂的骚动⋯⋯⋯⋯⋯⋯⋯⋯⋯⋯⋯王　燃
恋的变异⋯⋯⋯⋯⋯⋯⋯⋯⋯⋯⋯⋯雪　涅
第二次死亡之谜⋯⋯⋯⋯⋯⋯⋯⋯⋯王贺军

美术·摄影

海风（摄影作品）
雏燕（摄影作品）
雨后（摄影作品）⋯⋯⋯⋯⋯⋯⋯⋯巴　根
摄影作品⋯⋯⋯⋯⋯⋯⋯⋯⋯⋯⋯⋯李　昌

1986 年第 11 期　刊名:《山丹》
目录

小说

明月人倚楼⋯⋯⋯⋯⋯⋯⋯⋯⋯⋯⋯王　珏
"华严经字塔之谜"⋯⋯⋯⋯⋯⋯⋯⋯严　方
少帅夫人⋯⋯⋯⋯⋯⋯⋯⋯⋯⋯⋯⋯窦应泰
相看两不厌⋯⋯⋯⋯⋯⋯⋯⋯⋯⋯⋯程　中
远方的弥合⋯⋯⋯⋯⋯⋯⋯⋯⋯⋯⋯黄晓夏
疑惑⋯⋯⋯⋯⋯⋯⋯⋯⋯⋯⋯⋯⋯⋯陈静龉
远山人家⋯⋯⋯⋯⋯⋯⋯⋯⋯⋯⋯⋯吕　新
毛毛雨⋯⋯⋯⋯⋯⋯⋯⋯⋯⋯⋯⋯⋯白　帝
打铁的少女（外一篇）⋯⋯⋯⋯⋯⋯乌　兰
希日戛沁⋯⋯⋯⋯策·洛岱丹巴著　赛其亨译

摄影

人像摄影⋯⋯⋯⋯⋯⋯⋯⋯⋯⋯⋯⋯李　昌
本刊出刊百期庆祝大会活动剪影⋯⋯本刊记者
摄影作品

1986 年第 12 期　刊名:《山丹》
目录

小说

爱情，在艰难中跋涉⋯⋯⋯⋯⋯⋯⋯蒋宝仙
鸽子，我的鸽子⋯⋯⋯⋯⋯⋯⋯⋯⋯欧　骁
锤声变奏曲⋯⋯⋯⋯⋯⋯⋯⋯⋯⋯⋯湛　宁
杀人案调查录⋯⋯⋯⋯⋯⋯⋯⋯⋯⋯林海鸥
在儿子的新房里（外一篇）⋯⋯⋯⋯浩　歌
龙山疑案⋯⋯⋯⋯⋯⋯⋯⋯⋯⋯⋯⋯胡登科

石栅女侠……………………………………章 玺
情人………………[英国]罗尔德·达尔著 苏和译

美术·摄影
本刊与《小说选刊》联合举办小说系列讲座活动
的剪影
中国篮协《山丹》杯女子邀请赛剪影

1987 年第 1 期　刊名:《山丹》
目录

小说
女人的一半是男人……………………………刘 恪
爱的寻觅……………………………………李海滨
罪恶的情欲…………………………………安 敏
蓝衣侠女……………………………………刘 凯
乾隆私访……………………………………孟 仁

美术·摄影
摄影作品选登
革命根据地
——大青山风光（摄影作品）………………王 曦

1987 年第 2 期　刊名:《山丹》
目录

小说
爱的潜流……………………………………黄 薇
异性的诱惑…………………………………杨荫林
红玫瑰与白玫瑰……………（中国台湾）张爱玲
邻舍………………………………………毕力格太
血溅桃花梦…………………………………师俊山
魔剑………………………………………周向军

1987 年第 3 期　刊名:《山丹》
目录

小说
异国相思……………………………………晓 平
枪口下的幸存者……………………………王太吉
那年，我十七岁……………………………莜 枚
乳疤………………………………李治邦 李送今
淡淡的月光…………………………额尔敦 琪琪格
生活与戏……………………………………赵健雄
落花峡的枪声………………………………孙丽萌

1987 年第 4 期　刊名:《山丹》
目录

小说
夜到子时……………………………………王 迅
佛山恩仇记…………………………………李仰南
大漠………………………………………张祝丰
特赦之后……………………………………许元上
槟榔女一夜恨事多…………………………詹季祥
项链之谜……………………………钮玉勤 左中江
错………………[苏]M.拜基耶夫著 冯灌植译

美术·摄影
人像摄影作品
暮（摄影作品）……………………………巴中文

1987 年第 5 期　刊名:《山丹》
目录

小说
一个军人的爱情……………………………王 珏
作家与少女…………………………………云晓璎
万元户与小彩凤……………………………谷丰登
名人轶事……………………………………刘爱民
营养不良的罪犯……………………………张力毅
芝麻官断案…………………………………王 泸

美术·摄影
人像摄影
体操摄影作品
晨（套色版画）……………………………格日勤图
夏（摄影作品）

1987 年第 6 期　刊名:《山丹》
目录

小说
菲菲少女心…………………………………程 中
三十六年前的血案…………………………窦 应
爱之路………………………………………高爱辰
乱世英侠……………………………………千 帆

美术·摄影
人像摄影（彩色）
人像摄影作品选登
我们的生活甜如奶浆（版画）………………塔琳托娅

艺术摄影

1987 年第 7 期　刊名:《山丹》
目录

小说

夯歌 ————————————————— 吴文光
大闹桃花村 ————————————— 傅祖德
关于一个女人的"新闻" ————— 张鸿敏
婚礼? 婚礼! ——————————— 毕力格太
女儿湖 ——————————————— 齐　霁
残雪 ———————————————— 道吉巴图
致富之路 —————————————— 王立辉
双剑恩仇 ——————————— 章　玺　赵　宇

1987 年第 8 期　刊名:《山丹》
目录

小说

失去的和得到的 ————————— 孙学民
罗马娜和她的童话 ——————— 阎文澜
夏日 ———————————————— 丁　茂
列车没有终点 ——————————— 辰　石
幽林谜案 —————————————— 杨文生
案件尚未结束 ——————————— 房　俊
窃贼与女郎 ————— 维克多·坎宁著　郝建成译

美术·摄影
人像摄影
蒙古族电影演员斯琴高娃（摄影作品）
喜悦（摄影作品）————————— 额　博

1987 年第 9 期　刊名:《山丹》
目录

小说

血染三关口 ————————————— 郑　柯
贺龙遇险记 ————————— 秉　荣　晓　笔
"先进"干部的演讲 ——— 敖德斯尔著　哈达奇·刚译
远去的眼睛 ————————————— 蒋宝仙
孤女情仇 —————————————— 孟　仁
荒洞谜案 —————————————— 乔　之
"东方魔王" ———————————— 乌力吉图
莫名其妙的笑（外一篇）————— 浩　歌

美术·摄影
人像摄影
新娘（摄影）
蒙古族女英雄三娘子（木刻组画）
希望（摄影）————————————— 栾　涛
歌颂"四化"歌颂改革征文启示

1987 年第 10 期　刊名:《山丹》
目录

小说

微凉的秋 —————————————— 王成祥
劫机事件 —————————————— 何孝明
三个女党员 ————————————— 学　利
命运变奏曲 ————————————— 刘世远
白沙谷的传说 ——————————— 李仲臣
红裙子, 红裙子 —————————— 贾亚雄
若是有你同行 ——————————— 吕舒怀
包公坐牢断奇案 —————————— 王　泸

美术·摄影
人像摄影
昭君自有千秋在（摄影）———— 潘秀峰
草原深处（摄影）———————— 潘秀峰
日出（彩色摄影作品）————— 张拓坚

1987 年第 11 期　刊名:《山丹》
目录

小说

大漠雪 —————————— （蒙古族）张志诚
泪染红丝线 ———————— 方　赫　刘宗华
鱼肠剑塞上传奇 —————————— 亮　亮
发福 ———————————————— 小　草

美术·摄影
人像摄影
呼和浩特晚报、边贸、《山丹》杯国际男子篮球赛
（摄影）—————————————— 张建生
呼和浩特晚报、边贸、《山丹》杯国际男子篮球赛竞
赛场面（摄影）——————————— 张建生
和亲（中国画）——————————— 孟　瑛

1987 年第 12 期　刊名:《山丹》
目录

小说

赖皮招亲 ————————————————— 高爱辰
伴娘 ——————————————————— 戴丽娜
月有阴晴圆缺 ———————————————— 杨立哮
警察的故事 ————————————————— 杨植材
小街三题 —————————————————— 郭东昉
被污染的灵魂 ———————————————— 师俊山

美术·摄影
人像摄影
《山丹月刊》欢迎全国少数民族文学笔会在呼召开
（会议剪影）————————————————— 贺兴厚
牧归（摄影作品）——————————————— 田滋茂

1988 年第 1 期　刊名:《山丹》
目录

小说

高厂长辞职记（中篇社会小说）——————— 翁树杰
猎豹行动（中篇惊险小说）————————— 晓　光
樊篱（中篇言情小说）——————————— 谢雄鹰
悬崖上的幽会（中篇侦破小说）——————— 张力毅
新聊斋二题 ————————————————— 马　啸

美术·摄影
人像摄影 —————————————————— 杨昆伦供稿
怎么办（摄影小说）———— 洪坚毅编导　张永刚
贺兴厚摄影
春风得意（中画画）———————————— 关麟英

1988 年第 2 期　刊名:《山丹》
目录

小说

蒺藜坡（中篇农村改革小说）———— 谷来宾　于鸿声
卖菜谣（农村政策小说）—————————— 于兴海
古尸复仇记（中篇传奇小说）———— 章　玺　赵　宇
"第二顺序"的谋杀（中篇侦破小说）———— 吴金良

美术·摄影
摄影作品（内蒙古歌舞团舞蹈演员张红）
摄影作品（内蒙古歌舞团蒙古族舞蹈演员塔
娜、张红）

摄影作品（内蒙古歌舞团蒙古族舞蹈演员塔娜）

1988 年第 3 期　刊名:《山丹》
目录

小说

田园瓜宴（农村改革小说）————————— 李安平
一个夏天的梦（中篇爱情小说）——————— 旸　扬
侦缉队长和花花小姐（中篇传奇小说）
————————————————— 章　玺　赵　宇
最后一座暗礁（中篇侦破小说）——————— 胡登科
公开的内参（讽刺小说）—————（蒙古族）伊德尔夫

消息
本刊举办大众文学"山丹"奖大奖赛

美术·摄影
人像摄影
蒙古族画家妥木斯油画选
《夜草》《浴》
舞蹈（摄影）

1988 年第 4 期　刊名:《山丹》
目录

小说

误入藕花深处（改革小说）————————— 袁文辉
爱恨在心千千结（中篇言情小说）—————— 陈金堂
将军楼下的枪声（中篇传奇小说）—————— 徐大辉
杀虎案（中篇侦破小说）—————————— 师俊山

美术·摄影
人像摄影
捣茶（中国画）———————————————— 茹少军
呼市文学"希望之光"联谊会剪影————— 张拓坚摄影
陶醉（摄影）

1988 年第 5 期　刊名:《山丹》
目录

小说

洁白的毡包（牧区改革小说）———————— 莎　娜
信息情报员和送货女人的秘密（中篇侦破小说）
————————————————————— 黄培勋
找到了，昨天失去的（爱情小说）—————— 马秀文
"酒神"的末日（中篇现代传奇小说）———— 章　玺

群侠夺宝记（中篇武侠小说）————————千　帆

美术·摄影
人像摄影
鄂尔多斯姑娘（摄影）————————汉　山
草原路（摄影）————————张　金

1988 年第 6 期　刊名:《山丹》
目录

小说
隔海之恋（中篇言情小说）————德　权　兴　安
铁塔上的魔影（道德小说）————————张志勇
荒野（社会问题小说）————————高　云
苦爱（言情小说）

爱的疯狂（中篇侦破小说）————————师俊山

1988 年第 7 期　刊名:《山丹》
目录

小说
懦弱的罪犯————————王锡中
果园暗恋苦与甜————————李仰南
一个军人的恋情————————王　珏
天子韵事————————飞　雁

1988 年第 8 期　刊名:《山丹》
目录

小说
故事王轶事（中篇幽默传奇小说）————杨　啸
北京监狱（中篇纪实小说）————————王　鹏
丫丫————————马艳君
少女的恋情（言情小说）————————戴丽娜
发生在古城的迷案（中篇侦破小说）————林　羽

1988 年第 9 期　刊名:《山丹》
目录

小说
印在马背上的恋情（中篇道德小说）————哈斯乌拉
爱的锁链（中篇言情小说）————————周　琼
玉蝴蝶与阴阳八卦剑（中篇武侠小说）————马希斌
乡下来的少女（社会问题小说）————————李书伯

1988 年第 10 期　刊名:《山丹》
目录

小说
胭脂色的"拉菲克"————————李薇姗
征婚变奏曲————————然　然
落叶飘飘————————武秀芳
黑蔡————————周鹏宽
酒仙————————韩则烈
血战洋教堂————————郜　贵

1988 年第 11 期　刊名:《山丹》
目录

小说
酸酸甜甜的游戏（中篇爱情小说）————王太吉
母亲的情人（中篇社会小说）————————王默沨
血染情仇（中篇武侠小说）————————周向军
死亡，并非由于爱情（中篇侦破小说）————李俊田

1988 年第 12 期　刊名:《山丹》
目录

言情小说专号
妹妹大胆地往前走————————喊　雷
女兵和男兵的黑色爱情————————李相奎

把我的爱情还给我————————李连成
道是无情胜有情————————李治邦
奶奶————————李元岁

1989 年第 1 期　刊名:《山丹》
目录

野山之恋
诈财者就在这身边
剑气篇

1989 年第 2 期　刊名:《山丹》
目录

第二次爱火焚起之后
九曲回龙剑
鬼影

离散鸳鸯

1989 年第 3 期　刊名：《山丹》
目录

刺玫瑰 ······················· 湜　冰
少女与独眼保镖 ················· 王太吉
爱的困惑 ····················· 王　珏

1989 年第 4 期　刊名：《山丹》
目录

她嫁给两个将军
风流寡妇
被玩弄了爱情的女人
财大气粗 ····················· 王德明
牛倒爷列传 ··················· 岩　冰

1989 年第 5 期　刊名：《山丹》
目录

祖国万岁
陈情（诗歌）··················· 贾　漫
我心中不谢的花（小说）··········· 塔里亚沁
一位老战士的自白（朗诵诗）········ 赵俊德

山河壮丽
祖国，绿色风景线（诗歌）·········· 周恩广
登泰山寄语中华（诗歌）··········· 梦　薇

俯今追昔
难忘的教诲，深切的怀念（回忆录）···· 郝秀山
哈素海感怀（散文）·············· 云照光
一个甜甜的回忆（散文）·········· 毕力格太

生活剪影
雪·月和我（诗歌）··············· 默　川
写在天庭（诗歌）·············· 哈斯乌拉
一棵桃树的兴衰（小说）··········· 喊　雷

名篇选读
三门峡
——梳妆台（诗歌）·············· 贺敬之
七根火柴（小说）··············· 王愿坚

1989 年第 6 期　刊名：《山丹》
目录

小说
出笼虎 ······················· 杨　杨
小土层里的铁女人 ··············· 乌　仁

报告文学
魂 ························· 赵淑芳
秋天的脚步 ··················· 谷　峰
荒原的儿子 ··················· 李仲臣
改革大潮中的一颗新星 ··········· 陈　方

《花城》

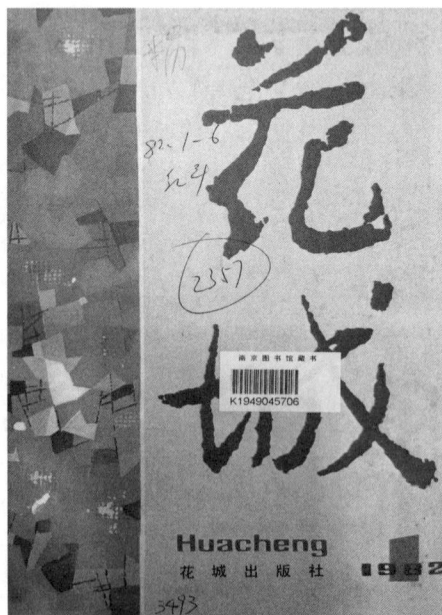

【简　介】

　　综合性文学双月刊。花城出版社主办。创刊于 1979
年。其被誉为文学期刊"四大名旦"（《收获》、《十月》、《当
代》、《花城》）中的"花旦"。刊登作品的体裁主要有小说、
散文、诗歌等。专门开辟"实验文本"栏目，支持具有真正
人文精神的写作，鼓励文本创新。

期刊号：1979 年第 1 期—1989 年第 6 期

1979 年第 1 期　刊名:《花城》
目录

小说

被囚的普罗米修斯（中篇·林墉插图）·············华　夏
柳暗花明（长篇选载·张绍城插图）·············欧阳山
滨海传（长篇选载·罗宗海插图）···············吴有恒
惊蛰雷（短篇·何岸插图）·····················杨干华
干杯之后（短篇·陈文光插图）·················刘心武
一字师（短篇·方楚雄插图）···················林斤澜
爱情的俯冲（短篇·香港来稿·伍启中插图）
···阮　朗
雪白的鸽子（短篇·陈小强插图）···王文锦　方　亮

电影文学

捕蛇者的后代·······················敦　德　祖　慰

散文

叩门（何岸插图）·····························陈焕展
长街灯语（杨家聪插图）·······················秦　牧
沙角怀古（陈衍宁插图）·······················岑　桑

怀念与思考

忆谷柳——重印《虾球传》代序·················夏　衍
辛勤的播种者——记丰子恺先生·················王西彦

诗歌

星星歌·······································胡希明
大地春回（阿尧题图）·························林贤治
曾经有过那种时候（外五首）（廖冰兄插图）
···黄永玉
"妈妈娅"传奇
——罗马尼亚诗抄（刘仁毅题图）···········芦　芒
题《李自成》第一卷原稿·······················姚雪垠
南海二章（刘仁毅插图）·······················李　瑛

香港通讯

港澳及东南亚汉语文学一瞥·····················曾敏之

海外风信

曼谷行（曾昭仁题图）·························华　嘉
卡拉奇的海浪
——访巴基斯坦散记·······················林　墉
日出之国去来·······························王维宝

外国文学

断层之南（短篇）
··········[美]杰克·伦敦作　双　木插图　余　杰译

花城论坛

胸针·题材·批评·····························于鸿舒
科学技术发达对文艺的影响·····················黄药眠
漫话"洞察一切"·····························周　偶
霸道一例···································章　明

访问记

访沪、宁、杭、穗老作家散记···················白崇义

美术

草原诗篇（木刻·局部）·······················徐　匡
访问巴基斯坦写生·····························林　墉
访日写生···································王维宝
花鸟（国画）·······························李苦禅

1979 年第 2 期　刊名:《花城》
目录

自卫还击英雄赞

沧海横流（报告文学·赖征云　李燕圃插图）
···冯　地
岩龙歌（诗）·····················胡希明　严　霜
盛开的金樱花（散文）·························胡莘华
自卫还击速写之页·····························余　真等

小说

历史的回声（长篇选载）·······················李克昇
春寒（中篇·刘济荣插图）·····················王西彦
躲藏着的春天（中篇·林墉插图）···············岑　桑
萱草的眼泪（短篇·林墉插图）·······陈建功　隋丽君
手（短篇·唐大禧插图）·······················华　夏
最后一场春雪（短）···························李　晴
小新闻（短篇·香港来稿·苏华插图）···········吴羊璧
桃花岛（长篇选载）···························峻　青

散文

鱼（双木插图）·····························端木蕻良
画境诗心（刘仑插图）·························周　敏
呦呦鹿鸣（苏森桃插图）·······················郑定荣
开江（外一篇）·····························范若丁

访问记

访秦牧···································沈仁康

诗歌

沫若诗文选·································郭沫若
湖岸（黄家文插图）···························瞿　琮

南州琴声 ································ 刘逸生

回忆与思考
悼念华侨诗人翻译家黄绰卿 ········· 艾 芜
《滨海传》序 ······················· 吴有恒

外国文学
一壶银币（刘仁毅插图）
··············· ［美］杜鲁曼·卡坡特著 杜 渐译
卡坡特及其小说 ····················· 杜 渐
官僚制造厂 ········· ［苏］马雅可夫斯基 汪飞白译

香港通讯
尊严与追求 ························· 曾敏之

海外风信
阿瑜陀耶漫步 ······················· 杜 埃
地下神灯（苏森桃插图） ············· 苏森桃

诗人，你在想什么
听乔木同志谈诗有感一千字 ········· 臧克家
自由诗向何处去? ··················· 蔡其矫
到大海中去 ························· 雁 翼
致诗友 ····························· 芦 荻
为新一代最可爱的人而歌 ··········· 柯 原
不是形式问题! ····················· 谭日超

花城论坛
有边的遐想 ························· 苏 晨
不要忘记他是人 ····················· 洪子诚
悬念与艺术的活力 ················· 胡德培
无伴奏叫喊和藤与瓜 ··············· 司马玉常
在两份入党申请书面前 ············· 阮华诚

小调查
老作家们喜欢读什么文艺书?

美术
沉思（木刻） ······················· 黄新波
屈原（国画） ······················· 亚 明
雪夜 ······························· 刘济荣
兰花 ······························· 王兰若
葡萄 ······························· 许麖庐
晚风 ······························· 杨之光

1979 年第 3 期　刊名:《花城》

目录

小说
摩天岭野闻（中篇·唐大禧插图） ······· 季 康
凝结了的微笑（短篇·黄家文插图） ····· 郑 义
寒夜的星辰（中篇·何岸插图） ········· 高行健
流水弯弯（短篇·陈文光插图） ········· 陈建功
并非虚构的故事（中篇） ············· 吕 文

香港文学
广场上的单车队（短篇·林墉插图） ····· 海 辛
小姐的新衣（短篇·林墉插图） ········· 刘于斯
诱惑（短篇·林墉插图） ··············· 陶 然
我们的诗死了（诗） ················· 原 甸
香江小调（诗） ····················· 黄河浪
珠海香江寄深情 ····················· 本刊记者

外国文学
贴邻（短篇小说·林墉插图）
··············· ［美］小库特·冯尼格　冯亦代译

诗歌
南昌之忆（尹定邦插图） ············· 朔 望
诗五首 ····························· 尚 吟
南昆行诗草 ························· 杨 石
海歌（王维宝插图） ················· 蔡其矫
水调歌头·病中吟 ··················· 金尧如
沪江诗情（王维宝插图） ····· 沙 白 郑成义 宁 宇
侨乡吟 ··················· 芦 荻 西彤 郑 南
一个小小的"神话" ················· 野 曼

回忆与思考
黄宁婴的生活道路和他的诗 ········· 陈残云

散文
江汉行（王维宝插图） ··············· 碧 野
孩子，今天是你的生日（卢德平插图） ··· 陈文彬
崖门礼赞（杨家聪插图） ············· 柳 嘉

访问记
冰兄小志（廖冰兄插图） ············· 易 征

海外风信
菲律宾之恋 ························· 彦 火

电影文学
第十个弹孔 ··················· 从维熙 艾 水

花城论坛

如何对待脂砚斋 徐 迟

盖棺犹难论定 楼肇明

鸦声小议 沙 予

畅读《星星歌》 李元洛

香港通讯

新加坡汉语文学掠影 曾敏之

美术作品

放 唐大禧

行者武松（国画） 关 良

桔桔回来啦（国画） 赵 丹

鹿、榕（国画） 伍启中

云南小姑娘 程十发

封面题字 茅 盾

1980 年第 4 期　刊名:《花城》

目录

小说

覆灭（中篇·唐大禧插图） 周 原

莲花传（短篇·汤集祥插图） 段剑秋

姐儿俩（短篇·刘济荣插图） 梁 信　殷淑敏

蛇仙（短篇·汤集祥插图） 祖 慰

辛弃疾挂冠（短篇·卢德平插图） 王先霈

香港作品选载

雪（短篇·外一篇·双木插图） 舒巷城

夜街（散文·外两章） 谢雨凝

乡思（诗·三首） 秦岭雪

诗歌

哀思录 叶圣陶　王亚平　常任侠　卞之琳　钟敬文

出峡行（尹定邦插图） 陈 凡

花城以迎春为题索诗 聂绀弩

抒怀 杜 宣

水调歌头

——应《花城》命写迎春词 胡希明

望香港 谭日超

侨乡秋唱 陈俊年

电影文学

庐山恋（林墉插图） 毕必成

散文

莽原语丝 秦 牧

菊展（标题剪纸：林戴华） 陶 萍

不幸中断的回声 李士非

回忆与思考

京华练笔三十年 臧克家

海外风信

爱荷华掠影 夏 易

尼斯

——蔚蓝色的印象（苏华插图） 高行健

访问记

记青年女歌唱家邓韵（阿容速写） 云 珊

外国文学

永久占有（刘仁毅插图） ［英］格兰姆·格林作　杜 渐译

格兰姆·格林小说的特色 杜 渐

花城论坛

三十年文艺简论 杨 越

历史的责任

——创作《农机专家之死》一画有感 邵增虎

关于《李白与杜甫》中对杜甫评价的商榷 李汝伦

从《盲人之国》想到的 季 思　新 农

杂谈人物描写 林 真

美术作品

春（国画） 林 墉

傲雪（国画） 杨之光

农机专家之死（油画） 邵增虎

歌剧卡门插舞（国画） 陈洞庭

漫画之页 廖冰兄　黎耀西　刘 雍　詹 同

1980 年第 5 期　刊名:《花城》

目录

小说

泥泞（中篇·林墉插图） 从维熙

小学校长的奇遇（短篇·梁照堂插图） 陈伯坚

幸福，你在哪里?（短篇·唐大禧插图） 王梓夫

甜（短篇·张绍城插图） 程贤章

香港作品选载

故乡的榕树（散文·卢德平插图） 黄河浪

爱情诗笺（诗） 何 达

梦（诗） 凌亦清

银色的梦（小说·刘仁毅插图） 陈浩泉

诗歌

烧啊，烧！（廖冰兄插图）……罗以民　黄亚洲
牧笛……严　辰
羊城留别（杨白子插图）……廖公弦
向长江……邹荻帆
大风歌……马冰山
张闻天同志遗文出版……张作斌
致城市规划委员会……瞿　琮
寄台湾骨肉同胞……杨献瑶
听筝……［马来西亚］高　虹

特写

昭雪之后……李士非　朱逸辉　罗德祯

散文

少奇同志回故乡……瞿禹钟
邮筒……陈焕展
阿炳和他的《二泉映月》（陈衍宁插图）……张葆莘

访问记

真正的艺术家
——记画家石鲁……杨之光

作家之页

拟咏怀诗（外一首）……沈从文
从沈从文先生的人格看他的文艺风格……朱光潜
太阳下的风景
——沈从文与我……黄永玉
生命之火长明……黄苗子
给沈从文的一封信……［美国］金介甫
从文习作简目……沈从文手订

回忆与思考

坠落的鹰……王西彦
嘉陵江上（李卫插图）……端木蕻良

海外风信

瑞士"隐士"城——卢塞恩（苏华插图）……叶君健
赤道心花——喀麦隆散记……贺季生　陈孝英

外国文学

《歌词集》选译……［法］雅克·普列维尔　高行健译
法国现代派人民诗人普列维尔和他的《歌词集》
……高行健

香港通讯

香港诗坛一瞥……（居港马华文学工作者）原　甸

花城论坛

善善恶恶
——《昭雪之后》读后……本刊评论员
"代"不足训及其他……袁化忱
鲁迅先生书简注释及其他……萧　军
"脂砚先生恨几分"
——读徐迟同志的《如何对待脂砚斋》
……李　彤　梁　左
文学作品的知识描写……艾　彤
《花城》，愿你增色！（作家、美术家对本刊的批评和建议）……本刊记者

美术作品

梅（国画·局部）……关山月
速写……邵　宇
小品（国画）……端木蕻良
献花图（国画）……石　鲁
粤北的阳光（石版画）……张运辉
两面人（漫画）……王乐天

1980 年第 6 期　刊名：《花城》

目录

作家之页

文学生活五十年……巴　金
炼狱中的圣火……王西彦
思索……黄　裳
关于巴金的传奇……高行健
巴金文学创作目录……巴　金手订

小说

初醒（中篇·陈文光插图）……谢竟成
樱花雨（短篇·林墉插图）……汪　洋
那过去了的……（短篇·乐一隅插图）……孔捷生
新春幻想曲（短篇·司徒勤参插图）……舒　展

电影文学

彭大将军回故乡（电影小说·若峪插图）……瞿禹钟

深圳浮雕

蛇口走笔（报告文学）……刘学强　邓　维
趁我们还年轻（散文）……黎珍宇
乌石古剪影（特写）……黎　明
花开富贵（散文）……曾锦棠　龚衍明
乡情（散文）……雨　纯
深圳心影（诗）……谭日超
勃勃生气……本刊评论员

尝试小集

漫长的路（短篇小说·林墉插图）—————— 张 洁

白色的风衣（短篇小说·刘仁毅插图）———— 王志平

诗歌

新来的司令员—————————— 柯 原 郭光豹

太行绿意（卢德平插图）———————— 苏金伞

希望的钟声（外一首）———————— 雁 翼

望云楼诗词钞—————————— 曾敏之

剪云集—————————————— 沙 鸥

香港作品选载

一夜成名（短篇小说·刘仁毅插图）———— 陶 然

荡起的春意（散文·十题）—————— 彦 火

回乡吟（诗）——————————— 秦岭雪

报告文学

啊，韩美林……————————— 胡思升

访问记

海伦·斯诺如是说————————— 萧 乾

海外风信

在哥本哈根闹市（外一篇·苏华插图）——— 李惠英

花城论坛

长篇小说印象—————————— 阎 纲

浪子的悲歌—————————— 聂华苓

随感录————————————— 宋振庭

把淳朴的美还给善良的人民————— 晓 蓉

美术作品

荷（国画）——————————— 刘旦宅

林溪（套色木刻）———————— 杜鸿年

熊猫·斑马·狐狸———————— 韩美林

康定情歌（油画）———————— 叶武林

艺术的"魅力"（漫画）—————— 王乐天

1980 年第 7 期　刊名:《花城》
目录

小说

三回香港（短篇·唐大禧插图）———— 陈卓乾

选举（短篇·何岸插图）—————— 林经嘉

老头（短篇·李晨插图）—————— 汝 伊

三人行（中篇历史小说·若峪插图）——— 彭 拜

兄弟（短篇·伍启中插图）————— 史铁生

舞会（短篇·张绍城插图）————— 阎阳生

蔷薇（短篇·刘仁毅插图）————— 万 之

吻（短篇）—————————— 熊 诚

茉莉啊，茉莉（短篇·彭爱莲插图）—— 李 晴

电影文学

徐悲鸿（林墉插图）——— 陈登科 肖 马 韩 瀚

报告文学

不是日记的日记————————— 杨 沫

被遗忘的冤案————————— 刘任涛

作家之页

《红楼梦》随记————————— 端木蕻良

漫记端木蕻良————————— 秦 牧

《曹雪芹》（上卷）读后

——给端木蕻良同志的一封信———— 马少波

《曹雪芹》诞生记

——访端木蕻良———————— 黄伟经

读端木近作（诗）———————— 彭燕郊

端木蕻良著作简目———————— 钟耀群

访问记

洁白晶莹—————————— 徐开垒

香港作品选载

除夕（短篇小说）———————— 刘以鬯

二上九龙湾（散文）——————— 白 洛

遗产（诗·外二首）——————— 原 甸

散文

"鹰"—————————————— 吴伯箫

丰子恺与诗词————————— 丰华瞻

小院——寄在台湾的少年友伴——— 范若丁

徜徉在松花江畔———————— 紫 风

晨星集（散文诗）———————— 柯 蓝

外国文学

十全十美的女仆——— [英]阿·克里斯蒂著 树 玉译

诗歌

疯子（外一首）———————— 李 钢

期待—————————————— 王亚平

归来哟，我的森林……（刘启端插图）——— 洪三泰

还魂草（小叙事诗三首）————— 韦 丘

写在补开的追悼会上————— 关振东 林举英

花城论坛

拍拍良心

——《不是日记的日记》读后感———— 本刊评论员

说假话大观 ································ 王若望

谈悲剧 ······························ 刘锡诚

甘苦寸心知

——读自己的诗 ······················ 臧克家

美术作品

秋声秋色图（国画） ···················· 许麟庐

疾风（油画） ························· 李秀实

循踪说梦（国画） ···················· 甘长霖

油画写生二幅 ························· 何 岸

1981 年第 1 期 刊名:《花城》
目录

小说

珊妹子（中篇·陈文光插图） ············· 周翼南

被劫掠的阳光（短篇·刘启端插图） ········· 甘铁山

雨中小路滑溜溜（短篇·李晨插图） ········· 刘家琨

老人心（短篇·周波插图） ··············· 张签名

"公主号"纪事（短篇·刘仁毅插图） ········· 吕 文

冤家（短篇） ························· 陈宜浩

第八个春节（短篇·林墉插图） ············ 柳 冬

小吉普开回来（短篇·司徒勤参插图） ······· 岑之京

发生在一九八三年……（中篇科幻小说·刘仁毅插图）
 ······························ 江 波

历史的回声（第二部残篇·若峪插图） ······· 李克异

电影文学

明月天涯（陈衍宁插图） ················ 王 火

报告文学

"丑小鸭"的故事

——报告文学家黄宗英的报告 ····· 陆寿钧 吴芝麟

"祝前途光明"

——记纽约大学研究生李大西 ··········· 陈安先

香港作品选载

失去的黑金刚（小说） ·················· 谭秀牧

沙爹诗人自画像（诗·外二首） ············ 原 甸

散文

落霞 ······························· 苏 晨

时间时间 ···························· 秦 松

姑苏城外寒山寺 ······················ 沈仁康

海边的莲花 ·························· 柳 嘉

外国文学

叶拉金少尉案件 ··········· [俄]蒲 宁著 周朴之译

香港通讯

可长之风

——彦火的《当代中国作家风貌》及其他 ······ 钟 述

诗歌

呵，星球（组诗） ····················· 顾 工

雨花台抒怀（二首） ···················· 孙友田

棋的联想（外二首） ··········· [马来西亚]高 虹

李白纪念馆索诗漫题四首 ················ 端木蕻良

读《曹雪芹》上卷后题三绝句 ············· 金克木

尝试小集

祖国啊，祖国（曲磊磊插图） ············· 江 河

我们从自己的脚印上……（诗） ············ 飞 沙

十月的献诗（诗） ····················· 芒 克

访问记

壮心不已——访吴有恒 ·················· 李孟煜

海外风信

日本的经济小说 ······················ 陈湛颐

花城论坛

论当前的文艺口号之争 ·················· 杨 越

对战争年代的再思考

——读中篇小说《覆灭》 ··············· 安铭新

论徐志摩的诗 ························· 洪子诚

谈诗 ······························· 马冰山

点线交融的瑰丽画面

——浅谈孔捷生近期小说的美学性格 ········ 朱达成

编辑之窗

不断自问——《花城》两年 ·············· 本刊评论员

美术作品

家家报春回（版画） ···················· 阿 涛

秋林晨曲·归牧（国画） ·········· 舒春光 张石培

莫思·虎威（木雕） ···················· 滕文金

1981 年第 2 期 刊名:《花城》
目录

小说

你在想什么?（中篇·刘仁毅插图） ·········· 顾笑言

勇退（短篇·若峪插图） ················· 黄虹坚

遮上吧，绿色的窗帘（短篇·刘仁毅插图）····· 柳 冬

脚印上的血（短篇·司徒勤参插图） ········· 朱崇山

墙外的眼睛（短篇） ·············· 张 绰 关振东

深深的绿巷（短篇·若峪插图）—————朱可 若丁
泥泞的村道（短篇）—————————————陈庆祥

台湾作品选载
云（中篇小说）——————————————陈映真
华西街上（短篇小说）——————————钟延豪

海外风信
关于《查泰来夫人的情人》诉讼案—————亢泰
一九四五——一九七九有关现代和当代中国文学的欧美博
士论文——————————————————编者

散文
关山月的艺术——————————————端木蕻良
绿————————————————————丹薇
淡淡的记忆——————————————————汉生
赛龙夺锦——————————————————曾炜

作家之页
混世魔王（寓言）—————————————张天翼
我和天翼相处的日子————————————周颂棣
记张天翼同志几件事————————————蒋天佐
张天翼老师二三事————————————欧阳文彬
张天翼著作简目——————————————沈承宽

香港通讯
顾往瞻前
——"香港文学三十年座谈会"大要————戴云

报告文学
国脚容志行———————————————翁澜前
陈肖霞和她的父亲（苏家杰插图）—————陈忠干

流派鉴赏
输出（经济小说）———[日]城山三郎著 明韬译

尝试小集
卖假药的老头（小说）———————————叶曙明
星光（诗）——————————————————北岛
在诗歌的十字架上
——献给我的北方妈妈（诗）——————舒婷

诗歌
深圳诗讯（三首）—————————————陈俊年
生活（外一首）——————————————于青

花城论坛
透过心灵的战场

——谈短篇小说《老头》——————————安铭新
无名花
——读《白色的风衣》————————————舒大沅
从《边城》到《长河》———————————凌宇
中国大陆小说在技巧上的突破
——《剪辑错了的故事》——————————聂华苓
序原甸的《香港风景线》——————————易征
陈映真和他的《云》————————————许翼心

编辑之窗
再一次自问————————————————本刊评论员

美术作品
上：骨肉同胞（木雕）———————————贺中令
下：泼水节（雕塑）————————————谭云
穿黑衣的女郎（国画）———————————林墉

1981 年第 3 期　刊名：《花城》
目录

小说
山村诗人（中篇·若峪插图、题字）—————张一弓
大好人江坤大（短篇·张绍城插图）————高晓声
不平者（短篇·卢德平插图）———————陆文夫
青春兮，归来……（短篇·汤集祥插图、题字）
——————————————————————高尔品
糖为什么这样甜（短篇·伍启中插图）
—————————————————尚久骖 吴云龙
曾泽生和他的司令官（短篇·梁照堂插图、题字）
——————————————————————陈沂
初恋（中篇·林墉插图）——————————杜国辉
走运的左龟连（短篇·汤集祥插图）————李建纲
邢编辑轶事————————————————章以武

报告文学
人生的大树
——记工程师刘葆华—————————————张天来
拳拳寸草心——记地质师邵元良————————王荣辉

海外风信
意大利随想曲——————————————高行健

散文
萌芽的启示——————————————————孙玉方
漫步南京路——————————————————邓炬云
五峰如指翠相连———————————————张振金

美国当代作品选载
第二号变体机器人（中篇科幻小说·何岸插图）
——————[美]费利浦·K.狄克著　马霖祥译

访问记
华罗庚传奇——————————————（中国香港）梁羽生

流派鉴赏
枭河桥（短篇小说·印象主义）
——————————[美]A.比尔斯　张华斌译
诗五首（后期象征主义）————[苏]叶赛宁　冯　春译

花城论坛
鲁迅在"红学"史上————————————王一纲
略谈《子夜》的人物时刻————————桑逢康
茅盾的创作道路对后学者的启示——————范若丁
散文漫话——————————————姜德明
第一个"吃螃蟹"的人
——读短篇小说《选举》————余振刚　黄荣新
美国现代绘画源流————————————张华斌译介

美术作品
上：根（油画）————————————李瑞祥
下：荔枝情（油画）—————————若　峪
美国现代绘画选

1981 年第 4 期　刊名:《花城》
目录

小说
将军泪（中篇·招炽挺插图、题字）—————马崇启
不如酸辣汤及其他（微型小说·廖冰兄插图）
——————————————————王　蒙
厂长退休了（短篇·苏家杰插图）——————陈国凯
波希米亚花瓶（短篇·刘仁毅插图）—————张　洁
再会吧，南洋（中篇·杨小彦插图）—————钟毓材
农村姑娘（短篇·汤集祥插图）——————刘树华

报告文学
乾坤特重我头轻（苏家杰插图）——————遇罗锦

电影文学
永远是春天（陈衍宁插图、题字）———谌　言　梁　达

作家之页
等待（乐一隅插图）————————————冰　心
赞颂我的"老大姐"————————————夏　衍
在文艺大地上耕耘六十年

——记冰心——————————————徐开垒
记冰心——————————————周　明
冰心与海——————————————王　火
冰心文学创作简目————————————冰　心手订

海外风信
清真之行
——再访巴基斯坦————————————林　墉

香港通讯
南朝鲜的汉学与汉文学——————————李青石

回忆与思考
闪烁在人们心头的诗——忆蒲风————————野　曼

散文
山野小影——————————————陈残云
新会印象——————————————张抗抗
翠亨一瞥——————————————沈仁康
诗交·缄口·长哭————————————李汝伦

诗歌
追歌（四首）————————————傅　仇
致崛起的中国
——来自二○○○年的诗笺————————杨献瑶
相思树——————————————田　野
青年诗作一束——————————张小石　少　秋　艾　珊
王家兴　姜文岩　源　源　张小红

花城论坛
我们必须为完全实现"第三样时代"而奋斗
——纪念鲁迅诞生一百周年————————严　秀
沉默的国民灵魂的画像
——论阿Q形象的典型意义————————王大海
诗与戏剧——————————————雁　翼
"实话文学"一例——读《三回香港》————刘思谦
叶笛与短笛——谈郭风、柯蓝的散文诗————王光明
浅论屠格涅夫的散文诗——————————黄伟经

美术作品
百谷（水粉）————————————钟安之
访巴基斯坦画选（国画）——————————苏　华
重访巴基斯坦画选（国画）—————————林　墉
蜜月（国画）————————————林　墉

1981 年第 5 期　刊名:《花城》
目录

中篇小说

危栏（唐大禧插图）……………………………俞天白
迷雾（刘仁毅插图）……………………………郑　义
"现代派"茶馆（林墉插图）………………………甘铁生

短篇小说

沙姆（李晨插图）………………………………冉　丹
天板蓝蓝（王振中插图）………………………王杏元
两颗流弹（苏家杰插图）………………………陈卓乾
等（陈衍宁插图）………………………………郑万隆
返青（蚁美楷插图）……………………………余小华

作家之页

《八月的乡村》序………………………………鲁　迅
三十年后重返文场有感并序……………………萧　军
跋涉者——萧军和他的作品……………………刘景华
萧军作品简目……………………………………萧　耘

散文

又见香港…………………………………………冯亦代
初见呼兰河………………………………………姜德明

诗歌

荆棘小辑…………………………………………曾　卓
我是一个任性的孩子……………………………顾　城
无标题的诗………………………………………杨匡满

花城论坛

论鲁迅对中国现代小说的开创作用……………金宏达
你找到了你自己
——和周翼南同志谈《珊妹子》…………………姜　弘
艺术应该是美的…………………………………叶茂康

美术作品

朝花（水彩）……………………………………王肇文
鸟岛（木刻）……………………………………安百里
镇江帆影（国画）………………………………黄笃维
秋（水粉·大别山写生）………………………雷　坦

1981 年第 6 期　刊名:《花城》
目录

中篇小说

公主的女儿（林墉插图）………………………赵大年

被礁石划破的水流（陈文光插图）……………祖　慰
杨老固事略（汤集祥、题字插图）……………段荃法
我们还会相逢……（何岸插图）………………庞瑞垠

短篇小说

爱情交响诗（林墉插图）………………………顾笑言
瘿（汤集祥插图）………………………………羊　翚
老泥瓦匠（梁荣插图）…………………………顾晓阳
坐写字间的人……………………………………张重光

台湾作品选载

一杆"称仔"………………………………………赖　和
桥的尽头…………………………………………范思绮
假定先天性………………………………………康芸薇

外国文学

太阳·老人·少女…………[苏联]舒克申　流　钟译
生活的诗——关于《太阳·老人·少女》………曾　卓

海外风信

乔治·桑的诺昂故居散记………………钱慰曾　杜小真

散文

这十四个月………………………（中国香港）何　达
梁山泊红莲………………………………………许　评

诗歌

伊萨柯夫斯基诗六首……………………………蓝　曼译
爱情的独白（组诗）……………………………厉　风

花城论坛

关于中篇小说《你在想什么?》…………………舒大沅
赖和其人其文及其时代…………………………张葆莘

美术作品

玫瑰（水彩）……………………………………陈东如
可雕（木雕）……………………………………唐大禧
上：甜蜜的季节（套色版画）
下：潮迹（版画）………………………廖慧兰　许松钦
速写两幅…………………………………………王安仁
探亲（国画）……………………………………汤集祥

1981 年增刊第 1 期　刊名:《花城》
目录

天京之变（中篇·刘仁毅插图）………………李　晴
尚未污染的山林（短篇·李骞插图）…………赵大年
乡恋（短篇·汤小铭插图）………………………孙步康

归来的陌生人（短篇·张绍城插图）············赵振开
女厂长的家庭风波（短篇·刘济荣插图）·······蒋焕孙
神秘的花园（短篇·若崚插图）
　　　　　　　　　　　[英]切斯特敦著　彭恩华译

1981 年增刊第 2 期　刊名:《花城》
目录

公子扶苏（刘仁毅插图）·······················霍　达
白龙马与红姑娘（陈衍宁插图）·········黄　粲　孔　良
鹿鸣翠谷（司徒勤参插图）
　　　　　　　　　　顾笑言　赵晓亚　贺兴桐
向往（陈小强插图）·······················戴沛霖　陶　瑞

1981 年增刊第 3 期　刊名:《花城》
目录

李清照（中篇·马国强插图）·····················郁　雯
往事（短篇·唐大禧插图）·······················陈卓乾
春风吹又生（短篇·陈衍宁插图）·····麦蒔龙　马翠萝
我们在另一个世界相遇（短篇·邓卓文插图）
　　　　　　　　　　　　　　　　　　左　轶
相思豆（短篇·陈小强插图）·····················牧　夫
险恶的山谷（中篇·若崚插图）
　　　　　　　　　　　　[英]柯南道尔著　李家云译

1981 年增刊第 4 期　刊名:《花城》
目录

第三代（汤集祥插图）·······················赵大年　边震遐
失去的爱（陈文杰插图）·········吕　文执笔　陆寿钧
人（林墉插图）·················黎　静　晓　雄
金戈铁马少年时（陈文光插图）·······师　飚　毛　铁
小伙伴（陈衍宁插图）·······················柳　冬

1981 年增刊第 5 期　刊名:《花城》
目录

献辞
闻一多之歌·······························岑　琦

历史和人
大雁塔·································杨　炼
春天奏鸣曲·····························陈小奇
关于一只古老的谜——一个青年的自白·········熊述隆

我歌唱收获·······························叶延滨
举起父亲和母亲的星·······················梁华森
我和颠簸的历史一起向前走···················魏　来
了望与遐想·······························源　源

爱的潜流——写给逝去的岁月···················野　曼
泪花与沉思（三首）·······················范若丁
庐山之梦·································郭光豹
献给我的年迈的祖国·······················马　莉
给官明华——读《昭雪之后》···················文大家
在广阔的地平线上·························厉　凤
黄花岗·································鸿　荒
我在歌唱·································林贤治
我的诗·································辛　磊
不要说了，我不会屈服·······················顾　城

走向生活
故乡诗草（三首）·························杨大矛
村头的树·································翁景贵
轧机（外一首）·························张　浪
唱在铁道线上（二首）·······················蔡宗周
唱给知名和不知名的树·······················西　彤
称胶员·································任海鹰
法卡山三题·······························张永枚
绿色的风·································向　明
海浪·海鸥·······························汪　骏
西沙创业者（二首）·······················朱光天
我骄傲，我是一名海员·······················邓世禄
国旗，在赛场升起的时候···················郑　南
在绿菌场上（二首）·······················陈忠于
在十字路口，我见到你·······················洪三泰
长江边的小树·····························刘益善
接郎·································夏　天
春夜·································骆耕野
如果失去了······························魏小雨
告别·································周　民
潜航！珠贝的小船·························武兆强

特区风情
深圳三章·································关振东
四月南风（二首）·························陈俊年
灯河颂·································王　武

香港诗页
爱情诗笺（三首）·························何　达
春节诗二首·······························原　甸

爱与追求
夜半无人私语时（四首）···················韦　丘

献给爱人的花束（二首）……炼 虹

最亮的星……李云鹏

追歌（二首）……傅 仇

不要再划了……陈松叶

仅仅是朋友?……苏 敏

给我唱一支歌吧……朱 榕

我要写首诗给你，姑娘……吴曼华

柳哨……王中朝

你（外一首）……张毅伟

晨曲（外一首）……瞿 琮

小路……杨文志

爱情呵，永恒的新星……赵 捷

朝花夕拾

海滨有赠……黎焕颐

给我的祖母……欧阳鸣

阳光·凝云·闪电

黄昏剪辑……舒 婷

诗二首……北 岛

印象……方 含

海风……芒 克

走过来吧……叶曙明

雨，飞飞扬扬（外一首）……筱 敏

黄昏……左 轶

无题……杨 松

林荫道上的婴儿车（外二首）……李加建

致一条蓝色的河流……潞 潞

致今天（外一首）……张 磊

烛（外一首）……柯 原

雾……丁凛志

短歌三章……雪 迪

流花集

春天……岑 桑

山野行吟（三首）……黄 雨

岭南花吟（三首）……陈绍伟

海望（外一首）……张 维

"马坝人"……韩 笑

我没带相机……贾长厚

珍珠……钟泳天

游泳……凤 乔

走过的街道（外一首）……欧外鸥

飘浮的浪花……周 旭

海韵（组诗）……黄东成

森林……张 廓

留给我一片蔚蓝的远山吧……陈衍庆

祖国行脚

西行三首……蔡其矫

泰山吟（二首）……姜澍川

曲阜走笔（三首）……沈仁康

车过黄河桥……陈茂欣

西湖二题……纪 鹏

冬到白洋淀（三首）……杨 渡

龙门阵摆到海那边……向求纬

海恋……辜义陶

太阳岛，太阳河……郭玉山

唱给宝岛的江河（二首）……冯麟煌

在草原（外二首）……张 芸

五羊石雕……陈日生

麓湖的春晨……芦 荻

金色的珠江（外一首）……徐庆宜

星湖三题……晏 明

海外游踪

南斯拉夫游记（二首）……邵燕祥

天竺剪影（三首）……顾子欣

钩棘集

热嘲集（二首）……易和元

等额选举……方 冰

全家福……韩立森

并非儿戏（四首）……王桃源

零……黄茂初

海马当裁判……杨清龙

歌词一束……广东省歌词研究会供稿

叙事诗

日光岩……严 阵

壮飞曲……丁 芒

复台壮歌……曾德厚

雪夜维也纳……林 希

珠江月……罗 沙

永不陨落的星辰……梵 杨

诗的散步

瑞雪飘飘……郑 莹

绿色二题……李 耕

古笛新声

诗四首……聂绀弩

诗六首……沈从文

江南吟草……端木蕻良

诗四首……胡希明

玉轮轩诗词拾遗……王 起

献身集（六首）—————————马冰山
诗词八首—————————————周　敏
梵余诗稿（六首）——————————李　晴
种瓜得豆庐诗词（五首）—————李汝伦
诗十题—————————————————杨　石
粤北行（四首）——————————张汉青
诗词二题—————————————————李　门
春节二题—————————————————阮宝文
历史人物杂咏（五首）——————谢绍浈

郁达夫早期诗作三十首————单　黎　于　听辑注

远方的风
惠特曼诗选（四首）—————————李野光译
献给书的颂歌——————[智利]聂鲁达作　邹　绛译
哀歌——————[英国]狄兰·托马斯作　张小川译
那夜————————————————[新加坡]凌亦清

诗人介绍
从多瑙河到珠江边——记中国籍女诗人朱白兰（克拉
拉·勃鲁姆）—————————————梁定祥

诗词赏析
温庭筠《更漏子》（柳丝长）的艺术技巧———刘逸生

新诗向何处去？
西苑诗话——————————————本刊编辑部整理
并非宁静的沉思———————————————谢　冕
新诗潮变革了哪些传统审美因素？——————陈仲义
诗歌手法与民族性———————————————马　丁
诗歌问题杂感———————————————梁广进

1981 年增刊第 6 期　刊名:《花城》
目录

乡情————————————————————王一民
摘星恋————————————————————李威伦
春晖————————————————————蒋维嘉
情海拾贝——————————林美君　欧阳杏元
天长地久—————————————————范若由

1982 年第 1 期　刊名:《花城》
目录

中篇小说
金不换（若峪插图）—————————顾笑言
活力—————————————————————方　方

长篇小说
春天的童话（若峪插图）—————————遇罗锦

短篇小说
一厂之长（刘仁毅插图）—————————陈朝行
淹没在海底的星星（林墉插图）—————甘铁生
云啊，云……（林墉插图）—————————刘　思

作家之页
从画家到诗人
——艾青在一九三三年—————杨匡汉　杨匡满
大堰河——我的保姆————————————艾　青
艾青主要诗作目录（二百六十首）————骆寒超整理

香港作品选载
错失（中篇小说·林墉插图）—————————金　依

海外风信
罗夫钦之巅——访问南斯拉夫纪行—————张抗抗
吉普赛女郎（林墉插图）—————————梁明诚

诗歌
深圳特区吟草（五首）
——调寄（念奴娇）—————————————黄施民
海边的树
——给一位老水手（卢德平插图）—————周翼南

1982 年第 2 期　刊名:《花城》
目录

中篇小说
高的是林林　矮的是芝麻（卢延光插图）———戴厚英
昨夜西风（林墉插图）—————————————王梓夫
不能再失去……（招炽挺插图）—————————杜　峻

长篇小说
渡口，又一个早晨……（连载·陈向阳、彭俊插图）
—————————————————————苏　炜

散文
散文和"手痒"———————————————叶君健
青萍——————————————————端木蕻良
特区农村锁记———————————————陈残云
雨—————————————————————张　磊

诗歌
一束紫罗兰（四首）———————————文乾义
罗康宁　易　山　龙彼德

你好，百花山 —————————————— 石　默
莲颂 ————————————————————— 青　勃
根 ——————————————————————— 晏　明
康乐园杂咏 ———————————————— 王季思

海外风信
旅游散记 ————————————————— 舒巷城

报告文学
站在八十年代的地球上
——《不是日记的日记》续篇 ———— 杨　沫
约稿记 ————————————————— 刘敬智

花城论坛
试论《泥泞》的悲剧美 ——————— 沙　均

美术作品
赶集（国画）————————————— 刘　仑
远眺黄山（国画）—————————— 王　立
回太行（油画）——————————— 汤小铭

1982 年第 3 期　刊名:《花城》
目录

中篇小说
电流越过边境（卢延光插图）———— 何卓琼
新绿（杨小彦插图）————————— 南　丁
温暖的深圳河（陈文光插图）———— 朱崇山

长篇小说
渡口，又一个早晨（连载·陈向阳、彭俊插图）
————————————————————— 苏　炜

短篇小说
书外春秋 ————————————————— 高晓声
彩色宽银幕故事片 ————————— 谌　容

诗歌
乡曲（三首）———————————— 邹荻帆
乡情曲 ——————————————————— 韦　丘
钟声 ——————————————————— 杨大矛
回乡 ——————————————————— 姜诗元
山水和海（外一首）———————— 张永枚
湖心——给一位诗坛新秀（外一首）— 杨万翔
我总愿意凝望（外一首）—————— 刘湛秋
脚手架 ————————————————— 刘　扬

香港作品选载
碧街散记 ————————（中国香港）谷　旭

作家之页
我的自传（唐大禧插图）—————— 孙　犁
光荣（外一首）——————————— 孙　犁
孙犁印象记 ———————————— 谢大光
孙犁著作简目 ——————————— 冉淮舟整理

海外风信
双城记 ————————————————— 黄秋耘
曼谷纪游 ————————————————— 东　瑞

富乡掠影
今天的神话——南海纪行 ————— 顾笑言
站在西樵山上鸟瞰 ——— 李钟声　谢望新
路 ——————————————————— 曹振中

散文
新生活的歌手
——忆林遐 ——————————— 贺　青
怀念筲箕窝 ———————————— 郑　义
渝关古树情怀 ——————————— 金荣光
星岛夕照 ————————————————— 丁　炜

花城论坛
试论主题的多义性 ————————— 金宏达
一部有严重思想错误的作品
——评长篇小说《春天的童话》—— 蔡运桂
我们的失误 ———————————— 本刊编辑部

美术作品
老作家叶圣陶（木刻）——————— 姜　旗
上：黄山雨后（石版画）下：山谷（铜版画）
————————————— 张运辉·曾继康
特区建设者（油画）———————— 陈令璀

1982 年第 4 期　刊名:《花城》
目录

中篇小说
菇母山风情（张绍城插图）———— 叶蔚林
北国红豆也相思（陈文光插图）—— 乔雪竹
太极宫轶事（卢延光插图）———— 马宗启
围埔澳海湾（招炽挺插图）———— 袁和平

短篇小说
转业（陈令璀插图）———————— 筱　敏

阿狮 ································· 白　岚

诗歌
诗词二首 ······················· 端木蕻良
旅途诗叶（二首）················· 骆　文
献给黎明的花环 ················· 程彼德
日出 ························· 刘珍霞
大学生诗页 ·········· 江文波　陈春林　程　刚

散文
我爱星 ······················· 田　野
仙鹤情 ······················· 彭　龄
芦乡散记 ····················· 卞　卡

珠海散记
我爱上了珠海 ··················· 杨　沫
珠海五章 ····················· 杨　石
香炉湾·风景·旅游建设 ··········· 镜　之
建港锤声震九州 ················· 贺　朗

回忆与思考
啊，"这个英国" ················· 叶君健
慈祥的火——忆黄新波老师 ········· 林　墉
新波的来信 ··················· 姜德明
忆柳青谈写作态度 ··············· 毛怀坤

报告文学
在"小世界语"的故乡 ············· 秦　牧
郁郁华南竹 ··················· 陈秋舫
刻在心中的线条 ················· 黄文山

海外风信
星洲印象 ····················· 东　瑞

花城论坛
岁月从窗外流逝
　　——《炼狱中的圣火》自序 ····· 王西彦
校园小说异军突起
　　——汪洋小说集序言 ··········· 杨江柱
古稀赤子
　　——胡一川和他的油画艺术 ······ 罡　夫

美术作品
新罐区 ················· 席都凌　杨成茂
风景（油画两幅）··············· 胡一川

1982 年第 5 期　刊名:《花城》

目录

献给十二大的歌
庆祝党的十二大胜利闭幕 ··········· 杨　石
太阳和我，我和太阳 ············· 向　明
秋雨哟，今夜的秋雨…… ··········· 陈俊年
灯塔与歌的回忆 ················· 范若丁

中篇小说
海外唐人（梅汉珍插图）··········· 曾应和
红叶，在山那边（王维加插图）······· 郑万隆
南洋流浪儿（赖征云插图）··········· 白　刃

长篇小说
热带惊涛录（连载·张绍城插图）······· 陈残云

短篇小说
猪中人邹老六 ··················· 朱伟杰
晚香悠悠 ····················· 粟蓓安

诗歌
访日吟草（七律四首）
初放的紫荆花
　　——广东青年作者诗小辑 ····· 辛　磊　肖　彦
吴曼华　陈衍庆　陈小奇　黄施民

散文
精神 ······················· 苏　晨
笑意盈盈的水乡 ················· 野　曼
沿着洪水退去的足迹
　　——福冈巡礼 ················· 林贤治

报告文学
命运的抉择
　　——记食管癌专家邵令方同志 ····· 陈　健

香港作品选载
难兄难弟 ····················· 嘉　琦

美术作品
大雾将临·港口（水彩画）······· ［美］温士劳·荷麦
温士劳·荷麦（画家介绍）··········· 若　峪译
孙中山创建兴中会 ··············· 张绍城

1982 年第 6 期　刊名:《花城》
目录

长篇小说

好人阿通（张绍城插图）·············陈国凯

中篇小说

生活的漩流（梅汉珍插图）·············余松岩
立储（招炽挺插图）·················鲍　昌

短篇小说

蟹背人家·····················陈金堂
莓子熟了·····················王小鹰
人间·······················史铁生

外国文学

一个有"不幸味"天赋的歌女
·············[日本]五木宽之著　吴树文译

诗歌

诗词八首·····················杨　石
一片叶子（外四首）···············胡天风
献给党旗的歌···················郭继联
写给拉纤的姑娘··················邓荫柯
广州解放纪念碑··················司徒杰
东湖抒情·····················张　烨

散文

退潮的时候····················杨羽仪

报告文学

一颗宝石在闪闪发光···········邬泰东　毕国昌

花城论坛

评《花城》创刊三年的中短篇小说····谢望新　李钟声
新时期散文的哲理美···············曹增渝

美术作品

文艺人物（国画）·················杨之光
亲家（国画）···················张　卫

1983 年第 1 期　刊名:《花城》
目录

中篇小说

七巧板（林墉插图）················张　洁
总工程师的日常生活（卢延光插图）·········何卓琼

大限临头（刘仁毅插图）··············方　方
"万能张"办喜筵（卢延光插图）··········顾晓阳

短篇小说

黄杨树根之死（刘仁毅插图）············王　蒙
清风拂拂（招炽挺插图）··············吴　强
诱惑（刘仁毅插图）················范小青
柴门半掩小院春（刘仁毅插图）···········陈宜浩

散文

道是平凡却不凡··················曹靖华
观水观其澜····················苏　晨
中南海的秋光···················伍　杰

岭南风

山居闻鸟·····················芦　荻
南国小夜曲····················柯　原
在小鸟天堂门外沉思················野　曼
特区人物剪影···················韦　丘
重访深圳·····················西　彤
关于祖国的诗···················张永枚
海防夜思（外一首）················郭光豹

回忆与思考

我与《花城》及其他——《随便谈谈》末篇····黄安思

报告文学

暴风雨······················陈祖芬
绿意初绽················李钟声　谢望新

作品争鸣

鬼城（小说）···················贾平凹
评《鬼城》····················黄树森
原上草——读《鬼城》··············舒大沅

流派鉴赏

魔幻现实主义文学和《佩德罗·巴拉莫》······马家骏
佩德罗·巴拉莫（长篇选载）
·············[墨西哥]胡安·鲁尔弗　屠孟超译

花城论坛

文学在思考中进一步发展
——在京部分文学评论家、编辑座谈小说创作
··············刘锡诚　谢永旺　张　炯等
显示出心灵的光彩来
——读野曼的诗集《爱的潜流》··········岑　桑

美术作品

胶林（油画）···················陈　海

七品芝麻官（国画）·································沈启鹏

1983 年第 2 期　刊名:《花城》
目录

中篇小说
小镇（张绍城插图）·······························周梅森
泱泱（刘仁毅插图）·······························俞天白
生活，刚刚开始（若峪插图）···················陈朝行

作品争鸣
历史将证明（中篇小说）（唐大禧插图）
······································柯云路　雪　珂

短篇小说
木箱深处的紫绸花服（刘仁毅插图）·········王　蒙
三十九册邮集（汤集祥插图）···················关　鸿
怀念···陈学昭

散文
中山掠影记······································陈残云
山居散记··秦瘦鸥
师之教——忆王献唐先生五事···············石　可
秋色颂··柳　嘉

岭南风
诗十一首··杨　石
初放的紫荆花——广东青年作者诗小辑之二
··············辛　磊　樱　子　莫　非　马　莉　冯麟煌

香港作品选载
A 先生的一天（短篇小说）·····················白　洛

流派鉴赏
"黑色幽默"文学与冯尼格的《第五号屠场》
······························余福生　王建琦　徐　缓
第五号屠场（选译）····[美]库特·冯尼格　代　姑译

报告文学
龙，腾飞在大观园·······························鲁　娃
瑰宝——李连杰印象·····························陶嘉善

文艺人物
文学的梦——答彦火（刘仁毅绘像）·········从维熙

花城论坛
《花城》一九八二年中篇小说笔谈（三篇）
······································蔡　葵　方顺景　陈惠芬

试谈岭南散文流派·····················郭小东　陈剑晖

美术作品
鱼塘（版画）·····································史济鸿
初晴（版画）·····································张祯麒

1983 年第 3 期　刊名:《花城》
目录

中篇小说
洪峰通过峡谷··································顾笑言
这一瞬间如此辉煌（若峪插图）···············黄蓓佳
不能改正的错误（卢延光插图）···············肖　为
在巴斯布尔山上（林墉插图）···················杜　埃
写给外婆的挽歌（卢延光　蒙复旦插图）·······喻　杉

散文
牧场风景线——一个大型畜牧场和它背后的故事
··秦　牧
原始森林的神秘——访非杂谈···················林斤澜
假如他还活着····································王　曼
梦海——诗的散文·······························高行健

诗歌
南音（二首）·····································邹荻帆
握别，象黛色的夜潮·····························刘　虔
诗简（组诗）·····································黎焕颐
金陵即兴（二首）·······························姜灝川
伶仃洋怀古（外一首）···························曹　何
九月，在南方（二首）···························洪三泰
青年诗作一束··························艺　辛　邓世禄
　　赵立星　张　维　芳　原

报告文学
广角镜下的西德·································魏家国
谢氏兄弟··························程贤章　廖红球　黄静远

文艺人物
黑丁走过的坚实之路·····························路　路

海外文潭
拉丁美洲的孤寂
——一九八二年诺贝尔文学奖领奖演说
··································[哥伦比亚]加夫列尔·
加西亚·马尔克斯　应小端译
爆发与反响
——关于加夫列尔·加西亚·马尔克斯···········舒大沅

花城论坛

创作与批评·作家与批评家

——上海部分文学刊物理论编辑笔谈

·······················周介人 晓 江 余 之

现实主义神话的一个重要课题

——读近几年中篇小说随想·············沙 均

美术作品

渔民形象（油画写生）···········潘 鹤 陈衍宁

1983 年第 4 期　刊名:《花城》
目录

中篇小说

糊涂（蚁美楷插图）···············高晓声

镶金边的云彩（汤集祥插图）·········绍 六

惊回千里梦（蒋维嘉插图）···········蒋维嘉

报告文学

安珂弟弟，你……·················方 亮

女活佛（唐大禧插图）·········秦文玉 朱宜学

作品争鸣

一个犯过错误的男人（中篇小说·若峪插图）

·······································黄铁男

香港作品选载

香港狂人（小说）···················陈浩泉

短篇小说

今夜霜降（汤集祥插图）·············乔雪竹

三个女人的公寓及其他

——留美生活剪影（刘仁毅插图）·······顾月华

文艺人物

文学与我

——答《花城》编辑部××同志问···········王 蒙

散文

凤凰小记（外一篇）·················柯 原

在人生的旅途上·····················林 非

狮（外二章）·······················任光椿

花中君子·····························鲁 野

岭上桃花·····························张振金

流派鉴赏

"垮掉的一代"文学和克鲁阿克·········王惟甦

在路上（选译）·····················张章译

回忆与思考

普利斯特莱一家（刘仁毅绘像）·········叶君健

诗歌

思念·团聚·························孙友田

天桥浮想·························野 曼

咏湖笔·····························杨 石

福星楼颂（外一首）·················罗源文

金色的希望·························丁 芒

来喝一碗家乡水（外一首）···········帅希倩

花城论坛

雄伟壮丽的革命史诗

——学习《叶剑英诗词选集》札记·······范 硕

读近年来反映特区的报告文学

——兼及刘宾雁、理由同志商榷·······李钟声

美术作品

双夏月儿一把镰（版画）·············许钦松

晨雾（版画）·······················晁 楣

1983 年第 5 期　刊名:《花城》
目录

中篇小说

秀南峰奇事（若峪插图）·············陈国凯

山女（张绍城插图）·················谭 谈

桔红色的校徽（刘仁毅插图）·········黄虹坚

莫名其妙的故事（梁照堂插图）·········茂 梅

捕蛇者（汤集祥插图）···············俞天白

短篇小说

城乡交界处（招炽挺插图）···········晓 剑

嫩蒸（陈文光插图）·················周 矢

报告文学

中国的监狱

——山东潍坊劳改支队纪实（刘仁毅插图）····顾笑言

流派鉴赏

新新闻主义

——"反小说"流派·················王惟甦

袖珍棺材——关于美国一个犯罪案件的非虚构小说

（中篇小说·上）·········[美]杜鲁门·卡坡特著

吴安迪译 罗 夫校

文艺人物

火在胸中燃烧

——二十年代留学日本的白薇·············白舒荣　何　由

散文
旅途拾零·····························高晓声
沪上小曲·····························苏　晨
南德春光·····························邓炬云

诗歌
寻觅（外一首）·······················柯　蓝
绿岛·······························朱光天
五月，我栽种繁荣（外一首）···········刘登翰
我的星·····························杜　新

花城论坛
林黛玉
——《〈红楼梦〉十二人物论》之一·······吴　颖

作品争鸣
关于《历史将争鸣》的来稿选登
悲剧的性格和正剧的前景···············冼　佩
探索与真实·························薄子涛
真实描绘当代社会的格局···············牧　知
不要忘记人物，尤其是"次要"人物·······魏　珂

美术作品
雕塑新作·····················尹积昌　曾肇权等

1983 年第 6 期　刊名:《花城》
目录

中篇小说
虚掩的土屋小院
——《在伊犁》之四（蚁美楷插图）·······王　蒙
沉沦的土地（刘仁毅插图）·············周梅森
"雅马哈"鱼档（林墉插图）·······章以武　黄锦鸿
最危险的时候（若峪插图）·············赵大年

短篇小说
古屋之谜（雷淑娟插图）···············苏　晖
深雪（雷淑娟插图）···················徐　然

流派鉴赏
袖珍棺材——关于美国一个犯罪案件的非虚构小说
（中篇小说·下）·············[美]杜鲁门·卡波特著
吴安迪译　罗　夫校

报告文学
旅程···························李玲修

文艺人物
风雨十年家国事——《自由——我的日记》（一九六
六——一九七六）·····················杨　沫

散文
一个有月亮的渡口···················贾平凹
北国花城···························朱　可
舞忆·······························赵丽宏
忆萧殷老师·························罗源文

香港作品选载
买楼记（短篇小说）···················白　洛

诗歌
广东诗作小辑·············韩　笑　陈绍伟　蔡宗周
叶知秋　陈小奇　张　芸

花城论坛
当代文学与文学的当代性
——西北地区文学评论家五人谈·······刘建军　陈　深
余　斌　王　愚　肖云儒
已经形成"岭南散文流派"吗？
——与郭小东、陈剑晖同志商榷·········周道清

美术作品
粉彩画·····························张　菊
附：我喜欢粉画·····················张　菊
艺术挂盘···························朱一圭

1984 年第 1 期　刊名:《花城》
目录

中篇小说
爱的同一（汤集祥插图）···············艾明之
一万元发明奖（若峪插图）·············刘汉勋
未来厂长和他的妻子···················陈朝行
索居者（张绍城插图）·················石　英
古文化遗址初探（陈文光插图）·········夏坚勇

短篇小说
蔡美娟与密斯康尼（刘仁毅插图）·······陈卓乾
朝天钉·····························尹　平

报告文学
香港雨霏霏·························理　由
绿色的梦···························郑　义

文艺人物
小说家聂华苓·······················阎纯德

回忆与思考
烽火中原——回忆刘少奇同志……………………王阑西

散文
大连行………………………………………………秦瘦鸥
塞外野店……………………………………………峻　青
栀子花………………………………………………肖　马
水乡二题……………………………………………杨羽仪

诗歌
特区献辞（外一首）………………………………郑　南
重返烟囱旁（二首）………………………………弘　征
一个扒松叶的小姑娘………………………………邓世禄

花城论坛
为建设社会主义精神文明而办好《花城》………本刊评论员
文学追赶青年的轨迹………………………刘思谦　孔凡青

作品争鸣
《一个犯过错误的男人》得失谈（四篇）
——广州文学讲习所学员讨论文章选登
…………………郑旭东　冯歌阳　邝瑞琴　张燕芬　董　戎

美术作品
水乡夜归人（套色木刻）…………………………潘行健

1984 年第 2 期　刊名：《花城》
目录

中篇小说
魔子（若峪插图）…………………………………韩石山
山洪（招炽挺插图）………………………………叶明山
悬崖（刘仁毅插图）………………………………郑电波
查理和他的煞星（卢延光插图）…………………何卓琼
握手之后（何岸插图）……………………………杜　峻

电影文学
春云碧血（张绍城插图）…………………沈默君　邓炬云

报告文学
戍守沙头角…………………………………………陈安先
太阳·小草…………………………………马继红　马春林
塔林深处……………………………………………周　锋

文艺人物
相知——傅抱石和罗时惠的青年时代……………山　谷

散文
阳朔秋游……………………………………………韦君宜
西湖月………………………………………………关振东
三月黄花……………………………………………范若丁

诗歌
诗的天山（二首）…………………………………邹荻帆
词四首………………………………………………马冰山
城市抒情（二首）…………………………………黄焕新
海天光恋曲…………………………………………晨　声
夜的光斑……………………………………………赖天锡

花城论坛
更上一层楼
——部分文学刊物报告文学编辑笔谈
…………周　明　刘　茵　罗达成　杨　旭　钟子硕

美术作品
广东省农村农场新貌画展作品选………叶献民　王恤珠
熊兆瑞　于秉正　邓立桓　苏晏如

1984 年第 3 期　刊名：《花城》
目录

中篇小说
祖母绿（林墉插图）………………………………张　洁
日程紧迫（陈文光插图）…………………………刘心武
在查干陶拉盖草原上（蚁美楷插图）………木伦·乌拉
穿过大街小巷（汤集祥插图）……………………黄虹坚
迷恋清香的人（张绍城插图）……………………谢　璞
毕业在夏天（刘仁毅插图）………………………陈金堂
待字闺中……………………………………………龚笃清
液体海底（何岸插图）……………………………张　珉

香港作品选载
模特儿之恋（中篇小说）（苏家杰插图）………张君默

创作与批评
刘心武论……………………………………………陈骏涛

美术作品
鹿回头（雕塑）
附：关于巨型雕塑《鹿回头》……………………林毓豪

1984 年第 4 期　刊名:《花城》
目录

中篇小说

雪下（张绍城插图）……………………………张笑天
漂在湖面上的倒影（雷淑娟插图）……………顾笑言
生活的激流……………………………………余松岩
梦绕神州（陈衍宁插图）……………………彭　拜
琵琶缘（若峪插图）…………………………曾德厚

短篇小说

红云（刘仁毅插图）…………………………元　杰
花·果…………………………………………刘浩华
亲情（刘仁毅插图）…………………………王永海
孔伯和他的"社会机器"……………………杨钧伟

文艺人物

漫记骆宾基……………………………………刘景华

散文

井上靖印象记
——访日追记………………………………海　笑
欢跃的箭头…………………………………野　曼
忆梅苑………………………………………延　梅
富春江之游…………………………………杜渐坤

诗歌

夜的回忆……………………………………刘　虔
岭南风……………………罗　沙　郭光豹　樱　子
词一束……………………黄施民　李汝伦　李浦荣

花城论坛

笑谈首届"《花城》文学家（一九八三年）"获奖作品
……………………饶芃子　罗源文　黄伟宗　黄培亮
黄树森　张木桂　张奥列　霍之键　蔡运桂　钟子硕
祝愿与期望…………………………………本刊编辑部

1984 年第 5 期　刊名:《花城》
目录

中篇小说

停产之后（赖征云插图）……………………郭松元
错过太阳和群星的人（若峪插图）…………张笑天
侦破案外录（司徒棉插图）…………………水运宪
跌跤姻缘（苏小华插图）……………………高晓声
月亮，摇晃着前进（刘仁毅插图）…………刘西鸿

短篇小说

焰火（杨小产插图）…………………………王　蒙
年画（苏家杰插图）…………………………李延庆

台湾作品

山路（小说）…………………………………陈映真

报告文学

别有一难在人间……………………………柳　明
一个冒牌登山队员的日记…………………匡　满

散文

京都春雨……………………………………袁　鹰
圆明园俯拾（外一篇）……………………杨光治
梅花魂………………………………………陈慧瑛

诗歌

珠江三角洲…………………………………郭玉山
黎明，广九线上（外一首）………………寒　星
花城诗广场………………晏　明　罗源文　杜　牧
晨　声　于　沙

花城论坛

智慧的海
——读张洁的《祖母绿》…………………苏　晨
走出五岭山脉
——兼评伊始小说集《黑三点》……………谢望新

美术作品

石湾陶塑选…………………………………刘　传　庄　稼
附:《漫话石湾公仔》…………………刘泽锦　廖洪标

1984 年第 6 期　刊名:《花城》
目录

中篇小说

崛起的群山（刘仁毅插图）………………周梅森
转折关头……………………………………廖　琪
春无踪迹（林墉插图）……………………王小鹰
五花草地（若峪插图）……………………肖复兴
为了并不爱的爱（陈衍宁插图）…………陆星儿

短篇小说

试装（谢顺景插图）………………………雁　舒
訾土栓要房记（陈文光插图）……………刘云录

创作与批判

时代的长轴图卷　新的反封建文学

——评周梅森的系列中篇──────陈 辽

报告文学
热血男儿─────────────李士非

散文
看不见的光
——弥尔顿（一六〇八——一六七四）故居及其他
　　　　　　　　　　　　　　　　　　宗 璞
驼铃声声脆────────────启 治
川陇行──────────────竹 林
榕之曲─────────────陈志泽
绿色的梦（外一章）──────────郑 莹

诗歌
平常一天的思考────────────野 曼
沙头角小街（外一首）──────────郑 南
花城诗广场──────肖岳华 郭继联 黄东成
姜澍川 范 康 张 维

花城论坛
关于台湾小说创作───────────聂华苓

美术作品
待归·春潮────────甘长霖 张桢祺

1985 年第 1 期　刊名:《花城》
目录

中篇小说
一个系统工程学家的遭遇（马泽霖插图）──柯云路
越过警戒线（林兆基插图）────────江广生
弟弟，妹妹，哥哥啊！（若峪插图）───乔雪竹
征婚（何岸插图）──────────────肖 为
一个女人给三个男人的信（刘仁毅插图）─曾应枫

港台文学
选美前后（长篇小说连载·上）──────陈浩泉

花城论坛
《花城》中篇又一年（两篇）──────方 晴 黄益庸

美术作品
彭湃（水彩）──────────陈秀莪 胡钜湛
我和我的一家（水彩）─────────曾正明
附：水彩、水粉画的创作大有可为────周佐愚

1985 年第 2 期　刊名:《花城》
目录

传记文学
张蓉芳传────────────刘耀辉

中篇小说
日落的庄严（蚁美楷插图）─────乔雪竹
夏天过去了（张绍城插图）──────方 方
彩色的大地（廖红球插图）────程贤章 廖红球
爱情不是比翼鸟（吴海鹰插图）────汪 洋

港台文学
选美前后（长篇连载·中）──────陈浩泉

报告文学
青山遮不住────────────熊 诚

散文
泉州五题─────────────郭 风
梦里岚山────────────姜德明

诗歌
白山黑水─────────────韩 笑
花城诗广场──────叶知秋 舒巷城 晨 声 莫少云

花城论坛
实行文学的改革　鼓吹改革的文学
——记"一九八四年文学与改革研讨会"
　　　　　　　　　本刊特约记者 钟晓毅

美术作品
珠江乡情（版画三幅）──────廖慧兰
特区正午（油画）─────────何克敌

1985 年第 3 期　刊名:《花城》
目录

中篇小说
孤独的马克辛───────────杨东明
前市委书记的白昼和夜晚───────张笑天
紫石砚（陈文光插图）────────叶文玲
初人四记（张绍城插图）──────贾平凹
此剧哪有尾声（刘仁毅插图）─────张 欣

港台文学

选美前后（长篇选载·下）························陈浩泉

创作与批评

叶文玲"小溪风格"之得失与流变··············刘思谦

文艺人物

彤彤报国心——海粟老人小记··········张 欣 王长胜

短篇小说

"开发"日记··················王家达

沙滩上··················任光椿

散文

我和长城··················端木蕻良

澳门纪游··················林 彬

雕塑门外谈··················赵丽宏

诗歌

追赶太阳的人··················白 桦

茉莉花集··················纪 鹏

美术作品

欢乐的大地（雕塑）··················吴慧明

海嫚（雕塑）··················李振才

1985 年第 4 期　刊名:《花城》
目录

中篇小说

"二七八团"（蚁美楷插图）··········赵大年

河的声音（刘仁毅插图）··········聂鑫森

坠子皇后（刘仁毅插图）··········吴 萍

街角有棵冬青树（陈衍宁插图）··········李叔德

冷色·暖色（张绍城插图）··········王永海

创作与批评

赵大年论··················高玉琨

短篇小说

桥··················孙 颙

"善良的东西"··················杜 埃

报告文学

金三角··················理 由

盖世一鬼才··················傅溪鹏

散文

花朵上的露珠··················柯 蓝

六月的故事··················王安忆

诗歌

都市人生（四首）··················黄河浪

花城诗广场··········冯麟煌 郭光豹 蔡宗周

汪国真 黄振超 朱光天

花城论坛

卓有成效的耕耘（四篇）——花城出版社长篇小说论评

·······刘 齐 孙武臣 何镇邦 蔡 葵

美术作品

温暖的风（油画）··················阎振铎

1985 年第 5 期　刊名:《花城》
目录

中篇小说

假面舞会（若峪插图）··················苏叔阳

黑色的太阳（张绍城插图）··················周梅森

下里巴人（陈文光插图）··················陈国凯

第十六桩离婚案（招炽挺插图）··········秦瘦鸥

孤独的人（许钦松插图）··················沈仁康

作品争鸣

船儿也曾有过舵（中篇小说）（蚁美楷插图）

··················哲 夫

港台文学

幸运草（中篇小说）··················琼 瑶

散文

绿叶赋··················贺 青

火海刀锋上的美——傈僳族刀杆节风情··········张永权

诗歌

致花城··················鲍 昌

鱼脊骨··················岑 桑

金陵情思··················柯 原

花城论坛

拓展新的思想和题材空间

——女性评论家笔谈第二届"《花城》文学奖"获奖

作品··················陈惠芬 陈素琰

刘思谦 盛 英 牛玉秋 吴宗蕙

寻求新的更宽阔的道路

——论叶文玲近期创作·······················梅惠兰

美术作品
《花城》文学奖纪念塑像（铸铜）
··················梁明诚　利智人　关振夏摄影

1985 年第 6 期　刊名:《花城》
目录

中篇小说
杂木林的呼唤（陈文光插图）···········赵本夫
冬夜备忘录（罗永平插图）·············杨干华
旷野的风（若峪插图）···················珊　泉

创作与批评
论赵本夫和他的小说···················李炳银

报告文学
弱者，不是女人的名字·················陈安先

港台文学
翦翦风（长篇小说）（刘仁毅插图）·······琼　瑶

短篇小说
铁匠街恩怨···························魏继新
"生红砖"趣事（汤集祥插图）···········徐　慎
她的初恋
——小赵····························储福金
谁是报幕的人·······················姜　磊

诗歌
山水有情····························野　曼
火炼的艺术··························张永枚
花城诗广场······················喻　晓　洪　亮
肖岳华　晨　声　陈忠干

花城论坛
文学的新意向：开放性与现代感·········张奥列
您在为未来思考
——读《一个系统工程学家的遭遇》致柯云路
··································董大中
生命和信仰的丰碑
——谈谭日超的长篇小说《爱的复苏》·····郭志刚

美术作品
雕塑新作····························林毓豪

1986 年第 1 期　刊名:《花城》
目录

中篇小说
贞女——爱鹅滩故事（张绍城插图）·········古　华
男神（蚁美楷插图）···················喻　杉
给你奏一支梦幻曲·····················黄蓓佳

短篇小说
荨麻崖（若峪插图）···················乔雪竹
无竹的竹林村
——菇母山故事之十二（汤集祥插图）·······叶蔚林
多极的世界··························陈继光

传记文学
郭沫若归国··················吴民民　吴基民

港台文学
翠袖（短篇小说）·····················钟晓阳

散文
北极村秋色··························苏　晨
散步散记····························张守仁

诗歌
我的种子在歌唱·······················刘　虔
花城诗广场··············戚积广　马　莉　黄东成
杨光治　于　最　冯麟煌

花城论坛
乔雪竹论····························范若丁
"劝百而讽一"·······················浩　成

美术作品
热天·······························何坚宁
鱼（丙烯画）·························钟安之
风景（丙烯画）·······················胡国良

1986 年第 2 期　刊名:《花城》
目录

中篇小说
国风（司徒绵插图）···················周昌义
血染罂粟红（张绍城插图）·············胡正言
木槿花又开了（林墉插图）·············俞天白
瓦斯·······························蒋法武
跳出爱的漩涡·························楚　明

港台文学

牡丹的丹　蔷薇的薇 ⋯⋯⋯⋯⋯⋯⋯⋯⋯ 亦　舒

短篇小说

上海最后的迪斯科（刘仁毅插图）⋯⋯⋯⋯⋯ 李云良
鱼鳞 ⋯⋯⋯⋯⋯⋯⋯⋯⋯⋯⋯⋯⋯⋯⋯⋯ 雁　舒

散文

我们走向海（外一篇）⋯⋯⋯⋯⋯⋯⋯⋯⋯ 曾　卓
香港来去 ⋯⋯⋯⋯⋯⋯⋯⋯⋯⋯⋯⋯⋯⋯ 谭朝阳
绿地——纽约小景 ⋯⋯⋯⋯⋯⋯⋯⋯⋯⋯ 丁　炜

诗歌

中央公园散曲 ⋯⋯⋯⋯⋯⋯⋯⋯⋯⋯⋯⋯ 秦　松
命运 ⋯⋯⋯⋯⋯⋯⋯⋯⋯⋯⋯⋯⋯⋯⋯⋯ 鲁　萌
花城诗广场 ⋯⋯⋯⋯⋯⋯⋯⋯⋯ 黄焕新　于浩成
李汝伦　龙彼得　陈　智

美术作品

正午（油画）⋯⋯⋯⋯⋯⋯⋯⋯⋯⋯⋯⋯⋯ 何坚宁
丙烯画（压克力·塑胶彩）①觅诗　②沉思罗汉
③大江东去　④打金枝　附:《浅谈"压克力"画》
⋯⋯⋯⋯⋯⋯⋯⋯⋯⋯⋯⋯⋯⋯⋯⋯⋯⋯ 余国宏

1986 年第 3 期　刊名:《花城》
目录

中篇小说

泼雪泉（刘仁毅插图）⋯⋯⋯⋯⋯⋯⋯⋯⋯ 张笑天
红尘（张绍城插图）⋯⋯⋯⋯⋯⋯⋯⋯⋯⋯ 霍　达
沙漠（蚁美楷插图）⋯⋯⋯⋯⋯⋯⋯⋯⋯⋯ 周昌义
同林鸟（汤集祥插图）⋯⋯⋯⋯⋯⋯⋯⋯⋯ 卢建中
昨夜星辰昨夜风（若峪插图）⋯⋯⋯⋯⋯⋯ 苏叔阳
墨子巷（若峪插图）⋯⋯⋯⋯⋯⋯⋯⋯⋯⋯ 潘　军
自己的天空（卢延光插图）⋯⋯⋯⋯⋯⋯⋯ 刘西鸿
崩溃的楼阁（司徒绵插图）⋯⋯⋯⋯⋯⋯⋯ 墨　桅

创作与批评

论苏叔阳的创作 ⋯⋯⋯⋯⋯⋯⋯⋯ 缪俊杰　何启治

港台文学

红尘劫 ⋯⋯⋯⋯⋯⋯⋯⋯⋯⋯⋯⋯⋯⋯⋯ 廖辉英

美术作品

椰（油画）⋯⋯⋯⋯⋯⋯⋯⋯⋯⋯⋯⋯⋯⋯ 何坚宁
广州水彩画研究会作品选
静物 ⋯⋯⋯⋯⋯⋯⋯⋯⋯⋯⋯⋯⋯⋯⋯⋯ 王肇民
出城 ⋯⋯⋯⋯⋯⋯⋯⋯⋯⋯⋯⋯⋯ 李醒滔　梁照堂

觅 ⋯⋯⋯⋯⋯⋯⋯⋯⋯⋯⋯⋯⋯⋯⋯⋯⋯ 黄亦生

1986 年第 4 期　刊名:《花城》
目录

中篇小说

死湾（马文西插图）⋯⋯⋯⋯⋯⋯⋯⋯⋯⋯ 黄　尧
田家闲月（李晨插图）⋯⋯⋯⋯⋯⋯⋯⋯⋯ 刘绍棠
阴间（刘惠汉插图）⋯⋯⋯⋯⋯⋯⋯⋯⋯⋯ 孙少山
怪客（涂志伟插图）⋯⋯⋯⋯⋯⋯⋯⋯⋯⋯ 张　宇
机关"混子"（司徒绵插图）⋯⋯⋯⋯⋯⋯⋯ 王金年

创作与批评

刘绍棠论 ⋯⋯⋯⋯⋯⋯⋯⋯⋯⋯⋯⋯⋯⋯ 肖云儒

报告文学

悲剧的价值
——关于前国家足球队主教曾雪麟的报告 ⋯⋯⋯ 傅溪鹏
老舍的一家人 ⋯⋯⋯⋯⋯⋯⋯⋯⋯⋯⋯⋯ 赵大年

短篇小说

人与鹤 ⋯⋯⋯⋯⋯⋯⋯⋯⋯⋯⋯⋯⋯⋯⋯ 任光椿
沉默的小路 ⋯⋯⋯⋯⋯⋯⋯⋯⋯⋯⋯⋯⋯ 谢致红

散文

告别丁香馥郁的小院（外二篇）⋯⋯⋯⋯⋯ 吴宗蕙
集美叹美 ⋯⋯⋯⋯⋯⋯⋯⋯⋯⋯⋯⋯⋯⋯ 鲁　野

诗歌

现代人的瞳仁（外一首）⋯⋯⋯⋯⋯⋯⋯⋯ 洪三泰
江峡行吟（绝句四首）⋯⋯⋯⋯⋯⋯⋯⋯⋯ 王为政
大学生诗页 ⋯⋯⋯⋯⋯⋯⋯⋯ 莫　琳　林贵民　草　田
伍方斐　林立德　厉　宁
花城诗广场 ⋯⋯⋯⋯ 黄振超　刘　军　晨　声　黄　天

作品争鸣

关于《船儿也曾有过舵》的讨论（三篇）
⋯⋯⋯⋯⋯⋯⋯⋯⋯ 陈　村　钟晓敏　何　慧

花城论坛

试论崛起于新时期的广东女作家 ⋯⋯⋯⋯⋯ 陈志红

美术作品

佛山画院作品选
⋯⋯⋯⋯⋯ 张自强　陈　海　邹　莉　陆　驰　张温轶

1986 年第 5 期　刊名:《花城》
目录

第三届（一九八五）"《花城》文学奖"获奖作品

中篇小说
收审记
——《饥饿综合症》之一（张绍城插图）——蒋子龙
农人（姬德顺插图）——伊　始
白珊瑚（司徒绵插图）——王兆军　冯　新
岸与流（杨依现插图）——航　鹰
白栅栏（若峪插图）——张　欣
萌（汤集祥插图）——佳　峻

创作与批评
蒋子龙的小说艺术——夏康达

报告文学
东篱高士——江　迅

文艺人物
洛桑，洛桑……
——我所认识的韩素音——古　华

散文
青岛，碧海青天春常驻——碧　野
诗星，从这里升起——写在杜甫故里——张若愚

诗歌
漂流大陆——公　刘
墓前泪——罗　沙
木鱼声声——郑成义
我不知道——高　戈

港台文学
三毛作品选
黄昏的故事
饺子大王
巫人记
背影

美术作品
七月与流火（油画）——何坚宁
西方现代绘画、雕塑作品选
雕塑：（左）《被破坏的跃》
（右）《团结—分裂—团结》——[法]乔治·济日尔
油画：《圣景和一只小熊》——[英]哈斯丁
附：简介——陈启耀

1986 年第 6 期　刊名:《花城》
目录

长篇小说
平凡的世界（若峪插图）——路　遥

报告文学
转型人——祖　慰

中篇小说
老鱼吹浪——李杭育
献给爱丽丝——万　方

创作与批评
李杭育初论——季红真

短篇小说
从冬眠中醒来——[留美学生]顾月华

美术作品
海南风情（油画）——何坚宁
访美写生（油画）——王恤珠

1987 年第 1 期　刊名:《花城》
目录

中篇小说
献上一束夜来香（林墉插图）——谌　容
困惑，在双轨上运行
——教授和狼孩的同构（卢延光插图）——祖　慰
四月的归来
——大学风情之一（若峪插图）——肖复兴
闲聊宦子塌（姬德顺插图）——方　方

短篇小说
巨灵大人（汤集祥插图）——高晓声

散文
送——戴厚英
其色可餐——苏　晨
热带的鳞爪——黄傲云

诗歌
一束白色花——七月派诗人新作
——罗　飞　杜　谷　曾　卓　罗　洛等
大学生诗页——陈　寅　汤　宏　野　月　贾晓伟

报告文学
辩护律师 ································· 陈安先

外国文学
五点四十八分开出的列车（苏家杰插图）
··············· ［美］约翰·奇弗著 饶巧虹译

花城论坛
"人"的觉醒
——"五四"新文学中所见的西方精神 ········· 童炜钢
人道主义
——一个不断演进的文学潮流 ············ 白 烨
艺术上新的锐进
——第三届（1985）"《花城》文学奖"获奖作品笔谈
（四篇） ······································· 王 愚
林文珊 陈孝英 刘建军

美术作品
《故乡的窗》《平湖》《穿越》《紫光》 ·········· 张自强
骆启泉 岑兆伟 陆 驰

1987 年第 2 期 刊名:《花城》
目录

报告文学
血染的风采（符图绘图） ················· 舒大沅
温州与温州人（雷振华题图） ············· 孟晓云

中篇小说
第七圈第二环的两个女人 ················· 陈 放
游戏规则（王维加插图） ················· 石 涛

短篇小说
小红帽 ································· 高尔品
人间奇闻二题 ························· 陈应松
窗外，有棵白杨 ······················· 赵金九

散文
湘航 3602 轮出港
——随航随笔 ························· 叶蔚林

诗歌
大学生诗页 ······· 樊松球 宋 强 王立新 王绍忠

广东女作家作品小辑
孙家天下（中篇小说·杨小彦插图） ········· 曾应枫
短篇二题 ····························· 筱 敏
小白船·云彩国（中篇小说） ············· 李兰妮

长明灯（报告文学） ··················· 李春晓

港台文学
爱情的死亡（若峪插图） ················· 亦 舒

花城论坛
文学人性十年 ························· 顾 骧

美术作品
老英雄剪影 ··························· 山 魂

1987 年第 3 期 刊名:《花城》
目录

中篇小说
长牙齿的土地（陈健麟插图） ············· 哲 夫
差之毫厘（杨敏插图） ··················· 陆永基

现代流向
理想冲突中的理想——现代道德面面观 ······· 祖 慰

诗歌
潮汕平原行歌（二首） ··················· 郭光豹
花城诗广场 ················· 王建渐 安 桉等
大学生诗页 ················· 秋 夫 彭天波等

散文
"新吉普赛人"——《欧行浪迹》三章 ········· 苏 炜
南海纪行 ····························· 高晓声
香港，香港…… ······················· 陈卓乾

广东女作家作品小辑
眼志（中篇小说·雷振华插图） ············· 罗建琳
竹篱笆（中篇小说） ····················· 黄虹坚
肖像（中篇小说） ······················· 卢 迈

港台文学
票房（苏家杰插图） ····················· 施叔青

作家自述
并非有趣的自述 ······················· 谌 容

花城论坛
一部具有内在魅力的现实主义力作
——路遥长篇小说《平凡的世界》（第一部）座谈纪要
无法回避的选择
——从《人生》到《平凡的世界》 ··········· 李 星

美术摄影作品
欧行掠影··苏 炜

1987 年第 4 期　刊名:《花城》
目录

中篇小说
冷血（若峪插图）·································周梅森
沙地牛仔（陈健麟插图）·······················郭雪波
凝视你的眼睛（诘苍插图）·····················苏叔阳

报告文学
军校敢死队（雷振华题图）·····················金绍任
外切圆···柳 明

纪实文学
三个犯罪的女人（雷振华题图）·················傅 荻

短篇小说
少年时（阿侗插图）·····························刘学林
人的故事··································[瑞士] 赵淑侠

诗歌
关于"音乐抒情诗"·····························鲁 萍
大学生诗页·······················范德平 李仕淦等

散文
我从中国大陆来·····················[留美学生] 余小华
巴黎——沙多·吉里散记·························韩 慎

花城论坛
五四文学与新时期文学比较论·········魏 威 朱小如
一部震撼人心的时代曲
——谈长篇小说《危城》·····················包忠文
架起理解的桥梁——驻老山部队代表与编辑、读者对
话侧记··································吴志鸿 温眉眉

美术摄影作品
驻老山不对代表与编辑、读者对话剪影·········李少文
室内···陈 军

1987 年第 5 期　刊名:《花城》
目录

永别了，大学（张绍城插图）···················周昌义
凶宅（王为政插图）·····························王为政
故地重游（若峪插图）···························张 为

短篇小说
蓝白染坊···苏 童
无价之宝（蒙复旦题图）·······················薛 冰

报告文学
深山里的国魂（张绍城题图）···················李建军
比基尼：中国字典的新名词（陈健麟题图）
··黄济人

现代流向
上穷碧落下微尘
——杨振宁教授访问记·······················张文达

散文
第五十颗星星·····································张笑天
西瓜协会的神通···································苏 晨

诗歌
花城诗广场·····················韩 笑 野 曼 柯 原
大学生诗页·····················马利军 烈 夫等

港台文学
潘渡娜···张晓风

花城论坛
在思维空间的拓展中构筑智的世界
——论祖慰的报告文学世界···················张小东
理解——爱的天平
——读戴厚英散文《送》·····················傅禄纲
长跑诗人之歌——读韩笑近作《南国旅伴》《白山黑
水》随感·······································胡 真

美术作品
带镜子的肖像·····································尹 易

1987 年第 6 期　刊名:《花城》
目录

"中国潮"（报告文学征文）
中国体育界（上篇）·····························尹卫星
一九八七：生存空间
——关于我国住宅商品化的可行性文学报告···陈祖芬
最后的古都——关于一个城市和她命运的镜头剪辑
（李碧华题图）·····················苏晓康 蔡原江
愿将琴瑟比前贤···································何启治

中篇小说
孤旅（蚁美楷插图）·····························周梅森

上上王（陈健麟插图）——————肖建国

短篇小说
选择的历程——————王　蒙
今天情人节——————刘西鸿

散文
帝都梦寻——————孔捷生

花城论坛
社会心理的深刻解剖
——评谌容的《献上一束夜来香》——————安尚育

1988 年第 1 期　刊名:《花城》
目录

编者自白——————本刊编辑部

中篇小说
秋天的盼望（卢延光插图）——————程乃珊
十年河东十年河西（若　峪插图）——————刘绍棠
你跟我来，我给你水喝（陈健麟插图）——————严歌苓

"中国潮"（报告文学征文）
清醒，裹着一层恍惚
——在第三态下报告学者叶廷芳——————祖　慰
中国体育界（中篇）——————尹卫星
北回归线上的绿洲——————王　曼

短篇小说
门框胡同记事——————霍　达
新娘没有来——————高晓声

散文诗
寻找的悲歌——————刘再复

美术作品
弹曼陀林的姑娘（油画）——————毕加索
有糕饼的静物（油画）——————毕加索

1988 年第 2 期　刊名:《花城》
目录

中篇小说
国殇（王维加插图）——————周梅森
诺言（若　峪插图）——————尤凤伟
女子公寓（若　峪插图）——————黎珍宇

"中国潮"（报告文学征文）
中国体育界（下篇）——————尹卫星
从三保太监船队带出的故事——————岑　桑

短篇小说
背影——————苏炜　银柳　梁晴

散文
德意志思考——————从维熙

花城论坛
都市文学的新拓展
——程乃珊小说创作探踪——————丘　峰
沉重负荷下的辛酸的呼号
——周昌义创作论——————胡德培

1988 年第 3 期　刊名:《花城》
目录

中篇小说
猎人家族（若　峪插图）——————刘　恪
消夏时节（岑圣权插图）——————胡　健
洞（姬德顺插图）——————唐　栋
星星索——————陈吉蓉

报告文学
台湾海峡——————贾鲁生　郭庭钧
"第三空间"的"闲暇美"——————祖　慰
南海有"核战"——————张世黎

散文
沉船——————唐　弢
乌头牛——————骆　文
情到深处——————王英琦

短篇小说
傲骨（王为政插图）——————王为政
诱惑之夜（李碧华题图）——————廖晓勉

诗歌
思辨的人生（组诗）——————黍焕颐
桂林——————金绍任
神奇的海（组诗）——————潘健生

港台文学
沙猪传奇——————张系国

花城论坛

1987年《花城》中篇小说评述······叶小帆

美术作品

春······陈少雄

1988 年第 4 期　刊名:《花城》
目录

中篇小说

生之惑（诘　苍插图）······斯　塔
沙狼（王维加插图）······郭雪波
告别（若　峪插图）······陈　村
鬼眼（汤集祥插图）······陈国凯

报告文学

长城对话录（李碧华题图）······刘方炜　金　辉
中国超人······郭同旭

短篇小说

让我再攀住你的肩膀······阿　毛
隐宅······何立伟
渐渐消失的昨天······何继青

散文

忆秦似······公　刘
川滇的痕迹······杨光治
红松的故乡······丁　羽

诗歌

舞族······骆一禾
谣曲······雁　北
和平之冬······大　仙

花城论坛

"人学"意识的沉醒
——观念与小说创作的拓进······白　烨
第四届（1986）"《花城》文学奖"获奖名单

1988 年第 5 期　刊名:《花城》
目录

中篇小说

准备就绪（若　峪插图）······伊　丽
冰坝（姬德顺插图）······梁晓声
井中男孩（潘　雷插图）······苏　童
白蛾······小　燏

报告文学

鲁布革阵痛之秘······汤世杰　李鹏程
来自亡灵世界的报告······江　灏

短篇小说

盲人······唐　镇
高地女神······宋树根

诗歌

花城诗广场······西　川　舒　洁　一　禾
曹　剑　安然子　胡兰芳
大学生诗页······李凯霆　刘建民　老　四
张良明　汪　威

花城论坛

心灵启示录
——读刘再复《寻找的悲歌》······李以建

1988 年第 6 期　刊名:《花城》
目录

报告文学

太行山断裂（李碧华题图）······赵　瑜
风险像影子一样跟着你
——记珠江啤酒厂的创业者们······赵大年

中篇小说

古槐道院的女师女徒（若　峪插图）······梅汝恺
蝙蝠······赵本夫
地脂（黄穗中插图）······（藏族）扎西达娃
活动蜡像馆（雷淑娟插图）······一　卉
茶仙（苏小华插图）······廖　琪

短篇小说

天之上，地之下（刘洪彪题字）······尹卫星
1988·关于报告文学的对话······苏晓康　贾鲁生
麦天枢　尹卫星　赵　瑜
长篇报告文学《中国体育界》讨论纪要······西　南

散文

鸥外鸥······徐　迟
千岛湖上中秋夜······胡天风

1988·《花城》报告文学对话会剪影

1989 年第 1 期　刊名:《花城》
目录

中篇小说

沉浮（若　峪插图）·································霍　达
女人秋（芮　山插图）·····························阎强国
劣种（汤集祥插图）·······························陆永基

报告文学

呵，研究生···许俐丽

散文

胡风和他的亲人、友人·····························路　莘
日本风情录···陈彬彬
相识在瑞士···王为政

短篇小说

保姆···曾应枫

港台文学

海淀姑娘顺子·······································林海音

花城论坛

战争：一种故事、一座陷阱、一次体验、一个虚境
——关于周梅森四部战争小说的四种对话方式
···························费振中　王　干

1989 年第 2 期　刊名:《花城》
目录

中篇小说

十七八岁的人生（黄穗中插图）·····················梁　贵
临时天堂（舒　洁题图）···························老　乔
贱年之后那个冬天（陈　军插图）···················薛友津

现代流向

生命本体认识论与哲学家·····························廖雨兵

报告文学

神圣的崩溃···吴　勋
南国风流···莲　子

短篇小说

小说二题···魏志远

诗歌

从天山到五指山（五首）·····························高　深

白房子···李明瑞
劳动者语言录·······································一　村

花城论坛

论文学的可评性与可评的局限性·······················胡　平
贾鲁生报告文学创作论·······························李炳银

1989 年第 3 期　刊名:《花城》
目录

《花城》十年作家贺辞

中篇小说

天涯丽人（若　峪插图）·····························张曼菱
无毛两脚类（姬德顺插图）·························哲　夫
野火（姬德顺插图）·······························熊尚志

报告文学（"中国潮"征文）

难题···勇　直

短篇小说

鬼妻···万　捷
东京的孤独（林　墉插图）·············[日本]猿渡静子

散文

永久的怀念···陈　健
比尔二十八小时·····································王为政

花城论坛

且说长篇小说
——文学对谈录之一·····························王　蒙　王　干

1989 年第 4 期　刊名:《花城》
目录

中篇小说

事变（若　峪插图）·······························周梅森
大水（林　琳插图）·······························郭雪波
学院舞台（林　琳插图）·····························吴　楠

通俗小说

糊涂姑娘荒唐事（姬德顺插图）·······················韶　华
关于通俗文学

短篇小说

梦天···陈善埙

报告文学

寻找（芮山、兆光题图）·············稻 草
五三数学式···················汪 洋

诗歌

太子、刺客和美人（组诗）··········李亚伟
情诗选章····················马 松
吉梦（外一首）················梁 乐

散文

比利时风情··················张笑天

花城论坛

幽暗国度里的光明··············陈晓明
关天"周梅森现象"的对话··········本刊编辑部

诗歌

给一位女诗人（外一首）···········伊 蕾
城堡下·····················袁利荣
吟紫荆关····················刘更申
没有句号的诗（外一首）···········野 曼
雾之歌（外一首）··············柯 原
嘉峪关·····················匡文留
铜奔马及其复制品··············高 平

散文

心歌（散文诗三章）·············周 勤
爱，是温馨的
——《冰心传》节选·············卓 如

报告文学

健力宝沉思录·················李钟声

1989 年第 5 期　刊名:《花城》
目录

中篇小说

黑白之道（黄穗中插图）···········孔捷生
十三阶（若　峪插图）············懿 翎

散文

扫路人····················何德桓

现代流向

找到"宿命"·················廖雨兵

报告文学

形形色色的罪案背后·············雷 蕾

1989 年第 6 期　刊名:《花城》
目录

中篇小说

"雪鱼"（黄穗中插图）···········黄康俊
神钓·····················程 鹰
外面的世界（邹立方插图）··········戚小彬
"空军"（若　峪题图）···········张 力
天书（姬德顺插图）·············张 弛
风流误（黄穗中插图）············高尔品

短篇小说

黄昏二章···················雷 铎

《花山》

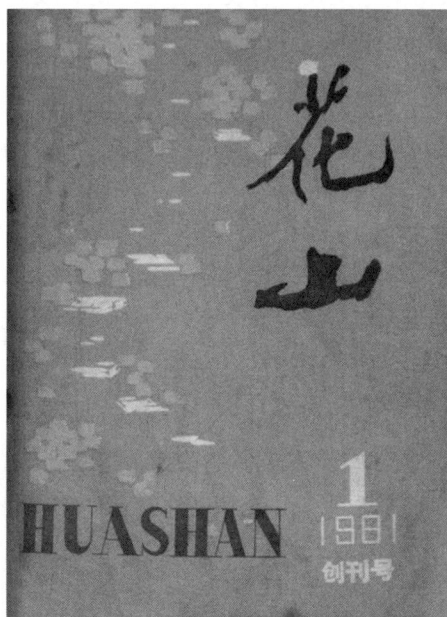

【简　介】

　　综合性文学双月刊。河北省保定市文学艺术界联合会主办。创刊于 1981 年。其刊登作品体裁主要有小说、诗歌、散文、报告文学、文学评论等。内容多贴近世俗人世，注重作品的民间性和趣味性。

期刊号:1981 年第 1 期—1983 年第 6 期

发刊词

《花山》文艺双月刊，沐浴着党的雨露和阳光，迎着 1981 年的乍暖早春，在北国保定地区这块肥田沃壤上破土而出——它的创刊号，和广大读者见面了。

《花山》坚持为人民服务、为社会主义服务的方向，贯彻百花齐放、百家争鸣的方针；立足本地，面向人民，繁荣创作，促进四化，为发现和培育创作幼苗而辛勤耕耘，为给人民提供高质量的精神食粮而努力。

《花山》是屹立在北国保定地区的一座花果之山。它的春花和秋实，必然带有浓重的地方色泽和味道；它的内容和形式、容貌和风格，都将具有这个地区的特点和个性。《花山》是我地区文联各协会会员和广大专业、业余文艺作者的园地，肩负着培育文艺幼苗、培养文艺创作人材的光荣任务。本刊要为此做出艰辛的努力。同时，希望全国各地老作家、诗人、艺术家，尤其是曾在我区生活和战斗过的老前辈给予栽培和灌溉、扶植和支持。

《花山》要满腔热忱地宣传马列主义、毛泽东思想，宣传科学社会主义，旗帜鲜明地反对极左路线的流毒，反对官僚主义和特权思想等，使它成为坚强的社会主义文化思想阵地。

《花山》是百花齐放的文艺园地。它提倡民族风格和地方特色，但决不排斥吸收外来的东西为我们所用；提倡不同风格、不同流派的文艺百家争鸣，提倡题材、体裁、形式的多样化。要以它的千姿百态和奇香异采，吸引辛勤的蜜蜂传粉酿蜜，供山南海北的旅客游人观赏和品评。

《花山》上的每一枝花朵，都是为我们的人民开放；《花山》上的每一粒果实，都是为我们的人民而结。

1981 年第 1 期　刊名:《花山》
目录

发刊词
花山小札 .... 田　间
花山的忆想 .... 李满天

呐喊呐喊（小说）................... 赵　新
冒傻气的妻子（小说）............... 杜聚成
隐患（小说）................ 曹敏然　曹万春

信天鹏和海匪的女儿（长篇连载）..... 单学鹏

小小说
罪过 .... 张建国

凉水塔下 .... 刘文祥
奖赏 .... 熊家宣
一张病假条 .... 车志辉

苏门马六雨潇潇（散文）............. 陈大远
都是同学（散文）................... 韩映山
汗珠赋（散文）..................... 吴雁之
钟声（散文）....................... 思　之

围困旦八寨（革命回忆录）........... 白志文

诗友唱和录 .... 任彦芳　流沙河
戏画题咏 .... 夏绀弩　吴祖光等
京华情采（诗）.......... 顾绍康　王金秋等
新松集（诗）............ 王　滢　韩曼茹等
短笛集（诗）............ 公　李　刘　浏等

青少年文选
盘煤火 .... 姜军英
瓶花引起的思念 .... 张纳新
草 .... 商金玲

马骑人（寓言）................... 李凤德
忌讳先生（笑话）................. 李佩华

我爱拖拉机（鼓词）............... 杨善元
弄巧成拙（书帽）................. 孟　俊

文艺评论
鉴古谈今 .... 王　畅
路子应该这样走 .... 吴长城
从《剥棒》小诗谈起 .... 飞　蓬

作家书笺 .... 孙　犁

海滨的风（歌曲）......... 叶　蓬词　从　陆曲

书法 .... 黄　绮　李英儒
塘边小景（作家书画）............. 梁　斌
国画·篆刻 .... 孙其峰　唐新一　韩大星
腾龙松（摄影）................... 黄　河

1981 年第 2 期　刊名:《花山》
目录

鞋影（小说）..................... 于　习
郦道元鞭打礼金模（小说）......... 刘水远
瘫倒在罪犯脚下的女人（小说）..... 吴俊泉
突围之夜（小说）................. 李　涌

对门亲事（小说）—————————张石山
千金难买心无愧（小说）—————顾启章
请血（小说）—————————————韩小菊
后悔（小说）—————————————周玉海

散文·杂文
窗花——————————————————俊　然
榆树礼赞—————————————————常建平
我爱石榴树———————————————赵子平
王局长听课———————————————马　仿
他死了——————————————————杜伟刚

慷慨燕赵歌（诗六首）——尧山壁　刘小放等
青年女作者五人集（诗六首）孙桂贞　石庆林等
北山恋（诗四首）————————————刘　章
新松集（诗七首）———————张　讴　大民等
短笛集（诗三首）———————辛　生　何香久
一得集（诗四首）————————————丁　锋

青少年诗文选
月季颂（散文）——————————————刘丽军
生日的礼物（诗歌）———————————于　谦

文艺评论
写兵的人—————————————————刘　哲
一个美的形象——————————————郝建奇
勤于耕耘—————————————————尔　东
语不惊人死不休—————————————苏　之

拨虎须（雁翎队故事）——————————云　起
老财迷做梦（民间故事）————————张鹤梅
鸡和蛋（民间故事）———————————张德恩

齐中奇看瓜（山东快书）————————张汝川
打扮不够看不够————田　耳词　晓　桦曲

《红楼梦》人物——————————————韩　羽
书法———————————————————张思理

苦瓜的滋味———————————————徐顺才
回家———————————————————潘嘉璋
广林老汉—————————————————肖　波

散文
春节，在澳门海上————————————刘　真
大山情——————————————————陈映实
茧花———————————————————宋俊然
煤————————————————李景田　王春元
清西陵拾遗———————————春　清　晨旭

诗词
归国谣——————————————————黄　绮
土地的歌————————————周　平画　鹤　菁诗
蓓蕾·点滴集———————————李　玮　李泽有
咏桃———————————————————晓　雁
生活的歌————————————甄广明　刘晓滨等
观正定大佛———————————————夏　昊

结新家（数来宝）———————殷占堂　刘顺锡
错别字县官（笑话）———————————李佩华
向钱看（相声）——————————————李文信
青春多宝贵（歌曲）———————————洪　奇词曲

文艺评论
点滴汇成长流水—————————————张记书
赵新小说的语言—————————晓　虹　戈　阳
读《夜路》随感——————————————韩映山
对爱情作品的浅见————————————李金明
晓畅与含蓄———————————————江　汶

月季花——————————————————谢立堂
太行冬晓—————————————————康卫中
出水芙蓉—————————————————刘　岱
夏————————————————————刘　忠

1981 年第 4 期　刊名:《花山》
目录

庆祝建党 60 周年专页
党的脚步，人民心声（诗）————————建　奇
心花绽开心潮翻（诗）——————————长　城
夕交春（散文）——————————————周　渺
党是春风党是阳光————吴善翎　高　枫词
继　夫　从　陆曲

小说
秋菊的故事———————————————柳　溪

1981 年第 3 期　刊名:《花山》
目录

小说
换来的媳妇———————————————杨勃森
委屈———————————————————周金生
有福之人不用忙—————————————王连义
辛大炮——————————————————克　明
中秋圆月情———————————————阎清洲

光明的种子⋯⋯⋯⋯⋯⋯⋯⋯⋯⋯⋯张从海
古板师傅⋯⋯⋯⋯⋯⋯⋯⋯⋯⋯⋯焦保红
莺燕齐飞⋯⋯⋯⋯⋯⋯⋯⋯⋯⋯⋯于忠善
凌花⋯⋯⋯⋯⋯⋯⋯⋯⋯⋯⋯⋯⋯张知行
烽烟图（一章）⋯⋯⋯⋯⋯⋯⋯⋯梁　斌

散文
春天的感觉⋯⋯⋯⋯⋯⋯⋯⋯⋯⋯吴若增
张凤芹⋯⋯⋯⋯⋯⋯⋯⋯⋯⋯⋯⋯郭登科

诗歌
春天的歌⋯⋯⋯⋯⋯⋯刘戎声　桑　原等
野草吟⋯⋯⋯⋯⋯⋯孟翔聚　董茂棠等
南国诗踪⋯⋯⋯⋯⋯⋯⋯⋯⋯⋯⋯浪　波
胜地吟草⋯⋯⋯⋯⋯⋯⋯⋯⋯⋯⋯雷石榆

青少年作品选
西神山（散文）⋯⋯⋯⋯⋯⋯⋯⋯张海涛
理想（诗·外一首）⋯⋯⋯⋯⋯⋯刘宝营

演唱作品
语言美（相声）⋯⋯⋯⋯⋯⋯⋯⋯赵龙军
买驴（山东快书）⋯⋯⋯⋯王双成　牛中路

寓言·杂文
猴子学人⋯⋯⋯⋯⋯⋯⋯⋯⋯⋯⋯千　群
夸克买杏⋯⋯⋯⋯⋯⋯⋯⋯⋯⋯⋯艾　羊
郑板桥画竹⋯⋯⋯⋯⋯⋯⋯⋯⋯⋯长　城
高阳旧城的传说（民间故事）⋯⋯曹万春

文艺评论
感情积累和创作⋯⋯⋯⋯⋯⋯⋯⋯李兴春
倾向性·理想主义⋯⋯⋯⋯⋯⋯⋯王　畅
雕⋯⋯⋯⋯⋯⋯⋯⋯⋯⋯⋯⋯⋯⋯杨先让
书法⋯⋯⋯⋯⋯⋯⋯⋯⋯⋯宁　延　姚超
篆刻⋯⋯⋯⋯⋯⋯⋯⋯⋯⋯⋯⋯⋯陈建功

1981 年第 5 期　刊名:《花山》
目录

他，寻找什么（小说）⋯⋯⋯⋯⋯孙叙伦
张老寿买炮（小说）⋯⋯⋯⋯⋯⋯孟令琨
艳红（小说）⋯⋯⋯⋯⋯⋯⋯⋯⋯李　静
待姑爷（小说）⋯⋯⋯⋯⋯⋯⋯⋯张建国
职业的荣誉（翻译小说）
　⋯⋯［埃及］伊赫桑·阿卜杜勒·格杜斯　徐　平译
爱和憎（长篇选载）⋯⋯⋯⋯⋯⋯李英儒
空中浮想（散文）⋯⋯⋯⋯⋯⋯⋯任希儒

枣花飘香（散文）⋯⋯⋯⋯⋯⋯⋯申跃中
香菇吟（散文）⋯⋯⋯⋯⋯⋯⋯⋯吴雁之
罗印（散文）⋯⋯⋯⋯⋯⋯⋯⋯⋯陶明国
怀古杂咏（诗歌）⋯⋯⋯⋯⋯⋯⋯韩成武
浪花集（诗歌）⋯⋯⋯⋯刘　浏　延辰龙等
农村新歌（诗歌）⋯⋯⋯曹世钦　曼　晴等
大学生诗草（诗歌）⋯⋯李广宇　何振虎等
有这样一个故事（青少年作品选）⋯⋯侍　雯
别致的盆景（青少年作品选）⋯⋯范　龙
学艺随笔（评论）⋯⋯⋯⋯⋯⋯⋯肖　煜
星光熠熠照夜路（评论）⋯⋯⋯⋯宗　山
浅谈《望婚崖》的人物塑造（评论）⋯⋯丁元昌
酸甜苦辣（电影文学剧本连载）⋯⋯赵　新　张孟昭

美术作品
采菱图⋯⋯⋯⋯⋯⋯⋯⋯⋯赵信芳　赵文发
源⋯⋯⋯⋯⋯⋯⋯⋯⋯⋯⋯⋯⋯潘玉富
篆刻⋯⋯⋯⋯⋯⋯⋯⋯⋯元　扩　南　薰等

1981 年第 6 期　刊名:《花山》
目录

散文
寄自黄金的故乡⋯⋯⋯⋯⋯⋯⋯⋯于雁军
渔家老人⋯⋯⋯⋯⋯⋯⋯⋯⋯⋯⋯韩映山
啊，梭梭⋯⋯⋯⋯⋯⋯⋯⋯⋯⋯⋯奚　青

小说
特异功能⋯⋯⋯⋯⋯⋯⋯⋯⋯⋯⋯韩　冬
门官三百天⋯⋯⋯⋯⋯⋯⋯⋯⋯⋯路　丁
昨天⋯⋯⋯⋯⋯⋯⋯⋯⋯⋯⋯⋯⋯曹德澂
光荣之家⋯⋯⋯⋯⋯⋯⋯⋯⋯⋯⋯张月忠
相亲⋯⋯⋯⋯⋯⋯⋯⋯⋯⋯⋯⋯⋯宗希重
老李头做饭⋯⋯⋯⋯⋯⋯李玲娜　杨生源
捕蛇者的孩子⋯⋯⋯⋯⋯⋯⋯⋯⋯郭登科
遥祭⋯⋯⋯⋯⋯⋯⋯⋯⋯⋯⋯⋯⋯张石山

诗歌
青春曲⋯⋯⋯⋯⋯⋯⋯张志玉　张增瑞等
水淀风情⋯⋯⋯⋯⋯⋯王洪涛　张文波等
堤⋯⋯⋯⋯⋯⋯⋯⋯⋯⋯⋯⋯⋯⋯田　间
杂咏⋯⋯⋯⋯⋯⋯⋯⋯⋯⋯⋯⋯⋯经　纬
新民歌⋯⋯⋯⋯⋯⋯⋯⋯李如会　薛　鹏等
断想集⋯⋯⋯⋯⋯⋯⋯⋯周所同　溪　流等

杂文
大慈阁⋯⋯⋯⋯⋯⋯⋯⋯⋯⋯⋯⋯张云山
轿子、轿夫及其他⋯⋯⋯⋯⋯⋯⋯小　号

滇池长联 ————————————————————— 长城辑

文艺评论
爱情的呼吁 ————————————————————— 夏 昊
民歌漫谈 ————————————————————— 古远清
向生活的底层发掘 ————————————————— 郝建奇
有缺点的好人和有"优点"的坏人 ————————— 康 慨
伟大时代的历史画卷 ——————————————— 文 边
酸甜苦辣（电影文学剧本）————— 赵 新 张孟昭
书法 ——————————————————————— 任 望
东海群峰 ————————————————————— 张文琴
破地而出 ————————————————————— 杨先让
晨曦中的大慈阁 ———————————————— 刘武耀

1982 年第 1 期 刊名:《花山》
目录

小说
美好的记忆 ————————————————————— 毛兆晃
辨风记 ——————————————————————— 周 渺
麻十八盖房 ————————————————————— 颂 彩
擒奸酒 ——————————————————————— 刘水远
李子熟了 ————————————————————— 王连义
雄鸡唱暖 ————————————————————— 张业文
为儿子着想 ————————————————————— 顾启章
涨价 ——————————————————————— 宋蕴卿

散文
落花时节 ————————————————————— 陈大远
鸟声闹 ——————————————————————— 宋俊然
写给妈妈 ————————————————————— 焦垣生
月到天心处 ————————————————————— 曹世钦

诗歌
祖国山水情 ————————— 尧山壁 刘小放 陈茂欣等
农家乐 ——————— 刘 浏 杨金亭 张雪杉等
盘山古道 ————————————————————— 顾 工
打水漂 ——————————————————————— 安栋梁

杂文
谈杂家 ——————————————————————— 赵 超
莫怨"朱衣"不点头 ————————————————— 张拱振
泉 ————————————————————————— 孙柏昌

青少年作品选
春曲（外一首）———————————————————— 张 齐
甘霖（散文）————————————————————— 刘建英

文艺评论
谈《灶火的故事》及对它的批评 ————————— 顾传菁
情节与性格 ————————————————————— 汪远平
贺龙的传说（民间文学）————————— 周宝林 彭其芳
山村农家（木刻）——————————————————— 古 元
三潭印月 ————————————————————— 王双城

1982 年第 2 期 刊名:《花山》
目录

小说
桂子飘香 ————————————————————— 翁树杰
名声 ——————————————————————— 马 骏
百懂师傅 ————————————————————— 周乃光
悔 ————————————————————————— 赵 春
大白天做梦 ————————————————————— 李满天
学生 ——————————————————————— 仲 杰
五鬼闹宅 ————————————————————— 寇建彬
花皮八大两 ————————————————————— 周玉海
一只绵纶手套（侦破推理小说）————————— 李金明

散文
关于保定左联 ———————————————————— 梁 斌
福婶子 ——————————————————————— 冉淮舟
邻居 ——————————————————————— 孟 敏
美酒之乡话刘伶 ——————————————————— 赵 静

诗歌
大山歌 ——————————————————————— 吴长城
山中情思 ————————————————————— 韩成武
短笛集 ——————————————————— 浪 波 吴 城等
花山诗会 ————————————— 张文波 溪 流等
鞋垫 ——————————————————————— 李立君
刨树桩 ——————————————————————— 任彦芳

青少年作品选
虚惊（散文）————————————————————— 周继红
大兴安岭（诗·外二首）——————————————— 姜红伟

杂文
从包法利夫人的缎鞋谈起 ——————————— 卜 可
划地为牢今析 ———————————————————— 王秀文

文艺评论及其他
写出了人物性格的多重性 ——————————— 王 畅
关于《望婚崖》的爱情描写 ————————————— 肖 煜
漫话《望婚崖》———————————— 李秉林 葛致巍等
谐趣园 ——————————————————————— 赵超辑

文姐（民间故事）————————————王树林
砸瓜（山东快书）——————王双成 牛中路
小山羊的苦恼（寓言）—————————李 浩
忧（木刻）————————————————郝红光
鱼乐图（木刻）——————————————赵志芳
漓江风光（玻璃镶嵌画）————————穆家麒

1982 年第 3 期　刊名:《花山》
目录

纪念《在延安文艺座谈会上的讲话》发表四〇周年专栏
为有源头活水来—————————————申跃中
生活给予我的———————————————铁 凝
抗敌剧社在凹里——————————————顾金兰
学诗咏（诗）———————————————刘 章
种子·泥土·果实（诗）—————————顾绍康
书法————————————————————陈椿元

小说
路————————————————————栗 永
疖子————————————————————宋蕴卿
浑河滩——————————————————张中吉
莲珠————————————————————韩映山
红粮大曲—————————————————徐顺才
安本分——————————————————张建国

散文
花都掇红—————————————————刘金魁
金山行（游记）——————————————吴若增
大屯火山群————————————————周 青
山间笛悠悠————————————————张秋实

诗歌
短笛集——————————村 野 何 鹰 齐 霁等
春天的歌—————萧振荣 延辰龙 徐淙泉等

青少年作品选
找鸡（散文）———————————————于大庆
水库（诗·外一首）————————————姜红伟
小草青青（诗·外一首）——————————周久顺

谐趣园
雨果轶闻两则 妙对 郑板桥看春联 纪晓岚的传说
假秀才 一举两得 书迷————————赵 超
玉 茹 一 粲等辑

演唱作品及其他
闯江关（快板书）—————————————张嘉瑞

茫茫草地（革命回忆录）—————————魏洪亮
金丝鸟智胜老秃鹫（民间故事）—————李文信
王七种地（寓言）—————————————熊家宣
党和社员心相连（歌曲）———大 民词 雪 冰曲
白洋淀风情（木刻）————————————古 元
渡（木刻）————————————————莫 测

1982 年第 4 期　刊名:《花山》
目录

小说
山沟里的小伙子——————————————赵 新
清明时节—————————————————曹玉林
青青————————————————————黄占辉
老高头——————————————————薛 勇
古稀之年—————————————————刘殿学
麦田里的故事———————————————李景田
吴小帆——————————————————郭书琪

小小说
孩子————————————————————孔国琳
选举会上—————————————————李志华
夜梦————————————————————邢 卓
星期一——————————————————孙 理

诗歌
咏物篇————安永华 刘 浏 曹念祥 陈运和等
鲁迅故乡抒情———————————————龙彼德
花山诗会————曼 晴 何 鹰 田 炜 金占亭等
献给儿童的诗——安栋梁 薛 鹏 赵家瑶 张泉渌等

散文
生日————————————————————马金牛
猴情————————————————————奚 青
小姑翠儿—————————————————张小鑫
记孙犁的一次谈话—————————————杜 建

杂文
扫一屋与扫天下——————————————盖伯嵘
从吴牛喘月谈起——————————————孙柏昌

文艺评论
弦外之音—————————————————艾 斐
叙事诗的艺术特点—————————————古远清
谈《特异功能》的构思———————————王 黎
保定市青少年书画展作品选载————————冉 杰等
狭路相逢（摄影）—————————————孙延明
剪纸————————————————————顾国治

1982 年第 5 期　刊名:《花山》
目录

小说

挂满芸豆花的小屋 ————————————— 湛　芳
寻人启事 ————————————————— 顾启章
秀儿 ——————————————————— 王默讽

诗歌

春雨（外一首） ————————————— 林　希
宝岛风情 ————————————————— 顾绍康
清西陵杂咏 ————————————————— 张雪彬
水淀月夜 ————————————————— 张文波
冀中行吟 ————————————————— 韩成武
泰山仙人桥 ————————————————— 白　金
短笛集 ——————— 艺　辛　李广宇　大　民
乔解民　张志玉　左一兵
智出牢笼 ————————————————— 石　英

散文

泰山的隐去 ————————————————— 钟恪民
读《挂红灯》杂感 —————————————— 韩映山

剧本

龙飞凤舞 ————————————————— 朱炳宣

寓言

四个姑娘买花裙 ——————————————— 熊家宣

文艺评论

韩映山作品讨论会纪要 ———————————— 王　畅
谈情趣 ——————————————————— 赵　捷
母子平安（国画） ——————————————— 徐复生
龙飞凤舞（剧照） ————————— 陈达平　宋忠信
拾玉镯（国画） ——————————————— 苏　静

1982 年第 6 期　刊名:《花山》
目录

小说

小珍 ——————————————————— 陈　实
傻大牛择偶记 ————————————— 李文斌　范维新
杏花桥 ——————————————————— 王继民
老街近邻 ————————————————— 安　宇
理想，在小院深处 ——————————————— 南　秀
墨竹图 ——————————————————— 宋俊然
回来了，人的尊严 ————————— 彭哲愚　刘守家

小小说三篇 ———————— 王兆华　李　亮　宗希重

诗歌

我家就在村头住 ——————————————— 郝建奇
信念 ——————————————————— 周邦宁
浪花集 ———————— 边国政　张书堂　文　英
王守昌　林俊燕　齐　霁
豚的传说 ————————————————— 马　达
清西陵写意 ————————————— 旭　宇　李震川
田园诗草 ————————————— 葛　玄　张文波
李　玮　王　青　斧　锐　韩成武

散文

凤仙花 ——————————————————— 峭　石
邻居 ——————————————————— 陈大远

文艺评论及其他

文学创作要正确地表现人性 ———————————— 罗守让
论诗歌中的同文多复 —————————————— 钟　法
《水浒》中有关虎的描写欣赏 ————————— 汪远平
文艺随笔两则 ————————————————— 程安东
一沙一世界　一花一天国 ——————————— 韩盼山
谐趣园 ——————————————————— 赵　超
民间故事两则 ——————— 逸　云　张德恩搜集整理
文艺批评三喻 ————————————————— 肖　煜
新城市（木刻） ——————————————— 王　琦
肖像（油画） ————————————————— 李光启

1983 年第 1 期　刊名:《花山》
目录

小说

午后有雷阵雨 ————————————————— 赵　新
明日芒种 ————————————————— 铁　凝
柳河堡记事 ————————————————— 王东满
百福台 ——————————————————— 郭登科
来苏味与蔷薇花 ——————————————— 邢　凯
生命之树 ————————————————— 翁树杰
拉低帽沿的人 ————————————————— 新　学
冤家路窄 ————————————————— 周玉海
郑拴金 ——————————————————— 赵　春
可怜老樊 ————————————————— 范永录
梁阿姨 ——————————————————— 刘光来
邻居的家庭（翻译小说）
——————————— ［日］星新一著　李有宽译

诗歌

花山诗会 ———————— 葛　玄　安　娅　张泉录

张文波　王守昌　冯惠花　安永华　刘　浏　斧　税
甄广明
渤海写意 ·· 浪　波
北戴河杂吟 ·· 经　纬
我们小小"骑兵连"（儿童诗） ······················ 魏久环

散文
山谷里传来了歌声 ···································· 曹世钦
海趣 ·· 李金城
珍贵的叹息（杂文） ·································· 张业文
与友人谈果子猩 ······································ 赵　虎

评论
赵新近作简评 ··· 张东焱
谈诗的散文化 ··· 袁　清
傣族妇女（中国画） ································· 杜滋龄
玫瑰（水彩画） ······································ 爽　澄
好风（中国画） ······································ 黄　舜

1983 年第 2 期　刊名：《花山》
目录

报告文学
明珠放彩 ·· 齐欣文

小说
禾苗情 ·· 王连义
彼岸的第一个早晨 ···································· 王金年
爸爸是人事局长 ······································ 陈　冲
离休之后 ·· 张业文
明天立春 ·· 苗迎古
赶路（小小说） ······································ 李桂芳
拜年（小小说） ······································ 苑凤岐
规律的惩罚 ·· 李家斌

诗歌
我不要 ·· 高立林
易县行 ·· 王洪涛
经纬线的交织 ··· 顾绍康
倾诉心中的秘密 ······································ 要建军
充满希望的田野上（诗组） ············· 刘　章　溪　流
刘兰松　姚振函　潘万提　沈良意
月下辘轳声 ·· 斧　锐
冬天的风 ·· 王炳英

大学生文苑
阅览室（诗） ······························· 柯　青　常　稚
蛙声夜鼓（诗） ······································ 于二辉

小锁（诗） ·· 小　舟

散文
鸭趣 ·· 可　华
崂山瀑布 ·· 吴长城

文艺评论及其他
一部经得起考验的作品 ······························ 宗　山
道德与人性美的颂歌 ································· 王　畅
赵新短篇小说的结构艺术 ··························· 许来渠
细节是艺术表现的重要手段 ························· 霞　光
忆陈赓大将（革命回忆录）
······································ 魏洪亮口述　李金明整理
冯玉祥和洋车夫（民间传说） ············ 李文信搜集整理
D 调（摄影） ······························ 王国栋　刘家声
晨曦（木刻） ··· 张坚如

1983 年第 3 期　刊名：《花山》
目录

小说
人民了解你 ·· 韩　东
荷花 ·· 尚友朋
找到了失落的 ··· 翁树杰
手足情 ·· 王东满
不眠的春夜 ·· 周乃光
铁将军 ·· 小　金
山林哥哥回来了 ······································ 刘瀑扬
押红 ·· 小　民
黑老李 ·· 王景升
距离 ·· 宋耀辉

诗歌
我们的歌 ·· 林　子
天·地 ·· 吴长城
写在西陵 ·· 尧山璧
花山诗会 ····················· 张文波　王守昌　韩成武
公　李　安　娅　韩克定　边国政　姜强国

散文
雪花　雪花 ·· 莫　言
春牛图 ·· 果瑞卿　孙　伟

杂文
也谈十八般兵器样样精通 ··························· 肖　煜
鲁迅领薪水 ·· 玉　贝
蒲松龄摆茶摊 ··· 耳　凡
不以权威自居的高尔基 ······························ 艮　尔

普希金与果戈里的《钦差大臣》—————火 山

大学生文苑
清泉石上流（小说）—————邢 凯
路障（散文）—————吴心海
我二十岁了（诗）—————胡万俊
啊，她睡了（诗）—————姜树海
高山的儿子（诗）—————童电球
纪念碑（诗）—————小 舟
怀友（诗）—————胡若飞

文艺评论
《找到了失落的》读后—————李秉林
《寻人启事》的结构艺术—————霞 光
他还年轻—————詹福瑞
对弈（木刻）—————王天任
电影宣传画选—————田玉良 吴冠英

1983 年第 4 期　刊名:《花山》
目录

小说
新愁—————丁 超 松 华
知己—————周玉海
喜喜和闰闰—————张枚同 程 琪
拜罗汉—————权文学
鼾声—————周莘榆
可怜的妻—————寇建斌
猎豹记—————赵 春
模特儿—————李幸福
最后一个报名者（小小说）—————蒋仲学

诗歌
写在金色的阳光下—————何 鹰
母亲和纺车—————浪 波
插秧曲—————赵建华
山城的手臂—————边国政
故乡见闻—————石 英
巡逻—————文 英

散文
往日的风—————乐维华
水乡记事—————韩映山

大学生文苑
喝山泉，不要冰淇淋（小说）—————陈金堂
三妮（小说）—————李延青
获（小说）—————甄连祥

镜子（散文）—————王 念
爱的独白（散文）—————邹侗生
湖提上（散文）—————冯光辉
故乡的虾（散文）—————冯四东
山谷中（诗）—————关劲潮
归去（诗）—————齐 霁
春雨（诗）—————权善美
核桃林，披上老人肩（诗·外一首）—————王志圈
渔家（诗）—————赵首先
日落（诗）—————郑 佚
篆刻—————朱志齐 李尚仁 周书全 陈玖成
遐想（木刻）—————张坚如

1983 年第 5 期　刊名:《花山》
目录

小说
水魂—————栗 永
一、二、三……—————申跃中
老顾问相亲—————周乃光 尹文欣
谜—————王连义
在郊外的松林里—————杨云英
复婚—————张响涛
爱，从心底流淌—————梁世旅
绝不是为了忏悔—————冯敬兰
红娘—————张明志
激情的心语—————张卫明
炸桥—————克 明
我和羊（散文）—————莫 言

诗歌
张海迪之歌—————建 奇 叶 蓬 保 仓
庐山吟诗—————林 希
花山诗会—————斧 锐 沈良意 何 理 于二辉
韩 放 李 钧 刘正祥 要建军 赵胜铁 冀彤军
地平线—————魏久环

大学生文苑
希望在田野（小说）—————韦 奈
小草、小星星、你呀你（诗）
—————杨生博 关劲潮 程和壁
笑（散文）—————何 龙
竹笋（散文）—————刘龙禧
跌落的音符（散文）—————林宏伟
海波月影（摄影）—————张世海
暇日（木刻）—————许德宝

1983 年第 6 期　刊名:《花山》

目录

小说

二凤 ··· 寇建斌
望娘滩的金龙 ································· 周乃光
"疑心病"人 ····································· 柳　溪
飘着瓜香的夜 ································· 徐承伦
果园箫声 ··· 何亚京
娟娟 ··· 刘瀑扬
觅知音 ··· 张凤洪
照相 ··· 汪　英
乡风 ··· 周　渺
灵感 ··· 邹　平
两梦相同 ··· 胡永霞
大门楼 ··· 张义娥
接站 ··· 李金明
莜面饸饹 ··· 张石山

散文

箱根之夜 ··· 陈大远
茶趣 ··· 谭英凯
爸爸和女儿的故事（两则） ··········· 吴若增
虎口拔牙革命回忆录 ····················· 魏树槐

诗歌

张海迪之歌 ····················· 李新锁　赵会娟　李　芳
致婚姻介绍所 ··· 白　龙
田园抒怀 ····················· 王中和　于二辉　赵建华
韩克定　梁纯英
花山诗会 ····················· 徐　正　顾绍康　张文波
公　李　安栋梁　刘正祥　李　玮　赖剑刃　文　英
张振峰　韦昌隆　亦　然　刘晓滨　张伦先
大学生文苑 ·········· 杨胜高　刘　杰　冯仲伟　杨　军
台湾角板山吊桥（水彩 1947 年作） ·············· 麦　杆
肖像写生（油画） ··· 邓家驹
太行天险（木刻） ··· 姚天沐
中华长春（篆刻） ··· 田艳军
雨中（国画） ··· 张平良

《黄河》

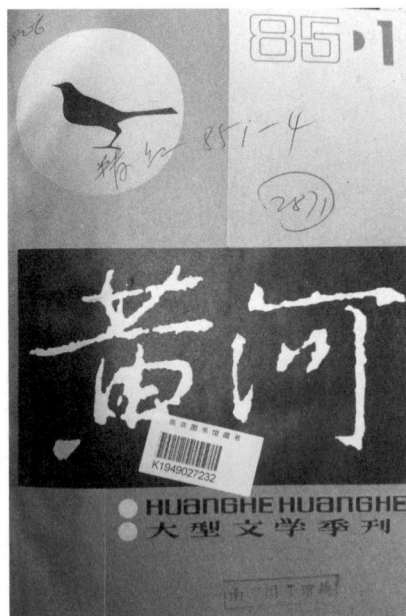

【简　介】

　　综合性文学季刊。山西省作家协会主办。创刊于 1985 年。创刊初期为季刊,1989 年第 1 期起改为双月刊。其以多题材、多种类的文学探索著称,诗歌、小说、戏剧、电影、评论以及报告文学和翻译等都成为其囊括的内容,是山西文学的重要阵地。

期刊号:1985 年第 1 期—1989 年第 6 期

发刊词

　　《黄河》,经过许久的呼唤,终于面世。当此之时,睁眼来看,四处皆是一个新字。除旧布新,那"新"是更分明地涌漫开来,凸现出来了。我们古老的中华民族,正在迎接一次新的崛起,崛起于当今世界!

　　我们不敢自耀生逢盛世,在现今如林的众刊中,本刊到底是晚生、后生者。只是,既创办于此际,那激荡中华的革新大潮,便不能不来点化这新生者。这是我们的幸运。新生伊始,我们便有幸自觉到,《黄河》只有以不断求新的精神,才可立足于当今的时代。尚为晚生、后生,求新亦本当是它的素质罢。

　　本刊以"黄河"命名,自然有为播扬、光大我民族精神而尽力的意思在内中。黄河孕育了我们民族的文化。历尽沧桑的黄河流域,可以说沉淀着我们民族的魂魄。近代的落后与今日的奋起背后那悠远的历史,更蕴藏了诱人的文学富矿。《黄河》理当为

开发这文学富矿，播扬民族精神，塑造民族之魂，以雄浑刚健、生机勃勃的风采，振兴当代文学，做出自己的贡献。因此，《黄河》也该为吸引、团结黄河之滨的作家群，而竭诚服务的。

于古老的基地上奋然崛起，跻身世界现代强国之列，不就是当今的民族精神吗？这亦正所谓时代精神罢。于今的时代精神，似可以两字概括，曰：革新。眼前的改革浪潮，已推动我们民族迈开时代新步。本刊求新的要旨，就是传达这历史的足音吧。历史传统与时代精神，民族性与开放性，乡土色彩与现代色彩，分明正融合于当代生活的画卷中，似乎已无需文学来争论、呼唤。恰是生活在向文学挑战了。这挑战，似乎也是全新的。描绘历史与现状、昨天与今天，描绘昨天历史与今天现状的交融和反差，看来都需拿当代的眼光，也就是新的眼光了。

也许还需要有新的手法，新的形式，新的审美观念。因为时代日新，文学自身显然也在发展变化。作为文学的客体，广大读者的审美趣味，在不同的层次上都有新的要求，因而也更趋多样化了。我们打算充分注意这一点。《黄河》容纳各类题材，支持各种积极的艺术探求。继承与借鉴，探索与创新，地方特色与外来手法，通俗可读与典雅精美，雄浑厚重与多姿多色，我们都将尊重。

李太白诗云："黄河之水天上来，奔流到海不复回"。说天上来，其实黄河还是奔流在我们这古老的故土上的，只是它不甘隔阻，不肯回头，曲折而顽强地寻找着自己前进的道路，气势雄浑地奔入大海，走向世界了。这是黄河的性格。《黄河》尚细小矣。我们只想经过自己的努力，自己的跋涉，以期将日渐增大的流量，注入那文学大海，或可为振兴中华，振兴中华文学，加进一份力量。

1985 第 1 期　刊名:《黄河》
目录

长篇小说
孤岛 ···柯云路

中篇小说
泥房子 ·······································成　一
历史的十分钟 ·······························钟道新

短篇小说
难忘的一幕 ···································西　戎
这里阳光满地 ·································杜　埃

报告文学
火 ···焦祖尧

诗歌
太阳和他的反光（组诗）·····················江　河

理论
艺术质量与群众性 ···························荒　煤
马烽论 ·······································李国涛
诗在超越自己 ·································谢　冕
并非"圆的循环"·····························王振铎

美术
黄土高原母亲（油画）·············尚　扬（封三）
爷爷的河（油画）·················尚　扬（封四）

1985 第 2 期　刊名:《黄河》
目录

中篇小说
国手 ···钟道新
一个名声不好的女人 ·························韩石山
少男少女 ·····································蒋　韵
甜杏泪 ·······································崔　巍

诗歌
黄土地（组诗）·······························潞　潞
黄皮肤的旗帜（组诗）·······················孙桂贞

散文
访美掠影 ·····································陶本一
自然·生命·文化 ·····························于　凡

理论
创作的内功与外功 ···························蒋子龙
大地所赐 ·····································张曼菱

电影文学剧本
龟龄集传奇 ·················王道清　李昌福　李昌荣

翻译小说
沉睡的谋杀案
·····················〔英〕克里斯蒂著　李汝玲　赵文健译

美术
封面设计 ·····································王小飞
树林（版画）·································郝　相
黑山羊（版画）·································郝　相

1985 第 3 期　刊名:《黄河》
目录

中篇小说

阴错阳差 ································· 蒋子龙
狗屠 ····································· 刘再新
梦中的情思 ····························· 张　平
第二个太阳 ····························· 王东满
母与女 ································· 高　雪
寻寻觅觅 ······························· 曹克胜

散文

散文二题 ······························· 贾平凹
遥远的天空 ····························· 董大中

诗歌

安魂曲 ·············· [苏]阿赫玛托娃著　肇明　理然译
金色的蜜月 ····························· 梁志宏
季节 ··································· 郭志勇

理论

女性小说家论 ··························· 谢望新
当前小说创作中的新因素 ················· 程德培

翻译小说

沉睡的谋杀案
　　·············· [英]克里斯蒂著　李汝玲　赵文健译

美术

黄水谣（拓片） ························· 胡有章
课堂（印染版画） ······················· 胡有章

1985 第 4 期　刊名:《黄河》
目录

中篇小说

农民儿子 ······························· 海　波
桥基 ··································· 李克仁
漂亮的女房东 ··························· 张旺模
七月流火 ······························· 彭　图

文学剧本

咱们的退伍兵 ····················· 马　烽　孙　谦

短篇小说

玫瑰与宇宙之筏 ························· 晓　剑

报告文学

生命的蓝图
　　——记太钢一轧厂党委书记兰巨瑞 ········· 金　金

翻译小说

白鲨行动计划 ·············· [法]D.艾林弗尔著
肖　晨　藤井雪雄[日]译

诗歌

回顾与思考 ····························· 北　岛
啊，黄河! ······························· 陈建祖

理论

当代小说中的错位意识 ··················· 蔡　翔
文化、哲学与人的"寻根欲" ··············· 吴　亮
黄河文学展望——首届黄河笔会纪要
黄河的浪花——首届黄河笔会侧记 ··········· 方仲秀

1986 第 1 期　刊名:《黄河》
目录

白云岭（中篇小说） ····················· 成　一
难以着彩的罗曼（中篇小说） ··············· 高　翔
河姑（中篇小说） ······················· 李生泉
鱼害（中篇小说） ······················· 何力力
歪脖子老爹（短篇小说） ················· 聂鑫森
遥远的风景（组诗） ····················· 于建军
望月（外二首） ························· 李发模
大地的情歌（长诗） ····················· 张锐锋
播种者（外一首） ······················· 章德益
探索民族精神的衍化（理论） ··············· 王　愚
需要自信和宽容（理论） ················· 宋遂良
对当前文学中寻根倾向的理解（理论） ········· 郑　义
寻求文明的重构（理论） ················· 张颐武
首渡黄河（散文） ······················· 雷　加
恋爱季节（电影文学剧本） ················· 温小钰
人的世界（报告电影剧本） ················· 赵　瑜
蓝色自行车（翻译小说）
　　·············· [法]蕾吉娜　德富尔日著　云湖缩写
黄河笔会掠影（封二、三） ················· 陈炜华

1986 第 2 期　刊名:《黄河》
目录

部长约你谈话（中篇小说） ················· 钟道新
写给前妻的信（中篇小说） ················· 权文学
泥沙（中篇小说） ······················· 孙　涛

兰花　接壤带的兰花（中篇小说）――――毛守仁
父亲（中篇小说）――――冯　浩
俩兄弟（散文）――――姚青苗
徜徉在鲜花与友谊的海洋中（散文）
――访泰日记摘抄――――焦祖尧
故乡三山（散文）――――周同宾
掌声　属于不断进取的人（报告文学）――高爱民
春天（长诗）――――金汝平
高原与河（组诗）――――周所同
心之旅（组诗）――――何　来
遭遇战（翻译小说）
――――[苏]鲍里斯·瓦西里耶夫著　张文郁译
小说主题立体化试论（理论）――――段崇轩
面对着艺术的农民、农村及其关系
――新时期农村题材创作综论――――席　扬
塞上农家图（美术）――――武怀义
云岗（美术）――――梁力强
秋的山庄（美术）――――孙小农

1986 第 3 期　刊名：《黄河》
目录

长篇小说
大梦醒来迟――――王东满

中篇小说
翩翩少年时――――落　霓
霓虹灯闪烁的地方――――韩　冬
荒流――――黄河浪

诗歌
永远的三月――――张石山
发展中的小说文体――――李国涛
从史前神话阳刚之气到当代文艺崇高美――北　明

1986 第 4 期　刊名：《黄河》
目录

"文革"专栏
但悲不见九州同（长篇报告文学）
――李顺达在"文化大革命"中――――赵　瑜
夜朦胧（中篇小说）――――张　平

中篇小说
魔棒――――焦祖尧
假语村言――――周宗奇
郊游――外乡人在北京――――蒋　韵

清香的米兰――――东进生　王松山

电影文学剧本
山村锣鼓――――马　烽　孙　谦
田野的印象――――张　廓
我居住的城市――――西　川
都市，于无声处――――张不代

散文
乐园寻梦记――――温　暖

理论
文学主体三维结构论纲
――兼与刘再复同志商榷――――宋锦添　丁　东
村女――――李森林

中篇小说
有马的风景――――宋立平

1987 第 1 期　刊名：《黄河》
目录

纪实小说
土地悲歌――――崔　巍

中篇小说
暗影――――齐岸青
旁白――――李　静
人间烟火――――杨茂林
没有打起来的战争――――王子硕
楚河风月――――石　舟

电影文学剧本
叔伯兄弟――――西　戎　义　夫

散文
访美琐记――――柯云路
老女人三题――――枭　蟒

诗歌
睡或醒（组诗）――――宋　琳
古塞（组诗）――――叶　荃
城市，我的蓝皮书――――谢颐城
戴镣铐的小村（组诗）――――任彦钧
土与人――――思　阳

理论
黄河的沉思

人·自然·土地（油画）……………………宋永宏
夏（油画）……………………………………王亚中

1987 第 2 期　刊名:《黄河》
目录

中篇小说

轭下……………………………………………冯苓植
小城……………………………………………燕治国
涓涓细流归何处………………………………王　莲
老玛琳轶事……………………………………哈斯乌拉
丁虎和他的红裤带……………………………桑　子
蹲点……………………………………………李秀峰

散文

桃树庄的春天…………………………………力　群
神鹰……………………………………………徐　扬
梦河……………………………………………原　平

诗歌

草原的星空（组诗）…………………………布赫等

长篇小说

血色的黄昏（节选）…………………………马　波

报告文学

对于中国，他存在过…………………………麦天枢

1987 第 3 期　刊名:《黄河》
目录

纪实小说

中篇小说

四梦二妻………………………………………刘绍棠
第二次悲剧……………………………………韩石山
不是沙龙，不是沙龙…………………………魏继新
槐花岭人家……………………………………秦　溱
怪……………………………………张枚同　程　琪
红瓦大屋顶楼…………………………………赵宇共
煤魂……………………………………………许元上

报告文学

在失去理智的世界里…………………………张旺模

诗歌

博尔赫斯之谜…………………………………欧阳江河
秋天的情歌……………………………………郭志勇

岩石的倾诉（外二首）………………………子　页
人·界碑（外一首）…………………………申爱萍
丢失的红领带（外二首）……………………赵建平

传记文学

银海鹤影………………………………………陆寿钧

理论

"晋军"文化心理与"晋军"文学特色………侯文宜

1987 第 4 期　刊名:《黄河》
目录

理论

二十世纪中国文艺一瞥………………………李泽厚

中篇小说

神主牌楼………………………………………张石山
有感于斯文……………………………………钟道新
今日来古渡口…………………………………戈悟觉
黑地……………………………………………吴　梧
国宝……………………………………………李逸民
火成岩…………………………………………邓兴亮

诗歌

跛腿少校的女儿………………………………潞　潞
寄语夏日………………………………………江　水
王青山和他的伙伴们…………………………张文彬
他在塑造另一种人的形象……………………尹铁牛

散文

他们都见到了佛………………………………韩石山

1988 第 1 期　刊名:《黄河》
目录

中篇小说

千山……………………………………………成　一
活殡……………………………………………张石山
光与葬…………………………………………郭俊明
黄昏的诞生……………………………………黄树芳
鬼湖……………………………………………薛　勇
哦，草原………………………………………徐　捷
小叶……………………………………………成毓真

纪实小说

沉睡的土地……………………………………崔　巍

电影文学剧本

西柏林之恋 ————————————————— 郑　义

诗歌

可疑的日子（长诗）————————————— 非　默
无梦的夜流淌 ——————————————— 陆　健
逃出的意识（组诗）————————————— 李发模
光的追求及其他（组诗）——————————— 丰昌隆

理论

中国现代文学史（1917—1984）论略 ————— 李　劼

报告文学

开拓者的足迹 ——————————————— 剑　秋

在孔雀的故乡 ————————————— 周　毅（封二）
古陶罐 ——————————————— 田　玫（封三）
偶·花脸与流行歌手 ————————————— 杨　京

1988 第 2 期　刊名:《黄河》
目录

中篇小说

小村 ——————————————————— 燕治国
低声呻吟 ————————————————— 马　原
扒塘坡 —————————————————— 王东满
莜麦地旧事 ———————————————— 王祥夫
归田 ——————————————————— 郑惠泉

电影文学剧本

黄土坡的婆姨们 ————————————— 马　烽　孙　谦

纪实小说

当代华工 ————————————————— 张含保

诗歌

生命的祈祷 ———————————————— 雪　野
沉沦（组诗）———————————————— 周同馨
圈套（外一首）——————————————— 余　禺

理论

学活动的几个社会学问题 —————————— 谢　泳
历史与文化的双向对逆选择 ————————— 席　扬

报告文学

走向不败之地 ——————————————— 郝东黎

1988 第 3 期　刊名:《黄河》
目录

长篇小说

平凡的世界 ———————————————— 路　遥

"中国潮"征文

中国星火 ————————————————— 张伯笠

中篇小说

冬日的阳光（处女作）——————————— 浊　涛
黑土地 —————————————————— 陈玉川

散文

达比郡的回忆 ——————————————— 惠　民

报告文学

他从大山里走来 —————————————— 一　章

1988 第 4 期　刊名:《黄河》
目录

长篇小说

海昨天退去 ———————————————— 杨志军
历史悲剧与现代神话
——读杨志军《海昨天退去》————————— 阎晶明

中篇小说

北纬四十二度半
——山西省作家企业家联谊会特稿 —————— 贺　涛
活寡 ——————————————————— 权文学
博论 ——————————————————— 钟道新
此时，"甲肝"正流行 ———————————— 成　龙

散文

再访沙畔 ————————————————— 马　烽
词曲一瞥 ————————————————— 西　戎

报告文学

酿…… ——————————————————— 张　军
这里是一片银色的世界 ——————————— 燕治国

诗歌

玫瑰的精灵 ———————————————— 展　舒

理论

从封闭到开放：小说结构的蜕变历程 ————— 段崇轩

1989 第 1 期　刊名:《黄河》
目录

社会瞭望
超越鲁布革 ⋯⋯⋯⋯⋯⋯⋯⋯⋯⋯⋯⋯⋯⋯ 郑　义

品新作品小辑
带有五个头像的春天 ⋯⋯⋯⋯⋯⋯⋯⋯⋯⋯ 吕　新
草垛边暗红或金黄的风景 ⋯⋯⋯⋯⋯⋯⋯⋯ 吕　新
社员都是向阳花 ⋯⋯⋯⋯⋯⋯⋯⋯⋯⋯⋯⋯ 吕　新
从意念出发（评论）⋯⋯⋯⋯⋯⋯⋯⋯⋯⋯ 阎晶明

中篇小说
期待 ⋯⋯⋯⋯⋯⋯⋯⋯⋯⋯⋯⋯⋯⋯⋯⋯ 郑九蝉
四十岁轶事 ⋯⋯⋯⋯⋯⋯⋯⋯⋯⋯⋯⋯⋯ 郭宇一

微小说
魔楼 ⋯⋯⋯⋯⋯⋯⋯⋯⋯⋯⋯⋯⋯⋯⋯⋯ 杨东明
红墙内外的生活
　　——建国初期的毛泽东、江青 ⋯⋯⋯⋯ 权延赤

面对生活这部轧机，他⋯⋯ 　金　木　思　阳
成功的性格 ⋯⋯⋯⋯⋯⋯⋯⋯⋯⋯⋯⋯⋯ 宋贵生

诗歌
献给一头卓越的公牛 ⋯⋯⋯⋯⋯⋯⋯⋯⋯ 杨玉生
诗六首 ⋯⋯⋯⋯⋯⋯⋯⋯⋯⋯⋯⋯⋯⋯⋯ 公　民
娄烦行 ⋯⋯⋯⋯⋯⋯⋯⋯⋯⋯⋯⋯⋯⋯⋯ 师周宗
啊，基诺人 ⋯⋯⋯⋯⋯⋯⋯⋯ 池茂花　郑庆东
邓刚　张炜谈文学
封面设计 ⋯⋯⋯⋯⋯⋯⋯⋯⋯⋯⋯⋯⋯⋯ 杨　京
封二生命的歌（版画）⋯⋯⋯⋯⋯⋯⋯⋯⋯ 刘　淳

散文

1989 第 2 期　刊名:《黄河》
目录

社会瞭望
黑色 8.18 祭 ⋯⋯⋯⋯⋯⋯⋯⋯⋯⋯⋯⋯⋯ 张锐锋

郭俊明作品小辑
兰星舞厅 ⋯⋯⋯⋯⋯⋯⋯⋯⋯⋯⋯⋯⋯⋯ 郭俊明
深林 ⋯⋯⋯⋯⋯⋯⋯⋯⋯⋯⋯⋯⋯⋯⋯⋯ 郭俊明

散文诗小说
初潮 ⋯⋯⋯⋯⋯⋯⋯⋯⋯⋯⋯⋯⋯⋯⋯⋯ 钟声扬

中篇小说
黑棺材 ⋯⋯⋯⋯⋯⋯⋯⋯⋯⋯⋯⋯⋯⋯⋯ 彭　图

报告文学
长翅膀的北方牛 ⋯⋯⋯⋯⋯⋯⋯⋯⋯⋯⋯ 包　谷
工人，企业的脊梁 ⋯⋯⋯⋯⋯⋯⋯⋯⋯⋯ 孙银章
后劲 ⋯⋯⋯⋯⋯⋯⋯⋯⋯⋯⋯⋯ 齐凤舞　齐凤翔

历史的回声
红墙内外的生活（续）
　　——建国初斯的毛泽东、江青 ⋯⋯⋯⋯ 权延赤

散文
扶桑琐记 ⋯⋯⋯⋯⋯⋯⋯⋯⋯⋯⋯⋯⋯⋯ 王兴祥
鸽子（封二版画）⋯⋯⋯⋯⋯⋯⋯⋯⋯⋯⋯ 宋永平

1989 第 3 期　刊名:《黄河》
目录

浊涛作品小辑
小土屋——大山的狂涛系列之一 ⋯⋯⋯⋯ 浊　涛
开阔地——大山的狂涛系列之二 ⋯⋯⋯⋯ 浊　涛

中篇小说
山那边人烟 ⋯⋯⋯⋯⋯⋯⋯⋯⋯⋯⋯⋯⋯ 韩尚苇
历史上的三分之一 ⋯⋯⋯⋯⋯⋯⋯⋯⋯⋯ 贺小虎

社会瞭望
黄土高原上的绿色滚动 ⋯⋯⋯⋯⋯⋯⋯⋯ 彭　图
诱惑与冲突——当代中国性犯罪透视 ⋯⋯ 石　军

历史的回声
"桃园"风云录——《三上桃峰》事件纪实⋯⋯杨孟衡

怪小说
冥婚 ⋯⋯⋯⋯⋯⋯⋯⋯⋯⋯⋯⋯⋯⋯⋯⋯ 李　君

企业家风采
大路朝天 ⋯⋯⋯⋯⋯⋯⋯⋯⋯⋯⋯⋯⋯⋯ 张廷秀
冲浪者 ⋯⋯⋯⋯⋯⋯⋯⋯⋯⋯⋯⋯⋯⋯⋯ 宋旭阳
绿色生命 ⋯⋯⋯⋯⋯⋯⋯⋯⋯⋯⋯⋯⋯⋯ 剑　秋
文讯二则

1989 第 4 期　刊名:《黄河》
目录

中篇小说
阁楼院纪事————————秦　溙
冬训————————王建和
臭骨头————————陈仁友
炮弹皮的故事————————张廷秀

社会瞭望
"中国潮"报告文学征文
堕落的版图——中国文明源地窥望————张锐锋
屯留父母官——李栓纣纪事————焦保红

常捍江作品小辑
古风————————常捍江
酒梦人————————常捍江
康生和延安审干运动————高　杰　路　平
失意者的跋涉————许元上　任建华
王德和他的经理们————齐风舞　齐风翔
路在脚下————彭　图　王新才
忻州第一村————————赵　赤

1989 第 5 期　刊名:《黄河》
目录

社会瞭望
吕梁山的蓝色梦幻————————霍家村

中篇小说
小县一条街————————桑　子
倾斜的青山————————钮宇大
乡逝————————尤　立

常洁作品小辑
那年八月————————冯　浩
我是那颗星————————冯　浩

历史的回声
陈永贵沉浮录————秦怀录　文红斌

散文小品
山地风流录————————杨　栋
怕狗说————————温　暖

企业家风采
八千里路云和月————————贾利平

青山不老————————任秉友
火车开到山里来————————赵　赤

1989 第 6 期　刊名:《黄河》
目录

社会瞭望
紫红色的禁地————————崔济哲

中篇小说
权力场————————钟道新
古城旧事————————高　岸
红颜三重奏————————张雅茜

房光作品小辑
大山凹————————房　光
老人过去是孩子————————房　光

历史的回声
周恩来的感情————————权延赤
贫困山区顶梁柱————张青化　翟国良

企业家风采
创业者的足迹————王建华　班彦青
文讯
《黄土高原上的绿色滚动》讨论会在河曲举行

美术
崛起（油画）————————周毅作
语————————丁力作

《火花》

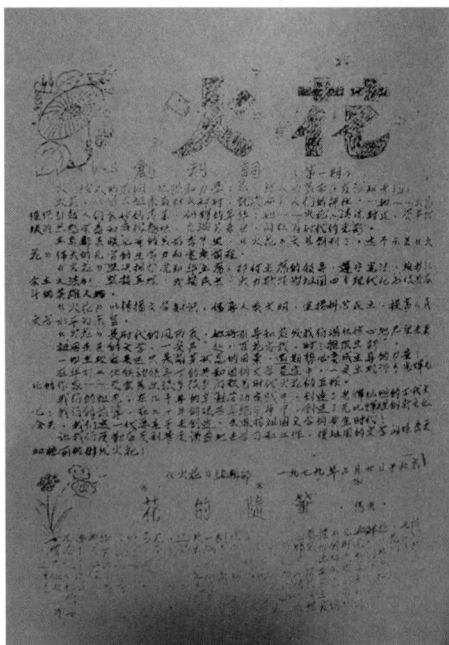

创刊词

火，给人以光明，炽热和力量；花，给人以美丽，友谊和幸福。

火花，从远古祖先森林火种时，就激发了人们的神往……她——火花，憧憬引越人们美妙的青春，似锦的年华；她——火花，清洗封建资产阶级的思想余毒和庸俗趣味，充满着希望，闪耀着时代的光彩。

在京都春暖花开的美好季节里，《火花》文艺创刊了。这预示着《火花》伟大的无穷的生命力和宽广前程。

《火花》坚决拥护党和华主席、邓副主席的领导，遵守宪法，维护社会主义法制，坚持真理，发扬民主，大力歌颂为祖国四个现代化而艰苦奋斗的英雄人物。

《火花》以传播文学知识，倡导人类文明，宣扬科学民主，提高人民文学水平为宗旨。《火花》是时代的风雨表，她将引导和启发我们满怀信心地展望未来。

祖国未来的文学，一定是"处处百花齐放，时时推陈出新"。

一切在现（在）看来还只是萌芽状态的因素，逾期势必变成主导的力量！

在华邓两位领袖领导下的共和国的文学星空中，一定出现许多光辉无比的作家——更会著出很多很多闪耀着时代火花的巨作。

我们的祖先，在几千年的辛勤劳动实践中，创造了光辉灿烂的古代文化；我们的前辈，在几十年的艰苦卓绝斗争中，创造了无比辉煌的新文化；今天，我们这一代要亲手去创造、去迎接祖国文学的黄金时代！

让我们更勤奋更刻苦更谦虚地去学习和工作，使祖国的文学闪烁出更加艳丽的时代火花！

《火花》编辑部
一九七九年三月廿日于北京

期刊号：1979 年第 1 期

1979 年创刊号　刊名：《火花》
目录

创刊词
北京街头
花的随笔
毛泽东随笔
从《救救孩子》谈起
如何评论中国当代文学